DICTIONNAIRE

DE LA GENDARMERIE.

DICTIONNAIRE
DE LA GENDARMERIE

A L'USAGE

DES OFFICIERS, SOUS-OFFICIERS, BRIGADIERS ET GENDARMES

PAR

M. COCHET DE SAVIGNY

CHEF D'ESCADRON, OFFICIER DE LA LÉGION D'HONNEUR

ET

M. PERRÈVE

Juge au Tribunal de Neufchâtel

ENTIÈREMENT REFONDU, AUGMENTÉ ET MIS AU COURANT DE LA LÉGISLATION

PAR

M. le Comm^t KERCHNER.

2e ÉDITION
Corrigée et augmentée.

PARIS

LÉAUTEY, ÉDITEUR

IMPRIMEUR DE LA GENDARMERIE,

Rue St-Guillaume, 24.

1883.

NOTICE HISTORIQUE

LA GENDARMERIE.

La gendarmerie est une force composée d'infanterie et de cavalerie, instituée pour veiller à la sûreté publique, pour assurer le maintien de l'ordre et l'exécution des lois. Elle est particulièrement destinée à la sûreté des campagnes et des voies de communication. Le corps de la gendarmerie est une des parties intégrantes de l'armée ; les dispositions générales des lois militaires lui sont applicables, sauf les modifications et les exceptions que son organisation particulière et la spécialité de son service rendent indispensables.

Les militaires de la gendarmerie, avant d'entrer en fonctions, sont tenus de prêter le serment suivant : « Je jure d'obéir à mes chefs, en tout ce « qui concerne le service auquel je suis appelé ; et, dans l'exercice de « mes fonctions, de ne faire usage de la force qui m'est confiée, que « pour le maintien de l'ordre et l'exécution des lois. »

Corps spécial et d'élite, la gendarmerie prend rang dans l'armée à la droite de toutes les troupes de ligne.

Toutes les fois que la gendarmerie est insuffisante pour dissiper les émeutes populaires ou les attroupements séditieux et faire cesser toute résistance à l'exécution des lois et règlements, elle est autorisée, en remplissant les formalités légales, à requérir l'assistance des troupes de ligne, qui sont tenues de lui prêter main-forte ; mais elle ne doit employer la force des armes, de son propre mouvement, que lorsqu'elle est attaquée elle-même ; dans tout autre cas, elle ne peut agir que sur la réquisition des autorités compétentes.

§ 1er. — *De l'origine de la gendarmerie. — Des connétables, des maré chaux de France. — Des grands prévôts et prévôts; de leurs rangs, honneurs et prérogatives.*

Sous tous les gouvernements, anciens et modernes, il a existé un corps armé destiné à protéger la société contre les individus qui attentent à la sûreté des personnes et à la conservation des propriétés : aussi l'origine de la gendarmerie, ou des institutions analogues, se confond-elle avec l'origine des peuples.

En France, le corps de la gendarmerie est le plus ancien de l'armée. C'est en traversant quatorze siècles qu'il est arrivé jusqu'à nous, prenant constamment part à la gloire de la France, et n'ayant jamais rien perdu de son honneur, de son rang, de sa fidélité et de ses habitudes militaires.

Son organisation en corps militaire vient des Romains : ils avaient établi, dans toutes les provinces de leur vaste empire, des stations militaires sous les ordres de magistrats appelés *latrunculatores* ou juges des brigands.

On a souvent confondu le *guet* avec la maréchaussée ou la gendarmerie. C'est une erreur qu'il importe de détruire.

Dès la naissance de la monarchie, il y avait un guet de nuit établi dans les principales villes du royaume. Certaines classes d'habitants étaient assujetties à ce service. Ces soldats citoyens devenaient responsables des vols commis la nuit, quand ils n'arrêtaient pas les coupables, et une forte amende était imposée à ceux qui mettaient de l'inexactitude dans leur service. Cette garde nationale était désignée sous le nom de *guet assis*.

Au XIIIe siècle, on substitua ou l'on adjoignit aux citoyens qui faisaient ce service des gens de guerre à pied et à cheval. L'on donna à cette troupe le nom de *guet royal*. Celui qui la commandait s'appelait *chevalier du guet*. Ce corps était sous les ordres du principal magistrat de la ville. Cette institution, qui nous venait aussi des Romains, disparut en 1790.

La première dénomination donnée à la gendarmerie fut celle de *compagnies d'ordonnance*, composées *d'hommes d'armes* ou de *gens d'armes* attachés aux connétables. L'époque de cette organisation est aussi inconnue que celle des connétables.

Ces compagnies furent d'abord chargées de la police et de la discipline de l'armée; mais les désordres dans l'intérieur du royaume s'étant accrus, les maréchaux de France, assemblés sous le titre de *connétablie*, organisèrent cette troupe en prévôtés : il fut nommé un grand prévôt près la connétablie, et des prévôts, sous-prévôts ou lieutenants dans les provinces. On créa plus tard, à leur suite, des vice-sénéchaux, des vice-baillis, des procureurs du roi, des greffiers et autres officiers de robe courte, chargés de diriger les instructions relatives aux crimes et aux délits.

L'institution des connétables est aussi ancienne que la monarchie. Un connétable était l'homme de confiance, le premier officier du roi. Ses pouvoirs étaient des plus étendus; il avait non-seulement le commandement de toute l'armée, mais la police de tout le royaume; les princes, les frères du roi, les maréchaux de France étaient tenus de lui obéir. C'est surtout en 1100, sous Mathieu de Montmorency, que ces fonctions furent élevées à un haut rang. Mais cette première charge de la couronne fut supprimée en 1626, après la mort du connétable *Lesdiguières*.

L'origine de la dignité de maréchal de France est inconnue; seulement quelques auteurs citent, comme officier de la cour de Clotaire Ier, en 543, un maréchal de France. Ce qui paraît vraisemblable, c'est que les maréchaux n'ont été créés que comme coadjuteurs des connétables; conséquemment ils datent à peu près de la même époque.

Les grands prévôts de la connétablie étaient grands officiers de la couronne; ils avaient sous leur commandement une certaine quantité d'*archers* (ou gendarmes) pour la garde ou le service du connétable et l'exécution de ses ordres durant la paix. Ces militaires le suivaient à la guerre et y prenaient part dans l'occasion. Un prévôt des maréchaux (officier de gendarmerie) fut tué à la bataille d'Azincourt, en 1415. Les fonctions de grand prévôt étaient tellement élevées, que, parmi les juges présidés par Charles VII lui-même, et qui prononcèrent sur le sort du duc d'Alençon, on voit figurer les prévôts de la connétablie et ceux de l'hôtel; car, indépendamment de la grande prévôté établie près des maréchaux de France, les rois avaient aussi une prévôté particulière, dont la première fut créée en 1271, sous Philippe III, dit le Hardi. C'était la compagnie d'élite de la maréchaussée, la garde royale du temps; elle avait de grands priviléges: le rang des officiers et sous-officiers de cette compagnie était supérieur à celui des autres maréchaussées. Les soldats étaient armés de *javelines;* les officiers étaient commensaux du roi, *convivæ regis.* Cette qualité de commensaux est aussi ancienne que la monarchie; elle exemptait d'impôts.

Le prévôt de l'hôtel prenait le titre de *grand prévôt de France,* pour marquer sa supériorité sur le grand prévôt des maréchaux, qui était autant au-dessous de lui que les maréchaux de France étaient au-dessous des connétables. Cette grande prévôté de l'hôtel exerçait une puissante juridiction relative à la sûreté et au bon ordre de la cour: ses officiers avaient seuls le droit de faire la police à sa suite.

On voit figurer Tristan, comme grand prévôt de l'hôtel, en 1467, sous Louis XI; le sieur Débrosses, en 1543, sous François Ier; Nicolas de Beaufremont, sous Charles IX. L'historien de Thou prétend que c'est à ce grand prévôt que cette charge doit ses plus belles prérogatives. On cite également un lieutenant de cette prévôté, nommé Lugoli, qui, sous les règnes de Henri III et Henri IV, sut, par son adresse et sa fidélité, découvrir toutes les intrigues des grands et les machinations des coupables.

L'histoire désigne aussi, comme attachés aux connétables et aux maréchaux de France, les grands prévôts Antoine Dubois, en 1547; Morel et Rapin, en 1589. Ce dernier est celui que *Duchat* qualifie de brave et savant Rapin. En 1588, il avait été chassé de Paris et dépouillé de sa charge par les ligueurs, à cause de sa fidélité au roi. Il était né en Poitou, dont il fut vice-sénéchal: il fut un de ceux qui travaillèrent à la satire Ménippée.

Dans l'origine, il n'y avait qu'un prévôt dans chaque province; mais les circonstances et les besoins en multiplièrent le nombre. C'est ainsi qu'il fut attaché une compagnie de maréchaussée à chaque hôtel des monnaies existant dans toutes les grandes villes. Bientôt toutes les prévôtés furent supprimées et concentrées dans une seule compagnie chargée du service intérieur et extérieur des hôtels des monnaies pour toute la France. L'état-major résidait à Paris, et des détachements étaient envoyés partout où ils devenaient nécessaires.

Comme toutes les autres maréchaussées du royaume, cette compagnie était sous les ordres des maréchaux de France. On attachait une très-grande considération à la charge de prévôt des monnaies.

Les désordres augmentant sans cesse, les prévôts se multiplièrent de nouveau partout. Ce grand nombre d'officiers, avec plus ou moins d'attributions, enfanta des rivalités parmi les anciens prévôts ; mais Henri IV, en 1609, les fit cesser, en ordonnant qu'il n'y aurait plus, par chaque province, qu'un prévôt provincial, que tous les autres demeureraient ses lieutenants et l'assisteraient dans ses fonctions.

A cette époque, la maréchaussée se composait donc :

1° De la prévôté de l'hôtel, indépendante des maréchaux de France, ayant pour objet spécial la police et la sûreté du roi ;

2° De la compagnie de la connétablie près et à la suite des maréchaux de France. Cette compagnie n'avait pas de résidence fixe : elle se transportait partout où elle était nécessaire pour l'exécution des ordres de ces hauts dignitaires de l'État ;

3° De la prévôté de l'hôtel des monnaies, ayant son siége à Paris, mais portant sa surveillance et sa juridiction sur tous les hôtels des monnaies du royaume ;

4° De la prévôté des maréchaux de France, ayant une compagnie et des prévôts de maréchaussée dans chaque province ;

5° De la prévôté des armées, pour maintenir la discipline dans les corps, châtier et chasser les filles de joie et les étrangers suspects, à la suite de l'armée.

Toutes les prévôtés, à l'exception de celle de l'hôtel à la suite de la cour, étaient sous la direction de la connétablie dont le tribunal siégeait à Paris.

La connétablie, les grands prévôts et prévôts, et la maréchaussée, ont joui de grands priviléges, depuis leur origine jusqu'à leur suppression. Ces institutions indispensables, quelques dénominations qu'on leur ait données, ont été l'objet d'une attention spéciale du gouvernement.

Jusqu'en 1595, la connétablie nomma les prévôts et officiers de la maréchaussée ; mais, depuis, au roi seul appartinrent les nominations.

Les prévôts avaient le privilége de nommer les brigadiers et les archers, privilége qu'ils ont toujours conservé jusqu'en 1778, époque à laquelle le ministre se réserva ces nominations. Ils purent, pendant longtemps, interdire les lieutenants, destituer les sous-officiers et les archers, réduire leurs gages, et même leur infliger des peines corporelles. Quand ils marchaient, ils avaient à leur suite un trompette à la livrée du roi. Ils étaient tenus de monter à cheval à la tête de leur troupe lors des voyages du roi et de la famille royale, et de fournir à son escorte.

Les prévôts généraux, leurs lieutenants et exempts, portaient le bâton du commandement avec la pomme d'ivoire, excepté au Louvre et dans les lieux où se trouvaient les officiers des gardes du roi, quand ils étaient de service près de Sa Majesté.

Les prévôts et leurs lieutenants portèrent longtemps les titres honorifiques de chevalier du guet, de vice-sénéchaux, vice-baïllis, écuyers et conseillers du roi.

Les officiers et cavaliers de maréchaussée étaient admis à l'hôtel des Invalides ; les sous-officiers même obtinrent, en 1778, l'honneur de pouvoir recevoir la croix de Saint-Louis. Ils étaient exempts du logement des troupes de guerre et de l'impôt, même en retraite.

Sous le règne de Henri IV, les charges de prévôts et de leurs lieutenants devinrent héréditaires et purent s'acquérir, jusqu'au 25 février 1768 où Louis XV déclara qu'elles ne seraient plus, à l'avenir, possédées qu'à vie. L'hérédité des charges, moins calculée sur le bien du service que sur le désordre des finances, les rendit trop souvent le patrimoine de la fortune, au lieu d'être celui des services. Les maréchaux de France firent bien tous leurs efforts pour s'opposer à ces abus qui avaient envahi la plupart des charges militaires ; mais leurs efforts échouèrent devant le mauvais état des finances qu'il fallait relever. Henri IV ne craignait pas d'avouer qu'il était pauvre, presque nu, sans armes et sans chevaux : il donnait le premier l'exemple de la plus sévère économie.

Pour être admis dans la maréchaussée, en 1768, on exigeait des prévôts, douze années de service, dont quatre comme capitaine ; des lieutenants, huit, dont six comme lieutenant ; des exempts, douze, dont six en qualité de porte-drapeau, et des archers huit. Ce corps, comme on le voit, officiers et soldats indistinctement, se recrutait dans l'armée ; mais, en 1778, Louis XVI institua une spécialité d'avancement. Les inspecteurs généraux étaient choisis parmi les prévôts les plus capables ; les places de prévôts appartenaient aux lieutenants de l'arme ; celles de lieutenants étaient l'apanage des sous-lieutenants du corps, concurremment avec les lieutenants de l'armée ayant quatre ans de grade et dix ans de service. Les maréchaux des logis étaient choisis parmi les brigadiers et ceux-ci parmi les cavaliers : il fallait avoir cinq ans de service dans le grade inférieur. Les places de cavaliers étaient données à des hommes ayant cinq pieds quatre pouces au moins, sachant lire et écrire, et ayant seize ans de service.

Les maréchaussées ont eu, dans tous les temps, le rang supérieur au grade réel ; elles avaient le pas sur les milices bourgeoises, le guet et les gardes des villes ; elles jouissaient d'honneurs et de préséances qui ont souvent fait naître des divisions. Heureusement, ces temps-là avaient aussi leur décret qui venait régler les droits de chacun et comprimer momentanément les jalousies et les ambitions. Les prévôts et leurs lieutenants avaient leurs places marquées dans les bailliages et autres siéges royaux, dans les cérémonies publiques, dans les églises, à l'armée, partout où ils étaient de service ; enfin, la conduite de ce corps a su toujours le rendre redoutable aux malveillants, lui attirer l'estime des gens de bien, la protection des gouvernants et le respect des peuples.

§ 2. — *De la connétablie.* — *Sa juridiction.* — *Ses attributions.*

L'origine du tribunal de la connétablie n'est pas connue. Il se tenait à Paris, et était composé des maréchaux de France. Tous les prévôts, tous les officiers de maréchaussée étaient reçus au siége de la connétablie. En l'an 1263, ce siége avait le titre de *Connétablie et Maréchaussée de France assis à la table de marbre du palais, à Paris.* Les sentences rendues à la table de marbre s'intitulaient au nom des connétables et maréchaux de France et étaient sans appel.

Le titre de table de marbre était générique et s'appliquait à toute juridiction en sous-ordre. Ce nom lui fut donné, parce que la justice était rendue sur une table de marbre placée dans la grande salle du palais de justice, à Paris, qui a subsisté jusqu'au 7 mars 1618, où il fut incendié et la table détruite.

La compétence de la connétablie a souvent varié. Le roi Jean, en 1326, en avait fixé l'étendue par un acte intitulé : *Articles fondamentaux.* Cet acte a été cité, à différentes époques, dans plusieurs arrêts du Parlement de Paris.

Cette compétence comprenait, entre autres, la connaissance des abus et malversations des prévôts, vice-baillis, vice-sénéchaux, de leurs lieutenants, des greffiers, archers, trésoriers, receveurs-payeurs, et autres officiers de robe courte attachés aux prévôtés ; des griefs à l'occasion de l'exercice de leur charge ; des duels ; enfin, de tous désordres, crimes, délits et manquement à la discipline par les gens de guerre, en quelque occasion que ce fût, et aussi des excès qui pouvaient avoir lieu à leur égard. Les affaires touchant le ban et l'*arrière-ban* étaient également de sa juridiction, qui s'étendait aussi sur les jeux de l'arbalète et de l'arc. Ce tribunal connaissait également, sans appel, de tout différend entre les gentilshommes et gens qui faisaient profession des armes, pour raison de leurs engagements de paroles, de paris et de billets d'honneur.

Les comtes furent aussi chargés par Clotaire II, en 615, de réprimer les malfaiteurs. Sans doute leur autorité ne fut pas suffisante, puisque cette mission fut confiée plus tard aux baillis et aux sénéchaux. Mais cette mesure n'ayant pas encore atteint son but, François Ier accrut la juridiction des prévôts, et l'étendit, en concurrence avec les baillis et sénéchaux, aux crimes de lèse-majesté et de fausse monnaie ; aux vols commis sur les chemins et dans les maisons des particuliers ; à tous *guetteurs de chemins, tant aux villes qu'aux champs;* aux sacrilèges avec effraction, et agression avec armes. Cette juridiction s'étendit même jusqu'aux délits de chasse. Enfin, Charles IX leur accorda le droit de connaître, par prévention et en concurrence avec les juges ordinaires, de tous les cas et délits dont la connaissance était attribuée à ces derniers, de quelque qualité que fussent les personnes.

On lit, dans l'histoire de Port-Royal, de Racine, que l'exécution de ces dispositions était telle qu'en 1618 on vit le prévôt de Lille, en vertu d'un arrêt du Parlement, se rendre à l'abbaye de Maubuisson, pour y arrêter l'abbesse, sœur de Gabrielle d'Estrées, le confesseur du couvent et une religieuse, et y réintégrer la mère Angélique, célèbre à Port-Royal, et ses religieuses, qui en avaient été chassées de vive force.

§ 3. — *Des Cours prévôtales. — Leur juridiction. — Leurs attributions.*

La juridiction exercée par les officiers de maréchaussée s'appelait *prévôtale.* Elle n'était point soumise à appel, excepté dans certains cas, celui de duel, par exemple, lesquels devaient être portés à la connaissance de la connétablie, tribunal supérieur siégeant à Paris.

Une déclaration du 5 février 1731 spécifia définitivement les crimes considérés comme prévôtaux devant conséquemment être jugés par les prévôts de maréchaussée et leurs lieutenants. Cette autorité prévôtale, ainsi que nous l'avons dit, atteignait toutes les personnes, sans distinction de qualité.

Immédiatement après l'arrestation du prévenu, l'officier de maréchaussée était tenu de lui déclarer qu'il entendait le juger prévôtalement. Le prévenu avait vingt-quatre heures pour se pourvoir et faire statuer sur la compétence, au présidial ou tribunal dans le ressort duquel la capture avait eu lieu. Ce tribunal n'était compétent que pour juger si le cas était ou n'était pas prévôtal.

Dans les cas prévôtaux, les officiers de maréchaussée réunissaient sur-le-champ la Cour prévôtale, qui se composait de quatre notables au moins, pris sur les lieux, et désignés par les officiers. Le nombre des juges a varié selon les temps. Différentes ordonnances le fixèrent à quatre, d'autres à sept ; pendant quelque temps, il fut élevé jusqu'à dix. En cas de refus des notables de s'assembler pour rendre un jugement prévôtal, le prévôt pouvait y suppléer par des gradués, c'est-à-dire des avocats, ou porter le procès devant un autre siége. Cette juridiction, qui livrait la vie des citoyens à des hommes pris au hasard, qui pouvaient n'avoir ni les lumières, ni la délicatesse nécessaires pour des fonctions si terribles, fut souvent attaquée par les parlements, qui ont toujours vu avec peine ces effrayantes juridictions attribuées à des militaires. La sentence prévôtale était exécutée immédiatement après qu'elle avait été rendue.

Les prévôts et leurs lieutenants avaient voix délibérative dans les jugements prévôtaux ; mais ils ne pouvaient siéger ensemble. Les sentences étaient toujours rendues au nom des prévôts présents ou non dans les assises prévôtales. Les expéditions de la juridiction de la maréchaussée étaient scellées de son sceau.

Ce mode ne parut point encore assez expéditif pour juger les malfaiteurs qui, dans le XVIᵉ siècle, augmentaient d'une manière effrayante. L'obligation imposée à la maréchaussée de conduire le prévenu arrêté devant les juges royaux pour faire décider les cas prévôtaux, apportant de la lenteur à l'instruction des procédures, il fut créé successivement, de 1547 à 1640, en chaque juridiction, des prévôts, des vice-sénéchaux, des vice-baillis, des greffiers, des lieutenants de robe courte, pour accompagner les officiers de maréchaussée et assister aux expéditions de justice, afin de régulariser les instructions dirigées contre les prévenus et de suppléer les conseillers des présidiaux et les juges royaux. On appelait *lieutenants de robe courte* des magistrats nommés en dehors des juges ordinaires de présidial et bailliage.

Ces nouveaux juges décidaient sur-le-champ de la compétence. Ils étaient tenus de monter à cheval et de suivre les prévôts. Ils siégeaient dans les cours prévôtales, mais ne pouvaient y paraître l'épée au côté, et n'instruisaient qu'en robe. Quoique non militaires, ils exerçaient cependant, en l'absence des prévôts, la même autorité qu'eux sur tous les cavaliers de la maréchaussée, sous le rapport de la discipline et des ordres à donner. Ce conflit d'attributions amena des rivalités sans nombre entre les officiers de maréchaussée et les magistrats de nouvelle création ; mais ces difficultés furent réglées par des ordonnances successives. Enfin, cette création d'assesseurs, celle des greffiers, en 1549, et celle des procureurs du roi, en 1553, complétèrent la juridiction des cours prévôtales qui se sont maintenues jusqu'en 1790.

§ 4 — *Variations dans les corps de la maréchaussée et de la gendarmerie, depuis leur création jusqu'à nos jours.*

Nous avons vu que la première dénomination donnée à la gendarmerie était celle de *compagnies d'ordonnance.* Tout porte à croire que c'est en

1060, sous Philippe Ier, que les compagnies d'ordonnance changèrent leur titre pour celui de *maréchaussée*. Ce nom de *maréchaussée* vient de ce que ces compagnies étaient immédiatement subordonnées aux maréchaux de France. Cependant, ce n'est qu'à partir de 1299 que l'on trouve quelques témoignages authentiques dans les historiens de Bouclas et de Beaufort, établissant que les compagnies d'ordonnance attachées aux maréchaux portaient le nom de *maréchaussée*. Il règne une grande obscurité sur le régime intérieur de ce corps jusqu'en 1373, où un édit de Charles V jette quelque lumière sur ses obligations.

§ 5. — *Nouvelle organisation de la maréchaussée, en 1444, sous Charles VII.*

La maréchaussée subit peu de changements jusqu'en 1444, où elle fut augmentée par Charles VII, lors du licenciement de ses troupes. Cette augmentation fut nécessitée par l'accroissement des vagabonds qui inquiétaient alors les voyageurs.

En 1474, Louis XI ordonna au grand prévôt des maréchaux de déléguer, dans chaque province, un prévôt pour le représenter, avec pouvoir d'assembler, selon les occasions, une cour prévôtale pour juger les malfaiteurs.

Il paraît qu'à cette époque les prisonniers étaient nourris par les soins de la maréchaussée, puisqu'un édit de 1475 porte que : « les archers ne « pourront avoir aucun profit sur les prisonniers, que ce soit de bienve- « nue ou autrement ; qu'ils ne pourront ordonner et mettre à prix une « table de geôlier, selon le temps que les vivres seront chers ou bon « marché, etc. »

En 1515, sur la fin du règne de Louis XII, chaque province avait son prévôt.

§ 6. — *Réorganisation de la maréchaussée, de 1515 à 1544, sous François Ier.*

De 1515 à 1544, François Ier rendit plusieurs ordonnances qui réglèrent la juridiction de la maréchaussée et le placement de différentes brigades dans les lieux qui lui parurent avoir le plus besoin d'être protégés. Toutes les maréchaussées furent accordées sur la demande des peuples, mais à la charge de les solder de leurs propres finances, celles du roi ne lui permettant pas de pareilles dépenses ; de sorte qu'il existait deux maréchaussées dans le royaume, l'une payée par l'Etat, l'autre par les provinces, et même par les villes, ce qui multiplia considérablement les prévôts, qui furent divisés en deux classes : les prévôts de maréchaussée provinciaux et les prévôts des connétables ; la solde variait aussi, suivant les localités.

De 1520 à 1540, un prévôt n'avait que 180 livres, et un archer 90 livres par an.

De 1540 à 1544, un prévôt avait 300 livres ; un lieutenant 144 livres ; et un archer 120 livres par an.

§ 7. — *Réorganisation de la maréchaussée, en 1547, sous Henri II.
— Institution des procureurs du roi, greffiers, vice-sénéchaux, vice-
baillis, et autres officiers de robe courte attachés aux prévôts de maréchaussée.*

De 1547 à 1554, Henri II établit une circonscription régulière des prévôts et de leurs archers, nom que l'on donnait aux militaires du corps de
la maréchaussée. Cette circonscription était divisée en trois inspections,
ayant pour chefs, sous les ordres du connétable de Montmorency, trois
maréchaux de France, qui firent, dès cette même année, et successivement tous les ans, des tournées dans leur arrondissement d'inspection.

Ce fut Henri II qui institua, dans chaque juridiction, des prévôts, des
vice-sénéchaux, des vice-baillis, des procureurs du roi, des greffiers, et
autres officiers de robe courte, pour assister aux expéditions de justice
et avoir communication de toutes informations faites par autorité, commission ou mandement des prévôts ou de leurs lieutenants, et donner
telles conclusions qu'il appartiendrait.

Ces magistrats étaient tenus d'accompagner les prévôts et de siéger
dans les cours prévôtales formées sur les lieux. En 1554, les offices de
prévôts des maréchaux de provinces furent supprimés pour éviter les
nombreux débats qui s'élevaient entre les juges ordinaires et les prévôts
des connétables, et on les remplaça, en partie, par des lieutenants de robe
courte qui n'étaient point militaires, mais qui pouvaient cependant donner des ordres aux archers des prévôts des maréchaux.

Pendant cette période, de 1547 à 1560, la solde des prévôts, lieutenants
et autres, a varié suivant les localités ; les prévôts eurent de 300 à 1,200
livres ; les lieutenants, de 150 à 300 livres ; les archers et trompettes, de
120 à 180 livres.

§ 8. — *Nouvelle organisation et augmentation de la maréchaussée, de
1560 à 1613, sous Charles IX, Henri III et Henri IV. — Création des
commissaires aux revues et des payeurs en 1586, et des exempts en
1592.*

Ce fut en 1560, sous Charles IX, que le chancelier de l'Hôpital créa de
nouveaux baillis et de nouveaux sénéchaux de robe courte, pour aider les
anciens baillis et sénéchaux de robe longue. Voulant récompenser la maréchaussée de ses bons et loyaux services, il honora les prévôts des titres
de *vice-baillis, vice-sénéchaux ;* ce qui ajouta à leur autorité et au respect
qui leur était dû.

De 1560 à 1613, dans ces temps de désordre où s'armèrent tant de
mains égarées par l'ignorance et le fanatisme, la maréchaussée fut considérablement augmentée. Cette troupe, toujours brave et fidèle, recher-
chée au moment du danger, ne pouvait manquer de fournir ses victimes
à un siècle dévoré par la guerre civile. Le lieutenant Tavernay, prévôt de
maréchaussée à la table de marbre du palais, périt assassiné le 24 août
1572, le jour de la Saint-Barthélémy, après s'être défendu pendant neuf
heures contre une populace effrénée, et avec un courage digne d'un meilleur sort.

Si, dans ces temps de crimes et d'aveuglement, la maréchaussée eut à regretter une grande partie de ses braves, cette occasion lui fournit les moyens de rendre d'importants services au gouvernement et de lui donner de nouveaux gages de sa fidélité. Lors d'une conjuration contre Henri III, en 1587, Nicolas Poulain, lieutenant du prévôt de Paris, avait eu l'adresse de gagner la confiance des ligueurs, qui devaient enlever le roi dans le tumulte de la foire de Saint-Germain où il allait mal accompagné. Ils l'avaient même chargé du soin d'acheter des armes et de les cacher. Poulain, fidèle à ses devoirs, avertit le roi de ce complot.

Pour faire parvenir au roi le détail d'une autre conjuration beaucoup plus dangereuse, Poulain eut recours à un stratagème assez singulier. Il donna au chancelier l'avis de le faire mettre en prison, comme soupçonné de mauvais desseins. Ce magistrat le fit paraître devant lui, et au lieu de subir l'interrogatoire, Poulain lui expliqua toute l'intrigue. Le roi, bien instruit des détails, rassemble ses troupes, s'empare des portes de Paris et s'assure des lieux menacés. Voyant le complot découvert, les conjurés se retirent confus.

Depuis 1549, la situation militaire du corps de la maréchaussée était constatée par les baillis, sénéchaux et juges présidiaux, et sa solde payée par les receveurs généraux et particuliers des finances ; mais, en 1586, il fut créé des commissaires aux revues, qui s'appelaient *Contrôleurs aux montres* (ou revues), lesquels constataient l'effectif de la troupe, ainsi que celui des vice-baillis, vice-sénéchaux et autres officiers de robe courte attachés à la maréchaussée.

On créa également, durant cette année, des receveurs-payeurs spéciaux, qui furent établis dans chaque juridiction de prévôté, ainsi que nous avons maintenant des trésoriers dans chaque compagnie.

Dans le xvi⁰ siècle, les désordres dans l'intérieur du royaume étaient tels que, non-seulement toutes les communications entre particuliers ne pouvaient s'établir qu'au péril de la vie, mais qu'il y avait danger même pour une troupe armée qui aurait été peu nombreuse. Ces faits paraîtraient fabuleux, si une ordonnance de 1577, de Henri III, ne défendait aux prévôts et à leurs archers de venir prêter serment au siége de la connétablie, attendu qu'ils mettraient leur personne en danger, et si une autre ordonnance de 1594, de Henri IV, n'enjoignait aux marchands et aux propriétaires de suspendre momentanément leur commerce et de ne vaquer à leurs affaires qu'avec beaucoup de prudence, s'ils voulaient ne pas être exposés à une ruine certaine et à une mort évidente.

Les officiers de maréchaussée et les archers, ne pouvant suffire au service permanent et fatigant qu'exigeaient les circonstances, il leur fut adjoint, en 1592, des exempts (grade équivalent à celui d'adjudant sous-officier).

Le droit d'informer, dans le cas de flagrant délit, et de se faire assister d'un greffier, fut conféré, en 1708, à ces nouveaux sous-officiers ; ils obtinrent les mêmes attributions que la loi de 1834 avait conférées aux maréchaux des logis et brigadiers de gendarmerie dans plusieurs départements, en les investissant de l'autorité dévolue aux officiers de police judiciaire.

De 1560 à 1613, la solde des officiers de robe courte attachés aux prévôtés, ainsi que celle de la maréchaussée, a varié ainsi qu'il suit, savoir :

Les vice-sénéchaux............. de 7 à 800 liv.
Les vice-baillis................ de 5 à 600
Les prévôts.................... de 4 à 600
Les lieutenants .... de 3 à 600
Les archers et trompettes .... de 120 à 200

§ 9. — Création de prévôts généraux dans chaque province, d'huissiers sergents royaux et d'armes.

De 1613 à 1631, sous Louis XIII, il fut créé peu de maréchaussée; on recueillait le fruit de la bonne administration de Sully et de Henri IV. La France jouissait d'une grande tranquillité; mais, de 1631 à 1720, la maréchaussée subit des perturbations.

Les contestations qui s'élevaient fréquemment entre les prévôts provinciaux, leurs lieutenants, les vice-baillis, les vice-sénéchaux et les autres officiers de robe courte, le peu d'assistance qu'ils se prêtaient entre eux, détermina Louis XIII, en 1641, à créer huit prévôts généraux, qui devinrent chefs et capitaines généraux de tous les prévôts provinciaux et de tous les magistrats ci-dessus indiqués. Cette création, qui blessait leur amour-propre, leur fit élever la voix; mais Richelieu les fit taire et obéir; les maréchaux de France fixèrent ensuite les attributions de ces huit prévôts généraux.

Depuis longtemps les duels portaient le deuil dans les familles. Cette passion s'accrut surtout sous Louis XIII, qui rendit des édits fort sévères pour les réprimer; c'est ainsi que François de Montmorency, de Bouteville, Rose Madec, et des Chapelles, furent condamnés à mort, en 1627, comme duellistes. La sévérité était telle qu'il était accordé, pour frais de capture d'un duelliste, 1,500 livres, somme énorme pour le temps.

Louis XIV poursuivit ce système de rigueur et en confia l'exécution aux maréchaussées. Il créa, en outre, pour toutes les juridictions du royaume, des huissiers sergents royaux et d'armes spécialement commis à cet effet. Cette mesure ne suffisant point encore, des lieutenants généraux furent établis dans toutes les provinces. Enfin, cette création de lieutenants généraux et prévôts généraux obtint le résultat qu'on devait en attendre. Outre que les duels diminuèrent sensiblement, elle imprima plus d'énergie aux maréchaussées, en centralisant l'autorité dans les nouveaux chefs, et en lui donnant une unité d'action sans laquelle il ne peut y avoir ni rapidité, ni vigueur dans le commandement, comme dans l'exécution.

De 1613 à 1720, la solde varia ainsi qu'il suit, savoir:

Vice-sénéchaux et vice-baillis..... de 600 à 2,000 liv.
Prévôts ordinaires................ de 600 à 1,500
Lieutenants...................... de 300 à 1,300
Exempts......................... de 100 à 400
Archers......................... de 100 à 300

Les prévôts généraux eurent jusqu'à 6,000 livres; mais, en 1693, ils furent réduits à 2,000 livres.

§ 10. — *Uniforme de la maréchaussée avant 1720.*

Jusqu'en 1720, les *sayes* et les *hoquetons* constituaient la principale partie de l'équipement de la maréchaussée.

La *saye* était un vêtement qui s'attachait au bas de la cuirasse ; elle couvrait la cuisse et soutenait l'épée.

Le *hoqueton*, ou casaque militaire, était ce qu'on appelait originairement la *jaque* ou *tunique de brigandine*. C'était une espèce de justaucorps qui venait jusqu'aux genoux ; il était piqué de vingt-cinq à trente toiles, revêtu d'un cuir de cerf et d'une doublure. Cette casaque militaire, de forme bizarre, lourde et peu commode, était particulière aux archers de la maréchaussée, qui avaient une répugnance extrême à porter la *saye* et le *hoqueton* de livrée qui leur avaient été imposés par un édit de Henri II, de 1551.

En 1584, une ordonnance de Henri III réglait ainsi l'armement d'un archer : *un armet* ou *bourguignote, un bon corps de cuirasse, avant-bras* ou *brassarts, tasselets* ou *cuissots, avec une bonne et forte lance, estoc* (longue épée), *et un bon cheval de service.*

§ 11. — *Réorganisation de la maréchaussée en 1720, sous Louis XV. — Changement complet d'uniforme. — Nouveau tarif de solde.*

En mars 1720, toutes les compagnies de maréchaussée qui avaient été créées sous différents titres, et dont la plupart étaient payées par les provinces qui les avaient demandées, furent supprimées. Cette troupe se réorganisa sur de nouvelles bases ; elle fut soumise à un régime uniforme, et payée par l'État : un nouveau tarif de solde fut établi.

Chaque généralité du royaume eut une compagnie de maréchaussée.

Les charges de vice-baillis, vice-sénéchaux, lieutenants-criminels de robe courte, furent supprimées ; mais les cours prévôtales se maintinrent, et les procureurs du roi et les greffiers restèrent attachés aux prévôtés dans chaque juridiction. Les prévôts et leurs lieutenants furent de nouveau reçus à la connétablie et maréchaussée de France, au siége de la table de marbre du palais, à Paris, selon l'usage ancien qui était constamment suivi. Ces officiers durent prêter serment aux parlements et autres cours, immédiatement après leur nomination, ainsi que cela se pratique maintenant devant les tribunaux. L'effectif de cette troupe, qui avait varié jusqu'alors, fut réduit à 2,800 hommes pour toute la France.

Un autre uniforme remplaça l'antique armure ; un nouvel harnachement succéda à l'ancien ; la refonte fut complète.

En 1720, la solde, proprement dite, fut fixée ainsi qu'il suit, savoir :

Prévôts de 1re classe	2,800 liv.
Prévôts de 2e classe	2,190
Lieutenants	1,050
Exempts	700
Brigadiers	600
Sous-brigadiers	550
Archers et trompettes	500

Cette solde était indépendante des primes accordées dans certains cas, et des indemnités ou gratifications pour services rendus.

L'habillement, l'équipement et le harnachement étaient composés, en l'année 1725, ainsi qu'il suit :

Justaucorps (ou habit), drap bleu doublé de rouge, parements rouges, boutons, galons d'argent.

Aiguillettes de soie blanche ;

Chapeau bordé argent ;

Bandoulière de buffle, de quatre pouces et demi de large, bordée d'un galon argent ;

Ceinturon de buffle, de deux pouces et demi de large, bordé d'un galon argent ;

Manteau bleu avec parements rouges ;

Housse de cheval, de drap bleu, avec un bordé et un galon de soie blanche ;

Chaperon ou fourreau de pistolets, avec un bordé et un galon de soie blanche ,

Bottines à boucles en cuivre ; en 1756, on y substitua la botte molle avec manchettes, et d'autres bottes, quelque temps après ;

Veste et culotte chamois, drap de Sedan ;

Cocarde noire ; elle ne fut adoptée qu'en 1756, et on lui substitua celle de basin blanc en 1769.

Chaque grade avait des signes qui mettaient à même de les faire reconnaître ; ce ne fut qu'en 1769 qu'on porta l'épaulette dans la maréchaussée.

Depuis 1720 jusqu'en 1756, l'uniforme reçut peu de modifications ; mais, cette année, le surtout bleu fut prescrit ; et, en 1769, les cheveux des hommes furent liés avec ruban et rosette noirs, et la queue et la tête des chevaux ornées d'un ruban et cocarde en laine écarlate (1).

En 1778, les culottes, qui étaient à languettes, furent faites à pont-levis ; l'on adopta le portemanteau bleu bordé d'un galon de fil blanc, et l'on substitua le manteau de drap gris à celui de drap bleu auquel on revint peu de temps après.

Ce fut aussi sous le règne de Louis XV que la haute magistrature commença à enlever aux maréchaux de France une partie de leurs attributions sur le corps de la maréchaussée. Une ordonnance du 14 mars 1720 et un arrêt du Conseil d'Etat du 8 janvier 1724 investirent les chefs de cours et les procureurs généraux d'une haute surveillance sur la maréchaussée, et leur donnèrent le droit d'informer les ministres de la guerre et de la justice de la mauvaise conduite de cette troupe et de sa négligence dans l'exécution des mandements de justice. Les prévôts et autres officiers furent tenus d'exécuter les ordres qui leur étaient donnés pour tout ce qui concernait la justice, et, dès lors, la maréchaussée dut prêter main-forte aux huissiers et autres officiers de justice.

_____

(1) Par ordonnance du 24 novembre 1691, les chevaux devaient avoir quatre pieds deux pouces pris depuis le dessous du pied jusqu'à la naissance des crins sur le garrot : ils devaient être à tous crins.

En 1760, pour la première fois, on substitua le nom de *cavalier de la maréchaussée* à celui *d'archer*.

En 1763, l'effectif de cette troupe était de 3,322 hommes.

§ 12. — *Augmentation de la maréchaussée en 1768.* — *Nouveau tarif de solde en 1769.* — *Création de la compagnie des chasses en 1772.*

Louis XV, par un édit de 1768, accrut ce corps de 200 brigades. Cette augmentation fut nécessitée par la cession à la France des territoires de la Lorraine, en 1766, à la mort de Stanislas de Lecksinski, roi titulaire de Pologne, duc de Lorraine et de Bar : par la possession de la Corse, remise à la France le 15 mai 1768 par la république de Gênes; par celle du comtat d'Avignon, réuni au royaume par un arrêt du parlement de Provence du 11 juin 1768. Cette maréchaussée fut répartie dans ces divers pays comme dans tout le royaume.

Il parut en 1769 un nouveau tarif de solde qui la fixait ainsi qu'il suit :

Prévôts généraux......................	3,800 liv.
Prévôts provinciaux...................	3,000
Lieutenants	2,000
Exempts..............................	565
Brigadiers...........................	450
Sous-brigadiers.......................	402
Cavaliers............	340
Trompettes...........................	300

Dans le mois de décembre de la même année, une nouvelle ordonnance confirma celles rendues depuis 1720, et combla les lacunes qu'elles avaient pu laisser dans l'organisation générale de ce corps.

Le 24 mars 1772, une nouvelle ordonnance créa une compagnie de maréchaussée destinée spécialement au service des voyages et chasses du roi; cette compagnie fut placée sous les ordres des maréchaux de France, et soumise aux mêmes règles que les autres.

§ 13. — *Nouvelle organisation de la maréchaussée en 1778.* — *Création de sous-lieutenants, de maréchaux des logis et de cavaliers surnuméraires.* — *Suppression des exempts et sous-brigadiers.* — *Nouveau tarif de solde.*

A peine parvenu au trône, Louis XVI porta son attention sur le corps de la maréchaussée. Outre la solde payée suivant le tarif de 1769, il fixa tous les paiements des courses et des exécutions de mandats de justice qui étaient attribuées à ce corps; ce qui donnait une augmentation de solde, à chaque cavalier actif et zélé, d'une somme annuelle de 6 à 700 livres; jamais la gendarmerie n'avait été mieux rétribuée.

L'effectif de ce corps était alors de 4,000 hommes; mais la gêne des finances lui fit encore subir une diminution, et le nombre fut réduit à

3,524 hommes, non compris la compagnie de la Corse et celle des voyages et chasses du roi. Par ordonnance du 28 avril 1778, on réorganisa la maréchaussée, à laquelle furent attachés des sous-lieutenants et des maréchaux des logis ; ces grades devinrent intermédiaires entre ceux de lieutenant et de brigadier. De cette organisation surgirent aussi des cavaliers surnuméraires attachés aux prévôts et aux lieutenants ; leur destination était de remplacer les cavaliers absents ou malades ; ils touchaient les deux tiers de la solde ; les grades d'exempt et de sous-brigadier furent supprimés.

Du reste, le corps fut maintenu sous les ordres des maréchaux de France, et conserva tous les priviléges et avantages qui lui avaient été attribués par l'édit de 1720 et ceux postérieurs.

Ce corps fut organisé en trente-trois compagnies qui portaient chacune le nom d'une province du royaume ; il fut partagé en six divisions, ayant chacune un inspecteur général avec le rang de mestre de camp. Chaque compagnie était commandée par un prévôt général qui avait rang de lieutenant-colonel ; il avait sous ses ordres des lieutenants et sous-lieutenants avec rang du grade supérieur, ainsi que les sous-officiers et les simples cavaliers ; ces derniers devaient tous savoir lire et écrire, et avoir seize ans de service pour être admis dans ce corps.

Il fut créé, pour chaque compagnie, un conseil d'administration, composé de l'inspecteur, du prévôt général, du lieutenant et des deux plus anciens sous-lieutenants. Les revues des inspecteurs, qui étaient permanents et attachés à la maréchaussée, avaient lieu deux fois par an ; elles étaient passées par lieutenance ; les commissaires des guerres assistaient à ces revues. Ce furent les ordonnances des 28 avril, 18 septembre et 20 octobre 1778 qui établirent cette nouvelle organisation. Elles maintinrent au corps de la maréchaussée la majeure partie des attributions qu'il avait déjà : ces attributions furent confirmées plus tard par la loi du 28 germinal an VI, et l'ordonnance du 29 octobre 1820, qui ne sont, pour ainsi dire, que la copie des ordonnances de Louis XVI, précédemment citées ; et enfin par le décret du 1er mars 1854.

Un nouveau tarif établit la solde ainsi qu'il suit, savoir :

Inspecteurs généraux...................	6,000 liv.
Prévôts de province....................	4,000
Lieutenants............................	2,050
Sous-lieutenants.......................	1,450
Maréchaux des logis	745
Brigadiers.............................	582
Cavaliers........	486
Trompettes............................	380

Cette réorganisation, qui diminua l'effectif de la maréchaussée, ne fut pas plutôt achevée, que les provinces, alarmées, réclamèrent vivement que la maréchaussée fût augmentée.

Ce corps perdit de son indépendance sous le règne de Louis XVI : il fut soumis aux ordres des procureurs généraux, des présidents de cours, des intendants, des gouverneurs et des commandants de provinces ; les prévôts perdirent leur droit de nommer aux places de sous-officiers et cavaliers. Le ministre de la guerre exigea, pour la première fois, des rapports directs des prévôts, indépendamment de ceux qu'ils étaient obligés de fournir aux maréchaux de France ; les inspections furent confiées à des lieutenants généraux nommés *ad hoc*. On conçoit que ces changements firent perdre aux maréchaux de France la grande influence qu'ils avaient sur la maréchaussée. Cette extension de pouvoirs, donnée aux magistrats et aux agents du gouvernement, mit le corps à la disposition de l'autorité administrative et judiciaire. Cependant, si les maréchaux de France avaient perdu une grande partie de leur influence sur cette arme, leur tribunal avait conservé toute sa force pour maintenir cette troupe dans une discipline sévère et pour la venger des outrages qu'on pouvait lui faire dans l'exercice et à l'occasion de ses fonctions.

Les tribunaux de connétablie prononçaient sans appel des sentences de mort contre les cavaliers de maréchaussée coupables d'excès et d'abus de pouvoir, et contre ceux qui exerçaient envers eux des voies de fait.

§ 14. — *Suppression, en 1791, de la maréchaussée, de la connétablie, des maréchaux de France, des cours prévôtales et prévôts. — Organisation de la gendarmerie. — Changement de régime intérieur. — Nouvelle création de juridictions, d'attributions. — Oscillations successives jusqu'en 1856.*

En 1791, la maréchaussée ne pouvait rester debout sous le niveau des réformateurs. La connétablie, les maréchaux de France, les cours prévôtales, les prévôts, furent supprimés. La maréchaussée, réunie en un seul corps militaire organisé à l'instar de l'armée, avec officiers, sous-officiers et cavaliers, prit le titre de *gendarmerie nationale*, par un décret du 22 décembre 1790, et ce corps passa sous la direction du ministre de la guerre.

Cette arme fut augmentée considérablement : son effectif fut porté à 7,455 hommes par la loi du 16 janvier 1791, et à 8,784 hommes par la loi du 29 avril 1792. Cet effectif ne fit que s'accroître progressivement.

Un décret du 26 août 1792 appela toute la gendarmerie à l'armée, et ordonna qu'elle serait remplacée par des gendarmes surnuméraires et des sujets choisis pour le service de l'intérieur.

Un décret du 15 août 1792 autorisait les sous-officiers et gendarmes détachés aux armées à choisir leurs officiers de tous grades. Le désordre avec lequel il fut procédé à ce choix, et la plupart de ceux qui en furent l'objet, montrèrent bientôt ce que l'on pouvait attendre d'une telle formation. Elle ne répondit point aux besoins de l'armée : la plupart des hommes qui composaient ce corps se conduisaient avec une telle indiscipline qu'ils furent renvoyés.

La nouvelle composition des brigades dans l'intérieur ne présenta pas plus de garantie pour l'exécution du service important qui était le but de l'institution.

Le 13 février 1797, la gendarmerie fut augmentée de nouveau, et le nombre des brigades porté jusqu'à 1,500 ; mais sa mauvaise organisation la rendait encore insuffisante aux besoins de l'époque.

La nécessité de rappeler ce corps à sa véritable institution se faisait sentir impérieusement, lorsque la loi du 28 germinal an VI (17 avril 1798) vint enfin lui donner une nouvelle vie. Elle conserva ses priviléges ; elle détermina son institution, son organisation, sa compétence; elle établit des règles pour l'admission, l'avancement dans l'arme, la solde, l'administration, la police et la discipline, pour ses fonctions en service ordinaire et extraordinaire, et ses rapports avec les différentes autorités.

Des brigades furent répandues sur tous les points de la France; chaque département eut sa compagnie de gendarmerie, sous les ordres des chefs de division ou de légion : ces chefs correspondaient directement avec les ministres.

Cette organisation augmenta encore la gendarmerie : son effectif fut porté à 10,575 hommes, officiers compris; il fut divisé en 2,000 brigades, 100 compagnies, 50 escadrons et 25 divisions, non compris la division de la Corse.

Deux ans après, un arrêté, en date du 18 février 1800, créa dans les départements de l'Ouest 200 nouvelles brigades de gendarmerie à pied, fortes de dix hommes chacune, sous-officiers compris. Ces brigades devaient être composées d'anciens soldats, âgés de vingt-cinq ans au moins et de quarante ans au plus, et avoir fait trois campagnes.

Par arrêté du 8 germinal an VIII (29 mars 1800), il fut créé un inspecteur de la gendarmerie de France; il avait la surveillance générale et la direction de tout ce qui concernait le service de la gendarmerie, sous l'autorité des ministres de la guerre, de la police et de la justice; chaque commandant de brigade était autorisé à correspondre directement avec l'inspecteur général, pour lui rendre compte de tous les événements qui pouvaient compromettre la tranquillité publique, la sûreté des personnes et des propriétés.

L'action de la gendarmerie, ainsi concentrée, se trouva sous l'influence immédiate du chef du gouvernement. La correspondance directe des commandants de brigade avec l'inspecteur général, qui se faisait souvent par ordonnance pressée de brigade en brigade, était une espèce de service d'estafette, plus prompt que celui de tous les courriers des ministres, de sorte que le chef de l'État était toujours instruit le premier de tous les événements majeurs qui se passaient dans chaque partie de la France.

La gendarmerie reçut une nouvelle organisation par un arrêté du 12 thermidor an IX (31 juillet 1801); sa force totale fut portée à 15,689 hommes, en y comprenant les officiers et la compagnie de gendarmerie d'élite, qui fit partie plus tard de la garde impériale.

La compagnie d'élite, forte de 600 hommes, fut mise sous les ordres d'un aide-de-camp du Premier Consul. Ce corps était destiné à faire un service particulier auprès de la personne de ce chef du gouvernement, dans ses voyages et aux armées, en exerçant une surveillance continuelle autour de lui. Le commandant de cette gendarmerie ne recevait d'ordres que du Premier Consul, et il fournissait chaque jour un certain nombre d'hommes pour le service de nuit dans les rues de Paris, afin d'être bien exactement instruit de tout ce qui se passait. Par une décision de l'Empereur, du 24 brumaire an XIII, le titre de *gendarmerie impériale* fut substitué à celui de *gendarmerie nationale*.

En 1811, le complet de ce corps était de 34 légions, 68 escadrons, 144 compagnies, environ 18,000 hommes.

Au 1er juillet 1813, le corps de la gendarmerie se composait de 34 légions pour le service de l'intérieur, plus, de 6 légions employées à l'armée d'Espagne, et de la gendarmerie de Paris. Son complet total devait être de 30,600 hommes; mais il était bien loin d'atteindre ce nombre, en raison de la difficulté du recrutement. On fut obligé, pour le compléter, de se relâcher des conditions d'admission, et ce fut pour suppléer au défaut d'hommes qui convinssent de suite au service de l'arme, qu'un décret du 26 mars 1812 avait créé des élèves-gendarmes; ils étaient pris parmi les jeunes gens appelés au service par la conscription, et ils devaient, pour être admis, s'habiller, se monter et s'équiper à leurs frais; ils n'étaient cependant définitivement nommés gendarmes qu'après avoir fait, pendant quatre ans, le service dans les brigades où ils étaient provisoirement incorporés. Cette institution cessa avec la guerre; une ordonnance du mois de juillet 1814 la supprima.

La gendarmerie de Paris, qui avait subi diverses formations par les décrets des mois de novembre 1809 et 1810, de juillet et de décembre 1811, pour remplacer, dans le service de sûreté de la capitale, la gendarmerie d'élite, lorsqu'elle fit partie du corps de la garde, reçut une organisation spéciale par un décret du 10 avril 1813. Il fut jugé nécessaire de mettre à la disposition du ministre de la police une force armée spécialement destinée au service de sûreté de la ville de Paris, et qui ne fût pas sous les ordres immédiats du commandant militaire. La force de ce corps fut portée à 853 hommes, officiers compris; les nominations à tous les emplois, depuis celui de commandant jusqu'à ceux de gendarmes, étaient faites, sur la présentation des sujets, par le ministre de la police; toutes les dépenses de solde, d'habillement, d'équipement, de remonte et de casernement étaient acquittées par la ville de Paris.

Ce corps, qu'une ordonnance du 14 août 1814 porta à 1,017 hommes, s'accrut successivement, et son complet s'élevait, en 1830, à 1,500 hommes environ.

La paix, en 1814, amena dans l'organisation de la gendarmerie des changements indispensables; son personnel fut d'abord réduit; une ordonnance du 11 juillet 1814 en fixa la force à 13,358 hommes de tous grades. La place de premier inspecteur général fut conservée; il était chargé des mesures d'exécution pour rétablir le service sur tous les points.

Après les événements de 1814, au titre de *gendarmerie impériale* succéda celui de *gendarmerie royale*. Une compagnie fut créée sous le titre de *gendarmerie des chasses;* elle prit plus tard celui de *gendarmerie d'élite :* elle était forte de deux escadrons.

Le 20 mars 1815 arriva. L'empereur Napoléon remonta sur le trône, la gendarmerie reprit le titre de *gendarmerie impériale* jusqu'en août 1815, où elle redevint *gendarmerie royale.*

Une ordonnance, en date du 10 septembre 1815, réorganisa la gendarmerie en 24 légions et en autant de compagnies que la France compte de départements; sa force totale était alors portée à 18,016 hommes, les officiers compris; elle comptait 1,550 brigades à cheval et 620 à pied. Les conditions d'avancement et de promotion à tous les grades étaient réglées, ainsi que celles d'admission des sous-officiers et gendarmes.

Une ordonnance du 18 novembre 1815 créa, dans chaque département, un jury chargé de présider à l'organisation des brigades de gendarmerie. En exécution de l'ordonnance du 10 septembre précédent, ce jury était composé du préfet, du procureur du roi, du général commandant le département et de deux officiers de gendarmerie; il termina son travail dans le courant de 1816.

En 1817, les inspections générales firent connaître la situation dans laquelle se trouvait le service de l'arme et ce qu'il laissait à désirer; on reconnut que diverses parties de l'administration avaient besoin d'améliorations; elles eurent lieu successivement : les intérêts des gendarmes et ceux du service furent également protégés.

Cette arme, aussi brave que malheureuse, ne marchait plus que par habitude au milieu d'un dédale de lois, de règlements et de circulaires, lorsque l'ordonnance du 29 octobre 1820 traça ses devoirs et assura ses droits.

Cette ordonnance, ainsi que le décret impérial du 1er mars 1854, composent la législation de la gendarmerie et règlent les droits à l'avancement, les fonctions attribuées à chacun, les rapports avec les différentes autorités; enfin le service, l'instruction et la conduite de tous les militaires de l'arme.

La tenue militaire variait suivant la volonté des chefs; elle fut définitivement arrêtée par un règlement du 22 septembre 1826.

On put croire dès lors à la fixité de la position de la gendarmerie, lorsque la révolution de 1830 vint l'atteindre plus violemment que tous les autres corps de l'armée.

Dans un moment de délire populaire, sa fidélité à ses devoirs, son obéissance militaire, furent travesties en déloyauté, résistance illégale et rébellion. Cependant, la raison ne tarda point à lui rendre justice. La fidélité des armées est trop précieuse à tous les gouvernements pour qu'ils méconnaissent un tel sentiment. L'honneur s'est toujours réfugié dans les camps, et s'y est maintenu : l'uniforme repousse la félonie.

La gendarmerie fut reconstituée.

Ce corps reçut le titre de *gendarmerie départementale*, et on donna à la gendarmerie de Paris celui de *garde municipale*, puis de *garde de Paris*. La gendarmerie d'élite fut supprimée.

Aucun changement n'a été apporté dans ses attributions : les dénominations seules furent changées. Son effectif s'augmenta d'un certain nombre de surnuméraires qui reçurent la même solde que les gendarmes, et, plus tard, ils devinrent titulaires au fur et à mesure des vacances.

Par suite de la loi du 23 février 1834, on créa encore 2,000 gendarmes à pied pour être employés dans quelques départements de l'Ouest, afin de comprimer l'agitation des partis.

En 1863, le corps de la gendarmerie impériale est composé de 26 légions; plus, de la légion d'Afrique. En outre, de la garde de Paris; d'un régiment à pied, et d'un escadron à cheval de la garde impériale; de la gendarmerie coloniale; de la gendarmerie impériale maritime; des gendarmes vétérans.

La gendarmerie impériale est composée de 636 officiers, de 12,825 hommes à cheval et de 5,958 hommes à pied. — La légion d'Afrique est composée de 4 compagnies, et compte 21 officiers, 422 hommes à cheval et 220 hommes à pied. — La garde de Paris est composée de 92 officiers, de 619 hommes à cheval et de 2,144 hommes à pied. — Le régiment et l'escadron de la garde impériale se composent de 67 officiers, de 1,400 hommes à pied et de 130 hommes à cheval. — La gendarmerie coloniale est composée de 18 officiers, de 417 hommes à cheval et de 295 hommes à pied. La gendarmerie impériale maritime est composée de 5 compagnies, et compte 17 officiers et 300 hommes de troupe. Elle est affectée au service spécial des ports et arsenaux. Elle a été placée, par ordonnance du

19 juin 1832, dans les attributions du ministre de la marine et des colonies. — La compagnie des gendarmes vétérans compte 6 officiers et 155 hommes de troupe. Elle réside à Gaillon, département de l'Eure.

Cette compagnie a été licenciée par décret du 25 janvier 1872.

Il est intervenu, le 10 octobre 1855, un décret impérial qui a rétabli transitoirement les élèves-gendarmes créés, pour la première fois, par décret du 26 mars 1812. Ils doivent être pris dans les corps de cavalerie ou d'infanterie de l'armée, avoir au moins vingt-trois ans d'âge et dix-huit mois de service et réunir les autres conditions déterminées par le décret du 1er mars 1854. Lorsqu'ils atteignent vingt-cinq ans ils sont titularisés. (V. p. XLV.)

§ 15. — Variations dans l'uniforme depuis 1790 jusqu'en 1856. Nouveaux tarifs de solde.

La Révolution avait apporté de nombreux changements dans l'uniforme. D'autres se succédèrent de 1791 à 1830; les galons en argent disparurent des chapeaux; ils y furent replacés plus tard; la cocarde tricolore fut substituée à la cocarde blanche et se maintint jusqu'en 1814; la cocarde blanche reparut jusqu'en 1830, époque à laquelle elle fut remplacée par la cocarde tricolore.

La buffleterie changea également de forme et de couleur; les chapeaux, depuis ceux dits à lampion ou à la Saint-Germain, ont pris toutes les formes françaises, russes, anglaises et à la Bonaparte. L'habit de drap bleu seul resta; mais la coupe suivit l'impulsion des temps et subit diverses formes.

Le 22 septembre 1826 parut un règlement qui arrêta et fixa l'uniforme dans toutes ses parties.

La révolution de 1830 apporta quelques changements à ce règlement. Enfin, il ne resta plus dans l'uniforme de la gendarmerie aucun effet rappelant des souvenirs de maréchaussée.

Le 18 avril 1836 parut un nouveau règlement sur l'uniforme qui abrogea entièrement celui du 22 septembre 1826.

UNIFORME DE LA GENDARMERIE EN 1835

GENDARMERIE DÉPARTEMENTALE.

Grande tenue. — Habit de drap bleu, revers et retroussis écarlates; — collet et parement bleus; — pantalon de drap blanc; — chapeau; — aiguillettes et trèfles en fil blanc; — buffleteries piquées à jonc (l'espace qui se trouve au milieu des joncs est entretenu en jaune, et les bandes qui longent les joncs sont entretenues en blanc); — bottes dites *demi-fortes*, pour la cavalerie; — guêtres pour l'infanterie; — schako pour la gendarmerie de la Corse.

Petite tenue. — Surtout de drap bleu avec retroussis écarlates; — pantalon de drap gris-bleu; — pantalon d'été en coutil blanc; — aiguillettes et trèfles; — même chapeau, mêmes grandes bottes que pour la grande tenue; — petites bottes sous le pantalon, sans éperons et sans sous-pieds.

GARDE MUNICIPALE DE PARIS.

Grande tenue

Habit de drap bleu : revers en drap blanc, retroussis en drap écarlate, collet bleu, parements bleus avec une patte de drap blanc, boutons jaunes aux armes de la ville de Paris.

INFANTERIE.	CAVALERIE.
Pantalon de drap bleu.	Pantalon blanc en peau de mouton,
Epaulettes en laine rouge.	contre-épaulettes et aiguillettes en
Schako orné d'un galon aurore et	laine aurore, casque à la dra-
d'une aigrette rouge.	gonne, orné d'un plumet rouge.

Petite tenue. — Surtout en drap bleu avec retroussis écarlates, pantalon en drap bleu, ou en coutil blanc pour l'été, buffleterie blanche.

INFANTERIE	CAVALERIE.
Guêtres noires ou blanches.	Bottes dites *demi-fortes.*

VOLTIGEURS CORSES (corps auxiliaire).

Habit court de drap bleu, boutonné droit sur la poitrine, retroussis, collet et parements de drap bleu, passe-poil jonquille; — trèfles en laine jonquille; — pantalon de drap gris-bleu en hiver, de coutil bleu en été, — guêtres noires ou blanches; — schako.

Ce bataillon fut supprimé par décret du 23 avril 1850, et remplacé par un bataillon de gendarmerie mobile.

UNIFORME DE LA GENDARMERIE EN 1846.

GENDARMERIE DÉPARTEMENTALE.

Par l'instruction ministérielle en date du 21 août 1846, il fut décidé que les officiers, sous-officiers, brigadiers et gendarmes auraient *une petite tenue* pour le service journalier, et *une grande tenue* pour les dimanches et fêtes, et dans les cérémonies publiques.

La *petite tenue* se compose : 1° d'un habit en drap bleu de roi, avec fausses poches en travers, près de la taille (*ce qui rappelle la maré-*

chaussée); 2° d'un pantalon gris=bleu en cuir de laine, à brayette, pour le service à pied. — Pour le service à cheval, d'un pantalon gris-bleu à la hongroise, en cuir de laine et à brayette.

La *grande tenue* se compose : 1° d'un habit en drap bleu de roi, avec fausses poches en travers, près de la taille ; d'un pantalon de tricot double blanc pour l'arme à cheval. — Pour l'arme à pied, le pantalon, qui est aussi à brayette, est en coutil blanc.

Par la même ordonnance, le chapeau bordé d'un galon en argent, dont la gendarmerie avait fait usage pendant si longtemps, lui fut rendu. La hauteur de ce galon est de 55 millimètres pour les sous-officiers, brigadiers et gendarmes ; de 70 millimètres pour les officiers jusqu'au grade de capitaine inclusivement, et de 80 millimètres pour les officiers supérieurs. Il est ajouté au bord du chapeau des officiers de tous grades une double crête de 6 millimètres de hauteur en argent, qui n'est point comptée dans la hauteur du galon.

COMPAGNIE DE LA SEINE.

Les officiers, sous-officiers, brigadiers et gendarmes à cheval de la compagnie de la Seine font usage d'un bonnet à poil noir d'ours, avec pompon pour la petite tenue, et plumet droit en plumes de coq pour la grande tenue.

Les sous-officiers, brigadiers et gendarmes à pied portent un schako recouvert d'un tissu de soie noire. — Le *calot* est garni au pourtour supérieur d'un galon en argent large de 22 millimètres. Deux galons formant chevrons, en argent, et tresse rouge intercalés entre les chevrons, sont placés sur les côtés du schako dans des proportions qui varient suivant les grades.

Armement.

La gendarmerie, en 1863, est armée, savoir : la cavalerie, d'un sabre, d'un pistolet et d'un mousqueton par homme ; et l'infanterie, d'un sabre dit *briquet*, d'un pistolet et d'un mousqueton.

Harnachement.

Par la même ordonnance, le harnachement des chevaux de la gendarmerie est entièrement changé. On y a substitué celui de la garde municipale de Paris, qui n'est autre que celui de l'armée.

§ 16. — *Enumération des différents corps ayant porté la dénomination de gendarmerie.*

Il existait, vers la fin du XVI° siècle et au commencement du XVII°, un corps de cavalerie que l'on appelait *gendarmerie*; il n'avait aucune analogie avec la maréchaussée du temps et la gendarmerie actuelle. Cette troupe faisait la principale force de l'armée française ; il est vrai qu'à ces époques 7 à 8,000 hommes de toutes armes composaient seuls la force de l'armée en temps de paix. En effet, lorsque Henri IV se disposa, en 1600, à faire la guerre au duc de Savoie, il n'avait que 6 à 7,000 hommes d'infanterie, 1,500 de cavalerie et 6 canons. Il termina glorieusement cette campagne en six mois, et licencia ensuite les troupes qui avaient été levées pour l'entreprendre.

De 1600 à 1609, ce grand roi n'eut que 4,100 hommes d'infanterie et 2,637 hommes de cavalerie, dont le corps de la gendarmerie, qui en faisait partie, était fort de 1,640 hommes; il existait, en outre, quelques régiments d'infanterie, employés à la garde des châteaux et des forts, dont le personnel n'excédait pas 3,000 hommes : d'où il résulte que, pendant les premières années du XVIIe siècle, l'armée d'Henri IV était au-dessous de 10,000 hommes d'infanterie et de cavalerie; mais les autres souverains en avaient de moindres encore.

Au commencement de 1610, l'armée française se composait de 6,300 hommes d'infanterie, non compris 4,000 hommes employés dans les garnisons, et 3,690 hommes de cavalerie, parmi lesquels la *gendarmerie* formait un corps de 2,200 hommes. Elle perdit beaucoup de son importance numérique, lorsque Henri IV donna, dans le courant de cette année, un accroissement considérable à son armée, dans l'intention de soutenir par la force des armes, les droits des héritiers de la succession de *Clèves* et de *Juliers,* contre l'ambition des princes autrichiens qui régnaient en Allemagne et en Espagne.

Une levée de troupes de toutes armes porta la force de l'armée à 49,600 hommes. La gendarmerie conserva encore longtemps la même force; en 1640, elle se montait à 2,338 hommes. Elle continua, sous la même dénomination, de faire partie des corps des gardes royales et de ceux des armées jusqu'à ce qu'elle fût supprimée par ordonnances du roi des 30 septembre 1787 et 2 mars 1788. Elle n'était plus alors composée que d'une compagnie de gendarmes de la garde de 54 hommes, et d'un autre corps de 896 hommes, connu sous le nom de *gendarmerie de Lunéville*. Il fut créé, sous l'empereur Napoléon Ier, un corps de cavalerie portant le titre de *gendarmes d'ordonnance*; mais, en 1806, après la campagne de Prusse, ce corps fut dissous, et les militaires qui en faisaient partie prirent place dans les autres régiments de l'armée.

En 1814, une compagnie de gendarmes de la garde fut organisée; mais sa suppression eut lieu en 1815. Enfin, toute cette cavalerie, sous la dénomination de *gendarmerie,* n'avait aucun rapport avec la maréchaussée et la gendarmerie actuelle considérées comme force publique.

Après l'avénement de Napoléon III à l'empire, il a été créé un régiment et un escadron de gendarmerie de la garde impériale.

§ 17. — *Conclusions.*

On voit, par cette série de faits historiques, que, dans tous les temps, les gouvernements et les peuples ont désiré, recherché et maintenu la gendarmerie. La France offre le plus d'éléments pour l'organisation d'un corps qui ne peut se recruter que d'hommes sachant lire, écrire et rédiger, et possédant déjà un commencement d'instruction judiciaire, parce que l'instruction élémentaire y est plus avancée que partout ailleurs. Aussi les puissances voisines ont-elles essayé de créer, chez elles, une force publique à l'instar de la nôtre ; mais elles ont éprouvé et éprouvent encore de grandes difficultés par la rareté des sujets ; elles ne pourront de long-temps atteindre la perfection à laquelle la gendarmerie française est arrivée.

On a dû remarquer combien ce corps est utile et s'est rendu nécessaire depuis son origine, sous les rapports politiques et d'ordre public ; son augmentation successive dans les moments de danger et à mesure de l'accroissement de la population et de la civilisation ; son concours constant avec la magistrature ; ses relations continuelles avec les autorités ; ses vicissitudes dans tous les changements de règne ou de gouvernement, résultat de sa bonne conduite, de sa fidélité, de son dévouement à toutes les époques ; l'empressement des peuples à redemander la gendarmerie ; son intrépidité dans les temps de crise politique et de guerre civile ; son état permanent de guerre active contre les mauvaises passions, guerre d'autant plus dangereuse que le véritable courage y est mis en jeu, qu'il n'a pour témoins de ses actions que des lieux inhabités, et pour adversaires que des gens méprisés, mais souvent braves, adroits et féroces.

Cette belle arme est arrivée, sous l'escorte de l'honneur, jusqu'à nos jours. La gendarmerie est la magistrature armée : qu'elle apparaisse sous les titres de compagnies d'ordonnance, de gens d'armes, de maréchaussée, d'archers, de cavaliers, de gendarmerie nationale, impériale, royale, départementale ou municipale, son amour pour l'ordre ne peut dégénérer ; elle fut, est, et sera toujours un des fermes soutiens du gouvernement. C'est en vain qu'elle sera ballottée de révolution en révolution, d'organisation en organisation ; elle survivra toujours, parce que son existence est nécessaire même à ceux qui voudraient la lui ôter. Elle ne répond à l'ingratitude que par sa fidélité, ses actions utiles, sa bravoure, et le secours qu'elle porte à tous ceux qui le réclament.

§ 18. — *Observations générales.*

Avant de terminer cette notice, il convient de combattre et de détruire cette pensée, que la gendarmerie a, dans ses attributions, certains devoirs qui demandent mystères et ténèbres.

Ce préjugé n'a pu naître que de l'ignorance de son institution. Cette arme tient tous ses devoirs de la loi ; elle ne peut faire un pas sans s'appuyer sur elle ; elle seule la gouverne, et elle ne peut s'en écarter sans une responsabilité effrayante. Qu'elle observe, qu'elle maintienne, qu'elle réprime, qu'elle signale, qu'elle arrête les malfaiteurs, elle n'agit jamais que dans un cercle légal, et tous ses actes sont publics comme ses démarches.

D'autres idées également fausses ont été propagées. Le poste des gendarmes, depuis le premier jusqu'au dernier grade, est considéré mal à propos comme le refuge des invalides de l'armée et le tombeau de la cavalerie : c'est une étrange erreur ; le service de ce corps est, au contraire, le mouvement même ; c'est une activité de tous les jours, de tous les instants ; ce sont les actes de la jeunesse et de l'âge mûr réunis. Le gendarme est en action permanente pour le maintien de l'ordre et de la sûreté publics ; il n'est pas un moment où il ne réponde à la voix des magistrats et à celle des citoyens ; il faut qu'il marche sans cesse ou qu'il soit prêt à marcher et à porter la force partout où la loi est méconnue. Du reste, la sinistre année 1848 a énergiquement répondu à ces mensongères croyances ;

elle a, surabondamment, donné des preuves du courage réfléchi, du courage jusqu'à la mort, des loyaux et braves militaires de cette arme. Nul d'entre eux n'a fléchi devant les plus meurtrières passions; tous ont offert leur vie pour la défense de l'ordre et des propriétés, et, en grand nombre, ils l'ont généreusement donnée pour sauver celle de leurs concitoyens.

L'activité est donc constitutive du service de la gendarmerie. Ce corps militaire est indispensable à l'Etat. L'expérience a démontré qu'il n'était pas de mauvais gendarmes avec de bons officiers, et qu'un officier de gendarmerie qui manquerait d'instruction, d'expérience ou de jugement pourrait devenir le fléau de son arme et de la société.

En effet, sans instruction, croyant être sévère, il ne serait que brutal et injuste; n'ayant aucune idée des règlements, il attribuerait à ses subalternes les fautes dues à son ignorance; ne pouvant commander seul, il serait obligé d'avouer son insuffisance à quelques favoris. Cette circonstance éveillerait l'ambition des mauvais soldats, toujours prêts à recourir à l'intrigue et à la flatterie pour usurper l'avancement. De là naîtraient indubitablement le trouble, le désordre, des punitions sans motifs, des propositions de déplacement ou de congés de réforme injustement motivées, et, par suite, la perte de l'état d'un brave militaire qui, chargé de famille, n'a pour fortune que sa solde.

Sans expérience, l'officier se trouverait à la merci des exigences du pouvoir local, et placerait, malgré lui, la force publique sous la domination du bon plaisir des autorités, au lieu de l'utiliser au nom de la loi.

Sans jugement, avec des intentions louables, mais par un zèle inconsidéré, il pourrait, en dirigeant mal les sentiments qui l'animent, prendre la témérité pour de la fermeté, menacer la liberté individuelle, compromettre la tranquillité publique, alarmer la société, induire en erreur le gouvernement par des rapports inexacts, métamorphoser en émeute ou rébellion une simple rixe, employer la force des armes quand la persuasion aurait pu suffire, commencer enfin un engagement dont les suites amèneraient peut-être les plus grands désastres.

Ces puissantes raisons n'ont point échappé à M. le ministre de la guerre, qui repousse les officiers incapables, et lutte incessamment contre des recommandations dictées par des intérêts particuliers.

Les fonctions de directeur du personnel de la gendarmerie sont certainement des plus difficiles et des plus pénibles à remplir; depuis le gendarme jusqu'au chef de légion, chaque militaire a des idées d'avancement; ces prétentions s'augmentent par l'appui qu'elles trouvent dans les riches propriétaires et les notabilités locales, qui, sans pouvoir apprécier les services militaires des prétendants, se libèrent ainsi envers eux de quelques services rendus dans la surveillance de leurs propriétés. Les officiers, sous-officiers et gendarmes qui ont le moins de droits acquis sont souvent les plus chaudement appuyés.

Comment, alors, calmer ces ambitions incessantes? Les vacances d'emploi dans cette arme sont rares, et ce n'est pas exagérer que de compter au moins quarante aspirants, ayant droit, en sollicitation permanente pour un emploi vacant d'officier; en effet, il existe deux ou trois vacances d'emploi au plus par an dans chaque grade d'officier. Il est indispensable de satisfaire le tour d'ancienneté; il ne reste donc au choix que le tiers, qui est encore diminué par le tour des officiers à la suite ou en non-activité reprenant du service.

Le directeur du personnel oppose bien toutes les digues que la loi a élevées contre l'envahissement des emplois : le tour de l'ancienneté, celui de la non-activité et les candidatures des inspecteurs généraux; mais les prétendants qui se trouvent sur la liste au choix sont encore nombreux, et les vacances d'emploi ne suffisent pas à leurs désirs. Voilà les embarras et les difficultés : aussi, *Faire son devoir et advienne que pourra* est et doit être la devise de tous les chefs du personnel et de tous les braves militaires de la gendarmerie.

Voici les principaux changements opérés depuis 1864 jusqu'en 1881 dans l'armement, la tenue et l'effectif de la gendarmerie.

Sous la date du 13 avril 1864, l'Empereur a décidé :

1° Que l'escadron de gendarmerie cessera de compter dans la garde impériale ;

2° Qu'il sera désormais, pour tous les détails du service, sous l'autorité du grand maréchal du palais ;

3° Qu'il continuera à relever du ministère de la guerre en ce qui concerne le personnel, l'administration, et généralement pour tout ce qui se rattache à l'application et à l'interprétation des lois et règlements militaires ;

4° Qu'il prendra le titre *d'escadron des gendarmes d'élite* qu'il avait sous le premier Empire.

Le 31 mai 1866, le ministre de la marine décide que les majors généraux, qui exerçaient jusqu'ici les fonctions de chef de légion dans les ports, à l'égard des compagnies de gendarmerie maritime, cesseront de les remplir.

Un décret en date du 26 octobre 1866 porte l'effectif des 5 compagnies de gendarmerie maritime à 17 officiers, dont 3 chefs d'escadron, 601 sous-officiers, brigadiers et gendarmes, et crée 21 places d'enfants de troupe.

Un décret du 28 mars 1868 réorganise la légion de gendarmerie de la Corse, qui, de 4 compagnies dont elle se composait, n'en forme plus que 2, ayant pour chefs-lieux Bastia et Ajaccio.

Les compagnies de Corte et Sartène sont supprimées.

	Officiers..............	16
	Troupe { à cheval.......	164
L'effectif est... {	{ à pied.........	431
	Emplois spéciaux.......	5
	Enfants de troupe.......	14
	Total..........	630

La loi de finances du 2 août 1868 a augmenté la solde de tous les officiers de gendarmerie.

Par décret impérial du 20 janvier 1869, l'escadron des gendarmes d'élite est devenu un corps mixte comprenant 110 cavaliers et 36 fantassins.

Une circulaire du 14 septembre 1869 fait connaître que, le 6 du même mois, le ministre a décidé que chaque chef-lieu de légion sera pourvu de deux trompettes, et chaque chef-lieu de compagnie d'une trompette.

Une décision impériale du 25 septembre 1869 apporte les changements suivants :

Suppression du régiment de gendarmerie de la garde impériale ;

Réduction à 5 hommes de l'effectif des brigades à cheval qui sont encore exceptionnellement de 6 hommes ;

Conversion de 25 brigades à cheval en 50 brigades à pied ;

Création de 25 nouvelles brigades à pied à l'intérieur et 6 à cheval en Afrique ;

Et enfin augmentation de 130 fr. par an de la solde des sous-officiers, brigadiers et gendarmes.

Par une décision impériale du 15 octobre 1869, les 26 légions de gendarmerie de l'intérieur ont été réparties ainsi qu'il suit, savoir :

Les 22 premières, chacune dans la division militaire dont elle porte le numéro, avec son chef résidant au chef-lieu de cette division.

Et les 4 dernières, savoir :

La 23ᵉ dans la 1ʳᵉ division, avec son chef			à Orléans.
La 24ᵉ — 8ᵉ = —			à Dijon.
La 25ᵉ = 9ᵃ = —			à Nice.
Et la 26ᵉ — 16ᵉ — —			à Brest.

Une décision impériale du 16 mars 1870 admet à concourir, pour la gendarmerie, les sous-lieutenants des divers corps de l'armée.

Le 11 août 1870, un décret prescrit l'organisation dans la gendarmerie d'un régiment à pied et d'un régiment à cheval, qui seront organisés à Versailles.

Le 27 août 1870, une décision impériale augmente de 400 hommes le régiment à pied.

Le 5 septembre 1870, un décret du gouvernement de la Défense nationale abolit le serment politique.

Le 10 septembre 1870, la garde de Paris prend la dénomination de garde républicaine.

Le 10 septembre 1870, le gouvernement de la Défense nationale abroge l'art. 75 de la Constitution de l'an VIII (22 frimaire), par lequel les agents du gouvernement, autres que les ministres, ne pouvaient être poursuivis, pour des délits relatifs à leurs fonctions, qu'en vertu d'une décision du Conseil d'Etat.

Le 23 septembre 1870, un décret prescrit l'organisation d'un 2ᵉ régiment de gendarmerie à cheval à Paris.

Une décision du 27 septembre 1870 ordonne de ne mettre sur le fronton des casernes que le mot : *Gendarmerie*, au lieu de : *Gendarmerie impériale*, prescrit par l'art. 237 du règlement du 9 avril 1858.

Le 1ᵉʳ octobre 1870, création d'un 3ᵉ bataillon dans le régiment de gendarmerie à pied.

Le 6 octobre 1870, l'escadron de *gendarmerie d'élite* est supprimé.

Le 10 octobre 1870, un décret porte que pendant la durée de la guerre des sous=officiers de gendarmerie pourront être nommés sous-lieutenants dans les corps d'infanterie.

Le 31 octobre 1870, création, dans la ville de Tours, d'un service spécial de prévôté pour la surveillance militaire de la résidence du gouvernement et des camps à proximité.

Le 31 octobre 1870, création de 2 régiments de marche à cheval et d'un régiment de marche à pied de gendarmerie, en province.

Le 20 décembre 1870, la gendarmerie sédentaire des départements est mobilisée en vue d'assurer la police militaire en arrière des corps d'armée.

Un arrêté du chef du Pouvoir exécutif, daté de Bordeaux, 9 mars 1871, licencie les régiments de marche de gendarmerie et les escadrons mobilisés du Nord, créés pendant la guerre.

Un arrêté du chef du Pouvoir exécutif, daté de Versailles, le 21 avril 1871, licencie le 2ᵉ régiment de gendarmerie à cheval créé à Paris.

Le 2 juin 1871, un arrêté du chef du Pouvoir exécutif organise la garde républicaine en 2 corps distincts, comprenant chacun 2 bataillons d'infanterie et 4 escadrons de cavalerie.

Ces deux corps, qui prenaient la dénomination de 1ᵉʳ et 2ᵉ régiments de la garde républicaine, formaient ensemble un effectif de 6,110 hommes.

Chacun d'eux était composé conformément au tableau ci-après :

COMPOSITION DES CADRES D'UN RÉGIMENT DE LA GARDE RÉPUBLICAINE.

Etat-major.

1 colonel commandant.
1 lieutenant-colonel d'infanterie.
1 lieutenant-colonel de cavalerie.
2 chefs d'escadrons d'infanterie.
2 chefs d'escadrons de cavalerie.
1 major.
1 capitaine instructeur.
2 capitaines adjudants – majors d'infanterie.
2 capitaines adjudants de cavalerie.
1 capitaine trésorier.
1 lieutenant adjoint au trésorier.
1 capitaine d'habillement.
1 médecin-major de 1ʳᵉ classe.
1 médecin-major de 2ᵉ classe.
2 médecins aides-majors.
1 vétérinaire en premier.
1 vétérinaire en second.

Petit état-major.

2 adjudants sous-officiers d'infanterie.
2 adjudants sous-officiers de cavalerie.
1 chef armurier de 1ʳᵉ classe.
1 maréchal des logis, secrétaire du colonel.
1 maréchal des logis, premier secrétaire du trésorier.
1 brigadier, deuxième secrétaire du trésorier.
1 maréchal des logis tambour.
1 maréchal des logis trompette.

1 brigadier tambour.
1 brigadier trompette.

Compagnies (16).

16 capitaines.
32 lieutenants ou s.-lieutenants.
16 maréchaux des logis chefs.
16 maréchaux des logis fourriers.
96 maréchaux des logis.
192 brigadiers.
2000 gardes.
32 tambours.
32 enfants de troupe.

Escadrons (4).

4 capitaines.
16 lieutenants ou sous-lieutenants.
4 maréchaux des logis chefs.
4 maréchaux des logis fourriers.
32 maréchaux des logis.
4 brigadiers fourriers.
64 brigadiers.
472 gardes.
12 trompettes.
8 maréchaux ferrants.
8 enfants de troupe.

Le 9 juin 1871, le 1er régiment de gendarmerie à cheval est licencié.

CRÉATION D'UNE LÉGION DE GENDARMERIE MOBILE.

Un arrêté du chef du Pouvoir exécutif, daté de Versailles, le 23 juin 1871, crée une légion de gendarmerie mobile, composée d'un escadron de cavalerie et d'un bataillon d'infanterie de 8 compagnies, formant un effectif au complet de 1.222 hommes, y compris les enfants de troupe.
Les cadres de cette légion sont fixés de la manière suivante :

État-major.

1 lieutenant-colonel (1).
1 chef d'escadron d'infanterie.
1 chef d'escadron de cavalerie (1).
1 capitaine-major.
1 capitaine adjud.-major d'inf.
1 lieutenant-trésorier.
1 lieutenant officier d'habillement chargé des détails.
1 médecin-major ou aide-major.
1 vétérinaire.

Petit état-major.

1 adjudant sous-officier d'infant.
1 chef armurier de 1re classe.
1 maréchal des logis, secrétaire du lieutenant-colonel.
1 maréchal des logis adjoint au trésorier.
1 mar. des logis, maître d'armes.
1 brigadier secrét. du trésorier.
1 brigadier tambour.
1 brigadier trompette.

8 Compagnies.

8 capitaines.
16 lieutenants ou sous-lieutenants.
8 maréchaux des logis chefs.
8 maréchaux des logis fourriers.
48 maréchaux des logis.
96 brigadiers.
800 gendarmes.
16 tambours ou clairons (2).
16 enfants de troupe.

1 Escadron (3).

1 capitaine.
4 lieutenants ou sous-lieutenants.
1 maréchal des logis chef.
1 maréchal des logis fourrier.
8 maréchaux des logis.
1 brigadier fourrier.
16 brigadiers.
150 gendarmes.
3 trompettes.
2 maréchaux ferrants.
2 enfants de troupe.

---

(1) Un décret du 28 mars 1872 supprime le chef d'escadron de cavalerie, et un autre décret du 7 décembre suivant met un colonel à la tête de la légion.
(2) Voir la note à la page XXXVI.
(3) Suppression de l'escadron, voir page XXXIX.

3

Le 26 juin 1871, le régiment de gendarmerie à pied est licencié.

VÉTÉRANS.

Un décret du 25 janvier 1872 licencie la compagnie de gendarmes vétérans.

UNIFORME DE LA GENDARMERIE.

Le 7 décembre 1871, l'uniforme a été modifié de la manière suivante :
L'habit est supprimé et remplacé par une tunique.

Les boutons portent au milieu une grenade avec cette légende : *Gendarmerie*, et au-dessous : *Ordre public.*

La botte dite *à l'écuyère* est remplacée par la botte dite *à la Condé.*

Le sabre se porte toujours en ceinturon, à pied comme à cheval; la plaque a une grenade et les mêmes inscriptions que les boutons.

La giberne est du même modèle pour les deux armes.

Le ceinturon de sabre des officiers est, *pour toutes les tenues,* en cuir verni noir et uni, avec bélières et plaque du modèle de la troupe. Ce ceinturon se porte par dessus la tunique.

En tenue de ville, les officiers portent l'épée suspendue à un ceinturon en cuir verni noir, doublé en maroquin rouge, piqué en soie rouge, avec porte-épée fixe, et s'agrafant au moyen de deux médaillons dorés, estampés en relief d'une tête de Méduse et reliés par un crochet en forme de S.

L'instruction du 13 août 1872 détermine l'uniforme de la gendarmerie et remplace celle du 20 octobre 1857. La tenue reste la même, sauf les modifications apportées par la décision ci-dessus du 7 décembre 1871.

La garde républicaine, la légion de la Corse et la légion d'Afrique ont subi les mêmes modifications, et la compagnie de la Seine porte le chapeau galonné en argent, au lieu du bonnet à poil.

La gendarmerie mobile porte les mêmes effets, si ce n'est que le chapeau est remplacé par un shako pour les deux armes; que la tunique diffère de celle de la gendarmerie départementale par les passe-poils, qui sont en drap du fond; que les cavaliers ont un pantalon basané, au lieu de bottes à la Condé, et que les buffleteries sont noires, bien qu'elles soient indiquées dans l'instruction ministérielle du 13 août 1872, art. 446, comme devant être du modèle de la gendarmerie.

L'uniforme de la gendarmerie coloniale est réglé par l'instruction du 8 septembre 1873. Il ne diffère de celui de la gendarmerie des départements que par quelques détails de peu d'importance, si l'on en excepte les bottes à la Condé et la forme du harnachement.

ARMEMENT.

Le 22 décembre 1871, le ministre décide que les gendarmes à pied recevront provisoirement le fusil d'infanterie modèle 1866, que les gendarmes à cheval seront armés du fusil de cavalerie modèle 1866, et que cette dernière arme prendra à l'avenir la dénomination de *carabine modèle* 1866.

L'art. 778 de l'instruction précitée du 13 août 1872 a réglé l'armement de la manière suivante :

Compagnie des départements, légion d'Afrique.	Garde républicaine, légion mobile.
Arme à pied. { Revolver. / Fusil d'inf., modèle 1866. / Sabre-baïonnette.	Arme à pied. { Fusil d'inf., modèle 1866. / Sabre-baïonnette.
Arme à cheval. { Revolver. / Fusil de cav., mod.1866, avec baïonnette quadrangulaire. / Sabre de cavalerie légère.	Arme à cheval. { Revolver. / Fusil de cavalerie, modèle 1866, avec baïonnette quadrangulaire. / Sabre de cavalerie légère.

NOTA. Dans la garde républicaine et la légion mobile, les maréchaux des logis chefs d'infanterie et les sous-officiers de cavalerie ne sont pas armés du fusil; ils ont un revolver.

Le fusil a été remplacé par une carabine, dans la gendarmerie des départements et dans la cavalerie de la garde républicaine. (*Décis. du 13 mars* 1873.) Le modèle actuellement en usage est de 1874.

Le fusil de la garde républicaine et du bataillon mobile est du modèle 1866-1874.

Le revolver du modèle 1873 a été adopté par décision ministérielle du 12 février de la même année.

L'armement de la gendarmerie maritime est le même que celui de la gendarmerie des départements. (*Circ. du 7 juillet* 1873.) Toutefois, les maréchaux des logis chefs n'ont pas la carabine. (*Décis. du 23 décembre* 1872.)

GARDE RÉPUBLICAINE.

Par décret du 4 octobre 1873, les deux légions de la garde républicaine sont dissoutes et reconstituées en une seule, composée ainsi qu'il suit :

État-major.

	Hommes.	Chevaux.
Colonel	1	3
Lieutenant-colonel d'infanterie	1	2
Lieutenant-colonel de cavalerie	1	3
Chefs d'escadron d'infanterie	3	3
Chefs d'escadron de cavalerie	3	6
Chef d'escadron major	1	1
Capitaine instructeur (cavalerie)	1	1
Capitaines adjudants-majors d'infanterie	3	3
Capitaines adjudants-majors de cavalerie	3	3
Capitaine-trésorier	1	»
Capitaine d'habillement	1	»
Lieutenant ou sous-lieut. adjoint au trésorier	1	»
Médecins-majors	2	2
Médecins aides-majors	2	2
Pharmacien-major	1	»
Vétérinaire	1	1
Aides-vétérinaires	2	2
Chef de musique	1	»
	29	32

Petit état-major.

Adjudants sous-officiers d'infanterie..........	3	»
Adjudants sous-officiers de cavalerie.........	3	3
Adjudant chargé du service de l'artillerie.......	1	1
Sous-chef de musique.....................	1	»
Chef armurier...........................	1	»
Maréchal des logis secrétaire du colonel........	1	»
Maréchal des logis secrétaire du trésorier.......	1	»
Maréchal des logis maître d'armes............	1	»
Maréchal des logis tambour.................	1	»
Musiciens de 1re classe	5	»
Musiciens de 2e classe.....................	10	»
Musiciens de 3e classe.....................	13	»
Musiciens de 4e classe.....................	25	»
Brigadier secrétaire du trésorier.............	1	»
Brigadier chargé des enfants de troupe........	1	»
Brigadiers-tambours.......................	2	»
Brigadier-trompette.......................	1	1
Gardes secrét. du major et de l'officier d'habill.	2	»
	73	5

Troupe.

Trois bataillons d'infanterie, à huit compagnies, et six escadrons de cavalerie, composés de :

	Infanterie.	Cavalerie.
Capitaine.................................	1	1
Lieutenants ou sous-lieutenants..............	2	4
Maréchal des logis chef....................	1	1
Maréchal des logis fourrier..................	1	1
Maréchaux des logis......................	6	6
Brigadiers...............................	12	12
Gardes..................................	108	90
Tambours (1)	2	»
Trompettes..............................	»	3
Enfants de troupe.........................	2	2

Récapitulation.

	Hommes.	Chevaux.
Etat-major...............................	29	32
Petit état-major..........................	73	5
Officiers de troupe........................	102	54
Infanterie.................... 3,120 } Cavalerie.................... 690 }	3,810	666
Total général..........	4,014	757
Enfants de troupe.........................	60	»

(1) Par décision ministérielle du 3 juin 1880, les tambours sont supprimés dans l'armée et remplacés par des clairons. En ce moment cette mesure n'a pas encore reçu sa complète exécution dans la garde républicaine ni dans le bataillon mobile.

Le 18 septembre 1874, le ministre a décidé que la gendarmerie employée sur le territoire de Belfort cessera de faire partie de la compagnie de la Haute-Saône, à laquelle elle avait été rattachée après la cession de l'Alsace-Lorraine, et qu'elle sera administrée séparément par l'officier commandant.

RÉORGANISATION DES LÉGIONS.

Par décision présidentielle du 27 avril 1875, le nombre des légions est porté de 26 à 31, et leur circonscription est modifiée conformément au tableau ci-après :

Gouverneur de Paris.	Seine. Seine-et-Oise.	1re légion, chef-lieu Paris.
1er corps d'armée, chef-lieu Lille.	Nord. Pas-de-Calais.	2e légion, chef-lieu Lille.
2e corps, chef-lieu Amiens.	Somme. Oise. Aisne.	3e légion, chef-lieu Amiens.
3e corps, chef-lieu Rouen.	Seine-Inférieure. Eure. Calvados.	4e légion, chef-lieu Rouen.
4e corps, chef-lieu Le Mans.	Sarthe. Eure-et-Loir. Orne. Mayenne.	5e légion, chef-lieu Le Mans.
5e corps, chef-lieu Orléans.	Loiret. Seine-et-Marne. Yonne. Loir-et-Cher.	6e légion, chef-lieu Orléans.
6e corps, chef-lieu Châlons.	Marne. Ardennes. Aube. Meurthe-et-Moselle. Meuse. Vosges.	7e légion, chef-lieu Châlons. 8e légion, chef-lieu Nancy.
7e corps, chef-lieu Besançon.	Doubs. Haute-Saône. Haute-Marne. Ain. Jura.	9e légion, chef-lieu Besançon 10e légion, chef-lieu Bourg..
8e corps, chef-lieu Bourges.	Cher. Nièvre. Côte-d'Or. Saône-et-Loire.	11e légion, chef-lieu Bourges.
9e corps, chef-lieu Tours.	Indre-et-Loire. Maine-et-Loire. Indre. Vienne. Deux-Sèvres.	12e légion, chef-lieu Tours. 13e légion, chef-lieu Poitiers
10e corps, chef-lieu Rennes.	Ille-et-Vilaine. Manche. Côtes-du-Nord.	14e légion, chef-lieu Rennes.

11e corps, chef-lieu Nantes.	Loire-Inférieure....... Morbihan........... Finistère........... Vendée............	15e légion, chef-lieu Nantes
12e corps, chef-lieu Limoges.	Haute-Vienne........ Creuse........... Charente...........	16e légion, chef-lieu Limoges
	Dordogne........... Corrèze............	17e légion, ch.-l. Périgueux.
13e corps, chef-lieu Clermont.	Puy-de-Dôme......... Allier.............. Cantal.............	18e légion, ch.-l. Clermont
	Loire.............. Haute-Loire..........	19e légion, ch.-l. St-Etienne.
14e corps, chef-lieu Lyon.	Rhône............. Isère............. Drôme.............	20e légion, chef-lieu Lyon.
	Savoie............ Haute-Savoie......... Hautes-Alpes.........	21e légion, ch.-l. Chambéry.
15e corps, chef-lieu Marseille.	Bouches-du-Rhône..... Vaucluse........... Ardèche............ Gard.............	22e légion, ch.-l. Marseille.
	Alpes-Maritimes....... Var............... Basses-Alpes..........	23e légion, chef-lieu Nice.
	Corse . { 1re compagnie.. 2e compagnie...	24e légion, chef-lieu Bastia.
16e corps, chef-lieu Montpellier.	Hérault............ Aveyron........... Lozère............	25e légion, ch.-l. Montpellier.
	Pyrénées-Orientales.... Aude............. Tarn.............	26e légion, ch.-l. Perpignan.
17e corps, chef-lieu Toulouse.	Haute-Garonne........ Ariége............ Gers.............	27e légion, ch.-lieu Toulouse.
	Lot-et-Garonne........ Lot.............. Tarn-et-Garonne.......	28e légion, chef-lieu Agen.
18e corps, chef-lieu Bordeaux.	Gironde............ Charente-Inférieure..... Landes............	29e légion, ch.-l. Bordeaux.
	Basses-Pyrénées....... Hautes-Pyrénées.......	30e légion, ch.-lieu Bayonne.
19e corps, chef-lieu Alger.	Algérie.. { 1re compagnie. 2e compagnie. 3e compagnie. 4e compagnie.	31e légion, chef-lieu Alger.

NOUVELLES MODIFICATIONS AU DÉCRET DU 1er MARS 1854.

Par décret du Président de la République, en date du 24 juillet 1875, e chapitre V du décret du 1er mars 1854, relatif au service aux armées a été complétement refait, et une décision du même jour a changé la numérotation des articles, de 537 à 645, qui sont devenus 554 à 662.

Une décision du 26 mai 1878 crée 70 auxiliaires indigènes, payés sur les fonds de l'Algérie, et, par décret du 23 juillet suivant, le commandement de la 2ᵉ compagnie de la 31ᵉ légion, dont le chef-lieu passe de Médéah à Blidah, est donné à un chef d'escadron.

Une décision présidentielle du 30 septembre 1878 modifie les art. 55, 56, 58 et 59 du même décret, surtout en ce qui concerne l'admission dans la gendarmerie des capitaines, lieutenants et sous-lieutenants de l'armée.

TAILLE.

La taille des gendarmes était, suivant l'art. 9 de l'ordonnance du 29 octobre 1820, de 1 mètre 732 mil. pour l'arme à cheval et de 1 mètre 705 mil. pour l'arme à pied. Après de nombreuses modifications successives, cette taille a été fixée à 1 mètre 66 cent., *pour les deux armes,* par décision présidentielle du 21 octobre 1878.

CHEFS DE LÉGION

Par décret du Président de la République, en date du 21 juillet 1872, modifiant l'art. 62 du décret du 1ᵉʳ mars 1854 et la décision impériale du 31 mars 1860, l'admission, dans la gendarmerie, des colonels de l'armée est supprimée, et le nombre des chefs de légion, dans la gendarmerie départementale, est fixé ainsi qu'il suit : Colonels, 13. — Lieutenants-colonels, 13.

Un autre décret du Président de la République, daté du 13 septembre 1880, fixe le nombre des colonels de gendarmerie, y compris la légion d'Afrique et la garde républicaine, à 17, et celui des lieutenants-colonels au même chiffre 17. — Par suite, il est créé dans les cadres de la gendarmerie un emploi de colonel, et un emploi de lieutenant-colonel est supprimé.

LÉGION DE GENDARMERIE MOBILE

Par décret en date du 27 novembre 1879, l'escadron de la légion de gendarmerie mobile est licencié et cette légion prend la dénomination de : *Bataillon de gendarmerie mobile.*

Cette légion avait été créée par un arrêté du chef du Pouvoir exécutif en date du 23 juin 1871. (V. *page* XXXIII.)

RÉORGANISATION DES LÉGIONS.

Une décision du Président de la République, en date du 22 novembre 1879, a réduit à dix-neuf le nombre des légions de gendarmerie départementale, qui avait été porté de vingt-six à trente-une par décision présidentielle du 27 avril 1875. — Par suite de cette modification, chaque corps d'armée comprenait une légion commandée par un colonel placé au chef-lieu de la région, et l'une des compagnies de chaque légion devait être commandée par un lieutenant-colonel. Le tableau ci-après donne le résultat que cette mesure aurait produit, au point de vue de l'effectif des officiers, si elle n'avait pas été rapportée par une autre décision présidentielle du 31 mars 1880.

SITUATION ACTUELLE (31 légions)	SITUATION qui serait résultée de la décision du 22 nov. 1879 (20 légions).	DIFFÉRENCE	
		En plus.	En moins
15 colonels.	20 colonels.	5	»
16 lieutenants-colonels.	20 lieutenants-colonels.	4	»
91 chefs d'escadron.	71 chefs d'escadron.	»	20
32 capitaines-trésoriers.	21 capitaines-trésoriers.	»	11
59 lieutenants-trésoriers.	70 lieutenants-trésoriers.	11	»
31 adjudants.	20 adjudants.	»	11
61 mar. des logis chefs.	72 mar. des logis chefs.	11	»
31 brigadiers secrétaires.	20 brigadiers secrétaires.	»	11

La décision précitée du 31 mars 1880 a maintenu le nombre et la composition des légions tels qu'ils avaient été fixés par la décision présidentielle du 27 avril 1875; seulement elles prennent un numéro correspondant à celui du corps d'armée dans la circonscription duquel elles sont comprises.

Le tableau ci-après indique la composition et le siège de chaque légion départementale.

Gouvernement de Paris.	{ Seine................ Seine-et-Oise.......... }	Légion de Paris.
1er corps d'armée, chef-lieu Lille.	{ Nord................. Pas-de-Calais.......... }	1re légion, à Lille.
2e corps d'armée, chef-lieu Amiens.	(Somme............. Oise................. Aisne...............	2e légion, à Amiens.
3e corps d'armée, chef-lieu Rouen.	{ Seine-Inférieure........ Eure............... Calvados............. }	3e légion, à Rouen.
4e corps d'armée, chef-lieu Le Mans.	Sarthe............... Eure-et-Loir.......... Orne................. Mayenne............	4e légion, au Mans.
5e corps d'armée, chef-lieu Orléans.	Loiret................ Seine-et-Marne........ Yonne............... Loir-et-Cher..........	5e légion, à Orléans.
6e corps d'armée, chef-lieu Châlons.	Marne............... Ardennes............. Aube................ Meurthe-et-Moselle..... Meuse................ Vosges..............	6e légion, à Châlons.
		6e légion *bis*, à Nancy.

7° corps d'armée, chef-lieu Besançon.	Doubs .... Haute-Saône............... Haute-Marne.	7° légion, à Besançon.
	Ain.................. Jura...................	7° légion bis, à Bourg.
8° corps d'armée, chef-lieu Bourges.	Cher.................... Nièvre.............. Côte-d'Or............. Saône-et-Loire	8° légion, à Bourges.
9° corps d'armée, chef-lieu Tours.	Indre-et-Loire........ Maine-et-Loire......... Indre...............	9° légion, à Tours.
	Vienne............ Deux-Sèvres...........	9° légion bis, à Poitiers.
10° corps d'armée, chef-lieu Rennes.	Ille-et-Vilaine........ Manche.............. Côtes-du-Nord........	10° légion, à Rennes.
11° corps d'armée, chef-lieu Nantes.	Loire-Inférieure........ Morbihan .... Finistère .... Vendée	11° légion, à Nantes.
12° corps d'armée, chef-lieu Limoges.	Haute-Vienne.......... Creuse............. Charente............	12° légion, à Limoges.
	Dordogne .... Corrèze.............	12° légion bis, à Périgueux.
13° corps d'armée, chef-lieu Clermont-Ferrand.	Puy-de-Dôme .... Allier............... Cantal	13° légion, à Clermont-Ferrand.
	Loire .... Haute-Loire	13° légion bis, à St-Etienne.
14° corps d'armée, chef-lieu Lyon.	Rhône .... Isère .... Drôme...............	14° légion, à Lyon.
	Savoie.............. Haute-Savoie.......... Hautes-Alpes	14° légion bis, à Chambéry.
15° corps d'armée, chef-lieu Marseille.	Bouches-du-Rhône .... Vaucluse .... Ardèche.............. Gard...............	15° légion, à Marseille.
	Alpes-Maritimes .... Var.................. Basses-Alpes	15° légion bis, à Nice.
	Corse : 1re compagnie... — 2° compagnie...	15° légion ter, à Bastia.
16° corps d'armée, chef-lieu Montpellier.	Hérault.............. Aveyron .... Lozère	16° légion, à Montpellier.
	Pyrénées-Orientales.... Aude .... Tarn	16° légion bis, à Perpignan.
17° corps d'armée, chef-lieu Toulouse.	Haute-Garonne........ Ariège .... Gers	17° légion, à Toulouse.

17° *corps d'armée,* *chef-lieu Toulouse.*	Lot-et-Garonne......... Lot................. Tarn-et-Garonne.......	17ᵉ légion *bis,* à Agen.
18ᵉ *corps d'armée,* *à Bordeaux.*	Gironde............. Charente-Inférieure .... Landes............. Basses-Pyrénées........ Hautes-Pyrénées.......	18ᵉ légion, à Bordeaux. 18ᵉ légion *bis,* à Bayonne.
19ᵉ *corps d'armée,* *chef-lieu Alger.*	Algérie : 1ʳᵒ compagnie. — 2ᵉ compagnie. — 3ᵉ compagnie. — 4ᵉ compagnie.	19ᵉ légion, à Alger.

COMPOSITION DE LA GENDARMERIE.

En 1881, la gendarmerie se compose de :

1° La gendarmerie des départ.;
2° La gendarmerie d'Afrique;
3° La gendarmerie coloniale;
4° La gendarmerie mobile;
5° La garde républicaine;
6° La gendarmerie maritime.

La gendarmerie des départements contient .

30 légions.
87 compagnies, dont 2 pour la Corse, et 1 détachement à Belfort.
2,256 brigades à cheval.
1,778 brigades à pied.

La gendarmerie d'Afrique, qui forme la 19ᵉ légion, contient :

4 compagnies.
111 brigades à cheval.
50 brigades à pied.

La gendarmerie coloniale :

4 compagnies.
5 détachements.
92 brigades à cheval.
44 brigades à pied.

La gendarmerie mobile :

1 bataillon de 8 compagnies.

La garde républicaine ·

3 bataillons de 8 compagnies.
6 escadrons.

La gendarmerie maritime :

5 compagnies, dont les chefs-lieux sont à Cherbourg, Brest, Lorient, Rochefort et Toulon.

EFFECTIF.

Comparaison de l'effectif général entre 1863 et 1881.

	1863	1881
Colonels..........................	21	17
Lieutenants-colonels..................	11	17
Chefs d'escadron et major.............	105	103
Capitaines	316	320
Lieutenants ou sous-lieutenants	372	367
Emplois spéciaux, médecins, vétérinaires et chefs de musique, etc	12	11
Total des officiers....	837	835

		1863	1881
Adjudants.................	à cheval..	50	34
	à pied....	4	5
Maréchaux des logis chefs.....	à cheval..	76	71
	à pied....	46	38
Maréchaux des logis et fourriers.	à cheval..	800	777
	à pied....	765	946
Brigadiers.................	à cheval..	1,789	1,734
	à pied....	1,212	1,703
Gendarmes ou gardes.........	à cheval..	11,700	10,501
	à pied....	7,986	11,028
Chefs armuriers, sous-chef de musique, tambours, clairons, trompettes, maréchaux ferrants, etc		91	99
Total de la troupe....		24,519	26,936
TOTAL GÉNÉRAL..........		25,356	27,771 (1)
Enfants de troupe....................		577	629
Nombre de brigades..........	à cheval..	2,556	2,486
	à pied....	1,223	1,878
Total...........		3,779	4,364

Compris l'Algérie et les colonies.

_____

(1) Plus 85 auxiliaires indigènes dans la 19e légion.

Gendarmerie maritime.

Chefs d'escadron......................	2	3
Capitaines..........................	4	7
Lieutenants ou sous–lieutenants............	11	8
Total des officiers....	17	18
Maréchaux des logis chefs...............	»	5
Maréchaux des logis..................	28	37
Brigadiers.........................	49	77
Gendarmes.........................	285	464
Total de la troupe....	362	583
TOTAL GÉNÉRAL..........	379	601
Enfants de troupe......................	»	21

Contrairement aux dispositions de la loi du 13 mars 1875, concernant les autres armes, les cadres de la gendarmerie peuvent être modifiés suivant les besoins du service sans lois nouvelles.

SOLDE.

Comparaison de la solde de la gendarmerie départementale en 1823, 1856 et 1881.

OFFICIERS.		1823	1856	1881
Chef de légion.......	Colonel...........	6,668ᶠ 90	7,330ᶠ	8,350ᶠ
	Lieutenant-colonel.	» »	6,720	7,416
Comm. de compagnie.	Chef d'escadron...	4,851 »	5,130	5,580
	Capitaine.........	2,436 28	3,300	»
Comm. d'arrondiss...	Capitaine.........	» »	3,006	3,348
	Lieutenant........	1,890 42	2,298	2,664
	Sous-lieutenant....	» »	2,004	2,376
Trésorier...........	Capitaine.........	2,436 28	3,300	3,600
	Lieutenant........	1,960 98	2,712	3,060
	Sous-lieutenant....	» »	2,448	2,772
		(1)	(1)	(1)

(1) Ces chiffres représentent la solde nette de chaque grade, c'est-à-dire y compris l'indemnité de logement et d'ameublement et déduction faite de la retenue de 2 p. 0/0 en 1823 et 1856 et de 5 p. 0/0 en 1881.

TROUPE.

		1823	1836	1881
Arme à cheval...	Adjudant sous-officier.....	»	1,536ᶜ	1,896ᶜ
	Maréchal des logis chef...	»	1,286	1,646
	Maréchal des logis.........	1,035ᶜ	1,136	1,496
	Brigadier...............	955	1,036	1,396
	Gendarme..............	715	900	1,160
	Elève-gendarme..........	»	800	1,060
	Trompette..............	715	»	»
Arme à pied.....	Adjudant sous-officier....	»	1,386	1,746
	Maréchal des logis chef...	»	1,436	1,496
	Maréchal des logis.......	750	986	1,346
	Brigadier..............	650	886	1,246
	Gendarme..............	550	750	1,010
	Elève-gendarme.........	»	650	910
	Tambour..............	550	»	»

ÉLÈVES-GENDARMES.

Le décret impérial, rappelé à la page XXIV, a été modifié par le décret du 29 mars 1873, la décision ministérielle du 6 août 1878 et la décision présidentielle du 15 août 1879.

La garde républicaine reçoit des élèves-gardes, le bataillon mobile et la gendarmerie coloniale reçoivent des élèves-gendarmes. Les uns et les autres doivent avoir vingt-deux ans d'âge, un an de présence sous les drapeaux, et réunir les autres conditions exigées par l'art. 18 du décret du 1er mars 1854 modifié, en ce qui concerne la taille, par la décision présidentielle du 21 octobre 1878.

Une dépêche du ministre de la guerre, en date du 13 juin 1879, autorise l'admission dans la 19ᵉ légion d'élèves-gendarmes à pied et à cheval réunissant les conditions rappelées ci-dessus.

La gendarmerie maritime reçoit également des élèves-gendarmes dans les mêmes conditions.

DICTIONNAIRE

DE

LA GENDARMERIE.

DISPOSITIONS PRÉLIMINAIRES.

—

La gendarmerie est une force instituée pour veiller à la sûreté publique et pour assurer le maintien de l'ordre et l'exécution des lois. Une surveillance continue et répressive constitue l'essence de son service. Son action s'exerce dans toute l'étendue du territoire continental et colonial de la République, ainsi que dans les camps et armées. Elle est particulièrement destinée à la sûreté des campagnes et des voies de communication. (*Art.* 1er *du décret du* 1er *mars* 1854.)

En raison de la nature mixte de son service, la gendarmerie se trouve placée dans les attributions des ministres de la guerre, de l'intérieur, de la justice, de la marine et des colonies. (*Art.* 5 *du décret du* 1er *mars* 1854.)

Les militaires de tous grades de la gendarmerie qui n'auraient pas prêté le serment prescrit par la loi, dans le délai de deux mois, à dater de la réception de leurs lettres de service ou commissions, sont privés de tout paiement de solde ou d'allocation du jour de l'expiration de ce délai, à moins d'empêchement légitime.

Le commandant de compagnie est pécuniairement responsable, si la prestation de serment n'a pas eu lieu en temps utile. (*Art.* 234 *du décret du* 18 *févr.* 1863.)

Ce corps est placé dans les attributions du ministre de la guerre, pour ce qui concerne l'organisation, le personnel, la discipline et le matériel; du ministre de l'intérieur, pour ce qui concerne l'ordre public, les dépenses de la literie et du casernement; du ministre de la justice, pour ce qui est relatif à l'exercice de la police judiciaire et à l'exécution des mandements de justice; et du ministre de la marine et des colonies, pour ce qui concerne la surveillance à exercer par la gendarmerie sur les militaires des troupes de la marine, jusqu'à leur embarquement; la recherche des déserteurs de l'armée de mer, et la poursuite des forçats évadés; l'escorte des condamnés transférés dans les colonies pénitentiaires, et la police à exercer dans ces établissements, tant à l'intérieur qu'à l'extérieur.

Les compagnies et détachements de gendarmerie coloniale, bien que continuant d'appartenir à l'armée de terre, quant à l'organisation et au personnel, ressortissent au département de la marine pour la direction du service, pour l'administration et la comptabilité.

Les militaires de tous grades de la gendarmerie sont réputés en fonctions toutes les fois qu'ils sont revêtus de leur uniforme, et ils doivent toujours le porter, dans l'intérêt de la considération que l'honorable profession des armes doit attirer sur elle et en quelque sorte commander : tout ce qui fait partie de l'armée doit tenir à honneur de porter son uniforme. La tenue militaire n'est pas seulement de rigueur dans le service, elle l'est aussi dans toutes les réunions publiques. Aucun officier, aucun membre de l'intendance militaire, aucun officier du corps de santé, etc., ne peut se présenter chez le général commandant le corps d'armée, la division, la subdivision ou la brigade dans laquelle il se trouve, sans être revêtu de son uniforme. Il doit en être de même, non-seulement dans les circonstances relatives au service militaire, mais aussi dans les réunions qui ont lieu chez les autorités civiles. (*Circ. du min. de la guerre du 22 déc.* 1840 *et décret du* 13 *oct.* 1863.)

Cependant la tenue de société n'est pas défendue aux militaires de la gendarmerie, dans le cas où les habitudes civiles semblent la rendre convenable. Les colonels en règlent alors l'usage suivant les circonstances et les lieux. (*Circ. du* 10 *avril* 1821.) Aux termes de l'art. 209 du décret du 1ᵉʳ mars 1854, les généraux sont laissés juges, en dernier ressort, des circonstances où cette tolérance de tenue peut être accordée.

Conformément aux instructions de M. le ministre de la guerre du 28 janvier 1841, les militaires de tous grades du corps de la gendarmerie doivent toujours porter la moustache.

Qualités morales du gendarme.

La principale force de la gendarmerie résulte de la bonne conduite des militaires appelés à en faire partie. Les principes généraux qui doivent guider les gendarmes sont l'amour de l'ordre, la discipline, l'exécution des lois, le sentiment du devoir. Ils doivent tempérer la rigueur de leurs fonctions par la douceur et l'honnêteté, mériter l'estime et la considération publiques, n'être redoutables que pour les malfaiteurs, n'inspirer d'effroi qu'aux ennemis de l'ordre, et être une cause de sécurité pour les bons citoyens; enfin, ils doivent exercer une surveillance permanente sans qu'elle dégénère en tracasserie minutieuse ou en inquisition alarmante. Les gendarmes sans moralité ne peuvent obtenir la considération et l'estime publiques, qui leur sont indispensables pour faire le bien. Ils doivent donner l'exemple de l'ordre puisqu'ils sont chargés de le maintenir.

Si les gendarmes sont considérés comme les sentinelles vigilantes de la sûreté publique et individuelle, ils ne doivent point oublier qu'ils trouvent dans chaque citoyen un scrutateur de leur vie privée et de leur conduite ; dans chaque membre des autorités, un fonctionnaire chargé de les surveiller et de faire connaître le bien qu'ils feront, le mal qu'ils n'empêcheront pas, et les fautes qui seraient de nature à leur aliéner la confiance publique.

L'ivrognerie, l'immoralité et le défaut d'ordre sont les défauts les plus propres à déconsidérer les gendarmes. Ils leur font perdre toute confiance ; et, une fois qu'elle s'est éloignée, il est fort difficile, pour ne pas dire impossible, de la regagner.

Les fonctions attachées à l'emploi de gendarme sont difficiles à exercer. Elles sont souvent pénibles ; mais, quelle que soit leur rigueur, jamais elles ne doivent faire oublier les égards que l'on doit au malheur et faire taire les sentiments d'humanité qui distinguent le militaire. C'est surtout dans les contrées longtemps agitées par les mouvements politiques, et où il reste tant de plaies à cicatriser, qu'il faut de la sagesse pour ramener la confiance et la sécurité. On ne peut obtenir l'une et l'autre que par beaucoup d'activité, de fermeté et de prudence.

Sans prudence, on peut amener le désespoir de l'homme qui, n'ayant été qu'égaré, a droit, par cela seul, à ressentir les effets de la clémence du chef de l'État. Le défaut de fermeté encourage les instigateurs de troubles, qui doivent être saisis, jugés et punis ; enfin, sans activité, on donne au mal le temps de se propager, aux méchants la possibilité d'augmenter et de grossir leur parti de tous les brigands qui ne rêvent que vol, pillage et assassinat, qui portent la désolation dans les villes et campagnes, qui incendient les moissons, égorgent les paisibles cultivateurs, arrêtent les voitures et dépouillent les voyageurs.

Les gendarmes, dans toutes leurs opérations, doivent être calmes sans mollesse, discrets sans dissimulation, prudents sans faiblesse, fermes sans violence, soumis sans bassesse, braves sans témérité, polis sans flatterie. C'est en devenant l'appui et la sauvegarde de tous les citoyens paisibles, qu'ils impriment une terreur salutaire aux méchants. Ce n'est jamais par des vexations, des formes acerbes, des propos durs, des actes oppressifs, des humiliations, que l'on parvient à faire aimer le gouvernement. Un gendarme n'en impose point par des rodomontades, des forfanteries et des paroles grossières. Les malfaiteurs redoutent, avec plus de raison, l'œil surveillant du gendarme, qui, froid dans le danger, fidèle à son devoir, toujours maître de soi, remplit ses fonctions avec exactitude, dignité, décence et fermeté. Son langage doit toujours être celui-ci : *La loi commande, obéissez, exécutez.*

Les gendarmes, dans leur résidence, doivent se garder de contracter des habitudes, de fréquenter des individus et des sociétés qui leur feraient méconnaître l'impassibilité indispensable dans l'exercice de leurs fonctions. Ils doivent mettre dans leurs discours et leurs démarches toute la circonspection que commandent les opérations dont ils sont chargés. Dans leur intérêt personnel, ils s'abstiennent de toute discussion, de toute propagande politique, et s'ils sont mariés, ils doivent se conduire en bons époux, en bons pères, entretenir l'union et la bonne intelligence qui doivent ne faire des gendarmes d'une brigade qu'une famille d'amis. Cette conduite ne contribue pas peu à maintenir l'heureuse harmonie qui doit toujours régner entre eux et les fonctionnaires publics.

Comme militaires, ils ont à remplir les mêmes devoirs que les autres troupes, étant assujettis comme elles aux lois de la discipline. Un gendarme doit toujours se présenter dans une tenue militaire régulière ; il ne suffit pas d'être propre le jour d'une revue, il faut l'être tous les jours. Cette tenue indispensable donne non-seulement de la force à ses actes, mais elle ajoute à sa considération personnelle. Le gendarme, enfin, doit être tout entier à son état, et se bien pénétrer de cette maxime : « *Qu'il « n'a jamais assez fait tant qu'il lui reste quelque chose à faire pour « garantir la sûreté des personnes et des propriétés.* »

Qualités physiques du gendarme.

Les fonctions de gendarme exigent de la vigueur, et une santé capable de résister aux fatigues inséparables de l'activité du service et de l'intempérie des saisons ; une constitution assez robuste pour suffire à une surveillance continuelle, à des marches de nuit, et soutenir très-souvent des combats opiniâtres contre les méchants. Pour faire ce service, il faut n'être ni infirme, ni invalide, ni caduc ; il faut, au contraire, être fort et maître de toutes ses facultés physiques et intellectuelles.

Instruction élémentaire que doivent avoir les gendarmes.

Il ne suffit pas d'être fort et courageux pour être gendarme, il faut joindre à la bravoure la connaissance parfaite de son état. Sans instruction, le gendarme est exposé à faire de grandes fautes, même avec des intentions très-louables. Indépendamment de l'instruction militaire, qui consiste dans l'*Ecole du cavalier* et dans celle *du peloton,* dont les détails doivent lui être familiers, les premières conditions exigées pour être admis dans cette arme sont de savoir lire, écrire et rédiger de manière à pouvoir rendre un compte clair et précis des opérations qu'on exécute. On ne pourrait concevoir un gendarme qui, obligé de lire et de s'assurer de la validité des passeports, congés ou feuilles de route, et de dresser des procès-verbaux ou rapports, ne saurait pas lire, écrire et rédiger ; aussi le gouvernement n'admet et ne conserve dans un corps aussi essentiel que des militaires pouvant remplir ces conditions reconnues indispensables.

Dès qu'un militaire entre dans la gendarmerie, son premier soin doit être de s'attacher à connaître la topographie de son arrondissement dans tous ses détails ; il ne doit ignorer aucune route, aucun sentier, aucun bois, aucun pont ou bac, aucun hameau, aucune ferme isolée, aucun établissement public ou particulier qui emploierait beaucoup d'ouvriers ; enfin, il doit être à même de se rendre sans hésitation, de jour comme de nuit, par diverses routes, dans les communes dont il a la surveillance ; il est nécessaire qu'il porte ses observations sur les différents crimes, délits et contraventions qui sont les plus fréquents dans sa contrée, afin de les constater plus exactement. Sa mémoire ne doit jamais être en défaut sur les noms, le signalement des déserteurs, sur le domicile des pères, mères et parents des militaires insoumis ou déserteurs, sur les individus signalés par l'opinion publique comme troublant la tranquillité générale, attentant à la sûreté des personnes ou des propriétés ; sur ceux qui déjà ont été repris de justice, condamnés à des peines criminelles ou correctionnelles ; sur ceux qui se sont échappés des maisons de réclusion ou des mains de la gendarmerie et que l'on présume circuler dans le pays; sur les forçats libérés, les mendiants valides, les vagabonds. Enfin, il ne doit jamais éprouver le moindre embarras pour trouver le domicile des juges de paix, des maires, des gardes champêtres et forestiers, des autorités et de tous les fonctionnaires et agents publics.

Tout gendarme qui tient à son état, et qui veut assurer son emploi et son avancement, ne doit laisser échapper aucune occasion de s'instruire. S'il reste stationnaire dans ce qu'il sait, il verra bientôt ses jeunes camarades lui enlever l'avancement qui est réservé, avec juste raison, à la capacité; il est signalé par ses chefs, non seulement comme incapable, mais comme nuisant à la considération et à la confiance qui font toute la force de la gendarmerie, et il est remplacé sans ménagement.

ABUS D'AUTORITÉ.

L'abus d'autorité consiste à excéder ses pouvoirs, en ordonnant ce que la loi défend, en n'exécutant pas ce qu'elle prescrit, ou en refusant ce qu'elle permet. Ces abus se divisent en deux classes :

1° Abus contre les particuliers ;

2° Abus contre la chose publique.

Il y aurait abus contre les particuliers si la gendarmerie troublait, par un acte quelconque, les citoyens dans l'exercice de leur liberté individuelle; les officiers, sous-officiers, brigadiers et gendarmes qui s'en rendraient coupables encourraient leur réforme, indépendamment des poursuites judiciaires qui seraient exercées contre eux. (*Art.* 631 *du décret du* 1er *mars* 1854.)

Si les officiers, sous-officiers, brigadiers et gendarmes s'introduisaient dans le domicile d'un citoyen contre le gré de celui-ci, hors les cas prévus par la loi et sans les formalités qu'elle a prescrites, ils encourraient un emprisonnement de six jours à un an, et une amende de 16 fr. à 500 fr. (*Art.* 184 *du Code pénal et* 292 *du décret du* 1er *mars* 1854.)

Les officiers, sous-officiers, brigadiers et gendarmes qui, sans motifs légitimes, auraient usé ou fait user de violences envers les personnes, dans l'exercice ou à l'occasion de l'exercice de leurs fonctions, seraient, si ces violences constituent un délit correctionnel, punis du maximum de la peine ; si elles constituent un crime, on leur inflige la peine immédiatement supérieure à celle encourue par un simple particulier : ainsi, si la loi prononce le bannissement, on les condamnerait à la réclusion; si elle prononce la réclusion, on les condamnerait aux travaux forcés à temps; si elle prononce les travaux forcés à temps, ils les subiraient à perpétuité, après quoi on leur applique la loi commune. (*Code pénal, art.* 186 *et* 198.)

Les officiers, sous-officiers, brigadiers et gendarmes qui auraient commis ou facilité toute suppression, ou toute ouverture de lettres confiées à la poste, seraient punis d'une amende de 16 fr. à 500 fr. et d'un emprisonnement de trois mois à cinq ans, et, de plus, interdits de toutes fonctions ou emplois publics pendant cinq ans au moins et dix ans au plus. (*Art.* 187 *du Code pénal.*) Et s'ils avaient supprimé, détruit, soustrait ou détourné des actes et titres dont ils étaient dépositaires, et s'ils s'étaient approprié de l'argent renfermé dans une lettre ou paquet dont ils auraient été chargés, ils seraient punis des travaux forcés à temps. (*Art.* 173 *du Code pénal.*)

Il y aurait abus contre la chose publique notamment si les officiers, sous-officiers, brigadiers et gendarmes avaient requis ou ordonné, fait requérir ou ordonner l'action ou l'emploi de la force publique contre l'exécution d'une loi ou contre la perception d'une contribution légale, ou contre l'exécution soit d'une ordonnance ou mandat de justice, soit de tout autre ordre émanant de l'autorité compétente.

Les militaires de la gendarmerie qui auraient abusé de leur autorité dans les cas ci-dessus indiqués seraient punis de la réclusion. (*Art.* 188 *du Code pénal.*) Et si cet ordre ou cette réquisition avait été suivi de son effet, la peine serait portée au *maximum* de la réclusion. (*Art.* 189 *du Code pénal.*)

Cependant, si les officiers, sous-officiers, brigadiers et gendarmes n'avaient agi que par ordre de leurs supérieurs, les peines ne seraient encourues que par les chefs qui, les premiers, auraient donné cet ordre, soit verbal, soit par écrit (*Art.* 190 *du Code pénal*); mais, lorsque des faits reprochés à des gendarmes sont étrangers aux ordres que l'autorité supérieure leur a donnés, ils ne sont pas couverts par la responsabilité de leurs supérieurs. (*Arr. du Cons. d'Etat du* 18 *juill.* 1821.) Dans ces diverses circonstances, il est de l'intérêt des supérieurs comme de celui des subordonnés, de donner toujours des ordres bien positifs et par écrit.

ACCIDENTS PAR IMPRUDENCE.

La gendarmerie doit constater les accidents et blessures par imprudence; il est nécessaire de recueillir avec soin le détail des circonstances qui ont précédé ou suivi ces délits, qui sont punissables des peines suivantes :

Quiconque, par maladresse, imprudence, inattention ou inobservation des règlements, aura commis involontairement un homicide, ou en aura été involontairement la cause, est puni d'un emprisonnement de trois mois à deux ans et d'une amende de 50 fr. à 600 fr. (*Art.* 319 *du Code pénal.*) S'il n'est résulté du défaut d'adresse ou de précaution que des blessures ou coups, l'emprisonnement est de six jours à deux mois, et l'amende de 16 fr. à 100 fr.

Le procès-verbal est remis au ministère public de l'arrondissement.

Les blessures par imprudence, atteignant les bestiaux et autres animaux, doivent être constatées par la gendarmerie, bien que ces accidents ne constituent qu'une contravention punissable de 11 à 15 fr. d'amende et de cinq jours d'emprisonnement. (*Art.* 479, *n°* 2, *du Code pénal.*) Cette espèce de contravention exige d'autant plus d'attention que, sous prétexte de maladresse, on pourrait détruire, par vengeance, les bestiaux de ses voisins; dans ce dernier cas, cette action deviendrait un délit du ressort des tribunaux de police correctionnelle. (V., *au Formulaire, un modèle de procès-verbal.*)

Les blessures causées à un chien, appartenant à autrui, par le jet d'un rateau, de pierres ou de tout autre corps dur, tombent sous l'application de l'art. 479, n° 3, du Code pénal et non de la loi du 2 juillet 1850. (*Cass.,* 3 *juill.* 1853 et 4 *avril* 1863. — V. *Animaux et Blessures.*)

ADULTÈRE.

L'adultère est un délit de la compétence des tribunaux de police correctionnelle. (*Art.* 337 *et* 339 *du Code pénal.*)

La gendarmerie ne peut constater d'office le délit d'adultère : le Code pénal donne aux époux seuls le droit de se plaindre. (*Art.* 336 *et* 339 *du Code pénal.*) Cependant si l'adultère causait un scandale notoire, devenait une prostitution publique, la gendarmerie aurait le droit d'interposer sa surveillance accoutumée. Dans ce cas, sans s'occuper du délit d'adultère, elle constate le scandale survenu à cette occasion, en désigne, s'il y a lieu, les auteurs comme coupables d'attentat public à la pudeur et aux bonnes mœurs. Ces faits sont passibles des peines portées par les art. 330 et suivants du Code pénal. (V. *Attentats aux mœurs.*)

En cas d'adultère, le meurtre commis par l'époux sur son épouse, ainsi que sur le complice, à l'instant où il les surprend en flagrant délit dans *la maison conjugale,* est excusable. (*Art.* 324 *du Code pénal.*) En cas de meurtre, la gendarmerie se transporte sur les lieux, dresse procès-verbal du fait et des circonstances qui l'ont précédé et suivi. Ce procès-verbal est transmis à M. le procureur de la République.

En matière d'adultère, l'action correctionnelle intentée par le ministère public, sur la plainte du mari, est anéantie, tant à l'égard de la femme qu'à l'égard du complice, par le décès du mari survenant à une époque quelconque de la procédure. A toutes les époques de la procédure, l'action du ministère public a besoin du concours soit exprès, soit présumé du mari, puisqu'elle est constamment subordonnée à sa volonté. (*Cass.,* 27 *sept.* 1839.)

En principe, le décès de l'auteur principal d'un délit n'est point un obstacle à l'exercice de l'action du ministère public contre les complices; mais en matière d'adultère il y a exception, ainsi le décès de la femme poursuivie pour adultère éteint l'action publique, même à l'égard du prévenu de complicité. (*Cass.,* 8 *juin* 1872.)

Quiconque, étant engagé dans les liens du mariage, en aura contracté un autre avant la dissolution du précédent est passible des travaux forcés à temps. C'est ce qu'on nomme vulgairement crime de bigamie. (*Art.* 340 *du Code pénal.*)

AFFICHES. — AFFICHAGE.

On distingue ordinairement deux sortes d'affiches : 1° celles qui sont apposées par ordre de l'autorité; 2° celles qui sont placardées à la demande et dans l'intérêt des particuliers.

Les premières sont imprimées sur papier blanc et ne sont pas assujetties au timbre. Les dernières doivent être imprimées sur du papier de couleur et timbrées. Dans le cas contraire, l'imprimeur encourra une amende de 100 fr. (*Loi des* 22-28 *juillet* 1791, *et loi du* 28 *avril* 1816, *art.* 65 *et* 69.)

Les affiches imprimées doivent porter le nom et le domicile de l'imprimeur; celles manuscrites celui de l'auteur : les contraventions à ces dispositions sont punies d'emprisonnement. (*Loi du* 28 *germ. an* IV, *art.* 1er *et* 2; *Code pénal, art.* 283 *et* 286; *loi du* 29 *juill.* 1881, *art.* 2.)

Les art. 15 et 16 de la loi du 29 juillet 1881 fixent les conditions dans lesquelles l'affichage doit avoir lieu, et l'art. 17 édicte les peines à infliger à ceux qui déchirent, enlèvent ou altèrent les affiches électorales et celles apposées par ordre de l'administration. — (V. *page* 531.)

Dans le cas où une affiche peinte sur toile a été apposée sur un emplacement autre que celui indiqué dans la déclaration, le contrevenant doit, en sus de la peine encourue, être condamné au payement du droit spécial d'affichage. (*Cour d'appel de Nîmes*, 12 *mai* 1872.)

Les avis imprimés que l'on fait circuler, et qui se distribuent dans les lieux publics, sont assujettis au droit de timbre, sous peine de la restitution des droits fraudés et d'une amende de 25 fr., qui peut être portée à 100 fr., en cas de récidive. (*Loi du 9 vend. an* VI (30 *sept.* 1797), *arrêté du 3 brum. an* VI (24 *oct.* 1797), *loi du 6 prair. an* VII (25 *mai* 1799.)

Mais tous les avis qui ne sont pas destinés à être affichés peuvent être imprimés sur papier blanc. (*Art.* 66, *loi du* 28 *avril* 1816.)

L'art. 3 de la loi du 11 mai 1868 affranchit du timbre les affiches électorales d'un candidat, contenant sa profession de foi, une circulaire signée de lui, ou seulement son nom. Ce bénéfice n'est pas étendu aux affiches placardées avant la période électorale, c'est-à-dire avant l'époque où les électeurs sont appelés au scrutin. Cette disposition n'est pas non plus applicable aux affiches placardées après la clôture de la période électorale et par lesquelles les candidats, élus ou non, remercient les électeurs de leurs votes. (*Décis. du min. des fin. des* 7 *sept.*, 13 *oct.* 1868 *et* 5 *nov.* 1880. — V. *p.* 92 *du tome* XXIX *des instr. générales du directeur général de l'enregistr.*)

Les gendarmes, lorsqu'ils découvrent des affiches et placards imprimés ou manuscrits contre les mœurs, la morale publique ou religieuse, ou contenant des injures contre le gouvernement, des provocations au meurtre, au pillage et à la révolte, doivent les arracher et les faire parvenir de suite, avec un procès-verbal. au procureur de la République ; ils y font mention de tous les renseignements qu'ils ont pu recueillir à ce sujet, et redoublent de surveillance et de zèle pour en découvrir les afficheurs et les auteurs. Les procès-verbaux sont enregistrés en débet, visés pour timbre et remis au procureur de la République. — V. *page* 523.

Sous peine d'une amende de 100 fr. à 500 fr., et de confiscation des affiches, tout individu qui voudra, au moyen de la peinture ou de tout autre procédé, inscrire des affiches dans un lieu public, sur les murs, sur une construction quelconque, ou même sur toile, sera tenu préalablement de payer le droit d'affichage de 50 centimes par affiche d'un mètre carré et au-dessous, et de 1 fr. pour celle d'une dimension supérieure, et d'obtenir de l'autorité municipale dans les départements, et, à Paris, du préfet de police, l'autorisation ou permis d'afficher. (*Art.* 30 *de la loi du* 8 *juill.* 1852, *et décret du* 25 *août suivant.*)

Il est dû une amende pour chaque exemplaire d'affiche inscrit sans payement du droit, ou d'une dimension supérieure à celle pour laquelle le droit a été payé, et pour chaque exemplaire apposé dans un emplacement autre que celui indiqué dans la déclaration.

Jusqu'ici la gendarmerie n'avait pas qualité pour constater les contraventions en matière d'affiches non timbrées. La loi du 30 mars 1880 lui a donné ce droit, dont elle doit user dans les circonstances et pour les infractions déterminées ci-après.

Le fait d'avoir placardé une affiche non timbrée ou d'avoir fait usage d'un timbre faux ou ayant déjà servi constitue une infraction punissable des tribunaux correctionnels et entraînant une amende de 50 à 1,000 fr. En cas de récidive, la peine d'emprisonnement est de cinq jours à un mois et l'amende est double. (*Art. 20 et 21 de la loi du 11 juin* 1859.)

Les constatations de ces diverses contraventions sont faites, conformément aux art. 5 et 6 du décret du 25 août 1852, dans la forme ordinaire, à la requête de la direction générale de l'enregistrement, et les procès-verbaux sont remis par les gendarmes au receveur des domaines de leur circonscription, appuyés des pièces en contravention, quand il y a lieu, suivant les dispositions de l'art. 31 de la loi du 13 brumaire an VII.

Lorsque les affiches sont collées, il n'est pas nécessaire de les détacher pour donner plus de poids aux procès-verbaux; mais les gendarmes doivent relater les faits d'une manière précise, afin d'éviter toute contestation sur l'exactitude de leurs actes.

Pour toutes les contraventions aux lois des 8 juillet 1852 (art. 6), 18 juillet 1866 (art. 4), et 30 mars 1880 (art. 2), il est accordé aux gendarmes, gardes champêtres et autres agents de la force publique, qui les ont constatées, *un quart des amendes* PAYÉES *par les contrevenants.* (*Art. 5 et 6 du décret du 25 août* 1852.)

Les timbres mobiles créés en exécution de l'art. 6 de la loi du 27 juillet 1870, pour les affiches imprimées, pourront être employés à l'acquittement des droits de timbre des autres affiches passibles des droits fixés par l'art. 4 de la loi du 18 juillet 1866.

Le timbre mobile sera collé avant l'affichage au *recto* de chaque affiche non imprimée. Il sera oblitéré soit par l'inscription d'une ou plusieurs lignes du texte de l'affiche, soit par l'application, en travers du timbre, de la date de l'oblitération et de la signature de l'auteur de l'affiche, soit enfin par l'apposition, en travers du timbre, d'une griffe faisant connaître le nom et la résidence de l'auteur de l'affiche.

Sont applicables à ces timbres les dispositions pénales des art. 20 et 21 de la loi du 11 juin 1859.

Les contraventions à la présente loi et à celle du 18 juillet 1866 seront constatées conformément aux art. 5 et 6 du décret du 25 août 1852. (*Art. 1er, 2 et 3 de la loi du 30 mars* 1880.)

Le droit de timbre du papier des affiches est fixé de la manière suivante :

Par feuille de 12 décimètres et demi carrés et au-dessus..........	0 f. 05 c.
Au-dessus de 12 décimètres et demi jusqu'à 25 décimètres carrés..	0 10
Au-dessus de 25 décimètres jusqu'à 50 décimètres carrés.........	0 15
Au delà de cette dimension.................................	0 20

Dans le cas où une affiche contiendrait plusieurs annonces distinctes, le maximum ci-dessus fixé sera toujours exigible. Ce maximum sera doublé si l'affiche contient plus de cinq annonces. — Les affiches peuvent être imprimées sur papier non timbré, pourvu que le timbre y soit apposé avant l'affichage. — Néanmoins, sont maintenues, en cas de contravention aux paragraphes qui précèdent, les amendes et pénalités édictées par l'art. 69 de la loi du 28 avril 1816, modifiée par l'art. 10 de la loi du 16 juin 1824. (*Art. 4 de la loi du 18 juill.* 1866.)

AFFIRMATION DES PROCÈS-VERBAUX.

La loi du 17 juillet 1856, se confiant dans la loyauté et la sincérité des militaires de la gendarmerie, les a dispensés de l'affirmation de leurs procès-verbaux qui avait lieu soit devant le juge de paix, soit devant le maire, en matières de grande voirie, de roulage, de douanes et de mines.

Cette loi ne parlant que des brigadiers et gendarmes, l'on pourrait croire qu'elle n'est pas applicable aux procès-verbaux des sous-officiers en matière de grande voirie. Mais en se reportant à l'exposé des motifs, il est facile de se convaincre que le législateur n'a voulu faire aucune distinction entre les procès-verbaux des sous-officiers et ceux des brigadiers et gendarmes.

Si les premiers n'ont pas été dénommés dans la loi, c'est que, dispensés de l'affirmation en matière de roulage par la loi du 30 mai 1851, on les considérait comme étant également dispensés de cette formalité en matière de grande voirie.

Une décision impériale du 24 avril 1858 l'a interprété ainsi en supprimant les art. 493 et 494 du décret du 1er mars 1854 concernant l'affirmation.

Un décret du 23 décembre 1857 rend la loi du 17 juillet 1856 applicable aux procès-verbaux rédigés par la gendarmerie dans les colonies.

Les procès-verbaux de la gendarmerie maritime ne sont pas dispensés de l'affirmation. La loi ci-dessus, du 17 juillet 1856, ne leur est point applicable, par la raison que ces procès-verbaux font foi jusqu'à inscription de faux, tandis que ceux de la gendarmerie ordinaire font foi seulement jusqu'à preuve contraire. (*Circ. du ministre de la marine du 17 mars* 1857.)

AFFOUAGE.

Pendant longtemps on a pensé, dans bon nombre de résidences, que la gendarmerie devait être exclue de la distribution affouagère; mais, grâce à la persistance que le *Journal de la gendarmerie* a mise pour faire valoir les droits de ces militaires, la jurisprudence ne laisse plus aucun doute à ce sujet.

L'art. 105 du Code forestier appelle à prendre part aux distributions affouagères les chefs de famille ou de maison ayant un domicile *réel* et *fixe* dans la commune. Les habitants, intéressés à contester le droit des gendarmes, ont toujours soutenu que la résidence dans une localité, à titre de membre d'une brigade, loin de faire supposer la translation du domicile dans cette localité, devait plutôt faire admettre la conservation de l'ancien domicile, conformément à la disposition de l'art. 106 du Code civil, ainsi conçue : « Le citoyen appelé à une fonction publique temporaire ou révocable conservera le domicile qu'il avait auparavant, s'il n'a pas manifesté d'intention contraire. » — Toute difficulté serait écartée si les gendarmes, en arrivant dans une nouvelle résidence, avaient le soin de faire à la mairie la déclaration de leur intention de transférer leur domicile dans la commune qu'ils viennent habiter. Mais cette déclaration ne se fait presque jamais, et alors on en est réduit à examiner si les faits particuliers ou si des raisons générales peuvent faire décider que le domicile a été transféré dans la commune, de telle sorte que les gendarmes réclamant une part affouagère puissent être considérés comme des chefs de famille ou de maison ayant un domicile réel et fixe dans la localité.

Le conseil municipal de Beaurepaire ayant refusé le bois d'affouage à la brigade de gendarmerie, celle-ci avait intenté une action en revendication de ses droits. Le tribunal de Louhans, s'appuyant sur l'art. 105 du Code forestier, a condamné la commune de Beaurepaire à payer à la brigade de gendarmerie, composée de cinq hommes, la somme de 150 fr. pour bois d'affouage de l'année 1872, à titre de dommages-intérêts. En outre, la commune a été condamnée à inscrire la brigade d'office sur le rôle d'affouage pour l'année 1873 et suivantes, et à payer tous les frais et dépens.

Le maire ayant, au nom de cette commune, interjeté appel de ce jugement, la Cour de Dijon, dans sa séance du 19 février 1873, a rendu l'arrêt dont la teneur suit :

« Questions :

« 1° Les gendarmes de Beaurepaire ont-ils droit à l'affouage pour 1872 et 1873 ?

« 2° *Quid* des dépens ?

« Considérant qu'aux termes de l'art. 105 du Code forestier, les bois d'affouage se distribuent par feu, c'est-à-dire par chef de famille ou de maison, ayant un domicile réel et fixe dans la commune ; que si le maire de Beaurepaire ne peut sérieusement contester aux gendarmes qui composent cette brigade la qualité du chef de famille ou de maison, il leur refuse absolument la réalité et la fixité du domicile, parce que, assujettis à la discipline militaire, ils sont sans cesse exposés à changer de résidence, que les fonctions qu'ils exercent sont révocables, et qu'enfin ils ne participent point aux charges communales :

« Considérant, à cet égard, que si le corps de la gendarmerie fait partie intégrante de l'armée, les dispositions générales des lois militaires ne lui sont cependant applicables qu'avec les modifications et les exceptions que nécessitent son organisation et la nature mixte de son service.

« Que, chargé d'assurer le maintien de l'ordre et l'exécution des lois, et particulièrement destiné à la sécurité des campagnes, il se trouve placé dans les attributions non-seulement du ministre de la guerre, mais encore des ministres de l'intérieur et de la justice, avec lesquels il a des rapports directs et permanents.

« Qu'astreints à la résidence dans le lieu qui leur est assigné par la lettre de service ou la commission individuelle qu'ils ont reçues, les gendarmes ne sont point, comme les soldats en corps et en activité, tenus de vivre en commun et exposés à changer de garnison ; que leurs brigades sont établies d'une manière permanente dans les communes, chefs-lieux de circonscriptions ; que leur service est sédentaire, et que, mariés pour la plupart et obligés de pourvoir aux besoins d'une famille, ils peuvent se créer un domicile fixe et réel.

« Considérant, sur le second point, que sans doute l'acceptation de fonctions publiques révocables n'emporte pas, comme les fonctions conférées à vie, la translation immédiate et de plein droit du domicile au lieu où le titulaire est appelé à les remplir, mais qu'il n'en est pas moins vrai qu'il ne conserve son domicile antérieur ou d'origine que lorsqu'il n'a manifesté aucune intention contraire.

« Que tout changement de domicile s'opère par le fait d'une habitation réelle jointe à l'intention d'y fixer son principal établissement, et qu'à défaut de déclaration expresse, l'intention dépend des circonstances.

« Qu'en transportant à Beaurepaire leurs familles, leurs intérêts, et non-seulement leur principal, mais leur unique établissement, les intimés ont publiquement révélé leur volonté, et qu'on ne peut, sans y porter atteinte, leur attribuer un domicile de droit qu'ils ont abandonné sans esprit de retour et qui ne serait qu'une fiction contredite par la réalité. Que notamment, dans l'espèce, quatre d'entre eux sont mariés; que deux sont fixés dans la commune depuis dix ans, et que si les autres ne l'habitent que depuis deux ou trois ans ils ont tous un logement distinct, un mobilier particulier, un feu séparé et doivent, à ce titre, être compris dans la distribution du bois destiné aux usages domestiques; qu'il n'est même point allégué qu'ils aient ailleurs un autre domicile, un autre centre d'affaires ou d'intérêts; que d'ailleurs, en leur qualité d'Alsaciens ayant opté pour la nationalité française, on ne peut dire, avec quelque apparence de raison, que Schlosser et Jenny n'ont point renoncé à leur domicile d'origine.

« Qu'enfin, c'est vainement qu'on leur oppose qu'ils ne supportent aucun impôt dans la commune; que nulle part il n'est dit que l'affouage soit une compensation des charges communales; qu'il résulte même du projet de loi que l'inscription au rôle n'est pas nécessaire pour donner au résidant la qualité de véritable habitant; que cette proposition fut écartée par la commission de révision; que, dans tous les cas, les gendarmes étant affranchis par la loi de certaines contributions, cette exemption tient lieu de paiement en ce qui les concerne.

« Qu'il ressort ainsi de l'ensemble des circonstances que les gendarmes de Beaurepaire remplissent les conditions prescrites par l'art. 105 du Code forestier.

« Qu'il y a lieu, dès lors, de confirmer la sentence des premiers juges.

« Considérant, sur la demande additionnelle, que depuis le jugement de première instance la commune ayant procédé à la répartition des lots d'affouage pour 1873, au mépris des droits des intimés, il leur est dû pour privation de leur part annuelle une nouvelle indemnité de 150 francs.

« Considérant, sur les dépens, que la partie qui succombe doit les supporter.

« Par ces motifs :

« La Cour, statuant sur l'appellation interjetée par la commune de Beaurepaire, du jugement rendu par le tribunal civil de Louhans le vingt-trois août mil huit cent soixante-douze, met icelle à néant. Ordonne que ce dont est appel sortira effet; et pour la portion d'affouage échue depuis le jugement, condamne la commune de Beaurepaire à payer, en outre aux intimés, la somme de cent cinquante francs pour l'affouage de 1873.

« La condamne à l'amende consignée le 10 février courant et aux dépens de la cause d'appel. »

AGENTS DE POLICE, OU APPARITEURS.

Les agents ou appariteurs de police ne sont plus, depuis le Code de brumaire an IV, considérés comme officiers ou fonctionnaires publics, ainsi qu'ils l'étaient sous l'empire de la loi du 22 juillet 1791, qui leur donnait le droit de faire des procès-verbaux. (Cass., 22 fév. 1809 et 13 mai 1831.) Il y a entre les commissaires de police et les simples agents de po-

lice une notable différence. Les commissaires de police sont des fonctionnaires publics; ils sont même considérés comme magistrats lorsqu'ils
remplissent les fonctions du ministère public au tribunal de simple police, en exécution de l'art. 144 du Code d'instruction criminelle. (*Cass.*,
7 *août* 1818.) Les injures qui leur sont adressées sont punies d'après la
loi du 27 mars 1822. (*Cass.*, 1827, *p.* 62 *du Bulletin officiel.*) — (*V. Commissaires de police.*)

Les agents de police ou appariteurs ne sont ni fonctionnaires publics
ni magistrats. Ils ne sont qu'agents de l'autorité publique, et quelquefois
de la force publique. Cependant les injures qu'on leur adresse, comme
agents de la force publique, dans ou à l'occasion de leurs fonctions, sont
punissables suivant l'art. 224 du Code pénal, c'est-à-dire plus sévèrement
que celles adressées aux simples particuliers. (*Cass.*, 29 *août* 1829 *et*
10 *janv.* 1840.)

Celles qu'on leur adresse comme agents de l'autorité publique, dans ou
à l'occasion de leurs fonctions, lorsqu'ils exercent la surveillance à eux
confiée par l'autorité municipale, sont punissables d'après le décret du
18 juin 1811 et l'art. 19 de la loi du 17 mai 1819. (*Cass.*, 11 *juin* 1811,
13 *mars* 1823, 28 *août* 1829 *et* 27 *mai* 1837.)

Les rapports ou procès-verbaux des agents de police, n'émanant que
de simples citoyens chargés d'un service public, ne font foi que jusqu'à
dénégation ou que lorsqu'ils sont appuyés de preuves légales. (*Cass.*,
21 *juill.* 1814 *et* 28 *août* 1829.) Les procès-verbaux des commissaires de
police font foi jusqu'à preuve contraire. (*Cass.*, 20 *octobre* 1826.)

Les agents de police sont institués, non pas précisément pour faire la
police et assurer l'exécution des lois, mais pour prévenir le commissaire
de police des infractions à la loi et aux règlements de l'autorité municipale, afin que, sur leur avis, il puisse se transporter sur les lieux et constater les faits qui donnent lieu à l'application d'une peine.

Le juge de police peut légalement prononcer une condamnation sur le
vu d'un procès-verbal rédigé d'après les déclarations d'un simple agent
de police, si le prévenu ne nie pas la contravention et, par exemple, se
borne à demander la mise en cause d'un tiers. (*Cass.*, 7 *déc.* 1872.)

Un agent ou appariteur de police, qui, en cette qualité, a été chargé de
la conduite d'une patrouille, doit être réputé remplir un ministère de service public, dans le sens de l'art. 230 du Code pénal. En conséquence, les
coups et blessures jusqu'à effusion de sang, dont il a été l'objet pendant
sa mission, constituent un crime et non simplement un délit. (*Cass.*,
6 *oct.* 1835.)

Dans la pratique, et pour le maintien de la tranquillité publique, ils
exercent de fait les fonctions de commissaire de police, et la gendarmerie
leur assure volontiers son concours dans l'intérêt du service; mais une
réquisition émanée et signée d'un agent de police n'obligerait pas la gendarmerie à y déférer.

ALARME.

L'alarme est un bruit inquiétant répandu dans le public, par l'ignorance, la méchanceté ou la peur, et qui trouble la tranquillité des citoyens.

La gendarmerie, en cas d'alarme, de tocsin, ou dès qu'elle entend
battre la générale, doit sur-le-champ prendre les armes et se tenir prête à
agir; elle détache plusieurs gendarmes qui vont s'enquérir des motifs de

cette agitation, recueillir tous les bruits, et qui viennent en rendre compte immédiatement à leurs chefs, lesquels s'entendent avec les autorités et donnent les ordres que les circonstances exigent.

Ceux qui, en répandant une fausse alarme, font un bruit ou tapage nocturne qui trouble la tranquillité des habitants, sont passibles d'une amende de 11 à 15 fr. et d'un emprisonnement de un à cinq jours. (*Art. 479 et 480 du Code pénal. — V. Cloches.*)

Le décret du 17 février 1852 punit ceux qui publient ou reproduisent de fausses nouvelles de nature à troubler la tranquillité publique. (V. *Nouvelles fausses.*)

AMENDES.

L'amende est une peine pécuniaire prononcée en punition des crimes, des délits et des contraventions.

La quotité de l'amende est tantôt fixée par la loi d'une manière déterminée, tantôt d'une manière indéterminée, entre un minimum et un maximum. Dans quelques cas spéciaux, par exemple en matière d'octroi ou de douane, l'amende se règle sur la valeur des objets saisis

Les poursuites pour le recouvrement des amendes sont faites par l'administration des contributions directes et par celle de l'enregistrement, suivant leurs attributions déterminées par les art. 2 et 10 de l'instruction du ministre des finances du 20 septembre 1875.

Les maires et adjoints n'ont pas le droit d'imposer, sans jugement, une amende au profit de la commune ou des pauvres : cela est entièrement contraire à la loi. En matière criminelle, même en matière de contravention, rien ne saurait être arbitraire : imposer une amende sans formalité ni jugement est une véritable forfaiture passible des peines prononcées par les art. 114 et 174 du Code pénal.

Les juges, compétents pour condamner à une amende, ne peuvent la restreindre lorsqu'elle est déterminée par la loi. Cette faculté n'est accordée que lorsque la loi le permet expressément. Aucun corps administratif, aucun tribunal ne peut accorder de remises ou modérations de droits et d'amendes, à peine de nullité des actes et des jugements. (*Arr. du Cons. d'Etat du 20 nov. 1834.*) L'art. 463 du Code pénal, relatif aux circonstances atténuantes, n'est applicable qu'aux faits punis par ce Code et non aux diverses lois qui lui sont antérieures ou postérieures, à moins que ces lois n'en autorisent elles-mêmes l'application. (V. *Maires et adjoints.*)

La gendarmerie a une part dans les amendes prononcées en matière de pêche, de roulage, de grande voirie, de douane, de contributions indirectes, de transport frauduleux de lettres, d'affiches, de quittances, décharges et factures non timbrées, etc.

ANIMAUX.

Nous diviserons en plusieurs classes les espèces d'animaux qui donnent lieu à la surveillance de la police et de la gendarmerie :

1° Animaux abandonnés, errants ou perdus ; 2° animaux domestiques ; 3° animaux immondes ou nuisibles ; 4° animaux vicieux, malfaisants ou féroces ; 5° animaux malades ou morts ; 6° animaux propres à l'agriculture.

Animaux abandonnés, errants ou perdus. — Fourrière.

La gendarmerie, lorsqu'elle trouve un animal utile perdu ou abandonné, fait sa déclaration au maire, à l'adjoint ou au commissaire de police et le lui présente. Si le propriétaire est connu, l'animal lui est rendu de suite, à la charge de payer les frais que l'animal a occasionnés ; et si le propriétaire n'est pas connu, ou s'il ne se présente pas, l'animal est mis en fourrière et vendu par ordre de l'autorité dans un délai de huit jours au plus. Les frais de fourrière se prélèvent sur le produit de la vente, et le surplus du prix est versé dans la caisse des dépôts et consignations. Il est dressé procès-verbal du tout. (V. *Fourrière.*)

Lorsque les gendarmes trouvent des animaux abandonnés, ils peuvent les faire conduire à la fourrière par une personne de bonne volonté, à qui ils remettent un bon de la somme fixée à l'avance, autant que possible, laquelle somme doit être comprise dans les dépenses qui incombent au propriétaire de ces animaux.

L'abandon de bestiaux qui se sont introduits dans la propriété d'autrui constitue, non la contravention à l'art. 475 n° 10 du Code pénal, mais un délit rural prévu par les art. 3 et 12, titre II du Code rural des 28 septembre-6 octobre 1791. (V. *Dégâts, Dégradations, Dommages.*) La circonstance que la propriété était mal close ne saurait enlever au fait ainsi constaté le caractère de délit. (*Cass.*, 4 *oct.* 1851 et 17 *fév.* 1855.)

Lorsque des animaux abandonnés dans les champs causent des délits, le propriétaire de ces animaux est passible des peines portées aux art. 2 et 12 de la loi du 28 septembre 1791 et 2 de la loi du 23 thermidor an IV. (*Cass.*, 10 *sept.* 1857.) Si les animaux étaient dirigés, les peines seraient celles édictées par l'art. 479 n° 10 du Code pénal.

Animaux domestiques.

Aux termes de la loi du 2 juillet 1850, sont punis d'une amende de 5 à 15 fr., et peuvent l'être d'un à cinq jours de prison, ceux qui auront exercé publiquement et abusivement des mauvais traitements envers les animaux domestiques.

La peine de la prison est toujours appliquée en cas de récidive.

L'art. 463 du Code pénal est toujours applicable.

La gendarmerie dresse procès-verbal contre ceux qui exercent publiquement et abusivement des mauvais traitements envers les animaux domestiques ; elle transmet ce procès-verbal au maire ou au commissaire de police chargé de la poursuite, et elle doit avoir soin d'indiquer s'il y a récidive, parce que, dans ce cas, la peine de la prison est toujours appliquée. (*Art.* 320 *du décret du* 1er *mars* 1854.)

Les mauvais traitements exercés sur les animaux domestiques ne tombent sous l'application de la loi du 2 juillet 1850 qu'autant qu'ils ont eu lieu publiquement. (*Cass.*, 9 *juill.* 1853.)

Sont considérés comme animaux domestiques ceux qui servent à la garde ou au service d'une maison ; ainsi, les chiens, les chevaux, les ânes, les mulets, sont des animaux domestiques.

Les lois sévissent contre les individus qui, sans nécessité, blesseraient ou tueraient des animaux domestiques. L'art. 30 de la loi du 6 octobre

1791 et les art. 452, 453, 454 et 479 du Code pénal déterminent les peines applicables en pareil cas.

Si, par exemple, des enfants, en jetant des pierres à un chien, lui avaient fait une blessure, il y aurait lieu de dresser procès-verbal, parce que ce fait est puni d'une amende de police, aux termes de l'art. 479 du Code pénal; de plus, les pères et mères seraient passibles de dommages-intérêts, conformément à l'art. 1384 du Code civil, comme étant responsables de leurs enfants. Le fait d'avoir blessé un chien appartenant à autrui, par le jet d'un corps dur, est passible de la peine de police portée par l'art. 479 n° 3 du Code pénal. (*Cass.*, 9 *juill.* 1853.) (V. l'article *Chiens*, relativement à la protection qui leur est accordée.)

Les veaux liés et tassés dans une charrette constituent une contravention s'ils sont placés de manière à souffrir de cette position. (*Cass.*, 13 *août* 1858.)

La destruction d'un chien d'autrui est un fait licite lorsqu'elle est justifiée par la nécessité, et au moment où l'animal porte atteinte à la propriété de celui qui se défend par ce moyen extrême (*Cass.*, 7 *juill.* 1871.)

Les abeilles ne sont pas des animaux domestiques; par suite, le fait de verser de l'eau bouillante sur les ruches et de causer ainsi la mort des abeilles constitue la contravention du dommage aux propriétés mobilières d'autrui, punie par l'art. 479, § 1er, du Code pénal, et non pas le délit de destruction d'un animal domestique, prévu par l'art. 454 du Code pénal. (*Cour de Toulouse*, 3 *et* 30 *mars* 1876. — V. *Volailles.*)

Animaux immondes ou nuisibles

Sont réputés animaux immondes ou nuisibles, les porcs, les pigeons, les lapins, les oies, les canards, les poules et autres volailles, soit sous le rapport de l'infection, soit sous celui des dégradations. Il était fait défense d'avoir et d'élever dans Paris tous animaux de cette espèce, sous peine de 300 fr. d'amende. (*Ord. de police du 22 juin* 1764.) Les mêmes défenses pourront être faites dans toutes les villes de France par des règlements de police locale. Mais il faut que les règlements existent pour qu'il y ait contravention en élevant et gardant dans les villes les animaux sus-indiqués; alors, les contrevenants sont passibles de peines de simple police.

Animaux vicieux, malfaisants ou féroces.

Le porc est un animal domestique n'ayant pas, par sa nature, l'instinct de férocité qui appartient aux animaux dont parle l'art. 475 § 7 du Code pénal; et, à défaut d'arrêté qui interdise la divagation du porc, le fait d'avoir laissé un porc errer sur un chemin public ne constitue pas une contravention. (*Cass.*, 9 *déc.* 1854.)

Sont rangés dans la classe des animaux vicieux et malfaisants, les chiens hargneux et ceux qui, vaguant dans les rues, attaquent les passants, et cela à cause des accidents qu'ils peuvent occasionner; les chevaux ombrageux ou mal dirigés, ceux qui mordent et donnent des coups de pied; les taureaux, les bœufs et les vaches qui peuvent blesser les passants; et enfin les porcs, qu'on a vus souvent mordre des enfants. L'autorité municipale doit obvier aux accidents que pourrait occasionner la divagation des animaux malfaisants, vicieux ou féroces. (*Loi du 16-24 août* 1790, *titre* XI, *art.* 3, *n°* 6.) La loi du 19 juillet 1791 prononce des peines contre ceux qui auraient causé cette divagation, laquelle est un délit de police qui est également puni par le *Code du 3 brumaire an* IV, *art.* 606 *n°* 4, *et par les art.* 475 *n°* 4, *et* 479 *n°* 2 *du Code pénal.*

Le chien qui, laissé à l'abandon sur le marché de la localité pendant que son maître est dans une auberge voisine, est entré dans une maison et y a étranglé un lapin, doit être considéré comme un animal malfaisant en état de divagation, et le maître est, par suite, passible de l'amende édictée par l'art. 479 n° 2 du Code pénal, sans qu'il soit besoin d'une autre preuve de la férocité du chien. (*Cass.,* 20 *nov.* 1868.)

Les maires doivent porter une attention particulière sur les ménageries ambulantes; ils doivent faire examiner par des hommes de l'art si les cages où sont renfermés les animaux sont assez solides pour pouvoir les contenir et résister à leurs mouvements, et obliger les conducteurs, s'il y a lieu, à leur donner plus de solidité.

Les conducteurs d'ours ou de tous autres animaux féroces doivent les tenir constamment muselés et attachés avec une chaîne ou une forte corde.

Si les conducteurs de bêtes féroces mendient avec menaces et se permettent des violences ou des vols, la gendarmerie doit les arrêter immédiatement, dresser des procès-verbaux des menaces, violences ou vols, et mettre les prévenus à la disposition du procureur de la République. (**V.** *art.* 3 *et* 5, *titre* XI, *de la loi du* 24 *août* 1790: *l'art.* 46, *titre* Iᵉʳ, *de la loi du* 22 *juillet* 1791; *l'art.* 125 *de la loi du* 28 *germinal an* VI; *et, en outre, les art.* 276, 478, 479 *et* 482 *du Code pénal.*)

La gendarmerie veille à ce que les conducteurs d'animaux féroces suivent les grands chemins, sans jamais s'en écarter; elle leur défend d'aller dans les bourgs et hameaux, d'entrer dans les bois et de se trouver sur les routes avant le lever ou après le coucher du soleil. En cas de désobéissance elle les conduit devant le maire de la commune la plus voisine. (*Art.* 321 *du décret du* 1ᵉʳ *mars* 1854. — *Circ. du min. de l'int. du* 24 *fév.* 1822.)

La majeure partie des règlements locaux de police s'expriment ainsi:

1° Défense à toutes personnes de laisser vaguer, de confier à des enfants au-dessous de dix-huit ans au moins, de faire courir dans les rues, places et passages, des chevaux, ânes et mulets, et de les mener soit à l'abreuvoir, soit ailleurs, autrement qu'en les tenant par la bride ou par la longe. Défense est faite également à tous hommes à pied d'en conduire plus de deux, comme à tous hommes à cheval plus de trois, y compris celui monté par le conducteur; seulement, les postillons de la poste peuvent en conduire jusqu'à quatre. (*Décl. du roi du* 28 *avril* 1782, *reconnue en vigueur par un arr. de la Cour de cass. du* 8 *sept.* 1809.)

2° Défense de conduire dans les villes, bourgs ou villages, des chevaux, ânes et mulets chargés à bât, autrement qu'en les tenant par la bride ou par la longe, et de les abandonner sans les avoir mis à l'attache et les avoir placés de manière à laisser libres les passages, ainsi que les entrées des maisons; dans le cas où un seul conducteur mènerait plusieurs chevaux, ânes ou mulets chargés à bât, ils doivent être attachés à la suite les uns des autres, le premier étant tenu à la main.

3° Défense à tous cochers, voituriers et à tous les particuliers, de faire courir leurs chevaux dans les rues et places, et particulièrement autour des lieux de réunion.

4° Ordre à toute personne qui conduit, pendant la nuit, des chevaux, ânes, mulets, bœufs ou semblables animaux, ou des voitures, de porter une lanterne allumée, de manière à donner la facilité de les éviter.

5° Défense de mener plus de quatre bœufs ou vaches en un seul troupeau. Les conducteurs qui ont à mener un plus grand nombre de ces animaux doivent les diviser en plusieurs troupeaux, tenir les troupeaux au moins à cinquante pas l'un de l'autre, les faire aller au pas et les contenir d'un même côté de la rue, de manière à laisser assez d'espace pour la sûreté et la commodité du passage. On doit également les conduire à l'attache.

6° Les bestiaux destinés à l'abattoir doivent être aussi conduits à l'attache. Les bouchers doivent prendre toutes les précautions nécessaires pour qu'ils ne puissent pas s'échapper, et il leur est expressément défendu de les faire harceler par leurs chiens.

7° Défense aux bouchers et charcutiers de mener et de laisser leurs chiens dans les places des marchés publics, à l'abattoir, ni dans aucun lieu de débit des viandes, à moins qu'ils ne soient muselés.

8° Les personnes qui auraient des chiens hargneux et dangereux doivent les tenir à l'attache pendant le jour et ne les lâcher que la nuit dans les enclos et les habitations, après que les portes en sont fermées.

9° Défense d'exciter les chiens pour les faire battre les uns contre les autres, les faire courir ou les mettre en fureur. Ordre de les retenir lorsqu'ils attaquent et poursuivent les passants.

10° Ordre de tenir enfermées les chiennes en rut ou de ne les sortir qu'à l'attache.

11° Défense d'abandonner dans les rues les porcs, boucs, chèvres, moutons et autres animaux semblables.

Ainsi, lorsqu'il existe des infractions aux lois et règlements de police légalement approuvés et renfermant les défenses qui viennent d'être indiquées, ou autres, les contrevenants sont passibles des amendes prononcées par les art. 471 à 484 du Code pénal, ou par les lois antérieures sur les matières qui n'ont pas été réglées par ledit Code. (V. *Chiens; accidents par imprudence.*)

La chasse aux animaux malfaisants et féroces, comme loups, chiens enragés, etc., est permise. (V. *Chasse, louveterie.*)

Le chien doit être rangé par son instinct particulier dans la classe des animaux malfaisants lorsque, sans avoir été excité ni provoqué, il s'élance sur les passants et les mord. Dans ce cas il rend son maître, même absent, passible de l'amende de police prononcée par l'art. 475 n° 7 du Code pénal, comme coupable de l'avoir laissé divaguer et de ne l'avoir pas retenu. (*Cass.*, 3 oct. 1851 et 10 mars 1854.)

Un chien de chasse n'est pas un animal dangereux et, s'il est attaché, il ne peut pas être obligé à avoir un collier portant le nom de son propriétaire. (*Cass.*, 15 juin 1877.)

Le propriétaire est passible de peines correctionnelles lorsque, par son imprudence, les animaux qu'il aurait laissé divaguer, soit qu'ils fussent d'une nature féroce, ou que par le fait ils soient devenus malfaisants, ont occasionné à quelqu'un des blessures sur la voie publique. (*Cass.*, 6 nov. 1807.)

Animaux malades ou morts. — Animaux propres à l'agriculture.

On comprend sous le nom d'animaux propres à l'agriculture, les taureaux, les bœufs, vaches, veaux, bêtes asines, chevaux, mulets, et les troupeaux de moutons et de chèvres.

La loi protège les bestiaux et les animaux de toute espèce employés au service de l'agriculture, contre les mauvais traitements des hommes méchants ou mal intentionnés. (V. *l'art. 30 du titre II de la loi sur la police rurale, et les art.* 451, 452, 453, 454, 455, 479 *n° 2, et* 481 *n° 1 du Code pénal. —* V. *au* Formulaire *un modèle de procès-verbal. —* V. également *Epizootie.*)

ARMES DÉFENDUES, PORTÉES OU RECÉLÉES.

A : exception des armes défendues par les lois, chaque citoyen peut se munir de celles nécessaires à sa défense personnelle.

Celui qui porterait un fusil sans chasser ne pourrait être poursuivi.

Le fusil n'est pas une arme défendue. A l'exception des gens non domiciliés, vagabonds et sans aveu, tout individu peut porter des armes non prohibées pour sa défense personnelle en voyage. (*Avis du Conseil d'Etat du 17 mai 1811.*)

Les armes défendues par les lois sont : les poignards, couteaux en forme de poignard, épées en bâtons, bâtons ferrés ailleurs que par leur bout, les fusils et pistolets à vent, stylets, tromblons, pistolets et revolvers de poche ou autres armes offensives, dangereuses, cachées ou secrètes ; enfin, tous instruments ou ustensiles tranchants, perçants ou contondants et employés pour produire l'effet prévu par l'art. 101 du Code pénal, qui est indicatif et non limitatif. (V. *les art.* 101 *et* 314 *du Code pénal; les déclarations des* 17 *et* 23 *mars* 1728 *et* 1733; *l'ordonnance du* 23 *fév.* 1837; *et les décrets des* 2 *nivôse an* XIV (23 *déc.* 1805), 12 *mars* 1806 *et* 26 *août* 1865.)

Les tribunaux apprécient si un pistolet de poche constitue une arme dont le port est défendu par l'art. 314 du Code pénal et l'ordonnance du 23 février 1837. (*Cour de Besançon, 22 mars 1871.*)

Le décret du 26 août 1865 exempte de la prohibition prononcée par l'ordonnance ci-dessus du 23 février 1837 les pistolets de poche, revolvers ou autres fabriqués pour l'exportation.

La prohibition de la vente et de la fabrication des poignards n'est pas restreinte aux lames à deux tranchants, elle s'étend à tous les couteaux en forme de poignard. (*Cass., 15 oct. 1841.*)

Les couteaux de poche, les ciseaux, les canifs, les poinçons, les compas ne sont point des armes défendues. Ces instruments ne sont réputés armes défendues que lorsqu'il en est fait usage pour tuer, blesser ou frapper ; il en serait de même d'une branche d'arbre dont on se servirait comme de massue. Les bâtons, entre les mains de gens formant attroupements séditieux, sont également réputés armes défendues. (*Cass., 8 juill. 1813.*)

Les pierres sont des instruments contondants; elles sont réputées par cela seul armes défendues, lorsque l'on s'en saisit pour appuyer une attaque ou une résistance. (*Art.* 101 *du Code pénal.*) Il n'est pas même nécessaire d'avoir fait usage de ces pierres; il suffit d'en avoir été trouvé porteur au moment de l'agression ou de la résistance envers l'autorité publique, pour qu'il y ait rébellion avec armes, dans le sens de l'art. 212 du Code pénal. (*Cass.*, 30 *avril* 1824.)

Les peines encourues par tout individu qui aurait fabriqué, porté, débité ou distribué des armes prohibées sont édictées par le Code pénal.

L'art. 314 punit les coupables de six jours à six mois d'emprisonnement et d'une amende de 16 fr. à 200 fr., et la loi du 24 mai 1834 les punit d'un emprisonnement d'un mois à un an et d'une amende de 16 fr. à 500 fr.; dans tous les cas, les armes sont confisquées. — V. *Rébellion.*

Les peines encourues par tout individu qui, sans y être légalement autorisé, aurait fabriqué, confectionné, débité ou distribué des armes de guerre, ou aurait un dépôt d'armes quelconques, sont : l'emprisonnement d'un mois à deux ans, l'amende de 16 fr. à 1,000 fr., plus la confiscation des armes et la mise sous la surveillance de la haute police pendant deux ans au plus. (*Art.* 3 *et* 4, *loi du* 24 *mai* 1834. — V. *Rébellion.*)

Cette disposition n'est pas applicable aux armuriers ou fabricants d'armes de commerce, ils restent seulement assujettis aux lois et règlements qui les concernent. (V. *l'ordonnance du* 24 *juill.* 1816 *et le décret du* 14 *déc.* 1810.)

La peine de l'art. 3 de la loi du 24 mai 1834 est applicable à l'armurier qui a fabriqué ou débité des armes de guerre, sans y avoir été légalement autorisé. (*Cass.*, 25 *juin* 1840.)

Tous individus qui resteraient détenteurs d'armes de guerre sans les déposer à la mairie de leur domicile seraient poursuivis correctionnellement et punis d'une amende de 300 fr au plus, de la confiscation de l'arme, et d'un emprisonnement qui ne pourrait excéder trois mois. En cas de récidive, la peine serait double. (*Art.* 5 *de l'ordonn. du* 26 *juill.* 1816.)

Les procès-verbaux constatant ces délits doivent être remis au ministère public de l'arrondissement. Ces actes sont soumis à l'enregistrement en débet, et au visa pour timbre. (V., au Formulaire, *un modèle de procès-verbal.*)

La loi du 24 mai 1834 statue sur les peines dont sont passibles les détenteurs d'armes et de munitions de guerre. Son article premier porte . « Tout individu qui aura fabriqué, débité ou distribué des armes prohibées par la loi ou par les règlements d'administration publique, sera puni d'un emprisonnement d'un mois à un an, et d'une amende de 16 à 500 fr. Celui qui sera porteur desdites armes sera puni d'un emprisonnement de six jours à six mois et d'une amende de 16 à 200 fr. »

Le marchand qui expose dans son magasin des pistolets de poche prohibés est passible, comme le fabricant, des peines portées par l'art. 1ᵉʳ de la loi du 24 mai 1834, et aucune excuse n'est admise par cette loi en faveur des contrevenants de bonne foi. (*Cass.*, 15 *juin et* 12 *mars* 1852.)

La déclaration du roi du 23 mars 1728, qui prohibe la fabrication et la vente des couteaux-poignards, est encore en vigueur Une lame aiguë, même à un seul tranchant constitue un couteau-poignard dont la vente est aussi prohibée que celle des autres. (*Cass.*, 5 *juill.* 1851.)

ARRESTATIONS.

EN FLAGRANT DÉLIT.

La gendarmerie doit arrêter les délinquants de son propre mouvement, et quand l'autorité le requiert.

L'on doit arrêter de son propre mouvement tous individus pris en flagrant délit ou poursuivis par la clameur publique. (V. *la loi du* 20 *mai* 1863 *sur le flagrant délit.*)

On entend par individu pris en flagrant délit ou poursuivi par la clameur publique, celui qui est trouvé commettant ou venant de commettre un crime ou un délit.

L'individu poursuivi par la clameur publique est celui que la voix du peuple signale comme l'auteur d'un crime ou d'un délit commis depuis peu de temps. Dans ce cas. il faut avoir soin de désigner les témoins dans le procès-verbal que l'on dresse. (V. *la définition plus détaillée du mot* flagrant délit *et* clameur publique, *section* II, *des Officiers de police judiciaire.*) De même que la gendarmerie, tout dépositaire de la force publique ou tout citoyen quelconque est tenu de saisir un prévenu en flagrant délit. (*Art.* 106 *du Code d'instr. crim.*)

La gendarmerie a le droit de saisir les délinquants sur la voie publique, dans les cas déterminés par les art. 125 et suivants de la loi du 28 germinal an VI, mais elle est obligée de les conduire immédiatement devant l'officier de police judiciaire. (*Cass.,* 27 *mars* 1827.)

Aux termes des art. 125 et suivants de la loi du 28 germinal an VI et 276 du décret du 1er mars 1854, la gendarmerie peut arrêter en flagrant délit :

1° Les incendiaires, les assassins, les voleurs, les escrocs (V. *Incendie, homicide, vol, escroquerie*) ;

2° Les gens trouvés avec des armes ensanglantées ou d'autres instruments et indices faisant présumer le crime (*Art.* 41 *du Code d'instr. crim.* — V. *Officiers de police judiciaire*) ;

3° Les individus coupables de rébellion (V. *Rébellion*) ;

4° Les individus faisant partie d'attroupements armés ou non armés, qualifiés séditieux (V. *Émeutes*) ;

5° Ceux qui porteraient atteinte à la tranquillité publique en troublant les citoyens dans le libre exercice de leur culte (V. *Cultes*) ;

6° Ceux qui seraient trouvés exerçant des voies de fait et violences contre la sûreté des personnes et des propriétés, et qui menaceraient par gestes, propos et actions, et insulteraient ou frapperaient un gendarme dans l'exercice de ses fonctions (V. *Outrages*) ;

7° Les dévastateurs de bois, de récoltes ; les chasseurs masqués, lorsqu'ils sont pris sur le fait (V. *Chasse*) ;

8° Ceux qui seraient trouvés coupant ou dégradant, d'une manière quelconque, les arbres plantés sur les chemins vicinaux, promenades publiques, fortifications et ouvrages extérieurs des places, ou détériorant les monuments qui s'y trouvent (V. *Dégats*) ;

9° Les voituriers, charretiers et conducteurs de voitures inconnus, qui, malgré les avertissements donnés, s'éloigneraient de leurs chevaux, obs=

trueraient les passages et ne céderaient pas la moitié du pavé (V. *Voituriers*) ;

10° Les individus qui, par imprudence, par négligence, par la rapidité de leurs chevaux, ou de toute autre manière, auraient blessé quelqu'un, commis quelques dégâts sur les routes. dans les rues ou voies publiques (V. *Accidents par imprudence, voituriers*) ;

11° Ceux commettant des dégâts dans les champs ou les bois, dégradant les clôtures de murs, haies et fossés, encore que ces délits ne soient pas accompagnés de vols (V. *Dégats*) ;

12° Ceux qui seraient surpris volant des fruits ou d'autres productions de la terre (V. *Maraudage*) ;

13° Ceux qui s'opposeraient par la force à la libre circulation des grains (V. *Subsistances*) ;

14° Les mendiants valides (V. *Mendiants*) ;

15° Les individus qui tiendraient sur les places publiques, dans les foires et marchés, des jeux de hasard et autres défendus par les lois et règlements de police (V. *Escroquerie*) ;

16° Les étrangers sans passe-ports ou avec des passe-ports qui seraient irréguliers (V. *Passe-ports*) ;

17° Les déserteurs, les insoumis ou les militaires qui ne seraient pas porteurs de feuilles de route ou de congés en bonne forme (V. *Déserteurs et insoumis*) ;

18° Les militaires absents de leurs corps et porteurs d'une permission d'absence qui ne serait pas en due forme (V. *Passage des troupes*) ;

19° Les délinquants pris en flagrant délit dans les forêts de l'Etat, coupant du bois, allumant du feu, etc. (V. *Bois et forêts*) ;

20° Les conducteurs d'animaux féroces qui ne suivraient pas les grandes voies de communication, voyageraient la nuit, etc. (V. *Animaux vicieux, dangereux ou féroces*).

Hors le cas de flagrant délit, la gendarmerie ne peut arrêter, de son propre mouvement, un prévenu de crimes ou délits, sur une simple plainte ou dénonciation. (*Art.* 632 *du décret du* 1er *mars* 1854.)

Elle transmet seulement immédiatement la plainte ou la dénonciation au procureur de la République, qui y donne suite, s'il y a lieu. (*Art.* 64 *du Code d'instr. crimin.*)

Les gendarmes qui, hors le cas de flagrant délit, opéreraient une arrestation sans ordre ni mandat de justice encourraient les peines indiquées aux art. 341 et suivants du Code pénal. (*Art.* 632 *du décret du* 1er *mars* 1854. — V. *Arrestations illégales et arrestations non autorisées*.)

A l'instant même de l'arrestation, après la rédaction du procès-verbal, les individus arrêtés en flagrant délit doivent être conduits devant le procureur de la République, à l'exception des individus désignés sous les n°s 9, 15, 16, 19 et 20, qui sont conduits devant le maire, l'adjoint, le juge de paix ou le commissaire de police de la commune la plus voisine. Les déserteurs et insoumis (n° 17 ci-dessus) sont conduits devant l'officier de gendarmerie. Les militaires absents illégalement (n° 18) sont conduits devant leurs chefs de corps ou de détachements, si ces corps ou détachements ne sont pas éloignés, bien entendu. Aucun prévenu ainsi arrêté ne peut être déposé dans une maison d'arrêt ou de justice qu'en vertu d'une réquisition ou de mandat délivré par un officier de police judiciaire. (V. *Arrestations en vertu de mandats de justice, Déserteurs et Insoumis*.)

Les individus arrêtés doivent être minutieusement fouillés pour s'assurer qu'ils n'ont rien qui puisse favoriser leur évasion ou servir contre les gendarmes.

Outre le fait d'arrestation, les procès-verbaux rédigés en cette occasion doivent contenir le signalement exact de l'individu (V. *Signalement*), l'inventaire des papiers et effets trouvés sur lui. Ces procès-verbaux doivent être, autant que possible, signés par les personnes les plus voisines du lieu de la capture, qui ont été présentes à l'opération; si elles déclarent ne vouloir ou ne pouvoir signer, il en est fait mention. (*Circ. du 25 sept.* 1866. — V. *au* Formulaire *un modèle de procès-verbal.* — V. *aussi les* art. 275, 487 à 499 *du décret du 1er mars* 1854.)

Les militaires de la gendarmerie n'ayant pas qualité d'officiers de police judiciaire ne peuvent citer un témoin à comparaître devant eux pour recevoir sa déclaration sur le délit, flagrant ou non; mais ils recueillent tous les renseignements possibles en recevant les déclarations qui peuvent leur être faites volontairement, et en engageant les déclarants à les signer. Il est un point essentiel à observer : c'est de faire en sorte de découvrir les principaux témoins du fait et de les désigner à la justice. (V. *au* Formulaire *des modèles de procès-verbaux.*)

Tout inculpé arrêté en état de flagrant délit pour un fait puni de peine correctionnelle est *immédiatement* conduit devant le procureur de la République, qui l'interroge et, s'il y a lieu, le traduit sur-le-champ à l'audience du tribunal. — Dans ce cas, le procureur de la République peut mettre l'inculpé sous mandat de dépôt. (*Art.* 1er *de la loi du* 20 *mai* 1863.)

S'il n'y a point d'audience, le procureur de la République est tenu de faire citer l'inculpé pour l'audience du lendemain. Le tribunal est au besoin spécialement convoqué. (*Art.* 2.)

Les témoins peuvent être verbalement requis par tout officier de police judiciaire ou agent de la force publique. Ils sont tenus de comparaître sous les peines portées par l'art. 157 du Code d'instruction criminelle. (*Art.* 3.)

Si l'inculpé le demande, le tribunal lui accorde un délai de trois jours au moins pour préparer sa défense. (*Art.* 4.)

Si l'affaire n'est pas en état de recevoir jugement, le tribunal en ordonne le renvoi, pour plus ample information, à l'une des plus prochaines audiences, et, s'il y a lieu, met l'inculpé provisoirement en liberté avec ou sans caution. (*Art.* 5.)

L'inculpé, s'il est acquitté, est immédiatement, nonobstant appel, mis en liberté. (*Art.* 6.)

La présente loi n'est point applicable aux délits de presse, aux délits politiques, ni aux matières dont la procédure est réglée par des lois spéciales. (*Art.* 7.)

D'après un arrêt de la Cour de cassation du 30 mai 1823, les agents de la force publique, quoique non requis par un officier civil, sont tenus d'agir et de prêter main-forte dans les cas d'un flagrant délit, encore bien que les faits n'emportent point une peine afflictive ou infamante.

L'art. 113 du Code d'instruction criminelle, modifié par la loi du 14 juillet 1865, dit qu'en matière correctionnelle la mise en liberté sera de droit, cinq jours après l'interrogatoire, en faveur du prévenu domicilié, quand le maximum de la peine prononcée par la loi sera inférieur à deux ans d'emprisonnement.

Toutefois, si le délit est de peu d'importance et que celui qui l'a commis soit domicilié dans le pays ou qu'il y soit connu, on pourra se dispenser d'en opérer l'arrestation, et par conséquent de le conduire devant l'officier de police judiciaire de l'arrondissement, à qui il suffira d'adresser le procès-verbal dans le plus bref délai.

Tous les individus arrêtés par la gendarmerie en état de flagrant délit doivent être conduits devant le procureur de la République de l'arrondissement, et non devant le juge de paix. Les personnes dépourvues de papiers, les charretiers qui refusent de se tenir à portée de leurs chevaux, les chasseurs trouvés en délit, dont l'identité est inconnue, les conducteurs d'animaux féroces qui ne sont pas en règle, et les individus trouvés en contravention dans les forêts de l'État (*art.* 163 *du Code forestier*), sont conduits devant le maire de la commune la plus voisine, l'adjoint, le commissaire de police ou le juge de paix, et ne sont mis en état d'arrestation que sur une réquisition de l'un de ces magistrats.

En cas de flagrant délit, les agents peuvent requérir les étrangers de leur prêter main-forte sans l'autorisation du maire. (*Cass.*, 24 *nov.* 1865.)

En Algérie, c'est au décret du 15 mars 1860 qu'il faut se reporter. Ce décret se trouve au *Bulletin des lois*, 11ᵉ série, n° 7495. (V. *Officiers de police judiciaire*.

EN VERTU DE JUGEMENT CONTRADICTOIRE.

Pour que les membres de la gendarmerie, agissant à la requête du ministère public, opèrent légalement une arrestation, en exécution d'un jugement contradictoire passé en force de chose jugée et portant condamnation à la peine de l'emprisonnement, il n'est pas nécessaire que ces agents de la force publique soient porteurs, ou de l'expédition en forme de ce jugement, ou de tout autre mandement de justice, ni qu'ils se conforment, à l'égard du condamné, aux dispositions de l'art. 97 du Code d'instruction criminelle.

Conséquemment, lorsque, dans de telles circonstances, l'arrestation s'effectue, bien que sans l'emploi de semblables formalités, c'est-à-dire sans que les gendarmes donnent copie du jugement au condamné ou lui en exhibent l'expédition en forme exécutoire, quiconque ou résiste avec violences et voies de fait aux agents opérant l'arrestation, ou bien procure ou facilite l'évasion des condamnés, se rend coupable, suivant les circonstances, du délit prévu soit par l'art. 209 du Code pénal, soit par l'art. 238 du même Code.

Il ne s'agit pas de l'exécution d'un mandat d'amener, de dépôt ou d'arrêt; dès lors, l'art. 97 du Code d'instruction, qui prescrit d'exhiber au prévenu l'acte en vertu duquel on l'arrête et de lui en délivrer copie, est sans application lorsqu'il s'agit d'un jugement passé en force de chose jugée. Cette formalité serait superflue, puisque le condamné, en présence de qui le jugement a été rendu, en a eu nécessairement par là connaissance légale. (V. *Contrainte par corps*.)

Il suffit, pour que l'arrestation soit régulière, dans ce cas, que les gendarmes agissent à la requête du procureur de la République. Les gendarmes n'ont besoin de l'expédition du jugement que pour faire faire l'acte d'écrou, conformément à l'art. 78 de la Constitution du 22 frimaire an VIII.

Le condamné, lorsqu'il est ainsi appréhendé, en vertu d'une condamnation qui lui est connue, par des agents de la force publique dont il ne doit pas ignorer la qualité, ne peut contester la légalité de son arrestation. Des tiers le peuvent encore moins : d'où il suit que ceux qui procurent ou facilitent son évasion, ou résistent avec violences et voies de fait aux agents de la force publique qui effectuent son arrestation, se rendent coupables des délits prévus par les articles du Code pénal ci-dessus indiqués. (*Cass.*, *26 déc.* 1839.)

Lorsque la gendarmerie est chargée d'exécuter les notifications de jugements, elle doit toujours exhiber les extraits de mandats ou de jugements. (*Art.* 292 *du décret du* 1ᵉʳ *mars* 1854.)

EN VERTU DE MANDATS DE JUSTICE, ORDRES, SIGNALEMENTS, ETC.

Cette partie essentielle des devoirs des officiers, sous-officiers, brigadiers et gendarmes exige une instruction spéciale qui ne doit point être négligée, attendu que. dans cette circonstance, une mesure irréfléchie, l'oubli de quelques formalités, peuvent compromettre leur opération, la liberté individuelle et engager leur responsabilité.

En principe général. *on ne doit, dans aucun cas, entrer de nuit dans le domicile d'un individu pour lui signifier un mandat de justice, ordre ou réquisitoire*, c'est-à-dire, du 1ᵉʳ octobre au 31 mars, avant six heures du matin et après six heures du soir, et du 1ᵉʳ avril au 30 septembre avant quatre heures du matin et après neuf heures du soir. (*Art.* 291 *du décret du* 1ᵉʳ *mars* 1854. — V. *Visites domiciliaires.*)

Cependant, si les individus sous le poids de mandats étaient trouvés hors des habitations, sur les routes. sur les places publiques, etc., ou dans les auberges, cabarets ou autres maisons ouvertes au public, les gendarmes pourraient, *même pendant la nuit*, opérer la notification de leur mandat (*les condamnés pour dettes exceptés.* — V. *Arrestations pour dettes envers l'Etat*) ; mais ils ne peuvent s'introduire dans les maisons ouvertes au public que jusqu'à l'heure où ces maisons doivent être fermées d'après les règlements de police. (*Art.* 129 *de la loi du* 28 *germ. an* VI.)

Les formalités indispensables à remplir pour la signification des mandats de justice varient suivant la position de celui qui en est l'objet, et d'après l'espèce du mandat, savoir :

1° Si l'inculpé est présent ;
2° Si, étant présent, il refuse d'ouvrir ses portes ;
3° S'il se réfugie dans la maison d'un particulier ;
4° S'il est absent ou inconnu ;
5° S'il est trouvé hors de l'arrondissement de l'officier qui a délivré le mandat ;
6° Si l'inculpée est une femme ayant un jeune enfant ;
7° Si l'inculpé est déserteur ou insoumis ;
8° Si le militaire inculpé est présent à son corps ;
9° Si l'inculpé est marin du commerce.

Il faut connaître, lorsque le prévenu est arrêté, quelle direction il convient de lui donner.

En cas d'arrestation, nous indiquerons quelle est la gratification accordée pour capture, et quels sont les cas d'exception ;

Nous dirons la conduite à tenir par les gendarmes dans toute espèce d'arrestation.

1° *Si l'inculpé est présent.*

Si le recherché est présent, et s'il ne refuse pas l'entrée de son domicile, les gendarmes doivent, *sans l'assistance d'un officier de police*, lui signifier le mandat, lui en délivrer copie, et l'arrêter s'il n'obéit pas. Le mandat de comparution ne donne pas le droit d'arrestation, la signification suffit. (V. *Mandements de justice.*)

2° *Si l'inculpé, étant présent, refuse d'ouvrir ses portes.*

Si le recherché se barricade chez lui, et s'il persiste obstinément à refuser l'entrée de son domicile, que doit-on faire ? L'on ne peut mieux répondre qu'en transcrivant ici les dispositions aussi sages que modérées de la loi du 29 septembre 1791, 1re partie :

« Le porteur d'un mandat d'amener (*dit-elle*) ne doit pas oublier que c'est à des hommes libres qu'il notifie une évocation légale, et que toute insulte, tous mauvais traitements volontaires sont des crimes de la part de celui qui agit au nom de la loi. Ainsi, le porteur du mandat demandera d'abord au prévenu s'il entend y obéir, et, dans le cas où le prévenu y consentira et se mettra en devoir de le faire, le porteur n'aura qu'à l'accompagner et à le protéger jusqu'à ce qu'il soit rendu devant l'officier de police.

« Ceux qui refuseraient d'obéir à l'évocation contenue dans le mandat d'amener doivent de suite être contraints par la force à y obtempérer ; car il est impossible que, dans un Etat bien ordonné, l'obéissance ne demeure point à la loi, et que la résistance d'un seul ne soit pas vaincue par la force publique. Mais l'emploi même de cette force doit être sagement modéré : on doit contraindre l'individu, mais non pas l'accabler. »

Ce mandat peut être présenté à un citoyen dans sa maison ; et, s'il en défendait l'entrée, le porteur du mandat pourrait requérir la force publique pour s'y introduire et notifier le mandat au prévenu.

Ainsi, en cas de refus, la gendarmerie invite et requiert, au besoin, le maire ou l'adjoint, ou le commissaire de police, d'avoir à faire ouvrir les portes de vive force par un serrurier, d'assister à la notification du mandat et à la perquisition, si elle doit avoir lieu, en cas de mandat d'arrêt ou de réquisitoire *ad hoc*. Tous les détails de cette opération sont consignés dans un procès-verbal, qui est signé de l'officier de police présent et de deux témoins que l'on choisit ordinairement parmi les plus proches voisins de l'inculpé, et que l'on a requis d'assister à l'opération. L'officier de police devient alors seul responsable des mesures qu'il croit devoir prendre dans cette circonstance. S'il se refusait à la réquisition légale et écrite de la gendarmerie, ce qui n'est pas présumable, il en serait dressé procès-verbal, qui serait transmis, par la voie la plus courte, au procureur de la République, et, en attendant sa décision, la maison du prévenu serait cernée.

3° Si l'inculpé se réfugie dans la maison d'un particulier.

Lorsqu'il y a lieu de supposer qu'un individu déjà frappé d'un mandat d'arrestation, ou prévenu d'un crime ou délit pour lequel il n'y aurait pas encore de mandat décerné, s'est réfugié dans la maison d'un particulier qui en refuse l'entrée, la gendarmerie peut seulement garder à vue cette maison ou l'investir, en attendant les ordres nécessaires pour y pénétrer, ou l'arrivée de l'autorité (*du maire ou du commissaire de police*) qui a le droit d'exiger l'ouverture de la maison, pour y faire l'arrestation de l'individu réfugié. (*Art. 293 du décret du 1ᵉʳ mars* 1854.)

Mais, même pendant la nuit, si la maison où s'est réfugié un prévenu est ouverte à la gendarmerie, sur sa réquisition, elle peut y entrer et opérer l'arrestation à toute heure. (*Cass., 8 mars* 1851.)

4° Si l'inculpé est absent ou inconnu.

Si le prévenu contre lequel il a été décerné un mandat d'amener ou d'arrêt ne peut être trouvé, les agents de la force publique se conforment aux art. 105 et 109 du Code d'instruction criminelle, ainsi conçus :

« Art. 105. Si le prévenu contre lequel il a été décerné *un mandat d'amener* ne peut être trouvé, ce mandat sera exhibé au maire, ou à l'adjoint, ou au commissaire de police de la commune de la résidence du prévenu. Le maire, l'adjoint ou le commissaire de police mettra son visa sur l'original de l'acte de notification.

« Art. 109. Si le prévenu ne peut être saisi, *le mandat d'arrêt* sera notifié à sa dernière habitation, et il sera dressé procès-verbal de perquisition. Ce procès-verbal sera dressé en présence des deux plus proches voisins du prévenu que le porteur du mandat d'arrêt pourra trouver. Ils le signent, ou, s'ils ne savent ou ne veulent pas signer, il en sera fait mention, ainsi que de l'interpellation qui en aura été faite. Le porteur du mandat d'arrêt fera ensuite viser son procès-verbal par le juge de paix ou son suppléant, ou, à son défaut, par le maire, l'adjoint ou le commissaire de police du lieu, et lui en laissera copie. Le mandat d'arrêt et le procès-verbal seront ensuite remis au greffe du tribunal. »

5° Si l'inculpé est trouvé hors de l'arrondissement.

Si le recherché est trouvé hors de l'arrondissement de l'autorité qui a délivré le mandat, il doit être conduit devant l'autorité locale, qui visera le mandat, sans pouvoir s'opposer à son exécution. (*Art. 98 du Code d'instr. crim.*)

Si, plus de deux jours après la date *d'un mandat d'amener*, un prévenu était trouvé hors de l'arrondissement de l'officier qui a délivré ce mandat, et à une distance de plus de cinq myriamètres du domicile de cet officier, le prévenu ne pourrait être contraint de se rendre au mandat; mais il n'en serait pas moins arrêté et conduit devant le procureur de la République de l'arrondissement dans lequel il a été arrêté. Ce magistrat décerne alors un mandat de dépôt, en vertu duquel le prévenu est retenu dans la maison d'arrêt, et il en donne avis et transmet, dans les vingt-quatre heures, toutes les pièces de cette opération à l'officier de police judiciaire qui a décerné le mandat d'amener. (*Art*. 100 *du Code d'instr. crim.*)

Cependant, si ce prévenu avait été trouvé muni d'effets, de papiers ou d'instruments pouvant faire présumer qu'il est auteur ou complice du délit pour lequel il est recherché, il devrait être conduit directement devant l'officier mandant, quels que soient le délai et la distance dans lesquels il aurait été trouvé. (*Art*. 100 *du Code d'instr. crim.*)

Les signalements des malfaiteurs, voleurs, assassins, perturbateurs du repos public, évadés des prisons et des bagnes, ainsi que ceux d'autres personnes contre lesquelles il est intervenu des mandats d'arrêt, sont délivrés à la gendarmerie, qui en cas d'arrestation de ces individus les conduit, de brigade en brigade, jusqu'à la destination indiquée par lesdits signalements. (*Art*. 289 *du décret du 1er mars 1854.*)

6° *Si l'inculpée est une femme ayant un jeune enfant.*

Les femmes arrêtées en état de flagrant délit ou en vertu de mandement de justice peuvent garder avec elles les enfants qu'elles allaitent. Le paragraphe 4 du service de santé, arrêté par le ministre de l'intérieur le 25 décembre 1819 porte, art. 33 : Sur la demande de la mère dont la détention est continue, il lui sera permis d'allaiter son enfant et même ensuite de le garder jusqu'à ce qu'il ait trois ans accomplis.

La layette, le berceau, les boissons, bouillies ou panades pour son enfant lui seront fournis. (*Art*. 34.)

Lorsque la mère ne voudra ou ne pourra pas allaiter son enfant, ou lorsqu'il aura atteint l'âge de trois ans, il sera mis, si les père et mère n'ont pas de moyens d'existence, au nombre des orphelins qui sont à la charge publique. Il en sera ainsi de tout enfant amené avec un détenu et qui, à raison de son âge et de l'indigence de ses père et mère, est hors d'état de pourvoir à sa subsistance. (*Art*. 35.)

Si une femme est arrêtée avec un enfant qu'elle allaite, ou qu'il soit encore dans sa première enfance, les dispositions des trois articles qui précèdent lui seront applicables. (*Art*. 36 *de l'arrêté précité*.)

7° *Si l'inculpé est déserteur ou insoumis.*

Si le recherché est déserteur ou insoumis, les gendarmes, porteurs de son signalement ou de l'ordre de l'arrêter, peuvent s'introduire seuls dans les maisons des particuliers présumés le recéler, lorsque l'entrée n'en est pas refusée. Dans le cas contraire, ils doivent requérir l'assistance du maire, de l'adjoint ou du commissaire de police.

Si les gendarmes n'étaient pas porteurs de mandats d'arrestation ou de signalements, ils ne pourraient entrer, malgré le propriétaire, pour rechercher un déserteur ou un insoumis, alors même qu'ils auraient de fortes raisons de le croire dans la maison. Dans ce cas, ils devraient, aux termes de l'art. 293 du décret du 1er mars 1854, investir la maison, ou la garder à vue, et requérir l'assistance du maire ou du commissaire de police, qui ont le droit d'exiger l'ouverture de la maison, pour qu'on y fasse l'arrestation de l'individu réfugié.

Hors les cas d'incendie, d'inondation ou de réclamation venant de l'intérieur, la gendarmerie ne peut pénétrer dans le domicile d'un citoyen malgré lui; mais hors ces cas et ceux de flagrant délit déterminés par les lois, elle peut s'y introduire lorsque l'entrée n'en est pas refusée; autrement, elle se fait assister du maire, de l'adjoint, ou du commissaire de police, qu'elle a le droit de requérir en cette occasion pour suppléer au signalement ou au mandat d'arrestation. (*Art. 2 du décret du 4 août* 1806.)

Il est spécialement prescrit à toutes les brigades de gendarmerie de rechercher avec soin et d'arrêter, partout où ils sont rencontrés, les déserteurs et insoumis signalés, ainsi que les militaires qui sont en retard de rejoindre à l'expiration de leurs congés ou permissions. (V. *Déserteurs et insoumis.*)

Elle arrête également les militaires de l'armée de terre et de mer qui ne sont pas porteurs de feuilles de route, de congés en bonne forme, ou d'une permission d'absence signée par l'autorité compétente. (*Art.* 336 *du décret du* 1ᵉʳ *mars* 1854.)

Si le prévenu n'a pas été arrêté par la gendarmerie, le commandant de la brigade devant lequel il a été amené rédige, sur la déclaration et en présence du capteur, ainsi qu'en présence du détenu, le procès-verbal d'arrestation : si le capteur est dans l'intention de réclamer du préfet la gratification qui est accordée par la loi, il doit faire viser ce procès-verbal par le commandant de la gendarmerie du département. (*Art.* 341 *du décret du* 1ᵉʳ *mars* 1854. — V. *plus loin page* 31.)

8° Si le militaire inculpé est présent à son corps.

Lorsqu'il s'agit de mettre à exécution un mandat de justice dans une caserne, cette opération demande beaucoup de régularité et de prudence. Les casernes ne sont pas des lieux publics où la gendarmerie puisse s'introduire à sa volonté; il est, d'ailleurs, des formalités qu'exigent les lois, la discipline militaire et les convenances.

Dès que le commandant de la gendarmerie a reçu des mandats ou ordonnances prescrivant l'arrestation d'un militaire logé dans une caserne, il doit en prévenir immédiatement le commandant du corps ou du détachement, afin qu'il puisse donner des ordres pour faciliter leur exécution. Les gendarmes se présentent ensuite aux jour et heure indiqués par le chef de corps, et les militaires leur sont remis par l'adjudant de service. Les mêmes formalités doivent être remplies à l'égard des prévenus militaires en activité de service qui seraient logés chez des particuliers dans la résidence où le corps ou détachement est stationné ou en garnison.

Si, dans le lieu où réside le régiment ou détachement d'un militaire sous le poids d'un mandat d'arrestation, les gendarmes le rencontraient sur la voie publique, ils pourraient l'arrêter sans en prévenir le chef de corps. Mais alors, avant de le conduire devant le juge mandant, ou de l'écrouer, ils doivent le présenter au commandant du régiment ou du détachement, à qui ils donnent connaissance des mandats qui les ont fait agir. Ce mode d'opérer est dans les convenances, attendu qu'un chef de corps doit toujours signaler à ses supérieurs l'acte ou l'événement en vertu duquel ses soldats sont absents du corps ou éprouvent des mutations.

En cas de flagrant délit, dans le lieu de leur garnison, les militaires peuvent également être arrêtés spontanément par la gendarmerie, et conduits devant leurs chefs, qui les mettent à la disposition de l'autorité judiciaire, s'il y a lieu.

Quant aux prévenus militaires en activité de service qui sont en congé ou éloignés de leur corps, l'arrestation suit la marche ordinaire : ils sont écroués immédiatement, ou conduits devant le juge mandant, suivant le cas. (V. *Arrestations en vertu de mandats de justice*.) Seulement, il est rendu compte de cette opération, soit au général commandant le département, soit au chef du corps auquel appartiennent les prévenus.

Aux termes de l'art. 12 du règlement du 17 août 1824, les personnes étrangères à l'armée ne peuvent pénétrer dans les bâtiments militaires sans une permission de l'autorité militaire. (V. *Tribunaux militaires*.)

9° *Si l'inculpé est marin du commerce ou marin inscrit.*

Les gens de mer qui, dans un port français, s'absentent pendant trois fois vingt-quatre heures de leur navire ou du poste où ils ont été placés, ou laissent partir le navire sans se rendre à bord, après avoir contracté un engagement, sont réputés déserteurs et punis de six jours de prison. Cette peine sera de quinze jours à deux mois pour les novices et les mousses.

Les officiers mariniers et les matelots sont, en outre, levés pour le service de l'Etat et embarqués pour une campagne extraordinaire de six mois à un an.

Toutefois le capitaine, maître ou patron du navire sur lequel le déserteur était embarqué pourra obtenir sa réintégration à bord en cas d'arrestation opérée avant le départ du navire ; mais alors ses gages seront réduits de moitié à partir du jour de la désertion jusqu'à l'expiration de l'engagement. (*Art. 155, décret-loi du 24 mars 1852, Bulletin officiel de la marine, p. 422.*)

Les marins du commerce sont, comme les marins de l'Etat, réputés déserteurs et punis comme tels, lorsqu'ils s'absentent de leur navire ou du poste où ils ont été placés. (*Décret du 24 mars 1852.*)

Lorsque la gendarmerie agit en cas de flagrant délit, elle doit conduire le délinquant chez le commissaire de l'inscription maritime pour faire constater son identité. Le capitaine, le maître ou le patron du navire est invité à venir chez le commissaire pour donner toutes les indications qui pourraient être nécessaires, tant dans son intérêt que pour la justification de l'arrestation et de la prime à laquelle elle donne droit.

La conduite en rade des marins étrangers n'est faite que sur un ordre spécial du commissaire de l'inscription maritime. Les frais matériels du transport de la gendarmerie et de ses prisonniers sont acquittés par le requérant.

La conduite, jusque dans les ports voisins, n'est également faite que sur un ordre du commissaire de l'inscription maritime. En outre des frais d'arrestation et de conduite prévus par le tarif, les frais de transport de la gendarmerie et de ses prisonniers et les frais de séjour alloués par le règlement aux militaires de cette arme doivent être acquittés par le requérant. (*Décis. prés. du 9 juin 1880. — V. Parts d'amendes et Primes.*)

Un marin inscrit embarqué sur un bâtiment étranger peut être arrêté à terre si son bâtiment est dans le port. (*Sol. de la marine, 28 sept. 1882.*)

Direction en cas d'arrestation.

Si les individus arrêtés ne sont que sous le poids de mandats *d'amener*, ils sont conduits immédiatement après leur arrestation, par correspondance ordinaire ou extraordinaire, devant les juges mandants, et interrogés dans les vingt-quatre heures au plus tard. Ils sont placés, en attendant, à la maison d'arrêt, comme lieu de dépôt. Ceux qui se présentent après avoir reçu un mandat de comparution sont interrogés de suite; et ceux qui ont été capturés en vertu de mandats d'arrêt, de jugements ou d'ordres sont déposés en prison, écroués sur-le-champ, et ne sont transférés à leur destination que par les correspondances ordinaires. (V. *Correspondances et mandements de justice.*)

Les arrestations en vertu de mandats d'amener ne donnent point lieu à une prime de capture. Ce service entre dans les obligations de la gendarmerie. (*Décis. de M. le garde des sceaux des 30 janv. et 29 juill. 1817, 19 janv. 1819, 12 mars 1822, 17 nov. 1818; instr. générale du 30 sept. 1826, art. 175.*)

Le commandant de la brigade qui a arrêté, ou à qui on a remis un individu réputé déserteur, le met en route pour être conduit, de brigade en brigade, au chef-lieu du département, devant le commandant de la gendarmerie. (*Art. 339 du décret du 1er mars 1854.*)

Les déserteurs dont le corps est parfaitement connu, et qui sont arrêtés dans un lieu situé plus près de leur corps que du chef-lieu du département, sont conduits directement à leur corps; le commandant de la brigade qui en fait la remise en retire un récépissé au bas d'une expédition de son procès-verbal.

L'ordre de conduite ne doit être délivré que lorsqu'il y a certitude que l'individu appartient réellement au corps dont il s'est déclaré déserteur; en conséquence, il est maintenu en prison, si ce corps se trouve stationné à plus de six journées de marche du lieu d'arrestation, jusqu'à ce qu'on ait reçu du corps, auquel le fait est immédiatement signalé, des renseignements qui confirment l'exactitude de la déclaration. (*Art. 340 du décret du 1er mars 1854.*)

Cas d'arrestation, donnant lieu à une prime, et cas d'exception.

Les arrestations qui donnent lieu à une gratification sont celles opérées en vertu de mandats d'arrêt, d'ordonnances de prise de corps, de jugements ou arrêts rendus en matière criminelle, de police correctionnelle ou de simple police, emportant peine afflictive ou infamante, ou peine d'emprisonnement, et celles faites spontanément en vertu de signalements de déserteurs, forçats ou condamnés évadés, contrebandiers, etc. (*Art. 71 § 5 du règl. du 18 juin 1811; art. 6 du décret du 7 avril 1813; décrets des 26 sept. 1866 et 2 juill. 1877.*)

Il n'est pas dû d'indemnité aux gendarmes qui arrêtent des individus compris dans les listes ou feuilles de signalements que le ministre de l'intérieur transmet périodiquement dans les départements. (*Art. 77, § 4, du décret du 18 juin 1811, circ. du garde des sceaux du 12 mars 1822 et circ. du min. de la guerre du 21 août 1855.*) Les gendarmes n'ont droit à aucune indemnité sur les fonds généraux des frais de justice, pour les arrestations qu'ils effectuent sans être porteurs de mandements de justice. Cela résulte de l'art. 108 de la loi du 17 avril 1798, qui place ces arrestations au nombre de leurs devoirs. (*Décis. de M. le garde des sceaux du 12 mars 1822.* — V: *Primes.*)

Les gendarmes qui, soit spontanément, soit sur des signalements ou ordres, réintègrent dans les prisons des détenus évadés ont droit à une prime de capture, conformément aux décrets des 19 septembre 1866 et 2 juillet 1877.

Lorsque les condamnés se présentent d'eux-mêmes aux gendarmes pour subir leur peine d'emprisonnement, il n'est point dû de gratification de capture.

En général, le droit de capture n'est dû qu'autant qu'il y a eu exécution forcée du jugement. (*Décis. de M. le garde des sceaux du 13 sept. 1832.*)

CONDUITE A TENIR PAR LES GENDARMES DANS TOUTES ARRESTATIONS.

Les gendarmes, dans les arrestations qu'ils opèrent, ne doivent jamais employer une rigueur qui ne serait pas nécessaire. S'ils doivent déployer toute l'énergie et le courage possibles pour s'assurer de la personne d'un prévenu ou d'un condamné, ils ne doivent plus connaître que le sentiment de l'humanité dès qu'il est en leur pouvoir. Tout mauvais traitement leur est expressément défendu par la loi : ils doivent penser que souvent l'individu qu'ils poursuivent, qu'ils arrêtent, peut être reconnu innocent par l'autorité compétente devant laquelle il est traduit.

ARRESTATION D'UN ALIÉNÉ.

Les maires des communes sont chargés par la loi de prendre les mesures nécessaires pour empêcher la divagation des fous et des insensés.

Lorsqu'un individu est atteint de folie furieuse, qu'il se porte à des violences et voies de fait, ou inspire de justes inquiétudes, la gendarmerie doit s'en saisir avec les précautions convenables et le conduire devant l'autorité municipale. (*Loi du 16=24 août 1790, titre XI, art. 3, n° 6.*)

Ceux qui laissent errer des fous ou des furieux sous leur garde encourent une amende de 6 fr. à 10 fr. (*Art. 475, n° 7, du Code pénal.*)

Le procès-verbal, visé pour timbre et enregistré en débet, est du ressort du juge de paix.

En cas de danger imminent attesté par le certificat d'un médecin ou par la notoriété publique, les commissaires de police à Paris, et les maires dans les autres communes, ordonnent, à l'égard des personnes atteintes d'aliénation mentale, toutes les mesures provisoires nécessaires, à la charge d'en référer dans les vingt-quatre heures au préfet, qui statuera sans délai. (*Art. 19 de la loi du 30 juin 1838.*)

Les hospices ou hôpitaux civils sont tenus de recevoir, provisoirement, les personnes qui leur sont adressées en vertu des art. 18 et 19 de la présente loi. (*Art. 24 de ladite loi.*)

Dans quelques circonstances exceptionnelles, lorsqu'il s'agit par exemple d'un individu dangereux ou muni d'armes et disposé à s'en servir, le maire peut réclamer le concours de la gendarmerie. Mais une fois le danger conjuré ou l'arrestation faite, le malade doit être remis à l'autorité civile, qui requiert, pour la conduite à l'hospice le plus voisin, un ou plusieurs habitants de la commune. (*Lettre du ministre de l'intérieur du 25 mai 1872.*)

Avant d'arrêter un aliéné qui n'est pas fou furieux ou qui ne commet aucun crime, aucun délit, il est bon que les militaires de la gendarmerie se pénètrent des dispositions qui précèdent et qu'ils ne perdent pas de vue que les aliénés ne doivent, en aucun cas, être assimilés soit aux vagabonds, soit à des malfaiteurs. (*Lettre précitée du 25 mai 1872, insérée à la page 271 du 8ᵉ volume du* Mémorial. — V. *Correspondances, page* 189.)

ARRESTATIONS ILLÉGALES.

Hors le cas de flagrant délit déterminé par les lois, la gendarmerie ne peut arrêter aucun individu, si ce n'est en vertu d'un ordre ou d'un mandat décerné par l'autorité compétente : tout officier, sous-officier, brigadier ou gendarme qui, en contravention à cette disposition, donne, signe, exécute ou fait exécuter l'ordre d'arrêter un individu, ou l'arrête effectivement, est coupable de détention arbitraire. (*Art.* 632 *du décret du* 1ᵉʳ *mars* 1854. — V. *Arrestations en flagrant délit, en vertu de mandats de justice, et arrestations non autorisées.*)

La peine varie suivant la longueur de la détention. Si elle a duré plus d'un mois, la loi prononce les travaux forcés à perpétuité ; si elle a duré de dix à trente jours, les travaux forcés à temps ; si elle a duré moins de dix jours, un emprisonnement de deux à cinq ans. (*Art.* 341 *et* 344 *du Code pénal.*)

ARRESTATIONS NON AUTORISÉES.

Les différents cas où les arrestations doivent être différées sont ceux où il s'agit d'un crime ou délit présumé commis par un agent du gouvernement *dans l'exercice de ses fonctions* : on doit s'abstenir, hors le cas de flagrant délit, de l'arrêter et de l'interroger.

L'on doit également s'abstenir d'arrêter les personnes dont la liberté individuelle a été garantie par les lois, telles que les ministres, les sénateurs et les députés.

Aucun membre de l'une ou de l'autre Chambre ne peut, pendant la durée des sessions, être poursuivi sans l'autorisation de la Chambre dont il fait partie, sauf le cas de flagrant délit.

Le Président de la République ne peut être mis en accusation que par la Chambre des députés et ne peut être jugé que par le Sénat.

Les ministres peuvent être mis en accusation par la Chambre des députés pour crimes commis dans l'exercice de leurs fonctions. En ce cas, ils sont jugés par le Sénat. (*Art.* 12 *et* 14 *de la loi constitut. du* 16 *juill.* 1875.)

A moins de crimes ou délits entraînant emprisonnement, il est bon de s'abstenir aussi d'arrêter les individus *connus* et *domiciliés*. Il faut bien se pénétrer de ce principe qu'*aucune contravention* ne peut donner lieu à arrestation, même quand la loi prononcerait l'emprisonnement de simple police. On ne doit pas non plus procéder à l'arrestation dans les cas de délits correctionnels qui n'entraînent *qu'une amende;* mais *les individus non connus surpris en flagrant délit, même pour une simple contravention ou un délit n'emportant pas la peine de prison, et ceux, connus ou non connus, commettant ou venant de commettre un crime, doivent être arrêtés spontanément* et conduits immédiatement devant le procureur de la République. (V. *Outrages à la gendarmerie.*)

La loi du 20 mai 1863 indique les cas où les individus surpris en flagrant délit doivent être arrêtés et conduits devant le procureur de la République, et un arrêt de la Cour de cassation, du 24 novembre suivant, donne aux agents le pouvoir de réclamer, en cas de flagrant délit, l'aide des habitants présents, sans avoir besoin de recourir au maire.

ARRESTATIONS POUR DETTES.

La loi du 17 avril 1832 sur la contrainte par corps a été abrogée par la loi du 22 juillet 1867, et rétablie par la loi du 19 décembre 1871 dans la partie relative aux dettes en matière criminelle.

Les arrestations des débiteurs envers l'Etat sont soumises à d'autres formalités que celles ayant lieu pour crimes et délits. La gendarmerie, qui en est chargée en vertu de réquisition du procureur de la République, doit observer ce qui suit :

Le débiteur ne peut être arrêté, 1° avant le lever et après le coucher du soleil; 2° les jours de fêtes légales; 3° dans les édifices consacrés au culte, *mais durant les exercices religieux seulement;* 4° dans le lieu et pendant le temps des séances des autorités constituées; 5° dans une maison quelconque, même dans son domicile, à moins qu'il n'ait été ainsi ordonné par le juge de paix du lieu, lequel juge de paix doit, dans ce cas, se transporter dans la maison avec l'officier ministériel, *ou déléguer un commissaire de police (loi du 26 mars 1855);* 6° il ne peut non plus être arrêté lorsque, appelé en justice, il est porteur d'un sauf-conduit. Le sauf-conduit peut être accordé par le juge d'instruction, par le président du tribunal ou de la Cour où les témoins doivent être entendus. Les conclusions du ministère public sont nécessaires. Le sauf-conduit règle la durée de son effet, à peine de nullité. En vertu de ce sauf-conduit, le débiteur ne peut être arrêté, ni le jour fixé pour sa comparution, ni pendant le temps nécessaire pour aller et pour revenir. (*Art.* 781 *et* 782 *du Code de proc. civ. —* V. *Contributions indirectes, Dettes, Mineurs et Primes.*)

ASSEMBLÉES PUBLIQUES, FÊTES, FOIRES, MARCHÉS.

La gendarmerie est obligée de se rendre aux assemblées, foires, fêtes et marchés. C'est une de ses principales obligations, et, pour assurer invariablement ce service, les commandants de brigade doivent toujours avoir sous les yeux l'état exact des foires, marchés, assemblées, et les époques fixes auxquelles ont lieu ces réunions.

La surveillance est exercée dans ces divers rassemblements, en la portant sur tout attroupement, toute voie de fait, tous individus qui tiennent des jeux de hasard; en levant les obstacles qui troublent le repos ou l'industrie des citoyens; en verbalisant contre les aubergistes et autres débitants qui ne fermeraient pas, aux heures déterminées par les règlements de police, les lieux publics de réunion; en portant secours à tout citoyen opprimé ; en cherchant enfin à découvrir les prévenus de crimes ou délits sous mandats de justice, les déserteurs, les vagabonds et les étrangers suspects; en exécutant ponctuellement les réquisitions des autorités et en faisant exécuter les règlements locaux.

Lorsqu'on présume que, par suite d'une grande affluence à des assemblées publiques, l'ordre peut être menacé, le commandant de l'arrondissement, après s'être concerté avec le sous-préfet, ou sur sa réquisition, peut réunir et envoyer sur les lieux plusieurs brigades ; il les commande lui-même si sa présence est jugée nécessaire : et il en est toujours ainsi dans les diverses circonstances où plusieurs brigades sont réunies pour un service de ville ou de campagne.

Les brigades ne rentrent à leur résidence que lorsque leur présence n'est plus jugée utile, et elles se retirent assez lentement pour observer ce qui se passe et empêcher les rixes qui ont lieu fréquemment à la suite de ces assemblées. (Art. 334 du décret du 1er mars 1854.)

La gendarmerie. en arrivant sur les lieux, doit se rendre chez le maire, pour le prévenir qu'elle est prête à le seconder dans le maintien de l'ordre et de la tranquillité, et à faire exécuter les règlements locaux.

Les gendarmes doivent toujours être rendus sur les lieux avant l'heure des assemblées, et ne les quitter que lorsque les rassemblements sont entièrement finis, et après s'être assurés que l'autorité locale n'a plus besoin de leur concours.

Lorsqu'ils se rendent, sur la réquisition ou sans la réquisition de l'autorité, aux foires, marchés, fêtes et assemblées publiques hors de leur résidence, les sous-officiers, brigadiers et gendarmes doivent remiser leurs chevaux dans un local désigné par l'autorité municipale, ou de la manière usitée pour les passages de troupes, bien que les gendarmes n'aient pas droit à une indemnité de déplacement pour ce service qui rentre dans leurs attributions ordinaires, à moins d'absence de plus de douze heures de leur résidence. (Art. 132 du décret du 18 fév. 1863.)

Si l'autorité municipale n'avait pas préparé un local, ou si elle ne délivrait pas un billet de logement, les gendarmes pourraient se retirer et rendre compte à leurs chefs. Ce cas a été prévu par les art. 59 du règlement du 21 novembre 1823 et 131 du décret du 18 février 1863, qui donnent droit au logement pour les gendarmes et leurs chevaux, toutes les fois que ces militaires se rendent, par ordre, pour exercer leurs fonctions, hors de leurs résidences, dans l'arrondissement des brigades de la compagnie à laquelle ils appartiennent.

Les gendarmes peuvent accepter des repas chez les autorités, les notables et autres particuliers ; mais ils doivent refuser toute invitation dans les auberges et autres lieux publics, où ils ne doivent rester eux-mêmes que le temps nécessaire pour prendre leurs repas après avoir satisfait au service de surveillance dont ils sont chargés. Cette défense dérive des convenances militaires et maintient le respect et la considération qui doivent entourer la gendarmerie. (V. Auberges, Saltimbanques.)

Dans l'intérêt des hommes, des chevaux et du service, il faut tenir la main à ce que le séjour des gendarmes dans les assemblées, foires et marchés soit réduit au plus strict nécessaire.

Marché. — Perception des droits. — Vente avant l'heure.

Lorsqu'un arrêté municipal a fixé les droits à percevoir sur les denrées apportées au marché et que des vendeurs refusent de payer, la gendarmerie n'a pas à intervenir pour constater la contravention à cet arrêté, attendu que tout arrêté pris au point de vue fiscal n'est pas de ceux auxquels le Code pénal donne force légale, et que les gendarmes sont sans qualité pour en faire assurer l'exécution. (*Cass.*, *4 avril 1874 et 3 août 1876.*)

L'arrêté du maire qui défend aux revendeurs d'entrer avant une certaine heure au marché pour y acheter des comestibles est rendu dans les attributions municipales, et s'applique même aux revendeurs qui n'habitent pas la commune. D'où il suit qu'il y a lieu d'appliquer aux contrevenants les peines de l'art. 471 n° 15 du Code pénal. (*Cass.*, 17 *mai* 1833 et 29 *nov.* 1839. — V. *Tromperie.*)

ATTAQUES DE VOITURES PUBLIQUES.

On donne le nom de *brigandage* à toutes les actions publiques ou cachées qui causent du désordre et troublent la sûreté et la tranquillité publiques. La gendarmerie doit non seulement le réprimer, mais l'empêcher de naître, par une surveillance active et permanente.

Lorsque la gendarmerie apprend qu'une voiture publique a été attaquée, le chef de brigade doit prévenir sur-le-champ son commandant d'arrondissement, et se transporter immédiatement sur les lieux avec tous ses gendarmes disponibles. Cet officier avertit, sans délai, le procureur de la République, et se rend également sur les lieux. Les premiers arrivés prennent tous les renseignements possibles sur le fait, sur toutes les circonstances qui l'ont précédé et suivi. L'officier de gendarmerie, ou le sous-officier, entend le postillon, le conducteur, les voyageurs; envoie à la poursuite des brigands, dans la direction indiquée, et même dans toutes les directions; requiert les gardes champêtres et forestiers de l'aider dans ses recherches, et transmet les signalements qu'il a reçus à toutes les autorités voisines.

Aussitôt que le procureur de la République arrive, il lui remet l'instruction commencée et se tient prêt à exécuter ses réquisitions.

Lorsque les brigands, réunis, armés et organisés en bandes, sont atteints et font résistance, la gendarmerie les attaque, les poursuit, les arrête ou les détruit.

Les officiers, dans ce cas, doivent toujours être à la tête de leur troupe; et s'ils jugent que leur force est insuffisante, ils en préviennent immédiatement les sous-préfets, qui requièrent la réunion des brigades de gendarmerie de leur arrondissement sur les points menacés, à la charge d'en informer sur-le-champ le préfet, qui prend des mesures ultérieures, si le cas l'exige, bien entendu; les officiers en préviennent, *par dépêches télégraphiques*, les commandants de compagnie, qui s'empressent eux-mêmes d'en instruire les autorités civiles et militaires, les chefs de légion et les ministres. (*Art.* 334 *du décret du* 1er *mars* 1854. — *Arrêté du* 1er *juill.* 1875 *sur les franchises télégraphiques.*)

Si la réunion des brigades d'un arrondissement ne suffit pas, le commandant de compagnie en prévient le préfet du département, qui, après s'être concerté avec l'officier général commandant le département, s'il est présent, ou en son absence avec le commandant de gendarmerie, peut ordonner la réunion sur le point menacé du nombre de brigades nécessaire au rétablissement de l'ordre. (*Art.* 113.)

Enfin, si la gendarmerie était insuffisante, les généraux de division et de brigade, qui sont informés, de même que les préfets, de tous les événements qui surviennent et qui se succèdent, doivent, indépendamment de l'emploi des troupes de ligne disponibles, ordonner, *sur la réquisition des préfets*, la formation des détachements de gendarmerie qu'exigent les besoins du service. Ces détachements peuvent être composés d'hommes extraits des compagnies environnantes et faisant partie de la division militaire. Les généraux préviennent de ces mouvements les préfets des départements respectifs. (*Art.* 129.)

Les officiers, sous-officiers, brigadiers et gendarmes peuvent poursuivre les brigands hors des limites de leur arrondissement de surveillance. Ils ne doivent jamais les abandonner qu'ils ne soient atteints, toutefois en en prévenant les autorités et la gendarmerie des lieux sur lesquels ils passent.

Si des brigands poursuivis se réfugiaient dans une maison particulière, s'y barricadaient et s'y défendaient malgré les propriétaires, locataires ou habitants de la maison, soit en faisant feu par les fenêtres, soit en lançant différents projectiles, les militaires et les gendarmes, bien que n'ayant pas qualité d'officiers de police judiciaire, pourraient s'introduire dans cette maison. Ici la guerre est commencée, le délit est flagrant, les militaires montent à l'assaut; ils doivent entrer par où ils peuvent et comme ils peuvent, vaincre toutes les résistances, sans avoir égard aux dommages, et s'emparer des brigands, morts ou vifs, de nuit comme de jour.

Si les brigands se sont seulement réfugiés dans une maison sans faire autre démonstration de défense que d'en fermer les portes, l'officier de gendarmerie qui commande le détachement somme le propriétaire ou l'habitant de cette maison d'ouvrir ses portes. Sur son refus, qui caractérise un crime ou un délit, à moins qu'il n'y soit contraint par les brigands, il requiert un serrurier pour en faire l'ouverture. Les chefs de brigade de gendarmerie, n'étant pas officiers de police auxiliaires, doivent seulement faire cerner la maison, avertir le procureur de la République, et, s'il y a urgence, requérir à l'instant le maire ou l'adjoint, ou le commissaire de police, d'avoir à leur prêter assistance dans la visite domiciliaire qui a lieu immédiatement, hors le temps de nuit, en attendant la décision du ministère public. (**V.** *Visites domiciliaires.*)

Dès que les arrestations sont opérées, les officiers de gendarmerie, en qualité d'officiers de police judiciaire, commencent, sans désemparer, l'instruction judiciaire, entendent les prévenus et les témoins, attendent l'arrivée du procureur de la République pour faire enterrer les morts, s'il y en a, et consignent, dans les actes qu'ils rédigent, tous les faits et circonstances qui ont précédé, accompagné et suivi cette opération. Il faut avoir bien soin de s'assurer si les propriétaires, locataires ou habitants des maisons où se sont réfugiés les brigands ont été contraints de les recevoir par force, ou si, au contraire, ils y ont mis de la bonne volonté : circonstances qu'il est nécessaire de consigner dans le procès-verbal qui est remis sans délai au procureur de la République. (V. au Formulaire, *un modèle de procès-verbal.*)

Lorsque la gendarmerie doit pourvoir à la sûreté des diligences et malles chargées des fonds de l'État, les officiers ont à se concerter avec les autorités qui font la réquisition, pour remplacer par des patrouilles ou embuscades, dans l'intérêt de la conservation des chevaux, les escortes qui ne sont pas indispensables, et qui dérangent le service habituel des brigades.

Ces patrouilles ou embuscades, qui ont lieu plus particulièrement la nuit, sont combinées suivant la longueur du trajet que parcourent les diligences ou malles et suivant les dangers prévus. (*Art.* 462 *du décret du* 1ᵉʳ *mars* 1854

ATTENTATS AUX MŒURS.

Toute personne qui aura commis un outrage public à la pudeur sera punie d'un emprisonnement de trois mois à deux ans et d'une amende de 16 fr. à 200 fr. (*Art.* 330 *du Code pénal, conforme à la loi du* 13 *mai* 1863.)

Tout attentat à la pudeur consommé ou tenté avec violence sur la personne d'un enfant de l'un ou de l'autre sexe, âgé de moins de treize ans, sera puni de la réclusion. — Sera puni de la même peine, l'attentat à la pudeur commis par un ascendant sur la personne d'un mineur, même âgé de plus de treize ans, mais non émancipé par mariage. (*Art.* 331 *du Code pénal, conforme à la loi du* 13 *mai* 1863.)

Toute indécence commise sur soi-même ou sur autrui, publiquement, constitue un outrage public à la pudeur.

La circonstance de publicité, essentielle pour constituer le délit d'outrage public à la pudeur, existe non-seulement au cas où l'acte immoral a été vu, mais encore lorsqu'il a pu être aperçu, même par hasard. Ainsi, il y a publicité dans le sens de la loi, lorsque l'acte a été commis sur un sentier privé, mais fréquenté du public, et reliant un lieu public à un autre lieu public, encore bien qu'il l'ait été la nuit et qu'il n'ait été vu de personne. — Il y a également publicité légale, lorsque des actes de débauche ont eu lieu dans une boutique ou dans un appartement accessible au public, si les fenêtres donnant sur la cour étaient ouvertes, et que de la rue on pût pénétrer dans cette cour dont la porte restait ouverte pour donner accès au public. Evidemment alors, si le public n'a pas vu, il était possible qu'il vît; et cette possibilité suffit pour constituer le délit. (*Cass.,* 23 *déc.* 1858; 7 *avril* 1859; 28 *nov.* 1861; 16 *janv.* 1862.)

Si, dans les maisons de prostitution ou ailleurs, quelques individus avaient favorisé, excité ou facilité habituellement la débauche ou la corruption de la jeunesse de l'un ou de l'autre sexe au-dessous de l'âge de vingt-et-un ans, les corrupteurs seraient condamnés à un emprisonnement de six mois à deux ans et à une amende de 50 fr. à 500 fr. L'emprisonnement serait de deux ans à cinq ans et l'amende de 300 fr. à 1,000 fr., si la prostitution avait été excitée, favorisée ou facilitée par les pères, mères, tuteurs ou autres personnes chargées de la surveillance des enfants ainsi prostitués. (*Art.* 334 *du Code pénal.*)

L'art. 334 du Code pénal s'applique à l'individu qui débauche la jeunesse au-dessous de vingt-et-un ans, pour satisfaire à ses propres passions, comme à celui qui le fait pour les passions d'autrui. La répétition des faits de corruption constituant l'habitude, et la pluralité des victimes sont des éléments dont se compose le délit prévu par cet article. (*Cass.,* 5 *juill.* 1834 et 30 *janv.* 1840, 21 *avril et* 23 *août* 1855.)

Les mauvaises mœurs étant destructives de l'ordre social et de la tranquillité publique, la gendarmerie doit veiller à ce que:

1° Il ne se commette aucun outrage public à la pudeur, soit par paroles, soit par actions;

2° Il ne se forme aucun lieu de prostitution, de corruption et de débauche, sans en avertir l'autorité ;

3° Il n'existe aucun adultère, aucun concubinage public et scandaleux (V. *Adultère*) ;

4° Il ne soit étalé et exposé en vente aucun écrit, aucune gravure, aucun tableau, aucune statue obscènes (V. *Colporteurs*) ;

5° Il ne soit chanté ou distribué aucune chanson grossière et indécente (V. *Colporteurs, Affiches, Presse*) ;

6° Il ne soit donné aucun spectacle, aucun jeu, aucun divertissement sans l'approbation de l'autorité locale (V. *Théâtres.*)

Le Code pénal a prononcé contre ces divers délits des peines que l'on trouvera sous chacun des articles qui les concernent.

Les procès-verbaux doivent être remis au procureur de la République. — V. *Outrages à la pudeur.*)

AUBERGISTES. — LOGEURS.

Pour faire la recherche des personnes signalées ou dont l'arrestation a été légalement ordonnée, les sous-officiers, brigadiers et gendarmes visitent les auberges, cabarets et autres maisons ouvertes au public ; ils se font représenter, par les propriétaires ou locataires de ces établissements, leurs registres d'inscription des voyageurs, et ces registres ne peuvent leur être refusés. S'ils remarquent des oublis ou négligences dans la tenue de ces registres, ils en dressent procès-verbal pour être remis au maire ou commissaire de police. Le refus d'exhibition de ces registres est puni conformément à l'art. 475 du Code pénal. (*Art.* 290 *du décret du* 1er *mars* 1854.)

Les aubergistes ne peuvent être forcés de recevoir dans leur auberge les individus qu'ils ne veulent pas y admettre. L'ordonnance du 20 janvier 1563 sur les aubergistes est abrogée par les lois de 1791 sur la liberté du commerce. Et un commissaire de police, non plus que la gendarmerie, ne peut, même en offrant de payer, obliger un aubergiste à recevoir un mendiant sans asile. (*Cass.,* 2 *juill. et* 3 *oct.* 1857.)

Les membres de la gendarmerie sont autorisés à visiter les auberges, cabarets et autres maisons ouvertes au public, même pendant la nuit, jusqu'à l'heure où lesdites maisons doivent être fermées d'après les règlements de police, pour y faire la recherche des personnes qui leur auront été signalées, ou dont l'arrestation a été ordonnée par l'autorité compétente. (*Art.* 129 *de la loi du* 28 *germ. an* VI, *art.* 290 *du décret du* 1er *mars* 1854.)

Un aubergiste qui donnerait à boire après l'heure de la fermeture, dans une chambre particulière, sous prétexte que ce sont des amis et non des buveurs qu'il reçoit, commettrait une contravention. (*Cass.,* 4 *avril,* 20 *mai* 1823, 14 *fév.* 1840, 5 *mai* 1846, 17 *fév.* 1855, 27 *août* 1875.) De même il y a contravention si un cabaretier est trouvé après l'heure réglant un compte avec un de ses serviteurs. (*Cass.,* 3 *mars* 1876.) De même, aussi, le fait d'une cabaretière d'avoir reçu une personne dans son établissement après l'heure réglementaire ne peut être excusé par la double circonstance qu'il s'agissait de son fiancé qui était venu l'aider dans l'exploitation de son commerce. (*Cass.,* 15 *janv.* 1874.)

La gendarmerie, rigoureusement parlant, n'a pas le droit d'exiger de son propre mouvement que les citoyens évacuent les lieux publics après l'heure de la retraite indiquée par les règlements; il faut qu'elle soit requise à cet effet par le maire, l'adjoint ou le commissaire de police, *qui doivent être présents à cette opération.* En l'absence de réquisition, la gendarmerie se borne à dresser procès-verbal contre les aubergistes et autres contrevenants qui ne se conformeraient pas aux règlements locaux.

Un cabaretier en même temps aubergiste peut recevoir, après l'heure réglementaire, les individus étrangers à la commune qui s'arrêtent chez lui pour prendre la nourriture et le repos nécessaires pour eux et leurs chevaux. Le séjour de ces individus dans ces établissements doit être considéré comme un cas de force majeure. (*Cass., 9 juill.* 1859, *29 nov.* 1862 *et 16 mai* 1865.)

Les aubergistes ou logeurs sont obligés de tenir un registre pour inscrire les noms de tous les voyageurs qui séjourneraient plus de vingt-quatre heures chez eux. Ils encourraient une amende de 6 à 10 fr. s'ils ne tenaient pas régulièrement ce registre, conformément à l'art. 475 du Code pénal et à la loi du 13 brumaire an VII, et s'ils refusaient de l'exhiber à la gendarmerie lorsqu'ils en sont requis, sans préjudice des cas de responsabilité prévus par les art. 73 du Code pénal et 1952 et 1953 du Code civil.

L'ignorance prétendue de ces règlements ne peut servir d'excuse à ceux qui les violent. (*Cass.,* 1827 *et* 1828.)

Ce registre est sur papier timbré; il doit être visé et daté par les gendarmes à qui il est présenté, de façon à ce que l'on ne puisse pas faire de nouvelles inscriptions pour séjours antérieurs à la date du visa.

Les logeurs et aubergistes qui, sciemment, inscriront sur leurs registres, sous des noms faux ou supposés, les personnes logées chez eux, ou qui, de connivence avec elles, auront omis de les inscrire, seront punis d'un emprisonnement de six jours, au moins, et de trois mois au plus. (*Art.* 154 *du Code pénal, conforme à la loi du* 13 *mai* 1863.)

Les personnes qui logent et nourrissent des ouvriers étrangers à la localité, occupés à la construction d'un chemin de fer, sont tenues de les inscrire sur un registre, comme les aubergistes.

Les dispositions du n° 2 de l'art. 475 du Code pénal sont applicables à ces établissements improvisés. Le peu de stabilité de cette catégorie d'ouvriers, leur provenance et l'insuffisance des renseignements que l'on a généralement sur leur identité et leur moralité sont autant de causes pour lesquelles il y a lieu d'exiger une rigoureuse exécution de la loi à cet égard.

Les aubergistes doivent indiquer leur domicile par une enseigne. A défaut d'un arrêté qui lui impose cette obligation, l'aubergiste ne peut être traduit pour avoir négligé d'éclairer l'extérieur de son auberge. (*Cass.,* 14 *janv.* 1853.)

Une lanterne placée sur une fenêtre d'auberge ne peut remplacer celle qu'un arrêté prescrit de placer sur les voitures stationnées. (*Cass.,* 11 *mai* 1810.) Et lorsqu'un arrêté du maire enjoint aux cabaretiers d'éclairer le devant de leurs maisons, le tribunal de police ne peut acquitter les contrevenants par la raison que, au moment de la contravention, la lune suffisait pour éclairer. (*Cass.,* 16 *sept.* 1853.)

Les aubergistes sont responsables du vol des effets des voyageurs. (*Art.* 1953 *du Code civil.*) Mais ils ne sont pas responsables des effets précieux qui n'ont été montrés, ni vérifiés, surtout si le voyageur avait une armoire fermant à clef, dont il n'a pas fait usage. Ils ne sont pas responsables des vols faits avec force majeure (*Cass., 20 flor. an* XI, 2 *avril* 1811; *art.* 1954 *du Code civil.*)

Si le vol a été commis par l'aubergiste lui-même, ou par son domestique, la peine sera, suivant les circonstances, l'une de celles édictées par les art. 381, 384 et 386 du Code pénal.

L'enlèvement de meubles fermés suffit pour donner lieu à l'application du 2e alinéa de ce dernier article, sans qu'il soit nécessaire de prouver que l'effraction a réellement été faite hors du lieu où ce vol a été commis. Ainsi la soustraction frauduleuse, dans une auberge, d'un porte manteau fermé à cadenas et contenant de l'argent constitue le vol prévu par ledit article et non le vol simple de l'art. 401 du Code pénal. (*Cass., 14 déc.* 1839.)

Un hôtel ou une maison garnie doit être assimilé à une auberge. (*Avis du Conseil d'Etat du 4 oct.* 1811.)

L'aubergiste qui reçoit habituellement des rouliers et qui n'a pas de cour pour remiser leurs voitures est responsable du vol commis sur une voiture laissée à l'extérieur de sa maison par un roulier logé chez lui.

Les aubergistes et restaurateurs sont soumis, sous le rapport de la fermeture, aux mêmes obligations que les cafés, cabarets et débits de boissons, lorsqu'un arrêté fixe l'heure de cette fermeture. Il n'y a d'exception que pour les personnes en cours de route faisant manger l'avoine à leurs chevaux ou devant coucher dans l'établissement. (*Cass., 7 avril* 1876.)

Le buffet d'une gare de chemin de fer n'est pas soumis à l'arrêté qui fixe dans la localité ou dans le département l'heure de fermeture des débits de boissons, mais seulement aux décrets et arrêtés, approuvés par le ministre, qui ont pour objet la police des chemins de fer. (*Cass., 2 juill.* 1870. — V. *Lieux publics.*)

Une personne qui fournit journellement du vin à ses ouvriers sur le prix de leur salaire commet une contravention en matière de vente de boisson au détail, et dès lors l'art. 50 de la loi du 28 avril 1816 lui est applicable. (*Cass., 24 mai* 1878. — V. *Lieux publics et Ivresse.*)

BLESSURES.

Les premières obligations de la gendarmerie, lorsqu'elle se trouve présente à des rixes, violences ou voies de fait, sont d'user de tous les moyens pour séparer les assaillants et d'éviter de se servir de ses armes, à moins qu'elle ne soit frappée, attaquée elle-même dans l'exercice de ses fonctions. Elle arrête immédiatement les assaillants et les assaillis, *s'ils sont inconnus ou non domiciliés,* et les conduit devant l'officier de police judiciaire, qui les entend et rend la décision qu'il juge nécessaire. Si les prévenus sont connus, elle dresse seulement procès-verbal détaillé de tous les faits qui se sont passés sous ses yeux, indique tous les témoins, présente clairement toutes les circonstances qui ont précédé et accompagné les rixes, et le procès-verbal est remis au procureur de la République.

Si de ces rixes, voies de fait ou violences, il résulte des blessures graves qui pourraient constituer un crime punissable aux termes des art. 309, 310, 312 et 313 du Code pénal, le chef de brigade ou les gendarmes en préviennent immédiatement leur commandant d'arrondissement, qui se transporte sans délai sur les lieux, et cet officier, en sa qualité d'officier de police auxiliaire, peut sur-le-champ commencer une instruction judiciaire, en attendant l'arrivée du procureur de la République et du juge d'instruction, qui doivent être prévenus également. (V. *Officiers de police judiciaire.*)

Lorsqu'un militaire de la gendarmerie tue ou blesse un individu, étant en état de légitime défense, il ne peut lui être infligé aucune peine, ainsi que la Cour de cassation l'a jugé dans ses arrêts du 5 décembre 1832, au sujet d'un gendarme, et du 1er août 1878, à l'égard d'un brigadier. (V. *Homicide.*(

Les blessures sont excusables si elles ont été provoquées par des coups ou violences graves envers celui qui les a faites, ou si elles ont eu lieu en repoussant des malfaiteurs.

L'officier agissant en qualité d'officier de police auxiliaire doit procéder, avec une grande exactitude, à l'examen des blessures dont la loi punit les auteurs, recevoir les déclarations des témoins et les consigner dans un rapport qui sera joint à l'instruction. Si le blessé est en danger imminent, il faut se hâter de l'entendre avec les précautions et les ménagements que commande son état : si cette audition pouvait aggraver sa position, il faudrait temporiser. Il doit, comme en cas d'homicide (V. *Homicide*), recueillir et constater les faits ou indices d'imprudence, négligence ou inobservation des règlements de police, de préméditation ou de guet-apens, de fabrication et de débit d'armes prohibées ; il doit faire expliquer les hommes de l'art sur l'espèce, la gravité, la durée et les conséquences des blessures ; toutes ces choses sont essentielles à constater, soit pour déterminer le caractère de l'*infraction*, soit pour appliquer la peine. En effet, si les blessures ont causé une maladie ou une incapacité de travail personnel pendant plus de vingt jours, elles constituent *un crime* ; si elles approchent de ce caractère de gravité, le tribunal correctionnel peut appliquer le *maximum* de la peine ; si elles sont légères, il appliquera, selon les circonstances, une peine moins forte.

Toutes les blessures reçues par les militaires de la gendarmerie dans ou à l'occasion d'un service commandé sont constatées par procès-verbal, conformément à l'art. 40 du décret du 1er mars 1854, et compte en est rendu au ministre par la voie hiérarchique, suivant les dispositions de la circulaire du 19 août 1878.

Lorsque ces blessures sont de nature à ouvrir des droits éventuels à une pension de retraite, elles seront inscrites sur les registres matricules et les livrets. (*Notes minist. des* 16 *nov.* 1876 *et* 22 *mai* 1877. — Guerre et Marine. — V. *Gratifications de réforme, Secours.*)

BOIS ET FORÊTS

La surveillance des bois et forêts appartient aux gardes forestiers, sous la direction des conservateurs, inspecteurs, sous-inspecteurs et gardes généraux de l'administration des eaux et forêts. Ils sont chargés de constater les délits dans les bois de l'Etat et des communes par des procès-verbaux réguliers. (*Art.* 151 *et suivants, jusqu'à* 164 *du Code for.* — V. *Gardes champêtres et forestiers.*)

La loi du 18 juin 1859, promulguée le 19 novembre de la même année, a modifié le Code forestier de 1827, en ce qui concerne la gendarmerie. L'ancien art. 188 dudit Code ne donnait pas à la gendarmerie le droit de constater les délits commis dans les bois des particuliers La loi du

18 juin 1859 le leur a conféré en changeant la rédaction du Code forestier dont l'art. 188 est maintenant conçu ainsi qu'il suit :

Les délits et contraventions commis dans les bois *non soumis au régime forestier* sont recherchés et constatés tant par les gardes des bois et
forêts des particuliers, que par les gardes champêtres des communes, *les
gendarmes*, et, en général, par tous les officiers de police judiciaire chargés de rechercher et de constater les délits ruraux.

Les procès-verbaux font foi jusqu'à preuve contraire.

Ces procès-verbaux, à l'exception de ceux dressés par les gardes particuliers, sont enregistrés en débet. (*Art. 188 du Code forestier rectifié par
la loi du 18 juin 1859.*)

Dans les bois soumis au régime de l'Etat, les gardes forestiers restent
seuls chargés de constater les délits forestiers. Mais la gendarmerie ne
doit pas moins rédiger des rapports ou procès-verbaux :

1° Contre ceux qui porteraient ou allumeraient du feu à moins de
200 mètres des bois et forêts (*art. 148 du Code forestier*) ;

2° Contre ceux qui seraient trouvés dans les bois et forêts, hors des
routes et chemins ordinaires, avec serpes, cognées, haches, scies et autres
instruments de même nature (l'amende est de 10 fr., avec confiscation des
objets saisis) (*art. 146 du Code for.*) ;

3° Contre ceux qui, sans autorisation, enlèveraient des arbres qui auraient été marqués pour le service de la marine (l'amende, dans ce cas,
est de 45 fr. par mètre de tour de chaque arbre (*art. 133 du Code for.*) ;

4° Contre ceux qui, ayant seulement droit de prendre du bois mort, sec
et gisant, se servent de crochets, de ferrements de toute espèce, lesquels
sont expressément défendus, sous peine de 3 fr. d'amende (*art. 80 du
Code for.*) ;

5° Contre ces mêmes individus et les usagers qui, ayant droit à des
livraisons de bois, vendraient ou échangeraient le bois qu'il leur a été
permis d'enlever pour leur chauffage : l'amende encourue est de 10 à 100 fr.
(*art. 79 et 83 du Code for.*) ;

6° Contre tous ceux qui couperaient et enlèveraient des arbres de toute
nature (les amendes sont prononcées d'après l'essence et la circonférence
des arbres : il est donc indispensable de ne jamais omettre cette indication
dans les procès-verbaux (*V. les art. 192 et 193 du Code for.*); outre
l'amende, l'emprisonnement est de cinq jours au plus et le tribunal peut
le prononcer ou s'abstenir ; de plus il y a confiscation des instruments
dont les délinquants sont armés, restitution des objets enlevés ou de leur
valeur, et dommages-intérêts, selon les circonstances (*art. 194 et 198 du
Code for.*) ;

7° Contre ceux qui arracheraient des plants dans les bois et forêts
(l'amende ne peut être moindre de 10 fr., ni excéder 300 fr.; et, si le délit
a été commis dans un semis ou plantation exécuté de main d'homme, il
sera prononcé, en outre, un emprisonnement de quinze jours à un mois)
(*art. 195 du Code for.*) ;

8° Contre ceux qui, dans les bois et forêts, auraient éhouppé, écorcé ou
mutilé des arbres et qui en auraient coupé les principales branches
(les délinquants sont punis comme s'ils les avaient abattus par le pied ;
ainsi, il est nécessaire d'indiquer soigneusement l'essence et la circonférence des arbres) (*art. 196 du Code for.*) ;

9° Contre ceux qui enlèveraient, sans autorisation, pierres, sable, minerai, terre ou gazon, tourbe, bruyère, genêts, herbages, feuilles vertes

où mortes, engrais existant sur le sol des forêts, glands, faînes et autres fruits ou semences des bois et forêts (ce délit donne lieu à l'amende fixée ainsi qu'il suit : par charretée ou tombereau, de 10 à 30 fr. par chaque bête attelée ; par chaque charge de bête de somme, de 5 à 15 fr.; par chaque charge d'homme, de 2 à 6 fr. (*art.* 144 *du Code for.*); l'amende est doublée si le délit est commis par les adjudicataires de glandée, panage et paisson. (*Art.* 57 *du Code for.*)

Dans les cas de récidive, ou si les délits ont été commis pendant la nuit, ou si les délinquants ont fait usage de la scie pour couper les arbres sur pied, la peine est doublée. (*Art.* 200 *et* 201 *du Code for.*)

Les délinquants inconnus pris en flagrant délit doivent être conduits par-devant le juge de paix ou le maire du lieu où le délit a été commis. (*Art.* 163 *du Code for.*)

Les gardes forestiers ont le droit de requérir directement la gendarmerie pour la répression des délits, ainsi que pour la recherche et la saisie des bois coupés en délit, vendus ou achetés en fraude. (*Art.* 164, *Code for.*)

La gendarmerie a également le droit de requérir les gardes forestiers afin d'obtenir main-forte, s'il y a lieu, dans l'exécution de son service. (V. *Gardes champêtres et forestiers, Réquisitions.*)

La gendarmerie ayant reçu par la loi du 18 juin 1859 le droit de constater les délits dans les bois et forêts *des particuliers*, les militaires de cette arme ont le droit de faire des visites domiciliaires et des perquisitions pour découvrir les bois volés, avec l'assistance du juge de paix, du maire, de l'adjoint ou du commissaire de police. (*Art.* 161 *du Code for.*) Les procès-verbaux qu'ils dressent en cette matière font foi en justice jusqu'à preuve contraire, et sont remis au procureur de la République après avoir été visés pour timbre et enregistrés en débet.

Ainsi, la loi de 1859 n'a rien changé à la police des bois de l'État soumis au régime forestier. Mais, dans les bois des particuliers, la gendarmerie a droit de surveillance et de constatation des faits délictueux. Souvent les particuliers n'ont point de gardes spéciaux de leurs bois ; et ces bois ne devaient pas rester en dehors des garanties qui sont acquises aux autres propriétés rurales. C'est dans l'intérêt général que la gendarmerie a reçu le droit de verbaliser à cette occasion jusqu'à preuve contraire. Les gardes champêtres des communes ont été investis du même droit, par la même loi.

Le droit accordé à l'administration des forêts, par la loi du 18 juin 1859, de transiger avant jugement sur la poursuite des délits et contraventions en matière forestière, s'applique aux délits de chasse dans les forêts soumises au régime forestier, et l'usage qui est fait de ce droit éteint l'action publique. (*Cass.,* 24 *déc.* 1868.)

Les gardes forestiers, en dehors des cas prévus par l'art. 161 du Code forestier, sont sans qualité pour procéder à des visites domiciliaires, même avec l'assistance du maire, et l'irrégularité d'une telle visite, ainsi que du procès-verbal auquel elle a donné lieu, n'est pas couverte par le consentement de l'inculpé chez qui elle a été opérée. (*Cass.,* 17 *juill.* 1858.)

V. les art. 188, 189 et 191 du Code forestier en ce qui concerne les bois non soumis au régime forestier.

Prescription.

Les actions en réparation de délits et contraventions en matière forestière se prescrivent par trois mois, à compter du jour où les délits et contraventions ont été constatés, lorsque les prévenus sont désignés dans les procès-verbaux. Dans le cas contraire, le délai de prescription est de six mois à compter du même jour. (*Art.* 185 *du Code for.*)

BOISSONS ALTÉRÉES, FALSIFIÉES.

Les voituriers, bateliers ou leurs préposés qui auraient altéré ou tenté d'altérer des vins ou toute autre espèce de liquides ou marchandises dont le transport leur avait été confié, et qui auront commis ou tenté de commettre cette altération par le mélange de substances malfaisantes, seront punis d'un emprisonnement de deux à cinq ans, et d'une amende de 25 fr. à 500 fr. — Ils pourront, en outre, être privés des droits mentionnés en l'art. 42 du Code pénal, pendant cinq ans au moins et dix ans au plus ; ils pourront aussi être mis par l'arrêt ou le jugement sous la surveillance de la haute police, pendant le même nombre d'années. — S'il n'y a pas eu mélange de substances malfaisantes, la peine sera d'un emprisonnement d'un mois à un an et d'une amende de 16 fr. à 100 fr. (*Art.* 387 *du Code pénal, conforme à la loi du 13 mai* 1863.)

Après avoir protégé les aliments par la loi du 27 mars 1851, il fallait préserver les boissons contre la fraude. C'est ce qu'a fait le législateur par la loi du 5 mai 1855, qui a placé la falsification des boissons sous le même régime pénal que la falsification des autres denrées alimentaires.

La falsification simple, alors même qu'elle n'est pas nuisible à la santé, est un délit correctionnel.

L'art. 1er de la loi du 27 mars 1851 a frappé des mêmes peines que la vente, c'est-à-dire d'un emprisonnement de trois mois à un an et d'une amende qui ne peut être moindre de 50 fr. : 1° la mise en vente, considérée comme une tentative qui n'a manqué son effet que par des circonstances indépendantes de la volonté de son auteur ; 2° le fait même de la falsification, encore qu'il ait été pratiqué par un autre que le vendeur dans le but de tromper l'acheteur. Ce fait est considéré comme un acte de complicité de la vente.

Quand l'altération des boissons et des substances alimentaires est opérée à l'aide de mélanges directement nuisibles à la santé, l'art. 2 de la loi du 27 mars 1851 prononce un emprisonnement de trois mois à deux ans et une amende de 50 fr. à 500 fr.

Enfin, l'art. 3 punit la simple possession, dans les lieux où s'exerce le commerce, ou dans leurs dépendances, des marchandises falsifiées, quand cette possession ne peut s'expliquer que par la volonté de commettre le délit lorsque l'occasion en est offerte.

Où il n'y a pas de fraude, il n'y a pas de délit. La loi n'entrave pas certaines opérations licites de mélanges et de fabrication qui sont usitées loyalement dans le commerce des vins, et qui consistent à couper les vins de diverses provenances et de diverses qualités pour les améliorer, pour les conserver, ou même pour le besoin du bon marché. Cela se nomme *travailler* les vins. Elle n'empêche pas non plus l'imitation des vins étrangers par la combinaison de diverses sortes d'autres vins. Elle n'entend punir que les altérations frauduleuses faites en vue de tromper l'acheteur sur la qualité, la quantité ou sur le prix de la boisson qui lui est vendue. Elle autorise les mélanges qui ne sont pas malfaisants et dont on prévient l'acheteur, ou qui sont révélés par le nom même de la marchandise. Elle ne punit pas les mélanges ou coupages avoués que peuvent légitimer la conservation de la chose, les habitudes locales ou les caprices du goût, pourvu que l'on n'ait pas oublié les proportions qui doivent être observées dans ces mélanges, ni l'indication de produits étrangers.

Vins. = Le législateur punit l'art de la fraude qui emploie toutes sortes de mélanges, toutes sortes de compositions pour falsifier les vins et les liqueurs, les uns nuisibles, les autres non nuisibles à la santé, mais qui enlèvent aux vins, aux liqueurs, leurs qualités saines et réparatrices.

Les moyens les plus fréquents de falsification sont : 1° un liquide connu sous le nom de *teinte de Fisme,* qui n'est autre chose que du jus de baies de sureau et d'hièble, mélangé d'alun et coupé par moitié avec du vin rouge commun; 2° l'eau passée sur des lies épaisses qui la colorent et l'acidulent; 3° le vin de lies pressées; 4° le vieux cidre ou poiré gâté qu'on mélange au vin blanc; 5° l'eau fermentée avec des fruits secs, avec addition d'acide tartrique, coupée avec du vin rouge, etc.

À Paris, notamment, un tiers du vin était falsifié : un tiers de substances étrangères y était mélangé.

Le mélange du trois-six avec les eaux-de-vie n'est pas nécessairement une falsification. Certaines opérations qui ont lieu dans le commerce ne sont pas toujours considérées comme des falsifications. La loi n'a pas défini les falsifications : c'est aux tribunaux à déterminer les cas de falsification.

L'emploi de manœuvres frauduleuses, pour persuader faussement à des acheteurs de vins que ces vins étaient d'Espagne, alors qu'ils étaient de France, constitue, non le simple délit de tromperie sur la chose vendue, mais le délit d'escroquerie puni par l'art. 405 du Code pénal, ainsi que l'a jugé la Cour de cassation par arrêt du 11 février 1853.

Par décret du 6 octobre 1855, la loi du 5 mai précédent a été déclarée exécutoire en Algérie, et y a été promulguée.

Lait. = Le lait n'est pas une boisson, mais bien une substance alimentaire : sous tous les rapports, sa falsification constitue le délit puni par l'art. 1er § 2 de la loi du 27 mars 1851, et non pas seulement une contravention de police. Ainsi, mettre dans le lait, par exemple, un quart d'eau, est un délit correctionnel, alors même qu'il ne serait pas nuisible à la santé. (*Cass.,* 9 *juill.* 1855 *et* 21 *mars* 1855.)

Depuis la loi du 5 mai 1855, qui a rendu applicable aux boissons falsifiées la loi du 27 mars 1851, et a, par conséquent, abrogé l'art. 475 n° 6 du Code pénal, le tribunal de simple police est incompétent pour statuer sur les falsifications de boissons. (*Cass.,* 18 *avril* 1856.)

Vinaigre. — Le vinaigre n'est pas une boisson, mais bien une substance alimentaire; dès lors, la falsification du vinaigre tombe sous l'application de la loi du 27 mars 1851, qui a implicitement et nécessairement abrogé le décret du 22 décembre 1809, lequel, d'ailleurs, n'avait pour objet que de prévoir et punir la falsification du vinaigre. (*Cass.,* 10 *nov.* 1853, 11 *mai et* 15 *déc.* 1855.)

Le tribunal correctionnel, compétent pour juger les débitants de marchandises falsifiées, l'est aussi pour juger les fabricants de ces marchandises lorsqu'ils ont su qu'elles devaient servir à la fraude. Le tribunal est compétent, alors même que ces fabricants seraient domiciliés dans un autre arrondissement. (*Cass.,* 4 *nov.* 1854. — V. *Contributions indirec.*)

BRIS DE PRISON.

Aussitôt que la gendarmerie reçoit l'avis qu'il y a eu bris de prison, évasion ou tentative d'évasion des détenus, le commandant de la brigade de gendarmerie se porte sur les lieux pour constater le fait et prendre les mesures nécessaires. (V. aux mots *Correspondances, Prisonniers évadés des prisons et hôpitaux.*)

La peine encourue par tous prisonniers qui s'évadent avec effraction des portes, fenêtres ou murailles est, aux termes de l'art. 245 du Code pénal, de six mois à un an de prison, sans préjudice de plus fortes peines qu'ils peuvent encourir pour d'autres crimes qu'ils auraient commis dans leurs violences ; ils subissent cette peine immédiatement après l'expiration de celle pour laquelle ils sont détenus.

BOULANGERS. — BOUCHERS.

Le boulanger qui, ayant dans sa boutique du pain par lui fabriqué, a refusé d'en vendre à ceux qui demandaient à en acheter et offraient de le payer comptant ne peut être renvoyé des poursuites exercées contre lui, sous le prétexte que l'arrêté municipal qui imposait aux boulangers l'obligation de vendre le pain par eux fabriqué, au prix fixé par ledit arrêté, ne pouvait, en l'absence de règlement reconnu et établi, leur imposer d'une manière implicite l'obligation de vendre du pain à toute réquisition. (*Cass.,* 20 *juin* 1846.) Ce fait est puni par l'art. 471, n° 15 du Code pénal.

Lorsque les boulangers ont contrevenu à un arrêté municipal qui leur prescrit d'avoir leurs boutiques convenablement garnies de pains taxés, et leur interdit de refuser d'en débiter par morceaux, quelque faible quantité qui leur soit demandée, ils ne peuvent être à l'abri de condamnation qu'en justifiant de causes de force majeure qui les ont empêché de se conformer aux règlements. (*Cass.,* 11 *juill.* 1851, 21 *janv.* 1853 *et* 27 *juill.* 1854.)

Le boulanger prévenu d'avoir fabriqué des pains d'un poids inférieur à celui fixé par le règlement municipal ne peut être relaxé des poursuites par le motif tiré d'un usage qui admettrait un déchet de tolérance vingt=quatre heures après la cuisson, lorsqu'il n'existe aucune disposition réglementaire qui admette ce déchet, soit à raison de la cuisson, soit à raison du dessèchement. (*Cass.,* 14 *août* 1847.)

Lorsqu'un arrêté municipal règle le poids du pain et impose aux boulangers, dans le cas où les pains n'auraient pas le poids qu'il détermine, une certaine marque indicative de ce défaut de poids, le boulanger qui expose en vente des pains sans marque est passible seulement pour ce dernier fait, mais non pour l'exposition en vente, de l'amende édictée par l'art. 471 du Code pénal. — Le tribunal de simple police qui, outre l'amende, ordonne la confiscation des pains dépourvus de marque commet un excès de pouvoir, alors même qu'un arrêté municipal l'aurait autorisée. — Dans cette espèce, l'arrêté du maire ne défend pas d'exposer en vente du pain qui n'a pas le poids ; il défend seulement de l'exposer sans la marque qui indique qu'il n'a pas le poids, par exemple, sans qu'il soit *écroûté.* Alors on punit le boulanger, seulement parce que le pain n'était pas écroûté. (*Cass.,* 9 *juill. et* 24 *nov.* 1853.)

Décret du 22 juin 1863.

Art. 1er. Sont abrogées, à dater du 1er septembre 1863, les dispositions des décrets, ordonnances ou règlements généraux ayant pour objet de limiter le nombre des boulangers, de les placer sous l'autorité des syndicats, de les soumettre aux formalités des autorisations préalables pour la fondation ou la fermeture de leurs établissements, de leur imposer des réserves de farine ou de grains, des dépôts de garantie ou des cautionnements en argent, de réglementer la fabrication, le transport ou la vente du pain, autres que les dispositions relatives à la salubrité et à la fidélité du débit du pain mis en vente.

L'arrêté municipal qui fixe le poids du pain dans une ville est obligatoire pour les boulangers forains qui y viennent vendre du pain. — Le tribunal de cette ville est compétent pour connaître des contraventions par eux commises à cet arrêté. (*Cass., 7 mars 1845.*)

Un boulanger a le droit de vendre son pain au-dessous de la taxe.

La loi du 22 juillet 1791, imposant à l'autorité municipale le soin de régler la taxe du pain, a eu pour but de déterminer le prix auquel les boulangers sont tenus de le livrer; mais cette mesure d'ordre public, instituée en faveur des consommateurs, ne saurait empêcher les boulangers de renoncer à une portion de la somme que la taxe leur alloue. Ce n'est pas vendre au delà de la taxe, puisque c'est vendre au-dessous. (*Cass., 28 juin 1851 et 11 mars 1852.*)

Il y a tentative de filouterie, rentrant dans les termes de l'art. 401 du Code pénal, de la part du boulanger qui marque sur la taille de l'une de ses pratiques une quantité de pain plus grande que celle qu'il a livrée réellement. (*Cours de Limoges, 13 fév. 1846, et de Paris, 3 mars 1854.*)

L'arrêté qui défend aux boulangers de pousser des cris en pétrissant le pain est obligatoire, et la contravention est punie des peines portées à l'art. 479. (*Cass., 21 nov. 1828.*)

Est obligatoire l'arrêté d'un maire qui interdit l'entrée du marché d'une ville, pendant les deux premières heures qui suivent son ouverture, aux meuniers, boulangers et blâtiers. (*Cass., 18 juill. 1840 et 23 avril 1841.*)

Quand un usage local détermine la forme et la dimension des pains eu égard à leur poids, et aussi quand un boulanger a des cases différentes pour l'exposition au public de pains de divers poids, ces circonstances deviennent des indications frauduleuses dans le sens de l'art. 1er de la loi du 27 mars 1851, si les pains vendus n'ont pas le poids indiqué par leur forme, leur dimension et la case où ils étaient exposés.

La circonstance que des pains qui avaient été exposés en vente dans la boutique d'un boulanger ont été vendus non par lui mais par sa femme n'empêche pas qu'il ne doive être considéré comme étant lui seul auteur du délit, lorsque sa femme n'était qu'un simple intermédiaire préposé à la vente de la marchandise. (*Cass., 10 mars 1848, 10 juill. et 11 nov. 1851.*)

Lorsqu'un arrêté municipal enjoint aux boulangers de peser les pains en les vendant, l'inexécution de cet arrêté constitue une contravention distincte de celle de l'art. 479 n° 6 du Code pénal, consistant à avoir vendu du pain au delà de la taxe. Par conséquent, le tribunal de police ne peut se dispenser de réprimer chacune de ces contraventions lorsque le boulanger s'en est rendu coupable simultanément.

La faculté accordée au consommateur de faire peser les pains en sa présence ne peut dispenser les boulangers de se conformer aux prescriptions des règlements. Cette faculté serait une garantie insuffisante contre la fraude. (*Cass.*, 12 *mai* 1849 *et* 14 *juill.* 1853.)

Le boulanger qui a exposé en vente des pains n'ayant pas le poids, non écroûtés et non suffisamment cuits, ainsi que l'y obligeait un arrêté municipal, commet trois contraventions distinctes; il y a lieu de lui appliquer trois peines et non pas une seule. (*Cass.*, 18 *juill.* 1837 *et* 13 *oct.* 1854.)

On demande souvent si la gendarmerie a qualité pour constater les contraventions commises par des boulangers, lorsqu'il n'y a pas d'arrêtés spéciaux sur cette matière. La réponse est affirmative.

Les particuliers peuvent se plaindre aux gendarmes des infractions commises par les boulangers à leur préjudice, et lorsqu'ils sont porteurs d'une note de vente il faut la saisir; mais à défaut leur déclaration suffit.

Si le plaignant se trouve à une certaine distance de la boulangerie lorsqu'il rencontre les agents de l'autorité, il faut, s'il s'agit de vente à faux poids, entrer dans une boutique pour procéder à une première vérification, et de là se rendre, avec l'acquéreur, chez le vendeur pour constater le fait, car ce qui importe le plus dans ces circonstances c'est d'éviter à ce dernier le moyen de défense qui consiste toujours, en pareil cas, à dire qu'on a enlevé une partie des marchandises. Le procès-verbal est envoyé au procureur de la République.

Dans toutes les localités où le pain se vend au poids, il est enjoint aux boulangers de peser le pain devant l'acheteur, sans attendre qu'il y ait réquisition de la part de celui-ci.

Les règlements sur l'obligation du pesage du pain par le boulanger au moment de la livraison n'ont pas été compris dans l'abrogation prononcée par le décret du 22 juin 1863 sur la liberté du commerce de la boulangerie. (*Cass.*, 8 *juill.* 1864.) — Le décret du 22 juin 1863 a abrogé toutes les dispositions des décrets, ordonnances et règlements généraux; mais il n'a porté aucune atteinte aux pouvoirs qui appartiennent à l'autorité municipale, aux termes des lois des 16-24 août 1790 et 19-22 juillet 1791, notamment de l'art. 30 de cette dernière loi, concernant la taxe du pain. Toutefois, elle ne peut prescrire que des mesures de police se rattachant à la salubrité et à la fidélité des poids et mesures, ainsi qu'il résulte des arrêts de cassation des 21 novembre 1867, 25 janvier et 29 mai 1868.

A défaut de toute disposition spéciale, la gendarmerie peut toujours faire peser la marchandise achetée et dresser procès-verbal contre le boulanger qui n'aurait pas mis la quantité de pain voulue en raison du prix payé. Il est bien entendu que, à moins de règles particulières, les pains *dits* de fantaisie ne sont soumis ni au poids, ni à la taxe.

Il n'est peut-être pas inutile de faire remarquer ici qu'un arrêté municipal fixant la taxe du pain est un arrêté temporaire auquel force exécutoire est due immédiatement sans l'approbation préalable du préfet, laquelle est nécessaire pour tous les arrêtés d'un caractère permanent. (*Cass.*, 21 *et* 29 *nov.* 1867.)

Par suite, dans les communes où, depuis le décret du 22 juin 1863, a été fait l'essai de la liberté de la boulangerie, le maire peut toujours rétablir le régime de la taxe officielle. (*Mêmes arrêts.*)

Le maire a le droit de prescrire aux boulangers d'avoir leurs boutiques approvisionnées de pain taxé, et de leur défendre d'en exposer de mauvaise qualité ou n'ayant pas le degré de cuisson nécessaire. (*Cass.*, 29 *mai* 1868.)

Le maire a le droit de déterminer, dans les arrêtés fixant la taxe du pain, les diverses qualités de pain susceptibles d'être mises en vente ; et l'arrêté qui ne prévoit la fabrication et ne fixe le prix que de certaines qualités de pain interdit par cela même virtuellement et nécessairement, aux boulangers, de fabriquer et de vendre toute autre sorte de pain. (*Même arrêt.*)

Lorsque, malgré un arrêté substituant dans une ville la vente du pain au poids à la vente à la forme, l'usage s'est maintenu de donner aux pains une forme indicative du poids, la mise en vente de pains d'un poids inférieur à celui que leur forme fait présumer constitue le délit de tentative de tromperie sur la quantité, à l'aide d'indications frauduleuses, si elle ne s'explique que par l'intention du boulanger de tromper l'acheteur, et si notamment le boulanger n'a pas dans sa boutique les poids qui lui sont nécessaires pour vérifier et compléter le poids des pains livrés aux acheteurs. (*Limoges*, 28 *mars* 1868.)

Même dans une ville où il est enjoint aux boulangers de peser le pain au moment de la livraison, si, d'après l'usage local et les prescriptions d'un règlement, la forme du pain est indicative du poids, le fait d'avoir mis en vente des pains présentant un déficit de poids est avec raison considéré comme une tentative de tromperie sur la quantité à l'aide d'indications frauduleuses tendant à faire croire à un pesage antérieur et exact. (*Cass.*, 10 *mai* 1867.)

Et il importe peu que les pains défectueux n'aient pas été trouvés dans la boutique même, ni à l'étalage, si, dans la partie de la maison où ils étaient placés, ils étaient à la disposition des consommateurs, ce qui suffit pour constituer la mise en vente. (*Même arrêt.*)

Les boulangers comme les bouchers peuvent être obligés, sous peine de contravention, de délivrer du pain ou de la viande aux personnes qui leur offrent le prix voulu. — Mais toutes les autres industries sont libres, en vertu de la loi du 2 mars 1791. (*Art.* 7 *de la loi des* 19-22 *juill.* 1791. V. *Cass.*, 20 *août* 1875.)

La détention, par un boulanger, dans la maison par lui occupée et où le commerce s'exerce, de farines avariées, gâtées ou nuisibles doit être punie à la fois des peines portées par la loi et de la confiscation. (*Cass.*, 29 *avril* 1847. — V. *Poids et Mesures, Tromperie.*)

CALOMNIE

Toute allégation ou imputation d'un fait qui porte atteinte à l'honneur ou à la considération de la personne ou du corps auquel le fait est imputé est une diffamation.

Toute expression outrageante, terme de mépris ou invective qui ne renferme l'imputation d'aucun fait est une injure. (*Art.* 29 *de la loi du* 29 *juill.* 1881.)

La peine encourue par celui qui fait, *par écrit*, une dénonciation calomnieuse, contre un ou plusieurs individus, aux officiers de justice ou de police administrative ou judiciaire, est un emprisonnement d'un mois à un an et une amende de 100 à 3,000 fr. (*Code pénal, art.* 373.)

La loi ne reconnaît plus de délit de calomnie verbale. (V. *Dénonciation calomnieuse, Outrages et Presse.*)

CANTONNIERS.

Un cantonnier est un individu préposé à l'entretien des routes, sous la direction et la surveillance des agents de l'administration des ponts et chaussées.

La gendarmerie a le droit de surveillance sur les cantonniers, sans avoir des ordres à leur donner; elle prend note des absences qu'elle remarque parmi ces agents. Les commandants de brigade adressent sans retard au commandant de l'arrondissement le relevé des notes prises dans le cours de chaque tournée. Les commandants d'arrondissement transmettent au commandant de compagnie, les 8, 16, 24 et 30 ou 31 de chaque mois, des états récapitulatifs des absences constatées par les brigades sous leurs ordres. Les commandants de compagnie transmettent immédiatement au préfet du département les états par arrondissement. (*Art. 646 du décret du 1er mars* 1854.)

Les tableaux indiquant les noms et les stations des cantonniers, par arrondissement de sous-préfecture, et les états particuliers destinés à faire connaître les cantonniers compris dans la circonscription de chaque brigade sont fournis tout dressés à la gendarmerie, ainsi que les imprimés nécessaires pour l'inscription des absences remarquées. (*Art. 647 du décret du 1er mars* 1854.)

Les relevés d'absence sont les seules pièces que la gendarmerie soit tenue d'établir elle-même. Elle est expressément dispensée de tout rapport qui exige de sa part la moindre dépense en frais de bureau. (*Art. 648 du décret du 1er mars* 1854.)

Les commandants de compagnie et d'arrondissement indiquent sur l'état récapitulatif du service mensuel, au-dessous du total de la récapitulation des arrestations faites pendant le mois, le nombre d'absences constatées parmi les cantonniers stationnaires. (*Art. 649 du décret du 1er mars* 1854.)

Les cantonniers, par leur état et leur position, pouvant mieux que personne donner des renseignements exacts sur les voyageurs à pied, à cheval ou en voiture, et étant d'utiles agents auxiliaires de la gendarmerie pour faire découvrir les malfaiteurs, doivent obtempérer à toutes les demandes et réquisitions qui leur sont faites par les sous-officiers, brigadiers et gendarmes. (*Art. 650 du décret du 1er mars* 1854.)

CASERNES. — LOGEMENTS, ÉCURIES, CHAMBRES DE SURETÉ.

Le chef de brigade est responsable du maintien de l'ordre intérieur dans la caserne. (*Art. 131 du règl. du 9 avril* 1858.)

Dans les chefs-lieux de compagnie et d'arrondissement, les chefs de brigade sont autorisés en toute saison à ne rentrer au quartier qu'une heure après l'appel du soir. (*Art. 217 dudit règl.*)

Les commandants de brigade n'admettent à coucher ou à résider dans les casernes que les parents des sous-officiers, brigadiers et gendarmes qui ont obtenu préalablement du chef de légion l'autorisation de les recevoir. (*Art. 49 dudit règl.*)

Le commandant de brigade tient sévèrement la main à la bonne tenue des logements. A cet effet, il visite, une fois par semaine et autant que possible le dimanche, ceux occupés par les hommes mariés. Il visite plus souvent les chambres des célibataires, et tous les jours, s'il n'en est pas empêché, les locaux occupés en commun. Il s'assure que tous les effets et les armes sont placés avec ordre, selon l'ameublement de la chambre.

Une fois par mois, le chef de brigade passe une revue générale du casernement; il s'assure que la propreté règne partout, et que les vitres ont été lavées au dedans comme au dehors; si des dégradations ont été faites par les hommes, il fait effectuer immédiatement les réparations qui sont à leur charge.

Si le commandant de brigade néglige de constater les dégradations lors du départ d'un homme de la brigade, il devient responsable des réparations auxquelles elles peuvent donner lieu.

Un extrait de l'état des lieux est toujours affiché derrière la porte d'entrée de chaque logement. (*Art. 124 dudit règl.*)

Il est formellement interdit aux chefs de brigade d'introduire ou de tolérer, dans l'intérieur des casernes, des chiens, des lapins, des volailles ou d'autres animaux domestiques. (*Art. 51 dudit règl.*)

Avant la prise de possession d'une caserne, le commandant de compagnie arrête définitivement l'assiette du logement. Il peut se faire suppléer dans cette opération par les commandants d'arrondissement, excepté pour la caserne du chef-lieu.

Il fixe invariablement les logements des officiers, sous-officiers, brigadiers et gendarmes. Les logements de ces derniers sont répartis aussi également que possible, en assignant aux meilleurs les annexes les moins avantageuses, telles que bûchers, greniers, caves, caveaux et jardins. (*Art. 236 dudit règl.*)

Lors de l'installation d'une brigade dans une nouvelle résidence, il est dressé un procès-verbal conforme au modèle joint à la circulaire du 19 juillet 1840. Cette installation ne doit avoir lieu qu'après l'approbation du bail par le ministre. (*Circ. des 28 mai et 5 juin 1851.*)

Lors de la prise de possession d'une caserne, un état des lieux est dressé en triple expédition, après examen fait, par le préfet ou son délégué, le propriétaire ou son fondé de pouvoirs, et par le commandant de compagnie ou d'arrondissement.

Les deux premières expéditions sont délivrées au préfet et au propriétaire; la troisième est remise au commandant de compagnie, qui en délivre copie au commandant d'arrondissement, et celui-ci au commandant de brigade.

Le chef de brigade fait afficher derrière la porte principale du logement de chaque homme un extrait de l'état des lieux pour les locaux qu'il occupe. Cet extrait est signé par le commandant de brigade et par l'intéressé. (*Art. 240 dudit règl.*)

Tout commandant de brigade changeant de résidence fait la remise du casernement à son successeur titulaire ou temporaire. Si cette remise est faite au successeur titulaire, ce dernier devient responsable, du jour de sa prise de possession, de toutes les dégradations qu'il n'aurait pas constatées, alors même qu'il déclarerait n'avoir pas vérifié l'état du casernement. (*Art. 241 dudit règl.*)

Lors des fêtes et cérémonies publiques, les casernes de gendarmerie sont illuminées aux frais du département ou de la commune.

En cas de refus par les autorités administratives de pourvoir à cette dépense, le commandant de la gendarmerie, dans chaque localité, assure lui-même les moyens d'illumination de la caserne, et il en rend compte hiérarchiquement au commandant de la compagnie, en joignant à son rapport un bordereau de la dépense effectuée à cette occasion.

En pareil cas, une allocation extraordinaire sur le fonds d'entretien peut être accordée par le ministre, sur la demande du conseil d'administration. (*Art.* 244 *dudit règl.*)

Les conseils généraux votent annuellement les fonds nécessaires à ce sujet.

Les corridors et escaliers ne sont habituellement éclairés qu'en raison du nombre des brigades logées dans une même caserne. Cet éclairage ne peut, d'ailleurs, avoir lieu, soit temporairement, soit d'une manière permanente, que sur l'ordre ou avec l'autorisation du commandant d'arrondissement, qui en apprécie la nécessité dans l'intérêt du service.

Les dépenses de l'éclairage des écuries, corridors et escaliers sont payées en commun sur le produit des fumiers, à moins qu'il n'y soit pourvu aux frais de l'administration départementale ou municipale. (*Art.* 139 *dudit règl.*)

Conformément à l'art. 1er du règlement du 9 juillet 1859, sur les précautions à prendre pour prévenir les incendies, il est interdit de se servir d'allumettes chimiques dans les casernes.

A ce sujet, il est bon de ne pas perdre de vue les recommandations rappelées dans la circulaire ministérielle du 8 juin 1859.

Chaque caserne de gendarmerie doit être pourvue d'un drapeau, placé au-dessus de la porte principale. Les drapeaux sont fournis et entretenus aux frais du département. (*Art.* 245 *dudit règl.*)

Le fronton de chaque caserne doit porter l'inscription : *Gendarmerie nationale.* (*Décis. du* 12 *avril* 1880.)

LOGEMENTS.

L'assiette du logement des brigades et les détails qui résultent de l'occupation d'une caserne sont dans les attributions du commandant de compagnie; il est secondé par le commandant d'arrondissement, qui lui fournit tous les renseignements nécessaires sur les convenances de ce service dans chaque localité.

Le commandant d'arrondissement doit établir, pour être transmis au ministre de la guerre par la voie hiérarchique, un état descriptif des bâtiments proposés, soit qu'il y ait lieu de passer un nouveau bail, soit qu'il s'agisse d'un simple renouvellement.

Les états descriptifs doivent être adressés au ministre sans attendre la signature des baux. (*Art.* 92 *de l'instruction pour les inspections générales du* 18 *mars* 1881.)

Le commandant de la compagnie se concerte avec le préfet du département pour la construction des casernes, l'appropriation et la location des bâtiments destinés à cet usage, pour le renouvellement des baux en temps utile, et pour l'obtention des réparations à la charge, soit du propriétaire, soit à celle du département.

Le commandant d'arrondissement et le chef de brigade veillent à la conservation et à l'entretien des casernes, chacun selon ses attributions. (*Art.* 234 *dudit règl.*)

Les militaires en service extraordinaire qui sont obligés de passer la nuit hors la résidence ont droit au logement militaire pour eux et leurs chevaux.

Les réparations dans les casernes ont lieu d'après les dispositions des art. 1754, 1755 du Code civil, et 132 du règlement du 30 juin 1856 qui a abrogé celui du 17 août 1824.

Aux termes de l'art. 363 du décret du 18 février 1863, le blanchiment des casernes a lieu par les soins du département, au moins tous les trois ans, conformément à l'art. 56 du règlement du 17 août 1824, remplacé par l'art. 133 du règlement précité du 30 juin 1856, ou par le propriétaire si on a eu soin d'insérer cette clause dans le bail. (*Art.* 75 *du décret du* 1er *mars* 1854.)

La composition des logements d'officiers, sous-officiers, brigadiers et gendarmes, dans les bâtiments affectés au casernement de la gendarmerie, est déterminée par les art. 361 et suivants du décret du 18 février 1863. On se conformera, autant que possible, en ce qui concerne la distribution et l'aménagement des écuries, aux prescriptions de la circulaire ministérielle du 23 septembre 1840.

Chaque logement de sous-officier, brigadier et gendarme doit être pourvu d'un râtelier d'armes invariablement fixé et faisant partie de l'immeuble par destination.

Un coffre à avoine appartient également au casernement des brigades à cheval, où il doit être scellé à demeure.

Chaque caserne doit renfermer deux chambres de sûreté, une buanderie et de l'eau potable en quantité suffisante.

Il doit également y être établi des latrines distinctes pour l'un et l'autre sexe.

Dans les chefs-lieux de compagnie, une chambre d'une capacité suffisante doit être réservée pour loger en commun les hommes appartenant aux forces supplétives ou temporaires, ceux placés à la suite de la compagnie, et enfin les nouveaux admis retenus au chef-lieu de la compagnie jusqu'à ce qu'ils puissent rejoindre leur poste. (*Art.* 235 *dudit règl.*)

Dans l'assiette du casernement, les logements d'officiers au chef-lieu de la compagnie sont assignés aux différents grades, selon les convenances du service, en commençant par le trésorier, qui doit toujours être logé dans la caserne.

Les logements de la troupe sont distribués de la manière suivante par les commandants d'arrondissement :

Les sous-officiers et brigadiers prennent invariablement ceux affectés à leur grade.

Les gendarmes choisissent à leur rang d'ancienneté dans l'arme, quel que soit le nombre et l'ordre des brigades auxquelles ils appartiennent, quand il s'agit de l'occupation d'une nouvelle caserne ; mais, dans une caserne déjà occupée, les logements devenus vacants sont donnés, par rang d'ancienneté *dans la résidence*, aux militaires qui en font la demande hiérarchiquement au commandant de l'arrondissement.

Toutefois, dans l'un et l'autre cas, le commandant d'arrondissement satisfait aux besoins exceptionnels de famille, conformément à l'art. 181 du décret du 1ᵉʳ mars 1854, avant de laisser exercer le choix à l'ancienneté.

Nul ne peut être dépossédé de son logement sans son consentement; et personne ne peut en changer, même par permutation de gré à gré, sans l'assentiment du commandant d'arrondissement. (*Art.* 238 *dudit règl.*)

En principe, l'on ne doit pas déposséder un gendarme de son logement pour le donner à un autre; mais rien ne dit que l'on ne puisse pas changer l'assiette d'un casernement occupé par des brigades à pied et à cheval, si le bien du service en démontre la nécessité.

L'intérêt général devant passer avant les convenances personnelles, l'on ne peut qu'approuver les changements qui ont pour but de rapprocher le plus possible les cavaliers de leurs chevaux.

Lorsqu'il y a plusieurs étages dans un bâtiment, les cavaliers devraient occuper les moins élevés, afin de leur éviter de monter leur harnachement, pour le nettoyer, par des escaliers souvent très étroits et très difficiles à gravir avec une charge sur le dos.

Si l'on ne tenait pas compte de cela, il arriverait un moment où ils habiteraient les étages supérieurs, tandis que les hommes de l'arme à pied seraient au rez-de-chaussée et aux étages inférieurs.

Le règlement du 9 avril 1858 a prescrit de désigner les logements des chefs de brigade pour qu'ils ne puissent pas être pris par les gendarmes; il pourrait en être de même en ce qui concerne les logements des cavaliers.

JARDINS.

Il devrait en être des jardins comme des logements, c'est-à-dire que le plus ancien dans la brigade devrait pouvoir choisir parmi les jardins vacants sans changer de logement et réciproquement.

L'intérêt du service demande que les hommes, lorsqu'ils ne sont l'objet d'aucune plainte, restent dans la même brigade le plus longtemps possible. La perspective d'avoir un jour un logement convenable et un bon jardin empêche bien des gendarmes de changer de résidence. Il ne faudrait pas détruire cette émulation en obligeant un gendarme à abandonner un logement auquel il tient beaucoup, parce qu'il voudrait avoir un meilleur jardin que celui qu'il possède, ou de quitter un bon jardin parce qu'il a besoin d'un logement plus spacieux pour loger ses enfants.

Un gendarme, en arrivant dans une brigade, prend le logement et le jardin disponibles.

Le logement est naturellement le moins bon et le jardin n'est pas le meilleur; mais à force de travail, de soin et de dépenses d'engrais, d'arbres fruitiers, etc., ce jardin devient, après un certain nombre d'années, le premier de la brigade. Celui qui le possède a toujours eu le plus mauvais logement depuis qu'il est dans cette résidence. Une mutation a lieu et un local plus convenable, plus en rapport avec sa nombreuse famille est à distribuer; son rang d'ancienneté lui permettant de le prendre, faudra-t-il, pour user de ce droit, qu'il abandonne un jardin qui est pour lui d'un secours immense? On ne peut pas équitablement lui imposer un tel sacrifice. Il doit donc être permis de changer de logement sans changer de jardin, comme on doit pouvoir prendre un autre jardin sans abandonner son logement.

DÉGRADATIONS ET RÉPARATIONS.

Les dégradations au casernement sont de deux sortes .

1° Celles qui proviennent des dommages et dégâts faits par les hommes et qui doivent être réparées à leur compte;

2° Celles dites *locatives*, qui résultent de l'usure des choses en service, et dont l'entretien est à la charge du département.

Le commandant de brigade fait réparer immédiatement au compte de chaque homme les dégradations provenant de son fait, soit dans son logement, soit même dans les locaux occupés en commun.

Si les dégradations faites dans les locaux occupés en commun n'ont pas d'auteur connu, la réparation en est imputée à tous les hommes de la résidence présents à l'effectif au jour où elles sont constatées.

Quant aux réparations locatives à la charge du département, le commandant d'arrondissement adresse un rapport à ce sujet au commandant de la compagnie, qui le transmet, s'il y a lieu, avec ses observations, à l'autorité préfectorale. (*Art.* 242 *dudit règl.*)

L'art. 119 du règlement du 17 août 1824 dit que les retenues pour dégradations à la charge des militaires ne peuvent excéder le cinquième de leur solde; mais l'art. 700 du décret du 18 février 1863 prescrit de payer le montant de ces dégradations aux ayant-droit ou de le verser au trésorier, selon le cas, au moyen d'un prélèvement sur le fonds de la masse individuelle.

Les dégâts causés par un incendie dans une caserne de gendarmerie sont à la charge du département lorsqu'il ne peut être prouvé que la cause est due au propriétaire. (*Cass.*, 14 *oct.* 1853.)

Les réparations locatives ou de menu entretien dont le locataire est tenu, s'il n'y a clause contraire, sont celles désignées comme telles par l'usage des lieux et, entre autres, les réparations à faire :

Aux âtres, contre-cœurs, chambranles et tablettes de cheminées ;

Au recrépiment au bas des murailles des appartements et autres lieux d'habitation, à la hauteur d'un mètre ;

Aux pavés et carreaux des chambres, lorsqu'il y en a *quelques-uns* de cassés ;

Aux vitres, à moins qu'elles ne soient cassées par la grêle ou autres accidents extraordinaires et de force majeure, dont le locataire ne peut être tenu ;

Aux portes, croisées, planches de cloison ou de fermeture, gonds, targettes, ferrures. (*Art.* 1754 *du Code civil.*)

L'art. 1755 du même Code ajoute : Aucune des réparations réputées locatives n'est à la charge des locataires quand elles ne sont occasionnées que par vétusté ou force majeure.

Les gendarmes n'ont rien à débourser pour la réparation des stalles et autres objets mobiliers d'une écurie qu'ils n'ont pas personnellement détériorés ou laissé détériorer.

Les cheminées des casernes doivent être nettoyées chaque année avant le 1er novembre, aux frais de l'administration départementale.

Cette opération est faite à la requête du chef de brigade, qui adresse à cet effet une demande à l'autorité locale. (*Art.* 243 *dudit régl.*)

Pour éviter toute difficulté, il serait préférable d'insérer dans le bail des casernes prises à loyer une clause spéciale qui mettrait cette opération à la charge du propriétaire,

ÉCURIES.

Les écuries doivent être assainies toutes les fois que cela est nécessaire. (*Circ. du 30 nov.* 1863.)

Les chevaux sont séparés par des stalles fixes, avec barres d'attache, conformément à la circulaire du 28 juin 1864. Les paillassons, dont les stalles doivent être garnies, sont faits par les hommes eux-mêmes, et l'achat des fournitures est supporté par le produit du fumier.

Stalles. — Pour être convenablement établies, les stalles devraient être faites, autant que possible, dans les conditions ci-après : 3 mètres de longueur, 1 mètre 60 de largeur au minimum, et 1 mètre 50 centimètres de hauteur. Les montants et les traverses sont en bois de chêne, de 10 centimètres de largeur sur 8 d'épaisseur avec poteau de 16 centimètres carrés. Les pleins sont en bois blanc de 45 millimètres d'épaisseur. Sur la partie supérieure, vers la tête des chevaux, est placée une bandelette de fer de 1 mètre de longueur et de 3 à 4 millimètres d'épaisseur encastrée dans le bois de la largeur de la lisse et retenue au moyen de vis.

Barre d'attache. — La barre d'attache est en fer forgé ; le bas de cette barre doit être scellé de 40 à 50 centimètres du sol, et dans le cas où ce scellement aurait lieu dans le sol même, il faudrait mettre un talon à la barre pour empêcher l'anneau de la chaîne de descendre à plus de 40 à 50 centimètres du sol. La partie supérieure de la barre est fixée à la mangeoire aussi près que possible de l'arête supérieure. La chaîne, qui se termine par un T, ne doit être ni trop courte ni trop longue et doit offrir assez de résistance pour qu'un cheval ne puisse pas la casser. Les chevaux doivent pouvoir aller aux extrémités de droite et de gauche de la stalle sans se mordre. (*Circ. précitée du 28 juin* 1864.)

Les dégradations faites aux stalles par les chevaux ne peuvent jamais être à la charge des cavaliers s'il est établi qu'ils ont pris les mesures nécessaires pour les éviter.

L'écurie n'est pas éclairée pendant la nuit ; le chef de brigade ne fait allumer les lanternes ou réverbères que pour les besoins du service.

Il est expressément défendu de se servir d'essence ou d'huile de pétrole pour éclairer les écuries. (*Circ. du 22 avril* 1873.)

Voir la note complémentaire à la page 795 de l'*Appendice*.

CHAMBRE DE SURETÉ.

Par une circulaire du 8 juillet 1870, le ministre de l'intérieur recommande aux préfets de faire établir, dans les casernes prises à loyer, deux chambres de sûreté, une pour chaque sexe.

Le balayage et la propreté des chambres de sûreté, lorsqu'il en existe dans les casernes, sont à la charge de l'autorité municipale, conformément aux dispositions de la circulaire ministérielle du 20 fructidor an XI. (*Art.* 123 *du règl. du 9 avril* 1858.)

La circulaire précitée du 7 juillet 1870 prescrit les mesures nécessaires pour que les gendarmes n'aient pas à s'occuper personnellement des soins de propreté des chambres de sûreté, en les mettant à la charge de l'entreprise générale des prisons, suivant les prescriptions du cahier des charges, soit sur la réquisition des maires, soit, en cas d'urgence, sur la demande directe des commandants de brigade.

Les chambres de sûreté sont essentiellement des lieux de dépôt, où le séjour des détenus doit être de très courte durée, et ne doivent jamais servir de prison pour l'exécution des peines, même de simple police. (*Même circ.* — V. *Correspondances.*)

CÉRÉMONIES PUBLIQUES. — PRÉSÉANCES.

Cérémonies publiques.

Lorsque, à défaut d'autres troupes, la gendarmerie est dans le cas de fournir des escortes d'honneur, elle n'est pas tenue de les donner spontanément, sans invitation ni réquisition ; elle doit être avertie, invitée ou requise. Ainsi, pour obtenir des escortes d'honneur, les autorités se concertent avec l'officier de gendarmerie de la résidence. Les préfets, les présidents des cours et tribunaux invitent et requièrent à cet effet le commandant de gendarmerie le plus élevé en grade du lieu de leurs résidences, mais seulement à défaut de troupes de ligne. Dans le cas particulier de cérémonies ou de fêtes, *les escortes ne peuvent être prises que dans la résidence même ;* elles accompagnent les autorités en corps, du lieu où elles se sont réunies au lieu de la cérémonie, et les reconduisent. (*Art.* 11 et 12, *titre* XVII, *et art.* 5, *titre* XX, *du décret du* 24 *mess. an* XII.)

Les art. 142 et suivants du décret du 1er mars 1854 et 345 du décret du 13 octobre 1863 statuent sur ce qui est relatif aux escortes d'honneur.

Préséances.

On entend par préséance le droit de précéder quelqu'un, de se placer avant lui, de prendre un rang plus honorable. (V. *Honneurs à rendre.*)

Rangs des autorités militaires dans les cérémonies publiques.

Lorsque, d'après les ordres du Président de la République, les officiers généraux des armées de terre et de mer devront assister aux cérémonies publiques, ils y prendront rang et séance dans l'ordre qui suit :

1° Les généraux de division gouverneur de Paris, gouverneur de Lyon, commandant les corps d'armée et les régions de corps d'armée, les vice-amiraux commandants en chef préfets maritimes, — immédiatement après les maréchaux, les amiraux, le grand chancelier de la Légion d'honneur et les conseillers d'Etat chargés de missions extraordinaires en vertu de décrets du Président de la République;

2° Les généraux de division qui auront reçu le commandement des régions de corps d'armée après le départ du commandant du corps d'armée mobilisé, prendront place immédiatement après les grands-croix et les grands officiers de la Légion d'honneur convoqués par le grand chancelier et n'exerçant pas de fonctions publiques qui leur assignent un rang supérieur;

3° Les généraux de division commandant une division, et investis en même temps du commandement territorial d'un groupe de subdivisions de région, en vertu de décisions prises par le ministre de la guerre, se placeront immédiatement après les archevêques;

4° Les généraux de brigade commandant une brigade, et investis en même temps du commandement territorial de subdivisions de région, en vertu de décisions prises par le ministre de la guerre,

Les contre-amiraux majors généraux de la marine,

Les généraux de brigade appelés à commander les subdivisions de région après le départ du corps d'armée mobilisé,

Se placeront immédiatement après les évêques. (*Art. 1ᵉʳ du décret du 28 déc. 1875.*)

Les gouverneurs de Paris et de Lyon, les commandants des corps d'armée et des régions de corps d'armée prendront rang et séance dans toute l'étendue de leur commandement.

Les vice-amiraux commandants en chef préfets maritimes prendront rang et séance dans l'étendue de l'arrondissement maritime à la tête duquel ils sont placés.

Au chef-lieu de son arrondissement, le vice-amiral commandant en chef préfet maritime a, dans l'arsenal maritime et dans la place, la préséance sur le général de division commandant le corps d'armée. Il prend rang après lui dans tous les autres lieux de la région du corps d'armée.

Les généraux de division ou de brigade investis du commandement des subdivisions de région prendront rang et séance dans toute l'étendue de ces subdivisions; mais, hors du chef-lieu de leur commandement, ils ne pourront réclamer les prérogatives attachées à la préséance que si leur voyage a été annoncé officiellement par le général commandant le corps d'armée et la région du corps d'armée.

Les contre-amiraux majors généraux de la marine prendront rang et séance dans le chef-lieu de l'arrondissement maritime où ils exercent leurs fonctions.

Les généraux de brigade investis du commandement territorial de subdivisions de région dans lesquelles est compris un port militaire chef-lieu d'arrondissement maritime, prendront, dans les cérémonies publiques, rang avec le contre-amiral major général de la marine, en observant pour la préséance l'ordre d'ancienneté dans le grade d'officier général.

Toutefois, si la cérémonie a lieu dans l'un des établissements de la marine, la préséance appartiendra au contre-amiral major général. Réciproquement, si la cérémonie a lieu dans l'un des établissements de la guerre, la préséance appartiendra au général de brigade. (*Art. 2.*)

Les décisions du ministre de la guerre, en vertu desquelles des généraux de division et de brigade commandant les divisions et brigades sont investis d'un commandement territorial, devront, pour produire leur effet en ce qui concerne les rangs, préséances et honneurs, être notifiées par le général commandant la région du corps d'armée, aux préfets, qui en informeront les autorités intéressées. (*Art.* 3.)

Lorsque des troupes tiennent garnison dans une ville où résident un ou plusieurs officiers généraux, dont aucun n'est investi du commandement territorial, celui de ces officiers généraux qui est le plus ancien dans le grade le plus élevé y prendra rang et séance avec le rang attribué par l'art. 1er du présent décret à l'officier général de son grade investi du commandement territorial de subdivisions de région. (*Art.* 4.)

Les majors généraux de la marine qui ne sont pas contre-amiraux prendront, dans le chef-lieu de l'arrondissement maritime, rang et séance immédiatement après le sous-préfet. (*Art.* 5.)

Les officiers généraux appelés à prendre individuellement rang et séance dans les cérémonies publiques seront placés, dans le local destiné à la cérémonie :

1° Les généraux de division et les vice-amiraux, à droite ;

2° Les généraux de brigade et les contre-amiraux, à gauche.

Les autres autorités militaires seront placées en arrière.

Les officiers généraux, supérieurs et autres, les fonctionnaires et employés des armées de terre et de mer, qui auront été convoqués pour assister en corps à la cérémonie, seront répartis par groupes d'états-majors et marcheront dans l'ordre suivant :

1° L'état-major des gouverneurs de Paris et de Lyon, l'état-major du corps d'armée et, à sa suite, l'état-major de la préfecture maritime, — immédiatement après les membres de la Cour d'appel ;

2° L'état-major de la région du corps d'armée, lorsque le corps d'armée mobilisé aura quitté la région, — immédiatement après l'état-major de la préfecture maritime ;

3° L'état-major de la division, soit que le commandement territorial ait été ou qu'il n'ait pas été réuni au commandement de la division, — immédiatement après les états-majors du corps d'armée et de la préfecture maritime ;

4° L'état-major de la majorité générale de la marine et, à sa suite, l'état-major de la brigade, soit que le commandement territorial ait été ou qu'il n'ait pas été réuni au commandement de la brigade, — immédiatement après le tribunal de première instance ;

5° L'état-major de la place après le corps académique.

Si, après le départ du corps d'armée mobilisé, il est constitué des états-majors de subdivisions de région, ceux-ci prendront le rang assigné à l'état-major de la brigade. (*Art.* 6 *du décret précité.*) (V. *Honneurs à rendre.*)

Les ordonnances et règlements militaires n'ont rien déterminé sur le point de savoir comment les officiers de gendarmerie doivent se rendre à une cérémonie publique ; mais il est des usages et des convenances qui doivent être respectés. En principe général, lorsqu'il s'agit de visites à rendre, l'inférieur militaire se rend chez son supérieur, en remontant de grade en grade. Un chef de corps entraîne toujours les officiers à sa suite.

Dans la résidence d'un chef de légion, les officiers de l'arme se rendent chez lui, et, dans toute autre résidence, chez l'officier de gendarmerie le plus élevé en grade. Les officiers ainsi réunis vont prendre le général de brigade et l'accompagnent chez le général de division. Cette marche hiérarchique est une déférence que l'on doit au grade militaire et qu'il est toujours bon de suivre, quoiqu'elle ne soit pas impérativement tracée par les règlements. (*Décis. du min. de la guerre des 26 et 28 sept. 1835.*) Ce n'est qu'en l'absence de toute autorité militaire supérieure que les officiers de gendarmerie se rendent directement chez la personne qui doit occuper le premier rang dans la cérémonie. (V. *Préfets.*)

Lorsque les officiers de gendarmerie sont arrivés chez l'autorité militaire supérieure, ils doivent se séparer et quitter leur chef dans la marche de la cérémonie. Chaque officier de gendarmerie occupe alors la place qui lui est assignée par l'art. 291 du décret du 13 octobre 1863.

Les colonels de gendarmerie prennent rang, suivant leur grade, avec les officiers appartenant aux états-majors des divisions militaires, et marchent avec eux avant la Cour d'assises et les conseillers de préfecture, et, s'il ne se trouve pas d'état-major de division, ils prennent place dans le rang qu'occuperait cet état-major lui-même.

Les chefs d'escadron commandants de compagnie prennent rang, suivant leur grade, dans le corps des officiers de toutes armes du département formant l'état-major de la subdivision militaire, qui marche immédiatement après le tribunal de première instance ; et, lorsqu'il ne se trouve pas d'état-major de subdivision, les chefs d'escadron et officiers de gendarmerie marchent de même après les tribunaux de première instance et avant le corps municipal.

D'après l'art. 291 précité, tous les officiers de gendarmerie, à l'exception du colonel qui continue à faire partie de l'état-major de la division, prennent rang suivant leur grade dans l'état-major de la subdivision. (*Art. 7 du décret du 28 déc. 1875.*)

Mais comme il est de principe, en matière de préséance, qu'un fonctionnaire n'occupe pas isolément, dans les cérémonies publiques, la place du corps auquel il appartient, les capitaines et lieutenants de gendarmerie dans les résidences desquels il n'y a pas de troupe doivent, conformément à l'art. 158 du décret du 1er mars 1854, se placer, dans ces cérémonies, là où se placerait l'état-major de la place, s'il y en avait un, c'est-à-dire après le conseil municipal. (*Lettre du min. de la guerre du 12 juill. 1879 au général commandant le 7e corps d'armée, laquelle sera insérée au supplément du 10e vol. du* Mémorial.)

Lorsqu'une cérémonie religieuse a lieu par suite de lettres closes du chef de l'État aux archevêques et évêques, ce sont eux qui font les convocations. (*Art. 5, section II, titre Ier du décret du 24 mess. an XII.*) L'autorité administrative n'a point à s'en occuper.

Dans le cas contraire, les invitations faites par l'évêque ou autre ecclésiastique n'obligent point les fonctionnaires publics.

Les autorités se réunissent chez la personne qui doit occuper le premier rang. (*Art. 7, titre Ier, du décret du 24 mess. an XII.*) Cependant, par décision des ministres réunis, en date du 23 août 1816, les cours et les tribunaux ont été autorisés à se rendre à la cérémonie, et de la manière qui leur plaît, sans être obligés de se réunir à l'hôtel du fonctionnaire qui occupe le premier rang.

Lorsque les autorités se rendent à l'église, l'évêque n'est point tenu de marcher en cortège avec elles ; il doit les attendre dans l'exercice de ses fonctions (*Lettre du min. de l'intérieur du 17 déc. 1811.*)

La cérémonie ne commence que lorsque l'autorité qui occupe le premier rang est arrivée. Cette autorité se retire la première. (*Art.* 12 *du décret du* 24 *mess. an.* XII.)

Dans ces cérémonies, il est toujours réservé une place ou une stalle dans le chœur de l'église, pour l'officier supérieur commandant la gendarmerie. (*Art.* 11, *titre* I*er*, *du décret du* 24 *mess. an* XII.)

En arrivant dans l'église pour une cérémonie religieuse, chaque fonctionnaire public et chaque corps doivent prendre la place qui leur a été assignée d'avance, bien que d'autres places paraissent devoir rester vacantes.

Aux termes du décret du 11 avril 1809, les commandeurs, officiers et membres de la Légion d'honneur qui assistent aux cérémonies publiques, civiles ou religieuses, y occupent un banc qui sera établi, ou une place qui leur sera assignée après les autorités constituées.

A défaut, dans la localité, de l'état-major dans lequel un officier, fonctionnaire ou employé doit prendre place, il se réunit à l'état-major immédiatement inférieur. (*Art.* 295 *du décret du* 13 *oct.* 1863.)

Officiers retirés du service.

Les officiers de tout grade *retirés du service* peuvent assister aux cérémonies publiques. Les officiers généraux se réunissent à l'état-major du corps d'armée ou de la division, ou de la préfecture maritime; les officiers supérieurs et autres à l'état-major de la majorité générale ou de la place. Les uns et les autres marchent dans ces états-majors, après tous les officiers en activité ou en disponibilité de leur corps ou arme. (*Art.* 292 *du décret du* 13 *oct.* 1863.)

La tenue des officiers de l'armée de terre en retraite est réglée par le décret du 26 mai 1876, et celle des officiers de l'armée de mer par le décret du 18 novembre suivant.

Pour l'armée de terre, cette tenue est la tunique à deux rangées de boutons, avec collet bleu garni à chaque pointe d'une étoile brodée en or; le pantalon bleu-de-roi sans bandes, passe-poils ni galons; le chapeau du modèle général bordé d'un galon de soie noire avec ganse en or, de trois torsades pour les officiers généraux et supérieurs, et de deux torsades seulement pour les autres officiers (le chapeau des officiers généraux est orné d'une plume noire frisée); l'épée du modèle général, selon le grade, sans dragonne (elle se porte avec un ceinturon en cuir verni, dont les agrafes dorées représentent une tête de lion en relief); les épaulettes du grade en or. Cette tenue ne comporte ni broderie, ni aiguillettes, ni ceinture, ni hausse-col, ces divers insignes étant spécialement affectés à la position d'activité. Il est formellement interdit aux officiers démissionnaires, aux officiers réformés par mesure de discipline, à ceux mis en non-activité par retrait d'emploi, et à ceux destitués, de porter un uniforme militaire. (*Décret du* 26 *mai* 1876.)

Escorte des autorités dans les cérémonies publiques.

Dans les cérémonies publiques les maréchaux de France et généraux de division investis d'un commandement territorial, les préfets maritimes et les préfets peuvent avoir, au chef-lieu de leur commandement ou de leur administration, une escorte d'honneur qui se compose :

Pour les maréchaux : de deux compagnies d'infanterie commandées par un capitaine.

Pour les généraux de division et préfets maritimes : d'une compagnie d'infanterie commandée par un capitaine.

Pour les préfets : d'une section d'infanterie commandée par un lieutenant ou sous-lieutenant. (*Art. 346 du décret du 13 oct. 1863.*)

Lorsque les grands corps de l'État et les cours de justice se rendent à une cérémonie publique, ils sont escortés par une garde à cheval, à défaut, par une garde à pied, qui est répartie en avant, en arrière et sur les flancs du cortège. Ces escortes se composent :

Pour le Sénat, le Corps législatif, le Conseil d'État : d'un escadron de troupe a cheval.

Pour la Cour de cassation, la Cour des Comptes : de trois pelotons de troupe à cheval.

Pour la Cour d'appel : de deux pelotons.

Pour la Cour d'assises : d'un peloton.

Pour les Tribunaux de première instance, les Tribunaux de commerce, les Corps municipaux : d'un demi-peloton. (*Art 347 dudit décret.*)

A défaut de troupe de ligne, la gendarmerie fournit une escorte d'honneur :

De deux brigades aux Cours d'appel.

D'une brigade aux Cours d'assises.

De deux gendarmes aux Tribunaux de première instance. (*Art. 348 dudit décret.*)

Honneurs à rendre pendant le service religieux.

Lorsqu'une troupe est commandée pour assister en armes au service religieux, elle entre dans l'église en marchant par le flanc, les armes descendues. Les deux rangs se partagent dans la nef, se plaçant à droite et à gauche, de manière à en laisser le milieu libre. Ils se font face et se reposent sur les armes. Les officiers, sous-officiers et soldats restent couverts. Ils ne rendent, pendant tout le temps de leur séjour dans l'église, aucun honneur individuel.

Un caporal et deux hommes sont détachés pour entourer l'autel, le caporal lui faisant face.

La troupe porte les armes *au commencement* de la messe, et se repose sur les armes un instant après.

A l'évangile, la troupe porte les armes. Dès qu'il est terminé, elle se repose sur les armes.

A l'élévation, la troupe porte et présente les armes, met le genou droit à terre et porte la main droite à la coiffure. Les tambours ou clairons battent ou sonnent aux champs ; les trompettes sonnent la marche. Après l'élévation, la troupe se relève au commandement : Debout ! porte les armes et se repose sur les armes.

A la communion, la troupe porte les armes et se repose sur les armes immédiatement après

Au Domine salvam, elle porte les armes.

Les hommes placés autour de l'autel exécutent les mêmes mouvements que la troupe.

Le service terminé, ces hommes rejoignent. La troupe fait par le flanc droit et par le flanc gauche, par file à gauche et par file à droite, se retire, les armes descendues, et se reforme à la sortie de l'église. (*Art.* 326 *du décret du* 13 *oct.* 1863. — V. *Honneurs et préséances, Escortes.*)

CHANGEMENTS DE RÉSIDENCE.

Les changements de résidence des militaires de la gendarmerie comprennent : le passage d'une légion, d'un corps, d'une compagnie ou d'une brigade dans d'autres *légions, corps, compagnies* ou *brigades de l'arme ;* ils sont proposés soit *dans l'intérêt du service,* soit *pour l'avantage personnel* des officiers, sous-officiers, brigadiers et gendarmes, soit enfin *par mesure de discipline,* et l'un ou l'autre de ces motifs doit être indiqué très-explicitement par l'inspecteur général. Le ministre de la guerre prononce seul sur ces mutations.

Les commandants de brigade venant directement des adjudants, maréchaux des logis chefs et sergents-majors de l'armée seront placés, à leur début, dans les chefs-lieux de compagnie et d'arrondissement ; à défaut de vacance, les chefs de légion profiteront de la première occasion pour effectuer leur placement sous les yeux d'un officier.

L'inspecteur général ne propose d'ailleurs aucun changement pour *convenances personnelles* en faveur des officiers qui n'auraient pas au moins *deux ans* de résidence au 31 décembre de l'année courante. Il s'assure, en outre, que le changement sollicité n'aura pas pour effet de les placer dans la ville où ils se sont mariés, ni d'envoyer les commandants de compagnie dans le département où ils sont nés et les commandants d'arrondissement dans l'arrondissement dont ils sont originaires.

En dehors des changements de résidence demandés par les inspecteurs généraux, les chefs de corps ou de légion ne doivent proposer que les mutations nécessitées par l'intérêt du service ou de la discipline.

Par suite, il y a lieu de porter sur le livret général d'inspection toutes les demandes de changement faites par les sous-officiers, brigadiers et gendarmes signalés comme méritants, lors même qu'il n'existerait pas de vacances dans les résidences demandées, à la condition toutefois, ainsi qu'il est dit pour les officiers, qu'ils auront au moins deux ans de résidence au 31 décembre de l'année courante.

Toute demande de changement de légion qui n'est pas accompagnée de l'adhésion réciproque des deux chefs de légion est écartée par l'inspecteur général.

Quant aux sous-officiers et brigadiers, ils ne peuvent changer de légion qu'à la même condition et par permutation à grade égal et dans la même arme. Toutefois, l'adhésion réciproque n'est pas exigée des militaires employés en Algérie ou aux colonies qui se trouvent dans les conditions de l'art. 26 du décret du 1er mars 1854 (six ans de séjour).

Les adhésions ne sont valables que d'une inspection à l'autre.

En dehors des inspections, les officiers qui désirent permuter sont tenus de se procurer l'adhésion des chefs de légion et des généraux commandants de corps d'armée, par lesquels leurs demandes doivent passer pour arriver au ministre. (*Note ministérielle du 18 avril 1875.*) Dans ces conditions, la durée de deux ans de résidence n'est pas exigée.

Ils sont dispensés des adhésions des généraux de division et de brigade commandant les subdivisions de région.

Si des raisons de service le réclament, l'inspecteur général peut *d'urgence* ordonner les changements pour les sous-officiers, brigadiers et gendarmes, mais seulement dans l'étendue de chaque légion, et sauf à en rendre compte immédiatement au ministre, *en indiquant les motifs*, afin que les mouvements soient approuvés et que le paiement de la solde des hommes ne reste pas suspendu.

Pour les mêmes motifs les chefs de légion peuvent, dans l'intervalle des inspections, faire changer des gendarmes dans l'étendue de leur commandement, sauf à en rendre immédiatement compte au ministre.

Les propositions de changements par mesure de discipline faites dans l'intervalle des inspections générales doivent passer par le canal des généraux commandants de corps d'armée. (*Circ. des 6 avril* 1873, *8 février* 1876 *et 28 déc.* 1881.)

Les sous-officiers, brigadiers et gendarmes débiteurs ne peuvent obtenir leur changement de compagnie ou de légion, pour *convenances personnelles*, avant d'avoir acquitté les sommes qu'ils redoivent aux caisses, et s'ils ne sont convenablement montés, habillés et équipés.

Les officiers, sous-officiers, brigadiers et gendarmes des compagnies départementales peuvent être admis à passer dans le bataillon mobile et dans la garde républicaine, s'ils possèdent l'aptitude particulière, le zèle et les moyens d'activité qu'exige le service tout spécial de ces corps. Ces militaires, à l'exception des officiers, doivent produire l'adhésion écrite et réciproque des deux chefs de corps ou de légion. Ils ne doivent être proposés que s'ils ont deux ans de résidence, et s'ils sont célibataires lorsqu'ils demandent le bataillon mobile.

La jurisprudence du ministère de la guerre n'exige pas les deux ans de résidence lorsqu'il s'agit de permutation.

Les militaires de tous grades du bataillon mobile et de la garde républicaine peuvent réciproquement être proposés pour passer dans la gendarmerie départementale aux mêmes conditions, c'est-à-dire s'ils ont deux ans de présence au corps au 31 décembre de l'année courante.

Les militaires originaires de la Corse ne peuvent être placés dans la 15e légion *ter* que lorsqu'ils ont préalablement servi trois ans dans la gendarmerie du continent. (V. *circ. du 10 juill.* 1872 *et art. 27 de l'instr. du 18 mars* 1881 *pour les inspections générales.*)

Les changements des sous-officiers et brigadiers ne peuvent avoir lieu qu'à la même condition et par permutation à grade égal.

A cet effet, les sous-officiers, brigadiers et gendarmes adressent hiérarchiquement, avant les inspections générales, une demande à leur chef de légion : cet officier la transmet avec ses observations au chef de la légion dans laquelle les sous-officiers, brigadiers ou gendarmes désirent entrer. La demande est renvoyée de nouveau par ce chef, avec son avis, au chef de légion sous les ordres duquel servent les demandeurs. Cette pièce, ainsi revêtue de l'adhésion des deux colonels, est jointe aux états de proposition que M. l'inspecteur général adresse à ce sujet à M. le ministre de la guerre. (V. *Indemnités.*)

Propositions pour les colonies.

Les officiers ayant le temps de service voulu pour l'avancement en France et qui auront été proposés par les inspecteurs généraux pour passer, sur leur demande, aux colonies seront inscrits d'office au tableau d'avancement, à dater du jour de leur embarquement.

Les officiers proposés pour l'avancement par les inspecteurs généraux des colonies et qui auront complété le temps exigé pour l'avancement en France seront également inscrits au tableau.

Les officiers proposés pour l'avancement dans les conditions prévues pour les colonies, c'est-à-dire avec une ancienneté réduite de moitié, seront examinés par la commission, qui sera libre de ne maintenir que ceux dont les titres paraîtraient suffisants.

Lorsque les officiers énumérés dans les trois paragraphes précédents figureront au tableau, ils devront, pour y être maintenus, être à chaque inspection générale l'objet d'une nouvelle proposition d'avancement.

Lorsque les officiers du service colonial portés au tableau rentreront en France avant leur promotion (autrement qu'en position de congé), sans avoir accompli, à partir de leur inscription au tableau, une durée de séjour aux colonies, de *trois ans pour les chefs d'escadron, quatre ans pour les capitaines et deux ans pour les lieutenants,* leur inscription audit tableau cessera d'avoir lieu de droit, et leurs titres seront examinés concurremment avec ceux des autres candidats, à la première réunion de la commission pour un travail de classement.

Par exception, et en raison de l'insalubrité du climat, les officiers de gendarmerie employés à la Guyane et en Cochinchine ne seront tenus de justifier que de deux ans de séjour seulement.

Pour des services d'une réelle importance, le même officier pourra, exceptionnellement, être proposé en même temps pour l'avancement de grade et pour une nomination ou promotion dans la Légion d'honneur. Les sous-officiers, candidats pour le grade de sous-lieutenant, pourront également, dans les mêmes circonstances, être proposés, soit pour la croix, soit pour la médaille militaire. (*Art.* 48 *de l'instr. précitée.*)

Gendarmerie maritime.

Les militaires de la gendarmerie maritime ne peuvent pas passer dans la gendarmerie départementale, même par permutation. (*Lettres du min. de la guerre des* 31 *janv.,* 29 *mai* 1873 *et* 16 *sept.* 1881.)

CHARIVARI

L'on désigne sous le nom de *charivari,* l'action par laquelle plusieurs personnes munies de chaudrons, casseroles, poêlons, etc., ou jouant sur des instruments discordants, manifestent, par un bruit injurieux, leur opposition à certains actes ou tournent en ridicule certaines personnes.

Ces attroupements sont des contraventions que les art. 479 et 480 du Code pénal punissent d'une amende de 11 à 15 fr. avec la possibilité, suivant les circonstances, d'un emprisonnement de cinq jours au plus. En conséquence, la gendarmerie peut dresser procès-verbal contre tous les auteurs de tapage, bruit nocturne et charivari.

Les charivaris donnés aux fonctionnaires publics constituent des délits correctionnels, et non de simples contraventions de police. Les procès-verbaux qui les constatent doivent être remis au procureur de la République.

Aux termes de l'art. 479 n° 8 du Code pénal, on doit considérer comme complices, non seulement ceux qui prennent une part active aux bruits et tapages injurieux ou nocturnes, mais encore ceux qui, par leur présence ou par leur fait, ont favorisé ou facilité la perpétration de la contravention ou du délit. Cet article est applicable à ceux dans la maison desquels le bruit s'est produit sans opposition de leur part. (*Cass.*, *23 avril 1842 et 8 nov. 1855.* — V. *Tapages nocturnes.*)

CHARLATANS.

La gendarmerie doit exercer sur les charlatans et les empiriques la surveillance la plus minutieuse. Elle doit d'abord s'assurer s'ils ont l'autorisation d'exercer leur industrie, et s'ils ont un diplôme qui leur permette de vendre des drogues et de pratiquer la pharmacie ; s'ils n'en ont pas, elle doit en prévenir le maire, s'opposer à la vente des drogues, et dresser procès-verbal si la vente est opérée.

A l'égard des pronostiqueurs, devins et magiciens, la gendarmerie doit s'opposer à leur coupable industrie, et dresser immédiatement procès-verbal de cette contravention, que les art. 471 et 475 du Code pénal punissent de 1 fr. à 15 fr. d'amende. Les cartes, costumes et instruments sont saisis. (*Art. 481 du Code pénal.*)

Si ce sont des empiriques, des charlatans, toutes les drogues qu'ils vendent sans en avoir le droit sont également saisies, et si ces drogues ont occasionné une maladie, le vendeur peut être condamné à une amende de 16 fr. à 500 fr. et à un emprisonnement de six jours à deux ans et même de cinq ans, suivant les circonstances. (*Art. 317 et 318 du Code pénal.*)

Si ce sont des baladins, la vigilance doit s'exercer sur leur industrie, qui est souvent voisine de l'escroquerie.

Un empirique ou un charlatan qui prétend posséder des remèdes secrets pour guérir toutes sortes de maladies ne peut les vendre et distribuer, alors même que, par erreur ou inadvertance, l'autorité locale lui en aurait donné l'autorisation. Le distributeur de remèdes *secrets* encourt une amende de 25 fr. à 600 fr. (*art. 36 de la loi du 21 germ. an XI*), sans préjudice des peines portées aux art. 317 et 318 du Code pénal. Cependant, les autorités peuvent leur permettre le débit des drogues ordinaires, toutefois après qu'un certificat d'un pharmacien de la ville en a constaté l'utilité ; ce certificat ainsi délivré reste entre les mains de l'officier de police qui accorde la permission de débiter.

La gendarmerie doit apporter sur les charlatans une surveillance active et suivie, surtout dans les campagnes. Il existe encore, plus particulièrement dans les villages, des êtres faibles qui conservent et propagent des erreurs dont ils ne sentent le danger qu'après en avoir été les victimes ; c'est donc un devoir de les prémunir contre les ruses des intrigants, de réprimer les écarts auxquels se livrent trop souvent les fourbes et les charlatans, et d'éclairer les gens trop crédules sur les dangers qui les menacent.

Un empirique ou un charlatan ne peut donner des consultations aux malades qui ont recours à lui, s'il n'est pas reçu médecin, chirurgien ou officier de santé. Il serait poursuivi par-devant les tribunaux, et condamné à une amende qui pourrait être portée jusqu'à 1,000 fr. (*Loi du 19 vent. an* XI. — V. *Médecins.*)

Tout individu qui fera exécuter, par des enfants de moins de seize ans, des tours de force périlleux ou des exercices de dislocation ; tout individu pratiquant la profession d'acrobate, saltimbanque, charlatan, montreur d'animaux ou directeur de cirque, qui exploite, dans ses représentations, des enfants âgés de moins de seize ans, sera puni d'un emprisonnement de six mois à deux ans et d'une amende de 16 à 200 fr.

La même peine sera appliquée aux père et mère exerçant les professions ci-dessus désignées, qui emploieraient dans leurs représentations des enfants âgés de moins de seize ans. (V. *Saltimbanques.*)

Lorsque la gendarmerie est dans le cas de constater de pareilles contraventions ou délits, elle doit agir avec sagacité et impartialité. Les procès-verbaux doivent bien préciser les faits, détailler toutes les circonstances qui peuvent les aggraver ou les atténuer. Elle ne doit envisager que l'action matérielle, le délit proprement dit. C'est aux tribunaux à l'apprécier et à le juger. Ces procès-verbaux, visés pour timbre et enregistrés en débet, sont remis, suivant le cas, soit au procureur de la République, soit au juge de paix ou au maire du lieu où la contravention a été commise.

CHASSE.

DE L'EXERCICE DU DROIT DE CHASSE.

L'action de rechercher le gibier de toute espèce, de le poursuivre, de s'en emparer, par force, par adresse ou ruse, soit au moyen d'armes, pièges ou engins, soit à l'aide d'animaux dressés à cette fin, constitue la chasse en général.

Le port d'armes est un droit naturel et civil qui dérive de la légitime défense de soi-même, un des premiers donnés à l'homme pour pourvoir à sa conservation. En matière de chasse, il doit être regardé comme une concession de haute police qui n'a lieu que d'après les règles que l'intérêt public a dictées, et dont l'observance forme une garantie pour la sûreté des personnes et des propriétés.

La gendarmerie ne doit pas négliger son service pour s'occuper de la chasse. (*Circ. du* 27 *fév.* 1860.)

Les gendarmes n'ont pas le droit de poursuivre un chasseur jusque dans son domicile où il s'est réfugié, bien que ne l'ayant pas perdu de vue ; toutefois, s'ils n'ont rencontré ni opposition ni protestation, leur introduction dans son domicile n'est plus qu'une simple irrégularité couverte par le consentement tacite de la partie intéressée. (*Arrêt de la Cour de Limoges du* 30 *avril* 1857.)

Les armes abandonnées sont saisies pour être déposées au greffe du tribunal correctionnel, et, en cas de découverte des auteurs, ils sont poursuivis conformément aux art. 471 n° 5 et 472 du Code pénal.

Aux termes de l'art. 1er de la loi du 3 mai 1844, nul ne peut chasser, sauf les exceptions qu'elle détermine, si la chasse n'est pas ouverte et s'il ne lui a pas été délivré un permis de chasse par l'autorité compétente. Nul n'a la faculté de chasser sur la propriété d'autrui, sans le consentement du propriétaire ou de ses ayant-droit.

Le fait de chasse sur la propriété d'autrui constitue un délit, si le prévenu ne rapporte pas au moment de la constatation du délit le consentement du propriétaire. Ce consentement obtenu après le fait de chasse ne saurait lui enlever son caractère délictueux. Si le consentement du propriétaire n'existait pas au moment du fait incriminé, il ne saurait être ultérieurement suppléé. (*Cass.*, 14 *nov.* 1861 *et* 2 *janv.* 1862.) Mais la poursuite d'office par le ministère public ne peut être exercée, sans une plainte de la partie intéressée, qu'autant que le délit aura été commis dans un terrain clos ou sur des terres non encore dépouillées de leurs fruits. (*Art. 26 de la loi du 3 mai* 1844.)

1. Il y a lieu de condamner à l'amende et à des dommages-intérêts le chasseur qui, même sans fusil, a poursuivi des perdreaux à la course sur le terrain d'autrui, sans la permission du propriétaire. Ce fait constitue l'action de chasser et est un véritable délit. (*Arrêt de la Cour d'Aix du 26 août* 1819.)

La traque est un acte de chasse, et, par suite, lorsqu'elle est pratiquée sur le terrain d'autrui sans l'autorisation du propriétaire, elle constitue le délit de chasse : le traqueur ne saurait, en ce cas, être considéré comme un simple instrument entre les mains des chasseurs; il doit être réputé coauteur du fait principal, et, comme tel, est punissable des peines portées par la loi. (*Cass.*, 16 *janv.* 1872.)

2. Le propriétaire ou possesseur peut chasser ou faire chasser en tout temps, et sans permis de l'autorité préfectorale, dans ses possessions attenant à une habitation et entourées d'une clôture continue faisant obstacle à toute communication avec les héritages voisins.

Ce même propriétaire peut-il chasser la nuit dans son enclos?

Cette question posée devant la Cour de Douai, le 9 novembre 1847, n'a point été résolue.

Mais dans une circonstance analogue, et sur la question de savoir si la prohibition de l'emploi des filets et engins s'applique au propriétaire chassant dans son enclos, la Cour de cassation ayant répondu affirmativement, par le motif que cette prohibition est une mesure d'ordre public (26 avril 1845 et 16 juin 1866), on peut se demander si la chasse de nuit dans un enclos ne pourrait pas être également une mesure d'ordre public et tomber conséquemment sous l'application de ces deux arrêts.

Dans tous les cas, comme la loi défend, d'une manière absolue, la chasse de nuit, la gendarmerie peut toujours verbaliser lorsqu'elle se trouvera en présence de ce fait, et les tribunaux apprécieront. D'ailleurs si l'enclos était situé près d'autres habitations et que l'heure fût avancée, il y aurait contravention pour tapage nocturne; car des coups de feu, en pareil cas, sont de nature à troubler la tranquillité des voisins. De plus il y aurait une seconde infraction si un arrêté défendait l'usage des armes à feu dans la localité. (V. *Parcs et enclos.*)

3. V. plus loin *Traqueurs auxiliaires.*

4. Un fermier n'a pas, de plein droit, la faculté de chasser sur les terres qu'il cultive en vertu de son bail. Il a besoin de la permission du propriétaire, aux termes des dispositions de l'art. 715 du Code civil. (*Cass.*, 12 *juin* 1828 *et* 4 *juill.* 1845.)

5. Quand la nu-propriété d'un bien appartient à un individu et l'usu-

fruit à un autre, le droit de chasse ne peut être exercé que par l'usufrui-tier, quand la réserve n'en a pas été faite au profit du propriétaire. (*Code civil, art.* 578, *et Cass.,* 14 *août* 1826.)

6. Bien que le fermier n'ait pas le droit de chasse sur le terrain de son propriétaire, néanmoins il a qualité pour diriger des poursuites à raison des délits de chasse commis sur le terrain qui lui est affermé et qui lui ont causé un préjudice (*Cass.,* 6 *nov.* 1822); mais il doit porter sa de-mande devant le juge civil, et non devant le tribunal correctionnel. (*Cass.,* 4 *août* 1826.)

7. On peut chasser sur les *terrains* communaux, en temps non prohibé, lorsque le maire en donne la permission par écrit. Il n'y a que lui qui ait le droit de poursuivre ceux qui, sans son consentement, chassent sur les terres de la commune (*Cass.,* 10 *juill.* 1807); mais il n'a pas le droit de donner des permissions de chasse dans les bois communaux soumis au régime forestier, parce que la surveillance en appartient à l'administration forestière, qui a le droit de poursuivre les délits de chasse qui y sont commis. (*Cass.,* 20 *sept.* 1828 *et* 5 *fév.* 1848.)

8. Le propriétaire qui fait lever le gibier sur son fonds n'a pas le droit de le poursuivre sur le fonds voisin, lors même qu'il l'a blessé. Il doit s'arrêter et *rompre* ses chiens sur la ligne séparative des deux héritages. Lorsqu'il passe sur un fonds qui ne lui appartient pas, pour aller chasser sur le sien, il doit *coupler* ses chiens. (V. *Produits de la chasse,* p. 72.)

9. La chasse est prohibée dans les forêts de l'Etat à toutes personnes de quelque qualité qu'elles soient; elle ne cesse d'être un délit que lors-qu'elle a lieu en vertu d'une autorisation générale ou d'une concession particulière et expresse. Celui qui a obtenu une permission de chasse ne doit se servir que de chiens couchants et de fusil. La permission est renou-velée tous les ans. Il y en a de deux espèces, celle à tir et celle à courre. La prohibition s'étend à toutes les dépendances de la forêt de l'Etat qui se trouvent en deçà des bornes établies pour en fixer l'étendue et en mar-quer l'enceinte extérieure. Ainsi, les chemins de bornage d'une forêt doi-vent être considérés comme en faisant partie, et le fait de chasser sur ces terrains être réputé délit de chasse dans une forêt de l'Etat. (*Cass.,* 22 *janv.* 1829.)

Les 24 juillet et 12 août 1822 sont intervenues deux ordonnances royales relatives à la chasse dans les forêts de l'Etat.

C'est à l'administration des forêts, qui a remplacé le grand veneur d'alors, qu'appartient la police des forêts de l'Etat. (*Ordonn. des* 15 *et* 20 *oct.* 1814. — V. *Bois et forêts, et Louveterie.*)

10. Le fait de chasser sans permis, en temps prohibé, emporte aggra-vation de peine lorsqu'il est joint à un crime; par exemple, il y a peine de mort si un meurtre volontaire, quoique sans préméditation, l'a accom-pagné, précédé ou suivi. (*Cass.,* 12 *et* 21 *mars* 1822.)

11. La durée d'un an pendant lequel le permis de chasse est valable commence à courir du lendemain de la date apposée par le préfet ou sous-préfet au permis, et non pas seulement du jour où l'impétrant en a obtenu la remise. Ainsi un permis de chasse, daté, par exemple, du 4 juillet 1855, est valable jusqu'au 4 juillet 1856 inclusivement. (*Cass.,* 22 *mars* 1856.)

12. La délivrance du permis de chasse exigé par l'art. 1er de la loi du 3 mai 1844 ne peut s'entendre que de celle qui a lieu par le préfet, auquel,

aux termes de l'art. 5, appartient le droit de les délivrer, ou par le sous-préfet, qui a le même droit, aux termes de l'art. 6 du décret de décen-tralisation du 13 avril 1861 et des circulaires du ministre de l'intérieur des 12 juillet 1860 et 3 août 1861. Au moment de cette délivrance, les droits sont dus, alors même que le concessionnaire du permis de chasse néglige de le retirer. C'est de ce moment que commence à courir l'année pour laquelle il est valable.

Dès lors, le défaut de représentation actuelle du permis de chasse ne peut constituer le délit de chasse sans permis, quand il est justifié d'un permis délivré par le préfet antérieurement au fait de chasse qui a donné lieu à la poursuite. (*Cass.*, 6 *mars* 1846.)

La quittance de versement ne peut tenir lieu de permis. (*Circ. du min. de l'intér. du* 1er *juin* 1860.)

13. Un propriétaire a le droit de tuer, sur son terrain, les pigeons qui y commettent du dégât, lors même qu'aucun règlement municipal ne pres-crit la fermeture des colombiers. Pour l'exercice du droit, conféré aux propriétaires, de tuer les pigeons qui dévastent leurs récoltes, il n'est pas nécessaire d'avoir un permis de chasse. Cette destruction de pigeons nui-sibles n'a pas le caractère de chasse, dans le sens de l'art. 1er de la loi du 3 mai 1844. (*Arrêt de la Cour de Rouen du* 14 *fév.* 1845.)

La chasse au miroir avec fusil n'est pas prohibée. Ce n'est qu'un mode de chasse à tir.

La chasse aux oiseaux du pays, à l'aide de lacs et filets ou gluaux, est défendue. (*Cass.*, 28 *mars et* 4 *avril* 1846, *et* 23 *avril* 1847.)

La chasse aux oiseaux de passage, avec appeaux et appelants, est prohi-bée quand un arrêté du préfet ne l'autorise pas. (*Cass.*, 16 *avril* 1848.)

Le fait, par un individu, d'avoir, en temps prohibé, fait quêter son chien d'arrêt dans un champ constitue le délit de chasse prévu et puni par l'art. 12 de la loi du 3 mai 1844, quand même il serait constaté que ce prévenu était sans arme, que son but unique était de dresser son chien à poursuivre le gibier, et qu'aucune destruction ou tentative de destruction de gibier n'avait eu lieu. (*Cass.*, 17 *fév.* 1853 *et* 6 *juill.* 1854.)

Le délit de chasse sur la propriété d'autrui peut exister sans introduc-tion sur ce terrain. Il existe dans le fait de se livrer, même du dehors, à des actes ayant pour objet la recherche et la poursuite du gibier sur le terrain d'autrui, quels que soient les moyens employés. — Tel est le fait de se livrer à des marches et contremarches près le terrain d'autrui, en faisant du bruit et des battues pour faire lever le gibier qui s'y trouve et le faire fuir vers le lieu où d'autres chasseurs sont embusqués pour le tuer. (*Cass.*, 18 *mars* 1853.)

Lorsqu'il y a infraction à un arrêté du maire qui défend de chasser dans les vignes ou sur des chemins ruraux, la contravention tombe sous l'application de l'art. 471 du Code pénal. (*Cass.*, 12 *juill.* 1855, 2 *juill.* 1858.)

Battue ou chasse commandée.

On appelle battue celle qui se fait par ordre des préfets, en vertu des lois, ordonnances et règlements, et notamment de l'arrêté du 19 pluviôse an V (7 *fév.* 1797), relatif à la destruction des bêtes fauves, animaux féroces ou nuisibles, tels que loups, renards, blaireaux, loutres, etc. Cette chasse est encore connue sous le nom de *huée*. (V. *Louveterie*.)

Le concours des habitants à ces battues est obligatoire pour ceux qui ont été désignés. Les défaillants et ceux qui se retirent avant la fin de la chasse sont passibles d'une amende correctionnelle de 10 fr., conformément à l'arrêt du conseil du 25 janvier 1697, maintenu par l'art. 609 de la loi du 4 brumaire an IV. (*Cass.*, 13 *juill.* 1810.)

Les officiers de louveterie ne peuvent se livrer à la destruction des animaux nuisibles dans les bois et forêts que sous la surveillance et l'inspection des agents forestiers. (*Cass.*, 30 *juin* 1841 *et* 12 *juin* 1847.)

Droits de garenne.

D'après la législation actuelle, chacun a le droit d'établir une garenne sur son terrain, sans être tenu de se clore, le privilège des garennes ouvertes ayant été aboli par les décrets des 11 août et 21 septembre 1789.

L'édification d'une garenne est assujettie à des mesures de police établies dans l'intérêt des propriétés voisines. Les règlements administratifs sont toujours en vigueur pour ce qui concerne l'enquête préalable *de commodo et incommodo*, la nécessité, pour celui qui veut l'édifier, de posséder les terres environnantes en quantité suffisante pour pourvoir à la nourriture des lapins, et le droit qu'a l'autorité d'en prescrire et assurer la destruction sur la plainte des voisins, en cas de dommage notable.

1. Le propriétaire d'une garenne peut en affermer le produit. Dans ce cas, le fermier est autorisé à chasser avec furets, chiens et fusil, lorsque son bail en contient la convention et qu'il lui a été délivré un permis de chasse par l'autorité compétente.

2. Les lapins retirés dans une garenne ouverte sont réputés gibier. Il est défendu de les y chasser sans la permission du propriétaire, sous peine d'amende et de dommages-intérêts.

3. Lorsque les lapins font du dégât dans les terres voisines, il y a lieu à dommages-intérêts à la charge du propriétaire de la garenne, alors même que le dommage aurait lieu à une grande distance, pourvu d'ailleurs que la cause en soit certaine.

4. Si les lapins échappés d'une garenne ouverte sont tués sur une terre voisine, le propriétaire de la garenne est non recevable à s'en plaindre, car la propriété de la garenne n'emporte le droit de propriété sur les lapins qu'autant qu'ils s'y trouvent. Partout ailleurs ils sont réputés gibier, et chacun peut les tuer sur ses terres. (*Déc. des* 4 *août* 1789 *et* 29 *sept.* 1791, *et art.* 564 *du Code civil.*)

5. Il en est de même des cerfs, biches, chevreuils et sangliers, sortis d'une forêt de l'Etat ou d'un bois particulier. Le propriétaire des forêts et bois ne peut en réclamer la propriété, ni se pourvoir en indemnité. Dans ce cas, ces animaux sont réputés gibier et ils appartiennent à celui qui les tue sur son terrain.

Produits de la chasse. — *Droit du chasseur sur le gibier.*

Si, malgré la défense du propriétaire, un chasseur tue du gibier sur un terrain non clos, ce gibier appartient au chasseur. Le propriétaire du fonds n'a aucun droit sur le gibier tué par le délinquant dans un terrain non clos, parce que, le caractère des animaux sauvages étant de rester dans l'état de liberté, ils n'appartiennent à personne, et l'on ne peut dire qu'ils ont été volés au propriétaire de ce fonds. Mais rien n'empêche que la quantité et l'espèce du gibier soient pris en considération par les tribunaux lors de la fixation des dommages-intérêts que le propriétaire est en droit d'obtenir.

1. Le gibier tué dans un parc ou dans un enclos n'appartient pas au chasseur contrevenant. Le fait de tuer du gibier dans ces lieux prend le caractère de vol, parce qu'alors il était devenu le captif du propriétaire qui le tenait sous sa main, et qu'il est, en quelque sorte, incorporé au fonds dont il est l'accessoire. Comme le vol n'est pas un moyen légal d'acquérir, le délinquant peut être dessaisi et privé de suite du gibier, ou la valeur peut en être réclamée judiciairement, à titre de restitution d'objets volés. Le chasseur n'a pas plus de droits acquis sur ce gibier, que n'en aurait un voleur sur un meuble qu'il aurait soustrait dans l'habitation même.

Un sieur B... chassait le chevreuil à courre.

Un sieur G... abat le chevreuil d'un coup de fusil, et quand les chiens de B... viennent se jeter sur l'animal tué, il les repousse. Les chiens rebroussent chemin et reviennent près de leur maître qui rentre avec eux à la maison.

Sur la plainte de B..., le juge de paix de Charly, par jugement du 7 février 1876, et le tribunal civil de Château-Thierry, par jugement du 22 mars, condamnent G... à payer à B... 30 fr. de dommages-intérêts pour le préjudice qu'il lui a causé en tuant un chevreuil que chassaient ses chiens.

Le tribunal décide que dans la chasse aux chiens courants, à laquelle se livrait B..., le chasseur ne pouvant, le plus souvent, suivre ni le gibier ni même les chiens qui le poursuivent, s'il était permis au premier venu d'aller au-devant des chiens pour tuer le gibier, le chasseur jouerait un rôle de dupe. Il y a donc lieu de dire, continue le jugement, que le droit d'appropriation du chasseur sur le gibier commence au moment où ses chiens ont lancé le gibier.

A partir de ce moment, il en a une véritable possession au moyen de ses chiens; et cela est si vrai que le gibier n'est plus en état de liberté naturelle, puisque, s'il s'arrête, il sera immédiatement appréhendé par les chiens; il y a ainsi au profit du chasseur qui le poursuit un droit de propriété, en germe d'abord, mais qui se développe au fur et à mesure que le gibier est plus près de succomber, pour se compléter tout à fait à ce moment. C'est là un véritable droit de propriété, conditionnel, il est vrai, jusqu'à ce que le gibier soit pris, mais qui n'a pas moins droit au respect de tous que s'il était pur et simple; par conséquent, celui qui y porte atteinte ne manque pas seulement aux convenances sociales, il empiète évidemment sur le droit d'un autre, et, dans tous les cas, il se rend coupable d'un fait qui cause à autrui un dommage en lui enlevant le fruit de son labeur et de sa peine.

Cette action, que la délicatesse réprouve, rentre dans les faits dommageables pour lesquels l'art. 1382 du Code civil accorde une réparation.

2. Il y a délit de chasse de la part de celui qui, étant à l'affût, tire des coups de fusil sur du gibier, de l'intérieur d'une cabane en feuillages servant d'abri ou de poste pour épier le gibier, si, bien entendu, il n'est pas muni d'un permis ou si la chasse est prohibée. (*Cass.*, 7 *mars* et 20 *juin* 1823.)

Chasse dans les parcs et enclos.

Le propriétaire ou possesseur peut chasser ou faire chasser en tout temps, sans permis de chasse, dans ses possessions attenant à une habitation et entourées d'une clôture continue faisant obstacle à toute communication avec les héritages voisins.

1. Le permis de chasse est obligatoire partout ailleurs que dans les possessions attenant à une habitation et entourées d'une clôture continue.

2. La chasse en tout temps, dans les terres closes et dans les bois, permise avant la loi nouvelle, n'est autorisée par cette dernière que dans les terres closes attenant à une habitation. Cette exception était commandée par le respect dû au domicile, et aussi parce que, dans ce cas, le gibier appartient évidemment au propriétaire du sol, où il vit constamment à ses dépens et où il devient incontestablement sa chose.

Si l'enclos dépend d'une habitation, mais s'en trouve séparé, la chasse ne peut y être pratiquée en tout temps ni sans permis.

C'est aux tribunaux à décider, suivant les circonstances, si tel terrain doit être réputé clos et attenant à une habitation, et si tel autre est du domaine public. Les modes de clôture ne sont pas les mêmes dans toute la France; ils sont très nombreux et varient à l'infini suivant les localités. C'est pour ce motif qu'il a paru nécessaire de ne pas indiquer dans la loi un genre de clôture plutôt qu'un autre, et d'adopter une définition qui servît de règle aux tribunaux.

3. Une île, dans un fleuve ou rivière navigable, ne peut être considérée comme lieu clos où l'on puisse chasser sans permis de chasse et en tout temps. Les fleuves et rivières navigables sont assimilés aux grandes routes par la loi du 29 floréal an x, et l'on ne peut regarder une grande route comme closant les héritages qu'elle limite. (*Cass.*, 12 *fév.* 1830.)

4. Le droit accordé au propriétaire ou possesseur de chasser ou faire chasser dans ses possessions closes est une immunité exceptionnelle qu'on ne peut étendre par voie d'analogie. On ne saurait lui reconnaître notamment la faculté, non écrite dans la loi, de chasser dans ses propriétés closes avec des engins prohibés. Les dispositions prohibitives de l'art. 9 sont applicables au propriétaire ou possesseur d'enclos, comme à tous autres chasseurs. (*Cass.*, 25 *fév.* et 26 *avril* 1845.)

Cet arrêt peut s'appliquer à la chasse de nuit dans un enclos, comme étant un fait d'ordre public; mais aucune résolution n'a encore été prise à ce sujet, bien que la loi ne fasse aucune distinction entre les terrains clos et les terrains publics.

Pour le temps de nuit, voir à la page 83.

5. La chasse aux oiseaux, à l'aide d'appelants en cage, dans un jardin *clos* attenant à une habitation, peut être pratiquée sans permis de chasse. (*Cass.*, 16 *juin* 1866.) — Les officiers de police judiciaire sont sans droit, dans le cas de l'art. 2, pour pénétrer soit dans l'habitation, soit dans les terrains y attenant, à l'effet de constater de quels modes de chasse on se sert. Le domicile des citoyens serait violé, et leur procès-verbal ne peut, dans ce cas, servir de base à une condamnation. (*Cour de Metz*, 5 *mars* 1845.)

Quel que soit l'animal sauvage ou l'oiseau, même de passage, que l'on chasse, par quelques moyens ou procédés que l'on tente de s'en emparer, lorsque l'on ne se trouve pas dans un enclos attenant à l'habitation, l'on est punissable si l'on n'a pas un permis de chasse. (*Circ. de M. le garde des sceaux du 8 mai* 1844.)

Tirer de l'intérieur de sa maison sur des oiseaux qui sont dehors, par exemple sur la place publique, c'est commettre un délit de chasse punissable lorsqu'on n'a pas de permis de chasse. (*Cass.*, 24 *sept.* 1847.)

Il ne faut pas confondre un terrain clos avec ce que l'on nomme *enclos*. La loi ne répute enclos que le terrain qui tient immédiatement à la maison. (*Cass.*, 3 *mai* 1845.)

Celui qui, de l'intérieur de son enclos, tire sur du gibier qui se trouve hors de cet enclos, commet un délit de chasse. (*Cass.*, 14 *août* 1847.)

Qu'est-ce qu'un enclos ?

Est réputé enclos tout terrain environné de fossés, de pieux, de claies, de planches, de haies vives ou sèches, ou de murs de quelque espèce de matériaux que ce soit, quelle que soit la hauteur, la profondeur, la vétusté, la dégradation de ces diverses clôtures, etc. (*Code pénal, art.* 391.)

Au point de vue de la chasse, il faut quelque chose de plus. La Cour de cassation, dans un arrêt du 28 mai 1836, a jugé, sous la législation antérieure à la loi du 3 mai 1844, qu'il serait impossible de reconnaître que des fossés anciens, non entretenus, et dont il reste simplement des tracés, ferment un domaine à tel point qu'il puisse être considéré comme dépendance et accessoire d'un lieu habité et, comme tel, séparé des propriétés voisines et interdit au public. — Dans un autre arrêt du 14 mai 1836, la même Cour a jugé qu'un fossé de deux pieds de profondeur sur quatre pieds de largeur ne peut être considéré comme isolant des héritages d'autrui un terrain lié à une habitation. Ces deux arrêts peuvent servir d'indications utiles pour l'interprétation de l'art. 2 de la loi précitée du 3 mai 1844.

Un fossé, lorsqu'il ne peut être franchi qu'au moyen d'un effort violent, est considéré comme une clôture. Il en est de même d'un cours d'eau, à moins qu'il n'ait trop ou trop peu d'importance. S'il est navigable, comme la loi réserve sur chaque rive un chemin de halage ou marchepied accessible au public, il n'y a plus clôture ; s'il est réduit à des proportions assez minimes pour n'en faire plus qu'un ruisseau, il ne peut pas davantage être clôture.

La loi en cette matière n'a pas indiqué et ne pouvait pas indiquer dans quel cas une propriété serait réputée close. Il fallait avant tout respecter les habitudes de chaque pays. Ainsi les clôtures en haies vives ou sèches, ou même en fossés, doivent être prises en considération comme les clôtures en pierres ou en maçonnerie. Ce qui est nécessaire, c'est qu'elles soient continues et suffisantes pour que l'introduction dans la propriété prenne un caractère délictueux.

La loi sur la police rurale du 6 octobre 1791, — section 4, art. 6, — dit que : un héritage est réputé clos lorsqu'il est entouré d'un mur de 1 mètre 30 cent. de hauteur avec barrière ou porte, ou lorsqu'il est exactement fermé et entouré de palissades ou de treillages, ou d'une haie vive, ou d'une haie sèche faite avec des pieux, ou cordelée avec des branches, ou de toute autre manière de faire des haies en usage dans chaque localité, ou enfin d'un fossé de 1 mètre 30 cent. de large au moins à l'ouverture, et de 70 cent. de profondeur.

Mais il résulte clairement de la discussion des Chambres qu'il ne faut s'en référer ni à la définition du Code rural, ni à celle de l'art. 391 du Code pénal. Il s'agit, dans la loi de 1844, d'une clôture réelle et complète, non interrompue, *faisant obstacle* à toute communication avec les héritages voisins.

Du reste, lorsqu'un gendarme estimera que la clôture n'est pas sérieuse, il dressera procès-verbal contre le propriétaire surpris chassant sans permis ou en temps prohibé, et le tribunal correctionnel décidera, après avoir entendu le prévenu, si l'appréciation du procès-verbal est exacte ou n'est pas fondée.

Il n'est peut-être pas inutile non plus de rappeler que lorsque les gendarmes voient du dehors commettre un délit de chasse dans un terrain clos attenant à une habitation, ils peuvent dresser procès-verbal; mais qu'ils doivent s'abstenir de pénétrer sans mandat dans la propriété soit pour interpeller le délinquant, soit pour saisir le filet ou les engins dont il ferait usage. (*Arrêt de la Cour de Limoges du 5 mars 1857.*)

Le passage d'un chemin de fer dans un enclos ne change pas la situation, au point de vue de la chasse, si le propriétaire peut, au moyen d'un passage, communiquer avec l'habitation sans sortir de la propriété.

Restrictions relatives à la conservation des biens de la terre et du gibier. — Ouverture et clôture de la chasse.

Aux termes de l'art. 3 de la loi du 3 mai 1844, les préfets déterminent, par des arrêtés publiés au moins dix jours à l'avance, l'époque de l'ouverture et celle de la clôture de la chasse dans chaque département.

La détermination des époques d'ouverture et de clôture de la chasse est subordonnée aux époques des récoltes, et, par conséquent, aux diverses phases de la végétation. Il a fallu conserver aux préfets le droit de régler définitivement, et sous leur responsabilité, l'époque d'ouverture et de clôture de la chasse, afin qu'elles fussent convenablement appropriées aux exigences de l'agriculture.

Il peut y avoir inconvénient à ouvrir la chasse trop tard. Les contraventions se multiplient, et les poursuites ne paraissent pas basées sur l'intérêt de l'agriculture. Bien que la loi porte que les époques d'ouverture et de clôture seront fixées *dans chaque département*, les préfets n'en conservent pas moins le droit de fixer des époques différentes pour les divers arrondissements de leurs départements. Mais ils n'usent de cette faculté qu'avec réserve, car il arrive que les chasseurs se portent en grand nombre dans l'arrondissement où l'ouverture de la chasse est le plus précoce, et que tout le gibier est promptement détruit.

1. Est légal et obligatoire l'arrêté préfectoral ou municipal qui interdit la chasse dans les vignes du territoire, jusqu'à l'époque de la clôture des vendanges et du grappillage dont il fixe le jour. Cet arrêté doit être considéré comme ayant été pris dans le but de protéger la sûreté des campagnes et des populations. L'infraction alors ne constitue pas un délit de chasse, mais une violation de l'arrêté préfectoral ou municipal, punie de peines de simple police par l'art. 471, n° 15, du Code pénal. (*Cass., 3 mai 1834 et 6 fév. 1858.*)

2. La loi n'autorise pas les préfets à faire, dans leurs arrêtés d'ouverture de la chasse, une exception pour les terrains non dépouillés de leurs récoltes. Ainsi, quelles que soient, à cet égard, les dispositions de l'arrêté préfectoral, le fait d'avoir chassé sur un terrain non dépouillé ne peut pas constituer un délit de chasse en temps prohibé, mais seulement celui

de chasse sur un terrain chargé de récoltes, sans l'autorisation du propriétaire, si, en effet, le chasseur n'était pas muni de cette autorisation.

Sous l'empire de la loi de 1790, le propriétaire, dans l'intérêt de la conservation des récoltes, ne pouvait faire acte de chasse sur ses terres non encore dépouillées de leurs fruits ; mais il en est autrement depuis la loi du 3 mai 1844, qui a été faite pour punir le braconnage.

Si, d'après l'art. 3 de cette loi, le préfet doit déterminer, par des arrêtés, l'époque de l'ouverture de la chasse, ces arrêtés doivent être conformes aux termes de la loi, et ne peuvent créer des prohibitions qui n'existent pas. Les tribunaux doivent examiner la légalité des arrêtés pris par les préfets, afin de savoir s'ils ont été rendus conformément aux dispositions de la loi ; et s'ils ne sont pas conformes à la loi, il n'y a pas lieu d'appliquer la peine pour la contravention à ces arrêtés. (*Cour de Paris,* 8 *déc.* 1844.)

3. La loi du 3 mai 1844 n'ayant pas reproduit la disposition de celle de 1790, qui interdisait au propriétaire lui-même de chasser sur ses terres non dépouillées de leurs fruits, cette circonstance, qu'un acte de chasse à eu lieu sur une terre couverte de sa récolte, est simplement aggravante du délit qui résulterait du défaut de consentement du propriétaire, mais ne peut faire appliquer au prévenu la peine pour un délit différent ; ainsi, chasser dans une vigne non vendangée n'est pas chasser en temps prohibé. (*Cass.,* 18 *juill.* 1845.)

Vente et transport du gibier.

Dans chaque département, il est interdit de mettre en vente, de vendre, d'acheter, de transporter et de colporter le gibier pendant le temps où la chasse n'est pas permise.

En cas d'infraction à cette disposition, le gibier est saisi et immédiatement livré à l'établissement de bienfaisance le plus voisin, en vertu d'une ordonnance du juge de paix ou d'une permission du maire.

1. La recherche du gibier ne peut être faite que chez les aubergistes, chez les marchands de comestibles et dans les lieux ouverts au public ; ainsi les gendarmes seraient sans droit pour verbaliser s'ils trouvaient du gibier dans une maison particulière.

2. La loi ne punit pas seulement le colportage ou la vente du gibier au domicile de l'acheteur, elle punit encore le transport du gibier, parce que, le plus souvent, ce transport est une tentative de vente. Il suit de là que le propriétaire qui tue du gibier dans son parc en temps prohibé est obligé de le consommer sur place. Si ce gibier est envoyé ailleurs, s'il sort de la maison d'habitation, celui qui le transporte est punissable, et il y a lieu de dresser procès-verbal contre lui.

3. Le gibier ne doit pas être saisi sur un chasseur, quand même le transport serait prohibé. (*Arrêt de la Cour d'appel de Paris du* 14 *fév.* 1876.) Mais la gendarmerie a le droit de saisir le gibier qui se trouve dans une voiture, sur un cheval ou dans un panier, et même dans un colis déposé au chemin de fer. Toutefois, cette dernière visite ne doit pas entraver le service de la gare, et elle ne peut avoir lieu qu'en cas de soupçons fondés.

4. La vente, l'achat et le colportage du gibier peuvent avoir lieu pendant le temps de neige où la chasse se trouve temporairement prohibée

par un arrêté préfectoral pris en vertu de la disposition finale de l'art. 9 de la loi du 3 mai 1844. La prohibition de vendre et de transporter du gibier n'existe que pour le temps où la chasse n'est pas ouverte, et non pendant les jours où la chasse est momentanément interdite, par exemple en temps de neige. (*Cass.*, *22 mars et 18 avril* 1845.)

Elle n'existe pas non plus pour le gibier pris en temps de chasse à l'aide d'engins prohibés. (*Cour de Metz*, 29 *déc.* 1864.)

La loi du 3 mai 1844, qui prohibe la vente et la mise en vente du gibier lorsque la chasse n'est pas permise, n'est pas applicable à la vente et à la mise en vente des conserves de gibier, terrines de Nérac et autres préparations culinaires de ce genre. (*Cass.*, 21 *déc.* 1844.)

5. En temps prohibé, si une bête malfaisante ou nuisible a le caractère de gibier, c'est-à-dire qu'elle est mangeable, le propriétaire qui a usé de son droit en la tuant a la faculté de l'emporter. (*Arrêt de la Cour de Rouen du 22 juin* 1863.) Il en est de même des animaux tués dans une battue dûment ordonnée par le préfet, lorsque les chasseurs qui y ont pris part ne sortent pas le gibier du département même où il a été tué, et que la provenance peut être justifiée.

Bien qu'un arrêté préfectoral classe les lapins parmi les animaux nuisibles, ils ne doivent pas moins être considérés comme gibier, et dès lors le transport en est défendu. (*Trib. d'Amiens, 9 mai* 1845.)

En 1858, lorsque la vénerie impériale résolut de détruire les lapins qui infestaient les domaines de la liste civile, le ministre de l'intérieur, après avis du garde des sceaux, autorisa, le 19 juillet, le transport, la vente et le colportage du lapin de garenne dans les départements ci-après :

Seine, Seine-et-Oise, Seine-et-Marne, Oise, Eure, Eure-et-Loir, Loiret et Aisne.

Cette mesure fut successivement étendue à un grand nombre de départements, sur la demande des préfets appuyée de l'avis des conseils généraux.

Les motifs qui ont fait admettre cette dérogation à la loi du 3 mai 1844 ont été invoqués par le commerce et les propriétaires de bois et forêts; mais comme la Cour de cassation maintient la vigueur des principes posés par l'art. 9 de cette loi, il en résulte que le transport, la vente et le colportage du lapin de garenne restent toujours soumis aux règlements préfectoraux, auxquels la gendarmerie doit se reporter pour bien connaître la limite de ses attributions en cette matière.

Si l'on exceptait de la prohibition les départements intermédiaires entre ceux de l'expédition et de la destination du gibier, ce serait enlever à la loi son efficacité, en facilitant la fraude. Il n'y a, en conséquence, nulle distinction à faire entre le transit et le transport. C'est pour lever cet obstacle que le ministre de l'intérieur a autorisé, par la même décision du 19 juillet 1858, les départements ayant une communication directe avec Paris, à envoyer les lapins de garenne sur le marché de cette ville qui, depuis lors, n'a cessé d'en être approvisionné en tout temps.

Afin de concilier les intérêts du commerce avec les exigences de la loi, l'administration accorde des autorisations pour le transport du gibier vivant lorsqu'il est destiné à la reproduction. Ces permis de transport, en temps prohibé, sont délivrés par les préfets des départements autres que celui de la Seine. Dans ce dernier, c'est le préfet de police qui décide s'il y a lieu d'accorder les autorisations demandées. Pour les transports de département à département, c'est au ministre de l'intérieur qu'il appartient de prononcer.

6. Lorsque c'est dans un but de repeuplement, dit la Cour de cassation dans un arrêt du 8 mai 1846, que le gibier a été transporté en temps prohibé, il ne peut pas être saisi, attendu qu'il n'y a pas délit.

7. L'art. 4 de la loi du 3 mai 1844 ne défend de transporter du gibier que pendant le temps où la chasse est prohibée. Il n'y a pas de temps pendant lequel la destruction des bêtes fauves nuisibles aux propriétés soit prohibée : d'où il suit que le transport de ces animaux, tués alors qu'ils portaient dommage aux propriétés, est permis en tout temps. — Ainsi, il est permis de transporter et de vendre, même en temps prohibé, un sanglier, ou toute bête fauve, s'il est établi que cet animal a été tué alors qu'il ravageait la propriété. (*Cass.*, 23 *juill.* 1858.)

Depuis lors, le ministre de l'intérieur a décidé, le 7 mars 1874, d'accord avec le garde des sceaux et le préfet de police, que le transport, la vente et le colportage du sanglier pourront s'effectuer pendant la fermeture de la chasse, pourvu que chaque envoi soit accompagné d'un certificat de provenance et d'une autorisation délivrée par le préfet du département ou par les sous-préfets des arrondissements dans lesquels les battues auront lieu.

Par une circulaire en date du 7 juin 1881, le ministre de l'intérieur, après s'être concerté avec le ministre de la justice, a décidé que cette tolérance s'appliquera au transport, à la vente et au colportage des sangliers tués comme animaux nuisibles, soit dans une battue, soit isolément, sans qu'il soit nécessaire de se pourvoir d'un certificat de provenance ni d'une autorisation de transport. *A fortiori*, cette disposition s'applique au sanglier qui proviendrait de l'étranger.

8. La *grouse*, gibier qui vient d'Ecosse, n'est pas considérée comme gibier. (*Circ. du* 20 *nov.* 1860.)

Le gibier d'eau et les lapins étrangers peuvent être expédiés en France après la clôture de la chasse ordinaire, vendus et colportés sur les marchés des départements où la chasse est permise. Cette autorisation est également accordée sur le marché de Paris. (*Circ. du* 25 *avril* 1879.)

9. La caille de passage peut être colportée et vendue jusqu'au 1ᵉʳ mai. (*Circ. du* 11 *mars* 1878.)

10. Le lièvre blanc de Russie peut aussi être colporté et vendu en temps prohibé. (*Circ. du min. de l'intér. du* 5 *avril* 1878.)

11. Il peut être accordé une tolérance de un ou deux jours après la fermeture de la chasse. (*Circ. du min. de l'intér. du* 22 *juill.* 1851.)

12. L'individu qui, pour faciliter à un chasseur le transport d'une grosse pièce de gibier tuée après la clôture de la chasse, l'a aidé à la charger sur ses épaules et s'est chargé à son tour du fusil est complice du délit de chasse en temps prohibé. (*Cass.*, 10 *nov.* 1868.)

Destruction des œufs et couvées.

Il est interdit de prendre ou de détruire sur le terrain d'autrui, des œufs et des couvées de faisans, de perdrix et de cailles.

Pour assurer la conservation du gibier à plume, la loi a défendu de détruire ou d'enlever les nids et couvées sur le terrain d'autrui. Mais en défendant de les enlever et de les détruire, elle n'a pas défendu de les vendre ou de les colporter. Beaucoup de ces œufs sont introduits en France, venant de l'étranger : si la loi avait empêché de les vendre, elle serait allée contre son but, qui est la multiplication du gibier.

Le fait de prendre sur le terrain d'autrui, et en contravention d'un arrêté préfectoral, des couvées d'oiseaux autres que de faisans, perdrix ou cailles, par exemple une couvée de pies, n'est punissable que de la peine de 16 à 100 fr. d'amende prononcée par l'art. 11 de la loi du 3 mai 1844. Ce fait ne saurait être considéré comme délit de chasse passible des peines de l'art. 12. (*Cass.*, 10 *fév.* 1853.)

Les dispositions des art. 59, 60 et 62 du Code pénal relatives à la complicité sont générales et absolues.

La loi du 3 mai 1844 sur la police de la chasse ne contient aucune dérogation à ces dispositions de droit commun, et comporte dès lors l'application des articles précités du Code pénal.

Le recel existe par le seul fait de la rétention volontaire de la chose dont on connaît l'origine délictueuse. Par suite, le fait de recevoir et de conserver des objets que l'on sait avoir été obtenus à l'aide d'un délit de chasse constitue un mode de complicité dans le sens des art. 59 et 62 dudit Code. — V. *Complicité*.

Par application de ces principes, celui qui recèle sciemment des œufs de perdrix enlevés par son fils sur le terrain d'autrui s'est rendu complice par recel du délit prévu et puni par les art. 4, paragraphe 4, et 11, paragraphe 4, de la loi du 3 mai 1844 sur la chasse. (*Arrêt de la Cour de Nîmes du 1er mars 1876.*)

Du permis de chasse.

Les permis de chasse sont délivrés, sur l'avis du maire, par le préfet du département dans lequel celui qui en a fait la demande a son domicile ou sa résidence (*art. 5 de la loi de 1844*), ou par le sous-préfet de l'arrondissement, à qui l'art. 6 du décret de décentralisation du 13 avril 1861 accorde ce droit. (*Circ. du min. de l'intér. des 12 juill. 1860 et 3 août 1861.*)

La délivrance du permis de chasse donne lieu au payement d'un droit de 18 fr. au profit de l'État, et de 10 fr. au profit de la commune dont le maire a donné l'avis énoncé au paragraphe précédent. Le prix de ce permis est de 28 fr., en vertu de la loi du 2 juin 1875 (art. 6) et de la loi de finances de 1872.

Le permis de chasse est personnel ; il est valable pour tout le territoire et pour douze mois seulement. (*Art.* 5. — V. *page* 70, *n°* 11.)

1. L'avis du maire, nécessaire pour obtenir un permis de chasse, doit être rédigé sur papier timbré fourni par la personne qui sollicite le permis. Cet avis du maire est adressé au préfet ou sous-préfet, qui accorde ou refuse le permis de chasse.

Si le maire refuse sans cause légitime, le réclamant peut s'adresser au ministre de l'intérieur, dans le cas où le préfet ou le sous-préfet ne voudrait pas lui donner droit.

2. Avant la loi de 1844, le coût du port d'armes ou permis de chasse devait être versé préalablement, soit à la préfecture, soit à la caisse du percepteur ; il était rendu si le port d'armes était refusé. Ce mode est à peu près le même. Les 28 fr. sont versés dans la caisse du percepteur et à défaut dans la caisse du receveur municipal, qui en délivre quittance.

Cette pièce est communiquée au maire à qui la demande de permis est remise pour être adressée au sous-préfet ou au préfet, suivant le cas.

3. Aujourd'hui le permis de chasse entraîne le droit de port d'armes. La substitution du permis de chasse au port d'armes paraît peu importante au premier abord ; cependant les conséquences légales en sont notables. L'obtention du permis de port d'armes abaissait sensiblement l'amende pour délit de chasse en temps prohibé, car il ne restait plus que le fait de chasse. Aujourd'hui la distinction a disparu, et avec elle la division du délit. Maintenant il n'y a qu'un seul délit, celui de chasse sans permis de l'administration.

4. Les officiers de louveterie et leurs piqueurs n'ont pas besoin de permis de chasse lorsqu'ils se livrent exclusivement à la chasse des loups et autres animaux nuisibles ; mais les sangliers n'étant pas des animaux essentiellement nuisibles, les officiers de louveterie ne peuvent leur faire la chasse et les tuer que lorsqu'ils ont été mis par le préfet dans la classe des animaux nuisibles.

5. Lorsqu'un particulier se fait aider dans sa chasse par des *traqueurs* non armés, chargés seulement de rabattre le gibier, ces traqueurs n'ont pas besoin de permis de chasse ; à proprement parler ils ne chassent pas, puisqu'ils ne s'emparent pas du gibier ; ils ne sont que les agents, les instruments du chasseur. (*Cour de Nancy*, 7 *et* 25 *nov.* 1844 ; *Cour de Paris*, 26 *avril* 1845. — *Cass.*, 8 *mars* 1845.)

Toutefois, bien que simple auxiliaire, le traqueur, agissant sous la direction du chasseur, n'en est pas moins pénalement responsable quand la chasse à laquelle il prête son concours est délictueuse. (*Cass.*, 15 *déc.* 1870 *et* 7 *déc.* 1872.)

6. L'art. 1er de la loi du 3 mai 1844 modifie l'ancienne législation, en ce qu'il exige pour tous les procédés et moyens de chasse le permis de l'autorité préfectorale, qui n'était exigé par le décret du 4 mai 1812 que pour la chasse au fusil. Il faut entendre le mot *chasse* dans le sens le plus général, et l'appliquer sans distinction à la recherche et à la poursuite de tout animal sauvage ou de tout oiseau. Il en résulte que, quel que soit l'animal sauvage ou l'oiseau que l'on chasse, et, s'il s'agit d'animaux de passage, quels que soient les moyens et le procédé de chasse dont on soit autorisé à se servir, le permis de chasse est toujours nécessaire.

Les gendarmes doivent donc se faire représenter le permis de tout individu par eux trouvé chassant, de quelque manière et en quelque temps que ce soit. Il ne suffirait pas, pour rendre le chasseur exempt de peine, qu'il eût consigné les 28 fr. prix du permis, il faut encore que ce permis ait été délivré par l'autorité compétente.

7. Le permis de chasse est obligatoire partout ailleurs que dans les possessions attenant à une habitation et entourées d'une clôture continue faisant obstacle à toute communication avec les héritages voisins. Il est nécessaire, non seulement pour la chasse au fusil, mais encore pour celle qui se pratique de toute autre manière ; par exemple, à la glu, au miroir, etc.

La nécessité du permis s'applique à la chasse de toute espèce d'oiseaux, quel qu'en soit le mode, et par exemple.... au fait de tirer sur des petits oiseaux, d'un lieu public vers un jardin ; à la capture des petits oiseaux à la glu, etc. (*Arrêt de Cass. du* 24 *sept.* 1847 *et jugement de la Cour d'Angers du* 17 *sept.* 1845.)

A qui le permis de chasse peut être refusé

Le préfet ou le sous-préfet peut refuser le permis de chasse : 1° à tout individu qui n'est point personnellement inscrit, ou dont le père ou la mère ne sont pas inscrits au rôle des contributions ; 2° à tout individu qui, par une condamnation judiciaire, a été privé de l'un ou plusieurs des droits énumérés dans l'art. 42 du Code pénal, autres que le droit de port d'armes ; 3° à tout condamné à un emprisonnement de plus de six mois pour rébellion ou violences envers les agents de l'autorité publique ; 4° à tout condamné pour délit d'association illicite, de fabrication, débit, distribution de poudre, armes ou autres munitions de guerre, de menaces écrites ou de menaces verbales avec ordre ou sous condition, d'entraves à la circulation des grains, de dévastations d'arbres ou de récoltes sur pied, de plants venus naturellement ou faits de main d'homme ; 5° à ceux qui auront été condamnés pour vagabondage, mendicité, vol, escroquerie ou abus de confiance.

La faculté de refuser le permis de chasse : 1° aux condamnés à l'emprisonnement pour rébellion ou violences envers les agents de l'autorité publique ; 2° aux condamnés pour association, fabrication ou distribution de munitions de guerre, pour menaces ou dévastation, pour vagabondage, mendicité, vol, escroquerie ou abus de confiance, cesse cinq ans après l'expiration de la peine.

1. Il était nécessaire de laisser à l'autorité administrative la faculté de refuser le permis, afin de faire disparaître le scandale qui résultait de la délivrance de permis à des individus qui en sont indignes, soit à cause de leurs mœurs, soit parce qu'ils n'ont pas de propriétés, ni la permission de chasser sur celles d'autrui. Les vagabonds, les mendiants, les malfaiteurs sont gens dangereux, et la prudence ne permettait pas de légaliser à leur profit la possession d'armes dont on doit toujours craindre qu'ils ne fassent un mauvais usage.

2. La loi ne met pas les gendarmes au nombre des personnes à qui la chasse est défendue ; mais les règlements sur leur service leur prescrivent de s'abstenir de cet exercice. En effet, en s'y livrant, ils autorisent les contraventions par leur exemple, et ils dérobent à leurs fonctions un temps précieux qu'ils doivent tout entier à leurs devoirs. (*Circ. minist. du 8 sept.* 1821. — Mémorial de la Gendarmerie, *vol.* 3, *p.* 543.

A qui le permis de chasse doit être refusé.

Le permis de chasse ne peut être délivré : 1° aux mineurs qui n'ont pas seize ans accomplis ; 2° aux mineurs de seize à vingt-un ans, à moins que le permis ne soit demandé pour eux par leur père, mère, tuteur ou curateur, porté au rôle des contributions ; 3° aux interdits ; 4° aux gardes champêtres ou forestiers des communes et établissements publics, ainsi qu'aux gardes forestiers de l'État et aux gardes-pêche.

Les gardes particuliers qui ne sont pas exclus du droit de chasse restent dans le droit commun ; ils peuvent, en conséquence, obtenir des permis de chasse, mais préalablement ils doivent justifier de l'autorisation des propriétaires dont ils sont les agents.

Le permis de chasse ne peut non plus être accordé : 1° à ceux qui, par suite de condamnation, sont privés du droit de port d'armes ; 2° à ceux qui n'ont pas exécuté les condamnations prononcées contre eux pour l'un des délits prévus par la loi du 3 mai 1844 sur la police de la chasse ; 3° à tout condamné placé sous la surveillance de la police.

1. Cet article a converti en prohibition législative une restriction depuis longtemps admise dans la pratique. Refuser des permis de chasse à ceux que l'autorité judiciaire a privés du droit de port d'armes n'est qu'une conséquence légale et forcée de leur position aux yeux de la loi.

Ceux qui n'ont pas exécuté les condamnations contre eux prononcées pour délits de chasse se trouvent en opposition avec la loi, et tant qu'ils ne s'y sont pas soumis ils ne peuvent se plaindre justement de ses rigueurs.

2. L'art. 7 de la loi du 3 mai 1844 défend de délivrer des permis de chasse aux gardes champêtres. Mais lorsqu'ils justifient en avoir obtenu du préfet, même par erreur ou surprise, ces gardes ne peuvent être condamnés comme ayant chassé sans permis. La loi n'a pas prononcé de peine contre le garde champêtre à qui l'on a délivré un permis qui devait lui être refusé. (*Cass., 28 janv. 1858.*)

Droits conférés par le permis de chasse et temps de nuit.

Dans le temps où la chasse est ouverte, le permis donne à celui qui l'a obtenu le droit de chasser de jour, à tir et à courre, sur ses propres terres, et sur celles d'autrui, avec le consentement de celui à qui le droit de chasse appartient.

Tous autres moyens de chasse, à l'exceptions des furets et des bourses à prendre le lapin, sont formellement prohibés.

1. L'art. 9 de la loi du 3 mai 1844 défend évidemment toute chasse autre que celle faite à l'aide du fusil. En cela il rapporte et abroge les dispositions de l'art. 15 du décret du 30 avril 1790, qui permettait aux propriétaires ou possesseurs, et même aux fermiers, de détruire le gibier dans leurs récoltes non closes, en se servant de filets ou autres engins.

2. Dans les dispositions répressives, l'expression : *pendant la nuit* est réputée s'appliquer à tout l'intervalle de temps qui s'écoule entre l'heure astronomique du coucher du soleil et celle du lever suivant. (*Cass., 29 nov. 1860 et 2 fév. 1861.*)

En matière de pêche, l'art. 6 du décret du 10 août 1875 fixe le temps de nuit du coucher au lever du soleil ; la loi sur la chasse ne donne aucune indication. La Cour de Dijon a jugé qu'il faut entendre par *nuit* la chasse qui a lieu depuis le coucher jusqu'au lever du soleil (*Arrêt du 11 nov. 1866*); mais la Cour de Lyon, dans un arrêt du 24 janvier 1861, dit que, dans le langage du droit criminel, la nuit n'est réputée commencer qu'au moment où le crépuscule finit. Ainsi, celui qui a été trouvé chassant pendant la durée du crépuscule ne peut être puni comme ayant chassé la nuit. (*Art. 781 du Code de procédure, et loi du 3 mai 1844, art. 12.*)

Ainsi encore, un fait de chasse commis le 6 octobre, à six heures et demie du soir, n'est point réputé avoir lieu la nuit (*Cour de Douai, 9 nov. 1847*), tandis qu'une voiture circulant sur une route une demi-heure avant le lever du soleil, sans être éclairée, tombe sous l'application de la loi pénale, bien que le jour fût apparent dans la contrée à l'heure mentionnée au procès-verbal. (*Cass., 20 nov. 1860 et 20 fév. 1862.*)

3. L'emploi de gluaux pour la chasse des oiseaux est implicitement

compris dans la catégorie des moyens ou procédés de chasse interdits par l'art. 9 de la loi du 3 mai 1844; et si, usant du droit que lui confère la loi, le préfet autorise, par exception, la chasse des oiseaux de passage à la glu, le fait d'employer ce moyen de chasse avant l'époque déterminée par l'arrêté préfectoral doit être considéré non comme une infraction à l'arrêté, passible seulement de la peine portée par l'art. 11, mais comme la violation de l'interdiction légale, passible des peines portées en l'art. 12. (*Cass.*, 27 *fév.* 1845.)

4. L'art. 9 de la loi du 3 mai 1844, sur la police de la chasse, n'interdit pas aux propriétaires de tendre sur leurs terres des pièges pour détruire les animaux malfaisants, tels que fouines et belettes. (*Cass.*, 15 *oct.* 1844.)

Chasse aux oiseaux de passage et au gibier d'eau.

Les préfets des départements, après avoir consulté les conseils généraux, sont tenus de prendre des arrêtés pour déterminer :

1° L'époque de la chasse aux oiseaux de passage autres que la caille, et les modes et procédés de cette chasse.

La caille est incontestablement un oiseau de passage; mais, par une fiction de la loi, elle est réputée ne l'être pas. Elle se trouve assimilée au gibier indigène, comme la perdrix, et elle ne peut être chassée qu'à la même époque et par les mêmes moyens.

Les instruments de braconnage, tels que filets, panneaux, collets, sont interdits, et la loi donne aux préfets la faculté de déterminer quel est le genre d'instruments de chasse dont il pourra être fait emploi. L'autorité reste à cet égard juge de la concession qu'elle peut faire ou ne pas faire.

2° Le temps pendant lequel il sera permis de chasser le gibier d'eau, dans les marais, sur les étangs, fleuves et rivières.

Cette chasse s'exerce principalement sur les oiseaux de passage, dont la conservation intéresse moins que celle du gibier indigène. Les moyens de destruction de ce gibier ne sont pas non plus aussi meurtriers que ceux employés contre les oiseaux de terre exotiques. L'art. 9 de la loi du 3 mai 1844 limite la chasse dans les marais, sur les étangs, fleuves et rivières, de la part des propriétaires, aux temps qui sont déterminés par le préfet. C'est une innovation ; l'art. 12 du décret du 30 avril 1790 la permettait en tout temps.

1. Les préfets peuvent autoriser la chasse des oiseaux de passage avec les instruments, les procédés usités dans le pays, même avec ceux dont l'usage est prohibé pour la chasse du gibier ordinaire.

2. Lorsqu'un arrêté du préfet permet la chasse des oiseaux de passage et du gibier d'eau, pendant le temps où la chasse ordinaire est prohibée, la vente de ces oiseaux et de ce gibier n'est pas défendue. Lorsque cette chasse est permise, la vente du produit ne peut être défendue, et les gendarmes doivent s'abstenir de verbaliser pour fait de transport ou de vente de ce gibier.

Chasse aux animaux malfaisants.

Les préfets des départements, sur l'avis des conseils généraux, sont tenus de prendre des arrêtés pour déterminer les espèces d'animaux malfaisants que le propriétaire, possesseur ou fermier pourra détruire sur ses terres, et les conditions de l'exercice de ce droit, sans préjudice du droit appartenant au propriétaire ou au fermier de repousser ou de détruire, même avec des armes à feu, les bêtes fauves qui porteraient dommage à ses propriétés.

1. Le paragraphe 3 de l'art. 9 de la loi du 3 mai 1844 reproduit avec précaution les dispositions de l'art. 15 du décret de 1790.

La faculté de détruire en tout temps les animaux malfaisants donnait lieu à de nombreux abus. Il n'était pas un individu qui, trouvé chassant sur ses terres, sans port d'armes et en temps prohibé, ne prétendît qu'il poursuivait des bêtes malfaisantes, et, sous ce prétexte, la chasse se pratiquait au temps même où les récoltes ont le plus besoin d'être respectées. La nouvelle loi a introduit, avec juste raison, une sage modification du décret, en ne permettant la destruction des animaux malfaisants que suivant les conditions déterminées par un arrêté préfectoral.

Aux termes de l'art. 3 de l'arrêté du 19 pluviôse an v, c'est aux préfets qu'il appartient d'ordonner des battues pour la destruction de ces animaux, après s'être concertés avec les agents forestiers; et, suivant le règlement du 20 août 1814, la direction de ces battues est confiée aux lieutenants de louveterie. Mais dans le cas d'empêchement ou d'absence d'un officier de louveterie, les préfets peuvent déléguer à l'autorité locale ou à la *gendarmerie* du lieu le soin de surveiller et de diriger la destruction des animaux. (*Circ. du min. de l'intér. du* 7 *déc.* 1875.)

2. Bien que, dans certaines localités, le lapin fasse des dégâts forts préjudiciables aux récoltes et aux arbres, il n'est pas, de droit, réputé malfaisant; il est considéré comme tout autre gibier, et il n'est mis dans la classe des animaux malfaisants qu'autant qu'un arrêté du préfet le déclare.

3. La chasse des renards, loutres, chats sauvages et autres animaux nuisibles ne peut avoir lieu que dans le temps et de la manière déterminés par le préfet. Les gendarmes doivent s'appliquer à se bien pénétrer des dispositions et du sens de ces arrêtés, afin de distinguer les cas où il y a lieu de verbaliser.

4. Le porteur de furet ou de bourses à lapins est punissable s'il est surpris dans la garenne ou dans le bois; il ne l'est pas s'il est trouvé sur la route, bien que l'intention de chasser soit difficile à nier. (*Cass.,* 8 *mai* 1845. — V. *Battues, p.* 71 et 405.)

Chasse aux oiseaux.

1. Souvent le sol est peuplé d'une multitude d'insectes destructeurs des récoltes et des fruits. La providence leur a créé des ennemis ailés qui, détruisant à leur tour ces insectes, assurent la reproduction des fruits de la terre. Dans certaines localités où la race des oiseaux avait complétement disparu, les insectes et quelques autres animaux malfaisants ont causé des ravages considérables. Il peut donc devenir fort utile de prévenir la destruction des oiseaux, que certains modes de chasse auraient bientôt fait disparaître. On a souvent prétendu que les préfets excédaient leurs attributions en tentant de prévenir cet inconvénient, et des tribunaux s'étaient prononcés dans ce sens. La loi du 22 janvier 1874 a levé tout doute à ce sujet, en autorisant les préfets à prendre, de leur autorité privée, des arrêtés pour défendre, même en temps de chasse ouverte, la destruction de telles ou telles espèces d'oiseaux reconnus essentiellement insectivores. (*Circ. du min. de l'intér. du* 30 *janv.* 1874.)

La gendarmerie ne doit pas être employée d'une manière spéciale à la recherche des contraventions aux arrêtés pris pour la destruction des oiseaux utiles; mais les sous-officiers, brigadiers et gendarmes doivent profiter de leurs tournées et de l'exécution des autres parties du service journalier pour concourir à la surveillance exercée par les gardes champêtres et dresser, le cas échéant, des procès-verbaux contre les délinquants. (*Circ. minist. du 29 juill.* 1874.)

De l'emploi des chiens lévriers à la chasse.

Le lévrier était le fléau des campagnes; c'est le chien qui fait le plus de mal aux récoltes. Le vrai chasseur laissait au braconnier ce moyen de chasse inventé par la cupidité, et qui contribuait le plus à la destruction du gibier. L'art. 9 de la loi du 3 mai 1844 a proscrit l'emploi du lévrier pour la chasse au gibier; mais elle a laissé aux préfets le droit de prendre des arrêtés pour autoriser, quand ils le jugent convenable, l'emploi des chiens lévriers pour la destruction des animaux malfaisants ou nuisibles.

De cette loi résultent deux conséquences importantes : 1° la prohibition, en principe, du chien lévrier; 2° son usage exclusivement réservé, et par exception, à la chasse des animaux malfaisants ou nuisibles. Cette disposition, combinée avec le reste de l'art. 9 de la loi, admet explicitement la prohibition du lévrier pour la chasse ordinaire.

Chasse en temps de neige.

Les préfets peuvent prendre des arrêtés pour interdire la chasse pendant le temps de neige. A défaut d'arrêté, la neige ne suspend point la chasse.

1. La chasse, pendant le temps de neige, est une cause facile et prompte de la destruction d'une grande quantité de gibier. Le législateur a fait sagement d'autoriser les préfets à suspendre momentanément, durant ce temps, l'exercice de la chasse, lorsque, dans le pays, la rareté du gibier commande des mesures de précaution, dans l'intérêt de la propagation.

2. La chasse des animaux nuisibles n'est pas défendue en temps de neige; il n'y a que celle du gibier proprement dit. Par *temps de neige*, il ne faudrait pas entendre celui où quelques flocons seulement tombent ou sont tombés ; il n'y a véritablement temps de neige que celui où elle est assez épaisse pour faire connaître le train et le passage du gibier, et en faciliter la poursuite.

3. Le principe général est l'interdiction de la chasse en temps de neige, lorsqu'un arrêté a été pris à cet effet. La seule preuve d'un fait de chasse dans ce temps rapportée par le ministère public suffit pour incriminer le fait, sauf au chasseur à établir, à ses risques et périls, qu'il était dans l'exception de chasse au gibier d'eau ou de passage. Ce n'est pas au ministère public à prouver la double circonstance du délit, à savoir : le fait absolu de chasse en temps de neige, et le fait de chasse exercé sur autre gibier que le gibier d'eau. (*Cour de Caen*, 30 *janv.* 1845.)

4. Le préfet de la Seine-Inférieure avait pris un arrêté portant défense

de chasser *soit au bois, soit en plaine,* lorsque les terres seraient couvertes de neige.

La gendarmerie constata que le sieur Larchevêque, armateur à Dieppe, chassait dans la prairie et le marais.

Des poursuites furent dirigées contre lui.

Le tribunal, considérant que l'arrêté du préfet ayant pour but la conservation du gibier, cette conservation n'avait d'intérêt que pour le gibier sédentaire cantonné dans le pays, et ne s'appliquait pas aux oiseaux d'eau et de passage; que si le préfet avait défendu la chasse *au bois* et *à la plaine,* il fallait entendre ces expressions d'une manière restreinte et ne pas y comprendre les *prairies* et les *marais* fréquentés seulement par les oiseaux d'eau et de passage,

En conséquence, renvoya le prévenu de la plainte.

Sur l'appel du ministère public, la Cour de Rouen a pensé que les mots *au bois* et *à la plaine,* insérés dans l'arrêté du préfet, comprenaient aussi les prairies et les marais; qu'une seule exception était admise et reconnue par l'arrêté lui-même, en faveur des communes situées sur le littoral de la mer; mais que la commune de Saint-Martin-Eglise, sur laquelle le fait de chasse avait eu lieu, ne pouvait pas être considérée comme faisant partie du littoral, quoique la prairie où le délinquant avait été surpris chassant se couvrît d'eau salée à l'heure des marées, puisque cette commune était séparée de la mer par la ville de Dieppe.

En conséquence, la Cour, par arrêt du 3 avril 1845, a condamné le délinquant aux peines portées par la loi.

Deux choses sont à remarquer dans cet arrêt : 1° les mots *au bois* et à *la plaine* sont génériques et comprennent toute espèce de territoire, à la seule exception des terres qui peuvent être regardées comme littoral; 2° on ne doit considérer comme faisant partie du littoral que les points extrêmes du département qui touchent à la mer, et une commune séparée de la mer par une autre commune ne peut être regardée comme littoral, puisqu'elle ne touche pas à la mer.

Les arrêtés qui prohibent d'une manière générale la chasse en temps de neige sont permanents, et dès lors obligatoires, même après l'expiration de l'année dans laquelle ils ont été rendus. (*Cass., 24 sept.* 1847.)

Dans tous les cas de condamnation pour délit de chasse commis en temps prohibé, la *confiscation* du fusil doit être prononcée, bien que le délinquant soit muni d'un permis de chasse et que la prohibition ne soit que momentanée, par exemple en temps de neige. (*Cass., 3 janv.* 1846 *et 4 mai* 1848. — V. *Confiscation, p.* 93.)

Gratifications accordées aux rédacteurs de procès-verbaux.

Aux termes de l'art. 10 de la loi du 3 mai 1844, la gratification accordée aux gardes et aux gendarmes rédacteurs de procès-verbaux ayant pour objet de constater les délits de chasse devait être déterminée par ordonnance.

Cette ordonnance a été rendue le 5 mai 1845. Elle a élevé le taux des gratifications, et l'a gradué suivant la gravité de l'infraction et les difficultés de la constatation. Cette ordonnance est conçue dans les termes suivants :

« Art. 1er. La gratification accordée aux gendarmes, gardes forestiers, gardes champêtres, gardes-pêche et gardes assermentés des particuliers qui constateront des infractions à la loi du 3 mai 1844, sur la police de la chasse, est fixée ainsi qu'il suit :

« 1° Huit francs pour les délits prévus par l'art. 11 ;

Les délits prévus par l'art. 11 sont ceux de : 1° chasse sans permis ; 2° chasse sur le terrain d'autrui sans le consentement du propriétaire ; 3° contravention aux arrêtés du préfet concernant les oiseaux de passage, le gibier d'eau, la chasse en temps de neige, l'emploi des chiens lévriers, contravention aux arrêtés concernant la destruction des oiseaux et celle des animaux nuisibles ou malfaisants.

« 2° Quinze francs pour les délits prévus par l'art. 12 et par l'art. 13, § 1ᵉʳ ;

Ces délits sont ceux de : 1° chasse en temps prohibé ; 2° chasse de nuit ou à l'aide d'engins et instruments prohibés, ou par d'autres moyens que ceux autorisés par le préfet ; 3° détention, usage ou port de filets et autres instruments de chasse prohibés ; 4° vente, achat, transport de gibier en temps prohibé ; 5° emploi de drogues ou appâts qui sont de nature à enivrer le gibier ou à le détruire ; 6° chasse avec appeaux, appelants ou chanterelles ; 7° chasse sur le terrain d'autrui sans son consentement, si ce terrain est attenant à une maison habitée ou servant à l'habitation, et s'il est entouré d'une clôture continue faisant obstacle à toute communication avec les héritages voisins.

« 3° Vingt-cinq francs pour les délits prévus par l'art. 13, § 2.

Ces délits sont ceux de chasse pendant la nuit.

« Art. 2. La gratification est due pour chaque amende prononcée. Elle sera acquittée par les receveurs de l'enregistrement, suivant le mode actuel et les règles de la comptabilité ordinaire.

« Art. 3. Il sera tenu un compte spécial, par commune, du recouvrement des amendes. Ce compte sera réglé chaque année. Après prélèvement des gratifications, et de cinq pour cent pour frais de régie, le produit restant des amendes recouvrées sera compté à la commune sur le territoire de laquelle l'infraction aura été commise.

« En cas d'insuffisance de l'amende pour le paiement de la gratification, il ne sera, pour cet excédant, exercé aucun recours contre la commune.

« Les frais de poursuite tombés en non-valeurs seront remboursés conformément à l'art. 6 de l'ordonnance du 30 décembre 1823.

« Art. 4. Il ne pourra être alloué qu'une seule gratification, lors même que plusieurs agents auraient concouru à la rédaction du procès-verbal constatant le délit.

« Art. 5. La présente ordonnance est applicable aux amendes qui auront été déjà prononcées en vertu de la loi du 3 mai 1844. »

1. Aux termes de l'art. 4 de cette ordonnance, il est accordé une gratification par chasseur condamné, quel que soit le nombre de gendarmes qui aient concouru à la capture et à la rédaction du procès-verbal. Si la gendarmerie dresse un procès-verbal contre dix individus, il lui revient dix gratifications s'ils sont tous condamnés. Il ne lui en revient que huit, si deux des dix prévenus sont acquittés. Le montant total de la gratification simple ou multiple se partage entre tous les rédacteurs du procès-verbal, et entre tous les hommes de la brigade si les constatations sont le résultat d'un ordre, d'une plainte, d'une réquisition, d'une dénonciation,

etc., c'est-à-dire si les rédacteurs n'ont pas agi de leur propre mouvement. (*Art* 276 § 2 *du décret du* 18 *fév.* 1863.)

2. La gratification n'est due qu'aux gendarmes et gardes, qui sont spécialement désignés dans l'ordonnance. Elle est due également aux sous-
officiers ; mais les officiers, les maires, les adjoints, les commissaires de
police et autres fonctionnaires, qui cependant ont qualité pour verbaliser,
sont sans droit pour la réclamer et pour l'obtenir, l'ordonnance ne la leur
accordant pas, pour des motifs de convenance faciles à apprécier.

3. Lorsque le condamné est gracié ou amnistié, la gendarmerie ne perd
pas son droit à la gratification. (*Décis. du min. des finances du* 1er *juin* 1846.)

Si l'administration forestière transige sur un délit de chasse commis
dans les bois confiés à sa garde, le rédacteur du procès-verbal n'en a pas
moins droit à l'indemnité. La décision qui admet le prévenu à transaction tient lieu de jugement de condamnation. (*Circ. de l'administration
des forêts du* 11 *janv.* 1862.)

Lorsque le délit de chasse a été constaté sur la dénonciation d'un garde,
la gratification résultant de cette constatation doit être partagé entre les
rédacteurs du procès-verbal d'une part et l'agent qui a dénoncé le fait de
l'autre, c'est-à-dire moitié aux gendarmes et moitié au garde. (*Décis. du
min. de la justice du* 10 *fév.* 1879.)

Les extraits de jugement en matière de chasse doivent indiquer exactement les articles de la loi du 3 mai 1844 en vertu desquels les condamnations ont été prononcées. (*Circ. du direct. de la comptabilité générale
du* 6 *janv.* 1859.)

Quelles que soient les causes qui ont amené la constation d'un délit
de chasse suivi d'une condamnation, le greffier ne peut refuser aux rédacteurs du procès-verbal l'extrait du jugement nécessaire pour mettre à
l'appui du mémoire des frais de capture. (*Décis. du min. de la justice
du* 1er *fév.* 1878.) Le cout de chaque extrait est de vingt-cinq centimes.
(*Art.* 7 *du décret du* 7 *avril* 1813.)

Payement des gratifications.

Le payement de la prime est opéré par les soins du receveur des
finances en résidence au chef-lieu du département dont fait partie la commune sur le territoire de laquelle le délit a été commis.

En conséquence, les sous-officiers, brigadiers et gendarmes qui ont
constaté des délits de chasse adressent au conseil d'administration de
leur compagnie, par l'intermédiaire de leurs chefs directs, les extraits de
jugement (sur papier libre) justificatifs de leurs droits. Chaque trimestre,
le conseil règle, sur un état établi par arrondissement, toutes les gratifications dues en vertu des extraits de jugement. Cet état, après avoir
reçu le visa du sous-intendant militaire, est remis au receveur des finances, qui fait ensuite délivrer un mandat de payement au nom du
conseil d'administration, qui, seul, donne quittance. (*Art.* 295 *du décret
du* 18 *fév.* 1863, *modifié par décret du* 16 *oct.* 1882.)

DES PEINES EN MATIÈRE DE CHASSE.

Peine pour chasse sur le terrain d'autrui.

Sont punis d'une amende de 16 à 100 fr. :
1° Ceux qui ont chassé sans permis de chasse;

2° Ceux qui ont chassé sur le terrain d'autrui sans le consentement du propriétaire ;

L'amende peut être portée au double, si le délit a été commis sur des terres non dépouillées de leurs fruits, ou s'il a été commis sur un terrain entouré d'une clôture continue faisant obstacle à toute communication avec les héritages voisins, mais non attenant à une habitation.

Peut n'être pas considéré comme délit de chasse, le fait du passage des chiens courants sur l'héritage d'autrui, lorsque ces chiens sont à la suite d'un gibier lancé sur la propriété de leur maître, sauf l'action civile, s'il y a lieu, en cas de dommage ;

3° Ceux qui ont contrevenu aux arrêtés des préfets concernant les oiseaux de passage, le gibier d'eau, la chasse en temps de neige, l'emploi des chiens lévriers, ou aux arrêtés concernant la destruction des oiseaux et celle des animaux nuisibles ou malfaisants ;

4° Ceux qui ont pris ou détruit, sur le terrain d'autrui, des œufs ou couvées de faisans, de perdrix ou de cailles ;

5° Les fermiers de la chasse, soit dans les bois soumis au régime forestier, soit sur les propriétés dont la chasse est louée au profit des communes ou des établissements publics, qui auront contrevenu aux clauses et conditions de leurs cahiers de charges, relatives à la chasse. (*Art. 11 de la loi précitée du 3 mai 1844.*)

1. Sous l'empire de la loi du 30 avril 1790 et du décret du 4 mai 1812, on distinguait si la chasse sur le terrain d'autrui avait eu lieu avec ou sans port d'armes ; alors la peine était différente, et il pouvait y avoir cumul. Aujourd'hui, ceux qui, sans permis délivré par le préfet, ont chassé sur le terrain d'autrui sans le consentement du propriétaire ne sont plus passibles cumulativement de deux peines différentes, l'une pour chasse sans permis du préfet, l'autre pour chasse sans permis du propriétaire. La loi ne reconnaît plus dans un seul fait deux délits séparément punissables, et une seule peine doit être prononcée. Cette peine est la plus forte encourue pour l'un des deux délits.

2. Peut n'être pas considéré comme délit de chasse, le passage des chiens courants sur l'héritage d'autrui, lorsque ces chiens sont à la poursuite d'un gibier lancé sur la propriété de leur maître. Cette disposition était indispensable pour ne pas rendre impossible la chasse à courre ; mais elle ne constitue pas le droit de suite, elle n'autorise pas le chasseur à suivre ses chiens sur le terrain d'autrui. Elle n'y tolère même pas le passage des chiens autres que les courants, et encore elle ne fait pas obstacle à ce que, suivant les circonstances, les tribunaux voient et punissent un fait de chasse dans le passage des chiens courants sur le terrain d'autrui. Le fait reste dans l'appréciation des magistrats, l'application de la peine est laissée au discernement du juge.

3. Les pénalités prononcées par le n° 4 sont une conséquence de la loi. Prendre ou détruire, sur le terrain d'autrui, des œufs, des couvées de faisans, de perdrix ou de cailles est un véritable fait de chasse, et d'autant plus nuisible à la propagation du gibier, qu'on en prend un grand nombre à la fois et sans peine. Il fallait réprimer sévèrement cette espèce de braconnage et établir une pénalité vraiment conservatrice.

4. Lorsque l'adjudicataire d'un droit de chasse dans un bois communal, avec clause qui limite le nombre des chasseurs qu'il pourra s'adjoindre, en conduit un plus grand nombre, l'amende portée par le n° 5 de l'art. 11 de la loi du 3 mai 1844 contre les fermiers du droit de chasse qui auront

contrevenu aux conditions de leur cahier des charges doit être prononcée seulement contre cet adjudicataire, et non contre les chasseurs.

Si l'amende est juste vis-à-vis le fermier qui connaît les conditions de son bail, elle serait exorbitante contre des tiers qui ont pu les ignorer et qui, invités à une partie de chasse par l'adjudicataire, n'ont pas dû préalablement se faire représenter le cahier des charges et arpenter la forêt.

Les termes de l'art. 11 de la loi démontrent que la peine ne peut être prononcée que contre les adjudicataires personnellement, mais non contre les individus qu'ils se sont adjoints, et qui, n'étant point fermiers, n'ont point de cahier des charges auquel ils aient pu contrevenir. Si la peine devait atteindre d'autres que le fermier, comme elle ne devrait être prononcée que contre les personnes excédant le nombre permis, on ne saurait à qui l'appliquer, aucun ordre de numéro n'étant établi entre les personnes invitées ; ce qui démontre qu'il ne peut y avoir qu'une seule peine et contre le seul adjudicataire, qui effectivement est, en ce cas, le seul en faute. (*Cour de Dijon*, *14 janv.* 1845.)

Peine pour chasse en temps prohibé, — *ou avec engins prohibés.*
— *Détention d'instruments de chasse prohibés.*

Sont punis d'une amende de 50 fr. à 200 fr., et peuvent, en outre, l'être d'un emprisonnement de six jours à deux mois : 1° ceux qui ont chassé en temps prohibé ; 2° ceux qui ont chassé pendant la nuit, ou à l'aide d'engins ou instruments prohibés, ou par d'autres moyens que ceux qui sont autorisés par l'art. 9 de la loi du 3 mai 1844 ; 3° ceux qui sont détenteurs ou qui sont trouvés munis ou porteurs, hors de leur domicile, de filets, engins ou autres instruments de chasse prohibés ; 4° ceux qui, en temps où la chasse est prohibée, ont mis en vente, vendu, acheté, transporté ou colporté du gibier ; 5° ceux qui ont employé des drogues ou appâts qui sont de nature à enivrer le gibier ou à le détruire ; 6° ceux qui ont chassé avec appeaux, appelants ou chanterelles.

Les peines ci-dessus peuvent être portées au double contre ceux qui ont chassé la nuit sur le terrain d'autrui et par l'un des moyens spécifiés au n° 2, si les chasseurs étaient munis d'une arme apparente ou cachée.

Les peines énumérées dans les deux paragraphes qui précèdent doivent toujours être portées au maximum lorsque les délits ont été commis par les gardes champêtres ou forestiers des communes, ainsi que par les gardes forestiers de l'Etat et des établissements publics. (*Art.* 12 *de ladite loi.*)

1. La détention, la possession d'engins prohibés établit la prévention que l'on en fait usage ; voilà pourquoi la loi la punit. Mais si le prévenu prouvait que ces instruments prohibés étaient chez lui depuis longtemps sans qu'il s'en fût servi, par exemple lui provenaient de son père et qu'il les avait trouvés dans le mobilier de la succession, la présomption de culpabilité d'usage prohibé cesserait, et les tribunaux ne seraient pas obligés de condamner un innocent. Si la détention d'instruments prohibés ne pouvait donner lieu à aucun soupçon de culpabilité par l'usage, le ministère public ne dirigerait même pas de poursuites.

La loi sur la pêche fluviale ne punit que les individus trouvés nantis ou porteurs, hors de leur domicile, de filets et engins prohibés. La loi sur la chasse est allée plus loin ; elle punit ceux qui en sont possesseurs et détenteurs dans leur domicile. Il a été reconnu qu'une demi-mesure était insuffisante, que les braconniers, qui font usage de ces immenses filets à l'aide desquels on détruit des compagnies entières de perdreaux, n'auraient jamais l'imprudence de se montrer porteurs, en plein jour, de ces instruments de délit, et que pour atteindre sûrement le but qu'on se proposait il était nécessaire de rechercher les filets ou engins prohibés jusque dans leur domicile.

2. Les visites domiciliaires, pour constater la détention des instruments de chasse prohibés, ne peuvent avoir lieu que sur la réquisition du ministère public et en vertu d'une ordonnance du juge d'instruction. Les gendarmes ou autres agents ne doivent jamais y procéder d'office. (*Circ. du garde des sceaux, du 9 mai* 1844.)

Lorsque les gendarmes ont la presque certitude que des filets de chasse ou autres engins prohibés sont au domicile d'un braconnier qui en fait usage sans qu'on le puisse surprendre en flagrant délit, ils doivent en informer hiérarchiquement le procureur de la République, qui, sur leur rapport, prend les mesures nécessaires pour en assurer la recherche et la saisie : en ce cas, l'on ne doit faire aucune perquisition à domicile sans ordonnance du juge d'instruction. Cependant, si un braconnier surpris en flagrant délit prenait la fuite, les gendarmes seraient en droit de le suivre et de constater, au domicile du délinquant, l'existence des instruments de chasse prohibés : dans ce cas, ils n'auraient pas besoin d'être autorisés par justice.

Mais lorsqu'il s'agit d'un chasseur poursuivi entrant chez lui et fermant sa porte, les gendarmes n'ont pas le droit de pénétrer dans son domicile contre sa volonté. (*Code d'instr. crim.*, art. 16. — *Décret du* 1er *mars* 1854, *art.* 291 *et* 292. — *Cour de Limoges*, 30 *avril* 1857.)

3. L'interdiction de détenir aucun instrument de chasse prohibé s'applique nécessairement aux fabricants et marchands, dont l'industrie peut fournir aux délinquants les moyens de violer la loi, comme à tous autres individus. (*Cour de Paris*, 26 *déc.* 1844.)

4. La chasse à tir et avec un miroir, pendant le temps où la chasse est ouverte, ne constitue pas le délit prévu par l'art. 12. — Dans l'acception du mot *engin*, qui n'a pas été défini par la loi, on ne peut entendre que les objets et instruments qui, matériellement et directement, saisissent ou tuent le gibier, qui sont des moyens uniques et principaux, sans y ajouter l'emploi du fusil, tels que filets, lacs, collets et autres instruments du même genre. Le miroir, ne pouvant servir seul à tuer le gibier, n'est point un objet prohibé. (*C. Grenoble*, 2 *janv.* 1845 ; *Besançon*, 12 *janv.* 1866.)

5. La détention d'un instrument, tel qu'un piège en fer, destiné à la capture des animaux malfaisants et nuisibles, ne constitue pas le délit de détention d'instruments de chasse prohibés, réprimé par l'art. 12, bien que, par sa confection, cet instrument soit susceptible de servir accidentellement à la chasse. (*Cass.*, 15 *oct.* 1844.)

6. La chasse aux petits oiseaux à l'aide de gluaux doit être considérée comme un fait de chasse tombant sous l'application de la loi du 3 mai 1844, suivant laquelle tous moyens de chasse autres que le tir et le courre sont prohibés. (*Cass.*, 23 *avril* 1847.)

7. L'appeau n'est pas un engin prohibé que l'on peut saisir à domicile et en tout temps. (*Cass.*, 16 *juin* 1848, *et Tribun. de Reims du* 29 *sept.* 1856.)

Peine pour chasse dans les terrains attenant à une habitation.

Celui qui a chassé sur le terrain d'autrui sans son consentement, si ce terrain est attenant à une maison habitée ou servant à l'habitation, et s'il est entouré d'une clôture continue faisant obstacle à toute communication avec les héritages voisins, est puni d'une amende de 50 fr. à 300 fr., et peut l'être d'un emprisonnement de six jours à trois mois. — Si le délit a été commis pendant la nuit, le délinquant est puni d'une amende de 100 fr. à 1,000 fr., et peut l'être d'un emprisonnement de trois mois à deux ans, sans préjudice, dans l'un et l'autre cas, s'il y a lieu, de plus fortes peines prononcées par le Code pénal. (*Art. 13 de la même loi.*)

En cas de dénégation, c'est au tribunal à décider, suivant les circonstances, si le terrain doit être réputé attenant à une maison habitée ou servant à l'habitation, et s'il est entouré d'une clôture continue faisant obstacle à toute communication avec les héritages voisins.

Peine en cas de récidive;
si le chasseur était masqué; s'il a pris un faux nom;
s'il a usé de violence ou fait des menaces.

Les peines déterminées par les art. 11, 12 et 13 qui précèdent peuvent être portées au double, si le délinquant était en état de récidive, s'il était déguisé ou masqué, s'il a pris un faux nom, s'il a usé de violence envers les personnes ou s'il a fait des menaces, sans préjudice de plus fortes peines prononcées par la loi.

Lorsqu'il y a récidive, dans les cas prévus par l'art. 11 de la loi du 3 mai 1844, c'est-à-dire en cas de : 1° chasse sans permis; 2° chasse sur le terrain d'autrui sans le consentement du propriétaire; 3° contravention aux arrêtés du préfet sur la chasse; 4° destruction d'œufs ou de couvées; 5° contravention de la part des fermiers de la chasse aux clauses de leurs cahiers de charges, la peine de l'emprisonnement de six jours à trois mois peut être appliquée, si le délinquant n'a pas satisfait aux condamnations précédentes. (*Art. 14.*)

Quand y a-t-il récidive ?

Il y a récidive lorsque, dans les douze mois qui ont précédé l'infraction, le délinquant a été condamné en vertu de la loi du 3 mai 1844.

Confiscation des armes et instruments de chasse.

Tout jugement de condamnation doit prononcer la confiscation des filets, engins et autres instruments de chasse. Il ordonne, en outre, la destruction des instruments de chasse prohibés.

Il prononce également la confiscation des armes, excepté dans le cas où le délit a été commis par un individu muni d'un permis de chasse, dans le temps où la chasse était autorisée.

Si les armes, filets, engins ou autres instruments de chasse n'ont pas été saisis, le délinquant est condamné à les représenter ou à en payer la valeur, suivant la fixation qui en a été faite par le jugement, sans qu'elle puisse être au-dessous de 50 fr.

Les armes, engins ou autres instruments de chasse abandonnés par les délinquants restés inconnus sont saisis et déposés au greffe du tribunal compétent. La confiscation, et, s'il y a lieu, la destruction, en seront ordonnées sur le vu du procès-verbal.

Dans tous les cas, la quotité des dommages-intérêts est laissée à l'appréciation des tribunaux. (*Art.* 16.)

Ici, il y a une distinction à faire : la loi de 1844 ne prononce la confiscation du fusil que lorsque le délit de chasse a eu lieu en temps prohibé, ou que le chasseur n'a pas préalablement obtenu un permis de chasse. Hors ces deux cas, il n'y a pas lieu à confiscation des armes. (V. *Temps de neige, p.* 87.)

Pour que la saisie soit efficace il faut désigner avec soin les armes et instruments dont se servait le délinquant, afin qu'il ne puisse pas déposer au greffe des fusils et objets en mauvais état.

Cumul et non cumul des peines.

En cas de conviction de plusieurs délits prévus par la loi du 3 mai 1844, par le Code pénal ordinaire ou par des lois spéciales, la peine la plus forte est seule prononcée.

Les peines encourues pour des faits antérieurs à la déclaration du procès-verbal de contravention peuvent être cumulées, s'il y a lieu, sans préjudice des peines de la récidive. (*Art.* 17.)

Un individu reconnu coupable de plusieurs faits de chasse successifs peut être condamné, par le même jugement, à autant de peines distinctes qu'il a commis de délits, et alors les peines de la récidive lui sont appliquées, si, dans les douze mois précédents, il a encouru des condamnations antérieures aux faits nouveaux qui lui sont reprochés ; mais si nulle condamnation n'était intervenue avant les faits nouveaux, une première condamnation ne pourrait déterminer l'application des peines de la récidive à l'égard d'une seconde ou d'une troisième condamnation qui interviendrait à la même audience.

De la modération des peines.

L'art. 463 du Code pénal n'est pas applicable aux délits prévus par la loi du 3 mai 1844 sur la police de la chasse.

DE LA POURSUITE ET DU JUGEMENT

De la preuve des délits.

Les délits prévus par la loi du 3 mai 1844 sont prouvés, soit par procès-verbaux ou rapports, soit par témoins, à défaut de rapports et procès-verbaux, ou à leur appui.

Le prévenu d'un délit de chasse, qui est renvoyé de la plainte, ne peut être condamné aux dépens, alors même qu'il n'aurait justifié qu'à l'audience du permis de chasse délivré par l'autorité administrative, ou de l'autorisation accordée par le propriétaire. (*Cass.*, *6 mars 1846.*)

Permis refusé ou retiré.

En cas de condamnation pour délits prévus par la loi du 3 mai 1844, les tribunaux pourront priver le délinquant du droit d'obtenir un permis de chasse, pour un temps qui n'excédera pas cinq ans. (*Art. 18 de ladite loi.*)

La privation d'obtenir un permis de chasse implique la privation du droit de chasse lui-même; ainsi celui qui a été privé pour un certain temps, par un jugement devenu définitif, du droit d'obtenir un permis de chasse ne peut, pendant ce même temps, se prévaloir et faire usage du permis qu'il avait obtenu ultérieurement. (*Art. 6, 7 et 8 de la même loi. — Arrêts de la Cour de Nancy du 29 fév. 1864 et de la Cour d'Amiens du 21 mai 1874.*)

Si, par l'effet d'une erreur, un permis avait été délivré à un des individus auxquels la loi interdit le droit de chasse, le préfet ne devrait pas hésiter à le retirer et, dans le cas où cet individu ne se soumettrait pas à cette mesure, à appeler sur lui l'attention des agents préposés à la répression des délits de chasse. (*Circ. du min. de l'int. du 20 mai 1844.*)

Il n'y a pas délit de chasse dans le fait d'avoir chassé avec un permis obtenu par surprise et en violation de l'art. 7, sauf le droit du préfet de faire cesser la violation de la loi par le retrait du permis, qui dans ce cas ne couvre plus les faits de chasse à partir du jour où le porteur a reçu notification de la mesure. (*Cass.*, *30 mai 1873.*)

Foi due aux procès-verbaux.

Les procès-verbaux des maires et adjoints, commissaires de police, officier, maréchal des logis ou brigadier de gendarmerie, gendarmes, gardes forestiers, gardes-pêche, gardes champêtres ou gardes assermentés des particuliers font foi jusqu'à preuve contraire.

La règle générale est que les procès-verbaux des gardes forestiers font foi, jusqu'à inscription de faux, des faits que ces agents ont reçu mission de constater. Mais ici une dérogation a été apportée à ce principe, et, en matière de chasse, les procès-verbaux de ces gardes ne font foi que jusqu'à preuve contraire, comme ceux des autres fonctionnaires et agents appelés à assurer l'exécution de la loi du 3 mai 1844.

Des procès-verbaux de la gendarmerie en matière de chasse. — Cas où un chasseur peut être arrêté et désarmé.

1. La gendarmerie doit dresser procès-verbal toutes les fois que le ministère public peut poursuivre d'office, et particulièrement lorsqu'il s'agit : 1° de chasse sans permis délivré par le préfet ou le sous-préfet; 2° de

chasse en temps prohibé avec ou sans permis; 3° de chasse sur un terrain chargé de récoltes par celui qui n'en est pas propriétaire.

2. La gendarmerie peut également constater tout autre délit, en quelque circonstance que ce soit, sur l'invitation du propriétaire.

3. Comme il n'y a pas délit de la part de celui qui, dans les terres ou dans les bois, suit avec son fusil le chemin qui les traverse, il faut nécessairement qu'il y ait eu poursuite du gibier ou tentative de s'en emparer pour que l'acte soit punissable. Dès lors, les procès-verbaux doivent énoncer si les individus ont été trouvés chassant dans l'intérieur des terres ou des bois, et ne suivant aucune route; s'ils étaient accompagnés de chiens qui les suivaient, ou qui parcouraient soit le guéret, soit les bois. Il faut, autant que possible, donner le signalement des chiens, dire si les chasseurs ont tué du gibier ou tiré dessus en présence des gendarmes, décrire le fusil aussi exactement que possible, indiquer s'il y avait du gibier dans la carnassière et de quelle espèce il était; enfin n'omettre aucune des circonstances qui peuvent faire apprécier s'il y a réellement eu délit de chasse, ou seulement passage avec armes et chiens, mais sans chasse, dans un chemin quelconque. (*Cass.*, 10 *sept.* 1831.)

4. Si le chasseur refuse d'exhiber son permis de chasse à la gendarmerie, elle doit présumer qu'il n'en a pas et rédiger procès-verbal dans lequel il est fait mention du refus.

Mais il n'y a pas lieu de demander l'exhibition du permis de chasse à la personne qui est rencontrée sur un chemin, même avec chiens et fusil, surtout lorsque le fusil n'est pas armé et que rien n'annonce l'intention ou le commencement de chasse de la part de celui qui en est porteur.

5. Si un individu trouvé chassant refusait de se faire connaître, s'il était déguisé ou masqué, ou s'il n'avait pas de domicile connu, il faudrait le conduire devant le maire, l'adjoint ou le juge de paix, après lui avoir fait ôter les cartouches ou les capsules de son fusil. S'il faisait des menaces, des injures, des provocations, ou s'il était en état de vagabondage, il faudrait le désarmer et le conduire devant le procureur de la République. (*Art.* 301, 329 *et* 333 *du décret du* 1er *mars* 1854.)

Si les gendarmes étaient sérieusement menacés par les délinquants, ils devraient prendre les mesures nécessaires pour prévenir tout accident, en se servant au besoin de leurs armes, conformément à la circulaire du ministre de la guerre du 30 novembre 1853.

6. Il n'est pas absolument nécessaire que l'on ait déclaré au délinquant que l'on dresserait procès-verbal contre lui. Quand le chasseur a pris la fuite, quand on n'a pu l'aborder, mais que les gendarmes sont sûrs de le bien connaître, ils peuvent dresser procès-verbal contre lui sans lui avoir parlé, tout aussi régulièrement que s'ils l'avaient prévenu de la rédaction de leur procès-verbal.

7. Aux termes de l'art. 24 de la loi du 3 mai 1844, les procès-verbaux des *gardes* doivent, à peine de nullité, être rédigés dans les vingt-quatre heures du délit. Bien que la nullité des procès-verbaux de la gendarmerie ne soit pas prononcée pour défaut de rédaction dans le même délai, il est convenable de rédiger le procès-verbal aussitôt que possible, afin que, les circonstances du délit étant bien présentes à l'esprit, cet acte offre par son exactitude et sa véracité toutes les garanties désirables. Mais si les vingt-quatre heures s'étaient écoulées sans que les gendarmes aient pu, en raison des nécessités de leur service, rédiger leur procès-verbal,

ils pourraient encore le faire après ce délai expiré, et tant qu'il n'y a pas prescription du délit.

8. Les procès-verbaux de la gendarmerie ne sont pas soumis à la formalité de l'affirmation.

9. Il n'est pas nécessaire de faire autant de procès-verbaux qu'il y a de délinquants. Il peut n'en être fait qu'un pour tous les délits que les gendarmes auraient reconnus dans leur tournée (*Cass.*, 19 *fév.* 1808); mais il est plus convenable de faire un procès-verbal pour chaque délit, en y comprenant tous les individus qui l'ont commis ensemble dans une même chasse. Cette division des procès-verbaux par chaque fait particulier facilite les opérations du ministère public.

10. Les gendarmes et autres militaires, officiers ou soldats, sous les drapeaux ou en congé, qui commettent des délits de chasse, sont justiciables des tribunaux correctionnels et non des conseils de guerre. (*Avis du Cons. d'Etat du 4 janv.* 1806. — V. *Tribunaux, Compétence.*)

11. Un doute s'était élevé sur la question de savoir si un procès-verbal rédigé par un simple gendarme faisait foi de son contenu, en matière de chasse, jusqu'à preuve contraire. Aujourd'hui, ce doute n'est plus permis, en présence de l'art. 22 de la loi du 3 mai 1844, qui est ainsi conçu : Les procès-verbaux des maires et adjoints, commissaires de police, officier, maréchal des logis ou brigadier de gendarmerie, gendarmes, gardes forestiers, gardes-pêche, gardes champêtres, ou gardes assermentés des particuliers feront foi jusqu'à preuve contraire.

12. Si les faits énoncés au procès-verbal sont déniés par les prévenus, ce n'est pas au ministère public à produire à l'audience le témoignage des gendarmes rédacteurs, c'est aux prévenus à détruire par la preuve contraire l'énoncé au procès-verbal qui fait foi de son contenu jusqu'à ce que l'inculpé ait établi, par témoins ou autrement, que les gendarmes ont erré et que le fait par eux rapporté comme vrai ne l'est pas.

13. Le procès-verbal signé par un seul gendarme a la même force que s'il était signé par plusieurs. (*Cass.*, 6 *juill.* et 24 *mai* 1821, et 30 *nov.* 1827.) Cependant, les signatures des deux gendarmes qui doivent toujours marcher ensemble donnent plus de confiance dans les faits constatés.

14. Les procès-verbaux de la gendarmerie sont rédigés sur papier non timbré ; ils doivent être visés pour timbre et enregistrés en débet, puis adressés au procureur de la République. Mais si le défaut d'enregistrement n'est point une cause de nullité de ces actes (*Cass.*, 27 *juill.* 1827 *et* 2 *août* 1828), il est une cause d'amende pour les rédacteurs qui ont omis ou négligé cette formalité. (*Lois des 22 frim. an* VII, *art.* 34, *et* 16 *juin* 1824, *art.* 10; *cette dernière a réduit l'amende à 5 fr. par procès-verbal non enregistré.*)

15. La preuve par témoins d'un délit de chasse peut être faite en appel aussi valablement qu'en première instance. (*Cass.*, 1er *déc.* 1826.) Les rédacteurs du procès-verbal, les maires ou adjoints qui en ont reçu l'affirmation de la part des gardes, peuvent être entendus comme témoins. (*Cass.*, 3 *fév.* 1820 *et* 17 *avril* 1823.) Enfin, le plaignant et deux témoins peuvent, par leur déposition, faire preuve suffisante d'un délit de chasse. (*Cass.*, 26 *août* 1830.)

16. Si les gendarmes témoins d'un délit de chasse ne pouvaient en rédiger et écrire eux-mêmes procès-verbal, ils pourraient le faire dresser

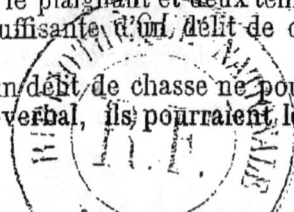

par le greffier de la justice de paix du canton ou par le maire de leur résidence, qui constaterait les causes qui les empêchent d'écrire et de
signer.

17. Lorsqu'un procès-verbal est irrégulier ou insuffisant, le tribunal
ne peut, en refusant au ministère public la faculté de faire preuve par
témoins, renvoyer le prévenu de la plainte. (*Cass.*, 26 *janv.* 1816 *et*
17 *avril* 1823.)

18. Un tribunal ne peut pas renvoyer un prévenu de délit de chasse
sans permis des poursuites dirigées contre lui, sous le prétexte que le
procès-verbal dressé par les gendarmes ne constate pas que le prévenu a
été appelé à la rédaction, et que la citation ne porte pas qu'il lui a été
donné copie du procès-verbal. Les procès-verbaux de la gendarmerie ne
sont pas soumis à ces formalités. (*Cass.*, 14 *août* 1829.)

19. Le prévenu d'un délit de chasse ne peut être renvoyé de la plainte
sur le motif que le procès-verbal est nul faute d'enregistrement. Cette
nullité ne peut être invoquée que pour les actes produits par un particulier et dans son intérêt privé, et non lorsque le procès-verbal intéresse
l'ordre public. (*Art.* 34, *loi de frim. an* VII. — *Cass.*, 1824.)

20. Les gendarmes ne sont pas obligés de nommer les délinquants dans
leurs procès-verbaux : quand ils n'ont pu parvenir à savoir leurs noms, il
suffit qu'ils les désignent d'une manière qui ne permette pas de les méconnaître et de se méprendre. (*Cass.*, 1816, *p.* 12 *du* Bulletin officiel. —
V., *au* Formulaire, *un modèle de procès-verbal.*)

21. Un délit de chasse commis par un garde-pêche est nécessairement
un délit commis hors de l'exercice de ses fonctions, qui ne se rattachent
en rien à la chasse. Le garde-pêche doit alors être traduit devant le tribunal correctionnel et non devant la Cour d'appel. (*Cass.*, 6 *janv.* 1827.)

22. L'autorisation de l'administration forestière n'est pas nécessaire
pour mettre en jugement un garde forestier prévenu de délit de chasse
sans permis sur un *terrain ensemencé* situé hors du canton de bois confié
à sa garde. (*Cass.*, 16 *avril* 1825.)

Procès-verbaux des employés des contributions indirectes
et des octrois.

Les procès-verbaux des employés des contributions indirectes et des
octrois font également foi jusqu'à preuve contraire, lorsque. dans la limite de leurs attributions respectives, ces agents recherchent et constatent les délits prévus par le § 1er de l'art. 4 de la loi sur la police de la
chasse.

Les employés des contributions indirectes et des octrois ont qualité
pour saisir le gibier présenté aux barrières et aux bureaux d'observation, et pour provoquer des poursuites contre les introducteurs, en dres-
sant procès-verbal de la contravention.

Les infractions dont il est parlé au § 1er de l'art. 4 de la loi du 3 mai,
c'est-à-dire la mise en vente, l'achat, le colportage et le transport du gibier en temps prohibé, ne peuvent presque jamais être constatées par les
gendarmes, appelés par la nature de leurs fonctions à rechercher plutôt
les délits de chasse proprement dits qui se commettent au milieu des
champs. Le concours des employés de l'octroi et des contributions

indirectes était nécessaire à l'exécution de cette partie importante de la loi.

Délinquants non connus.

Les délinquants ne peuvent être saisis ni désarmés; néanmoins, s'ils sont déguisés ou masqués, s'ils refusent de faire connaître leurs noms ou s'ils n'ont pas de domicile connu, ils sont conduits immédiatement devant le maire ou le juge de paix, lequel statue sur leur identité, après les avoir invités à désarmer leur fusil et à ôter les cartouches ou capsules.

Il est défendu aux gendarmes comme à tous autres agents d'arrêter et de désarmer les chasseurs dont l'individualité n'est pas douteuse. L'on pressent aisément les accidents qu'une résistance naturelle pourrait occasionner chaque jour, si les gardes et les gendarmes étaient tenus de désarmer les chasseurs; aussi la loi non seulement ne les oblige point à cette voie de fait, mais leur en intime la défense. (V. *p.* 104.)

A qui appartient le droit de poursuite.

Tous les délits prévus par la loi du 3 mai 1844 sur la police de la chasse sont poursuivis d'office par le ministère public, sans préjudice du droit conféré aux parties lésées par l'art. 182 du Code d'instruction criminelle.

Néanmoins, dans le cas de chasse sur le terrain d'autrui, sans le consentement du propriétaire, la poursuite d'office ne peut être exercée par le ministère public, sans une plainte de la partie intéressée, qu'autant que le délit a été commis sur un terrain clos suivant les termes de l'art. 2 (*entouré d'une clôture continue faisant obstacle à toute communication avec les héritages voisins*), et attenant à une habitation, ou sur des terres ensemencées et non encore dépouillées de leurs fruits.

1. Le principe général est qu'en matière de délits de chasse, le ministère public est investi du droit de poursuivre d'office. Le propriétaire des héritages où la chasse a été pratiquée a également le droit de faire citer les délinquants pour avoir réparation du préjudice qu'il a éprouvé.

Cependant, le droit de poursuite d'office du ministère public est suspendu dans le cas de chasse sur le terrain d'autrui sans le consentement du propriétaire, tant que ce propriétaire ne se plaint pas. L'absence de plainte de sa part est une présomption de consentement, et alors le ministère public ne peut demander la répression d'un fait toléré par celui à qui seul il pourrait préjudicier.

La présomption de consentement du propriétaire, admise dans le cas où la chasse est permise, ne l'est pas lorsqu'elle est prohibée. (*Cass.*, 3 *nov.* 1831 *et* 8 *juill.* 1834.)

2. Ce que la loi entend par *plainte de la partie intéressée* n'est pas une citation donnée à la requête du propriétaire ou du maire de la commune; une lettre de leur part, portant invitation au procureur de la République de faire citer le délinquant, suffit pour autoriser la poursuite du ministère public, sans que, dans ce cas, le plaignant puisse être réputé

partie civile, et, par suite, obligé de consigner les frais du procès, ou de les supporter en fin de cause.

Toutefois, pour que le ministère public soit sans action, il faut que l'auteur du fait de chasse ait préalablement obtenu de l'autorité préfectorale le permis sans lequel personne ne peut chasser, même sur ses propres terres.

3. Lors même que le propriétaire ne se plaindrait pas, ou qu'il exprimerait le désir qu'aucune poursuite ne fût intentée, le procureur de la République aurait le droit de faire citer d'office le délinquant, si le fait de chasse avait eu lieu dans un terrain clos suivant les termes de l'art. 2 et attenant à une habitation, ou sur des terres ensemencées et non encore dépouillées de leurs fruits. Dans le premier cas, il y a violation de la propriété, et, en quelque sorte, du domicile, car un terrain attenant à une habitation en est une dépendance, un accessoire naturel; il en fait, pour ainsi dire, partie, et il est de l'intérêt général de ne point tolérer la violation du domicile. Dans le second cas, et alors qu'il y a eu chasse sur un terrain chargé de récoltes en terre ou sur pied, la société tout entière est intéressée à ce que les produits nécessaires et destinés à l'alimentation de tous ne puissent être endommagés. C'est cet intérêt général qui donne au ministère public le droit de poursuivre d'office.

4. L'administration forestière poursuit la répression des délits de chasse dans les forêts de l'Etat, alors même qu'il n'y a pas de dommages-intérêts à obtenir. L'agent forestier qui poursuit exerce l'action publique et peut requérir la peine édictée pour défaut de permis.

5. Le fait de chasse sur un *terrain communal*, avec permis de chasse délivré par l'autorité compétente et en temps non prohibé, n'est pas un délit qui puisse autoriser la poursuite d'office du ministère public. L'action n'appartient dans ce cas qu'à la commune propriétaire. Le procureur de la République ne peut poursuivre en son nom que sur la plainte du maire. (*Art.* 1er *de la loi du* 3 mai 1844.)

Le ministère public peut poursuivre d'office, et sans qu'il y ait plainte du maire, la répression d'un délit de chasse commis dans une forêt communale, alors même que le maire aurait donné une autorisation au chasseur. L'arrêté du 19 ventôse an x déclare applicables aux bois communaux les lois et règlements relatifs aux forêts de l'Etat, lesquels défendent, d'une manière absolue, aux particuliers de chasser dans ces forêts. (*Cass.*, 9 *janv.* 1846.) Les chasses dans ces forêts sont ordinairement louées au profit des communes.

6. La loi n'ayant pas défini ce qui constitue un délit de chasse, on peut regarder comme tel le fait d'avoir tiré un coup de fusil sur un oiseau de proie, un corbeau, une hirondelle, une alouette, ou tout autre oiseau. (*Cass.*, 13 *nov.* 1818.)

Solidarité des condamnations. — *Mineurs.*

Ceux qui ont commis conjointement les délits de chasse sont condamnés solidairement aux amendes, dommages-intérêts et frais.

La solidarité a lieu en matière de délits de chasse, encore bien que l'amende soit plus forte pour l'un des délinquants, à raison de son état de récidive. (*Cass.*, 13 *août* 1853.)

Le mineur de moins de seize ans, qui s'est rendu coupable d'un délit de chasse, doit, conformément à l'art. 69 du Code pénal, être condamné seulement à la moitié des peines qu'il aurait encourues s'il eût été âgé de plus de seize ans. (*Cass.*, 18 *juin* 1846.)

Responsabilité civile.

Le père, la mère, le tuteur, les maîtres et commettants sont civilement responsables des délits de chasse commis par leurs enfants, mineurs non mariés, pupilles demeurant avec eux, domestiques ou préposés, sauf tout recours de droit.

Cette responsabilité est réglée conformément à l'art. 1384 du Code civil, et ne s'applique qu'aux dommages=intérêts et frais, sans pouvoir toutefois donner lieu à la contrainte par corps.

L'art. 6 du décret du 30 avril 1790 limitait la responsabilité aux pères et mères. La loi nouvelle l'étend aux tuteurs, maîtres et commettants, à l'égard de leurs pupilles demeurant avec eux, domestiques ou préposés ; mais si ces tuteurs, maîtres et commettants sont obligés de payer des dommages-intérêts et frais, ils ont le droit de s'en faire rembourser par leurs pupilles, apprentis, serviteurs et autres subordonnés par qui le délit a été commis. Aux termes de l'art. 1384 du Code civil, cette responsabilité cesse si les pères, mères, tuteurs, maîtres et commettants prouvent qu'ils n'ont pu empêcher le fait qui a donné lieu à la responsabilité. La confiscation du fusil ou la condamnation au paiement de sa valeur rentre dans la classe des condamnations civiles dont le père du mineur peut être déclaré responsable. (*Cass.*, 3 *fév.* 1849.)

De la prescription.

Toute action relative aux délits prévus par la loi sur la police de la chasse est prescrite par le laps de trois mois, à compter du jour du délit. (*Art.* 29 *de la loi du* 3 *mai* 1844.)

1. L'art. 12 de la loi du 30 avril 1790 déclarait la prescription acquise par le laps d'un mois, à compter du jour où le délit avait été commis. Il a été reconnu que, dans nombre de circonstances, ce délai n'était pas suffisant pour assurer une répression efficace, et le législateur a fixé à trois mois le délai durant lequel les poursuites peuvent être utilement commencées.

2. Les délits de chasse, quels qu'ils soient, sont prescrits par le délai de trois mois, à partir du jour où ils ont été commis, si, dans ce délai, ils n'ont pas été suivis d'assignation ou d'un acte d'instruction judiciaire. Cette prescription s'applique aux délits commis, tant sur les propriétés qui sont dans le domaine public, que sur celles qui appartiennent à l'Etat, aux communes, aux établissements publics et aux particuliers.

Le procès-verbal constatant le délit ne peut être regardé comme un acte de poursuite ou d'instruction ; il ne fait qu'y donner lieu. (*Cass.*, 1er *déc.* 1813, 28 *août* 1818, 30 *août* 1822, 26 *nov.* 1829 *et* 10 *sept.* 1831.)

3. Les poursuites faites par un magistrat incompétent n'interrompent pas la prescription du délit. (*Cass.*, 11 *mars* 1819.)

4. La prescription n'est pas acquise, encore qu'il se soit écoulé plus de trois mois depuis l'interrogatoire du prévenu jusqu'au jour de sa citation en police correctionnelle, si l'ordonnance de mise en prévention a été rendue moins de trois mois après l'interrogatoire, et moins de trois mois avant la date de la citation. (*Cass.*, 11 *nov.* 1825, 9 *mai* 1826 *et* 26 *nov.* 1829.)

5. La prescription ne résulte pas de ce que le prévenu n'a été traduit au tribunal correctionnel qu'après trois mois, à partir du délit, si des actes de poursuite et d'instruction ont eu lieu dans l'intervalle et avant l'expiration des trois mois. (*Cass.*, 28 *déc.* 1809 *et* 21 *nov.* 1821.)

6. S'il y a eu *action* intentée en temps utile, l'action n'est susceptible d'être prescrite que par une interruption de trois ans, comme en matière de droit commun. (*Art.* 637 *du Code d'instr., et arrêt de cass. du* 20 *sept.* 1828.)

7. La prescription de trois mois n'est pas acquise au prévenu si le délit de chasse est connexe à d'autres délits non encore prescrits. (*Cass.*, 21 *nov.* 1821.)

8. Cette prescription de trois mois se compte de quantité à quantité, et non par le laps de trois fois trente jours. Ainsi, le délit de chasse commis le 23 août peut être utilement poursuivi le 21 novembre de la même année. (*Cour de Nancy*, 28 *janv.* 1846.) Il suffit pour que la prescription ne puisse pas être invoquée qu'il ne se soit pas écoulé trois mois sans acte de poursuite. (*Cass.*, 2 *mars* 1854.)

9. La prescription des délits de chasse est régie, quant à la détermination des actes qui peuvent l'interrompre, par les dispositions du droit commun. (*Cass.*, 3 *avril* 1862.)

10. Le ministère public qui poursuit un délit de *chasse en temps prohibé*, et qui ne prend des conclusions sur un délit de chasse *sans permis* que dans le cours de l'instance et plus de trois mois après le délit, doit être déclaré non recevable. (*Cass.*, 30 *avril* 1830.)

11. Le jour où le délit de chasse a été commis n'est pas compris dans le délai fixé pour la prescription de l'action. Ainsi, lorsque le délit a été commis le 14 novembre, l'action peut valablement être formée le 14 février suivant. (*Cass.*, 10 *janv.* 1845.)

12. Lorsqu'un délit de chasse a été commis conjointement par plusieurs personnes, les poursuites dirigées dans les trois mois contre l'une d'elles ont pour effet d'interrompre la prescription du délit vis-à-vis des autres.

La citation donnée à un témoin pour venir déposer devant le tribunal dans un procès de chasse est un acte de poursuite interruptif de la prescription, encore bien que le prévenu n'ait pas été assigné ou ne l'ait été qu'irrégulièrement. (*Cour de Rouen*, 28 *fév.* 1845.)

Abrogation des anciennes lois.

Le décret du 4 mai 1812 et la loi du 30 avril 1790 sont abrogés. Sont et demeurent également abrogés, les lois, arrêtés, décrets et ordonnances intervenus sur les matières réglées par la loi du 3 mai 1844, en tout ce qui est contraire à ses dispositions.

Faux commis dans les permis de chasse.

Quiconque fabriquera un faux permis de chasse, ou falsifiera un permis de chasse originairement véritable, ou fera usage d'un permis de chasse fabriqué ou falsifié, sera puni d'un emprisonnement de six mois au moins et de trois ans au plus.

Quiconque prendra, dans un permis de chasse, un nom supposé, sera puni d'un emprisonnement de trois mois à un an. — La même peine sera applicable à tout individu qui aura fait usage d'un permis de chasse délivré sous un autre nom que le sien. (*Art. 153 et 154 du Code pénal modifiés par la loi du 13 mai 1863.*

Avertissement donné par des cris à des chasseurs en délit.

Le fait de crier à des chasseurs, à l'approche des gendarmes : *Gare, voilà les gendarmes!* est punissable, suivant des arrêts rendus par les Cours de Pau, le 7 avril 1859, et de Bordeaux, le 8 février 1867; mais il ne constitue pas le délit d'outrage par paroles envers les agents de la force publique. (*Cour de Montpellier, 18 mai 1874.*)

Tout individu favorisant un délinquant jusqu'au point de mettre la gendarmerie, qui est à sa poursuite, dans l'impossibilité de l'atteindre ou de le connaître commet une action punissable, ainsi qu'on peut s'en rendre compte par le fait suivant :

Les gendarmes de la brigade de Dol, de service du côté d'Epinac, apercevant un chasseur dans un champ, se dirigent vers lui; mais à ce moment la femme Parnoret et la femme Lelièvre crièrent au chasseur : « Sauve-toi de l'autre côté, les gendarmes sont là! » et le délinquant prit la fuite.

Les gendarmes firent des reproches à ces femmes, lesquelles répondirent naïvement n'avoir point cru mal faire en facilitant la fuite d'un chasseur.

Procès-verbal fut dressé contre elles, et c'est pour ce motif qu'elles ont comparu devant le tribunal correctionnel de Saint-Malo, qui les a condamnées, le 29 novembre 1877, chacune à 16 fr. d'amende.

« Il s'agit, a dit le procureur de la République en soutenant l'accusation, de réagir contre une erreur répandue dans nos campagnes. On croit généralement avoir accompli une bonne action en facilitant la fuite d'un malfaiteur. Si chacun agissait de cette façon, comment la gendarmerie arriverait-elle à faire son devoir? Il faut que tout bon citoyen prête son concours aux agents de l'ordre public ou au moins observe une complète neutralité. »

Cas dans lequel un chasseur doit être désarmé.

La loi ne donne aucune définition à ce sujet, mais il est facile d'y suppléer en prenant pour règle les dispositions mêmes de l'art. 329 du décret du 1er mars 1854.

En principe, il est défendu de désarmer un chasseur. S'il est connu ou s'il donne toutes les indications nécessaires pour se faire connaître, on lui déclare saisie de son fusil entre ses mains pour qu'il puisse le représenter en justice s'il y a lieu; s'il est inconnu et s'il ne donne pas les renseignements suffisants pour se faire connaître, on l'invite à se rendre chez le maire, l'adjoint, le commissaire de police, ou le juge de paix, pour établir son identité, même s'il était masqué et chassait la nuit : seulement, dans ce cas, il faudrait, pour la sécurité des agents, l'inviter à retirer les cartouches ou amorces de son fusil. Si le chasseur refuse de se faire connaître et de suivre les gendarmes, il y est contraint par la force; et, enfin, s'il les insulte ou profère des menaces contre eux, il doit être arrêté pour rébellion envers la force publique et conduit devant le procureur de la République. Dans ces deux derniers cas, il est désarmé et fouillé, conformément aux art. 275 et 329 du décret précité du 1er mars 1854 et à la circulaire ministérielle du 25 septembre 1866.

La Cour de Bourges a jugé, le 14 avril 1853, que lorsqu'un chasseur, surpris en flagrant délit, refuse d'indiquer son nom et son domicile à un garde particulier et de le suivre devant le maire ou le juge de paix, le garde est autorisé à employer la force pour vaincre sa résistance. Et en cas pareil, la tentative que le garde aurait faite de saisir le gibier du chasseur, tombé à terre dans la lutte, en supposant qu'elle excédât son droit, n'est pas de nature à légitimer le fait du chasseur d'avoir menacé et couché en joue le garde pour l'empêcher d'employer la force; en conséquence, dit la Cour, un tel fait constitue un délit de rébellion avec armes.

La saisie du gibier sur le chasseur étant défendue même en temps de chasse prohibé, il semble que cet arrêt s'applique également au fusil et qu'il justifie l'opinion émise plus haut. (V. *page* 77.)

Un chasseur qui consent à se rendre chez le maire n'est pas arrêté parce qu'il est accompagné des gendarmes, et, par conséquent, il ne doit être désarmé ou fouillé que si le maire, après l'avoir interrogé, requiert son arrestation, ou s'il s'est rendu coupable d'un délit motivant sa comparution devant le procureur de la République. Dans ce cas, il est non seulement désarmé et fouillé, mais encore attaché, si cette précaution est nécessaire pour assurer l'effet de la loi. (V. page 96.)

Traqueurs ou auxiliaires.

Le permis est personnel; mais cependant lorsque certains procédés de chasse autorisés par le préfet exigent la coopération de plusieurs personnes, le porteur du permis peut se faire aider par des auxiliaires non pourvus de permis de chasse. (*Cass.*, *8 mars 1845.*)

Lorsqu'un particulier se fait aider dans sa chasse par des traqueurs non armés, chargés seulement de rabattre le gibier, ces traqueurs n'ont pas besoin de permis de chasse ; à proprement parler ils ne chassent pas, puisqu'ils ne s'emparent pas du gibier ; ils ne sont que les agents, les instruments du chasseur. (*Cour de Nancy, 7 et 25 nov. 1844. — Cour de Paris, 28 avril 1845.*)

Si les chasseurs n'ont pas de permis ou s'ils chassent en temps prohibé, les traqueurs sont complices du délit et doivent, par conséquent, être poursuivis comme tels. Si, au contraire, les chasseurs sont en règle, les traqueurs ne sont plus que des auxiliaires employés à les aider et ne doivent pas être considérés comme chasseurs ; toutefois, si ces auxiliaires étaient employés à traquer sur le terrain d'autrui sans le consentement du propriétaire, ils commettraient un délit de complicité. (*Cass., 2 janv. 1880.*)

V. *Médaille* pour les récompenses accordées par les sociétés créées pour la répression du braconnage.

CHEFS DE LÉGION.

L'autorité d'un chef de légion est la même que celle des colonels de l'armée ; elle s'étend à toutes les parties du service. L'instruction militaire et spéciale des officiers, sous-officiers, brigadiers et gendarmes est, de sa part, l'objet d'un examen minutieux. Il accorde des encouragements aux militaires qui ont le plus efficacement contribué aux progrès des diverses parties de l'instruction spéciale et militaire, et signale, au contraire, les officiers et les chefs de brigade qui, par insouciance ou incapacité, lui paraissent avoir négligé cette partie importante de leurs devoirs. (*Art.* 169 *du décret du* 1er *mars 1854.*)

Il est responsable de la police, de la discipline, de la tenue des gendarmes dont le commandement lui est confié ; il veille à ce que les officiers et sous-officiers des différents grades exercent réellement la part d'autorité qui leur est attribuée, afin que chacun obtienne l'influence et la considération qui lui sont indispensables, et trouve, dans l'accomplissement de ses devoirs et dans la jouissance de ses droits, un moyen d'instruction et d'émulation. L'autorité du colonel doit se faire sentir bien plus par une impulsion régulatrice que par une action immédiate ; elle doit être le recours et l'appui de tous. (*Art.* 1er *du règlem. du 9 avril 1858 sur le service intérieur.*)

Les chefs de légion de gendarmerie surveillent l'ensemble du service, de l'administration et de la comptabilité de leur légion. Les conseils d'administration doivent correspondre avec le ministre par l'intermédiaire des chefs de légion, à qui ils adressent une copie de toutes les délibérations pour être approuvées. (*Art.* 162 *du décret du* 1er *mars 1854; décis. du* 1er *oct.* 1861; *circ. des 28 oct., 5 déc. 1861 et 7 août 1863.*) — Ils ne s'occupent point des détails du service, qui doit être réglé par le commandant de chaque compagnie ; cependant, s'ils s'aperçoivent de quelques négligences et inexactitudes, ou s'ils reçoivent des plaintes, ils se font rendre compte de la situation du service, réforment les abus qui s'y sont introduits, et donnent tous les ordres et toutes les instructions propres à assurer aux brigades une meilleure direction. (*Art.* 163 *du décret du* 1ᵉʳ *mars* 1854.) Enfin, ils rappellent sans cesse aux officiers les obligations qu'ils ont à remplir dans leur service et dans leurs tournées, et la surveillance spéciale qu'ils ont à exercer sur la tenue des registres prescrits aux brigades. Ils entretiennent, à ce sujet, une correspondance journalière avec les commandants de compagnie, qui leur doivent compte de tout le service fait, et ils transmettent, par la voie hiérarchique, les demandes et réclamations fondées que des officiers, sous-officiers, brigadiers et gendarmes auraient à faire, soit au ministre de la guerre, soit au chef de tout autre département ministériel, soit à une autorité administrative avec laquelle les règlements ne les autorisent pas à correspondre directement.

Chaque année, les chefs de légion arrêtent la progression du travail, la durée des exercices et la détermination des lieux de réunion des brigades, sur la proposition des commandants de compagnie. Ils donnent des ordres pour que des théories spéciales de l'arme et l'instruction militaire soient effectuées sous la direction des commandants d'arrondissement. (*Art.* 3 *du règlem. du* 9 *avril* 1858.)

Ils rendent compte par des rapports mensuels de l'état de santé des officiers malades depuis plus d'un mois. (*Circ. du* 8 *nov.* 1861.)

Le format des rapports doit être de 32/22. (*Circ. du* 31 *mai* 1854.)

Une circulaire du 19 août 1878 indique la manière de correspondre avec le ministre pour ce qui concerne : 1° les avis de secours accordés; 2° les comptes à rendre des punitions d'arrêts et de prison ; 3° la transmission des propositions de retraite et les demandes de radiation ; 4° les avis de radiation des contrôles des démissionnaires, retraités, réformés, décédés, etc., ainsi que les avis de départ des militaires pour les eaux; 5° la transmission des procès-verbaux constatant des accidents survenus dans le service aux militaires de l'arme ; 6° la transmission des certificats de mariage et de prestation de serment, etc.

Cette correspondance ne change rien aux dispositions de la circulaire du 3 août 1866 relative aux comptes à rendre des événements importants et des conflits avec des militaires d'autres armes, des autorités ou des fonctionnaires, etc., ni au compte à rendre des permissions, conformément à l'art. 28 du décret du 1ᵉˢ mars 1854.

Les lettres et rapports de service doivent être établis d'après les modèles joints à la circulaire du 28 mai 1880, qui supprime les formules de salutation dans les communications de service échangées entre les autorités militaires. Chaque affaire doit être traitée dans une dépêche ou un rapport spécial portant le timbre de la direction ou des bureaux destinataires. (*Lettre collective du* 3 *juill.* 1882.)

Les circulaires des 28 février et 10 juin 1881 déterminent les formules de salutation qui doivent être employées entre les officiers de gendarmerie des différents grades et les autorités administratives et judiciaires. (**V.** *Formules de lettres et rapports.*)

En règle générale, les chefs de légion ne reçoivent aucune réquisition verbale ni écrite des autorités : ces réquisitions doivent être adressées directement au commandant du lieu où la réquisition doit recevoir son exécution. Ils ne s'occupent point des détails du service spécial ordinaire et extraordinaire de l'arme, tel que celui ayant pour objet l'exécution des mandats de justice, les transfèrements, les correspondances, les tournées de communes, les escortes d'honneur et de sûreté, le service de surveillance dans la résidence et hors la résidence, etc., les commandants de compagnie étant seuls chargés de ces détails.

Mais, de ce que les chefs de légion ne doivent pas s'immiscer dans les *détails* du service, ils n'en conservent pas moins la haute surveillance sur l'ensemble de l'administration. Ils réforment les abus, rectifient les erreurs, négligences et inexactitudes qui ont lieu dans le service dont on leur doit compte. Ils donnent des ordres, des instructions, tracent une marche à suivre pour le service à opérer, afin d'assurer aux compagnies, arrondissements et brigades qu'ils commandent une bonne direction et l'uniformité dans la manière d'exécuter les ordres et de rendre compte des opérations effectuées.

Si, dans la circonscription de leur légion, ils se présentait une circonstance grave qui les obligeât à se mettre à la tête de leur troupe, réunie à cet effet, ils en dirigeraient personnellement la marche, en assumant sur eux la responsabilité de l'exécution des réquisitions des autorités compétentes et des ordres qu'ils pourraient ou recevoir ou donner. Il est évident que l'autorité d'un supérieur présent dans un cas semblable ne saurait être annihilée, et qu'un chef de légion ne pourrait rester spectateur impassible et inactif d'une lutte dans laquelle sa troupe se trouverait engagée.

Les chefs de légion ne doivent de rapports qu'aux ministres et aux généraux commandant les corps d'armée, avec lesquels les devoirs sont réglés d'après les art. 126 et suivants du décret du 1er mars 1854 et les circulaires des 4 mai, 20 juin, 1er octobre 1866, 19 novembre 1869 et 30 octobre 1873. S'ils ont des relations accidentelles avec d'autres autorités dans l'étendue de leur légion, elles n'ont pour but que de les prévenir de leur transport sur les lieux, lorsqu'ils se disposent à passer leur revue annuelle, ou de recueillir des renseignements, afin de redresser les irrégularités qui auraient pu se glisser dans le service. (V. *Relations avec les autorités*.)

Les chefs de légion, se trouvant sur les lieux au moment d'un crime flagrant, pourraient commencer une instruction judiciaire : ils sont, comme tous les officiers de gendarmerie, officiers de police judiciaire.

Tous les emplois de colonel de gendarmerie sont donnés par avancement aux lieutenants-colonels de l'arme.

Le nombre de ces emplois est de dix-sept pour la gendarmerie départementale, la légion d'Afrique et la garde républicaine. Le nombre des lieutenants-colonels est également de dix-sept, conformément à l'art. 62 du décret du 1er mars 1854, modifié par les décisions des 31 mars 1860 et 27 avril 1875, et les décrets des 21 juillet 1872 et 13 septembre 1880.

Les chefs de légion passent, par arrondissement, une revue annuelle des brigades sous leurs ordres. Ils déterminent eux-mêmes l'époque de cette revue de manière à avoir terminé leur travail avant le commencement des opérations de l'inspection générale.

En outre, ils doivent, au moins une fois par an, faire une visite à l'improviste dans chacune des compagnies de leur légion, indépendamment de celles qui les appellent au chef-lieu de compagnie pour présider le conseil. (*Art* 165 *du décret du* 1er *mars* 1854, *modifié par décis. présid.*

du 14 fév. 1883; circ. du 24 déc. 1862; décis. présid. du 2 nov. 1874; circ. du 12 déc. 1874. — V. Indemnités et Tournées.)

Il est expressément réservé aux chefs de légion de tracer, par des circulaires ou des ordres du jour détaillés, la marche à suivre pour l'exécution des lois, décrets, règlements, instructions et décisions dont on s'écarterait dans les compagnies près desquelles ils sont placés comme inspecteurs permanents. — Il leur appartient également de diriger par les mêmes moyens l'application des mesures générales ou collectives prescrites par l'autorité supérieure. (*Art. 164 du décret du 1er mars 1854.*)

Les devoirs des chefs de légion sont définis dans les art. 162 à 175 du décret du 1er mars 1854, 1er à 10 du règlement du 9 avril 1858 sur le service intérieur, et dans les instructions sur les inspections annuelles de l'arme.

Ils sont autorisés à laisser faire les tournées en chemin de fer aux officiers de tous grades, notamment aux chefs d'escadron, par extension à la circulaire du 13 décembre 1872. (*Circ. du 19 août 1878.*)

Le service de planton aux gares de chemins de fer est réglé par les chefs de légion, suivant les circonstances et d'après les dispositions contenues dans les circulaires des 15 décembre 1878 et 23 octobre 1880. (*V. Chemins de fer et Tournées. — V. les art. 1er à 10 du règlement sur le service intérieur, du 9 avril 1858.*)

CHEMINS DE FER.

Les officiers, sous-officiers, brigadiers et gendarmes, dans l'exercice de leurs fonctions et revêtus de leur uniforme, ont le droit de s'introduire dans les enceintes, gares et débarcadères des chemins de fer, d'y circuler et stationner, en se conformant aux mesures de précaution déterminées par le ministre des travaux publics. (*Art. 652 du décret du 1er mars 1854.*)

Il leur est interdit de suivre les voies ferrées sans une nécessité absolue et bien déterminée. (*Circ. du 16 janv. 1865.*)

Service de la gendarmerie dans les gares.

La surveillance à exercer dans les gares, où l'agglomération des voyageurs favorise les contraventions et facilite aux individus signalés les moyens de se soustraire aux recherches, est un service des plus utiles qu'il faut exiger des militaires de la gendarmerie ; mais il importe de ne pas lui donner une importance exagérée.

Ce service ne peut être réglementé d'une manière uniforme, car son utilité dépend de l'importance de la station, du nombre de trains, du voisinage des frontières, des recherches spéciales à exercer, enfin de circonstances particulières ou locales (fêtes publiques, marchés, etc.) qui viendraient à surgir ; il est subordonné également à l'effectif disponible de la gendarmerie, à la proximité de la caserne et à d'autres obligations particulières aux militaires de cette arme.

Mais en principe, un gendarme doit, lorsque les circonstances le permettent, être présent dans la gare au passage des trains. Les commandants d'arrondissement, sous l'autorité des commandants de compagnie et des chefs de légion, régleront ce service de manière que tous les trains d'une même station soient tour à tour visités, sinon le même jour du moins

successivement. Il faut éviter toute périodicité fixe dans les heures de surveillance et dans le ressort d'une même légion ou compagnie, et régler les
visites afin que les mêmes trains ne soient pas visités à des gares trop
rapprochées.

Les gendarmes de planton ne doivent pas perdre de vue qu'en cette
circonstance comme en toute autre, leur tenue et leur attitude doivent être
à la hauteur du corps d'élite qu'ils représentent.

A moins que sa présence ne soit appelée sur un autre point, le gendarme de planton doit, à l'arrivée du train, avant qu'il soit en gare, se
porter sur le quai de débarquement, prendre une attitude militaire et
conserver l'immobilité, faisant face au train jusqu'à ce que celui-ci soit
arrêté.

Pendant que le train reste en gare, le gendarme de service doit aller et
venir de la tête à la queue du train, en conservant toujours une démarche
assurée, attentive et correcte. Il doit s'abstenir de lier conversation, si ce
n'est pour son propre service ou pour répondre brièvement à des demandes
de renseignements.

Si l'arrêt du train se prolonge, le gendarme de service peut s'écarter du
quai et visiter les salles ; mais il ne doit ni s'asseoir, ni s'abandonner, ni
fumer, ni être accompagné.

Au moment où le train est en partance, il doit se porter sur le quai de
la même manière qu'il a été indiqué à l'arrivée.

L'art. 336 du décret du 1er mars 1854 prescrivant aux brigades « de
« rechercher avec soin et d'arrêter, partout où ils sont rencontrés, les
« déserteurs et insoumis signalés, ainsi que les militaires qui sont en re-
« tard de rejoindre à l'expiration de leurs congés ou permissions, d'arrê-
« ter également les militaires de l'armée de terre et de mer qui ne sont
« pas porteurs de feuilles de route, de congés en bonne forme ou d'une
« permission d'absence signée par l'autorité compétente », les gendarmes
de service dans les gares doivent s'assurer parfois de la position régulière
des militaires voyageant isolément, et s'adresseront de préférence à ceux
dont la conduite ou la tenue laisserait à désirer. Ils prendront note de
leurs noms, prénoms et du numéro de leur régiment, puis ils les signale-
ront par un rapport qui sera transmis hiérarchiquement à l'autorité militaire dans le ressort de laquelle est stationné le corps auquel l'individu
signalé appartient. Cette vérification doit être faite sans entraver le service des chemins de fer ou retarder le départ des voyageurs.

La gendarmerie étant appelée par son service de prévôté en campagne
à exercer un contrôle actif sur les militaires de toutes armes, il importe
qu'elle se familiarise avec ce service, dès le temps de paix, par la surveillance des militaires voyageant isolément, et que ces derniers s'habituent
eux-mêmes à son intervention. Mais ces attributions spéciales de la gendarmerie, édictées par le décret du 24 juillet 1875 modifiant le décret du
1er mars 1854, et rendues plus nécessaires encore par l'affluence considérable des militaires dans les rangs de l'armée, doivent s'exercer avec
beaucoup de tact et de circonspection, notamment en ce qui concerne les
sous-officiers. (*Circ.*, *des 15 déc. 1878 et 23 oct. 1880*. — V. plus bas
Prisonniers transférés.)

Prisonniers transférés par chemins de fer.

Les militaires de la gendarmerie et les prisonniers qu'ils sont chargés d'escorter ne doivent pas stationner dans les salles d'attente où se tiennent les voyageurs ; mais ils ne doivent pas non plus rester dans les corridors ou vestibules ouverts au public, ni sur les trottoirs extérieurs des gares, ni dans les cours. Les chefs de gare sont tenus de fournir un local ou un endroit quelconque afin de mettre l'escorte et les détenus à l'abri du froid et des intempéries et de prévenir, autant que possible, les évasions qui pourraient avoir lieu. (*Circ. du 15 oct. 1880.*)

Tenue de l'escorte.

Les sous-officiers, brigadiers et gendarmes chargés de ces escortes doivent conserver une tenue correcte pendant toute la durée de ce service. (*Circ. du 15 déc. 1878.*)

Pour ces escortes, ils sont en képi et col noir et peuvent ne pas emporter la carabine toutes les fois que cette mesure n'est pas nécessaire. (*Circ. des 24 mai 1875 et 18 août 1877.*)

Police des chemins de fer.

La gendarmerie saisit et conduit immédiatement devant l'officier de police de l'arrondissement quiconque est surpris détruisant ou déplaçant les rails d'un chemin de fer, ou déposant sur la voie des matériaux ou autres objets, dans le but d'entraver la circulation, ainsi que ceux qui, par la rupture des fils, par la dégradation des appareils, ou par tout autre moyen, tentent d'intercepter les communications ou la correspondance électrique. (*Art. 315 du décret du 1er mars 1854.*)

La dégradation d'une partie quelconque de la voie d'un chemin de fer, commise en réunion séditieuse, avec rébellion ou pillage, donne lieu à un rapport immédiat au ministre de la guerre, de la part des officiers de gendarmerie. (*Art. 77 du décret du 1er mars 1854.*)

Par la loi du 15 juillet 1845 et par l'art. 39 de l'ordonnance du 15 novembre 1846, portant règlement sur les chemins de fer, il est défendu à toute personne autre que le mécanicien et le chauffeur de monter sur la locomotive et le tender, à moins d'être muni d'une permission spéciale et écrite du directeur de l'exploitation, sous peine d'une amende correctionnelle. (*Cass.*, 6 août 1847.)

Aux termes de l'art. 17 de l'ordonnance du 15 novembre 1846, qui veut que tout convoi ordinaire de voyageurs contienne un nombre suffisant de voitures de chaque classe, il y a contravention lorsqu'un voyageur n'a pu trouver place dans une voiture de l'une des trois classes pour laquelle il lui avait été délivré un billet, sans qu'il soit justifié soit d'une des exceptions prévues par cette ordonnance, soit de force majeure. (*Cass.*, 22 avril 1854.)

L'art. 61 de l'ordonnance du 15 novembre 1846 ne punit l'introduction des bestiaux ou autres animaux dans l'enceinte d'un chemin de fer, par des personnes étrangères au service, qu'autant que ce fait procède de la volonté de l'homme. Il n'y a pas contravention punissable, si les bestiaux ne sont entrés dans le chemin de fer qu'en l'absence et sans la participation de leur gardien ou propriétaire, parce que, en matière de contravention, la volonté de l'homme peut être un élément constitutif et indispensable de la contravention lorsque la loi en a ainsi disposé : alors le fait matériel ne suffit pas pour donner lieu à l'application de la peine. (*Cass.*, 19 *mai* 1854.)

L'administration d'un chemin de fer ne peut faire transporter par ses voitures d'autres papiers que ceux qui accompagnent les marchandises transportées, ou qui concernent le service des wagons ; encore faut-il que ces papiers soient ouverts et non cachetés.

Ainsi il y a immixtion dans le transport des lettres de la part d'une compagnie de chemin de fer qui transporte une lettre cachetée n'accompagnant aucune marchandise, et relative, par exemple, aux intérêts de maisons de commerce ou de camionnage avec lesquelles la compagnie a traité. (*Cass.*, 15 *juillet* 1854.)

Les mesures nécessaires pour la police et la sûreté des chemins de fer ne peuvent être déterminées que par des décrets rendus en la forme des règlements d'administration publique, et non par des arrêtés préfectoraux, municipaux ou ministériels. Il résulte de là que l'inobservation des mesures de police contenues seulement soit dans les cahiers des charges, soit dans un règlement du ministre des travaux publics, soit dans un arrêté du préfet, ne peut donner lieu à aucune peine. (*Cass.*, 10 *mai* 1844 *et* 24 *avril* 1847.)

Dans un soulèvement armé, les commandants de la gendarmerie peuvent mettre en réquisition les agents subalternes de toutes les administrations publiques et des chemins de fer ; ces réquisitions sont adressées aux chefs de ces administrations, qui sont tenus d'y obtempérer, à moins d'impossibilité dont ils devront justifier sous leur responsabilité. (*Art.* 651 *du décret du* 1er *mars* 1854, *et circ. du* 17 *déc.* 1851. — V. *Réquisitions, Force publique.*)

Voyageurs sans billets.

L'individu qui a voyagé sur un chemin de fer sans billet et sans payer sa place peut être mis en état d'arrestation préventive, si le fait présente tous les caractères légaux de l'escroquerie. En dehors de cette hypothèse, le voyageur sans billet ou porteur d'un billet délivré pour un trajet plus court, s'il fait connaître son identité, ne peut être arrêté. La compagnie est alors en mesure de lui réclamer le prix de sa place ou de le faire poursuivre en vertu de l'art. 21 de la loi du 15 juillet 1845, combiné avec l'art. 63 de l'ordonnance du 15 novembre 1846. S'il ne peut établir son identité, il peut être détenu administrativement, en vertu du décret du 10 vendémiaire an IV, et lorsqu'il aura été contraint à se faire connaître, il pourra être condamné en vertu des dispositions précitées. (*Décis. concertée entre le ministre du commerce et le garde des sceaux, 25 juill.* 1845.)

Chefs de gare et agents.   Officiers de police judiciaire.

L'art. 73 de l'ordonnance du 15 novembre 1846 veut que tout agent employé sur les chemins de fer soit revêtu d'un uniforme et porteur d'un signe distinctif. Celui qui y contrevient est passible de l'amende de 16 fr. à 3,000 fr., édictée par l'art. 21 de la loi du 15 juillet 1845 pour toute infraction aux ordonnances portant règlement d'administration publique sur la police et l'exploitation des chemins de fer. (*Cass.*, 9 *janv.* 1852.)

Sont agents de l'autorité de la force publique : les chefs de station et agents de chemin de fer qui ont été désignés comme agents de surveillance par les concessionnaires, agréés en cette qualité par l'administration et assermentés devant les tribunaux. (*Arrêts des Cours de Paris, du 17 fév.* 1855, *et de Grenoble, du 7 nov.* 1862.)

Ces agents étant considérés comme officiers de police judiciaire, dans le sens de l'art. 483 du Code d'instruction criminelle, il y a lieu de les poursuivre et punir, pour les délits qu'ils commettent, conformément à l'art. 479 dudit Code. (*Cour de Metz, 4 juin* 1855.)

Le cahier des charges annexé au décret du 11 juin 1869 assimile ces agents aux gardes champêtres.

Aux termes de l'art. 23 de la loi du 15 juillet 1845, il n'y a que les *officiers de police judiciaire* qui ont qualité pour constater les crimes, délits et contraventions prévus dans les titres Ier et III de ladite loi; mais les sous-officiers, brigadiers et gendarmes ne doivent pas moins signaler, par des rapports, toutes les infractions qui parviennent à leur connaissance. (*Circ. du* 1er *oct.* 1859.)

Sont officiers de police judiciaire, pour les crimes et délits qui se commettent sur les voies ferrées, les ingénieurs des ponts et chaussées, les ingénieurs des mines (*art.* 11, 12 *et* 23 *de la loi du* 15 *juill.* 1845), les commissaires de surveillance administrative et les agents de surveillance des chemins de fer (*loi du* 27 *fév.* 1850); mais ils n'ont pas la qualité d'auxiliaires du procureur de la République. (V. *Commissaires de surveillance et Officiers de police judiciaire.*)

Accidents. — Obligation aux chefs de gare d'en donner avis.

L'obligation des chefs de convois d'informer immédiatement l'autorité locale des accidents survenus sur la voie ferrée s'applique même aux accidents survenus sur les parties de cette voie comprises dans les traversées des gares. Mais le chef de gare étant, pendant le stationnement, le véritable chef de convoi, c'est à lui qu'incombe l'obligation de faire à l'autorité locale la déclaration immédiate des accidents arrivés dans la traversée de la gare, soit à un convoi, soit par le fait de l'arrivée du convoi. (*Cass.,* 18 *août* 1859.)

Responsabilité.

Les compagnies sont responsables des vols commis dans les gares par leurs agents. (*Cour de Chambéry,* 21 *juin* 1872.)

Le chef de gare est personnellement responsable des contraventions commises relativement à son service, sauf son recours par les voies civiles contre les auteurs de la contravention, notamment en matière de transport frauduleux de lettres (*Cass.,* 5 *mai* 1855, 28 *fév.* 1856, 10 *nov.* 1864 *et* 4 *janv.* 1866), de boissons, de gibier en temps prohibé, de poudre, de tabac, etc. (*Cass.,* 1er *juill.* 1876.)

Transport des militaires de la gendarmerie isolés.

Les officiers, sous-officiers, brigadiers et gendarmes sont, comme tous les autres militaires, admis à voyager au prix fixé par le cahier des charges lorsqu'ils sont porteurs d'une feuille de route, d'un congé, d'une permission, d'un sauf-conduit ou d'un ordre délivré par l'autorité compétente. (*Art. 2 et 3 de l'arrêté du min. des travaux publics du 15 juin* 1866.) De plus, lorsque les chefs de brigade veulent voyager sur un chemin de fer pour affaire de service, ils doivent être admis au bénéfice de la réduction de prix consentie par les compagnies en faveur des militaires isolés, sur leur déclaration écrite qu'ils voyagent pour cause de service. Les gendarmes jouissent de la même faveur en présentant une déclaration de leur chef de brigade ou d'un chef supérieur. (*Art. 5 dudit arrêté et art. 653 du décret du* 1er *mars* 1854.)

Les militaires qui auraient spéculé avec des titres de voyage seraient très sévèrement punis. (*Circ. du* 12 *oct.* 1867.)

Ils ont droit à 30 kilogr. de bagages, comme les autres voyageurs; mais l'excédant est taxé au prix réduit fixé par le cahier des charges. (*Art.* 17 *dudit arrêté.*)

Des cartes personnelles, destinées à remplacer la feuille de route, sont délivrées par les compagnies de chemins de fer aux maréchaux, aux généraux, aux intendants, aux sous-intendants et aux officiers de gendarmerie. (*Art. 4 dudit arrêté, et circ. du* 1er *déc.* 1872.)

Ces cartes donnent à chacun de ces officiers la faculté de voyager au prix réduit du cahier des charges, dans la circonscription où s'étendent son commandement ou ses attributions. (*Même article.*)

Il y a des compagnies qui accordent des permis aux militaires de la gendarmerie qui en font la demande; d'autres qui les transportent gratuitement dans l'étendue, seulement, de la circonscription de leurs brigades respectives; mais alors c'est par dérogation à l'art. 5 de l'arrêté précité, et purement à titre gracieux.

Ainsi donc, si un gendarme monte dans un chemin de fer et dépasse la limite fixée par la compagnie, il faut qu'il ait un permis de l'administration ou qu'il prenne un billet, sans quoi il est exposé, comme tous les voyageurs, à payer sa place, soit en route, si un contrôleur l'exige, soit à l'arrivée à sa destination, si le chef de gare l'y oblige; de plus, il tombe sous l'application des art. 21 de la loi du 15 juillet 1845 et 63 de l'ordonnance du 15 novembre 1846, lesquels condamnent à une amende de 1.000 à 3,000 fr. toute personne trouvée dans un wagon sans billet ou dans un compartiment d'une classe supérieure.

Les titres de route des militaires doivent indiquer le grade et la qualité de l'ayant-droit au transport à prix réduit et la durée de son absence. (*Circ. des* 23 *fév. et* 10 *mai* 1869.) Ceux périmés sont considérés comme nuls. (*Art. 6 du règl. précité du* 15 *juin* 1866.)

Les compagnies sont autorisées à demander en route, au porteur de billets militaires, l'exhibition de leur feuille de route, lorsque ceux-ci ne sont pas en uniforme; mais dans le cas contraire il est interdit de faire de semblables demandes. (*Art.* 7 *dudit règl.*)

Les sous-officiers des armées et de terre et de mer, les officiers mariniers, soldats et agents de même rang en *uniforme,* qui, jusqu'à présent, n'étaient admis sur les voies ferrées que dans les voitures de deuxième et de troisième classes, pourront voyager dans les voitures de première classe lorsque l'autorisation leur en aura été donnée par l'autorité militaire.

Cette autorisation devra être expressément mentionnée sur la feuille de route ou le titre qui la supplée.

Les officiers seuls et assimilés continueront à être admis, de plein droit, à voyager dans les voitures de première classe. (*Arrêté du min. des travaux publics du 20 déc.* 1873.)

Les titres de route indiquent les points principaux où les militaires doivent passer, quand le trajet doit se faire par plusieurs voies. (*Circ. du 19 oct.* 1872.) Mais les compagnies n'ont pas le droit de tracer l'itinéraire que doit suivre le militaire, qui est libre de prendre celui qui est plus rapide ou plus économique. (V. *Arrêt de cass. du 12 nov* 1873.)

L'indemnité kilométrique de transport accordée aux sous-officiers et soldats est augmentée de 10 % lorsque le prix de la place excède 10 fr. (*Circ. du 21 juin* 1872. — V. *Timbre.*)

En cas de refus de billets à prix réduit aux militaires de passage à Paris, ils devront en faire consigner les motifs par les agents des chemins de fer sur leur feuille de route ou sur un bulletin spécial. Toutefois, cette constatation n'aura lieu qu'après le départ du train, afin de ne pas retarder la distribution des billets. (*Note minist. du 25 nov.* 1872.)

Des autres militaires isolés.

Les commissaires de surveillance administrative, en vertu des pouvoirs qui leur sont conférés par les règlements sur le service de marche, ont autorité sur les militaires isolés qui auraient perdu la direction indiquée sur leurs feuilles de route, ou qui ne seraient porteurs d'aucune pièce.

Ils ont, suivant le cas, à prendre, à l'égard de ces militaires, les mesures ci-après (*art. 22 du règl. du 1ᵉʳ juill.* 1874) :

Si des militaires isolés se trouvaient en dehors de la direction indiquée sur leur feuille de route par suite d'une erreur commise par eux de bonne foi, que le commissaire et le chef de gare apprécient, la compagnie les remet gratuitement à l'embranchement où l'erreur a été commise, ainsi qu'elle le fait pour les voyageurs civils, et le commissaire constate l'incident par une annotation sur la feuille de route afin d'expliquer le retard qui pourrait résulter du changement de direction.

Si cette situation provient du fait intentionnel de l'homme, ou si le militaire déclare ne pas avoir l'argent nécessaire pour vivre et voyager jusqu'à destination, le commissaire le remet, après examen, entre les mains de la gendarmerie ou de l'autorité militaire locale.

Dans le cas où le militaire déclare au commissaire de surveillance avoir perdu sa feuille de route, celui-ci le remet, comme il a été dit plus haut, entre les mains de l'autorité militaire, à moins que, d'après les résultats de l'examen auquel il s'est livré, il ne juge préférable de lui délivrer un sauf-conduit, valable jusqu'à la résidence du sous-intendant militaire le plus voisin, dans la direction que le militaire déclare avoir à suivre. (*Art. 23 dudit règl.*)

Effets et bagages particuliers des officiers.

Les officiers et employés militaires des différents corps de la guerre, ainsi que les ouvriers militaires des corps, ont la faculté de faire transporter, aux prix et conditions du traité en date du 22 décembre 1879, ceux de leurs bagages qui ne sont pas compris dans les bagages des corps.

Cette faculté est limitée aux objets mobiliers et aux voitures des officiers, à l'exception des denrées alimentaires de toute nature, bijoux, matières d'or et d'argent, tableaux et autres objets que les arrêtés ministériels spéciaux à chaque compagnie soumettent aux conditions de la déclaration préalable de valeur, du transport en grande vitesse, et de la taxe *ad valorem*.

Il n'est pas nécessaire que le transport du mobilier de l'officier ait lieu au moment même de son déplacement ou dans un temps limité après son départ. Il faut seulement que les expéditions soient faites directement du lieu de la dernière résidence à la nouvelle.

Les officiers ont la faculté d'assurer eux-mêmes le camionnage, soit au départ, soit à l'arrivée; dans ce cas, le décompte à payer par eux ne comporte pas les frais de ce camionnage.

Ils ont également la faculté d'expédier leur mobilier en vrac par wagons complets, dans les conditions déterminées par les règlements des compagnies. Le transport de ces wagons sera décompté au tarif des transports de la guerre, sur le poids minimum de 4,000 kilos par wagon.

Lorsque des mobiliers seront ainsi expédiés en vrac, les intéressés auront l'obligation d'assurer à leurs frais les camionnages, le chargement et le déchargement, et la responsabilité des compagnies, en ce qui concerne les pertes et avaries, sera déchargée lorsqu'elles représenteront les wagons avec leurs plombs intacts.

Les transports énumérés plus haut font l'objet d'ordres spéciaux ; le montant des transports effectués est acquitté directement, par les officiers, sur la production de la preuve de l'arrivée à destination des objets transportés.

En cas de retard dans le payement, la compagnie intéressée s'adressera au ministre, qui avisera.

En cas de difficultés au sujet des payements, les débiteurs pourront en référer au ministre, mais après acquittement préalable des frais de transport entre les mains des agents de la compagnie intéressée. (*Art. 2 de l'arrêté précité du 22 déc.* 1879, *et instr. du 31 même mois.*)

Les officiers peuvent faire transporter leur mobilier dans des voitures de déménagement au prix de 0 fr. 09 cent. par tonne et par kilomètre, sur le poids minimum de 4,000 kilos. (*Note minist. du 9 juill.* 1881.)

Mobilier des gendarmes.

Les dispositions ci-dessus ne sont pas applicables aux sous-officiers, brigadiers et gendarmes. (*Art. 2 du dit arrêté.*)

À la date du 23 mai 1862, le ministre de la guerre, consultant l'intérêt des gendarmes plutôt que le droit, avait décidé que les familles et les bagages des gendarmes seraient transportés à prix réduit sur tous les chemins de fer, en se conformant aux mesures qui étaient alors prescrites. Mais comme l'on n'a pas tardé à démontrer que les dispositions bienveillantes du ministre présentaient de grandes difficultés d'exécution, sinon des impossibilités, il a rendu, le 6 août de la même année, la décision suivante :

« Je suis informé que, dans plusieurs localités, l'agent général des chemins de fer a refusé de transporter à prix réduit la famille et les bagages des militaires de la gendarmerie passant d'une résidence dans une autre.

« L'exécution de ma circulaire du 23 mai dernier a rencontré en effet, sur plusieurs points, des difficultés qui m'ont fait reconnaître la nécessité d'en modifier les dispositions.

« Des mesures complémentaires vont être concertées entre l'administration de la guerre et celle des compagnies de chemin de fer. Dès qu'elles auront été définitivement adoptées, une nouvelle circulaire sera adressée aux chefs de légion.

« En attendant, les militaires changeant de résidence auront à s'adresser, comme par le passé, aux chefs de gare sur les lignes de chemins de fer. »

Depuis lors, aucune disposition nouvelle n'ayant été prise, la circulaire du 23 mai précitée est toujours abrogée.

Comme on le voit, le mobilier n'a droit à aucune réduction de prix, mais il est possible d'obtenir un peu de bienveillance de la part des compagnies, en adressant préalablement une demande à leurs directeurs.

Un grand nombre de compagnies accordent, *à titre gracieux*, aux sous-officiers, brigadiers et gendarmes, une réduction de 50 % sur les frais de transport des mobiliers qu'ils expédient en petite vitesse, à l'occasion de leur changement de résidence ; mais cette faveur n'est consentie qu'autant qu'elle a été demandée avant le chargement des objets, car une fois le transport effectué, il n'est accordé aucune remise, aucune décharge.

Transport des chevaux d'officiers.

Les chevaux d'officiers de toutes armes sont transportés par les voies ferrées, au compte de l'Etat, lorsque *les changements de résidence ont lieu en vertu d'un ordre de service.*

Dans l'intérêt du Trésor et pour prévenir les abus il est fait exception à la règle dans les cas suivants : 1° lorsque le déplacement résulte d'une permission, d'une permutation ou de motifs de convenance personnelle ; 2° pour les officiers allant en Algérie ou en revenant ; 3° pour ceux qui vont en mission ou exécutent un ordre de service qui ne comporte pas la nécessité d'être monté ; et 4° enfin pour tout déplacement inférieur à un trajet de 50 kilomètres.

Dans ces divers cas, l'officier sera libre de faire voyager à ses frais, aux mêmes prix que l'Etat, le nombre de chevaux qu'il est autorisé à posséder et qu'il possède réellement. (*Circ. du* 7 sept. 1875.)

Le prix de transport d'un cheval voyageant avec feuille de route est de :

	fr.
Pour la route, par kilomètre	0,05,60
Pour le 10 %	0,00,56
Total	0,06,16

Transport des chevaux des sous-officiers, brigadiers et gendarmes.

D'après la décision ministérielle du 29 octobre 1869, les chevaux des gendarmes changeant de résidence n'étaient transportés par les voies ferrées, aux frais de l'Etat, que lorsque la distance à parcourir était de plus de six étapes. Une décision du 26 août 1878 porte que le transport des chevaux des sous-officiers, brigadiers et gendarmes appelés *d'office* à changer de résidence aura lieu sur les voies ferrées, au compte de l'Etat, lorsque la distance à franchir sera égale ou supérieure à 50 kilomètres. Mais, quelle que soit la distance à parcourir, les officiers, sous-officiers et gendarmes ont le droit de faire voyager leur cheval au prix du tarif militaire, à leurs frais, même lorsqu'ils changent de position par permutation sur leur demande ou pour convenance personnelle.

Tout cheval ne peut être transporté par chemin de fer, au tarif militaire, qu'autant qu'il est accompagné de son cavalier ou de l'ordonnance chargé de le conduire. (*Circ. du 28 sept. 1880.*)

Effets à reprendre au domicile des militaires décédés, etc.

Tous les effets que l'administration peut avoir à faire rentrer en la possession de l'Etat continueront à être repris au domicile du militaire qui en était détenteur, par les soins de la gendarmerie qui les portera jusqu'à l'établissement hospitalier le plus à proximité (hôpital militaire ou hospice civil recevant habituellement des militaires).

Les fonctionnaires de l'intendance feront ensuite verser ces effets dans les magasins de l'administration ou des corps de troupe, en employant les transports généraux de la guerre, pourvu toutefois que la valeur des effets soit supérieure au prix du transport.

Transport des effets et munitions de la gendarmerie.

A moins que le nombre, le volume ou le poids n'exigent le recours aux transports généraux de la guerre, les correspondances restent chargées de la transmission des objets de toute nature et des munitions de la gendarmerie en provenance ou en destination du chef-lieu d'arrondissement, sauf à utiliser les voitures à collier employées au transport des prisonniers voyageant sous escorte.

Les effets expédiés par les fournisseurs aux conseils d'administration de la gendarmerie sont confiés aux transports généraux de la guerre; il en est de même pour ceux qui sont refusés par les conseils d'administration et renvoyés aux fournisseurs. — Mais dans ce second cas les frais d'envoi (aller et retour) sont à la charge desdits fournisseurs. (*Instr. du 31 déc. 1879.* — V. *Commissaires de surveillance administrative et Police judiciaire.*)

CHIENS.

Les individus qui laissent vaguer des chiens dangereux ou enragés sont passibles d'une amende de 6 fr. à 10 fr. (*Art. 475 du Code pénal.*)

Lorsqu'il se manifeste des symptômes de rage parmi les chiens, les maires doivent prendre un arrêté qui ordonne de tenir les chiens à l'attache ou de ne les laisser sortir que pourvus d'une muselière. Ils peuvent faire tuer, après la publication de cet arrêté, tous les chiens qui seraient trouvés errants ou non muselés. Ils désignent des préposés à cet effet.

La gendarmerie peut être réquise par les maires, non pour agir elle-même dans cette opération, mais pour prêter main-forte aux agents qui en sont chargés.

Le maire d'une commune qui a été parcourue par un chien *suspect* d'hydrophobie ne peut prescrire, comme mesure de sûreté, l'abatage des animaux que ce chien a mordus qu'autant que cette mesure doit recevoir son exécution dans des lieux publics sur des chiens en état de divagation. (*Cass.*, 16 *nov.* 1872.) Mais si ce chien était *atteint* d'hydrophobie, le maire pourrait prescrire l'abatage immédiat de tous les animaux mordus, sans distinguer entre eux ceux qui sont et ceux qui ne sont pas en état de divagation. Dans ce cas, tout individu qui refuse de faire abattre un de ces animaux est en contravention. (*Cass.*, 20 *août* 1874.)

Le règlement qui défend de laisser divaguer les chiens, même en vue de prévenir la contagion et les dangers de l'hydrophobie, n'a pas pour effet de faire classer les chiens parmi les animaux malfaisants, et, par ce motif, les personnes qui ont contrevenu à ce règlement sont punissables des peines édictées par l'art. 471, § 15, du Code pénal, et non de celles plus sévères de l'art. 475, § 7. (*Cass.*, 18 *juill.* 1868.)

Hors les cas où il s'est manifesté des symptômes de rage, les chiens de chasse, de troupeaux et de garde sont sous la protection de la loi. Ces animaux sont tellement précieux que le Code pénal punit d'un emprisonnement de six jours à six mois quiconque a, sans nécessité, tué un animal domestique dans un lieu dont celui à qui cet animal appartient est propriétaire, locataire, colon ou fermier. La peine est portée au maximum s'il y a eu violation de clôture.

Le chien qui, laissé à l'abandon sur un marché pendant que son maître est dans une auberge voisine, est entré dans une maison et y a étranglé un lapin, doit être considéré comme un animal malfaisant en état de divagation, et le maître est, par suite, punissable des peines édictées par l'art. 479, n° 2, du Code pénal. (*Cass.*, 20 *nov.* 1868.) Lorsqu'un chien, laissé en liberté, va dans la maison d'un voisin attaquer et étrangler des animaux domestiques, le fait de l'avoir laissé divaguer est passible de l'application des art. 475, § 7, et 479, § 2, du Code pénal. (*Cass.*, 12 *juin* 1866.)

L'obligation pour le maître dont le chien est porté à mordre les passants, de ne pas l'abandonner sans précautions suffisantes, s'applique non-seulement à la circulation sur la voie publique, mais aussi au séjour à l'intérieur des lieux publics, tels que les cabarets et les dépendances ouvertes aux consommateurs. (*Cass.*, 8 *nov.* 1867.)

Le maître d'un chien qui a mordu un individu peut être puni des peines de l'art. 320 du Code pénal.

Ceux qui auraient excité ou n'auraient pas retenu leurs chiens lorsqu'ils attaquent et poursuivent les passants, sont condamnés à une amende de 6 fr. à 10 fr., quand même les chiens n'auraient causé aucun mal ni dommage. (*Art.* 475 *du Code pénal.*)

Les procès-verbaux, dans l'espèce, doivent être enregistrés et visés pour timbre ; ils sont remis, suivant le cas, soit au procureur de la République, soit au juge de paix. (V. *Animaux domestiques, Fourrière et Epizootie.*)

CIMETIÈRES.

L'acquisition du terrain pour les cimetières doit être autorisée par le gouvernement, sur le rapport des autorités locales, qui le choisissent loin des habitations, dans l'intérêt de la salubrité publique. Leur clôture indispensable est à la charge des communes. Nul ne peut, sans autorisation, élever aucune habitation, ni creuser aucun puits dans le rayon de cent mètres des cimetières. (*Art. 2 du décret du 7 mars 1808.*)

L'art. 15 du décret du 23 prairial an XII, ainsi conçu, est expressément abrogé par la loi du 14 novembre 1881 :

« Dans les communes où l'on professe plusieurs cultes, chaque culte doit avoir un lieu d'inhumation particulier ; et, dans le cas où il n'y aurait qu'un seul cimetière, on le partagera par des murs, haies ou fossés, en autant de parties qu'il y a de cultes différents, avec une entrée particulière pour chacune, et en proportionnant cet espace au nombre d'habitants de chaque culte. »

La police des cimetières appartient à l'autorité municipale, chargée spécialement de maintenir l'exécution des règlements qui prohibent les inhumations et exhumations non autorisées, et d'empêcher qu'il ne se commette dans les lieux de sépulture aucun désordre, ou qu'on s'y permette aucun acte contraire au respect dû à la mémoire des morts. (*Art. 16 et 17 du décret du 23 prair. an XII.*)

Aucune inscription ne peut être placée sur les pierres tumulaires ou monuments funèbres, sans avoir été préalablement soumise à l'approbation du maire. (*Art. 6, ord. du 6 déc. 1843.*)

Si, pour des motifs sur lesquels elle seule statue, l'autorité ecclésiastique refuse, sous prétexte de l'irréligion du défunt ou pour tout autre motif, de procéder à l'inhumation, les parents s'adressent immédiatement à l'autorité civile, qui doit faire porter et inhumer le corps. Ainsi le veulent l'ordre public et le décret du 23 prairial an XII. Mais personne n'a le droit d'introduire le corps dans l'église malgré le ministre du culte.

La gendarmerie doit dresser des procès-verbaux de toutes les contraventions et délits qui, à cette occasion, parviennent à sa connaissance, et les transmettre, visés pour timbre et enregistrés en débet, à l'autorité compétente.

Celui qui se rendrait coupable de la violation de tombeaux ou sépultures, serait puni d'un emprisonnement de trois mois à un an et d'une amende de 16 fr. à 200 fr., sans préjudice de plus grandes peines pour les crimes ou les délits qui seraient joints à celui-ci. (*Art. 360 du Code pénal.*)

Il y a délit de violation de tombeaux, non seulement dans le fait de dégrader ou détruire un monument funéraire, mais aussi dans celui d'arracher les fleurs entretenues sur une tombe comme signes indicatifs de sépulture. (*Cour de Caen, 25 nov. 1868.*)

On doit considérer comme sépulture le lit où sont couchés les restes d'un mort, alors surtout que le cadavre est enseveli dans les linges funéraires, entouré d'un signe religieux et de flambeaux. (*Cour de Paris, 8 juill. 1875.*)

CITATIONS. — JURÉS. — TÉMOINS.

La gendarmerie peut être requise de porter des citations (*loi du 5 pluv. an XIII et art. 72 du Code d'instr. crim.*); mais les magistrats ne doivent l'employer à ce service *qu'à défaut absolu d'huissiers* ou de tous autres agents spéciaux, et dans le cas de nécessité urgente ; il importe que les gendarmes ne soient pas détournés de leurs fonctions. (*Circ. min. du 10 avril 1821, et art. 107 du décret du 1er mars 1854. — V. Huissiers.*)

Lorsqu'il s'agit de fait ressortissant à la justice militaire, la gendarmerie est chargée de faire toutes assignations, citations et notifications, en vertu des art. 102 et 183 du Code de justice militaire. (*Art.* 133 *du décret du 1er mars* 1854.)

Lorsque des gendarmes sont chargés de notifier à des témoins militaires, en activité de service et logés dans les casernes, des cédules émanées de l'officier rapporteur près un conseil de guerre, les commandants de gendarmerie, à qui ces cédules sont adressées, en préviennent immédiatement les chefs de corps, afin qu'ils donnent des ordres pour en faciliter la notification. Les gendarmes se présentent alors à la caserne pour remettre une copie de la cédule aux témoins militaires, et, s'ils ne s'y trouvent pas, ils laissent cette copie à l'adjudant de service, qui vise l'original. Il est fait mention de cette circonstance dans l'acte de notification; après quoi les originaux des notifications, dûment signés, visés pour timbre et enregistrés en débet, sont envoyés, sans délai, au magistrat ou rapporteur qui a délivré les cédules. Avant de délivrer copie des cédules aux assignés, il faut faire viser pour timbre ces copies par le receveur de l'enregistrement. Si les gendarmes ne trouvent pas à son domicile la personne non militaire citée, ils laissent la copie de sa citation à un voisin, qui vise l'original. Si ce voisin ne peut ou ne veut signer l'original, le gendarme remet la copie au maire ou à l'adjoint, qui vise l'original. Le gendarme fait mention du tout tant sur l'original que sur la copie. L'exécutoire pour le paiement de la taxe du témoin est délivré par le rapporteur ou autre qui a procédé à l'audition de ce témoin, au dos ou au bas de la citation. Cet exécutoire reste entre les mains du receveur de l'enregistrement, après avoir été quittancé par la partie prenante.

Jurés.

La notification des citations aux jurés entre dans les attributions spéciales de la gendarmerie, ainsi que celle des décisions du préfet relatives aux droits électoraux. Ces notifications, qui se font sans frais, ont lieu à la réquisition de l'autorité administrative. (*Art.* 133 *de la loi du* 28 *germ. an* VI (17 *avril* 1798); *art.* 72 *du décret du* 18 *juin* 1811; *art.* 21 *de la loi du* 15 *avril* 1831; *et art.* 108 *du décret du 1er mars* 1854.)

Les huissiers pourraient notifier également ces citations. Si, dans quelques circonstances extraordinaires, le ministère des huissiers paraissait indispensable, les magistrats de l'ordre judiciaire confieraient cette opération aux huissiers des divers cantons où résident les jurés : alors ces officiers ministériels recevraient la taxe de notification (*déc. de M. le garde des sceaux du* 10 *fév.* 1824 *et instr. gén. du* 30 *sept.* 1826); mais la signification de ces actes par la gendarmerie se concilie parfaitement avec son service, et ce moyen est tout à la fois le plus expéditif et le plus économique. Au surplus, quelles que soient les personnes chargées de citer les jurés, il est essentiel que la citation soit exactement remise ; et, pour qu'il ne reste à cet égard aucune incertitude, il convient d'exiger que l'original soit signé de la personne à qui la copie a été laissée.

Si le juré est absent et s'il ne se trouve personne à son domicile, la copie est laissée au maire ou à l'adjoint de la commune, qui vise l'original. (*Art.* 4 *du Code de proc. civ.* — V. *Dommages-intérêts.*)

Gendarmes appelés en témoignage.

La discipline militaire ne permettant pas que des soldats puissent s'absenter sans la permission de leurs chefs, les magistrats qui appellent des gendarmes en témoignage doivent prévenir, vingt-quatre heures au moins avant la comparution, l'officier qui commande l'arme au chef-lieu de l'arrondissement dans lequel le témoin est employé, ou celui sous les ordres duquel il se trouve. Les citations sont d'ailleurs notifiées dans la forme ordinaire ou par simple voie d'avertissement; il suffit même d'en prévenir les chefs, certain que ceux-ci ne manqueront pas de donner des ordres qui seront exécutés. (*Instr. du min. de la justice du* 13 sept. 1820.)

L'indemnité de déplacement est due aux gendarmes appelés en témoignage, même dans leur résidence. (V. *Indemnités.*)

Les militaires appelés en témoignage qui ne rejoignent pas dans les délais fixés par leur feuille de route sont privés du rappel de solde pour le temps qui s'est écoulé depuis le jour où ils ont cessé d'être retenus près du tribunal jusqu'à celui de leur rentrée à leur poste. (*Art.* 47 *du décret du* 18 *fév.* 1863.)

A défaut d'huissier dans un canton, la gendarmerie doit-elle être chargée de la signification des jugements correctionnels ou de simple police et des citations de témoins, et, dans le cas de l'affirmative, doit-elle faire les expéditions et fournir le papier à ses frais?

Le décret du 18 juin 1811 a disposé, par son art. 72, qu'il ne serait alloué aucune taxe aux agents de la force publique pour les citations, notifications et significations dont ils seraient chargés par les officiers de police judiciaire et par le ministère public.

Celui du 1er mars 1854, art. 107, a ajouté à cette disposition que la gendarmerie ne pourrait être employée à porter des citations aux témoins appelés devant les tribunaux que dans le cas d'une nécessité urgente et absolue, parce qu'il importe que les militaires de cette arme ne soient pas détournés de leurs fonctions pour ce service, lorsqu'il peut être exécuté par les huissiers et autres agents. A plus forte raison doit-il en être ainsi à l'égard de la signification des jugements de simple police, qui exige des écritures et la fourniture du papier.

Mais quand il n'y aura pas d'huissiers dans *le canton*, il faut bien que la gendarmerie, désignée pour les remplacer (*loi du 5 pluv. an* XIII, *art.* 1er), fasse les significations requises par le ministère public, encore bien que toute allocation, toute indemnité lui soit refusée par le tarif.

On pourrait remédier à ce surcroît de service pour les gendarmes si des circonstances locales n'y mettaient point d'empêchement. En interdisant d'employer, pour les exploits à notifier dans une localité, les huissiers d'un autre canton, la loi précitée du 5 pluviôse an XIII n'a pas eu d'autre but que d'économiser les frais du transport de ces officiers ministériels. Or, à la différence des notaires de canton, qui ne peuvent pas recevoir des actes dans une autre circonscription, les huissiers attachés au service d'un tribunal de première instance ont qualité pour exercer leur ministère dans tout le ressort de ce tribunal, à la condition qu'ils se contenteront du salaire qui aurait été attribué à l'huissier du canton dans lequel l'acte a été délivré. (*Circ. du min. de la justice du* 23 sept. 1812.) Aussi, dans un grand nombre d'arrondissements, les procureurs de la République, pour simplifier et accélérer le service, ont-ils pris le soin d'attacher à leur parquet l'un des huissiers ordinaires, qui consent à faire toutes les citations et notifications de ce parquet, dans les autres cantons comme au chef-lieu de l'arrondissement, sans exiger des droits plus élevés que s'il résidait dans la localité où il va instrumenter. A la fin de chaque exercice, son mémoire, ainsi restreint, est taxé et ordonnancé par le président du tribunal, sur la réquisition du procureur de la République, et n'éprouve de ce chef aucune contestation dans les bureaux de la chancellerie, parce que, au résultat, le Trésor n'y perd rien. Et même, lorsque cet huissier agit par ordre du procureur de la République ou du président du tribunal, il a le droit de compter son transport à partir de sa résidence. Si donc le procureur de la République, à qui les gendarmes doivent en référer par la voie hiérarchique, trouvait un huissier, soit du chef-lieu, soit d'un canton voisin, qui voulût et qui pût accepter une pareille mission, il réorganiserait plus équitablement ce service et la gendarmerie en serait dispensée.

Enfin, à défaut de ce moyen, qui n'est peut-être pas praticable *dans l'état des lieux*, les gendarmes lésés pourraient jouir de la même indemnité qu'un huissier quand ils en remplissent l'office, comme cela existe du reste pour les arrestations opérées en vertu de jugements, de mandats d'arrêt, etc.

En cas de condamnation, ce sont les prévenus cités sans frais par les gendarmes qui profitent de cette indemnité, et en cas d'acquittement c'est l'Etat. Si le décret du 18 juin 1811 accorde le droit de capture à l'huissier qui fait le métier de gendarme en arrêtant un individu dans les conditions déterminées, il serait juste d'accorder au gendarme les droits d'original, de copie d'exploit ou de rôles d'écritures quand on lui fait remplir le métier d'huissier. Dans aucun cas, les gendarmes n'auraient droit aux frais de transport qui sont alloués aux huissiers. (V. *Huissiers, Arrestation en flagrant délit, Officiers de police judiciaire, Outrages et Témoins*.)

CLOCHES.

L'évêque doit se concerter avec le préfet pour régler le son des cloches (*art.* 48 *de la loi du* 18 *germ. an* x).

Les cloches sont particulièrement destinées à indiquer l'heure du service divin et à appeler les fidèles à l'église.

Frappées à coups précipités, ou mises en branle d'une manière inaccoutumée, elles servent aussi à avertir les habitants des incendies, des inondations, des calamités qui peuvent survenir, et à provoquer l'arrivée des secours. Cette manière d'agiter les cloches se nomme *tocsin;* mais, pour que la malveillance n'en fasse pas un abus dangereux, elles ne peuvent être sonnées, dans chaque commune, pour toute autre cause que le service divin, sans la permission de l'autorité locale. (*Art.* 48 *de la loi du* 18 *germ. an* x (8 *avril* 1802.)

Si, croyant détourner l'orage, les habitants des campagnes peu instruits sonnaient les cloches sans la permission du maire, ils contreviendraient à la loi du 18 germinal an x, art. 48; à l'arrêt du Parlement de Paris du 24 juillet 1784, et à celui du Parlement de Toulouse du 4 juillet 1786, prononçant l'un et l'autre une amende de 10 fr., et de 50 fr. en cas de récidive. Ces dispositions ont été maintenues par les lois des 19-22 juillet 1791, titre Ier, art. 46; du 21 septembre 1792; du 18 germinal an x; et par l'art. 484 du Code pénal.

CLOTURES.

Les dégradations de haies et de toute clôture quelconque doivent fixer l'attention de la gendarmerie. Cette surveillance entre davantage dans la spécialité du service des gardes champêtres; mais, comme les haies vives ou sèches, hautes ou basses, sont des clôtures qui doivent être respectées, et que leur dégradation est un délit punissable de peines correctionnelles, conformément à l'art. 456 du Code pénal, la gendarmerie doit la constater. (V. *Dégradations, Chasse.*)

COALITION.

La loi du 25 mai 1864 a abrogé les art. 414, 415 et 416 du Code pénal, lesquels ont été remplacés par les suivants :

Art. 414. Sera puni d'un emprisonnement de six jours à trois ans et d'une amende de seize francs à trois mille francs, ou de l'une de ces deux peines seulement, quiconque, à l'aide de violences, voies de fait, menaces ou manœuvres frauduleuses, aura amené ou maintenu, tenté d'amener ou de maintenir une cessation concertée de travail, dans le but de forcer la hausse ou la baisse des salaires ou de porter atteinte au libre exercice de l'industrie ou du travail.

Art. 415. Lorsque les faits punis par l'article précédent auront été commis par suite d'un plan concerté, les coupables pourront être mis, par l'arrêt ou le jugement, sous la surveillance de la haute police pendant deux ans au moins et cinq ans au plus.

Art. 416. Seront punis d'un emprisonnement de six jours à trois mois et d'une amende de seize francs à trois cents francs, ou de l'une de ces deux peines seulement, tous ouvriers, patrons et entrepreneurs d'ouvrage qui, à l'aide d'amendes, défenses, proscriptions, interdictions prononcées par suite d'un plan concerté, auront porté atteinte au libre exercice de l'industrie ou du travail.

Ces articles sont applicables aux propriétaires et fermiers, ainsi qu'aux moissonneurs, domestiques et ouvriers de la campagne. — Les art. 19 et 20 du titre II de la loi du 28 septembre-6 octobre 1791 sont abrogés.

La loi, en autorisant les coalitions, punit l'atteinte à la liberté du travail et de l'industrie résultant de menaces d'interdiction dirigées, soit contre un ouvrier proscrit, soit contre le patron qui l'emploie, soit contre les autres ouvriers qui restent dans le même atelier. Est complice du délit, celui qui, en vertu d'un plan concerté, épie l'ouvrier proscrit et fournit des renseignements pour assurer l'effet de la proscription. Il y a menace caractérisée dans l'ordre par écrit, donné au nom de l'association par des affiliés, de quitter l'atelier où l'on emploie l'ouvrier à qui le travail est interdit. (*Cass., 5 avril 1867.*)

L'art. 417 du Code pénal est applicable aux bouchers qui, par suite d'une coalition formée entre eux, ont cessé d'abattre des bestiaux et de garnir leurs étaux, et ont ainsi contraint l'autorité municipale à élever la taxe de la viande de boucherie. (*Cass.*, 29 *mai* 1840 *et* 3 *juill.* 1841.)

Lorsque, par suite de coalition, les ouvriers se réunissent dans les ateliers publics ou manufactures, et résistent avec violences et voies de fait à l'autorité ou à la force publique, la peine est plus grave. Dans ce cas, les art. 209 et 210 du Code pénal la graduent suivant le délit et le nombre des personnes révoltées, armées ou non armées. (**V.** *Rébellion.*)

Dans un grand nombre de cas où les réunions ou assemblées d'ouvriers ont pour but de débattre des questions d'intérêt entre eux et les patrons, la force armée étant plus nuisible qu'utile, il importe qu'elle n'intervienne que si elle est mandée par l'autorité compétente.

La gendarmerie ne saurait donc apporter trop de prudence et de modération dans les faits de ce genre.

Bien que les grèves ne tombent plus sous l'application de la loi, lorsqu'elles observent les dispositions rappelées ci-dessus, les militaires de l'arme ne doivent pas moins, dès qu'ils en sont informés, les signaler sans aucun retard aux autorités administratives, judiciaires et militaires afin qu'elles puissent se concerter et prendre les mesures que commanderaient les circonstances.

COLLÈGES ÉLECTORAUX.

L'entrée dans l'assemblée électorale avec armes apparentes est interdite. En cas d'infraction, le contrevenant sera passible d'une amende de 16 à 100 fr. La peine sera d'un emprisonnement de quinze jours à trois mois et d'une amende de 50 à 300 fr. si les armes étaient cachées. (*Art.* 37 *du décret organique du* 2 *fév.* 1852.)

Le président du collège ou de la section a seul la police de l'assemblée. Nulle force armée ne peut, sans son autorisation, être placée dans la salle des séances, ni aux abords du lieu où se tient l'assemblée. Les autorités civiles et les commandants militaires sont tenus de déférer à ses réquisitions. (*Art.* 11 *du décret réglem. du* 2 *fév.* 1852.)

Un gendarme présent à sa brigade, qu'il soit de service ou non, n'a pas le droit d'entrer dans une salle où se font les élections, pour deux motifs : le premier, c'est qu'il n'est pas électeur (*art.* 7 *de la loi du* 30 *nov.* 1875); le second, c'est qu'il représente la force publique. Mais s'il était en congé régulier dans la commune où il a son domicile légal et sur la liste de laquelle il est inscrit, il pourrait prendre part au vote, à la condition, toutefois, qu'il déposerait ses armes avant d'entrer dans la salle. (*Art.* 5 *de la loi du* 27 *juill.* 1872, *et circ. du* 26 *oct.* 1874.)

Par militaire en congé régulier, on doit entendre les militaires qui sont pourvus d'une autorisation *régulière d'absence* de plus de trente jours. Les autorisations d'absence de cette durée présentent seules, aux termes du décret du 27 novembre 1868, les conditions d'un congé.

A l'occasion, soit des réunions des conseils municipaux pour les élections sénatoriales, soit de ces élections elles-mêmes, soit enfin des autres élections, le ministre de la guerre rappelle aux militaires de la gendarmerie qu'ils doivent se borner, dans ces circonstances, à assurer le maintien de l'ordre et la liberté des votes.

Les officiers, sous-officiers, brigadiers et gendarmes doivent observer la plus grande réserve et ne pas s'écarter de l'impartialité imposée à la gendarmerie par la nature de ses fonctions. Ils doivent se tenir soigneusement en dehors de la lutte électorale.

Dans aucun cas et sous quelque prétexte que ce soit, ils ne doivent se faire agents électoraux ou distributeurs de bulletins de vote. Ils doivent également s'abstenir de toute pression à l'égard des électeurs.

La gendarmerie doit se tenir prête à déférer aux réquisitions qui lui seraient adressées par les préfets pour assurer le maintien de l'ordre et pour transporter, s'il y a lieu, les résultats soit des scrutins, soit des procès-verbaux de vote. (*Circ. des* 13 *janv.* 1876 *et* 29 *juill.* 1881.)

Il est arrivé que dans certains départements les chefs de brigade ont été requis de centraliser les bulletins de renseignements établis par chaque maire, de dresser, d'après ces bulletins, un état indiquant, pour toutes les communes du ressort, le nombre des inscrits, des votants, des voix obtenues, et enfin de rédiger eux-mêmes les dépêches télégraphiques relatives aux résultats du vote. Non seulement une semblable tâche tend à faire sortir ces militaires du rôle de simples agents de transmission, dans lequel ils doivent se renfermer d'après les instructions sur la matière, mais elle les amènerait même, fatalement parfois, à consigner dans leurs dépêches des renseignements ou appréciations ressortissant au domaine de la politique, qui leur est fermé. Bien qu'expressément commandée, d'ailleurs, par la réquisition préfectorale, cette immixtion dans des opérations étrangères à leur service pourrait susciter des conflits entre eux et l'autorité municipale.

La mission dont il s'agit ne doit pas être imposée à la gendarmerie; elle revient naturellement aux maires des chefs-lieux de canton pourvus de bureaux télégraphiques, et la gendarmerie doit demeurer uniquement chargée de recueillir sur place et de transporter les procès-verbaux de vote ou les relevés sommaires du dépouillement du scrutin, suivant les réquisitions qu'elle pourra recevoir à cet effet. (*Circ. du min. de l'int. aux préfets, du* 19 *mai* 1881.)

Les officiers de l'armée territoriale admis à faire un stage volontaire dans un corps de troupe ont le droit de voter pendant la durée de ce stage. (*Avis du Conseil d'Etat, du* 7 *fév.* 1877.)

Voir, pour les affiches et les bulletins de vote, les art. 3 et 16 de la loi sur la presse du 29 juillet 1881, et, pour les réunions, la loi du 30 juin 1881, aux mots *Réunions publiques.*

COLPORTEURS. — VENDEURS.

La gendarmerie surveille le colportage des livres, gravures et lithographies. (*Art.* 302 *du décret du* 1er *mars* 1854.)

On nomme colporteur tout petit marchand qui porte lui-même ses marchandises, parcourt les foires et marchés des villes, bourgs ou villages, pour les y vendre en étalage ou en ambulance; par extension, on nomme aussi colporteurs les marchands qui placent leurs marchandises sur un cheval ou autre bête de somme, ou sur une petite voiture. L'expression marchandises s'étend aux livres, écrits, brochures, journaux, dessins gravures, lithographies et photographies. (*Ord. du* 10 *déc.* 1830, *loi du* 17 *juin* 1880, *et Code pénal, art.* 283, 284, 285, 286, 287, 288 *et* 293.)

L'industrie qu'exercent les individus nomades doit attirer toute l'attention de la gendarmerie. Les colporteurs sont partout l'objet d'une surveillance active, parce qu'ils trompent souvent les gens de la campagne, qu'ils leur vendent des effets volés, des marchandises de contrebande, des chansons, des livres et des estampes contraires aux mœurs et à la tranquillité publique. Il leur est expressément défendu, de même qu'à tous marchands forains, de s'établir sur les places publiques et dans les rues, *sans une patente* (*loi du* 4 *therm. an* III) *et une permission du maire,* qui doit leur interdire le débit des livres, chansons et estampes contraires à la décence et à l'ordre public. (*Art.* 287 *du Code pénal.*) En cas de contravention aux règlements de police, un procès-verbal est rédigé par la gendarmerie et adressé au commissaire de police, après avoir été visé pour timbre et enregistré en débet dans les délais voulus. (V. *Patentes,* p. 458.)

Indépendamment de ces contraventions aux règlements de police, la gendarmerie doit rédiger des procès-verbaux :

1° Contre tous les colporteurs, étalagistes, crieurs et distributeurs d'ouvrages, écrits, avis, bulletins, affiches, journaux, feuilles périodiques ou autres imprimés, dans lesquels ne se trouverait pas l'indication vraie des nom, profession et demeure de l'auteur ou de l'imprimeur. Ce fait est puni d'un emprisonnement de six jours à six mois. (*Art.* 283 *du Code pénal.*)

Les peines sont réduites à des peines de simple police, c'est-à-dire à une amende de 6 à 10 fr., si les colporteurs font connaître la personne de laquelle ils tiennent ces ouvrages, ou le nom de l'imprimeur, ou celui de l'auteur. (*Art.* 284 *du Code pénal.*) Si les ouvrages imprimés contiennent quelques provocations à des crimes ou délits, les colporteurs sont punis comme complices, à moins qu'ils ne fassent connaître ceux dont ils tiennent les ouvrages ou les écrits contenant la provocation ; dans ce dernier cas, ils n'encourent qu'un emprisonnement de six jours à trois mois. (*Art.* 102, 217, 285 *et* 293 *du Code pénal.*)

Dans tous les cas, les ouvrages sont saisis (*art.* 286 *du Code pénal*);

2° Contre tous colporteurs, chanteurs et distributeurs de chansons, pamphlets, figures ou images contraires aux mœurs ; l'amende est de 16 fr. à 500 fr., et l'emprisonnement d'un mois à un an, avec confiscation des objets saisis. (*Art.* 287 *du Code pénal.*)

Les peines peuvent être réduites en peines de simple police, si les colporteurs font connaître les personnes desquelles ils tiennent ces ouvrages, ou le nom de l'imprimeur, du graveur ou de l'auteur (*art.* 288 *du Code pénal*); — Les procès-verbaux visés pour timbre sont envoyés au procureur de la République.

3° Contre ceux qui, sans déclaration préalable à l'autorité compétente, exercent la profession de colporteurs ou distributeurs sur la voie publique ou tout autre lieu public ou privé, de livres, écrits, brochures, journaux, dessins, gravures, lithographies et photographies (*art.* 18 *de la loi du* 29 *juill.* 1881 *et circ. du garde des sceaux du* 9 *nov. suivant*);

4° Contre tous colporteurs ou distributeurs qui seront convaincus d'avoir fait une fausse déclaration (*art.* 21 *de la dite loi*);

5° Contre ceux qui, à toute réquisition, seraient dans l'impossibilité de présenter le récépissé de déclaration. (*Art.* 21.)

Ces trois dernières contraventions, passibles des tribunaux de simple police, sont punies d'une amende de 5 fr. à 15 fr., et pourront l'être, en outre, d'un emprisonnement d'un à cinq jours. (*Même art.* 21.) Les procès-verbaux doivent être visés pour timbre, enregistrés en débet et envoyés au ministère public près le tribunal de simple police.

La distribution et le colportage accidentel ne sont assujettis à aucune déclaration. (*Art.* 20 *de la dite loi.*)

Les colporteurs et distributeurs pourront être poursuivis conformément au droit commun s'ils ont sciemment colporté ou distribué des livres, écrits, brochures, journaux, dessins, gravures, lithographies et photographies présentant un caractère délictueux. (*Art.* 22 *de la loi du* 29 *juill.* 1881. — V. *Presse.*)

Seront punis d'un emprisonnement de un mois à deux ans et d'une amende de 16 fr. à 2,000 fr., ceux qui auront mis en vente, distribué ou exposé des dessins, gravures, peintures, emblèmes ou images obscènes. Les exemplaires exposés au regard du public, mis en vente, colportés ou distribués seront saisis. (*Art.* 28 *de la loi du* 29 *juill.* 1881.)

Les procès-verbaux sont visés pour timbre et envoyés au procureur de la République avec les objets saisis.

Un colporteur dont la modicité des marchandises ne pourrait fournir des moyens de subsistance peut être considéré comme vagabond. Si son prétendu commerce n'est qu'une apparence mensongère, il se trouve exactement dans le cas prévu par l'art. 270 du Code pénal, et peut être déclaré coupable du délit de vagabondage. (*Circ. du min. de la justice, du* 8 *juin* 1822.) (V. *la circ. du garde des sceaux du* 9 *nov.* 1881.)

COMESTIBLES. — ALIMENTS.

Des maladies assez nombreuses résultent d'une nourriture malsaine. L'on ne doit jamais permettre la vente de comestibles ayant déjà subi un commencement d'altération; ce que la vue, l'odorat, et surtout le goût permettent toujours de reconnaître. L'expérience apprend que, fort souvent, ils deviennent la cause d'accidents graves. Quand la putréfaction se produit, toutes les viandes, et surtout celle de porc, acquièrent des propriétés toxiques. Au siège de Mantoue, plusieurs militaires ayant fait usage de chair de cheval corrompue furent atteints de gangrène et de scorbut.

Il est beaucoup de fromages qui, en vieillissant, acquièrent également des propriétés toxiques et produisent de véritables empoisonnements.

L'altération des substances alimentaires exerce une influence notable sur la santé publique, et aggrave ces affections générales qui font tous les ans de nombreuses victimes.

Les voituriers, bateliers ou leurs préposés qui auraient altéré ou tenté d'altérer des vins ou toute autre espèce de liquides ou marchandises dont le transport leur aurait été confié, et qui auront commis ou tenté de commettre cette altération par le mélange de substances malfaisantes, seront punis d'un emprisonnement de deux à cinq ans, et d'une amende de 25 fr. à 500 fr. — Ils pourront, en outre, être privés des droits mentionnés en l'art. 42 du présent Code pendant cinq ans au moins et dix ans au plus; ils pourront aussi être mis par l'arrêt ou le jugement sous la surveillance de la haute police pendant le même nombre d'années. — S'il n'y a pas eu mélange de substances malfaisantes, la peine sera d'un emprisonnement d'un mois à un an, et d'une amende de 16 fr. à 100 fr. (*Art.* 387 *du Code pénal rectifié par la loi du* 13 *mai* 1868, *promulguée le* 31 *juillet.*)

La loi du 27 mars 1851 punit de la peine portée en l'art. 423 du Code pénal, c'est-à-dire d'un emprisonnement de trois mois à un an, et d'une amende qui ne peut être au-dessous de 50 fr., ainsi que de la confiscation des objets de délit, ceux qui falsifieront et mettront sciemment en vente des substances ou denrées alimentaires ou médicamenteuses falsifiées ou corrompues. Elle punit également ceux qui auront trompé ou tenté de tromper sur la *quantité* des choses livrées, par l'usage de faux poids, de fausses mesures, de fausses balances, ou par des manœuvres tendant à augmenter frauduleusement le poids ou le volume de la marchandise. Les faux poids et les fausses mesures sont confisqués.

Lorsque les substances introduites dans la marchandise sont nuisibles à la santé, l'amende peut être élevée à 500 fr., et l'emprisonnement à deux ans, alors même que l'acheteur aurait connu la falsification nuisible.

Pour attaquer dans son principe la tromperie par les faux poids et par la falsification des marchandises, la même loi punit non seulement la vente, mais encore la simple détention, de la part d'un marchand, de faux poids, de fausses mesures, de substances alimentaires qu'il savait être falsifiées et corrompues. Ainsi, par exemple, un boulanger a dans son magasin des farines avariés; la loi le punit, alors même qu'il n'en a pas fait usage. S'il les a employées à fabriquer du pain pour son commerce, si ses balances ne sont pas justes, si son pain ne pèse pas le poids pour lequel il est mis en vente, la loi le punit encore de peines correctionnelles.

Un marchand épicier vend comme pesant un kilog. un paquet de bougie qui pèse moins; il est puni. — Une laitière met de l'eau dans le lait qu'elle vend; elle est punie. — Un cultivateur expose au marché un sac de blé dont le dessus est en froment et le fond en seigle, orge ou avoine; il est puni.

Il en est de même des autres fraudes ayant pour but de tromper l'acheteur sur la *nature* et la *quantité* des marchandises. Quant à la *qualité*, c'est à lui à s'en assurer et à l'apprécier. Ainsi, l'on achète, comme de première qualité, du sucre qui n'est que de seconde ; on s'est trompé ; on n'a pas été trompé dans le sens de la loi. Mais si, par exemple, dans du miel, le marchand a mélangé de la farine, on est trompé dans le sens de la loi, et le marchand est punissable. En effet, il y a tromperie sur la *nature* de la substance; on livre de la farine au lieu de livrer du miel, l'on vend une chose pour une autre; c'est ce que la loi punit.

La loi du 5 mai 1855 a appliqué aux boissons les dispositions de la loi du 27 mars 1851 sur la tromperie dans la vente des comestibles et autres marchandises.

Dans les cas que nous venons d'énumérer, le délit est de la compétence des tribunaux correctionnels. (V., *au Formulaire, les modèles de ces procès-verbaux.* — V. Boissons, *Tromperie, Ustensiles étamés.*)

COMMANDANTS DE COMPAGNIE.

Les commandants des compagnies de gendarmerie sont spécialement chargés de la direction et des détails du service, dont ils surveillent l'exécution; ils entretiennent, à cet effet, des relations directes et habituelles avec les autorités civiles et militaires, et rendent compte, chaque jour, au chef de légion, par un rapport général, de tous les faits portés à leur connaissance par la correspondance des commandants d'arrondissement. (*Art.* 176 *du décret du* 1er *mars* 1854.)

Le premier soin d'un commandant de compagnie doit être d'inspirer aux officiers, sous-officiers, brigadiers et gendarmes sous ses ordres, du zèle et de l'amour pour le service ; de leur rendre facile la pratique de leurs devoirs, par ses conseils, par l'usage équitable de son autorité et par une constante sollicitude pour leur bien-être. Il est l'intermédiaire indispensable de toutes leurs demandes ; il doit s'attacher à connaître le caractère et l'intelligence de chacun d'eux, pour être à portée de les traiter, eu toute circonstance, avec une justice éclairée. Il est responsable de la police, de la discipline, de la tenue, de l'instruction militaire et spéciale de l'arme et de la partie administrative de la compagnie. Il préside le conseil d'administration. (*Art.* 177 *du décret du* 1er *mars* 1854.)

Le service des commandants de compagnie est plus sédentaire qu'actif ; malgré cela ils se transportent sur tous les points de leur département, lorsque des causes graves les y appellent pour rétablir l'ordre, la tranquillité et la discipline, obtenir des renseignements utiles, maintenir les rapports entre les différentes autorités et la gendarmerie ; mais, dans ce cas, ils rendent compte de leur détermination au chef de légion et lui font part du résultat de leurs démarches ; ils en donnent également connaissance aux différentes autorités, s'il y a lieu. Cette faculté laissée aux commandants de compagnie de se transporter partout où ils jugent leur présence nécessaire dérive de leur responsabilité de l'exécution des ordres qu'ils reçoivent, donnent et transmettent, et de la surveillance qu'ils ont à exercer sur le personnel de la troupe. Ils ne sauraient trop s'attacher, d'ailleurs, à connaître la situation topographique et statistique de leur département, et la direction des esprits sous le double rapport industriel et politique.

Ils correspondent, dans certains cas, directement avec les ministres ; hors ces cas prévus, et à moins d'ordres particuliers, les chefs de légion de gendarmerie correspondent seuls avec les ministres.— V. *p.* 106 *et* 573.

Les commandants de compagnie sont tenus de correspondre directement avec les officiers généraux et les commandants des dépôts de recrutement, afin de les tenir constamment informés de tout ce qui a rapport aux hommes faisant partie de la réserve et de l'armée territoriale, en se conformant aux instructions spéciales relatives à ce service, notamment à celle du 28 décembre 1879, sur l'administration des hommes de tout grade de la disponibilité, de la réserve et de l'armée territoriale dans leurs foyers, etc.

Nonobstant le droit réservé aux chefs de légion, par l'art. 164 du décret du 1er mars 1854, de tracer, par des circulaires mises à l'ordre des compagnies, la marche à suivre pour l'exécution des règlements de service, les commandants de compagnie conservent la faculté de rappeler directement à leurs subordonnés, par des ordres du jour, lorsqu'ils en reconnaissent la nécessité, les dispositions des règlements généraux, en ce qui concerne les détails du service, l'administration et la comptabilité, dont ils sont personnellement responsables. Copies de ces ordres sont adressées immédiatement au chef de légion.

Les circulaires ou ordres du jour des compagnies qui traitent de matières politiques ou d'intérêt général doivent être soumises aux chefs de légion et visées par eux, avant d'être adressées aux commandants d'arrondissement et de brigade. (*Art.* 178 *dudit décret.*)

Les commandants de compagnie sont chargés de la surveillance de tous les détails du service administratif.

Ils sont responsables de la conservation et de l'entretien des armes, aux termes du règlement du 1ᵉʳ mars 1854. (*Art.* 610 *du décret du* 18 *fév.* 1863.)

Ils se font rendre compte chaque jour, par les commandants d'arrondissement, des mutations survenues et de tout ce qui se rattache à l'administration des brigades. (*Art.* 611 *dudit décret.*)

Ils remettent au trésorier : 1° les certificats de présence en service à l'expiration de chaque mois ; 2° les états des besoins d'habillement, d'équipement, de harnachement et d'imprimés, et généralement toutes les pièces relatives à l'administration.

Les mutations qui surviennent dans la compagnie sont notifiées par le commandant au trésorier, à mesure qu'elles ont lieu. (*Art.* 612.)

Ils rendent compte au chef de légion des réclamations que les commandants d'arrondissement auraient adressées aux fonctionnaires de l'intendance militaire, en vertu de l'art. 621. (*Art.* 613 *dudit décret.*)

Il adressent aux chefs de légion une copie certifiée par eux de chacune des délibérations du conseil, le jour même où elle a eu lieu, ou le lendemain au plus tard. (*Art.* 614 *du même décret.*)

Les commandants de compagnie font une tournée par an pour l'inspection de leurs brigades. Le chef de légion détermine l'époque de cette revue.

Il font en outre des visites inopinées des brigades sous leurs ordres ; ces visites sont combinées de telle sorte que toutes les brigades de la compagnie puissent être vues au moins une fois à l'improviste dans le courant de l'année. (*Art.* 179 *du décret du* 1ᵉʳ *mars* 1854, *modifié par décis. présid. du* 14 *fév.* 1883.)

Ces visites peuvent se faire par les voies rapides. (*Décis. présid. du* 2 *nov.* 1874. — V. *Indemnités et Tournées.*)

Ils exercent la plus grande surveillance sur la tenue des registres prescrits aux commandants de brigade et celle des cahiers d'écriture des gendarmes. Ils s'assurent si les commandants d'arrondissement les ont vérifiés, visés et signés. Ils vérifient eux-mêmes, visent, signent tous ces registres, les feuilles de service et les cahiers des gendarmes, et y émettent leur opinion, ainsi que sur les registres des commandants d'arrondissement.

Ils s'assurent également si les notes portées à tous les registres de punition sont inscrites de la main des officiers ou commandants de brigade, aucune main étrangère ne devant être employée pour cet objet. Il en est de même du registre des punitions tenu par les commandants de compagnie : ce registre, ainsi que tous ceux de punitions, sont casés de manière à n'être exposés aux regards de personne.

Ils s'assurent de l'état des magasins à fourrages, de la qualité des denrées, de leur situation, et consignent leurs observations sur le registre n° 12.

Ils vérifient avec le plus grand soin si les sous-officiers, brigadiers et gendarmes font exactement leur service ; s'ils vivent en bonne police et discipline dans leur résidence, et n'y contractent point de dettes qui occasionneraient des réclamations ; si, dans leurs courses, ils se comportent avec décence et honnêteté ; s'ils ne donnent pas lieu à quelques plaintes par des vexations, violences, abus de pouvoir ou excès commis sous prétexte de leurs fonctions. (*Art.* 179 *du décret du* 1er *mars* 1854.)

Ils s'assurent si les registres et feuilles de service sont à jour, tenus avec soin et méthode. Ils réprimandent et punissent les sous-officiers et brigadiers qui ne tiennent pas leurs écritures avec exactitude. Ils visitent les casernes et voient si elles sont tenues dans le meilleur état de propreté, si le logement de chaque homme est convenable et choisi en raison des besoins de famille ; ils voient les chevaux à l'écurie, s'assurent s'ils sont bien nourris, pansés et ferrés ; enfin ils examinent l'état de l'habillement, de l'équipement et de l'armement, ordonnent les réparations à y faire, et prennent des notes sur tous ces objets pour les comprendre dans le rapport qu'ils doivent adresser au colonel de la légion sur l'ensemble de leur tournée. (*Art.* 181 *du décret du* 1er *mars* 1854.)

Si un commandant de compagnie se trouve le plus ancien officier supérieur parmi tous les officiers de la garnison dans laquelle il réside, il remplit les fonctions de commandant d'armes.

Lorsqu'un officier quitte le commandement d'une compagnie, les pièces, registres et documents sont remis sur inventaire à l'officier qui le remplace. (*Art.* 187 *dudit décret.* — V. *Recrutement, Commandants d'arrondissement, Tournées, Ordre hiérarchique, Commandants de place, Commandants d'armes,* au présent volume, *et les art.* 11 *et* 28 *du règlement sur le service intérieur du* 9 *avril* 1858.)

COMMANDANTS D'ARRONDISSEMENT.

Les commandants d'arrondissement sont chargés, sous l'autorité du conseil et du commandant de la compagnie, de tous les détails qui ont pour objet l'administration de la troupe placée sous leurs ordres. — Ils rendent compte chaque jour, au commandant de la compagnie, des mutations survenues la veille dans leur arrondissement. — Ils visent et certifient les états de présence et toutes les pièces établies par les chefs de brigade. — Ils adressent leurs réclamations au conseil lorsque la solde ou les distributions n'ont pas eu lieu aux époques réglementaires ; lorsque les fournitures sont défectueuses ou incomplètes, ou lorsqu'une retenue illégale est faite à leur troupe. Si leurs réclamations restent sans effet, ils peuvent les porter devant les fonctionnaires de l'intendance militaire. — Enfin, ils sont responsables des fonds, effets et fournitures, dont ils donnent quittance ou récépissé, et des distributions en excédant des droits réels, d'après les situations qu'ils ont certifiées. (*Art.* 620 *du décret du* 18 *fév.* 1863.)

Outre leurs tournées périodiques, ils se transportent à l'improviste aux points de correspondance, partout enfin où ils jugent pouvoir rencontrer les sous-officiers et gendarmes. Ils se rendent sur les points de leur arrondissement où il survient quelque événement extraordinaire ou des rassemblements nombreux, sans avoir besoin de l'autorisation du commandant de compagnie, auquel ils rendent compte des motifs et des résultats de leurs démarches.

Les commandants d'arrondissement ont la surveillance de tous les devoirs des brigades ; ils entretiennent une correspondance suivie avec le commandant de compagnie, auquel ils rendent compte de tous les faits portés à leur connaissance par la correspondance des brigades. Ils lui signalent les obstacles qui peuvent se rencontrer dans l'exécution du service. (*Art.* 188 *du décret du* 1ᵉʳ *mars* 1854.)

Les commandants d'arrondissement, dans leur arrondissement, ont le droit de rappeler directement à leurs subordonnés, par des avis, lettres ou circulaires, les dispositions des règlements généraux concernant les détails du service actif, mais ils ne peuvent rédiger d'ordres du jour. Ce droit n'est conféré qu'aux chefs de légion et aux commandants de compagnie. (*Circ. minist. du* 29 *oct.* 1835.)

Les commandants d'arrondissement font annuellement deux tournées pour la revue de leurs brigades. L'époque à laquelle la première de ces tournées doit s'effectuer est déterminée par le chef de légion. Quant à la seconde, elle a lieu, en principe, au mois d'octobre ; toutefois elle ne doit commencer qu'un mois après la clôture de l'inspection générale.

Indépendamment de ces tournées, ils visitent à l'improviste, au moins deux fois par an, chacune des brigades de leur arrondissement. (*Art.* 190 *du décret du* 1ᵉʳ *mars* 1854, *modifié par les décis. présid. des* 2 *nov.* 1874 *et* 14 *fév.* 1883.)

Les tournées doivent être faites à cheval, sans désemparer, et chaque jour doit être justifié dans l'itinéraire ; les chefs de légion peuvent autoriser les officiers à faire ces tournées par les voies rapides. (*Circ. des* 24 *déc.* 1862 *et* 19 *août* 1878.)

Ces mêmes voies peuvent être employées pour les visites inopinées. (*Décis. présid. du* 2 *nov.* 1874. — V. *Indemnités et Tournées.*)

Lors des tournées, les commandants d'arrondissement préviennent les brigades du jour et de l'heure de leur arrivée, afin que tout le personnel soit présent, à moins de service urgent et imprévu, ou de correspondance. (*Art.* 208 *du règl. du* 9 *avril* 1858 *sur le service intér.*)

Dans les cinq jours qui suivent la fin de leur tournée, les commandants d'arrondissement adressent au commandant de la compagnie un rapport détaillé sur les résultats de cette revue, en y joignant les propositions qu'ils jugent utile de lui soumettre dans l'intérêt du service des brigades. (*Art.* 196 *du décret du* 1ᵉʳ *mars* 1854.)

Dans leurs courses, tournées et transports sur les lieux, ils s'entretiennent fréquemment avec les diverses autorités des communes qu'ils parcourent ; par ce moyen, ils ne peuvent ignorer si les tournées indiquées sur les feuilles de service ont été réellement effectuées, si les signatures des maires ou des adjoints ne sont pas officieuses, si chaque commune est visitée au moins deux fois par mois, et si les gendarmes n'apportent pas, dans l'accomplissement de leurs devoirs, de l'insouciance et de la mollesse, s'ils ne s'abstiennent pas volontairement, ou moyennant une rétribution, de constater les délits et les contraventions.

Les commandants d'arrondissement, dans leurs tournées, vérifient si les registres prescrits aux commandants de brigade sont à jour, s'ils sont tenus avec soin et méthode, conformément au spécimen, et ne présentent aucune omission. Ils visent les cahiers des gendarmes.

La tenue du registre des *Fourrages* réclame particulièrement la surveillance de MM. les commandants d'arrondissement. Dirigés, au besoin, par les trésoriers, ils doivent en faire comprendre le mécanisme et l'ensemble à tous les commandants de brigade, et s'assurer surtout, à l'époque des tournées, si les denrées qui sont annoncées être en magasin y existent réellement.

Le spécimen des registres devant toujours figurer en tête de chacun d'eux, les commandants d'arrondissement veillent à ce que cette mesure soit suivie exactement. Ils font remplacer immédiatement ceux perdus, aux frais des commandants de brigade.

Les commandants d'arrondissement doivent se conformer aux dispositions de l'art. 180 du décret du 1er mars 1854 pour le visa qu'ils ont à apposer sur les différents registres des brigades, pendant leurs tournées périodiques. En outre, ils consignent au registre de correspondance (n° 2) de la brigade le résultat de leurs observations sur l'instruction spéciale et militaire ainsi que sur la gestion des fourrages et sur l'état d'entretien des chevaux, au jour de leur inspection. (*Art.* 195 *du décret du* 1er *mars* 1854, *et circ. du* 10 *mai* 1880.)

Tous les registres doivent être visés au milieu de la page et immédiatement au-dessous de la dernière inscription. Cependant les folios de punitions ne reçoivent de visa que si des punitions y ont été portées. Le registre des gardes champêtres n'est également visé que s'il y a eu des mutations.

Indépendamment des autres registres et états prescrits à MM. les commandants d'arrondissement par l'art. 200 du décret du 1er mars 1854, ces officiers tiennent un registre des punitions sur le même modèle que celui des brigades; dès que des sous-officiers et gendarmes sous leurs ordres éprouvent un changement de résidence ou sont rayés pour toute autre cause, ils adressent les folios mobiles au commandant de la compagnie, pour recevoir les destinations indiquées dans les circulaires des 16 janvier et 1er mars 1856.

Les commandants d'arrondissement, se rendant à un point de correspondance, sont obligés de signer non seulement les feuilles de service, mais encore les carnets de correspondance. (*Art.* 197 *du décret du* 1er *mars* 1854.)

Ces visites donnent droit à une indemnité, si le point de réunion est à plus de dix kilomètres de la résidence de l'officier et si elles ont été ordonnées ou approuvées. Elles sont faites à cheval. (*Circ. des* 2 *avril* 1865 *et* 26 *mai* 1869.)

Pour ces visites, les sous-officiers commandant un arrondissement par intérim, ou provisoirement, ont droit à l'indemnité de service extraordinaire dans les mêmes conditions que les titulaires, mais seulement d'après le tarif afférent à leur grade.

Les commandants d'arrondissement correspondent, dans certains cas, directement avec les ministres, à l'exception de ceux placés au chef-lieu de département, qui, en toute circonstance, ne correspondent qu'avec le commandant de compagnie: mais, hors les cas prévus, à moins d'ordres particuliers, les colonels de gendarmerie correspondent seuls avec les ministres. (V. *Formules.*)

Ils fournissent des rapports aux autorités judiciaires, administratives et militaires.

Ils commencent les instructions judiciaires, en leur qualité d'officiers de police auxiliaires, lorsque le délit est flagrant et que l'autorité judiciaire n'est point encore arrivée sur les lieux.

Ils peuvent aussi être délégués par les procureurs de la République, et ils ont alors les mêmes droits et les mêmes attributions qu'eux. Ces droits sont définis aux art. 32 à 54 du Code d'instruction criminelle. Ils ont caractère pour procéder également aux actes ayant pour objet la recherche et la poursuite de tous délits dont la connaissance appartient aux tribunaux correctionnels ou aux cours d'assises. Ils peuvent interroger les inculpés, entendre les témoins, constater par eux-mêmes ou faire constater par des gens de l'art les diverses circonstances des crimes ou délits, et décerner des mandats de comparution ou d'amener contre les prévenus.

Ils sont responsables de l'état de l'armement de la troupe qu'ils commandent, et de l'exécution des mesures prescrites par le règlement du 1er mars 1854 sur l'entretien des armes.

En prenant possession de son emploi, le commandant d'arrondissement fait, dans les vingt-quatre heures de son arrivée, sa visite en grande tenue aux fonctionnaires civils et militaires du lieu de sa résidence qui sont placés avant lui dans l'ordre des préséances. (*Art.* 159 *du décret du 1er mars* 1854.)

Lorsqu'un officier quitte le commandement d'un arrondissement, les pièces, registres et documents, dont il est fait l'inventaire, sont toujours remis à l'officier qui le remplace ou à l'intérimaire, s'il y en a un. (*Art.* 200 *du décret du 1er mars* 1854.)

Les attributions des commandants d'arrondissement sont très étendues: elles formeraient à elles seules un fort volume : aussi est-il indispensable que ces officiers se pénètrent des dispositions contenues dans les décrets des 1er mars 1854, 18 février et 13 octobre 1863, le règlement du 9 avril 1858 sur le service intérieur de la gendarmerie, le Code pénal, le Code d'instruction criminelle, le Code de justice militaire, les lois, décrets, arrêtés, décisions, etc., sur la pêche, la chasse, les lieux publics, le roulage, les contributions indirectes, les douanes, les forêts, la police rurale, le flagrant délit, la petite et la grande voirie, les postes, le timbre des affiches et des quittances, le colportage, la surveillance de la haute police, les mauvais traitements exercés envers les animaux domestiques, la falsification des denrées alimentaires, etc., etc. (V. *Commandants de place, Commandants d'armes, Tournées, Visites, Ordre hiérarchique, Police judiciaire, et les art.* 29 *à* 90 *du règlement sur le service intérieur du* 9 *avril* 1858.)

COMMANDANTS DE BRIGADE.

Les devoirs d'un commandant de brigade sont variés, nombreux, difficiles et souvent pénibles. Il doit les remplir avec une impartialité éclairée, joindre à l'aptitude, à l'expérience, au sang-froid, la discrétion, qualité sans laquelle il peut commettre de grandes fautes, même avec de bonnes intentions. Il doit mettre dans ses paroles, dans ses démarches, toute la circonspection nécessaire aux opérations délicates dont il est chargé.

Le premier soin d'un commandant de brigade doit être de donner à ses subordonnés l'exemple du zèle, de l'activité, de l'ordre, de la subordination. Il doit exercer son autorité envers ses inférieurs avec fermeté, mais sans brusquerie, et ne montrer à leur égard ni hauteur ni familiarité.

Il est personnellement responsable de tout ce qui est relatif au service, à la tenue, à la police et au bon ordre de sa brigade. (*Art.* 222 *du décret du* 1er *mars* 1854.)

Il doit user, au besoin, envers ses subordonnés, des moyens de répression et de discipline que les règlements mettent à sa disposition; et, si ces moyens sont insuffisants, en appeler à l'autorité de ses supérieurs; mais il ne doit jamais oublier que c'est surtout par son ascendant moral qu'il doit s'efforcer de leur inculquer l'amour des devoirs qu'ils sont appelés à remplir et le sentiment de la dignité personnelle qui doit caractériser des hommes appartenant à une arme d'élite. (*Art.* 223 *du dit décret.*)

Sans doute, il est nécessaire d'obtenir une obéissance entière avec soumission à tous les instants; sans doute, il faut que les ordres soient exécutés littéralement, sans hésitation ni murmure; mais si l'intérêt du service commande que la discipline soit ferme, il faut en même temps qu'elle soit paternelle, et surtout que les gradés n'abusent pas de l'autorité que leur accorde la loi pour exiger de leurs subordonnés des choses contraires aux règlements.

A l'appel du pansage du soir, le chef de brigade commande le service, lit les ordres du jour et donne les instructions particulières pour l'exécution du service. Après le pansage, il fait signer tous les gendarmes présents au registre n° 1 au-dessous de chaque ordre dont il a donné lecture. (*Art.* 134 *du règlem. du* 9 *avril* 1858.)

Dans tous les lieux de résidence d'un commandant d'arrondissement, le maréchal des logis, commandant la brigade, se rend chaque jour à l'ordre chez cet officier, à l'heure qui lui est indiquée. (*Art.* 224 *du décret du* 1er *mars* 1854.)

Les commandants de brigade surveillent l'intérieur des casernes; ils ont soin de les faire entretenir dans le meilleur état de propreté, et ils empêchent qu'il y soit commis aucune dégradation. (*Art.* 226 *du décret du* 1er *mars* 1854.)

Un commandant de brigade doit s'appliquer particulièrement à connaître la position militaire de ses gendarmes, leur conduite, leur capacité, et porter une attention constante sur leurs habitudes et leur tenue. Il doit veiller à ce qu'ils règlent leurs dépenses conformément à leur avoir, et les obliger à acquitter les dettes qu'ils peuvent avoir contractées chez les marchands, les boulangers et les bouchers.

Il doit veiller également à ce que les gendarmes n'empruntent et ne reçoivent rien, à quelque titre que ce soit. des prisonniers dont la translation leur est confiée, ni des personnes contre lesquelles ils auraient à verbaliser; réprimer, dès le principe, les tendances à l'ivrognerie; il doit leur rappeler qu'il leur est défendu de fréquenter les cabarets, si ce n'est pour cause de service. Enfin, il est de son devoir de les guider dans les opérations de leurs fonctions; d'éclairer l'opinion du commandant d'arrondissement sur leur compte, et de n'agir envers eux qu'avec les ménagements ou la sévérité que comportent leur âge, leur caractère et leur conduite.

Les brigadiers, les maréchaux des logis et maréchaux des logis chefs roulent, avec les gendarmes, pour le service des tournées, conduites, escortes et correspondances; et nonobstant l'avis donné par les commandants d'arrondissement de leur arrivée pour une revue, les commandants de brigade ne peuvent interrompre ou retarder l'exécution du service ; ils n'en doivent pas moins déférer aux réquisitions qui leur sont adressées, et envoyer aux correspondances les hommes qu'ils sont tenus d'y fournir. (*Art.* 194 *du décret du* 1er *mars* 1854.)

Il est bien entendu que les chefs de brigade ne peuvent pas toujours marcher exactement à leur tour. Cela dépend de leurs écritures, des faits qu'ils sont obligés de constater eux-mêmes, et des nombreuses circonstances qui les mettent matériellement dans l'impossibilité de le faire. Ce à quoi il faut tenir, c'est qu'à la fin du mois ils aient marché autant et même plus que leurs sous-ordres, à moins de causes parfaitement justifiées.

Tous les moments d'un commandant de brigade sont utilisés ; sa surveillance est de tous les instants. Il est chargé du détail du service dans toutes ses parties ;

Il prépare et régularise les pièces pour le transfèrement des prisonniers, l'exécution des mandats de justice, des réquisitions, des ordres, et fait connaître les signalements des individus dont la recherche et l'arrestation sont ordonnées ;

Il fixe le service des tournées de communes, des courses ou patrouilles, de manière que les travaux pénibles soient partagés uniformément ; non seulement il ordonne et dirige les opérations à faire, mais il opère lui-même à son tour de service, ou quand sa présence est nécessaire ;

Il assiste au pansage et aux distributions de fourrages toutes les fois qu'il le peut ; et, lorsqu'il en est légalement empêché, son cheval est pansé par corvée, comme ceux des gendarmes absents ; l'écurie est nettoyée par les gendarmes, mais les chefs de brigade doivent relever la litière sous leurs chevaux, à moins qu'un homme consente volontairement à le faire ;

Il maintient la propreté, l'ordre et la tranquillité dans les casernes ; il prévient avec soin tout germe de discorde, de rixes entre les hommes, et s'oppose à l'établissement de toute coterie ; il doit être poli et convenable envers les femmes des gendarmes, et tenir la main à ce qu'elles ne s'occupent pas du service, afin de prévenir autant que possible toute cause de mésintelligence entre les maris ;

Il empêche que les gendarmes et leurs femmes se livrent à un commerce défendu par les règlements ;

Il donne l'exemple de la tenue et veille à ce que, en quelque temps que ce soit, aucun gendarme ne sorte de la caserne s'il n'est en uniforme et en armes ; il les inspecte, soit à l'arrivée, soit au départ, pour s'assurer s'ils rentrent en temps utile dans leur quartier et s'ils sont dans un état satisfaisant ; il doit toujours savoir ce qu'ils font, où ils sont, afin de pouvoir les trouver au besoin ;

Il est détenteur des clefs de la caserne. Il peut la fermer, s'il le juge utile, après les heures de la retraite, et faire des contre-appels, si bon lui semble ;

Il exige que les gendarmes qui ont à s'absenter pour des causes personnelles ne sortent pas de la caserne sans l'avoir prévenu et lui avoir indiqué l'endroit où il pourrait les trouver en cas de besoin. A moins que ce ne soit un gendarme consigné ou premier à marcher, il n'y a pas de permission à demander en pareille circonstance.

Dans les localités où plusieurs brigades sont réunies dans une même caserne, la direction appartient au chef de poste le plus élevé en grade, et à grade égal au plus ancien. Tous les commandants de ces brigades doivent se conformer aux ordres qu'il donne dans l'intérêt de la tenue, du service, de l'instruction, de la discipline, de la conduite, etc., etc., sous la responsabilité du commandant d'arrondissement.

Il s'occupe, en outre, de l'instruction spéciale et militaire, en passant des inspections, en faisant la théorie et en la faisant mettre en pratique lorsque le service le permet.

Un commandant de brigade ne quitte pas plus tôt le service actif, qu'il est obligé de se livrer à de nombreuses écritures. Non seulement il ordonne et exécute lui-même, mais il faut qu'il rende compte du service fait; ce qui a lieu par des journaux de service (V. *Journaux de service*), des rapports journaliers et spéciaux adressés à son commandant d'arrondissement. Il transmet avec célérité les originaux des procès-verbaux à l'autorité compétente, et les copies à son chef. (V. *Ordre hiérarchique*.)

Les commandants de brigade tiennent avec soin, avec méthode et sans omission, les registres dont le spécimen a été envoyé par le ministre de la guerre. (V. *la nomenclature de ces registres à l'article Registres à tenir*.)

Indépendamment de ces registres, les commandants de brigade constatent leur service jour par jour sur des feuilles de service. Ces feuilles sont présentées à la signature des maires, adjoints ou autres autorités des diverses communes, à l'effet de constater officiellement les tournées faites par les gendarmes. (V. *Maires, Tournées de communes, Journaux de service*.) Les gendarmes présents aux correspondances signent également ces feuilles, afin de ne laisser aucun doute sur la régularité du service des correspondances, et pour certifier qu'il s'opère avec le nombre de gendarmes exigé. Tous ces registres et feuilles de service sont visés et signés par les officiers dans leurs tournées. (*Art.* 234 *du décret du* 1er *mars* 1854. — V. *Commandants d'arrondissement et de compagnie*.)

Les commandants de brigade sont responsables de l'instruction théorique et pratique de leurs subordonnés. Ils exigent que chaque gendarme, encore assez jeune pour pouvoir améliorer ou compléter son instruction élémentaire, soit pourvu d'un cahier d'écriture sur lequel il transcrit des articles du règlement ou des modèles de procès-verbaux, dont ils ont indiqué à l'avance le sujet. Ce cahier est soumis, chaque semaine, au commandant de la brigade, qui, après s'être fait expliquer les articles du règlement qu'il y trouve copiés, et s'être assuré, par des questions, qu'ils ont été suffisamment compris, y appose sa signature. Les mêmes cahiers sont présentés, lors des tournées, à l'examen des officiers, qui les visent à leur tour et émettent leur opinion sur les progrès obtenus. Les sous-officiers ou brigadiers qui dirigent avec le plus de zèle ce genre d'instruction dans leur brigade, et les gendarmes qui se font remarquer par leurs progrès, peuvent être proposés par les inspecteurs généraux au ministre de la guerre pour des gratifications spéciales. (*Art.* 235 *du décret du* 1er *mars* 1854.) Les cahiers, le papier que les gendarmes emploient, et les imprimés de procès-verbaux qu'ils gâchent sont payés par les gendarmes. Le chef de brigade fournit les imprimés nécessaires pour tous les procès-verbaux, originaux et copies.

Les commandants de brigade tiennent un compte très exact des approvisionnements et consommations de fourrages. Ils distribuent la solde immédiatement après sa réception, en se conformant, pour leur garantie, à la décision du 15 octobre 1858 et au contenu du registre n° 17 à ce destiné.

En cas de vacance d'emploi, d'absence ou de maladie, le service de la brigade est dirigé par le plus ancien des gendarmes présents. Si ce gendarme n'est pas en état de tenir les écritures, elles sont confiées à un autre gendarme de la résidence, ou, au besoin, d'une résidence voisine. Le chef de légion peut, d'ailleurs, si l'importance du service l'exige, charger de la direction momentanée de cette brigade le commandant d'une autre brigade de l'arrondissement. (*Art.* 236 *du décret du 1ᵉʳ mars* 1854.)

Lors du remplacement d'un commandant de brigade, la remise des registres et documents dont il est dépositaire, ainsi que celle des fourrages existant en magasin, est effectuée entre les mains de son successeur ou de l'intérimaire, sur un inventaire en double expédition, dont l'une est adressée au commandant de l'arrondissement, et l'autre déposée aux archives de la brigade. (*Art.* 237 *dudit décret.*)

Un commandant de brigade ne doit jamais oublier le respect et les égards dus aux fonctionnaires ; entretenir des relations officieuses avec toutes les autorités, dans l'intérêt du service, et même dans le sien ; déférer à toutes leurs invitations ou réquisitions légales ; apporter du liant sans faiblesse, et faire tout ce que la loi prescrit : il ne faut pas rester en deçà, ni aller au delà des limites. (V. *Relations avec les autorités, Réquisitions.*)

Les commandants de brigade sont tenus de correspondre directement avec les officiers généraux et les commandants des dépôts de recrutement, afin de les tenir constamment informés de tout ce qui a rapport aux hommes faisant partie de la réserve et de l'armée territoriale, en se conformant aux instructions spéciales sur ce service. (*Art.* 128 *du décret du 1ᵉʳ mars* 1854.)

Pour bien remplir leurs devoirs, il est indispensable qu'ils se pénètrent, chacun en ce qui le concerne, des ordres particuliers et des dispositions contenues dans le décret du 1ᵉʳ mars 1854, le règlement sur le service intérieur du 9 avril 1858, les Codes pénal et d'instruction criminelle, de justice militaire, les lois, règlements, arrêtés, etc., sur la pêche, la chasse, les cabarets, le roulage, les contributions indirectes, les douanes, les forêts, la police rurale, la petite et la grande voirie, les postes, les mauvais traitements exercés envers des animaux domestiques, le colportage, les lieux publics, le flagrant délit, la surveillance de la haute police, le timbre des affiches et des quittances, etc., etc. (V. *Ordre hiérarchique,* au présent volume, *et les art.* 113 *à* 157 *du règlement sur le service intérieur du 9 avril* 1858.)

COMMANDANTS DE PLACE (1).

DU SERVICE DE LA GENDARMERIE DANS LES PLACES.

Rapports du commandant de place avec la gendarmerie.

Les officiers de gendarmerie en résidence dans une place de guerre sont subordonnés au commandant de place pour tout ce qui concerne l'obser-

---

(1) Le cadre de l'état-major des places est supprimé par décret du 5 avril 1872. Le service dans les places de guerre sera assuré, au fur et à mesure des extinctions d'emplois, de la même manière que dans les villes ouvertes, conformément au décret du 13 octobre 1863.

vation des règles de la discipline générale ; ils concourent, sous sa direction, à l'exécution des mesures de police militaire ; ils ne sont tenus de lui rendre compte que lorsque les ordres qu'ils reçoivent intéressent le service ou la sûreté de la place. (V. *Réquisition.*)

Excepté dans l'état de siège, la gendarmerie n'est pas considérée comme faisant partie de la garnison ; le commandant de place ne peut ni l'appeler à la parade, ni la passer en revue, ni la réunir pour des objets étrangers à ses fonctions.

Le commandant de la gendarmerie fait connaître au commandant de place les événements qui peuvent intéresser l'ordre public dans la place. Il le prévient toutes les fois qu'il s'opère dans l'intérieur de la place ou dans le rayon kilométrique une réunion de gendarmerie autre que celle de la résidence.

Il lui envoie, le 1er de chaque mois, l'état de situation numérique de la gendarmerie de la place. (*Art.* 146 *du décret du* 13 *oct.* 1863.)

Ordres à la gendarmerie.

Lorsqu'en raison de circonstances particulières, le commandant de place est dans le cas de donner des ordres à la gendarmerie, l'officier ou le sous-officier qui la commande est autorisé à faire des représentations motivées, s'il trouve que ces ordres sont de nature à compromettre le service spécial dont il est chargé. Si le commandant de place maintient son ordre, le commandant de la gendarmerie est tenu de l'exécuter ; il en est rendu compte au ministre de la guerre par la voie hiérarchique.

Portes ouvertes à la gendarmerie.

Le commandant de place est tenu d'obtempérer aux demandes écrites que lui fait le commandant de la gendarmerie pour que les portes qui, par exception, seraient fermées la nuit soient ouvertes, toutes les fois que le service l'exige, à lui ou à ses subordonnés (1). (*Art.* 147 *dudit décret.*)

Troupe employée avec la gendarmerie.

Si les officiers de gendarmerie reconnaissent qu'une force supplétive est nécessaire pour dissoudre un rassemblement séditieux, réprimer des

---

(1) Formule de cette demande tracée par l'art. 125 du décret du 1er mars 1854 ·

SERVICE EXTRAORDINAIRE DE LA GENDARMERIE.
Brigade de.....

En exécution de (*ordre ou réquisition*) qui nous a été donné par (*indiquer ici l'autorité*), nous (*grade*), commandant ladite brigade, demandons que la porte de..... nous soit ouverte à   heures, pour notre service, avec   gendarmes de la brigade sous nos ordres, et qu'elle nous soit pareillement ouverte pour notre rentrée

Fait à   le   18

délits, transférer un nombre considérable de prisonniers, pour assurer enfin l'exécution des réquisitions de l'autorité civile, ils en préviennent sur-le-champ les préfets ou les sous-préfets, lesquels requièrent soit le commandant du département, soit le commandant de place, de faire appuyer l'action de la gendarmerie par un nombre suffisant de troupes de ligne.

La demande des officiers de gendarmerie contient l'extrait de l'ordre ou de la réquisition, et les motifs pour lesquels la main-forte est réclamée. (*Art.* 136 *du décret du* 1er *mars* 1854.)

Dans ce cas, le commandement supérieur appartient à l'officier des deux troupes le plus élevé en grade ou le plus ancien dans le grade. Si c'est, d'après cette règle, l'officier de troupe qui a le commandement, il doit obtempérer aux demandes écrites de l'officier de gendarmerie, qui demeure responsable de l'exécution de son mandat. (*Art.* 148 *du décret du* 13 oct. 1863.)

Visites.

Toutes les fois qu'un officier de gendarmerie prend possession de son emploi, il doit faire une visite au commandant de place, parce que, dans les places de guerre, les commandants de place, quel que soit leur grade, sont compris dans le nombre des fonctionnaires militaires auxquels il est dû une première visite.

COMMANDANTS D'ARMES.

Dans une ville de garnison où il n'y a pas d'officier général, le commandement et toute la responsabilité incombent à l'officier, quelles que soient son arme ou ses fonctions, qui est le plus ancien dans le grade le plus élevé. — Il a le titre de commandant d'armes.

Dans les localités où il existe un château ou une citadelle, il n'y a pas de commandant d'armes. (*Décis. minist. du* 23 *mai* 1869.)

Le commandant d'armes règle le service d'après les instructions qu'il reçoit du commandant de la subdivision.

Il détermine, de concert avec l'autorité civile, s'il y a lieu, les publications et les défenses qui regardent les troupes; il règle avec elle les mesures de police qui intéressent en même temps les habitants et les militaires; il défère à ses réquisitions lorsqu'elles ont pour objet d'assurer l'exécution des lois ou le maintien de la tranquillité publique; enfin il se conforme, autant que les circonstances le permettent, dans l'exercice de son commandement, pour l'exécution du service, pour la police militaire et pour les rapports à entretenir avec les autorités civiles, aux dispositions consacrées par le décret du 13 octobre 1863. Il en rend compte au général commandant la subdivision. (*Art.* 225 *dudit décret.*)

Dans les chefs-lieux d'arrondissement, les commandants d'armes doivent des visites aux sous-préfets; mais ces fonctions n'attribuent un rang individuel soumis aux obligations des visites qu'aux officiers supérieurs. (*Circ. du* 31 *déc.* 1875.)

Major de la garnison.

L'officier le plus ancien dans le grade immédiatement inférieur à celui du commandant d'armes remplit les fonctions de major de la garnison ; si cet officier est chef de corps, les fonctions de major de la garnison sont remplies par l'officier qui occupe, après lui, le premier rang dans l'ordre hiérarchique.

Lorsque le commandant d'armes n'est pas d'un grade supérieur à celui de chef de bataillon ou d'escadron, il remplit en même temps les fonctions de major de la garnison.

Le major de la garnison règle le service à fournir par les différents corps ; il surveille les gardes dans leurs postes, leur donne les consignes, leur transmet le mot, fixe le nombre, les heures et la direction des rondes et des patrouilles ; il reçoit les rapports des postes, des officiers et des sous-officiers commandés pour les différents services ; il rend compte au commandant d'armes. (*Art. 226 du décret du* 13 *oct.* 1863.)

COMMISSAIRES DE POLICE.

Leur institution, leur nomination. — *Formalités à remplir.* — *Leurs droits.* — *Sous la surveillance de quels fonctionnaires ils sont placés.*

Le système des commissariats de police établi par la loi du 28 pluviôse an VIII ne répondant plus suffisamment aux besoins du service public, le maintien de l'ordre et de la sécurité exigeant que la surveillance des commissaires de police reçût une plus grande étendue, est intervenu le décret du 28 mars 1852, qui a réglementé cette institution ; mais, par un arrêté du ministre de l'intérieur en date du 10 septembre 1870, les art. 7, 8 et 9 de ce décret ont été abrogés et, par suite, les commissaires cantonaux sont supprimés.

Les commissaires de police sont répartis en cinq classes.

Dans les villes de six mille âmes et au-dessous, ils sont nommés par les préfets ; dans celles au-dessus de six mille âmes, ils sont nommés par le Président de la République.

Les commissaires de police sont magistrats de l'ordre administratif et judiciaire, dans le sens de l'art. 222 du Code pénal, et non simples agents dépositaires de l'autorité publique. Aux termes de l'art. 50 du Code d'instruction criminelle, ils sont officiers de police judiciaire auxiliaires du procureur de la République.

Leur création remonte à une époque fort éloignée. Ils furent désignés sous le nom de commissaires enquêteurs, d'examinateurs et de commissaires au Châtelet. Le premier acte connu qui révèle leur existence est un édit du roi Clotaire II, à Paris, en date du 17 octobre 615. Ils ont été successivement constitués par les lois des 22 juillet et 29 septembre 1791, 8 juin 1792, 24 ventôse an III, 19 vendémiaire et 3 brumaire an IV, 28 pluviôse an VIII ; par l'art. 11 du Code d'instruction criminelle de 1808 ; et enfin par le décret du 28 mars 1852.

Aux termes de l'art. 118 du décret du 1er mars 1854, les commissaires de police, dans l'exercice de leurs fonctions, peuvent requérir la gendarmerie. Conformément à l'art. 268 du même décret, les officiers et sous-officiers de gendarmerie leur transmettent les procès-verbaux qui constatent des contraventions du ressort des tribunaux de simple police, et ils y joignent les renseignements qui concernent les prévenus de ces contraventions.

Les commissaires de police ont un costume déterminé dont ils doivent être revêtus, surtout lorsqu'ils exercent leurs fonctions d'officiers de police judiciaire. Un commissaire de police, bien que non revêtu de son costume ou non décoré de son écharpe, n'en est pas moins compétent pour exercer ses fonctions. Cependant, une distinction est indispensable : s'il s'agit d'actes qui exigent l'obéissance immédiate des citoyens, et qui supposent l'exercice d'un commandement, le fonctionnaire doit porter les insignes de sa qualité ; autrement, les personnes qui méconnaîtraient son autorité ne pourraient être punies pour le fait de cette méconnaissance. Pour les autres actes, ces fonctionnaires peuvent exercer sans costume ni insigne. (*Arrêté du 17 floréal an* VIII; *ordonn. du 26 juill.* 1814. — *Cass., 9 niv. an* XI, 6 *juin* 1807, 10 *mars* 1815, 5 *sept.* 1828 *et* 20 *sept.* 1833.)

Les commissaires de police prennent rang dans les cérémonies publiques après le juge de paix. (V. *Honneurs à rendre.*) Leurs fonctions sont incompatibles avec celles d'avoué, de notaire, d'huissier, d'officier municipal, et aussi avec le service de la garde nationale. (*Lois des 8 juin* 1792, 28 *vent. an* XI, 19 *mars* 1803, 5-29 *sept. et* 14 *oct.* 1791; *ordonn. du roi du 17 juill.* 1816.)

Ils ne sont pas obligés de se faire accompagner d'huissiers ou d'agents de police, dans l'exercice de leurs fonctions. Ils n'ont pas le droit de prendre des arrêtés ni de faire des proclamations pour rappeler aux citoyens les lois et règlements. Ils peuvent être entendus comme témoins dans un procès dont ils ont commencé l'instruction en qualité d'officiers de police auxiliaires. Leurs procès-verbaux font foi jusqu'à preuve contraire.

Rapports des commissaires de police avec la gendarmeris.

Les commissaires de police et la gendarmerie doivent se fournir respectivement tous les renseignements qui parviennent à leur connaissance dans leur service de surveillance pour la recherche des crimes et délits. Ils doivent se communiquer sans jalousie, rivalité ni prétentions les avis qu'ils obtiennent pour arrêter les délinquants et éclairer le gouvernement sur les événements qui sont de nature à troubler l'ordre. Ayant un même but, ils doivent avoir un même zèle pour veiller à la sûreté des personnes et des propriétés.

Les commissaires de police ont le droit de requérir directement la gendarmerie : cette faculté résulte de l'art. 25 du Code d'instruction criminelle, et de l'art. 118 du décret du 1er mars 1854. Ils doivent alors s'adresser à l'officier le plus élevé en grade (le chef de légion excepté) qui commande dans le lieu où doit être exécutée la réquisition.

Cependant, les commissaires de police, agissant dans une circonstance grave, où la répression du délit peut dépendre de la célérité des poursuites, auraient le droit de requérir les premiers officiers, sous-officiers, brigadiers et gendarmes qu'ils rencontreraient, soit de les accompagner, soit d'opérer une arrestation, plutôt que de s'adresser au commandant de la gendarmerie le plus élevé en grade, ce qui pourrait occasionner un retard préjudiciable. (V. *Réquisition.*)

Ce droit résulte de l'art. 25 du Code d'instruction criminelle, surtout lorsqu'il s'agit d'un flagrant délit ou d'un fait à l'occasion duquel la célérité peut assurer le succès des opérations.

La main-forte est accordée toutes les fois qu'elle est requise par ceux à qui la loi donne le droit de la requérir. (*Art. 93 du décret du 1er mars 1854.*)

Un simple citoyen même peut requérir main-forte et appeler à son aide tout gendarme qu'il aperçoit; à plus forte raison doit-il en être de même à l'égard du fonctionnaire à qui la loi a conféré le droit de réquisition; mais, lorsqu'il s'agit d'un service prévu, comme par exemple de l'assistance de la gendarmerie pour l'exécution de mandats de justice, de visites d'auberges, de rébellion, d'émeutes prévues, ou enfin d'une résistance aux lois et règlements locaux, la réquisition par écrit doit toujours être adressée au commandant de la localité. (*Art. 92 du décret du 1er mars 1854.*)

Si un membre de la gendarmerie s'abstenait ou refusait de déférer aux réquisitions qui lui sont adressées verbalement par les fonctionnaires qui en ont le droit, il contreviendrait à ses devoirs d'une manière grave et se mettrait en état de prévarication dans l'exercice de ses fonctions. Il commettrait un délit passible d'un emprisonnement d'un mois à trois mois, sans préjudice des restitutions et dommages-intérêts qui pourraient être dus aux parties, conformément aux dispositions de l'art. 234 du Code pénal. Il est bon que la gendarmerie se fasse remettre une réquisition écrite lorsque cela est possible; mais lorsque la réquisition a été verbale, on peut prouver par témoins, ou de toute autre manière, qu'elle a été faite.

Les militaires du corps de la gendarmerie qui refusent d'obtempérer aux réquisitions légales de l'autorité civile peuvent être réformés, d'après le compte qui en est rendu au ministre de la guerre, sans préjudice des peines dont ils sont passibles, si, par suite de leur refus, la sûreté publique a été compromise. (*Art. 639 du décret du 1er mars 1854.*)

Les commissaires de police n'ont pas le droit de se faire accompagner par la gendarmerie dans l'exercice habituel et journalier de leur surveillance; ils ne peuvent requérir son assistance que pour leur prêter main-forte, en cas de crime ou délit, pour assurer l'exécution des mandats de justice ou des ordres qu'ils ont reçus, ou en cas de prévision de résistance ou rébellion aux lois et règlements, ou de voies de fait envers eux; mais nullement lorsque sa présence n'est pas présumée nécessaire.

Les officiers, sous-officiers, brigadiers et gendarmes ont également le droit de requérir l'assistance des commissaires de police dans les cas suivants:

Si les officiers de gendarmerie agissent en leur qualité d'officier de police judiciaire, ils peuvent requérir les commissaires de police de les assister et de signer leurs procès-verbaux.

Les officiers, sous-officiers, brigadiers et gendarmes, porteurs d'une réquisition pour opérer une visite domiciliaire, ou d'un signalement pour l'arrestation d'un déserteur, d'un condamné ou d'un prévenu, peuvent requérir les commissaires de police de les assister dans leurs recherches, afin de faire ouvrir les portes que l'on pourrait tenir fermées et de lever les obstacles qui s'opposeraient à l'exécution des mandats de justice ou des ordres légaux qu'ils auraient entre les mains : dans ce cas, les commissaires de police signent les procès-verbaux de la gendarmerie.

COMMISSAIRES GÉNÉRAUX DE POLICE.

La loi du 28 pluviôse an VIII a créé, pour les villes au-dessus de cent mille âmes, un commissaire général de police, auquel les commissaires de police sont subordonnés, et qui lui-même est subordonné au préfet. Néanmoins, ajoute cette loi, il est tenu d'exécuter les ordres qu'il reçoit directement du ministre chargé de la police générale.

La loi du 9 floréal an XI dit que ce fonctionnaire aura, dans les ports de mer, avec les préfets maritimes, les mêmes rapports qu'avec le préfet du département.

Les fonctions et attributions des commissaires généraux de police ont été déterminées par un arrêté du gouvernement du 5 brumaire an IX, avec pouvoir de requérir la gendarmerie et la force armée en activité.

Un décret du 23 fructidor an XIII modifia l'arrêté du 5 brumaire an IX, et l'art. 1er du décret du 24 messidor an XII fixa leur rang dans les cérémonies publiques. (V. *Honneurs à rendre.*)

Leurs rapports avec la gendarmerie sont les mêmes que ceux des commissaire de police (V. *Commissaires de police.*)

COMMISSAIRES DE SURVEILLANCE DES CHEMINS DE FER.

Les commissaires spécialement préposés à la surveillance des chemins de fer sont nommés par le ministre des travaux publics, après examen et dans les conditions déterminées par les art. 6, 7 et 9 de l'arrêté du 10 février 1878.

Les deux tiers des emplois sont réservés aux anciens officiers des armées actives de terre et de mer, à moins d'insuffisance du nombre de candidats de cette catégorie. Ces officiers doivent avoir au plus cinquante-quatre ans avant le 1er janvier de l'année de l'examen. Les demandes sont accompagnées d'un acte de naissance dûment légalisé, des états de services, diplômes, etc., ou copies certifiées de ces pièces. Les examens portent sur les connaissances dont le programme est inséré annuellement au *Journal officiel.*

Les commissaires de surveillance ont, pour la constatation des crimes, délits et contraventions commis dans l'enceinte des chemins de fer et de leurs dépendances, les pouvoirs d'officiers de police judiciaire. Ils sont en cette qualité sous la surveillance du procureur de la République (*loi du 27 fév.* 1850), mais ils ne sont pas ses auxiliaires.

Une instruction du ministre des travaux publics, en date du 15 octobre 1881, a réglé leurs attributions de la manière suivante :

Les commissaires de surveillance administrative, institués par la loi du 27 février 1850, sont placés sous les ordres des ingénieurs et des inspecteurs particuliers de l'exploitation commerciale, et correspondent avec eux pour ce qui concerne leurs attributions respectives. (*Arrêté minist. du 15 avril 1850.*)

Ils sont attachés aux gares les plus importantes ; ils y stationnent d'une manière à peu près permanente.

En outre, ils sont chargés de la surveillance d'une circonscription, en ce qui concerne :

1° L'entrée, le stationnement et la circulation des voitures publiques et particulières dans les cours dépendant des stations ;

2° L'admission du public dans les salles d'attente et sur les quais d'embarquement ;

3° La manœuvre des aiguilles, la garde et l'éclairage des passages à niveau, la présence des agents préposés à la surveillance des voies, l'éclairage des stations et de leurs abords ;

4° Les mesures d'ordre relatives aux machines et voitures ;

5° La composition, le départ, l'arrivée et le stationnement des convois ; la tenue des registres des retards ;

6° Les mesures d'ordre relatives à l'admission des voyageurs dans les voitures ;

7° L'exécution des signaux ;

8° La présence de machines de réserve et de wagons de secours aux lieux désignés à cet effet ;

9° L'apposition, dans chaque station, des affiches et tableaux indiquant les heures de départ et d'arrivée, et des affiches annonçant les retards des trains ;

10° La perception des taxes, l'apposition des tableaux indiquant les taxes approuvées, l'enregistrement et l'expédition des marchandises, la tenue des registres qui sont prescrits à cet effet ;

11° L'entretien aux stations désignées et dans les trains de voyageurs des médicaments et moyens de secours nécessaires en cas d'accident ;

12° La désinfection des wagons ayant servi au transport des bestiaux,

13° L'expédition des plants de vigne provenant des départements phylloxérés ;

14° Les services de correspondance, de réexpédition de grande et de petite vitesse, de factage et de camionnage. (*Circ. minist. des* 21 *oct.* 1848, 15 *avril* 1850, 5 *juin* 1866 ; *arrêté minist. du* 27 *oct.* 1877.)

Ils reçoivent les plaintes que le public peut avoir à présenter, relativement au service des agents de la compagnie, à la marche des trains, à l'état du matériel, à la perception des tarifs, au service des passages à niveau, etc. (*Circ. minist. des* 21 *oct.* 1848 *et* 15 *avril* 1850.)

Ils doivent être présents au passage des trains de troupes. (*Circ. minist. du* 26 *juin* 1875.)

Indépendamment des rapports spéciaux que le service de chaque jour peut exiger, ils adressent tous les dix jours à l'ingénieur ordinaire des ponts et chaussées, à l'ingénieur ordinaire des mines et à l'inspecteur particulier, un rapport dans lequel ils rendent compte, suivant un cadre qui leur est tracé, de la situation du service et de leurs tournées. (*Circ. minist. des* 21 *oct.* 1848, 28 *avril* 1849, 15 *avril* 1850 *et* 27 *nov.* 1880.)

Ils signalent aux ingénieurs et aux inspecteurs de l'exploitation les faits qui paraissent constituer des infractions aux règlements, aux décisions ministérielles ou aux arrêtés préfectoraux dont ces fonctionnaires ont à surveiller l'exécution.

En cas d'accident, ils se transportent immédiatement sur les lieux, après en avoir donné avis par dépêches télégraphiques aux ingénieurs ordinaires, à l'ingénieur en chef, à l'inspecteur général, au préfet et au ministre des travaux publics. (*Circ. minist. des 30 janv.* 1860 *et* 15 *oct.* 1864.) Le cas échéant, ils remplacent ces avis télégraphiques par un avis écrit sommaire, aux ingénieurs, à l'inspecteur général, au préfet. Cet avis est, en tout état de cause, adressé au procureur de la République (*Circ. minist. du* 8 *déc.* 1852); il est complété, s'il y a lieu, par des avis ultérieurs. A la suite de leur enquête, ils rédigent, s'il est nécessaire, de premiers rapports sommaires, et en tout cas un rapport définitif, dans lequel ils constatent les circonstances et les résultats de l'accident, et adressent ce rapport à l'ingénieur des ponts et chaussées ou à l'ingénieur des mines, ou à tous les deux, suivant les cas.

Dans les circonstances exceptionnelles de guerre, d'inondation, etc., ils doivent informer sans retard les préfets, par dépêche ou par exprès, des suppressions de trains, des changements dans les heures de départ, en un mot de toutes les modifications du service ainsi que de la reprise du service normal.

Ils s'assurent que les avis de retard des trains de voyageurs dépassant une heure ont été envoyés à ces magistrats par le chef de la gare qui dessert le chef-lieu du département. (*Circ. minist. des* 8 *déc.* 1855 *et* 30 *janv.* 1856.)

Ils veillent à ce que les retards soient annoncés par affiches placardées dans les gares. (*Circ. minist. du* 30 *janv.* 1856.)

Ils constatent par des procès-verbaux les contraventions commises, soit par les tiers, soit par les compagnies, aux règlements de toute nature sur les chemins de fer, et plus particulièrement les contraventions qui ne sont pas spécialement de la compétence des conducteurs des ponts et chaussées et des gardes-mines, par exemple celles qui concernent les prescriptions relatives à la police des cours des gares et stations, à la composition et au mouvement des trains, à la perception des taxes, aux mesures d'ordre et de police concernant les fumeurs, etc. Lorsque la contravention est de la compétence du conseil de préfecture, ils dressent le procès-verbal en simple original et l'adressent à l'ingénieur ordinaire des ponts et chaussées ou des mines; lorsqu'elle est de la compétence de la juridiction correctionnelle, ils le dressent en double original, dont l'un est envoyé au procureur de la République et l'autre à l'ingénieur ordinaire compétent. (*Loi du* 27 *fév.* 1850.)

Ils ont, pour la constatation des crimes, délits et contraventions commis dans l'enceinte des chemins de fer et de leurs dépendances, les pouvoirs d'officiers de police judiciaire.

Ils sont, en cette qualité, sous la surveillance du procureur de la République et lui adressent directement leurs procès-verbaux.

Ils procèdent au besoin à l'arrestation des auteurs des crimes ou délits de droit commun et des tentatives d'actes de malveillance; mais ils doivent remettre immédiatement les coupables entre les mains des autorités judiciaires locales. (*Circ. minist. du* 15 *avril* 1850.)

Ils ne doivent d'ailleurs intervenir qu'en l'absence des inspecteurs et des commissaires spéciaux de police pour la répression des crimes et délits de droit commun et dans les questions de police ordinaire. (*Circ. du 1ᵉʳ juin 1855.*)

Ils font de fréquentes tournées et visitent leur circonscription au moins une fois par mois.

COMMISSIONS ROGATOIRES.

Une commission rogatoire est un acte par lequel un juge d'instruction ou un capitaine rapporteur près d'un conseil de guerre charge un officier de police judiciaire d'opérer en son lieu et place, dans certains cas déterminés, pour recevoir les déclarations de témoins éloignés, ou faire toute autre opération.

Rapporteurs.

Le rapporteur cite les témoins par le ministère des agents de la force publique et les entend. Si les témoins résident hors du lieu où se fait l'information, le rapporteur peut requérir, par commission rogatoire, soit le rapporteur près le conseil de guerre, soit le juge d'instruction, soit le juge de paix du lieu dans lequel ces témoins sont résidants, à l'effet de recevoir leur déposition.

Le rapporteur saisi de l'affaire peut également adresser des commissions rogatoires aux fonctionnaires ci-dessus mentionnés, lorsqu'il faut procéder hors du lieu où se fait l'information, soit aux recherches prévues par l'art. 86 du Code, soit à tout autre acte d'instruction. (*Art.* 102 *du Code de justice militaire du 9 juin* 1857.)

Les rapporteurs peuvent également adresser semblables commissions aux officiers, sous-officiers et commandants de brigade de gendarmerie, à l'effet d'entendre des témoins, de recueillir des renseignements et d'accomplir tous les actes inhérents à leur qualité d'officiers de police judiciaire, conformément aux dispositions de l'art. 84 du Code de justice militaire. (*Art.* 133 *du décret du 1ᵉʳ mars* 1854. — V. *Officiers de police judiciaire.*)

Juges d'instruction.

Le juge d'instruction charge les officiers de police judiciaire de partie des actes de sa compétence, en cas de flagrant délit ; il commet le juge de paix pour entendre les témoins, dans le cas prévu par les art. 83 et 84 du Code d'instruction criminelle ; il requiert le juge d'instruction d'un autre arrondissement de procéder à certains actes, dans les cas prévus par les art. 84 et 90 dudit Code.

L'art. 83 déclare que le juge d'instruction enverra au juge de paix des notes et instructions qui feront connaître les faits sur lesquels les témoins devront déposer.

A quels officiers le juge d'instruction peut-il adresser des commissions rogatoires? La loi est très précise à cet égard. Il peut déléguer : 1° les présidents des cours et présidents des tribunaux, pour recevoir les dépositions des témoins désignés par l'art. 510 et suivants; 2° les juges d'instruction des autres arrondissements, dans les cas prévus par les art. 84,

90 et 103 ; 3° les juges de paix de son arrondissement, dans le cas prévu par l'art. 83 ; 4° enfin, les officiers de police auxiliaires, pour l'exécution des actes prévus par les art. 32 et suivants, en cas de flagrant délit.

Chacune de ces désignations ayant été faite par la loi elle-même, dans chacun des cas où la délégation est autorisée, il s'ensuit que le juge d'instruction ne peut déléguer d'autres officiers.

Ainsi, il ne pourrait déléguer un commissaire de police pour recevoir des dépositions de témoins, et, par conséquent, un officier de gendarmerie, puisque les art. 83 et 84 n'ont attribué ce droit, en dehors des cas de flagrant délit, et à raison de leur caractère de juge, qu'aux seuls juges de paix. Si ces articles ne sont pas limitatifs, suivant un arrêt de la Cour de cassation du 6 mars 1841, quant aux cas de délégation, ils le sont nécessairement quant aux officiers à qui les actes d'instruction peuvent être délégués. Sauf le cas de flagrant délit, où l'urgence justifie l'exception, le droit de procéder à un acte d'instruction ne peut appartenir qu'à un juge ; en indiquant le juge de paix et le juge d'instruction pour l'audition des témoins qui sont dans l'impossibilité de se transporter, la loi a nécessairement voulu que les autres actes d'instruction susceptibles de délégation ne puissent être confiés qu'à l'un de ces deux magistrats.

Si, hors le cas de flagrant délit, comme il vient d'être dit, les officiers de gendarmerie ne peuvent pas être délégués pour recevoir des dépositions, il est évident qu'il doit en être de même lorsqu'il s'agit de recueillir des informations, de procéder à une perquisition, de faire une expertise ou d'appliquer une mesure de contrainte à l'occasion de faits sur lesquels une instruction judiciaire est commencée.

D'ailleurs, quel serait le titre de ces officiers, et même du juge de paix, pour procéder à ces mesures? Si la loi leur a donné les pouvoirs de la police judiciaire, elle ne leur a point donné les pouvoirs de l'instruction, et, dès lors, ils ne peuvent, hors le cas de flagrant délit, procéder à aucun acte de la procédure.

D'après ces dispositions, il serait superflu de démontrer que les chefs de brigade de gendarmerie n'ont pas qualité pour faire des enquêtes ou autre acte d'information judiciaire, en vertu de commission rogatoire en matière civile. (*Art.* 240 *et* 265 *du décret du 1ᵉʳ mars* 1854.)

COMPLICITÉ DE CRIMES ET DÉLITS.

La complicité est la participation au crime d'un autre. Les complices sont punis de la même peine que les auteurs principaux, sauf les cas où la loi en a disposé autrement.

Sont punis comme complices d'une action qualifiée crime ou délit ceux qui, par dons, promesses, menaces, abus d'autorité ou de pouvoir, machinations ou artifices coupables, ont provoqué à cette action ou donné des instructions pour la commettre ; ceux qui ont procuré des armes, des instruments, ou tout autre moyen qui a servi à l'action, sachant qu'ils devaient y servir ; ceux qui ont, avec connaissance, aidé ou assisté les auteurs de l'action dans les faits qui l'ont préparée ou facilitée, ou dans ceux qui l'ont consommée. (*Art.* 60 *du Code pénal.*)

Ceux qui, connaissant la conduite criminelle des malfaiteurs exerçant des brigandages ou des violences contre la sûreté de l'État, la paix publique, les personnes ou les propriétés, leur fournissent habituellement logement, lieu de retraite ou de réunion, sont punis comme leurs complices. (*Art.* 61 *du Code pénal.*)

Ceux qui sciemment ont recélé, en tout ou en partie, des choses enlevées, détournées ou obtenues à l'aide d'un crime ou d'un délit, sont aussi punis comme complices de ce crime ou délit. (*Art.* 62 *du Code pénal.*)

Les brocanteurs peuvent quelquefois être considérés comme complices des crimes et des délits. Il est défendu aux revendeurs, brocanteurs, ferrailleurs et autres marchands et artisans, de rien acheter à des fils de famille, domestiques, gens inconnus ou suspects ; la plupart de ces marchands achètent avec une légèreté, et souvent une cupidité qui provoque au vol et approche de la mauvaise foi constitutive du recel ; les délits par eux commis doivent, par cette raison, être sévèrement recherchés et punis. S'ils ont acheté des objets qui avaient été volés, ils sont punissables.

La loi n'oblige pas les brocanteurs à avoir des livres où ils inscrivent ce qu'ils achètent et ce qu'ils revendent ; mais à Paris, et dans plusieurs autres grandes villes, il existe des règlements de police qui les y obligent. Alors, s'ils ne tiennent pas ces livres avec exactitude, ils sont, pour ce seul fait, passibles d'une peine de police.

Pour acquérir et établir la preuve de tous faits de complicité, il faut recueillir les indices résultant de la nature et des circonstances du crime ou délit, de l'intérêt qui a pu en déterminer la tentative ou la consommation, des pièces à conviction ; ceux provenant de la disparition de la totalité ou de partie des choses volées, de la plainte, des déclarations des témoins, des réponses ou aveux de l'auteur du fait, des papiers ou objets trouvés dans son domicile ou sur sa personne. On doit, du reste, procéder contre les complices avec autant de célérité et de précautions que contre les auteurs mêmes du crime ou du délit.

La qualité du complice peut aggraver la position de l'auteur principal. Par exemple, lorsqu'un domestique aide à commettre un vol chez son maître, le vol a le caractère de vol domestique à l'égard des auteurs comme à l'égard du domestique ; on doit donc être fort attentif à vérifier si des individus de cette qualité ont coopéré au fait par complicité. Les complices sont punis d'une peine du même genre que l'auteur du crime. (V. *Recéleurs.*)

CONCUSSION.

La concussion est la perception qui a lieu, de la part de tous fonctionnaires, officiers publics, percepteurs de droits et revenus publics ou communaux, ou de la part de leurs commis ou préposés, de toute somme qu'ils savent n'être pas due, ou excéder celle qui est due pour droits, taxes, contributions, revenus, salaires ou traitements. (*Art.* 174 *du Code pénal.*)

Un garde-champêtre, étant également fonctionnaire public, se rend coupable de concussion quand il reçoit de l'argent pour supprimer ou ne pas faire un procès-verbal. (*Cass.*, 16 *sept.* 1820.)

Les sous-officiers et gendarmes, n'étant ni fonctionnaires publics, ni percepteurs de deniers publics, ni agents de ces fonctionnaires, ne commettent point une *concussion* en exigeant ou acceptant une somme quelconque pour ne pas dresser des procès-verbaux, ou sous prétexte de faire exempter un jeune soldat du service militaire, parce que la concussion ne peut avoir lieu que de la part des individus désignés en l'art. 174 du Code pénal; mais ils commettent une *exaction*, une *escroquerie*, passible d'un emprisonnement d'un an à cinq ans, qui est doublé en cas de récidive, et d'une amende de 50 fr. à 3,000 fr.; ils peuvent, de plus, être interdits des droits civils, civiques et de famille énoncés en l'art. 42 du Code pénal, et être mis sous la surveillance de la haute police pendant un temps de cinq à dix ans; le tout, par application de l'art. 405 du Code pénal. (*Cass.*, 28 *niv. an* XIII, 17 *mai* 1806, 2 *janv.* 1817, *et décret du* 8 *fruct. an* XIII.)

La forfaiture est tout crime commis par un fonctionnaire public dans l'exercice de ses fonctions. Toute forfaiture pour laquelle la loi ne prononce pas de peines plus graves est punie de la dégradation civique; les simples délits ne constituent pas les fonctionnaires publics en forfaiture. (*Art.* 166, 167 *et* 168 *du Code pénal.*)

Est puni d'un an à quatre ans d'emprisonnement, tout médecin militaire qui, dans l'exercice de ses fonctions, et pour favoriser quelqu'un, certifie faussement ou dissimule l'existence de maladie ou infirmités. Il peut, en outre, être puni de la destitution.

S'il a été mû par des dons ou promesses, il est puni de la dégradation militaire. Les corrupteurs sont, en ce cas, punis de la même peine. (*Art.* 262 *du Code de justice militaire.*

Tout médecin, chirurgien ou officier de santé sera, pour les mêmes faits, puni d'un emprisonnement d'un an au moins et de trois ans au plus (*Art.* 160 *du Code pénal.*)

CONDUITE A TENIR PAR LES GENDARMES POUR OPÉRER AVEC RÉGULARITÉ ET SE METTRE A L'ABRI DE REPROCHES.

Les gendarmes, pour opérer avec régularité et se mettre à l'abri de reproches, doivent:

1° Prêter serment devant le tribunal de l'arrondissement où ils sont employés (*art.* 6 *et* 7 *du décret du* 1er *mars* 1854. — V. *Serment*);

2° Exercer leurs fonctions étant revêtus de leur uniforme (V. *Déguisement*);

3° Demander l'exhibition des passe-ports ou feuilles de route, avec politesse, militairement, sans arrogance ni pusillanimité (V. *Passe-ports*);

4° Mettre à exécution avec célérité les mandats, réquisitions et ordres légaux (V. *Réquisitions, Mandats de justice, Arrestations en vertu de mandats de justice*);

5° Ne s'introduire jamais *de nuit* dans le domicile d'un citoyen, sauf les cas exceptionnels (V. *Visites domiciliaires, Arrestations en vertu de mandats de justice*);

6° Ne pénétrer de jour dans une maison que munis d'un mandat spécial décerné par l'autorité compétente ou avec l'autorisation de l'habitant (V. *Officiers de police judiciaire, Arrestations en vertu de mandats de justice, Déserteurs, Visites domiciliaires*);

7° Ne faire ouvrir, dans aucun cas, sans l'assistance d'un officier de police, les portes extérieures et intérieures qui seraient tenues fermées V. *Visites domiciliaires, Officiers de police judiciaire*);

8° Prêter assistance à toute personne qui réclame du secours, dans un moment de danger (V. *Secours à porter, Main-forte à prêter, Refus d'un service légalement dû, p. 143 et 589*);

9° Ne pas troubler les citoyens dans leur liberté individuelle (V. *Abus d'autorité, Arrestations illégales, Cultes*);

10° Conduire sur-le-champ devant l'autorité tout individu arrêté en flagrant délit (V. *Arrestations en flagrant délit*);

11° Ne laisser évader aucun prisonnier (V. *Correspondances*);

12° Se présenter régulièrement chez les maires et les juges de paix dans le cours des tournées (V. *Tournées de communes*);

13° Employer la force des armes seulement dans le cas de voies de fait ou d'agression armée, ou s'ils ne peuvent défendre autrement le terrain qu'ils occupent ou les postes et les personnes confiés à leur garde (V. *Emploi de la force des armes, Emeutes*);

14° Dresser procès-verbal, même en cas de non réussite, de toutes les opérations pour lesquelles ils ont été requis, informer de ces opérations l'autorité requérante et en rendre compte à leurs chefs (V. *Procès-verbaux, Main-forte à prêter*);

15° Ne désarmer personne à la chasse, hors le cas de menaces, provocations, déguisement et vagabondage (V. *Chasseurs*);

16° Signaler sans ménagement à l'autorité admininistrative les gardes champêtres et les cantonniers qui remplissent mal les fonctions dont ils sont chargés (V. *Gardes champêtres, Cantonniers*);

17° N'user jamais de violence ni d'emportement envers les prisonniers (V. *Correspondances*);

18° N'emprunter et ne recevoir rien des prisonniers, ne manger ni boire avec ceux qu'ils conduisent, quelle que soit leur position (V. *Correspondances*);

19° Ne pas transiger avec leurs devoirs en s'abstenant de constater des délits ou contraventions (V. *Concussion*);

20° Porter les dépêches de l'autorité lorsqu'ils en sont légalement requis (V. *Dépêches des autorités, Collèges électoraux*);

21° Ne s'enivrer jamais (V. *Ivresse*);

22° Ne faire aucune dette (V. *Dettes*);

23° Ne pas se marier sans avoir obtenu la permission du conseil d'administration, approuvée par le colonel (V. *Mariage des gendarmes*);

24° Ne pas quitter leurs camarades lorsqu'ils sont commandés de service ensemble (V. *Journaux de service*);

25° Ne découcher jamais sans autorisation;

26° Ne pas atteler leurs chevaux à des voitures, ne les prêter à personne, ni les vendre ou échanger sans y être autorisés;

27° Ne pas abandonner leur poste sans être relevés, et, s'ils offrent leur démission, ne quitter leur brigade qu'après avoir reçu du ministre leur titre de libération, arrêté leurs comptes et déposé leurs armes au conseil d'administration (V. *Déserteurs*);

28° Ne signer aucune plainte collective et n'enfreindre jamais l'ordre hiérarchique, en cas de réclamation (V. *Réclamations, Ordre hiérarchique*);

29° Rentrer à la caserne à neuf heures du soir en hiver, et à onze heures en été;

30° N'exercer aucun commerce, métier ni profession, et ne pas souffrir que leurs femmes tiennent cabaret, billard, café ou tabagie, dans a résidence où ils sont employés, et, de plus, les empêcher d'exercer un état quelconque susceptible d'attirer quelqu'un d'étranger dans la caserne, d'incommoder ou de troubler le repos des voisins;

31° Ne sortir de la caserne, en tout temps, qu'étant dans une bonne tenue militaire, et après en avoir prévenu le commandant de la brigade;

32° Ne jamais sortir du quartier, pour un service commandé, avant que le chef de brigade n'ait passé l'inspection des hommes, des chevaux et des armes, et se soumettre, au retour, à la même inspection;

33° Entretenir leurs armes, leurs effets et leurs logements dans le meilleur état de propreté (V. *Caserne*);

34° S'abstenir de nourrir et d'élever de la volaille ou autres animaux dans la caserne (V. *Volaille*);

35° Enfin, exécuter immédiatement, sans impatience ni murmures, les ordres transmis; répondre toujours respectueusement à leurs chefs, et apporter dans toutes leurs actions de l'impartialité, du zèle, de la célérité, de la prudence, de la discrétion et de la fermeté.

CONSEILS DE RÉVISION.

Le service près des conseils de révision se fait en armes et les gendarmes rendent les honneurs aux préfets à leur arrivée sur le lieu des opérations ainsi qu'à la sortie de la salle des séances. (*Circ. du 15 juill.* 1879. — V. *Honneurs à rendre.*)

Le président du conseil de révision requiert un officier de gendarmerie et le nombre de gendarmes qu'il juge nécessaire pour l'exécution de toutes les mesures qui intéressent la police des séances et l'accomplissement des prescriptions de la loi.

L'officier de gendarmerie ne peut se dispenser, sur la réquisition du préfet, d'assister en personne aux séances du conseil de révision.

Les militaires de la gendarmerie sont employés près du conseil pour assurer le bon ordre et prêter main-forte, au besoin, pour l'exécution de la loi. Un gendarme pourra être chargé de faire l'appel des jeunes gens convoqués et de les toiser. (*Art. 34 de l'instr. du 28 avril* 1873.)

Quand un jeune homme fait connaître qu'il est atteint d'une maladie ou d'une infirmité qui le met dans l'impossibilité absolue de se rendre devant le conseil de révision, un délai doit lui être accordé si les motifs allégués permettent d'espérer qu'à l'expiration de ce délai il pourra comparaître en personne. Dans le cas contraire, le conseil délègue un médecin militaire pour visiter le réclamant à domicile avant la clôture des opérations. (*Art. 65 de ladite instr.* — V. *Concussion.*)

Cette visite a lieu en présence de l'officier de gendarmerie de l'arrondissement, qui en dresse procès-verbal et l'envoie au préfet pour être soumis au conseil de révision. (*Art. 66 de ladite instr.*)

Tout déplacement hors de la résidence pour un service de révision ou de tirage au sort donne droit à une indemnité. (V. *Indemnités.*)

CONTRAINTE PAR CORPS.

La loi du 19 décembre 1871, qui a rétabli la contrainte par corps supprimée par la loi du 22 juillet 1867, ne s'applique qu'aux dettes en matière criminelle. (V. *Arrestations pour dettes.*)

Les gendarmes ne doivent rien recevoir des débiteurs qu'ils sont chargés d'arrêter pour dettes envers l'État, et il leur est expressément défendu de payer de leurs propres deniers, ou au moyen de collectes faites dans la localité, les sommes dues par les insolvables.

Mais si des circonstances paraissaient devoir s'opposer à l'exécution de la contrainte par corps, les gendarmes devraient surseoir à l'incarcération, sauf à rendre compte à qui de droit des motifs du sursis. (*Circ. du 13 déc. 1858, et art. 215 de l'instr. des finances du 20 sept. 1875.*)

Lorsqu'un débiteur veut acquitter sa dette avant d'être écroué, il est conduit devant le receveur des finances, qui délivre un reçu, lequel est remis avec le procès-verbal d'arrestation au procureur de la République, qui statue sur la mise en liberté.

La majeure partie des receveurs des finances font mettre en liberté les individus qui ont acquitté, entre leurs mains, le montant de leur dette. Ils agissent ainsi dans le but d'éviter des frais au Trésor, des dépenses et des fatigues inutiles aux gendarmes, qui ont souvent de très grandes distances à parcourir pour conduire au chef-lieu d'arrondissement un individu que l'on n'écroue jamais, puisqu'il n'est plus débiteur. Pour ces mêmes motifs, presque tous les procureurs de la République se contentent d'être informés du résultat de leurs réquisitions, en cette matière, par le procès-verbal de la gendarmerie, auquel est joint le reçu du comptable qui a demandé l'arrestation.

Mais en réalité le droit de mise en liberté d'un individu arrêté pour dette envers l'État n'appartient qu'au président du tribunal, devant lequel il peut demander à aller en référé, sans que l'on puisse le lui refuser, sous peine d'une amende de 100 fr., conformément à l'art. 786 du Code de procédure civile, et au procureur de la République, devant lequel il doit être conduit s'il n'a pas été relaxé par le président. Dans le cas contraire, l'acte de mise en liberté est envoyé au magistrat requérant avec le procès-verbal de la gendarmerie.

A cette occasion, nous croyons utile de citer le fait suivant :

Deux gendarmes, porteurs d'une contrainte par corps, découvrent le débiteur, de qui ils reçoivent, contrairement à la circulaire du 22 août 1846 (Mémorial, 6° *vol.*, *p.* 729), le montant de sa dette envers l'État et vont le porter au receveur des finances qui leur dit de suite qu'ils avaient eu tort de ne pas amener cet individu, parce qu'il était redevable d'une autre somme; que, aux termes de la loi, il ne pouvait plus être arrêté de nouveau pour cette condamnation pécuniaire, et que par conséquent ils devaient la payer de leurs propres deniers, ce qui a eu lieu.

CONTRIBUTIONS INDIRECTES ET DOUANES.

La gendarmerie réprime la contrebande en matière de contributions indirectes, et saisit les marchandises transportées en fraude ; elle dresse des procès-verbaux de ces saisies, arrête et conduit devant les autorités compétentes les contrebandiers et autres contrevenants de ce genre, en précisant les lieux où l'arrestation a été faite, les moyens employés et la résistance qu'il a fallu vaincre. (*Art.* 302 *du décret du 1er mars* 1854.)

En matière de douane et en cas de poursuite à vue dans le rayon, les poursuivants peuvent s'introduire dans une maison à la suite des marchandises de fraude, même pendant la nuit. (*Loi du 22 août 1791.*)

ALLUMETTES.

La quantité d'allumettes importées, en vertu de l'art. 3 de la loi du 15 mars 1873, à destination des simples consommateurs et pour leurs besoins exclusivement personnels, est limitée à cinq kilogrammes par consommateur et par année.

Les allumettes importées ne pourront circuler sans être accompagnées d'un acquit-à-caution. Les contraventions à la présente disposition donneront lieu à l'application des peines édictées par la loi du 4 septembre 1871 ; elles pourront être constatées soit par les agents de l'administration des contributions indirectes, soit par les agents spéciaux du concessionnaire du monopole, commissionnés dans les conditions déterminées par l'art. 5 de la loi du 15 mars 1873. (*Art. 2 de la loi du 28 janv.* 1875.)

Les dispositions relatives à la répression de la fraude en matière de tabacs, contenues dans les art. 222 et 223 de la loi du 28 avril 1816, seront appliquées à l'avenir aux contraventions aux lois et règlements concernant le monopole des allumettes. (*Art. 3 de la même loi.*)

La gendarmerie opère pour les allumettes comme pour les tabacs : la loi ne fait aucune distinction.

Les agents spéciaux de la compagnie concessionnaire doivent chercher, par tous les moyens en leur pouvoir, à prouver qu'il y a fraude ; mais la gendarmerie ne peut pas faire discuter ses actes par ceux qui ont intérêt à les dénaturer ; elle ne doit s'arrêter, en ces sortes de constatations, qu'aux faits patents, indéniables. (*Même loi.*)

La gendarmerie ne doit pas profiter de sa présence fortuite dans une maison où elle a pénétré sans mandat régulier et sans motifs légaux, pour rechercher les allumettes qui lui sembleraient être d'une autre fabrication que celle de la compagnie concessionnaire.

Aux termes de la loi du 4 septembre 1871, il revient aux capteurs la moitié des amendes ou transactions, déduction faite des frais ; mais, dans le but d'encourager le zèle des agents préposés à la répression de la fraude, la compagnie générale des allumettes ayant déclaré faire abandon, au profit des verbalisants, de la part qui lui est due en vertu de l'art. 9 du cahier des charges, laquelle est de la moitié nette soit des amendes recouvrées, soit des transactions consenties par l'administration de la régie, il en résulte que les capteurs touchent l'intégralité des sommes encaissées, après déduction des frais avancés. (*Circ. du directeur général des contributions indirectes, du 13 août 1875.*)

Les individus arrêtés pour fraude en matière d'allumettes doivent être conduits devant le directeur ou le sous-directeur des contributions indirectes le plus voisin ; ils donnent droit à une prime de 10 fr. par fraudeur. (*Décret du 10 août 1875.*)

Avant l'application de la loi du 2 août 1872, autorisant le ministre des finances à concéder le monopole des allumettes, les boîtes et paquets devaient être revêtus d'une marque de la régie constatant que l'impôt auquel ils étaient soumis avait été payé. Mais, depuis lors, les droits étant supprimés, il n'y a plus lieu d'y mettre le timbre de la régie.

Les contraventions à constater sont :

1° Détention, par un particulier, d'allumettes en fraude, c'est-à-dire ne portant sur les boîtes ni le timbre de la régie, pour les anciennes, ni pour les nouvelles l'inscription « *Compagnie générale des allumettes chimiques* » ;

2° Détention d'allumettes en fraude, par un débitant de boissons, cafetier, aubergiste, hôtelier ou commerçant mettant gratuitement des allumettes à la disposition de ses clients ;

3° Vente en fraude à domicile ou colportage en contravention à l'art. 222 ;

4° Fabrication frauduleuse d'allumettes chimiques ; détention d'ustensiles, instruments ou mécaniques affectés à la fabrication des allumettes, et en même temps des matières nécessaires à la fabrication ; détention de pâtes phosphorées propres à la fabrication des allumettes chimiques.

La contravention 1° est punie de la confiscation et d'une amende de 10 fr. par kilogramme saisi, amende qui ne pourra être inférieure à 100 fr. ni supérieure à 3,000 fr. (*Loi du 28 avril* 1816, *art.* 218.)

Les contraventions 2° et 3° sont punies de la confiscation et d'une amende de 300 fr. à 1,000 fr. (*Même loi, art.* 222.)

Par application du même article, la vente en fraude ou le colportage entraînent, en outre de la même peine, la confiscation des moyens de transport, s'il y a lieu, ou des ustensiles servant à la vente, et l'arrestation des fraudeurs, qui seront constitués prisonniers.

Les trois contraventions mentionnées sous le n° 4° sont punies d'une amende de 300 fr. à 1,000 fr. avec confiscation des instruments ou matières saisies. En cas de récidive, emprisonnement de six jours à six mois. (*Loi du 28 juill.* 1875, *art.* 2 et 3.)

BOISSONS.

Droit de circulation.

La surveillance sur la circulation des boissons est considérée par l'administration comme très importante, et elle doit être exercée avec le plus grand soin, surtout à certaines époques de l'année, suivant les pays, par exemple au moment des vendanges dans les contrées vignobles. Non seulement le droit qui frappe les boissons transportées doit être sauvegardé au point de vue de l'intérêt immédiat du Trésor, mais, en outre, la contravention constatée en pareille matière fait souvent découvrir, par un enchaînement de déductions variables suivant les circonstances, des fraudes anciennes et étendues, telles que l'existence d'entrepôts, de fabriques ou de débits non autorisés.

Le droit de circulation a été établi par la loi du 28 avril 1816, dont l'art. 1er déclare soumis à une perception tarifée « chaque enlèvement ou déplacement de vins, cidres, poirés, eaux-de-vie ou esprits ». La loi du 25 mars 1817, art. 85, a ajouté à cette énumération l'hydromel, qu'elle assimile aux cidres ; mais les vendanges et les fruits sujets au droit d'entrée sont affranchis du droit de circulation. (*Loi du 28 avril* 1816, *art.* 11.) — Quant aux alcools, le droit de circulation est remplacé, pour eux, par un droit de consommation. Leur circulation, comme celle des

vernis, eaux de senteur, éthers, chloroformes et toutes autres préparations à base alcoolique, n'en est pas moins soumise aux mêmes formalités
que celle des autres boissons. (*Loi du 28 fév.* 1872, *art.* 4.)

Il n'est dû qu'un seul droit pour le transport à la destination déclarée,
quelles que soient la longueur et la durée du trajet et nonobstant toute
interception ou changement de voie et de moyens de transport. (*Loi du
28 avril 1816, art.* 2.)

Par les mots *enlèvement ou déplacement* employés par la loi, il faut
entendre non seulement le transport, mais la sortie du lieu où se trouvaient les boissons. Ainsi, la Cour de cassation a décidé que des boissons chargées par l'expéditeur sur une voiture à sa porte et sur la voie
publique étaient saisissables s'il ne s'était pas mis en règle avec la régie.
(*Arrêts des* 19 *juill.* 1821, 23 *mai* 1828.) Il a été décidé de même qu'il y
a déplacement de boissons, dans le sens légal des art. 1er et 6 de la loi précitée du 28 avril 1816, par le seul fait que des boissons ont été extraites d'un
édifice et déposées dans un terrain accessible à tous, quand bien même le
prévenu en aurait la jouissance ou la propriété. (*Cour de Caen,* 2 *avril*
1873.) Cependant il y a une distinction à faire sur ce point, et il a été
jugé, dans une espèce analogue, que la saisie ne pouvait avoir de suite
lorsque le propriétaire prouvait d'une façon certaine qu'il n'était réellement ni expéditeur ni vendeur, par exemple dans le cas d'une vente sous
condition de paiement préalable non encore effectué. (*Cass.,* 12 *juin* 1823.)

Lorsque les boissons doivent être transportées dans un lieu où leur
commerce n'est pas affranchi des exercices des employés de la régie,
le droit n'est pas applicable : 1° à celles qui sont enlevées à destination
de négociants, marchands en gros, courtiers, facteurs, commissionnaires,
distillateurs et tous autres munis d'une licence de marchand en gros ou
de distillateur; 2° aux vins, cidres et poirés enlevés à destination de toute
personne vendant au détail et munie d'une licence. (*Loi du 25 mars* 1817,
art. 82.) La seule obligation imposée pour jouir de l'exemption est de se
munir d'un acquit-à-caution.

Sont également exemptées du droit de circulation :

1° Les boissons à destination de l'étranger ou des colonies (*Loi du
28 avril* 1816, *art.* 5), avec acquit-à-caution dans les deux cas;

2° Les boissons expédiées par un détenteur non entrepositaire, d'une
de ses caves dans des lieux sujets aux droits d'entrée, à destination d'un
autre domicile, à la condition d'être accompagnées d'un acquit-à-caution
(*Loi du 15 mai* 1818, *art.* 84);

3° Les vins, cidres et poirés qu'un propriétaire récoltant transportera
dans les limites du canton ou des communes limitrophes du canton où la
récolte aura été faite, soit d'une cave à une autre, soit d'un pressoir ou
d'un cellier à d'autres lui appartenant, à la condition de se munir d'un
passavant.

4° Les vins, cidres et poirés qu'un colon partiaire ou fermier remettra
au propriétaire ou recevra de lui dans les mêmes limites, en vertu de
baux authentiques ou d'usages notoires. Au delà de ces limites, le propriétaire devra, pour transporter les boissons de sa récolte, être muni d'un
acquit-à-caution et, en outre, se soumettre à l'arrivée aux obligations des
marchands en gros, sauf toutefois le droit de licence qui n'est pas dû.
(*Loi du 25 juin* 1841, *art.* 15 *et* 16. — *Décret du 17 mars* 1852, *art.* 20.)

Mais, dans le but de favoriser les propriétaires, il a été accordé, lors de
l'établissement des impôts, une tolérance que, par sa circulaire du 26 oc-

tobre 1857, n° 506, le ministre des finances a prescrit de maintenir. Cette tolérance consiste à dispenser du passavant les propriétaires qui font transporter leur récolte à de petites distances, au moyen de brocs, de seaux et autres récipients de ce genre, pourvu qu'ils ne soient ni marchands en gros, ni marchands en détail. Sur ses propres terres, un fermier ou un propriétaire peut, s'il ne se sert pas de la voie publique, transporter ses boissons sans avoir à se munir d'un passavant.

Les passavants ne sont délivrés par l'administration qu'après enquête et justification par l'impétrant des conditions nécessaires. C'est pourquoi le récoltant qui est en même temps marchand au détail ne pourra obtenir qu'un acquit-à-caution. Il en sera de même pour le récoltant qui conduit des boissons provenant de sa récolte à une vente, foire ou marché.

Les décisions ministérielles ont laissé à la régie une latitude rationnelle pour exempter de tous droits de circulation le simple consommateur qui, transportant des boissons de chez lui chez lui (en cas de déménagement par exemple), peut prouver que ces boissons avaient déjà acquitté le droit.

Les boissons expédiées du dehors à destination des villes placées sous le régime de la taxe unique ne pourront circuler qu'en vertu d'acquits-à-caution. (*Loi du 9 juin* 1875, *art.* 6.) Cette obligation avait été établie pour Paris seulement par la loi du 15 mai 1818, art. 85.

Ainsi, disposition formelle et générale, aucun enlèvement ou transport de boissons ne pourra être fait sans déclaration préalable de l'expéditeur ou de l'acheteur, quand bien même le droit ne serait pas dû, comme dans certains des cas précédents. Il n'existe qu'une exception légale à ce principe, en faveur des voyageurs, qui ont droit au transport, sans déclaration, du vin nécessaire à leur consommation en quantité maximum de trois bouteilles. (*Loi du 28 avril* 1816, *art.* 18.) Dans tous les autres cas, le conducteur de la voiture ou du convoi devra être muni d'une pièce délivrée au bureau de régie en échange de sa déclaration, même pour les transports d'alcools dénaturés. (*Ord. du 14 juin* 1844.) Cette pièce sera, suivant le cas, soit un *congé* constatant l'acquittement du droit de circulation, soit un *acquit-à-caution*, soit un *passavant*. Cependant, à défaut de bureau de régie dans leur résidence, les expéditeurs récoltants ou marchands en gros peuvent être autorisés à se délivrer des *laissez-passer* établis au moyen de formules imprimées que leur confie la régie, et qui tiennent lieu des pièces mentionnées ci-dessus, jusqu'au prochain bureau de passage. (*Loi du 21 avril* 1832, *art.* 43.) Au delà de ce bureau, le laissez-passer n'a plus de valeur, faute d'avoir été échangé contre une pièce définitive. (*Loi du 28 avril* 1816, *art.* 12.)

Après avoir affirmé ce principe important, il convient d'ajouter que l'administration ne l'applique pas dans toute sa rigueur, bien qu'un grand nombre d'arrêts lui en donnent le droit absolu. Ainsi l'administration n'exige pas d'expéditions pour les enlèvements à la bouteille chez les débitants de boissons; il en est de même pour les petites quantités de vin que les travailleurs des champs emportent avec eux, ou qu'un propriétaire envoie aux ouvriers qu'il emploie dans des travaux à la campagne. Cette dernière tolérance a reçu, en quelque sorte, une confirmation officielle dans les assurances du gouvernement à la séance de l'Assemblée nationale du 20 juin 1873.

Contraventions. — En résumé, le déplacement ou le transport des boissons peuvent donner lieu à six sortes de contraventions :

1° Enlèvement, déplacement ou transport de boissons sans déclaration préalable et sans une pièce ou *expédition* délivrée par la régie en échange. L'exception signalée plus haut (art. 18 de la loi du 18 avril 1816) est seule exclusive de cette contravention. (*Art. 6 de ladite loi.*) Les tribunaux ne peuvent annuler sous aucun prétexte une saisie faite pour défaut d'expédition, et quelque petite que soit la quantité de boissons transportée en fraude. (*Arrêts des* 17 *mai et* 5 *oct.* 1809, 14 *août* 1812, 18 *oct.* 1822, 18 *mai* 1844.)

2° Défaut d'identité entre les boissons composant un ou plusieurs chargements et les expéditions présentées. (*Même loi, art.* 10.) Les quantités mentionnées aux expéditions font seules foi, bien entendu, sauf les cas de force majeure, tels que toute opération nécessaire à la conservation des boissons, transvasion, mouillage ou rebattage; les employés de la régie devront y assister ou tout au moins être mis à même de constater l'accident qui a nécessité l'opération immédiate et d'urgence; à leur défaut la constatation doit être faite par le maire ou l'adjoint de la commune la plus voisine. (*Même loi, art.* 15.)

S'il y a une pièce en plus, elle devra être saisie. Si c'est la contenance des différentes pièces qui n'est pas reconnue conforme, la totalité du chargement sera saisissable. Dans ce cas, une tolérance de 1 0/0 sur la contenance aussi bien que sur le degré est admise par l'art. 7 de la loi du 21 juin 1873, sauf mauvaise foi de l'expéditeur. (*Arrêt du* 22 *déc.* 1876.) Il ne faut pas oublier d'ailleurs que les différences en moins dans la quantité effective peuvent être souvent attribuées à ce qu'on appelle le *creux de la route* et que les chiffres ont pu varier depuis la délivrance de l'expédition sans que pour cela il y ait fraude évidente. Il n'y aura donc lieu à verbaliser qu'en cas de certitude et après avoir tenu compte des circonstances particulières dans la mesure qu'il convient, sans s'arrêter à des appréciations problématiques ou insuffisamment fondées. Ces motifs de prudence n'existeront pas à l'égard des colporteurs ni des marchands en gros, dont le chargement devra être vérifié avec soin, de façon à établir la balance entre les quantités restantes et celles mentionnées aux expéditions. — Il faut toujours tenir compte des accidents et transvasions légalement constatés au dos des expéditions, et apprécier le coulage qui a pu en résulter.

L'art. 6 de la loi du 21 juin 1873 a déterminé une nouvelle condition d'identité au sujet du degré des spiritueux, qui doit être déclaré et constaté en même temps que leur nature exacte, faute de quoi la contravention existe de plein droit.

3° Transport des boissons à une destination autre que celle indiquée dans les expéditions ou avec une expédition dont le délai est expiré. Les déclarations doivent, en effet, mentionner, aux termes de l'art. 10 précité, la destination en même temps que le lieu d'enlèvement et les noms, prénoms, demeure et profession des expéditeurs. Quant aux noms, prénoms et profession des destinataires, pareillement exigés par le même article, leur omission ne saurait faire l'objet d'une contravention, attendu que l'art. 43 de la loi du 21 avril 1832 autorise à ne les déclarer qu'aux lieux d'arrivée, où l'expédition doit alors être complétée avant tout déchargement.

A ces déclarations obligatoires, la loi du 28 février 1872, art. 1ᵉʳ, ajoute l'indication des principaux lieux de passage que devra traverser le chargement et celle des divers modes de transport qui seront successivement employés soit pour toute la route à parcourir, soit pour une partie seulement, à charge, dans ce dernier cas, de compléter la déclaration en cours de transport.

La désignation inexacte du destinataire constitue une contravention qui doit être constatée soit au cours du transport, soit au moment du déchargement. Lorsque le fait matériel du déchargement est constaté, les juges ne peuvent refuser de prononcer les condamnations encourues sous prétexte d'erreur de la part du contrevenant. (*Cour de Rennes,* 6 *mai* 1874.)

La fausse destination est établie lorsque le destinataire déclare n'avoir point commandé de boissons, et la contravention ne peut être évitée au moyen d'une nouvelle expédition ou d'une rectification à la première. (*Arrêts des* 28 *juill.* 1808, 4 *janv.* 1812.) Elle peut encore résulter des aveux du conducteur pendant le cours du transport et avant qu'on ait pu s'assurer si les boissons ne vont pas à la destination indiquée (*Arrêt du* 23 *avril* 1819), ou bien des indications contradictoires de l'acquit-à-caution et de la lettre de voiture, et des explications fournies par les destinataires dénommés dans ces deux documents (*Arrêt du* 12 *nov.* 1875); elle existe de plus lorsque le chargement est conduit autre part que chez le destinataire, sous quelque prétexte que ce soit, même lorsque celui-ci déclare n'avoir pas de caves dans son domicile. (*Arrêt du* 14 *mai* 1824.)

Tout transport continué après l'expiration du délai mentionné sur l'expédition entraîne la saisie du chargement; les boissons doivent être alors considérées comme voyageant sans expédition. (*Loi du* 28 *avril* 1816, art. 13. — *Arrêts des* 3 *juin* 1808, 21 *avril* 1809, 26 *mai* 1827.) La même décision est applicable aux boissons qui circuleraient avant l'heure fixée pour l'enlèvement. (*Arrêt du* 12 *mars* 1829.) Bien entendu, on doit tenir compte des prolongations mentionnées au dos des expéditions et avoir tout égard qu'il convient pour les retards occasionnés par des accidents dûment constatés. Le délai ne doit pas non plus être considéré comme périmé une fois le déchargement effectué, lorsqu'il ne s'agit que d'un retard à introduire les boissons de la voie publique dans le domicile du destinataire.

En cas de changement de destination de boissons accompagnées d'une expédition, le conducteur n'a, pour se mettre en règle, qu'à échanger son congé, soit contre un passavant, soit contre un acquit-à-caution, suivant les distinctions établies plus haut

4° Déchargement desdites boissons, sans déclaration préalable, ailleurs que chez le destinataire indiqué par l'expédition. (*Loi du* 28 *avril* 1816, art. 14.)

La loi et la jurisprudence n'admettent d'autre excuse, pour cette contravention, que celle qui résulterait d'un cas de force majeure.

5° Séjour en route desdites boissons pendant plus de vingt-quatre heures, sans déclaration et sans avoir remis les expéditions aux employés de la régie. (*Même loi, même article.*)

Il n'est pas nécessaire, pour l'existence de cette contravention, qu'il y ait eu déchargement : le stationnement de jour ou de nuit prolongé au delà de vingt-quatre heures suffit. La déclaration doit donc être faite dans les vingt-quatre heures, sauf le cas où l'interruption aurait lieu la veille d'un jour férié : elle peut alors être retardée jusqu'au matin du jour ouvrable suivant.

Le visa des employés de régie, destiné à constater la régularité de la déclaration, doit donc énoncer avec soin le jour et l'heure où elle est faite.

Le dépositaire qui a signé la déclaration de transit est responsable des boissons et doit les présenter à toute réquisition ; il peut être poursuivi au même titre que le conducteur, en cas de contravention. (*Arrêt du 31 juill.* 1875.)

Les boissons amenées sur un champ de foire ou un lieu d'étape, pour être vendues en gros, peuvent y être déchargées sans déclaration de transit lorsque le stationnement n'excède pas vingt-quatre heures. Quant à celles amenées dans les mêmes conditions pour être vendues au détail, elles ne donnent lieu à la même déclaration que si, après la foire, elles ne doivent pas être immédiatement réexpédiées à une autre destination.

Il résulte des explications précédentes que quand un employé ou agent ayant droit de verbaliser rencontrera un conducteur de boissons en station, il fera bien de lui demander depuis combien de temps il est arrêté et de l'engager à reprendre sa route avant l'expiration des vingt-quatre heures. Si cet avertissement reste sans résultat, la contravention sera alors constatée d'autant plus facilement que le procès-verbal pourra être concluant sur la question de la durée du stationnement, qui est la base de la contravention.

6° Refus de représenter les expéditions à toute réquisition des employés des contributions indirectes, des douanes et des octrois, ou de laisser faire aux mêmes agents la vérification des boissons transportées. (*Loi du 28 avril 1816, art.* 17, *et du 23 avril* 1836.) Cette énumération a été augmentée par deux dispositions récentes :

Loi du 28 février 1872, *art.* 5 : Tous employés de l'administration des finances, la gendarmerie, tous les agents de service des ponts et chaussées, de la navigation et des chemins vicinaux, autorisés par la loi à dresser des procès-verbaux, pourront verbaliser en cas de contraventions aux lois sur la circulation des boissons.

Loi du 21 juin 1873, *art.* 2 : Est étendu aux gardes champêtres le pouvoir donné par l'art. 5 de la loi du 28 février 1872, aux agents qu'il énumère, de verbaliser en cas de contravention aux lois sur la circulation des boissons.

L'art. 17 précité impose l'obligation d'exhiber leur expédition, aux voituriers, bateliers et tous autres qui transporteront ou conduiront des boissons. Ainsi conçue, cette disposition n'a point abrogé les art. 35 et 36 du décret du 1er germinal an XIII, qui, d'une part, rendent les propriétaires responsables du fait de leurs facteurs et, d'autre part, autorisent la régie à poursuivre la saisie contre ces derniers, sans mettre pour cela en cause les premiers. La jurisprudence, d'accord avec ces dispositions, donne à la régie tous moyens de poursuivre les véritables auteurs de la fraude, lorsque celle-ci a été régulièrement relevée en la personne des conducteurs. (*Arrêt du 23 juill.* 1875.)

L'allégation, par un conducteur, que l'expédition à lui réclamée est égarée ou perdue n'empêche pas de verbaliser, sauf à vérifier ultérieurement le bien fondé de son excuse. S'il a été obligé de s'éloigner momentanément de sa voiture ou de son convoi, il ne s'ensuit pas que l'expédition puisse être, par ce fait, séparée de la marchandise, et un répondant doit être dans ce cas désigné pour la présenter. La production d'une lettre de voiture faisant mention d'un acquit-à-caution ne peut suppléer cet acquit ni couvrir la contravention.

La présentation de l'expédition doit être immédiate. Le principe est aussi absolu que celui en vertu duquel tout chargement doit être accompagné d'une expédition; s'il y a des circonstances particulières de nature à atténuer le tort du délinquant en l'absence de toute intention de fraude, l'administration seule peut modérer la peine si elle incline vers l'indulgence. Les tribunaux ne sont pas compétents pour une semblable appréciation. (*Arrêts des 14 mai 1824, 27 mars 1840 et 28 mars 1846.*)

En refusant de s'arrêter sur la sommation qui lui en est faite, un conducteur de boissons contrevient aux dispositions de l'art. 17, et tombe sous l'application de l'art. 19. (*Arrêt du 26 mai 1869.*)

L'art. 13 de la loi du 21 juin 1873 dispose que dans les cas de fraude à la circulation des boissons les transporteurs ne seront pas considérés, eux et leurs préposés ou agents, comme contrevenants, lorsque par une désignation exacte et régulière de leurs commettants ils mettront l'administration en mesure d'exercer des poursuites contre les véritables auteurs de la fraude.

Cette immunité est subordonnée à la désignation exacte du commettant et n'est pas acquise par la simple présentation de l'expédition qui accompagne les boissons (*Arrêt du 16 fév. 1876*); elle ne peut être invoquée que par le transporteur de bonne foi ne participant pas à la fraude et agissant pour compte d'autrui (*Arrêts des 14 nov. 1874 et 10 août 1876*); elle est, bien entendu, inapplicable au transporteur complice de la fraude, par exemple à celui qui transporterait de l'alcool en fraude pour compte d'autrui au moyen d'un corset en caoutchouc. (*Arrêt du 6 mars 1874.*)

Remarquons qu'une compagnie de chemin de fer qui conserve un fût d'alcool au delà des délais de l'acquit-à-caution ne peut invoquer le bénéfice de l'art. 13 ci-dessus en faisant connaître l'expéditeur à la régie, et se trouve en contravention aux art. 13 et 14 de la loi du 28 avril 1816. (*Arrêt du 6 juin 1874.*) Aux termes de la loi du 15 juillet 1845, les stations, gares et autres emplacements et la voie ferrée font partie de la grande voirie. Les boissons qui y sont trouvées doivent donc être considérées comme en cours de transport et sont saisissables à défaut d'expéditions régulières. (*Cour de Rouen, 4 avril 1873.*)

Au sujet de la responsabilité encourue par les compagnies de chemin de fer, nous mentionnons un arrêt du 1er juillet 1876, par lequel la Cour de cassation a déclaré qu'une compagnie était responsable pénalement du transport illicite de boissons contenues dans des malles de voyageurs, quelles que soient les difficultés de la vérification et malgré la bonne foi ou l'ignorance de ses agents. Elle ne peut éviter la condamnation qu'en désignant l'expéditeur à la régie et la mettant à même de le poursuivre, conformément à l'art. 13 de la loi du 28 avril 1816. Même décision pour le commissionnaire transportant de l'alcool dans une malle qui lui a été confiée sans expédition. (*Cour de Montpellier, 27 nov. 1876.*)

Les conducteurs des voitures publiques et les chefs de train sont responsables des objets transportés en fraude. (*Cass., 3 mars 1877.*)

Comme il est dit plus haut, il est formellement prescrit aux conducteurs : 1° d'avoir une expédition; 2° de l'exhiber à toute réquisition régulière. La sanction de ces deux dispositions n'est pas moins absolue : faute de représentation des expéditions ou en cas de fraude ou de contravention, les employés saisiront le chargement; ils saisiront aussi les voitures, chevaux ou autres objets servant au transport, mais seulement comme garantie de l'amende, à défaut de caution solvable. Les marchandises faisant partie du chargement qui ne seront pas en fraude seront rendues au propriétaire. (*Loi du* 28 *avril* 1816, *art.* 17.)

Dans les cas ci-dessus, il n'y a pas lieu de procéder à une arrestation du conducteur : la saisie seule doit être effectuée ; mais elle doit l'être pour la totalité des liquides non déclarés ou déclarés et non représentés, et bien qu'elle soit fictive pour ces derniers, elle n'en produit pas moins tous les effets de la saisie réelle, notamment la confiscation et la condamnation au paiement de la valeur des quantités manquantes. (*Arrêt du* 12 *janv.* 1877.)

La saisie des moyens de transport ne serait pas applicable aux chevaux ni à une voiture publique conduisant des voyageurs faisant la fraude en contravention à l'art. 18 de la loi précitée du 28 avril 1816 (1). M. Olibo (2) pense avec raison qu'une interprétation aussi large de la loi ne serait pas admise par les tribunaux.

Les contraventions à la circulation des boissons sont punies : de la confiscation des boissons saisies (*art.* 19 *de la dite loi*) et d'une amende variant, suivant la gravité des cas, de 500 fr. à 5,000 fr. pour les spiritueux (*Loi du* 28 *fév.* 1872, *art.* 1ᵉʳ), de 200 fr. à 1,000 fr. pour les vins, cidres, poirés et hydromels (*Loi du* 21 *juin* 1873, *art.* 7). Pour ces derniers, en cas de récidive, l'amende ne pourra être inférieure à 500 fr.

Lorsqu'il résulte d'une visite domiciliaire régulièrement exécutée chez un particulier soupçonné de fraude, que le paiement des droits de circulation sur les boissons trouvées à son domicile n'est pas justifié par la présentation d'un congé, acquit-à-caution, passavant ou expédition quelconque, les peines ci-dessus sont applicables au possesseur des boissons. (*Arrêts des* 16 *juin* 1870 *et* 13 *janv.* 1877.)

Aucune loi n'autorise les militaires de la gendarmerie à s'introduire chez les débitants à l'effet d'y constater des contraventions en matière de débit de boissons et d'octrois. Leurs procès-verbaux, dans ce cas, ne seraient considérés que comme dénonciations sur lesquelles le tribunal ne peut se fonder pour condamner les contrevenants à l'amende. (*Cass.*, 11 *fév.* 1820.)

L'art. 5 de la loi du 28 février 1872 donne à tous les employés de l'administration des finances, à la gendarmerie et à tous les agents du service des ponts et chaussées, de la navigation et des chemins vicinaux, *autorisés par la loi à dresser des procès-verbaux*, le pouvoir de verbaliser en cas de contravention aux lois sur la circulation des boissons.

Sont soumis aux formalités à la circulation :

1° Les vins, râpés et piquettes, les cidres, poirés, hydromels, vermouth, vins cuits, vins de liqueur (3) ;

2° Les esprits, eaux-de-vie, kirchs, rhums, tafias, genièvres, liqueurs, absinthes, fruits à l'eau-de-vie, élixirs ;

---

(1) Art. 18. Les voyageurs ne sont pas tenus de se munir d'expédition pour les vins destinés à leur usage pendant le voyage, pourvu qu'ils n'en transportent pas au delà de trois bouteilles par personne.

(2) *Codes des contributions indirectes.*

(3) Sont exempts de toute formalité à la circulation : les vendanges, les bières, eaux de seltz, eaux gazeuses, sirops.

3° Les préparations à base alcoolique, telles que parfums, eaux de senteur, vernis, alcools dénaturés, chloroformes aldéides, etc.

Aux termes de la loi, aucun enlèvement, aucun déplacement de ces boissons, de ces liquides, ne peut être effectué qu'en vertu d'une *expédition* délivrée par la régie des contributions indirectes pour régulariser le transport.

Suivant la qualité du destinataire et les conditions qui lui sont faites pour le paiement de l'impôt, cette *expédition* prend le nom de *congé*, de *passavant* ou *d'acquit-à-caution;* mais, quelle que soit sa dénomination, elle fait connaître :

Le nombre des fûts, caisses ou paniers ;

Les quantités, espèces et qualités des liquides mis en circulation ;

Le lieu d'enlèvement et celui de destination ;

Les noms, professions et demeures des expéditeurs, ceux des voituriers et ceux des destinataires ;

Les modes de transport qui doivent être successivement employés ;

Les principaux lieux de passage qu'ont à traverser les chargements ;

Enfin le délai dans lequel le transport doit être effectué du lieu de départ au lieu de destination.

Lorsque, par exception, le nom des destinataires n'a pu être déclaré au point de départ, il y a obligation pour le voiturier de faire combler cette lacune par le buraliste du lieu d'arrivée, avant tout déchargement des boissons.

De même si, au moment de l'enlèvement, il n'a pas été possible d'indiquer le mode de transport à employer ou les lieux de passage à traverser sur telle ou telle partie du trajet, c'est au voiturier à faire compléter, à cet égard, ses expéditions par le buraliste de l'un des derniers lieux de passage qui ont pu être déclarés.

Il incombe également au voiturier de faire constater, en cours de transport, les accidents qui peuvent apporter quelque modification à son chargement ou les temps d'arrêt qu'il est obligé de subir et qui doivent faire prolonger d'autant le délai assigné pour le transport à destination.

Ainsi toujours et partout, pour tous les chargements rencontrés sur la voie publique, les porteurs, conducteurs ou voituriers doivent pouvoir représenter une expédition en tous points applicable à leur chargement, et cette expédition, ils sont tenus, sous peine de contravention, de l'exhiber, *sans délai*, à toute sommation des préposés chargés de la surveillance du mouvement des boissons, etc.

Il ne serait pas possible de mettre immédiatement des instruments de vérification (jauge, alcoolomètre) à la disposition des agents et préposés dénommés à l'art. 5 de la loi du 28 février 1872. Ces agents ne peuvent, du moins quant à présent, reconnaître exactement la contenance des fûts ou la force alcoolique des spiritueux ; mais il leur est facile de contrôler le nombre des vaisseaux, la nature et l'espèce des liquides, la voie suivie, les moyens de transport employés, et ils peuvent ainsi constater les principales contraventions aux lois sur la circulation des boissons, savoir :

Les enlèvements et transports sans expédition ;

Les différences dans le nombre des fûts ou dans la nature des chargements ;

Les transports en vertu d'expéditions périmées ;

Les transports par d'autres voies que celles indiquées aux expéditions ;

Les enlèvements de lieux autres que ceux déclarés et les déchargements à une destination autre que celle indiquée.

Lorsque, pour la constatation de ces contraventions, les agents et préposés désignés par la nouvelle loi agiront seuls, isolément, ils dresseront les procès-verbaux dans la forme propre à leur service, en ayant soin de bien préciser les faits constitutifs de la contravention, de manière à prévenir des contestations ultérieures de la part des prévenus.

S'il s'agit de chargements circulant en vertu d'expéditions irrégulières, ils devront joindre ces expéditions à leurs procès-verbaux, après les avoir paraphées *ne varietur;* et pour la continuation du transport ils feront délivrer, dans tous les cas, des *acquits-à-caution* par le buraliste de la localité.

En thèse générale, les verbalisants, après avoir déclaré la saisie des chargements, devront en laisser la libre disposition aux contrevenants; ils ne devraient en opérer la saisie réelle, c'est-à-dire retenir les chargements, que s'ils se trouvaient en présence de fraudeurs de profession notoirement insolvables, et alors ils devraient, autant que possible, s'adjoindre, pour la rédaction du procès-verbal, un agent de la régie.

Si des contestations s'élevaient de la part des voituriers sur la nature ou l'espèce des boissons saisies, des échantillons devraient être prélevés pour être mis à l'appui des procès-verbaux. Ces échantillons seraient placés sous le cachet des verbalisants, après sommation faite au prévenu d'y apposer le sien.

Les procès-verbaux dressés concurremment avec des agents de la régie devront être établis dans la forme prescrite par le décret du 1er germinal an XIII. Il incombera à ces agents de les rédiger.

Conformément aux règlements, les employés verbalisants, à quelque service qu'ils appartiennent, auront droit à la moitié du produit des amendes et confiscations encourues et réalisées, sous déduction, le cas échéant, du tiers attribué aux indicateurs de la fraude. (*Instr. du dir. gén. des contrib. indir., en date du 20 mars* 1872. — V. Formulaire des procès-verbaux.)

Les saisies en matière de transport de boissons donnent droit, aux capteurs, à une part des amendes recouvrées, et dans les proportions indiquées aux art. 309 et 310 du décret du 18 février 1863. (V. *Parts d'amendes.*)

Les sous-officiers, brigadiers et gendarmes ne doivent pas être détournés de l'accomplissement de leurs obligations actuelles pour être employés d'une manière spéciale et exclusive à la recherche des contraventions aux lois sur la circulation des boissons. Leur intervention doit se borner à profiter des tournées de communes et de l'exécution des autres parties du service journalier pour concourir à la surveillance à exercer sur ces infractions et pour dresser, le cas échéant, des procès-verbaux. (*Circ. du min. de la guerre, en date du* 13 *mai* 1872.)

CARTES A JOUER.

L'art. 169 de la loi du 28 avril 1816 déclarant applicables à la fraude et à la contrebande sur les cartes à jouer les dispositions des art. 223, 224, 225 et 226 de la même loi, relatives aux tabacs, il s'ensuit que, aux termes de l'art. 223, la gendarmerie peut, sans l'assistance des employés de la régie, arrêter les contrebandiers et constater les contraventions énumérées ci-après. Comme, au surplus, l'arrestation n'a pour objet que la sûreté de l'amende, il convient de ne pas appliquer cette mesure à ceux qui offrent des moyens de solvabilité. (*Art. 1er de l'ordonn. du 31 déc.* 1817.)

1° Vente par des personnes autres qu'un fabricant patenté ou un débitant commissionné, munis d'autorisations. (*Décret du 9 fév.* 1810, *art.* 9.)

2° Fabrication, par un fabricant autorisé, de cartes à portraits français et d'as de trèfle avec d'autre papier que celui portant la marque de la régie, qui consiste actuellement en un C et un I entrelacés et entourés d'une couronne de chêne. Fabrication, dans les mêmes conditions, des cartes de points sur un papier autre que le papier filigrane délivré par la régie.

3° Transport ou circulation de cartes prohibées. Transport ou circulation de cartes légales non revêtues de la bande de contrôle de la régie.

Sont légales : les cartes à portrait français fabriquées avec les papiers et moulages fournis par la régie, et qui doivent porter, lorsqu'elles sont réunies en jeu, la bande de contrôle de la régie (*Ordonn. du 4 juill.* 1821); les cartes à portrait belge, c'est-à-dire à double figure, assimilées aux cartes à portrait français et soumises aux mêmes conditions (*Circ. du 31 déc.* 1832); les cartes à portrait étranger, qui doivent porter sur toutes les figures la légende : *France*, ainsi que le nom du fabricant, et qui, lorsqu'elles sont en jeux, sont revêtues de la bande de contrôle « *Intérieur* ». (*Décret du 16 juin* 1808, *art.* 4, *et décis. du* 29 *déc.* 1814.) Les cartes destinées à l'exportation et fabriquées spécialement ne peuvent circuler sans bandes que renfermées dans des caisses plombées et accompagnées d'acquits-à-caution. (*Ordonn. du 7 juill.* 1831, *art.* 2.) Les cartes dites *jouets d'enfants* peuvent être fabriquées sur papier libre non cartonné ni lissé, mais ne doivent avoir que 50^{mm} sur 36^{mm}. (*Décis. du 9 déc.* 1874.)

4° Dépôt de cartes prohibées chez un débitant commissionné. (*Loi du* 28 *avril* 1816, *art.* 167.)

5° Colportage, distribution ou vente de cartes à jouer sans autorisation de la régie. (*Loi du* 28 *avril* 1816, *art.* 166.)

Le transport avec intention de vendre constitue le colportage, sans qu'il soit besoin de prendre le délinquant sur le fait même d'une vente. Par exemple, un colporteur sur lequel on a saisi des cartes de fabrique prohibée est passible des peines édictées par l'art. 166, bien qu'il ne soit pas prouvé qu'il en ait vendu, et bien qu'il prétende que ces cartes lui servaient à faire des adresses. (*Arrêt du* 28 *nov.* 1817.) Mais il n'en serait pas de même pour le transport purement accidentel fait par un roulier ou un conducteur de diligence, et il n'y aurait pas lieu à l'emprisonnement, leur intention de vendre et, par conséquent, le fait de colportage n'étant pas prouvé. (*Circ. du* 14 *mai* 1841.)

6° Vente par un débitant commissionné de cartes en fraude dépourvues de bandes ou ne portant pas la marque des moulages de la régie.

7° Recoupe de cartes ou vente de cartes recoupées ou réassorties, avec ou sans bandes, par un fabricant ou un débitant. Colportage desdites cartes. (*Décret du 16 juin* 1808, *art.* 10.)

8° Usage de cartes prohibées dans les maisons où le public est admis; usage des cartes dites *jouets d'enfants*. La circonstance que les cartes auraient été apportées par les joueurs ne peut excuser le chef de l'établissement. (*Loi du* 28 *avril* 1816, *art.* 167.)

9° Défaut, par les entrepreneurs et directeurs de cafés, clubs et maisons où l'on donne à jouer, de tenir un registre d'achat. (*Arrêté du 3 pluviôse an* VI, *art.* 12.)

10° Vente de cartes sous bande ou sans bande, neuves ou ayant servi, par les personnes ci-dessus, leurs commis ou leurs domestiques. (*Arrêté du 19 floréal an* VI, *art.* 11.)

11° Refus, par les personnes dénommées 9° et par les fabricants ou débitants autorisés, de se soumettre aux visites des employés de la régie. (*Arrêté du 3 pluviôse an* VI, *art.* 13.)

12° Enfin, contravention de douane, importation de cartes à jouer fabriquées à l'étranger (*Décret du 13 fruct. an* XIII, *art.* 5), ou réimportation de cartes françaises exportées sans droit perçu et réimportées sans bandes de la régie constatant l'acquit du droit. (*Loi du 4 juin* 1836, *art.* 3.)

Les saisies de cartes à jouer sont toujours constatées à la requête de l'administration des contributions indirectes, même dans le cas d'importation flagrante. (*Circ. du 14 mai* 1841.)

Tout individu qui fabriquera des cartes à jouer ou qui en distribuera, vendra ou colportera sans y être autorisé par la régie, sera puni de la confiscation des objets de fraude, d'une amende de 1,000 fr. à 3,000 fr. et d'un mois d'emprisonnement. En cas de récidive, l'amende sera toujours de 3,000 fr. (*Loi du 28 avril* 1816, *art.* 166.)

Les mêmes peines seront appliquées à ceux qui tiennent des cafés, des auberges, des débits de boissons, et en général des établissements où le public est admis, s'ils permettent que l'on se serve chez eux de cartes prohibées, lors même qu'elles auraient été apportées par les joueurs. Les personnes désignées au présent article seront tenues de souffrir les visites des préposés de la régie. (*Même loi, art.* 167.)

Ceux qui auront contrefait ou imité les moules, timbres et marques employés par la régie pour distinguer les cartes légalement fabriquées, et ceux qui se serviront des véritables moules, timbres ou marques, en les employant d'une manière nuisible aux intérêts de l'Etat, seront punis, indépendamment de l'amende fixée par l'art. 166, des peines portées par les art. 142 et 143 du Code pénal. (*Même loi, art.* 168.)

Les autres contraventions sont punies d'une amende de 1,000 fr., sans préjudice de la saisie et de la confiscation, lorsqu'il y a lieu, des objets de fraude ou servant à la fraude. (*Décret du 4 prairial an* XIII.)

Les dispositions des art. 223 à 226 de la loi du 28 avril 1816 sont applicables à la fraude et à la contrebande sur les cartes à jouer. (*Même loi, art.* 169.)

Il résulte de la combinaison des art. 169 et 223 à 226 que l'arrestation est seulement applicable aux contrebandiers ou colporteurs vendant en fraude ou colportant comme il est dit à l'art. 222, et non pas aux contrevenants à l'art. 166.

Les contrevenants ne doivent être constitués prisonniers que lorsque les cartes sont de fabrique étrangère, ou lorsqu'elles ont été fabriquées en France dans des ateliers clandestins. La fabrication illicite dans les fabriques déclarées, la distribution, la vente et le colportage de cartes légales ne sont punissables que de la confiscation et de l'amende. (*Circ. du 14 mai* 1841.)

L'art. 223 visé ci-dessus donne aux gendarmes, en matière de contraventions aux règlements sur la vente illicite, le colportage et la circulation des tabacs, les mêmes droits qu'aux employés des contributions indirectes. (**V.** *Tabacs.*)

POUDRES A TIRER.

Les gendarmes ont le droit de saisir les poudres à tirer colportées en fraude et d'arrêter les colporteurs, sans l'assistance des employés de la régie des contributions indirectes. Tout particulier a le même droit. (*Art.* 223 *de la loi du* 28 *avril* 1816; *art.* 1ᵉʳ *de l'ord. du* 17 *nov.* 1819; *art.* 5 *du décret du* 15 *mars* 1816.) Ils reçoivent, les uns et les autres, une prime de capture qui est de 15 fr., comme pour les tabacs, et la totalité du produit des saisies et amendes. (**V.** *Parts d'amendes et Primes, et art.* 5 *du décret du* 16 *mars* 1813.) Les poudres saisies sont déposées, dans les vingt-quatre heures, dans les magasins de l'administration des contributions indirectes.

Les art. 27 et 29 de la loi du 13 fructidor an v indiquent les individus qui peuvent être arrêtés comme contrevenants en matière de poudre à feu. Ces individus sont : 1° ceux qui font fabriquer illicitement de la poudre, les ouvriers employés à sa fabrication ; 2° les gardes des arsenaux de terre et de mer, les militaires, ouvriers et employés qui vendent, donnent ou échangent de la poudre.

L'arrestation, dans les deux cas déterminés par ces articles, n'ayant pas pour objet, comme en matière de tabacs, la sûreté de l'amende, mais la peine d'emprisonnement encourue par les prévenus, les individus arrêtés doivent être conduits devant le procureur de la République, qui ne peut se dispenser de les faire écrouer. Il n'y a pas lieu de les conduire devant le directeur, même lorsqu'ils demandent à transiger.

Ceux qui seront trouvés vendant en fraude de la poudre à leur domicile, ou ceux qui colporteront, qu'ils soient ou non surpris à la vendre, seront arrêtés et constitués prisonniers, conformément à l'art. 25 de la loi du 25 juin 1841, qui rend applicable à ces faits l'art. 222 de la loi du 28 avril 1816.

Les différentes contraventions qui peuvent être constatées par la gendarmerie en matière de poudre à tirer sont celles suivantes :

Contraventions. — 1° Fabrication, vente illicite ou colportage de poudres à feu. — Amende de 300 fr. à 1,000 fr., confiscation des poudres aussi bien que des ustensiles servant à la fabrication ou à la vente (*Loi du* 25 *juin* 1841, *art.* 25), emprisonnement de un mois à deux ans. (*Lois des* 28 *avril* 1816, *art.* 216, *et* 24 *mai* 1834, *art.* 2.)

2° Détention de poudres à feu, en quantité supérieure à 2 kilog., chez un particulier non autorisé. — Confiscation de la poudre, amende de 100 fr. (*Loi du* 13 *fructidor an* v, *art.* 28), emprisonnement de un mois à deux ans. (*Loi du* 24 *mai* 1834, *art.* 2.)

3° Détention de poudre de guerre, en quelque quantité que ce soit. — Amende de 3,000 fr., confiscation (*Loi du* 13 *fructidor an* v, *art.* 27, *décret du* 23 *pluviôse an* XIII, *art.* 4), emprisonnement de un mois à deux ans. (*Loi du* 24 *mai* 1834, *art.* 2.) — Détention de cartouches ou munitions de guerre. — Amende de 16 fr. à 1,000 fr., emprisonnement comme ci-dessus. (*Loi du* 24 *mai* 1834, *art.* 3.) — Ces deux contraventions ne doivent pas être confondues ; elles sont distinctes : l'individu détenteur à la fois de poudre de guerre et de cartouches de guerre est passible de l'emprisonnement et de l'amende de 3,000 fr., conformément au 2° paragraphe de l'art. 365 du Code d'instruction criminelle, ainsi conçu : « En cas de conviction de plusieurs crimes ou délits, la peine la plus forte sera prononcée. »

4° Détention ou vente de poudre de contrebande par un débitant. — Confiscation et amende de 300 fr. à 1,000 fr. (*Loi du 25 juin* 1841, *art.* 25.)

5° Importation de poudres. Confiscation et amende conformément aux lois de douane. (*Loi du 13 fructidor an* v, *art.* 21, *et décret du* 1ᵉʳ *mars* 1852.)

6° Détournement de poudres par les employés des arsenaux, ou par les employés des poudreries. — Destitution et détention de trois mois pour les premiers, et d'un an pour les derniers. (*Loi du 13 fructidor an* v, *art.* 29.)

7° Réintroduction de poudres exportées. — Confiscation de la poudre introduite en fraude ; en outre, confiscation des moyens de transport et amende de 20 fr. 40 cent. par kilogramme saisi, si l'introduction a eu lieu par terre ; amende double, si elle a eu lieu par mer. (*Ordonn. du* 19 *juill.* 1829, *art.* 10.)

Nonobstant les dispositions de l'art. 21 de la loi du 13 fructidor an v, les ministres de la guerre et des finances peuvent autoriser l'admission en France de cartouches chargées utilisables pour les armes autres que celles dont se compose l'armement militaire. (*Loi du* 1ᵉʳ *août* 1874. — V. *Parts d'amendes et Primes.*)

SELS.

Tout chargement de sel doit être accompagné d'une expédition, dans le rayon de 15 kilomètres des côtes, des mines, puits, sources salées, raffineries de sel, salpêtrières ou fabriques de produits chimiques. (*Ordonn. du* 26 *juin* 1841, *art.* 14, *et décret du* 12 *août* 1852, *art.* 6.)

L'expédition doit constater l'identité des matières transportées, indiquer la route à suivre, le délai de transport, et mentionner expressément si l'autorisation de circuler entre le coucher et le lever du soleil a été accordée. (*Décret du* 11 *juin* 1806, *art.* 3 *et* 6, *ordonn. du* 26 *juin* 1841, *art.* 19.)

Toutes les contraventions aux dispositions précédentes entraînent la confiscation des matières salifères, des moyens de transport et ustensiles de fabrication, s'il y a lieu, en même temps qu'une amende de 500 fr. à 5,000 fr. qui, en cas de récidive, ne sera pas moindre de 5,000 fr. et pourra atteindre 10,000 fr. (*Loi du* 17 *juin* 1840, *art.* 10.)

Ces contraventions sont de la compétence des employés des douanes et des contributions indirectes ; mais la gendarmerie a le devoir sinon de les constater, du moins de les dénoncer aux agents de ces administrations. Dans ce cas, ils ont droit au tiers des amendes et confiscations, en qualité d'indicateurs.

En ce qui concerne la fabrication du sel avec du sablon, la gendarmerie est chargée, ainsi que les employés des contributions indirectes, les gardes champêtres et forestiers. de rechercher, en dehors d'un rayon de 15 kilomètres des côtes, les fabriques clandestines, et de rédiger procès-verbal contre tout individu transportant du sablon pour l'engrais des terres sans la permission de la douane. Ces agents ont droit à une part des saisies et amendes dans les conditions particulières aux employés étrangers à l'administration. Les procès-verbaux sont remis au directeur ou sous-directeur des douanes ou des contributions indirectes. (*Art.* 7 *de l'ordonn. du 19 mars* 1817, *modificative de celle du* 19 *juin* 1816.)

TABACS.

Les gendarmes saisissent les colporteurs de tabacs et les tabacs colportés en fraude, sans l'assistance des employés de la régie. Ils peuvent saisir les tabacs en fraude, les moyens de transport et arrêter les colporteurs. Les prévenus sont conduits devant le directeur ou le sous-directeur de l'administration des contributions indirectes de l'arrondissement dans lequel ils ont été arrêtés.

Contraventions à constater.

Les contraventions aux règlements sur les tabacs que la gendarmerie peut relever sont nombreuses. Les unes peuvent être constatées, et les autres seulement dénoncées.

Les procès-verbaux pour circulation illégale ou colportage doivent être rédigés à la requête de l'administration des contributions indirectes, lors même que les délits ont lieu dans le rayon des douanes. Mais les procès-verbaux pour importation de tabacs fabriqués à l'étranger doivent être rédigés à la requête de l'administration des douanes, dans le cas où l'on voit des fraudeurs pénétrer du territoire étranger sur le territoire français. Les objets de fraude saisis dans l'intérieur appartiennent à l'administration des contributions indirectes.

Voici les contraventions que la gendarmerie peut constater :

1° Importation de tabacs fabriqués à l'étranger : il y a saisie des tabacs et des moyens de transport (l'amende est la même que pour les marchandises prohibées à l'importation). (*Art.* 173 *de la loi du* 28 *avril* 1816.)

2° Circulation de tabacs en feuilles sans acquit-à-caution ou sans laisser-passer : il y a saisie et confiscation des tabacs et moyens de transport, amende de 100 fr. à 1,000 fr. (*Art.* 215 *et* 216 *de ladite loi.*)

3° Circulation de tabacs fabriqués, soit en quantité d'un à dix kilog. sans marque et sans laisser-passer de la régie, soit en quantité au-dessus de dix kilog. sans acquit-à-caution : il y a saisie et confiscation des tabacs et des moyens de transport, amende de 100 fr. à 1,000 fr. (*Art.* 215 *et* 216 *de ladite loi.*)

4° Colportage de tabacs, ou vente en fraude à domicile. — Confiscation des tabacs et des ustensiles de vente ou moyens de transport, amende de 300 fr., à 1,000 fr., mise en arrestation des contrevenants. (*Loi du* 28 *avril* 1816, *art.* 222.) La revente de tabacs achetés à l'administration constitue la contravention prévue par les art. 172 et 222. (*Arrêt du* 18 *juill.* 1861.) La tolérance de la régie, à l'égard des cafés et cercles, ne crée donc pas un droit pour ces établissements et peut toujours être retirée. — La différence des pénalités applicables à la circulation et au colportage nécessite une distinction formelle entre ces deux sortes de contraventions. L'art. 222 dit : « Ceux qui seront trouvés vendant en fraude du tabac à leur domicile et ceux qui le colporteront, *qu'ils soient ou non surpris à vendre*, seront arrêtés et constitués prisonniers et condamnés à une amende de 300 fr. à 1,000 fr., indépendamment de la confiscation des tabacs saisis, de celle des ustensiles servant à la vente, et, en cas de colportage, de celle des moyens de transport, conformément à l'art. 216. »

5° Altération des tabacs de la régie par un débitant ou entrepositaire. — Destitution, amende de 300 fr. à 3,000 fr. et emprisonnement de trois mois à un an. (*Lois du 28 avril 1816, art. 227, et du 25 mars 1817, art. 125.*)

La fabrication et la circulation de toutes matières vendues comme tabac sont prohibées, notamment les cigarettes de menthe. (*Cass., 6 juill. 1877.*)

Un arrêt de la Cour de cassation du 28 août 1877 a jugé que 113 grammes de tabac étranger ne sont pas une provision.

Contraventions à dénoncer.

Quoique l'art. 223 de la loi de 1816 donne aux gendarmes le droit de constater en général les fraudes sur les tabacs, il est certains cas où ils ne peuvent verbaliser et saisir sans l'assistance des employés de la régie, sans la présence d'un officier de police ou sans l'ordre de leur officier commandant. Lorsque les gendarmes réclament l'intervention des employés pour verbaliser, ceux-ci n'ont aucun droit de prendre part à la répartition des amendes et confiscations. Les gendarmes doivent appeler les employés dans les cas suivants :

1° Plantation de tabacs sans déclaration et sans permission sur un terrain ouvert : amende de 50 cent. par pied de tabac (*art. 180 et 181 de la loi du 28 avril 1816*) ;

2° Plantation sur un terrain clos : amende de 1 fr. 50 cent. par pied de tabac (*art. 180 de ladite loi*).

Le propriétaire qui cultive dans son jardin-enclos, comme amateur botaniste ou herboriste, moins de vingt-cinq pieds de tabac, n'a besoin ni de déclaration préalable ni d'autorisation (*Cass., 28 nov. 1822*) ;

3° Plantation excédant de plus d'un cinquième la déclaration faite : amende de 25 cent. par pied planté sur l'excédant du terrain (maximum, 1,500 fr.) (*art. 193 de ladite loi*) ;

4° Dépôt de tabacs en feuilles chez un particulier qui n'est pas autorisé à planter, et dépôt chez un particulier planteur et autorisé, après l'époque fixée pour la livraison : saisie et confiscation des tabacs, amende de 10 fr. par kil. (minimum, 100 fr.; maximum, 3,000 fr.) (*art. 217 et 218 de ladite loi*) ;

5° Dépôt de tabacs en feuilles chez un cultivateur autorisé à planter pour l'exportation, après l'époque fixée pour cette exportation : saisie et confiscation (*art. 217 de ladite loi*) ;

6° Fabrication de tabacs, hors des manufactures nationales, par quelque particulier que ce soit : saisie et confiscation des tabacs et ustensiles, amende de 100 fr. à 3,000 fr. (*art. 172 et 221 de ladite loi*) ;

7° Dépôt de tabacs fabriqués autres que ceux des manufactures nationales, dépôt de ceux des manufactures nationales en quantités au-dessus de 10 kil., s'ils ne sont revêtus des marques de la régie : saisie et confiscation des tabacs et amende de 10 fr. par kil. (minimum, 100 fr.; maximum, 2,000 fr.) (*art. 218 de ladite loi*) ;

8° Dépôt de tabacs de cantine dans les lieux où la vente n'est pas autorisée : même peine que dans l'article précédent (*art. 219 de ladite loi*) ;

9° Mélange de matières hétérogènes dans les tabacs de manufactures nationales par les entreposeurs et débitants de la régie ; amende de 300 fr. à 3,000 fr., emprisonnement de trois mois à un an (*art. 227 de ladite loi, et art. 125 de celle du 25 mars 1817*) ;

10° Dépôt de moulins, râpes, hache-tabacs, rouets et autres ustensiles de fabrication qui ne sont pas marqués du sceau de la régie : saisie et confiscation des objets trouvés en contravention. (*Art. 220 de la loi du 28 avril 1816.*)

Rémunération.

Les gendarmes verbalisants, saisissants ou dénonçants ont droit à une portion dans les amendes et confiscations. (V. *Parts d'amendes.*)

Une prime de 15 fr. est allouée à tout sous=officier, brigadier ou gendarme qui a opéré la capture d'un contrebandier ou d'un individu colportant en fraude des tabacs ; mais cette prime ne lui est acquise qu'autant que le contrevenant a été constitué prisonnier, ou que, amené devant le directeur de l'administration compétente, il a été relâché sous caution. (V. *Primes.*)

Indépendamment de ladite prime et de la moitié dans le produit des amendes, les gendarmes reçoivent encore une part de la valeur des tabacs saisis, telle qu'elle est déterminée par l'art. 3 du décret du 1er octobre 1872.

Ces saisies pouvant représenter des sommes importantes, il est intéressant de savoir de quelle façon l'estimation des marchandises doit être faite.

Les tabacs saisis seront expertisés, en présence des saisissants, s'il est possible, par un conseil composé du directeur de l'arrondissement, de l'entreposeur et d'un délégué du service spécial des tabacs, ou, à défaut de ce délégué, d'un troisième agent de la régie, désigné par le directeur du département. Lorsque la saisie aura été opérée par des agents du service des douanes, l'expertise aura lieu en présence d'un délégué de ce service.

Le dépôt des tabacs saisis doit être effectué à l'entrepôt de la circonscription où la saisie aura été opérée, excepté s'il s'agit de tabacs en feuilles vertes qui, devant toujours être détruits, seront dirigés sur le bureau de la régie le plus rapproché du lieu de la saisie, entrepôt, recette sédentaire, recette ambulante, simple poste d'employés, où la destruction en sera opérée en présence d'un agent supérieur du service des contributions indirectes, délégué par le directeur du service et assisté de deux agents de la régie des contributions indirectes ou du service spécial des tabacs. (*Art. 2 du décret du 1er oct. 1872.*)

Le conseil d'expertise jugera si les tabacs saisis sont ou ne sont pas susceptibles d'être employés dans la fabrication.

Si les tabacs sont jugés propres à la fabrication du tabac ordinaire, ils seront payés à raison de 200 fr. par 100 kilogrammes. S'ils consistent en tabacs de cantine propres à être vendus sans préparation nouvelle, ils seront payés à raison de 150 fr. par 100 kilogrammes.

S'ils sont simplement jugés susceptibles d'être employés dans la fabrication du tabac de cantine, ils seront payés à raison de 125 fr. par 100 kilogrammes.

Ces primes, sous déduction de la part d'un tiers, réservée aux indicateurs, seront attribuées, savoir :

Un quart au Trésor ;

Un quart à la caisse des pensions ·

Et la moitié aux saisissants.

Quant aux tabacs qui ne seront pas jugés propres à la fabrication, ils seront détruits en présence des saisissants, et il sera accordé, à titre de prime, 50 fr. par 100 kilogrammes.

Cette prime, sous déduction de la part d'un tiers, réservée aux indicateurs, appartiendra intégralement aux saisissants.

En cas de saisie de tabacs de qualité supérieure et jugés susceptibles d'être vendus par la régie comme tabacs de choix, les saisissants recevront, en sus du prix le plus élevé fixé par ce décret, une indemnité qui sera réglée par le conseil d'administration de la régie. (*Ordonn. du 31 déc. 1817, art. 4 non abrogé.*)

Une Cour d'appel avait cru pouvoir tenir compte de la valeur du tabac dans le pays d'où les contrebandiers tentaient de l'importer en fraude. La valeur attribuée à la marchandise et, par suite, l'amende, se trouvaient, de la sorte, abaissées dans une proportion considérable. La Cour de cassation, par un arrêt du 17 mai 1873, a décidé que la valeur du tabac de contrebande doit être déterminée d'après le prix de vente fixé par la loi française.

Tabac factice.

Les prescriptions des art. 172 et 215 à 226 de la loi du 28 avril 1816 sont applicables à la fabrication, à la circulation et à la vente du tabac factice ou de toute autre matière préparée pour être vendue comme tabac. (*Loi du 12 fév.* 1835, *art.* 5.)

Arrestations.

Lorsque, conformément aux art. 222 et 223, les employés auront arrêté un colporteur ou fraudeur de tabac, ils seront tenus de le conduire sur-le-champ devant un officier de police judiciaire, ou de le remettre à la force armée, qui le conduira devant le juge compétent, lequel statuera de suite, par une décision motivée, sur son emprisonnement ou sa mise en liberté.

Néanmoins, si le prévenu offre bonne et suffisante caution de se présenter en justice et d'acquitter l'amende encourue, ou s'il consigne lui-même le montant de ladite amende, il sera mis en liberté s'il n'existe aucune autre charge contre lui. (*Loi du 28 avril* 1816, *art.* 224.)

Dans le cas prévu par l'art. 224, les contrevenants doivent être conduits devant le chef du service des contributions indirectes de la localité, à qui il appartient d'apprécier leurs offres et de prendre une décision. C'est au prévenu à faire spontanément l'offre d'une caution, et les saisissants n'ont pas à le sommer de faire une déclaration à ce sujet. (V. *Primes.*)

Mineurs.

Aux termes de l'art. 13 de la loi du 22 juillet 1867, les tribunaux ne peuvent pas prononcer la contrainte par corps contre les individus âgés de moins de seize ans accomplis à l'époque des faits qui ont motivé la poursuite.

Le directeur des contributions indirectes, en mettant en liberté trois jeunes colporteurs d'allumettes en fraude et en refusant la prime de 10 fr. que les gendarmes espéraient toucher pour chacun d'eux, n'a fait que se conformer à ces dispositions, rappelées par le ministre des finances dans l'instruction du 20 septembre 1875, art. 189, concernant le service des amendes et condamnations pécuniaires ; mais deux de ces mineurs, qui étaient sans moyens d'existence, auraient pu être retenus par les gendarmes et conduits devant le procureur de la République comme prévenus de vagabondage. (*Cass.. 25 mars 1881.*)

FORMALITÉS A OBSERVER DANS LES PROCÈS-VERBAUX.

Lorsque les gendarmes constatent des contraventions sans l'assistance des employés des contributions indirectes, leurs procès-verbaux sont rédigés dans la forme qui est particulière à la gendarmerie ; ils sont dressés sur papier libre, ainsi que tous les actes de l'arme ; la rédaction de ces procès-verbaux, qui font foi jusqu'à preuve contraire, a lieu dans les vingt-quatre heures ; ils sont déposés ou envoyés par la poste au receveur de l'enregistrement du canton, qui les vise pour timbre et les revêt de la formalité de l'enregistrement. Avis est donné par le verbalisant au receveur des contributions indirectes dans la circonscription duquel la constatation a été faite. Cet avis sera établi sur une formule imprimée fournie annuellement, en nombre d'exemplaires suffisants, par l'administration. A cet effet, les chefs de brigade ont franchise avec les receveurs des contributions indirectes et les receveurs de l'enregistrement. (*Circ. du 20 janv.* 1877.) Autant que possible, il est utile que les procès-verbaux soient signés par deux gendarmes, bien qu'un seul puisse verbaliser. Les formalités prescrites par le décret du 1er germinal an XIII pour les employés de cette administration ne sont point exigées des gendarmes. (*Cass.,* 5 *sept.* 1813.)

Ces observations sont communes à tous les procès-verbaux constatant des infractions aux lois et règlements en matière de douanes et de contributions indirectes.

Main-forte.

La gendarmerie doit prêter main-forte aux employés des contributions indirectes, lorsqu'elle en est requise par écrit. (*Art.* 243 *de la loi du* 28 *avril* 1816. — V. *Main-forte à prêter.*) Tout commandant de gendarmerie qui s'y refuserait pourrait être puni d'un à trois mois de prison. (*Art.* 234 *du Code pénal.* — V. *Refus d'un service légalement dû, et, au* Formulaire, *des modèles de procès-verbaux.*)

NOTA. Le chapitre qui précède, déjà fort long, se complète par un ouvrage intitulé : *Manuel des contributions indirectes et des douanes,* par M. K., avocat, dont l'utilité, pour la gendarmerie, a été reconnue par décision ministérielle du 8 mai 1878, et qui se trouve placé dans toutes les archives de l'arme, par ordre du ministre de la guerre.

CONVOIS MILITAIRES.

Définition du service.

Le service des convois militaires consiste à fournir :
1° Des voitures non suspendues pour le transport :
De la caisse, des papiers et des effets d'un usage journalier, à la suite des corps ou détachements voyageant par étapes ; des militaires et ma-

rins écloppés, ainsi que des femmes employées à l'armée et des enfants de troupe faisant partie de ces détachements ;

Des militaires et marins voyageant sous l'escorte de la gendarmerie, en dehors des voies ferrées, lorsque le besoin d'une voiture aura été préalablement constaté dans les formes prescrites à l'art. 10, § 5, du cahier des charges inséré plus loin.

2° Des voitures suspendues aux militaires ou marins isolés voyageant librement et dont l'état de maladie aura été préalablement constaté dans les formes prescrites à l'art. 10, § 4, du cahier des charges, inséré plus loin.

3° Des chevaux de trait, dans les cas prévus à l'art. 9 du cahier des charges.

4° Des chevaux ou mulets de bât, sur les routes inaccessibles aux voitures ou devenues impraticables par suite de neiges ou autres causes. (*Arrêté du 17 avril 1874, art. 1er.*)

Ministère de la justice.

L'entrepreneur est tenu d'effectuer les translations de prévenus et accusés civils et le transport des objets pouvant servir à conviction ou à décharge, aux mêmes prix que ceux qui sont consentis pour le ministère de la guerre ; il passera des marchés à cet effet avec les procureurs généraux.

Ministère de l'intérieur.

Le préfet, agissant au nom du département, a le droit d'assurer, aux conditions du présent traité, et à celles qui seront, en outre, spécialement déterminées entre ce fonctionnaire et l'entrepreneur, le service des convois civils (transports des aliénés et indigents).

Organisation du service. — Localités.

L'entrepreneur organise le service des convois dans tous les gîtes d'étapes actuellement existants dans la circonscription du corps d'armée et dans ceux qui y seront établis ultérieurement, ainsi que dans les camps et cantonnements permanents, si l'administration le juge à propos. (*Art.* 4 *idem.*)

Résidence de l'entrepreneur et de ses agents ou préposés.

L'entrepreneur réside au chef-lieu de la région, ou s'y fait représenter par un agent ou préposé qui est muni de ses pleins pouvoirs ; il a également un agent au chef-lieu de chaque département de la région.

Le préposé d'un gîte d'étape où se trouve une ou plusieurs gares de chemin de fer se fait représenter, dans chaque gare, par une personne chargée de recevoir les militaires porteurs de bons de convois et de leur procurer sur place les voitures que comportent ces bons.

Dans les circonscriptions de corps d'armée où existent des établissements thermaux qui reçoivent habituellement des militaires, l'entrepreneur sera tenu d'avoir un préposé auprès de chacun de ces établissements et des moyens de transport sur les points où cesse le parcours en chemin de fer, quand bien même ces points ne seraient pas gîtes d'étapes.

Ces points seront indiqués par l'administration. (*Art.* 5.)

Délivrance des bons de convois.

Les fournitures sont faites sur la production d'un bon de convoi. En principe, les bons de convois sont délivrés par les fonctionnaires de l'intendance et leurs suppléants légaux autres que les maires, jusqu'à la plus prochaine résidence de sous-intendant militaire, sur la route à parcourir, ou jusqu'à destination.

Les maires ou les adjoints ne délivrent les bons que pour une seule étape, et ainsi de suite jusqu'à la résidence du sous-intendant militaire ou du suppléant légal autre qu'un maire. Toutefois, lorsqu'il s'agit de militaires isolés, les maires ou les adjoints délivrent les bons jusqu'à la résidence du sous-intendant ou jusqu'à destination, de manière que le voyage puisse s'effectuer sans désemparer.

Le bon de convoi est délivré sur une formule unique, n° 122 de la nomenclature. Il énonce les causes qui donnent lieu à la fourniture, et spécifie si le transport doit avoir lieu en voiture à collier non suspendue ou en voiture suspendue.

La fourniture d'une voiture suspendue est justifiée par le certificat d'un médecin militaire, ou, à défaut, d'un médecin civil désigné par le maire, constatant la nécessité du transport.

La même justification doit être provoquée pour la délivrance de voitures non suspendues aux escortés. Cependant, en cas d'urgence, le commandant de l'escorte est autorisé à passer outre à cette formalité, en signant d'office le certificat de visite.

Le transport des détenus et condamnés civils, des aliénés et indigents appartenant au ministère de la justice et de l'intérieur a lieu sur la présentation d'ordres délivrés par les autorités compétentes. (Art. 10.)

Distinction des bons.

Les bons de convois sont établis distinctement :

1° Pour les corps et détachements ;
2° Pour les militaires escortés ;
3° Pour les femmes voyageant sous escorte, attendu qu'elles ne doivent jamais être transportées dans les mêmes voitures que les hommes ;
4° Pour les militaires voyageant dans des voitures suspendues.

La même distinction est observée pour les bons de convois établis soit au titre de la marine (service maritime et service colonies), soit au titre de la ville de Paris (sapeurs-pompiers et garde républicaine).

Toutefois, lorsque des militaires et des marins escortés doivent être transportés le même jour, sur le même parcours, ils sont réunis dans un seul bon, établi au titre du département de la guerre, jusqu'à concurrence de cinq hommes.

Il en est de même pour les militaires et marins voyageant librement dans des voitures suspendues. (Art. 11.)

Voitures suspendues. — Départs et arrivées des isolés.

Les isolés voyageant librement dans les voitures suspendues sont pris à domicile, au départ, dans chaque gîte, et rendus de même à destination.

Ils sont pris aux gares d'arrivée ou conduits aux gares de départ comme il est indiqué à l'art. 5 ci-dessus.

A moins de cas imprévus ou urgents, les fournitures ne peuvent être exigibles avant six heures du matin du 1ᵉʳ octobre au 1ᵉʳ avril, et avant quatre heures les six autres mois.

Les voitures suspendues doivent être toujours couvertes, munies de banquettes, et en outre garnies de paille dans les temps froids.

L'allure de route dépend de l'état des militaires ou marins transportés. (*Art.* 13.)

Voitures publiques.

L'entrepreneur est autorisé à utiliser les voitures publiques pour le transport des militaires isolés, à la condition qu'il n'en résultera aucun retard dans l'exécution du service et que le bon de convoi ne mentionnera pas qu'il est nécessaire d'affecter à ce transport une voiture spéciale.

Certificat d'exécution.

L'exécution du service doit être justifiée à l'arrivée par un certificat daté du jour de l'exécution et délivré au dos du bon par le sous-intendant militaire ou son suppléant légal autre qu'un maire. Dans les localités où il n'existe ni sous-intendant ni suppléant légal autre qu'un maire, le vu-arriver pourra être signé par le maire ou l'adjoint, ou encore, à défaut, par un membre du conseil municipal, un officier, un sous-officier ou un brigadier de gendarmerie, ou enfin par deux notables de la localité.

Dans aucun cas le vu-arriver ne doit être signé par les chefs de corps ou de détachements. (*Art.* 14.)

Amendes.

Tout rachat de bons, constaté par procès-verbal de la gendarmerie, donne lieu en outre à une retenue de 25 fr. et à la destitution du préposé qui s'en serait rendu coupable.

Les infractions aux dispositions prévues aux art. 8, 10, 11, 12 et 13 seront constatées par des rapports des intéressés ou par des procès-verbaux dressés par la gendarmerie ou par les maires.

Ces documents seront adressés au sous-intendant du chef-lieu du département. Ce fonctionnaire pourra proposer une retenue de 25 p. % sur le montant de la fourniture critiquée.

Il revient aux gendarmes qui ont constaté un rachat de bons une prime de 25 fr., laquelle peut être portée à 50 fr. s'il y a récidive (*Art.* 305 *du décret du 18 fév.* 1863.)

Marchés d'urgence

En cas de non exécution ou d'interruption du service sur un point quelconque, il y sera pourvu par des marchés d'urgence ou par tout autre moyen que les autorités locales jugeraient convenable, aux risques et périls de l'entrepreneur.

Le montant des fournitures ainsi faites sera remboursé par l'entrepreneur ou ordonnancé directement au profit des titulaires des marchés par défaut ou des individus requis, sauf imputation dans les comptes de l'entrepreneur. (*Art. 24.*)

Les sous-officiers, brigadiers et gendarmes se font présenter les feuilles de route des militaires marchant sans escorte ; à l'égard de ceux auxquels il est accordé des transports, ils s'assurent, par l'examen des feuilles de route et des mandats de fournitures dont les conducteurs de convoi doivent être porteurs, s'il n'a pas été donné ou reçu de l'argent en remplacement des fournitures.

Tout militaire auquel il a été accordé un transport en est privé, s'il est rencontré faisant sa route à pied, sans être précédé ou suivi de près de la voiture ou du cheval destiné à son transport; à cet effet, le commandant de la brigade lui retire les mandats dont il est porteur et annote sur la feuille de route qu'il doit être privé du convoi.

Ces mandats sont transmis aussitôt au commandant de la compagnie, et adressés par lui au sous-intendant militaire qui les a délivrés.

Dans le cas où un militaire ayant droit au transport ne serait porteur d'aucun coupon, il est à présumer qu'il en a fait la vente au préposé des convois ; cette circonstance est mentionnée sur la feuille de route, et il en est rédigé un procès-verbal qui est transmis, par le commandant de la compagnie, au sous-intendant militaire. (*Art. 355 du déc. du 1er mars 1854 et 306 du décret du 18 fév. 1863.*)

Les convois sont accordés aux corps et détachements de gendarmerie d'après les mêmes règles qu'aux autres corps de l'armée. (*Art. 209 du décret du 18 fév. 1863. — V. Correspondances et Péage.*)

CORRESPONDANCES. — TRANSFÉRÉMENTS.

Correspondances. — Leur utilité. — Leur objet.

Dans l'intervalle des tournées, les commandants d'arrondissement doivent se porter, de temps à autre, sur les différents points où les brigades correspondent entre elles, afin de connaître si ce service se fait avec ponctualité, et si les gendarmes sont dans une tenue régulière.

La présence de ces officiers sur les points de correspondance est constatée par leur signature, apposée, non seulement sur les feuilles de service, mais encore sur les carnets de correspondance. (*Art. 197 du décret du 1er mars 1854. — Circ. des 15 avril 1858 et 9 déc. 1872.*) Ils s'assurent que ces feuilles et ces carnets sont bien tenus et à jour. (*Circ. des 7 nov. 1854 et 24 nov. 1855.*)

L'adjudant visite de temps à autre les points de correspondance des brigades placées sous son commandement.

Sa présence aux points de correspondance est constatée par son visa sur les feuilles de service. (*Art. 216 du décret du 1er mars 1854.*)

Les tournées, conduites, escortes et correspondances de chaque brigade sont toujours faites par deux hommes au moins. (*Art. 231 dudit décret.*)

L'une des fonctions habituelles et ordinaires des brigades de gendarmerie est de correspondre périodiquement entre elles, à des jours et sur des points déterminés par les chefs de l'arme.

Les points de correspondance sont toujours assignés, autant que possible, à égale distance des brigades qui doivent s'y rendre, et dans des lieux où les sous-officiers, brigadiers et gendarmes chargés de ce service peuvent trouver un abri momentané pour eux-mêmes et pour les individus confiés à leur garde, pendant le temps nécessaire à la remise des personnes et des objets. (*Art.* 366 *dudit décret.*)

Les points de correspondance, tels qu'ils existent actuellement, ont été approuvés par le ministre, sur la proposition du comité de la gendarmerie, le 26 mai 1869, après que l'utilité de ne pas en réduire le nombre eut été reconnue. Mais, sous la date du 19 novembre 1881, le ministre de la guerre a décidé qu'à partir du 1er janvier prochain, les chefs de légion devront, sinon supprimer complétement les correspondances ordinaires, du moins suspendre provisoirement l'exécution de celles dont le maintien ne leur paraîtrait pas indispensable.

Les correspondances périodiques ont essentiellement pour objet le transfèrement des prisonniers de brigade en brigade et la remise des pièces qui les concernent.

Elles ont également pour objet, de la part des sous-officiers et gendarmes qui s'y rendent, de se communiquer réciproquement les renseignements et avis qu'ils ont pu recevoir, dans l'intervalle d'une correspondance à l'autre, sur tout ce qui intéresse la tranquillité publique ; de concerter leurs opérations relativement à la recherche des malveillants de toute espèce dont ils auront connaissance ; de se remettre réciproquement les signalements des individus prévenus de crimes et délits, évadés de prison ou des bagnes ; et enfin de s'éclairer mutuellement sur les moyens à prendre pour concourir à la répression de tout ce qui peut troubler l'ordre social. (*Art.* 367 *dudit décret.*)

Soit pour les sûretés à prendre contre les évasions, soit dans l'intérêt des prisonniers et des gendarmes, les transfèrements ne doivent avoir lieu que de jour ; mais dans toutes les saisons, et principalement en été, le départ doit s'effectuer de grand matin. De même que l'on a fixé les jours de correspondance, les points intermédiaires et les lieux de gîte, on doit indiquer les heures du départ et de l'arrivée aux différentes stations, afin que les diverses escortes, parties de plusieurs points, arrivent en même temps, et que la surveillance des officiers puisse être exercée fructueusement. A cet effet, les commandants de compagnie ont soin de désigner *les heures d'été et les heures d'hiver.* Les heures d'été sont indiquées à dater du 1er avril au 30 septembre, et celles d'hiver, du 1er octobre au 31 mars ; de cette manière, on garantit, autant que possible, les prisonniers et la troupe de la chaleur et du froid.

Les officiers s'assurent continuellement si ce service, qui est un des plus importants de l'arme, se fait avec ponctualité, humanité et régularité, et si les gendarmes sont toujours armés et dans une bonne tenue ; à cet effet, ils se transportent à l'improviste, le plus souvent possible, aux divers points de correspondance indiqués.

Ces visites sont toujours faites à cheval, et donnent droit à une indemnité de service extraordinaire lorsque le point de correspondance est à plus de dix kilomètres de la résidence de l'officier. (*Circ. des 2 avril 1865 et 16 mai 1869.*)

Le nombre des gendarmes employés pour chaque correspondance est proportionné au nombre des prévenus ou condamnés transférés. (*Circ. du 19 mars 1855.*)

Les gendarmes chargés d'une conduite, soit qu'elle ait lieu par la correspondance, soit qu'elle ait dû être continuée jusqu'à la première brigade, doivent rentrer le même jour à leur résidence, à moins d'empêchement résultant du service ou de la distance des lieux ; dans aucun cas, ils ne peuvent outrepasser la résidence de cette première brigade sans un ordre positif du commandant de la compagnie, si ce n'est lorsqu'ils en sont requis par le commandant de ladite brigade. (*Art.* 380 *du décret du* 1ᵉʳ *mars* 1854.)

Circonstances qui imposent aux gendarmes l'obligation de s'éloigner de la grand'route en retournant à leur résidence.

Les sous-officiers, brigadiers et gendarmes qui n'ont point de prisonniers à ramener de la correspondance ne doivent pas revenir directement à leur résidence par la même route ; il leur est enjoint de se porter dans l'intérieur des terres, de visiter les hameaux, de fouiller les bois et les lieux suspects, et de prendre, dans les fermes et maisons isolées, toutes les informations qui pourraient leur fournir des renseignements utiles. Cette marche leur est d'ailleurs tracée par le commandant de brigade, qui doit prévoir le cas. (*Art.* 383 *du décret du* 1ᵉʳ *mars* 1854.)

Tenue des gendarmes dans les conduites.

Les sous-officiers, brigadiers et gendarmes, dans leurs correspondances, courses et tournées, marchent dans une bonne tenue militaire, armés et la giberne garnie de cartouches. S'ils sont montés, ils marchent toujours à cheval, excepté quand ils ont à faire des embuscades, surtout la nuit, ou à parcourir des bois. (*Art.* 189 *du règlem. du* 9 *avril* 1858.)

Ceux de l'arme à cheval doivent avoir le soin, chaque fois qu'ils mettent pied à terre, et avant de quitter la selle, de retirer le revolver de la sacoche et de le placer dans son étui, afin de n'être jamais désarmés. (*Circ. du* 9 *juill.* 1874.)

Dans les conduites de prisonniers en chemin de fer, les militaires d'escorte sont dispensés du chapeau, mais non du col, qui ne peut être remplacé, dans ce service, par la cravate bleue. (*Circ. du* 24 *juin* 1875.)

A moins de nécessité par des circonstances particulières, ils ne doivent pas prendre la carabine. (*Circ. du* 18 *août* 1877.)

Les sous-officiers, brigadiers et gendarmes d'escorte par le chemin de fer doivent conserver une tenue correcte pendant toute la durée du transfèrement. (*Circ. du* 15 *déc.* 1878. — V. *Chemins de fer.*)

Transfèrement des prisonniers. — Formalités à remplir avant, pendant et après.

L'officier de gendarmerie à qui l'ordre ou le réquisitoire du transfèrement est adressé rédige un ordre de conduite, et détermine sur cet ordre le nombre de gendarmes dont l'escorte doit être composée ; il désigne pareillement le sous-officier ou gendarme qui en a le commandement et est chargé de la conduite jusqu'à la station ordinaire de la brigade. Les signalements de prisonniers doivent toujours être inscrits à la suite de l'ordre de conduite.

Si les prévenus ou condamnés sont transférés en vertu d'un mandat de justice, d'une réquisition ou d'un ordre, une copie de ces actes doit toujours être jointe à l'ordre de transfèrement, en marge duquel est ins-crit le bordereau des pièces qui doivent suivre les prévenus ou les con-damnés ; ces pièces sont remises au commandant de l'escorte, qui en donne son reçu au bas de l'ordre et dans les termes suivants : *Reçu l'ordre et les pièces y mentionnées*. (Art. 369 *du décret du 1ᵉʳ mars* 1854.)

Toutes les fois qu'il s'agit de transférer les prévenus ou condamnés de brigade en brigade, par tous moyens de transports ordinaire ou extraor-dinaire, les officiers de gendarmerie ont seuls le droit de donner des ordres de conduite. Dans les chefs-lieux de département, ce droit est dé-volu aux commandants de compagnie ; mais c'est à l'officier commandant l'arrondissement qu'il appartient de désigner et d'inscrire, en marge de ces ordres, le nombre des gendarmes et le nom du sous-officier, briga-dier ou gendarme qui a le commandement de l'escorte, et qui est chargé de la conduite jusqu'à la station ordinaire de la brigade.

Si les prisonniers sont de différents sexes, ils doivent être transférés séparément (Art. 368 *dudit décret.*)

Les prévenus ou condamnés sont généralement conduits à pied de bri-gade en brigade ; néanmoins ils peuvent, si des circonstances extraordi-naires l'exigent, être transférés en voiture sur les réquisitions motivées des officiers de justice. (Art. 385 *dudit décret.*) Dans ce dernier cas il faut employer de préférence le chemin de fer lorsque le point de départ et le lieu d'arrivée sont reliés par une voie ferrée.

Lorsqu'il existe plusieurs individus à transférer, les ordres de conduite doivent toujours être individuels, quel que soit le nombre des prévenus ou condamnés, afin que, dans le cas où l'un d'eux viendrait à tomber malade en route, il puisse être déposé dans un hôpital, sans retarder la marche des autres. (Art. 370 *du décret du 1ᵉʳ mars* 1854.) Toutes les for-malités étant remplies, les gendarmes lèvent l'écrou.

Péage.

Les officiers, sous-officiers, brigadiers et gendarmes sont exempts des droits de péage et de passage des bacs, ainsi que les voitures, chevaux et personnes qui marchent sous leur escorte. (Art. 653 *dudit décret.*)

Toutefois, un arrêt de la Cour de cassation, du 16 mai 1861, porte que les voitures servant au transport des prisonniers sont soumises au droit de péage lorsqu'elles appartiennent à un entrepreneur de convois.

Autorités devant lesquelles sont conduits, ou lieux où sont déposés les transférés. — Formalités à remplir.

Les prévenus arrêtés spontanément sont conduits immédiatement par-devant l'officier de police judiciaire compétent de l'arrondissement. Le procès-verbal d'arrestation, les papiers et effets saisis sur le prévenu lui ont remis.

Les condamnés et autres transférés de brigade en brigade sont déposés à la maison d'arrêt de chaque lieu de gîte.

Il est défendu à la gendarmerie d'escorter des prisonniers militaires marchant isolément ou en détachement, s'ils ne sont pas munis de feuilles de route individuelles portant indication des fournitures qu'ils doivent recevoir en route.

En conséquence, toutes les fois que les commandants de brigade ont à faire de ces sortes d'escortes, le sous-intendant militaire, ou, à son défaut, le sous-préfet du lieu de départ, doit préalablement délivrer aux militaires des feuilles de route portant les indications ci-dessus. (*Art.* 395 *du décret du* 1er *mars* 1854.)

Les mesures ordonnées pour le transfèrement des prisonniers civils sont les mêmes que pour le transfèrement des prisonniers militaires, sauf les modifications ci-après : les militaires escortés doivent être conduits régulièrement le même jour d'un gîte d'étape à l'autre, sans pouvoir être déposés dans les communes intermédiaires. (*Art.* 396 *et* 397 *dudit décret.*)

Tout militaire ou individu appartenant à l'armée, qui est arrêté par une brigade de gendarmerie dont la résidence n'est pas gîte d'étape, peut être déposé, le jour de son arrestation, dans la maison d'arrêt de cette résidence. Tout militaire ainsi déposé dans une commune non gîte d'étape ne peut y rester plus de deux jours, celui de l'arrestation compris. (*Art.* 399 *dudit décret.*)

La conduite des militaires envoyés aux compagnies de discipline doit se faire, sans interruption, de brigade en brigade, et sans attendre les jours de correspondance. (*Art.* 401 *dudit décret.*)

Les individus arrêtés en vertu de mandats d'arrêt ou de jugements sont immédiatement écroués en vertu de ces pièces.

Ceux arrêtés en vertu de mandats d'amener sont conduits devant les juges mandants.

Dans chaque lieu de gîte, les prévenus ou condamnés sont déposés dans la maison d'arrêt.

Acte d'écrou.

Le mandat ou jugement en vertu duquel est fait l'acte d'écrou doit être copié littéralement sur le registre de la geôle à la suite de l'écrou.

Sur l'exhibition du mandat, le prévenu sera reçu et gardé dans la maison d'arrêt établie près le tribunal correctionnel, et le gardien remettra à l'agent de la force publique chargé de l'exécution du mandat une reconnaissance de la remise du prévenu. (*Art.* 107 *et* 111 *du Code d'instr.*)

En remettant au gardien de la prison les individus qu'ils conduisent, les gendarmes feront inscrire sur le registre, devant eux, par le gardien, l'acte de remise de ces individus et ils le signeront avec le gardien, qui leur en délivrera une copie signée de lui. (*Art.* 107, 608 *du Code d'instr. crim., et* 371, 378 *du décret du* 1er *mars* 1854.)

Aucun militaire ne peut être écroué dans une maison d'arrêt, de justice ou de correction, sans l'ordre écrit ou le visa du général commandant la région ou le département, ou du commandant de place, ou sans la présentation du procès-verbal d'arrestation ou de l'ordre de conduite remis par la gendarmerie. (*Art.* 48 *du règl. sur les prisons militaires du* 20 juin 1863, *et art.* 178 *du décret sur le service des places du* 13 oct. 1863.)

Police des prisons. — Obligations et responsabilité des concierges.

La police des prisons et la surveillance des registres des concierges n'appartiennent pas à la gendarmerie. Ce soin est confié, savoir : à l'autorité judiciaire, pour l'inspection des registres et la régularité des actes ; à l'autorité administrative, pour le personnel des employés et la nomination aux emplois ; et à l'autorité municipale et administrative, pour le maintien de la sûreté et de la salubrité des prisons. (*Art.* 605, 606, 611, 612 *et* 613 *du Code d'instr. crim.*)

Les concierges, gardiens et geôliers ne peuvent recevoir un individu arrêté par la gendarmerie, sans autre ordre que celui des gendarmes, à moins que l'individu arrêté ne soit militaire prévenu de désertion (dans ce cas, le seul ordre de la gendarmerie suffit), ou que les militaires de la gendarmerie, ayant agi comme officiers de police auxiliaires, n'aient décerné un mandat de dépôt, pièce légale pour opérer l'écrou.

Les concierges, gardiens ou geôliers qui recevraient ou retiendraient des individus sans ordres ou mandats légaux seraient punis de six mois à deux ans d'emprisonnement et d'une amende de 16 fr. à 200 fr. (*Art.* 120 *du Code pénal.*)

Les concierges n'ont point d'ordres directs à recevoir de la gendarmerie pour la distribution de la nourriture, des fournitures et des denrées aux détenus. La gendarmerie ne peut leur donner d'ordres en aucune manière ; mais elle fait connaître aux autorités compétentes les infractions et les négligences qu'elle remarque sur les subsistances et la paille qu'ils doivent fournir aux militaires conduits de brigade en brigade ou détenus.

Tout gardien qui refuserait à la gendarmerie l'ouverture des portes des prisons, des chambres des détenus, l'exhibition des registres d'écrou militaire, et qui n'opérerait pas la transcription immédiate des ordres ou mandats de justice, pour écrouer, mettre en liberté ou transférer des prisonniers, pourrait être poursuivi comme coupable ou complice de détention arbitraire. Les gendarmes constateraient ce refus par un procès-verbal qui serait adressé au procureur de la République. (*Art.* 428 *du décret du* 1er *mars* 1854. — **V.** *Prisons.*)

Acte de levée d'écrou.

L'autorité militaire est seule compétente pour ordonner la levée de l'écrou d'un militaire détenu en vertu d'un jugement ou d'ordre militaires. (*Circ. du min. de la guerre du* 21 *fév.* 1837.)

Pour opérer la levée de l'écrou, les gendarmes font transcrire littéralement, en leur présence, sur le registre des concierges, les réquisitoires ou les ordres dont ils sont porteurs, et donnent un reçu au concierge, au bas de la transcription des pièces du prisonnier qui leur est remis. (**V.**, *au* Formulaire, *le modèle de l'acte de levée d'écrou.*)

Remise des transférés aux brigades.

A l'arrivée dans un lieu de station de brigade, le commandant de l'escorte remet immédiatement les prisonniers confiés à sa garde, l'ordre de transfèrement et toutes les pièces au commandant qui doit le relever ; celui-ci est tenu d'inscrire sur le carnet n° 8 de correspondance les noms des prisonniers, le lieu où ils doivent être conduits et le nombre des pièces qui lui ont été remises ; il devient dès lors responsable du transfèrement. Cette inscription est toujours faite en présence du commandant de l'escorte qui a amené les prisonniers ; il signe sur le registre avec le commandant de la brigade, et, en l'absence de ce dernier, avec le gendarme qui doit le suppléer ; si les prévenus ont été déposés dans la chambre de sûreté de la brigade, le commandant de l'escorte qui a effectué ce dépôt s'en fait donner un reçu sur son carnet et sur le journal ou feuille de service dont il est porteur. (*Art.* 377 *du décret du* 1ᵉʳ *mars* 1854.)

Les mêmes dispositions sont suivies successivement dans toutes les brigades. Lorsque les prisonniers arrivent à leur destination, le commandant de la dernière escorte, après la remise des prévenus ou condamnés à qui de droit, se fait donner une décharge générale des prisonniers conduits et de toutes les pièces qui lui ont été confiées ; à son retour à la résidence, il fait mention de cette décharge sur son registre et la joint aux autres pièces qui concernent le service de la brigade, afin de pouvoir la représenter au besoin. (*Art.* 378 *dudit décret.*)

Lorsque le transport des prévenus ou condamnés s'opère par la correspondance des brigades, le commandant de l'escorte qui a été chargé de la conduite jusqu'au point de réunion, après avoir fait vérifier, par le commandant de la nouvelle escorte, l'identité des individus confiés à sa garde, lui remet toutes les pièces mentionnées dans l'ordre de transfèrement et se fait donner un reçu du tout sur la feuille de service et sur son carnet de correspondance.

Si le nombre des prisonniers amenés à la correspondance, ou des circonstances particulières exigent un supplément de force, le commandant de la nouvelle escorte peut requérir, parmi les gendarmes présents, le nombre d'hommes nécessaires à la sûreté des prisonniers, et les obliger à continuer l'escorte. (*Art.* 379 *dudit décret.*)

Il est expressément recommandé aux gendarmes sous l'escorte desquels marchent les prévenus ou condamnés civils ou militaires d'empêcher qu'ils fassent un usage immodéré de vin, cidre et autres boissons enivrantes ; ils doivent surtout leur interdire absolument l'usage des boissons spiritueuses. Ils peuvent aussi interdire l'emploi du tabac à fumer, lorsque cette précaution leur paraît nécessaire.

La fermeté et l'exactitude que la gendarmerie met à l'exécution de cet ordre préviennent le retour de circonstances fâcheuses et ôtent aux prévenus l'occasion de nouvelles fautes, qui ne peuvent qu'aggraver leur position. (*Art.* 381 *du décret du* 1ᵉʳ *mars* 1854.)

L'escorte doit empêcher les militaires de vendre le tabac de cantine qu'ils reçoivent en vertu du décret du 29 juin 1853. (*Circ. du* 9 *janv.* 1862.)

Transférés par mer.

Les prisonniers transférés en mer par les bâtiments du commerce doivent être accompagnés des gendarmes d'escorte jusqu'au lieu de destination ; mais lorsqu'il s'agit de bâtiments de l'État, ces prisonniers sont remis à la garde du commandant du bord, qui est chargé de les déposer en mains sûres au point de débarquement. Si cependant le navire était petit et que l'escorte fût régulièrement requise, elle devrait obtempérer, après s'être fait remettre par écrit les instructions du commandant sur la nature du service qu'elle aurait à faire à bord. (*Circ. du* 12 *oct.* 1871.)

Douanes.

Lorsque, conformément aux art. 222 et 223 de la loi du 18 avril 1816, les employés arrêtent un colporteur ou fraudeur de tabac, ils sont tenus de le conduire sur-le-champ devant un officier de police judiciaire, ou de le remettre à la force armée, qui le transfère devant le juge compétent. (*Art. 224 de ladite loi.*) Si la gendarmerie doit se charger de transférer devant l'autorité judiciaire de l'arrondissement un fraudeur arrêté par des employés ou par un garde champêtre, garde-pêche, garde forestier, garde particulier, etc., il n'en est pas de même lorsqu'il s'agit d'individus qui doivent être conduits devant le directeur ou le sous-directeur des douanes ou des contributions indirectes. Dans ce cas, ce sont les intéressés à recevoir la prime qui doivent accomplir cette mission. (V. *Arrestations* et *Ivresse.*)

Soins à donner aux prisonniers.

La gendarmerie, dans la conduite des prisonniers, veille à ce que les transférés reçoivent exactement les subsistances qui doivent leur être fournies pendant la route ; elle prévient les maires ou adjoints des abus qui pourraient exister dans les fournitures, pour qu'ils puissent les réprimer sur-le-champ.

Les militaires détenus sont l'objet des mêmes soins ; la même surveillance est exercée dans leur intérêt. Les commandants de brigade s'assurent en outre si les concierges des prisons leur fournissent exactement les denrées prescrites par les règlements, si la paille est renouvelée aux époques fixées et dans les quantités voulues, et si les chambres sont pourvues des ustensiles nécessaires. En cas de plainte de la part des détenus, les commandants de brigade en vérifient l'exactitude et rendent compte à leurs chefs des abus qu'ils auraient découverts. Les commandants de compagnie donnent aussitôt connaissance de ces abus aux sous-préfets et aux sous-intendants militaires.

Les commandants de brigade, avant d'extraire les détenus des prisons, doivent s'assurer s'ils sont pourvus de vêtements et de chaussure.

Les transfèrements doivent toujours être faits avec la plus grande économie possible. Il n'est employé de voiture que pour les prisonniers qui sont dans l'impossibilité de marcher, ce qui est alors attesté par des certificats du médecin attaché aux prisons, qui expose la nature des maladies, les infirmités, la caducité ou autres empêchements ; d'après ces certificats, dont la conclusion réclame le transport en voiture, et d'après ceux qui constatent que le prisonnier a besoin de chaussure ou de vêtements, les autorités compétentes accordent la voiture et les effets indispensables. (*Art. 4 du décret du 18 juin 1811.*)

Toutefois, en l'absence de médecin, et même quand il est parfaitement reconnu que le détenu ne peut faire la route à pied, le maire, et même le chef de la brigade, peuvent faire accorder les moyens de transport, pour éviter des frais de visite que réclament généralement les médecins qui ne sont pas attachés aux prisons. Dans ce cas, une attestation explicative des causes nécessitant le transport en voiture ou en chemin de fer, si ce mode est moins dispendieux, est inscrite dans la réquisition remise au convoyeur ou au chef de gare. (*Circ. du min. de la justice du 17 août 1860,*

*et art. 10 de l'arrêté du min. de la guerre du 17 avril 1874. —
V. Convois militaires.)*

Les condamnés des deux sexes voyageant toujours en voiture ou en chemin de fer, il semble logique d'accorder la même faveur à des femmes prévenues, quelquefois même innocentes, surtout si elles ont un long trajet à faire. Dans ce cas, le maire ou le chef de brigade usent, s'il y a lieu, des pouvoirs qui leur sont conférés par la circulaire et l'arrêté précités.

Dans tous les cas où des hommes et des femmes voyagent ensemble, il doit être accordé une voiture séparée pour ces dernières, conformément à l'art. 11 de l'arrêté ci-dessus visé.

Lorsqu'un prévenu réclame son transport en voiture, parce que le mauvais état de sa chaussure ne lui permet pas de voyager à pied, il y a lieu de lui faire délivrer une paire de souliers, aux frais du ministre de la justice, si le trajet à parcourir est assez long pour procurer une économie. (*Décis. du 24 nov. 1820, et circ. du 21 fév. 1867 du garde des sceaux.*)

Dans les conduites ordinaires de prisonniers transférés en voitures les gendarmes d'escorte ne doivent pas prendre place à côté d'eux pour deux raisons : la première, c'est que la réquisition ou le bon de convoi ne leur donne aucun droit à cette faveur, et la seconde, c'est qu'il n'est pas convenable pour la dignité de l'uniforme que des militaires de la gendarmerie soient confondus dans des charrettes avec les détenus confiés à leur garde. Le droit de prendre place à côté des détenus n'existe que pour les conduites extraordinaires en poste, par chemin de fer, ou lorsqu'un détenu paye les frais du transport. (*Art. 375 et 384 du décret du 1er mars 1854.*)

Nourriture et effets accordés aux détenus.

La nourriture et les fournitures pour les détenus civils sont à la charge des départements ; celles pour les détenus militaires s'acquittent sur les fonds du ministère de la guerre.

La nourriture des détenus se compose de pain et de soupe : la ration de pain à fournir à chaque détenu civil et militaire est de 750 grammes par jour ; un traité particulier, dont il est donné connaissance aux maires, règle la composition de la soupe des prisonniers civils. Le préfet prend, chaque année, un arrêté pour la soupe des militaires ; les maires des communes où se trouvent les maisons de détention et la gendarmerie sont chargés d'en surveiller l'exécution.

Le coucher de chaque détenu civil ou militaire se compose d'une botte de paille de 6 kilog., qui est renouvelée tous les dix jours.

Ces fournitures se font par entreprise, sous l'inspection des maires ; mais le pain est fourni aux détenus militaires par le munitionnaire général des vivres, et la soupe et la paille par les concierges des dépôts, d'après le règlement établi par le préfet. — V. Prisons.

Les effets que l'on délivre aux détenus militaires se bornent ordinairement à la chaussure ; cependant, si les détenus manquaient absolument de vêtements, il en serait délivré par les soins du maire ou de l'intendant, suivant que le prisonnier est civil ou militaire.

Chambres de sûreté.

Dans le cas où il n'y a pas de maison d'arrêt ou de détention dans le lieu de la résidence d'une brigade, on dépose les prisonniers dans la chambre de sûreté de la caserne de gendarmerie ; ils y sont gardés par les gendarmes de la résidence jusqu'au départ du lendemain ou du jour fixé pour la correspondance ; mais si les prisonniers sont de différents sexes, les femmes sont remises à la garde de l'autorité locale, qui pourvoit à leur logement.

En cas de refus du maire de pourvoir à la subsistance des prisonniers déposés dans la chambre de sûreté, la gendarmerie, après l'avoir constaté par procès-verbal, est tenue de leur fournir les aliments déterminés par les règlements en vigueur, sauf remboursement par l'autorité administrative. (*Art.* 372 *du décret du* 1ᵉʳ *mars* 1854.)

Une circulaire du ministre de l'intérieur, en date du 8 juillet 1870, recommande aux préfets de faire établir dans chaque caserne, au fur et à mesure du renouvellement des baux, une chambre de sûreté pour les femmes. Partout où cette chambre existe, l'intervention de l'autorité locale n'est pas nécessaire pour loger les femmes transférées.

S'il n'existait ni prison ni chambre de sûreté à la caserne de la gendarmerie, pour y déposer les prisonniers, le maire pourvoirait aux moyens de les loger, et la gendarmerie les garderait.

Pendant le temps de leur séjour, les frais qu'entraînent leur nourriture, leur coucher, la propreté du local où ils sont renfermés sont à la charge du budget du ministère de l'intérieur ; il doit y être pourvu par les soins de l'entrepreneur général du service des prisons départementales.

Le service des chambres de sûreté intéresse les départements, à qui incombe le casernement de la gendarmerie, le ministère de la guerre, de qui relèvent les militaires de l'arme, et celui de l'intérieur, chargé de l'entretien des détenus.

Bien que les chambres de sûreté soient essentiellement des lieux de dépôt, où le séjour des détenus doit être de courte durée, et qu'elles ne doivent jamais servir de prisons pour l'exécution des peines, même de simple police, il importe qu'elles offrent toute garantie au point de vue de l'humanité aussi bien que de la sûreté.

L'attribution à deux autorités différentes de la garde et de l'entretien des prisonniers implique nécessairement entre la gendarmerie et l'administration pénitentiaire des rapports fréquents.

Les commandants de brigade tiennent constamment à jour un registre de dépôt des détenus, coté et parafé par le préfet. A la fin de chaque trimestre, ils établissent un extrait de ce registre ; après l'avoir soumis au visa du maire, ils l'adressent *par la voie hiérarchique* aux commandants de compagnie, qui font parvenir ces états aux préfets dans le plus bref délai possible.

Les registres et les formules d'extrait sont fournis gratuitement à la gendarmerie et remplacés au fur et à mesure des besoins par les soins des préfets, au compte du ministère de l'intérieur.

Le travail exigé des chefs de poste pour la tenue de ce registre et l'établissement de l'extrait trimestriel ne donne lieu à aucune rémunération. Il est une conséquence de l'obligation imposée à la gendarmerie de garder les prisonniers qu'elle est chargée de transférer. Mais aucun autre soin ne pourra être exigé des commandants de brigade ni des militaires sous leurs ordres.

La fourniture des aliments et du coucher, l'entretien du mobilier, la propreté incombent exclusivement à l'entreprise générale des prisons, suivant les prescriptions du cahier des charges, soit sur la réquisition des maires, soit, en cas d'urgence, sur la demande directe des commandants de brigade.

Une fois au moins par année et plus souvent si les préfets le jugent nécessaire, les directeurs des prisons visitent les chambres de sûreté au point de vue spécial de leur situation matérielle. Leur attention se porte particulièrement sur l'entretien des objets mobiliers appartenant à l'Etat, et à l'usage des détenus, et sur l'exécution des services économiques.

Afin de permettre aux préfets et aux inspecteurs généraux des prisons de constater la visite des directeurs, ceux-ci indiquent la date de leur passage sur le registre de dépôt et y apposent leur signature. Il est bien entendu, d'ailleurs, que les directeurs de prisons doivent s'abstenir de donner aux chefs de brigade des ordres ou même de simples instructions, les communications entre eux et la gendarmerie ne devant avoir lieu que par l'intermédiaire des préfets. (*Circ. du 7 juill.* 1870.)

Salles d'attente des chemins de fer.

Les prisonniers civils ou militaires transférés par les voies ferrées ne doivent pas stationner dans les salles où se tiennent les voyageurs. Les chefs de station font disposer un endroit où l'escorte et les détenus pourront attendre, à l'abri, le passage du train. Si le train se forme dans la gare, les prisonniers et les gendarmes montent dans le wagon qui leur est réservé par le chef de gare qui doit toujours être prévenu deux heures à l'avance. (*Circ. du 15 oct.* 1880.)

Les sous-officiers, brigadiers et gendarmes d'escorte par les chemins de fer, doivent conserver, pendant toute la durée du transfèrement, une tenue correcte, et leur attention doit se concentrer sur leur prisonnier qu'il faut se garder de laisser avec un seul gendarme sans nécessité absolue. (*Circ. du 15 déc.* 1878.)

Sûretés à prendre contre les évasions.

Avant d'extraire des prisons les individus dont le transfèrement est ordonné de brigade en brigade, les sous-officiers, brigadiers et gendarmes s'assurent de leur identité, et vérifient s'ils n'ont pas sur eux des objets tranchants ou quelque instrument qui puisse servir à favoriser leur évasion. Ces militaires exigent des prisonniers le dépôt de l'argent ou des valeurs qu'ils possèdent. Il en est fait mention sur les feuilles de route, et ces objets sont restitués par la gendarmerie à l'arrivée à destination. (*Art.* 386 *du décret du 1er mars* 1854.)

Les sous-officiers et gendarmes doivent prendre toutes les mesures de précaution pour mettre les prisonniers confiés à leur garde dans l'impossibilité de s'évader ; toute rigueur inutile pour s'assurer de leur personne est expressément interdite. La loi défend à tous, et spécialement aux dépositaires de la force armée, de faire aux personnes arrêtées aucun mauvais traitement ni outrage, même d'employer contre elles aucune violence, à moins qu'il n'y ait résistance ou rébellion, auquel cas seulement ils sont autorisés à repousser par la force les voies de fait commises contre eux dans l'exercice de leurs fonctions. (*Art* 415 *dudit décret.*)

Toutefois, les gendarmes ayant, en cas d'évasion, une responsabilité qu'il importe essentiellement de ne pas leur ôter, il y a lieu de leur laisser quelque latitude dans l'emploi des moyens qui, selon les circonstances, peuvent être indispensables pour prévenir les évasions. Il leur est recommandé de préférence l'emploi de chaînettes en corde de fil de fer, ou de gourmettes fermant à cadenas comme réunissant les conditions de solidité, de légèreté et de flexibilité.

Cependant, dans les cas rares, et lorsqu'il s'agit de la conduite d'un grand criminel, ou s'il y a mutinerie ou tentative d'évasion, on peut recourir aux poucettes.

Mais il est interdit de se servir de grosses chaînes ou de menottes à vis, ou *colliers de chien*, qui sont susceptibles de blesser les prisonniers et d'occasionner des accidents graves; il est également formellement défendu de fixer à l'une des parties du harnachement le bout du lien qui retient un prisonnier.

Il importe d'indiquer, sur l'ordre de conduite, les tentatives d'évasion qui ont eu lieu pendant la route, et de veiller à ce que les prisonniers ne s'enivrent pas. (*Art.* 416 *dudit décret.*)

Dans le cas où il y a rébellion de la part des prisonniers et tentative violente d'évasion, le commandant de l'escorte, dont les armes doivent toujours être chargées, leur enjoint, au nom de la loi, de rentrer dans l'ordre, en leur déclarant que, s'ils n'obéissent pas, ils vont y être contraints par la force des armes. Si cette injonction n'est pas écoutée et si la résistance continue, la force des armes est déployée à l'instant même, pour contenir les fuyards, rebelles et révoltés. (*Art.* 417 *dudit décret.*)

Pendant le trajet, les gendarmes ne doivent pas perdre de vue un seul des mouvements des prisonniers. Ils doivent observer s'ils ne tentent pas de s'évader par ruse; ils les surveillent de très près, surtout dans les passages qui peuvent favoriser leur évasion, tels que bois, ravins, fossés, rivières, chemins encaissés, montagnes ou autres lieux accidentés dont le site rendrait la poursuite difficile, et lorsqu'il y a affluence de monde sur la route qu'ils ont à parcourir. (*Art.* 387 *dudit décret.*)

Les sûretés contre les évasions doivent être prises suivant la gravité de la prévention ou de la condamnation, ce dont on s'assure par la lecture de l'ordre de conduite, et d'après le caractère des individus à escorter. Ainsi, lorsque les prisonniers ne sont que prévenus ou condamnés pour quelques crimes ou délits non majeurs, l'emploi des chaînettes en corde de fil de fer ou des gourmettes fermant à cadenas suffit à la responsabilité de la gendarmerie.

A l'égard des prisonniers transportés en voiture, toutes précautions peuvent devenir utiles; mais il faut s'assurer, en fixant aux ridelles ou ailleurs les liens qui attachent les prisonniers, que ces transférés ne sont pas exposés, par cela, à un danger réel s'il arrivait quelque accident à la voiture. (*Circ. du* 11 *juin* 1835.)

Conduite par voie extraordinaire jusqu'à destination par la même escorte.

Les escortes extraordinaires doivent être très rares, attendu qu'elles occasionnent des déplacements qui nuisent aux intérêts du service local et des gendarmes. Aussi n'ont-elles lieu que par ordre ministériel, par réquisition des magistrats des cours d'appel et sur les demandes particulières faites par les pères, mères, tuteurs ou conseils de famille. Hors les cas ci-dessus, les conduites sont toujours faites de brigade en brigade. (*Art.* 373 *du décret du* 1er *mars* 1854.)

Les prévenus ou accusés qui veulent et peuvent faire les frais de leur transport et du retour de l'escorte peuvent être conduits directement jusqu'à destination par les mêmes gendarmes. Mais il est indispensable qu'ils en obtiennent l'autorisation des autorités compétentes (*Art.* 375 *du décret du* 1er *mars* 1854.)

Les officiers et sous-officiers de gendarmerie requis légalement pour les conduites extraordinaires jusqu'à destination, soit dans leur département, soit hors de ce département, doivent obtempérer à ces réquisitions sans attendre les ordres de leurs supérieurs ; mais, dans ce cas, ils rendent compte immédiatement de ce service extraordinaire, du jour de leur départ et de celui de leur retour.

Toutes les fois que des sous-officiers et gendarmes sortent de leur département, par réquisition ou ordre, pour escorter jusqu'à destination, ou pour conduire les prévenus ou accusés autorisés qui veulent faire les frais du transport, ils ont droit à une indemnité de déplacement. (V. *Indemnités.*)

L'officier de gendarmerie qui est chargé d'une conduite directe n'a pas également droit à une indemnité fixe de déplacement ; seulement ses frais de voyage lui sont remboursés. (V. *Indemnités.*)

L'indemnité d'escorte exclut tout droit aux indemnités de déplacement déterminées dans les tarifs pour les services extraordinaires et aux indemnités de route de l'arme. (V. *Indemnités.*)

Ainsi les sous-officiers et gendarmes d'escorte ne peuvent réclamer, outre leur indemnité, le remboursement de leurs frais de nourriture ou autres dépenses de voyage.

Lorsque la translation par voie extraordinaire est ordonnée d'office, ou demandée par le prévenu ou accusé, à cause de l'impossibilité où il se trouve de faire ou de continuer le voyage à pied, cette impossibilité est constatée par certificat de médecin ou de chirurgien. (*Art.* 374 *du décret du* 1er *mars* 1854.)

Les pièces devant accompagner les prisonniers sont :

1° L'ordre ou la réquisition de transfèrement et autres pièces qui y seraient jointes ;

2° Un ordre de conduite.

Aliénés transférés.

Avant la loi du 30 juin 1838, les aliénés envoyés dans les asiles publics étaient conduits avec les malfaiteurs et déposés, pendant les stations du voyage, dans les maisons d'arrêt des villes placées sur leur route. La loi du 30 juin 1838 a proscrit cet état de choses. Elle dispose dans son art. 24, que « les hospices et hôpitaux civils seront tenus de recevoir provisoirement les personnes qui leur seront adressées en vertu des art. 18 et 19 (c'est-à-dire les aliénés dangereux), jusqu'à ce qu'elles soient dirigées sur l'établissement spécial destiné à les recevoir aux termes de l'art. 1er, ou pendant le trajet qu'elles feront pour s'y rendre. Dans les lieux où il n'en existe pas, les maires devront pourvoir à leur logement, soit dans une hôtellerie, soit dans un local loué à cet effet. Dans aucun cas, les aliénés ne pourront être ni conduits avec les condamnés ou les prévenus, ni déposés dans une prison. '»

« Quand l'aliéné voyage, il doit voyager comme un malade. » De là il résulte que la disposition de l'art. 26 portant que « la dépense du transport des personnes dirigées par l'administration sur les établissements d'aliénés sera arrêtée par le préfet, sur le mémoire des *agents* préposés à ce transport, » doit être entendue en ce sens qu'il s'agit d'un transport effectué par des agents civils.

Il y a une exception à cette règle : c'est le cas où l'aliéné, dirigé sur un établissement spécial, est ou prévenu ou condamné. Dans ce cas, en effet, il s'agit d'un véritable prisonnier de la garde duquel le conducteur est responsable. La même distinction existe en matière de contrainte par corps, où la gendarmerie n'est appelée à intervenir que lorsqu'il s'agit d'assurer l'exécution des décisions de la justice criminelle.

Pour les militaires aliénés, il faut se conformer à la décision du 29 juin 1843. (3° *vol. du* Mémorial, *p.* 295.)

Evasions, Tentatives d'évasions, Responsabilité, Décès, Prisonniers tombant malades, etc.

Si, pour s'évader, un ou plusieurs prisonniers tentent d'employer la force, le commandant de l'escorte leur enjoint, au nom de la loi, de rentrer sur-le-champ dans l'ordre, en leur déclarant que, s'ils n'obéissent pas, ils vont y être contraints par la force des armes. Si cette injonction n'est point écoutée, et si la résistance continue, la force des armes sera déployée à l'instant même pour contenir les fuyards, rebelles ou révoltés. (*Art.* 417 *du décret du* 1er *mars* 1854. — V. *Emploi de la force des armes.*)

Si, par suite de l'emploi des armes, un ou plusieurs des prisonniers transférés sont restés sur place, le juge de paix doit être averti sur-le-champ. Il se transporte sur les lieux. Le procès-verbal qu'on est tenu de dresser de cet événement et des circonstances dont il aura été précédé, accompagné et suivi, lui est remis. Ce procès-verbal doit être signé de tous les gendarmes faisant partie de l'escorte. Une copie est envoyée immédiatement aux chefs de l'arme, afin que les autorités en soient informées sur-le-champ. La conduite ne sera pas retardée, à moins qu'il y ait une décision contraire de l'autorité civile ou judiciaire prise à l'occasion de cet événement.

Si un ou plusieurs détenus ont été tués ou sont morts de leurs blessures, l'on doit également prévenir le maire de la commune, afin qu'il dresse l'acte de décès et pourvoie à l'inhumation, après en avoir reçu l'autorisation du procureur de la République. (V. *Homicide.*)

Prisonniers évadés des mains de la gendarmerie.

Si l'évasion d'un ou plusieurs prisonniers a lieu, les autres sont conduits à leur destination avec les pièces qui les concernent. Si tous les prisonniers sont parvenus à s'évader, les pièces sont envoyées sur-le-champ, avec le procès-verbal de l'évasion, au commandant de gendarmerie de l'arrondissement, lequel prend, sur les circonstances de l'événement, tous les renseignements qui peuvent faire connaître s'il y a eu connivence ou seulement négligence de la part des gendarmes. Dans tous les cas, cet officier ordonne les recherches et les poursuites qu'il juge convenables pour atteindre les évadés, transmet le procès-verbal au procureur de la République et en informe le commandant de la compagnie. Il en est également rendu compte sans délai au ministre de la guerre. (*Art.* 422 *du décret du* 1ᵉʳ *mars* 1854.)

Le commandant de la brigade qui a fourni l'escorte des prisonniers fait mention, sur son journal, des évasions qui ont eu lieu et des noms des gendarmes qui étaient chargés de la conduite. (*Art.* 424 *du décret du* 1ᵉʳ *mars* 1854.)

Transmission aux autorités compétentes des pièces relatives
aux prisonniers évadés ou décédés.

Les pièces et signalements des prisonniers évadés ou décédés sont envoyés aux autorités par le commandant de la compagnie, qui doit les rassembler, en y comprenant, s'il y a lieu, l'acte ou les actes de décès, et les faire parvenir sans délai, savoir :

Au ministre de la guerre, si le détenu était militaire ;

Au ministre de la marine, s'il faisait partie de l'armée de mer ;

Au ministre de l'intérieur, si le prisonnier civil était condamné à la réclusion ou à plus d'un an ;

Enfin, si le prisonnier était simplement prévenu d'un délit de la compétence des Cours d'appel ou des tribunaux de première instance, à l'officier de police judiciaire qui a décerné le mandat d'amener, de dépôt ou d'arrêt, ou qui a requis le transfèrement, et si c'était un condamné à moins d'un an et un jour, au ministère public près la Cour ou le tribunal qui a prononcé la condamnation. Il est également donné connaissance de l'évasion ou du décès du prisonnier à l'autorité devant laquelle il devait être traduit. (*Art.* 394 *du décret du* 1ᵉʳ *mars* 1854.)

Lorsque les pièces qui accompagnent l'ordre de transfèrement sont collectives et relatives à plusieurs individus du ressort de différents ministres portés sur le même ordre, le transfèrement de ceux qui sont en état de supporter la route ne sera pas différé.

Le commandant de brigade fera une copie de l'ordre de transfèrement qu'il enverra au capitaine ou au lieutenant, afin qu'il soit délivré un nouvel ordre pour la continuation de la conduite des prisonniers présents, et toutes les autres pièces collectives suivront les transférés ; mais il sera fait mention, sur le premier ordre de transfèrement, des causes qui auront empêché un ou plusieurs des prisonniers de marcher avec la même escorte. Le commandant de la compagnie se bornera, dans ce cas, à donner avis aux autorités compétentes de l'évasion ou du décès des individus, avec mention, s'il y a lieu, des circonstances qui empêchent la transmission des pièces. (*Art.* 391 *du décret du* 1ᵉʳ *mars* 1854.)

Responsabilité des gendarmes. — *Dispositions pénales*
en cas d'évasion.

Les peines encourues par les gendarmes lors des évasions varient suivant la position des détenus et le cas de connivence ou de simple négligence.

Si l'évadé est **prévenu** de délits de police, ou de crimes simplement infamants, ou condamné pour l'un de ces crimes, s'il est prisonnier de guerre, les préposés à sa garde ou conduite seront punis, en cas de négligence, d'un emprisonnement de six jours à deux mois; et, en cas de connivence, d'un emprisonnement de six mois à deux ans. — Ceux qui, n'étant pas chargés de la garde ou de la conduite du détenu, auront procuré ou facilité son évasion, seront punis de six jours à trois mois d'emprisonnement. (*Art.* 238 *du Code pénal, modifié par la loi du* 13 *mai* 1863.)

Si l'évasion a été tentée avec violence ou bris de prison, les peines contre ceux qui l'auront favorisée en fournissant des instruments propres à l'opérer seront : si le détenu qui s'est évadé se trouve dans le cas prévu par l'art. 238, trois mois à deux ans d'emprisonnement; au cas de l'art. 239, un an à quatre ans d'emprisonnement; et au cas de l'art. 240, cinq ans de la même peine, et une amende de 50 fr. à 2,000 fr. — Dans ce dernier cas, les coupables pourront, en outre, être privés des droits mentionnés en l'art. 42 du présent Code, pendant cinq ans au moins et dix ans au plus, à partir du jour où ils auront subi leur peine. (*Art.* 241 *du Code pénal, modifié par la loi du* 13 *mai* 1863.)

Les peines d'emprisonnement cessent aussitôt que les évadés sont repris ou représentés, pourvu que ce soit dans les quatre mois de l'évasion, et qu'ils ne soient pas arrêtés pour d'autres crimes ou délits commis postérieurement. (*Art.* 247 *du Code pénal.*)

La loi a voulu, par l'art. 247 du Code pénal, non pas rendre les conducteurs et gardiens responsables des suites d'une évasion, quant aux crimes qu'elle aurait indirectement facilités, mais seulement les intéresser à la reprise des prisonniers évadés; et ce but est atteint quand les évadés ont été repris avant les quatre mois. (*Cass.,* 30 *déc.* 1843.)

Prisonniers tombant malades ou mourant en route.

Lorsqu'un prévenu ou condamné, conduit à pied, tombe malade en route, le commandant de l'escorte détache sur-le-champ un gendarme pour prévenir le maire ou l'adjoint de la commune la plus voisine, lequel doit pourvoir aux moyens de transport jusqu'à la résidence de la brigade, la maison de détention ou l'hôpital le plus à proximité, dans la direction de la destination des prisonniers. Si c'est une maison de détention, le prisonnier y est placé à l'infirmerie et remis à la garde du concierge, qui en donne un reçu; si c'est un hôpital civil, il y est soigné dans un lieu sûr, sous la surveillance des autorités locales. (*Art.* 390 *du décret du* 1er *mars* 1854.)

Dans ce cas, les objets et pièces de conviction restent entre les mains du commandant de la brigade; et, après le rétablissement du prisonnier, ils sont joints à l'ordre de conduite, avec un certificat constatant le jour d'entrée à l'hôpital et celui de sortie, ou les motifs du séjour prolongé, soit dans la maison de détention, soit dans la chambre de sûreté de la caserne. (*Art.* 390 *dudit décret.*)

Si le maire refusait d'obtempérer à la réquisition des gendarmes, il en serait dressé procès-verbal qui serait remis immédiatement au procureur de la République. Le prisonnier serait conduit jusqu'à la première maison pour y recevoir les secours qu'exigerait sa position. — V. *page* 184.

Si un prisonnier tombe malade ou arrive malade dans une résidence de brigade où il n'y a ni prison ni hôpital, il doit être placé dans la chambre de sûreté de la caserne. Les secours nécessaires lui sont administrés par les soins du maire ou de l'adjoint, mais jusqu'au moment seulement où il peut être transféré sans danger dans la maison de détention ou dans l'hôpital le plus voisin. (*Art.* 388 *du décret du* 1er *mars* 1854.)

Si un prisonnier meurt entre les mains des gendarmes, ils doivent en prévenir immédiatement le maire de la commune sur laquelle le prisonnier est décédé, l'inviter à dresser acte du décès sur leur déclaration, à faire procéder à l'inhumation, signer l'acte de décès, s'en faire délivrer copie, la joindre aux pièces du prisonnier, et les envoyer au commandant d'arrondissement. (*Art.* 389 *dudit décret.*)

La gendarmerie n'exerce aucune surveillance sur les prisonniers entrés aux hôpitaux ou hospices. Elle veille seulement à ce qu'ils n'y restent pas au delà du temps nécessaire pour leur rétablissement. (*Art.* 17 *de la loi du* 4 *vendémiaire an* VI, *et* 390 *et* 404 *dudit décret.*)

Prisonniers évadés des hôpitaux ou des prisons

En cas d'évasion d'un prévenu ou condamné déposé à l'infirmerie d'une maison de détention ou soigné dans un hôpital, le commandant de brigade le fait rechercher et poursuivre de suite dans toutes les directions. Il se rend au lieu de l'évasion pour connaître s'il y a eu connivence ou seulement défaut de surveillance de la part des gardiens ; il rédige le procès-verbal de ses recherches et l'adresse sur-le-champ, avec les autres pièces qui concernent l'évadé, au commandant d'arrondissement. Celui-ci les transmet au commandant de la compagnie, qui en rend compte à l'autorité compétente. (*Art.* 392 *du décret du* 1er *mars* 1854.)

Aux termes du décret du 8 janvier 1810, le procès-verbal d'évasion doit être dressé par la personne chargée en chef de la police de l'hôpital ou, à sa diligence, par le commandant de gendarmerie du lieu. Le procureur de la République, à qui l'original du procès-verbal doit être remis, dirige, s'il y a lieu, des poursuites contre les auteurs ou complices, même par négligence, de l'évasion. (V. *Bris de prison.*)

Lorsqu'un détenu est transféré dans un hôpital ou un hospice, on a souvent voulu exiger qu'il fût gardé par un gendarme. C'est à tort, car l'art. 16 de la loi du 4 vendémiaire an VI et l'art. 4 du décret du 8 janvier 1810 disent formellement qu'il doit être pourvu, dans les hospices, à la garde des détenus à la diligence de ceux qui ont autorisé et consenti la translation. Lorsqu'un cas semblable se présente, si c'est dans l'intérêt exclusif de la répression que des mesures spéciales de surveillance ont été prises et si les individus préposés à la garde du détenu demandent une rémunération, le garde des sceaux autorise toujours l'imputation de leur salaire sur les frais de justice.

Prisonniers morts dans les hôpitaux.

En cas de mort dans les hôpitaux civils d'un prévenu ou condamné, le commandant de la brigade se fait délivrer une expédition de l'acte de décès, pour être réunie aux autres pièces qui peuvent concerner le décédé, et il fait l'envoi du tout, dans les vingt-quatre heures, au commandant de la gendarmerie de l'arrondissement ; cet officier transmet ces pièces au commandant de la compagnie. (*Art.* 393 *du décret du* 1ᵉʳ *mars* 1854.)

Le commandant de la compagnie, après avoir rassemblé toutes les pièces relatives au prisonnier décédé, les fait parvenir, sans délai, au ministre de l'intérieur, si le prisonnier était condamné à la réclusion ou à l'emprisonnement pour plus d'un an.

Si le prisonnier était simplement prévenu d'un délit de la compétence des Cours d'appel ou des tribunaux de première instance, il les adresse à l'officier de police judiciaire qui a décerné le mandat d'amener, de dépôt, d'arrêt, ou qui a requis le transfèrement ; et si c'était un condamné à moins d'un an et un jour, au procureur de la République près la Cour ou le tribunal qui a prononcé la condamnation.

Il est également donné connaissance de l'évasion ou du décès d'un prisonnier à l'autorité devant laquelle il devait être conduit. (*Art.* 394 *dudit décret.* — V., au Formulaire, *des modèles de procès-verbaux.*)

Militaires décédés dans une maison de détention ou évadés de cette maison.

En cas de décès ou d'évasion d'un militaire prévenu ou condamné déposé dans une maison de détention, le commandant de brigade dresse un inventaire exact de l'argent et des effets qu'il a laissés ; il indique avec soin les nom et prénoms de ce militaire, le lieu de sa naissance, son département et le corps dans lequel il servait.

L'inventaire est fait en triple expédition et signé par le concierge de la maison de détention, qui garde par devers lui une des expéditions.

Les effets et l'argent sont transportés sans délai, par la voie de la correspondance des brigades, jusqu'à l'hôpital militaire le plus voisin, et remis, avec la seconde expédition de l'inventaire, à l'économe de cet hôpital, qui, après la vérification, donne son reçu au bas de la troisième expédition, laquelle reste entre les mains du commandant de brigade de l'arrondissement où l'hôpital militaire est situé, pour servir à la décharge de ce sous-officier.

A défaut d'hôpital militaire dans le département, les objets sont déposés dans les mains des administrateurs de l'hospice civil le plus voisin, en remplissant les mêmes formalités, pourvu toutefois que cet hospice soit du nombre de ceux qui reçoivent des militaires malades. (*Art.* 409 *du décret du* 1ᵉʳ *mars* 1854. — *Circ. du* 23 *oct.* 1862. — V. *Militaires absents du corps.*)

Si le concierge de la maison de détention déclare que le militaire mort ou évadé n'a laissé ni effets ni argent, le commandant de brigade doit dresser procès-verbal de cette déclaration, qu'il fait signer par le concierge, et il en inscrit le contenu sur le registre d'écrou. Ce procès-verbal est pareillement transmis au commandant de compagnie. (*Art.* 410 *dudit décret.*)

En cas d'évasion d'un militaire, son signalement est envoyé par le chef de l'escorte aux brigades voisines. — Si l'évasion a eu lieu pendant la marche, le commandant de l'escorte rédige un procès-verbal indiquant exactement les nom et prénoms du prisonnier évadé, le corps auquel il appartient, la date du jugement, la peine prononcée, le lieu et les circonstances de l'évasion. — Le procès-verbal est immédiatement transmis au commandant de la gendarmerie du département, par la voie hiérarchique. — Si, dans les cinq jours qui ont suivi l'évasion, l'arrestation n'a pas eu lieu, le commandant de la gendarmerie transmet le procès-verbal au ministre de la guerre (bureau de la justice militaire), et lui fait connaître, en même temps, s'il a été fait des poursuites contre les fauteurs de l'évasion, et quel en a été le résultat.

Aussitôt après qu'un condamné évadé en route a été repris, le commandant de gendarmerie du département où l'arrestation a été effectuée en rend compte au ministre de la guerre (bureau de la justice militaire). — Les commandants de gendarmerie rendent également compte de cet événement au général commandant la région, par l'entremise du général de brigade commandant la subdivision de région. (*Art.* 407 *du décret du* 1er *mars* 1854.)

Si le militaire s'est évadé de l'hôpital, le sous-intendant dresse le procès-verbal.

Transport des militaires ou marins escortés.

Les militaires ou marins escortés par la gendarmerie voyagent sur les voies ferrées en vertu de réquisitions, par conséquent sans l'intermédiaire de l'entrepreneur des convois.

En dehors des voies ferrées, ils voyagent à pied, de brigade en brigade, à moins que leur santé ou des mesures de police n'exigent qu'ils reçoivent des moyens de transport.

Dans ce dernier cas, il est fourni des voitures par l'entrepreneur.

Sur les chemins de fer, les militaires ou marins escortés, devant être séparés des autres voyageurs, sont transportés, quel que soit leur nombre et jusqu'à concurrence de dix, y compris les gendarmes d'escorte, dans un compartiment de deuxième classe. Il importe donc de les réunir, autant que possible, dans un but d'économie et pour soulager le service de la gendarmerie. (*Art.* 5 *de l'instr. du* 5 *mai* 1863.)

Aucun règlement n'oblige les chefs de corps à faire conduire à la prison de ville les militaires contre lesquels une plainte en conseil de guerre a été portée. C'est à l'autorité militaire locale qu'il appartient de régler leur mode de transfert et d'apprécier s'il y a lieu de prescrire à la gendarmerie de se rendre à la caserne pour recevoir les inculpés des mains de leurs chefs et les conduire à la prison la plus proche pour y être écroués. Cette mesure doit être appliquée de manière à éviter toute perte de temps à la gendarmerie. (*Solution minist. du* 5 *sept.* 1881.)

Dans le cas où un militaire transféré est pris le matin à la caserne, les gendarmes d'escorte doivent s'assurer qu'il a reçu les aliments nécessaires pour sa nourriture. (*Même solution.*)

Les gendarmes d'escorte sont compris, pour l'aller, sur les réquisitions des escortés ; mais, pour le retour, ils voyagent dans les wagons de troisième classe, avec l'indemnité de route, comme les militaires isolés. (*Art.* 314 *du décret du* 18 *fév.* 1863. — V. *Indemnités.*)

Si deux ou plusieurs escortes, parties de points différents et venant à se rencontrer en un gîte, doivent suivre la même route, les commandants de ces escortes seront tenus, sous leur responsabilité, de s'entendre pour réunir les militaires, de manière à réduire, autant que possible, le nombre de voitures. Ils font alors, aux signataires des mandats, le renvoi de ceux dont ils sont porteurs et qui concernent la route ou portion de route à faire en commun, et se font délivrer, par le maire de la localité, un ordre de fourniture accidentelle, jusqu'au gîte voisin, en exécution de l'art. 14 du cahier des charges. (*Art. 12 de la circ. du* 31 *déc.* 1871.)

Les prisonniers militaires dirigés sur Paris, sous l'escorte de la gendarmerie, pour être détenus dans les établissements pénitentiaires, ou pour être transférés d'une gare à une autre, doivent arriver dans la capitale par les trains du matin. A cet effet, l'officier de gendarmerie ou l'autorité militaire qui ordonne le transfèrement doit faire connaître le nombre des prisonniers escortés quarante-huit heures à l'avance au général commandant la place de Paris, en précisant les jours et heures de l'arrivée en gare. En hiver, surtout, les prisonniers escortés devront être mis en route aux gares de départ de manière à ne pas arriver à Paris avant six heures du matin. (*Circ. des* 8 *juill.* 1875 *et* 19 *nov.* 1878.

Militaires condamnés transférés.

Lorsque les militaires condamnés sont mis à la disposition de la gendarmerie, elle les dirige, dans les vingt-quatre heures, sur l'établissement pénitentiaire où ils doivent subir leur peine.

Autant que possible, la conduite aura toujours lieu par les voies rapides. Dans ce cas, ils sont transportés en chemin de fer, au moyen de réquisition, et placés avec les gendarmes d'escorte dans un compartiment de deuxième classe ou dans des wagons cellulaires appartenant au ministère de l'intérieur. (*Décis. du* 6 *juin* 1861, *et circ. des* 7 *et* 29 *dudit.*) Ils devront toujours être accompagnés d'un extrait du jugement de condamnation.

Pendant la route, les condamnés sont déposés dans les prisons militaires ou civiles. Ceux qui séjournent dans les maisons d'arrêt des villes y sont traités comme les militaires détenus ou escortés de brigade en brigade par la gendarmerie. Ils sont séparés des détenus civils.

Il est expressément ordonné de ne les laisser séjourner dans les prisons de passage que le temps strictement nécessaire, et tout retard qui ne serait pas justifié donnerait lieu au remboursement des journées de gîte qui auraient pu être évitées. La surveillance de l'intendance et des officiers de gendarmerie devra être incessante à ce sujet. (*Art.* 1er *à* 5 *du règl. du* 23 *juill.* 1856, *et* 58 *du règl. du* 20 *juin* 1863.)

La feuille de route jointe à l'extrait de jugement et à l'ordre de conduite contient le détail exact de tous les effets d'habillement qui ont été fournis au condamné au moment du départ. (*Art.* 413 *du décret du* 1er *mars* 1854.)

Dans les conduites extraordinaires, les sous-intendants militaires qui délivrent les ordres de route pour l'aller doivent délivrer, en même temps, les ordres de retour, conformément à la décision ministérielle du 27 septembre 1861.

Les gendarmes de l'escorte s'assurent si le condamné est muni de la totalité de ses effets, et ils en sont responsables pendant tout le temps que celui-ci est entre leurs mains.

Le concierge de la prison ou l'économe de l'hôpital où le condamné est déposé s'assure de même, avant de le recevoir, si le condamné est porteur de tous les effets mentionnés sur la feuille de route. (*Art.* 411 *du décret du 1er mars* 1854, *et* 79 *du règl. du* 20 *juin* 1863.)

Si un condamné militaire tombe malade en route, il est déposé et consigné à l'hôpital le plus voisin, sous la surveillance spéciale de la gendarmerie et des autorités locales. (*Art.* 403 *du décret précité.*)

Lorsque des prisonniers militaires sont entrés aux hôpitaux, la gendarmerie, à défaut du sous-intendant militaire, est autorisée à faire des visites dans ces établissements, afin de s'assurer si leur séjour n'y est pas abusif et prolongé sans motif. (*Art.* 404 *dudit décret.*)

Les billets d'entrée aux hôpitaux des militaires isolés reconnus malades par les officiers de santé qui les ont visités, ainsi que ceux des militaires condamnés ou prévenus conduits par la gendarmerie, sont signés par les commandants de place, et, dans les lieux où il n'y a pas de commandant de place, par le commandant de la gendarmerie de la localité. (*Art.* 405 *dudit décret.*)

En cas de décès, en route ou à l'hôpital, la feuille de route, le jugement et une copie de l'acte de décès sont envoyés immédiatement au ministère de la guerre (bureau de la justice militaire) par le commandant de la gendarmerie du département où le décès a eu lieu. (*Art.* 8 *du règl. du* 23 *juill.* 1856. — V. *Prisonniers évadés des hôpitaux.*)

Il est expressément défendu à la gendarmerie de faire la conduite des militaires condamnés à la peine des travaux publics, avant d'avoir reçu une expédition individuelle et certifiée des jugements, et de s'être assuré si les condamnés sont pourvus de tous les effets d'habillement et de petit équipement prescrits par les règlements, et dont le détail doit être inscrit sur la feuille de route de chaque homme.

La gendarmerie veille avec la plus grande attention à ce qu'il ne soit détérioré ni détourné aucune partie de ces effets par les condamnés pendant la route et principalement dans les lieux de gîte. Si elle remarque qu'il leur manque quelques-uns de ces effets à la sortie des prisons, elle en dresse un procès-verbal que le concierge est tenu de signer. Ce procès-verbal est joint à l'ordre de conduite des militaires condamnés, pour servir à la décharge des gendarmes. (*Art.* 413 *du décret du 1er mars* 1854.)

Lorsqu'un condamné arrive à la prison sans être pourvu de la totalité des effets mentionnés sur la feuille de route, l'agent principal s'assure si les objets manquants sont constatés dans les reçus portés sur la feuille intercalaire, et fait connaître, dans le rapport qu'il dresse à cet effet, les omissions ou les irrégularités qu'il a reconnues dans ces reçus, ainsi que les agents qui les ont commises.

Le commandant fait ensuite l'envoi, par l'intermédiaire du sous-intendant militaire, qui doit y consigner son avis, tant du rapport que de la feuille de route et de l'intercalaire, au ministre de la guerre (bureau de l'habillement), qui fait opérer une retenue égale à la valeur des objets manquants soit sur la solde ou la masse des gendarmes, soit sur le traitement des agents ou officiers d'administration des hôpitaux, soit enfin sur le traitement ou sur les frais de gîte et geôlage dus aux agents principaux des prisons qui n'auraient pas représenté le condamné avec tous les effets dont il était muni au moment de sa remise entre leurs mains. (*Art.* 79 *du règl. du* 20 *juin* 1863.)

Ces dispositions sont en général applicables à tout militaire conduit par la gendarmerie à une destination quelconque. (*Art.* 414 *du décret du* 1ᵉʳ *mars* 1854.)

Militaires marchant isolément ou en détachements.

Il est défendu à la gendarmerie d'escorter des prisonniers militaires marchant isolément ou en détachément, s'ils ne sont munis de feuilles de route individuelles portant indication des fournitures qu'ils doivent recevoir en route.

En conséquence, toutes les fois que les commandants de brigade ont à fournir de ces sortes d'escortes, le sous-intendant militaire, ou, à son défaut, le sous-préfet du lieu de départ, doit préalablement délivrer auxdits militaires des feuilles de route portant les indications ci-dessus. (*Art.* 395 *du décret du* 1ᵉʳ *mars* 1854.)

Peines encourues par les gendarmes qui auraient emprunté ou reçu, à quelque titre que ce soit, de l'argent ou des effets des prévenus, ou consenti à boire et à manger avec eux.

Dans les transfèrements, les gendarmes doivent être réservés et prudents, sans faiblesse ni brutalité, éviter toute conversation qui pourrait amener une trop grande familiarité, à la suite de laquelle on se croirait autorisé à manger et à boire avec les prisonniers, même avec les simples prévenus sous le coup de mandat d'amener, ce qui est inconvenant et expressément défendu. Tout sous-officier ou gendarme convaincu d'avoir emprunté ou reçu, à quelque titre que ce soit, de l'argent ou des effets des prévenus ou condamnés dont le transfèrement lui a été confié, est réformé, sans préjudice des peines correctionnelles qui peuvent être prononcées contre lui. (*Art.* 425 *du décret du* 1ᵉʳ *mars* 1854.)

COUTRES DE CHARRUE.

Lorsque, dans ses courses et tournées, la gendarmerie trouve dans les champs, dans les rues, chemins, places et lieux publics des coutres de charrue, pinces, barres, barreaux, échelles et autres objets et instruments ou armes dont pourraient abuser les malfaiteurs, elle s'en empare et les remet sur-le-champ à l'autorité locale, en dénonçant ceux à qui ces objets appartiennent. (*Art.* 323 *du décret du* 1ᵉʳ *mars* 1854.)

Il est dressé un procès-verbal de cette contravention. (V., au Formulaire, *un modèle de procès-verbal.*)

CRI OU CHANT SÉDITIEUX.

Tout cri ou chant séditieux proféré dans des lieux ou réunions publics sera puni d'un emprisonnement de six jours à un mois et d'une amende de 16 fr. à 500 fr., ou de l'une de ces deux peines seulement. (*Art. 24 de la loi du 29 juill.* 1881.)

Le fait d'avoir chanté sur un chemin public une chanson dont le refrain se terminait par les mots : « Vive Napoléon » constitue le délit de cri séditieux, de la compétence de la juridiction correctionnelle. (*Cass., 2 déc.* 1880.)

CRIMES ET DÉLITS COMMIS PAR LA GENDARMERIE.

Les officiers, sous-officiers, brigadiers et gendarmes sont, comme les autres militaires de l'armée, justiciables des conseils de guerre, si ce n'est pour les crimes et délits commis dans l'exercice de leurs fonctions relatives à la police judiciaire et à la constatation des contraventions en matière administrative. (*Art.* 593 *du décret du* 1ᵉʳ *mars* 1854, 55 et 59 *du Code de justice militaire.*)

La circulaire du 23 juin 1875, pour l'exécution de la loi du 18 mai de la même année, prescrit aux chefs de corps de déléguer un officier pour procéder à l'interrogatoire du prévenu et dresser un procès-verbal conforme au modèle joint à cette circulaire.

En temps de guerre, ce même officier, qui remplit les fonctions d'officier de police judiciaire, doit entendre tous les témoins qu'il juge nécessaire d'interroger, et consigner leurs réponses à la suite de son procès-verbal.

Le corps de la gendarmerie est une des parties intégrantes de l'armée; les dispositions générales des lois militaires lui sont applicables, sauf les modifications et les exceptions que son organisation et la nature mixte de son service rendent indispensables. (*Art.* 2 *du décret précité.*)

Un officier, sous-officier, brigadier ou gendarme accusé tout à la fois d'un délit ou crime militaire et de tout autre délit ou crime de la compétence des tribunaux ordinaires ou des cours d'assises est justiciable des tribunaux correctionnels ordinaires ou des cours d'assises, qui peuvent appliquer, s'il y a lieu, les peines portées au Code pénal militaire, quand, pour raison du délit non militaire, les officiers, sous-officiers, brigadiers ou gendarmes ont encouru une peine plus forte que celle résultant du délit ou crime qui ne serait pas militaire par sa nature. (*Art.* 594 *dudit décret.* — V. *Tribunaux militaires.*)

Les gendarmes qui commettraient des violences criminelles envers un déserteur qu'ils auraient arrêté seraient justiciables de la juridiction criminelle ordinaire et non des tribunaux militaires. (*Cass.,* 21 *nov.* 1811.)

Le commandant de brigade prévenu d'avoir détourné les deniers déposés entre ses mains pour la solde des gendarmes, pour gratifications accordées à sa brigade, serait justiciable des tribunaux militaires. (*Art.* 12 (*sect.* v) *de la loi du* 12 *mai* 1793. — *Cass.,* 23 *déc.* 1819.)

Des gendarmes qui, en poursuivant un déserteur, entreraient *à cheval* dans une pièce de terre ensemencée commettraient une contravention et seraient justiciables, pour ce fait, des tribunaux de simple police, qui leur appliqueraient, s'il y avait lieu, l'art. 471, n° 14, du Code pénal. (*Cass.*, 26 *fév.* 1825.) Dans un fait de chasse, la Cour de cassation a rendu un arrêt contraire dans sa séance du 21 nov. 1873. (V. *Dégâts, page* 205.)

Le temps pendant lequel les officiers, sous-officiers, brigadiers et gendarmes ont subi la peine de l'emprisonnement en vertu d'un jugement ne compte pas dans le service militaire. (*Art.* 27 *de la loi du* 19 *mai* 1834, 64 *de la loi du* 27 *juill.* 1872, *et circ. du* 6 *avril* 1880.)

Les officiers, sous-officiers, brigadiers et gendarmes en jugement reçoivent, pendant le temps de leur emprisonnement, la solde de détention jusqu'au jour inclus où la décision judiciaire rendue à leur égard est devenue définitive. (*Art.* 104 *du décret du* 18 *fév.* 1863.)

CULTES.

La nécessité pour l'autorité de protéger la liberté des cultes dérive de la Constitution. La répression des crimes, délits ou contraventions contre les cultes est du ressort des tribunaux.

Le Code pénal renferme les dispositions suivantes sur la police des cultes :

« Tout particulier qui, par des voies de fait ou des menaces, aura contraint ou empêché une ou plusieurs personnes d'exercer un des cultes autorisés, d'assister à l'exercice de ce culte, de célébrer certaines fêtes, d'observer certains jours de repos, et, en conséquence, d'ouvrir ou de fermer leurs ateliers, boutiques ou magasins, et de faire quitter certains travaux, sera puni, pour ce seul fait, d'une amende de 16 fr. à 200 fr. et d'un emprisonnement de six jours à deux mois. (*Art.* 260 *du Code pénal.*)

« Ceux qui auront empêché, retardé ou interrompu les exercices d'un culte, par des troubles ou désordres causés dans le temple ou autre lieu destiné ou servant actuellement à ces exercices, seront punis d'une amende de 16 fr. à 300 fr. et d'un emprisonnement de six jours à trois mois. (*Art.* 261 *du Code pénal.*)

« Toute personne qui aura, par paroles ou gestes, outragé les objets d'un culte dans les lieux destinés ou servant actuellement à son exercice, ou les ministres de ce culte dans leurs fonctions, sera punie d'une amende de 16 fr. à 500 fr. et d'un emprisonnement de quinze jours à six mois. (*Art.* 262 *du Code pénal.*)

« Quiconque aura frappé le ministre d'un culte dans ses fonctions, sera puni de la dégradation civique. (*Art.* 263 *du Code pénal.*) »

Sera puni des travaux forcés à temps, tout individu coupable de vol commis dans une église, ou dans tout autre édifice consacré aux cultes légalement établis en France. (*Art.* 385 *du Code pénal, modifié par la loi du* 13 *mai* 1863.)

Les tribunaux prononcent des peines contre les individus qui troubleraient les processions ; personne n'a le droit de troubler une cérémonie religieuse par des injures, des outrages ou des voies de fait.

Personne ne peut être contraint de tendre la façade de sa maison, lors du passage des processions; et un règlement municipal qui en ferait une obligation n'aurait aucun caractère légal. (*Cass.*, 20 *nov.* 1818 *et* 27 *nov.* 1819.)

La police des églises appartenant aux évêques et aux curés, l'autorité civile ne doit pas s'y immiscer. Dans les cérémonies religieuses, c'est à l'évêque ou au curé à y disposer les places, conformément au décret du 24 messidor an XII. (V. *Cérémonies publiques et Honneurs à rendre.*)

La gendarmerie peut être requise par les évêques et les curés pour maintenir l'ordre dans les églises et pour y constater les crimes, délits ou contraventions qui y auraient été commis. Il est du devoir de la gendarmerie de se transporter partout où il se commet des crimes, délits ou contraventions; les évêques et les curés ont, comme tous les citoyens, le droit de demander l'assistance de la gendarmerie dans un moment de perturbation et de danger; mais ils n'ont pas celui de la requérir directement pour maintenir l'ordre dans les réunions religieuses, encore moins pour leur servir d'escorte; dans ces différents cas, ils s'adressent à l'autorité civile, qui prend les mesures qu'elle juge nécessaires. (V. *Cérémonies publiques, Honneurs à rendre.*)

Dans les temps anciens, il était défendu d'arrêter qui que ce fût dans les lieux respectables par leur destination, tels que les temples consacrés à la divinité, les palais des princes, etc. On y était à couvert de toute poursuite civile ou criminelle. François I*er* supprima ce *droit d'asile* par l'ordonnance de 1539. Aujourd'hui, il n'y a pas de lieu qui soit absolument fermé aux officiers de justice; mais pour arrêter, dans un édifice consacré au culte, un individu qui s'y serait réfugié, il faut attendre que les cérémonies religieuses y soient terminées. L'art. 260 du Code pénal défend, sous peine d'emprisonnement de six jours à trois mois et d'amende de 16 fr. à 300 fr., d'interrompre l'exercice du culte par des troubles causés dans le lieu destiné ou servant actuellement à cet exercice; or, comme une arrestation ne pourrait s'opérer sans troubler le ministre et les fidèles, on doit s'en abstenir pendant les offices.

L'art. 781 du Code de procédure civile défend d'arrêter un débiteur dans un édifice consacré au culte, pendant les exercices religieux. (V. *Arrestations pour dettes.*)

Les gendarmes peuvent veiller aux issues pour empêcher l'évasion, et même entrer silencieusement pour ne pas perdre de vue le prévenu; mais, pour s'en saisir, ils doivent attendre que le prêtre et les fidèles soient sortis, afin de concilier le respect dû au lieu et à l'exercice du culte avec l'accomplissement de leurs devoirs.

Si un crime ou un délit contre les personnes, par exemple un assassinat, des voies de fait violentes, étaient commis dans une église pendant les offices, comme, par cet acte, il y aurait évidemment trouble grave apporté à l'exercice du culte, il rentrerait dans les attributions de la gendarmerie de les faire cesser de suite par l'arrestation des prévenus surpris en flagrant délit. Elle n'aurait alors besoin d'attendre les réquisitions de personne. Mais, toutes les fois qu'il n'y a pas nécessité d'intervenir actuellement pour faire cesser le délit et rétablir l'ordre violemment troublé, il convient d'attendre les réquisitions de l'autorité. La nécessité, la prudence et la circonspection doivent, dans ces circonstances, servir de guide à la gendarmerie.

Un prêtre pourrait être condamné à un emprisonnement de trois mois à deux ans, si, dans l'exercice de son ministère ou en assemblée publique, ses sermons ou discours contenaient la critique ou censure du gouvernement, d'une loi ou de tout autre acte de l'autorité publique. Si ces discours contenaient une provocation directe à la désobéissance aux lois, la peine serait de deux à cinq ans d'emprisonnement. (*Art.* 201 *et* 202 *du Code pénal.*) Si la provocation était suivie de sédition ou révolte, la peine pourrait aller jusqu'au bannissement. (*Art.* 203 *du Code pénal.* — V. *Révolte, Émeute, Rébellion, Alarme, Presse.*)

La loi du 18 novembre 1814, qui interdisait le travail pendant les dimanches et jours de fêtes religieuses reconnues par la loi, et qui défendait aux débitants de boissons de vendre à boire ces mêmes jours, pendant l'office, a été abrogée par la loi du 12 juillet 1880.

Il est défendu de mettre des affiches sur les édifices consacrés au culte. (*Art.* 16 *de la loi du* 29 *juill.* 1881.)

Sera punie d'une amende de 100 fr. à 3,000 fr. et d'un emprisonnement de huit jours à un an, ou de l'une de ces deux peines seulement, toute diffamation commise envers un ministre de l'un des cultes salariés par l'État. (*Art.* 31 *de la même loi.* — V. *Processions.*)

DÉCOUCHERS.

Les militaires en service extraordinaire qui sont obligés de passer la nuit hors de leur résidence ont droit au logement militaire pour eux et pour leurs chevaux, et à une indemnité de service extraordinaire. (*Art.* 131 *et* 360 *du décret du* 18 *février* 1863. — V. *Indemnités.*)

DÉCORATIONS.

Toute personne qui aura publiquement porté une décoration qui ne lui appartiendrait pas, sera punie d'un emprisonnement de six mois à deux ans. (*Loi du* 5 *juin* 1858.)

Est puni d'un emprisonnement de deux mois à deux ans, tout militaire qui porte publiquement des décorations, médailles, insignes, uniformes, costumes français, sans en avoir le droit.

La même peine est prononcée contre tout militaire qui porte des décorations, médailles ou insignes étrangers sans y avoir été préalablement autorisé. (*Art.* 266 *du Code de justice militaire de* 1857.)

Les sentinelles sont tenues de rendre les honneurs aux légionnaires porteurs de la croix ou de la médaille militaire, si ce n'est avant le lever et après le coucher du soleil. (V. *Honneurs à rendre.*)

Les militaires non légionnaires ne sont pas astreints à saluer des légionnaires qui portent les décorations réglementaires sur un habit civil ou sur un costume étranger à l'armée. (*Décret du* 17 *fév.* 1876.)

Les simples soldats décorés ne sont exempts d'aucun service, d'aucune corvée.

Peines disciplinaires. — Les peines disciplinaires dont les membres de la Légion d'honneur sont passibles, lorsque les actes qui portent atteinte à leur honneur ne peuvent être l'objet d'aucune poursuite devant les tribunaux ou les conseils de guerre, sont :

1° La censure; 2° la suspension totale ou partielle de l'exercice des droits, prérogatives et du traitement attachés à la qualité de membre de la Légion d'honneur; 3° l'exclusion de la Légion d'honneur. La censure est prononcée par le grand chancelier de la Légion d'honneur; la suspension et l'exclusion sont prononcées par le Président de la République, sur le rapport du grand chancelier.

Les préfets, les sous-préfets, les maires et tous les officiers de police judiciaire qui, dans leurs fonctions, sont informés de faits graves à la charge des légionnaires civils, sont tenus d'en rendre compte au grand chancelier de la Légion d'honneur. (*Art. 1er, 2 et 3 du décret du 14 avril 1874, pour l'exécution de la loi du 25 juill. 1873.*)

La suspension, dont il est parlé plus haut, s'étend aux ordres étrangers *non mentionnés au décret de suspension*, ainsi qu'aux médailles commémoratives, et le fait de continuer à porter ces insignes constitue le délit prévu et puni par l'art. 7 du décret du 24 novembre 1852. (*Cass., 27 mai 1876.*)

Le traitement des membres de la Légion d'honneur ne peut être saisi, même par la femme, pour cause d'aliments. Celle-ci peut seulement s'adresser au ministre de la guerre pour obtenir une retenue sur ce traitement. (*Décret du 4 août 1805; Avis du Cons. d'Etat des 11 janv. et 2 fév. 1808; Cour de Paris, 27 juin 1855.*)

Tout militaire rayé des contrôles de l'armée ne peut plus prétendre au traitement de légionnaire, s'il vient à être décoré ultérieurement à sa radiation, à moins que pour des causes exceptionnelles on ne fasse remonter le décret à une date antérieure à cette radiation. (*Décis. du Cons. d'Etat du 2 fév. 1860.*) Les officiers employés dans les parquets militaires et les officiers de l'armée territoriale sont de ce nombre. Mais le décret du 27 avril 1875 fait une exception à cette règle, en faveur des officiers retraités ou démissionnaires employés dans le recrutement ou faisant partie du personnel administratif permanent de l'armée territoriale.

Aux termes de l'art. 13 de la loi de finances du 29 juillet 1881, les traitements de la Légion d'honneur et de la médaille militaire sont payables aux époques des 1er décembre et 1er juin de chaque année.

Voie à prendre par les militaires de la gendarmerie pour obtenir l'autorisation d'accepter et de porter une décoration étrangère.

Il est expressément défendu aux militaires de tout grade de demander des décorations étrangères. (*Circ. du 16 juill. 1839.*) Une punition sévère a été infligée à un officier, pour ce fait, en 1878, par le ministre de la guerre.

Les demandes afin d'être autorisé à accepter et à porter des décorations étrangères doivent être adressées à M. le grand chancelier de la Légion d'honneur, par l'intermédiaire du ministre de la guerre, en suivant la voie hiérarchique. (*Note du min. de la guerre du 9 fév. 1842.*)

Droits de chancellerie.

Les droits de chancellerie sont réglés de la manière suivante :

Décorations françaises. — Pour un brevet de chevalier, 25 fr.; d'officier, 50 fr.; de commandeur, 80 fr.; de grand officier, 120 fr.; de grand-croix, 200 fr.

Décorations étrangères. — Pour une décoration portée :
A la boutonnière, 100 fr.; en sautoir, 150 fr.; avec plaque, 200 fr.; en écharpe, 300 fr.

Les soldats, sous-officiers et officiers, jusques et y compris le grade de capitaine et de lieutenant de vaisseau, sont exempts des droits de chancellerie. (*Décret du 22 mars 1875.*)

V. *Médailles,* p. 419; *Port illégal de décorations,* p. 506, et à l'*Appendice,* p. 803.

DÉGATS, DÉGRADATIONS, DOMMAGES.

La dégradation est le dégât que l'on fait sur une propriété. Tout fait quelconque de l'homme qui cause à autrui un dommage oblige celui par la faute duquel il est arrivé à le réparer; chacun est responsable du dommage qu'il a causé. (*Art.* 1382 *et* 1383 *du Code civil.*)

Quiconque, volontairement, aura détruit ou renversé, par quelque moyen que ce soit, en tout ou en partie, des édifices, des ponts, digues ou chaussées, ou autres constructions qu'il savait appartenir à autrui, ou causé l'explosion d'une machine à vapeur, sera puni de la réclusion et d'une amende qui ne pourra excéder le quart des restitutions ou indemnités, ni être au-dessous de 100 fr. — S'il y a eu homicide ou blessures, le coupable sera, dans le premier cas, puni de mort, et, dans le second, puni de la peine des travaux forcés à temps. (*Art.* 437 *du Code pénal, modifié par la loi du 13 mai 1863.*)

Quiconque, à l'aide d'une liqueur corrosive, ou par tout autre moyen, aura volontairement détérioré des marchandises, matières ou instruments quelconques servant à la fabrication, sera puni d'un emprisonnement d'un mois à deux ans et d'une amende qui ne pourra excéder le quart des dommages-intérêts, ni être moindre de 16 fr. Si le délit a été commis par un ouvrier de la fabrique, ou par un commis de la maison de commerce, l'emprisonnement sera de deux à cinq ans, sans préjudice de l'amende, ainsi qu'il vient d'être dit. (*Art.* 443 *du Code pénal, modifié par la loi du 13 mai 1863.* — V. *les art.* 334 *et suivants du même Code.*)

La gendarmerie doit livrer aux tribunaux correctionnels, soit en arrêtant, soit en verbalisant : 1° ceux qui auraient détruit, abattu, mutilé ou dégradé des monuments publics, statues ou autres objets destinés à l'utilité ou à la décoration publique, et élevés par l'autorité publique ou avec son autorisation; 2° ceux qui auraient, en tout ou partie, comblé des fossés, détruit des clôtures, de quelques matériaux qu'elles soient faites, coupé ou arraché des haies vives ou sèches. (*Art.* 322 *du décret du 1ᵉʳ mars 1854, et 257 du Code pénal.*)

La gendarmerie doit aussi constater les dégradations commises sur les chemins, places publiques, fleuves, rivières, canaux, etc. — Mais la connaissance de ces délits, dans le cas de grande voirie, n'appartient plus aux tribunaux de police correctionnelle. Les procès-verbaux, enregistrés en débet et visés pour timbre, sont transmis aux conseils de préfecture. (V. *Voirie grande*.)

Deux gendarmes à cheval, apercevant des chasseurs dans un terrain ensemencé en trèfle et dont la récolte a été récemment coupée, s'approchent à cheval des chasseurs pour demander l'exhibition de leurs permis de chasse. Ces permis sont présentés. Plus tard, le propriétaire du champ, informé du fait, manifeste l'intention de porter contre les gendarmes devant le juge de paix une action en dommages-intérêts, pour prétendu dommage causé au champ dans lequel ils ont pénétré pour l'exécution de leur service. La réclamation du propriétaire est-elle fondée?

Cette réclamation n'est pas fondée, même dans le cas où il est établi qu'il y a eu dommage. En effet, l'art. 475, n° 12, du Code pénal oblige tous ceux qui le peuvent, en cas de flagrant délit, à faire les travaux, le service, ou à prêter le secours dont ils auront été requis, et il punit tout refus opposé sans nécessité aux réquisitions des agents de l'autorité. Par conséquent, dans le cas de flagrant délit, les gendarmes, investis du pouvoir de requérir tout secours ou service nécessaire, ont le droit de passer sur une terre pour rejoindre les délinquants ou ceux qu'ils présument être en délit, puisque le propriétaire ne pourrait refuser ce passage sans se mettre en contravention. Ainsi, à ce premier point de vue, les gendarmes n'ayant fait qu'exercer un droit inscrit dans la loi ne peuvent être l'objet d'une poursuite.

Mais le propriétaire a-t-il droit à une indemnité? C'est une autre question. Dans bien des cas, son désir n'étant que de causer quelque contrariété à la gendarmerie, il abandonnera sa demande si ce n'est plus contre elle qu'il peut la former. Comme il s'agit d'un dommage pour l'accomplissement d'un service d'ordre public, il est clair que la réparation du dommage ne peut être supportée, suivant le cas, que par le délinquant qui a rendu le dommage nécessaire, par le propriétaire dont les gendarmes protégeaient la propriété contre des faits de chasse abusifs, ou par le Trésor public chargé de faire l'avance des frais de justice criminelle. Mais les gendarmes ne pourraient être poursuivis personnellement que s'ils avaient agi avec une évidente mauvaise foi.

Ces dispositions sont confirmées par un arrêt, en date du 21 novembre 1873, rendu par la Cour de cassation à l'occasion d'outrages faits par un garde champêtre qui prétendait mettre en contravention des gendarmes qui traversaient un champ à la poursuite de plusieurs chasseurs. (V. à *Crimes et délits commis par la gendarmerie, page* 200.)

Les dégâts que les bestiaux de toute espèce, laissés à l'abandon, feront sur les propriétés d'autrui, soit dans l'enceinte des habitations, soit dans un enclos rural, soit dans les champs ouverts, seront payés par les personnes qui ont la jouissance de ces bestiaux. Si elles sont insolvables, ces dégâts seront payés par celles qui en ont la propriété. Le propriétaire qui éprouvera les dommages aura le droit de saisir les bestiaux, sous l'obligation de les faire conduire, dans les vingt-quatre heures, au lieu de dépôt qui sera désigné à cet effet par la municipalité.

Il sera satisfait aux dégâts par la vente des bestiaux, s'ils ne sont pas réclamés, ou si le dommage n'a point été payé dans la huitaine du jour du délit.

Si ce sont des volailles, de quelque espèce que ce soit, qui causent le dommage, le propriétaire, le détenteur ou le fermier qui l'éprouvera pourra les tuer, mais seulement sur le lieu, au moment du dégât. (*Art.* 12 *de la loi du* 6 *oct.* 1791.)

Il y a contravention de la part du propriétaire qui tue des volailles appartenant à autrui qui se sont introduites sur son terrain situé dans *une ville*. L'art. 12, titre II, de la loi du 6 octobre 1791 ne donne le droit de tuer les volailles qui causent du dommage aux propriétés qu'au propriétaire ou fermier de propriétés *rurales*. (*Cass.*, 28 *juill.* 1855.)

Pigeons. — Le droit exclusif des fuies et colombiers est aboli; les pigeons seront enfermés aux époques fixées par les communautés; et, durant ce temps, ils seront regardés comme gibier, et chacun aura le droit de les tuer sur son terrain. (*Art.* 2 *de la loi du* 4 *août* 1789.)

L'arrêté préfectoral qui, pour assurer l'exécution de la loi du 4 août 1789, prescrit de renfermer les pigeons à certaines époques de l'année est obligatoire; et l'infraction à un tel arrêté est passible, à défaut de toute autre sanction pénale portée dans cette loi, des peines de police prononcées en général par le nouveau § 15 de l'art. 471 du Code pénal contre toute contravention aux règlements faits par l'autorité administrative ou municipale. (*Cass.*, *Chambres réunies*, 3 *fév.* 1844.)

Dans tous les cas de dommages causés à la propriété d'autrui par des militaires de la gendarmerie pour l'exécution d'un service commandé, tel que le tir à la cible par exemple, le maire, l'adjoint ou le commissaire de police, après avoir fait estimer le montant du dégât par une personne idoine, c'est-à-dire compétente et assermentée à cet effet, dresse un procès-verbal qu'il transmet avec la demande de l'intéressé et le rapport de l'expert au général commandant le corps d'armée, qui ordonne une enquête s'il y a lieu.

Cette enquête faite, elle est transmise avec les pièces ci-dessus mentionnées, au ministre de la guerre, qui règle le montant de l'indemnité à accorder et en ordonnance le paiement. (*V. Dommages-intérêts.*)

DÉGUISEMENTS.

Les déguisements ne peuvent jamais être ordonnés ni permis aux gendarmes, même pour les opérations dont ils pourraient rendre le succès plus facile. Les officiers, sous-officiers, brigadiers et gendarmes ne doivent, dans l'exercice de leurs fonctions, *faire aucun acte* sans être revêtus de leur uniforme et sans être à même de faire paraître les marques distinctives de leur qualité; autrement ils s'exposeraient à des violences qu'on ne pourrait pas considérer comme des actes de rébellion contre la force armée. (*V. l'art.* 183 *du règl. du* 9 *avril* 1858.)

Ainsi qu'il a déjà été dit dans la *Notice historique*, toutes les opérations de la gendarmerie sont ostensibles; rien n'est mystérieux dans ses démarches. Elle n'est instituée que pour exécuter les lois, prêter mainforte aux autorités et porter secours à quiconque le réclame. C'est par son uniforme et ses insignes que son pouvoir est reconnu. Les déguisements lui sont donc absolument interdits. Les chefs qui prescriraient une semblable mesure seraient non seulement répréhensibles, mais ils deviendraient responsables des événements que cet ordre pourrait occasionner. (*Art.* 119 *du décret du* 1ᵉʳ *mars* 1854.)

La tenue bourgeoise est formellement interdite, même dans les casernes, et pour les militaires qui se présentent aux caisses publiques. (*Circ. des 8 oct. 1868 et 18 fév. 1873.*)

Toutefois, il est expressément défendu aux militaires qui vont en Alsace-Lorraine d'emporter aucun effet d'uniforme. (*Circ. des 30 déc. 1873 et 17 janv. 1874.*)

La circulaire du 9 juin 1881, au sujet des passe-ports ou titres de voyage, rappelle que les officiers doivent s'abstenir d'aller à l'étranger en uniforme.

DÉNONCIATION CALOMNIEUSE CONTRE DES GENDARMES.

La dénonciation calomnieuse peut être manuscrite ou imprimée. (*Cass., 9 nov. 1860, et art. 373 du Code pénal.*)

Par un arrêt rendu le 9 février 1876, la Cour d'appel de Rennes, chambre correctionnelle, a condamné le nommé L.... à quinze jours de prison et 300 fr. d'amende pour avoir adressé par écrit au commandant de la gendarmerie de Quimper une dénonciation calomnieuse contre les gendarmes de la brigade de Lesneven, en imputant faussement à ces militaires des habitudes dégradantes d'ivrognerie, de grossièreté dans leur service, et les fautes les plus graves contre la discipline et la délicatesse.

Le nommé L... s'étant pourvu contre cet arrêt, la Cour de cassation a rendu le jugement suivant :

(*Séance du 13 avril 1876.*)

. . . .

« Sur le moyen tiré de la violation des art. 189 du Code d'instruction criminelle et 373 du Code pénal, en ce que, la dénonciation comprenant des faits disciplinaires proprement dits et des faits qui pourraient avoir le caractère de délit, la fausseté de ces derniers n'aurait point été déclarée préalablement par l'autorité compétente :

« Attendu que, le 15 décembre 1875, L..., clerc de notaire à Lesneven, a été cité devant le tribunal correctionnel de Brest, à la requête du procureur de la République, comme inculpé d'avoir, le 22 novembre 1875, adressé par écrit au commandant de la gendarmerie de Quimper une dénonciation calomnieuse contre les gendarmes de la brigade de Lesneven, en imputant faussement à ces militaires des habitudes dégradantes d'ivrognerie, de grossièreté dans leur service, et les fautes les plus graves contre la discipline et la délicatesse ;

« Que l'arrêt attaqué constate qu'antérieurement à cette citation, et par sa lettre du 2 décembre 1875, le commandant de la compagnie de gendarmerie du Finistère a reconnu après vérification et déclaré faux les faits dénoncés, et a demandé au procureur de la République d'exercer des poursuites contre l'auteur de cette dénonciation ;

« Attendu que l'arrêt de la Cour de Rennes déclare qu'il résulte des débats que le demandeur a sciemment, de mauvaise foi et par un sentiment de vengeance condamnable, porté contre la brigade de Lesneven la dénonciation dont il s'est rendu coupable ;

Attendu que le pourvoi reconnaît qu'aux termes de l'art. 179 du décret du 1ᵉʳ mars 1854 il appartenait au commandant de compagnie de gendarmerie de vérifier et d'apprécier s'il y avait lieu de faire une réprimande ou d'infliger une punition à ses subordonnés, et par suite de déclarer la fausseté des faits au point de vue disciplinaire ;

« Mais que le pourvoi prétend qu'indépendamment des faits purement disciplinaires, spécialement dénoncés, le demandeur avait signalé un fait d'injure et d'arrestation arbitraire à la charge des gendarmes en état d'ivresse ; que le jugement, dont les motifs ont été adoptés par la Cour, a relevé ces deux faits qui auraient pu être susceptibles de poursuites, sans que l'autorité compétente en ait au préalable déclaré la fausseté ;

« Attendu que si le commandant de compagnie n'était pas seul compétent pour statuer sur la vérité de ces dernières imputations, l'application de la peine, aux termes de l'art. 411 du Code d'instruction criminelle, est toutefois justifiée par la déclaration de culpabilité motivée sur d'autres faits qui n'avaient qu'un caractère disciplinaire :

« Par ces motifs, et attendu la régularité de l'arrêt en la forme,

« Rejette, etc. »

Sur la plainte du chef de la 20ᵉ légion, le tribunal correctionnel de Saint-Marcellin (Isère) a condamné le 27 février 1877 :

1° Le sieur B..., de Brives (Isère), à un mois d'emprisonnement et à 100 fr. d'amende ;

2° Le sieur M..., chef d'institution libre, à Lyon, à 100 fr. d'amende ;

Tous deux solidairement aux frais et dépens, pour dénonciation calomnieuse contre un gendarme de la brigade de Brives (Isère). (V. *Outrages et Presse.*)

DÉPÊCHES DES AUTORITÉS

La gendarmerie ne peut être distraite de son service ni détournée des fonctions qui font l'objet principal de son institution, pour porter les dépêches des autorités civiles ou militaires, l'administration des postes devant expédier des estafettes extraordinaires, à la réquisition des agents du gouvernement, quand le service ordinaire de la poste ne fournit pas des moyens de communication assez rapides.

Ce n'est donc que dans le cas d'extrême urgence, et quand l'emploi des moyens ordinaires amènerait des retards préjudiciables aux affaires, que les autorités peuvent recourir à la gendarmerie pour la communication d'ordres et d'instructions qu'elles ont à donner.

Hors de ces circonstances exceptionnelles et très rares, il ne leur est point permis d'adresser des réquisitions abusives qui fatiguent inutilement les hommes et les chevaux.

La gendarmerie obtempère aux réquisitions qui lui sont faites par écrit, et lorsque l'urgence est indiquée ; mais elle rend compte immédiatement de ce déplacement aux ministres de la guerre et de l'intérieur. Copie de ces réquisitions est adressée aux chefs de légion. (*Art.* 99 *du décret du* 1ᵉʳ *mars* 1854.)

Par une circulaire, en date du 25 février 1874, le ministre de l'intérieur rappelle aux préfets la stricte exécution de la circulaire du 5 août 1852 prescrivant de veiller à ce que la gendarmerie ne soit chargée de porter des dépêches que dans des circonstances tout à fait exceptionnelles, et alors qu'il est absolument impossible de recourir aux moyens ordinaires. (V. *les circ. du min. de la guerre des* 15, 30 *oct.*, 10 *déc.* 1880 *et* 13 *janv.* 1881.)

DÉSERTEURS. — INSOUMIS.

DEVOIRS DE LA GENDARMERIE DANS LA RECHERCHE DES DÉSERTEURS ET DES INSOUMIS.

Recherche et poursuite des déserteurs et des insoumis.

Les premières formalités à remplir par un commandant de compagnie de gendarmerie, pour diriger des poursuites contre les insoumis et les déserteurs, sont de tenir à jour le registre à ce destiné, et d'envoyer exactement aux brigades les signalements n° 1, qui sont fournis par l'officier de recrutement et par les chefs de corps aux chefs de légion de gendarmerie, et transmis par ceux-ci aux commandants de compagnie.

Les commandants de brigade entretiennent une correspondance active avec les commandants d'arrondissement, et ceux-ci avec les commandants de compagnie, pour leur rendre compte de tous les changements parvenus à leur connaissance dans la position des insoumis ou déserteurs ; le commandant de compagnie en instruit l'officier de recrutement, et en donne avis aux commandants de gendarmerie des départements dans lesquels l'insoumis est présumé réfugié.

Les déserteurs doivent être signalés au moins une fois par an pour être recherchés par la gendarmerie, qui constate par procès-verbal le résultat de ses investigations. (*Circ. du* 11 *juin* 1854.)

Les fonctionnaires publics doivent seconder la gendarmerie dans ses recherches, et s'empresser de lui communiquer tous les renseignements qui sont à leur connaissance sur le lieu présumé de la retraite des insoumis.

Les sous-officiers, brigadiers et gendarmes ne doivent cesser leurs recherches que lorsque les déserteurs et insoumis signalés dans leur arrondissement ont rejoint ou sont arrêtés. Ils doivent connaître le nom de chacun d'eux, le domicile de leurs parents, de leurs amis, les lieux qu'ils fréquentaient habituellement avant d'être appelés ; user de sagacité et d'adresse pour découvrir leur retraite et les faire arrêter partout où ils peuvent être rencontrés. Ils doivent se transporter sans cesse et inopinément dans les hameaux, chemins de traverse, foires, fêtes, marchés, assemblées ; se porter en arrière, sur les flancs de tout corps de troupe en marche ; exiger l'exhibition des congés, permissions, feuilles de route ; avoir le plus grand soin de vérifier les papiers des voyageurs qui, par leur âge, paraissent appartenir aux classes appelées. Ces derniers doivent justifier de leur situation militaire. C'est par une activité soutenue que la gendarmerie contribue à faire rejoindre les retardataires avant l'expiration du délai fixé et à préserver les jeunes gens des condamnations qui, quelques jours plus tard, seraient encourues par eux, et qu'elle parvient à faire rejoindre tous les traînards, les insoumis et les déserteurs. (*Art.* 336 *du décret du* 1er *mars* 1854.)

Le carnet de tournées des communes, n° 15 du cahier des modèles annexés au décret du 1er mars 1854, doit être tenu à jour et consulté fréquemment par les gendarmes de service.

Si un grand nombre d'insoumis ou de déserteurs se trouvaient réfugiés sur un même point et organisés en bandes, le commandant de brigade se mettrait sur-le-champ à leur poursuite avec tous les gendarmes disponibles sous ses ordres. Il avertirait les brigades les plus voisines d'avoir à lui prêter main-forte en cas de besoin ; il en rendrait compte à son commandant d'arrondissement, qui se transporterait sur les lieux et en donnerait connaissance au commandant de compagnie. Si, à raison des localités ou du nombre des insoumis, la gendarmerie se trouvait insuffisante, il y aurait lieu, pour cet officier, de solliciter, auprès du préfet ou du général commandant la subdivision, l'envoi d'un détachement de troupe de ligne, en se conformant aux dispositions des art. 129 et suivants du décret du 1er mars 1854. (V. *Relations avec les autorités, Troupe de ligne, Attaques de voitures publiques, Visites domiciliaires.*)

Dans le cas où les déserteurs et insoumis passeraient dans un autre arrondissement ou département, la gendarmerie doit les poursuivre hors des limites de son territoire.

Dans ce cas, elle prévient les brigades les plus rapprochées de la direction qu'ils ont prise, et il en est rendu compte sur-le-champ aux préfets des départements respectifs ainsi qu'aux commandants de la gendarmerie de ces départements. (*Art.* 346 *du décret du* 1er *mars* 1854.)

Il est adressé au ministre de la guerre, du 5 au 10 du premier mois de chaque trimestre, et pour chaque compagnie, un rapport spécial du service des brigades sur la recherche des déserteurs et insoumis dont le signalement leur a été adressé et sur la rentrée des militaires sous les drapeaux. (*Art.* 74 *du décret du* 1er *mars* 1854, *modifié par décis. du* 24 *avril* 1858.)

Le signalement n° 1 donne le droit de rechercher et d'arrêter l'individu qui en fait l'objet partout où il est rencontré, mais il n'autorise pas les porteurs de ce signalement à pénétrer de force dans le domicile d'un citoyen et à s'y livrer à des perquisitions. Pour pouvoir procéder à une visite domiciliaire, il faut être porteur d'un mandat régulier délivré par l'autorité compétente. (*Art.* 291 *du décret du* 1er *mars* 1854. — V. *Circ. du* 22 *fév.* 1860.)

Ne compte pas pour les années de service exigées par la loi le temps pendant lequel un militaire a subi la peine de l'emprisonnement en vertu de jugement. (*Art.* 64 *de la loi du* 27 *juill.* 1872.)

Désertion à l'intérieur.

Est considéré comme déserteur à l'intérieur :

1° Six jours après celui de l'absence constatée, tout sous-officier, caporal, brigadier ou soldat qui s'absente de son corps ou détachement sans autorisation.

Néanmoins, si le soldat n'a pas trois mois de service, il ne peut être considéré comme déserteur qu'après un mois d'absence. (*Loi du* 18 *mai* 1875.)

2° Tout sous-officier, caporal, brigadier ou soldat voyageant isolément d'un corps à un autre, ou dont le congé ou la permission est expiré, et qui, dans les quinze jours qui suivent celui qui a été fixé pour son retour ou son arrivée au corps, ne s'y est pas présenté. (*Art.* 231 *du Code de justice militaire du 9 juin* 1857.)

Tout sous-officier, caporal, brigadier ou soldat, coupable de désertion à l'intérieur en temps de paix, est puni de deux ans à cinq ans d'emprisonnement ; et de deux ans à cinq ans de travaux publics, si la désertion a eu lieu en temps de guerre, ou d'un territoire en état de guerre ou de siège.

La peine ne peut être moindre de trois ans d'emprisonnement ou de travaux publics, suivant les cas, dans les circonstances suivantes :

1° Si le coupable a emporté une de ses armes, un ou plusieurs objets d'équipement ou d'habillement, ou s'il a emmené son cheval ;

2° S'il a déserté étant de service, sauf les cas prévus par les art. 211 et 213 dudit Code (1) ;

3° S'il a déserté antérieurement et se trouve ainsi en état de récidive. (*Art.* 232 *dudit Code.*)

Est puni de six mois à un an d'emprisonnement tout officier absent de son corps ou de son poste sans autorisation depuis plus de six jours, ou qui ne s'y présente pas quinze jours après l'expiration de son congé ou de sa permission, sans préjudice de l'application, s'il y a lieu, des dispositions de l'art. 1er de la loi du 19 mai 1834, sur l'état des officiers.

---

(1) Art. 211. Tout militaire qui, étant en faction ou en vedette, abandonne son poste sans avoir rempli sa consigne est puni :

1° De la peine de mort, s'il était en présence de l'ennemi ou de rebelles armés ;

2° De deux ans à cinq ans de travaux publics, si, hors le cas prévu par le paragraphe précédent, il était sur un territoire en état de guerre ou en état de siège ;

3° D'un emprisonnement de deux mois à un an dans tous les autres cas.

Art. 213. Tout militaire qui abandonne son poste est puni :

1° De la peine de mort, si l'abandon a eu lieu en présence de l'ennemi ou de rebelles armés ;

2° De deux ans à cinq ans d'emprisonnement, si, hors le cas prévu par le paragraphe précédent, l'abandon a eu lieu sur un territoire en état de guerre ou en état de siège ;

3° De deux mois à six mois d'emprisonnement dans tous les autres cas.

Si le coupable est chef de poste, le maximum de la peine lui est toujours infligé.

Les officiers démissionnaires qui abandonneraient leur poste avant d'avoir reçu leur libération sont justiciables des conseils de guerre.

Est destitué : 1° l'officier qui s'est absenté illégalement de son corps pendant plus de trois mois ; 2° l'officier qui a résidé illégalement hors du territoire pendant plus de quinze jours. (*Art.* 1er *de la loi du* 19 *mai* 1834.)

Tout officier qui abandonne son corps ou son poste sur un territoire en état de guerre ou de siège est déclaré déserteur après les délais déterminés par le paragraphe précédent, et puni de la destitution avec emprisonnement de deux ans à cinq ans. (*Art. 233 dudit Code.*)

En temps de guerre, les délais fixés pour le délit de désertion sont réduits à moitié. (*Art. 234 dudit Code.* — V., à *Recrutement, Dispositions pénales.*)

Les militaires de la gendarmerie qui désirent quitter le service doivent attendre, pour se retirer dans leurs foyers, qu'il ait été statué sur leur demande et qu'il leur ait été remis un titre de libération régulier. En agissant autrement, ils s'exposent à être déclarés déserteurs à l'intérieur et poursuivis comme tels, par application des art. 231 et suivants du Code de justice militaire. (*Art. 36 du décret du 1er mars 1854 modifié par décis. du 24 avril 1858.*)

Les sous-officiers, brigadiers et gendarmes qui, ayant accompli les vingt-cinq ans de service exigés par la loi, sont en instance pour la retraite peuvent, sur leur demande, être autorisés par le ministre de la guerre à se retirer dans leurs foyers, pour y attendre la fixation de leur retraite. (*Art. 42 du décret précité. — Loi du 18 août 1879, art. 2.*)

Ces dispositions sont applicables aux sous-officiers, brigadiers et gendarmes qui, après quinze ans de service, demandent à rentrer dans leurs foyers pour y attendre la liquidation de leur pension. (*Loi du 18 août 1879, art. 3 § 3, et décis. présid. du 15 oct. 1880, notifiée le 20.*)

Les militaires de la gendarmerie qui n'ont pas rejoint leur poste *dans les quinze jours* qui suivent l'expiration, soit de leurs congés ou permissions, soit des délais fixés par leurs feuilles de route, sont réputés déserteurs et poursuivis comme tels, lors même qu'ils ont accompli le temps de service voulu par la loi du recrutement. (*Art. 595 du décret du 1er mars 1854, modifié par décis. des 24 avril 1858 et 24 juill. 1875.*)

Le militaire qui s'est évadé du dépôt de discipline où il était retenu avant sa mise en jugement, et n'a pas reparu au corps, doit être puni comme déserteur. (*Cass., 20 juin 1851.*)

Est réputé déserteur, le condamné pour désertion qui, ayant subi sa peine, n'a pas rejoint le corps pour lequel il était destiné, dans les délais fixés par sa feuille de route. (*Décret du 7 mars 1808.*)

Un conseil de guerre serait fondé à se déclarer incompétent pour statuer sur un fait de désertion imputé à un individu illégalement enrôlé. (*Cass., 9 mai 1835. — V. Primes d'arrestation.*)

Désertion à l'étranger.

Est déclaré déserteur à l'étranger, en temps de paix, trois jours, et, en temps de guerre, un jour après celui de l'absence constatée, tout militaire qui franchit, sans autorisation, les limites du territoire français, ou qui, hors de France, abandonne le corps auquel il appartient. (*Art. 235 du Code de justice du 18 mai 1875.*)

Tout sous-officier, caporal, brigadier ou soldat, coupable de désertion à l'étranger, est puni de deux ans à cinq ans de travaux publics, si la désertion a eu lieu en temps de paix.

Il est puni de cinq à dix ans de la même peine, si la désertion a eu lieu en temps de guerre, ou d'un territoire en état de guerre ou de siège.

La peine ne peut être moindre de trois ans de travaux publics dans le cas prévu par le § 1er, et de sept dans le cas du § 2, dans les circonstances suivantes :

1° Si le coupable a emporté une de ses armes, un objet d'habillement ou d'équipement, ou s'il a emmené son cheval ;

2° S'il a déserté étant de service, sauf les cas prévus par les art. 211 et 213 (1) ;

3° S'il a déserté antérieurement. (*Art.* 236 *du Code du 9 juin* 1857.)

Tout officier coupable de désertion à l'étranger est puni de la destitution, avec emprisonnement d'un an à cinq ans si la désertion a eu lieu en temps de paix, et de la détention si la désertion a eu lieu en temps de guerre, ou d'un territoire en état de guerre ou de siège. (*Art.* 237 *dudit Code.*)

Le militaire qui, faisant partie d'une armée française en pays étranger, déserte de son corps se rend coupable de désertion à l'étranger. (*Arrêt de Cass. du 8 août* 1850.)

Désertion à l'ennemi ou en présence de l'ennemi.

Est puni de mort, avec dégradation militaire, tout militaire coupable de désertion à l'ennemi. (*Art.* 238 *du Code du 9 juin* 1857.)

Est puni de la détention, tout déserteur en présence de l'ennemi. (*Art.* 239 *dudit Code.* — V. *Circonstances atténuantes.*)

La détention est une peine afflictive et infamante.

Désertion avec complot. — Provocation à la désertion.

Est réputée désertion avec complot, toute désertion effectuée de concert par plus de deux militaires.

Est puni de mort :

1° Le coupable de désertion avec complot en présence de l'ennemi ;

2° Le chef du complot de désertion à l'étranger.

Le chef du complot de désertion à l'intérieur est puni de cinq à dix ans de travaux publics, s'il est sous-officier, caporal, brigadier ou soldat, et de la détention s'il est officier.

Dans tous les autres cas, le coupable de désertion avec complot est puni du maximum de la peine portée par les dispositions précédentes, suivant la nature et les circonstances du crime ou du délit. (*Art.* 241 *du Code du 9 juin* 1857.)

Tout militaire qui provoque ou favorise la désertion est puni de la peine encourue par le déserteur, selon les distinctions établies précédemment.

---

(1) V. le texte de ces deux articles à la page 214, au renvoi (1).

Tout individu non militaire ou non assimilé aux militaires qui, sans être embaucheur pour l'ennemi ou pour les rebelles, provoque ou favorise la désertion, est puni par le tribunal compétent d'un emprisonnement de deux mois à cinq ans. (*Art. 242 dudit Code.*)

Est considéré comme embaucheur et puni de mort, tout individu convaincu d'avoir provoqué des militaires à passer à l'ennemi ou aux rebelles armés, de leur en avoir sciemment facilité les moyens ou d'avoir fait des enrôlements pour une puissance en guerre avec la France.

Si le coupable est militaire, il est, en outre, puni de la dégradation militaire. (*Art. 208 dudit Code.*)

Les fonctionnaires, agents, employés militaires et autres assimilés aux militaires, sont, pour l'application des peines, considérés comme officiers, sous-officiers ou soldats, suivant le grade auquel leur rang correspond. (*Art. 203 dudit Code.*)

Les distributions d'argent, de vin, de liqueurs enivrantes, et les autres manœuvres tendant à favoriser la désertion ou à empêcher les militaires de rejoindre leurs drapeaux donnent lieu à rapport au ministre de la guerre. (*Art. 77 du décret du 1ᵉʳ mars 1854.*)

Destination des déserteurs arrêtés.

Les militaires arrêtés, reconnus déserteurs, doivent être dirigés sur le chef-lieu du département, devant le commandant de la compagnie de gendarmerie. (*Art. 339 du décret du 1ᵉʳ mars 1854.*) Cet officier les fait écrouer immédiatement, et en rend compte sur-le-champ, par voie hiérarchique, au général commandant la subdivision. Si la position du déserteur est bien établie, il est dirigé directement sur le régiment dont il faisait partie, la législation qui régit les insoumis ne lui étant pas applicable. Les déserteurs ne sont justiciables que des conseils de guerre de la région dans laquelle se trouve le corps auquel ils appartiennent, et l'instruction ne commence que sur la plainte portée par les chefs de corps, si le général trouve qu'il y a lieu. (*Instr. du 12 oct. 1832.*)

Si la position du déserteur est douteuse, l'ordre de conduite ne doit être délivré que lorsqu'il est évident que l'individu arrêté appartient bien au corps dont il s'est déclaré déserteur. Dans le doute, il faut prendre les renseignements nécessaires pour acquérir la preuve de la désertion, afin d'éviter les frais de transport et de route qu'un mensonge peut occasionner. (*Circ. du min. de la guerre du 5 juill. 1833.*)

DE L'INSOUMISSION.

De l'état d'insoumission. — Peines applicables.

Sont considérés comme insoumis et punis d'un emprisonnement d'un mois à un an, les engagés volontaires et les hommes appelés par la loi qui, n'ayant pas déjà servi, ne sont pas rendus à leur destination, hors le cas de force majeure, dans le mois qui suit le jour fixé par leur ordre de route.

Sont également considérés comme insoumis et punis de la même peine, les hommes de la disponibilité et de la réserve de l'armée active, de l'armée territoriale et de la réserve de cette armée, à quelque catégorie qu'ils appartiennent, qui, ayant déjà servi et étant appelés à l'activité par ordre individuel, ne sont pas rendus à leur destination, hors le cas de force majeure, dans les quinze jours qui suivent celui fixé par leur ordre de route.

Quant aux hommes demeurant hors de France, les délais ci-dessus déterminés sont portés : 1° à deux mois pour l'Algérie et l'Europe ; 2° à six mois pour tout autre pays.

En temps de guerre ou en cas de mobilisation par voie d'affiches et de publications sur la voie publique, les délais ci-dessus sont réduits à deux jours pour les hommes dont il est parlé aux 1er et 2° paragraphes du présent article, et diminués de moitié pour ceux que le 3° paragraphe concerne.

En temps de guerre, la peine est de deux à cinq ans d'emprisonnement, sans préjudice des dispositions spéciales édictées par l'art. 61 de la loi du 27 juillet 1872.

Pour les Français nés en Algérie, et qui y ont conservé leur domicile, pour ceux qui, n'y étant pas nés, y sont domiciliés, ou qui, ayant leurs parents domiciliés sur le territoire continental de la France, ont fixé en Algérie leur résidence habituelle et prennent devant le maire, avant leur inscription sur le tableau de recensement, l'engagement d'y résider dix ans, les délais d'insoumission déterminés par le paragraphe 3 de l'art. 230 du Code de justice militaire, modifié par la loi du 18 mai 1875, sont réglés de la manière suivante :

1° Un mois, si l'homme au domicile duquel un ordre d'appel a été notifié demeure en Algérie ;

2° Deux mois, s'il demeure en France, dans les îles voisines des contrées limitrophes ou en Europe ;

3° Six mois, s'il demeure dans tout autre pays.

En temps de guerre ou en cas de mobilisation par voie d'affiches et de publications sur la voie publique, les délais ci-dessus sont réduits :

1° A quatre jours, pour les hommes habitant l'Algérie ;

2° A un mois, pour les hommes habitant la France, les îles voisines des contrées limitrophes ou l'Europe ;

3° A trois mois, pour ceux qui habitent dans tout autre pays.

Lorsqu'un individu est prévenu d'insoumission à la loi de recrutement, et en même temps de vagabondage, et que ce second délit a eu pour objet de le soustraire aux conséquences pénales de la première infraction, ces deux faits étant connexes doivent être jugés par une seule et même juridiction, c'est-à-dire par le tribunal correctionnel, qui statue sur les deux inculpations. (*Cass.*, 19 *juill.* 1838.)

A quelque époque que l'insoumis soit arrêté, il est mis à la disposition du ministre de la guerre pour compléter, s'il y a lieu, le temps de service qu'il doit encore à l'Etat.

L'insoumis est jugé par le conseil de guerre de la région dans laquelle il a été arrêté. (V. *Circonstances atténuantes, Prescription, Primes d'arrestation, Recrutement.*)

Destination à donner aux insoumis.

Lorsqu'un insoumis est arrêté dans la circonscription du bureau de recrutement auquel il appartient, il doit être conduit par la gendarmerie devant le commandant de ce bureau qui, après avoir procédé à la reconnaissance de son identité, le fera conduire par la gendarmerie au chef-lieu du corps d'armée dans lequel l'arrestation a eu lieu.

Les insoumis qui sont arrêtés ou se sont présentés volontairement dans une autre circonscription de recrutement que celle dont ils font partie sont conduits par la gendarmerie au chef-lieu du corps d'armée dans lequel l'arrestation ou la présentation volontaire a eu lieu.

Les insoumis résidant à l'étranger qui auront déclaré devant le consul du lieu de leur résidence l'intention de rentrer en France devront, à leur arrivée sur le territoire, produire un duplicata de cette déclaration dûment certifiée. Sur le vu de cette pièce, l'autorité militaire du lieu d'arrivée leur délivrera une feuille de route pour se rendre librement et directement au chef-lieu du corps d'armée sur le territoire duquel la rentrée aura été opérée.

En attendant soit la décision judiciaire à intervenir, soit l'ordre de mise en jugement, en conformité des prescriptions des art. 99 et 108 du Code de justice militaire, les insoumis qui se sont présentés volontairement peuvent être laissés en liberté provisoire, si rien ne s'y oppose. La même faveur peut être accordée exceptionnellement aux insoumis arrêtés sur le compte desquels de bons renseignements auront été recueillis ; mais si les insoumis dispensés de la détention préventive ne se tenaient pas à la disposition de la justice, ils devraient être immédiatement arrêtés et incarcérés. (*Art. 344 du décret du 1ᵉʳ mars 1854, et circ. du 13 oct. 1879.*)

PRESCRIPTION CONTRE L'ACTION PUBLIQUE.

Déserteurs et insoumis.

Relativement à la prescription pour les délits de désertion et d'insoumission, le Code de justice militaire du 9 juin 1857 a dérogé à la jurisprudence antérieure, qui les déclarait imprescriptibles. On concluait de là qu'un déserteur ou un insoumis pouvait être repris à tout âge et jugé pour ce fait par un conseil de guerre. L'art. 184 dudit Code a substitué à ce système la prescription basée sur l'âge du coupable, et il a pris comme terme l'âge de quarante-sept ans.

Les dispositions du chapitre V du titre VII du livre II du Code d'instruction criminelle, relatives à la prescription, sont applicables à l'action publique résultant d'un crime ou d'un délit de la compétence des juridictions militaires, ainsi qu'aux peines résultant des jugements rendus par ces tribunaux.

Toutefois, et par exception à cette règle générale, la prescription contre l'action publique résultant de l'insoumission ou de la désertion ne commence à courir que du jour où l'insoumis ou le déserteur a atteint l'âge de quarante-sept ans.

Circonstances atténuantes.

Tout en maintenant le principe de l'admission de circonstances atténuantes, pour les crimes et délits dérivant du droit commun, le Code du
9 juin 1857 ne l'étend aux infractions militaires qu'autant qu'il n'y a pas
danger à laisser exposer devant le conseil des doctrines qui auraient pour
conséquence d'affaiblir le respect dû au commandement, et ce n'est que
dans les cas où cette admission est autorisée par une disposition expresse
du Code de justice militaire que la question des circonstances atténuantes
peut être posée. (*Art. 134 et 267 du Code de justice militaire.*)

Si un militaire, coupable de désertion, est condamné par le même jugement pour un fait entraînant une peine plus grave, cette peine ne peut
être réduite par l'admission de circonstances atténuantes. (*Art. 243 dudit
Code.*)

Conformément au dernier paragraphe de l'art. 68 de la loi du 27 juillet
1872, les peines prononcées pour le délit d'insoumission par l'art. 230 du
Code de justice militaire, modifié par la loi du 18 mai 1875, peuvent être
modérées par l'application de l'art. 463 du Code pénal.

Recel d'un déserteur.

La gendarmerie est appelée à constater les délits de recel de déserteurs
ou d'insoumis. Il entre dans ses devoirs de constater tous les délits, et
cette infraction aux lois du recrutement doit attirer son attention. Il est
nécessaire que les procès-verbaux d'arrestation indiquent exactement le
lieu de l'arrestation et le nom de l'individu chez lequel l'insoumis a été
arrêté ou était recélé avant son arrestation.

Celui qui recèle sciemment un déserteur, en le prenant à son service ou
de toute autre manière, est puni des peines portées par l'art. 4 de la loi
du 24 brumaire an VI. (*Arrêt de cass. du 26 sept. 1812.*)

L'art. 4 de la loi du 24 brumaire an VI s'exprime ainsi :

« Tout habitant de l'intérieur de la France convaincu d'avoir recélé
sciemment la personne d'un déserteur ou réquisitionnaire (*aujourd'hui
un insoumis*), ou d'avoir favorisé son évasion, ou de l'avoir soustrait,
d'une manière quelconque, aux poursuites ordonnées par la loi, sera condamné, par voie de police correctionnelle, à une amende qui ne pourra être
moindre de 300 fr. ni excéder 3,000 fr., et à un emprisonnement d'un an.

« L'emprisonnement sera de deux ans, si le déserteur ou le réquisitionnaire a été recélé avec armes et bagages. »

Le fait d'avoir sciemment recélé un déserteur est puni par l'art. 4 de
la loi du 24 brumaire an VI. (*Arrêt de cass. du 24 juin 1844.*)

Recel d'un insoumis.

Quiconque est reconnu coupable d'avoir recélé ou d'avoir pris à son
service un insoumis est puni d'un emprisonnement qui ne peut excéder
six mois. Selon les circonstances, la peine peut être réduite à une amende
de 20 fr. à 200 fr.

Quiconque est convaincu d'avoir favorisé sciemment l'évasion d'un insoumis est puni d'un emprisonnement d'un mois à un an.

La même peine est prononcée contre ceux qui, par des manœuvres coupables, ont empêché ou retardé le départ des jeunes soldats.

Si le délinquant est fonctionnaire public, employé du gouvernement ou ministre d'un culte salarié par l'Etat, la peine peut être élevée jusqu'à deux années d'emprisonnement, et il est, en outre, condamné à une amende qui ne peut excéder 2,000 fr. (*Art. 62 de la loi du 27 juill. 1872.*)

L'art. 62 de la loi du 27 juillet 1872 précitée n'est applicable qu'au recel des *insoumis*, et non au cas de désertion.

Le fait d'avoir pris un insoumis à son service n'est passible d'aucune peine, lorsque le prévenu établit sa bonne foi et prouve qu'on ne peut lui reprocher aucune négligence coupable. — Le ministère public ne peut être tenu d'administrer la preuve que le prévenu, lorsqu'il a pris l'insoumis à son service, connaissait la position de celui-ci : c'est au prévenu lui-même qu'il appartient d'établir sa bonne foi. (*Cass., 2 fév. 1839.*)

Acte de concussion commis à l'égard d'un déserteur ou insoumis.

Les gendarmes qui auraient agréé des offres ou des promesses, reçu des dons ou présents pour ne pas arrêter des déserteurs ou des insoumis, seraient destitués et punis d'un emprisonnement de un à cinq ans et d'une amende de 50 fr. à 3,000 fr. ; ils pourraient, en outre, être interdits des droits civils, civiques et de famille énoncés en l'art. 42 du Code pénal, et mis sous la surveillance de la haute police pendant cinq ans, par application de l'art. 405 du Code pénal. (*Cass., 17 mai 1806, 28 niv. an XIII, 2 janv. 1817, et décret du 8 fruct. an XIII. — V. Concussion, Abus d'autorité, Tribunaux militaires, Procès-Verbaux.*)

Procès-verbaux d'arrestation de déserteurs ou insoumis, et rapport à adresser au ministre.

Les procès-verbaux d'arrestation des déserteurs ou insoumis de l'armée de terre ou de mer sont rédigés en quadruple expédition. (*Art. 495 dudit décret. — V., au Formulaire, un procès-verbal sous le n° 268.*)

Ceux ayant pour objet le recel d'un déserteur ou d'un insoumis doivent être visés pour timbre, enregistrés en débet, et envoyés au procureur de la République. (*Art. 338 du décret du 1er mars 1854. — V., au Formulaire, un modèle de procès-verbal.*)

Il est adressé au ministre de la guerre, du 5 au 10 du premier mois de chaque trimestre, et pour chaque compagnie, un rapport spécial du service des brigades sur la recherche des déserteurs dont le signalement leur a été adressé et sur la rentrée des militaires sous les drapeaux. (*Art. 74 dudit décret.*)

De la peine de mort.

Est puni de mort : 1° Tout militaire qui, étant en faction ou en vedette, en présence de l'ennemi ou des rebelles, abandonne son poste sans avoir rempli sa consigne ; 2° tout militaire qui abandonne son poste en présence de l'ennemi ou des rebelles armés ; 3° tout militaire coupable de désertion à l'ennemi. Est, en outre, puni de la dégradation militaire : 1° le coupable de désertion avec complot, en présence de l'ennemi ; 2° le chef du complot de désertion à l'étranger. (*Art.* 211, 212, 213 *et* 238 *du Code de justice militaire.*)

Tout individu convaincu d'avoir provoqué des militaires à passer à l'ennemi ou aux rebelles armés, de leur en avoir facilité les moyens, ou d'avoir fait des enrôlements pour une puissance en guerre avec la France.

Si, dans ce dernier cas, le coupable est militaire, il est en outre puni de la dégradation militaire. (*Art.* 208 *dudit Code.*)

Aux termes de l'art. 187 du Code du 9 juin 1857, tout condamné, sans distinction, qu'il soit militaire, assimilé aux militaires, ou autre individu, qui doit subir la peine de mort prononcée contre lui par jugement définitif d'un conseil de guerre est fusillé, et, aux termes de l'art. 196, il doit en être de même des militaires, ou assimilés aux militaires, condamnés par les tribunaux ordinaires.

Aucune exécution à mort, par quelque juridiction qu'elle ait été ordonnée, ne peut avoir lieu dans toute l'étendue des possessions françaises en Algérie, qu'autant qu'il a en a été rendu compte au Chef de l'Etat et qu'il a été décidé de laisser un libre cours à la justice. Toutefois, dans les cas d'urgence extrême, le gouverneur général peut ordonner l'exécution, à la charge de faire immédiatement connaître les motifs de sa décision au ministre de la guerre, qui en rend compte au Chef de l'Etat. Ce pouvoir attribué au gouverneur général ne peut, dans aucun cas, être délégué. (*Art.* 1ᵉʳ *de l'ord. du* 1ᵉʳ *avril* 1842.)

Le Code de justice militaire du 9 juin 1857 a supprimé l'infamie que la loi qu'il remplace attachait à certains actes qui ne sauraient impliquer l'idée du déshonneur ; c'est ainsi qu'il a supprimé la peine des fers pour fait d'insubordination, et a voulu que la peine de mort, prononcée en vertu des dispositions dudit Code, n'eût un caractère infamant qu'autant qu'elle serait accompagnée de la dégradation militaire, dont l'art. 190 a déterminé les formalités.

Quand la peine de mort est prononcée en vertu et par application du Code pénal ordinaire, elle entraîne, de plein droit, la dégradation militaire, et, alors, elle est infamante.

L'exécution a lieu conformément au décret du 25 octobre 1874. (V. *Exécution des condamnations à mort.*)

De la dégradation militaire.

La dégradation militaire est une peine qui a le caractère criminel. Tout militaire qui doit la subir, soit comme peine principale, soit comme accessoire d'une peine autre que la mort, est conduit devant la troupe sous les armes. Après la lecture du jugement, le commandant prononce ces mots à haute voix : « N... N..., vous êtes indigne de porter les armes; de par le Peuple français, nous vous dégradons. »

Aussitôt après, tous les insignes militaires et les décorations dont le condamné est revêtu lui sont enlevés: et s'il est officier, son épée est brisée et jetée à terre devant lui.

La dégradation militaire entraîne : 1° la privation du grade et du droit d'en porter les insignes et l'uniforme ; 2° l'incapacité absolue de servir dans l'armée, à quelque titre que ce soit, et les autres incapacités prononcées par les art. 28 et 34 du Code pénal ordinaire (1) ; 3° la privation du droit de porter aucune décoration, et la déchéance de tout droit à pension et récompense pour services antérieurs.

La dégradation prononcée comme peine principale est toujours accompagnée d'un emprisonnement dont la durée ne peut excéder cinq ans, et qui est prononcé par le jugement.

De la détention et de la réclusion

La peine de la détention et celle de la réclusion emportent la dégradation militaire : d'où il suit qu'elles sont infamantes. — Elles sont appliquées conformément au Code pénal ordinaire.

La durée de la peine de la détention est de cinq à vingt ans, celle de la réclusion est de cinq à dix ans.

De l'emprisonnement.

La peine de l'emprisonnement est correctionnelle et peut être élevée de six jours à cinq ans. Elle est appliquée par les conseils de guerre, soit à des délits militaires, soit à des infractions punies par le Code pénal ordinaire.

La désertion à l'intérieur en temps de paix est punie de deux à cinq ans d'emprisonnement.

La dissipation ou détournement d'armes, de munitions, d'effets ou autres objets remis pour le service est punie de six mois à deux ans d'emprisonnement.

La distinction entre les effets de grand et petit équipement, introduite en matière de vente et d'achat d'effets militaires, par la loi du 15 juillet 1839, ne concerne que les militaires. En conséquence, la vente ou l'achat d'effets de petit équipement par des individus non militaires rentre dans

---

(1) Art. 28. — La condamnation à la peine des travaux forcés à temps, de la détention, de la réclusion et du bannissement (et en outre de la dégradation militaire) emportera la dégradation civique.

Art. 34. — La dégradation civique consiste : 1° dans la destitution et l'exclusion des condamnés de toutes fonctions, emplois ou offices publics; dans la privation du droit de vote, d'élection, d'éligibilité, et en général de tous les droits civiques et politiques, et du droit de porter aucune décoration; 3° dans l'incapacité d'être juré-expert, d'être employé comme témoin dans les actes, et de déposer en justice autrement que pour y donner de simples renseignements; 4° dans l'incapacité de faire partie d'aucun conseil de famille et d'être tuteur, curateur, subrogé-tuteur, ou conseil judiciaire, si ce n'est de ses propres enfants, et sur l'avis conforme de la famille; 5° dans la privation du droit de port d'armes, de servir dans les armées françaises, de tenir école ou d'enseigner, et d'être employé dans aucun établissement d'instruction, à titre de professeur, maître ou surveillant.

l'application de l'art. 50 de la loi du 28 mars 1793. (*Arrêts de cass. des 2 sept. 1836 et 16 janv. 1841.* — V., *au Formulaire, des procès-verbaux.*)

Des travaux forcés.

La peine des travaux forcés à temps est de cinq à vingt ans. Elle est infamante et emporte avec elle la dégradation militaire. C'est particulièrement la dégradation militaire qui lui imprime le caractère d'infamie ; car la peine de mort sans dégradation militaire n'est plus infamante quand elle est prononcée en vertu du Code du 9 juin 1857.

Le vol d'armes et de munitions appartenant à l'État, de l'argent de l'ordinaire, de la solde, des deniers ou effets appartenant à des militaires ou à l'État, si le coupable est comptable, est puni de cinq à vingt ans de travaux forcés.

La destruction volontaire d'édifices, bâtiments, ouvrages militaires, magasins, chantiers, vaisseaux, navires, bateaux à l'usage de l'armée est punie de cinq à vingt ans de travaux forcés. — En cas de circonstances atténuantes, elle est punie de cinq à dix ans de réclusion ou de deux à cinq ans d'emprisonnement.

Les faux commis sur les états de situation ou de revues sont punis de cinq à vingt ans de travaux forcés. — En cas de circonstances atténuantes, de cinq à dix ans de réclusion ou de deux à cinq ans d'emprisonnement.

Les vols qualifiés par le Code pénal ordinaire sont punis, selon les circonstances, des travaux forcés à perpétuité, à temps, de la réclusion ou d'emprisonnement

Des travaux publics.

Tout sous-officier, caporal, brigadier ou soldat coupable de désertion à l'étranger en temps de paix, ou d'un territoire en état de guerre ou de siège, est puni de deux à cinq ans de travaux publics.

Tout sous-officier, caporal, brigadier ou soldat qui a déserté à l'étranger en temps de guerre, ou d'un territoire en état de guerre ou de siège, est puni de cinq à dix ans de travaux publics.

La peine ne peut être moindre de trois ans de travaux publics ou d'emprisonnement :

1° Si le coupable a emporté une de ses armes, un objet d'équipement ou d'habillement, ou s'il a emmené son cheval ;

2° S'il a déserté étant de service (*sans cependant que ce fût en faction ou en vedette, ou en abandonnant son poste en présence de l'ennemi ou de rebelles armés, car alors il y a peine de mort*) ;

3° S'il a déserté antérieurement, c'est-à-dire s'il se trouve en récidive. (*Art. 232 du Code du 9 juin 1857.*)

Tout militaire qui, étant en faction ou en vedette, est trouvé endormi est puni de deux à cinq ans de travaux publics, s'il était en présence de l'ennemi ou de rebelles armés. (*Art. 12 dudit Code.*)

La peine des travaux publics n'est point infamante : elle est purement correctionnelle, aux termes de l'art. 186 du Code de justice militaire.

Condamnés aux travaux publics.

Les déserteurs condamnés aux travaux publics y sont employés soit à des travaux militaires, soit à des travaux civils. (*Règlem. du 23 juill.* 1856, *et note minist. du 23 sept.* 1857.)

Les punitions disciplinaires sont fixées par l'art. 216 dudit règlement.

Nourriture.

La nourriture se compose de pain, de viande et de légumes secs ou verts.

Pour les hommes à l'infirmerie elle varie, quant à l'espèce et à la qualité des aliments, selon les prescriptions de l'officier de santé. — Les détenus punis, ou qui se refusent au travail, ne reçoivent que la ration de pain de munition de 750 grammes.

La viande, ainsi que les légumes, sont salés et cuits.

Evasions.

En cas d'évasion soit de l'atelier, soit de l'hôpital, le maréchal des logis en donne de suite avis au commandant de la place, ainsi qu'à l'agent de l'administration. Il ordonne à une partie des gendarmes et de la troupe sous ses ordres de se mettre à la poursuite des évadés ; il envoie en même temps leurs noms et leurs signalements aux brigades voisines.

Si l'évasion a eu lieu de l'atelier, le maréchal des logis doit, le jour même de l'évasion, rédiger un procès-verbal constatant les circonstances de cet événement, les noms et grades ou professions des personnes qui l'auraient facilitée, ou qui, par négligence ou de toute autre manière, y auraient concouru. Il transmet ce procès-verbal, ainsi que deux expéditions du signalement de chaque évadé, au commandant de la place.

Si l'évasion a eu lieu de l'hôpital, le maréchal des logis n'en donne pas moins des ordres pour rechercher l'évadé. Mais, conformément au décret du 8 janvier 1810, le procès-verbal d'évasion doit être dressé par la personne chargée en chef de la police de l'hôpital, ou, à sa diligence, par le commandant de gendarmerie du lieu. Ce procès-verbal est adressé au commandant de la place.

Si, dans les trois jours de l'évasion, le condamné évadé n'a pas été repris, le commandant de la place adresse au ministère de la guerre (bureau de la justice militaire) les procès-verbaux d'évasion et les deux expéditions de chaque signalement qui lui ont été remises.

Arrestation du condamné évadé. — Prime accordée.

Le condamné arrêté est ramené à l'atelier et mis au cachot, en attendant l'ordre du commandant de la place qui le fait conduire, sous bonne et sûre escorte, au lieu où siège le conseil de guerre permanent, pour y être jugé conformément aux dispositions des art. 69 et 70 de l'arrêté du 19 vendémiaire an XII, maintenues par l'ordonnance du 21 février 1816.

Tout individu qui arrête un condamné aux travaux publics qui s'est évadé des ateliers reçoit une gratification de 25 fr., conformément au décret du 12 janvier 1811, à la décision ministérielle du 23 janvier de la même année, et à la circulaire du ministre de la guerre du 16 mars 1827. (V. *Primes*.)

DETTES CONTRACTÉES PAR DES MILITAIRES.

Les commandants de compagnie vérifient avec le plus grand soin si les sous-officiers, brigadiers et gendarmes ne contractent point de dettes qui occasionneraient des réclamations. (*Art.* 179 *du décret du* 1er *mars* 1854.)

Les officiers doivent tenir sévèrement la main à ce que les sous-officiers, brigadiers et gendarmes sous leurs ordres ne se livrent point à des dépenses qui les mettraient dans le cas de contracter des dettes; celles qui ont pour objet leur subsistance ou des fournitures relatives au service sont payées au moyen d'une retenue ordonnée par les chefs de légion, et donnent lieu, en outre, à des punitions disciplinaires. (*Art.* 562 *dudit décret*, 431 *du décret du* 18 *fév.* 1863, *et* 247 *du règlem. du* 9 *avril* 1858.)

Les officiers de gendarmerie qui contractent des dettes sont sévèrement punis; il est fait mention de leur inconduite, sous ce rapport, au registre du personnel.

Le chef de légion, sur le compte qui lui en est rendu par le commandant de la compagnie, donne des ordres pour que le payement soit fait dans le plus bref délai possible, et provoque, au besoin, une retenue sur la solde des officiers. (*Art.* 563 *dudit décret*.)

Les officiers supérieurs de gendarmerie doivent, dans leurs résidences, donner l'exemple de l'ordre et de l'économie.

Ils s'assurent qu'aucun officier ne se livre à des dépenses qui le mettent dans le cas de contracter des dettes. Ils s'enquièrent particulièrement de la conduite de ceux qui ont l'habitude d'en contracter ou qui ont le goût du jeu.

Ils signalent au chef de légion, et celui-ci aux inspecteurs généraux, les officiers de tout grade qui s'abandonnent à des dépenses exagérées et dépassant évidemment leurs ressources pécuniaires.

Le chef de légion mentionne au registre du personnel l'inconduite des officiers qui, sous ce rapport, ont donné lieu à des observations. (*Art.* 246 *du règlem. du* 9 *avril* 1858.)

Retenues pour dettes.

Les retenues pour dettes contractées par des officiers, sous-officiers, brigadiers et gendarmes ont lieu en vertu d'oppositions juridiques. Néanmoins, le ministre de la guerre peut en ordonner d'office, lorsqu'il le juge convenable. (*Art.* 430 *du décret du* 18 *fév.* 1863. — Pour les officiers appartenant à la marine, *voir la circulaire du* 27 *juill.* 1880.)

Les dettes privées des militaires de tout grade, ayant pour objet les dépenses courantes de leur subsistance ou de leur entretien, peuvent, sur la présentation des titres ou des mémoires arrêtés, motiver, de la part des chefs de légion, des ordres de retenues sur le traitement de ces militaires. Ces retenues ne doivent point excéder le cinquième de la solde proprement dite. (*Art.* 431 *du décret précité*.)

Les retenues à exercer sur la solde des officiers, pour sommes à rembourser, soit à des tiers, soit au Trésor public, ne peuvent excéder le cinquième du montant net à payer, après déduction de la retenue de 2 0/0 (1), à ces officiers, à moins de décision contraire du ministre de la guerre, en ce qui concerne les sommes à recouvrer au profit de l'Etat.

Dans l'arme de la gendarmerie, les sous-officiers, brigadiers et gendarmes sont passibles de retenues pour dettes; mais ces retenues ne portent que sur la solde nette, prélèvement fait de la portion qui doit être versée à la masse individuelle.

Les retenues à titre de secours alimentaires peuvent être du tiers dans les cas prévus par les art. 203, 205 et 214 du Code civil.

Les indemnités diverses ne sont pas passibles de retenues. (*Art.* 190 *du règlem. du 3 avril 1869, modifié par la décis. présid. du 26 fév. 1876,* — V. *Contrainte par corps.*)

DIFFAMATION.

V. pages 50, 207, 444, 530.

DOMMAGES-INTÉRÊTS.

L'art. 75 de la Constitution du 22 frimaire an VIII, qui ne permettait de poursuivre les agents du gouvernement, pour des faits relatif à leurs fonctions, qu'en vertu d'une décision du Conseil d'Etat, ayant été abrogé par le décret du 19 septembre 1870, ces agents sont rentrés dans la loi commune et peuvent être poursuivis en dommages-intérêts, conformément aux art. 1382 et suivants du Code civil.

Ce décret ayant également abrogé toutes les dispositions de lois générales et spéciales qui avaient pour objet d'entraver les poursuites contre les fonctionnaires publics de tout ordre, les militaires de la gendarmerie doivent répondre aux citations qui leur sont régulièrement remises, tant pour se conformer à la loi que par déférence pour la justice et les magistrats, sauf à en rendre compte immédiatement à leurs chefs.

Les dispositions ci-dessus sont rendues applicables au gouvernement de la Guyane française, de l'Inde française, du Sénégal, de Saint-Pierre et Miquelon et de la Nouvelle-Calédonie, par décret du 10 décembre 1880.

Un capitaine de gendarmerie qui, dans l'imminence d'un conflit entre la gendarmerie et la foule ameutée, saisit et brise le fusil dont un individu était porteur ne peut, à raison de ce fait, être condamné par le juge civil à des dommages-intérêts. (*Cass.,* 13 *déc.* 1874. — V. *Fonctionnaires, Dégâts et Responsabilité.*)

DOUANES.

La gendarmerie réprime la contrebande en matière de contributions indirectes, et saisit les marchandises colportées en fraude; elle dresse des procès-verbaux de ces saisies, arrête et conduit devant les autorités compétentes les contrebandiers et autres délinquants de ce genre, en pré-

(1) Cette retenue de 2 0/0 a été portée à 5 0/0 par la loi du 22 juin 1878.

cisant les lieux où l'arrestation a été faite, les moyens employés et la résistance qu'il a fallu vaincre. (*Art.* 302 *du décret du* 1er *mars* 1854.)

Lorsque des marchandises introduites en fraude ont franchi la limite intérieure du rayon de frontière sans avoir été l'objet d'une capture dans l'intérieur de ce rayon, ou d'une poursuite à vue et non interrompue dans ce rayon, les conducteurs de ces marchandises ne peuvent être arrêtés par la gendarmerie ni poursuivis par le ministère public; les marchandises ne peuvent pas non plus être saisies. — Mais les entrepreneurs, assureurs ou intéressés dans les opérations de contrebande peuvent être poursuivis d'office par le ministère public, indépendamment de tous procès-verbaux de saisie. (*Cass.*, 6 *mars* 1841 *et* 9 *mars* 1843.)

Les préposés des douanes étant dans l'exercice de leurs fonctions lorsqu'ils s'acquittent d'un simple service de surveillance, la peine que prononce l'art. 14 (titre XIII) de la loi du 22 août 1791 doit être appliquée à quiconque injurie, trouble ou maltraite celui de ces employés qui se trouve en observation sur la frontière. (*Cass.*, 1er *déc.* 1838, 31 *janv.* 1831 *et* 21 *nov.* 1851.)

Ils ont qualité pour faire des perquisitions, lorsque les circonstances l'exigent, sur les gendarmes comme sur les simples particuliers. — V. *Contributions indirectes, Parts d'amendes et Primes.*

Lorsque les douaniers arrêtent des contrebandiers, ils peuvent les conduire à la gendarmerie, qui est chargée de les transférer devant le procureur de la République et non devant le directeur ou autre agent de l'administration. (*Art,* 224 *de la loi du* 28 *avril* 1816.)

DUEL.

Le duel est un combat entre deux personnes ou un plus grand nombre, qui veulent se faire justice elles-mêmes, au lieu d'avoir recours aux lois. Les édits d'Henri III, d'Henri IV, de Louis XIII, de Louis XIV et de Louis XV prononcèrent des peines très sévères contre les duellistes. L'on attachait une si grande importance à prévenir et à punir les duels, que les frais de capture d'un duelliste étaient élevés à 1,500 livres, somme considérable à ces époques. (V. *les édits des* 7 *juin* 1602, 26 *juin* 1609, 18 *janv.* 1610, 1er *oct.* 1614, 29 *août* 1623, 24 *fév.* 1626, 11 *juin* 1643, 11 *mai* 1644, 13 *mars* 1646 *et* 22 *janv.* 1669.)

La provocation en duel, lorsqu'elle n'est pas suivie d'effet, ne constitue pas de délit.

Le ministère public ne peut pas poursuivre d'office la personne qui, par des menaces ou des insultes, en a provoqué une autre à se battre en duel. (*Cass.*, 15 *oct.* 1844.)

Lorsque l'un des duellistes se trouve être un militaire, il y a lieu de le traduire comme son adversaire devant la Cour d'assises. (*Cass.*, 18 *fév.* 1854.)

L'individu qui en tue un autre en duel peut être condamné à des dommages-intérêts envers la famille de celui qu'il a tué. (*Art.* 1382 *du Code civil.* — *Cass.*, 3 *juin* 1836 *et* 5 *avril* 1852.)

La Cour de cassation a décidé, en Chambres réunies, que les blessures ou l'homicide commis en duel sont passibles des peines portées en l'art. 302 du Code pénal. (*Arrêts des* 15 *déc.* 1837, 11 *déc.* 1839, 25 *mars et* 14 *août* 1845, 21 *juill.* 1849, 18 *fév.* 1854.)

Les témoins du duel doivent être considérés comme complices, s'il existe de la part de ceux-ci des actes qui présentent les caractères de la complicité légale définie en l'art. 60 du Code pénal. (*Cass.*, 22 *déc.* 1837, 2 *fév.* 1839, 8 *déc.* 1848, 21 *juill.* 1849.)

Aucune disposition de la loi n'admet, comme justification ou comme excuse de la complicité d'un crime, les efforts que l'on aurait d'abord faits pour le prévenir. Ainsi, il y a lieu de condamner les individus qui, après avoir fait avant le combat tous leurs efforts pour l'empêcher ou pour amener une réconciliation entre les adversaires, ont cependant consenti à les accompagner sur le lieu du combat et à y servir de témoins. (*Cass.*, 21 *juill.* 1849, 19 *avril*, 11 *juill.*, 20 *déc.* 1850, 20 *sept.* 1853 *et* 18 *fév.* 1854.)

Lorsque les témoins d'un duel ont fait jusqu'au dernier moment des efforts pour l'empêcher, ils ne peuvent être considérés comme en étant complices, et il n'y a de leur part aucune culpabilité. (*Cass.*, 4 *janv.* 1845.)

La convention de duel ne peut servir d'excuse à la tentative de meurtre, alors même qu'il serait constant que le duel n'a été accompagné d'aucune circonstance de déloyauté. (*Cass.*, 20 *déc.* 1850.)

Le duel étant un attentat à la vie d'autrui, un crime, les militaires du corps de la gendarmerie doivent user de tous les moyens de persuasion pour empêcher le combat, ou arrêter les combattants en flagrant délit et les conduire devant le procureur de la République avec un procès-verbal constatant les faits. Si les coupables sont des militaires, ils doivent être remis à leurs chefs, avec un rapport détaillé des circonstances, à moins que ce duel n'ait eu lieu avec le consentement de leurs supérieurs.

L'homicide commis en duel, dans le cas même où les tribunaux compétents auraient déclaré que le fait n'est pas délictueux, n'en constitue pas moins un acte illicite engageant vis-à-vis de la famille de la victime la responsabilité de celui à la faute duquel il est imputable, et lors même qu'il n'aurait pas été provocateur, il peut, même en cas d'acquittement, être condamné à des *dommages-intérêts*. (*Cour d'assises de Seine-et-Oise*, 25 *nov.* 1862, *et Trib. de Marseille*, 3 *juin* 1829.)

EAUX THERMALES.

Les officiers, sous-officiers, brigadiers et gendarmes autorisés à aller prendre les eaux dans les lieux où il existe des établissements militaires sont assimilés, sous le rapport de la solde, à ceux qui se rendent aux hôpitaux externes. (*Art.* 95 *du décret du* 18 *fév.* 1863.)

Les officiers conservent la solde de présence lorsque, faute de place dans ces établissements, ils ont été obligés de se faire traiter à leurs frais ; ce qui doit être constaté par un certificat du sous-intendant militaire.

Le même avantage peut être accordé à ceux qui se rendent aux eaux en vertu d'un congé ministériel. Dans ce cas, le congé indique d'une manière expresse si la solde de présence est accordée pour toute la durée du congé, ou seulement pour le temps passé aux eaux.

Lorsque, après avoir fait usage des eaux, les officiers ne rejoignent pas dans la limite de leur congé, ils sont privés de tout rappel de solde pour le temps écoulé depuis le jour de leur sortie de l'établissement où ils ont été traités. (*Art.* 96 *dudit décret.*) Les sous-officiers, brigadiers et gendarmes doivent également se rendre directement à leur poste en sortant de faire usage des eaux. (*Décis. du* 8 *avril* 1867.)

Lorsque des officiers, sous-officiers, brigadiers et gendarmes ont besoin d'aller prendre les eaux dans les lieux où il n'existe pas d'établissement militaire, le ministre de la guerre peut leur en accorder l'autorisation et leur conserver la solde de présence.

Ces militaires doivent justifier, par un certificat des officiers de santé de l'hôpital militaire, ou, à défaut, de l'hospice civil le plus voisin du lieu de leur résidence, que l'usage des eaux auxquelles ils veulent se rendre leur est indispensable.

Pour obtenir ensuite le rappel de leur solde, ils ont à produire un certificat du médecin en chef de l'établissement constatant le temps pendant lequel ils y ont été traités. Ce certificat doit être visé par le sous-intendant militaire ou le maire du lieu.

Si ces militaires ne passent pas aux eaux toute la durée de leur congé, ou s'ils ne rejoignent pas à l'expiration de leur congé, il leur est fait application des dispositions des deuxième et troisième paragraphes de l'article précédent. (*Art.* 97 *du décret du* 18 *fév.* 1863.)

Le tableau des saisons et de leur durée pour chaque établissement a été arrêté par décision ministérielle du 9 février 1874.

Les visites et contre-visites doivent avoir lieu au 1er mars et au 1er mai pour les saisons d'été des différents établissements; au 1er octobre et au 1er décembre pour les saisons d'hiver d'Amélie-les-Bains. (*Circ. du* 29 *janvier* 1883.)

Il doit être donné avis au ministre du départ pour les eaux des militaires de la gendarmerie, par un état conforme au modèle joint à la circulaire du 19 août 1878.

Les anciens militaires dont les blessures ou les infirmités contractées au service nécessiteraient l'emploi des eaux seront, après avoir obtenu l'autorisation du ministre de la guerre, sur l'avis de la commission spéciale instituée dans chaque département, transportés et hospitalisés aux frais de l'État. Leurs demandes, appuyées des pièces exigées par l'instruction du 28 janvier 1874, doivent parvenir au général commandant la subdivision territoriale dans laquelle ils ont leur domicile avant le 15 février pour les premières saisons et avant le 15 avril pour les dernières. (*Circ. du* 29 *janv.* 1883.)

Les officiers en possession d'une pension de retraite, admis à bénéficier des eaux, continueront à subir la retenue fixée par le règlement. (*Loi du* 12 *juill.* 1873. — V. *Hôpitaux.*)

Les états de propositions que doit fournir l'intendance militaire sont adressés au ministre de la guerre pour les époques ci-après : pour les deux premières saisons, le 15 mars ; pour les dernières saisons de tous les établissements, le 15 mai : saison d'hiver à Amélie-les-Bains : 1re, le 15 octobre ; 2e, le 15 décembre. (*Instr. du* 9 *fév.* 1874.) — Pour les anciens militaires allant à Amélie-les-Bains, le 15 octobre. (*Circ. du* 8 *mars* 1883.)

En ce qui concerne les indemnités et les bons de convoi, il faut se reporter à la note du 18 septembre 1882 et à la lettre du 23 décembre suivant.

ÉCHENILLAGE.

La gendarmerie dénonce à l'autorité locale tous ceux qui, dans les temps prescrits, ont négligé d'écheniller, ainsi que ceux qui sont en contravention aux règlements de police rurale donnés par les préfets, sous-préfets et maires des communes dont elle a la surveillance. (*Art.* 327 *du décret du* 1er *mars* 1854.)

Pour que le refus ou le défaut d'échenillage soit punissable, il faut que l'exécution de la loi du 16 mars 1796 y relative ait été ordonnée chaque année par un arrêté du maire, comme le veut le dernier article de cette loi ; cette formalité étant remplie, tout refus ou abstention devient une contravention punissable de 1 fr. à 5 fr. d'amende. (*Art. 471, n° 8, du Code pénal.*)

L'échenillage étant une charge de la jouissance des héritages, le propriétaire n'en est pas tenu : c'est le fermier qui doit écheniller, et lui seul est passible de l'amende en cas de contravention. (*Art. 1er et 7 de la loi du 26 vent. an IV (16 mars 1796). — V., au Formulaire, un modèle de procès-verbal.*)

Il résulte de l'ensemble des dispositions de la loi du 21 ventôse an IV, auxquelles se réfère l'art. 471 (§ 8) du Code pénal, que l'obligation d'écheniller, imposée aux propriétaires, fermiers, locataires ou autres faisant valoir leur propre héritage ou ceux d'autrui, ne s'applique qu'aux arbres, arbustes, haies ou buissons existants sur lesdits héritages, et que l'on n'est pas obligé d'écheniller les futaies, bois et taillis. (*Cass.*, 19 *juill.* 1851.)

EMBAUCHAGE ET PROVOCATION A LA DÉSERTION.

Est considéré comme embaucheur et puni de mort, tout individu convaincu d'avoir provoqué des militaires à passer à l'ennemi ou aux rebelles armés, de leur en avoir sciemment facilité les moyens, ou d'avoir fait des enrôlements pour une puissance en guerre avec la France. — Si le coupable est militaire, il est, en outre, puni de la dégradation militaire. (*Art. 208 du Code de just. milit.*)

Le crime d'embauchage n'est un délit militaire qu'autant qu'il a été pratiqué à l'égard d'individus militaires. (*Cass.*, 3 *oct.* 1822.)

La simple provocation à la désertion ne doit pas être confondue avec le crime d'embauchage ; il y a entre ces faits une très notable différence. (*Cass.*, 14 *juill.* 1807.)

Si celui qui a provoqué des militaires à passer à l'ennemi ou aux rebelles armés est militaire, il est justiciable des conseils de guerre ; s'il n'est point militaire, c'est aux tribunaux criminels ordinaires qu'il appartient de statuer. (*Cass.*, 2 *avril et* 17 *juin* 1831.)

En cas d'arrestation, les embaucheurs et les provocateurs à la désertion sont conduits devant le commandant de la région, s'ils sont militaires ; s'ils ne le sont point, ils sont mis à la disposition du procureur de la République dans l'arrondissement duquel ils sont arrêtés.

Les procès-verbaux dressés dans ces circonstances sont exempts de timbre ainsi que d'enregistrement, et accompagnent les prévenus.

ÉMEUTES.

L'on nomme émeute la réunion tumultueuse et publique d'hommes armés ou non armés qui se proposent d'exécuter ou d'empêcher de force quelque chose. Comme ces attroupements peuvent conduire à des crimes ou à des délits, il est du devoir de l'autorité de les dissoudre aussitôt qu'ils sont formés.

Lorsqu'une émeute populaire prend un caractère et un accroissement tels que la gendarmerie, après une intervention énergique, se trouve impuissante pour vaincre la résistance par la force des armes, elle dresse un procès-verbal dans lequel elle signale les chefs et fauteurs de la sédition; elle prévient immédiatement l'autorité locale, ainsi que le commandant de la compagnie ou de l'arrondissement, afin d'obtenir des renforts des brigades voisines, et, suivant le cas, de la troupe de ligne. (*Art. 298 du décret du 1er mars 1854.*)

En cas de soulèvement armé, les commandants de la gendarmerie peuvent mettre en réquisition les agents subalternes de toutes les administrations publiques et des chemins de fer; ces réquisitions sont adressées aux chefs de ces administrations, qui sont tenus d'y obtempérer, à moins d'impossibilité dont ils doivent justifier sous leur responsabilité. (*Art. 651 dudit décret.*)

Les attroupements séditieux et les émeutes populaires sont énumérés parmi les principaux événements extraordinaires qui doivent donner lieu à des rapports immédiats au ministre de la guerre, de la part des officiers de gendarmerie de tout grade. (*Art. 77 dudit décret.*)

L'emploi de la force des armes étant toujours regrettable, et l'exécution des ordres, à cet égard, pouvant facilement compromettre les gendarmes, s'ils n'étaient pas bien instruits de ce qu'ils doivent faire, il devient essentiel de se pénétrer des dispositions de la loi du 7 juin 1848 et de savoir quand et comment doivent être dissipés les attroupements.

Tout attroupement armé formé sur la voie publique est interdit, ainsi que tout attroupement non armé qui pourrait troubler la tranquillité publique.

L'attroupement est armé :

1° Quand plusieurs des individus qui le composent sont porteurs d'armes apparentes ou cachées;

2° Lorsqu'un seul de ces individus, porteur d'armes apparentes, n'est pas immédiatement expulsé de l'attroupement par ceux-là mêmes qui en font partie.

Lorsqu'un attroupement armé ou non armé se sera formé sur la voie publique, le maire ou l'un de ses adjoints ou, à leur défaut, le commissaire de police ou tout autre agent ou dépositaire de la force publique et du pouvoir exécutif, *portant l'écharpe* tricolore, se rendra sur le lieu de l'attroupement.

Un roulement de tambour annoncera l'arrivée du magistrat.

Si l'attroupement est armé, le magistrat lui fera sommation de se dissoudre et de se retirer.

Cette première sommation restant sans effet, une seconde sommation, précédée d'un roulement de tambour, sera faite par le magistrat.

En cas de résistance, l'attroupement sera dissipé par la force.

Si l'attroupement est sans armes, le magistrat, après le premier roulement de tambour, exhortera les citoyens à se disperser. S'ils ne se retirent pas, trois sommations, précédées chacune d'un roulement de tambour, seront successivement faites.

En cas de résistance, l'attroupement sera dissipé par la force. (*Loi du 7 juin 1848.*)

L'art. 25 de la loi du 3 août 1791, et l'art. 297 du décret du 1er mars

1854 disposent que les chefs de la force armée peuvent faire usage des armes, sans sommation, dans les deux cas suivants :

1° Si des violences ou voies de fait sont exercées contre les dépositaires de la force publique, dans le cas par exemple où la troupe est assaillie à coups de fusil ou de projectiles de n'importe quelle espèce ;

2° S'ils ne peuvent défendre autrement le terrain qu'ils occupent ou les postes qu'ils ont à garder.

L'armée doit prêter main-forte à la gendarmerie et à la police locale, et obtempérer aux réquisitions légales qui lui sont faites pour le maintien de la sécurité, de l'ordre public et l'observation des lois. (*Art.* 234 *du Code pénal.*)

Tout militaire en activité de service ou en congé est tenu de prêter main-forte aux agents de la force publique, conformément aux art. 106 du Code d'instruction criminelle et 475 du Code pénal. (*Circ. du 23 juin* 1869).

L'art. 85 du décret du 13 octobre 1863 punit d'un emprisonnement d'un mois à trois mois tout officier ou sous-officier de la force publique qui, après avoir été légalement requis par l'autorité, aura refusé de faire agir la force à ses ordres.

Pour la gendarmerie, ces dispositions sont complétées par les art. 136 et 137 du décret précité du 1er mars 1854. (V. *Emploi de la force des armes, Rébellion.*)

EMPLOIS CIVILS.

DÉCRET DU 28 OCTOBRE 1874.

Art. 1er. Les emplois réservés aux anciens sous-officiers des armées de terre et de mer, par la loi du 24 juillet 1873, sont divisés, d'après la nature et le degré de l'instruction qu'ils exigent, en quatre catégories, conformément aux indications de l'état annexé au présent décret.

La première catégorie comprend les emplois obtenus à la suite d'un examen professionnel ; la seconde, ceux qui demandent des connaissances supérieures à l'instruction primaire ; la troisième, ceux pour lesquels l'instruction primaire est suffisante ; la quatrième, enfin, les emplois accessibles sans examen à tous les sous-officiers réunissant les conditions de moralité et de bonne tenue fixées par la loi.

Une moralité irréprochable est exigée de tous les candidats.

Art. 2. Les candidats qui expriment le désir de concourir pour divers emplois subissent les épreuves indiquées pour chacun de ces emplois.

Art. 3. Une commission est instituée dans chaque corps pour examiner les sous-officiers qui, remplissant les conditions fixées par la loi, se présentent pour obtenir les emplois des trois premières catégories.

La composition de cette commission et le mode de nomination de ses membres sont fixés par des arrêtés du ministre de la guerre et du ministre de la marine.

Art. 4. Les candidats aux emplois des trois premières catégories, en activité de service, subissent à leurs corps, à l'époque de la revue trimestrielle, en présence de la commission instituée par l'article précédent, un examen sur les connaissances élémentaires fixées par les tableaux annexés à la loi.

A défaut d'indication spéciale, cet examen embrasse les matières suivantes :

Écriture ; orthographe ; rédaction ; géographie élémentaire de la France (celle de l'Algérie comprise pour les emplois en Afrique); arithmétique (programme de l'instruction primaire).

Le résultat de chaque épreuve est constaté par un chiffre de 0 à 10 (0 nul, 10 parfait).

Art. 5. L'épreuve relative à l'écriture et à l'orthographe consiste en une dictée et une copie.

Le sujet de la rédaction et les exercices d'arithmétique sont choisis en rapport avec l'emploi que le candidat veut obtenir.

Art. 6. Le chef de corps donne aux candidats de toutes les catégories des notes de moralité, de conduite, d'aptitude physique, d'éducation et de tenue, d'après son appréciation et l'ensemble des punitions qu'ils ont subies depuis leur entrée au service.

Il adresse au général commandant le corps d'armée ces notes, accompagnées de l'état signalétique des services, du folio des punitions de chaque candidat et des diplômes, brevets ou certificats qui ont pu lui être délivrés, ainsi que du procès-verbal de son examen et de ses diverses compositions, lorsque l'emploi qui en est l'objet est rangé dans l'une des trois premières catégories.

Si le sous-officier appartient à l'armée de terre, le général de brigade et le général de division, en transmettant ces pièces, y joignent leurs notes sur le candidat.

S'il appartient à l'armée de mer, les pièces qui le concernent sont transmises, par l'intermédiaire du major général et du préfet maritime, qui donnent pareillement leurs notes, au général commandant la région dans laquelle se trouve le corps dont le candidat fait partie.

Art. 7. En outre de l'examen prescrit par l'art. 4 du présent décret, les candidats aux emplois des deux premières catégories subissent, après la revue trimestrielle, un examen sur les connaissances spéciales ou professionnelles fixées par la loi.

Art. 8. Les candidats aux emplois de la deuxième catégorie subissent ce second examen, au chef-lieu du corps d'armée, devant une commission nommée par le général commandant ce corps, et composée ainsi qu'il suit :

Un officier général, *président* ;

Deux officiers ;

Deux fonctionnaires civils présentés par le préfet et choisis suivant le sujet des examens.

Art. 9. Les candidats aux emplois de la première catégorie subissent leur second examen devant la commission ou le fonctionnaire désignés par la loi du 24 juillet 1873 (tableaux annexés), ou, à défaut, par un arrêté du ministre compétent, après entente avec le ministre de la guerre.

Le même arrêté détermine le lieu et le mode d'examen.

Le président de la commission ou le fonctionnaire désigné adresse au général commandant le corps d'armée le procès-verbal de l'examen concluant à l'admissibilité ou au rejet du candidat.

Art. 10. Les sous-officiers et officiers mariniers libérés du service qui, réunissant les conditions légales, désirent, par application des art. 5 et 6 de la loi du 24 juillet 1873, obtenir un des emplois civils réservés aux sous-officiers, adressent leur demande, avec les pièces à l'appui, au général commandant la région dans laquelle ils ont léur domicile, par l'intermédiaire du commandant de la gendarmerie du département où ils résident.

Ce commandant, après avoir entendu le candidat, donne, en transmettant sa demande, des notes sur son aptitude physique, sa tenue, sa moralité et sa conduite depuis sa sortie du service.

Art. 11. Les mêmes sous-officiers libérés du service, s'ils l'ont quitté sans obtenir le certificat mentionné à l'art. 5 de la loi précitée, et s'ils sollicitent un emploi des trois premières catégories, subissent l'examen prescrit par l'art. 4 du présent décret devant une commission départementale nommée par le général commandant le corps d'armée, et composée ainsi qu'il suit :

Un officier général ou supérieur, *président ;*

Deux officiers ;

Deux fonctionnaires civils choisis dans les conditions indiquées à l'art. 8.

Art. 12. S'ils sollicitent un emploi des deux premières catégories, ils subissent, en outre, un second examen, dans les conditions fixées par les art. 8 et 9 du présent décret pour les sous-officiers en activité de service.

Les candidats aux emplois de la troisième catégorie sont examinés par la commission mentionnée au précédent article.

EXTRAIT DE L'INSTRUCTION DU 25 MARS 1875.

Conditions à remplir pour pouvoir être nommé aux emplois énumérés dans les tableaux annexés à la loi du 24 juillet 1873.

La loi du 24 juillet 1873 a décidé que les sous-officiers seraient admis à concourir pour les emplois énumérés dans les tableaux y annexés, lorsqu'ils réuniraient les conditions suivantes :

1° Une moralité irréprochable ;

2° Sept ans au moins sous les drapeaux, dont quatre avec le grade de sous-officier (*art. 14 de la loi du 23 juill., et circ. du 12 août* 1881);

3° Un âge qui leur permette de rendre encore à l'Etat, dans la carrière nouvelle qu'ils embrasseront, d'utiles services. (La limite d'âge au delà de laquelle les candidats militaires ne *peuvent plus être nommés* aux emplois civils est indiquée en regard des conditions d'aptitude déterminées pour chacun des emplois.) (Tableaux annexés.)

Une exception a été apportée aux principes ci-dessus exposés. L'art. 6 de la loi décide que, *quel que soit le temps passé par eux sous les drapeaux,* les sous-officiers des armées de terre et de mer et les officiers mariniers, *réformés* ou *retraités par suite de blessures ou pour infirmités contractées au service,* peuvent être nommés à des emplois civils, s'ils remplissent, d'ailleurs, les conditions d'âge et d'aptitude déterminées aux états annexés.

Catégories d'emplois.

Les emplois réservés aux sous-officiers sont divisés en *quatre catégories,* d'après la nature et le degré d'instruction qu'ils exigent pour qu'on puisse convenablement les remplir :

La première catégorie comprend les emplois qu'on ne peut obtenir qu'à la suite d'un examen professionnel ;

La deuxième, ceux qui demandent des connaissances supérieures à l'instruction primaire ;

La troisième, ceux pour lesquels l'instruction primaire est suffisante ;

La quatrième, enfin, les emplois accessibles sans examen à tous les sous-officiers réunissant les conditions de moralité et de bonne tenue fixées par la loi.

Ces prescriptions concernent tous les candidats, qu'ils soient encore sous les drapeaux ou qu'ils aient été libérés ; mais le mode suivant lequel ces candidats sont examinés varie nécessairement en raison de leur position actuelle au point de vue militaire.

Sous-officiers en activité se présentant pour un des emplois compris dans les trois premières catégories énumérées au décret du 28 octobre 1874.

L'art. 2 de la loi du 24 juillet 1873 décide que les sous-officiers qui, à l'expiration de leur rengagement, compteront douze années de service, dont quatre de grade de sous-officier, pourront, douze mois avant l'époque de leur libération, adresser par écrit à leur chef de corps une demande dans laquelle ils indiqueront, par ordre de préférence, les divers emplois qu'ils sollicitent, ainsi que la localité où ils désirent être placés.

Si ces emplois ont été classés par le décret du 28 octobre 1874 dans l'une des trois premières catégories, ces candidats devront subir, devant une commission instituée dans chaque corps de troupe, un examen sur les connaissances élémentaires fixées par les tableaux annexés à la loi du 24 juillet 1873.

Composition de la commission d'examen fonctionnant dans les corps de troupe.

En ce qui concerne l'armée de terre, ces commissions sont ainsi composées et nommées :

1° Les commissions d'examen qui fonctionnent dans les corps de troupe sont nommées, *pour une durée d'un an,* par les généraux commandant les corps d'armée, sur la proposition des inspecteurs généraux d'armes. Elles opèrent pour tous les examens des candidats qui se présentent pendant le courant de l'année qui suit l'inspection.

2° Ces commissions sont uniformément composées de la manière suivante :

Pour la garde républicaine, le bataillon mobile de gendarmerie et le régiment de sapeurs-pompiers de la ville de Paris ;

Pour les régiments d'infanterie (bataillons actifs et dépôts) ;

Pour les bataillons de chasseurs à pied et d'infanterie légère d'Afrique (compagnies actives) ;

Pour les régiments de cavalerie ;

Pour les régiments d'artillerie et de pontonniers et les escadrons du train des équipages militaires ;

Pour les régiments du génie :

Un chef de bataillon, d'escadron ou major, *président ;*
Deux capitaines, deux lieutenants ou un lieutenant et un sous-lieutenant, *membres.*

. . . .

Pour la *gendarmerie* (légions départementales) :
Le chef de légion ou, en son absence, le commandant de compagnie en résidence au chef-lieu, *président ;*
Le capitaine commandant l'arrondissement au chef-lieu de légion et le capitaine-trésorier, *membres.*

Examen spécial pour les emplois de la première catégorie.

Si l'emploi sollicité par le sous-officier est classé dans la première catégorie, il doit subir un second examen devant une commission ou un fonctionnaire désignés par la loi du 24 juillet 1873 (tableaux annexés) ou, à défaut, par arrêté du ministre compétent, après entente avec le ministre de la guerre.

Examen spécial pour les emplois de la deuxième catégorie.

MM. les généraux commandant les corps d'armée doivent nommer, pour faire passer aux sous-officiers qui sollicitent des emplois de la deuxième catégorie l'examen spécial auquel ils sont assujettis, une commission, qui doit être composée ainsi qu'il suit :
Un officier général, *président ;* deux officiers ; deux fonctionnaires civils, présentés par le préfet du département dans lequel aura lieu l'examen, et choisis suivant le sujet des examens et, autant que possible, la nature de l'emploi.
Les commandants de corps d'armée s'entendent avec le préfet du département de leur résidence pour la désignation des fonctionnaires civils.
La loi du 24 juillet 1873 étant applicable aux sous-officiers des armées de terre et de mer, dans les 10e, 11e, 15e et 18e corps d'armée, où se trouvent les cinq grands ports militaires, un officier supérieur de marine ou des troupes de la marine est un des deux officiers appelés à faire partie du jury pour l'examen professionnel des candidats aux emplois de la deuxième catégorie.

Examen pour les emplois de la troisième catégorie.

L'examen passé devant la commission fonctionnant dans chaque corps de troupe suffit pour les candidats aux emplois de la troisième catégorie.

Examen pour les emplois de la quatrième catégorie.

Enfin, si le candidat sollicite un emploi de la quatrième catégorie, le chef de corps n'a qu'à donner des notes sur la moralité et la conduite, sur la tenue, etc., du sous-officier. Les demandes doivent également être adressées par la voie hiérarchique, avec les pièces et notes désignées ci-dessus

Sous-officiers libérés.

Pour qu'un ancien sous-officier puisse concourir, comme candidat militaire, à l'obtention de l'un des emplois énumérés dans les états annexés à la loi du 24 juillet 1873, il doit remplir les mêmes conditions d'ancienneté de service et de grade, d'âge et d'aptitude que le sous-officier présent sous les drapeaux, à moins qu'il ne rentre dans les conditions spécifiées dans l'art. 6 de ladite loi. (V. p. 231.)

S'il désire obtenir un de ces emplois, il doit adresser sa demande, avec les pièces à l'appui, au général commandant la région dans laquelle il a son domicile, par l'intermédiaire du commandant de la gendarmerie de son département.

Cet officier donne, en transmettant la demande du candidat, des notes sur son aptitude physique, sa tenue, sa moralité et sa conduite depuis sa sortie du service.

Dans le cas où cet ancien sous-officier aurait quitté le corps sans avoir obtenu le certificat dont il est question à l'art. 5 de la loi du 24 juillet 1873, et s'il sollicite un emploi des trois premières catégories, il devra subir un examen analogue à celui que passent les candidats présents sous les drapeaux, conformément aux dispositions de l'art. 4 du décret précité du 28 octobre.

Nomination et composition des commissions départementales d'examen.

Cet examen aura lieu chaque trimestre, devant une commission siégeant au chef-lieu de chaque département, nommée par le général commandant le corps d'armée, et composée de la manière suivante :

Un officier général ou supérieur, *président ;* deux officiers (de l'armée de terre ou de mer, suivant ce qui a été dit plus haut); deux fonctionnaires civils présentés par le préfet, *membres.*

Examens spéciaux des anciens sous-officiers aux emplois des deux premières catégories.

Si le candidat désire obtenir un emploi classé dans les deux premières catégories, il est astreint, en outre, à subir un examen professionnel, dans les conditions fixées par les art. 8 et 9 du décret du 28 octobre 1874, pour les sous-officiers en activité de service, et devant la même commission.

Après la fin des examens, le général commandant le corps d'armée transmet au ministre les procès-verbaux des examens subis dans sa région, avec ses notes sur les divers candidats et les pièces qui les concernent.

Dispositions communes aux sous-officiers en activité et aux anciens sous-officiers.

Lorsque les compositions des candidats et les appréciations de l'autorité militaire sont parvenues au ministre de la guerre, il les transmet à la commission qui a été instituée par décret du 4 décembre 1874 (1).

Cette commission dresse, pour les vacances réservées aux sous-officiers, la liste des candidats auxquels, d'après leur classement, des emplois sont attribués, au fur et à mesure qu'elles se produisent.

ÉTAT DES EMPLOIS RÉSERVÉS

AUX SOUS-OFFICIERS DE L'ARMÉE DE TERRE ET DE MER

Par la loi du 24 juillet 1873 (2).

MINISTÈRE DE LA JUSTICE ET DES CULTES.

Administration centrale et Conseil d'Etat.

Catégories.		fr.	fr.
3°	Expéditionnaires...............................	1,500 à 2,400	
4°	Huissiers, concierges, gardiens de bureau (avec l'habill.).	1,100 à 1,600	

GRANDE CHANCELLERIE DE LA LÉGION D'HONNEUR.

3°	Commis (les candidats feront un stage pendant lequel il recevront 1,000 fr. par an)......................	1,200 à 3,000
4°	Huissiers, concierges, gardiens de bureau............	1,200

MINISTÈRE DE L'INTÉRIEUR.

Administration centrale.

3°	Expéditionnaires (pendant leur stage ils recevront 125 fr. par mois)..	1,800 à 4,000
4°	Huissiers (avec 400 fr. pour l'habillement)...........	1,600 à 2,000
4°	Concierges (avec l'habill. et 100 fr. pour le petit équip.)	1,200 à 1,400
4°	Garçons de bureau (avec l'habill. et 40 fr. pour le petit équipement).....................................	1,200 à 1,400

---

(1) La composition de cette commission se trouve dans l'*Annuaire militaire*, à la page 13.

(2) Les conditions d'instruction, de taille, de corpulence et de conduite sont déterminées par le décret du 28 octobre 1874.

NOTA. — Il est survenu des modifications au décret du 28 octobre 1874 dont il a été tenu compte dans les tableaux suivants, qui sont en concordance avec le *Journal militaire* du 26 avril 1881, p. 862 et suivantes.

La limite d'âge est 37 ans (*art. 16 de la loi du 23 juillet 1881 qui abroge celle du 22 juin 1878*), excepté pour les emplois suivis des lettres A et B ci-après, qui sont: A 40 ans, B 38 ans.

Prisons.

1re Instituteurs (avec le logement et une indemnité variant
de 300 fr. à 600 fr., plus le chauffage et l'éclairage). 1,400 à 2,400

2e Commis aux écritures (*idem*)........................ 1,200 à 2,000

3e Teneurs de livres (*idem*)........................... 1,200 à 2,000

4e Gardiens chefs (avec logement, habillement, équipement,
armement, éclairage et chauffage). (S'ils sont mariés,
leurs femmes peuvent être surveillantes aux appoin-
tements de 250 fr. à 500 fr., plus le pain)...... (A) 1,000 à 2,000

Sûreté publique.

1re Commissaires spéciaux de police (1) (frais de bureau variant de 240 fr. à 800 fr.)....................... 1,200 à 6,000

1re Inspecteurs spéciaux de la police des chemins de fer (1) 1,500 à 2,400

4e Gardiens de la paix à Lyon........................ 1,200 à 1,300

GOUVERNEMENT DE L'ALGÉRIE.

Administration centrale. — Gouverneur général.

3e Commis.. 1,800 à 3,000

4e Huissiers, concierges, garçons de bureau (avec l'habill.) 1,000 à 1,400

Administration provinciale, départementale et cantonale.

3e Commis.. 1,500 à 2,700

4e Huissiers, garçons de bureau..................... 800 à 1,000

Prisons. — Ministère de l'intérieur.

4e Maisons centrales, gardiens, concierges (avec l'habillement, l'équipement, l'armement et le chauffage).... 1,000 à 1,500

4e Prisons civiles, gardiens chefs (avec l'habillement, l'équipement, l'armement et le chauffage. Indemnité de
15 fr. par mois. A la maison centrale de Lambèse,
les gardiens mariés touchent une indemnité de logement de 10 fr. par mois)........................ 900 à 1,800

Télégraphie. — Ministère des postes et télégraphes.

1re Employés de 5e classe........................... 1,750

(A) Voir le nota placé au bas de la page 236.

(1) Les sous-officiers qui désireront concourir pour les emplois de commissaire spécial de police et d'inspecteur spécial de police des chemins de fer devront demander uniquement à entrer dans l'administration de la sûreté publique.
Ce n'est qu'après un stage de six mois, rétribué sur le pied de 1,200 fr. par an,
pendant lequel ils auront le titre d'inspecteur spécial militaire, qu'ils seront
désignés par M. le ministre de la guerre, suivant leur aptitude, pour l'un ou
l'autre de ces emplois.

3° Chefs surveillants (indemnité de cheval, 450 fr., indemnité d'habillement, 60 fr.)........................... 1,750

4° Surveillants (indemnité de cheval, 450 fr., indemnité d'habillement, 60 fr.).......................... 1,250

Postes. — Ministère des postes et télégraphes.

3° Receveurs de bureaux (logement et frais de bureau selon la résidence)................................ 1,500

3° Commis ordinaires. 1,500

4° Brigadiers facteurs (frais de tournées, 600 fr., uniforme, 80 fr.)............................... 1,250

Enregistrement. — Ministère des finances.

4° Timbreurs, tourne-feuilles...................... 1,200 à 1,500

Contributions directes. — Ministère des finances.

2° Répartiteurs (frais de tournée, 1,200 fr., indemnités variables, 1,000 fr.).......................... 1,500 à 3,000

Forêts. — Ministère de l'agriculture

3° Gardes actifs (entretien d'un cheval, 400 fr., logement ou indemnité de 200 fr., chauffage, frais de justice, part des amendes) 750

3° Gardes sédentaires (indemnité de logement de 400 fr.). 1,000

Poids et mesures. — Ministère du commerce.

1re Vérificateurs.................................. 1,800 à 3,000

Service sanitaire. — Ministère du commerce.

3° Capitaine de santé (indemnité de 500 fr.)............ 1,800 à 2,000

4° Gardes sanitaires................................ 800 à 900

Travaux publics. — Ministère des travaux publics.

1re Conducteurs des ponts et chaussées (indemn. de 950 fr. à 1,300 fr.) .... 1,400 à 2,800

2° Agents secondaires............................. 1,500 à 2,800

Mines et forages. — Ministère des travaux publics.

1re Gardes-mines (indemnité de 950 fr. à 1,300 fr.)...... 1,400 à 2,800

Phares. — Ministère des travaux publics.

4° Gardiens des phares et fanaux.................... 600 à 1,200

Police. — Gouverneur général.

3° Inspecteurs de la police centrale d'Alger (avec l'habill.) 1,800 à 2,000
3° Sous-inspecteurs (avec l'habillement)................. 1,500
4° Agents français (avec l'habillement)................. 1,200 à 1,300
3° Commissaires de police des communes autres que les chefs-lieux de département et d'arrondissement (indemnité de 300 fr. à 420 fr.)..................... 1,500 à 2,100

MINISTÈRE DES FINANCES.

Administration centrale.

3° Commis expéditionnaires..... Traitement de début de 1,600
4° Gardiens de bureau, huissiers, concierges, etc........ 1,100 à 1,400

Contributions directes.

2° Perception (4° et 5° classes) (la retenue pour les pensions civiles n'est pas exercée sur le dernier quart des remises, qui est considéré comme indemnité pour frais de loyer et de bureau).....................
..... Traitement moyen : 5° classe, 2,100 fr., 4° classe, 2,900 fr.

Douanes.

4° Préposés de 1re classe (France) (une indemnité variant de 50 fr. à 100 fr. est accordée aux préposés dans les localités où la vie est chère) (1)................. 850
4° Préposés de 1re classe (Algérie) (idem) (1)........... 850
3° Commis (emplois subalternes) (une indemnité d'un mois de traitement est accordée aux commis employés aux marais salants et dans les fabriques de soude) (1)... 1,200

Contributions indirectes.

3° Préposés aux sucres et autres (indemnité de 120 fr.).. 900 à 1,000

Manufactures de l'État.

3° Vérificateurs, commis de culture (avec part de la valeur des objets saisis et de l'amende prononcée contre les délinquants)................................ 1,000 à 1,400

MINISTÈRE DES POSTES ET DES TÉLÉGRAPHES.

Postes.

4° Facteurs à Paris (avec 100 fr. pour frais de séjour à Paris, 50 fr. pour indemnité de chaussures et habill.) 900 à 1,300

(1) La limite d'âge est portée à 35 ans au lieu de 34. (*Loi du 31 déc. 1875.*)

3ᵉ   Receveurs des départements (indemnité de 200 fr.). — Traitement de début............................   800

4ᵉ   Facteurs de ville des départements................   800 à 1,200

Télégraphie.

1ʳᵃ   Employés titulaires (avec 200 fr. en plus pour les employés dans le département de la Seine)............   1,500 à 2,700

3ᵉ   Chefs surveillants (avec 200 fr. en plus pour les employés dans le département de la Seine)...............   1,400 à 1,800

4ᵉ   Surveillants (avec 200 fr. en plus pour la Seine, le Havre, Nice, St-Nazaire, Toulon, Marseille, St-Etienne, et 200 fr. à 300 fr. d'allocation spéciale dans les bureaux où un service de nuit est établi)............   1,000 à 1,200

MINISTÈRE DE LA GUERRE.

Administration centrale.

3ᵉ   Expéditionnaires (1).............................   1,600 à 3,000

4ᵉ   Gardiens de bureau (2) (avec habillement et indemnité de petit équipement de 40 fr.).................   1,200 à 1,400

Justice militaire.

4ᵉ   Sergents-huissiers, appariteurs (3) (indemnité de logement, 144 fr. : prestations allouées aux sous-officiers d'infanterie), gouvernement de Paris, 1,260 fr., plus une indemnité de première mise de 150 fr. (4); corps d'armée et Algérie........................ (A) 1,116

4ᵉ   Sergents surveillants dans les ateliers de travaux publics et les pénitenciers militaires (3) (mêmes indemnités que ci-dessus)......................... (A) 1,274

4ᵉ   Sergents surveillants dans les prisons militaires (3) (première mise d'habillement, 150 fr. : prestations en nature allouées aux sous-officiers d'infanterie), gouvernement de Paris, 1,080 fr.; corps d'armée et Algérie .... (A) 1,094

Génie.

4ᵉ   Portiers-consignes (3) (avec 140 fr. de première mise d'habillement; logement dans presque tous les cas). (A) 1,044 à 1,224

---

(1) Les candidats feront un stage d'un an avec le titre de commis stagiaire et un traitement de 1,500 fr. soumis aux retenues pour les pensions civiles.

(2) Les candidats feront un stage d'un an et recevront un salaire de 1,200 fr. soumis aux retenues pour les pensions civiles.

(3) Aux termes de la loi du 23 juillet 1881, les sous-officiers ayant une retraite proportionnelle ne peuvent en cumuler les arrérages avec le traitement militaire d'activité des emplois de portier-consigne, etc.

(4) Décision présidentielle du 15 octobre 1881.

(A) Voir le nota placé au bas de la page 296.

4° Caserniers en France...	{	2e classe (avec 1re mise de 140 fr.).	(A)	600
	{	1re — —		700
4° En Algérie..	{	2e — —	(A)	800
	{	1re — —		900
4° Concierges des hôtels des quartiers généraux......			(A)	600

(*Circ. du 15 janv.* 1883).

Écoles militaires.

3° Commis d'administration (avec logement dans un grand
nombre de cas)............................ 1,512 à 2,808

4° Agents subalternes (avec nourriture et habillement).... 800 à 1,500
A l'Ecole polytechnique, où les gages varient de
954 fr. à 1,656 fr., la nourriture est accordée moyennant une réduction de 234 fr.

MINISTÈRE DE LA MARINE ET DES COLONIES (1).

Personnel administratif des directions de travaux.

3° Ecrivains................................ 1,100 à 1,200

Comptabilité des matières.

3° Ecrivains auxiliaires........................ 800

Gardiennage et surveillance.

4° Gardiens-concierges (indemnité d'habillement, 80 fr.).. 1,000 à 1,100
4° Portiers-consignes (indemnité d'habillement, 100 fr.).. 1,000 à 1,100
4° Gardiens=portiers (indemnité d'habillement, 80 fr.).... 800 à 900
4° Gardiens=concierges des bâtiments militaires aux colonies (indemnité d'habillement, 100 fr.)......... (A) 1,000 à 1,100

Service pénitentiaire des colonies.

4° Surveillants (indemnité de première mise d'équipement,
200 fr. Logement dans la colonie. Rations de vivres
dans la colonie et à bord). — Traitement d'Europe,
de 1,200 fr. à 2,000 fr. Traitement colonial, de.. (A) 1,600 à 4,000

Commissariat.

3° Commis............................... 1,400 à 2,500

(A) Voir le nota placé au bas de la page 236.

(1) Les emplois portés au présent tableau ne sont affectés aux anciens sous-
officiers de l'armée de terre qu'autant que l'administration de la marine ne
dispose pas, pour les occuper, d'un nombre suffisant d'anciens officiers mariniers ou sous-officiers des troupes de la marine.

MINISTÈRE DE L'INSTRUCTION PUBLIQUE ET DES BEAUX-ARTS.

Administration centrale.

3° Commis.. 1,500 à 3,800
4° Gardiens de bureaux et concierges................. 1,000
3° Employés à l'Institut, aux Facultés, à l'Académie de
      médecine....................................... 800 à 2,700

Muséum d'histoire naturelle.

4° Gardiens de ménagerie, inspecteurs, surveillants, em-
      ployés, garçons de laboratoire, concierges........ 1,000

Bibliothèques.

4° Gardiens, garçons de bureau, concierges (1) (avec l'ha-
      billement)..................................... 1,000

Instituteurs.

1° Instituteurs (indemnités variant selon les localités). Trai-
      tement de début............................... 600

Musées.

4° Gardiens des musées (Beaux-Arts)................. 1,000

MINISTÈRE DE L'AGRICULTURE.

Administration centrale.

3° Expéditionnaires................................. 1,500 à 3,000
4° Gardiens de bureau, huissiers (avec l'habillement)..... 1,200

Ecoles vétérinaires.

3° Commis (avec logement).......................... 1,400 à 2,000

Ecoles d'agriculture.

3° Commis (avec logement) .... 1,100 à 1,500
4° Surveillants (avec logement et nourriture) .... 1,000 à 1,200
4° Concierges des Ecoles vétérinaires et d'agriculture (avec
      logement) .... 800 à 1,100

Haras, dépôts d'étalons.

4° Palefreniers de 2° classe (avec l'habillement)......... 900

---

(1) Les candidats feront un stage pendant lequel ils recevront une indemnité
journalière de 3 fr. 50 cent.

MINISTÈRE DU COMMERCE.
Administration centrale.

3ᵉ Expéditionnaires........................ 1,500 à 3,000
4ᵉ Gardiens de bureau, huissiers (avec l'habillement)..... 1,200

Conservatoire des arts et métiers.

4ᵉ Gardiens des galeries et concierges (avec l'habillement). 1,100 à 1,600

École centrale.

4ᵉ Surveillants et concierges (avec l'habillement)........ 1,200

Ecoles d'arts et métiers.

4ᵉ Adjudants (avec l'habillement, logement, nourriture). 800

Poids et mesures.

1ʳ Vérificateurs adjoints............................. 1,400

Forêts.

3ᵉ Gardes domaniaux (avec 100 fr. de première installation. Chauffage. Les 2/5 sont logés et ont la jouissance d'un jardin)................................ 600
3ᵉ Gardes forestiers dans le service sédentaire (avec 100 fr.
  de première installation)......................... 800

MINISTÈRE DES TRAVAUX PUBLICS.
Administration centrale.

3ᵉ Commis expéditionnaires................... (1) 1,500 à 3,000
4ᵉ Gardiens de bureau (compris ceux des écoles des ponts
  et chaussées et des mines) (avec l'habillement) .. (2) 1,000 à 1,600

Ponts et chaussées.

1ʳ Conducteurs (indemnité de résidence de 150 à 500 fr.,
  allouée dans certaines localités. Frais de déplacement).. 1,400 à 2,800
1ʳ Agents secondaires des ponts et chaussées (indemnité
  de résidence de 75 à 300 fr., allouée dans certaines
  localités. Frais de déplacement).................. 600 à 1,200

Mines.

1ʳ Gardes-mines (indemnité de résidence de 150 à 500 fr.,
  allouée dans certaines localités. Frais de déplacement).. 1.400 à 2,800

---

(1) La limite d'âge a été descendue de 36 ans à 34 ans par décret du 26 fév. 1878.
(2) La limite d'âge a été fixée à 35 ans au lieu de 36 ans par décret du 21 janv. 1878.

Services divers.

» Les emplois de gardes-pêche, éclusiers et pontiers, gardes de navigation, maîtres et gardiens de phares, ne seront affectés aux anciens sous-officiers de l'armée qu'autant que l'administration de la marine ne disposera pas pour les occuper d'un nombre suffisant d'officiers mariniers.

4° Gardes-pêche (indemnité de logement de 72 à 100 fr. Frais de déplacement)...................... 600 à 1,000

4° Eclusiers et pontiers (avec logement ou indemnité de 100 à 150 fr.)........................ (A) 400 à 600

4° Gardes de navigation (*idem*)..................... (A) 550 à 700

4° Maîtres et gardiens de phares (avec logement ou indemnité équivalente) .... (A) 475 à 1,000

Palais nationaux.

4° Surveillants des palais nationaux (avec l'habillement) . 1,000 à 1,100

4° Portiers des palais nationaux (avec l'habillement et logement) .... 900 à 1,000

PRÉFECTURE DE LA SEINE.

Administration centrale.

3° Calligraphes, teneurs de livres (traitement de début).. 1,000

4° Gardiens de bureau (y compris ceux de la caisse municipale) .... 1.300 à 1,600

Agents de perception de la caisse municipale.

3° Expéditionnaires................................. 1,500 à 3,000

Octrois, entrepôts.

4° Facteurs (avec l'habillement. Indemnité de logement de 300 fr.) 1,000

4° Magasiniers 1,300

4° Concierges (avec logement)....................... 1,000

4° Garçons de bureau (avec l'habillement) .... 1.300 à 1,400

4° Commis ambulants (avec l'habillement. Indemnité de logement de 180 fr. Remises de 220 à 260 fr.)...... 1,100 à 1,300

Perceptions municipales.

1re Préposés du poids public, mesurage des pierres, contrôle, halles, marchés, abattoirs (1)............... 1,500 à 3,000

(A) Voir le nota placé au bas de la page 236.

(1) Les candidats seront astreints à un stage minimum de six mois, pendant lequel ils recevront une indemnité mensuelle de 125 fr., non soumise à la retenue pour les pensions civiles

4° Entrepôt de Bercy.................................. 1,500 à 2,400
4° Peseurs titulaires .... 1,200 à 1,400
4° Agents du service de la surveillance des voitures et des
    concessions sur la voie publique................. 1,400 à 2,450
4° Surveillants de l'entrepôt du quai Saint-Bernard (avec
    l'habillement) 1,160

Mairies.

3° Teneurs de livres................................. 1,500 à 3,000
4° Garçons de bureau, concierges (avec l'habillement. La
    plupart sont logés)............................... 1,200 à 1,600
4° Facteurs à l'inspection de la vérification des décès 1,200
3° Ordonnateurs des pompes funèbres .... 2,000 à 2,500
4° Gardes des cimetières (avec l'habillement. Logement ou
    indemnité de 300 fr.)........................ (B)   900 à 1,200

Travaux de Paris.

3° Piqueurs .... 1,400 à 1,800
4° Piétons... 1,200 à 1,400
4° Gardes des bois de Boulogne et de Vincennes (avec l'ha-
    billement. Logement ou indemnité de 100 fr.) .. (B)   800 à 1,000
4° Gardes des squares (avec l'habillement. Logement ou in-
    demnité de 300 fr.) .... (B)   800 à 1,000

Eaux et égouts.

3° Piqueurs .... 1,400 à 1,800
4° Fontainiers .... 1,200 à 1,300
4° Gardes-bassins.................................. 1,100

Services divers.

4° Gagistes du Mont-de-Piété .... 1,000 à 1,400
4° Sergent et brigadier à la Bourse (avec l'habillem[nt]).. (A) 1,300 à 1,500
4° Brigadier et gardes au Palais de Justice (idem) ..... (A) 1,200 à 1,500
4° Brigadier et surveillants au Tribunal de com[ce] (idem).. (A) 1,300 à 1,500

Assistance publique.

3° Expéditionnaires................................. 1,500 à 2,400
3° Expéditionnaires des bureaux de bienfaisance........ 1,500 à 2,400
4° Garçons de bureau (avec l'habillement).............. 1,300 à 1,400
4° Concierges (avec l'habillement et logement) 1,200
4° Garçons de bureau des bureaux de bienfaisance (avec
    l'habillement) 1,200
3° Piqueurs des travaux des bâtiments................. 1,500 à 1,800

(B) (A) Voir le nota placé au bas de la page 236

PRÉFECTURE DE POLICE.

4° Surveillants des prisons de la Seine (avec l'habillement). 1,300 à 1,500
3° Commis greffiers des prisons de la Seine .... 1,500 à 2,400
4° Inspecteurs et gardiens de la paix (indemnité de logement, 185 fr.)..................................... 1,200 à 1,500

Brigadiers et gendarmes ayant été sous-officiers.

Les brigadiers et gendarmes qui n'ont pas perdu les droits à la retraite du grade de sous-officier qu'ils avaient avant d'entrer dans l'arme, et qui réunissent les conditions indiquées par la loi du 24 juillet 1873 modifiée par celle du 23 juillet 1881, peuvent concourir pour les emplois énumérés plus haut.

Anciens militaires libérés du service.

Les anciens militaires libérés qui demandent des emplois *non réservés* par la loi du 24 juillet 1873 doivent adresser leurs demandes aux autorités civiles, qui prennent, au besoin, des renseignements auprès des commandants de corps d'armée. (*Circ. du min. de l'int. aux préfets, du 7 juin 1875.*)

CHEMINS DE FER.

Inspecteurs de l'exploitation commerciale des chemins de fer.

Les inspecteurs principaux de l'exploitation commerciale sont pris exclusivement parmi les inspecteurs particuliers comptant au moins trois ans de service en cette qualité. (*Art. 1er de l'arrêté du min. des travaux publics, du 10 fév. 1878.*)

La moitié des places d'inspecteurs particuliers est réservée aux commissaires de surveillance administrative de première classe, comptant au moins trois ans de services dans cette classe ; l'autre moitié est donnée au concours.

Les places données au concours ne peuvent être attribuées qu'à des candidats agréés par le ministre des travaux publics et portés sur la liste d'admissibilité dressée à la suite d'un examen, conformément aux art. 3 et 4 de l'arrêté précité.

Les deux tiers des places données au concours sont réservées aux anciens officiers des armées actives de terre et de mer, à moins d'insuffisance du nombre ou du mérite des candidats de cette catégorie.

Les anciens officiers doivent avoir au plus cinquante-sept ans avant le 1er janvier de l'année de l'examen. Les autres candidats devront avoir trente ans au moins et trente-neuf ans au plus avant le 1er janvier de l'année où ils se présenteront.

Nul ne peut être admis plus de deux fois à subir l'examen. (*Art. 2.*)

Les candidats doivent faire parvenir au ministère leur demande, accompagnée des pièces établissant leur qualité de Français, leur âge, leurs services et leurs antécédents. (*Art.* 3.)

Commissaires de surveillance administrative des chemins de fer.

L'entrée dans le cadre des commissaires de surveillance administrative ne peut avoir lieu que par la quatrième classe.

Les commissaires de chacune des trois premières classes sont choisis parmi les commissaires de la classe inférieure.

Aucun avancement n'est donné qu'après deux années au moins passées dans la classe inférieure. (*Art.* 6.)

. Nul ne peut être nommé commissaire de surveillance s'il n'a été agréé par le ministre et s'il n'a été porté sur la liste d'admissibilité dressée à la suite d'un examen, conformément aux art. 8 et 9 de l'arrêté précité.

Les deux tiers des emplois de commissaire de surveillance sont réservés aux anciens officiers des armées actives de terre et de mer, à moins d'insuffisance du nombre des candidats de cette catégorie.

Les anciens officiers devront avoir au plus cinquante-quatre ans avant le 1er janvier de l'année de l'examen. Les autres candidats devront avoir au moins vingt-cinq ans et trente-quatre ans au plus avant le 1er janvier de l'année où ils se présenteront.

Nul ne peut être admis plus de deux fois à subir l'examen. (*Art.* 7.)

Les conditions imposées par l'art. 3 aux candidats à la place d'inspecteur particulier sont applicables aux candidats à l'emploi de commissaire de surveillance. (*Art.* 8.)

Les examens consistent en plusieurs épreuves écrites portant sur les matières suivantes :

Rédaction de procès-verbaux et de rapports sur des affaires de service ;

Arithmétique ;

Géographie de la France ;

Législation des chemins de fer ; notions de droit pénal et d'instruction criminelle.

Un arrêté ministériel ultérieur fixera le programme des examens et en réglera les conditions. (*Art.* 9.)

La liste d'admissibilité est dressée par la commission d'examen. (*Art.* 10.)

Examens.

Pour les inspecteurs. Un examen a lieu aux époques déterminées par le ministre des travaux publics. L'époque et le lieu de ces examens sont portés à la connaissance des candidats par un avis inséré au *Journal officiel.*

Les demandes d'admission à l'examen sont adressées au ministre des travaux publics au moins deux mois avant l'époque fixée pour l'examen. (*Art.* 1er et 2 de l'arrêté min. du 1er mars 1878.)

Pour les commissaires de surveillance administrative. Un examen a lieu tous les ans; l'époque est également fixée par un avis inséré au *Journal officiel.*

Les demandes d'admission à l'examen doivent être adressées au ministre des travaux publics avant le 1er janvier. (*Art. 1er et 2 de l'arrêté du 1er mars 1878.*)

Ces demandes, pour les inspecteurs et les commissaires de police administrative, doivent être accompagnées :

1° D'une expédition authentique de l'acte de naissance du candidat; 2° d'un certificat de moralité délivré par le maire de la résidence, dûment légalisé; 3° d'une note faisant connaître les antécédents du candidat et les études auxquelles il s'est livré; 4° de l'acte constatant qu'il a satisfait à la loi du recrutement; 5° des états de service, diplôme, certificats, etc., qui auraient pu lui être délivrés, ou des copies de ces pièces, dûment certifiées.

Les examens portent sur les connaissances des programmes qui se trouvent dans les préfectures, où on peut se les procurer gratuitement.

Voie hiérarchique.

Il est expressément recommandé aux officiers en activité de service de ne point solliciter d'emplois civils en dehors de la voie hiérarchique. (*Circ. du 16 juin 1880.*)

EMPLOI DE LA FORCE DES ARMES.

Lorsque la gendarmerie est attaquée dans l'exercice de ses fonctions, elle requiert, de par la loi, l'assistance des citoyens présents à l'effet de lui prêter main-forte, tant pour repousser les attaques dirigées contre elle que pour assurer l'exécution des réquisitions et ordres dont elle est chargée. (*Art. 638 du décret du 1er mars 1854.*)

La force des armes ne peut être employée que dans les circonstances graves, et toujours avec les ménagements compatibles avec l'intérêt public. Lorsque les gendarmes sont réduits à s'en servir contre des rebelles, ils doivent encore tempérer, par leur patience, leur modération et une sorte de longanimité, la rigueur du ministère qu'ils exercent.

Ils ne doivent agir de leur propre mouvement que dans les cas suivants :

1° Si des violences ou voies de fait sont exercées contre eux;

2° S'ils ne peuvent défendre autrement le terrain qu'ils occupent, les postes ou les personnes qui leur sont confiés, ou enfin si la résistance est telle qu'elle ne puisse être vaincue autrement que par le développement de la force des armes (*art. 297 du décret du 1er mars 1854*);

Ces dispositions ne doivent pas s'appliquer au cas où un prisonnier qui est confié à la gendarmerie cherche à prendre la fuite (*lettre minist. du chef de la 17e légion, en date du 14 nov. 1874*);

3° Lorsque leur personne est menacée par des individus qui les couchent en joue, surtout par des braconniers. (*Circ. du 30 nov. 1853.*)

Dans tous les autres cas, cette force n'est déployée que sur les réquisitions de l'autorité civile ou sur des ordres militaires. Alors la gendarmerie qui n'obtempérerait pas aux réquisitions des autorités deviendrait responsable des événements. (*Circ. min. du* 10 *avril* 1821; art. 234 *du Code pénal*. — V. *Rébellion, Outrage, Emeute, Révolte*.)

Le meurtre commis par un gendarme dans l'exercice de ses fonctions, s'il a été provoqué par des violences graves ou des coups, est non seulement excusable aux termes de l'art. 321 du Code pénal, mais même il ne constitue ni crime ni délit. (*Cass.*, 20 *janv.* 1825 *et* 1er *août* 1878. — V. *Légitime défense*.)

EMPOISONNEMENT.

Le crime d'empoisonnement exige une grande sagacité dans sa constatation et dans les recherches qui en sont la suite.

Il faut, avec beaucoup de soin et de persévérance, recueillir les moindres détails, les plus petites circonstances. L'officier de police judiciaire doit s'attacher principalement à connaître d'où proviennent les poisons, les mets ou liqueurs empoisonnés; s'ils ont été vendus ou fournis dans le dessein de favoriser l'empoisonnement, et par qui les mets et liqueurs auraient été apprêtés ou présentés à la personne empoisonnée. Il faut qu'il s'empare des matières vénéneuses, des mets et liqueurs infectés de poison ou soupçonnés de l'être, des vases non encore nettoyés qui les ont contenus, et des matières expectorées par la personne à qui le poison a été donné.

Lorsqu'il est procédé à l'ouverture du cadavre, en conformité des ordres du procureur de la République, ou, dans des cas très rares, de l'officier de gendarmerie lui-même, on doit se saisir des matières solides et liquides renfermées dans l'estomac et les intestins, s'emparer même de ces viscères et renfermer le tout dans des vases exactement fermés et scellés du sceau de l'officier de police judiciaire. Cet officier ne doit pas souffrir que l'ouverture et l'examen du cadavre se fassent hors de sa présence; il ne doit pas non plus se dessaisir des poisons, non plus que des mets, liqueurs, viscères et objets qu'ils auraient atteints. Les médecins, chirurgiens, chimistes et pharmaciens requis pour en faire l'examen les reçoivent de lui et opèrent en sa présence. Il faut que cet examen soit confié à des experts habiles et probes. Dans tous les cas, il convient de conserver avec soin, autant que possible, une partie des poisons et des matières soumises à l'analyse, afin que l'on puisse, au besoin, réitérer les expériences lors de l'instruction ultérieure ou des débats judiciaires; enfin, l'officier de police judiciaire doit envoyer promptement au procureur de la République tous les objets que la putréfaction pourrait altérer au point de rendre impossible un nouvel examen.

Dans le cas où les poisons auraient été achetés et où le vendeur serait connu, on doit vérifier s'il est autorisé à les débiter et s'il s'est conformé aux prescriptions de la loi pour le débit des matières vénéneuses, parce que, dans le cas de négative, le contrevenant est passible d'une amende correctionnelle de 3,000 fr. (*Art.* 34 *et* 35 *de la loi du* 21 *germ. an* XI. — V., *pour les formalités à remplir dans le cours de l'instruction, Officiers de police judiciaire, et, au* Formulaire, *un modèle de procès-verbal.*

ENFANT

ENLEVÉ, RECÉLÉ, SUBSTITUÉ A UN AUTRE, SUPPOSÉ A UNE FEMME QUI N'EST PAS ACCOUCHÉE, etc.

Les coupables d'enlèvement, de recélé, ou de suppression d'un enfant, de substitution d'un enfant à un autre, ou de supposition d'un enfant à une femme qui ne sera pas accouchée, seront punis de la réclusion.

S'il n'est pas établi que l'enfant ait vécu, la peine sera d'un mois à cinq ans d'emprisonnement.

S'il est établi que l'enfant n'a pas vécu, la peine sera de six jours à deux mois d'emprisonnement.

Seront punis de la réclusion, ceux qui, étant chargés d'un enfant, ne le représenteraient point aux personnes qui ont droit de le réclamer. (*Art.* 345 *du Code pénal, confirmé par la loi du* 13 *mai* 1863.)

ENFANTS ABANDONNÉS.

Ceux qui auront exposé et laissé en un lieu solitaire un enfant au-dessous de l'âge de sept ans accomplis, ceux qui auront donné l'ordre de l'exposer ainsi, si cet ordre a été exécuté, seront, pour ce seul fait, condamnés à un emprisonnement de six mois à deux ans, et à une amende de 16 fr. à 200 fr. (*Art.* 349 *du Code pénal.*)

La peine portée au précédent article sera de deux ans à cinq ans, et l'amende de 50 fr à 400 fr. contre les tuteurs ou tutrices, instituteurs ou institutrices de l'enfant exposé ou délaissé par eux ou par leur ordre. (*Art.* 350 *dudit Code.*)

Ceux qui auront exposé et délaissé en un lieu non solitaire un enfant au-dessous de l'âge de sept ans accomplis, seront punis d'un emprisonnement de trois mois à un an et d'une amende de 16 fr. à 100 fr. (*Art.* 352 *dudit Code.*)

Le délit prévu par l'article précédent sera puni d'un emprisonnement de six mois à deux ans, et d'une amende de 25 fr. à 200 fr., s'il a été commis par les tuteurs ou tutrices, instituteurs ou institutrices de l'enfant. (*Art.* 353 *dudit Code.* — V. *Saltimbanques et Travail dans les manufactures.*)

Il n'est permis aux pères, mères, tuteurs, tutrices, instituteurs, institutrices, non plus qu'à aucun autre, d'abandonner sur une place publique, dans les auberges où ils logent, ou ailleurs, les enfants qui leur appartiennent ou qui leur ont été confiés, lorsqu'ils ne peuvent ou ne veulent pas les nourrir. Il y aurait de leur part délit sévèrement puni par la loi. (*Cass.*, 27 *janv.* 1820.)

Une fille, une femme mariée ou un père qui aurait exposé ou abandonné son enfant, âgé de moins de sept ans accomplis, en un lieu où il n'y avait alors personne qui pût en prendre soin, serait puni, aux termes de l'art. 349 du Code pénal, d'un emprisonnement de six mois à deux ans et d'une amende de 16 fr. à 200 fr. La peine est appliquée, en semblable cas, même à ceux qui ne seraient pas parents de l'enfant. La loi punit également les père et mère ou tous autres qui, bien qu'ils n'aient pas exposé ou abandonné l'enfant eux-mêmes, l'ont fait exposer ou abandonner par d'autres. (*Cass.*, 30 *oct.* 1810.)

La loi n'autorise pas à porter aux hospices les enfants dont les pères et mères sont connus.

Il y a délit d'abandon et d'exposition d'un enfant en un lieu solitaire, dans le fait de le déposer à la porte d'un hospice ou d'un hôpital. Ceux-là surtout qui font habitude et métier de porter les enfants aux hospices doivent être l'objet d'une grande surveillance de la part de la gendarmerie.

Le décret du 19 janvier 1811 n'autorise à porter et déposer aux hospices que les enfants trouvés ou abandonnés, ou qui seraient orphelins. (V. *art.* 2 *et* 5 *dudit décret.*)

Il arrive quelquefois que des filles ou leurs parents portent leur enfant dans la maison ou à la porte de celui qu'elles en disent le père, et se retirent ensuite. Il y a, dans ce fait, un délit que la gendarmerie doit constater, afin de mettre le procureur de la République en position d'en poursuivre la répression. (*Cass.*, 27 *janv.* 1820.)

Il y a délaissement dans le sens de l'art. 352 du Code pénal, lorsque l'on cesse de donner à un enfant les soins dont il a besoin. En conséquence, le fait d'avoir déposé un enfant dans une pièce d'une maison habitée, mais où personne ne se trouvait, ou dans un champ derrière un tas de fumier, constitue un délaissement punissable. (*Cass.*, 19 *juill.*, 22 *nov.* 1838 *et* 20 *avril* 1850.)

Il est toujours nécessaire de prévenir le maire de la commune afin qu'il prenne des mesures pour que l'enfant reçoive les soins dont il a besoin, soit de la mère elle-même, soit de tout autre individu chez qui il serait placé aux frais de cette dernière.

ENFANTS.

ADMISSION DANS LES ÉCOLES PRIMAIRES, COLLÈGES, LYCÉES ET AUTRES ÉTABLISSEMENTS D'INSTRUCTION.

Écoles primaires.

Il ne sera plus perçu de rétribution scolaire dans les écoles primaires publiques, ni dans les salles d'asile publiques.

Le prix de pension dans les écoles normales est supprimé. (*Art.* 1er *de la loi du* 16 *juin* 1881.)

Sont mises au nombre des écoles primaires publiques donnant lieu à une dépense obligatoire pour la commune, à la condition qu'elles soient créées conformément aux prescriptions de l'art. 2 de la loi du 10 avril 1867 :

1° Les écoles communales de filles qui sont ou seront établies dans les communes de plus de 400 âmes ;

2° Les salles d'asile ;

3° Les classes intermédiaires entre la salle d'asile et l'école primaire, dites classes enfantines, comprenant des enfants des deux sexes et confiées à des institutrices pourvues du brevet de capacité ou du certificat d'aptitude à la direction des salles d'asile. (*Art.* 7 *de la même loi.*)

Collèges et lycées.

Il y a trois natures de bourses : bourses entretenues par l'État, par les départements et par les communes. Ces bourses sont partagées en bourses d'internat, de demi-pensionnat et d'externat simple ou surveillé.

Les bourses de l'État sont accordées, sur la proposition du ministre de l'instruction publique, par le Président de la République, aux enfants qui se sont fait remarquer par leur aptitude, et particulièrement à ceux dont la famille a rendu des services au pays.

Les bourses des départements et des communes sont concédées dans les mêmes conditions : celles des départements, par les conseils généraux (*art. 45 de la loi du* 10 *août* 1871); celles des communes, par les conseils municipaux, avec l'approbation des préfets.

Les services militaires sont constatés au moyen d'états dûment certifiés.

Suivant les titres et la situation de fortune des postulants il est accordé une bourse entière ou une fraction de bourse.

Bourses d'internat et de demi-pensionnat. — Ces bourses sont ou entières, ou fractionnées en demi-bourses ou en trois quarts de bourses.

Bourses d'externat libre ou surveillé. — Ces bourses sont ou entières, ou fractionnées en demi-bourses.

L'âge des candidats est ainsi réglé : Pour entrer en huitième, il faut avoir moins de dix ans au 1er janvier de l'année où l'examen est subi ; en septième, moins de onze ans ; en sixième, moins de douze ans ; en cinquième, moins de treize ans ; en quatrième, moins de quatorze ans ; en troisième, moins de quinze ans ; en seconde, moins de seize ans ; en rhétorique, moins de dix-sept ans ; et en philosophie, moins de dix-huit ans. (*Décret du* 19 *janv.* 1881, *et arrêté du min. de l'instr. publ. du* 20.)

Ecoles primaires supérieures.

L'Etat fonde et entretient des bourses nationales dans les établissements publics d'enseignement primaire supérieur de garçons et de filles. Ces bourses sont de trois sortes : 1° bourses d'internat ; 2° bourses de demi-pension ; 3° bourses familiales.

Les boursiers nationaux sont placés soit dans les écoles primaires supérieures qui réunissent les conditions prescrites par le décret du 15 janvier 1881, soit dans des familles agréées par l'autorité universitaire.

Chaque année le ministre détermine, pour chaque département, le nombre des bourses. (*Décret du* 3 *janv.* 1882. — V. *Enfants de troupe de la marine, p.* 257, *et à* TRAVERSÉE, *Service des colonies.*)

Maisons d'éducation de la Légion d'honneur.

Les trois maisons de la Légion d'honneur de Saint-Denis, d'Ecouen et des Loges sont instituées pour faire gratuitement l'éducation de huit cents filles légitimes de légionnaires sans fortune, une seule pouvant être admise par famille, excepté dans le cas d'orphelines de père et de mère.

Sur ces huit cents élèves, la maison de Saint-Denis en reçoit quatre cents, la maison d'Ecouen deux cents, et celle des Loges deux cents. (*Art.* 1er *du décret du* 30 *juin* 1881.)

Des élèves payantes, filles, petites-filles, sœurs ou nièces des membres de l'ordre, peuvent, en outre, être admises dans ces maisons d'éducation, savoir : soixante-quinze à Saint-Denis et quarante entre les deux autres maisons. (*Art.* 2.)

Le prix de la pension d'une élève payante est fixé à 1,000 fr. pour la maison de Saint-Denis et à 700 fr. pour les maisons d'Ecouen et des Loges.

A l'entrée d'une élève gratuite ou pensionnaire à Saint-Denis, les parents payent la somme de 300 fr. pour son trousseau. Dans les succursales, le trousseau est de 250 fr., fourni par la grande chancellerie pour les élèves gratuites, et par les parents pour les élèves payantes. (*Art.* 3.)

Les élèves sont reçues dans les maisons de neuf à onze ans, elles en sortent à dix-huit ans, sauf l'exception prévue par l'art. 11 du décret précité. Dans ce cas, elles pourront prolonger jusqu'à dix-neuf ans leur séjour dans les établissements. (*Art.* 4.)

Elles doivent savoir lire, écrire et posséder les premières notions de la grammaire et du calcul. (*Art.* 5.)

La date de l'entrée de chaque promotion est fixée au 1er octobre.

Aucune élève ne pourra être admise pendant le cours de l'année scolaire qu'à titre exceptionnel et pour des raisons majeures. (*Art.* 6.)

La maison de Saint-Denis reçoit les filles des membres de la Légion d'honneur ayant au moins le grade de capitaine en activité de service, ou une position civile correspondante.

La maison d'Ecouen reçoit les filles des capitaines en retraite, des lieutenants et sous-lieutenants, et des légionnaires civils ayant une position équivalente.

La maison des Loges reçoit les filles des sous-officiers et soldats, ou des légionnaires civils ayant une position équivalente.

Dans le cas où la maison d'Ecouen n'offrirait pas un nombre de places suffisant pour faire droit aux demandes, une partie des enfants sollicitant une place dans cet établissement pourrait être désignée pour la maison des Loges. (*Art.* 7.)

Les élèves font leurs robes, entretiennent leur linge et celui de la maison.

On leur enseigne tout ce qui peut être utile à une mère de famille, comme la préparation des aliments et les travaux de buanderie. (*Art.* 14)

Prytanée militaire de la Flèche.

Le Prytanée militaire, spécialement institué à la Flèche pour l'éducation gratuite des fils d'officiers servant encore ou ayant servi dans les armées françaises et des fils de sous=officiers morts au champ d'honneur, peut aussi recevoir d'autres enfants, à titre d'élèves payant pension; cet établissement est soumis au régime militaire.

Les candidats pour l'admission au Prytanée comme élèves gratuits, demi-gratuits ou pensionnaires doivent subir un examen dont les conditions et la forme sont déterminées par un programme. Le prix de la pension est de 850 fr., et celui du trousseau de 400 fr. environ. Ces sommes doivent être versées en numéraire dans la caisse du receveur de l'arrondissement où se trouve domiciliée la famille.

Les familles des élèves gratuits ou demi-gratuits sont tenues de subvenir aux frais du trousseau, comme celles des pensionnaires.

Les élèves quittent le Prytanée à la fin de l'année scolaire pendant laquelle ils ont accompli leur dix-neuvième année.

Les familles qui, se trouvant hors d'état de payer la pension, voudraient faire valoir leurs titres à l'obtention d'une de ces places doivent justifier que l'enfant qu'elles présentent comme candidat remplit les conditions suivantes :

1° Qu'il est né Français ;

2° Qu'il a eu pour entrer en sixième moins de onze ans et pour entrer en rhétorique moins de seize ans au 1er janvier de l'année courante. Toutefois, la dernière limite pourra être reculée jusqu'à dix-sept ans, si le candidat est pourvu du certificat de première épreuve du baccalauréat ès lettres.

Toute demande d'admission gratuite au Prytanée doit être adressée avant le 1er juillet au préfet du département dans lequel le pétitionnaire a son domicile

Ecoles des arts et métiers.

Les trois écoles d'arts et métiers établies à Aix, Angers et Châlons-sur-Marne sont destinées à former des chefs d'atelier et des ouvriers instruits et habiles pour les industries où l'on travaille le fer et le bois.

Nul élève ne peut entrer que par la voie de concours, et nul candidat n'est admis à concourir :

1° S'il n'est Français ;

2° S'il n'a justifié qu'il aura plus de quinze ans et moins de dix-sept ans le 1er octobre de l'année dans laquelle le concours a lieu. Aucune dispense d'âge ne peut être accordée.

On ne reçoit que des internes. Il est dû pour la pension 600 fr. par an, à moins que les parents n'obtiennent une bourse ou une fraction de bourse, en justifiant de l'insuffisance de leurs moyens.

Les demandes de bourses doivent être déposées à la préfecture, à l'adresse du ministre du commerce, en même temps que les demandes d'admission au concours, c'est-à-dire avant le 1er mai.

Écoles vétérinaires.

Le nombre des élèves boursiers militaires entretenus par le département de la guerre, dans les écoles vétérinaires, est fixé à soixante, répartis ainsi qu'il suit, conformément au décret du 30 août 1876, savoir : trente à l'école d'Alfort, quinze à l'école de Lyon, quinze à l'école de Toulouse.

Ces bourses sont données aux jeunes gens qui en font la demande, aux conditions déterminées par l'instruction du ministre de la guerre en date du 17 mai 1881 (Journal de la gendarmerie de 1881, p. 299), d'après l'ordre de mérite des candidats déclarés admissibles par le jury d'examen de chaque école. (Décret du 18 fév. 1874.)

Nul n'est admis à concourir aux bourses militaires s'il n'est âgé de dix-sept ans au moins avant le 1er octobre de l'année du concours, et de dix-huit ans au plus dans le courant de la même année.

Aucune dispense d'âge ne peut être accordée.

Ecole spéciale militaire de Saint-Cyr.

L'école de Saint-Cyr est destinée à former des officiers pour l'infanterie, la cavalerie, l'infanterie de marine.

La durée du cours d'instruction est de deux ans. Cette école est soumise au régime militaire, et le prix de la pension est de 1,500 fr., celui du trousseau est déterminé chaque année par le ministre de la guerre. Des bourses et des demi-bourses sont instituées en faveur des élèves dont les parents sont hors d'état de payer la pension et qui remplissent les conditions exigées par l'instruction ministérielle qui se publie chaque année.

De plus, il peut être alloué à chaque boursier ou demi-boursier un trousseau ou demi-trousseau à son entrée à l'école.

Les bourses et demi-bourses, trousseaux et demi-trousseaux sont accordés par le ministre de la guerre sur la présentation des conseils d'instruction et d'administration de l'école, conformément à la loi du 5 juin 1850.

Un avis inséré au Journal officiel, et publié dans chaque préfecture, fait connaître les époques et les villes où ont lieu les examens.

Nul ne peut être admis au concours s'il n'a préalablement justifié :

1° Qu'il est Français ou naturalisé ;

2° Qu'il a eu dix-sept ans au moins et vingt-un ans au plus au 1er janvier de l'année du concours. (Décret du 18 janv. 1882.)

Ecole polytechnique et Ecole navale.

Des bourses ou demi-bourses sont accordées, dans ces écoles, à tous les jeunes gens qui auront préalablement fait constater l'insuffisance des ressources de leur famille pour leur entretien dans lesdites écoles.

L'insuffisance de la fortune des parents des jeunes gens est, au moment de l'inscription de l'élève, constatée par une délibération motivée du conseil municipal, approuvée par le préfet du département.

Il peut, en outre, être alloué : 1° A chaque boursier ou demi-boursier, un trousseau ou un demi-trousseau à son entrée à l'école ; 2° à chaque boursier ou demi-boursier nommé officier après avoir satisfait aux examens de sortie, la première mise d'équipement militaire attribuée, dans l'arme où il doit entrer, aux sous-officiers passant officiers. (*Loi du 5 juin 1850.*)

Programmes.

Tous les programmes des conditions pour l'admission dans les écoles ci-dessus se trouvent dans les préfectures, où l'on peut se les procurer gratuitement.

ENFANTS DE TROUPE.

Le nombre des places d'enfants de troupe, fixé par le ministre suivant les effectifs des corps ou compagnies de gendarmerie, est entièrement dévolu aux fils des militaires de l'arme en activité de service, conformément au décret du 22 décembre 1851. Les conditions d'admission sont réglées par l'arrêté ministériel du 16 juillet 1852. — V. *Note minist. du 1er avril 1882.*

Les fils des militaires de la gendarmerie peuvent aussi, dès l'âge de deux ans et dans quelque localité que soient employés leurs pères, être admis comme enfants de troupe dans tous les corps de l'armée qui reçoivent des enfants de troupe. (*Art. 1er et 2 du décret du 14 sept. 1878 qui modifie l'art. 7 du décret du 6 juill. de la même année.*)

Les enfants ayant leur père ou leur mère au corps peuvent être nommés enfants de troupe à l'âge de deux ans révolus.

Les enfants dont les parents ne sont pas présents au corps ne sont admissibles qu'à dix ans révolus; ils doivent, s'ils sont âgés de dix à onze ans, savoir lire et écrire; s'ils ont de onze à douze ans, connaître, en outre, les quatre règles de calcul.

Toutefois, les enfants dont les parents, tout en n'étant pas au corps, sont employés au titre militaire dans une ville de garnison ou dans un ouvrage militaire en dépendant peuvent, par exception, être admis, dès l'âge de deux ans, dans un des corps de troupe qui se trouvent dans la ville.

L'enfant de troupe admis dans la gendarmerie, dont le père est démissionnaire ou réformé par mesure de discipline, est immédiatement rayé des contrôles s'il est âgé de moins de dix ans; s'il a dépassé cet âge, il reste dans le corps de troupe où il a été mis en subsistance. (*Décis. du 20 mai 1855.*)

Lorsqu'un enfant de troupe se trouve placé dans une compagnie autre que celle dans laquelle son père est employé, le chef de légion doit, en conformité des prescriptions de la circulaire du 30 décembre 1854, profiter des vacances qui se produisent pour proposer au ministre une mutation dans le but d'affecter l'enfant de troupe à la compagnie à laquelle son père appartient. (*Art. 38 de l'instr. du 18 mars 1881 pour les inspections générales.*)

Ces dispositions sont également applicables, par analogie, aux fils de ces mêmes militaires qui sont portés sur les listes de candidature pour enfant de troupe des compagnies où leurs pères étaient employés. (*Lettre minist. du 30 juin 1878.*)

Les enfants de troupe de gendarmerie ont droit, à défaut de ration journalière de 300 gr. de viande fraîche, à l'indemnité attribuée à la garnison du chef-lieu de la compagnie de gendarmerie à laquelle ils appartiennent. Cette disposition est applicable aux enfants laissés chez leurs parents et à ceux qui, étant en subsistance dans un corps de troupe, peuvent se trouver, quoique présents, dans une position qui ne leur permette pas de participer aux distributions en nature ; mais le bénéfice n'est pas conservé à ces enfants lorsqu'ils sont en position d'absence. (*Décis. minist. du 3 fév. 1876 et circ. du 7 oct. 1879.*)

Lorsque des enfants âgés de plus de dix ans sont admis à suivre les cours des établissement universitaires, les dépenses résultant de l'achat des objets nécessaires sont payées par les corps chargés de l'administration des enfants de troupe de la gendarmerie. (*Décis. du 27 déc. 1881.*)

Une école des enfants de troupe a été instituée par le décret du 6 juillet 1878. Cette école reçoit 320 enfants de troupe des corps de toutes armes de l'intérieur et de l'Algérie, appartenant aux 1re et 2e séries du décret précité. Elle reçoit 15 élèves payant pension. L'établissement est soumis au régime militaire. On s'occupe de la création de plusieurs écoles du même genre.

L'âge d'admission, qui était fixé de onze à douze ans, a été porté de onze à quinze ans par l'instruction du 6 octobre 1879 ; l'époque des admissions est arrêtée au 1er octobre de chaque année. Les enfants doivent savoir lire et écrire et connaître, en outre. les quatre règles de calcul.

Les élèves reçoivent à l'école l'instruction primaire propre à développer chez eux les aptitudes intellectuelles, sans lesquelles on ne pourrait les préparer à l'instruction militaire que doit posséder un bon sous-officier. L'allemand leur est enseigné.

Les élèves pratiquent les exercices militaires, la gymnastique et la natation ; ils apprennent, autant que possible, la musique vocale et instrumentale.

Les propositions pour l'admission sont faites par les commandants des corps d'armée, dans les proportions qui leur sont annuellement indiquées par le ministre de la guerre. Ces propositions doivent porter sur ceux des enfants de troupe les mieux doués, et dont les familles méritent d'ailleurs le plus d'intérêt. Le nombre des propositions devant être supérieur à celui des admissions à prononcer, une commission spéciale, instituée par le ministre de la guerre, signale à son choix les candidats qui lui paraissent devoir obtenir la préférence. (*Instr. du 6 oct. 1879. — V. l'art. 38 de l'instr. du 5 avril 1882 sur les inspections.*)

ENFANTS DE TROUPE DE LA MARINE.

La création des places d'enfants de troupe dans la gendarmerie maritime date du 26 octobre 1866.

En vertu d'un décret en date du 27 août 1879, des bourses ou fractions de bourses dans les lycées ou collèges des ports militaires sont accordées par le ministre de la marine et des colonies, pour une durée de cinq ans, à un certain nombre d'enfants âgés de onze à treize ans, appartenant à des familles dont les chefs sont ou ont été au service de la marine.

Ces bourses ou fractions de bourses sont concédées dans l'ordre suivant :

1° Aux orphelins dont les pères, quel qu'ait été leur grade et le corps auquel ils appartenaient, ont été tués au service ou sont morts des suites de blessures reçues à l'ennemi ou en service commandé et donnant droit à pension ;

2° Aux orphelins d'officiers, de fonctionnaires et d'agents du département de la marine énumérés sur la liste annexée au décret précité, qui sont morts en activité de service ou titulaires d'une pension de retraite ;

3° Aux enfants dont les pères appartenant aux diverses catégories du personnel de la marine, quelles qu'elles soient, ont été amputés ou sont restés estropiés ou infirmes par suite de blessures reçues à l'ennemi ou en service commandé et donnant droit à pension ;

4° Aux fils des officiers, fonctionnaires ou agents en activité de service ou en retraite qui n'auraient pas une fortune suffisante pour subvenir aux frais de l'éducation de ces enfants, ou aux neveux des mêmes officiers, fonctionnaires ou agents, s'ils sont à la charge de leurs oncles ;

5° Aux fils des maîtres entretenus, officiers mariniers et sous-officiers des corps de troupe de la marine chevaliers de la Légion d'honneur ;

6° Aux descendants des marins dont la carrière aurait été marquée par des services signalés.

Le trousseau est toujours entièrement à la charge des familles.

Les demandes de bourse ou d'augmentation de bourse pour les lycées ou les collèges des ports militaires, formées par les officiers, fonctionnaires ou agents de la marine, ou, en cas d'absence de ceux-ci, par leur famille, sont instruites, pour chacun de ces ports, par le major général de la marine.

Cet officier général remet son travail au préfet maritime, qui le transmet au ministre avec toutes les pièces nécessaires, en y joignant ses observations.

Les pièces qui doivent accompagner chaque demande sont les suivantes :

1° L'acte de naissance du candidat revêtu des formalités prescrites par la loi ;

2° Un certificat d'un docteur en médecine ou en chirurgie, certificat dûment légalisé et constatant que l'enfant a eu la petite vérole ou qu'il a été vacciné et qu'il n'est atteint d'aucune infirmité qui le rende impropre aux services publics ;

3° Un état authentique des services du père ou autre parent du candidat, suivant le cas, services établissant les titres à la concession.

Le travail général de répartition des bourses et fractions de bourses de la marine dans les lycées et collèges des ports a lieu, chaque année, au mois de septembre.

Une répartition complémentaire peut être faite au milieu de l'année scolaire, si des fonds sont devenus disponibles depuis les concessions et la répartition faites au mois de septembre.

Sauf le cas d'urgence reconnue, il ne peut être concédé de bourse ou fraction de bourse à une autre époque de l'année. (*Décret du 27 août 1879.* — V. *Legs.*)

Les conditions pour obtenir des bourses ou fractions de bourses sont déterminées par le décret du 24 octobre 1881, inséré au *Bulletin officiel*, p. 376.

ENFANTS TROUVÉS.

Lorsque la gendarmerie trouve un enfant abandonné ou exposé, elle doit le remettre immédiatement à l'officier de l'état civil, ainsi que les vêtements, lettres et autres effets trouvés sur l'enfant, et constater toutes les circonstances du temps et du lieu où a été trouvé l'enfant par un procès-verbal dont l'original est envoyé au procureur de la République et copie remise au maire avec l'enfant. Aux termes de l'art. 58 du Code civil, le maire doit dresser aussi un procès-verbal détaillé qui énonce l'âge apparent de l'enfant, son sexe, les noms qui lui sont donnés et l'autorité à laquelle il a été remis. Ce procès-verbal, inscrit sur les registres de l'état civil, sert d'acte de naissance à l'enfant, qui est ensuite conduit dans un hospice par les soins du maire, conformément au décret du 19 janvier 1811. Toutefois, ce magistrat, avant de faire déposer l'enfant à l'hospice, doit rechercher si la mère n'est pas connue; car alors l'enfant devrait lui être remis pour qu'elle en prît soin, les hospices ne devant être chargés que des enfants abandonnés, orphelins ou dont les pères et mères sont inconnus.

ENTÉRINEMENT. — LETTRES DE GRACE.

La circulaire du 28 février 1855 recommande aux procureurs généraux de s'abstenir de requérir le commandant de gendarmerie d'assister à l'entérinement des lettres de grâce, et de n'agir, dans ce cas, que par simple invitation. Le commandant est tenu, de son côté, de faire ce qu'il peut pour se rendre à cette invitation, et en cas d'empêchement, il est remplacé par le capitaine.

L'entérinement est la ratification juridique d'un acte qui n'aurait pas de valeur sans cette formalité légale. Lorsqu'il s'agit d'une condamnation, c'est l'homologation d'une grâce.

ÉPIDÉMIE.

On nomme épidémie une maladie qui attaque subitement une partie notable de la population; cette maladie peut être contagieuse ou non contagieuse.

La gendarmerie, lorsqu'elle apprend que des symptômes épidémiques se manifestent dans les communes qu'elle parcourt, doit sur-le-champ en donner avis à ses chefs et à l'autorité locale, qui en instruisent immédiatement le préfet, lequel envoie des médecins sur les lieux, afin de constater le véritable caractère de la maladie et d'aviser aux moyens les plus propres à en arrêter les progrès. (*Art. 3 (titre XI), loi du 24 août* 1790.)

ÉPIZOOTIE.

On entend par épizootie les maladies contagieuses des animaux.

Les mesures restrictives auxquelles les épizooties donnent lieu sont déterminées par la loi du 21 juillet 1881.

Les maladies des animaux qui sont réputées contagieuses et qui donnent lieu à l'application des dispositions de cette loi sont :

La peste bovine dans toutes les espèces de ruminants;

La péripneumonie contagieuse dans l'espèce bovine;

La clavelée et la gale dans les espèces ovine et caprine;

La fièvre aphtheuse dans les espèces bovine, ovine, caprine et porcine;

La morve, le farcin, la dourine dans les espèces chevaline et asine;

La rage et le charbon dans toutes les espèces. (*Art.* 1er.)

Tout propriétaire, toute personne ayant, à quelque titre que ce soit, la charge des soins ou la garde d'un animal atteint ou soupçonné d'être atteint d'une maladie contagieuse est tenu d'en faire sur-le-champ la déclaration au maire de la commune où se trouve cet animal.

Sont également tenus de faire cette déclaration tous les vétérinaires qui seraient appelés à le soigner.

L'animal atteint ou soupçonné d'être atteint de l'une des maladies spécifiées dans l'art. 1er devra être immédiatement, et avant même que l'autorité administrative ait répondu à l'avertissement, séquestré, séparé et maintenu isolé autant que possible des autres animaux susceptibles de contracter cette maladie.

Il est interdit de le transporter avant que le vétérinaire délégué par l'administration l'ait examiné. La même interdiction est applicable à l'enfouissement, à moins que le maire, en cas d'urgence, n'en ait donné l'autorisation spéciale. (*Art.* 3.)

Le maire devra, dès qu'il aura été prévenu, s'assurer de l'accomplissement des prescriptions contenues dans l'article précédent et y pourvoir d'office, s'il y a lieu.

Aussitôt que la déclaration prescrite par le paragraphe premier de l'article précédent a été faite, ou, à défaut de déclaration, dès qu'il a connaissance de la maladie, le maire fait procéder sans retard à la visite de l'animal malade ou suspect par le vétérinaire chargé de ce service.

Ce vétérinaire constate et, au besoin, prescrit la complète exécution des dispositions du troisième alinéa de l'art. 3 et les mesures de désinfection immédiatement nécessaires.

Dans le plus bref délai, il adresse son rapport au préfet. (*Art.* 4.)

Lorsqu'un arrêté du préfet a constaté l'existence de la peste bovine dans une commune, les animaux qui en sont atteints et ceux de l'espèce bovine qui auraient été contaminés, alors même qu'ils ne présenteraient aucun signe apparent de maladie, sont abattus par ordre du maire, conformément à la proposition du vétérinaire délégué et après évaluation.

Il est interdit de suspendre l'exécution desdites mesures pour traiter les animaux, sauf les cas et sous les conditions qui seraient spécialement déterminées par le ministre de l'agriculture et du commerce, sur l'avis du comité consultatif des épizooties. (*Art.* 6.)

Dans le cas prévu par l'article précédent, les animaux malades sont abattus sur place, sauf le cas où le transport du cadavre au lieu de l'enfouissement sera déclaré par le vétérinaire plus dangereux que celui de l'animal vivant; le transport en vue de l'abatage peut être autorisé par le maire, conformément à l'avis du vétérinaire délégué, pour ceux qui ont été seulement contaminés. (*Art.* 7.)

Dans le cas de morve constatée, et dans le cas de farcin, de charbon, si la maladie est jugée incurable par le vétérinaire délégué, les animaux doivent être abattus sur ordre du maire. (*Art.* 8.)

La rage, lorsqu'elle est constatée chez les animaux de quelque espèce qu'ils soient, entraîne l'abatage, qui ne peut être différé sous aucun prétexte.

Les chiens et les chats suspects de rage doivent être immédiatement abattus. Le propriétaire de l'animal suspect est tenu, même en l'absence d'un ordre des agents de l'administration, de pourvoir à l'accomplissement de cette prescription. (*Art.* 10.)

L'exercice de la médecine vétérinaire dans les maladies contagieuses des animaux est interdit à quiconque n'est pas pourvu d'un diplôme de vétérinaire. (*Art.* 12.)

La vente ou la mise en vente des animaux atteints ou soupçonnés d'être atteints de maladies contagieuses est interdite. (*Art.* 13.)

La chair des animaux morts de maladies contagieuses quelles qu'elles soient, ou abattus comme atteints de la peste bovine, de la morve, du farcin, du charbon et de la rage, ne peut être livrée à la consommation.

Les cadavres ou débris des animaux morts de la peste bovine et du charbon, ou ayant été abattus comme atteints de ces maladies, devront être enfouis avec la peau tailladée, à moins qu'ils ne soient envoyés à un atelier d'équarrissage régulièrement autorisé.

Les conditions dans lesquelles devront être exécutés le transport, l'enfouissement ou la destruction des cadavres seront déterminées par un règlement d'administration publique. (*Art.* 14.)

Il est alloué aux propriétaires des animaux abattus pour cause de peste bovine, en vertu de l'art. 7, une indemnité des trois quarts de leur valeur avant la maladie. (*Art.* 17.)

La demande d'indemnité doit être adressée au ministre de l'agriculture et du commerce, dans le délai de trois mois, à dater du jour de l'abatage, sous peine de déchéance. (*Art.* 21.)

Tout infraction aux dispositions des art. 3, 6, 10 et 12 de la loi précitée est punie d'un emprisonnement de six jours à deux mois et d'une amende de 16 à 400 fr. (*Art.* 30.)

Seront punis d'un emprisonnement de deux mois à six mois et d'une amende de 100 à 1,000 fr. :

1° Ceux qui, au mépris des défenses de l'administration, auront laissé leurs animaux infectés communiquer avec d'autres ;

2° Ceux qui auraient vendu ou mis en vente des animaux qu'ils savaient atteints ou soupçonnés d'être atteints de maladies contagieuses ;

3° Ceux qui, sans permission de l'autorité, auront déterré ou sciemment acheté des cadavres ou débris des animaux morts de maladies contagieuses quelles qu'elles soient ou abattus comme atteints de la peste bovine, du charbon, de la morve, du farcin et de la rage ;

4° Ceux qui, même avant l'arrêté d'interdiction, auront importé en France des animaux qu'ils savaient atteints de maladies contagieuses ou avoir été exposés à la contagion. (*Art.* 31.)

Sont punis d'un emprisonnement de six mois à trois ans et d'une amende de 100 fr. à 2,000 fr. :

1° Ceux qui auront vendu ou mis en vente de la viande provenant d'animaux qu'ils savaient morts de maladies contagieuses quelles qu'elles soient ou abattus comme atteints de la peste bovine, du charbon, de la morve, du farcin et de la rage ;

2° Ceux qui se seront rendus coupables des délits prévus par les articles précédents, s'il est résulté de ces délits une contagion parmi les autres animaux. (*Art.* 32.)

Tout entrepreneur de transports qui a contrevenu à l'obligation de désinfecter son matériel sera passible d'une amende de 100 fr. à 1,000 fr.

Il sera puni d'un emprisonnement de six jours à deux mois, s'il est résulté de cette infraction une contagion parmi les autres animaux. (*Art.* 33.

Toute infraction à la présente loi, non spécifiée dans les articles ci-dessus, sera punie de 16 fr. à 400 fr. d'amende. Les contraventions aux dispositions du règlement d'administration publique rendu pour l'exécution de la présente loi seront, suivant les cas, passibles d'une amende de 1 fr. à 200 fr., qui sera prononcée par le juge de paix du canton. (*Art. 34.* — V. *le règl. du* 17 *juin* 1882 *et* Journ. off. *du* 26 *dudit.*)

Si la condamnation pour infraction à l'une des dispositions de la présente loi remonte à moins d'une année, ou si cette infraction a été commise par des vétérinaires délégués, des gardes champêtres, des gardes forestiers, des officiers de police à quelque titre que ce soit, les peines peuvent être portées au double du maximum fixé par les précédents articles. (*Art. 35.*)

L'art. 463 du Code pénal est applicable dans tous les cas prévus par les articles du présent titre. (*Art. 36.*)

Les frais d'abatage, d'enfouissement, de transport, de quarantaine, de désinfection, ainsi que tous autres frais auxquels peut donner lieu l'exécution des mesures prescrites en vertu de la présente loi, sont à la charge des propriétaires ou conducteurs d'animaux. (*Art. 37.*)

Les communes où il existe des foires et marchés aux chevaux ou aux bestiaux seront tenues de préposer, à leurs frais et sauf à se rembourser par l'établissement d'une taxe sur les animaux amenés, un vétérinaire pour l'inspection sanitaire des animaux conduits à ces foires et marchés.

Cette dépense sera obligatoire pour la commune.

Le gouvernement pourra, sur l'avis des conseils généraux, ajourner par décret, dans les départements, l'exécution de cette mesure pendant une période de six années, à partir du jour de la promulgation de cette loi. (*Art. 39.*)

Sont et demeurent abrogés les art. 459, 460 et 461 du Code pénal, toutes lois et ordonnances, tous arrêts du conseil, arrêtés, décrets et règlements intervenus, à quelque époque que ce soit, sur la police sanitaire des animaux. (*Art. 41.*)

Les propriétaires d'animaux abattus par suite de maladie contagieuse n'ont droit à indemnité qu'autant qu'ils ont dénoncé ces animaux à l'autorité dans les vingt-quatre heures qui ont suivi l'apparition des premiers symptômes. (*Conseil d'Etat,* 9 *avril* 1873.)

Est obligatoire l'arrêté municipal qui prescrit aux propriétaires ou détenteurs de bestiaux morts de déclarer au bureau de police si, comme l'art. 13 du titre II de la loi du 6 octobre 1791 leur en laisse le choix, ils veulent enfouir ces bestiaux sur leur propre terrain ou à la voirie désignée par l'autorité municipale. (*Cass.,* 27 *sept.* 1839.)

Le fait par un individu d'avoir laissé dans un champ, et sans l'enfouir en terre, un animal mort dont il était propriétaire constitue le délit rural défini et réprimé par l'art. 13 (titre II) de la loi du 8 octobre 1791. En conséquence, doit être annulé, pour violation de la loi, le jugement d'un tribunal de simple police qui, saisi de cette contravention, relaxe le prévenu des poursuites dirigées contre lui. (*Cass.,* 26 *déc.* 1851. — V. *Salubrité.*)

Voir, pour l'exécution de la loi précitée du 21 juillet 1881, *le décret du 22 juin 1882 portant règlement sur la police sanitaire.*

ESCORTES DE FONDS.

La gendarmerie doit escorter les voitures chargées des fonds du Trésor, lorsqu'elle en est légalement requise par l'autorité administrative. (*Art.* 460 *du décret du* 1ᵉʳ *mars* 1854.)

ESCORTES D'HONNEUR.

V. *Cérémonies publiques, Honneurs et Préséances.*

ESCORTES EXTRAORDINAIRES DE DÉTENUS.

V. *Correspondances, Indemnités.*

ESCORTES DE POUDRE A TIRER, D'ARMES OU DE MUNITIONS DE GUERRE.

Lorsqu'un convoi de poudre, d'armes ou de munitions de guerre marche par réquisition sous l'escorte de la gendarmerie et qu'il doit s'arrêter dans une commune, s'il n'a pas de commandant d'artillerie, la personne qui le dirige doit se concerter avec l'autorité locale pour le faire parquer dans un lieu à l'abri de tout danger, et pour que, à défaut de troupe de ligne, un poste suffisant d'habitants veille à sa sûreté jusqu'au moment du départ. Dans ce dernier cas seulement, le commandant de l'escorte est tenu de s'assurer lui-même, pendant la nuit, si le service se fait avec exactitude. Dans tous les cas, les gendarmes ne peuvent abandonner les convois sans avoir été relevés.

Les voitures chargées de poudre doivent marcher au pas seulement, et sur une seule file; on ne souffre à leur suite ni feu, ni lumière, ni aucun fumeur; on écarte les pierres et les métaux qui peuvent produire des étincelles; on fait passer, autant que possible, les transports de poudre en dehors des communes, et, lorsqu'on est forcé de faire entrer les voitures dans les villes, on requiert le maire de faire fermer les ateliers où il se fait du feu; si la route est sèche, on fait arroser les rues par où l'on doit passer. Les voitures chargées de poudre ne doivent jamais stationner dans les villes, bourgs ou villages : elles doivent parquer en dehors, dans un lieu isolé des habitations, convenable, sûr, et reconnu à l'avance. Enfin, on doit se conformer, pour les mesures à prendre, au règlement du 24 septembre 1812, relatif aux transports, chargements et convois de poudre, par terre ou par eau, dans l'intérieur du territoire.

Les convois de poudre au-dessous de 500 kilog. ne doivent pas être escortés. L'entrepreneur est autorisé à compléter son chargement avec d'autres marchandises (*arrêtés minist. des 9 juin et 29 juill.* 1828), lorsqu'il s'agit des poudres du commerce; car les munitions de guerre doivent voyager seules.

Si, dans le cours du transport, il est reconnu que l'emballage a souffert, il est procédé au reconditionnement, après constatation, par l'autorité locale, de la nécessité du travail, et la dépense est remboursée aux communes.

Aucune voiture de roulage affectée au transport des poudres et munitions explosibles ne doit recevoir plus de cinq rangs de barils enchapés de 50 kilog., ou six rangs de barils de 20 ou de 25 kilog.

Par la voie d'eau, les barils doivent être empilés avec solidité sur des planches ou pièces de bois, de manière que les barils des rangs inférieurs soient au moins de dix centimètres au-dessus du fond de la barque.

La vitesse accélérée peut être ordonnée par la voie de terre.

Si les expéditions ont un parcours de terre qui oblige à diviser l'envoi, l'autorité militaire doit, sur la demande qui lui en est faite, fournir aide et assistance aux entrepreneurs des locaux où les poudres sont déposées jusqu'à leur enlèvement, et prendre toutes les mesures de surveillance qui lui paraissent nécessaires pour la sûreté du chargement.

Pour les escortes de poudre, la troupe prête au besoin son concours à la gendarmerie, qui reste chargée de la rédaction des procès-verbaux. (*Décis. des 5 et 14 déc. 1875.*)

La gendarmerie ne doit fournir d'escortes, par terre et par eau, que lorsqu'elle ne doit pas découcher. Dans le cas contraire, la troupe de ligne garde le convoi, et, à défaut de militaires, ce soin est confié à des habitants désignés par le maire.

Les personnes que le maire désigne pour garder la poudre ne peuvent s'y refuser sans s'exposer à une peine judiciaire. (*Cass.*, 25 *janv.* 1811.)

Il est alloué à chaque individu une rémunération aux frais du ministre de la guerre. (*Circ. des 15 juill. 1870 et 11 avril 1873.*)

Pour les petits envois faits aux brigades, il importe que la gendarmerie utilise ses correspondances, afin d'éviter des dépenses excessives en raison de la minime valeur de la quantité expédiée. (*Traité du 10 fév. 1868, et circ. du 10 mars suiv.*)

Le règlement du 30 mars 1877 (art. 8) et celui du 10 janvier 1879 (art. 12) ont supprimé les escortes en cours de route sur les chemins de fer et le service de surveillance dans les gares. (V. *la circ. du 15 sept.* 1879 *et la note minist. du 15 sept.* 1880.) Mais un arrêté du 31 août 1882 et une circulaire du 22 octobre suivant prescrivent à la gendarmerie de se conformer aux réquisitions des chefs de gare lorsque les convois séjournent plus de trois heures dans ces gares et de les escorter lorsqu'ils voyagent par voie de roulage. (V. à *l'appendice*, p. 796.)

ESCROQUERIE. — FILOUTERIE. — JEUX DE HASARD.

La surveillance que la gendarmerie doit exercer sur les escrocs, filous et étalagistes de jeux de hasard exige beaucoup d'intelligence. Il est essentiel de bien préciser le fait et les manœuvres qui caractérisent le délit d'escroquerie. Pour qu'une manœuvre soit constitutive de ce délit, il ne suffit pas qu'on ait fait verbalement usage de faux noms, ou de fausses qualités, ou que la manœuvre ait eu pour objet de persuader l'existence de fausses entreprises, d'un pouvoir ou d'un crédit imaginaire, ou de faire naître l'espérance ou la crainte d'un succès, d'un accident ou de tout autre événement chimérique; il faut encore que, par un de ces moyens, on se soit approprié ou qu'on ait tenté de s'approprier tout ou partie de la fortune d'autrui, en se faisant remettre des fonds, meubles, obligations, etc. Aucune des circonstances constitutives du délit ne doit être omise dans la rédaction des procès-verbaux qui le constatent; il faut aussi indiquer les témoins du fait. Les tribunaux appliquent les art. 405, 406, 407 ou 408 du Code pénal, suivant le cas.

Quiconque, soit en faisant usage de faux noms, ou de fausses qualités, soit en employant des manœuvres frauduleuses, pour persuader l'existence de fausses entreprises, d'un pouvoir ou d'un crédit imaginaire, ou pour faire naître l'espérance ou la crainte d'un succès, d'un accident, ou de tout autre événement chimérique, se sera fait remettre ou délivrer des fonds, des meubles ou des obligations, dispositions, billets, promesses, quittances ou décharges, et aura, par un de ces moyens, escroqué ou tenté d'escroquer la totalité ou partie de la fortune d'autrui, sera puni d'un emprisonnement d'un an au moins et de cinq ans au plus, et d'une amende de 50 fr. au moins et de 3,000 fr. au plus.

Le coupable pourra, en outre, à compter du jour où il aura subi sa peine, être interdit, pendant cinq ans au moins et dix ans au plus, des droits mentionnés en l'art. 42 du Code pénal : le tout, sauf les peines plus graves, s'il y a crime de faux. (*Art. 405 du Code pénal, modifié par la loi du 13 mai 1863.*)

Les jeux de hasard sont, le plus souvent, des occasions d'escroquerie ou de filouterie. Ils sont défendus et punis, par l'art. 475, n° 5, du Code pénal, d'une amende de 6 à 10 fr., lorsqu'ils sont tenus sur la voie publique. (V., au Formulaire, *un modèle de procès-verbal.*)

Les jeux de hasard les plus ordinaires pour tromper les joueurs sont connus sous les noms de *l'as de cœur, les trois cartes, la jarretière, la roulette, le quadrille, les trois coquilles, le passe-dix, la blanque, la loterie* et *la parfaite égalité.*

Les maires et les adjoints n'ont pas le droit d'autoriser ces jeux dans leurs communes, même momentanément. L'autorité ne peut permettre ce que la loi défend ; la gendarmerie doit donc constater cette contravention partout où elle est flagrante, nonobstant les permis illégalement délivrés ; cependant il faut agir avec prudence en cette occasion, et prévenir MM. les maires de cette infraction avant de dresser procès-verbal.

Le délit d'escroquerie ne résulte pas de simples manœuvres frauduleuses ; il faut, de plus, qu'il y ait eu exécution ou tentative, par la remise de fonds, meubles, obligations.

Les manœuvres frauduleuses ne sont que les actes préparatoires du délit d'escroquerie, qui n'est consommé que lorsque l'auteur de ces manœuvres s'est fait remettre ou délivrer des fonds, meubles, obligations ou dispositions. (*Cass., 25 août 1853.*)

Il y a escroquerie lorsqu'un individu, promettant à un autre d'intervenir en sa faveur auprès du conseil de révision, emploie des manœuvres frauduleuses pour faire croire à son crédit sur les membres du conseil et se faire remettre, après l'exemption prononcée, une somme d'argent comme prix de ses prétendus services. (*Cass., 24 nov. 1849.*)

Un maire qui se fait remettre de l'argent ou autres objets, en promettant d'user de son crédit pour faire exempter un individu du service militaire, se rend coupable d'escroquerie. La restitution ne fait pas disparaître le délit. (*Cass., 30 janv. 1852. — V. à recrutement : Dispositions pénales.*)

La loi du 26 juillet 1873 a modifié l'art. 401 du Code pénal de la manière suivante :

« Quiconque, sachant qu'il est dans l'impossibilité absolue de payer, se sera fait servir des boissons ou des aliments qu'il aura consommés, en tout ou en partie, dans des établissements à ce destinés, sera puni d'un emprisonnement de six jours au moins et de six mois au plus, et d'une amende de 16 fr. au moins et de 200 fr. au plus. »

ÉTABLISSEMENTS INDUSTRIELS.

La gendarmerie porte sa surveillance partout où il y a agglomération d'individus, association, réunion publique. Elle ne doit jamais ignorer le nombre approximatif d'ouvriers employés dans chaque manufacture, fabrique ou atelier quelconque; son devoir est de rendre compte immédiatement à l'autorité de la fermeture de ces établissements. Elle doit visiter fréquemment les communes où ils sont situés, s'enquérir auprès des autorités et des chefs de fabrique du signalement des mauvais sujets qui pourraient troubler le repos et l'harmonie, si nécessaires à la prospérité du commerce et de l'industrie. Elle doit leur offrir assistance et main-forte au besoin, en les invitant, dans leur intérêt individuel et dans l'intérêt général, à ne pas souffrir dans leur atelier, aussitôt qu'ils les connaîtraient, les intrigants, les prévenus de délits et les déserteurs qui, sous de faux noms, viendraient se réfugier parmi de bons sujets pour les corrompre et les entraîner à des désordres dont ils seraient les premières victimes. (V. *Coalitions, Salubrité.*)

ÉVÉNEMENTS EXTRAORDINAIRES. — COMPTE A RENDRE AU MINISTRE DE LA GUERRE.

Aux termes de l'art. 77 du décret du 1er mars 1854, les événements extraordinaires qui doivent donner lieu à des rapports immédiats au ministre de la guerre, de la part des officiers de tout grade, sont principalement :

Les *vols* avec effraction, commis par des malfaiteurs, au nombre de plus de deux;

Les *incendies*, les *inondations* et autres sinistres de toute nature, et les *assassinats;*

Les *attaques* de voitures publiques, des *courriers*, des *convois de deniers* de l'État ou de *munitions* de guerre;

L'enlèvement et le pillage des *caisses publiques* et des *magasins militaires;*

Les arrestations d'*embaucheurs*, d'*espions* employés à lever le plan des places ou du territoire, ou à se procurer des renseignements sur la force et les mouvements des troupes; la saisie de leur correspondance et de toutes pièces pouvant donner des indices ou fournir des preuves de crimes et de complots attentatoires à la sûreté intérieure ou extérieure du territoire;

Les *provocations* à la révolte contre le gouvernement;

Les *attroupements* séditieux ayant pour objet le pillage des convois de grains ou farines;

Les *émeutes* populaires;

Les découvertes d'*ateliers* et instruments servant à fabriquer la fausse monnaie; l'arrestation des faux monnayeurs;

Les *assassinats* tentés ou consommés sur les *fonctionnaires publics;*

Les *attroupements*, armés ou non armés, qualifiés séditieux par les lois;

Les *distributions* d'argent, de vin, de liqueurs enivrantes, et les autres manœuvres tendant à favoriser la désertion ou à empêcher les militaires de rejoindre leurs drapeaux ;

Les *attaques* dirigées et exécutées contre la force armée chargée des escortes et transfèrements de prévenus ou condamnés ;

Les *rassemblements, excursions* et *attaques de malfaiteurs* réunis et organisés en bandes, dévastant et pillant les propriétés ;

Les *découvertes de dépôts* d'armes cachées, d'ateliers clandestins de fabrication de poudre, de lettres comminatoires, de signes et mots de ralliement, d'écrits, d'affiches et de placards incendiaires provoquant à la révolte, à la sédition, à l'assassinat et au pillage ;

L'*envahissement*, avec violence, d'un ou de plusieurs postes télégraphiques, et la *destruction*, par des individus ameutés, des appareils de télégraphie électrique ;

La *dégradation* d'une partie quelconque de la voie d'un chemin de fer, commise en réunion séditieuse, avec rébellion ou pillage ;

Et généralement tous les événements qui exigent des mesures promptes et décisives, soit pour prévenir le désordre, soit pour le réprimer. (*Décret du 1er mars 1854, art.* 77.)

Pour tous les événements spécifiés dans l'article précédent, les rapports directs auxquels ils ont donné lieu ne dispensent pas les officiers de gendarmerie d'en faire mention dans les comptes mensuels qu'ils ont à rendre au ministre de la guerre.

Hors ces cas exceptionnels, et à moins d'ordres particuliers, les chefs de légion seuls correspondent directement avec le ministre. (*Art.* 78 *dudit décret.*)

En cas d'un de ces événements, le commandant de brigade doit s'abstenir d'en rendre compte directement au ministre. C'est aux officiers à le faire. Il doit seulement en rendre compte immédiatement à son commandant d'arrondissement, qui est tenu de se transporter sur les lieux, si sa présence y est nécessaire. Si ce rapport pouvait éprouver du retard dans le trajet pour être communiqué hiérarchiquement au commandant de compagnie, les sous-officiers peuvent correspondre directement avec lui ; mais ce rapport ne les dispense pas de rendre immédiatement le même compte à leur commandant d'arrondissement. (V. *Ordre hiérarchique, Télégraphe.*)

EXÉCUTION DES JUGEMENTS NON MILITAIRES.

Aux termes de l'art. 376 du Code d'instruction criminelle, la condamnation est exécutée par ordre du procureur général, qui a le droit de requérir la force publique.

Lorsqu'il s'agit d'une exécution capitale, la gendarmerie reçoit de l'autorité judiciaire une réquisition indiquant l'heure et le lieu de l'exécution, ainsi que l'endroit d'où partira le condamné pour s'y rendre.

A cet effet, le commandant de la gendarmerie s'entend préalablement avec l'autorité judiciaire et l'autorité administrative, afin de savoir le nombre d'hommes qu'il est nécessaire de commander, et au besoin pour qu'ils soient aidés par un détachement de troupe de la garnison ou d'une garnison voisine, suivant le cas.

La gendarmerie est uniquement préposée pour maintenir l'ordre, prévenir ou empêcher les émeutes, et protéger dans leurs fonctions les personnes chargées par la justice de mettre à exécution les arrêts de condamnation. (*Art.* 109 *du décret du* 1er *mars* 1854.)

A cet effet, le détachement, sous les ordres de l'officier commandant l'arrondissement dans lequel a lieu l'exécution, se rend à la prison où est détenu le condamné et lui fait escorte jusqu'au lieu du supplice. Les cavaliers ont le sabre à la main ; quelques-uns ouvrent la marche, et les autres entourent la voiture dans laquelle est placé le condamné, les mains attachées.

Arrivée sur la place publique qui a été désignée à l'avance par l'autorité administrative, en vertu de l'art. 26 du Code pénal, et où est monté l'instrument du supplice, la gendarmerie s'occupe uniquement d'en éloigner les curieux le plus possible, par rapport au terrain occupé, et à les maintenir à une certaine distance, afin de ne pas gêner les exécuteurs.

Lorsque tout est préparé, les cavaliers, ayant toujours le sabre à la main, tournent le dos à l'instrument du supplice, pour mieux tenir le public à distance, et une fois l'exécution terminée, les gendarmes à cheval, ou seulement une fraction, suivant le cas, accompagnent jusqu'au cimetière la voiture dans laquelle a été placé le cadavre.

Les gendarmes à pied, restés sur la place, continuent à faire un service d'ordre public, et la troupe rentre dans les casernes, à moins que le commandant de la gendarmerie, à la disposition duquel elle se trouve, ne reconnaisse que sa présence sur le lieu de l'exécution soit nécessaire jusqu'à l'enlèvement de l'instrument et la dispersion des curieux.

L'exécution des jugements de condamnation peut avoir lieu tous les jours, à l'exception des dimanches et des jours de fêtes nationales et religieuses (*Code pénal, art.* 25); et ceux qui, sans empêchement légal, refuseraient ou négligeraient de prêter le secours dont ils pourraient être requis à cet effet seraient passibles d'une amende de 6 fr. à 10 fr. (*Art.* 475, *n*° 12, *dudit Code.* — V. *Refus de prêter secours.*)

D'après la loi du 22 germinal an IV, dont l'exécution est expressément recommandée par l'art. 114 du décret du 18 juin 1811, les procureurs généraux sont autorisés à requérir les ouvriers, chacun à leur tour, de faire les travaux nécessaires pour l'exécution des jugements, à condition de leur en faire compter le prix ordinaire.

Ceux qui s'y refuseraient se rendraient passibles des peines de simple police édictées par l'art. 475 du Code pénal.

EXÉCUTION DES JUGEMENTS MILITAIRES.

Dès que les jugements rendus par les tribunaux militaires sont devenus définitifs, les formalités à remplir pour leur exécution varient selon les différents cas, ainsi qu'il suit.

De l'exécution des jugements à mort.

Tout individu condamné à la peine de mort par un conseil de guerre est fusillé. (*Art.* 187 *du Code de justice milit. du* 9 *juin* 1857.)

Cette condamnation s'exécutera militairement comme il suit.

Le commandant de place ou le commandant d'armes fait commander pour l'exécution un adjudant sous-officier, quatre sergents ou maréchaux des logis, quatre caporaux ou brigadiers et quatre soldats pris à tour de rôle, en commençant par les plus anciens, dans le corps auquel appartenait le condamné, et, lorsque le condamné n'appartiendra pas à un des corps de la garnison, le peloton d'exécution sera fourni à tour de rôle par les corps qui se trouvent dans la place, en commençant par le plus bas numéro. (*Art. 2 du décret du 25 oct. 1874.*)

Il est commandé, en même temps que le peloton d'exécution, un cinquième sergent ou maréchal des logis pris également parmi les plus anciens, et dont le rôle sera déterminé ci-après. (*Art. 3.*)

Un poteau, muni d'un crochet, sera planté au lieu fixé pour l'exécution ; un sillon, tracé à six mètres en avant de ce poteau, indiquera la distance à laquelle le peloton, composé de douze hommes, devra se ranger devant le condamné. L'adjudant, auquel un officier de l'état-major de la place fera connaître le moment de l'exécution, fera charger les armes avant l'arrivée du condamné. (*Art. 4.*)

Le condamné est amené sur le terrain par un détachement de cinquante hommes ; il n'est pas porteur de ses insignes. Lorsqu'il arrive au centre des troupes, elles portent les armes, les tambours battent aux champs. (*Art. 5.*)

Le condamné sera adossé au poteau ; pendant la lecture de l'extrait du jugement, conformément à la loi, un soldat désigné à l'avance *lui bandera les yeux et le fera mettre à genoux.*

Dans ce moment, le peloton, formé sur deux rangs, prendra place à la distance indiquée, et le condamné étant laissé seul, l'adjudant, placé à quatre pas sur la droite et à deux pas en avant du peloton, lèvera son épée. A ce signe, les douze hommes mettront en joue : chacun visera à la poitrine, sur une ligne qui joindrait le milieu des deux bras, c'est-à-dire entre les coudes et les épaules ; l'adjudant, gardant son épée levée, laissera au peloton le temps d'assurer son tir, puis il prononcera distinctement le commandement « *feu* », qui sera immédiatement suivi d'exécution. (*Art. 6.*)

Un médecin militaire choisi, soit dans le corps de troupe qui aura fourni les tireurs, soit à tour de rôle parmi les plus anciens de la garnison, devra assister à l'exécution. Aussitôt après le feu du peloton, il s'approchera du corps du condamné pour décider s'il faut ou non donner le coup de grâce. (*Art. 7.*)

S'il y a nécessité de donner le coup de grâce, le sous-officier commandé en même temps que le peloton d'exécution, ainsi qu'il est dit à l'art. 3, dont l'arme sera chargée d'avance et qui se tiendra à côté du médecin militaire, placera l'extrémité du canon à cinq centimètres de l'oreille du supplicié et fera ainsi feu à bout portant. (*Art. 8.*)

Les exécutions multiples seront toujours simultanées. Les condamnés seront placés sur une même ligne et séparés par une distance de dix mètres. Un seul adjudant commandera le feu. (*Art. 9.*)

Ces dispositions ont été rendues applicables devant les juridictions de la marine, par arrêté ministériel du 16 décembre 1874.

Le médecin militaire qui a assisté à l'exécution examinera le cadavre du supplicié ; il indiquera dans un rapport médico-légal le nombre et le siège des blessures et appréciera, s'il y a lieu, les circonstances majeures qui auraient, en faisant varier le procédé d'exécution, rendu le coup de grâce nécessaire.

Ce rapport, indépendant de celui par lequel le décès est médicalement constaté, sera immédiatement remis à l'autorité militaire supérieure qui a ordonné l'exécution du jugement. (*Art.* 10.)

L'art. 150 du Code du 9 juin 1857 accorde au général commandant la région le droit de faire suspendre l'exécution du jugement, à la charge seulement d'en rendre compte immédiatement au ministre de la guerre.

De l'exécution des jugements emportant la dégradation militaire.

Lorsque la condamnation à la peine de mort est prononcée contre un militaire en vertu des lois pénales ordinaires, elle entraîne de plein droit la dégradation militaire.

Les peines des travaux forcés, de la déportation, de la détention, de la réclusion, du bannissement sont appliquées conformément aux dispositions du Code pénal ordinaire. Elles ont les effets déterminés par ce Code et emportent, en outre, la dégradation militaire.

Tout militaire qui doit subir la dégradation militaire, soit comme peine principale, soit comme accessoire d'une peine autre que la mort, est conduit devant la troupe sous les armes. Après la lecture du jugement, le commandant prononce ces mots à haute voix : « N... N... (*nom et prénoms du condamné*), vous êtes indigne de porter les armes; au nom du Président de la République, nous vous dégradons. »

Aussitôt après, tous les insignes militaires et les décorations dont le condamné était revêtu sont enlevés, et, s'il est officier, son épée est brisée et jetée à terre devant lui.

La dégradation militaire entraîne : 1° la privation du grade et du droit d'en porter les insignes et l'uniforme ; 2° l'incapacité absolue de servir dans l'armée, à quelque titre que ce soit, et les autres incapacités prononcées par les art. 28 et 34 du Code pénal ordinaire; 3° la privation du droit de porter aucune décoration, et la déchéance de tout droit à pension ou à récompense pour les services antérieurs.

La dégradation militaire, prononcée comme peine principale, est toujours accompagnée d'un emprisonnement dont la durée, fixée par le jugement, n'excède pas cinq années.

De l'exécution des jugements portant condamnation à la peine des travaux publics.

Le condamné à la peine des travaux publics est conduit à la parade revêtu de l'habillement déterminé par les règlements. Il y entend, devant les troupes, la lecture de son jugement. — Il est employé aux travaux d'utilité publique. Il ne peut, en aucun cas, être placé dans les mêmes ateliers que le condamné aux travaux forcés. — La durée de la peine est de deux ans au moins et de dix ans au plus. (*Art.* 193 *du Code du 9 juin* 1857.)

De l'exécution des jugements à la peine de l'emprisonnement.

Les militaires condamnés à la peine de l'emprisonnement sont, après jugement définitif, remis à la gendarmerie, qui les conduit, de brigade en brigade, à la prison désignée pour y subir leur peine. (V. *Correspondances.*)

Des devoirs de la gendarmerie lors de l'exécution de ces divers jugements.

La gendarmerie ne peut être requise, en cas d'exécution des jugements rendus par les tribunaux militaires, que pour veiller au maintien de l'ordre; elle reste étrangère au détail de l'exécution. (*Art.* 149 *et* 153 *du décret du* 13 oct. 1863.)

Un détachement de troupe de ligne est toujours chargé de conduire les condamnés au lieu de l'exécution ; et si la peine que doivent subir les condamnés n'est pas capitale, ils sont, après l'exécution du jugement, remis à la gendarmerie, qui requiert qu'une partie du détachement lui prête main-forte pour assurer le transfèrement et la réintégration des condamnés dans la prison militaire. (*Décret du* 1er *mars* 1854, *art.* 134, *et décret du* 25 août 1874.)

Les condamnés remis à la gendarmerie doivent partir dans les vingt-quatre heures et être conduits au lieu désigné pour y subir leur peine. (V. *Correspondances, Tribunaux militaires.*)

FAUX.

Pour faux permis de chasse, faux passe-ports, fausse feuille de route ; pour altération de ces actes ; pour se les être fait délivrer sous des noms supposés ; pour faux certificats de maladie, notamment par un médecin, à l'effet de dispenser d'un service public ; pour faux certificats de bonne conduite, d'indigence, ou autres actes propres à appeler la bienveillance sur celui qui en est porteur, voir les art. 153, 154 et suivants du Code pénal modifié, *d'après la loi du* 13 *mai* 1863.

Est puni des travaux forcés à temps, tout militaire, tout administrateur ou comptable militaire qui porte sciemment sur les rôles, les états de situation ou de revue, un nombre d'hommes, de chevaux ou de journées de présence au delà de l'effectif réel, qui exagère le montant des consommations, ou commet tout autre faux dans ses comptes.

S'il existe des circonstances atténuantes, la peine est la réclusion ou un emprisonnement de deux à cinq ans. — En cas de condamnation, l'officier comptable est, en outre, puni de la destitution. (*Art.* 257 *du Code du* 9 *juin* 1857.)

Est puni d'un an à cinq ans d'emprisonnement, tout militaire, tout administrateur ou comptable militaire qui fait sciemment usage, dans son service, de faux poids ou de fausses mesures. (*Art.* 258 *dudit Code.*)

La contrefaçon, par tout militaire ou comptable militaire, des sceaux, timbres ou marques à apposer sur les actes ou effets militaires est punie de la réclusion. — L'emploi frauduleux des vrais sceaux, timbres et marques est puni de la dégradation militaire. (*Art.* 259 *et* 260 *dudit Code.*)

Faux billets de banque, fausse monnaie, V. *Monnaie.*

Il existe pour tous les faux mentionnés ci-dessus, au *Formulaire des procès-verbaux,* des modèles suivis de notes détaillées.

FEU.

L'autorité administrative municipale, chargée par la loi du 24 août 1790 (titre XI, art. 3 et 4) et par celle du 22 juillet 1791 (titre Iᵉʳ, art. 46) de veiller à la sûreté publique, a le droit de défendre d'allumer du feu et même de porter une pipe et de fumer dans certains lieux, tels que ceux où il y a dépôt de matières combustibles, meules de grains, pailles, foins, bruyères, etc. Ceux qui contreviennent à ces arrêtés sont passibles d'une amende de 1 fr. à 5 fr., par application de l'art. 471 du Code pénal.

L'art. 10 (titre II) de la loi du 28 septembre 1791 porte : « Toute personne qui aura allumé du feu dans les champs, plus près que cinquante toises des maisons, bruyères, vergers, haies, meules de grains, de paille ou de foin, sera condamnée à une amende égale à la valeur de douze journées de travail, et paiera en outre le dommage que le feu aura occasionné. Le délinquant pourra, de plus, suivant les circonstances, être condamné à la détention de police municipale. »

Les procès-verbaux, visés pour timbre, enregistrés en débet, sont de la compétence du juge de paix.

Il est défendu également de porter ou allumer du feu dans l'intérieur ou à la distance de deux cents mètres des bois et forêts, sous peine d'une amende de 20 fr. à 100 fr., sans préjudice, en cas d'incendie, des peines portées par le Code pénal, et de tous dommages et intérêts, s'il y a lieu. (*Art.* 148 *du Code forestier, et art.* 48 *du Code pénal.*)

L'art. 148 est applicable seulement dans le cas où le feu a été allumé à la distance prohibée d'une forêt appartenant à autrui. Chaque propriétaire est libre d'allumer du feu comme bon lui semble dans sa forêt, pourvu que ce soit au delà de la distance de deux cents mètres d'une forêt appartenant à autrui. (*Décis. du directeur général des forêts du* 19 *sept.* 1829.)

Le procès-verbal, visé pour timbre et enregistré en débet, est remis au procureur de la République.

FEU D'ARTIFICE.

Les mots *pièces d'artifice* sont des expressions génériques qui doivent s'entendre de tout travail fait avec de la poudre pouvant, par son explosion ou son action, produire les effets que l'art. 471 a voulu prévenir; il n'y a donc pas lieu de distinguer, suivant que la pièce est destinée à une réjouissance ou à un travail comme celui de l'extraction des pierres. (*Cass.,* 4 *août* 1853.)

Est légal et obligatoire l'arrêté préfectoral qui défend de tirer des armes à feu, même dans l'intérieur des lieux privés, tels que cours, jardins ou enclos. (*Cass.,* 8 *mai* 1858.)

La contravention à un arrêté municipal qui défend de tirer des coups de fusil dans l'intérieur de la ville ne saurait être excusée par le motif que les coups de fusil auraient été tirés dans une propriété privée et pour la défendre contre des animaux qui occasionnaient des dégâts. (*Cass.*, 28 *juill.* 1855.)

Ceux qui auraient violé la défense de tirer en certains lieux des pièces d'artifice sont passibles d'une amende de 1 fr. à 5 fr., avec confiscation des pièces d'artifice. (*Art.* 471 *et* 472 *du Code pénal.*)

Le procès-verbal, visé pour timbre et enregistré en débet, est de la compétence du juge de paix.

Doit être annulé comme ayant admis une excuse illégale, le jugement de simple police qui pour prononcer le relaxe d'un individu prévenu d'avoir tiré des pièces d'artifice dans les rues d'une ville, contrairement à la défense faite par un arrêté du préfet, s'est fondé sur ce que la municipalité, en exécution d'une circulaire préfectorale antérieure et conformément à un usage local, aurait toléré le tir de fusées et de pétards le jour de la fête nationale du 14 juillet. (*Cass.*, 3 *déc.* 1880.)

FONCTIONNAIRES.

D'après l'art. 75 de la Constitution du 22 frimaire an VIII, les agents du gouvernement autres que les ministres ne pouvaient être poursuivis, pour faits relatifs à leurs fonctions, qu'en vertu d'une décision du Conseil d'Etat.

Le décret du 19 septembre 1870 a abrogé cet article et toutes les autres dispositions de lois générales ou spéciales ayant pour objet d'entraver les poursuites dirigées contre des fonctionnaires publics de tout ordre, mais il n'a pas entendu porter atteinte aux art. 479 et suivants du Code d'instruction criminelle, relatifs aux crimes et délits commis par des magistrats ou des officiers de police judiciaire, non plus qu'à l'art. 10 de la loi du 20 avril 1810. (*Cass.*, 15 *sept.* 1871, 9 *et* 19 *fév.* 1872 *et* 24 *déc.* 1874.)

L'abrogation de cet article, en ce qui concerne les colonies, fait l'objet des décrets des 2 et 10 décembre 1880.

Le droit de citation directe devant la Cour d'appel n'appartient qu'au procureur général; mais la partie lésée par le délit que ce magistrat refuse de poursuivre peut intenter une action civile en réparation du dommage devant les tribunaux civils. (*Cass.*, 16 *déc.* 1867, 15 *et* 24 *déc.* 1874.)

La compétence exceptionnelle établie par l'art. 479 ci-dessus visé ne doit pas être étendue à des contraventions de simple police. (*Cass.*, 27 *sept.* 1851.)

FORCE PUBLIQUE. — SERVICE AUX ARMÉES

ORGANISATION.

Garde et escorte d'honneur.

Lorsqu'une armée est constituée et mobilisée, le commandant supérieur de la gendarmerie y reçoit le titre de grand-prévôt, et le commandant de la gendarmerie de chaque corps d'armée s'appelle prévôt. (*Art.* 505 *du décret du* 1er *mars* 1854, *modifié le* 24 *juill.* 1875.)

Un détachement est affecté au service du grand quartier général et à l'escorte du grand-prévôt.

Un autre détachement est placé près de chaque prévôt de corps d'armée. (*Art.* 506.)

Le service de la gendarmerie aux armées comprend le service prévôtal proprement dit, le service des convois, la garde des prisonniers ; mais les gendarmes de ces diverses forces publiques pourront, sur la proposition du prévôt et sur l'ordre du général commandant le corps d'armée, être employés à l'un ou à l'autre de ces services suivant que les circonstances l'exigeront. (*Art.* 507.)

Vaguemestres.

Dans chaque corps d'armée, un capitaine de gendarmerie vaguemestre est chargé de réunir et de former les convois et équipages d'après les ordres du chef d'état-major, et d'en assurer la police.

Il lui est adjoint deux maréchaux des logis de gendarmerie à cheval, qui prennent le titre de maréchaux des logis vaguemestres adjoints.

Le capitaine vaguemestre et ses adjoints sont subordonnés au prévôt du corps d'armée.

Quand les ordres pour la réunion et la formation des convois auront été donnés directement au vaguemestre par le chef d'état-major, ce dernier devra informer le prévôt des ordres donnés. (*Art.* 508.)

Équipages du corps d'armée.

Un détachement est affecté, sous les ordres du vaguemestre, au service de la force publique des équipages du corps d'armée.

Dans le cas où les voitures régimentaires ou auxiliaires s'élèveraient à un chiffre très considérable, le vaguemestre pourra, s'il le juge nécessaire, demander au chef d'état-major, par l'intermédiaire du prévôt du corps d'armée, que des cavaliers soient mis à sa disposition en nombre suffisant pour assurer le service du convoi. (*Art.* 509.)

Lorsqu'une escorte de troupe de ligne est employée conjointement avec la gendarmerie pour le service des équipages et convois, le commandement appartient, à grade égal, à l'officier vaguemestre. Si le chef de l'escorte est d'un grade supérieur à celui du vaguemestre, il prend le commandement et prescrit, sous sa responsabilité, toutes les mesures propres à assurer la marche et la défense du convoi. (*Art.* 510.)

Nominations aux emplois de sous-officier et brigadier.

Dans l'intérêt du service, le grand-prévôt nomme aux emplois de sous-officier et brigadier devenus vacants pendant la campagne. Il choisit parmi les candidats à l'avancement qui font partie des forces publiques et parmi les militaires de l'arme qui auront été l'objet de propositions spéciales. (*Art.* 511.)

COMPTABILITÉ.

Dans chaque prévôté, un maréchal des logis comptable est chargé, sous la direction du prévôt, des détails d'administration et de comptabilité; il remplit en même temps les fonctions de greffier.

Un sous-officier est placé au même titre près du capitaine vaguemestre.

Les fonctions de greffier près du grand-prévôt seront remplies par un capitaine-trésorier, qui est également chargé de la comptabilité du détachement attaché au grand quartier-général et de la centralisation de l'administration de toute la prévôté de l'armée.

Au point de vue administratif, toute la gendarmerie d'un corps d'armée est considérée comme faisant corps, pour toute la durée de la campagne.

La solde est touchée par corps d'armée chez le payeur du corps.

Quand une division se trouve détachée, elle s'administre séparément et touche sa solde chez le payeur de la division. (*Art.* 512.)

JURIDICTION.

Le grand-prévôt exerce sa juridiction sur toute l'armée, et les prévôts sur les corps d'armée auxquels ils sont attachés.

Cette juridiction embrasse tout ce qui est relatif aux crimes, délits et contraventions commis sur le territoire occupé par l'armée et sur les flancs et derrières de l'armée, dans les limites fixées par les art. 51, 52, 75, 173, 174 et 271 du Code de justice militaire.

Le devoir des prévôts est surtout de protéger les habitants du pays contre le pillage ou toute autre violence.

Les officiers de gendarmerie commandant les forces publiques près des divisions ont les mêmes attributions que le prévôt, chacun dans l'arrondissement de la division à laquelle il est attaché. (*Art.* 513.)

RAPPORTS DE LA GENDARMERIE AVEC L'AUTORITÉ MILITAIRE.

La gendarmerie ne relève que de ses chefs directs, ainsi que des généraux et chefs d'état-major près desquels elle est placée. Les réquisitions adressées à la gendarmerie doivent, à moins de circonstances exceptionnelles, passer par l'intermédiaire des officiers de l'arme dans les divisions et corps d'armée. (*Art.* 514.)

Indépendamment des rapports que les commandants de détachement doivent aux prévôts de corps d'armée et ceux-ci au grand-prévôt sur tous les objets de leur service, ils en font journellement un aux généraux commandant les corps de troupes près desquels ils sont placés; ils les informent surtout des ordres du commandant en chef, en ce qui concerne la police.

Les capitaines vaguemestres doivent les mêmes rapports au prévôt de leur corps d'armée. Ils reçoivent des ordres des généraux et chefs d'état-major pour leur service journalier; ils rendent compte de leur exécution.

Dans une brigade détachée, le commandant de la gendarmerie remplit les mêmes devoirs envers le général de brigade. (*Art.* 515.)

Le grand-prévôt transmet aux prévôts des corps d'armée, en y joignant ses propres instructions, les ordres qu'il reçoit du commandant en chef ou du chef d'état-major général; les prévôts de corps d'armée les transmettent aux commandants de détachement.

Les uns et les autres sont tenus de les exécuter et d'en informer leurs chefs d'état-major respectifs.

Le grand-prévôt rend compte, chaque jour, au commandant en chef et prend ses ordres. Tous les huit jours, et plus souvent s'il est nécessaire, il présente un rapport général sur son service au chef d'état-major général, qui le soumet au commandant en chef.

Le grand-prévôt et les prévôts adressent un rapport journalier aux généraux dont ils relèvent, et sont convoqués par eux, comme les autres chefs de service, quand cela paraît nécessaire. (*Art.* 516.)

Les militaires de la gendarmerie ne peuvent être punis que par leurs chefs directs et par les généraux et chefs d'état-major des corps auxquels ils appartiennent. Toute faute méritant répression, commise par l'un d'eux, est signalée au prévôt et au grand-prévôt.

Il est donné connaissance à l'autorité qui a porté la plainte, de la punition infligée.

Au grand-prévôt, au général, au chef d'état-major des corps dont ils relèvent appartient le droit de diminuer, de changer la nature et même de faire cesser les punitions prononcées. (*Art.* 517.)

DEVOIRS GÉNÉRAUX.

La gendarmerie remplit à l'armée des fonctions analogues à celles qu'elle exerce dans l'intérieur : la constatation des crimes, délits et contraventions, la rédaction des procès-verbaux, la poursuite et l'arrestation des coupables, la police, le maintien de l'ordre sont de sa compétence et constituent ses devoirs. (*Art.* 518.)

Les gendarmes ne servent jamais d'escorte.

La gendarmerie des prévôtés ne sert jamais comme escorte en dehors de ce qui est prévu par le présent règlement, et elle ne peut être employée au service d'estafette que dans le cas de la plus absolue nécessité. Elle ne peut non plus fournir d'ordonnances aux officiers, quel que soit leur grade. (*Art.* 519.)

Emplacements occupés par les corps de troupe.

L'état des emplacements occupés par les différents corps et les divers services est, *autant que possible*, porté chaque jour par le grand-prévôt à la connaissance des prévôts de corps d'armée.

Ceux-ci transmettent cet état aux commandants de détachement sous leurs ordres, en y joignant l'emplacement des divisions, détachements et services de leurs corps respectifs. (*Art.* 520.)

Le campement ou cantonnement des prévôtés est assigné à proximité des quartiers généraux dont elles dépendent.

Pour faciliter l'exécution de leur service, les sous-officiers, brigadiers et gendarmes sont autorisés à pénétrer à toute heure de jour et de nuit dans l'intérieur des camps. A cet effet, ils seront munis du mot. Il est rendu compte au commandant d'armée et au grand-prévôt, par la voie hiérarchique, des obstacles ou empêchements qu'ils pourraient rencontrer à cet égard. (*Art.* 521.)

Réquisitions faites aux militaires de l'armée.

Les officiers et les sous-officiers des troupes sont tenus de déférer aux réquisitions de la gendarmerie, lorsqu'elle croit avoir besoin d'appui. Dans le cas où la main-forte lui est refusée, il en est rendu compte, par la voie hiérarchique, au chef d'état-major de la division à laquelle appartient l'officier ou le sous-officier qui n'a pas obtempéré à la réquisition.

Toutes les fois que des officiers, sous-officiers et gendarmes interviennent en leur qualité d'agents de la force publique, au nom de la loi, personne n'a le droit d'entraver leur autorité, et tout le monde doit se soumettre à leurs réquisitions ou à leurs injonctions.

Il est bien entendu, toutefois, que la gendarmerie n'aura pas le droit de s'opposer à des mesures militaires, de quelque nature qu'elles soient, quand elles auront été ordonnées par le commandement. (*Art. 522.*)

Tout militaire ou employé à l'armée qui a connaissance d'un crime ou délit doit en donner sur-le-champ avis au grand-prévôt, au prévôt ou à tout autre officier, sous-officier ou brigadier de la gendarmerie. Il est tenu de répondre catégoriquement à toutes les questions qui lui sont adressées par eux. (*Art. 523.*)

Officiers de police judiciaire.

Le grand-prévôt ou le prévôt ou les militaires de la gendarmerie faisant fonctions d'officier de police judiciaire, dès qu'ils ont connaissance d'un crime ou d'un délit, font les informations nécessaires, conformément aux prescriptions des art. 83 et suivants du Code de justice militaire. (*Art. 524.*)

Le grand-prévôt ou le prévôt fait procéder à la recherche et à l'arrestation des prévenus, et les fait conduire devant le général commandant la fraction de l'armée à laquelle ils appartiennent, à moins que l'infraction ne soit de sa compétence.

Il donne aux commissaires du gouvernement et aux rapporteurs près les conseils de guerre tous les documents que ceux-ci lui demandent et qu'il est en son pouvoir de leur procurer.

Il est tenu de déférer à la réquisition de comparaître comme témoin, quand elle lui est faite régulièrement. (*Art. 525.*)

Il visite fréquemment les lieux qu'il juge avoir plus spécialement besoin de sa surveillance. (*Art. 526.*)

Le grand-prévôt a une garde à son logement; dans les marches et dans ses tournées, il est escorté par deux brigades de gendarmerie.

Dans les mêmes cas, le prévôt de corps d'armée, le commandant de détachement et le capitaine vaguemestre sont accompagnés d'une brigade, si cela est possible sans nuire au service. (*Art. 527. — V. Police judiciaire.*)

Police des marchands, vivandiers, etc.

La gendarmerie a dans ses attributions spéciales la police relative aux individus non militaires, aux marchands, aux vivandiers et aux domestiques qui suivent l'armée.

En conséquence, le grand-prévôt, le prévôt et le commandant de détachement inscrivent sur un registre les noms et les signalements des secrétaires, interprètes et employés que les généraux et les fonctionnaires de l'armée ont à leur suite.

Un second registre sert à inscrire les noms, signalements et professions des vivandiers, cantiniers et marchands, avec indication du numéro de la patente qui leur a été délivrée. (*Art.* 528.)

Patentes. — Permissions.

Le grand-prévôt et les prévôts de corps d'armée n'accordent de patentes que pour le quartier général de l'armée et les quartiers généraux de corps d'armée.

Ces patentes sont soumises au visa des chefs d'état-major, qui les font inscrire sur un registre. (*Art.* 529.)

Les commandants de détachement délivrent, sous l'approbation du chef d'état-major et avec son visa, des patentes aux vivandiers, marchands et industriels des divisions ou des brigades ; mais ils les font viser, autant que possible, par le grand-prévôt de l'armée et le prévôt du corps d'armée, au visa desquels sont également soumises celles qui sont délivrées par les conseils d'administration aux cantiniers des corps. (*Art.* 530.)

Ces permissions et patentes doivent être l'objet d'un examen sévère de la part de la gendarmerie, qui se les fait représenter fréquemment, afin de constater en même temps l'identité des individus qui en sont détenteurs. Cette mesure est de la plus haute importance pour empêcher ou réprimer l'espionnage. (*Art.* 531.)

Inspection des comestibles débités par les marchands.

Dans chaque division, un médecin ou pharmacien militaire, assisté d'un maréchal des logis ou brigadier de gendarmerie et de deux gendarmes, est chargé de faire inopinément des tournées générales ou partielles pour apprécier la qualité des liquides et des comestibles débités par les marchands, vivandiers et cantiniers.

Il fait répandre ou enfouir ceux qui sont reconnus susceptibles de porter atteinte à la santé des troupes. (*Art.* 532.)

La gendarmerie veille à l'exécution des ordres des généraux concernant les vivandiers et cantiniers, qui, indépendamment d'une plaque indiquant leur profession et qu'ils portent d'une manière ostensible, sont forcés d'en avoir une à leur voiture, indiquant leur nom, le numéro de leur patente et le quartier général ou le corps de troupe auquel ils appartiennent.

Elle exige que les comestibles et les liquides dont ils doivent être pourvus soient de bonne qualité, en quantité suffisante et au moindre prix possible.

Elle fait souvent des perquisitions dans les voitures des marchands, vivandiers et cantiniers, pour empêcher qu'elles servent à transporter d'autres objets que ceux qu'elles doivent contenir.

Elle dresse procès-verbal des infractions qu'elle remarque ; elle en prévient les corps auxquels les délinquants appartiennent, et rend compte, par la voie hiérarchique, au chef d'état-major général ou de la division. (*Art.* 533.)

Poids et mesures.

Les officiers et les sous-officiers de gendarmerie vérifient souvent les poids et mesures ; ils confisquent, conformément aux lois, ceux qui ne sont pas étalonnés ; le grand-prévôt ou le prévôt inflige aux contrevenants les peines édictées par la loi ; il les prive pour un temps de leur patente, et il peut, en cas de récidive, les renvoyer de l'armée ; le tout sans préjudice des restitutions auxquelles ils peuvent être obligés, ni des autres châtiments qu'ils peuvent avoir encourus pour fraude. (*Art.* 534.)

Les dispositions précédentes concernant les cantiniers des corps sont plus spécialement laissées à la surveillance des chefs de bataillon, adjudants-majors et adjudants de ces corps.

La gendarmerie doit, en général, s'abstenir de toute ingérence superflue dans l'intérieur des corps de troupe, qui ont tout intérêt à faire bonne police par eux-mêmes. (*Art.* 535.)

Prix des boissons et denrées alimentaires.

Le grand-prévôt et les prévôts fixent les prix des boissons et denrées alimentaires ; ils infligent des amendes aux personnes qui suivent l'armée sans permissions, aux vivandiers, cantiniers et marchands qui enfreignent les tarifs fixés par les prévôts ou qui contreviennent aux règlements de police de l'armée.

Ils prononcent sur les demandes de dommages-intérêts n'excédant pas 150 fr.

Le produit des amendes (dont aucune ne peut excéder 200 fr.) est versé par le grand-prévôt au Trésor.

Le grand-prévôt reçoit du commandement les sommes qui lui seraient nécessaires pour les besoins de son service, sauf à rendre compte au général en chef de l'emploi des sommes touchées. (*Art.* 536.)

Les domestiques sont tenus d'avoir des permissions.

Les domestiques des officiers et des employés de l'armée sont tenus d'avoir une attestation signée de leur maître, constatant qu'ils sont à son service. Cette attestation est visée dans les corps par les colonels, dans les états-majors et les administrations par les prévôts. S'ils obtiennent des permissions, elles devront être visées de la même manière.

La gendarmerie arrête les domestiques des officiers et des fonctionnaires de l'armée qui, sur sa réquisition, ne lui présentent pas l'attestation signée de leur maître, constatant qu'ils sont à son service, et, s'il y a lieu, leur permission.

Elle arrête également comme vagabond tout domestique qui abandonne son maître pendant la campagne. (*Art.* 537.)

Établissement des prisons.

Des prisons destinées à recevoir les militaires de tous grades, les gens sans aveu ou suspects, etc., sont établies dans les quartiers généraux d'armée, dans les quartiers généraux de corps d'armée et dans les quartiers de division par les soins des prévôts et commandants de détachement. Elles sont sous l'autorité de ces officiers et sous la surveillance des commandants des quartiers.

Si la troupe est logée chez l'habitant, un local spacieux, solidement construit, facile à garder et présentant toutes les garanties contre les évasions, est choisi par le prévôt ou le commandant de détachement et mis à sa disposition par l'autorité locale.

Dans le cas où la troupe est campée loin des habitations, une grande tente, fournie par l'administration du campement, reçoit la même destination.

Il est pourvu à la nourriture des prisonniers au moyen de rations perçues en même temps que celles de la prévôté, sur des bons établis au titre de la justice militaire. Ces rations sont les mêmes que celles de la troupe, à l'exception du vin et des autres liquides.

Le registre d'écrou des prisonniers, visé chaque jour par le sous-intendant de la division, sert de pièce justificative pour ces allocations et perceptions. (*Art.* 538.)

La gendarmerie reçoit dans les prisons les individus qu'elle arrête et ceux qui lui sont envoyés par les chefs d'état-major.

Afin d'éviter l'encombrement des prisons, les prévôts procèdent sans désemparer au jugement de tous les autres individus qui leur sont amenés et sur lesquels s'étend leur juridiction. (*Art.* 539.)

Déserteurs.

La gendarmerie reconduit à leurs corps les militaires qu'elle arrête, à moins que l'inculpation élevée contre eux ne soit de la compétence des conseils de guerre; dans ce dernier cas, les pièces de conviction sont remises au chef d'état-major de la division, qui prend les ordres du général pour faire informer.

Le signalement des déserteurs et des prisonniers évadés est envoyé, dans les vingt-quatre heures au plus tard, à l'officier commandant le détachement de gendarmerie de la division, lequel prend les mesures nécessaires pour leur arrestation. (*Art.* 540.)

Voitures et fourgons.

Les commandants de la gendarmerie, après avoir reçu du chef d'état-major général l'état des officiers et des fonctionnaires de l'armée ayant droit à des voitures ou fourgons, s'assurent dans les quartiers généraux que les voitures particulières des officiers généraux, celles des fonctionnaires de l'armée portent le chiffre de leurs propriétaires; que leurs fourgons, ainsi que les fourgons et les voitures des régiments, portent les indications prévues par l'instruction ministérielle du 27 mai 1875; enfin, que les voitures des marchands, des vivandiers et cantiniers ont une plaque, comme il a été prescrit à l'art. 533. (*Art.* 541.)

Traînards.

Dans les marches, la gendarmerie suit les colonnes, arrête les pillards et fait rejoindre les traînards.

Si la troupe marche en avant, la prévôté est répartie sur les flancs et en arrière des colonnes.

En cas de retraite, elle est placée également sur les flancs et entre les troupes et les équipages. Son devoir est surtout de faire dégager rapidement les routes et d'arrêter les mouvements précipités qui peuvent dégénérer en panique. (*Art.* 542.)

Position que prend la gendarmerie lorsque les troupes sont engagées.

Quand les troupes sont engagées, la gendarmerie est échelonnée en arrière des corps qui sont aux prises avec l'ennemi. Elle ramène au feu les soldats qui se débandent et ceux qui se détachent sans nécessité pour accompagner les blessés. Elle désigne à ces derniers l'emplacement des ambulances, et aux officiers les dépôts de munitions.

En cas de panique, toute la prévôté est réunie pour opposer une digue aux fuyards. (*Art.* 543.)

Vaguemestres.

Les capitaines vaguemestres se conforment en tous points, pour la conduite des équipages et convois, ainsi que pour la police à y maintenir, à toutes les prescriptions des titres XIV et XVI du règlement de 1832, sur le service en campagne, qui ne sont pas contraires à ce qui est dit au présent règlement. (*Art.* 544.)

Réquisition de voitures.

Aucun officier ou fonctionnaire de l'armée ne devant, en dehors des autorisations régulières ou légales, requérir ni voitures, ni chevaux, la gendarmerie dresse procès-verbal contre tout officier ou fonctionnaire de l'armée qui a commis un acte de cette nature. Elle est chargée de recevoir les plaintes des propriétaires, tant sur cet objet que sur tout autre, et, au besoin, d'y donner suite. (*Art.* 545.)

La chasse, à la guerre, est défendue.

Elle signale les militaires de tous grades qui, à la guerre, sont trouvés chassant, ainsi que les officiers qui, dans les cantonnements, chassent sans la permission du propriétaire et l'autorisation du général commandant sur les lieux.

Les prévôts ou autres officiers de gendarmerie sont spécialement chargés d'empêcher les jeux de hasard, qui sont formellement défendus. Les individus qui se livrent à ces jeux sont sévèrement punis ; ceux qui les tiennent, s'ils ne sont pas militaires, sont chassés de l'armée.

La gendarmerie écarte de l'armée les femmes de mauvaise vie. (*Art.* 546.)

Achat de chevaux pris à l'ennemi ou volés.

La gendarmerie veille à ce qu'il ne soit pas acheté de chevaux à des personnes inconnues. Ceux qui ont été volés ou trouvés sans maître sont conduits à la prévôté, qui les fait rendre à leur propriétaire, dès qu'il est connu. Dans le cas contraire, ils sont remis, d'après l'ordre du chef d'état-major, à l'arme à laquelle ils conviennent.

Les chevaux pris sur l'ennemi ne sont jamais amenés à la gendarmerie; ils sont laissés à la garde des corps qui les ont capturés, conformément à l'art. 182 du règlement sur le service en campagne. (*Art.* 547.)

Pendant le temps qu'ils restent à la disposition de la prévôté, les chevaux volés ou trouvés sans maître sont mis en subsistance dans un régiment du corps d'armée désigné par la voie de l'ordre.

La gendarmerie conserve leur signalement pour faciliter les recherches ultérieures. (*Art.* 548.)

Sauvegardes.

Le grand-prévôt est chargé de la surveillance et de la police générale des sauvegardes, qu'elles soient prises dans la gendarmerie de l'armée, ou qu'elles soient tirées des régiments; ces sauvegardes lui obéissent, ainsi qu'aux officiers et sous-officiers de gendarmerie.

Ces officiers et sous-officiers s'assurent que les sauvegardes suivent exactement les instructions qu'elles ont reçues des généraux; ils rendent compte des difficultés qu'elles rencontrent dans l'exécution de leur mission et des violences qu'elles peuvent éprouver. (*Art.* 549.)

Propreté des abords des camps.

La propreté des abords des camps est sous la surveillance spéciale de la gendarmerie. Elle requiert les corps de troupe de faire enfouir les détritus des abatages qu'ils font pour leur compte.

En cas de départ précipité d'une troupe, celle qui la remplace est tenue de s'acquitter de ce soin.

Les animaux morts trouvés à proximité des camps sont signalés aux chefs d'état-major, qui font commander les corvées nécessaires pour procéder à leur enfouissement.

En un mot, la gendarmerie porte une attention constante à tout ce qui concerne la salubrité publique. (*Art.* 550.)

Patrouilles.

Des patrouilles de jour et de nuit sont faites par la gendarmerie dans toute l'étendue du pays occupé par la fraction de l'armée à laquelle elle est attachée.

Ces patrouilles ont pour objet d'empêcher tout désordre, de faire fermer les cabarets ou tous autres lieux publics aux heures fixées, de conduire à leur corps les soldats avinés, d'arrêter les espions, d'empêcher la maraude, etc.

Quand la troupe est logée chez l'habitant, des patrouilles mixtes, composées de quelques soldats dirigés par un ou deux gendarmes, peuvent être formées pour aider la gendarmerie à protéger les populations et les propriétés. (*Art.* 551.)

Surveillance dans les gares.

Le grand-prévôt informe le chef d'état-major des dispositions qu'il croit nécessaire de faire adopter par la commission militaire de campagne pour faciliter la surveillance dans les gares.

Tous les voyageurs dont l'identité demeure douteuse ou dont les intentions peuvent sembler suspectes sont conduits à la prévôté pour y être interrogés. (*Art. 552.*)

Organisation régimentaire.

Indépendamment du service qu'elle est appelée à faire aux armées, comme force publique, la gendarmerie peut être organisée en bataillons, escadrons, régiments ou légions, pour faire partie des brigades de l'armée active, tant à l'intérieur qu'à l'extérieur. (*Art. 553.*)

Solde de guerre de la gendarmerie.

Les officiers, sous-officiers, brigadiers et gendarmes qui font partie des forces publiques attachées aux armées ont droit à la solde en station augmentée de l'indemnité de service extraordinaire, dans toutes les positions où le décret du 18 février 1863 leur allouait la solde de guerre. (*Art. 1er du décret du 24 juill. 1875.*)

Hommes de la réserve ou de l'armée territoriale appelés pour faire le service de la gendarmerie.

En cas de guerre ou de mobilisation, les hommes de la réserve de l'armée active ou de l'armée territoriale qui sont appelés à faire temporairement le service de gendarmerie reçoivent la solde déterminée par les tarifs en vigueur pour les élèves-gendarmes. (*Art. 2.*)

La fourniture et le remplacement, après réforme, des chevaux, ainsi que des effets d'habillement, de grand équipement, d'armement et de harnachement qui leur sont nécessaires, sont supportés par l'État.

Ils n'ont droit ni à la première mise d'équipement ni à l'indemnité de literie, et il n'est fait aucune perception pour eux au titre de la masse d'entretien et de remonte.

Le complet de leur masse individuelle est fixé à 150 fr. pour l'arme à cheval et à 100 fr. pour l'arme à pied. (*Art. 3.*)

Frais de bureau.

Les frais de bureau des commandants des forces publiques aux armées sont déterminés par le tarif n° 15 annexé audit décret. (*Art. 6.*)

Indemnité aux familles des sous-officiers, brigadiers et gendarmes.

En temps de guerre, les familles des sous-officiers, brigadiers et gendarmes mariés ou veufs avec enfants, qui sont appelés hors de leur résidence pour faire partie des forces publiques aux armées, reçoivent une indemnité spéciale de 1 fr. par jour.

Cette indemnité n'est due ni aux familles des hommes veufs qui ne se composent que d'enfants de troupe au-dessus de l'âge de dix ans, ni à celles des hommes de la réserve ou de l'armée territoriale qui sont appelés à faire temporairement le service de gendarmerie. Elle est allouée pendant toute la durée de l'absence des sous-officiers, brigadiers et gendarmes, et elle est acquittée sur les fonds de la masse de secours.

Il est pourvu, par des mesures spéciales et dans la proportion qui est reconnue nécessaire, au remboursement des dépenses faites pour cet objet par la masse de secours. (*Art.* 7.)

Les allocations prévues à l'article précédent n'excluent pas la concession de secours aux familles nécessiteuses, conformément aux art. 265 et suivants du règlement du 18 février 1863. (*Art.* 8. — V. *Indemnités.*)

FORCES SUPPLÉTIVES.

Le service aux forces supplétives donne droit à l'indemnité de service extraordinaire : pour les sous-officiers, brigadiers et gendarmes, lorsqu'ils sont retenus plus de douze heures consécutives hors de leur résidence ; pour les officiers, lorsqu'ils sont retenus hors de la circonscription de leur commandement. (*Art.* 132 *du décret du* 18 *fév.* 1863.)

L'indemnité est due pour toutes les journées de déplacement, à compter du jour du départ de la résidence jusqu'au retour. (*Art.* 133 *dudit décret et note minist. du* 5 *déc.* 1881.)

Les militaires des forces supplétives ne peuvent recevoir l'indemnité de déplacement pendant plus de trois mois sans autorisation du ministre. (*Art.* 135 *dudit décret.*)

Les sous-officiers, brigadiers et gendarmes de la force supplétive reçoivent, pendant la durée de ce service, l'indemnité de literie, à moins que les préfets ne pourvoient à la fourniture et à l'entretien des lits. (*Art.* 212 *dudit décret.*)

Les militaires en service extraordinaire qui sont obligés de passer la nuit hors de leur résidence ont droit, outre l'indemnité, au logement pour eux et leurs chevaux. (*Art.* 131 *dudit décret.* — V. *Indemnités.*)

FORMULES.

DEMANDES ADRESSÉES AU MINISTRE DE LA GUERRE.

GENDARMERIE NATIONALE.

° LÉGION.

Compagnie d

Arrondissement d

Brigade d

OBJET.
Indiquer succinctement l'objet de la demande.

Les demandes adressées au ministre de la guerre sont établies sur papier tellière de 32/22 c. et portent l'inscription marginale ci-contre. La marge, d'une largeur convenable, reçoit les apostilles des commandants de brigade, d'arrondissement, de compagnie, etc.

(V. *Cahier des modèles annexé au décret du* 1er *mars* 1854.)

Toutes les demandes sont faites à la personne qui a le pouvoir d'accorder ce que l'on désire obtenir; mais elles ne doivent jamais parvenir au destinataire que par la voie hiérarchique.

COMMUNICATION A FAIRE AUX PRÉFETS

Par les chefs de légion, des nominations et mutations

LÉGION de GENDARMERIE.   , le   18 .

Décret ou décision mi-
nistérielle du

MONSIEUR LE PRÉFET,

J'ai l'honneur de vous informer, conformément à la décision du ministre de la guerre en date du
, des mutations suivantes survenues dans le personnel des officiers de gendarmerie en résidence dans le département d .   ,
savoir :

Veuillez agréer, Monsieur le Préfet, l'assurance de ma respectueuse considération.

Le Chef de Légion,

A Monsieur le Préfet du département d   , a

(Circ. min. des 5 déc. 1879 et 28 fév. 1881.)

LETTRES ET RAPPORT DE SERVICE ENTRE MILITAIRES.

Les formules de salutation terminant les communications de service échangées entre elles par les autorités militaires sont supprimées.
Voici les modèles de dépêches, rapports et bordereaux établis d'après les indications de la circulaire ministérielle du 28 mai 1880.

MODÈLE N° 1.

CORPS D'ARMÉE.

ÉTAT-MAJOR GÉNÉRAL.   ....le.........188..

BUREAU.   Le Général N....................commandant
le   corps d'armée, au Ministre de la guerre (*Direction,*   *Bureau*).

Objet :

....

Monsieur le Ministre,

....

(Signature N.)

° CORPS D'ARMÉE.

° DIVISION d

° (3) d

Objet :

. . . .

(1) Indiquer le grade.
(2) Indiquer le com-
mandement.
(3) Indiquer le corps
ou le service.

MODÈLE Nº 2.

. . . . le. . . . . 188. .

Le (1). . . . . .commandant

le (2). . . . .

au général commandant la   ° brigade d. . . . .

à. . . . .

Mon Général,

J'ai l'honneur de. . . . .

(*Signature* N.)

NOTA. — Ce modèle s'applique, en changeant les appellations, aux différents fonctionnaires de l'armée.

° CORPS D'ARMÉE.

° DIVISION d

° BRIGADE d

Objet :

. . . .

Lettre adressée par un intérimaire.

(1) Indiquer le grade.
(2) Indiquer le corps.

MODÈLE Nº 3.

. . . . le. . . . . . . .188. .

Le (Colonel). . . . . .commandant (par

intérim) la   ° brigade de. . . . . .au

(1). . . . . .commandant le   ° (2)

. . . . .à. . . . .

(1). . . . .

J'ai reçu la dépêche que vous m'avez adressée le ,

. . . . .relativement à. . . . .

J'approuve les dispositions que vous avez prises à ce
sujet.

(*Signature* N.)

NOTA. — Ce modèle s'applique, en changeant les appellations,
aux différents fonctionnaires de l'armée.

° CORPS D'ARMÉE.

   ° DIVISION d

   ° BRIGADE d

MODÈLE N° 4.

..........le.......188..

Objet :

Au sujet de........

Rapport du (1)..................................

commandant 1 ° { compagnie }
escadron } du ° (bataillon) du
batterie }

............sur..............................

Le *(mettre la date et exposer sommairement les faits).*

....

(Signature N.)

(1) Indiquer le grade
et le nom.

NOTA. — Ce modèle s'applique, en changeant les appellations, aux différents fonctionnaires de l'armée.

Les avis des chefs hiérarchiques seront consignés, s'il y a lieu, à la suite du rapport.

° CORPS D'ARMÉE.

   ° DIVISION d

   ° BRIGADE d

   ° RÉGIMENT d

MODÈLE N° 5.

..........le.......188..

Le (1)...............................commandant
le (2).......................................
au général commandant la ° brigade d...........
à...

Bordereau d'envoi.

(Signature N.)

(1) Indiquer le grade.
(2) Indiquer le corps.

NOTA. — Ce modèle s'applique, en changeant les appellations, à tous les services de l'armée.

FORMULES A EMPLOYER DANS LA CORRESPONDANCE.

PAR LES FONCTIONNAIRES ADMINISTRATIFS.

AUX CHEFS DE LÉGION.

Veuillez agréer, monsieur le chef de légion, l'assurance de ma considération la plus distinguée.

Le préfet,

AUX COMMANDANTS DE COMPAGNIE.

Agréez, monsieur le commandant, l'assurance de ma considération très distinguée.

Le préfet,

AUX COMMANDANTS D'ARRONDISSEMENT.

Recevez, monsieur le commandant, l'assurance de ma considération distinguée.

Le préfet,

PAR LES OFFICIERS DE GENDARMERIE
Avec les autorités administratives et judiciaires

AUX PRÉFETS.

Veuillez agréer, monsieur le préfet (ou monsieur le procureur général), l'expression de ma respectueuse considération.

Le chef de légion,
ou
Le commandant de compagnie,

PAR LES FONCTIONNAIRES ADMINISTRATIFS.

AUX CHEFS DE LÉGION.

Veuillez agréer, monsieur le chef de légion, l'assurance de ma haute considération.

Le sous-préfet,

AUX COMMANDANTS DE COMPAGNIE.

Agréez, monsieur le commandant, l'assurance de ma considération la plus distinguée.

Le sous-préfet,

AUX COMMANDANTS D'ARRONDISSEMENT.

Recevez, monsieur le commandant, l'assurance de ma considération très distinguée.

Le sous-préfet,

PAR LES OFFICIERS DE GENDARMERIE.

AUX SOUS-PRÉFETS.

Agréez, monsieur le sous-préfet (ou monsieur le procureur de la République), l'expression de ma considération la plus distinguée.

Le chef de légion,
ou
Le commandant de compagnie,

AUX SOUS-PRÉFETS.

Veuillez agréer, monsieur le sous-préfet (ou monsieur le procureur de la République), l'expression de ma respectueuse considération.

Le commandant d'arrondissement,

(*Circ. du min. de la guerre du 28 fév. 1881 et du min. de l'intér. du 10 juin suivant.*)

FOURRAGES.

Les fourrages de la gendarmerie sont fournis aux frais de l'Etat. Les officiers doivent s'assurer par visites faites inopinément dans les brigades à cheval, en dehors de leurs tournées réglementaires, non seulement de la quotité et de la qualité des fournitures, mais encore de l'emploi régulier de ces fournitures, dont aucune partie ne doit être distraite de la consommation journalière, sous quelque prétexte que ce soit, à moins d'autorisation préalable.

Le résultat de leurs investigations doit être consigné sur le registre n° 12, conformément au spécimen de ce registre adopté par décision ministérielle du 14 juillet 1865, et compte en est rendu d'après le modèle joint à la circulaire du 2 avril 1863.

La composition des rations et les bases d'après lesquelles s'opèrent les substitutions fourragères sont fixées par la décision du 10 octobre 1881.

COMPOSITION DES RATIONS.

Les rations de fourrages se composent de la manière suivante :

Chevaux français.

	Foin.	Paille.	Avoine.
Sur le pied de paix....	4 k 00	4 k 00	4 k 55
Sur le pied de guerre...	4 00	2 00	5 80
Chevaux au vert.	50 00	2 50	3 00

Fourrages verts.

40 kilogs de fourrages verts à l'écurie représentent 12 kilogs de foin. — Une journée de cheval à la prairie équivaut à une quantité de fourrages verts correspondant au taux de la ration déterminée pour chaque arme.

Chevaux en mer.

Foin, 3 kil. 50. — Orge, 2 kil. 50. — Farine d'orge, 1 kil. 50. — Son, 0 kil. 50. = Eau, 16 litres.

Chevaux arabes.

	Foin.	Paille.	Avoine.
Pied de paix........	2 k 50	4 k 00	4 k 00
Pied de guerre	3 00	2 00	4 50

En mer : Foin, 2 kil. 50. — Orge, 1 kil. 75. — Farine d'orge, 1 kil. 50. — Son, 0 kil. 50. — Eau, 15 litres.

Substitutions fourragères.

En cas de maladie et sur l'avis du vétérinaire, le chef de brigade peut autoriser d'urgence la modification proposée. Il établit en même temps, en double expédition, un état auquel est annexé un certificat du vétérinaire indiquant la nature de la maladie, sa durée probable et le régime diététique à observer. Cet état est adressé hiérarchiquement au chef de légion, qui approuve définitivement le régime, s'il y a lieu. Pendant toute la durée de ce régime, le cavalier nourrit son cheval à ses frais, si l'approvisionnement de la brigade ne présente pas les ressources nécessaires. Dans ce cas, il reçoit l'indemnité spéciale déterminée annuellement par le ministre. (V. *art. 144 et 145 du décret du 18 fév. 1863.*)

La substitution de denrées par mesure hygiénique ne peut avoir lieu qu'après avoir été autorisée par le chef de légion, sur un état de proposition qui lui est adressé par le commandant de la compagnie, auquel état est joint, avec l'avis du commandant d'arrondissement, un certificat du vétérinaire, indiquant les causes qui motivent la substitution demandée, ainsi que sa durée probable.

Dans ce dernier cas, les fourrages sont toujours fournis par le magasin de la brigade. (*Art. 141 du règl. du 9 avril 1858.*)

Une circulaire du 5 avril 1867 permet au chef de brigade d'autoriser provisoirement les substitutions pour cause de maladie dans les cas d'extrême urgence, à la condition d'en rendre compte immédiatement au commandant d'arrondissement, dont il demandera l'approbation, en justifiant son initiative par un certificat du vétérinaire. Lorsque les circonstances le permettent, il faut attendre l'autorisation du commandant de l'arrondissement, qui, dans l'un comme dans l'autre cas, fait son rapport au chef de la légion par la voie hiérarchique.

Toutes les substitutions sont portées à la connaissance du général commandant le corps d'armée et de l'intendant militaire. (*Circ. du 5 avril 1867.*)

Mode de livraison des fourrages.

Pour la gendarmerie, les livraisons sont toujours faites au pied du magasin du quartier de chaque brigade, et seulement une ou deux fois par mois au plus. Si la capacité des locaux le permet, l'entrepreneur peut être astreint à faire des livraisons pour une période plus prolongée et même à ne les effectuer que trimestriellement; de toute façon, les existants aux époques de renouvellements périodiques doivent représenter les consommations de trente jours au moins pour le foin et la paille et de soixante jours pour l'avoine. Les trente jours supplémentaires d'avoine sont destinés aux besoins éventuels des chevaux de réquisition.

Les brigades doivent elles-mêmes rentrer et emmagasiner leurs denrées, conformément à l'art. 123 du règlement du 9 avril 1858.

L'entrepreneur n'est pas tenu de livrer simultanément les trois denrées; mais il doit compléter sa fourniture totale dans un délai de trois jours.

La vérification du poids a lieu pour la gendarmerie comme pour la troupe : *foin et paille,* dix bottes sont mises à la fois sur la balance ; on fait trois pesées successives, dont on prend le taux moyen ; *avoine et son,* la livraison est soumise en totalité au pesage, et on déduit le poids des sacs.

Le fournisseur est tenu de procurer les instruments nécessaires pour le pesage. Il peut faire rationner le foin et la paille destinés aux brigades de gendarmerie soit dans les magasins, soit dans les cours des casernes, en prenant les précautions nécessaires. En Algérie, le rationnement est fait par les parties prenantes. Toutefois, le fournisseur fait rationner par ses ouvriers les fourrages des parties prenantes isolées.

Les brigades possèdent des balances pour l'avoine et une romaine pour le foin et la paille. (V. *p. 591.*)

Denrées de qualité insuffisante.

Les difficultés qui peuvent s'élever sur la qualité des denrées présentées en livraison dans les brigades de gendarmerie ne sont pas jugées localement, mais par la commission de vérification de la sous-intendance de l'arrondissement qui comprend la brigade de gendarmerie, au moyen d'échantillons prélevés sur lesdites denrées, en présence du commandant de la brigade et du préposé, par le suppléant légal du sous-intendant militaire, et envoyés à ce dernier dans un récipient scellé. Les frais de transport des échantillons, comme les frais d'expertise, sont à la charge de la partie condamnée (1).

En attendant la décision de la commission, et si la situation des approvisionnements de la brigade l'exige, le service est assuré par l'entrepreneur ou, à son défaut, à ses frais, au moyen de nouvelles denrées ne pouvant donner lieu à aucune observation. (*Art. 8, 15 et 17 du cahier des charges du 16 juill. 1881.*)

Les foins et les pailles sont préparés en bottes réglées au poids fixé par les tarifs, ou en barillons dans les localités où ce mode de distribution est en usage.

Les bottes de foin ou de paille au-dessous de 6 kilogrammes ne peuvent avoir plus de deux liens, et celles de 6 kilogrammes et au-dessus plus de trois.

Lorsque les liens sont de même nature et de même qualité que la denrée distribuée, ils entrent dans le poids de la ration ; si les liens sont de denrées impropres au service, ils sont défalqués en totalité. Les liens des bottes de paille sont admis pour leur poids intégral, qu'ils soient en paille de froment ou en paille de seigle.

Si les liens des bottes de foin sont en paille de froment ou de seigle, le poids de chacun, qui ne doit pas excéder 125 grammes, entre pour moitié de son poids dans la ration. (*Art. 684 et 685 du règl. sur le service des subsistances militaires.*)

Les liens qui ont servi à botteler le foin et la paille ne doivent pas être mouillés. (*Circ. du 20 nov. 1857 ; art. 140 et 141 du règl. du 9 avril 1858 annoté.*)

L'officier qui précède une troupe à cheval peut se faire assister par un chef de brigade pour la reconnaissance des fourrages. (*Circ. du 15 juill. 1856.*) — Pour les rations allouées, V. page 608.

FOURRIÈRE.

On nomme fourrière le lieu où sont conduits et confiés à des personnes chargées d'en avoir soin les chevaux, bestiaux, voitures et autres objets sans maître connu, ou que les agents ou officiers ministériels compétents sont autorisés à saisir pour assurer le payement des dommages et amendes résultant des contraventions, délits ou crimes commis par les propriétaires.

(1) Une solution au *Journal de la gendarmerie* de 1875, page 222, explique pourquoi les frais d'examen ne peuvent pas être mis à la charge de la brigade lorsque, par hasard, le fournisseur a gain de cause. — Cette solution a été confirmée par deux lettres du ministre de la guerre adressées aux intendants militaires du 15e corps d'armée, le 20 septembre 1875, et de la 1re région, le 5 janvier 1881. Dans ce cas, les frais d'expertise sont imputés à la masse d'entretien et de remonte.

Chaque maire désigne le lieu de la fourrière dans sa commune. (*Art.* 12 (*titre* II) *de la loi des* 28 *sept.*–6 *oct.* 1791.)

Lorsque, en cas de crime, délit ou contravention, les gendarmes ont saisi des bestiaux ou d'autres objets, ils doivent les mettre à la disposition du juge de paix ou du maire. Dans ce cas, la mise en fourrière ne les concerne en rien; c'est à l'autorité à prendre des mesures pour assurer le paiement des amendes encourues par les contrevenants, soit en exigeant caution solvable, soit en faisant consigner somme suffisante, soit en retenant chevaux, voitures et autres objets en fourrière. La gendarmerie se borne à dresser procès-verbal, à conduire les contrevenants devant l'autorité et à lui remettre les objets saisis. Le procès-verbal, dans ce cas, doit être visé pour timbre et enregistré en débet.

Les animaux et tous objets périssables, pour quelque cause qu'ils aient été saisis, ne doivent pas être laissés en fourrière ou sous séquestre pendant plus de huit jours; après ce délai, la main-levée provisoire peut en être accordée. S'ils ne doivent ou ne peuvent être restitués, ils sont mis en vente, et les frais de fourrière sont prélevés sur le produit, par privilège et préférence à tous autres. (*Art.* 39 *du décret du* 18 *juin* 1811.)

Cette règle n'est point absolue, car, lorsque les animaux qui ont été saisis doivent servir à conviction ou à décharge, il y a lieu de les garder autant de temps qu'ils sont nécessaires à l'instruction du procès. (*Décis. du min. de la justice des* 15 *oct.* 1832 *et* 18 *fév.* 1833.)

Tout propriétaire ayant éprouvé des dommages par des bestiaux laissés à l'abandon a le droit de les saisir, sous l'obligation de les faire conduire, dans les vingt-quatre heures, au lieu du dépôt qui sera désigné à cet effet par la municipalité. (*Art.* 12 (*titre* II) *de la loi des* 28 *sept.*–6 *oct.* 1791.)

Un cabaretier tenant écurie et remise ne peut se refuser de recevoir les objets saisis qu'on veut placer chez lui en fourrière, à son domicile, lorsqu'il n'existe pas de lieu public de dépôt, ou que l'éloignement ne permet pas d'y transporter les marchandises saisies, sans danger de soustractions ou d'avaries. (*Instr. du min. des fin. du* 25 *sept.* 1809, *commentant l'art.* 3 *de la loi du* 13 *frim. an* VIII. — V. Formulaire des procès-verbaux, *au mot Fourrière.*)

Lorsqu'il s'agit d'animaux que les gendarmes trouvent abandonnés, ils peuvent les faire conduire à la fourrière par une personne de bonne volonté à qui ils remettent un bon de la somme fixée pour son salaire. Cette somme est payée avec les frais de fourrière par le propriétaire des animaux abandonnés, ou sur le produit de la vente si elle a eu lieu. — En agissant ainsi, les gendarmes sont dans les termes de l'art. 100 du décret du 18 juin 1811.

Les avances des frais de fourrière sont faites sur les fonds généraux des frais de justice, lorsqu'elles ne le sont pas par la partie civile; en définitive, les frais sont à la charge des contrevenants, et acquittés soit par eux volontairement, soit sur le produit des objets, dont la vente se fait par les receveurs de l'enregistrement, à la requête de l'autorité compétente ou d'autres ayants-droit. (*Art.* 39 *et* 40 *du décret du* 18 *juin* 1811.)

En matière de contributions et de douane, il y a deux sortes de vente : l'une est faite par mesure conservatoire; l'autre, au profit de l'Etat et des capteurs. Dans le premier cas, le produit net de la vente est versé à la Caisse des dépôts et consignations. (*Jugem. du trib. de Caen du* 13 *juin* 1840.)

GARDES CHAMPÊTRES ET GARDES FORESTIERS.

Les gardes champêtres et forestiers, considérés comme officiers de police judiciaire, sont chargés de rechercher, chacun dans l'étendue du territoire pour lequel ils ont été assermentés, les délits et les contraventions de police qui ont porté atteinte aux propriétés rurales et forestières. Ils dressent des procès-verbaux à l'effet de constater la nature, les circonstances, le temps, le lieu des délits et des contraventions, ainsi que les preuves ou les indices qu'ils ont pu recueillir. Ils saisissent les choses enlevées dans les lieux où elles ont été transportées, et les mettent en séquestre. Ils ne peuvent, néanmoins, s'introduire dans les maisons, ateliers, bâtiments, cours adjacentes et enclos, si ce n'est en présence, soit du juge de paix, soit de son suppléant, soit du commissaire de police, soit du maire du lieu ou de son adjoint. Le procès-verbal dressé par eux est signé par celui des fonctionnaires ci-dessus désignés en présence duquel il a été fait. Ils arrêtent et conduisent devant le juge de paix, ou devant le maire, tout individu qu'ils ont surpris en flagrant délit ou qui est dénoncé par la clameur publique, lorsque le délit emporte peine d'emprisonnement ou une peine plus grave. Ils se font donner, pour cet effet, main-forte par le maire ou par l'adjoint du maire du lieu, qui ne peut s'y refuser. (*Art.* 16 *du Code d'instr. crim.; art.* 161 *et suiv. du Code forest.*)

Les gardes champêtres et forestiers ne sont pas autorisés, même en cas de flagrant délit, à commencer une instruction judiciaire. Ils sont bien officiers de police judiciaire, mais ils ne sont pas auxiliaires du procureur de la République. Ils se bornent à constater les délits et les contraventions de police qui portent atteinte aux propriétés rurales et forestières. Ils donnent immédiatement avis des autres crimes et délits aux maires et juges de paix, et recueillent tous les renseignements propres à éclairer la justice.

Les attributions des gardes champêtres ont été étendues par la loi du 24 juillet 1867, en ce qui concerne la constatation des contraventions aux arrêtés des maires et des préfets que réprime l'art. 471, n° 15, du Code pénal.

Ils sont sans qualité pour constater toutes autres contraventions urbaines prévues soit par ledit Code, soit par les lois spéciales, et par exemple la contravention résultant d'un embarras de la voie publique, prévue par l'art. 471, n° 4, du Code pénal. (*Cass.,* 1er *mai* 1868.)

Les gardes champêtres ne sont point soumis à la surveillance et à l'autorité du juge de paix. (*Cass.,* 14 *déc.* 1843.) En matière de police judiciaire, ils relèvent du procureur de la République. (*Art.* 17 *du Code d'instr. crim.*).

Les gardes forestiers, en dehors du cas prévu par l'art. 161 du Code forestier, sont sans qualité pour procéder à des visites domiciliaires, même avec l'assistance du maire; et l'irrégularité d'une telle visite, ainsi que du procès-verbal auquel elle donnerait lieu, ne serait pas couverte par le consentement de l'inculpé chez qui elle aurait été opérée. Mais le consentement de l'inculpé chez lequel les gardes forestiers auraient procédé à une visite domiciliaire, dans le cas prévu par l'art. 161 du Code forestier, suffirait pour couvrir l'irrégularité résultant de ce que les gardes ne se seraient pas fait assister par un officier public. (*Cass.,* 17 *juill.* 1858.)

Aucun acte du gouvernement ne prescrit aux gardes champêtres un costume particulier. Seulement ils sont tenus de porter au bras une plaque de métal ou d'étoffe sur laquelle sont inscrits les noms du garde et de la commune et les mots : *la loi*. (*Loi du* 6 *oct.* 1791.)

Le préfet détermine les armes qu'ils doivent porter. Ils ne peuvent porter de fusil, pour leur défense, que d'après l'autorisation du préfet. (*Ordonn. du* 24 *juill.* 1816, *art.* 2.)

Les gardes champêtres et forestiers de l'Etat et des communes ne peuvent obtenir de permis de chasse.

Les gardes des particuliers sont les seuls à qui la chasse ne soit pas défendue, quand ils ont obtenu un permis du préfet ou du sous-préfet.

Les gardes champêtres sont placés sous la surveillance de la gendarmerie. Les commandants de brigade tiennent un registre particulier sur lequel ils inscrivent les noms, l'âge et le domicile de ces gardes, avec des notes sur leur conduite et leur manière de servir. (*Art.* 641 *du décret du* 1er *mars* 1854 *modifié.*)

Les officiers, sous-officiers et brigadiers de gendarmerie s'assurent, dans leurs tournées, si les gardes champêtres remplissent bien les fonctions dont ils sont chargés. Ils donnent connaissance aux sous-préfets de ce qu'ils ont appris sur la conduite et le zèle de chacun d'eux. (*Art.* 642 *dudit décret.*)

Les gardes champêtres sont tenus de se présenter devant l'officier ou le sous-officier de gendarmerie dans les huit jours de leur prestation de serment, à l'effet de leur faire connaître leurs nom, âge et domicile. (*Art.* 1er *du décret du* 11 *juin* 1806.)

La gendarmerie n'a pas d'ordres à donner aux gardes champêtres. Ils sont tenus d'informer les maires, et ceux-ci les officiers, sous-officiers et brigadiers de gendarmerie, de ce qu'ils découvrent de contraire au maintien de l'ordre et de la tranquillité publique, et de leur donner avis de tous les délits qui ont été commis dans leurs territoires respectifs. (*Art.* 645 *du décret du* 1er *mars* 1854.) La gendarmerie donne, de son côté, aux maires, pour être remis aux gardes champêtres, les signalements des individus qu'elle a l'ordre d'arrêter. (*Art.* 644 *dudit décret.*) Ainsi, comme on le voit, les maires seuls ont des relations directes avec les gardes champêtres. (*Art.* 4 *et* 5 *du décret du* 11 *juin* 1806.)

La gendarmerie a le droit de constater les délits forestiers dans les bois des particuliers.

Sans doute, d'après leur organisation, les gardes champêtres n'ont de relations directes qu'avec les maires ; mais ils manqueraient tout à fait à leurs devoirs de citoyens si, ayant la possibilité d'avertir la gendarmerie la première, ils ne lui donnaient pas avis de l'événement, crime ou délit, dont ils auraient eu connaissance, d'autant plus qu'il entre dans les obligations du maire d'envoyer sur-le-champ le garde champêtre, à défaut de voie plus prompte, pour avertir la gendarmerie et le procureur de la République.

La gendarmerie obtempère à la réquisition des gardes champêtres ou forestiers ; ces agents prêtent également main-forte à la gendarmerie. Ils se donnent réciproquement connaissance de leur domicile, afin d'assurer plus promptement l'exécution des mesures et des réquisitions toutes les fois qu'ils doivent agir simultanément. (*Art.* 640 *du décret du* 1er *mars* 1854.)

Dans des cas urgents, ou pour des objets importants, les sous-officiers et brigadiers de gendarmerie peuvent mettre en réquisition les gardes champêtres d'un canton, et les officiers ceux d'un arrondissement, soit pour les seconder dans l'exécution des ordres qu'ils ont reçus, soit pour le maintien de la police et de la tranquillité publique; mais ils sont tenus de donner avis de cette réquisition aux maires et aux sous-préfets, et de leur en faire connaître les motifs. (*Art.* 643 *dudit décret.*)

Une circulaire du ministre de l'intérieur, en date du 30 octobre 1865, refusait aux gardes champêtres le pouvoir de constater les contraventions à la police municipale. L'art. 20 de la loi du 24 juillet 1867 a enlevé toute autorité à cette disposition, en accordant aux gardes champêtres le droit de verbaliser dans l'étendue de leur circonscription sur tous les faits délictueux qui parviennent à leur connaissance. (V. *la loi des 28 sept.– 6 oct. 1791.*)

GARDE RÉPUBLICAINE.

Le corps de la garde républicaine fait partie intégrante de la gendarmerie. Il est régi par les mêmes lois et ordonnances. Il est dans les attributions du ministre de la guerre, sous le rapport de la tenue et de la discipline militaire. Il est spécialement chargé de maintenir l'ordre dans la ville de Paris. Il est à la disposition du préfet de police et du ministre de l'intérieur, qui lui transmettent des instructions particulières, indépendamment des attributions dont il est investi par le décret du 1er mars 1854, commun à toute la gendarmerie.

Sa composition est déterminée par le décret du 4 octobre 1873.

GENDARMERIE MARITIME.

La gendarmerie maritime, composée de cinq compagnies, a été placée dans les attributions du ministre de la marine et des colonies, en vertu d'une ordonnance royale du 19 juin 1832. Ce corps de troupe est spécialement affecté à la police judiciaire des ports et arsenaux, à l'exécution du service relatif à l'inscription maritime, à la police de la navigation, à la police des pêches, ainsi qu'à toutes les opérations qui s'y rattachent, soit à l'intérieur des ports, soit à l'extérieur. Toutes les lois, ordonnances, décrets et règlements concernant le corps de la gendarmerie lui sont applicables; mais le service spécial de cette arme est réglé par le décret du 15 juillet 1858, ci-après :

Spécialité du service de l'arme. — Répartition des compagnies.
— Dispositions générales.

Art. 1er. La gendarmerie maritime constitue, pour les officiers comme pour les sous-officiers, brigadiers et gendarmes, un corps de troupe à pied.

Elle est spécialement affectée à la police judiciaire des ports et des arsenaux, à l'exécution du service relatif à l'inscription maritime, à la police de la navigation, à la police des pêches, ainsi qu'à toutes les opérations qui s'y rattachent, soit à l'intérieur des ports, soit à l'extérieur.

Art. 2. L'effectif de cette arme est divisé en cinq compagnies, qui sont attachées séparément, comme il suit, au service des cinq arrondissements maritimes; chacune d'elles porte le numéro de l'arrondissement auquel elle appartient :

La 1re à Cherbourg, la 2e à Brest, la 3e à Lorient, la 4e à Rochefort, la 5e à Toulon.

Notre ministre secrétaire d'Etat de la marine pourvoit, par des décisions spéciales, à la répartition de l'effectif des compagnies entre les quartiers, sous-quartiers et syndicats de l'inscription maritime, selon les besoins du service local (1).

Art. 3. Les lois, ordonnances et décrets relatifs au service, à la police, à la discipline, à l'avancement, à l'habillement, aux allocations de solde, d'indemnités et de prestations de toute nature, aux pensions de réforme et de retraites, aux récompenses, au mode de paiement et d'administration du corps de la gendarmerie, sont applicables à la gendarmerie maritime, sous les exceptions qui peuvent résulter des dispositions ci-après en ce qui concerne le service.

Toute mesure nouvelle adoptée pour le corps de la gendarmerie par le département de la guerre ne deviendra, cependant, applicable à la gendarmerie maritime qu'après décision préalable du ministre de la marine.

Recrutement.

Art. 4. Les emplois de gendarme de la marine sont donnés :

1° A des militaires des corps de troupe de la marine et à des marins en activité de service, en congé provisoire de libération ou libérés définitivement;

2° A des militaires des différents corps de l'armée de terre en activité, appartenant à la réserve ou libérés définitivement, lorsqu'ils réunissent d'ailleurs les conditions d'âge, de taille, d'instruction et de bonne conduite déterminées par l'art. 18 du décret du 1er mars 1854, sur l'organisation et le service de la gendarmerie (2).

Art. 5 (3). L'avancement aux grades et emplois d'officiers, pour la portion dévolue à la gendarmerie, roule sur les cinq compagnies, et a lieu conformément aux dispositions de l'art. 55 du décret du 1er mars 1854.

La moitié des lieutenances vacantes est donnée, sur la proposition des inspecteurs généraux, à des lieutenants des corps de troupe de la marine, âgés de plus de vingt-cinq ans et de moins de trente-cinq ans, et ayant au moins un an d'activité de service dans leur grade (4).

(1) V. Tableau annexé au décret du 26 octobre 1866 portant extension du corps de la gendarmerie maritime.
(2) La taille est de 1 m. 66 sans aucune tolérance. (Décis. présid. du 21 oct. 1878, et circ. du 2 mai 1879.)
(3) Voir la circulaire du 25 juin 1867 portant notification d'un décret relatif à l'admission dans la gendarmerie maritime des capitaines et lieutenants des corps de troupe de la marine. (Bull. off., p. 608.)
(4) Les capitaines des corps de troupe de l'armée de mer peuvent être admis dans la gendarmerie maritime comme le sont déjà les lieutenants. (Décret du 25 juin 1867.)

Art. 6. L'instruction spéciale des officiers de la gendarmerie maritime doit embrasser les dispositions réglementaires relatives à tous les détails du service de l'inscription maritime, de la police de la navigation, des pêches, etc., etc., et celles concernant le service général de la gendarmerie.

Rapports de la gendarmerie avec les autorités militaires, civiles et judiciaires de la marine.

Art. 7. La gendarmerie maritime est placée sous l'autorité immédiate des préfets maritimes et des majors généraux de la marine. (Ces officiers ne doivent pas être considérés comme faisant fonctions de chef de légion. — *Circ. du 31 mai 1866.* — Bull. off., p. 340.)

Art. 8. En ce qui concerne les opérations relatives au service de l'inscription maritime, de la police de la navigation et des pêches, les commandants des lieutenances et les chefs de poste dans les quartiers et sous-quartiers relèvent directement des chefs du service de la marine et des commissaires de l'inscription maritime. Ils leur doivent un compte exact et immédiat de l'exécution du service dont ils sont chargés.

Art. 9. Les commandants des compagnies de gendarmerie maritime rendent compte sur-le-champ, aux préfets maritimes et aux majors généraux, de tous les événements extraordinaires intéressant la sûreté des ports et des arsenaux, et leur communiquent tous les renseignements qu'ils ont pu recueillir.

Art. 10. Les officiers commandant les lieutenances dans les ports militaires et dans les ports de commerce chefs-lieux de sous-arrondissemen maritimes adressent directement, aux majors généraux ou aux chefs service de la marine, un rapport journalier sur le service accompli et événements portés à leur connaissance par les brigades sous leurs ordre. Une expédition de ce rapport est remise au commandant de la compagnie.

Un extrait du même rapport, en ce qui concerne les arrestations des malfaiteurs, est adressé au préfet maritime, lorsqu'il y a lieu.

Art. 11. Les sous-officiers, brigadiers et gendarmes de la marine ne peuvent se porter, même pour objets de service, hors des limites de leur circonscription respective, sans qu'ils y aient été autorisés par le préfet maritime ou par le chef du service de la marine.

Art. 12. Les militaires de la gendarmerie maritime sont tenus de déférer aux réquisitions qui leur sont faites par les majors généraux, majors et aides-majors de la marine, les chefs de corps, de dépôt et de détachement, les chefs de service et de détail, les rapporteurs près les tribunaux de la marine, lesquels ne peuvent d'ailleurs leur adresser de réquisitions que pour assurer le service et maintenir l'exécution des mesures de police et de surveillance que les règlements leur attribuent.

Art. 13. Dans les ports chefs-lieux d'arrondissements maritimes, les réquisitions écrites sont toujours adressées aux commandants des compagnies; sur tous les autres points, elles sont adressées aux commandants des postes qui s'y trouvent placés.

Art. 14. Les abus que les officiers militaires et civils de la marine désignés à l'art. 12 pourraient faire du droit de réquisition de gendarmes d'ordonnance ou de service seront déférés par les commandants des compagnies aux préfets maritimes ou aux majors généraux de la marine, sans que le compte qu'ils en rendront puisse cependant dispenser d'obtempérer auxdites réquisitions.

Art. 15. À l'exception des dispositions que renferme l'art. 40 ci-après, les sous-officiers, brigadiers et gendarmes maritimes ne peuvent être employés à porter la correspondance des différentes autorités de la marine que dans les cas urgents et à défaut d'autres moyens. Ce service ne se fait alors qu'en vertu de réquisitions écrites, et les abus dont il peut être l'objet sont déférés par les commandants des compagnies aux préfets maritimes.

Toutefois, les sous-officiers, brigadiers ou gendarmes chefs de postes, étant obligés d'aller chaque jour à la poste aux lettres pour y porter leur correspondance et y recevoir celle de leurs officiers, y portent et rapportent en même temps celle des administrateurs sous les ordres desquels ils se trouvent placés.

Les militaires de la gendarmerie maritime ne peuvent d'ailleurs être employés à aucun service personnel, à aucune fonction qui ne serait pas compatible avec les règlements constitutifs de la gendarmerie.

Art. 16. Les commissaires aux revues peuvent constater, chaque trimestre, l'effectif des brigades affectées au service des ports militaires ; à cet effet, ils passent la revue des hommes présents dans le lieu de leur résidence, mais ne donnent aucun ordre pour le déplacement des gendarmes détachés dans des quartiers maritimes.

La présence de ces militaires est attestée par des certificats des administrateurs des quartiers maritimes, que les commandants des lieutenances sont chargés de réunir et de transmettre aux conseils d'administration des compagnies.

Du service particulier des officiers de l'arme.

Art. 17. Les commandants des compagnies sont exclusivement chargés de la direction du service dans les ports militaires, de la tenue, de la police, de l'administration intérieure et de la comptabilité de tous les militaires présents au chef-lieu de l'arrondissement maritime et détachés dans les quartiers de l'inscription maritime.

Art. 18. Le nombre des tournées d'inspection que les officiers de gendarmerie maritime sont tenus de faire annuellement est fixé à deux pour les commandants des compagnies, et à six pour les lieutenants. Ces tournées doivent être combinées de manière que chaque sous-officier, brigadier et gendarme détaché soit inspecté au moins une fois par an (1).

Art. 19. Lors de leurs tournées d'inspection, pour en abréger la durée et pour se rendre en même temps un compte exact de l'instruction militaire des hommes détachés, les commandants de compagnies peuvent réunir sur un point intermédiaire plusieurs de ces militaires, en évitant

---

(1) À l'improviste, dans le lieu même de sa résidence. (*Circ. du 11 déc.* 1874. — *Manuscrite.*)

Les militaires de la gendarmerie maritime détachés en Algérie sont inspectés inopinément, dans le lieu même de leur résidence, deux fois par an, par des officiers de marine. (*Décis. minist. du 23 avril 1878. — Manuscrite.*)

cependant de trop longs déplacements. Les points de rassemblement sont changés successivement et choisis de telle sorte que chaque sous-officier, brigadier et gendarme détaché soit visité, autant que possible dans le lieu même de sa résidence.

Des dispositions analogues sont observées lors des revues des inspecteurs généraux.

Art. 20. Les officiers de la gendarmerie maritime en tournées d'inspection visent les feuilles de service des chefs de postes et tous les registres qu'ils sont chargés de tenir. Ils vérifient et s'assurent près des commissaires de l'inscription maritime si le service de la gendarmerie est fait avec exactitude, activité et suivant toutes les prescriptions réglementaires ; si les sous-officiers, brigadiers et gendarmes tiennent une bonne conduite, ne contractent point de dettes, et enfin si leur tenue journalière est toujours convenable et régulière.

Art. 21. Il est recommandé aux officiers commandants de lieutenances de diriger l'instruction des sous-officiers, brigadiers et gendarmes vers les connaissances inhérentes à la spécialité de leurs fonctions, et de les exercer à la rédaction des procès-verbaux (1).

Discipline.

Art. 22. Les préfets maritimes, les majors généraux de la marine, les chefs du service de la marine dans les sous-arrondissements, prescrivent les punitions que doivent subir les officiers, sous-officiers, brigadiers et gendarmes, pour infractions à leurs ordres ou pour fautes commises dans le service.

Ils se conforment, pour la nature et la durée de ces punitions, aux dispositions du décret du 1er mars 1854 et à celles du règlement du 9 avril 1858, sur le service intérieur de la gendarmerie.

Art. 23. Lorsque les autres administrateurs de la marine ont à se plaindre des militaires de la gendarmerie placés sous leurs ordres, ils s'adressent soit au préfet maritime de l'arrondissement, soit au chef du service de la marine, soit enfin au commandant de la compagnie, qui ordonnent, s'il y a lieu, des punitions conformes aux règlements.

Toutefois, pour des fautes graves exigeant une répression immédiate, les commissaires de l'inscription maritime infligent les punitions et en rendent compte, dans les vingt-quatre heures, à l'autorité compétente du chef-lieu du sous-arrondissement maritime.

Art. 24. Aucun congé ni permission d'absence ne peuvent être accordés, sur la proposition du commandant de la compagnie, aux officiers, sous-officiers, brigadiers et gendarmes détachés dans les sous-arrondissements et dans les quartiers, sans l'avis préalable des chefs du service de la marine ou des commissaires de l'inscription maritime.

Art. 25. Il est expressément interdit aux gendarmes maritimes d'accepter, en dehors des gratifications réglementaires, aucune espèce de rémunération pour les services qu'ils seraient appelés à rendre aux arma-

---

(1) Les cours de l'école élémentaire doivent avoir lieu dans la gendarmerie maritime durant toute l'année, du 1er janvier au 31 décembre, sans interruption. (*Décis. minist. du* 26 *déc.* 1873.)

teurs, négociants, courtiers ou agents maritimes commerciaux, aux capitaines au long cours et autres, aux administrations publiques ou privées ainsi qu'aux particuliers.

Il leur est également interdit de prendre directement ou indirectement un intérêt quelconque dans le commerce du poisson, du coquillage, etc.

Toute infraction à cette défense serait sévèrement réprimée, comme portant atteinte à la dignité du corps.

Définition du service spécial.

Art. 26. Le service spécial de la gendarmerie maritime se divise en service ordinaire et en service extraordinaire ;

1° Le service ordinaire est celui qui s'opère journellement ou à des époques périodiques, sans qu'il soit besoin d'aucune réquisition de la part des diverses autorités ;

2° Le service extraordinaire est celui dont l'exécution n'a lieu qu'en vertu d'ordres ou de réquisitions. Tout service donnant lieu à l'indemnité de déplacement s'exécute sur réquisition.

L'un et l'autre de ces services ont pour objet essentiel d'assurer constamment, sur tous les points où se trouvent placés les militaires de la gendarmerie maritime, l'action directe de la police judiciaire, administrative et maritime, le maintien du bon ordre, l'exécution des lois et règlements.

Service ordinaire.

Art. 27. Les fonctions permanentes des sous-officiers, brigadiers et gendarmes de la marine sont de surveiller les démarches des marins et des ouvriers inscrits, d'observer leurs habitudes dans les ports et dans les quartiers; de s'attacher à les reconnaître, afin de prévenir et de réprimer la désertion, l'insoumission, les émeutes et toutes les causes de désordre et de projets séditieux.

Dans les arsenaux, leurs obligations sont définies par des règlements particuliers de police arrêtés par les préfets maritimes; la garde des issues est une des attributions importantes de la gendarmerie.

Une surveillance éclairée, continue et répressive, sur tous les points, constitue l'essence du service de l'arme.

Art. 28. Dans les ports militaires, les compagnies de gendarmerie maritime fournissent des postes à toutes les issues des arsenaux pour assurer l'exécution des règlements particuliers de police et des consignes arrêtés, soit par le ministre, soit par les préfets maritimes.

Elles détachent, en outre, autant que possible, des gendarmes auprès des préfets maritimes, des majors généraux, des commissaires de la République près les tribunaux de la marine, des commissaires de l'inscription maritime et des armements, pour assurer l'exécution des lois et règlements dans toutes les circonstances où l'intervention de la gendarmerie est reconnue nécessaire.

Art. 29. La gendarmerie maritime fournit des escortes d'honneur lorsque le Président de la République ou les ministres visitent les arsenaux.

Elle escorte également les autorités maritimes dans les cérémonies publiques.

Art. 30. Le nombre des gendarmes que réclament les réglements particuliers de chacun des cinq ports militaires se rend dans l'arsenal au coup de canon de diane, et y reste jusqu'à celui de la retraite, de manière à assister à l'ouverture et à la fermeture des issues.

Les sous-officiers, brigadiers et gendarmes de service circulent librement, pendant les heures de travail, dans tous les chantiers et ateliers couverts, afin de réprimer toutes infractions aux règlements. Ils veillent à ce qu'il ne soit fait aucune dégradation aux propriétés de la marine.

Ils expulsent les individus en état d'ivresse, et, lorsque l'entrée des arsenaux est interdite, ils arrêtent les personnes qui s'y trouvent sans permissions régulières.

Art. 31 (1). A l'extérieur des bagnes, ils empêchent tout contact, en dehors du service, entre les personnes libres et les forçats. Ils cherchent à prévenir les évasions et répriment sur-le-champ toutes infractions aux lois et règlements.

Ils défèrent aux réquisitions des commissaires de la marine préposés aux chiourmes, et se portent à la recherche des forçats évadés.

Art. 32. Tout individu arrêté par les sous-officiers, brigadiers et gendarmes de la marine, avec des effets ou objets volés dans les arsenaux ou autres établissements maritimes, est conduit immédiatement devant l'autorité judiciaire compétente.

Les individus arrêtés pour des infractions aux règlements particuliers des ports et arsenaux sont conduits sans retard devant les officiers du service de la marine auquel ils appartiennent, et mis à leur disposition.

Art. 33. Si les militaires de la gendarmerie maritime reconnaissent chez des marchands ou chez des particuliers des effets à la marque de la marine, ou qu'ils auraient lieu de croire lui appartenir, ils en dressent un procès-verbal ou font leur rapport, qu'ils remettent sur-le=champ à l'autorité compétente, pour qu'il soit procédé, suivant les lois, contre les détenteurs desdits objets ou effets.

Art. 34. Ils dressent procès-verbal des vols, effractions, arrestations et autres événements parvenus à leur connaissance, dont ils auraient été témoins et pour lesquels ils auraient été requis.

Art. 35. Ils conduisent devant les rapporteurs près les tribunaux de la marine, les individus prévenus de crimes ou de délits dont la connaissance ressortit à ces tribunaux.

Art. 36. En cas d'incendie dans l'arsenal, tous les officiers, sous-officiers, brigadiers et gendarmes disponibles s'y portent immédiatement, pour surveiller les issues livrées à la circulation, et se mettre à la disposition de l'autorité qui dirige les secours.

Art. 37. Les sous-officiers, brigadiers et gendarmes détachés dans les sous-arrondissements, quartiers, sous-quartiers et syndicats de l'inscription maritime doivent être relevés après quatre années (2) consécutives de séjour dans la même résidence, sauf décision spéciale du ministre.

Art. 38. Les sous=officiers, brigadiers et gendarmes détachés comme chefs de poste entretiennent une correspondance suivie avec leurs chefs directs.

---

(1) Les bagnes en France sont supprimés.

(2) Décision présidentielle du 13 janvier 1883 et circulaire du même jour réglant le mode de relèvement dans les postes détachés.

Ils inscrivent sur un journal spécial, qui est transmis tous les mois au commandant de la lieutenance, pour être remis, avec ses observations, au commandant de la compagnie, le service accompli chaque jour, tant par eux-mêmes que par les brigadiers ou gendarmes sous leurs ordres. Ces feuilles de service sont établies en deux expéditions, dont l'une reste déposée dans les archives du poste ; elles sont présentées chaque jour à la signature du commissaire ou administrateur de l'inscription maritime.

Art. 39. Les sous-officiers, brigadiers et gendarmes détachés hors du chef-lieu de l'arrondissement maritime doivent employer tous les moyens en leur pouvoir pour appuyer et faire respecter l'autorité des commissaires et administrateurs de la marine.

Ils assurent le maintien de l'ordre dans les bureaux lorsque les marins ou leurs familles s'y présentent pour affaires de service, réclamations, etc. Ils ne restent d'ailleurs de planton dans les bureaux qu'autant que leur présence est nécessaire pour cet objet, et ne peuvent y être employés comme secrétaires ou copistes, la nature de leur service étant incompatible avec ces fonctions.

Tous les matins, et à l'heure qui leur est indiquée par les commissaires ou administrateurs de l'inscription maritime, ils se rendent dans les bureaux de ces officiers pour prendre leurs ordres, qu'ils doivent faire exécuter dans les vingt-quatre heures.

Art. 40. Lorsqu'une levée de marins ou d'ouvriers de professions maritimes est ordonnée, les gendarmes se rendent, s'il y a lieu, dans toutes les communes des quartiers, non seulement pour porter les ordres des commissaires de l'inscription maritime, mais encore pour en seconder au besoin l'exécution.

Ce service s'exécute sur l'indication verbale de l'officier de l'inscription maritime ou sur réquisition écrite, suivant que les distances à parcourir donnent ou ne donnent pas droit à l'indemnité de déplacement.

En cas de nécessité, ils prêtent et au besoin requièrent main-forte pour assurer les effets de la levée.

Ils conduisent dans les prisons les marins et les ouvriers inscrits coupables de désobéissance ou de désertion.

Art. 41. Dans les tournées, courses, rondes ou patrouilles de jour et de nuit qu'ils sont tenus de faire en ville et dans toute l'étendue de la circonscription de leur résidence, sur les quais, ports, rivières et lieux de pêche, les sous-officiers, brigadiers et gendarmes arrêtent et font arrêter les déserteurs, les militaires et les marins qui tenteraient de vendre leurs effets ou des matières appartenant à l'Etat.

Ils sont envoyés sur les routes avoisinant les ports pour rechercher et arrêter les déserteurs et les absents signalés.

Ils parcourent les chantiers de construction du commerce.

Ils assistent au départ et à l'arrivée des paquebots.

Art. 42. Les sous-officiers, brigadiers et gendarmes surveillent les marins et les ouvriers des arsenaux en permission ou en congé, et les font diriger sur les ports auxquels ils appartiennent à l'expiration de la durée légale de leur absence. Ils arrêtent ceux qui ne sont pas porteurs d'une feuille de route ou d'une permission régulière.

Art. 43. Ils se font représenter :

1° Les rôles d'équipage ou pièces destinées à en tenir lieu, obligatoires pour tout bâtiment ou embarcation exerçant une navigation maritime quelconque ;

2° Les feuilles de route ou permis des inscrits maritimes rentrant dans leurs foyers ou qui cherchent à s'embarquer au commerce, pour s'assurer s'ils sont en règle, et, au besoin, conduire ces marins devant l'autorité maritime.

Art. 44. Ils examinent les divers rets, filets, bateaux et autres instruments employés pour la pêche, ainsi que les amorces, et s'assurent que les établissements légalement formés sur la mer et ses rivages servent seuls à l'exploitation de la pêche.

Art. 45. Les sous-officiers, brigadiers et gendarmes constatent par procès-verbaux toutes infractions aux lois, décrets, ordonnances et règlements relatifs au service de l'inscription maritime, de la police de la navigation et des pêches.

Ils peuvent constater, concurremment avec les fonctionnaires et agents spécialement affectés à la police de la grande voirie, l'existence d'établissements irrégulièrement formés sur le domaine public maritime.

Art. 46. Ils saisissent, même à domicile, chez les marchands et fabricants, les rets, filets, engins, instruments de pêche et appâts prohibés, ainsi que le poisson et les coquillages pêchés en contravention et mis en vente.

Art. 47. Les procès-verbaux dressés à ce sujet sont affirmés dans les trois jours par-devant le juge de paix du canton ou son suppléant, ou par-devant le maire soit de la résidence des sous-officiers, brigadiers et gendarmes maritimes qui les ont dressés, soit de celle où le délit a été commis, et sont remis au commissaire de l'inscription maritime pour recevoir telle suite qu'il y a lieu.

Art. 48. La gendarmerie maritime remet les citations et les significations relatives aux procédures ouvertes en vertu du Code de justice militaire pour l'armée de mer, du décret-loi du 9 janvier 1852 sur la pêche côtière et du décret disciplinaire et pénal sur la marine marchande, du 24 mars 1852.

Art. 49. Les gendarmes de la marine accompagnent les commissaires et administrateurs de l'inscription maritime et les syndics sur les points où ils ont à se transporter à l'occasion des bris, naufrages et échouements, afin de les seconder et de veiller au maintien de l'ordre.

Art. 50. Ils se portent fréquemment sur les côtes pour s'enquérir des événements survenus, et en donnent connaissance, sans retard, aux commissaires et administrateurs de l'inscription maritime.

Art. 51. Les sous-officiers, brigadiers et gendarmes de la marine recueillent ou font recueillir les épaves amenées par la mer sur le rivage, les font mettre en lieu de sûreté et dressent procès-verbal de cette opération.

Lorsqu'il arrive que des cadavres sont trouvés sur les grèves, ils s'y transportent au premier avertissement pour en rechercher l'identité et recueillir tous les renseignements propres à éclairer la justice. Un procès-verbal constatant le résultat de leurs investigations est immédiatement rédigé et remis au commissaire du quartier, qui l'adresse à qui de droit.

Service extraordinaire.

Art. 52. Les sous-officiers, brigadiers et gendarmes de la marine se portent, sur la réquisition des commissaires de l'inscription maritime, à bord des navires du commerce ou autres, à l'effet d'y dresser les procès-verbaux relatifs aux insubordinations, voies de fait, crimes ou délits prévus par le décret disciplinaire et pénal de la marine marchande, pour être remis à ces administrateurs. Une expédition de ces procès-verbaux est transmise aux commandants des compagnies.

Art. 53. Ils se rendent également, sur les réquisitions des commissaires de l'inscription maritime, à bord des navires étrangers, à l'effet d'y rechercher et arrêter les marins et soldats français déserteurs ou insoumis qui pourraient s'y trouver.

Art. 54. Les commissaires généraux, les commissaires aux armements et ceux de l'inscription maritime peuvent, lorsque la nécessité s'en fait sentir, requérir l'assistance d'un ou de deux gendarmes pour maintenir l'ordre pendant les ventes publiques faites par la marine, les paiements des délégations, des retraites, des demi-soldes, des mois de famille, et les élections des gardes-jurés.

Lorsqu'ils en sont requis par l'autorité compétente, les gendarmes maritimes accompagnent jusque dans les arsenaux les fonds transportés de chez les payeurs et destinés au salaire des ouvriers.

Art. 55. Sur la réquisition des commissaires chargés des hôpitaux et des prisons de la marine, la gendarmerie maritime transfère les prisonniers des maisons d'arrêt des ports aux hôpitaux et réciproquement; il en est de même pour ceux qui doivent être mis à la disposition de l'autorité civile ou judiciaire.

Art. 56. Sur les réquisitions des majors généraux de la marine, la gendarmerie maritime doit également extraire des maisons d'arrêt des ports, et conduire à la brigade la plus voisine de gendarmerie départementale, les condamnés qui n'ont pas à subir leur peine dans les prisons de la marine, afin qu'ils soient conduits de brigade en brigade dans les lieux de détention qui leur sont assignés.

Art. 57. Sur les réquisitions des rapporteurs près les tribunaux de la marine, la gendarmerie maritime fournit le nombre de sous-officiers, brigadiers et gendarmes nécessaire pour conduire les prévenus dans les salles d'audience, et pour maintenir l'ordre pendant la durée des séances.

Art. 58. Dans les cas urgents, les officiers, sous-officiers et brigadiers de la gendarmerie maritime requièrent directement l'assistance des postes militaires les plus rapprochés, lesquels sont tenus de déférer à leurs réquisitions et de leur prêter main-forte.

Dispositions générales.

Art. 59. Toutes dispositions contraires à celles que renferme le présent décret sont abrogées.

Art. 60. Notre ministre secrétaire d'État au département de la marine est chargé de l'exécution du présent décret, qui sera inséré au *Bulletin des lois* et au *Bulletin officiel de la marine.* (V. *Arrestations, Marins du commerce, Indemnités et Primes.*)

GÉNÉRAUX DE DIVISION ET GÉNÉRAUX DE BRIGADE

COMMANDANT LES RÉGIONS, LES DIVISIONS ET LES SUBDIVISIONS DE RÉGION.

Les officiers de gendarmerie sont subordonnés aux généraux commandant les corps d'armée, les divisions et subdivisions territoriales; ceux qui résident dans les places où il y a un état-major sont aussi subordonnés aux commandants de ces places, pour l'ordre qui y est établi. — Les généraux et les commandants de place reçoivent, dans les cinq premiers jours de chaque mois, les états de situation numérique de la gendarmerie comprise dans l'étendue de leur commandement. — Les chefs de légion sont tenus d'informer les généraux commandant les corps d'armée des mutations qui surviennent parmi les officiers de tout grade de la gendarmerie employés dans leur commandement. (*Art.* 121 *du décret du* 1ᵉʳ *mars* 1854.)

La subordination du service s'établit ainsi qu'il suit : 1° dans l'état de paix, les officiers de gendarmerie sont subordonnés aux commandants de place, pour les objets qui concernent le service particulier de ces places, sans néanmoins être tenus de leur rendre compte du service spécial de la gendarmerie, ni de l'exécution d'ordres autres que ceux qui sont relatifs au service des places et à leur sûreté ; — 2° dans l'état de guerre, les officiers de gendarmerie des arrondissements militaires et des places de guerre dépendent, dans l'exercice de leurs fonctions habituelles, des généraux commandant les divisions et subdivisions militaires, et ils sont tenus, en outre, de se conformer aux mesures d'ordre et de police qui intéressent la sûreté des places et postes militaires ; — 3° dans l'état de siège, toute l'autorité résidant dans les mains du commandant militaire est exercée par lui sur la gendarmerie comme sur les autres corps. (*Art.* 122 *dudit décret.*)

Aucun officier de gendarmerie, quel que soit son grade, ne peut quitter sa résidence, soit pour les tournées périodiques que lui prescrivent les règlements ou que nécessite son service, soit pour des affaires personnelles, quand il a obtenu un congé, sans avoir préalablement prévenu l'officier général commandant la subdivision de l'absence qu'il doit faire, lui en avoir indiqué la durée déterminée ou probable, et lui avoir fait connaître son remplaçant. Il doit également informer cet officier général de son retour à son poste. (*Art.* 123 *dudit décret.*)

Toutes les communications relatives au service général, à la discipline générale, aux conflits, aux honneurs et préséances, aux récompenses pour faits de sauvetage et actes de dévouement, aux suicides et morts violentes ou accidentelles de militaires de l'armée doivent parvenir au ministre de la guerre par l'intermédiaire des commandants de corps d'armée, à qui les chefs de légion sont tenus de les adresser. (*Circ. du* 20 *juin* 1866. — V. *à ce sujet les circ. des* 19 *nov.* 1869 *et* 30 *oct.* 1873.)

Le service général est celui auquel les officiers, sous-officiers, brigadiers et gendarmes concourent avec l'autorité militaire ou en commun avec les corps de troupe. Pour la gendarmerie, qui est disséminée dans les campagnes et qui, même dans les villes, ne fait pas partie de la garnison, le service général se borne aux obligations prévues par les art. 121,

122, 124, 126, 128, 129, 133, 134, 136, 137, 153, 154 et 155 du décret du 1ᵉʳ mars 1854.

La discipline générale comprend les actes graves d'insubordination commis dans le service ou hors du service par les militaires de l'arme, les fautes dont ils se rendent coupables contre la discipline, soit à l'égard des militaires d'une autre arme, soit en commun avec eux, et tous les cas de conseil de guerre ou de conseil d'enquête. (*Art.* 593, 595, 596, 604 *et* 605 *du décret précité modifié.*)

Les conflits ne sont pas tous de même nature. Ceux qui surviennent entre les militaires de la gendarmerie et ceux d'une autre arme doivent nécessairement avoir pour juge l'autorité militaire. En conséquence, les rapports sur ces conflits sont adressés au ministre par l'intermédiaire des généraux.

Quant à ceux qui se produisent entre la gendarmerie et les autorités administratives ou judiciaires, *à l'occasion du service spécial de l'arme*, les chefs de légion doivent en rendre compte directement au ministre, sauf à en informer le même jour les généraux.

En ce qui concerne les récompenses pour faits de sauvetage et actes de dévouement, les demandes de médailles d'honneur, qui sont établies conformément à la circulaire du 11 juin 1844 (*art.* 69 *du décret du 1ᵉʳ mars* 1854), sont envoyées au ministre de la guerre par l'intermédiaire du commandement militaire. Mais lorsqu'il s'agit de propositions de gratifications sur le fonds spécial, elles sont adressées directement au ministre par les chefs de légion.

Tel est le contenu de la circulaire du 3 août 1866; mais, bien qu'elle n'ait pas été rapportée, il est de toute nécessité, depuis que le ministre a augmenté dans une certaine mesure les pouvoirs des commandants de corps d'armée, de transmettre à ces officiers généraux tout ce qui doit parvenir au ministre.

Il doit également être rendu compte aux généraux, dans le plus bref délai, et, au besoin, par la voie télégraphique, des événements suivants:

Les émeutes populaires et attroupements armés ou non armés qualifiés séditieux par la loi ; — les attaques dirigées ou exécutées contre la force armée ; — les excursions et attaques de brigands réunis en bandes ; — les arrestations de provocateurs à la désertion, d'embaucheurs ou d'espions employés à lever le plan des places ou à se procurer des renseignements sur la force et le mouvement des troupes ; — les découvertes de dépôts d'armes et de munitions de guerre ; — les attaques de convois et de munitions de guerre ; — le pillage des magasins militaires ; — tous délits ou crimes dont des militaires seraient présumés auteurs ou complices ; — les rixes de militaires entre eux ou avec des individus non militaires ; — les insultes et voies de fait de la part des militaires envers les citoyens.

Enfin, ils leur doivent communication de tout ce qui pourrait intéresser l'ordre et la tranquillité publique.

Les commandants de compagnie sont tenus d'adresser journellement au général commandant la subdivision l'état des arrestations de militaires dont la connaissance leur est parvenue par la correspondance des brigades, ainsi que le résultat de la surveillance exercée par la gendarmerie sur les troupes en marche dans toute l'étendue de leur commandement. (*Art.* 126 *dudit décret.*)

Les officiers de gendarmerie font connaître au commandant de place les événements qui sont de nature à compromettre la sûreté de la place et celle des postes militaires qui en dépendent. (*Art.* 127 *dudit décret.*)

Les commandants d'arrondissement de gendarmerie ne peuvent correspondre directement avec les généraux, soit pour leur donner avis des permissions d'absence qu'ils obtiennent, soit pour leur rendre compte de l'exécution de leur service. Cette correspondance directe porterait atteinte à l'ordre hiérarchique établi, et n'aurait aucun but utile, attendu que les commandants de compagnie doivent rendre compte immédiatement aux généraux, par la voie du rapport n° 28 qu'ils leur fournissent, des permissions d'absence qu'ont obtenues les officiers sous leurs ordres, des déplacements motivés par les tournées de ces derniers, etc.

Les généraux n'ont pas le droit de déplacer des brigades de leur propre mouvement et de former des détachements pour maintenir l'ordre sur des points menacés. Ces déplacements ne peuvent avoir lieu que sur la réquisition des préfets ; mais si des rapports de service faisaient craindre quelque émeute populaire ou attroupement séditieux, et que le rétablissement de l'ordre ne pût être assuré qu'en déployant une plus grande force, les généraux commandant les régions et subdivisions militaires ordonneraient, indépendamment des troupes de ligne disponibles (toujours sur la réquisition des préfets), la formation des détachements de gendarmerie qu'exigeraient les besoins du service. Ces détachements peuvent être composés d'hommes extraits des compagnies environnantes et faisant partie du corps d'armée ; à moins d'ordres formels du ministre de la guerre, concertés avec le ministre de l'intérieur, les généraux ne peuvent rassembler la totalité des brigades d'une compagnie pour les porter d'un département dans un autre. Ils préviennent de ces mouvements les préfets des départements respectifs. (*Art.* 129 *dudit décret.*) Lorsque la formation de détachements a eu lieu, il est immédiatement rendu compte du déplacement des brigades au ministre de l'intérieur par le préfet, et au ministre de la guerre par l'officier général.

Cependant, si des brigands attroupés, organisés en bandes, apparaissaient spontanément sur quelques points, non seulement les généraux pourraient ordonner immédiatement la réunion de détachements, mais les officiers de gendarmerie pourraient réunir eux-mêmes les gendarmes de plusieurs brigades et se mettre à la poursuite des brigands ; dans ce cas, il en est sur-le-champ rendu compte aux autorités civiles du département.

Toutes les fois qu'il s'agit de réquérir ou d'ordonner un service quelconque, les généraux doivent toujours donner leur ordre par écrit, et si cet ordre paraît à l'officier de gendarmerie de nature à compromettre le service auquel ses subordonnés sont spécialement affectés, il est autorisé à faire des représentations motivées ; si le général croit devoir maintenir son ordre, l'officier est tenu de l'exécuter ; mais il en est rendu compte au ministre de la guerre. (*Art.* 130 *et* 131 *dudit décret.*)

La gendarmerie rend des honneurs aux généraux, lorsqu'ils viennent prendre possession de leur commandement. (V., à HONNEURS A RENDRE, *Escortes d'honneur.*)

Les généraux commandant les corps d'armée peuvent exiger que les officiers de gendarmerie soient constamment en tenue militaire, comme les autres officiers des différents corps de l'armée stationnés dans leur résidence. Les officiers de gendarmerie, étant sous les ordres des généraux, ne sont pas exceptés de la règle commune, lorsque, dans l'intérêt

23

de la discipline, cette mesure est jugée nécessaire (*circ. du min. de la guerre des* 12 *janv.* 1837 *et* 27 *mai* 1839); mais la gendarmerie ne devant pas être considérée comme faisant partie de la garnison des places, il n'y a pas nécessité de l'assujettir constamment, d'une manière aussi rigoureuse que les autres troupes, à n'avoir d'autre tenue que l'uniforme : c'est pourquoi, aux termes de l'art. 209 du décret du 1ᵉʳ mars 1854, les colonels peuvent permettre, dans l'étendue de leur légion, l'usage de la tenue de société ; mais avec réserve et circonspection, suivant les circonstances et les lieux, toutefois sous l'approbation des généraux.

Cependant, cette permission ne pourrait pas s'étendre jusqu'à affranchir les officiers de gendarmerie de la tenue militaire lorsqu'ils ont à conférer avec les autorités ; et même, si ces officiers présumaient devoir, dans leurs habitudes de société, se trouver en rapport avec des officiers généraux ou supérieurs en uniforme, les convenances militaires exigeraient qu'ils y parussent dans la même tenue.

Les généraux accordent des permissions aux officiers, sous-officiers, brigadiers et gendarmes, dans la limite fixée par la décision impériale du 27 novembre 1868, dont l'art. 10 a été modifié par le décret du 20 mars 1875. (*Circ. des* 5 *janv.* 1869 *et* 6 *nov.* 1873.)

Une décision impériale du 13 mars 1869 autorise les généraux à accorder des sursis d'arrivée aux officiers.

La note ministérielle du 25 mai 1872 leur permet d'accorder aux officiers des permissions de trente jours avec solde de présence. Mais ils n'ont pas le droit de prolonger l'absence des gendarmes coloniaux qui sont en congé en France (*circ. du* 14 *oct.* 1873), ni d'accorder des sursis d'arrivée ou des permissions aux militaires passant des corps dans la gendarmerie. (*Circ. du* 14 *oct.* 1873, *et art.* 84 *du décret du* 18 *fév.* 1863.)

Les généraux commandant les corps d'armée peuvent accorder des congés de trois mois avec solde (*décis. présid. du* 6 *nov.* 1875) et des prolongations de congés de même durée aux officiers de toutes armes et de tous services placés sous leurs ordres, à l'exception des intendants, *chefs de légion de gendarmerie,* chefs de corps, etc., qui n'obtiennent des congés ou prolongations de congés que du ministre. (*Note min. du* 12 *janv.* 1876.) Cette circulaire ne paraît pas applicable à la gendarmerie, bien que par l'exception qu'elle fait au sujet du chef de légion elle semble l'être. Il suffit, du reste, pour s'en convaincre, de lire la circulaire du 29 décembre 1877.

Les généraux sont autorisés à accorder quinze jours de permission aux officiers en instance de permutation, lorsqu'ils changent de corps. Il faut que ces officiers puissent rejoindre leur poste dans le délai de trente jours. (*Décis. du* 12 *avril* 1877.)

Aucune permutation entre officiers du même grade ne peut avoir lieu sans qu'ils aient obtenu préalablement le consentement des commandants de corps d'armée. (*Circ. du* 8 *avril* 1875.)

Les généraux commandant les corps d'armée ont le droit de punir et d'augmenter les punitions infligées aux militaires de la gendarmerie, sans en référer au ministre de la guerre : mais ils doivent lui adresser les propositions de changement de résidence par mesure de discipline, de suspension, de cassation, de rétrogradation et de renvoi de l'arme qui leur sont soumises par les chefs de légion. (*Circ. des* 6 *avril* 1873, 8 *fév.* 1876 *et* 28 *déc.* 1881.)

GRATIFICATIONS.

1° POUR BONS SERVICES.

Les sous-officiers, brigadiers et gendarmes qui, pour des faits exceptionnels et des services éminents, sont susceptibles d'être l'objet de récompenses pécuniaires reçoivent des gratifications sur un fonds spécial compris au budget de la gendarmerie.

Cette disposition peut être appliquée exceptionnellement aux officiers jusqu'au grade de capitaine inclusivement.

Les gratifications sont accordées par le ministre de la guerre sur la proposition des chefs de corps ou de légion. (*Art. 225 du décret du 18 fév. 1863.*)

Il est formellement interdit à tout commandant de brigade d'accepter pour lui ou pour ses inférieurs aucune rémunération offerte à l'occasion du service de la gendarmerie, soit par les administrations publiques ou particulières, soit par des propriétaires ou autres personnes privées. Cependant si, à raison de services éminents rendus dans des cas exceptionnels, des gratifications sont offertes à une brigade, il en est rendu compte hiérarchiquement au chef de légion, qui prend les ordres du ministre de la guerre. (*Art. 157 du règl. sur le service intérieur.*)

L'extinction d'un incendie étant un devoir pour tous les citoyens, et la répression du braconnage étant une des obligations essentielles de la gendarmerie, l'accomplissement de l'un ou de l'autre de ces devoirs ne constitue pas le cas de services exceptionnels prévu par l'art. 157 ci-dessus ; il n'y a donc pas lieu d'accepter en pareil cas les gratifications offertes par les compagnies d'assurances et les sociétés créées contre le braconnage, ou autres. Il est permis toutefois de recevoir une médaille, qui ne peut se porter, mais à la condition d'en rendre compte au ministre. (*Circ. du 6 janv. 1869.* — V. *Médaille.*)

Les militaires de la gendarmerie, comme toute autre personne susceptible d'être récompensée pour une belle action, doivent être mis en demeure d'opter soit pour une médaille d'honneur, soit pour une gratification. S'ils expriment leur préférence pour la gratification, cette dernière est allouée sur les fonds mis annuellement par les départements à la disposition des préfets (*Circ. du 6 déc. 1858.*)

2° AUX VEUVES D'OFFICIERS, A TITRE EXCEPTIONNEL.

Dans le cas où un officier de gendarmerie vient à décéder laissant une veuve ou des orphelins sans ressources, il peut leur être alloué sur le fonds spécial, et par exception, une somme, une fois payée, dont la quotité est fixée par le ministre. (*Art. 226 du décret du 18 fév. 1863.*)

3° POUR L'INSTRUCTION.

Des gratifications annuelles sont accordées par le ministre, sur la proposition des inspecteurs généraux, aux sous-officiers, brigadiers ou gen-

darmes qui ont donné le plus de soins à l'instruction militaire et à la
théorie sur les devoirs spéciaux de l'arme, ainsi qu'à ceux qui se sont le
plus distingués dans les exercices du tir. (*Art. 227 du même décret.*)

Ces gratifications, dont le nombre est fixé à *une* pour *sept* brigades, et
dont la quotité ne peut être ni au-dessus de 80 fr. ni au-dessous de 50 fr.
par homme, sont imputables sur le fonds spécial de l'arme.

Pour les corps organisés régimentairement (*garde républicaine et gendarmerie mobile*) la proportion est basée sur l'effectif réglementaire, à
raison d'une gratification par trente-cinq hommes, non compris les officiers. (*Art. 37 de l'instr. sur les inspections générales de gendarmerie du
18 mars* 1881.)

4° POUR LE TIR A LA CIBLE.

Une gratification dont l'inspecteur général fixe le chiffre dans la limite
de 50 fr. est accordée, sur le même fonds, au meilleur tireur de chaque
compagnie, à la carabine. Une gratification semblable est accordée au
meilleur tireur au revolver. Ces gratifications sont indépendantes de
celles proposées pour l'instruction. (*Art. 36 de l'instr. du 18 mars* 1881
précitée.)

Les gratifications accordées aux meilleurs tireurs sont accompagnées
d'un prix consistant en une épinglette d'honneur. Il est fait mention des
prix de tir sur les registres matricules et sur les livrets des militaires qui
les ont obtenus. (*Circ. min. du 28 avril* 1862.)

Les prix sont décernés d'après les résultats obtenus dans les quatre
exercices qui constituent l'année de tir. (*Circ. min. du 5 juin* 1869.)

Pour la garde républicaine et la gendarmerie mobile, le nombre des
prix de tir est fixé par les règlements de tir en vigueur dans les régiments
et bataillons d'infanterie et dans les régiments de cavalerie. La garde républicaine est considérée comme composée d'un régiment d'infanterie et
d'un régiment de cavalerie, le bataillon mobile comme équivalent à un
bataillon de chasseurs.

5° AUX MAÎTRES ET PRÉVÔTS D'ARMES.

L'inspecteur général peut accorder chaque année au personnel qui enseigne l'escrime dans la garde républicaine et le bataillon mobile (maîtres,
prévôts et élèves-prévôts) des gratifications prélevées sur les fonds des
écoles régimentaires, dont les chiffres *maxima* sont fixés ainsi qu'il
suit :

Garde républicaine............	466 fr.
Bataillon mobile	150

La moitié de ces gratifications doit être répartie entre les élèves-prévôts qui ne reçoivent aucune indemnité mensuelle. (*Instr. sur les inspections générales du 18 mars* 1881.)

Ces gratifications sont payées immédiatement. (*Instr. du 26 avril* 1878,
Journ. milit., *part. supplém., p.* 471.)

6° AUX VAGUÉMESTRES.

Les vaguemestres de la garde républicaine et du bataillon mobile peuvent, au moment de l'inspection générale, recevoir une gratification dont la quotité est fixée par l'inspecteur général, sur la proposition du conseil d'administration. Le montant de cette gratification est déterminé de manière que la totalité de la dépense annuelle se rapportant à la gestion des vaguemestres (fourniture de registres, indemnité journalière et gratification annuelle) n'excède en aucun cas les fixations déterminées par le ministre de la guerre.

7° DE RÉFORME.

1° *Gratification temporaire.*

Les sous-officiers, brigadiers et gendarmes atteints d'infirmités incurables contractées dans le service qui, sans leur donner droit à une pension de retraite, les mettent cependant hors d'état de continuer à servir, peuvent obtenir une gratification temporaire de réforme égale aux deux tiers du minimum de la pension de leur grade, et payée pendant un nombre d'années égal à la moitié des services accomplis. (*Art. 39 du décret du 1er mars* 1854.)

Pour faciliter l'application des dispositions qui précèdent, tout accident grave et de nature à altérer la santé ou à compromettre l'activité des militaires de la gendarmerie, survenu dans un service commandé, doit être constaté immédiatement par un procès-verbal régulier, appuyé de certificats d'officiers de santé, indiquant la nature et l'origine de l'accident. (*Art. 40 du même décret.*)

Une expédition du procès-verbal est transmise au ministre avec un état du modèle annexé à la circulaire du 19 août 1878. Mais il n'est rendu compte dans cette forme que des accidents réellement graves, de nature à altérer la santé ou à compromettre l'activité des militaires de l'arme. Les procès-verbaux constatant les autres accidents doivent être conservés dans les archives de la compagnie et suivre l'homme en cas de mutation. (*Circ. précitée du 19 août* 1878. — *V. Blessures.*)

2° *Gratification renouvelable.*

Une gratification renouvelable peut être accordée aux sous-officiers, caporaux, brigadiers et soldats réformés pour des blessures ou infirmités contractées au service, dont la gravité ne donne pas droit à la pension de retraite, mais qui occasionnent une diminution temporaire ou définitive de la faculté de travailler. (*Décis. imp. du 3 janv.* 1857.)

La quotité de la gratification renouvelable de réforme est fixée, par la même décision et la circulaire du 24 décembre 1864, aux sommes ci-après, savoir :

Adjudants	280 fr.
Maréchaux des logis chefs et sergents-majors	230
Maréchaux des logis et sergents	205
Brigadiers et caporaux	190
Soldats	180

La gratification est continuée tant que persiste la difficulté de se livrer au travail.

Aux termes du décret du 20 août 1864, le militaire réformé qui, en raison de l'aggravation de ses blessures ou infirmités, est dans le cas de faire valoir ses droits à une pension de retraite, a un délai de *deux ans* pour former sa demande. Ce délai, qui part du jour de la radiation des contrôles de l'activité, est porté à *trois ans* si les blessures ou infirmités ont occasionné l'amputation d'un membre ou la perte totale de la vue.

Tous les deux ans, les militaires qui reçoivent la gratification renouvelable sont astreints à faire constater leur état physique devant la commission siégeant au chef-lieu de la subdivision de région du lieu de leur résidence. (*Circ. du 25 oct.* 1877.)

Les militaires de la gendarmerie réformés avec une gratification temporaire peuvent, à l'expiration de celle-ci, recevoir une gratification renouvelable. (*Instr. du 27 fév.* 1877.) Ils doivent, à cet effet, adresser une demande au sous-intendant militaire de la subdivision de région dans le ressort de laquelle ils sont domiciliés ; ce fonctionnaire les convoque alors devant la commission spéciale de réforme à sa séance la plus rapprochée.

L'instruction ministérielle du 4 mars 1878 indique les pièces à produire en pareil cas.

Avant d'avoir accompli le temps de service exigé par la loi sur le recrutement de l'armée, les sous-officiers, brigadiers et gendarmes ne peuvent pas être réformés avec une gratification temporaire ; mais ils peuvent obtenir une gratification renouvelable, s'ils sont dans les conditions voulues. (*Décis. présid. du* 30 *oct.* 1852. — V. *Chasse, Louveterie, Secours éventuels.*)

HOMICIDE.

L'homicide est le fait de donner la mort à un homme.

La loi reconnaît l'homicide volontaire, l'homicide involontaire et l'homicide prémédité.

Pour que l'homicide soit un crime, il faut qu'il ait été volontaire ; alors il est qualifié *meurtre*.

Si le meurtre est commis avec préméditation ou guet-apens, il est qualifié *assassinat*.

L'assassinat est puni de mort (*art.* 295, 296 *et* 302 *du Code pénal*), ainsi que le meurtre volontaire, si ce dernier crime a été précédé, accompagné ou suivi de quelque autre crime ou délit ; mais si le meurtre volontaire n'a pas pour objet, soit de préparer, faciliter ou exécuter un délit, soit de favoriser la fuite ou d'assurer l'impunité des auteurs ou complices de ce délit, il est puni seulement des travaux forcés à perpétuité. (*Art.* 304 *dudit Code.*)

L'homicide commis involontairement, soit par maladresse, soit par imprudence, soit par inattention, soit par négligence, ne constitue pas un crime, mais seulement un délit correctionnel passible de trois mois à deux ans d'emprisonnement et d'une amende de 50 à 600 fr. (*Art.* 319 *dudit Code.*)

L'homicide ordonné par la loi, commandé par l'autorité légale, ou par nécessité de la légitime défense de soi-même ou d'autrui, n'est pas un crime, ni même un délit. (*Art.* 327, 328 *et* 329 *du Code pénal.*)

Il n'y a pareillement ni crime ni délit, lorsque l'homicide a été commis en repoussant, *pendant la nuit*, l'escalade ou l'effraction des clôtures, murs ou entrées d'une maison ou d'un appartement habité, ou de leurs dépendances, non plus que s'il a eu lieu en se défendant, même pendant le jour, contre les auteurs de vols ou de pillages exécutés avec violence. (*Art.* 329 *dudit Code.* — V. *Légitime défense.*)

État du cadavre, des lieux et des pièces de conviction.

Les homicides sont des crimes dont la recherche demande le plus de zèle. Toute mort violente pouvant faire supposer un homicide, l'officier ou le sous-officier de gendarmerie doit se transporter immédiatement sur les lieux, et agir sur-le-champ, suivant que l'indiquent les circonstances. (V., *pour les formalités à remplir, Officiers de police judiciaire.*)

Le premier soin en pareil cas est de s'assurer si la victime existe encore. Dans le cas de l'affirmative, il faut lui faire donner tous les secours que réclame sa position, recevoir ses déclarations, autant que possible, devant d'autres personnes, et l'interroger si son état le permet.

Il convient de constater et de décrire dans un procès-verbal l'état des lieux, celui des fermetures ou clôtures, si le fait s'est passé dans un lieu ouvert ou clos ; l'état et la position du cadavre ; l'état des vêtements dont il est couvert ; la nature, la situation et l'état des instruments, armes, objets ou papiers trouvés près du cadavre ou dans un lieu voisin.

Si, avant l'arrivée de l'officier ou du sous-officier de gendarmerie, le cadavre, les meubles ou autres objets qui étaient à proximité ont été dérangés ; si les armes, instruments, effets ou papiers dont l'homicidé était porteur ou qui se sont trouvés près de lui ont été enlevés, on doit s'empresser de faire rétablir les choses dans l'état où elles étaient lorsqu'on s'est aperçu du crime, les faire replacer, s'il est possible, par les personnes mêmes qui les ont dérangées, questionner ces personnes et constater le tout.

Surtout, il ne faut pas négliger de constater l'existence du sang qui souillerait les vêtements, armes, instruments et autres objets appartenant au défunt ou au prévenu. Lorsque l'inculpé sera nanti de ces objets, on s'en saisira et on les conservera comme pièces de conviction, en prenant les précautions prescrites par l'art. 38 du Code d'instruction criminelle.

Il faut avoir soin de constater si l'auteur du fait incriminé a trouvé sur les lieux les instruments dont il s'est servi, s'ils étaient à sa portée, la facilité qu'il a eue de s'en saisir, ou si, au contraire, il a dû ou pu les apporter.

Si on découvre les empreintes de quelques pas, on doit en rapprocher les chaussures du prévenu pour s'assurer si elles s'y adaptent.

Dans le cas où l'inculpé ne serait pas arrêté, on prend la dimension des pas avec une feuille de papier qu'on découpe dessus, et avec de l'encre on y figure les empreintes des clous ; cette feuille est comparée avec la chaussure de l'inculpé, s'il est arrêté ultérieurement.

Si des traces de sang ou autres font présumer que la personne homicidée a été attaquée ou tuée dans un autre lieu, qu'elle a fui, qu'elle s'est défendue ou qu'elle a été traînée jusque dans l'endroit où gisait le cadavre, il faut recueillir très soigneusement les indices de ces différents faits, et vérifier si le prévenu n'aurait pas sur sa personne ou dans ses vêtements des marques ou traces de nature à établir sa culpabilité.

Quand le jour ou l'heure de la mort ne sont pas bien connus, il est nécessaire de rechercher et d'indiquer, aussi exactement que possible, le moment et les lieux où le défunt a été vu avant sa mort.

Enfin l'officier ou le sous-officier de gendarmerie doit employer tous les moyens pour rechercher et constater si l'homicide a été commis par maladresse, imprudence, défaut de précaution, inattention, négligence ou inobservation des règlements de police ; car il peut constituer un assassinat, un meurtre ou un simple délit, ou même être tout à fait excusable.

Vols ou autres crimes et délits commis en même temps que l'homicide.

Si des vols ou autres crimes et délits ont été commis en même temps que l'homicide, il faut avoir soin de constater s'ils ont précédé, accompagné ou suivi le meurtre ou l'assassinat, parce que ces circonstances peuvent aggraver le crime et déterminer une peine différente et plus forte.

Circonstances excusables ou atténuantes du crime d'homicide.

S'il est allégué que l'homicide a été commis pour la légitime défense de soi-même ou d'autrui, il faut scrupuleusement rechercher et constater tous les faits et indices qui tendent à établir ou à démentir ces diverses allégations.

Armes prohibées.

Il importe de ne point négliger de faire connaître quelles armes ont servi ou pu servir à commettre le crime.

Si ce sont des fusils ou pistolets à vent, tromblons, poignards, cannes ferrées, plombées ou à dards, pistolets de poche, revolvers, ou autres armes prohibées par la loi et les règlements de police, il faut en rechercher le fabricateur et le débitant, parce qu'ils sont punissables. Si l'inculpé est détenteur d'armes de guerre, dont la possession lui est interdite par l'ordonnance royale du 24 juillet 1816 et la loi du 24 mai 1834, ces armes doivent être saisies, et le procès-verbal en fait mention. (V. *Armes défendues portées ou recélées*.)

Constatations médico-légales.

Lorsque la présence de docteurs en médecine est nécessaire, les officiers de police auxiliaires doivent toujours être présents à l'ouverture et à l'examen du cadavre, exiger que tout soit exécuté avec la plus scrupuleuse exactitude, et faire consigner, dans les rapports des gens de l'art, les faits reconnus constants, les remarques et observations qu'il y a eu lieu de faire, soit sur les moyens employés à la perpétration du crime, soit sur l'intention et la préméditation de son auteur, comme aussi les inductions que l'on peut tirer des blessures, pour déterminer de quel instrument le coupable s'est servi pour commettre le crime.

Dans tous les cas, principalement dans ceux où il est nécessaire de savoir si l'homicidé était habillé lors de l'événement qu'il s'agit de constater, on rapprochera des blessures les trous ou coupures observés à ses vêtements, et, pour constater que les armes ou instruments perçants trouvés soit sur le lieu du délit, soit dans les environs, soit sur la personne ou dans le domicile du prévenu sont ceux qui ont servi à donner la mort, les hommes de l'art examineront le rapport de ces instruments ou armes tant avec les blessures de la victime, qu'avec les trous et coupures de ses vêtements.

Le rapport des hommes de l'art doit être clair, précis et suffisamment détaillé ; ils doivent, avant tout, s'expliquer sur l'état extérieur du cadavre en général, et, sauf les cas d'urgence, ils ne doivent pas, dans le premier moment, être autorisés à en faire l'ouverture. Cette opération importante peut et doit presque toujours être retardée jusqu'au moment où le procès-verbal est remis au procureur de la République, qui alors peut, soit la prescrire, soit permettre l'inhumation, selon les circonstances. En général, tout ce qui n'est pas nécessaire à l'instant même où le crime vient d'être commis doit être abandonné au discernement du procureur de la République, aux termes de l'art. 44 du Code d'instruction criminelle. Les hommes de l'art doivent, avant de commencer leur opération, prêter le serment de faire leur rapport et de donner leur avis en leur honneur et conscience. (V. *Rapports d'experts et Officiers de police judiciaire*.)

Le refus d'un médecin d'obtempérer à la réquisition qui lui est faite en cas de flagrant délit, par un officier de police judiciaire, pour constater la nature et les circonstances d'un crime ou dans le but de constater l'état d'un cadavre trouvé sur le bord de l'eau, constitue une contravention. (*Cass., 20 fév. 1857.*)

Mais il n'en est pas de même pour un médecin qui refuse d'obtempérer à la réquisition qui lui est faite par un fonctionnaire de venir constater le décès d'un individu tué accidentellement. (*Cass., 18 mai 1855.*)

Les sous-officiers, brigadiers et gendarmes n'ont pas qualité pour requérir le médecin. — (V. au Formulaire des procès-verbaux *un modèle de réquisition, à Réquisition.*)

Confrontation du prévenu avec le cadavre.

Il est utile de mettre les inculpés en présence du cadavre. Cette mesure produit quelquefois des aveux ou fait naître des observations qu'il est important de recueillir, notamment en cas d'infanticide et d'empoisonnement. (V. *Infanticide, Empoisonnement.*)

Reconnaissance du cadavre.

Dans les cas d'homicide, de mort violente ou dont la cause est inconnue ou suspecte, pour s'assurer de l'identité de la personne décédée, on doit faire reconnaître son cadavre par ses parents ou par les personnes qui l'ont connue et même, s'il y a lieu, par le prévenu, et les faire signer au procès-verbal.

Cadavres inconnus.

Lorsque la personne homicidée, empoisonnée, suicidée, morte accidentellement ou subitement est inconnue, on doit décrire, avec détail, sa taille, ses traits, la couleur de ses cheveux, les cicatrices et signes qui pourraient servir à sa reconnaissance. On fixe approximativement son âge, on signale ses vêtements, on indique les écrits imprimés ou non, même les écrits indifférents, enfin tous les objets trouvés sur le cadavre ou près de lui. Il n'est pas besoin d'ajouter que, pour parvenir à la reconnaissance de la personne du défunt, le cadavre, les vêtements et les autres objets doivent, s'il est nécessaire, rester pendant un certain temps exposés aux regards du public.

Renseignements à recueillir pour l'acte de décès.

Le procès-verbal de l'officier de police judiciaire devant servir de base à l'acte de décès, on doit recueillir, en cas de mort, soit d'après les actes et pièces trouvés sur le défunt ou dans sa demeure, soit d'après la déclaration des plaignants ou dénonciateurs, les dépositions des témoins et les interrogatoires du prévenu, tous les renseignements nécessaires pour la rédaction de l'acte de décès. Ces renseignements doivent être transmis de suite au maire, conformément à l'art. 82 du Code civil.

Scellés à apposer.

Si les héritiers du défunt sont mineurs ou absents, et dans les autres cas où la loi prescrit d'apposer les scellés, l'officier de police judiciaire doit prévenir du décès le juge de paix, et si c'est le juge de paix lui-même qui procède, il appose de suite les scellés.

Inhumations précipitées ou sans autorisation.

Quand l'inhumation du cadavre a eu lieu avant l'arrivée de l'officier de police, il vérifie si elle a été faite après le délai fixé par la loi (vingt-quatre heures) (*art. 77 du Code civil*), et avec l'autorisation de l'officier public. Une inhumation précipitée fait naître des soupçons et est quelquefois un indice de mort violente. Le défaut d'autorisation est un délit correctionnel. Le délai fixé pour l'inhumation ayant été établi pour prévenir les dangers qu'entraînerait la précipitation, l'officier de police judiciaire contreviendrait lui-même à la loi si, dans le cas où la mort n'est pas de toute évidence, il faisait procéder à l'ouverture ou à l'inhumation du cadavre avant l'expiration de ce délai.

Inhumation. — Autorisation du procureur de la République.

Toutes les fois qu'il y a signe ou indice d'homicide, d'infanticide, d'empoisonnement ou de toute autre mort violente, subite ou accidentelle, ou qu'enfin il se fait une levée, un examen ou une ouverture de cadavre, quelle que soit la cause de la mort, parût-elle naturelle, purement accidentelle ou produite par un suicide, comme la police judiciaire est seule compétente pour prononcer sur toute mort suspecte ou extraordinaire, l'inhumation ne peut s'effectuer sans l'autorisation du procureur de la République, qui la donne, s'il y a lieu, sur le vu du procès-verbal qui doit lui être envoyé immédiatement.

Cependant, lorsqu'il y a urgence, les officiers de police judiciaire, après avoir constaté l'état du cadavre et les causes de la mort, peuvent permettre eux-mêmes l'inhumation, à la charge d'en prévenir sur-le-champ le procureur de la République, en lui envoyant leurs procès-verbaux, et de veiller à ce qu'il y ait toujours moyen de procéder à l'exhumation et à la reconnaissance du cadavre, si elle était jugée nécessaire.

Recèlement de cadavre.

Si le cadavre d'une personne homicidée a disparu ou a été trouvé caché, il importe de rechercher par qui il a été enlevé ou caché, parce que le recèlement du cadavre d'une personne tuée ou morte des suites de coups et blessures constitue un délit correctionnel, aux termes de l'art. 359 du Code pénal, et peut faire suspecter d'ailleurs une coopération à l'homicide ou aux blessures. (V. *Emploi de la force des armes, Légitime défense, Officiers de police judiciaire, et, au* Formulaire, *des modèles de procès-verbaux.*)

HONNEURS ET PRÉSÉANCES. — ESCORTES.

HONNEURS A RENDRE PAR LA GENDARMERIE.

1° *Au Président de la République.*

Lors des voyages du Président de la République dans les départements, des détachements de gendarmerie sont placés sur la route qu'il doit parcourir, soit pour faire partie des escortes, soit pour assurer la libre circulation des voitures et équipages des personnes qui l'accompagnent.

Dans le cas où le Président de la République voyage par la voie des chemins de fer, les détachements de gendarmerie sont placés aux gares de départ et d'arrivée, ainsi qu'aux stations intermédiaires.

Les chefs de légion reçoivent à cet égard des ordres particuliers. (*Art. 142 du décret du 1er mars 1854, modifié par décis. présid. du 20 juin 1880.*)

2° *Aux ministres.*

Lorsque les ministres se rendent officiellement dans les départements, et que leur voyage est annoncé, chaque commandant de gendarmerie, en résidence dans les communes situées sur la route, se trouve au relai de poste ou à la station du chemin de fer sur la ligne qu'ils doivent parcourir, afin d'être prêt à recevoir leurs ordres. (*Art. 143 dudit décret.*)

3° *Aux maréchaux de France pourvus de commandement.*

Le chef de légion doit se trouver à l'hôtel du quartier général, lorsque les maréchaux se rendent pour la première fois dans la circonscription de leur commandement. (*Art. 144 du même décret.*

4° *Aux gouverneurs de Paris et de Lyon, aux généraux commandant les corps d'armée et les régions de corps d'armée, aux vice-amiraux commandants en chef préfets maritimes.*

Les généraux de division gouverneurs de Paris et de Lyon, les généraux de division commandant les corps d'armée et les régions de corps d'armée, les vice-amiraux commandants en chef préfets maritimes recevront, dans l'étendue de leur commandement, les honneurs militaires fixés par l'art. 2 du titre VIII du décret du 24 messidor an XII, pour les maréchaux hors de leur commandement et pour les généraux de division commandant en chef une armée ou un corps d'armée dans l'étendue de leur commandement, avec cette exception que les commandants de place ou les officiers faisant fonctions iront les recevoir à l'entrée de la ville ; ils rendront également les honneurs civils fixés par l'art. 6 du même titre du même décret. (*Art. 8 du décret du 28 déc. 1875.*)

5° Aux généraux de division qui prennent le commandement d'une région après le départ des mobilisés.

Les généraux de division qui prendront le commandement d'une région après le départ du corps d'armée mobilisé recevront, dans l'étendue de leur région, les honneurs militaires et civils fixés au titre XIV du décret du 24 messidor an XII, pour les généraux de division commandant une division militaire territoriale. (*Art. 9 dudit décret.*)

6° Aux généraux de division ou de brigade investis du commandement de subdivisions de région.

Les généraux de division et les généraux de brigade investis du commandement de subdivisions de région, les généraux de brigade appelés au commandement des subdivisions de région après le départ du corps d'armée mobilisé, les officiers généraux placés dans les conditions déterminées par l'art. 4 du décret précité du 28 décembre 1875 recevront, dans l'étendue de leur commandement, les honneurs militaires fixés, par les titres XIV et XV du décret du 24 messidor an XII, respectivement pour les officiers généraux de leurs grades commandant les divisions militaires territoriales ou les départements.

Ils recevront la visite des personnes nommées après eux dans l'ordre des préséances et visiteront les personnes placées avant eux : les visites seront faites et rendues dans les délais prescrits par le décret du 24 messidor an XII.

Les visites à titre d'honneur civil ne seront dues aux officiers généraux dénommés aux art. 8, 9 et 10 du décret précité du 28 décembre, dans la ville où ils arriveront, que par les fonctionnaires qui résident dans cette ville. (*Art. 10 dudit décret.*)

7° Aux contre-amiraux et majors généraux de la marine.

Les contre-amiraux majors généraux de la marine recevront, au chef-lieu de l'arrondissement maritime, les mêmes honneurs civils et militaires que les généraux de brigade investis du commandement territorial des subdivisions de région.

Les majors généraux de la marine qui ne sont pas contre-amiraux recevront, dans le lieu de leur commandement, outre les honneurs militaires auxquels ils ont droit, les honneurs civils attribués au commandant d'armes par le titre XVIII, art. 9, du décret du 24 messidor an XII. (*Art. 11 et 12 du même décret.*)

8° Aux inspecteurs généraux de gendarmerie.

Les inspecteurs généraux de gendarmerie, pendant le temps de leur revue, reçoivent, chacun suivant son grade, et dans l'étendue de l'arrondissement d'inspection qui lui est assigné, les mêmes honneurs militaires qui sont accordés par les règlements aux inspecteurs généraux d'armes. (*Art. 147 du déc. du 1er mars 1854, 313 et 314 du déc. du 13 oct. 1863.*)

A leur arrivée dans chaque chef-lieu de département, les généraux de division inspecteurs généraux en donnent avis au préfet, qui est tenu de leur faire la première visite. Ils rendent cette visite dans les vingt-quatre heures, ainsi qu'il est réglé par décision du 21 juin 1836. (*Instr. min. du 26 juill. 1836.*)

Les généraux de brigade inspecteurs généraux doivent la première visite au préfet, qui est tenu de la leur rendre dans les vingt-quatre heures. Les autres autorités locales *averties* doivent les premières visites à l'inspecteur général. (*Art. 1er du décret du 24 mess. an XII.*)

9° Aux préfets.

Lors de la première entrée des préfets dans le chef-lieu de leur département, ils sont escortés par la gendarmerie jusqu'à l'hôtel de la préfecture. (*Art. 148 du décret du 1er mars 1854.*)

Lorsque le préfet fait une tournée administrative dans son département, le commandant de l'arrondissement, ou le chef de la brigade dans laquelle il passe, est tenu, s'il est prévenu de son arrivée, de se trouver au logement qui lui est destiné, pour savoir si le service de la gendarmerie lui est nécessaire ; et s'il adresse une réquisition pour qu'il lui soit fourni une escorte, deux gendarmes sont mis à sa disposition. (*Art. 149 dudit décret.*)

Mais, d'après un avis du Conseil d'Etat en date du 14 février 1876, le ministre de la guerre a décidé, le 11 mai 1879, que le décret du 24 messidor an XII avait encore force de loi et que, par conséquent, il devait être appliqué aux escortes des préfets, qui ont droit à quatre gendarmes et un maréchal des logis (*art. 3, titre XVII*), au lieu de deux gendarmes fixés par l'art. 149 précité. Cette décision, adressée au général commandant le 7e corps d'armée, sera insérée au supplément du 10e volume du *Mémorial.*

Lors de la révision, les militaires de la gendarmerie commandés de service pour le maintien de l'ordre et de la tranquillité doivent être rangés en bataille à l'arrivée du préfet au lieu des séances et porter les armes lorsqu'il passe devant eux. Les mêmes honneurs lui sont rendus à sa sortie de la salle où se sont passées les opérations. (*Circ. du 15 juill. 1879.*)

10° Aux présidents des Cours d'assises.

Lorsque les conseillers des Cours d'appel se rendent dans les départements pour y présider les assises, et qu'ils préviennent de leur arrivée, la gendarmerie est dans l'obligation d'envoyer une escorte d'honneur à leur rencontre.

A l'arrivée des présidents d'assises, il doit être placé une sentinelle à la porte de leur domicile. Ces sentinelles doivent être placées et les visites faites, sans que l'arrivée de ces magistrats ait besoin d'être notifiée par

eux aux fonctionnaires militaires, cette connaissance résultant implicitement et suffisamment des publications prescrites par les art. 88 et 89 du
décret du 6 juillet 1810.

Les généraux de brigade se rendent individuellement chez le président
des assises; mais les chefs de corps doivent se joindre à la députation
qui est envoyée pour faire visite à ce magistrat. (*Art.* 6 *du décret du*
27 *fév.* 1811; *circ. du min. de la guerre des* 30 *sept.* 1825 *et* 15 *juin*
1861.)

La visite de corps ne comprend qu'un officier supérieur et un officier
de chaque grade par corps, et un fonctionnaire ou employé de chaque
service; mais tous les officiers de gendarmerie doivent y prendre part.
(*Art.* 151 *du décret du* 1er *mars* 1854 *et* 299 *du décret du* 13 *oct.*
1863.)

Le président des assises est tenu de recevoir les visites officielles en robe
ou en uniforme. (*Circ. du* 24 *mai* 1864.)

11° *Aux procureurs généraux.*

Ils ont droit à une sentinelle toutes les fois et pendant le temps qu'ils
font le service des assises dans un lieu autre que celui où siège la Cour
d'appel dont ils dirigent le parquet. (*Note minist. du* 31 *oct.* 1873.)

Observations essentielles.

Les honneurs militaires ne se cumulent point : on ne reçoit que ceux
affectés à la dignité ou au grade le plus élevé dont on est pourvu.

Les officiers généraux commandant par intérim, et pendant l'absence
des commandants titulaires, n'ont droit qu'aux honneurs de leur grade et
de leur emploi. (*Décret du* 24 *mess. an* XII, *art.* 5 *et* 6 (*titre* XXV.) En
général, un grade inférieur ne peut jouir des honneurs attachés à un
grade supérieur.

Quand elle rend les honneurs, la gendarmerie est toujours en grande
tenue. (*Art.* 152 *du décret du* 1er *mars* 1854.)

12° *Aux sous-préfets.*

La loi est muette sur les honneurs à rendre aux sous-préfets, lors de
leur première entrée dans le chef-lieu de leur sous-préfecture, dans les
cérémonies publiques et dans leurs tournées administratives; mais l'intérêt du service exige que les commandants d'arrondissement ou de brigade
préviennent les réquisitions qui pourraient leur être faites, en se rendant
au logement des sous-préfets, immédiatement après leur arrivée; cette
visite est dans les convenances.

Les sous-préfets, arrivant dans le chef-lieu de leur sous-préfecture,
sont attendus dans leur demeure par le maire; ils reçoivent la visite des
chefs, des autorités dénommées après eux et les rendent dans les vingt-
quatre heures. (*Art.* 19, *titre* XVII, *du décret du* 24 *mess. an* XII.)

13° *Aux officiers en uniforme.*

Les honneurs militaires sont dus aux officiers de tout grade (*armée de terre, armée de mer*) revêtus de leur uniforme et portant le sabre ou l'épée au côté. (*Note minist. du 13 nov.* 1869.)

Les sentinelles présentent les armes aux officiers généraux et supérieurs en armes, portent les armes aux autres officiers, et gardent l'immobilité, la main dans le rang, l'arme au bras ou l'arme à terre, pour les officiers de tout grade sans épaulettes (armée de terre) ou broderie (armée de mer), s'ils n'ont pas le sabre ou l'épée au côté. (*Décis. présid. du 7 avril* 1874.)

14° *Aux décorés de la Légion d'honneur ou de la médaille militaire.*

Les honneurs militaires sont dus aux personnes civiles ou militaires porteurs, d'une manière ostensible, d'une décoration de la Légion d'honneur. Les sentinelles présentent les armes aux grands-croix, grands officiers et commandeurs. Aux officiers et aux chevaliers, elles portent les armes.

Les sentinelles doivent aux médaillés militaires, même à ceux rentrés dans la vie civile, porteurs de la médaille réglementaire, les honneurs prescrits par la décision du 2 mars 1853 et l'art. 340 du décret du 13 octobre 1863. (*Décret du 22 mai* 1875. — V. *Marques de respect et Salut, Escortes d'honneur, Cérémonies publiques, Honneurs funèbres, Préséances.*)

VISITES A RENDRE.

1° *Par les officiers de gendarmerie.*

Lorsqu'un officier de gendarmerie, quel que soit son grade, prend possession de son commandement, il fait, dans les vingt-quatre heures de son arrivée, sa visite en grande tenue aux fonctionnaires civils et militaires du lieu de sa résidence dénommés avant lui dans l'ordre des préséances.

Dans les places de guerre, les commandants de place, quel que soit leur grade, sont compris dans le nombre des fonctionnaires militaires auxquels il est dû une première visite. (*Art. 357 du décret du 13 oct.* 1863.)

Les officiers de gendarmerie reçoivent la visite des fonctionnaires classés après eux dans l'ordre des préséances, et les rendent dans les vingt-quatre heures. (*Art. 159 du décret du 1ᵉʳ mars* 1854.)

2° *Par le commandant d'armes.*

Les commandants d'armes n'ont rang individuel dans les honneurs et préséances que quand ils sont officiers supérieurs, et quel que soit leur grade les sous-préfets ont le pas sur eux. Ils leur doivent donc la première visite quand ils arrivent dans un chef-lieu d'arrondissement, ou lorsque le sous-préfet prend possession de son poste. (*Ch. XVII, sect. 2, art. 19 du décret du 24 mess. an* XII; *décret du 28 déc.* 1875, *et circ. du 31 déc. suivant.*)

Les officiers de gendarmerie peuvent être désignés pour occuper les fonctions de commandant d'armes, s'ils ont l'ancienneté de grade parmi les officiers de la garnison appelés à remplir ces fonctions.

PRÉSÉANCES.

Rang des autorités ou individuel, d'après le décret du 28 décembre 1875.

1. Cardinaux.
2. Ministres.
3. Maréchaux, amiraux.
4. Grand Chancelier de la Légion d'honneur.
5. Conseillers d'Etat chargés de missions extraordinaires en vertu de décrets du Président de la République.
6. Généraux de division gouverneur de Paris, gouverneur de Lyon, commandant les corps d'armée et les régions de corps d'armée. — Vice-amiraux commandants en chef préfets maritimes.
7. Grands-croix, grands officiers de la Légion d'honneur.
8. Généraux de division commandant les régions de corps d'armée après le départ du corps d'armée mobilisé.
9. Premiers présidents des Cours d'appel.
10. Archevêques.
11. Généraux de division commandant un groupe de subdivisions de région (1).
12. Préfets.
13. Présidents de Cour d'assises.
14. Evêques.
15. Généraux de brigade investis du commandement territorial de subdivisions de région (1). — Contre-amiraux majors généraux de la marine. — Généraux de brigade commandant les subdivisions de région après le départ du corps d'armée.
16. Commissaires généraux de police (2).
17. Sous-préfets.
18. Majors généraux de la marine qui ne sont pas contre-amiraux.

---

(1) Là où il ne se trouve pas de général investi du commandement territorial, l'officier général le plus élevé en grade prend le rang attribué à l'officier général de son grade pourvu d'un commandement territorial. (*Art. 4 du décret.*)

La représentation du commandement militaire est ainsi assurée là où il n'y a pas d'officier général, le commandant d'armes ayant son rang fixé par le décret de messidor. Néanmoins, le commandant d'armes ne prend rang que s'il est officier supérieur.

(2) Le Conseil d'Etat a reconnu, dans un avis du 9 mars 1876, que le rang attribué aux commissaires généraux de police par le décret du 24 messidor an XII n'appartient point aux commissaires centraux. Ces fonctionnaires doivent prendre rang dans les cérémonies publiques parmi les commissaires de police et à leur tête, suivant l'ordre établi par l'art. 8, titre Ier, dudit décret.

19. Présidents des tribunaux de première instance.
20. Présidents des tribunaux de commerce.
21. Maires.
22. Commandants de place ou d'armes (1).
23. Présidents de consistoires.
24. Députation des membres de la Légion d'honneur.

Rang des corps constitués.

1. Sénat.
2. Chambre des députés.
3. Conseil d'Etat.
4. Cour de cassation.
5. Cour des comptes.
6. Conseil supérieur de l'instruction publique.
7. Cour d'appel.
8. État-major des gouverneurs de Paris et de Lyon. — Etat-major du corps d'armée.
9. Etat-major de la préfecture maritime.
10. Etat-major de la région constitué après le départ du corps d'armée.
11. Etat-major de la division, soit que le commandement territorial ait ou n'ait pas été réuni au commandement de la division.
12. Cour d'assises.
13. Conseil de préfecture.
14. Tribunal de première instance.
15. Etat-major de la majorité générale de la marine.
16. Etat-major de brigade, soit que le commandement territorial ait ou n'ait pas été réuni au commandement de la brigade.
17. Corps municipal.
18. Corps académique.
19. Etat-major de la place.
20. Tribunal de commerce.
21. Chambre de commerce.
22. Juges de paix.
23. Commissaires de police.
(V. *Circ. du 31 déc.* 1875.)

1° *Rang individuel.* — *Corps constitués.*

Ainsi qu'on le voit, les fonctionnaires ayant un rang individuel passent avant les fonctionnaires marchant en corps.

Il est bon de connaître ce que l'on entend par autorités constituées.

Les autorités constituées sont les pouvoirs que la Constitution de chaque peuple a établis pour le gouverner, faire respecter ses droits et maintenir ceux de chacun de ses membres. On les appelle autorités constituées pour les distinguer de l'autorité constituante, qui les a créées ou

---

(1) Voir note 1 de la page 322.

organisées ou a délégué à une autre autorité, qu'elle a créée elle-même, le droit de les établir et de régler leur mouvement.

Les art. 504 et 509 du Code d'instruction criminelle mettent au nombre des autorités constituées : 1° les magistrats de l'ordre judiciaire ; 2° les préfets et sous-préfets ; 3° les maires et adjoints ; 4° les officiers de police judiciaire ; 5° les officiers de police administrative et judiciaire, autrement dit les commissaires de police.

2° *Marche du cortège.*

Le cortège pour les fonctionnaires à rang individuel doit marcher sur trois rangs. (*Art.* 8 (*section* III, *titre* 1er) *du décret du 24 mess. an* XII.)

3° *Convocation.*

La convocation pour les cérémonies doit être faite dans les départements par les préfets, sous-préfets ou maires, quand les ordres sont adressés à l'autorité civile, en remplissant les formes prescrites par l'art. 6 du décret du 24 messidor an XII, et en se concertant avec le fonctionnaire le plus éminent en dignité. (*Avis du Conseil d'État du 23 janv.* 1814.)

S'il s'agit d'une cérémonie religieuse, la convocation est faite par les archevêques et évêques, lorsqu'ils ont reçu des lettres closes du Président de la République. (*Art.* 5 (*section* II, *titre* 1er) *du décret du 24 mess. an* XII.) L'autorité administrative n'a point à s'en occuper.

Lorsqu'une cérémonie religieuse n'est pas ordonnée par le Chef de l'État, les invitations faites par l'évêque n'obligent point les fonctionnaires publics.

4° *Réunion des autorités.*

Les autorités se réunissent chez la personne qui doit occuper le premier rang. (*Art.* 7 (*titre* 1er) *du décret du 24 mess. an* XII.) Cependant, par décision des ministres réunis, en date du 23 août 1816, les cours et les tribunaux ont été autorisés à se rendre à la cérémonie, et de la manière qui leur plaît, sans être obligés de se réunir à l'hôtel du fonctionnaire qui occupe le premier rang.

Lorsque les autorités se rendent à l'église, l'évêque n'est point tenu de marcher en cortège avec elles ; il doit les attendre dans l'exercice de ses fonctions. (*Lettre du min. de l'intérieur du 17 déc.* 1811.)

La cérémonie ne commence que lorsque l'autorité qui occupe le premier rang est arrivée. Cette autorité se retire la première. (*Art.* 12 *du décret du 24 mess. an* XII.)

5° *Place réservée à chaque fonctionnaire et chaque corps.*

En arrivant dans l'église pour une cérémonie religieuse, chaque fonctionnaire public et chaque corps doit prendre la place qui lui a été assignée d'avance, quoique d'autres paraissent devoir rester vacantes. (V. *Cérémonies publiques.*)

6° *Aide de camp.*

Un commandant de subdivision de région, lorsqu'il jouit de la préséance, ne doit pas être suivi par son aide de camp : 1° parce que le décret ne le dit pas ; 2° parce que les honneurs sont personnels, et qu'on ne peut pas, par assimilation au droit accordé au général de division, reconnaître ce droit dans la personne du général de brigade. L'aide de camp doit se placer avec les officiers de l'état-major de la subdivision.

7° *Officiers généraux et supérieurs d'artillerie et du génie.*

Les officiers généraux et supérieurs de l'artillerie et du génie qui sont attachés à une division militaire doivent marcher avec l'état-major de la division ; les officiers de ces corps qui ne sont attachés qu'à un seul département doivent marcher avec l'état-major de ce département; enfin, les officiers desdits corps qui ne sont attachés qu'à une place doivent marcher avec l'état-major de la place. (*Avis du Cons. d'Etat du 5 brum. an XIII.*)

8° *Capitaines d'artillerie.*

Les capitaines d'artillerie en résidence fixe marchent avec l'état-major de la place. (*Lettre du min. de la guerre du 8 déc. 1826 au général commandant la 21° division militaire.*)

9° *Intendance militaire.*

L'intendance militaire étant considérée comme corps spécial conserve la place qui lui est assignée à l'état-major de la division et à celui de la subdivision, suivant l'avis du Conseil d'État du 5 frimaire an XIII et la circulaire du ministre de la guerre du 24 janvier 1807, concernant les inspecteurs aux revues et les commissaires de guerre.

Les intendants, sous-intendants et adjoints ne sont pas au nombre des fonctionnaires à qui il est assigné un rang individuel.

L'intendant militaire marche avec l'état-major de la division, et les sous-intendants et adjoints de toutes classes font partie de la subdivision de région. (*Décis. du min. de la guerre du 2 sept. 1823.*)

Lorsque les intendants, sous-intendants ou adjoints se trouvent, soit dans les cérémonies publiques, soit à l'état-major de la division ou subdivision de région, soit dans les réunions militaires où il est nécessaire de leur assigner un rang individuel, les intendants militaires marchent après les généraux de brigade et avant les colonels, les sous-intendants après les colonels et avant les lieutenants-colonels, les adjoints après les chefs de bataillon et avant les capitaines; ils se placent à la gauche desdits généraux de brigade, colonels et chefs de bataillon, s'ils sont sur la même ligne qu'eux, devant laisser, dans toutes les circonstances, la droite au commandement. (*Art. 9 de l'ordonn. du 10 juin 1829, et décis. du min. de la guerre du 21 avril 1837.*)

10° *Officiers de gendarmerie.*

Les chefs de légion de gendarmerie prennent rang suivant leur grade à l'état-major de la division ; les chefs d'escadron, capitaines commandants, lieutenants et sous-lieutenants prennent rang suivant leur grade à l'état-major de la subdivision. (*Décret du 13 oct. 1863, art. 157 du décret du 1ᵉʳ mars 1854.*)

Si, dans les chefs-lieux de légion, de compagnie ou d'arrondissement, l'état-major auquel les officiers de gendarmerie doivent se joindre, suivant leur grade, n'existe pas, ces officiers se réunissent à l'état-major immédiatement inférieur dans l'ordre des préséances.

S'il n'existe pas d'état-major dans la résidence, les officiers de gendarmerie, considérés, suivant leur grade, comme devant en faire partie, n'en ont pas moins le droit de prendre place dans le rang assigné à cet état-major. (*Art. 158 dudit décret.*)

Ces dispositions sont applicables aux autres officiers, suivant une décision du ministre de la guerre du 10 septembre 1826, qui leur prescrit de se placer suivant leur grade, et, à grade égal, d'après leur rang d'ancienneté dans le dit grade, sans faire acception des armes auxquelles ils appartiennent.

11° *Officiers attachés au recrutement.*

Les officiers attachés au recrutement d'un département prennent rang avec l'état-major de la subdivision.

12° *Officiers de troupe.*

Les officiers de troupe employés dans la place, qui ne se trouvent point sous les armes, prennent rang avec l'état-major de la place. (*Décis. du min. de la guerre du 10 sept. 1826.*)

13° *Officiers de santé des hôpitaux et agents d'administrations militaires.*

Les officiers de santé des hôpitaux et agents d'administrations militaires se réunissent à l'état-major de la place à la suite des officiers, et y prennent rang entre eux suivant l'importance de leurs fonctions. (*Circ. du min. de la guerre du 8 juill. 1826. — V., à* MARQUES DE RESPECT, *Assimilation.*)

14° *Employés de la marine.*

Les employés d'administration de la marine, chefs de service, dont les attributions s'étendent sur tout un département maritime prennent rang avec l'état-major de la marine. Ceux qui, par leurs fonctions, sont uniquement attachés au port et n'exercent point d'autorité sur une étendue de territoire maritime à l'extérieur dudit port marchent avec l'état-major de la place. (*Art. 58, 60, 70 et 85 du décret du 6 frim. an* XIII; *avis du Cons. d'État du 12 août 1807.*)

15° *Officiers en retraite ou en non-activité.*

Les officiers en retraite ou en non-activité prennent rang à la suite de l'état-major de la place.

Les généraux de division et les généraux de brigade en retraite seront admis de droit dans le corps d'état-major de la division, lorsqu'ils se présenteront revêtus de leur uniforme et des marques distinctives de leur grade, pour assister à une cérémonie publique. — Dans les villes où il n'y a pas d'état-major de division, ils seront admis dans le corps d'état-major de la subdivision de région; et, à défaut de celui-ci, dans le corps d'état-major de la place, s'il en existe un. — Les officiers en retraite de tous grades marcheront dans les divers états-majors, immédiatement après les officiers en activité ou en non-activité de grade égal, et précédant tous les officiers d'un grade inférieur au leur. (*Décis. du min. de la guerre du 20 juill. 1838.*)

16° *Invalides.*

Une décision du ministre de la guerre, en date du 21 août 1822, assigne dans l'armée le premier rang aux invalides, comme se composant de militaires de tous grades, et en raison de l'âge, des blessures et des longs et honorables services de ce corps.

17° *Membres de la Légion d'honneur.*

La députation des membres de la Légion d'honneur : commandeurs, officiers, chevaliers, convoquée à la cérémonie, se place immédiatement avant les corps constitués. (*Décrets des 4 fév. 1806, 11 avril 1809, 26 mars 1816.*)

Lorsque des grands-croix et des grands officiers de la Légion d'honneur faisant partie de l'armée assistent, en raison de leur grade et de leurs fonctions, à des cérémonies publiques, ils ne peuvent prendre que le rang attribué à ce grade et à ces fonctions. Pour que les grands-croix et grands officiers de la Légion d'honneur non fonctionnaires puissent assister comme tels aux cérémonies publiques, il faut qu'ils aient reçu à cet effet une convocation expresse et personnelle du grand chancelier, d'après l'ordre du Président de la République, dans les formes prescrites par l'art. 50 de l'ordonnance du 26 mars 1816; dans tout autre cas, ces distinctions individuelles ne pourraient établir un droit à la préséance. (*Lettre du min. de la guerre du 26 sept. 1832.*)

18° *Président de collège électoral.*

Quand il y a un président de collège électoral, il prend rang après les archevêques et avant les préfets. (*Art. 1er du décret du 24 mess. an* XII.)

19° *Président de Cour d'assises.*

Lorsqu'il se trouve sur les lieux un président de Cour d'assises, il prend rang après le préfet et avant le général commandant la subdivision de région. S'il y a d'autres membres de la Cour d'appel délégués pour la tenue des assises, ils marchent à la suite du président de la Cour d'assises, sans que le rang assigné au général soit changé. Les Cours d'assises, n'ayant que des fonctions temporaires, n'ont point de rang assigné en corps. Les présidents et juges des tribunaux de première instance faisant partie des assises ne doivent avoir d'autre rang que celui qui est assigné par le décret du 24 messidor an XII aux présidents et juges des tribunaux de première instance. (*Avis du Cons. d'État du 1er juin* 1811.)

Lorsque les assises se tiennent dans la ville où siège la Cour d'appel, les membres de la Cour d'assises n'ont d'autre rang que celui qu'ils occupent dans la Cour d'appel. (*Décret du 13 oct.* 1812.)

20° *Sénateurs.*

Les sénateurs qui ont été invités en cette qualité, et qui sont revêtus de l'habit de sénateur, prennent toujours, et sur toute personne, la droite de l'autorité, quelle qu'elle soit, qui a la préséance. (*Art. 10 de l'ordonn. du 25 août* 1817.)

21° *Conseillers d'Etat.*

Les honneurs attribués aux conseillers d'Etat en mission par le décret du 24 messidor an XII ne sont accordés qu'à ceux qui sont investis d'une mission spéciale et temporaire. Les conseillers d'Etat en service extraordinaire, qui exercent des fonctions publiques dans les départements, prennent le rang que leur assignent les fonctions dont ils sont revêtus. (*Art. 16 de l'ordonn. du 5 nov.* 1828.)

22° *Secrétaire de préfecture.*

Lorsque le préfet est absent, le secrétaire de la préfecture se place avec les conseillers de préfecture.

23° *Suppléants des juges, avoués et huissiers.*

Les suppléants des juges ne sont pas membres des tribunaux et ils ne sont conséquemment pas compris dans le décret; mais lorsqu'un suppléant est en fonctions à l'époque où la cérémonie a lieu, il est momentanément membre du tribunal, et, dans cette circonstance, il peut être admis avec les autres membres. Les avoués et les huissiers ne sont compris ni explicitement ni implicitement dans le décret du 24 messidor an XII; ils ne doivent donc pas être appelés à prendre rang dans les fêtes et cérémonies publiques.

24° *Conseils de l'Université.*

Les conseils de l'Université ont rang après le conseil de préfecture; ils se composent du recteur président, des doyens des Facultés, du proviseur du collège du chef-lieu ou du plus ancien des proviseurs s'il y a plusieurs lycées, et de trois notables, au moins, choisis par le conseil de l'instruction publique. (*Ordonn. du 17 fév. 1815, art. 5 et 15 (section I*re*, titre II.)*

25° *Corps académique.*

Le corps de l'Académie, composé du recteur, de l'inspecteur, du conseil académique et des Facultés, prend rang immédiatement après le corps municipal. (*Décret du 15 nov. 1811, art. 165 (chap. III.)*

Lorsqu'une Faculté siège dans un chef-lieu de département qui n'est pas chef-lieu d'Académie, elle prend rang également après le corps municipal; le doyen marche à la tête de la Faculté. (*Art. 166 dudit décret.*)

26° *Proviseurs des collèges nationaux.*

Les proviseurs des collèges assistent aux cérémonies publiques et marchent avec l'Académie ou la Faculté, au rang de leur grade dans l'Université. (*Art. 167 dudit décret.*)

27° *Domaines, ponts et chaussées, contributions directes ou indirectes, finances, douanes, forêts, etc.*

Les fonctionnaires de ces administrations, n'ayant aucun rang assigné, prennent place à la suite du cortège par rang d'ancienneté et d'administration, après les fonctionnaires marchant en corps.

ESCORTES D'HONNEUR DUES PAR LA GENDARMERIE

Pour les ministres, les maréchaux et les amiraux, l'escorte d'honneur va jusqu'à un kilomètre de la ville, et pour les autres fonctionnaires jusqu'à cinq cents mètres. L'escorte se compose :

Pour le ministre de la guerre et pour le ministre de la marine dans les places qui sont ports de la marine nationale :

De cinq brigades de gendarmerie commandées par un chef d'escadron, et de deux escadrons de troupes à cheval commandés par un chef d'escadron.

Pour les autres ministres, les maréchaux et amiraux, les généraux de division commandants en chef, dans l'étendue de leur commandement,
les vice-amiraux commandants en chef, dans les places qui sont ports de la marine nationale, le jour de leur prise de possession ou de leur première entrée :

De cinq brigades de gendarmerie commandées par un capitaine, et d'un escadron de troupes à cheval commandé par un capitaine.

*Pour les généraux de division commandants en chef, hors de l'éten-
due de leur commandement,*

*les vice-amiraux commandants en chef, dans les places qui
ne sont pas ports de la marine nationale,*

*les généraux de division commandants territoriaux, les pré-
fets maritimes, le jour de leur prise de possession ou de leur
première entrée :*

De trois brigades de gendarmerie commandées par un lieutenant, et de
deux pelotons de troupes à cheval commandés par un lieutenant.

*Pour les Cardinaux-archevêques ou évêques, les archevêques et les
évêques, le jour de leur prise de possession ou de leur première entrée :*

De deux pelotons de troupes à cheval commandés par un lieutenant.

*Pour les généraux de division et généraux de brigade, inspecteurs
généraux de gendarmerie :*

De trois brigades de gendarmerie à cheval commandées par un lieutenant.

*Pour les généraux de division et généraux de brigade, inspecteurs
généraux d'armes, la première et la dernière fois qu'ils voient
les troupes :*

D'un peloton de troupes à cheval commandé par un lieutenant ou sous-
lieutenant.

Pour les préfets, le jour de leur prise de possession :

De deux brigades de gendarmerie à cheval commandées par un lieutenant. En outre, pendant leurs tournées dans le département, les préfets
peuvent être escortés par des gendarmes (1). — V. n° 9 p. 319 : *aux préfets.*

---

(1) Lorsque, dans une de ses tournées administratives, nous a-t-on souvent
demandé, un préfet se fait escorter par des gendarmes, et que dans le chef-
lieu de canton voisin où il se rend il n'y a pas de brigade à cheval, les mêmes
gendarmes doivent-ils attendre dans cette localité que le préfet ait terminé ses
opérations, et continuer l'escorte jusqu'au point où il se trouve une brigade à
cheval?

Notre opinion est que des ordres peuvent être donnés pour que des gendarmes
à cheval se trouvent au point de destination de l'escorte précédente, afin de ne
faire faire aux uns et aux autres que le trajet d'une brigade à une autre. Il importe, dans l'intérêt du service autant que dans celui des hommes, que la durée
de l'absence des militaires de la gendarmerie soit aussi courte que possible; ce
serait aller contre ce but s'il était permis de garder des gendarmes pour leur
faire faire une double ou triple course et les tenir éloignés de leur résidence sans
nécessité absolue.

Il est d'ailleurs impossible d'admettre que des gendarmes puissent suivre ou
précéder la voiture d'un préfet pendant plusieurs relais sans qu'il en résulte

Pour les présidents de Cours d'assises, le jour de leur entrée,

D'une brigade de gendarmerie. (*Art.* 345 *du décret du* 13 oct. 1863.)

A défaut de troupe de ligne, la gendarmerie fournit une escorte d'honneur :

De deux brigades aux Cours d'appel ;

D'une brigade aux Cours d'assises ;

De deux gendarmes aux tribunaux de première instance. (*Art.* 348.)

Les autres honneurs dus aux personnes ci-dessus désignées sont rendus par la troupe de ligne conformément aux art. 308 à 319 du décret du 13 octobre 1863.

Le commandant d'une escorte d'honneur doit présenter et maintenir la troupe dans le meilleur ordre et la meilleure tenue. Il va, en arrivant. prendre les ordres de la personne qu'il doit accompagner; son service fini, il ne se retire qu'après avoir pris de nouveau les ordres de cette personne. (*Art.* 452 *de l'ord. du* 2 *nov.* 1833. — *Cavalerie.*)

Si le personnage à qui on rend les honneurs est en voiture, deux gendarmes de l'escorte se portent à cinquante mètres en avant de la voiture pour surveiller l'exécution des règlements sur la police des routes, c'est-à-dire pour maintenir la route libre, pour éviter les accidents et pour empêcher qu'aucune voiture ne puisse ralentir la marche de celui à qui on rend les honneurs, en ne cédant pas la moitié de la route.

Le commandant de l'escorte se tient à la portière de gauche, immédiatement après les officiers d'un grade plus élevé que celui dont il est titulaire; et, lorsqu'il n'existe ni officiers à la suite du personnage escorté, ni autorités civiles ou militaires l'accompagnant, le commandant de l'escorte se place à la portière de droite ; enfin, le gros de l'escorte suit immédiatement la voiture.

Toute la troupe a le sabre à la main, à moins d'ordres contraires.

Il est expressément défendu à la gendarmerie de fournir des escortes personnelles, sous quelque prétexte que ce soit. (*Art.* 160 *du décret du* 1er *mars* 1854, *et* 396 *du décret du* 13 oct. 1863.)

Sauf les cas déterminés, la gendarmerie ne fournit les escortes d'honneur qu'à défaut de troupe de ligne et en ayant toujours égard au besoin du service de sûreté publique. Dans le cas où les réquisitions pour cet objet paraissent sans droit, les chefs de corps doivent adresser aux autorités requérantes les observations qu'ils jugent convenables, et cela avec les ménagements nécessaires. Toutefois, si leurs représentations ne sont pas accueillies, ils doivent obtempérer aux réquisitions, sauf à en rendre compte hiérarchiquement au ministre de la guerre, pour faire redresser les irrégularités qui pourraient avoir eu lieu. (*Art.* 161 *du décret du* 1er *mars* 1854.)

---

pour les chevaux de la fatigue et pour les hommes des dépenses que rien ne compenserait.

Les brigades sont généralement distantes les unes des autres de vingt kilomètres dans les contrées peuplées (car dans certains départements la distance est de trente, quarante et cinquante kilomètres). Quand des gendarmes ont escorté une voiture marchant à une allure vive pendant vingt kilomètres, il serait difficile de leur demander autre chose que de rentrer à leur résidence pour se préparer à un autre service, à moins de circonstances exceptionnelles dans lesquelles l'ordre public ou l'intérêt de la justice serait en cause.

Pour l'exécution de ce service, la gendarmerie est toujours en grande tenue. (*Art.* 152 *du décret précité du* 1ᵉʳ *mars* 1854. — V. *Honneurs à rendre, Cérémonies publiques, Préséances.*)

RANG DES TROUPES.

Ordre de bataille.

L'ordre de bataille, pour les réunions de troupes, parades, revues, cérémonies publiques, etc., est réglé comme il suit :

1° *Troupe à pied.* — *Armée de terre.*

Gendarmerie. — Garde républicaine, gendarmerie nationale.
Sapeurs-pompiers de la ville de Paris.
Chasseurs à pied ; — zouaves ; — artillerie montée, à pied, ouvriers, armuriers ; — génie, mineurs et sapeurs, ouvriers ; — infanterie de ligne.
Troupes de l'administration. — Ouvriers des équipages militaires ; — infirmiers ; — ouvriers d'administration.

2° *Troupe à cheval.*

Gendarmerie. — Garde républicaine, gendarmerie nationale ; — chasseurs d'Afrique ; — hussards ; — chasseurs ; — dragons ; — artillerie et train avec leur matériel ; — cuirassiers ; — cavaliers de remonte ; — train des équipages militaires.

Armée de mer.

Gendarmerie, artillerie, équipages de la flotte, infanterie.

—

HONNEURS FUNÈBRES A RENDRE.

Aux officiers, sous-officiers, brigadiers et gendarmes dans diverses positions.

Les honneurs funèbres ne sont rendus que dans les villes de garnison ; et la gendarmerie ne doit pas remplacer la troupe de ligne, à qui incombe ce service. (*Décis. présid. du* 2 *nov.* 1874.) Toutefois, elle rend ces honneurs aux militaires de son arme.
Pour un chef de légion de gendarmerie qui meurt sous les drapeaux, toute la gendarmerie de la résidence assiste au convoi, indépendamment de quatre détachements de troupes de ligne de cinquante hommes chacun, commandés par un capitaine et un lieutenant ; s'il meurt en non-activité, il n'est fourni que trois détachements ; et deux, s'il meurt en retraite ou en réforme. (*Décret du* 24 *mess. an* XII, *art.* 2 *et* 3 (*titre* XXVI, *section* Iʳᵉ.)
Si un chef d'escadron de gendarmerie meurt en activité, la gendarmerie locale et deux détachements de troupe de ligne accompagnent le convoi ; s'il meurt en non-activité, réforme ou retraite, il n'est commandé qu'un seul détachement. (*Art.* 3 (*titre* XXVI, *section* Iʳᵉ) *dudit décret.*)

Si un capitaine de gendarmerie meurt en activité, non-activité, réforme ou retraite, il n'est fourni qu'un seul détachement de troupe de ligne, indépendamment de toute la gendarmerie locale. (*Art. 3 dudit décret.*)

Si un lieutenant de gendarmerie meurt en activité, en réforme ou en retraite, toute la gendarmerie locale assiste au convoi avec un demi-détachement de troupe de ligne. (*Art. 3 dudit décret.*)

Si un commandant de brigade, un sous-officier ou un gendarme meurt, toute la brigade de gendarmerie assiste au convoi.

Le service des troupes commandées pour rendre les honneurs funèbres et la marche du cortège est réglé suivant les dispositions des art. 373, 374 et 375 du décret du 13 octobre 1863.

Les coins du poêle sont portés par quatre personnes de rang ou de grade égal à celui du mort, et, à défaut, par quatre personnes de rang ou de grade inférieur.

Les tambours sont couverts de serge noire; il est mis des sourdines et des crêpes aux trompettes et clairons.

A l'arrivée au cimetière, la portion des troupes désignée pour rendre les derniers honneurs est formée en bataille près du lieu de la sépulture. Elle exécute un feu d'ensemble à commandement au moment où le corps est mis en terre. Elle défile ensuite devant la tombe. (*Art. 376 du décret du 13 oct. 1863.*)

Les salves de mousqueterie, à titre d'honneurs funèbres, sont exclusivement attribuées aux ministres de la guerre et de la marine, aux maréchaux et amiraux, aux officiers généraux, supérieurs et autres. La poudre est fournie par les magasins de l'Etat. (*Art. 377.*)

Tous les officiers portent le deuil de leur chef de corps pendant un mois. (*Art. 379.*)

Le deuil militaire se porte par un crêpe à l'épée, et le deuil de famille par un crêpe au bras. (*Art. 380 dudit décret.*)

Aux légionnaires et médaillés militaires.

Dans l'ordre militaire, les honneurs funèbres sont rendus aux légionnaires en activité de service, en se conformant aux dispositions des art. 361, 362, 364, 367, 369 et 370 du décret du 13 octobre 1863.

Aux légionnaires civils.

Dans l'ordre civil, les honneurs funèbres sont rendus à tout membre de la Légion d'honneur décédé dans une ville de garnison, d'après les prescriptions de l'art. 373 dudit décret ainsi conçu :

Les honneurs définis par les art. 361 et suivants appartiennent aux officiers, fonctionnaires ou employés qui décèdent dans l'exercice de leurs fonctions. Ils n'ont droit qu'à la moitié de ces mêmes honneurs, et il n'est pas tiré de canon ni fait de salve de mousqueterie, s'ils décèdent hors du service.

Cette moitié des honneurs est rendue suivant les assimilations ci-après et conformément à la circulaire ministérielle du 2 novembre 1874 dont voici le texte :

Les troupes commandées pour rendre les honneurs funèbres vont à la maison mortuaire, assistent ensuite à la cérémonie religieuse, et font escorte, lors de la levée du corps, durant un espace de 500 mètres au moins et de un kilomètre au plus, dans les villes où le cimetière est à une grande distance du point où a lieu la cérémonie religieuse.

On se conforme, d'ailleurs, suivant le cas, pour l'ordre de marche, le port des armes, etc., aux prescriptions de l'art. 374 du décret du 13 octobre 1863.

Les troupes étant arrêtées aux distances ci-dessus indiquées portent ou présentent les armes, suivant le grade du défunt dans la Légion d'honneur, et laissent défiler le cortège. Elles rentrent ensuite dans leurs casernes.

Dans les villes de garnison où il n'y a qu'un kilomètre au plus à parcourir pour arriver au cimetière, les troupes continuent à faire le service d'escorte jusqu'au lieu de l'inhumation. (*Circ. du 2 nov.* 1874.)

ASSIMILATION DES LÉGIONNAIRES.

Sont assimilés : 1° aux généraux de division, les grands-croix; 2° aux généraux de brigade, les grands officiers; 3° aux colonels, les commandeurs; 4° aux capitaines, les officiers; 5° aux lieutenants, les chevaliers; 6° aux sous-officiers, les décorés de la médaille militaire. (*Art.* 361, 362, 364, 367, 369 *et* 370 *visés plus haut.*)

ENTERREMENTS CIVILS.

Les troupes commandées pour rendre les honneurs funèbres aux membres de l'armée décédés en possession d'un grade, aux membres de la Légion d'honneur et aux décorés de la médaille militaire accompagneront le corps du défunt jusqu'à sa dernière demeure sans se préoccuper de la question de croyance. (*Circ. du ministre de la guerre du 4 juin* 1880.)

TENUE DES OFFICIERS ASSISTANT AUX CÉRÉMONIES FUNÈBRES.

Les officiers qui assistent à des obsèques, en dehors des cas de convocation officielle indiquant la grande tenue, devront être en tenue du jour. (*Note minist. du 8 juin* 1881. — V. *Honneurs à rendre par la gendarmerie, Cérémonies publiques, Préséances.*)

HOPITAUX ET HOSPICES.

La loi du 7 juillet 1877 ayant supprimé les hôpitaux militaires partout où cela est possible, ce sont les hospices civils qui sont chargés des soins à donner aux militaires malades.

Le service dans les hospices mixtes et dans les hospices civils proprement dits est réglé par le décret du 1er août 1879.

HOSPICES MIXTES OU MILITARISÉS.

Les officiers sont traités dans des salles spéciales. Il en est de même, à moins d'impossibilité, pour les sous-officiers. Des chambres particulières sont réservées aux officiers supérieurs. (*Art. 3 du décret précité du 1ᵉʳ août* 1879. — V. *ci-après : Places que doivent occuper les brigadiers et gendarmes.*)

Les malades militaires sont admis sur le vu d'un billet d'entrée, et dans les conditions fixées par le règlement sur le service de santé de l'armée.

Ils sont traités, en ce qui concerne le service médical, l'alimentation et le régime pharmaceutique, conformément aux prescriptions du même règlement. (*Art.* 10.)

Le ministre de la guerre peut, selon qu'il le juge nécessaire, faire effectuer le service des salles militaires par des infirmiers de l'armée, dont il fixe le nombre, ou par des servants civils qui sont fournis par l'hospice.

Dans le cas où il y a lieu de substituer soit des infirmiers de l'armée aux servants civils, soit des servants civils aux infirmiers de l'armée, il en est donné avis par le ministre de la guerre deux mois d'avance à la commission administrative. (*Art.* 11.)

S'il se produit dans les salles militaires des cas qui fassent craindre une épidémie, le chef du service médical en donne avis immédiatement à la commission administrative. (*Art.* 12.)

L'autorité militaire chargée de l'administration des hôpitaux exerce dans les salles militaires les attributions qui lui appartiennent dans les hôpitaux militaires. Elle a, en outre, le droit de surveiller la partie des services généraux commune aux malades civils et aux malades militaires. (*Art.* 13.)

La commission administrative conserve la direction des services généraux de l'hospice, ainsi que le choix des sœurs ou servants civils attachés aux salles militaires.

Elle a, dans les salles militaires, les droits et les attributions qui sont dévolus, dans les hôpitaux militaires, aux officiers d'administration comptables. (*Art.* 14.)

Les dépenses auxquelles donne lieu le décès d'un militaire à l'hospice comprennent le service religieux, le cercueil, le suaire, les frais d'enterrement et l'apposition d'une croix.

Ces dépenses sont remboursées par l'Etat suivant un tarif fixé par la convention.

Tous frais excédant le tarif et demandés par la famille sont réglés directement par elle. (*Art.* 20.)

DES HOSPICES CIVILS PROPREMENT DITS.

Les malades militaires sont traités à tous égards comme les malades civils, et soumis au régime général de l'établissement.

Toutefois, les malades militaires ne sont placés dans les salles civiles que s'il est impossible de leur affecter une salle spéciale. (*Art.* 23.)

Les militaires ne peuvent, sous aucun prétexte, être conservés dans l'hospice lorsque leur traitement est terminé.

L'autorité militaire exerce à cet égard la surveillance définie par le règlement sur le service de santé de l'armée. (*Art.* 24.)

L'allocation due par l'Etat est fixée par journée de malade, et déterminée de gré à gré par la convention passée entre le représentant du ministère de la guerre et la commission administrative.

Les dispositions contenues dans les art. 3 (§ 1ᵉʳ), 10 (§ 1ᵉʳ), 13 et 20 sont applicables aux hospices civils proprement dits. (*Art.* 26.)

Peut-on obliger un officier, sous=officier, brigadier ou gendarme malade à se faire soigner dans un hôpital ?

En principe, les officiers malades doivent être soignés dans leur logement, quand ils le désirent; mais si, par des circonstances exceptionnelles, provenant soit de la nature de la maladie, soit de l'intérêt de la discipline, il convient d'envoyer le malade à l'hôpital, le chef de corps, éclairé, s'il y a lieu, par le médecin, doit décider cette question et faire délivrer un billet d'hôpital. (*Note minist. du* 10 *août* 1867.)

Ces dispositions peuvent s'appliquer aux sous-officiers, brigadiers et gendarmes malades, en tenant compte de la position de famille de ces militaires et des soins qu'ils peuvent recevoir chez eux.

Militaires de la gendarmerie tombant malades étant en congé ou en permission.

Les militaires de la gendarmerie qui tombent malades étant en permission ou en congé sont admis dans les hôpitaux ou hospices avec un billet d'entrée qui leur est délivré par l'autorité compétente, sur la présentation du titre régulier dont ils doivent être porteurs. — Le jour de l'admission et celui de la sortie sont annotés sur lesdits congés par le sous-intendant militaire. — A leur retour, ils sont rappelés, pour le temps de leur séjour à l'hôpital, de la solde affectée à leurs congés, déduction faite des retenues ordinaires pour frais de traitement. — Ils sont également rappelés de la solde de leurs congés pour les journées antérieures à leur entrée et pour celles postérieures à leur sortie. — Si, pendant leur séjour aux hôpitaux, les militaires obtiennent une prolongation de congé sans solde, cette prolongation ne commence à prendre date que du jour de leur sortie, et jusque-là ils continuent à jouir de la solde affectée à leur première position. (*Art.* 99 *du décret précité du* 18 *fév.* 1863.)

Lorsque ces militaires sont en congé ou en prolongation de congé sans solde, ils peuvent également être admis à l'hôpital. — Après leur rentrée à leur corps ou à leurs postes, les officiers subissent, sur leur solde courante, la retenue fixée par le tarif pour le temps de leur séjour à l'hôpital. — Il n'est fait aucune retenue aux sous-officiers, brigadiers et gendarmes. (*Art.* 102 *du décret du* 18 *fév.* 1863.)

Places que doivent occuper les brigadiers et gendarmes dans les hôpitaux.

Consulté sur la question de savoir si les gendarmes non gradés doivent être traités comme les sous-officiers de l'armée, lorsqu'ils sont admis dans les hôpitaux militaires ou dans les salles des hospices civils, le ministre de la guerre a décidé que les brigadiers et gendarmes, qui jusque-là n'avaient bénéficié que dans les hôpitaux thermaux des avantages concédés aux sous-officiers en ce qui concerne le placement dans les salles de traitement et le régime alimentaire, jouiraient des mêmes avantages dans les hôpitaux et dans les hospices civils. (*Circ. du 25 août 1880.* — V. *art.* 3 *du décret précité du 1ᵉʳ août 1879.*)

Cette mesure bienveillante a été adoptée par le ministre de la marine sous la date du 2 septembre 1880.

Militaires tombant malades étant absents de leur corps.

Lorsqu'un militaire en permission ou en congé tombe malade au point de ne pouvoir rejoindre son corps dans les délais voulus ou de se faire conduire dans un hôpital, le chef de la brigade en rend compte à son commandant d'arrondissement, tout en engageant l'intéressé à adresser, à qui de droit, une demande de prolongation d'absence s'il y a lieu, et, dans le cas contraire, à se procurer avant de partir un certificat de médecin légalisé par le maire, constatant les motifs qui l'ont empêché de rejoindre à l'expiration de sa permission ou de son congé.

Cette manière de faire a pour but d'éviter des punitions à la rentrée au corps des militaires absents, et à ceux de la gendarmerie d'être privés de tout rappel de solde, conformément à l'art. 88 du décret du 18 février 1863, indépendamment des peines disciplinaires qui pourraient leur être infligées.

Si le militaire ne peut pas être déplacé, le général commandant la subdivision de région, auquel il en aura été rendu compte, donnera des ordres pour qu'il soit visité en présence de la gendarmerie.

Les officiers de gendarmerie ne sont déplacés que lorsqu'il s'agit de constater la position d'un officier. (*Art.* 350 *du décret du 1ᵉʳ mars 1854.*)

Formalités à remplir pour l'admission des militaires dans les hôpitaux ou hospices.

Dans les communes où il n'y a ni fonctionnaire de l'intendance, ni commandant de place, l'officier ou le chef de brigade de gendarmerie de cette localité, après avoir examiné la position militaire du malade et l'avoir interrogé, lui prescrit de continuer sa route ou de rejoindre son corps, s'il croit que sa santé le lui permet. Dans le cas contraire, il lui délivre un billet d'hôpital, sur lequel il désigne nominativement le médecin chargé de procéder à la visite. Dans une annotation au dos du billet, il indique les motifs qui lui donneraient lieu de douter de la nécessité de l'admission, et, à moins d'impossibilité physique, il envoie chez ce médecin le militaire malade. (*Art.* 478 *et* 479 *du règl. du 31 août 1867, sur le service de santé des armées.*)

A des intervalles qui ne peuvent excéder dix jours, l'officier ou le sous-officier de gendarmerie de la localité se rend à l'hospice, où il procède à l'appel des hommes étrangers à la garnison; il lui est remis, par les soins de l'administrateur de l'hospice, un état nominatif sur lequel il inscrit, en regard de chaque nom, ses observations :

1° Sur la nécessité du séjour;

2° Sur la possibilité d'évacuation sur l'hôpital ou l'hospice de la résidence du sous-intendant;

3° Sur le besoin que le malade peut avoir d'un congé;

4° Sur la convenance de sa réforme.

Ainsi annoté, l'état est soumis au médecin en chef de l'hospice, qui inscrit également ses propres observations. L'administrateur vise cet état et le transmet immédiatement au sous-intendant militaire. (*Art.* 790 *dudit règl.*)

Ces dispositions sont applicables aux marins et militaires de l'armée de mer, en vertu de la circulaire du ministre de la marine du 20 février 1878 et de celle du ministre de la guerre du 27 mars suivant.

Militaires ayant droit à leur admission dans les hôpitaux ou hospices.

Par suite de l'arrêté présidentiel en date du 15 octobre 1871, qui a supprimé la solde dite d'hôpital pour les militaires des corps de troupe, et de la loi du 27 juillet 1872, sur le recrutement de l'armée, n'ont droit à l'admission dans les hôpitaux et hospices que : 1° les sous-officiers et soldats présents à leur corps ou titulaires d'un congé, à la condition qu'ils ne seront pas absents depuis plus de six mois ; 2° les jeunes soldats appelés sous les drapeaux, lorsqu'ils ont reçu leur ordre de route ; 3° les engagés, les rengagés et les volontaires d'un an, porteurs de feuilles de route pour rejoindre ; 4° les militaires de l'armée active rentrés dans leurs foyers avant l'expiration de leurs cinq ans de service, les hommes de la réserve de l'armée active et ceux de l'armée territoriale ou de sa réserve, lorsqu'ils sont appelés à l'activité ; 5° les militaires rentrant dans leurs foyers soit comme disponibles, soit passant dans la réserve, qui tombent malades en route dans la direction et dans les délais prescrits par leur feuille de route. (*Note minist. du* 27 *août* 1873, *modificative de l'art.* 470 *du règl. précité.*)

Tabac de cantine.

Les militaires en traitement dans les hôpitaux ont droit au tabac de cantine, comme les militaires présents au corps. (**V.** *Tabac de cantine.*)

Militaires décédés dans les hôpitaux.

Aussitôt après le décès d'un militaire dans un hôpital, le directeur doit en donner immédiatement avis à sa famille par le télégraphe, en se conformant aux notes ministérielles des 11 février, 20 juillet et 23 décembre 1881. (**V.** *Inhumations.*)

Lettres chargées destinées à des militaires en traitement dans les hôpitaux.

Conformément aux art. 658 et 678 de l'instruction générale du 25 décembre 1855, sur le service des postes, les lettres chargées adressées à des militaires en traitement dans les hôpitaux doivent leur être remises en remplissant les formalités voulues, et non déposées entre les mains du comptable des hôpitaux ou hospices. (*Décis. minist. du* 31 *juill.* 1876. — **V.** *Inhumations.*)

SOLDE.

Officiers.

En temps de paix, les officiers traités dans les hôpitaux touchent la solde de congé, alors même qu'au moment de leur admission dans ces établissements ils se trouveraient en position d'absence. La solde de congé est la moitié de la solde de présence. (*Décret du 25 déc. 1875, art. 4.*)

Ces dispositions sont appliquées aux officiers de la gendarmerie coloniale et maritime par arrêté du ministre de la marine du 19 août 1876.

En temps de guerre, la solde de présence sera maintenue aux officiers, fonctionnaires et employés militaires atteints de blessures ou de maladies résultant de la campagne et dûment constatées, pendant tout le temps qu'ils seront traités dans les hôpitaux ou ambulances.

La même allocation sera faite aux sous-officiers, brigadiers et soldats indigènes des régiments de spahis, dans les mêmes conditions, au lieu de la solde d'absence qui est déterminée par le tarif n° 25 annexé au décret du 25 décembre 1875.

Les officiers généraux et assimilés du cadre de réserve, et tous les officiers, fonctionnaires et employés militaires en jouissance d'une solde de disponibilité. de non-activité, peuvent de même être admis, au compte du département de la guerre, dans les établissements hospitaliers, et ne reçoivent, pendant le temps de leur séjour dans ces établissements, que la solde fixée en vue de cette position par les tarifs qui les concernent.

Les dispositions de ce dernier paragraphe ne sont applicables, en Algérie, qu'aux militaires faisant partie des colonnes expéditionnaires. (*Art. 4 du décret du 25 déc. 1875, modifié par le décret du 30 juin 1881 et la note minist. du 3 nov. suivant.*)

Le décret ci-dessus du 30 juin 1881 est rendu applicable à la gendarmerie maritime et coloniale par la circulaire du ministre de la marine du 25 août 1880.

Sous-officiers, brigadiers et gendarmes.

La solde d'hôpital est allouée, en temps de paix, aux militaires de la gendarmerie, depuis le jour de leur admission dans un hôpital militaire ou un hospice civil jusqu'à celui de leur sortie exclusivement, et ils en sont rappelés sur la présentation de leur billet de sortie. Le rappel est ajourné à l'égard du militaire qui sort de l'hôpital pour jouir d'un congé.

Ceux qui rentrent d'un hôpital externe sont, en outre, rappelés de leur solde de présence, tant pour l'aller que pour le retour. Toutefois, les militaires qui sont à l'hôpital à l'époque du payement de la solde peuvent toucher ou faire toucher la solde d'hôpital à leur résidence, en se conformant aux prescriptions de l'art. 675 du décret du 18 février 1863.

En temps de guerre, la solde de présence est maintenue, pendant la durée de leur traitement à l'ambulance ou aux hôpitaux, aux sous-officiers, brigadiers ou gendarmes atteints de blessures ou de maladies résultant de la campagne et dûment constatées.

En Algérie, ces dernières dispositions ne sont applicables qu'aux militaires faisant partie des colonnes expéditionnaires. (*Art. 91 du décret du 18 fév. 1863, modifié par le décret du 30 juin 1881 et la note minist. du 3 nov. suivant.*)

Délégation pour toucher la solde étant à l'hôpital.

Les officiers, sous-officiers, brigadiers et gendarmes aux hôpitaux, qui voudraient faire toucher leur solde à leur résidence, pendant leur absence, doivent adresser au conseil d'administration un certificat de présence à l'hôpital délivré par le comptable ou l'économe et visé par le sous-intendant militaire ou son suppléant. Au bas de cette pièce, le militaire absent désigne la personne qu'il charge de toucher son traitement et d'en donner quittance. Cette pièce et la quittance du mandataire restent à l'appui de l'état d'émargement, s'il s'agit d'un officier et de l'état émargé de la brigade, s'il s'agit d'un homme de troupe. (*Art.* 675 *du décret du 18 fév.* 1863.)

Le décompte des journées d'hôpital est fait, pour les officiers, sous-officiers, brigadiers et gendarmes, sur le pied de trente jours par mois. (*Art.* 92 *dudit décret.*)

Une décision présidentielle du 26 avril 1882 autorise les officiers des corps de troupe à toucher leur solde à l'hôpital. La gendarmerie n'a pas la même faveur.

HUISSIERS.

Main-forte.

La gendarmerie est tenue de prêter main-forte aux huissiers porteurs de réquisitions ou de jugements spéciaux dont ils doivent justifier. (*Art.* 459 *du décret du* 1er *mars* 1854.)

Lorsqu'il s'agit d'une saisie à opérer, la réquisition n'est légale que si elle est fondée sur une résistance prévue par l'art. 587 du Code de procédure civile. Dans ce cas, les gendarmes, qui ne doivent pas servir de témoins, se bornent à veiller au maintien de l'ordre sans s'immiscer dans l'opération de la saisie.

Levées d'écrou. — Chambre d'instruction. — Audience

Le service d'extraction des prisonniers proprement dit, dont les huissiers sont chargés, avec rémunération, est distinct de la main-forte que la gendarmerie doit prêter lorsque son concours est réclamé. Dans un but d'économie, et pour diminuer autant que possible le service, il a été décidé entre le ministre de la guerre et le ministre de la justice que les huissiers et la gendarmerie ne seront jamais employés simultanément pour l'extraction des détenus; que la gendarmerie opérera seule dans toutes les circonstances où son concours est nécessaire; et qu'au contraire, lorsqu'il s'agira de femmes, d'enfants, d'hommes âgés, faibles ou infirmes, le service des extractions sera fait exclusivement par les huissiers. Il n'est dû aucune rémunération à la gendarmerie. (*Circ. du* 12 *sept.* 1877. — V. *page* 719.)

Dans le cas où, contrairement à ces dispositions, la gendarmerie agirait de concert avec un huissier, elle serait responsable des évasions. (*Circ. du* 30 *juill.* 1828. — V. *Main-forte, Réquisition, Force publique.*)

En Algérie.

Les commandants de brigade de gendarmerie exerceront, dans les territoires mixtes et arabes, les fonctions d'huissier près l'officier chargé de rendre la justice. (*Art.* 1er *de l'arrêté du* 29 *mai* 1846.)

Ils seront tenus de déférer à toutes réquisitions qui leur seraient adressées par des particuliers, et de faire toutes notifications que ces derniers jugeraient nécessaires. (*Art.* 2.)

Dans tous les cas où les commandants des brigades procéderont en qualité d'huissier, leurs actes feront la même foi que ceux des huissiers ordinaires. (*Art.* 3.)

Dans les mêmes cas, lorsqu'ils instrumenteront à la requête et dans l'intérêt des parties, ils auront droit, indépendamment de leurs déboursés dûment justifiés, au tiers des honoraires qui seraient dus aux huissiers pour les actes de même nature. (*Art.* 4.)

Ils pourront exiger le dépôt préalable des déboursés et honoraires.

Il ne leur sera alloué aucun salaire pour les notifications qu'ils sont chargés de faire, en toute nature, à la requête de l'autorité ou des diverses administrations. (*Art.* 5.)

Chaque commandant de brigade doit tenir, sur papier timbré, un répertoire sur lequel il mentionne jour par jour et par ordre de date les actes et procès-verbaux de toute nature qu'il formulera comme huissier. Ce répertoire, coté et paraphé par l'officier chargé des fonctions judiciaires, doit être représenté à toute réquisition de l'autorité; il est soumis tous les trois mois au moins au visa des agents de l'enregistrement. (*Art.* 6.)

Tous les actes des commandants de brigade, en leur qualité d'huissier, sont soumis aux dispositions de l'ordonnance du 19 octobre 1841, sur l'enregistrement, et à celle du 10 janvier 1843, sur le timbre. (*Art.* 7.)

MM. les généraux commandants supérieurs des provinces et M. le colonel de la gendarmerie d'Afrique sont chargés de l'exécution du présent arrêté. (*Art.* 8.)

Le 16 juillet 1863 un nouvel arrêté, dont la teneur suit, a été également ment pris par le gouverneur général de l'Algérie :

Art. 1er. Les fonctions conférées aux commandants des brigades de gendarmerie par l'arrêté du 29 mai 1846 seront également remplies par les chefs de postes provisoires, quel que soit leur grade.

2. Le procureur général et les généraux commandant les provinces sont chargés de l'exécution du présent arrêté.

Les commandants de brigade qui instrumentent à la requête du ministère public, des administrations publiques ou des particuliers ont droit aux mêmes frais de transport et émoluments que les huissiers. (*Décret du 13 déc.* 1879.)

Aux colonies.

Aux termes du décret en date du 21 août 1869, les chefs de brigade peuvent être appelés à remplir les fonctions d'huissier à la Martinique, à la Guadeloupe et à la Réunion.

Entrée dans les casernes.

Un huissier ne peut pas s'introduire dans une caserne de gendarmerie, pour y exercer les poursuites qui ressortissent à son ministère, sans y être préalablement autorisé. A cet effet, il doit s'adresser au commandant de la compagnie, qui, avant de déférer à sa demande, doit s'entourer des renseignements nécessaires afin de s'assurer que la saisie peut avoir un résultat utile et que ce n'est pas un prétexte pour troubler un établissement militaire ou reconnaître ses dispositions intérieures. Une fois muni de la dite permission, l'officier ministériel aura entrée dans la caserne pour saisir les effets mobiliers appartenant au gendarme débiteur, à l'exception toutefois de ceux déclarés insaisissables par l'art. 592 du Code de procédure. (*Circ. du 6 nov.* 1855.)

Toutefois, ces dispositions ne sauraient s'appliquer à la remise par les huissiers de simples citations ou significations quelconques, attendu que dans ce cas ils n'ont pas à instrumenter dans l'intérieur des casernes et qu'ils se bornent à remettre les actes dont ils sont porteurs, soit aux gendarmes eux-mêmes, soit au gendarme de planton ou au chef de brigade. (*Circ. du 16 déc.* 1880.) Il en est de même pour les facteurs chargés de présenter ou de recevoir des effets de commerce. (*Note du 25 juill.* 1879.)

ILLUMINATION.

Tout individu peut se refuser à illuminer la façade de sa maison, à l'occasion d'une fête publique, alors même que cela serait ordonné par les autorités locales.

La loi des 16–24 août 1790 (titre XI, art. 3, n° 1), en confiant à la vigilance de l'autorité municipale le soin de l'illumination dans les villes, n'entend parler que de l'éclairage ordinaire des rues pendant la nuit pour la sûreté publique ; l'illumination des maisons à l'occasion des fêtes publiques n'est point obligatoire, et l'arrêté d'un maire qui la prescrirait ne pourrait être exécuté forcément qu'autant qu'il rentrerait dans les cas de sûreté publique spécifiés par les lois des 24 août 1790 et 22 juillet 1791.

Ceux qui négligent d'éclairer les matériaux par eux déposés sur la voie publique, ou les excavations par eux faites dans les rues et places, peuvent être traduits devant le tribunal de simple police et condamnés à une amende de 1 fr. à 5 fr. (*Art 471 du Code pénal.*)

Les rapports ou procès-verbaux rédigés par la gendarmerie doivent être enregistrés en débet, visés pour timbre, et remis au juge de paix ou au commissaire de police.

Lors des fêtes et cérémonies publiques, les casernes de gendarmerie sont illuminées aux frais du département ou de la commune.

En cas de refus par les autorités administratives de pourvoir à cette dépense, le commandant de la gendarmerie, dans chaque localité. assure lui-même les moyens d'illumination de la caserne, et il en rend compte hiérarchiquement au commandant de la compagnie, en joignant à son rapport un bordereau de la dépense effectuée à cette occasion.

En pareil cas, une allocation extraordinaire sur le fonds d'entretien peut être accordée par le ministre, sur la demande du conseil d'administration. (*Art. 244 du règl. du 9 avril* 1858.)

Chaque année les conseils généraux votent habituellement des fonds pour cet objet.

IMPOTS DES PORTES ET FENÊTRES. — CONTRIBUTIONS PRESTATIONS.

1° *Impôts.* — *Portes et fenêtres.*

Ne sont pas soumis à la contribution des portes et fenêtres les bâtiments employés à un service public, civil, militaire ou d'instruction, ou aux hospices. Néanmoins, si les dits bâtiments sont occupés en partie par des citoyens auxquels la République ne doit point le logement, d'après les lois existantes, ces citoyens seront tenus à la dite contribution. pour les parties qu'ils occupent. (*Art. 5 de la loi du 4 frim. an* VII.)

La contribution des portes et fenêtres sera exigible contre les propriétaires et usufruitiers, fermiers et locataires principaux des maisons, bâtiments et usines, sauf leur recours contre les locataires particuliers pour le remboursement de la somme due à raison des locaux par eux occupés. (*Art.* 12 *de ladite loi.*)

2° *Contribution personnelle et mobilière:*

La contribution personnelle et mobilière est due par chaque habitant français et par chaque étranger de tout sexe jouissant de ses droits et non réputé indigent.

Les officiers de terre et de mer ayant des habitations particulières, soit pour eux, soit pour leur famille, les officiers sans troupe, officiers d'état-major, officiers de gendarmerie et de recrutement, les employés de la guerre et de la marine dans les garnisons et dans les ports, les préposés de l'administration des douanes sont imposables à la contribution personnelle et mobilière d'après le même mode et dans la même proportion que les autres contribuables.

Les fonctionnaires, les ecclésiastiques et les employés civils et militaires logés gratuitement dans les bâtiments appartenant à l'Etat, aux départements, aux arrondissements, aux communes ou aux hospices sont imposables d'après la valeur locative des parties de ces bâtiments affectées à leur habitation personnelle. (*Loi du* 21 *avril* 1832.)

Les fonctionnaires, et spécialement les officiers supérieurs, logés dans les bâtiments de l'Etat doivent être imposés à la contribution mobilière, même à raison des locaux qui peuvent être considérés comme appartements de réception, s'ils ne justifient pas que ces locaux ne servent point à leur habitation personnelle. (*Arrêt du Conseil d'Etat du* 28 *nov.* 1855.)

L'officier avec troupe qui occupe, dans la ville où il est en garnison, une habitation particulière n'est imposable à la contribution mobilière qu'autant que la valeur locative de cette habitation excède sensiblement celle des locaux qu'il aurait pu obtenir pour son logement dans les bâtiments de l'Etat. (*Conseil d'Etat,* 18 *fév.* 1854.)

Et il en est de même encore que le loyer de l'appartement occupé en ville dépasserait l'indemnité de logement allouée à l'officier. (*Conseil d'Etat,* 25 *mai* 1850.)

Mais, lorsque la valeur locative de cette habitation excède d'une manière sensible l'indemnité allouée par l'Etat, l'officier doit être considéré comme ayant en ville une habitation particulière, et payer la taxe mobilière, mais seulement sur le chiffre dont cette valeur locative excède son indemnité de logement (1). *Conseil d'Etat,* 31 *mai* 1854.)

3° *Prestations pour les chemins vicinaux.*

Les chemins vicinaux légalement reconnus, sauf ceux de grande communication, sont à la charge des communes. En cas d'insuffisance des ressources ordinaires, il est pourvu à l'entretien de ces chemins à l'aide, soit de prestations en nature, dont le maximum est fixé à trois journées

---

(1) L'indemnité de logement étant confondue avec la solde, c'est sur les retenues fixées par le décret du 25 décembre 1875 que doit être basé le chiffre de la contribution mobilière.

de travail, soit de centimes spéciaux en addition au principal des quatre contributions directes, et dont le maximum est de cinq.

Tout habitant, chef de famille ou d'établissement, à titre de propriétaire, de régisseur, de fermier ou de colon partiaire, porté au rôle des contributions directes, pourra être appelé à fournir, chaque année, une prestation de trois jours : 1° Pour sa personne et pour chaque individu mâle, valide, âgé de dix-huit ans au moins et de soixante ans au plus, membre ou serviteur de la famille et résidant dans la commune; 2° Pour chacune des charrettes ou voitures attelées, et, en outre, pour chacune des bêtes de somme, de trait, de selle, au service de la famille ou de l'établissement dans la commune.

La prestation est appréciée en argent conformément à la valeur qui est attribuée annuellement pour la commune à chaque espèce de journée, par le conseil général.

La prestation peut être acquittée en nature ou en argent au gré du contribuable. Toutes les fois que ce dernier n'a pas opté dans les délais prescrits, la prestation est de droit exigée en argent. (*Loi du 21 mai 1836.*)

La loi du 21 avril 1832 prescrivant de porter les officiers de gendarmerie au rôle des contributions directes, il en résulte qu'ils se trouvent sous l'application de l'art. 3 de la loi du 21 mai 1836 citée plus haut.

Par des arrêts en date des 18 juill. 1838, 18 avril 1845 et 29 juillet 1857, le Conseil d'État a rendu cette interprétation applicable aux officiers commandant l'artillerie d'une place de guerre, aux commandants de place, aux officiers de recrutement, etc.

Les sous-officiers, brigadiers et gendarmes ne sont pas soumis aux prestations tant qu'ils sont sous les drapeaux; mais une fois sortis du service ils tombent sous la loi commune.

INCENDIE.

L'art. 434 du Code pénal, suivant l'extension que lui a donnée la loi du 13 mai 1863, punit de peines diverses et différentes : l'incendie des wagons de chemins de fer, contenant des personnes ou des marchandises; les explosions de machines à vapeur, causées par malveillance; l'incendie des édifices, navires, magasins, chantiers, bois, récoltes, etc. — *S'y reporter au besoin.*

En cas d'incendie, les militaires de la gendarmerie se rendent sur les lieux au premier avis ou signal qui leur est donné, et préviennent, sans délai, le commandant de l'arrondissement.

Les officiers, et même les commandants de brigade, ordonnent et font exécuter toutes les mesures d'urgence; ils peuvent requérir le service personnel des habitants, qui sont tenus d'obtempérer sur-le-champ à leur sommation, et même de fournir les chevaux, voitures et tous autres objets nécessaires pour secourir les personnes et les propriétés; les procès-verbaux font mention des refus ou retards qu'ils éprouvent à cet égard. (*Art. 278 du décret du 1er mars 1854.*)

Lors d'un incendie, le commandant de la brigade prend, dès son arrivée, toutes les mesures possibles pour le combattre; il distribue ses gendarmes de manière qu'ils puissent empêcher le pillage des meubles et effets qu'ils font évacuer de la maison incendiée; il ne laisse circuler dans les maisons, greniers, caves et bâtiments que les personnes de la

maison et les ouvriers appelés pour éteindre ie feu; il protège l'évacuation des meubles et effets dans les dépôts qui ont été désignés par les
propriétaires ou intéressés. (*Art.* 279 *dudit décret.*)

Les sous-officiers, brigadiers ou gendarmes s'informent ensuite, auprès
des propriétaires et des voisins, des causes de l'incendie, s'il provient
du défaut d'entretien des cheminées, de la négligence ou de l'imprudence de quelques personnes de la maison qui auraient porté et laissé du
feu près des matières combustibles, ou d'autres causes qui peuvent faire
présumer qu'il y a eu malveillance. (*Art.* 280 *dudit décret.*)

Si les déclarations inculpent quelques particuliers, et s'ils sont sur les
lieux, le commandant de la brigade les fait venir sur-le-champ et les interroge; si leurs réponses donnent à croire qu'ils ont participé au crime
d'incendie, il s'assure de leur personne et attend l'arrivée de l'officier de
police judiciaire ou du commandant de l'arrondissement, auquel il remet
le procès-verbal qu'il a dressé de tous les renseignements parvenus à sa
connaissance, pour être pris ensuite telles mesures qu'il appartiendra.

Dans le cas d'absence du juge de paix et du commandant de l'arrondissement, les prévenus sont conduits devant le procureur de la République. (*Art.* 281 *dudit décret.*)

Les brigades qui se sont transportées sur les lieux où un incendie a
éclaté ne rentrent à la résidence qu'après l'extinction du feu et après
s'être assurées que leur présence n'est plus nécessaire pour la conservation des propriétés, pour le maintien de la tranquillité publique et pour
l'arrestation des délinquants. (*Art.* 282 *dudit décret.*)

Si l'on pense que l'incendie est le résultat de la malveillance, il faut en
constater les circonstances matérielles, recevoir les déclarations des propriétaires, locataires ou autres personnes habitant, même momentanément, la maison incendiée et celles voisines, et dire dans quelle partie
de la maison l'incendie s'est manifesté. Il convient de rechercher s'il est
l'effet d'un accident, du défaut de construction, de réparation, d'entretien ou de ramonage des cheminées, ou de l'imprudence commise en circulant avec une chandelle ou lampe, sans lanterne, avec du feu ou une
pipe allumée dans les écuries, greniers ou autres lieux renfermant des
matières combustibles. L'on devra rechercher s'il n'y a pas eu, antérieurement, des menaces d'incendie.

Il est essentiel de recueillir les matières présumées avoir servi à mettre
le feu, de les représenter à ceux qui pourraient les reconnaître pour
appartenir au prévenu, ou avoir été en sa possession, et de vérifier dans
son domicile s'il n'y en a pas de semblables.

Les incendies sont souvent un moyen de spéculation de la part d'individus qui font assurer leurs bâtiments, récoltes, mobilier, etc., pour une
somme supérieure à la valeur réelle de ces objets, et qui, ensuite, y mettent le feu, pour obtenir des compagnies des indemnités qui excèdent de
beaucoup la réparation du dommage. La gendarmerie doit donc porter
ses investigations sur ce fait punissable, s'assurer si l'incendié était
assuré, à quelle compagnie et pour quelle somme, si ses bâtiments, récoltes et autres objets n'avaient point été déclarés et assurés comme
ayant une valeur plus élevée que celle réelle. Elle doit, dans ses procès-
verbaux, faire connaître approximativement la valeur des objets incendiés; et, en cas de suspicion de fraude, rechercher, contre le propriétaire, les preuves du crime.

Quelles que puissent être les causes présumées de l'incendie, il faut toujours en rédiger procès-verbal, parce que c'est à l'autorité judiciaire seule qu'il appartient d'apprécier si ces causes peuvent être l'objet de poursuites.

Le fait d'incendier volontairement *sa propre maison*, lorsqu'elle n'était pas habitée ou ne servait pas à l'habitation, et qu'aucun préjudice n'a été causé à autrui, ne constitue ni crime ni délit. (*Cass., 23 sept. 1852 et 13 oct. 1853.*)

Mais l'incendie par un mari d'une maison appartenant à sa femme constitue le crime d'incendie de la maison d'autrui, dans le cas même où il a l'administration et la jouissance de cette propriété. (*Cass., 9 juill. 1868. — V. au* Formulaire *un modèle de procès-verbal.*)

Le fait de la volonté est un élément constitutif du *crime,* et l'auteur d'un incendie n'est passible de peines *criminelles* qu'autant que c'est volontairement qu'il a mis le feu et communiqué l'incendie. (*Cass., 13 juin 1850.*)

La circonstance d'*habitation* est constitutive du crime : il faut donc indiquer dans les procès-verbaux si les bâtiments incendiés étaient habités ou destinés à l'habitation. (*Cass., 28 mai 1852.*)

Récompenses.

Au sujet des récompenses accordées par les compagnies d'assurances, V. *Médailles.*

Objets requis. — Perte. — Détérioration.

Les frais relatifs aux incendies et les mesures prises par l'administration municipale pour leur extinction sont à la charge des communes, conformément à l'art. 4, § 2, de la loi du 11 frimaire an VII, l'art. 545 du Code civil et l'arrêt de la Cour de cassation du 15 janvier 1866. Par suite, les objets requis pour l'usage ci-dessus et qui ont été perdus ou détériorés doivent être remplacés ou remis en état sur les fonds communaux. (*Cass., 9 et 15 janv. 1866. — V. Refus de porter secours.*)

INDEMNITÉS.

1° POUR RÉSIDENCE DANS PARIS.

Officiers.

Il est alloué aux officiers stationnés dans l'enceinte des nouveaux forts de Paris une indemnité pour résidence dans Paris, dont la quotité est fixée par le tarif n° 42 annexé au décret du 25 décembre 1875. (*Décis. présid. des 8 mars et 12 avril 1877.*)

Cette indemnité est maintenue aux officiers pendant les deux premiers mois de leur absence, s'ils se déplacent pour le service, et durant un mois seulement. si l'absence est motivée par toute autre cause. (*Décret du 20 janv. 1880.*)

Sous-officiers, brigadiers et gendarmes.

L'indemnité de résidence dans Paris est allouée aux sous-officiers, brigadiers et gendarmes des compagnies de la *Seine,* de *Seine-et-Oise,* des résidences de *Melun, Fontainebleau, Chelles* (Seine-et-Marne) et dans toutes les localités comprises dans le périmètre des nouveaux forts. (*Art. 120 du décret du 18 fév. 1863, décis. présid. du 8 mars 1877, dépêche minist. du 14 mai 1877, et décis. minist. du 26 août 1878.*)

Cette indemnité n'est due que pour les journées de présence à la résidence et de service dans la circonscription de l'arrondissement. (*Art.* 124 *du décret précité du* 18 *fév.* 1863.)

Pour les hommes mariés détachés ou absents, V. à *Secours* la circulaire du 12 mars 1880.

2° EN RASSEMBLEMENT POUR RÉSIDENCE DANS CERTAINES VILLES.

Officiers.

L'indemnité en rassemblement due aux officiers dans les résidences ci-après est fixée par le tarif n° 43 annexé au décret du 25 décembre 1875, savoir :

N° 1 à *Lyon, Saumur* et *Fontainebleau* ; n° 2 au *Creusot*, à *St-Etienne, Marseille, Toulon* et *Bordeaux* ; n° 3 à *Blaye* ; n° 4 à *Belfort.* (*Décis. présid. des* 20 *mars* 1876 *et* 8 *mars* 1877.)

Le décret précité du 20 janvier 1880 est applicable à ces indemnités pour la durée des absences.

3° POUR RÉSIDENCE DANS CERTAINES LOCALITÉS (CHERTÉ DE VIVRES).

Sous-officiers, brigadiers et gendarmes.

Il est alloué aux sous-officiers, brigadiers et gendarmes en résidence à *Lyon* et *faubourgs, Marseille* et *faubourgs, Saint-Etienne* et *Toulon* une indemnité fixée par le tarif (tableau n° 10) du 22 février 1873.

La même indemnité a été accordée, en vertu de décisions ministérielles spéciales, aux brigades en résidence dans un certain nombre de localités, en raison de la cherté des vivres. (*Décis. des* 24 *juin et* 30 *sept.* 1861, *confirmées les* 18 *oct.* 1873 *et* 12 *mai* 1877 ; 14 *mai et* 15 *juin* 1864, *cette dernière confirmée le* 5 *fév.* 1879 ; 14 *avril et* 19 *déc.* 1874, 28 *juin* 1875, 1er *août* 1878, 28 *déc.* 1879, 2 *juill.* 1880 *et* 29 *janv.* 1883.)

La brigade de Belle-Île-en-Mer reçoit une indemnité journalière ainsi fixée : sous-officiers 0 fr. 08 cent., brigadiers et gendarmes 0 fr. 05 cent. (*Décis. du* 26 *mars* 1867.)

Cette indemnité n'est due aux sous-officiers, brigadiers et gendarmes que pour les journées de présence à la résidence et de service dans la circonscription de l'arrondissement. (*Art.* 125 *du décret du* 18 *fév.* 1863.)

Pour les hommes mariés détachés ou absents, V. à *Secours* la circulaire du 12 mars 1880.

4° AUX ADJOINTS AUX TRÉSORIERS.

En raison des fonctions spéciales qu'ils remplissent, les adjoints aux trésoriers reçoivent une indemnité déterminée par le tarif (tableau n° 11) du 22 février 1873.

L'allocation leur est continuée pendant la durée des absences qui n'exigent pas qu'ils soient remplacés dans leurs fonctions, et elle est due à l'intérimaire lorsqu'il en est désigné un. (*Art.* 127 *du décret du* 18 *fév.* 1863.)

5° POUR HAUTE PAYE.

Les règles d'allocation de la haute paye et le mode de [procéder dans le décompte des services donnant droit à cette allocation sont déterminés par le décret du 18 septembre 1875.

La première haute paye journalière d'ancienneté est acquise aux hommes de troupe qui servent en vertu d'une commission, dès qu'ils sont entrés dans leur sixième année de service.

Après dix ans de service, les sous-officiers, caporaux ou brigadiers et soldats rengagés ou commissionnés reçoivent la deuxième haute paye journalière. (*Art. 2 du décret précité.*)

Tout le temps passé dans l'armée active et dans la réserve de cette armée compte pour les droits à la haute paye, savoir :

Pour l'engagé volontaire, à partir de la date de l'acte d'engagement ;

Pour l'appelé ou le substituant, à dater du 1er juillet de l'année du tirage au sort, et, pour ceux des classes antérieures à 1867, à dater du 1er janvier de l'année du tirage au sort ;

Pour le commissionné, à partir de la date de la commission ;

Pour le remplaçant sous l'empire de l'ancienne loi, à partir de la date de l'acte de remplacement ;

Pour le gagiste, à partir du jour de son incorporation, sans tenir compte des services antérieurs à l'âge où la loi permet de contracter un engagement volontaire.

Militaires de la gendarmerie.

Les sous-officiers, brigadiers et gendarmes ont droit à une première et à une deuxième hautes payes d'ancienneté dans les conditions indiquées par le décret du 18 septembre 1875 pour les militaires français des autres corps de l'armée.

Après quinze ans de service, allocation leur est faite d'une troisième haute paye journalière d'ancienneté.

La quotité de ces trois hautes payes est fixée ainsi qu'il suit :

Tarif n° 4 annexé au décret du 18 septembre 1875.

Gendarmerie.
{
La 1re haute paye est de 0 fr. 30.
La 2e   —   de 0 fr. 50.
La 3e   —   de 0 fr. 60.
          et de 0 fr. 70 pour les sous-officiers après quinze ans de service. (*Déc. min. du 4 oct. 1881.*)
}

Les services donnant droit à la haute paye doivent être décomptés, pour les militaires de la gendarmerie, à partir de la date de la décision ministérielle portant nomination dans l'arme, bien qu'aucune allocation de haute paye ne puisse être faite entre cette date et celle à laquelle les militaires entrent en solde. Les remplaçants sont traités comme les autres militaires. (*Circ. du 17 janv. 1877 et du 28 fév. 1878. —* V. *le Recueil.*)

6° POUR SERVICE EXTRAORDINAIRE.

L'indemnité de service extraordinaire fixée par le tarif n° 14 annexé à la décision présidentielle du 22 février 1873 ne se cumule ni avec la solde de détachement en route, ni avec l'indemnité de route, ni avec les prestations sur le pied de guerre, ni avec les indemnités payées sur les fonds de la justice civile.

Les militaires en service extraordinaire ont droit au logement pour eux et pour leurs chevaux. (*Art. 131 du décret du 18 fév. 1863.*)

L'indemnité de service extraordinaire est due pour toutes les journées de déplacement, à compter du jour du départ de la résidence ou du lendemain de la cessation du droit à l'indemnité ou à la solde de route, jusqu'au jour inclus du retour à la résidence, ou jusqu'au jour exclus de la rentrée en jouissance de la solde ou de l'indemnité de route, sauf les exceptions indiquées ci-après. (*Art.* 133 *du même décret.*)

L'indemnité de service extraordinaire est due pour les causes suivantes :

1° *Officiers, sous-officiers, brigadiers et gendarmes.*

— Transport hors de la résidence en vertu de commissions rogatoires ou d'actes extra-judiciaires ;

Le service fait en vertu des art. 238 et suivants du décret du 1er mars 1854 par les officiers de gendarmerie, en qualité d'officiers de police judiciaire auxiliaires du procureur de la République, conformément aux art. 48 et 49 du Code d'instruction criminelle, ne donne lieu à aucune indemnité, parce que c'est un service ordinaire. Mais lorsque le déplacement des officiers a lieu en vertu d'une commission rogatoire ou par suite d'une réquisition émanant d'une autorité à laquelle la loi accorde ce droit, l'indemnité est due, parce que, dans ce dernier cas, le service s'effectue en vertu d'un acte extra-judiciaire, l'officier a agi hors des formes de la procédure, et les faits qui ont motivé la réquisition ne tiennent pas nécessairement à des procès actuels ou à des informations qu'il devait faire spontanément sous peine de manquer à ses devoirs, dans le cas où il en eût été prévenu.

— Commandement ou surveillance des dépôts de prisonniers de guerre hors de la résidence ;

— Remplacements provisoires ordonnés pendant les vacances d'emploi d'officiers ou de sous-officiers, lorsqu'il en résulte un déplacement ;

— Service dans les postes provisoires ou aux forces supplétives ;

Dans ces deux derniers cas, l'indemnité n'est allouée que pendant les trois premiers mois, à moins d'une autorisation spéciale du ministre (*Art.* 135 *du décret précité.*)

— Garde et police des dépôts et ateliers de condamnés civils ou militaires ;

L'indemnité ne peut être continuée au delà d'une année, à moins d'une décision spéciale du ministre. (*Art.* 136 *du décret précité.*)

— Détachement extraordinaire en station permanente à l'intérieur ;

L'indemnité n'est allouée que pendant trois mois.

En Corse, les forces supplétives étant permanentes, les militaires qui en font partie n'ont droit à l'indemnité de déplacement que pendant la durée des missions hors de leur résidence habituelle. (*Art.* 137 *du décret précité.*)

— Déplacements extraordinaires exécutés en vertu de réquisitions. (*Circ. min. du 23 mai 1867, et lettre min. du 25 janv. 1881 à l'intendant milit. du 2ᵉ corps d'armée.*)

2° *Sous-officiers, brigadiers et gendarmes.*

— Tout déplacement qui les retient plus de douze heures consécutives hors de leur résidence, sans qu'il soit possible d'y rentrer momentanément, et à condition d'en justifier par un certificat (modèle n° 7 du cahier des modèles annexé au décret précité) constatant : 1° le temps nécessaire pour effectuer le trajet (une heure par quatre kilomètres pour les hommes à pied ; trois quarts d'heure pour les hommes à cheval) ou le temps réel si le parcours a lieu par les voies ferrées ou les voitures publiques ; 2° le temps nécessaire à l'accomplissement de la mission. Ces certificats sont vérifiés par le commandant d'arrondissement et approuvés par le commandant de compagnie. (*Art.* 396 *du décret précité.*)

Pour les services qui retiennent les sous-officiers, brigadiers et gendarmes plus de douze heures hors de leur résidence, il n'est alloué qu'une seule journée d'indemnité si l'absence ne se prolonge pas au delà de vingt-quatre heures. Une nouvelle journée d'indemnité est due pour toute période ou fraction de période de vingt-quatre heures en sus de la première. (*Art.* 134 *du décret précité.*)

Pour les déplacements motivés par les revues annuelles des chefs de légion et des inspecteurs généraux, l'indemnité n'est due que pour quarante-huit heures (*art.* 141 *du décret précité*), à moins de circonstances particulières justificatives. (*Circ. min. du 5 mai* 1867.)

3° *Officiers seuls.*

— Service hors de la circonscription de leur commandement ;

L'officier détaché qui remplit les fonctions du grade supérieur ne reçoit que l'indemnité du grade dont il est titulaire. (*Art.* 139 *du décret précité.*)

— Présence près des conseils de recrutement et de révision, lorsque les opérations se font hors de leur résidence ;

L'indemnité allouée est de 6 fr. 50. (*Décis. présid. du* 10 *déc.* 1879, *notifiée par une circ. du* 16 *du même mois.*)

— Transport hors de la résidence avec un médecin pour voir un jeune soldat malade n'ayant pu se présenter devant le conseil de révision ;

L'indemnité est fixée par le tableau n° 14 des tarifs du 22 février 1873. (*Lettre min. du* 27 *août* 1881.) — Savoir :

Taux de l'indemnité.

Colonel ou lieutenant-colonel chef de légion	5 f. » c.
Chef d'escadron	4 »
Capitaine......................................	3 »
Lieutenant et sous-lieutenant...................	2 50
Adjudant......................................	1 50
Mar. des logis chef, maréchal des logis et fourrier..	1 25
Brigadier et gendarme.	1 »

L'indemnité de service extraordinaire est remplacée, dans les deux cas précédents, par une indemnité de 15 fr. par jour, toutes les fois que les officiers sont appelés hors de la circonscription de leur commandement par un service spécial de recrutement. Cette allocation est régularisée par les préfets. (*Art.* 132 *du décret du* 18 *fév.* 1863, *et lettre minist. du* 14 *fév.* 1878 *à l'intendant militaire du gouvernement de Paris.*)

7° POUR VISITES INOPINÉES DES BRIGADES ET POUR REMPLACEMENT AU CONSEIL D'ADMINISTRATION.

— Visite inopinée des brigades externes dans les circonstances prévues par l'art. 55 du règlement sur le service intérieur, lorsque ces brigades sont éloignées de plus d'un myriamètre ;

Ces déplacements ne donnent droit à une indemnité qu'autant qu'ils ont été ordonnés ou approuvés dans la forme indiquée à l'art. 397 du décret du 18 février 1863, soit par le chef de légion, si la visite a été faite par le commandant de compagnie, soit par ce dernier, si elle a été faite par un commandant d'arrondissement. (*Art. 132 du décret précité.*)

— Visite inopinée d'un point de correspondance ou d'un point de jonction de nuit situé au delà d'un myriamètre (*Circ. min. du 2 avril* 1865 *et du* 1ᵉʳ *oct.* 1877);

— Visite inopinée des magasins à fourrages, lorsque les brigades visitées sont éloignées de plus d'un myriamètre. (*Circ. min. du 2 avril* 1863 *et du* 1ᵉʳ *oct.* 1877.)

Dans les trois cas précédents, l'officier a droit à une indemnité de service extraordinaire pour chaque journée de déplacement, ainsi qu'à une indemnité supplémentaire pour chaque distance de quarante kilomètres ou fraction de quarante kilomètres parcourue en sus des quatre premiers myriamètres, sans préjudice d'une indemnité de retour. (*Circ. min. du* 1ᵉʳ *oct.* 1877.)

Tableau de décompte des indemnités.

VISITES INOPINÉES et remplacement d'un membre du conseil d'administration.	OFFICIER 'rentrant à sa résidence.	INDEMNITÉ due pour chaque journée de déplacement.	INDEMNITÉS supplémentaires dues pour la distance (aller et retour).	TOTAL.
Brigade ou point situé à une distance de plus de 10 kilom. ou égale à 40 kilom....	Le jour même... Le 2ᵉ jour....... Le 3ᵉ jour	1 2 3	Néant. Id. Id.	1 2 3
Brigade ou point situé à une distance de plus de 40 kilom. ou égale à 80 kilom ...	Le jour même... Le 2ᵉ jour....... Le 3ᵉ jour ...... Le 4ᵉ jour.......	1 2 3 4	2 2 2 2	3 4 5 6
Brigade ou point situé à une distance de plus de 80 kilom. ou égale à 120 kilom...	Le jour même... Le 2ᵉ jour....... Le 3ᵉ jour ...... Le 4ᵉ jour	1 2 3 4	4 4 4 4	5 6 7 8
Brigade ou point situé à une distance de plus de 120 kilom. ou égale à 160 kilom...	Le jour même... Le 2ᵉ jour....... Le 3ᵉ jour:...... Le 4ᵉ jour.......	1 2 3 4	6 6 6 6	7 8 9 10

et ainsi de suite pour chaque distance de quarante kilomètres ou fraction de quarante kilomètres parcourue en sus de la précédente.

Le décompte du droit acquis est toujours établi suivant les distances kilométriques calculées sur les routes ordinaires. (*Même circ.*)

Contrairement à l'art. 138 du décret du 18 février 1863, les dispositions qui précèdent sont applicables aux officiers de la gendarmerie d'Afrique lorsqu'ils font les visites inopinées qui ont été substituées à l'une de leurs tournées. (*Décis. présid. du 15 mars 1875.*)

Le sous-officier qui commande intérimairement ou provisoirement un arrondissement a droit aux indemnités décomptées d'après les règles ci-dessus ; mais le taux de l'indemnité est celui de son grade, conformément au tarif n° 14 du 22 février 1873. (*Art. 139 du décret du 18 fév. 1863.*)

La justification des visites inopinées faites en remplacement de tournées a lieu suivant les mêmes formes que pour les services extraordinaires.

8° JOURNALIÈRE AU TIRAGE AU SORT, AU CONSEIL DE RÉVISION ET PRÈS DES COMMISSIONS DE RECENSEMENT DES CHEVAUX.

Les sous-officiers, brigadiers et gendarmes accompagnant les commissions de classement des chevaux, ou faisant le service d'ordre près des conseils de recrutement ou de révision, ont droit, hors de leur résidence, sur les fonds de l'indemnité de route, à une indemnité journalière ainsi fixée par la décision présidentielle du 1er août 1879 notifiée le 13 :

Adjudants, 5 fr.; autres sous-officiers, 3 fr. 50; brigadiers et gendarmes, 2 fr. 50.

Les payements sont effectués aux intéressés par les soins des fonctionnaires de l'intendance, au moyen d'un certificat de service extraordinaire portant en tête la mention : « Pour servir de feuille de route », visé, suivant le cas, par le président de la commission, le préfet ou le sous-préfet, et mandaté ensuite au nom des parties prenantes par le sous-intendant chargé du service de marche.

C'est le mode adopté par un certain nombre de compagnies comme le plus simple, le plus prompt et occasionnant le moins d'écritures.

Le sous-officier qui remplace un commandant d'arrondissement pour le service du tirage au sort et de la révision reçoit la même indemnité que le titulaire (6 fr. 50), indépendamment de l'indemnité de service extraordinaire de son grade s'il est détaché de sa résidence. (*Lettre du 9 juill. 1881.*) — Pour les officiers, voir à la page 350.

9° AUX MILITAIRES FAISANT PARTIE DES FORCES PUBLIQUES PENDANT LES MANŒUVRES D'ENSEMBLE.

Les officiers, sous-officiers, brigadiers et gendarmes faisant partie des prévôtés constituées pour la durée des manœuvres reçoivent la solde en station et l'indemnité en marche prévue par le tableau n° 29 (1) du décret du 25 décembre 1875. (*Instr. du 25 avril 1880.*)

Les officiers de gendarmerie qui font partie des commissions chargées de régler les indemnités à allouer à la suite des manœuvres ont droit à 6 fr. par jour, indépendamment de l'indemnité fixée par le tableau n° 29 précité. (*Circ. du 8 juin 1832.*)

---

(1) Ce tableau se trouve à la page 43 du tarif de la gendarmerie.

Une indemnité de 4 fr., pour frais de médicaments et de ferrure pendant les manœuvres, est allouée sur la masse d'entretien et de remonte aux sous-officiers, brigadiers et gendarmes à cheval. (*Même circ.*) La même indemnité est accordée aux gendarmes détachés en Tunisie. (*Note minist. du 3 avril* 1882.)

Les sous-officiers, brigadiers et gendarmes reçoivent en outre, à titre gratuit, le pain, une demi-ration de sucre et de café, et les rations extraordinaires de liquides qui peuvent être allouées aux hommes de troupe. Ces dernières sont touchées, soit en nature, soit sous la forme d'indemnité représentative. (*Instr. du 25 avril* 1880.)

La circulaire ministérielle du 12 mars 1880, qui confère aux chefs de légion le droit d'accorder sur la masse de secours aux sous-officiers, brigadiers et gendarmes *mariés* appartenant à des brigades auxquelles l'indemnité de résidence est allouée, et qui en sont détachés momentanément, une allocation égale aux sommes qu'ils auraient perçues s'ils n'avaient pas été déplacés, est applicable aux militaires qui font partie des forces publiques pendant les manœuvres d'ensemble.

10° POUR ESCORTE DE PRISONNIERS.

1° *Hors du département.*

Toutes les fois que des sous-officiers, brigadiers et gendarmes sortent de leur département pour escorter, en vertu de réquisitions ou d'ordres spéciaux, des prisonniers civils ou militaires, il leur est accordé, pour l'aller, une indemnité journalière de déplacement fixée à 6 fr. pour les sous-officiers, 5 fr. pour les brigadiers, 4 fr. pour les gendarmes.

Cette indemnité, destinée à faire face aux dépenses personnelles de nourriture, de séjour et de découcher des militaires d'escorte, est due pour le nombre de jours réellement employés à l'escorte, y compris les séjours. Elle se décompte par journée de vingt-quatre heures.

En outre, pour l'aller, les militaires de l'escorte sont transportés gratuitement, et, pour leur séjour, ils ont droit au logement, conformément à l'art. 11 de l'instruction générale du 30 sept. 1872 sur les frais de justice.

Pour le retour, ils sont traités comme les militaires isolés. (*Art.* 314 *du décret du 18 fév.* 1863.) Il leur est donc alloué une *indemnité kilométrique* et une *indemnité journalière* fixées d'après le tarif inséré plus loin à la page 372.

Lorsque le parcours a lieu sur les voies ferrées où les militaires payent demi-place, le taux de l'indemnité kilométrique est double, et quadruple s'ils payent le prix du tarif. (*Décret du 19 mai* 1869.)

A moins d'ordre spécial ou lorsqu'ils vont en témoignage, les gendarmes isolés n'ont droit qu'à l'indemnité journalière lorsqu'ils voyagent par terre.

Lorsqu'il s'agit d'un prisonnier civil, l'indemnité journalière de déplacement (de 6, 5 ou 4 fr.) est payée par le receveur de l'enregistrement, sur présentation d'un mémoire conforme au modèle n° 58 du décret du 18 février 1863. Ce mémoire comprend en outre les dépenses de frais de voiture et de nourriture et autres pour les prisonniers. (*Art.* 317 *du décret du 18 fév.* 1863.)

S'il s'agit d'un prisonnier militaire, l'indemnité journalière ci-dessus est payée aux intéressés, par les soins du trésorier, avec la solde du mois courant.

Dans les deux cas, l'indemnité kilométrique et l'indemnité journalière dues pour le retour sont ordonnancées par le sous-intendant militaire.

S'il s'agit d'un individu prévenu seulement de fraude en matière de régie, c'est l'administration des contributions indirectes qui est chargée du payement des frais.

Les militaires de la gendarmerie chargés d'escorter des prisonniers de Marseille en Corse ou en Algérie, et *vice versa*, reçoivent : 1° pendant la traversée, les vivres de bord et la moitié de l'indemnité journalière de déplacement; 2° pour les séjours forcés à terre, même après la remise des prisonniers, l'indemnité entière. Il leur est fait sur ces indemnités une retenue de 1 fr. par jour au profit de leur masse, si elle est incomplète ou en débet. (*Art.* 315 *du décret du* 18 *fév.* 1863.)

Un officier de gendarmerie chargé d'une escorte ou du commandement d'une escorte de prisonniers hors de son département est remboursé de ses frais de nourriture pour l'aller, et, s'il y a lieu, de ses frais de séjour, sur la production d'un mémoire visé par les autorités qui doivent assurer le remboursement des dépenses.

Pour le retour, il a droit seulement aux indemnités de transport et de route. (*Art.* 318 *du même décret.*)

2° *Dans le département.*

Les sous-officiers, brigadiers et gendarmes chargés de la conduite extraordinaire de prisonniers civils ou militaires dans la circonscription de leur département, et rentrant dans la même journée, ont droit au transport gratuit pour l'aller et à une double indemnité de service extra-ordinaire (*tarif* n° 14 *du* 22 *fév.* 1873) destinée à les couvrir de leurs frais de nourriture et de retour à leur résidence.

Quant aux escortes qui tiennent les gendarmes éloignés de leur brigade pendant plus d'une journée, elles donnent droit à autant d'indemnités que leur déplacement comporte de journées d'absence. (*Circ. minist. des* 23 *mai et* 15 *juill.* 1867.)

Les dépenses sont justifiées, pour les escortes de prisonniers militaires, par la production d'un certificat de service extraordinaire, et, pour les escortes de prisonniers civils, par la présentation au receveur de l'enregistrement du mémoire n° 58 *bis* (papier bleu), dont l'établissement a été prescrit par la circulaire du 23 mai 1867.

11° POUR ESCORTE DE POUDRES.

Le règlement du 30 mars 1877, pour le transport des poudres et des munitions, et celui du 30 janvier 1879, pour le transport de la dynamite, n'admettent plus d'autre escorte pour ces matières que celle qui est chargée de les accompagner jusqu'à la gare expéditrice, et qui est tenue en outre de les garder jusqu'au départ du train qui doit les emmener. L'escorte *en cours de route* sur les voies de fer est supprimée.

Il n'existe donc plus, pour le transport des poudres, des munitions et de la dynamite, que des escortes par voie de terre.

Ces escortes confèrent aux militaires de la gendarmerie le droit à l'indemnité journalière fixée par le tarif n° 1 du règlement du 12 juin 1867, modifié par le décret du 12 octobre 1871 et par l'art. 31 du décret du

25 décembre 1875 (V. *page* 372), à la condition que le service fait a occasionné une absence de douze heures au moins hors de la résidence, tant pour le trajet que pour la garde du convoi de poudre dans les gares. (*Circ. minist. du* 17 *sept.* 1875.) Cette indemnité journalière exclut l'indemnité de service extraordinaire.

12° AUX MILITAIRES APPELÉS EN TÉMOIGNAGE.

Les militaires de la gendarmerie appelés en témoignage devant les tribunaux civils, soit dans le lieu de leur résidence, soit dans un rayon de dix kilomètres au plus de leur résidence, ont droit seulement à la taxe de comparution accordée aux témoins ordinaires sur les frais de justice par l'art. 27 du décret du 18 juin 1811. Cette taxe leur est payée par les soins de l'autorité judiciaire.

Au delà de cette distance, ils reçoivent l'indemnité kilométrique pour chaque kilomètre parcouru, ainsi que l'indemnité journalière (*tarif n° 1 cité plus haut*) pour chaque journée de route et de séjour. Lorsque le trajet pour l'aller et le retour ne peut s'effectuer par les voies ferrées, l'indemnité kilométrique en diligence leur est allouée. (*Circ. minist. du* 11 *déc.* 1874.) Dans ce dernier cas, le décret du 9 janvier 1878, qui n'alloue aucune indemnité aux militaires isolés voyageant sur les routes ordinaires et n'ayant que vingt-quatre kilomètres à parcourir par voie de terre, n'est pas applicable aux militaires de la gendarmerie appelés en témoignage devant les tribunaux civils. (*Circ. min. du* 26 *août* 1878.)

Lorsque les indemnités kilométrique et journalière sont dues, le paiement de ces indemnités pour l'aller doit toujours être mentionné sur la cédule ou sur l'ordre de convocation, afin que les parquets en soient informés.

Les dispositions qui précèdent sont applicables à la gendarmerie d'Afrique, pour laquelle il n'a été fait aucune exception.

Elles ont été également admises par le ministre de la marine, en vertu d'une décision spéciale du 4 juillet 1877.

13° POUR FRAIS DE SERVICE.

Les chefs de légion ont droit à une indemnité pour frais de service, dont la quotité annuelle est fixée par le tarif n° 15 faisant suite au décret du 25 décembre 1875, savoir (déduction faite de la somme de 40 fr., montant de l'abonnement au *Journal officiel*) :

Colonel ou lieutenant-colonel chef d'une légion départementale. 1,170 f.
Colonel chef de la légion de la garde républicaine 4,212

Le chef d'escadron commandant le bataillon de gendarmerie mobile reçoit également une indemnité annuelle de frais de service de 1,170 fr. (*Décis. présid. du* 13 *déc.* 1879.)

L'indemnité pour frais de service est due à ces officiers lorsqu'ils commandent une portion quelconque de leur corps. Elle leur est allouée pour tout le temps de leur présence; en cas d'absence, pendant les deux premiers mois de leur absence, si le déplacement est occasionné par le service, et pendant un mois seulement, s'il est motivé par toute autre

26

cause ; mais le rappel n'est fait qu'au retour des ayants-droit. (*Décret du 20 janv.* 1880.) Aucune indemnité n'étant payée pendant ce temps à l'intérimaire, le titulaire demeure chargé des dépenses de son bureau. (*Rapport au Président de la République, du 20 janv.* 1880.)

En principe, l'indemnité attachée à un emploi est acquise en totalité à l'officier chargé de remplir cet emploi, soit comme titulaire, soit comme intérimaire, quel que soit son grade. Dans le cas où le titulaire a conservé la jouissance de l'indemnité pendant un ou deux mois d'absence, elle n'est due à l'intérimaire qu'à l'expiration de ce délai. (*Décret du 20 janv.* 1880.)

Passé ce délai de deux mois ou d'un mois, selon le cas, l'intérimaire reçoit la totalité de l'indemnité depuis le jour du départ du titulaire, si ce dernier ne rentre pas à son poste. (*Rapport au Présid., du 20 janv.* 1880.)

La base des droits d'un officier absent à l'allocation de l'indemnité de frais de service est *la position initiale,* c'est-à-dire que, s'il quitte son poste pour l'exécution d'un service ou en vertu d'une mission, l'indemnité lui est due pour deux mois, quand bien même, avant l'expiration de ces deux mois, il entrerait à l'hôpital ou obtiendrait un congé, sous la réserve, bien entendu, qu'il rentrera à son poste. Au contraire, s'il interrompt un congé ou sort de l'hôpital pour remplir une mission avant de rentrer à son poste, il n'aura droit à l'indemnité que pendant un mois à compter du jour où il a quitté son poste. (*Circ. minist. du 28 août* 1880.)

L'officier remplissant, à quelque titre que ce soit, plusieurs fonctions distinctes, cumule les indemnités pour frais de service affectées à ces fonctions. Toutefois, si les fonctions exercées par intérim sont celles d'officiers généraux ou assimilés, de colonels ou lieutenants-colonels chefs de corps, l'officier reçoit l'indemnité pour frais de service la plus élevée et seulement le cinquième des autres. (*Décret du 20 janv.* 1880.)

L'indemnité de frais de service se cumule avec l'indemnité de route. (*Circ. min. précitée du 28 août* 1880.)

14° POUR FRAIS DE BUREAU.

Le taux de ces diverses indemnités a été fixé par le tableau n° 15 annexé au décret du 25 décembre 1875, sauf les exceptions ci-après ·

Bataillon de gendarmerie mobile. (*Décis. du* 13 *déc.* 1879.)

Capitaine-major, par an..........................	252 fr.	»
Trésorier.......................................	1.692	»
Officier d'habillement...........................	352	80

Garde républicaine. (*Décis. du* 18 *mai* 1882.)

Chef d'escadron-major...........................	1.008 fr.	»
Capitaine-trésorier..............................	6.120	»
Capitaine d'habillement..........................	810	»

Gendarmerie départementale et légion d'Afrique. (*Décis. du* 28 *déc.* 1879.)

Chef d'escadron commandant la compagnie de la Seine, par an. 666 fr.
Chef d'escadron commandant une compagnie départementale.. 216
Commandant d'arrondissement.......................... 72
Chef de brigade commandant une brigade dans Paris........ 54
Chef de brigade commandant une brigade hors de Paris....... 36

Gendarmerie coloniale. (*Décis. du* 26 *août* 1880.)

Commandant de compagnie........................ 302 fr. 40
Officier comm. de détachem. s'administrant séparément. 604 80
Trésorier................................ 1.836 »
Commandant d'arrondissement.................. 180 »
Sous-officier commandant de détachement. 302 40
Commandant de brigade...................... 50 40

Gendarmerie maritime.

Les officiers et les chefs de brigade ont la même indemnité que leurs collègues des départements, mais les gendarmes détachés isolément n'y ont pas droit.

L'indemnité de frais de bureau est allouée aux intérimaires pendant les vacances d'emploi. (*Art.* 171 *du décret du* 18 *fév.* 1863.)

L'officier ou le commandant de brigade passant d'une résidence à une autre n'a pas droit à cette indemnité pour le temps de la route. (*Art.* 165 *du même décret.*)

Les officiers et les commandants de brigade ont la faculté de conserver l'indemnité de frais de bureau pendant leurs absences légales, à la charge pour eux de pourvoir aux dépenses de leur bureau. (*Art.* 171 *du même décret.*)

En cas de décès ou de changement de destination d'un trésorier, le nouveau titulaire doit tenir compte à son prédécesseur ou à sa succession de la valeur des registres, eu égard à la durée qu'ils ont encore à parcourir, ainsi que la valeur des imprimés réglementaires qui lui sont cédés. — Les mêmes dispositions sont applicables aux commandants de compagnie, d'arrondissement et de brigade, pour les registres, le matériel et les fournitures de bureau à leur charge. (*Art.* 167 *du même décret.*)

15° POUR HAUTE PAYE SPÉCIALE AUX CLAIRONS ET TROMPETTES.

Il est accordé au maréchal des logis chef clairon, au maréchal des logis trompette, aux brigadiers clairons ou brigadiers trompettes, et aux clairons ou trompettes de la garde républicaine et du bataillon mobile une indemnité spéciale et journalière, fixée ainsi qu'il suit par le tarif n° 13 du 22 février 1873 et la décision présidentielle du 5 avril 1881 :

Maréchal des logis chef clairon.................. ⎫ 0 fr. 21.91
Maréchal des logis trompette................... ⎬
Brigadier trompette ou clairon................. 0   16.43
Clairon ou trompette. 0   13.69

16° DE PRÉVÔTÉ.

Le grand-prévôt d'une armée et les prévôts des corps d'armée reçoivent une indemnité spéciale fixée par le tarif annexé au décret du 22 février 1873, substitué à celui du 18 février 1863 (tableau n° 18).

Le capitaine (1) greffier du grand-prévôt et les sous-officiers greffiers des prévôts reçoivent pour ces fonctions des indemnités fixées par le même tarif.

Les frais de greffe sont à la charge du grand-prévôt et des prévôts. (*Art.* 170 *du décret du* 18 *fév.* 1863.)

L'indemnité spéciale de prévôté est allouée aux intérimaires pendant les vacances d'emploi. (*Art.* 171 *du même décret.*)

17° EN REMPLACEMENT DE VIVRES.

Des indemnités en remplacement de vivres peuvent être accordées aux troupes.

Ces indemnités sont dues aux militaires de la gendarmerie dans les positions où ils ont droit aux distributions en nature qu'elles représentent. (*Art.* 172 *du décret du* 18 *fév.* 1863.)

Hors le cas de force majeure, aucune indemnité en remplacement de vivres ne doit être allouée sans une décision spéciale du ministre de la guerre. (*Art.* 173 *du même décret.*)

18° EN REMPLACEMENT DE PAIN AUX ENFANTS DE TROUPE.

Les enfants de troupe de la gendarmerie âgés de moins de dix ans, qui sont laissés chez leurs parents, ont droit à l'indemnité représentative de pain, fixée à 15 centimes par jour. (*Art.* 174 *du décret du* 18 *fév.* 1863.) Cette indemnité n'est pas allouée aux enfants de troupe des autres armes.

19° EN REMPLACEMENT DE VIANDE AUX ENFANTS DE TROUPE.

Les enfants de troupe de la gendarmerie ont droit à l'indemnité journalière représentative de viande. (*Circ. minist. du* 12 *fév.* 1876.)

Cette disposition est applicable aux enfants laissés chez leurs parents et à ceux qui, étant en subsistance dans un corps de troupe, peuvent se trouver quoique présents dans une position qui ne leur permette pas de participer aux distributions en nature ; mais le bénéfice ne saurait en être conservé à ces enfants lorsqu'ils entrent en position d'absence. (*Lettre minist. du* 27 *août* 1878 à *l'intendant du* 13ᵉ *corps d'armée.*)

Les enfants de troupe qui ont obtenu une portion de bourse dans les collèges de l'État n'ont pas droit à l'indemnité représentative de viande. (*Circ. minist. du* 7 *oct.* 1879.)

Les tarifs des indemnités représentatives de viande à allouer aux troupes sont fixés chaque semestre par le ministre. (*Circ. minist. du* 13 *nov.* 1880.)

20° DE VIN OU D'EAU-DE-VIE A TITRE HYGIÉNIQUE.

Pendant les chaleurs, des allocations de vin ou d'eau-de-vie à titre hygiénique sont accordées aux militaires de la gendarmerie, toutes les fois

(1) Le greffier du grand-prévôt est indiqué au tarif comme étant du grade de lieutenant.

qu'elles sont faites aux troupes de la région. Ces allocations sont dues pour tout sous-officier, brigadier, gendarme ou enfant de troupe présent au corps ou à la compagnie.

Les militaires de la gendarmerie se procurent eux-mêmes ces liquides au moyen de l'indemnité représentative de vin ou d'eau-de-vie, dont le taux est fixé chaque année par le ministre pour chaque département. (*Art.* 340 *du décret du 18 fév.* 1863.)

21° POUR LA FÊTE NATIONALE.

Une indemnité est allouée aux troupes à l'occasion de la fête nationale. Elle est accordée aux sous-officiers, caporaux, brigadiers et soldats présents sous les armes; les enfants de troupe y participent. (*Décret du 25 déc.* 1875.)

Les tarifs annexés à ce décret ne faisant pas mention de la gendarmerie, le taux de l'indemnité a été déterminé pour les militaires de cette arme aux chiffres ci-après par la circulaire du 1er juillet 1880 et la lettre collective du 5 juillet 1881 :

Adjudant..	4 fr.	50
Sous-officier...................................	3	50
Brigadier, gendarme et élève-gendarme........	2	50
Enfant de troupe..............................	»	30

Indépendamment de ces allocations, l'indemnité représentative d'une ration de vin a été attribuée, en 1880 et 1881, à ces militaires, en vertu des mêmes dispositions.

Conformément à l'art. 341 du décret du 18 février 1863, modifié en ce qui concerne l'âge par la décision ministérielle du 17 août 1878, les enfants de troupe au-dessous de quinze ans n'y ont pas participé.

22° AUX FAMILLES DES SOUS-OFFICIERS, BRIGADIERS ET GENDARMES APPELÉS AUX ARMÉES.

En temps de guerre, les familles des sous-officiers, brigadiers et gendarmes mariés, ou veufs avec enfants, qui sont appelés hors de leur résidence pour faire partie des forces publiques aux armées reçoivent une indemnité spéciale de 1 fr. par jour imputée sur les fonds de la masse de secours. (*Décret du 24 juill.* 1875.)

23° POUR PERTE DE CHEVAUX ET D'EFFETS AUX ARMÉES.

1° *Pertes de chevaux.*

Les officiers supérieurs de gendarmerie qui ont été faits prisonniers de guerre autrement que par capitulation, ou qui ont eu des chevaux tués dans une action, reçoivent des indemnités déterminées par le tableau n° 19 du tarif du 22 février 1873. (*Art.* 175 *du décret du 18 fév.* 1863.)

Le sous-officier, brigadier et gendarme prisonnier de guerre à quelque titre que ce soit, ou qui a perdu son cheval dans une action, reçoit une indemnité égale au prix d'achat, si le cheval a été admis depuis moins de trois ans ; passé ce terme, cette indemnité est fixée au prix d'estimation du cheval à l'époque de la dernière inspection générale, si toutefois cette somme n'excède pas le prix d'acquisition. (*Art.* 176 *du même décret, modifié par le décret du* 21 *avril* 1882.)

2° *Pertes d'effets.*

L'indemnité pour pertes d'effets aux armées est due (*tab.* n° 19 *précité*) :

Aux officiers qui, ayant été faits prisonniers de guerre autrement que par capitulation, et étant de retour des prisons de l'ennemi, reçoivent l'ordre de rentrer immédiatement en campagne ;

Aux sous-officiers, brigadiers et gendarmes, quel qu'ait été le motif de leur captivité, et quelque destination qu'ils reçoivent à leur retour en France. (*Art.* 177 *et* 178 *du même décret.*)

3° *Pertes accidentelles de chevaux et d'effets.*

Les pertes de chevaux et d'effets éprouvées aux armées par les officiers, sous-officiers, brigadiers et gendarmes, dans d'autres circonstances dérivant d'un service commandé, et par suite d'événements de force majeure dûment constatés, ouvrent le droit à une indemnité qui est fixée par le ministre de la guerre. (*Art.* 179 *du même décret.*)

Justification des pertes aux armées.

Les indemnités pour pertes aux armées ne sont accordées qu'en vertu d'une décision spéciale du ministre, rendue sur des rapports motivés que doivent accompagner des pièces justificatives énumérées à l'art. 180 du décret du 18 février 1863.

24° POUR PERTE DE CHEVAUX ET D'EFFETS DANS L'INTÉRIEUR.

1° *Officiers.*

Perte de chevaux.

Les officiers supérieurs qui, dans l'exécution d'un service, perdent leurs chevaux par des événements de force majeure dûment constatés sont susceptibles d'être indemnisés sur le *fonds spécial de gratification.* (*Art.* 182 *du décret du* 18 *fév.* 1863.)

Une indemnité peut être également allouée aux officiers supérieurs, quel que soit l'emploi dont ils sont pourvus, s'ils perdent un cheval qu'ils ont fait admettre depuis moins de deux ans, par suite de morve ou de maladie épizootique, de fracture d'un membre dans un service commandé et autres circonstances dont l'appréciation est réservée au ministre. (*Art.* 184 *du même décret.*)

Fixation de l'indemnité.

Les indemnités ci-dessus sont réglées par le ministre sur des états de proposition établis par les conseils d'administration et transmis par les chefs de corps ou de légion, avec leur avis, *dans le délai de quinze jours* à dater du jour de la perte. Elles sont basées sur le prix d'estimation de l'inspection générale dernière, sans toutefois pouvoir dépasser les deux tiers du prix d'acquisition, à moins que la perte du cheval tué ou abattu n'ait été le résultat d'une résistance armée.

Les pertes de chevaux sont constatées, *dans les cinq jours de l'événement*, par un procès-verbal du sous-intendant ou, à son défaut, du sous-préfet ou du maire, assisté d'un vétérinaire. Ce procès-verbal doit contenir, avec le nom et le signalement du cheval, les causes de sa perte, ainsi que tous les renseignements nécessaires pour faire apprécier le droit à l'indemnité. (*Art.* 185, 186 *et* 187 *du même décret.*)

Perte d'effets.

Les pertes d'effets éprouvées par les officiers dans l'exécution du service leur ouvrent le droit à une indemnité payée *sur le fonds spécial de gratification.* Elles sont constatées, dans les *cinq jours de l'événement*, par un procès-verbal du sous-intendant, du sous-préfet ou du maire, qui certifie la valeur des effets perdus. Les états de proposition sont transmis, comme ci-dessus, par les chefs de corps ou de légion, dans le délai de quinze jours. (*Art.* 188 *du même décret.*)

2° *Sous-officiers, brigadiers et gendarmes.*

Perte de chevaux.

Les sous-officiers, brigadiers et gendarmes qui perdent leurs chevaux par maladie ou réforme reçoivent une indemnité sur la masse d'entretien et de remonte du corps ou de la compagnie dont ils font partie. Cette indemnité est également due aux sous-officiers promus officiers, aux sous-officiers, brigadiers et gendarmes rayés des contrôles autrement que par désertion, ainsi qu'à ceux qui passent de l'arme à cheval dans l'arme à pied.

Pour déterminer l'indemnité, on déduit, pour chaque année de service du cheval, un douzième du prix d'achat; le décompte de la dernière année se fait par trimestre, et la déduction ne porte pas sur un trimestre inachevé.

Le prix de la vente du cheval réformé, ou de la vente de la dépouille du cheval abattu, déduction faite des frais d'abatage, est considéré comme un à-compte sur l'indemnité due.

Un cheval tué ou mis hors de service par suite de résistance armée, ou par le fait d'accident survenu dans le service, est remboursé à son cavalier au prix d'achat, s'il a été admis depuis moins de trois ans. Passé trois ans, l'indemnité est fixée au prix d'estimation de la dernière inspection générale. (*Art.* 189, 190 *et* 191 *du même décret, modifié le* 21 *avril* 1882.)

Indépendamment de l'indemnité pour perte de chevaux, il est alloué au sous-officier, brigadier ou gendarme qui a conservé son cheval au moins huit ans une prime de conservation de 60 fr., qui s'augmente de 20 fr. pour chaque année complète de service du cheval en sus de la huitième, sans que la prime totale puisse excéder 200 fr. Les trimestres et fractions de trimestres excédant les années complètes ne donnent droit à aucun supplément de prime.

Perte ou détérioration d'effets.

Les pertes ou détériorations d'effets dans l'exécution du service et par cas de force majeure donnent lieu à une proposition d'indemnité sur la masse d'entretien et de remonte. Elles sont constatées, *dans le délai de cinq jours,* par le sous-intendant ou par le sous-préfet ou par le maire. L'état de proposition est transmis au ministre, par le chef de corps ou de légion, dans le délai de quinze jours, à dater du jour de la perte, après que le sous-intendant y a consigné son avis sur la quotité de l'indemnité réclamée. C'est le ministre qui fixe définitivement cette dernière.

25° AUX VAGUEMESTRES.

En vertu des art. 18 et 29 du décret du 25 décembre 1875, les vaguemestres de la garde républicaine et du bataillon mobile reçoivent, pour les journées effectives dans leur emploi, une indemnité journalière prélevée sur la masse d'entretien et de remonte.

Pour le décompte de cette indemnité, la garde républicaine est considérée comme formée d'un régiment d'infanterie et d'un régiment de cavalerie ; le bataillon mobile est traité comme un bataillon de chasseurs à pied.

Fixation de l'indemnité journalière.

1° Pour un régiment d'infanterie.... 0 f. 03 par compagnie.
2° Pour un régiment de cavalerie... ⎰
3° Pour un bataillon de chasseurs.. ⎱ 0 05 par escadron ou compagnie.

26° DE LITERIE.

Les militaires nouvellement admis dans la gendarmerie départementale ont droit, à compter du jour de leur arrivée à la compagnie, et pendant deux années, à une indemnité de literie fixée à 30 fr. par homme et par an, et imputable sur les fonds des départements. (*Art.* 210 *du décret du* 18 *fév.* 1863.)

Le bataillon mobile, la garde républicaine et la légion d'Afrique, recevant la literie en nature, n'ont pas droit à l'indemnité. Toutefois, les militaires de ces corps passant ultérieurement dans la gendarmerie départementale acquièrent, par le fait de leur mutation, le droit dans leurs nouvelles compagnies à l'indemnité complète de literie. (*Art.* 213.)

27° D'ENTRÉE EN CAMPAGNE.

La gratification d'entrée en campagne, ainsi dénommée par les art. 217 et suivants du décret du 18 février 1863, a pris le titre d'indemnité d'entrée en campagne, conformément à l'art. 21 du décret du 25 décembre 1875.

Le tableau n° 22 du 22 février 1873, substitué à celui du 18 février 1863, fixe la quotité de l'indemnité, en déterminant les parties prenantes (officiers) auxquelles elle doit être allouée.

Cas où l'indemnité est allouée.

L'officier de gendarmerie qui reçoit l'ordre de se rendre à une armée active stationnée dans l'intérieur où hors du territoire français, et qui exécute cet ordre, a droit à l'indemnité. (*Art. 217 du décret du 18 fév. 1863.*)

Tout sous-officier promu au grade de sous-lieutenant, étant à une armée active, reçoit ladite indemnité, s'il y reste employé ou s'il passe à une autre armée. — L'officier qui avance en grade ou qui passe de l'arme à pied dans l'arme à cheval, sans cesser de faire partie d'une armée active, a droit au complément de l'indemnité affectée à son nouveau grade ou à sa nouvelle position. (*Art. 218.*)

Paiement de l'indemnité.

L'indemnité d'entrée en campagne ne peut être payée aux ayants-droit que d'après un ordre spécial du ministre de la guerre. (*Art. 223.*)

L'officier qui, après avoir touché l'indemnité, reste dans l'intérieur, est passible du remboursement de cette indemnité, à moins qu'il n'y soit retenu par une circonstance indépendante de sa volonté. (*Art. 224.*)

28° EN RASSEMBLEMENT.

L'indemnité en rassemblement n'est accordée qu'aux officiers de gendarmerie dans certains cas qui ont été exposés plus haut. (V. 2°, p. 347.)

Elle n'est pas allouée aux sous-officiers, brigadiers et gendarmes, à moins d'une décision qui en prescrive l'allocation.

29° DE PREMIÈRE MISE D'ÉQUIPEMENT.

1° *Sous-officiers promus officiers.*

L'indemnité de première mise d'équipement aux sous-officiers promus officiers varie suivant l'arme où les nouveaux promus sont placés, et est fixée par le tableau n° 21 du 22 février 1873 à :

800 fr. pour l'arme à cheval et 600 fr. pour l'arme à pied.

Elle est allouée à tout sous-officier en activité au moment de sa promotion au grade de sous-lieutenant; elle lui est payée avant son départ. (*Art. 215 du décret du 18 fév. 1863.*)

Les sous-officiers promus au grade de sous-lieutenant et qui, placés d'abord dans une position où ils ne sont pas montés, viennent à passer, avec ce grade ou celui de lieutenant, dans l'arme à cheval reçoivent le supplément d'indemnité fixé par le tarif n° 21 précité, soit 200 fr.

2° *Sous-officiers, brigadiers et gendarmes.*

Les sous-officiers, brigadiers, caporaux et soldats encore au service et qui sont admis dans la gendarmerie ont droit à la première mise d'équipement. (*Art.* 242 *du décret du* 18 *fév.* 1863.) Le montant de cette première mise, qui forme le premier fonds de leur masse individuelle, a été fixé par la décision présidentielle du 28 octobre 1874 à :

750 fr. pour l'arme à cheval et 250 fr. pour l'arme à pied.

Pour la gendarmerie coloniale, cette indemnité a été déterminée par la décision présidentielle du 25 août 1880. Elle est de :

800 fr. pour l'arme à cheval et 300 fr. pour l'arme à pied.

Les militaires libérés des cinq années de service exigées dans l'armée active et qui obtiennent leur admission dans la gendarmerie ont droit à la première mise d'équipement, si leur demande a été faite avant l'expiration des quatre années pendant lesquelles ils font partie de la réserve de cette armée, ou antérieurement à la date du passage de leur classe dans l'armée territoriale. (*Décis. du* 16 *avril* 1882.) — Auront également droit à cette première mise, les militaires ayant continué de servir dans l'armée active, ou qui y seront rentrés en vertu d'un engagement, d'un rengagement ou par suite de rappel sous les drapeaux, si leur demande d'admission dans la gendarmerie a été faite dans le délai de deux années à partir de la date à laquelle ils auront cessé d'appartenir à ladite armée. La date de la demande sera constatée par le visa du sous-intendant militaire. (*Art.* 243 *du décret du* 18 *fév.* 1863 *modifié par la décis. présid. du* 29 *mai* 1875.)

Le nouvel admis qui n'a reçu que la première mise d'équipement de l'arme à pied a droit, s'il passe dans l'arme à cheval avec ou sans avancement, à un supplément de première mise de 500 fr.

Ce supplément est le même pour la gendarmerie coloniale. (*Tarif annexé à la décis. présid. du* 26 *août* 1880.)

Les sous-officiers, brigadiers et gendarmes qui passent de l'arme à cheval dans l'arme à pied, après avoir été équipés et montés, ne subissent aucune retenue sur la première mise ou le supplément de première mise qui leur a été alloué.

Les militaires qui passent de la gendarmerie départementale dans celle des colonies ne reçoivent que la moitié de la première mise, de 800 fr. pour l'arme à cheval, de 300 fr. pour l'arme à pied. (*Circ. min. du* 10 *sept.* 1880.) — Les militaires en activité de service et ceux libérés du service actif, commissionnés pour la gendarmerie coloniale, ont seuls droit à l'intégralité de la première mise, s'ils réunissent les conditions déterminées par les art. 242 et 243 modifié du décret du 18 février 1863.

La propriété de la première mise n'est complétement acquise aux hommes qu'après quatre ans révolus d'activité dans la gendarmerie, sauf le cas de retraite et de réforme pour infirmités contractées ou blessures reçues dans le service. — Le temps de service pour le droit à la propriété de la première mise est compté du jour de l'entrée en solde. = En cas de décès des nouveaux admis, leur masse individuelle n'est pas grevée du remboursement de la première mise d'équipement. (*Art.* 246 *du décret du* 18 *fév.* 1863 *modifié par la décis. présid. du* 21 *sept.* 1879.)

Le sous-officier, brigadier ou gendarme rayé des contrôles qui a dû rembourser la totalité ou la moitié de la première mise d'équipement a droit, s'il est réadmis dans l'arme, et quel que soit le temps écoulé depuis sa radiation des contrôles, à une nouvelle allocation, soit de la totalité, soit de la moitié de cette première mise. Néanmoins, la propriété ne lui en est définitivement acquise qu'après qu'il a de nouveau accompli deux ou quatre ans de service, suivant le cas. — Si le militaire est réadmis dans l'arme à cheval, n'ayant reçu avant sa radiation que la première mise de l'arme à pied, il touche en outre le supplément entier de 500 fr. (*Art.* 247 *modifié par la décis. présid. précitée.*)

Les délais fixés ci-dessus pour la propriété de la première mise ou de la demi-première mise d'équipement sont exigés de tous les nouveaux admis entrés en solde depuis le 1ᵉʳ octobre 1879. (*Circ. du 2 oct.* 1879.)

Les militaires réadmis qui, ayant déjà reçu la première mise, en ont acquis la propriété ne peuvent prétendre à aucune allocation complémentaire, quel que soit d'ailleurs le taux de la première mise à l'époque de leur réadmission. Ceux qui, ayant remboursé la totalité ou la moitié de l'allocation qu'ils avaient reçue, ont droit à une nouvelle allocation, soit de la totalité, soit de la moitié de la première mise, la perçoivent d'après les fixations déterminées à l'époque de leur réadmission. (*Circ. min. du* 18 *déc.* 1876.)

Les sous-officiers, brigadiers et gendarmes rentrant des prisons de l'ennemi sont susceptibles d'être proposés pour une nouvelle première mise d'équipement. (*Art.* 249 *du décret du* 18 *fév.* 1863.)

3° *Sous-officiers promus adjudants.*

Les sous-officiers promus adjudants reçoivent un supplément de première mise fixé par le tableau n° 21 du 22 février 1873. Ce supplément est porté en recette, en totalité, à la masse des ayants-droit.

4° *Enfants de troupe.*

Les enfants de troupe ont droit à une première mise de 60 fr. (*tableau n°* 23 *du* 22 *fév.* 1873) lorsque, ayant atteint l'âge de dix ans, ils sont mis en subsistance dans les régiments de l'armée.

Cette allocation forme le premier fonds de leur masse individuelle. (*Art.* 250 *du décret du* 18 *fév.* 1863.)

30° DE REVUES ET TOURNÉES.

Les indemnités de revues et de tournées périodiques ne sont acquises aux officiers que lorsque ces revues et tournées ont été réellement effectuées aux époques prescrites par les règlements en vigueur, ou par le ministre de la guerre dans les cas extraordinaires ou imprévus. (*Art.* 155 *du décret du* 18 *fév.* 1863.)

Les chefs de légion ont droit, pour leur revue annuelle, à une indemnité fixe de 200 fr. par département. Le chef de la légion de Corse reçoit une indemnité fixe de 600 fr., celui d'Afrique une indemnité de 800 fr. Il n'est accordé aucune indemnité de revue au colonel de la garde républicaine et au commandant du bataillon mobile. (*Art.* 156 *du même décret.*)

Les commandants de compagnie et d'arrondissement ont droit à une indemnité de tournée basée sur le nombre des postes externes qu'ils ont visités. Cette indemnité, déterminée par le tableau n° 17 du 22 février 1873, est de 6 fr. 50 par poste. Lorsqu'il est constaté par le sous-intendant militaire que le parcours d'un poste à un autre est au moins de quarante kilomètres, il est accordé une indemnité double de celle allouée pour la visite d'une brigade. (*Art.* 157.)

L'indemnité ayant pour but de couvrir les frais occasionnés par un parcours de quarante kilomètres, il est juste qu'elle soit accordée autant de fois que cette distance a été franchie par l'officier se rendant d'un poste à un autre. Ainsi pour un parcours de quarante, quatre-vingt ou cent vingt kilomètres il est dû 6 fr. 50, 13 fr. ou 19 fr. 50 en sus de l'indemnité allouée pour l'inspection de la brigade externe visitée. (*Circ. min. du 4 janv.* 1867.) Mais les itinéraires doivent être tracés en prenant pour base la voie la plus courte d'un point à un autre et combinés de telle sorte que la double indemnité ne soit due que dans le cas où la distance de quarante kilomètres n'aura pu être évitée. (*Même circulaire.*)

Il n'est dû qu'une seule indemnité de 6 fr. 50 pour les brigades externes agglomérées dans la même localité. (*Circ. min. du* 14 *janv.* 1878.)

Aux colonies, toutes les tournées des officiers s'effectuent d'après un itinéraire réglé de manière à ménager avec la plus stricte économie les deniers de l'État, et approuvé par le gouverneur ou le commandant de la colonie. L'indemnité allouée pour chaque poste visité et pour tout trajet de quarante kilomètres au moins d'un poste à un autre est de 13 fr. (*Circ. du min. de la marine du* 10 *sept.* 1880.)

31° REPRÉSENTATIVE DE FOURRAGES.

L'indemnité représentative de fourrages est allouée aux officiers, sous-officiers, brigadiers et gendarmes, pour le nombre de chevaux attribués à leur grade et dont ils sont réellement pourvus, dans les cas ci-après :

1° En route isolément :

Aux officiers, pendant toute la route, s'il leur convient de nourrir leurs chevaux à leurs frais ; aux militaires de tout grade, dans les gîtes où le service des fourrages n'est pas organisé ;

2° Aux militaires de tous grades, pour leurs chevaux soumis à un régime particulier pour cause de maladie, dans les cas d'urgence prévus par l'art. 141 du règlement sur le service intérieur ;

3° Pour tous les chevaux soumis au régime du vert, dans les brigades où il ne peut être fourni en nature par l'entrepreneur ;

4° Aux officiers pendant leurs tournées, et aux sous-officiers faisant des tournées d'officiers, toutes les fois qu'ils n'ont pu prendre, pour nourrir leur chevaux, des rations dans les brigades ;

5° Aux officiers allant en congé ou aux eaux, pour les chevaux qu'ils emmènent, lorsqu'ils n'ont pu percevoir les rations en nature ;

6° Aux militaires de tout grade, dans tous les cas non spécifiés ci-dessus, en justifiant qu'ils n'ont pu toucher les fourrages en nature. (*Art.* 145 *du décret du* 18 *fév.* 1863.)

Le taux de l'indemnité représentative de fourrages est déterminé annuellement par le ministre (1).

---

(1) Pour 1882, le prix de la ration est de 1 fr. 85 cent. dans l'intérieur et de 1 fr. 675 en Algérie. (*Décis. du* 3 *janv.* 1882.)

Il n'en est pas de même pour les *trop perçus* proprement dits ; on décompte les rations de fourrage, sans acception d'arme, au prix fixé par le ministre pour la ration dite *de convention*.

32° DE LOGEMENT ET D'AMEUBLEMENT.

L'indemnité de logement et d'ameublement prévue par les art. 146 et suivants du décret du 18 février 1863 a été supprimée comme ayant été fondue dans la solde. (*Art. 13 du décret du 25 déc. 1875.*) Les officiers logés, soit dans les bâtiments de l'Etat, soit aux frais des communes ou d'un service quelconque, subissent sur leur solde, pour toutes les journées donnant droit à la solde de présence, une retenue dont la quotité est fixée pour les officiers de gendarmerie par le tarif n° 32 (nouveau) du même décret.

L'officier changeant de résidence qui, au moment de son départ, est logé et meublé à ses frais, ou logé par l'Etat mais meublé à ses frais, ne subit la retenue sur sa solde qu'après l'expiration de la quinzaine commencée au jour du départ. (*Circ. min. du 12 fév. 1877.*)

Si, au contraire, il est logé et meublé aux frais de l'Etat, il continue à subir la retenue exercée sur sa solde au moment de son départ. (*Même circ.*)

Un logement évacué du 1er au 15 d'un mois ne peut être imposé à un autre officier que le 1er du mois suivant au plus tôt. De même, un logement évacué du 15 au 30 ne peut être imposé que le 16 du mois suivant. (*Décis. min. du 5 sept. 1876.*) Cette faveur est restreinte au logement évacué dans une garnison par un officier et imposé à un autre officier de la même garnison. (*Circ. min. du 12 fév. 1877.*)

33° POUR RÉSIDENCE EN ALGÉRIE.

L'indemnité représentative de vivres et les suppléments d'indemnité de logement et d'ameublement qui étaient attribués aux officiers en Algérie ont été supprimés (*art. 17 du décret du 25 déc. 1875*) et remplacés par une indemnité pour résidence en Algérie, dont la quotité est fixée pour les officiers de gendarmerie par le tarif n° 31 (nouveau), faisant suite au même décret.

L'indemnité est allouée pour toutes les journées de présence passées sur le sol de la colonie. Elle est due pour les deux premiers mois de l'absence, lorsque celle-ci est motivée par le service, et pour le premier mois seulement, quand l'absence résulte de toute autre cause. Le rappel n'a lieu qu'au retour des intéressés.

L'allocation est suspendue à partir du jour de l'embarquement jusqu'à celui du débarquement exclusivement pour les officiers nourris à bord aux frais de l'Etat.

Dans le cas où les officiers jouissant de l'indemnité reçoivent les vivres en nature, ils en remboursent la valeur, conformément au tarif n° 31 (nouveau) précité. (*Décret du 25 déc. 1875 modifié par le décret du 20 janv. 1880.*)

34° AUX MEMBRES DES COMMISSIONS DE RÉQUISITION DES CHEVAUX
ET VOITURES, EN CAS DE MOBILISATION.

Les commissions mixtes de réquisition des chevaux et voitures peuvent
être présidées (en cas de nécessité) par un officier de gendarmerie.
A chaque commission est attaché comme secrétaire un sous-officier ou brigadier de corps de troupes à cheval appartenant à l'armée active, à la
réserve ou à l'armée territoriale. (*Art.* 1ᵉʳ *de l'instr. du* 1ᵉʳ *août* 1879.)
Les officiers et les sous-officiers ou brigadiers secrétaires appartenant à l'armée active, à la réserve ou à l'armée territoriale qui opèrent
dans le lieu de leur garnison n'ont droit à aucune indemnité.
Les officiers de la réserve ou de l'armée territoriale qui opèrent dans le
lieu de leur domicile, et qui ne sont pas entrés en solde, reçoivent une
indemnité journalière de 6 fr., quel que soit leur grade. — Les sous-officiers ou brigadiers secrétaires qui opèrent dans le lieu de leur domicile,
et qui ne sont pas entrés en solde, reçoivent une indemnité de 1 fr. 25,
quel que soit leur grade.
Les officiers et les sous-officiers ou brigadiers secrétaires de l'armée
active qui opèrent hors de leur garnison ont droit, savoir :
1° A l'indemnité ordinaire de route pour se rendre de leur garnison au
chef-lieu de la circonscription et *vice versa ;*
2° A une indemnité de séjour pour chaque journée effectivement consacrée à la réquisition des chevaux et voitures. Cette dernière indemnité,
qui ne peut se cumuler avec l'indemnité journalière de route, est fixée
pour les officiers à 10 fr., pour les sous-officiers et brigadiers à 5 fr.
(V. *Recensement.*)
Les officiers de gendarmerie, comme ceux de l'armée territoriale,
appelés à présider des commissions de réquisition recevront, à leur arrivée au chef-lieu de réquisition, le mandat prévu par l'art. 24 de l'instruction précitée du 1ᵉʳ août 1879. (*Note minist. du* 19 *janv.* 1880.)

35° AUX OFFICIERS DÉTACHÉS A L'ÉCOLE DE CAVALERIE DE SAUMUR.

Les officiers de gendarmerie détachés pour suivre les cours de l'Ecole
de cavalerie de Saumur reçoivent, à leur arrivée à cette Ecole, une indemnité de 100 fr. pour tenue de manège. (*Tableau n° 2 du tarif n° 13
du décret du* 25 *déc.* 1875.)

36° AUX FORCES PUBLIQUES DANS L'INTÉRIEUR.

Les militaires de la gendarmerie détachés aux forces publiques dans
l'intérieur ont droit à l'indemnité de service extraordinaire. (*Art.* 132 *du
décret du* 18 *fév.* 1863. — V. *Force publique, p.* 283.)

37° POUR CHANGEMENT DE RÉSIDENCE.

Des indemnités pour changement de résidence imputables sur le fonds
spécial peuvent être accordées par le ministre sur la proposition des chefs
de légion lorsque, à la suite d'élections ou d'événements politiques qui

ont passionné les esprits, il est devenu nécessaire, dans un but de conci-
liation, de déplacer des officiers, des chefs de brigade ou même des gendarmes pour couper court à des relations tendues à l'excès entre la gendarmerie et les autorités locales ou les populations. (*Circ. du 4 avril
1878.*)

Bien que cette circulaire semble avoir eu un caractère temporaire, il
n'est pas douteux que, les mêmes circonstances se reproduisant, elle re-
trouverait son application. (**V.** *Indemnité de route.*)

38° EXTRAORDINAIRE DE VOYAGE.

L'indemnité extraordinaire de voyage est attribuée aux officiers généraux pendant la durée des inspections annuelles ou extraordinaires auxquelles ils procèdent. (*Art.* 155 *du décret du* 12 *juin* 1867.)

Cette indemnité peut être allouée aux officiers de tous grades qui se
déplacent en vertu d'un ordre de mission extraordinaire. (*Art.* 156 *du
même décret.*)

Les aides de camp et les officiers d'ordonnance des généraux qui reçoivent cette indemnité n'ont droit à aucune allocation. (*Art.* 160.) Les frais
de route et de séjour de ces officiers sont à la charge des généraux, dont
les allocations sont calculées en conséquence.

39° DE TRAVERSÉE EN MER.

Lorsque les inspecteurs généraux, ou les officiers voyageant en vertu
d'une mission extraordinaire, ont une traversée de mer à faire pour se
rendre à destination, et qu'ils ne peuvent être transportés sur les bâtiments de la marine de l'État ou ceux nolisés par l'État, ils traitent directement de leur passage à bord d'un navire de commerce, et ils sont remboursés de leurs frais sur leur déclaration écrite. (*Art.* 161 *du décret du*
12 *juin* 1867.)

40° POUR FRAIS DE ROUTE.

Service des frais de route.

Le service des frais de route a pour but de pourvoir aux dépenses occasionnées par les déplacements des militaires, des fonctionnaires et
employés militaires voyageant isolément pour cause de service ou de santé.
(*Art.* 1er *du décret du* 12 *juin* 1867.)

Les officiers voyageant isolément sont transportés sur les chemins
de fer, et en diligence sur les routes ordinaires. Ils peuvent aussi voyager
à pied par étapes, exceptionnellement. (*Art.* 5 *du même décret.*)

Les sous-officiers et soldats voyagent à pied, lorsque ce mode de
locomotion présente une économie et qu'en même temps le trajet ne dépasse pas quatre distances d'étape. (*Art.* 7.)

(Cette disposition n'est pas applicable dans le cas de mobilisation ni dans
le cas de convocation des hommes appelés momentanément en temps de
paix.) (*Décret du* 9 *janv.* 1878.)

Toutefois les sous-officiers et soldats sont transportés en diligence dans
les cas ci-après :

1° Lorsqu'ils voyagent d'urgence d'après un ordre d'un officier général ou d'un intendant militaire ;

2° Lorsqu'ils sont appelés devant un tribunal civil ou militaire ou convoqués comme juges d'un tribunal militaire, si le sous-intendant juge qu'il y a nécessité d'employer ce mode de transport. (*Art. 8 du décret du 12 juin* 1867.)

Les militaires de la gendarmerie appelés en témoignage devant les tribunaux civils, lorsque la distance dépasse un myriamètre et que le trajet ne peut s'effectuer par les voies ferrées, doivent être transportés en diligence. (*Circ. minist. du* 11 *déc.* 1874.)

Les convois sont accordés aux corps et détachements de gendarmerie d'après les mêmes règles qu'aux autres corps de l'armée. (*Art.* 209 *du décret du* 18 *fév.* 1863.)

Des voitures *non suspendues* sont fournies pour le transport des militaires et marins voyageant sous l'escorte de la gendarmerie (en dehors des voies ferrées), lorsque le besoin d'une voiture est constaté. Des voitures *suspendues* sont fournies aux militaires ou marins isolés voyageant librement et dont l'état de maladie est constaté. (*Cahier des charges du* 17 *avril* 1874, *art.* 1er.)

Le besoin d'une voiture *suspendue* ou *non suspendue* est constaté par le certificat d'un médecin militaire ou civil. Les maires ne peuvent délivrer de bons que pour une étape. (*Art.* 10 *du même cahier.* — V. *Convois.*)

Les chevaux des officiers de toutes armes changeant de résidence en vertu d'un ordre de service sont transportés par les voies ferrées au compte de l'Etat.

Il est fait exception à la règle dans les cas ci-après :

1° Lorsque le déplacement de l'officier résulte d'une permission, d'une permutation ou de motifs de convenance personnelle ;

2° Pour les officiers allant en Algérie ou en revenant ;

3° Pour les officiers allant en mission ou exécutant un ordre de service qui ne comporte pas la nécessité d'être monté ;

4° Enfin pour tout déplacement inférieur à un trajet de *deux étapes* ou à *cinquante kilomètres* en dehors des lignes d'étapes. (*Circ. min. du* 7 *sept.* 1875. — V. *Chemins de fer.*)

Indemnité de route.

L'indemnité de route a pour objet : quant à l'officier, de lui fournir les moyens de subvenir, conjointement avec sa solde, à la dépense de son transport et de sa subsistance en route ; quant au sous-officier, de lui permettre de subvenir aux mêmes besoins sans le secours de sa solde. (*Art.* 11 *du décret du* 12 *juin* 1867.)

Elle est due aux militaires de la gendarmerie dans les positions prévues aux chapitres I et II du tableau A faisant suite au décret du 12 juin 1867, lorsque ces militaires ne reçoivent pas l'une des indemnités spéciales fixées par le règlement particulier de l'arme. (*Note du chap.* II *du tableau A.*)

L'indemnité de route se divise en *indemnité de transport* et *indemnité journalière.* (*Art.* 13 *du décret précité.*)

L'indemnité de transport comprend une *indemnité kilométrique* et une *indemnité de transport fixe;* cette dernière n'est attribuée qu'aux officiers.

L'indemnité kilométrique est allouée, quelle que soit la distance : aux officiers, à raison du nombre de kilomètres à parcourir du point de départ jusqu'à destination tant sur les chemins de fer que sur les routes ordinaires ; aux sous-officiers et soldats, comme ci-dessus, mais sur les chemins de fer seulement, sous les réserves qui ont été spécifiées plus haut.

L'indemnité de transport fixe de 5 fr. pourvoit au transport de l'officier et de son bagage, de son domicile à la gare ou au bureau de la diligence, et *vice versa.* Elle est allouée pour chacun des déplacements successifs auxquels est assujetti l'officier, excepté dans les cas prévus au tableau A faisant suite au décret du 12 juin 1867.

L'indemnité de transport fixe n'est pas due lorsque, dans un voyage, l'aller et le retour doivent avoir lieu le même jour. Un voyage d'aller et retour est censé avoir été effectué le même jour lorsque la distance du point de départ au lieu de destination n'excède pas quarante kilomètres sur les chemins de fer ou douze kilomètres sur les routes ordinaires. (*Art. 19 du décret précité.*) La circulaire du 26 avril 1877, qui avait fixé à quarante-huit heures, non compris l'aller et le retour, la durée minimum de l'absence donnant droit à cette indemnité fixe, a été annulée par la décision ministérielle du 13 novembre 1879.

Elle est due aux officiers qui prennent part aux manœuvres de brigade et qui voyagent isolément tant à l'aller qu'au retour. (*Décis. min. du 13 août 1880.*)

L'indemnité journalière, destinée à pourvoir à la subsistance des militaires en route, est allouée aux officiers, sous-officiers et soldats pour chaque journée passée en route, quel que soit le mode de transport ou de locomotion employé. (*Art. 15 du décret précité.*)

Les indemnités de transport et journalière sont allouées cumulativement, sauf les cas ci-après :

L'indemnité kilométrique de transport est allouée seule pour toute fin de parcours n'excédant pas quarante kilomètres sur les chemins de fer et douze kilomètres en diligence sur les routes ordinaires. (*Art. 17 du même décret.*)

L'indemnité journalière est allouée seule :

1° Toutes les fois que le transport est assuré, soit au moyen de bons de chemin de fer, soit au moyen de mandats de convoi sur les routes ordinaires ;

2° Pour chaque distance de vingt-quatre kilomètres franchie à pied, au delà des vingt-quatre premiers ;

3° Dans les cas de transport par bateaux à vapeur, navires à voiles, balancelles, etc..., et lorsque la subsistance n'est pas assurée par les soins du bord.

L'indemnité de route est attribuée, conformément au tarif, d'après le grade effectif du militaire, quelle que soit sa fonction. (*Art. 22 du même décret.*)

Elle ne se cumule avec aucune autre allocation de voyage. (*Art. 23 du même décret.*)

L'indemnité de séjour, qui n'est autre que l'indemnité journalière afférente au grade, est allouée pour chaque journée de séjour obligé dans une localité, et dans les cas prévus au tableau A des positions individuelles. (*Art. 24.*)

Tarifs.

(Décrets des 12 octôbre 1871 et 25 décembre 1875.)

	INDEMNITÉ kilomètrique de transport.	INDEMNITÉ journalière.	INDEMNITÉ en diligence.	INDEMNITÉ fixe de transport.	OBSERVATIONS.
Colonels...... Lieutenants-colonels...... Chefs de bataillon ou d'escadron........	0 f. 034	5 f. »	0 f. 16	5 f. »	Le taux de l'indemnité de transport est doublé lorsque le parcours a lieu sur les voies ferrées où les militaires paient demi-placé. (*Note inscrite au tarif du 12 juin 1867.*) Il est quadruplé s'ils paient place entière. (*Art. 2 du décret du 19 mai 1869.*) L'indemnité kilomètrique de transport accordée aux sous-offciers et soldats est augmentée, lorsqu'il y a lieu, du droit de timbre de 10 centimes qui, conformément à la loi du 23 août 1871, frappe les billets de place en chemin de fer dont le prix excède 10 fr. (*Note du 21 juin 1872.*) Les prix que font payer les diverses lignes de chemin de fer sont indiqués par la décision ministérielle du 25 août 1880. (V. Journ. milit., 2ᵉ sem. 1880, *partie réglém., p. 309.*)
Capitaines..... Lieut. et sous-lieutenants..	0 031	3 »	0 14	5 »	
Adjudants..... Autres sous-officiers........ Brigad. et gendarmes......	0 023 0 017 0 017	3 » 1 75 1 25	0 14 0 135 0 135	» » »	

Délais de route.

Tout déplacement donne droit à une journée de route au moins. (*Art.* 26 *du décret du* 12 *juin* 1867.)

Toutefois, en ce qui concerne les sous-officiers et soldats qui voyagent par étape, sur les routes ordinaires, ils n'ont droit à une journée de route que lorsque le trajet est supérieur à vingt-quatre kilomètres. Ils ont droit à une journée de route pour chaque distance de vingt-quatre kilomètres franchie à pied. Les fins de parcours supérieures à douze kilomètres donnent seules droit à une journée de route supplémentaire. (*Art.* 29 *du même décret, modifié par le décret du* 9 *janv.* 1878.)

Ces dispositions ne sont pas applicables aux militaires de la gendarmerie appelés en témoignage devant les tribunaux civils, ceux-ci ayant droit à l'indemnité journalière du moment où ils sont transportés à plus d'un myriamètre de leur résidence. (*Circ. min. du 26 août 1878.* — V. *n° 12, p.* 355.)

Les militaires sont tenus de franchir les distances suivantes, par chaque journée, savoir :

Sur les voies ferrées............	360 kilom.
En diligence...................	120 —

Les officiers jouissent d'un délai de tolérance de quatre jours pleins. Ce délai s'ajoute aux délais de route ; il est accordé dans toutes les positions, à moins d'une mention contraire dans l'ordre de route.

INFANTICIDE. — AVORTEMENT.

L'infanticide est le meurtre d'un enfant nouveau-né. Ce crime est puni de la peine de mort par l'art. 302 du Code pénal; mais l'art. 5 de la loi du 25 juin 1824 permet aux Cours d'assises de ne prononcer que celle des travaux forcés à perpétuité, si le jury reconnaît et déclare qu'il existe des circonstances atténuantes.

L'avortement d'une femme enceinte, déterminé par des aliments, breuvages, médicaments, violences, ou tout autre moyen, qu'elle y ait ou non consenti, est un crime puni de la réclusion par l'art. 317 du Code pénal. Cette peine est prononcée contre la femme qui s'est procuré l'avortement à elle-même, et contre ceux qui le lui ont procuré. Les médecins qui en ont indiqué ou administré les moyens sont condamnés aux travaux forcés à perpétuité, si l'avortement a eu lieu.

L'infanticide, trop souvent impuni, est un crime difficile à constater, et il exige la plus grande attention. Les hommes de l'art ont à examiner et à constater si l'enfant est né à terme, s'il a vécu, et de quel genre de mort il a péri. L'officier de police judiciaire constate par lui-même les faits qui peuvent avoir rapport à la viabilité, par exemple si l'on a entendu les cris de l'enfant dans la maison où il est né ou dans les lieux voisins.

La mère de l'enfant homicidé doit être aussi l'objet d'un examen particulier. On doit saisir, dans son domicile ou sur sa personne, les linges, hardes et objets annonçant un accouchement récent, s'informer auprès des parents, voisins, domestiques ou autres qui la connaissent si sa grossesse a été apparente, ou si elle a été cachée et niée. Il est nécessaire encore de vérifier si quelque parent de la prévenue ou toute autre personne ne l'aurait pas provoquée au crime, ou même ne l'aurait pas aidée et assistée pour le commettre.

L'aggravation de peine encourue, à raison de sa qualité de médecin ou de sage-femme, par la personne qui a procuré l'avortement d'une femme enceinte est aussi applicable à l'individu qui, même n'exerçant pas l'art de guérir, s'est rendu complice de ce crime. (*Cass., 23 nov. 1872.*)

Lorsqu'un nouveau-né est trouvé mort, on doit constater si le corps était enfoui ou caché; s'informer si quelque fille était connue pour être grosse ou soupçonnée de l'être et si elle est accouchée en secret. En cas d'accouchement avoué ou constaté, rechercher s'il a eu lieu en présence ou à l'aide de quelqu'un, ou s'il a eu lieu à l'improviste et sans témoin.

Il faut laisser aux officiers de police judiciaire le soin de faire visiter l'inculpée par les femmes de l'art, s'ils le jugent convenable. L'accusée d'infanticide, acquittée de ce crime par la Cour d'assises, peut être ultérieurement poursuivie devant le tribunal correctionnel, sous la prévention d'homicide involontaire de son enfant. (*Cass.*, 14 *avril* 1848 *et* 9 *juin* 1854. — V., *pour procéder à l'instruction, les formalités indiquées à l'article Officier de police judiciaire, et, au* Formulaire, *un modèle de procès-verbal.*)

INHUMATION DES MILITAIRES MORTS EN ACTIVITÉ DE SERVICE.

HÔPITAUX MILITAIRES.

L'inhumation des militaires décédés en activité de service a lieu de la manière suivante, conformément à la note ministérielle du 4 octobre 1876, qui a modifié les art. 525 à 529 du règlement du 31 août 1865 sur le service de santé des armées.

Inhumation des corps.

Il est fourni, pour chaque décédé, une bière et un suaire.

Lorsque les familles désireront une bière autre que celle fournie par l'hôpital, il leur sera laissé toute latitude de s'entendre avec les pompes funèbres. (*Art.* 525 *modifié du règl. précité.*)

Dépôt et inhumation des corps des militaires décédés hors des hôpitaux.

Les militaires décédés hors et à proximité des hôpitaux, soit de mort violente, soit par suite de cause inexpliquée et imprévue, sont transportés à titre de dépôt dans ces établissements et après l'accomplissement des formalités qui doivent, en pareil cas, précéder la levée des cadavres; l'autorité civile compétente ordonne ce transport. Les frais d'inhumation et de transport des cadavres sont acquittés par l'officier comptable au titre des dépenses diverses.

On procède pour l'inhumation de ces corps, suivant qu'ils sont réclamés ou non, comme pour les malades décédés dans l'établissement. (*Art.* 526 *modifié du même règl.*)

Prières à la chapelle funéraire.

Le malade décédé est porté à la chapelle funéraire où les prières prescrites par le rituel sont récitées par l'aumônier, sans que cette cérémonie, qui rentre dans ses attributions ordinaires, ouvre aucun droit à une allocation spéciale, soit pour lui, soit pour le sacristain.

La croix et l'eau bénite sont placés près du cercueil, ainsi que deux ou quatre chandeliers, cierges allumés pendant les prières, suivant que le décédé appartient à la troupe ou qu'il est officier.

Si le corps n'est pas réclamé, il est, après les délais fixés par l'art. 525, transporté au cimetière, autant que possible dans un chariot couvert. (*Art.* 527 *modifié.*)

Cérémonie à la chapelle de l'hôpital et pompe funéraire suivant les grades.

Si le corps du décédé est réclamé, et après le délai fixé par l'art. 525, il est procédé à l'inhumation dans les conditions ci-après indiquées :

Il sera dit une messe toutes les fois que ce sera possible, et l'office des morts quand il ne sera pas possible de faire autrement.

Si le décédé est soldat, caporal, brigadier ou sous-officier, la cérémonie religieuse (messe ou office des morts) a lieu à neuf heures autant que faire se peut.

S'il s'agit d'un officier, la cérémonie a lieu de neuf heures à midi, suivant le vœu de la famille ou du corps de troupe.

La pompe religieuse, pour cette cérémonie, est réglée ainsi qu'il suit :

Pour le soldat, caporal ou brigadier, deux cierges sont allumés à l'autel et quatre auprès du corps.

Pour les sous-officiers, quatre cierges à l'autel et six auprès du corps.

Pour les officiers, six cierges à l'autel avec devant d'autel noir et dix cierges auprès du corps. (*Art. 528 du règl. précité, modifié le 4 oct. 1876.*)

Pour les officiers supérieurs, huit cierges à l'autel avec devant d'autel noir et douze cierges autour du corps. (*Note minist. du 9 oct. 1879.*)

La cire, pour la messe comme pour la cérémonie à la chapelle funéraire, est fournie par le comptable de l'hôpital au même titre que les objets de consommation nécessaires à l'exercice du culte.

A l'issue de la messe, le corps sera transporté au cimetière comme il est dit ci-après :

1° A Paris et dans les villes desservies par l'administration des pompes funèbres, par les soins de cette administration, en adoptant la huitième classe pour les officiers et la neuvième classe pour la troupe ;

2° Dans les localités qui n'ont pas de traité avec les pompes funèbres, selon qu'elles possèdent ou ne possèdent pas une administration spéciale à la localité, on se conformera aux usages locaux et aux tarifs arrêtés par la municipalité, en se rapprochant autant que possible des deux classes ci-dessus désignées.

La dépense résultant de ce transport sera acquittée par les soins de l'officier comptable, qui en justifiera par les quittances qui lui seront délivrées.

Sauf à Paris, où l'on trouve en permanence dans les cimetières des aumôniers des dernières prières, la conduite au cimetière des corps réclamés sera faite par l'aumônier de l'hôpital.

L'emplacement de la sépulture d'un militaire sera indiqué au moyen d'une croix de bois peint avec inscription du nom, de l'âge, du grade du décédé et du corps auquel il appartenait.

Cette croix, d'un modèle et d'un prix différents pour les officiers et la troupe, sera, autant que possible, confectionnée à l'hôpital ; à défaut, elle sera livrée par un entrepreneur, et le comptable acquittera, sur facture, la dépense qui résultera de cet achat, laquelle ne devra pas dépasser 6 fr. pour les officiers et 4 fr. pour la troupe.

La serge et les crêpes destinés au détachement qui assiste à l'enterrement d'un officier sont fournis par le comptable de l'hôpital. (*Même art. 528.*)

Frais de la cérémonie religieuse à la chapelle.

Il est alloué, pour chaque cérémonie religieuse réglée comme il est dit en l'article précédent, savoir :

Pour soldat, caporal ou brigadier.

Pour l'aumônier.....................	5 f.	»
Pour honoraire de messe	1	50
Pour le sacristain...................	»	50
	7 f.	»

Pour sous-officier.

Pour l'aumônier.....................	6 f.	50
Pour honoraire de messe...........	1	50
Pour le sacristain	1	»
	9 f.	»

Pour officier.

Pour l'aumônier.....................	10 f.	»
Pour honoraire de messe...........	2	50
Pour le sacristain	1	50
	14 f.	»

Pour officier supérieur.

Pour l'aumônier.....................	12 f.	»
Pour honoraire de messe...........	3	50
Pour le sacristain	2	50
(*Note minist. du 9 oct. 1879.*)	18 f.	»

Ces dépenses sont acquittées par l'officier d'administration comptable, qui en justifie par les quittances de l'aumônier et du sacristain.

Lorsque les familles et les corps de troupe le désireront, les aumôniers sont autorisés à donner plus d'extension à la cérémonie religieuse. Dans ce cas, les dépenses sont réglées à l'amiable et supportées en totalité par la famille ou par le corps de troupe. (*Art. 529 dudit règl., modifié par la note du 4 oct. 1876.*)

HOSPICES CIVILS.

Dans les hospices civils, les dépenses d'inhumation des militaires décédés dans ces établissements sont fixées d'après l'art. 789 du règlement précité, lequel alloue pour chaque sépulture une somme déterminée par les conventions et comprenant un suaire et un cercueil, ainsi que les autres frais relatifs à l'enterrement.

Par suite, la note ministérielle ci-dessus, du 4 octobre 1876, ne leur est pas applicable; mais le ministre a décidé que les dispositions de cette note relatives *à la fourniture des croix de bois destinées à indiquer l'emplacement des sépultures des militaires décédés* seront uniformément appliquées tant dans les hospices civils que dans les hôpitaux militaires.

Le prix maximum pour l'achat des croix dont il s'agit est fixé à 6 fr. pour les officiers et 4 fr. pour la troupe. Le paiement de cette dépense doit avoir lieu dans les mêmes conditions que les autres frais. (*Note minist. du 18 mai 1877.*)

Pompes funèbres.

Aux termes des art. 22 et 24 du décret du 23 prairial an XII, les fabriques des églises et les consistoires, ou l'adjudicataire admis par eux, jouissent seuls du droit de fournir les voitures, tentures, ornements et de faire toutes les fournitures pour les enterrements et pour la décence ou la pompe des funérailles. Ce décret est un règlement général applicable dans toute la France; ceux qui y contreviennent sont passibles des peines édictées par l'art. 471 § 15 du Code pénal. (*Cass.*, 18 *mai* 1872 *et* 24 *mars* 1881.)

INONDATION.

En ce qui concerne les secours à apporter, la gendarmerie opère en cas d'inondations comme pour les incendies. (*Art.* 278 *du décret du* 1er *mars* 1854.)

Lorsque la sûreté publique se trouve momentanément compromise par des crues d'eau extraordinaires, la gendarmerie se rend sur les lieux menacés, et, de concert avec l'autorité locale, fait un appel à l'activité des citoyens et la dirige. Elle inspecte les rivières, fait enlever tout ce qui pourrait en gêner le cours, amarrer fortement les bateaux, retirer des ports les objets que les eaux pourraient entraîner, lever toutes les vannes, casser les glaces; elle visite les maisons menacées et prévient les habitants de se préparer à en sortir au premier ordre avec leurs bestiaux et effets, met les maisons isolées sous sa surveillance, afin que, en cas de débordement, les personnes qui les occupent ne manquent ni de secours ni de subsistances; elle enjoint à tous les mariniers de se tenir prêts, avec leurs bateaux, à porter des secours et à recueillir ce que les eaux entraîneraient; de même que dans l'incendie, elle établit une garde auprès de ces dépôts; elle requiert les habitants de se munir de pelles et de pioches pour élever des chaussées et des digues partout où elles peuvent être nécessaires; enfin, si le débordement a lieu, l'évacuation des maisons et toutes les mesures préparées à l'avance doivent être exécutées sur-le-champ.

La gendarmerie consigne tous ces faits dans des procès-verbaux ou rapports; elle évalue approximativement les dommages causés par l'inondation, reconnaît si cette inondation ne proviendrait pas du fait de quelques propriétaires riverains qui, au mépris des règlements, auraient fait refluer les eaux par l'élèvement de digues ou la fermeture de quelques vannes; enfin, elle met l'autorité à même de bien juger l'événement en lui transmettant les renseignements qu'elle a pu recueillir.

En cas d'inondation et de tout autre accident, la loi punit ceux qui refusent de prêter secours. (*Art.* 475 (*n°* 12) *du Code pénal.*)

Les propriétaires de moulins et usines sont responsables de tous les dommages que les eaux peuvent causer aux propriétés voisines, même en cas de crue inopinée ou progressive, lorsqu'il y a faute ou négligence de leur part. — Ils ne peuvent être excusés sous le prétexte que les eaux n'étaient pas dans leur état ordinaire. (*Cass.*, 12 *juin* 1846.)

Pour les objets perdus ou détériorés à l'occasion des inondations, voyez *Incendie,* et pour le refus de prêter secours, voyez *Refus de prêter secours.*

INSTALLATION DES BRIGADES.

Lorsqu'il s'agit d'organiser de nouvelles brigades de gendarmerie, la date de l'installation de chacun de ces postes est constatée par un procès-verbal conforme au modèle ci-après, et dont le double est immédiatement adressé au ministre de la guerre par le chef de légion :

Procès-verbal d'installation.

Les soussignés..., maire..., et..., brigadier (*ou maréchal des logis*) de gendarmerie..., certifient que la brigade à... de gendarmerie créée à..., par décision ministérielle du..., a été installée le... (*ou aujourd'hui*), dans la maison affectée à son casernement et appartenant à..., qui en a passé bail pour... années.

A   , le   18   .

(*Circ. du* 19 *juill.* 1840.)

INVALIDES.

L'Hôtel des invalides est institué pour recevoir les militaires de tous grades des armées de terre et de mer estropiés à la guerre ou vieillis dans le service. Le ministre de la guerre prononce seul l'admission des militaires à l'Hôtel des invalides.

Nul ne peut être admis s'il n'est en possession d'une pension militaire de retraite. Pendant tout le temps que les militaires restent à l'Hôtel des invalides, leur pension de retraite est suspendue.

Le nombre des militaires à entretenir à l'Hôtel des invalides est subordonné au crédit législatif annuellement affecté à cet objet.

Les invalides de tous grades sont passibles des conseils de guerre par le fait même de leur inscription sur les contrôles de l'Hôtel.

Il est alloué aux militaires invalides, à titre de centimes de poche, une solde dite de menus besoins, fixée ainsi qu'il suit :

Officiers.		*Troupe.*	
Colonel..................	1 50	Adjudant.................	» 35
Lieutenant-colonel........	1 40	Sergent-major............	» 20
Chef de bataillon.........	1 30	Sergent..................	» 17
Capitaine.	1 20	Caporal..................	» 14
Lieutenant..............	1 10	Soldat.	» 10
Sous-lieutenant..........	1 »		

Voir, pour plus amples détails, le décret du 29 juin 1863, portant rè glement sur l'institution et l'administration de l'Hôtel des invalides. Ce règlement, qui ne comprend pas moins de six cent cinquante-six articles, est inséré au *Journal militaire*, page 352 du volume 10 de l'édition refondue. Les art. 4 et 5 sont modifiés par le décret du 21 mars 1882. (Journ. milit., p. 103.)

IVRESSE.

D'après l'art. 1er de la loi du 23 janvier 1873, la première faute pour ivresse et la deuxième faute commise dans le délai de douze mois après la condamnation étant passibles de peines de simple police, ce sont des *contraventions*.

Suivant l'art. 2, la troisième faute pour ivresse et la quatrième (deuxième et troisième récidives) étant passibles de peines correctionnelles, ce sont des *délits*.

Pour la première faute, la peine est de 1 à 5 fr.

Pour la deuxième faute (première récidive), la peine est de 1 à 5 fr. et trois jours de prison au plus.

Pour la troisième faute (deuxième récidive), les peines seront de six jours à un mois de prison avec une amende de 16 à 300 fr.

Pour la quatrième faute (troisième récidive) commise dans le délai d'un an depuis la dernière condamnation en police correctionnelle, le prévenu sera condamné au maximum des peines indiquées au paragraphe précédent, lesquelles pourront être élevées jusqu'au double.

Loi du 23 janvier 1873.

Art. 1er. Seront punis d'une amende de 1 à 5 fr. inclusivement, ceux qui seront trouvés en état d'ivresse manifeste dans les rues, chemins, places, cafés, cabarets ou autres lieux publics.

Les art. 474 (1) et 483 du Code pénal seront applicables à la contravention indiquée au paragraphe précédent.

Art. 2. En cas de nouvelle récidive, conformément à l'art. 483, dans les douze mois qui auront suivi la deuxième condamnation, l'inculpé sera traduit devant le tribunal de police correctionnelle et puni d'un emprisonnement de six jours à un mois et d'une amende de 16 à 300 fr.

Quiconque, ayant été condamné en police correctionnelle pour *ivresse* depuis moins d'un an, se sera de nouveau rendu coupable du même délit, sera condamné au maximum des peines indiquées au paragraphe précédent, lesquelles pourront être élevées jusqu'au double.

NOTA. La Cour de cassation a décidé, le 22 novembre 1879, que l'inculpé qui, dans les douze mois qui suivent la deuxième condamnation, commet une contravention dans le ressort d'un autre tribunal n'est pas dans le cas de récidive prévu par cet art. 2.

Art. 3. Toute personne qui aura été condamnée deux fois en police correctionnelle pour délit d'ivresse manifeste, conformément à l'article

---

(1) Art. 474. La peine d'emprisonnement contre toutes les personnes mentionnées en l'art. 471 aura toujours lieu, en cas de récidive, pendant trois jours au plus.

précédent, sera déclarée par le second jugement incapable d'exercer les droits suivants : 1° de vote et d'élection ; 2° d'éligibilité ; 3° d'être appelée ou nommée aux fonctions de juré ou autres fonctions publiques ou aux emplois de l'administration, ou d'exercer ces fonctions ou emplois ; 4° de port d'armes pendant deux ans, à partir du jour où la condamnation sera devenue irrévocable.

Art. 4. Seront punis d'une amende de 1 à 5 fr. inclusivement, les cafetiers, cabaretiers et autres débitants qui auront donné à boire à des gens manifestement ivres, ou qui les auront reçus dans leurs établissements, ou auront servi des liqueurs alcooliques à des mineurs âgés de moins de seize ans accomplis.

Toutefois, dans le cas où le débitant sera prévenu d'avoir servi des liqueurs alcooliques à un mineur âgé de moins de seize ans accomplis, il pourra prouver qu'il a été induit en erreur sur l'âge du mineur ; s'il fait cette preuve, aucune peine ne lui sera applicable de ce chef.

Les art. 474 et 483 du Code pénal seront applicables aux contraventions indiquées aux paragraphes précédents.

Nota. Dans sa séance du 27 janvier 1877, la Cour de cassation a jugé que l'on ne commettait qu'une seule contravention pour avoir donné à boire à plusieurs mineurs, mais qu'il y avait autant de contraventions que d'individus lorsqu'on servait à boire jusqu'à l'ivresse à des mineurs.

Art. 5. Seront punis d'un emprisonnement de six jours à un mois et d'une amende de 16 fr. à 300 fr., les cafetiers, cabaretiers et autres débitants qui, dans les douze mois qui auront suivi la deuxième condamnation prononcée en vertu de l'article précédent, auront commis un des faits prévus audit article.

Quiconque, ayant été condamné en police correctionnelle pour l'un ou l'autre des mêmes faits, depuis moins d'un an, se rendra de nouveau coupable de l'un ou l'autre de ces faits, sera condamné au maximum des peines indiquées au paragraphe précédent, lesquelles pourront être portées jusqu'au double.

Art. 6. Toute personne qui aura subi deux condamnations en police correctionnelle pour l'un ou l'autre des délits prévus en l'article précédent pourra être déclarée par le second jugement incapable d'exercer tout ou partie des droits indiqués en l'art. 3.

Art. 7. Sera puni d'un emprisonnement de six jours à un mois et d'une amende de 16 fr. à 300 fr., quiconque aura fait boire jusqu'à l'ivresse un mineur âgé de moins de seize ans accomplis.

Sera puni des peines portées aux art. 5 et 6, tout cafetier, cabaretier ou autre débitant de boissons qui, ayant subi une condamnation en vertu du paragraphe précédent, se sera de nouveau rendu coupable soit du même fait, soit de l'un ou de l'autre des faits prévus en l'art. 4, 1°, dans le délai indiqué en l'art. 5, 2°.

Art. 8. Le tribunal correctionnel, dans les cas prévus par la présente loi, pourra ordonner que son jugement soit affiché à tel nombre d'exemplaires et en tels lieux qu'il indiquera.

Art. 9. L'art. 463 du Code pénal sera applicable aux peines d'emprisonnement et d'amende portées par la présente loi. L'art. 59 du même Code ne sera pas applicable aux délits prévus par la présente loi.

Art. 10. Les procès-verbaux constatant les infractions prévues dans les articles précédents seront transmis au procureur de la République dans les trois jours au plus tard, y compris celui où aura été reconnu le fait sur lequel ils sont dressés.

Art. 11. Toute personne trouvée en état d'ivresse dans les rues, chemins, places, cafés, cabarets ou autres lieux publics, pourra être, par mesure de police, conduite à ses frais au poste le plus voisin pour y être retenue jusqu'à ce qu'elle ait recouvré sa raison.

Art. 12. Le texte de la présente loi sera affiché à la porte de toutes les mairies et dans la salle principale de tous cabarets, cafés et autres débits de boissons. Un exemplaire en sera adressé à cet effet à tous les maires et à tous les cabaretiers, cafetiers et autres débitants de boissons. Toute personne qui aura détruit ou lacéré le texte affiché sera condamnée à une amende de 1 à 5 fr. et aux frais du rétablissement de l'affiche. Sera puni de même tout cabaretier, cafetier ou débitant chez lequel ledit texte ne sera pas trouvé affiché.

Art. 13. Les gardes champêtres sont chargés de rechercher, concurremment avec les autres officiers de police judiciaire, chacun sur le territoire sur lequel il est assermenté, les infractions à la présente loi. Ils dressent des procès-verbaux pour constater ces infractions.

Suivant un arrêt de la Cour de cassation, en date du 12 mars 1875, lorsqu'un procès-verbal de gendarmerie constate l'état d'ivresse manifeste d'un individu, le juge de police viole la foi qui lui est due en relaxant le contrevenant par le motif que les gendarmes se sont bornés à une simple affirmation de l'ivresse, sans faire connaître les circonstances propres à la justifier.

L'ivresse manifeste est un fait matériel qui se produit à tous les yeux et peut être constaté par tout le monde, à l'aide du témoignage des sens; il n'est pas nécessaire que le procès-verbal qui l'atteste relate à l'appui des faits particuliers.

Le juge de paix, en refusant de tenir compte d'un fait régulièrement constaté et qui n'était détruit par aucune preuve contraire, viole la disposition de l'art. 154 du Code d'instruction criminelle.

La contravention prévue et réprimée par l'art. 1er de la loi du 23 janvier 1873 n'existe que lorsque l'inculpé a été trouvé en état d'ivresse *manifeste* dans un endroit public. La Cour de cassation s'est prononcée dans ce sens, le 11 juin 1874, en déclarant que le cabinet d'un juge d'instruction, où un témoin s'est présenté en état d'ivresse, n'est pas un lieu public à ce point de vue.

Destination à donner aux individus trouvés ivres sur la voie publique.

Les individus trouvés ivres sur la voie publique, par la gendarmerie, ne sont déposés dans la chambre de sûreté de la caserne que s'ils ont donné lieu à procès-verbal et si leur translation devant le procureur de de la République doit s'effectuer dans le plus bref délai possible.

Dans le cas contraire, et lors même qu'il conviendrait, dans l'intérêt de la sécurité des délinquants, de ne pas les laisser en liberté, c'est à l'autorité locale qu'il appartiendrait de les mettre en lieu sûr.

Dans les communes où il n'y a pas de brigade de gendarmerie, l'autorité locale est bien obligée de prendre *seule* toutes les mesures qu'exige la sécurité des individus trouvés ivres sur la voie publique. (*Lettre du min. de la guerre du 3 juill. 1879.*)

Destination à donner aux procès-verbaux.

Les faits prévus par l'art. 2 de la loi du 23 janvier 1873 sont de la compétence du tribunal correctionnel. Les procès-verbaux qui les constatent sont visés pour timbre, enregistrés en débet et transmis au procureur de la République dans les trois jours au plus tard, conformément à l'art. 10 de ladite loi.

Les infractions énumérées aux art. 1er et 12 sont de la compétence du juge de paix. Les procès-verbaux qui les constatent sont remis à la personne remplissant les fonctions de ministère public près le tribunal de simple police du canton, après avoir été visés pour timbre et enregistrés en débet. (V. Formulaire des procès-verbaux *et le* Journal de la gendarmerie *de 1875, p. 232.*)

MILITAIRES TROUVÉS EN ÉTAT D'IVRESSE.

Consulté sur la question de savoir si la loi du 23 janvier 1873, tendant à supprimer l'ivresse, est applicable à l'armée, le ministre de la guerre a répondu que, en droit, la solution affirmative n'est pas douteuse, attendu qu'aux termes de l'art. 271 du Code de justice militaire, les contraventions de police commises par les militaires, tout en étant laissées à la répression de l'autorité militaire, peuvent être déférées par elle au conseil de guerre, et que, d'après l'art. 267 du même Code, les tribunaux militaires appliquent les peines portées par les lois pénales ordinaires à tous les délits non prévus par le susdit Code. (*Circ. du 6 mai* 1873.)

Il importe de poursuivre énergiquement dans l'armée le vice dégradant de l'ivresse, et le mode de répression judiciaire offre un moyen d'action bien plus efficace que les punitions disciplinaires. Mais, pour que l'application de cette loi soit faite d'une manière uniforme, il a paru nécessaire au ministre de fixer la marche à suivre en cette matière.

Les punitions disciplinaires n'entraînent en aucun cas de conséquences judiciaires, et tout jugement prononcé contre un militaire, pour ivresse, constitue le point de départ pour la récidive, c'est-à-dire pour l'exécution complète de la loi sur l'ivresse. Cette loi, dans ses art. 1er et 2, qui seuls peuvent concerner les hommes appartenant à l'armée, détermine ainsi qu'il suit le mode de répression des fautes d'ivresse :

Contraventions (Tribunal de simple police).

1re faute d'ivresse. — Amende de 1 à 5 fr.
2e faute (1re récidive dans le délai de douze mois après la première condamnation). — Amende de 1 à 5 fr. et prison (trois jours au plus).

Délits (Tribunal correctionnel).

3e faute (2e récidive dans le délai de douze mois après la deuxième condamnation). — Six jours à un mois de prison; amende, 16 à 300 fr.
4e faute (3e récidive dans le délai de douze mois après la troisième condamnation). — Un mois de prison, 300 fr. d'amende; ces peines pouvant être portées au double.

La première contravention et la récidive sont justiciables des tribunaux de simple police, et l'art. 1er de la loi n'édicte pour cette première contravention et cette deuxième faute, qui constitue la première récidive, qu'une amende de 1 à 5 fr.; mais dans ces deux cas l'art. 195 du Code de justice militaire permet d'atteindre très efficacement les délinquants, attendu que cet article donne aux tribunaux militaires la faculté de remplacer ladite peine d'amende par un emprisonnement de six jours à six mois; seulement l'emprisonnement prononcé dans ces conditions ne devra jamais excéder la durée d'un mois, maximum fixé par l'art. 2 de la loi du 23 janvier 1873 en punition de la troisième faute.

Pour cette troisième faute, ou deuxième récidive, qui entraîne l'envoi des civils devant un tribunal correctionnel, les militaires seront encore susceptibles d'être déférés au conseil de guerre, qui pourrait alors prononcer un emprisonnement de six jours à un mois, en aggravant cette peine par la substitution de la prison à l'amende, la peine d'emprisonnement devant toujours être infligée, sans toutefois dépasser deux mois, pénalité prévue pour la quatrième faute ou troisième récidive.

Enfin, en ce qui touche cette quatrième faute, l'emprisonnement en remplacement de l'amende pourrait aller jusqu'à six mois, en vertu de l'art. 195 précité. (*Circ. précitée du 6 mai 1873.*)

Le conseil de guerre de Rouen a jugé, en 1875, qu'une caserne n'est pas un lieu public; un jugement semblable a été rendu par le deuxième conseil de guerre de Paris au sujet d'une baraque, d'un camp, du front de bandière, c'est-à-dire de l'espace compris entre la ligne des factionnaires et la ligne des baraques, en déclarant que ces endroits sont des lieux privés dont l'accès peut toujours être interdit par l'autorité militaire quand bon lui semble.

Mise en liberté provisoire des militaires.

Lorsqu'un militaire sera arrêté en état d'ivresse, qu'il y ait contravention ou délit, il devra être mis en liberté dès que cet état aura cessé, à moins que, en cas de simple contravention, l'autorité militaire ne réprime le fait sans désemparer et par voie hiérarchique. Si la comparution devant le conseil de guerre est jugée utile, ou si elle doit nécessairement avoir lieu, le rapporteur, tout en s'abstenant de décerner mandat, procédera en la forme ordinaire et de la même manière que si un mandat avait été délivré.

Ces dispositions sont applicables à tous les cas de contraventions entraînant une amende. (*Circ. du 22 mai 1878.*)

Décret du 1er mars 1854.

L'habitude de s'enivrer, quand bien même elle n'est pas accompagnée de circonstances aggravantes, suffit pour motiver l'exclusion du corps de la gendarmerie; en conséquence, cette exclusion peut être prononcée contre tout sous-officier, brigadier et gendarme qui, en peu d'années, a subi trois punitions pour cause d'ivrognerie. (*Art.* 564.)

L'ivresse est réputée faute contre la discipline, lors même qu'elle ne trouble point l'ordre public ou militaire. — Les fautes deviennent plus graves quand elles se réitèrent, et surtout quand elles ont lieu pendant la durée du service, ou lorsqu'il s'y joint quelque circonstance qui peut porter atteinte à l'honneur ou entraîner du désordre. (*Art. 570.*)

JEUX DE HASARD.

Ceux qui auront établi ou tenu dans les rues, chemins, places ou lieux publics des jeux de loterie ou d'autres jeux de hasard seront punis d'une amende depuis 6 fr. jusqu'à 10 fr. inclusivement. (*Art. 475 § 5 du Code pénal.*)

On ne peut considérer comme jeu de hasard que ceux auxquels le hasard seul préside. (*Cass.*, 31 *juill.* 1863.)

Ne sont pas compris parmi les jeux de hasard : le jeu de cartes appelé *la mouche* (*Cass.*, 18 *fév.* 1858); le jeu de piquet (*Cass.*, 8 *janv.* 1857); le jeu de cartes désigné sous le nom de *jeu de quinze ou impériale en quinze points*, et la variété de ce jeu qu'on appelle le *quinze en deux coups aller et retour* (*Cour de Bordeaux*, 1ᵉʳ *oct.* 1861); l'*écarté* (*Cour de Pau*, 2 *mai* 1861, *et Cass.*, 31 *juill.* 1863); le jeu de billard dit *jeu de poule* (*Cass.*, 9 *nov.* 1861); le jeu de quilles (*Cass*, 26 *mai* 1855). Toutefois, la Cour de cassation a jugé que l'écarté peut, dans certaines circonstances, être considéré comme un jeu de hasard. (*Arrêts des* 14 *nov.* 1814 *et* 3 *juill.* 1852.)

L'individu qui a établi un jeu de hasard sur la voie publique ne peut être acquitté par le motif que ce jeu ne fonctionnait pas au moment où le procès-verbal a été dressé. (*Cass.*, 29 *août* 1863.)

Lorsqu'il est constaté qu'une personne a établi sur une place publique un jeu de loterie ou autre jeu de hasard, le prévenu ne peut être excusé par le motif que le maire l'y ayant autorisé il doit être présumé de bonne foi. Le maire ne peut dispenser d'exécuter la loi qui prohibe les jeux de hasard. (*Cass.*, 27 *août* 1852.)

La gendarmerie saisit et conduit devant l'autorité compétente ceux qui, dans les foires, marchés, fêtes et autres rassemblements, tiennent des jeux de hasard et autres jeux défendus par les lois et les règlements de police. (*Art* 332 *du décret du* 1ᵉʳ *mars* 1854.)

La confiscation des tables, instruments et appareils de jeux de hasard, prononcée par l'art. 477 du Code pénal, est applicable au cas de jeux tenus dans les lieux publics, tels que cabarets; bien que cet article n'indique que les jeux tenus dans les rues, chemins et voies publiques, il ne s'en réfère pas moins à tous les cas de contravention prévus par le nᵒ 5 de l'art. 475 du Code pénal. (*Cass.*, 12 *nov.* 1852 *et* 7 *juill.* 1854.)

Lorsqu'un procès-verbal régulier constate qu'un individu a établi un jeu de hasard dans un lieu public, le tribunal de simple police ne peut, pour refuser de condamner cet individu aux peines prononcées par l'art. 475 nᵒ 5 du Code pénal, se fonder sur ce qu'on ne jouait pas d'argent à ce jeu, ni sur ce que les joueurs y gagnaient toujours des objets d'une valeur égale à celle de leur mise, ni sur ce que la disposition précitée du Code pénal ne devrait s'appliquer que dans le cas de dol ou d'escroquerie. (*Cass.*, 5 *sept.* 1835 *et* 15 *nov.* 1839.)

Un maire a le droit, d'après les pouvoirs qui sont confiés à l'autorité municipale, de prohiber les jeux de cartes dans les cafés et autres lieux publics. (*Arrêt de cass. du* 21 *janv.* 1837.) Ainsi, d'après cet arrêt, l'autorité municipale aurait la faculté d'étendre les prohibitions des jeux de hasard prononcées par le Code pénal.

Comme la loi prononce la confiscation des objets mis en loterie, des enjeux, fonds et lots proposés aux joueurs, ainsi que des tables, instruments, appareils, etc., et que les gendarmes pourraient ne savoir où les déposer, ou éprouver quelque embarras pour en opérer la saisie et en faire la description qui, en raison de sa longueur, les distrairait de leurs fonctions de surveillance du moment, ils agiront prudemment en prévenant le commissaire de police, qui, en sa qualité d'officier de police judiciaire, peut constater la contravention, opérer la saisie et faire déposer les objets saisis au greffe du tribunal de police, pour être représentés lors du jugement. (V. *Maisons de jeu et Lieux publics.*)

L'art. 475 (n° 5) du Code pénal ne s'applique qu'à ceux qui ont établi ou tenu dans les lieux publics des jeux de loterie ou autres jeux de hasard, et ne concerne pas les individus qui ont simplement pris part à ces jeux (*Cass., 19 nov.* 1849.)

JOURNAUX ET ÉCRITS PÉRIODIQUES.

La gendarmerie n'a point à s'occuper des infractions que peuvent commettre les gérants de journaux, en faisant paraître leurs feuilles journalières ou périodiques, sans avoir rempli les conditions et les formalités exigées à cet égard. Mais si elle a connaissance de publications contenant des provocations à la révolte et au renversement du gouvernement, ou d'articles injurieux à la personne du Président de la République, elle doit en donner avis au procureur de la République, en y joignant les renseignements qu'elle a pu recueillir, en indiquant l'effet que les publications auraient déjà produit, et en désignant les individus qui auraient distribué publiquement ces écrits.

Il est formellement interdit aux militaires de tous grades et de toutes armes, en activité de service, de publier leurs idées ou leurs réclamations, soit dans les journaux, soit dans des brochures, sans la permission de l'autorité supérieure.

Les militaires de la gendarmerie qui veulent faire imprimer un écrit doivent donc en demander l'autorisation au ministre, lequel accorde ou refuse, suivant qu'il le juge convenable. Ceux qui contreviennent à cette prescription se mettent dans le cas d'être punis sévèrement. (*Art.* 659 *du décret du 1er mars* 1854; *note minist. du 31 janv.* 1877; *circ. du 30 mars* 1878; *et circ. du min. de la marine du 28 mars* 1877.)

V. à PRESSE, où se trouve la loi du 29 juillet 1881 sur le colportage et sur la presse; et *Colporteurs, p.* 125.

JOURNAUX OU FEUILLES DE SERVICE.

On entend par journaux de service les feuilles sur lesquelles les commandants de brigade établissent, jour par jour, le service de la gendarmerie. (*Art.* 234 *du décret du 1er mars* 1854.) Elles sont tenues constamment au courant, signées par les autorités civiles, et, en leur absence, par autres personnes notables, dans les lieux où la gendarmerie se transporte ou exerce sa surveillance.

A l'effet de constater, d'une manière complète, les diverses tournées de communes, il est enjoint de faire apposer régulièrement le cachet des maires à la mention qui établit la présence de la gendarmerie. (*Circ. du min. de la guerre du 24 nov. 1855.*)

Si le maire absent avait mis le cachet sous clef, il faudrait en faire mention sur la feuille; s'il s'était refusé la nuit de se lever pour signer la feuille et apposer le cachet, il en serait rendu compte au commandant de l'arrondissement par un rapport spécial.

La feuille de service est visée par les officiers à l'époque de leurs tournées et de leurs inspections aux points de correspondance, et adressée, le premier de chaque mois, aux commandants d'arrondissement, avec la récapitulation numérique du service mensuel. Après avoir vérifié cette feuille et mis leurs observations sur la marche du service, ces officiers la transmettent immédiatement aux commandants de compagnie, qui la vérifient également, la visent et la classent dans leurs archives, pour y avoir recours au besoin. (*Art. 234 dudit décret. — Circ. du 29 juill. 1879. — V. Rapports à fournir, Tournées de communes, Commandants de brigade.*)

Les journaux de service doivent présenter avec ordre, brièveté, clarté, vérité surtout, le service fait (*et non celui à faire*), soit dans la résidence, soit hors de la résidence. Ce sont des pièces officielles qui servent à prouver le zèle, l'activité et la régularité des opérations de l'arme.

Les formules de ces feuilles sont fournies par le ministre et tenues d'après le spécimen contenu dans le cahier des modèles annexé au décret du 1er mars 1854, sous le n° 36.

Les commandants de brigade doivent suivre ce spécimen avec d'autant plus de soin qu'il est expressément recommandé aux officiers, par l'art. 501 du décret du 1er mars 1854 et les circulaires des 7 novembre 1854 et 24 novembre 1855, d'en surveiller la tenue et de s'assurer de la régularité des signatures.

Les jonctions de nuit, les exercices, etc., sont portés sur ces feuilles, et le cachet des maires doit y être apposé dans les tournées de jour et de nuit. Comme il est dit plus haut, en cas d'impossibilité il en est rendu compte.

Les tournées, conduites, escortes et correspondances périodiques de chaque brigade sont toujours faites par deux hommes au moins. Les maréchaux des logis chefs, les maréchaux des logis et brigadiers roulent avec les gendarmes pour ce service. Il doit être établi de manière que les hommes qui ont été employés hors de la résidence fassent immédiatement le service intérieur de la brigade, à moins que des circonstances particulières de maladies ou autres empêchements ne forcent d'intervertir cet ordre. (*Art. 231 du décret du 1er mars 1854.*)

C'est aux commandants d'arrondissement à apprécier les motifs qui ont pu intervertir cet ordre. D'ailleurs les commandants de brigade, lorsqu'il leur est donné avis de crimes, délits ou événements graves, ou lorsqu'ils ont à surveiller une opération importante, se transportent sur les lieux avec un ou plusieurs gendarmes, bien que leur tour ne les y oblige pas. Ce qu'il faut exiger, c'est que le chef de brigade, à moins d'empêchements bien constatés, marche autant et plus même que ses gendarmes, si c'est possible, sans tenir à l'ordre dans lequel il a marché.

Le service journalier est commandé par les chefs de brigade. (V. *Com-*

mandants de brigade.) Ils ne sauraient apporter trop de soins à faire marcher indistinctement chaque gendarme à son tour ; le service pénible doit être partagé également. A cet effet, il est établi des tours de service, de façon à ce que chacun prenne part aux opérations fatigantes et dispendieuses et profite des avantages que peuvent offrir certains services rémunérés, tels que conduite extraordinaire, commission de recensement des chevaux, tirage au sort, conseil de révision, etc. Dans leur intérêt, et pour éviter toute plainte ou récrimination qui ne peuvent que nuire à leur autorité, les chefs de brigade doivent s'abstenir de prendre part à ces services payés plus souvent qu'à leur tour s'il y a un bénéfice réel.

La force publique ne peut se transporter dans un autre arrondissement sans ordres spéciaux et ne peut être requise par les autorités civiles que dans l'étendue de leur territoire. (*Art.* 637 *du décret du* 1er *mars* 1854 *modifié.*)

Les gendarmes commandés de service doivent toujours être dans une bonne tenue. (*Art.* 230 *du décret du* 1er *mars* 1854.) Après avoir été inspectés par le chef de brigade, ils partent de la résidence et ils y rentrent ensemble, sans se quitter pendant la durée du service, à moins de nécessité absolue. Ils ne restent absents de leur résidence que pendant le temps nécessaire à l'exécution du service commandé. Ils ne doivent entrer dans les cafés ou cabarets que lorsqu'ils y sont appelés pour exercer leurs fonctions.

Ils ne découchent jamais, à moins de réquisitions écrites des autorités, ou pour objets de service. (*Art.* 557 *du décret du* 1er *mars* 1854.)

Hors le cas de service, les maréchaux des logis, brigadiers et gendarmes sont tenus de rentrer à la caserne à neuf heures du soir en hiver, et à onze heures en été. (*Art.* 560 *dudit décret.*)

Le service des correspondances s'effectue par deux gendarmes au moins. Les chefs de brigade ne font et ne laissent faire le service à pied que dans le cas de maladie des chevaux, de circonstances exceptionnelles ou d'ordres spéciaux. (V. *Correspondances, Tournées de communes, Service ordinaire, extraordinaire, Conduite que doivent tenir les gendarmes pour opérer avec régularité.*)

JUGES DE PAIX.

Les juges de paix sont officiers de police judiciaire et juges de simple police ; ils peuvent connaître de toutes les contraventions commises dans l'étendue de leur canton.

Les juges de paix ont le droit de requérir la gendarmerie de les accompagner pour les aider à la recherche des crimes et délits, lorsqu'ils se transportent sur les lieux à cet effet. Ces magistrats, agissant comme officiers de police judiciaire, ont les mêmes attributions que les procureurs de la République. (V. *Officiers de police judiciaire.*)

Les juges de paix n'ont pas le droit de requérir la gendarmerie d'assister habituellement à leurs audiences pour en faire la police ; mais ils peuvent la requérir de prêter main-forte dans le cas où ils présumeraient que son secours serait indispensable pour assurer ou rétablir l'ordre et la tranquillité.

Les procès-verbaux des contraventions de police qui doivent être jugées par les tribunaux de paix sont remis au commissaire de police ou à l'adjoint faisant fonctions du ministère public devant les tribunaux de police. (V. *Tribunaux, Procès-verbaux.*)

Les juges de paix ne peuvent appeler auprès d'eux les commandants de gendarmerie pour de simples conférences; mais la gendarmerie, dans ses tournées, se rend chez ces fonctionnaires, pour leur faire part de tous les renseignements qu'elle a recueillis sur les délits constatés, et pour recevoir les communications qu'ils jugent à propos de lui faire. (V. *Relations avec les autorités.*)

Si le juge de paix a besoin de conférer avec un commandant de brigade, à l'occasion d'une instruction relative à un crime ou à un délit, celui-ci doit se rendre à l'invitation dans l'intérêt du service.

Les gendarmes n'ont pas le droit de requérir les juges de paix de les assister dans la notification qu'ils ont à faire de mandats de justice, si les prévenus tiennent leurs portes fermées. Ils ne doivent s'adresser qu'aux maires, adjoints ou commissaires de police. (V. *Maires, Commissaires de police, Tribunaux, Officiers de police judiciaire, art. 42 et 105 du Code d'instruction criminelle.*)

Mais ils peuvent s'adresser à ce magistrat pour les visites domiciliaires en matière forestière. — V. *page 44.*

Appréciation des faits. — Acquittement.

Après une enquête régulièrement faite à l'audience, si le juge pense que les faits imputés aux inculpés ne réunissent pas les conditions nécessaires pour constituer une contravention, et prononce l'acquittement de ces inculpés, il ne fait qu'user d'un droit qui lui appartient comme étant de ceux que le législateur a laissés, par l'art. 159 du Code d'instruction criminelle, à la libre et souveraine appréciation du juge de simple police. (*Cass.,* 17 *nov.* 1860, 28 *mars* 1867 *et* 3 *juill.* 1879.)

Le tribunal ne peut prononcer l'acquittement d'un prévenu qu'en décidant qu'il n'a pas commis la contravention. (*Cass.,* 25 *mess. an* VII.) Cette décision doit être motivée. (*Cass.,* 5 *fév.* 1848 *et* 7 *mars* 1851.)

Lorsque le prévenu est convaincu, le tribunal ne peut s'abstenir de prononcer une peine et se borner à une simple condamnation aux frais. (*Cass.,* 18 *août* 1860.)

Pour un fait de police correctionnelle il faut se reporter à l'art. 191 du Code d'instruction criminelle.

JURY.

Le jury est une réunion de citoyens notables appelés par l'autorité compétente pour décider si les individus traduits devant les Cours d'assises sont coupables ou non des faits dont ils sont accusés.

Nul ne peut remplir les fonctions de juré s'il n'a trente ans accomplis et s'il ne jouit des droits civils, politiques et de famille, ou s'il est dans un des cas d'incapacité ou d'incompatibilité établis par les art. 2 et 3 de la loi du 21 novembre 1872. (*Art.* 1er *de ladite loi.*)

Sont dispensés des fonctions de juré :

1° Les septuagénaires; 2° ceux qui ont besoin pour vivre de leur travail manuel et journalier; 3° ceux qui ont rempli lesdites fonctions pendant l'année courante ou l'année précédente. (*Art.* 4 *de la même loi.*)

Les fonctions de juré sont incompatibles avec celles de militaire en activité de service et pourvu d'un emploi ; mais cette disposition n'est pas applicable aux officiers en disponibilité. (*Note minist. du* 10 *janv.* 1873.)

Un officier retraité après vingt-cinq ans de service ne peut pas se faire rayer de la liste des jurés sous le prétexte qu'il est, pour cinq ans, à la disposition du ministre de la guerre. (*Cass.,* 12 *juill.* 1877.)

Les jurés sont avertis officiellement que le sort les a désignés pour faire partie de la Cour d'assises par les notifications qui leur sont faites par la gendarmerie sur la réquisition de l'autorité administrative. (*Art.* 108 *du décret du* 1er *mars* 1854. — V. *Citations.*)

Un citoyen désigné par le sort et averti officiellement qui ne se rend point aux assises peut, s'il ne justifie pas qu'il était dans l'impossibilité de se rendre au jour indiqué, être condamné par la Cour d'assises à une amende qui est, pour la première fois, de 500 fr., pour la seconde, de 1,000 fr., et pour la troisième, de 1,500 fr. ; cette dernière fois, il est en outre déclaré incapable d'exercer à l'avenir les fonctions de juré. L'arrêt est imprimé et affiché à ses frais. Dans tous les cas, le nom du juré condamné est envoyé au premier président de la Cour d'appel pour être compris dans la liste prescrite par l'art. 391 du Code d'instruction criminelle. (*Art.* 396, 397 *et* 398 *du Code d'instr. crim.*)

L'amende de 500 fr. prononcée par le deuxième paragraphe de l'art. 396 peut être réduite par la Cour à 200 fr., sans préjudice des autres dispositions de cet article. (*Art.* 20 *de la loi du* 21 *nov.* 1872.)

Non seulement le président de la Cour d'assises peut requérir la gendarmerie de prêter main-forte aux huissiers pour maintenir l'ordre et le silence dans les audiences, mais encore il est tenu de donner des ordres spéciaux et par écrit au chef de la gendarmerie de service, pour faire garder les issues de la chambre des délibérations des jurés, afin que personne ne puisse y entrer pendant leur délibération, et qu'ils ne puissent en sortir qu'après avoir formulé leur déclaration. (*Art.* 343 *du Code d'instr. crim.*)

LÉGITIME DÉFENSE.

Il n'y a ni crime ni délit lorsque l'homicide, les blessures ou les coups sont commandés par la *nécessité actuelle* de la légitime défense de soi-même ou d'autrui. (*Art.* 328 *du Code pénal.* — V. *Emploi de la force des armes.*)

Ces mots, *nécessité actuelle*, prouvent qu'il ne s'agit que du moment même où l'on est obligé de repousser la force par la force. On sortirait du cas de légitime défense si l'on usait de violence, si l'on se servait d'armes à feu ou autres, après le flagrant délit.

On peut repousser la force par la force, et se défendre contre tous individus qui, *pendant la nuit*, opèrent l'escalade ou l'effraction des clôtures, murs, ou entrée d'une maison ou appartement habité, ou de leurs dépendances, et contre les auteurs de vols ou pillages exécutés avec violence. (*Art.* 329 *du Code pénal.*)

Le procès-verbal à rédiger, dans ce cas, doit être précédé de minutieuses recherches, puisqu'il a pour but d'établir et de constater des faits que les circonstances seules peuvent rendre excusables, et qu'à l'abri de l'art. 329 du Code pénal, on pourrait exercer une vengeance particulière, qui, alors, constituerait un crime.

Le procès-verbal, exempt de visa pour timbre et d'enregistrement, est envoyé au procureur de la République.

L'homicide est commis en état de légitime défense, non seulement lorsqu'on a recours à la force pour repousser de nuit l'escalade ou l'effraction des clôtures d'un lieu habité, mais encore lorsqu'on frappe un individu qui, après escalade desdites clôtures, se dispose à pénétrer dans l'habitation. (*Cass.*, 8 *déc.* 1871.)

Le motif légitime qui enlève tout caractère pénal aux violences commises par des agents de la force publique peut résulter des circonstances de la cause et du fait que l'agent, en faisant usage de ses armes, s'est conformé aux dispositions d'un texte ayant force de loi, spécialement à l'art. 297 du décret du 1er mars 1854, qui reproduit l'art. 231 de la loi du 26 germinal an VI, encore en vigueur.

En conséquence, c'est à bon droit qu'un arrêt a déclaré non punissable l'homicide commis par un brigadier de gendarmerie, en se fondant, d'une part, sur des actes de rébellion et de violences graves exercées par la personne homicidée sur des agents de la force publique qui procédaient à son arrestation, d'autre part, sur l'article précité du décret du 1er mars 1854. (*Cass.*, 1er *août* 1878. — V. *Homicide, Rébellion, Emploi des armes.*)

Un gendarme qui tue ou blesse un individu, lorsqu'il y a eu des motifs légitimes, n'est passible d'aucune peine.

Il en est de même des douaniers et autres fonctionnaires ou préposés du gouvernement agissant pour l'exécution des lois. (*Arrêt de cass.*, 5 *déc.* 1832.)

LEGS.

M. le général baron de Feuchères.

M. le général de division baron de Feuchères a légué une somme de 100,000 fr. en faveur des enfants de troupe de l'armée. Cette somme, placée en rentes 3 p. 100 sur l'État, rapporte, tous frais déduits, un intérêt annuel de 3,302 fr. à répartir entre seize enfants de troupe.

Chaque année, dans le courant du mois de mai, il est procédé, au ministère de la guerre, devant une commission nommée par le ministre, au tirage au sort des seize prix destinés aux enfants de troupe de l'armée de terre. Sur ce nombre, deux sont attribués aux enfants de troupe de la gendarmerie départementale.

Chaque prix, qui est d'environ 206 fr. au moment de la répartition, peut s'élever à 250 fr. ou 260 fr., y compris les intérêts dont il est productif jusqu'au jour où l'enfant de troupe se trouve dans les conditions voulues pour en devenir possesseur.

Ces conditions sont :

1° Que l'enfant n'ait pas été rayé des contrôles ;
2° Qu'il ait atteint l'âge de dix-huit ans ;
3° Qu'il ait contracté un engagement volontaire de cinq ans.

Dans le cas où le titulaire aurait cessé de compter parmi les enfants de troupe avant d'atteindre l'âge auquel la loi permet de contracter un engagement pour cinq années, il serait déchu de tout droit au prix qui lui aurait été décerné.

A l'inspection générale suivante, le prix serait alors reporté sur un autre enfant de troupe du même corps pour être ultérieurement payé dans les mêmes conditions.

Aucun titre n'est délivré au titulaire; mais, par les soins du ministre, un compte particulier est ouvert, à la Caisse des dépôts et consignations, au nom de chaque enfant de troupe désigné.

Pour en obtenir le paiement, il faut que la demande, faite par le conseil d'administration du corps où le titulaire sert comme engagé volontaire, soit adressée au ministre, accompagnée de l'état signalétique et de services et de la copie de l'acte d'engagement.

Madame veuve Delahaye.

Madame veuve Delahaye, née Marie-Elisabeth-Louise Jousserand, a fait don d'une somme de 50,000 fr. en rente 3 p. 100 sur l'Etat, pour les arrérages être consacrés tous les ans, par les soins du ministre de la guerre et du comité de la gendarmerie départementale, en récompenses distribuées aux gendarmes les plus méritants ou blessés dans l'exercice de leurs fonctions. (29 *janv.* 1870. — *Arrêté du Chef du pouvoir exécutif du* 29 *juill.* 1871.)

M. Raymond.

Un décret du 5 mars 1870 a autorisé le ministre de la guerre à accepter le legs universel fait par le sieur Raymond à la gendarmerie départementale, coloniale et algérienne, aux charges, clauses et conditions imposées par le testament dudit sieur Raymond, daté du 3 mai 1869, dont voici le texte littéral :

« Je donne la nue propriété de tous les biens immeubles, rentes, créances, actions ou obligations de chemins de fer dont j'ai disposé en faveur de Madame Raymond en usufruit seulement, au corps de la gendarmerie départementale, coloniale et algérienne, dernier boulevard de la société moderne, nue propriété à laquelle il réunira l'usufruit au décès de ma veuve. Cette donation est ainsi faite à l'effet de commencer la fondation, en faveur de ce corps si respectable, d'une donation ou caisse spéciale destinée à fournir des secours extraordinaires, indépendamment de ceux accordés par le gouvernement aux sous-officiers et aux gendarmes atteints de blessures graves dans l'exercice de leurs fonctions; à ceux que des maladies, suites de trop grandes fatigues, obligeraient à quitter la gendarmerie prématurément, avec une pension trop faible pour leurs besoins ou même sans pensions. Cette dotation sera encore affectée à donner, dans les circonstances difficiles, en raison de la chèreté (*sic*) des vivres ou autrement, des secours aux sous-officiers et aux gendarmes chargés d'une nombreuse famille. Elle devra aussi venir en aide aux familles de ces militaires qu'un courage trop généreux ou trop imprudent rend victimes de leur dévouement. Les belles actions y donnent également droit.

« Les secours et gratifications seront décernés par une commission spéciale, nommée par le ministre de la guerre et composée d'officiers généraux de la gendarmerie, et de l'armée pour le dernier tiers..............

....

« Je désigne pour exécuteurs testamentaires Mᵉ Emile Delapalme, notaire, et M. Lefèvre, ancien avoué à Paris, et à défaut de l'un d'eux, M. Colmet-Dâage, avocat.

« Nota. La commission à désigner par le ministre de la guerre pour la répartition des secours et gratifications aux sous-officiers de la gendarmerie et aux gendarmes devra être composée d'officiers généraux ou au moins d'officiers supérieurs de la gendarmerie pour les deux tiers et d'officiers généraux pris dans l'armée pour le dernier tiers. »

L'usufruitière, Madame Raymond, est décédée le 15 février 1874, et après le payement des divers legs particuliers il reste disponible un revenu annuel évalué en chiffres ronds à 40,000 fr. (*Circ. du 28 oct. 1875.*)

Afin que les propositions contiennent tous les renseignements nécessaires à une juste appréciation des titres des candidats, il y a lieu de les présenter sur un état indiquant :

1° L'âge du candidat; 2° le nombre d'années de service; 3° les campagnes; 4° les blessures; 5° le nombre d'enfants; 6° les motifs spéciaux sur lesquels est basée la proposition.

Cet état est accompagné, pour chaque candidat, d'une copie des états de service et d'un extrait du registre de discipline. (*Circ. du 27 sept. 1879.*)

M. le général Leroy-Duverger.

M. le général de brigade Leroy-Duverger a légué une somme de 10,000 fr. convertie en une rente 3 % de 437 fr. à répartir chaque année, au moyen de livrets de caisse d'épargne, à dix enfants de troupe de l'armée de terre. Ces prix sont tirés au sort, et il en est attribué un aux enfants de troupe de la gendarmerie. (*Décret du 12 avril 1876, rendu sur le rapport du min. de l'intér.*)

Un anonyme.

Un anonyme a fait don, en faveur de la gendarmerie d'Afrique, d'une somme de 4,800 fr. convertie en une rente française 3 % de 195 fr. Au moyen de ladite rente de 195 fr., il est décerné annuellement à l'époque des inspections :

1° Un prix de 114 fr. au gendarme de la compagnie de Constantine qui se sera le plus distingué dans le courant de l'année par une action d'énergie dans l'accomplissement de ses devoirs ou par sa manière de servir;

2° Un prix de 81 fr. au plus méritant des gendarmes appartenant aux trois autres compagnies de la légion d'Afrique (Alger, Blidah et Oran). (*Décret du 2 mars 1878.*)

M. le maréchal Baraguey d'Hilliers.

M. le maréchal Baraguey d'Hilliers a légué à l'armée 20,000 fr. de rente qui, chaque année, sont répartis : 10,000 fr. aux officiers blessés ou nécessiteux, et 10,000 fr. aux sous-officiers et soldats dans les mêmes conditions, sans que jamais les officiers, sous-officiers et soldats puissent en jouir deux années consécutives. La répartition de ce legs est faite par une commission dont M. le colonel Hepp est le président. (*Testament olographe du 27 fév. 1878; décret du 5 déc. 1879.*)

Les militaires en activité de service sont *seuls* admis à bénéficier de la fondation. En ce qui concerne les *officiers,* la plus grande discrétion possible doit entourer la distribution des subventions, et, dans cet ordre d'idées, il n'est pas exigé de propositions transmises par la voie hiérarchique; toute personne, et les intéressés eux-mêmes ont la faculté de porter directement à la connaissance de la commission les faits de nature à être soumis à son examen. Mais, pour les sous-officiers et soldats, les propositions ou demandes les concernant doivent être envoyées sans exception au ministre par leurs supérieurs. Il faut joindre à chaque proposition un relevé des services. (*Circ. du* 19 *mars* 1881.)

M. Barbault de La Motte.

M. Barbault de La Motte, colonel de cavalerie en retraite, a légué un titre de rente 3 %, de 50 fr., pour les arrérages être employés à la distribution annuelle d'un prix qui sera décerné à l'époque de l'inspection à un sous-officier, brigadier ou gendarme désigné par le sort parmi les quarante plus anciens de la compagnie de la Vienne. (*Décret du* 4 *mai* 1882.)

LIEUX PUBLICS.

Toute personne qui voudra ouvrir un débit de boissons à consommer sur place n'aura qu'à faire, quinze jours au moins à l'avance et par écrit, à la mairie de la commune où le débit doit être établi, une déclaration rédigée conformément aux indications de l'art. 2 de la loi du 17 juillet 1880, et à laquelle il ne sera besoin de joindre aucune autre pièce.

D'après cette disposition, le maire n'a plus d'approbation à accorder. Son rôle est de donner purement et simplement récépissé de la déclaration et d'en transmettre une copie au procureur de la République, à qui il appartient de s'assurer, par l'examen du casier judiciaire, si le déclarant est ou non classé parmi les incapables. (*Art. 2 de la loi.*)

Les mêmes déclarations devront être faites soit en cas de mutation dans la personne du propriétaire ou du gérant, soit en cas de translation du débit d'un lieu à un autre.

Dans le premier cas, la déclaration devra être faite dans les quinze jours qui suivront la mutation; dans le second, elle devra être déposée huit jours au moins avant la date de la translation, et la transmission des unes et des autres devra être faite également par le maire au procureur de la République. (*Art.* 3.)

Ces diverses déclarations sont toutes affranchies du timbre, mais non le récépissé. Cette dernière pièce devant être représentée à toute réquisition des agents de l'autorité, elle constitue un document destiné à être produit pour justification ou défense et doit, à ce titre, être soumise, en vertu de l'art. 12 de la loi du 13 brumaire an VII, au droit de timbre établi en raison de la dimension du papier.

Les art. 4, 5, 6, 7 et 8 ne sont qu'une énumération des diverses catégories de personnes déclarées incapables perpétuellement ou temporairement d'exploiter des débits de boissons, avec l'indication des pénalités qui leur seraient applicables en cas d'infractions de leur part; ces articles ne doivent donner lieu à aucun commentaire, l'administration n'étant plus investie du droit de statuer elle-même en cette matière, et n'ayant présentement d'autre devoir que de transmettre aux parquets, ainsi qu'elle le fait pour les déclarations d'ouverture, les procès-verbaux dressés par les agents de surveillance placés sous ses ordres.

L'art. 9 remet aux mains des maires un droit fort important, mais aussi d'une application très délicate, en leur conférant la faculté de déterminer,

— les conseils municipaux entendus, — et sans préjudicier aux droits acquis, les distances auxquelles les débits de boissons ne pourront être installés autour des édifices consacrés au culte ou à l'instruction.

Deux excès contraires sont à redouter dans les questions de ce genre, auxquelles viennent souvent, sinon toujours, se mêler des intérêts personnels et des influences locales : trop de rigueur parfois, et parfois trop de complaisance. Mais les maires ont d'autant plus de facilités de résister aux sollicitations dont on pourrait tenter de les circonvenir qu'ils doivent s'appuyer sur le conseil municipal. Ils ne doivent jamais perdre de vue que les termes de l'art. 9 sont absolument limitatifs et ne s'appliquent qu'aux lieux qui y sont expressément désignés.

Les arrêtés que les maires peuvent prendre dans ces circonstances doivent toujours être soumis à l'approbation des préfets et ne deviennent exécutoires qu'un mois après la date de leur réception à la préfecture. Les dispositions et considérations qui précèdent ne s'appliquent qu'aux débits de boissons permanents; ceux qu'on voudrait ouvrir temporairement à l'occasion d'une foire, d'une vente ou d'une fête publique demeurent soumis, aux termes de l'art. 10, à l'obtention préalable d'une permission de l'autorité municipale, conformément à la pratique ancienne, à laquelle il n'est apporté sur ce point aucune modification.

En déclarant que les infractions ou contraventions aux règlements de police continueront à être punies des peines de simple police, l'art. 11 n'a fait que confirmer implicitement la législation ancienne, en laissant intact le pouvoir réglementaire qui appartient à l'administration en matière de police générale ou municipale, et notamment en ce qui touche la police des lieux publics. (*Circ. du min. de l'intér. du 20 août 1880.*)

Loi du 17 juillet 1880.

Aux termes de l'art. 1er de la loi du 17 juillet 1880, le décret du 29 décembre 1851 sur les cafés, cabarets et débits de boissons à consommer sur place est abrogé.

Art. 2. Toute personne qui voudra ouvrir un café, cabaret ou autre débit de boissons à consommer sur place sera tenue de faire, quinze jours au moins à l'avance et par écrit, une déclaration indiquant :

1° Ses nom, prénoms, lieu de naissance, profession et domicile;

2° La situation du débit;

3° A quel titre elle doit gérer le débit, et les nom, prénoms, profession et domicile du propriétaire, s'il y a lieu.

Cette déclaration sera faite à la mairie de la commune où le débit doit être établi.

A Paris, elle sera faite à la préfecture de police.

Il en sera donné immédiatement récépissé.

Dans les trois jours de cette déclaration, le maire de la commune où elle aura été faite en transmettra copie intégrale au procureur de la République de l'arrondissement.

Art. 3. Toute mutation dans la personne du propriétaire ou du gérant devra être déclarée dans les quinze jours qui suivront.

La translation du débit d'un lieu à un autre devra être déclarée huit jours au moins à l'avance.

La transmission de ces déclarations sera faite aussi au procureur de la

République de l'arrondissement, conformément aux dispositions édictées dans le précédent art. 2.

Art. 4. L'infraction aux dispositions des deux précédents articles sera punie d'une amende de 16 fr. à 100 fr.

Art. 5. Les mineurs non émancipés et les interdits ne peuvent exercer par eux-mêmes la profession de débitant de boissons.

Art. 6. Ne peuvent non plus exploiter des débits de boissons à consommer sur place :

1° Tous les individus condamnés pour crimes de droit commun ;

2° Ceux qui auront été condamnés à un emprisonnement d'un mois au moins, pour vol, recel, escroquerie, filouterie, abus de confiance, recel de malfaiteurs, outrage public à la pudeur, excitation de mineurs à la débauche, tenue d'une maison de jeu, vente de marchandises falsifiées et nuisibles à la santé, conformément aux art. 379, 401, 405, 406, 407, 408, 248, 330, 334, 410 du Code pénal, et à l'art. 2 de la loi du 27 mars 1851.

L'incapacité sera perpétuelle à l'égard de tous les individus condamnés pour crimes. Elle cessera cinq ans après l'expiration de leur peine, à l'égard des condamnés pour délits, si, pendant ces cinq années, ils n'ont encouru aucune condamnation correctionnelle à l'emprisonnement.

Art. 7. Les mêmes condamnations, lorsqu'elles seront prononcées contre un débitant de boissons à consommer sur place, entraîneront de plein droit contre lui, et pendant le même délai, l'interdiction d'exploiter un débit, à partir du jour où lesdites condamnations seront devenues définitives.

La même interdiction atteindra aussi tout débitant qui viendrait à être condamné à un mois au moins d'emprisonnement, en vertu des art. 1er et 2 de la loi du 23 janvier 1873, pour la répression de l'ivresse publique.

Le débitant interdit ne pourra être employé, à quelque titre que ce soit, dans l'établissement qu'il exploitait, comme attaché au service de celui auquel il aurait vendu ou loué, ou par qui il ferait gérer ledit établissement, ni dans l'établissement qui serait exploité par son conjoint même séparé.

Art. 8. Toute infraction aux dispositions des art. 5, 6 et 7 sera punie d'une amende de 16 fr. à 200 fr.

En cas de récidive, l'amende pourra être portée jusqu'au double, et le coupable pourra, en outre, être condamné à un emprisonnement de six jours à un mois.

Art. 9. Les maires pourront, les conseils municipaux entendus, prendre des arrêtés pour déterminer, sans préjudice des droits acquis, les distances auxquelles les cafés et débits de boissons ne pourront être établis autour des édifices consacrés à un culte quelconque, des cimetières, des hospices, des écoles primaires, collèges ou autres établissements d'instruction publique.

Art. 10. Les individus qui, à l'occasion d'une foire, d'une vente ou d'une fête publique, établiraient des cafés ou débits de boissons ne seront pas tenus à la déclaration prescrite par l'art. 2, mais ils devront obtenir l'autorisation de l'autorité municipale.

En cas d'infraction à la présente disposition, le débit sera immédiatement fermé, et le contrevenant puni de la peine portée en l'art. 4.

Art. 11. Les infractions ou contraventions aux règlements de police continueront à être punies des peines de simple police.

Art. 12. L'art. 463 du Code pénal sera applicable à tous les délits et contraventions prévus par les articles ci-dessus.

Délits à constater en vertu de cette loi. — Direction à donner aux procès-verbaux.

1° Absence de déclaration dans les conditions et dans les délais prescrits par les art. 2 et 3 ;

2° Profession de débitant exercée par les individus énumérés aux art. 5, 6 et 7.

Les procès-verbaux constatant ces infractions sont visés pour timbre, enregistrés en débet et envoyés au procureur de la République, parce qu'elles sont passibles de peines correctionnelles.

Contraventions aux règlements de police. — Direction à donner aux procès-verbaux.

Les procès-verbaux constatant des contraventions aux règlements légalement faits par l'autorité administrative ou aux arrêtés publiés par l'autorité municipale doivent être visés pour timbre, enregistrés en débet et remis à la personne remplissant les fonctions du ministère public près le tribunal de simple police du canton.

Les infractions à ces règlements ou arrêtés sont punies d'une amende depuis 1 fr. jusqu'à 5 fr. inclusivement. (*Art. 471 n° 15 du Code pénal; art. 11 de la loi précitée du 17 juill. 1880.*)

Tombent sous l'application de la même peine les infractions aux arrêtés pris par les maires en exécution de l'art. 9 de ladite loi.

La contravention du cafetier ou de l'aubergiste qui a reçu du monde dans sa maison et donné à boire et à manger après l'heure fixée par les règlements de police ne peut être excusée par le motif qu'il avait invité les personnes trouvées chez lui et que ces personnes n'ont rien payé. (*Cass., 4 avril, 20 mai 1823 et 14 fév. 1840.*)

Un aubergiste, cafetier ou limonadier ne peut, après l'heure fixée pour la fermeture des lieux publics, garder chez lui des personnes étrangères à sa maison, sous prétexte qu'elles étaient de ses amis, qu'il les avait invitées à dîner, et que ce ne sont pas des habitués du café. (*Cass., 5 fév. 1846 et 17 fév. 1855.*)

Les aubergistes et les restaurateurs ne peuvent donner à boire et à manger après l'heure de la fermeture qu'aux personnes demeurant dans ces établissements, à celles en cours de route qui auraient besoin de faire rafraîchir leurs chevaux ou de prendre elles-mêmes quelque nourriture, et enfin aux personnes qui demandent à coucher. (*Cass., 16 mai 1865.*)

Le cabaretier trouvé après l'heure de la fermeture buvant avec son jardinier, qui est venu, dit-il, pour régler un compte, ne peut être relaxé. bien que la devanture de son établissement était fermée à l'heure où fut dressé le procès-verbal. (*Cass., 3 mars 1876.*)

La Cour de cassation, par un arrêt du 27 août 1875, a réformé un jugement du tribunal de simple police du canton de Milianah (Algérie) par lequel il avait relaxé la maîtresse d'un café qui avait conservé dans sa chambre à coucher des amis ou des invités après l'heure de la fermeture réglementaire.

La maison d'un cabaretier, cafetier et autres débitants de boissons est réputée *lieu public* dans toutes ses parties et dépendances. (*Cass.*, 29 *déc.* 1865.)

Un jeu de quilles dépend également de l'établissement, et par suite est soumis aux mesures de police prescrites par les règlements municipaux, et notamment à celles relatives à l'expulsion des gens en état d'ivresse.

D'après cette jurisprudence, tout ce qui est entouré d'une clôture doit être évacué à l'heure réglementaire, comme les salles du cabaret, café, etc. (*Cass.*, 2 *juin* 1855.)

Il y a contravention dans le fait d'un cafetier ou cabaretier qui a laissé sa porte ouverte après l'heure réglementaire, bien qu'il n'y eût aucune personne étrangère dans son établissement. (*Cass.*, 4 *juin* 1858 et 11 *mai* 1867.)

Un règlement qui fixe l'heure de fermeture des lieux publics s'applique :

1° Aux établissements qui vendent des boissons à emporter (*Cass.*, 16 *juin et* 5 *août* 1855) ;

2° Aux établissements mixtes qui sont à la fois auberges et cabarets ;

3° Aux débits de boissons annexés même accessoirement à un autre commerce. (*Cass.*, 27 *nov.* 1858.)

Deux gendarmes qui ont entendu jouer au billard, après l'heure de clôture fixée par un arrêté du maire, dans un café dont les portes étaient fermées, ont pu valablement, malgré le refus qui leur a été fait de leur ouvrir, dresser procès-verbal de la contravention. (*Cass.*, 30 *avril* 1846.)

Le règlement de police qui prescrit la fermeture à une heure déterminée des cabarets et autres *lieux publics* est applicable à la boutique d'un confiseur ou d'un traiteur qui vend des pâtisseries et des liqueurs dont la consommation se fait dans sa maison. (*Cass.*, 4 *mars* 1853.)

Quand des buveurs ont été trouvés dans un café ou dans une auberge après l'heure fixée pour la fermeture de cet établissement, le cabaretier ou l'aubergiste ne peut être excusé par le motif qu'il exploite une voiture publique qui part au milieu de la nuit, si le jugement ne déclare pas que ces buveurs attendaient le départ de cette voiture pour y prendre place. (*Cass.*, 14 *fév. et* 30 *mai* 1840.)

L'arrêté municipal qui porté que les cabarets et auberges doivent être fermés *à l'heure de la retraite*, annoncée par *le son de la cloche*, est applicable au cabaretier qui tient sa maison ouverte après l'heure *ordinaire* de la retraite, alors même qu'elle n'aurait pas été sonnée. (*Cass.*, 20 *sept.* 1851 *et* 17 *fév.* 1855.)

Le cabaretier qui n'a pas affiché un arrêté de police n'est pas excusable sous prétexte que cet arrêté ne lui a pas été envoyé et qu'il n'a pu se le procurer. (*Cass.*, 14 *juill.* 1877.)

Horloges. — Lorsqu'il est constaté que contrairement à un arrêté municipal qui ordonne la fermeture des lieux publics, par exemple, à dix heures précises du soir, un cabaretier, cafetier ou marchand de vin a donné à boire chez lui à dix heures vingt minutes, le tribunal de police ne peut, sans méconnaître la foi due au procès-verbal, renvoyer le prévenu de la plainte, sous prétexte que le fait de la contravention dépendait du plus ou moins d'exactitude d'une horloge ou d'une montre, qu'il n'y a pas d'horloge communale, et que, d'ailleurs, il est dans l'esprit de la loi de laisser quelques minutes aux cabaretiers pour faire sortir les personnes qui se trouvent chez eux. (*Cass.*, 2 *août* 1849, 17 *janv. et* 23 *nov.* 1850.)

Consommateurs. — Les personnes qui entrent dans les cafés ou cabarets après l'heure fixée pour la fermeture sont passibles des peines de simple police, aussi bien que les chefs de ces établissements qui les reçoivent, si l'arrêté local en fait mention. Dans ce cas, ils ne peuvent être renvoyés de la plainte sous le prétexte qu'ils n'y venaient pas pour consommer. (*Cass.*, 15 *juill.* 1852, 26 *fév.* 1875 et 20 *fév.* 1880.)

Lorsque l'arrêté s'applique uniquement aux cafetiers, cabaretiers et autres débitants de boissons à consommer sur place, et non aux consommateurs, la pénalité qui en sanctionne les dispositions ne saurait être étendue à ces derniers. (*Cass.*, 1ᵉʳ *fév.* 1873.)

S'il existe un arrêté municipal défendant de donner à boire à des mineurs de moins de vingt-et-un ans, le juge de paix est tenu de condamner ceux qui contreviennent à ce règlement. (*Cass.*, 8 *fév.* 1877.)

Permissions. — Le maire ne peut accorder aucune dispense. En dehors du cas où il s'agit de la location de la salle d'un café ou cabaret à une réunion *privée*, telle qu'une noce, le maire ne peut accorder de dispense de fermeture qu'à deux conditions : il faut que le règlement sur la police des débits de boissons lui ait expressément réservé cette faculté ; de plus, il ne peut en user qu'au profit de tous les débitants de boissons de la commune. Les dispenses particulières sont nécessairement illégales, quand même le règlement sur la fermeture des lieux publics, en vigueur dans la localité, émanerait non du préfet, mais du maire lui-même. (*Cass.*, 4 *janv.* 1862, 30 *juill.* 1875 et 17 *mai* 1877.)

Lorsqu'un arrêté préfectoral fixant l'heure de fermeture des débits de boissons permet aux maires d'accorder des prorogations dans certains cas expressément déterminés, ces prorogations ne peuvent être étendues à d'autres cas. Par suite, il ne peut y avoir relaxe du débitant en contravention sous le prétexte d'une autorisation spéciale du maire, lors même qu'il serait d'accord avec le commandant de la brigade de gendarmerie. (*Cass.*, 29 *janv.* 1876 et 27 *sept.* 1877.)

Cercles. — Les arrêtés municipaux, sur l'heure de la fermeture des lieux publics, sont inapplicables aux cafés établis dans l'intérieur d'un *cercle* régulièrement ouvert et dans lesquels le public n'est point admis. (*Cass.*, 21 *juin* 1851 et 12 *sept.* 1852.)

Les cercles, casinos ou sociétés dites littéraires, dans lesquels sont admis seulement les membres de la société, ne peuvent être considérés comme *lieux publics* par la circonstance que l'administrateur y vend des rafraîchissements aux sociétaires. En conséquence, un arrêté municipal ne peut, sans excès de pouvoir, en ordonner la fermeture aux heures prescrites par les règlements de police pour les cabarets, lorsque les conditions d'existence de ce cercle autorisé n'ont pas été changées et que le café n'a pas été ouvert au public. (*Cass.*, 14 *juill.* 1849, 21 *juin* et 12 *sept.* 1851.)

Enseignes. — *Bouchons*. — Tous ceux qui débitent des boissons sujettes aux droits sont tenus de faire connaître leur profession, au moyen d'une enseigne ou d'un bouchon, afin de permettre aux employés de la régie de connaître les personnes auxquelles ils doivent réclamer le payement de l'impôt sur lesdites boissons. (*Décret du 5 mai* 1808.) Un arrêt de la Cour de cassation du 7 avril 1809 a jugé que la contravention à cette prescription ne comportait aucune excuse. La gendarmerie n'a pas à constater ces contraventions.

Chemins de fer. — Le buffet d'une gare de chemin de fer n'est pas soumis à l'arrêté qui fixe dans la localité ou dans le département l'heure de fermeture des débits de boissons, mais seulement aux décrets et arrêtés approuvés par le ministre qui ont pour objet la police des chemins de fer (*Cass.*, 2 *juill.* 1870.)

Les stations des chemins de fer sont des lieux publics, même quant à la partie de ces stations destinée à servir de bureau, lorsque cette partie est accessible aux personnes qui sont dans le cas de s'adresser aux employés pour objets de service. (*Cass.*, 28 *avril* 1843.)

Liberté de profession. — La loi du 2 mars 1791, art. 7, en établissant le principe de la liberté du commerce et de l'industrie, a abrogé l'ordonnance du 20 janvier 1563 relative aux hôteliers, qui étaient obligés de loger les voyageurs quand ils avaient des logements disponibles, et qui leur imposait des tarifs. — Par suite, on ne peut obliger un aubergiste à recevoir dans son auberge, malgré la réquisition de la gendarmerie, un individu trouvé couché et mourant de faim sur la route. Le refus, en pareil cas, n'est pas punissable. (*Cass.*, 17 *juin* 1853. — V. *Aubergistes.*)

Il en est de même du refus de loger un mendiant malade amené dans une auberge par un commissaire de police. (*Cass.*, 2 *juill.* 1857.)

Bals. — L'autorité municipale peut légalement interdire l'ouverture des bals publics sans son autorisation préalable. (*Cass.*, 6 *janv.* 1834 *et* 4 *mai* 1866. — *Lois des* 24 *août* 1790 *et* 22 *juill.* 1791.)

Doit être rangé parmi les bals publics qui ne peuvent être ouverts sans autorisation, le bal organisé par souscription dans une salle publique, auquel est admise toute personne qui se présente en s'engageant à prendre sa part des frais, encore bien que le nombre des souscriptions soit limité à un chiffre fixé d'avance (*Cass.*, 6 *juill.* 1867); mais non le bal donné, même dans un établissement public, à l'occasion d'un mariage, bal dans lequel il n'est pas irrégulier d'admettre des personnes n'ayant pas fait partie du cortège de la noce, si, d'ailleurs, ces personnes ne sont reçues que sur invitation et à raison de leur qualité d'ami de la famille. (*Cass.*, 3 *août* 1867.)

Le maître d'hôtel qui n'est ni cafetier ni cabaretier peut, sans contrevenir à un arrêté préfectoral fixant les heures d'ouverture et de fermeture des débits de boissons, laisser ouvertes, après l'heure réglementaire, les portes de son établissement à l'occasion d'un bal auquel n'assistent que des invités. Il en serait ainsi quand même des rafraîchissements eussent été servis aux personnes faisant partie de cette réunion. (*Cass.*, 2 *oct.* 1879.)

L'autorité municipale peut réglementer les danses qui ont lieu non seulement sur les places publiques, mais aussi dans les établissements ouverts au public. (*Cass.*, 2 *mai* 1861.)

Le maire peut, sans consulter le conseil municipal, décider que les danses publiques auront lieu sur un emplacement spécial, et les interdire dans les établissements publics. (*Cass.*, 14 *août* 1865.)

Le local occupé par un limonadier est présumé *lieu public* dans toutes ses parties : une location partielle et momentanée à un ou plusieurs particuliers, avec la destination d'employer ce local à donner un bal, ne peut effacer le caractère de publicité et soustraire le lieu public à la surveillance de la police et à l'exécution des règlements promulgués par l'autorité municipale. — En conséquence, lorsqu'il est constaté, par un procès-verbal régulièrement dressé, qu'un limonadier, contrairement à un règlement de police, a tenu un bal après dix heures, sans avoir obtenu une autorisation spéciale de la police, le tribunal saisi de la contravention ne peut relaxer le contrevenant par le motif que ce n'était pas lui, mais bien une société de jeunes gens qui avait donné le bal dont il s'agit, et qu'il s'était borné à louer à cet effet son local à ladite société. (*Cass.*, 30 *avril* 1846.)

Une salle de danse qui communique avec un café, cabaret ou autre débit de boissons à emporter étant, aux termes d'un arrêt de la Cour de cassation en date du 2 juin 1855, une dépendance de cet établissement, l'entrée de ladite salle est interdite aux mineurs, conformément à l'art. 4 de la loi du 23 janvier 1873, sur l'ivresse.

Lors même que la salle de bal aurait été louée à des particuliers pour une noce, il faut qu'elle soit évacuée à l'heure fixée par la permission accordée, sous peine d'amende. (*Cass.*, 20 *fév.* 1840. — V. *Aubergistes, Lieux publics, Ivresse.*)

Débits de tabac. — Le débitant de tabac qui ne vend pas à boire n'est soumis au règlement de police sur les cafés, cabarets, etc., que s'il y a une condition spéciale à ce sujet dans l'arrêté local.

Jeux. — L'autorité municipale a le droit de réglementer les jeux dans les cafés, cabarets et autres lieux publics Elle peut, par exemple, défendre de jouer des sommes d'argent. (*Cass.*, 3 *juill.* 1852. — V. *Jeux de hasard et Maisons de jeu.*)

LIVRETS D'OUVRIERS.

La loi du 14 mai 1851, celle du 22 juin 1854 et le décret du 30 avril 1855 portant règlement sur les livrets d'ouvriers forment la législation en cette matière.

Aux termes de la loi du 22 juin 1854 :

1° Les ouvriers de l'un et de l'autre sexe attachés aux manufactures, fabriques, mines, minières, carrières, chantiers, ateliers et autres établissements industriels, ou travaillant chez eux pour un ou plusieurs patrons, sont tenus de se munir d'un livret.

2° Ces livrets sont délivrés par les maires.

3° Les chefs ou directeurs desdits établissements ne peuvent employer un ouvrier, soumis à l'obligation du livret, s'il n'est porteur d'un livret qui soit en règle.

4° Si l'ouvrier est attaché à l'établissement, le chef ou directeur doit, au moment où il le reçoit, inscrire sur son livret la date de son entrée.

Il transcrit, sur un registre non timbré qu'il doit tenir à cet effet, les nom et prénoms de l'ouvrier, le nom et le domicile du chef de l'établissement qui l'aura employé précédemment, et le montant des avances dont l'ouvrier sera resté débiteur envers celui-ci.

Il inscrit sur le livret, à la sortie de l'ouvrier, la date de la sortie et l'acquit des engagements. Il y ajoute, s'il y a lieu, le montant des avances dont l'ouvrier restait débiteur envers lui, dans les limites fixées par la loi du 14 mai 1851.

5° Si l'ouvrier travaille habituellement pour plusieurs, chaque patron inscrit sur le livret le jour où il lui confie de l'ouvrage, et transcrit sur son registre les nom, prénoms et domicile de l'ouvrier.

Lorsqu'il cesse d'employer l'ouvrier, il inscrit sur le livret l'acquit des engagements, sans aucune autre énonciation.

6° Le livret, après avoir reçu les mentions prescrites, est remis à l'ouvrier.

8° Dans tous les cas, il n'est fait sur le livret aucune annotation favorable ou défavorable à l'ouvrier.

11° Les contraventions aux art. 1er, 3, 4, 5 et 8 de ladite loi sont punies par le tribunal de simple police d'une amende de 15 fr. Il peut, de plus, être prononcé un emprisonnement d'un à cinq jours.

12° Tout individu coupable d'avoir fabriqué un faux livret, ou falsifié un livret originairement véritable, ou fait sciemment usage d'un livret qui ne lui appartient pas, est puni d'un emprisonnement de trois mois à un an.

L'art. 463 du Code pénal peut toujours être appliqué.

Aux termes de l'art. 2 du règlement précité du 30 avril 1855, pour assurer l'exécution de la loi du 22 juin précédent, le livret d'un ouvrier peut être visé par le maire pour lui servir de passe-port à l'intérieur. Le visa de départ indique toujours une destination fixe et ne vaut que pour cette destination.

Ce visa pour passe-port n'est accordé que sur la mention, inscrite sur le livret, que l'ouvrier a rempli tous ses engagements.

Aux termes de l'art. 12 dudit règlement, le livret ne peut être visé pour servir de passe-port si l'ouvrier a interrompu l'exercice de sa profession, ou s'il s'est écoulé plus d'une année depuis le dernier certificat de sortie inscrit sur son livret.

L'art. 4 de la loi du 22 juin 1854, qui prescrit aux chefs et directeurs des manufactures et usines d'inscrire sur un registre les ouvriers qu'ils admettent à travailler chez eux, est inapplicable lorsqu'il s'agit de simples apprentis. — Il est inapplicable aussi à l'individu que rien ne constate être chef d'un atelier industriel et employer habituellement des ouvriers soumis à l'obligation d'être munis d'un livret en règle, lorsqu'il est constant, au contraire, qu'il n'a reçu chez lui aucun ouvrier devant être porteur d'un livret. (*Cass.*, 9 *fév.* 1856.)

Un règlement qui enjoint à chaque patron de porter au bureau de police le livret d'un ouvrier lorsqu'il entre chez lui ou lorsqu'il quitte son atelier est légal et obligatoire. (*Cass.*, 19 *août* 1868.)

LOGEMENTS MILITAIRES.

Un maire a le droit de régler, par un arrêté, la répartition du logement des gens de guerre, et de diviser en plusieurs classes les habitants de sa commune, de manière à assigner à chacun d'eux, selon ses facultés, le nombre de militaires qu'il aura à loger. Un arrêté de cette nature est obligatoire pour les tribunaux. (*Cass.*, 30 *août* 1842.)

La loi du 23 mai 1792 soumettant les citoyens à loger les gens de guerre, lorsque les bâtiments militaires de la localité sont insuffisants, oblige seulement les habitants à fournir un lit pour deux hommes.

Est illégal l'arrêté municipal qui interdit aux habitants et aux logeurs de coucher deux militaires dans le même lit. Ce serait aggraver l'obligation imposée aux habitants, et créer un supplément d'impôt qu'aucune loi ne rend obligatoire. (*Cass.*, 25 *mars* 1852.)

Toutes les prestations donnent droit à des indemnités représentatives de leur valeur, sauf dans les cas spécialement déterminés par l'art. 15 de la loi du 3 juillet 1877.

Le logement chez l'habitant est exigible par voie de réquisition pour les hommes et pour les chevaux. (*Art. 5 et 10 de ladite loi.*)

Le refus, par un particulier, de loger les militaires qui lui sont adressés par le maire constitue une contravention punissable d'après l'art. 471 n° 15 du Code pénal. (*Cass., 12 juin 1845.*)

Aux termes de l'art. 5 ci-dessus de la loi du 3 juillet 1877, et en cas d'insuffisance des bâtiments militaires destinés au logement des troupes, il y est suppléé au moyen de maisons ou d'établissements loués par les municipalités, reconnus et acceptés par l'autorité militaire, ou au moyen du logement des officiers et des hommes de troupe chez l'habitant.

Le logement est fourni de la même manière, à défaut de bâtiments militaires dans les villes, villages, hameaux et maisons isolées, aux troupes détachées ou cantonnées, ainsi qu'aux troupes de passage et aux militaires isolés. (*Art. 9 de ladite loi. — V. Réquisitions militaires, p. 625.*)

Dans l'établissement du logement ou du cantonnement chez l'habitant, les municipalités ne feront aucune distinction de personnes, quelles que soient leurs fonctions ou qualités. (*Art. 12 § 1er de la loi précitée.*)

Seront néanmoins dispensés de fournir le logement dans leur domicile les détenteurs de caisses publiques déposées dans ledit domicile, les veuves et filles vivant seules et les communautés religieuses de femmes. Mais les uns et les autres sont tenus d'y suppléer en fournissant le logement en nature chez d'autres habitants, avec lesquels ils prendront des arrangements à cet effet; à défaut de quoi il y sera pourvu à leurs frais par les soins de la municipalité. (*Art. 12 § 2 de la même loi.*)

Mais, dans l'hypothèse d'un cantonnement serré, les dépositaires de caisses publiques, les veuves, les filles et les communautés religieuses pourront être requis dans toutes les dépendances de leurs logements, sous la seule condition de fermer les communications avec les logements occupés par eux-mêmes. (*Avis du Conseil d'État, et circ. du 23 juin 1881.*)

Les officiers et les fonctionnaires militaires, dans leur garnison ou résidence, ne logeront pas les troupes dans le logement militaire qui leur sera fourni en nature; et lorsqu'ils seront logés en dehors des bâtiments militaires, ils ne seront tenus de fournir le logement aux troupes qu'autant que celui qu'ils occuperont excédera la proportion affectée à leur grade ou à leur emploi. (*Art. 12 § 3 de la loi précitée.*)

Les officiers en garnison dans le lieu de leur habitation ordinaire seront tenus de fournir le logement dans leur domicile propre, comme les autres habitants. (*Art. 12 § 4 de la même loi.*)

Les municipalités veilleront à ce que la charge du logement ou du cantonnement soit répartie avec équité sur tous les habitants.

Les habitants ne seront jamais délogés de la chambre et du lit où ils ont l'habitude de coucher; ils ne pourront, néanmoins, sous ce prétexte, se soustraire à la charge du logement selon leurs facultés.

Hors le cas de mobilisation, le maire ne pourra envahir le domicile des absents; il devra loger ailleurs à leurs frais.

Les établissements publics ou particuliers requis préalablement par l'autorité militaire, et effectivement utilisés par elle, ne seront pas compris dans la répartition du logement ou du cantonnement. (*Art. 13.*)

Les troupes seront responsables des dégâts et dommages occasionnés par elles dans leurs logements ou cantonnements. Les habitants qui auront à se plaindre, à cet égard, adresseront leurs réclamations, par l'intermédiaire de la municipalité, au commandant de la troupe, afin qu'il y soit fait droit, si elles sont fondées.

Lesdites réclamations doivent être adressées et les dégâts constatés, à peine de déchéance, avant le départ de la troupe, ou, en temps de paix, trois heures après, au plus tard ; un officier sera laissé, à cet effet, par le commandant de la troupe. (*Art.* 14.)

Le logement des troupes, en cas de passage, de rassemblement, de détachement ou de cantonnement, donnera droit à l'indemnité, conformément à l'art. 2 ci-dessus, sauf les exceptions suivantes :

1° Le logement des troupes de passage chez l'habitant ou leur cantonnement pour une durée maximum de trois nuits dans chaque mois, ladite durée s'appliquant indistinctement au séjour d'un seul corps ou de corps différents chez les mêmes habitants ;

2° Le cantonnement des troupes qui manœuvrent ;

3° Le logement chez l'habitant ou le cantonnement des troupes rassemblées dans les lieux de mobilisation et leurs dépendances pendant la période de mobilisation, dont un décret fixe la durée. (*Art.* 15.)

En toutes circonstances, les troupes auront droit, chez l'habitant, au feu et à la chandelle. (*Art.* 16.)

Dans tous les cas où les troupes seront gratuitement logées chez l'habitant ou cantonnées, le fumier provenant des animaux appartiendra à l'habitant. Dans tous les cas où le logement chez l'habitant et le cantonnement donneront droit à une indemnité, le fumier restera la propriété de l'État, et son prix pourra être déduit du montant de ladite indemnité, avec le consentement de l'habitant. (*Art.* 17.)

Les officiers, à leur arrivée en garnison ou en cantonnement, ne peuvent prétendre à des billets de logement pour plus de trois nuits ; ils sont tenus ensuite de se loger de gré à gré et à leurs frais. (*Art.* 107 *du règl. du* 20 *juill.* 1824.)

Les maires des gîtes d'étape sont tenus de faire fournir, sur la présentation des feuilles de route, le logement chez l'habitant aux militaires voyageant isolément. (*Art.* 111 *dudit règl.*)

La feuille de route donne droit au logement chez l'habitant, dans les gîtes d'étape compris sur l'itinéraire porté sur cette feuille. (*Art.* 48 *n°* 3 *du décret du* 12 *juin* 1867.)

Les militaires voyageant isolément sont déchus du droit au billet de logement lorsqu'ils arrivent dans un gîte d'étape après sept heures du soir en hiver et après huit heures du soir en été. (*Circ. du* 5 *août* 1868.)

L'autorité n'est pas tenue de prévenir les citoyens par avertissement individuel du grade des militaires qu'ils seront chargés de loger ; ces citoyens doivent obtempérer à la réquisition qui leur est faite, sur la présentation du billet de logement, par le militaire. (*Cass.,* 12 *juin* 1845 *et* 12 *sept.* 1846.)

Le maire a le droit d'interdire aux habitants de faire loger hors de leur domicile, sans l'autorisation spéciale de la municipalité, les militaires qui leur sont adressés par un billet régulier, et aux aubergistes et logeurs de recevoir les militaires qui leur sont renvoyés par les habitants, sans que les billets de logement aient été visés à la mairie. (*Cass.,* 13 *juill.* 1860.)

Mais l'autorité municipale ne peut prendre aucune mesure dont le résultat serait d'aggraver la charge du logement militaire. Et, spécialement, est illégal l'arrêté qui dispose que, dans le cas où les habitants voudraient user du droit de loger des militaires chez les logeurs, ces logeurs ne pourront coucher deux soldats dans le même lit. (*Cass., 25 mars 1852.*)

Les habitants soumis à l'obligation du logement militaire doivent avertir l'autorité municipale de leur impossibilité de fournir ce logement; à défaut d'avertissement, ils ne peuvent, en cas de refus, alléguer cette impossibilité pour se soustraire à l'application de l'art. 471 n° 15 du Code pénal. (*Cass., 11 fév. 1853.*)

Les raisons qu'un habitant peut avoir pour se faire exonérer de l'obligation de loger des militaires de passage doivent être soumises au maire et non au juge de paix. (*Cass., 10 nov. 1860.*)

Le tribunal de simple police est incompétent pour apprécier les réclamations des habitants au sujet du logement des troupes en marche; il doit réprimer tout refus d'obtempérer à l'ordre du maire, qui seul a le droit d'apprécier les réclamations. (*Cass., 18 fév. 1876.*)

Les militaires de la gendarmerie absents pour le service ont droit au logement chez l'habitant. (*Art. 131 du décret du 18 fév. 1863.* — V. *Foires et Marchés, p.* 35 et 660, *et Réquisitions militaires, p.* 625.)

LOTERIE.

On nomme loterie toutes les ventes d'immeubles, de meubles ou de marchandises, effectuées par la voie du sort, ou auxquelles auraient été réunis des primes ou autres bénéfices dus au hasard, et généralement toutes opérations offertes au public pour faire naître l'espérance d'un gain qui serait acquis par la voie du sort. (*Loi du 21 mai 1836, art. 2.*)

Toutes loteries sont défendues. La loi n'excepte que celles d'objets mobiliers, exclusivement destinées à des actes de bienfaisance ou à l'encouragement des arts, lorsqu'elles auront été spécialement autorisées par le préfet du département. (*Art. 5 de la loi du 21 mai 1836.*)

Les peines que la loi prononce contre ceux qui ont établi des loteries, au mépris de ses défenses, sont :

Un emprisonnement de deux à six mois et une amende de 100 fr. à 6,000 fr., ainsi que la confiscation des fonds ou effets mis en loterie et de tous les meubles et effets mobiliers qui garnissent les lieux où la loterie a été établie. S'il s'agit d'immeubles, la confiscation est remplacée par une amende qui peut s'élever jusqu'à la valeur estimative de cet immeuble. (*Art. 3 de la loi du 21 mai 1836, et art. 410 du Code pénal.*)

Le préfet peut autoriser des loteries d'objets mobiliers exclusivement destinées à des actes de bienfaisance ou à l'encouragement des arts. Les autorisations ne peuvent servir que pour un seul tirage. (*Ordonn. du 29 mai 1844.*)

Les entrepreneurs ou agents de loteries, ceux qui colportent ou distribuent des billets ou qui en font connaître l'existence par des avis, annonces, affiches ou par tout autre moyen de publicité, sont punis d'un emprisonnement de quinze jours à trois mois, et d'une amende de 100 fr. à 2,000 fr. (*Art. 4 de la loi du 21 mai 1836.*)

Lorsqu'un délit de cette nature est constaté, le procès-verbal, revêtu des formalités du visa pour timbre et de l'enregistrement en débet, est remis au procureur de la République.

Les tribunaux de police sont tenus, même en cas de circonstances atténuantes, de prononcer la confiscation des appareils des jeux ou loteries, ainsi que des enjeux et objets proposés aux joueurs. (*Cass.*, 7 *juill.* 1854. — V. *Maisons de jeu et de prêt, Jeux de hasard.*)

LOUVETERIE.

Permissions.

Les conservateurs des forêts envoient aux commandants de gendarmerie les noms des individus qui ont reçu des permissions de chasse. (*Art.* 5 *du règl. du* 20 *août* 1814.)

Les permissions de chasse à tir ne s'étendent à d'autre gibier qu'à celui dont elles contiennent la désignation ; elles commencent, pour les forêts de l'État, le 15 septembre et sont fermées le 1er mars ; le permissionnaire ne doit se servir que de chiens couchants et de fusils. Les battues ou traques, les chiens courants, les lévriers, les furets, les lacets, les panneaux, les pièges de toute espèce et enfin tout ce qui tendrait à détruire le gibier par d'autres moyens que celui du fusil est défendu. (*Art.* 1er, 2, 3 et 4, *titre* Ier, *dudit règl.*)

Les chasses à courre dans les forêts de l'État sont ouvertes le 15 septembre et fermées le 15 mars. (*Art.* 3, *titre* II.)

Les permissionnaires pour la chasse à courre obtiennent des droits au renouvellement de ces permissions en prouvant qu'ils ont travaillé à la destruction des renards, loups, blaireaux et autres animaux nuisibles, ce qu'ils font constater par les conservateurs des forêts, auxquels ils envoient la patte droite de ces animaux. (*Art.* 7 *des dispositions générales, et* 4 *du titre* II *du règl. précité.*)

Les officiers de louveterie et leurs piqueurs sont dispensés du permis de chasse s'ils se livrent exclusivement à la chasse des animaux nuisibles ; mais s'ils se permettent la chasse des autres animaux, tels que lièvres, perdrix, cailles, etc., ils sont obligés, comme les autres citoyens, d'avoir un permis de chasse. A défaut de ce permis, ils sont passibles des peines portées par la loi du 3 mai 1844.

Battues. — *Amende encourue par les batteurs.*

Quand les officiers de louveterie ou les maires jugent qu'il est nécessaire de faire des battues, ils en font la demande au préfet. Ce magistrat peut même les provoquer et les prescrire. Elles sont alors commandées et dirigées par les officiers de louveterie, qui, de concert avec le préfet et le conservateur des forêts, fixent le jour et les lieux où la battue doit avoir lieu et le nombre d'hommes qui seront tenus d'y concourir. Le concours des habitants à la battue est obligatoire pour ceux qui ont été désignés et prévenus.

Ceux qui ne s'y rendent pas ou qui se retirent avant qu'elle soit terminée sont passibles d'une amende de 10 fr., aux termes de l'art. 63 de l'arrêt du conseil du 25 janvier 1607, maintenu par l'art. 609 de la loi du 4 brumaire an IV. (*Cass.*, 13 *juill.* 1810 *et* 17 *mai* 1866.)

Le préfet charge les maires des communes désignées de requérir le nombre de batteurs et de tireurs jugé nécessaire. Il indique les lieu, jour et heure du rassemblement, et invité les maires à conduire les habitants au lieu du rendez-vous, où les officiers de louveterie et leurs piqueurs, les agents forestiers ou leurs délégués doivent se trouver pour diriger la chasse, conformément au règlement du 26 germinal an x.

Lorsque tout le monde est arrivé au rendez-vous, ce sont les officiers de louveterie et les agents forestiers qui règlent les mesures d'exécution.

Ceux qui, durant une battue, se permettraient de tirer sur des chevreuils, lièvres, ou autre gibier, seraient passibles d'une peine. Il est expressément défendu de tirer sur d'autres animaux que ceux qui sont nuisibles ou féroces. On peut tuer le renard, le loup, le blaireau, etc.; mais on ne peut tirer sur le gibier sans se rendre passible des peines prononcées par la loi du 3 mai 1844.

Pendant la battue, la gendarmerie doit veiller à ce que les ordres donnés soient exécutés; comme aussi empêcher la confusion et le désordre. Elle doit signaler les chasseurs ou batteurs fugitifs, et dresser procès-verbal contre ceux qui tireraient sur le gibier. (V. *Préfets, page* 519.)

Prime pour la destruction des loups.

Quiconque a détruit un loup, une louve ou un louveteau, et réclame l'une des primes mentionnées dans l'article de la loi du 3 août 1882, doit, dans les vingt-quatre heures qui suivent la destruction de l'animal, en faire la déclaration au maire de la commune sur le territoire de laquelle il a été détruit. La demande de la prime doit être faite sur papier timbré. (*Art.* 1er *du décret du* 28 *nov.* 1882.)

Le réclamant doit, en même temps, représenter le corps entier de l'animal couvert de sa peau et le déposer au lieu désigné par le maire pour faire les vérifications nécessaires.

Le procès-verbal que dresse le maire constate :

1° La date et le lieu de l'abatage, ou, en cas d'empoisonnement, le jour et le lieu où l'animal a été trouvé ; 2° le nom et le domicile de celui qui a tué ou empoisonné le fauve ; 3° le poids, lorsqu'il s'agit d'un louveteau ; 4° le sexe et le nombre des petits composant la portée, si c'est une louve pleine ; 5° Les preuves, s'il y a lieu, que l'animal s'est jeté sur des êtres humains. (*Art.* 3.)

Après la constatation, celui qui a détruit l'animal est tenu de le dépouiller ou faire dépouiller, et peut réclamer la peau, la tête et les pattes.

Par l'ordre et sous la surveillance du maire ou de son suppléant, le corps du fauve dépouillé est ensuite enfoui dans une fosse ayant au moins un mètre trente-cinq centimètres de profondeur.

Toutefois, s'il existe dans la commune ou dans un rayon de quatre kilomètres un atelier d'équarrissage autorisé, l'animal peut y être transporté.

Les frais d'enfouissement sont à la charge de la commune. (*Art.* 4.)

Dans les vingt-quatre heures, le maire adresse au préfet du département son procès-verbal, auquel il joint la demande de la prime faite par l'intéressé.

En outre, il délivre gratuitement à ce dernier un certificat constatant la remise de la demande de prime et l'accomplissement des formalités prescrites. (*Art.* 5.)

Sur le vu des pièces, le préfet délivre à l'intéressé un mandat du montant de la prime due. (*Art.* 6. — **V.** *Primes, page* 546.)

MAIN-FORTE A PRÊTER.

Prêter main-forte, c'est prêter aide et assistance aux fonctionnaires qui ont le droit d'agir.

La main-forte est accordée toutes les fois qu'elle est demandée par ceux à qui la loi donne le droit de la requérir. Les cas où la gendarmerie peut être requise sont tous ceux prévus par les lois et règlements, ou spécifiés par les ordres particuliers de service. (*Art. 93 et 94 déc. 1ᵉʳ mars* 1854.)

Le service extraordinaire des brigades consiste à prêter main-forte :

1° Aux préposés des douanes, pour la perception des droits d'importation et d'exportation, pour la répression de la contrebande ou de l'introduction sur le territoire français de marchandises prohibées ;

2° Aux administrateurs et agents forestiers, pour la répression du maraudage dans les forêts et sur les fleuves, lacs ou rivières ;

3° Aux inspecteurs, receveurs des deniers de l'Etat, et autres préposés, pour la rentrée des contributions directes ou indirectes.

Les commandants de brigade ne doivent pas acquiescer aux demandes d'escorte que leur font directement les percepteurs des communes ; mais, dans le cas où ces fonctionnaires ont de justes raisons de craindre une attaque sur les fonds existant entre leurs mains, ils s'adressent au maire et le prient de requérir cette escorte ;

4° Aux huissiers et autres exécuteurs de mandements de justice, porteurs de réquisitions ou de jugements spéciaux dont ils doivent justifier ;

5° Aux commissaires et sous-commissaires, gardes-barrières et autres agents préposés à la surveillance des chemins de fer. (*Art.* 459 *dudit décret.*)

La gendarmerie prête main-forte aux gardes champêtres, aux préposés des octrois, et à toutes les autorités qui ont le droit de la requérir.

Les réquisitions pour l'exécution du service extraordinaire sont adressées, savoir : dans les chefs-lieux de département, au commandant de la compagnie ; dans les sous-préfectures, au commandant de l'arrondissement, et, sur les autres points, aux commandants des brigades. (*Art.* 461.)

Pour l'exécution de ce service de main-forte ou d'escorte l'on se conforme aux art. 462, 463, 464 et 466 dudit décret.

Lorsque la gendarmerie est légalement requise d'assister l'autorité dans l'exécution d'un acte ou d'une mesure quelconque, elle ne doit être employée que pour faire cesser au besoin les obstacles ou empêchements. (*Art.* 98 *dudit décret.*) Conséquemment, lorsqu'elle accompagne les autorités dans une visite domiciliaire, ou des huissiers porteurs de mandats d'arrestation ou de jugements autorisant soit une saisie, soit une vente, ou les préposés des douanes, les agents forestiers, les receveurs de deniers de l'Etat, elle reste tout à fait étrangère à leurs opérations, et ne les assiste que pour les protéger contre les voies de fait qui pourraient être exercées contre eux, et pour lever les difficultés qui les empêcheraient de remplir leurs fonctions.

Lorsqu'un agent quelconque, à qui l'on prête main-forte, a opéré l'arrestation d'un prévenu, ou lorsque les huissiers sont chargés de conduire les détenus de la maison de justice à l'audience, et de l'audience en prison, ce sont les gendarmes qui sont chargés de mettre et d'ôter aux prisonniers les menottes et autres entraves, lorsqu'il a été jugé nécessaire d'en faire usage. (*Décis. du min. de la justice du* 30 *juill.* 1828, *à laquelle le min. de la guerre a donné son assentiment.* — V. *Huissiers.*)

Cette décision est fondée sur ce que les gendarmes, en prêtant main-forte à l'huissier, deviennent responsables de l'évasion. Ils doivent alors être les seuls juges des moyens à employer pour la prévenir : d'où suit que l'emploi de ces moyens, quels qu'ils soient, ne peut être confié qu'à eux.

La main-forte réclamée par des agents publics ayant qualité pour la requérir ne peut être refusée par la gendarmerie. (V. *Refus d'un service légalement dû, pages* 143 *et* 589.)

Les gendarmes ne peuvent exiger aucune indemnité des agents qui les requièrent de leur prêter main-forte : l'assistance des agents de la force publique et de la police est toujours gratuite. (*Art.* 77 *du décret du* 18 *juin* 1811.)

Les sous-officiers, brigadiers et gendarmes n'ont point à dresser procès-verbal constatant l'assistance qu'ils prêtent en vertu de réquisitions. Ils se bornent à signer les actes des différents agents, comme témoins de leurs opérations, après en avoir pris lecture et sans en assumer sur eux la responsabilité. Ils font mention de ce service sur leurs rapports journaliers. (*Art.* 490 *du décret du* 1er *mars* 1854. — V., à RÉQUISITIONS, *Force publique.*)

MAIRES ET ADJOINTS.

Les rapports de la gendarmerie avec les maires et adjoints sont fréquents, et ont pour but principal d'assurer l'exécution des règlements de police locale. Les maires, les adjoints et la gendarmerie ont le droit de se requérir mutuellement; mais il faut que les réquisitions soient faites par écrit. (V. *Réquisitions*) et qu'elles énoncent la cause pour laquelle on requiert. En prescrivant cette formalité, la loi a voulu que ces actes ne devinssent pas un abus, et que, sous le prétexte de l'intérêt général, ils ne fussent pas un moyen de satisfaire des intérêts particuliers et souvent une vanité mal entendue.

Les maires et adjoints n'ont pas le droit d'appeler auprès d'eux les commandants de gendarmerie pour de simples conférences; cependant, si leur invitation ne se produit pas sous la forme d'une exigence, les commandants s'empressent d'y déférer, quand ils le peuvent, dans l'intérêt du service.

Les maires et les commandants de brigade s'entr'aident mutuellement dans le service de surveillance pour arrêter les délinquants. Les maires fournissent à la gendarmerie la liste des mauvais sujets de leurs communes; ils attestent, par leurs signatures, sur les journaux de service, la présence des gendarmes dans les lieux où ces militaires se rendent pour exercer leurs fonctions. (*Art.* 234 *du décret du* 1er *mars* 1854.)

Les maires et adjoints remplacent les commissaires de police dans les communes au-dessous de cinq mille habitants; ils sont, les uns et les autres, officiers de police judiciaire. (*Loi du* 28 *pluv. an* VIII, *art.* 2.)

Lorsque les gendarmes sont porteurs d'une réquisition pour une visite domiciliaire, ils doivent inviter et requérir au besoin, les maires, adjoints ou commissaires de police de les assister dans leurs recherches, afin de faire ouvrir les portes que l'on tiendrait fermées et de lever les obstacles qui s'opposeraient à l'exécution des mandats de justice ou des ordres légaux qu'ils ont entre les mains. Ces fonctionnaires, dans ce cas, signent les procès-verbaux que nécessitent ces opérations; les gendarmes peuvent également requérir les maires de leur prêter main-forte, lorsqu'il y a lieu. (V. *Visites domiciliaires, Arrestations en vertu de mandats de justice, Réquisitions, Police judiciaire.*)

Les maires ou adjoints remplissent les fonctions du ministère public près les tribunaux de police, à défaut de commissaire ou de juge suppléant, et lorsqu'ils ont été désignés à cet effet par le procureur général. En cas d'empêchement, ils peuvent être remplacés par des conseillers municipaux. (*Art. 144 du Code d'instr. crim., modifié par la loi du 27 janv. 1873.*)

Les maires sont sans pouvoir pour dispenser un citoyen de se conformer à un règlement de police général, permanent et approuvé par le préfet. (*Cass., 27 avril 1866. — V. Lieux publics et Feu d'artifice.*)

Les règlements de police permanents pris par le maire ne sont exécutoires qu'un mois après la remise de l'ampliation, constatée par le récépissé du sous-préfet. (*Cass., 12 mars 1868.*)

L'arrêté individuel par lequel le maire enjoint à un particulier de fermer ou supprimer, dans un délai fixé, une excavation ou descente de cave pratiquée sur la voie publique au-devant de sa maison est exécutoire sans les formalités exigées pour la mise en vigueur des arrêtés permanents. (*Cass., 27 fév. 1873.*)

Abus de pouvoir.

Un maire a-t-il le droit d'annuler un procès-verbal en faisant verser, par le contrevenant, une certaine somme au profit des pauvres de sa commune?

Tout maire qui agirait ainsi commettrait un abus de pouvoir qu'aucune considération ne pourrait justifier ni garantir des peines portées par l'art. 131 du Code pénal, ainsi conçu :

« Art. 131. Lorsque ces administrateurs (officiers de police judiciaire, § 2 de l'art. 127) entreprendront sur les fonctions judiciaires en s'ingérant de connaître de droits et intérêts privés du ressort des tribunaux, et qu'après la réclamation des parties ou de l'une d'elles ils auront néanmoins décidé l'affaire avant que l'autorité supérieure ait prononcé, ils seront punis d'une amende de 16 fr. au moins et de 150 fr. au plus. » (*V., à cet égard, la circ. du minist. de l'intér., en date du 28 juill. 1818, insérée au* Mémorial, *à la page 270 du 1ᵉʳ vol. — V. Lieux publics, Officiers de police judiciaire.*)

MAISONS DE JEU ET DE PRÊT.

On entend par maison de jeu un local dans lequel on tient des jeux de hasard et où l'on admet des joueurs, soit librement, soit sur la présentation des affiliés.

Les jeux de hasard sont défendus, sous quelque forme et dénomination que ce soit; en conséquence, les maires ou adjoints, les commissaires de police et autres officiers de police judiciaire, accompagnés au besoin par la force armée, peuvent entrer dans les maisons où l'on donne à jouer, pour y constater ce délit, et saisir tous fonds et effets trouvés exposés au jeu, instruments, ustensiles, appareils destinés au service des jeux, meubles et effets mobiliers dont les lieux seraient garnis ou décorés. Les administrateurs, préposés ou agents de ces établissements encourent un emprisonnement de deux à six mois et une amende de 100 fr. à 6,000 fr. (*Loi du 22 juill. 1791 (titre Iᵉʳ, art. 10), et art. 410 du Code pénal.*)

L'on entend par maison de prêt celle où l'on reçoit des effets sur le gage ou la garantie desquels on prête de l'argent.

Aucune maison de ce genre ne peut être établie qu'avec l'autorisation du gouvernement. Tout individu qui contreviendrait à cette défense de la loi serait puni d'un emprisonnement de quinze jours au moins et de trois mois au plus, et d'une amende de 100 fr. à 2,000 fr. (*Art.* 411 *du Code pénal; art.* 1er *de la loi du* 16 *pluv. an* xii.)

Les procès-verbaux qui constatent les délits de cette nature ne sont soumis qu'à la formalité ordinaire du visa pour timbre et de l'enregistrement. Ils sont transmis au procureur de la République.

L'art. 410 du Code pénal punit non seulement les administrateurs, préposés ou agents des loteries non autorisées par la loi, mais encore les administrateurs, préposés ou agents des maisons de jeux de hasard. — La confiscation que prononce le même article ne doit pas être restreinte aux sommes d'argent trouvées et saisies sur la table de jeu : elle doit s'étendre aux valeurs saisies sur les agents des maisons de jeu, dans le lieu même et à l'instant où l'on donnait à jouer, lorsqu'elles sont reconnues appartenir à la société qui exploitait cette maison, et qu'elles étaient destinées à répondre des enjeux ultérieurs des joueurs. (*Cass.*, 25 *mai* 1838.)

Les jeux de cartes où la combinaison n'est pour rien et où la distribution fortuite des cartes est l'unique cause de la perte ou du gain des parties rentrent dans la classe des jeux de hasard; tels sont : le lansquenet, le pharaon, le trente-et-un, la bouillotte, les petits paquets, etc. Plusieurs Cours d'appel y ajoutent même l'écarté.

Ces jeux sont défendus dans les maisons clandestines dont parle l'art. 410 du Code pénal, et non dans les maisons privées où se réunissent des amis sans spéculation du propriétaire, ni dans les cafés, cabarets et autres lieux publics surveillés par la police, à moins qu'il n'existe des arrêtés contraires.

Le piquet, le besigue, le whist ne sont pas classés parmi les jeux de hasard.

Des gendarmes surprennent dans la salle supérieure d'un café vingt-cinq à trente personnes jouant au baccarat avec des enjeux élevés. Pour que le cafetier puisse être considéré comme ayant tenu une maison de jeux de hasard, faut-il établir que le même fait s'est déjà produit chez lui plusieurs fois?

Le tribunal correctionnel d'Apt l'avait pensé. D'après lui, il fallait prouver qu'il y avait eu répétition d'une réunion de personnes en vue de jouer, ou au moins organisation en vue de réunions ultérieures. Mais le jugement de ce tribunal a été réformé par la Cour d'appel de Nîmes. D'après cette Cour, il suffit, pour établir ce délit, qu'il soit prouvé qu'au moment où les gendarmes se sont présentés le public était admis à participer aux jeux de hasard organisés dans l'établissement avec la tolérance du cafetier. — Comme le dit avec raison la Cour de Nîmes, il est impossible de demander aux gendarmes d'autre constatation que celle du fait lui-même. (*Cour de Nîmes,* 8 *fév.* 1872.)

L'écarté joué dans un café doit être considéré comme jeu de hasard et constituer, à la charge du propriétaire de l'établissement, le délit puni par l'art. 410 du Code pénal, lorsqu'on y joue habituellement à ce jeu et qu'on y admet des jeunes gens mineurs qui viennent risquer des sommes considérables dans des mises engagées sur des parties jouées par des joueurs inconnus. (*Cass.*, 3 *juill.* 1852. — V. *Jeux de hasard et Loterie.*)

MANDEMENTS DE JUSTICE.

Mandat de comparution et mandat d'amener.

Le mandat de comparution et le mandat d'amener ont le même but : c'est de faire comparaître l'inculpé devant le juge d'instruction et de lui faire subir un interrogatoire ; mais ces deux mandats diffèrent et par leur forme et par le mode employé pour leur exécution.

Le mandat de comparution n'est qu'une simple assignation par laquelle le juge appelle l'inculpé à venir lui donner des explications sur les imputations qui planent sur lui ; ce mandat n'implique aucune contrainte, aucune force coercitive. Le refus d'y obtempérer n'entraîne que l'emploi du mandat d'amener.

Ce dernier mandat, au contraire, est un ordre formel de comparaître. Si l'inculpé refuse d'obéir à la signification qui lui est faite, ou si, après avoir déclaré qu'il est prêt à obéir, il tente de s'évader, il doit être contraint ; le porteur du mandat emploie au besoin la force publique pour assurer son exécution.

Mandat de dépôt et mandat d'arrêt.

L'exécution du mandat de dépôt se réduit, en général, à des formes très simples. En effet, le juge d'instruction décerne habituellement ce mandat contre le prévenu qu'il vient d'interroger et qu'il croit devoir placer en état de détention provisoire.

Les formes de l'exécution sont dans ce cas tracées par les art. 97 et 107 du Code d'instruction criminelle.

L'art. 97 veut que le mandat soit notifié au prévenu, que l'exhibition lui en soit faite et qu'il lui en soit délivré copie. L'art. 107 ajoute que, « sur l'exhibition du mandat de dépôt, le prévenu sera reçu et gardé dans la maison d'arrêt établie près le tribunal correctionnel, et le gardien remettra à l'huissier ou à l'agent de la force publique chargé de l'exécution du mandat, une reconnaissance de la remise du prévenu ».

Lorsque le mandat de dépôt est décerné contre un prévenu non présent, son exécution est soumise en général, et sauf, d'ailleurs, les formes prescrites par l'art. 109, aux mêmes règles que le mandat d'arrêt.

L'exécution du *mandat d'arrêt* a, plus que celle des autres mandats, éveillé la sollicitude de la loi, en obligeant le porteur dudit mandat, dans le cas où le prévenu serait absent, de le notifier à sa dernière habitation et de dresser un procès-verbal de perquisition en présence des deux plus proches voisins du prévenu que le porteur du mandat pourra trouver. (*Art. 109 du Code précité.*)

S'il est présent, il sera conduit directement dans la maison d'arrêt indiquée au mandat.

La forme de la perquisition n'est attachée qu'à l'exécution du mandat d'arrêt ; elle ne s'applique point au mandat de dépôt. L'art. 109 ne parle, en effet, que de l'exécution du premier de ces mandats, et l'art. 75 du décret du 18 juin 1811 ajoute : Les huissiers ne dresseront un procès-verbal de perquisition qu'en vertu de mandat d'arrêt, ordonnance de prise de corps, arrêt ou jugement de condamnation à peine afflictive ou infamante ou à l'emprisonnement.

Les officiers de police judiciaire auxiliaires du procureur de la République, agissant en cas de flagrant délit, peuvent décerner des mandats de comparution et des mandats d'amener ; mais ils n'ont pas qualité pour délivrer des mandats de dépôt, ni des mandats d'arrêt. Ce droit n'appartient qu'au juge d'instruction, après avoir pris les conclusions du procureur de la République, en ce qui concerne le mandat d'arrêt. (*Art. 94 du même Code.* — V. *Arrestation en vertu de mandements de justice.*)

Aucun jugement ne peut être mis à exécution sans la réquisition du procureur de la République, conformément aux prescriptions des art. 165 et 197 du Code d'instruction criminelle.

Il n'est dû de prime d'arrestation, dans la mise à exécution de ces divers mandements de justice, que pour les jugements et les mandats d'arrêt, et encore, pour que cette prime soit acquise, il ne faut pas que l'individu soit détenu. Le mandat de dépôt et le mandat d'amener ne donnent droit à aucune rémunération. (V. *Primes d'arrestation.*)

MARAUDAGE.

La constatation des faits de maraudage est moins dans les attributions de la gendarmerie que dans celles des gardes champêtres et des commissaires de police ; mais la gendarmerie manquerait à ses devoirs si elle ne constatait pas cette espèce de contravention quand elle prend le coupable en flagrant délit ; ainsi elle peut dresser des procès-verbaux contre ceux, par exemple, qui, sans autre circonstance prévue par les lois, cueilleraient ou mangeraient sur le lieu même des fruits appartenant à autrui, et contre ceux qui, avant le lever ou après le coucher du soleil, glaneraient, râtelleraient ou grappilleraient dans les champs non encore entièrement dépouillés de leurs récoltes. L'amende est de 1 fr. à 5 fr. Cette infraction est du ressort du tribunal de simple police. Les procès-verbaux, visés pour timbre et enregistrés en débet, sont remis au commissaire de police. (*Art. 471 du Code pénal.* — V. *au sujet de la maraude aux armées les procès-verbaux 278 et 279 du* Formulaire, *édition de 1881.*)

MARIAGE.

Officiers.

Les officiers de tout grade de la gendarmerie ne peuvent se marier sans en avoir obtenu préalablement l'autorisation du ministre de la guerre. (*Art. 554 du décret du 1er mars 1854.*)

Toute demande d'un officier de gendarmerie tendant à obtenir l'autorisation de se marier doit être transmise au ministre avec les pièces à l'appui, par le chef de légion, qui fait connaître son avis motivé sur la moralité de la personne que l'officier se propose d'épouser, sur la constitution de la dot et sur la convenance de l'union projetée.

Si la future n'habite pas dans la circonscription de la légion, le colonel prend ces renseignements près du chef de la légion où elle réside.

Les conditions de dot sont les mêmes que celles qui sont exigées pour les officiers de l'armée. (*Art.* 555 *dudit décret.*)

Ces conditions sont fixées à un revenu annuel de 1,200 fr. au moins, par la circulaire du 17 décembre 1843, qui indique les pièces à produire et les renseignements à fournir. (V. *circ. des* 7 *et* 23 *janv.* 1844 *et* 21 *août* 1852.)

Les déclarations d'apport de la future, avant comme après le mariage, sont faites par acte notarié ; cet acte n'exclut pas la production du certificat mentionné au paragraphe 3 de la circulaire précitée du 17 décembre 1843, et il n'est pas tenu compte, dans la composition de l'apport de la future, de la valeur attribuée aux effets, bijoux et autres objets mobiliers. L'apport total ne peut être constitué ni en argent comptant, ni en valeurs au porteur. (*Circ. du* 18 *fév.* 1875.)

Voici du reste le modèle de cet acte notarié, arrêté par le ministre de la guerre, d'accord avec le ministre de la justice :

« DÉCLARATION D'APPORT.

(*A délivrer en brevet.*)

« Par-devant......., ont comparu :

« M. (*Nom, prénoms, grade et domicile du futur époux*),

« D'une part ;

« Et Mlle (*Nom, prénoms, qualité et domicile de la future épouse*),

« D'autre part ;

« Lesquels, pour se conformer aux prescriptions des circulaires de « M. le ministre de la guerre du 17 décembre 1843 et du 18 février 1875, « ont, dans la vue du mariage projeté entre eux, établi ainsi qu'il suit « l'apport de Mlle......, future épouse :

« Dans le contrat qui doit régler les clauses et conditions civiles de son « mariage avec M....., Mlle....., comparante, apportera en mariage et « se constituera en dot les biens et valeurs dont la désignation suit :

« (*Désigner les biens composant l'apport de la future.*)

« Déclarant et affirmant *sur l'honneur*, ici, les comparants, ès-mains « des notaires soussignés, l'existence des biens et valeurs ci-dessus dési- « gnés, lesquels seront et demeureront affectés réellement à la constitu- « tion de dot, et n'ont été empruntés ni en totalité ni en partie, en vue « du mariage projeté.

« Dont acte.

« Fait et passé, etc. »

Si la future épouse était mineure, elle devrait, dans la déclaration dont le modèle précède, être assistée de ceux dont le consentement est nécessaire pour la validité du mariage.

Si une dot devait être constituée ou une donation faite à la future épouse, il y aurait lieu de faire comparaître le donateur avec les futurs époux.

Et dans ce cas, après l'apport personnel constaté comme dessus, on ajouterait :

« De son côté, M. (*le donateur*) se propose, dans le même contrat qui
« doit régler les conditions civiles du mariage de M..... avec Mlle.....,
« de faire à cette dernière une donation dans les termes suivants :

« En considération du mariage projeté, M..... donne et constitue en
« dot à Mlle....., future épouse,

« Les biens et valeurs dont la désignation [suit :

« (*Désigner les biens et valeurs donnés.*) »

Les chambres des notaires ont reçu des instructions en vue de l'emploi
du modèle de formule dont il s'agit.

Les prescriptions des circulaires des 3 et 23 juillet 1840 et du paragraphe 7 de la décision ministérielle du 17 décembre 1843 sont d'ailleurs
maintenues. (*Note minist. du 14 avril* 1875.)

L'extrait du contrat et le certificat de mariage des officiers doivent parvenir au ministre dans le délai d'un mois à partir du jour de la célébration. (*Circ. du 19 avril* 1844.)

Toute permission doit être renouvelée dans le délai de six mois si le
mariage n'a pas été célébré. (*Circ. du 17 déc.* 1843.)

Les officiers en instance de retraite ne peuvent pas se marier sans y
avoir été autorisés par le ministre. (*Circ. du 20 août* 1872 *abrogeant celle
du 4 mai* 1816.)

Les renseignements demandés au sujet des mariages d'officiers, de
n'importe quelle arme, doivent être pris par les officiers ou sous-officiers, jamais par les gendarmes. (*Circ. du 25 juin* 1863.)

Les officiers de gendarmerie qui contracteraient mariage sans la permission du ministre de la guerre s'exposeraient à être destitués et à perdre,
tant pour eux que pour leurs veuve et enfants, les droits à toute pension
ou récompense militaire. (*Art. 1er du décret du 16 juin* 1808; *arrêté con-
firmatif du Conseil d'Etat du 16 mars* 1836.)

Sous-officiers, brigadiers et gendarmes.

Les sous-officiers, brigadiers et gendarmes ne peuvent se marier sans
en avoir obtenu la permission du conseil d'administration de la compagnie à laquelle ils appartiennent, approuvée par le chef de légion.
Indépendamment des garanties de moralité exigées en pareil cas, le
conseil d'administration doit s'assurer que la future possède des ressources suffisantes pour ne pas être à la charge du militaire qui désire
l'épouser.

Dans le cas où le conseil d'administration croit devoir refuser son consentement, il est tenu de faire connaître les motifs de son refus au chef
de légion ou de corps, qui en réfère au ministre.

Si le chef de légion ou de corps refuse son approbation, il est tenu d'en
rendre compte au ministre. (*Art.* 556 *dudit décret.*)

Le sous-officier, brigadier ou gendarme adresse sa demande hiérarchiquement au commandant de la compagnie, en lui transmettant des renseignements précis sur la personne qu'il doit épouser, ainsi que sur la famille
de cette dernière. Les chefs immédiats y consignent en marge leurs observations; et, après avoir acquis la certitude que l'alliance projetée ne
peut affaiblir les ressources du militaire prétendant, qu'elle vient, au
contraire, aider à son bien-être, par la conduite régulière, par la position

de fortune, ou par l'industrie évidente de la future ; après s'être assurés que ce sous-officier, brigadier ou gendarme est monté convenablement, pourvu de tous les effets d'habillement, d'équipement et de harnachement exigés par les règlements, qu'il n'a aucune detté, qu'enfin il a sa *masse complète,* alors, et seulement alors, le conseil d'administration peut accorder la permission demandée et la soumettre à l'approbation du chef de légion. (*Art.* 272 *de l'ordonn. du* 29 oct. 1820.)

Aucun chiffre n'est fixé pour la dot. (*Circ. des* 18 *fév.* 1853, 21 *août* 1854 *et* 30 *août* 1860.)

Une circulaire du 24 juillet 1840 indique la forme des certificats à adresser au ministre de la guerre pour constater le mariage des militaires du corps de la gendarmerie.

Une autre circulaire du 22 septembre suivant rappelle que, d'après l'art. 19 de la loi du 11 avril 1831, les permissions de mariage doivent être délivrées dans les formes prescrites par le décret du 16 juin 1808 ; c'est-à-dire *par les conseils d'administration* pour ce qui concerne les sous-officiers, brigadiers et gendarmes.

Enfin, le modèle adopté pour les certificats dont il s'agit comporte *le visa du chef de légion,* à raison du principe posé par la décision impériale du 1ᵉʳ octobre 1861, qui confère à ces officiers supérieurs la surveillance de l'ensemble du service et de l'administration dans l'étendue de leur légion. (*Circ. des* 28 oct. *et* 8 nov. 1861 *et* 7 août 1863.)

Les certificats de mariage sont transmis au ministre, *sans titre d'envoi,* par les chefs de légion, aussitôt après qu'ils les ont revêtus de leur visa.

Permission de mariage.

La permission délivrée par le conseil d'administration doit être libellée de la manière suivante :

Conformément au décret du 16 juin 1808, au décret du 1ᵉʳ mars 1854 et à la loi du 11 avril 1831,

Et sous l'approbation de M. le   chef de la   légion de gendarmerie ;

Nous soussignés, membres du conseil d'administration d

Autorisons le sieur

à contracter mariage avec D

fille d   et d

domiciliée à   , canton d

arrondissement d   , département d

          A   *le*   18

VU ET APPROUVÉ :
Le Chef de la Légion,

La date de la célébration du mariage est inscrite sur les contrôles annuels (*circ. du* 2 *juin* 1860), et le certificat constatant cette célébration doit être transmis au ministre du 1ᵉʳ au 5 de chaque mois en se conformant à la circulaire du 19 août 1878.

Toute permission doit être renouvelée si le mariage n'a pas été célébré dans le délai de six mois. (*Circ. du* 17 *déc.* 1843.)

Les sous-officiers, brigadiers et gendarmes qui se marieraient sans la permission du conseil d'administration de leur compagnie pourraient être réformés. (*Art.* 1er *du décret du* 16 *juin* 1808.)

Les sous-officiers, brigadiers et gendarmes qui désirent éviter des difficultés, surtout en cas de décès prématuré de la femme, et savoir sous quel régime il est préférable de se marier feront bien, dans leur intérêt, de consulter un article inséré à la page 800 de l'*Appendice*.

Gendarmerie coloniale.

Lorsqu'un sous-officier, brigadier ou gendarme colonial temporairement en France désire s'y marier, il fait parvenir sa demande, avec toutes les pièces exigées en pareil cas, au commandant de la compagnie de gendarmerie du département dans lequel il se trouve.

Après avoir réuni tous les documents et renseignements nécessaires, cet officier supérieur soumet la question au conseil d'administration, qui accorde ou refuse la permission demandée, et en rend compte au chef de légion, comme cela se pratique pour les autres militaires de l'arme.

Dans ces circonstances, le commandant de la compagnie à qui les pièces sont adressées se met au lieu et place du commandant du postulant et, *lorsque la permission est accordée, il en est rendu compte au ministre de la marine et des colonies.*

Si des militaires désignés pour les colonies se trouvent en expectative d'embarquement à Brest ou à Toulon, le soin de statuer sur les demandes d'autorisation de mariage est laissé aux conseils d'administration des dépôts coloniaux. (*Circ. des* 24 *fév.* 1866 *et* 28 *mars* 1883 *du min. de la marine.*)

Officiers de l'Etat civil.

Tout officier de l'état civil qui, sciemment, aurait célébré le mariage d'un officier, sous-officier ou soldat en activité de service, sans s'être fait remettre lesdites permissions, ou qui aurait négligé de les joindre à l'acte de célébration du mariage, pourrait être destitué de ses fonctions (*art.* 3 *du décret du* 16 *juin* 1808), sans préjudice des amendes et peines indiquées à l'art. 50 du Code civil.

MARQUES DE RESPECT. — SALUT. — ASSIMILATION.

Les militaires de la gendarmerie doivent, en toutes circonstances, déférence et respect aux grades supérieurs à ceux dont ils sont revêtus.

Les gendarmes ne doivent pas le salut aux sous-officiers des autres armes (*art.* 160 *du décret du* 1er *mars* 1854); mais les militaires des différents corps de l'armée doivent le salut à ceux de la gendarmerie, toutes les fois que ceux-ci sont d'un grade supérieur au leur. L'inférieur prévient le supérieur en le saluant; le supérieur rend le salut. (*Art.* 158 *du règl. du* 9 *avril* 1858.)

Les militaires de la gendarmerie ne doivent pas le salut aux sous-officiers, brigadiers ou caporaux et soldats des corps de troupe, décorés de la médaille militaire, et les gendarmes médaillés n'ont pas droit au salut des sous-officiers, caporaux et brigadiers qui n'ont pas cette décoration. (*Décis. du 30 sept.* 1872.)

Les militaires non médaillés ne sont pas tenus à des marques extérieures de respect à l'égard des médaillés revêtus d'un habillement civil ou d'un costume étranger. (*Décret du 22 mai* 1875. — V. *page* 202.)

Tout sous-officier, brigadier ou gendarme qui est assis se lève pour saluer un officier, et se tourne de son côté.

Le salut ne se renouvelle pas dans une promenade ou dans tout autre lieu public.

Tout sous-officier, brigadier ou gendarme parlant à un officier prend une attitude militaire, et demeure la tête découverte jusqu'à ce que l'officier l'autorise à se couvrir.

Toutes les fois que les militaires de service sont dans la tenue qui comporte la jugulaire sous le menton ils doivent rester couverts, même dans les lieux consacrés au culte. En entrant dans le bureau d'un chef ou d'un maire, par exemple, ils saluent en portant la main à la coiffure, comme il est dit au 3ᵉ paragraphe de l'art. 159 du règlement du 9 avril 1858. Lorsqu'ils sont en tenue de ville ou en petite tenue, ils se découvrent; mais dans ce cas ils doivent conserver leur coiffure à la main et s'abstenir de la déposer sur aucun meuble, comme cela se fait souvent par ignorance.

Les fonctionnaires de l'intendance, les officiers d'administration, les médecins et les vétérinaires militaires, et enfin les fonctionnaires civils en uniforme, suivant l'ordre de préséance, ont droit au salut des officiers, sous-officiers, brigadiers et gendarmes. (*Art.* 160 *dudit règl., et circ. du* 16 *déc.* 1869.)

Personnel des douanes et des forêts.

Les sentinelles de l'armée porteront ou présenteront les armes, suivant le cas, aux officiers du service des douanes et des compagnies de chasseurs forestiers, ainsi qu'aux agents forestiers assimilés aux officiers, revêtus de leur uniforme. Il y aura réciprocité absolue de la part des sentinelles des douanes et des chasseurs forestiers à l'égard des officiers de l'armée.

Tout inférieur en grade devra le salut à son supérieur du grade d'officier, soit dans l'armée, soit dans les services des forêts et des douanes.

A grade égal, le fonctionnaire ou employé assimilé au grade d'officier, du service des douanes ou des forêts, devra le premier le salut.

Tout officier, soit de l'armée, soit du service des forêts ou des douanes, qui aurait à se plaindre d'une infraction à ces obligations devra en informer immédiatement le bureau de la place, qui préviendra le corps auquel appartiendra l'homme en faute et fera, en outre, connaître à l'officier intéressé la suite donnée à sa plainte. (*Décis. du 3 janv.* 1878.)

Sapeurs-pompiers.

Les officiers des corps de sapeurs-pompiers, régulièrement nommés, ont droit aux honneurs militaires. Il y a réciprocité de la part de ces officiers vis-à-vis de l'armée. (*Circ. du 4 nov.* 1874.)

Assimilation.

Le corps du contrôle créé par la loi du 16 mars 1882 a une hiérarchie propre ne comportant aucune assimilation avec les grades de l'armée. (*Art. 42 de ladite loi.*)

Les grades, dans le corps de santé militaire, sont assimilés aux grades de la hiérarchie militaire, ainsi qu'il suit, en vertu de l'art. 37 de la loi du 16 mars 1882 :

Médecin..............	Inspecteur général.......	Général de division.
Médecin ou pharmacien.	Inspecteur.............	Général de brigade.
—	Principal de 1re classs. ..	Colonel.
—	Principal de 2e classe....	Lieutenant-colonel.
—	Major de 1re classe.......	Chef de bataillon.
—	Major de 2e classe.......	Capitaine.
—	Aide-major de 1re classe.	Lieutenant.
—	Aide-major de 2e classe..	Sous-lieutenant.

Les vétérinaires n'ont pas d'assimilation ; mais, en ce qui concerne les prérogatives, ils prennent rang dans la hiérarchie militaire dans l'ordre ci-après, conformément à l'art. 4 du décret du 30 avril 1875 :

Le vétérinaire principal de 1re classe après le lieutenant-colonel ;
Le vétérinaire principal de 2e classe après le chef d'escadron ;
Le vétérinaire en premier après le capitaine ;
Le vétérinaire en deuxième après le lieutenant ;
L'aide-vétérinaire après le sous-lieutenant.

Les vétérinaires doivent le salut aux officiers du grade après lequel ils sont respectivement placés dans la hiérarchie, aussi bien qu'à ceux d'un grade plus élevé.

Les vétérinaires reçoivent des sentinelles les honneurs prescrits par le règlement sur les services des places, et ont droit au salut de tous les militaires hiérarchiquement inférieurs. (*Art. 52 du décret du 26 déc. 1876.*)

MASQUES.

On donne le nom de *masques* aux personnes vêtues de certains costumes autres que ceux qu'elles portent habituellement.

Dans le temps du carnaval, les déguisements sont tolérés. La gendarmerie et la police doivent porter toute leur attention sur les actions des personnes masquées ; elles doivent veiller à ce qu'elles ne troublent point l'ordre et la tranquillité publique, n'occasionnent aucune rixe, n'insultent qui que ce soit, ne s'introduisent point dans les maisons sans y être invitées ou appelées, ne portent sur elles ni armes ni bâtons, et ne blessent ni les mœurs ni la décence par leurs paroles, leurs gestes et le genre de leur travestissement. Les autorités locales rédigent, à cet égard, des règlements dont l'exécution est confiée à la police et à la gendarmerie. Les infracteurs sont punis conformément à l'art. 471 (n° 15) du Code pénal, sans préjudice d'autres peines encourues pour faits plus graves.

Les procès-verbaux dressés en pareil cas, visés pour timbre et enregistrés en débet, sont remis aux commissaires de police.

MÉDAILLE MILITAIRE.

La médaille militaire a été instituée par le décret du 22 janvier 1852, qui porte qu'elle donne droit à 100 fr. de rente, en faveur des soldats et sous-officiers de l'armée de terre et de mer placés dans les conditions qui, plus tard, ont été fixées par le règlement du 29 février 1852.

Les militaires et marins qui l'ont obtenue la portent attachée par un ruban jaune avec un liseré vert, sur le côté gauche de la poitrine.

La médaille peut se porter simultanément avec la croix de la Légion d'honneur.

La rente de 100 fr. attachée à chaque médaille accordée est, comme le traitement de la Légion d'honneur, incessible et insaisissable.

Elle peut se cumuler avec toute allocation ou pension sur les fonds de l'État ou des communes, mais non avec le traitement accordé aux membres de la Légion d'honneur.

La médaille peut être donnée aux sous-officiers, caporaux ou brigadiers, soldats ou marins dans leur huitième année de service actif, ou à ceux qui auront fait quatre campagnes simples ;

A ceux dont les noms auront été cités à l'ordre de l'armée, quelle que soit leur ancienneté de service ;

A ceux qui auront reçu une ou plusieurs blessures en combattant devant l'ennemi, ou dans un service commandé ;

A ceux qui se seront signalés par un acte de courage et de dévouement méritant récompense.

Les dispositions du décret sont applicables à tous les employés, gardes et agents militaires qui, dans les armées de terre et de mer, ne sont pas considérés et traités comme officiers.

Aux termes de l'art. 71 du décret du 1er mars 1854, les sous-officiers, brigadiers et gendarmes concourent pour la médaille militaire dans les mêmes conditions que les militaires des autres corps de l'armée.

Le nombre des candidats est déterminé, chaque année, par les instructions ministérielles sur les inspections générales.

Lorsqu'un militaire est rayé des contrôles, il ne peut plus obtenir la médaille qu'en s'adressant au grand chancelier de la Légion d'honneur, et, à moins de circonstances exceptionnelles permettant de faire remonter le décret de concession à une date antérieure à celle de la radiation, le traitement n'est pas dû.

En uniforme, non seulement la médaille doit être portée avec le ruban, mais encore il faut que l'un et l'autre soient du modèle officiel. (*Circ. du 29 mai 1849, et décret du 26 avril 1852 modifié par le décret du 8 nov. 1870.*)

Les sous-officiers, brigadiers et gendarmes décorés de la médaille de Crimée, de Baltique, d'Italie, de Chine et du Mexique reçoivent trimestriellement la quantité de ruban nécessaire pour le port de ces décorations, conformément à la décision du 31 janvier 1861, à l'art. 261 du décret du 18 février 1863, et à la circulaire du 16 juin 1864.

V. *Marques de respect, Salut.*

Peines disciplinaires.

Les peines disciplinaires édictées par les décrets des 16 mars 1852 et 24 novembre suivant contre les membres de la Légion d'honneur et les médaillés militaires sont applicables aux titulaires de médailles commémoratives et de décorations étrangères. (*Décrets des 26 fév.* 1858, 24 *oct.* 1859, 25 *mars* 1861 *et* 16 *mars* 1864.)

Un autre décret, du 14 avril 1874, a été rendu pour l'exécution de la loi du 25 juillet 1873, au sujet des fautes commises par les légionnaires et les médaillés militaires.

MÉDAILLÉS D'HONNEUR.

Lorsqu'un militaire accomplit un acte de dévouement comme citoyen, en dehors du service, et qu'il y a eu péril pour sa vie ou s'il a couru des dangers, il y a lieu de demander pour lui la *médaille d'honneur*. Mais s'il s'agit seulement de récompenser un premier acte de courage, qui ne soit pas absolument exceptionnel, il est proposé pour *un diplôme d'honneur*, et non pour une médaille. (*Circ. du 26 fév.* 1883.)

Lorsque des sous-officiers, brigadiers et gendarmes ont apporté un zèle signalé dans le service, ils peuvent être proposés pour une *gratification*. Il faut éviter de présenter un homme pour deux récompenses à la fois, le cumul ne pouvant avoir lieu que dans des cas tout à fait particuliers. (*Circ. des* 7 *août* 1853 *et* 6 *déc.* 1858.)

Toute demande de médaille ou de diplôme d'honneur doit être appuyée d'un procès-verbal d'enquête et de certificats délivrés par des autorités ou des personnes présentes sur le lieu de l'événement. (*Circ. du* 8 *mai* 1860.)

Les demandes doivent parvenir au ministre de la guerre par l'intermédiaire du général commandant le corps d'armée. (*Circ. des* 20 *juin et* 3 *août* 1866.)

La médaille d'honneur, désignée sous le nom de *médaille de sauvetage*, a été instituée en mars 1820, et ce n'est que par une décision royale du 12 avril 1831 que les marins et riverains concessionnaires de cette médaille ont été autorisés à la porter à la boutonnière, suspendue à un ruban tricolore.

Une autre décision royale du 21 mars 1832 a rendu ces dispositions applicables aux militaires, en ajoutant que le ruban doit avoir trois liserés d'une largeur égale et qu'il ne pourra pas être porté sans la médaille.

MÉDAILLES. — CHASSE. — INCENDIE.

Les compagnies d'assurances contre l'incendie et les sociétés pour la répression du braconnage offrent fréquemment aux militaires de la gendarmerie des primes et récompenses consistant soit en médailles en argent, soit en jetons frappés au coin de ces sociétés.

L'extinction d'un incendie est un devoir pour tous les citoyens, et la répression du braconnage est une obligation essentielle de la gendarmerie. L'accomplissement de ce devoir ne constitue pas le cas de services exceptionnels prévu par l'art. 157 du règlement du 9 avril 1858, et, par suite, il n'y a pas lieu d'accepter les primes offertes en pareil cas.

Quant aux médailles frappées au coin des compagnies ou sociétés, elles peuvent être décernées, comme jetons, aux militaires de la gendarmerie qui se sont signalés dans les incendies et à ceux qui ont couru des dangers en luttant avec des braconniers ou dont les procès-verbaux pour délits de chasse auront amené le plus de condamnations. Ces médailles ne peuvent pas être portées. (*Circ. du 6 janv.* 1869. — V. *Plaque, Médaille dite plaque-d'identité.*)

MÉDECINS. — SAGES FEMMES.

Il n'est permis à personne d'exercer la médecine sans avoir obtenu un diplôme de médecin, chirurgien ou officier de santé. Tout individu qui exerce la médecine sans diplôme encourt une amende de 1,000 fr. s'il a pris le titre et exercé la profession de docteur ; de 500 fr. s'il s'est qualifié officier de santé. En cas de récidive, il encourt en outre un emprisonnement qui ne peut excéder six mois. (*Loi du 19 vent, an* XI.) Les individus qui exercent sans titre l'art de guérir ne sont passibles que d'une amende de simple police lorsqu'ils n'ont pas en même temps usurpé le titre de docteur ou d'officier de santé.

L'amende est double en cas de récidive, et les délinquants peuvent, en outre, être condamnés à un emprisonnement qui n'excédera pas six mois. (*Art.* 36 *de la loi du* 19 *vent. an* XI.)

Les sages-femmes sont astreintes à obtenir un brevet ; car elles peuvent compromettre souvent la vie des femmes qu'elles accouchent.

L'art. 319 du Code pénal est applicable aux médecins et sages-femmes qui, par leur imprudence, causent la mort de leur malade ; plus particulièrement à une sage-femme qui, dans un accouchement difficile, n'appelle point le secours d'un médecin et commet une imprudence.

En cas de mort de la mère ou de l'enfant, la sage-femme est punissable comme coupable d'homicide par imprudence. (*Arrêts de cass. des* 18 *sept.* 1817 *et* 10 *juin* 1835.)

Les individus qui exercent illicitement l'art de guérir ne sont passibles que d'une amende de simple police lorsqu'ils n'ont pas pris en même temps le titre de docteur ou d'officier de santé. (*Arrêts de cass. de* 1825, *p.* 143 *et* 288 *du* Bull. officiel.)

L'exercice illégal de la médecine est justiciable des tribunaux correctionnels, même dans le cas où, à raison des circonstances, il ne peut être réprimé que par l'application de peines de simple police. (*Cour d'Aix,* 10 *mai* 1873.)

Les femmes qui pratiquent illicitement l'art des accouchements encourent une amende qui n'excède pas 100 fr. (*Art.* 35 *et* 36 *de la loi du* 19 *vent. an* XI.) Tous ces délits peuvent être constatés par la gendarmerie. Les procès-verbaux sont envoyés au procureur de la République.

Les médecins peuvent être appelés par les officiers de police judiciaire, à l'effet de procéder à l'autopsie d'un cadavre ou de reconnaître la gravité des blessures qui sont le résultat d'un crime ou d'un délit (*art.* 44 *du*

Code d'instr. crim.); mais les simples officiers de santé ne peuvent être appelés que concurremment avec un docteur.

Un diplôme est également nécessaire pour exercer la profession de dentiste. L'art du dentiste est une branche de l'art de guérir : on est médecin dentiste, comme médecin oculiste, médecin accoucheur; et ceux qui exercent la profession de dentiste sans en avoir obtenu le diplôme sont passibles des peines portées par la loi du 10 ventôse an XI et par celle du 10 mars 1808. La Cour de cassation est revenue sur sa jurisprudence à cet égard, et a décidé que n'est pas dentiste qui veut.

Les charlatans, non plus que tous autres, ne peuvent vendre des drogues ou médicaments sans avoir obtenu le diplôme nécessaire à ce genre d'industrie.

La gendarmerie doit surveiller avec une rigoureuse exactitude ceux qui, sans en avoir le droit, se livrent à la pratique de l'art du dentiste ou à la vente des plantes médicinales ou autres médicaments.

La loi du 27 mars 1851 punit de l'emprisonnement pendant trois mois au moins et un an au plus, et d'une amende qui ne pourra excéder le quart des restitutions et dommages-intérêts, ni être au-dessous de 50 fr., ceux qui vendent des substances ou denrées médicamenteuses qu'ils savent être falsifiées ou corrompues. (*Art.* 423 *du Code pénal et loi du* 13 *mai* 1863.)

Le délit d'exercice illégal de la médecine n'étant réprimé que par une amende qui n'est ni définie ni spécifiée, le tribunal correctionnel ne peut appliquer qu'une amende de simple police. (*Cass.,* 11 *janv.* 1855.)

Tout médecin, chirurgien ou autre officier de santé qui, pour favoriser quelqu'un, certifiera faussement des maladies ou infirmités propres à dispenser d'un service public sera puni d'un emprisonnement d'une année au moins et de trois ans au plus. — S'il y a été mu par dons ou promesses, la peine de l'emprisonnement sera d'une année au moins et de quatre ans au plus. — Dans les deux cas, le coupable pourra, en outre, être privé des droits mentionnés en l'art. 42 dudit Code pénal, pendant cinq ans au moins et dix ans au plus, à compter du jour où il aura subi sa peine. — Dans le deuxième cas, les corrupteurs seront punis des mêmes peines que le médecin, chirurgien ou officier de santé qui aura délivré le faux certificat. (*Art.* 160 *du Code pénal modifié par la loi du* 13 *mai* 1863. — V. *Cass.,* 6 *janv.* 1860.)

Les médecins, chirurgiens, officiers de santé, pharmaciens et sages-femmes ne peuvent révéler des secrets qui leur ont été confiés par leurs malades. L'obligation du secret leur est imposée sous peine d'amende. (*Art.* 378 *du Code pénal.* — V. *au* Formulaire des procès-verbaux *à* Avortement.)

Lorsqu'un médecin opère en matière civile sur la réquisition d'un officier de police judiciaire, c'est le receveur de l'enregistrement et des domaines qui fait l'avance des frais de déplacement et autres, s'il y a lieu. (*Cass.,* 6 *août* 1836, *et art.* 49 *du Code d'instr. crimin. annoté par Rivière, Faustin Hélie et Paul Pont, p.* 11.)

Les sous-officiers, brigadiers et gendarmes n'ont pas qualité pour requérir les médecins; mais lorsqu'ils sont chargés de conduire un témoin devant le juge d'instruction ou un conseil de guerre, par exemple, et que cet individu ne peut les accompagner parce qu'il est malade, ils doivent prier un médecin de constater son état par un certificat qu'ils remettent au juge mandant. Si l'individu n'est pas en état de payer le prix **du** certificat ou s'il s'y refuse, le médecin établira un mémoire qu'il enverra, pour être ordonnancé, au ministre de la justice s'il s'agit d'une affaire civile, et au ministre de la guerre si le fait tombe sous l'application des lois militaires. Ce mémoire doit être préalablement visé par l'autorité qui a demandé le déplacement du médecin.

Lorsqu'un général donne l'ordre à un chef de brigade de faire visiter et contre-visiter par des médecins civils un militaire en congé que son état de santé ne permet pas de se déplacer, ces médecins, pour toucher ce qui leur est dû, établissent un mémoire de leurs vacations et l'envoient au sous-intendant militaire, qui ordonnance la dépense après l'avoir fait approuver par le ministre.

On procède de la même manière lorsqu'il s'agit de la visite d'un militaire à transférer ou quand un militaire escorté tombe malade en route et qu'on est obligé de le faire soigner dans une localité où il ne se trouve pas d'établissement hospitalier pour le recevoir.

Si c'est un civil, le mémoire est soumis au commissaire ou au maire, qui y appose son visa avec réquisition de payement; le juge de paix signe l'exécutoire et le receveur des finances en acquitte le montant.

Le refus d'un médecin légalement requis, en cas de flagrant délit, pour constater la nature et les circonstances d'une blessure ou dans le but de faire l'autopsie d'un cadavre trouvé sur le bord de l'eau constitue une contravention. (*Cass.*, 20 *fév.* 1857.)

Mais il n'en est pas de même pour un médecin qui refuse de se rendre à une réquisition qui lui est faite par un commissaire de police de constater le décès d'un individu tué accidentellement. (*Cass.*, 18 *mai* 1855.)
V. *Charlatans et Recrutement.*

MÉNACES.

Quiconque aura menacé, par écrit anonyme ou signé, d'assassinat, d'empoisonnement, ou de tout autre attentat contre les personnes, qui serait punissable de la peine de mort, des travaux forcés à perpétuité, ou de la déportation, sera, dans le cas où la menace aurait été faite avec ordre de déposer une somme d'argent dans un lieu indiqué, ou de remplir toute autre condition, puni d'un emprisonnement de deux à cinq ans, et d'une amende de 150 fr. à 1,000 fr. — Le coupable pourra, en outre, être privé des droits mentionnés en l'art. 42 du Code pénal, pendant cinq ans au moins et dix ans au plus, à partir du jour où il aura subi sa peine. — Le coupable pourra être mis aussi sous la surveillance de la haute police, pendant cinq ans au moins et dix ans au plus, à dater du jour où il aura subi sa peine. (*Art.* 305 *du Code pénal modifié par la loi du* 13 *mai* 1863.)

Si cette menace n'a été accompagnée d'aucun ordre ou condition, la peine sera d'un emprisonnement d'une année au moins et de trois ans au plus, et d'une amende de 100 fr. à 600 fr. — Dans ce cas, comme dans celui de l'article précédent, la peine de la surveillance pourra être prononcée contre le coupable. (*Art.* 306 *dudit Code.*)

Si la menace faite avec ordre ou sous condition a été verbale, le coupable sera puni d'un emprisonnement de six mois à deux ans, et d'une amende de 25 fr. à 300 fr. — Dans ce cas, comme dans celui des précédents articles, la peine de la surveillance pourra être prononcée contre le coupable. (*Art.* 307 *dudit Code.*)

Quiconque aura menacé verbalement ou par écrit de voies de fait ou violences non prévues par l'art. 305, si la menace a été faite avec ordre ou sous condition, sera puni d'un emprisonnement de six jours à trois mois, et d'une amende de 16 fr. à 100 fr., ou de l'une de ces deux peines seulement. (*Art.* 308 *dudit Code modifié.*)

Les procès-verbaux rédigés en pareille circonstance doivent bien préciser les faits, suivant les cas. Ces actes, exempts de la formalité du visa pour timbre et de l'enregistrement en débet, sont remis au procureur de la République.

Pour ce qui concerne la menace de détruire ou déranger la voie de fer, de placer sur la voie un objet faisant obstacle à la circulation, etc., il faut se reporter à l'art. 18 de la loi du 15 juillet 1845, sur les chemins de fer.

Le mendiant qui use de menaces est puni d'un emprisonnement de six mois à deux ans, par application de l'art. 276 du Code pénal.

Tout militaire qui, pendant le service ou à l'occasion du service, outrage son supérieur par paroles, gestes ou menaces est puni de la destitution, avec emprisonnement d'un an à cinq ans, si le militaire est officier, et de cinq à dix ans de travaux forcés s'il est sous-officier, brigadier ou caporal, ou soldat. Si les outrages n'ont pas eu lieu pendant le service ou à l'occasion du service, la peine est de un an à cinq ans d'emprisonnement. (*Art.* 224 *du Code de justice milit.*)

MENDIANTS.

On nomme *mendiants* les gens qui vivent habituellement du produit des aumônes qu'ils demandent et reçoivent.

Les art. 274, 275 et 276 du Code pénal déterminent les conditions dans lesquelles la mendicité est punie ; la loi tolère les mendiants invalides qui ne s'éloignent pas du lieu de leur résidence.

Il y a trois classes d'individus se livrant à la mendicité :

La première se compose de ceux à qui la force de travailler manque ;

La seconde, de ceux à qui le travail manque ;

La troisième, de ceux à qui la volonté de travailler manque.

Dans la première sont compris les individus auxquels l'enfance ou l'extrême vieillesse, certaines maladies, des vices d'organisation, la perte de quelque membre refusent ou enlèvent la force de travailler.

Ceux qui composent la seconde classe excitent moins la pitié ; mais ils méritent également l'intérêt et l'attention du gouvernement.

La troisième classe produit les mendiants vraiment dangereux.

C'est cette dernière classe qui, ainsi que les vagabonds, doit être l'objet de la surveillance de la gendarmerie.

Dans les lieux où il n'existe pas d'établissements publics organisés pour obvier à la mendicité, les mendiants d'habitude valides seront punis d'un mois à trois mois d'emprisonnement ; s'ils sont arrêtés hors du canton de leur résidence, ils seront punis d'un emprisonnement de six mois à deux ans. (*Art.* 275 *du Code pénal.*)

Tous mendiants qui mendieront en réunion, à moins que ce ne soient le mari et la femme, le père ou la mère et les jeunes enfants, l'aveugle et son conducteur, seront punis d'un emprisonnement de six mois à deux ans. (*Art.* 276 *du Code pénal.*)

Tout mendiant ou vagabond qui aura exercé ou tenté d'exercer quelque acte de violence que ce soit envers les personnes sera puni d'un emprisonnement de deux à cinq ans, sans préjudice de peines plus fortes, s'il y a lieu, à raison du genre et des circonstances de la violence. — Si le mendiant ou le vagabond qui aura exercé ou tenté d'exercer des violences se trouve, en outre, dans l'une des circonstances exprimées en l'art. 277, il sera puni de la réclusion. (*Art.* 279 *du Code pénal, modifié par la loi du* 13 *mai* 1863.)

Tout mendiant ou vagabond qui aura été saisi travesti d'une manière quelconque, — ou porteur d'armes, bien qu'il n'en ait usé ni menacé, — ou muni de limes, crochets ou autres instruments propres soit à commettre des vols ou d'autres délits, soit à lui procurer les moyens de pénétrer dans les maisons, — sera puni de deux à cinq ans d'emprisonnement. (*Art.* 277 *du Code pénal.*)

Pour qu'il y ait délit, il ne suffit pas que l'individu soit porteur d'instruments plus ou moins propres à commettre des crimes ; il est nécessaire qu'il ne puisse donner aucun motif légitime de la détention de ces instruments. (*Cass.,* 3 *juin* 1836.)

Tout mendiant ou vagabond qui sera trouvé porteur d'un ou plusieurs effets d'une valeur supérieure à 100 fr., et qui ne justifiera point d'où ils proviennent, sera puni d'un emprisonnement de six mois à deux ans. (*Art.* 278 *du Code pénal.*)

La surveillance de la haute police prononcée par l'art. 282 du Code pénal s'applique à ceux qui ont été condamnés pour mendicité, même sans aucune des circonstances aggravantes prévues par l'art. 277 du Code pénal. (*Cass.,* 29 *juin* 1838.)

La gendarmerie surveille les mendiants, vagabonds et gens sans aveu parcourant les communes et les campagnes. — Elle arrête ceux qui ne sont pas connus de l'autorité locale et qui ne sont porteurs d'aucun papier constatant leur identité, mais surtout les mendiants valides, qui peuvent être saisis et conduits devant l'officier de police judiciaire de l'arrondissement, pour être statué, à leur égard, conformément aux lois sur la répression de la mendicité : 1° lorsqu'ils mendient avec violences et menaces ; 2° lorsqu'ils mendient avec armes ; 3° lorsqu'ils mendient nuitamment ou s'introduisent dans les maisons ; 4° lorsqu'ils mendient plusieurs ensemble ; 5° lorsqu'ils mendient avec de faux certificats ou de faux passe-ports, ou infirmités supposées, ou déguisements ; 6° lorsqu'ils mendient après avoir été repris de justice ; 7° enfin, lorsque d'habitude ils mendient hors du canton de leur domicile. (*Art.* 333 *du décret du* 1er *mars* 1854, *et art.* 1er *de la loi du* 20 *mai* 1863 *sur l'instruction des flagrants délits devant les tribunaux correctionnels.*)

Dans les localités non pourvues d'un dépôt, la mendicité ne constitue un délit que dans le cas où elle est exercée par des individus valides et mendiant d'habitude. (*Cass.,* 28 *août* 1845. — V. *Vagabonds.*)

MILITAIRES ABSENTS DÉCÉDÉS. — AVIS AUX FAMILLES.
EFFETS. — SUCCESSIONS.

Aux termes de la circulaire du 4 mai 1866, le ministre de la guerre doit être informé de tous les décès survenus hors des hôpitaux, que le militaire soit mort à son corps, à sa résidence ou en congé à un titre quelconque, et l'acte de décès doit toujours lui être envoyé, par l'intermédiaire des généraux, avec les rapports relatifs aux décès survenus dans des circonstances exceptionnelles (suicide, etc.). Cet envoi est indépendant de celui que les chefs de légion sont tenus de faire directement, au bureau de l'arme, conformément à la circulaire du 8 novembre 1849, quand il s'agit d'un militaire de la gendarmerie, et à celle du 19 août 1878.

Pour assurer l'exécution de ces dispositions, les chefs de brigade doivent procéder de la manière suivante quand un militaire éloigné de son corps meurt dans leur circonscription :

1° Dresser un procès-verbal en triple expédition, constatant les causes de la mort et faisant connaître les effets, les armes et les papiers (congé, feuille de route, etc.) laissés par le militaire décédé ;

2° Etablir un inventaire séparé (1) également en triple expédition ; il doit être signé par les rédacteurs et par le maire ou l'adjoint, s'il s'agit d'un militaire de passage, par le concierge de la prison, s'il était détenu, et enfin, s'il était en congé, par la personne chez laquelle il est mort ;

3° Lever deux expéditions de l'acte de décès sur papier libre, lesquelles doivent être légalisées par l'autorité administrative (sous-préfet ou préfet) ;

4° Envoyer les procès-verbaux et les actes de décès au commandant d'arrondissement, pour qu'ils reçoivent les destinations indiquées plus haut ;

5° Laisser une expédition de l'inventaire à la personne qui l'a signé ; envoyer la seconde avec les effets, par la correspondance, à l'hôpital militaire le plus voisin, où elle est remise au comptable, qui, après vérification, donne son reçu au bas de la troisième expédition, laquelle reste entre les mains du commandant de la brigade où l'hôpital est situé, pour servir à la décharge de ce militaire.

Aux termes de l'art. 409 du décret du 1er mars 1854, de la circulaire du 23 octobre 1862 et de l'art. 248 de l'ordonnance du 10 mai 1844, modifié par le décret du 1er mars 1880, les effets des militaires décédés, disparus ou déserteurs, et ceux des militaires maintenus dans leurs foyers doivent être envoyés à l'hôpital le plus voisin parmi ceux qui reçoivent des militaires malades.

A défaut d'hôpital militaire dans le département, les objets ci-dessus sont déposés, en suivant les mêmes formalités, dans les mains des administrateurs de l'hôpital civil le plus voisin, pourvu toutefois que cet établissement soit du nombre de ceux qui reçoivent des militaires malades.

L'inventaire doit contenir le numéro des armes et le détail de tous les

_____

(1) Des formules de cet inventaire se trouvent à l'imprimerie Léautey.

effets d'habillement et de grand équipement, quelle que soit leur durée ; de plus, pour les hommes de passage ou détenus, on doit y ajouter les effets de petit équipement, l'argent et tout ce qui était en leur possession au moment du décès.

Les effets dont il s'agit ci-dessus étant la propriété exclusive des marins appartenant aux équipages de la flotte, les dispositions qui précèdent ne leur sont pas applicables. (*Circ. du min. de la guerre du 6 juill.* 1875.)

Si le militaire est décédé entre les mains de la gendarmerie, lorsqu'il marche sous escorte, les mêmes formalités sont remplies ; seulement, aux termes de l'art. 412 du décret du 1er mars 1854, le procès-verbal et l'inventaire ne sont dressés qu'en deux expéditions.

Lorsqu'un militaire meurt dans une caserne par suite de mort violente, la gendarmerie en rend compte à ses chefs dès qu'elle en a connaissance, conformément aux art. 29 du Code d'instruction criminelle et 283 du décret du 1er mars 1854 ; mais elle n'intervient pour en constater les circonstances que si le chef de corps, usant du droit que lui confère l'art. 85 du Code de justice militaire, requiert les officiers de police judiciaire, parmi lesquels sont classés les commandants de brigade pour tout ce qui est de la compétence des tribunaux militaires. (*Art.* 268 bis *du décret du 1er mars* 1854.)

Les avis des décès des militaires en activité de service sont immédiatement adressés par le télégraphe aux maires des communes où sont domiciliés les parents des militaires décédés.

Cette disposition s'applique à l'armée de mer et aux militaires appartenant aux corps de la gendarmerie et de la garde républicaine.

Les télégrammes portant avis du décès d'un militaire sous les drapeaux sont toujours taxés ; ils peuvent être adressés et expédiés, soit par la poste, soit par un exprès, jusqu'à la localité destinataire, si celle-ci ne possède pas de bureau télégraphique.

En cas d'emploi de l'exprès, il est perçu, au départ, des arrhes dont la liquidation s'opère ultérieurement en conformité des prescriptions réglementaires.

Il est toujours délivré au comptable militaire qui en fait la demande un récépissé, moyennant versement du droit fixe de dix centimes (0 fr. 10), afférent à chaque récépissé.

Les receveurs du télégraphe doivent toujours inscrire sur les récépissés ainsi délivrés le montant intégral des taxes télégraphiques perçues à l'occasion de l'envoi de chaque télégramme.

Ces dispositions sont applicables en France, aussi bien qu'en Algérie et en Tunisie. (*Notes minist. des* 11 *fév.*, 20 *juill. et* 23 *déc.* 1881.)

Successions.

En ce qui concerne les militaires de la gendarmerie qui meurent éloignés de leur famille, il faut se conformer aux dispositions de l'instruction ministérielle du 8 mars 1823, insérée au *Journal militaire* refondu, pages 131 et suivantes.

Aux termes de l'art. 55 de la loi du 27 juillet 1872, sur le recrutement de l'armée, les engagés volontaires d'un an étant habillés et équipés à leurs frais, les effets qu'ils emportent en quittant le corps leur appartiennent, et dès lors il n'y a pas lieu pour la gendarmerie de s'en occuper. (V. *Passage de troupes*.)

MINES. — CARRIÈRES.

L'exploitation d'une mine ne peut avoir lieu qu'en vertu d'un acte de concession délibéré en Conseil d'État. (*Art. 5 de la loi du 21 avril* 1810.)

La permission d'exploitation détermine les limites de l'exploitation et ses règles, sous les rapports de la sûreté et de la salubrité. (*Art. 5 de ladite loi.*)

En cas de contravention, la gendarmerie doit dresser procès-verbal et le remettre au procureur de la République, qui est chargé de poursuivre l'application des lois pénales.

La contravention résultant de l'établissement d'une forge pour la fabrication du minerai sans autorisation n'est passible que de l'amende portée par l'art. 95 de la loi du 21 avril 1810, et ne peut entraîner la démolition de l'usine. (*Cour de Toulouse*, 9 *mars* 1837.)

L'autorisation d'ouvrir une mine n'emporte pas le droit d'établir des lavoirs ou patouillets sans autorisation de l'administration. (*Cass.*, 16 *fév.* 1826 *et* 26 *mai* 1831.) L'établissement d'un patouillet ou lavoir sans autorisation rend celui qui l'a fait passible de l'amende portée par l'art. 96 de la loi du 21 avril 1810. (*Cass.*, 20 *juin* 1828.) Le propriétaire d'une mine qui a obtenu l'autorisation d'établir des lavoirs ou patouillets peut les ouvrir, même sur le terrain d'autrui, en indemnisant le propriétaire du terrain, et en le prévenant un mois d'avance ; mais à condition que ce sera à une distance de cent mètres au moins des habitations, cours et jardins en dépendant, ou de tout autre terrain clos de murs.

Toute contravention à cette disposition est passible d'une amende de 100 fr. à 500 fr. En cas de récidive, l'amende est double et la peine d'emprisonnement y est jointe, conformément aux dispositions des art. 11, 80, 93 et 96 de la loi du 21 avril 1810.

La même peine est prononcée contre tout propriétaire d'usine qui ne se conformerait pas aux conditions qui lui auraient été imposées par l'autorité administrative pour l'établissement soit de l'usine, soit des patouillets ou lavoirs, notamment en s'abstenant de creuser des bassins d'épuration, ou en envoyant dans les propriétés d'autrui, ou dans les rivières, les eaux bourbeuses provenant du lavage du minerai. (*Cass.*, 23 *janv.* 1829.)

Les tribunaux correctionnels, chargés par la loi de réprimer les contraventions aux permissions accordées pour l'exploitation des mines, minerais, forges, etc., ont, par suite, le droit d'interpréter ces permissions et d'examiner si l'on a contrevenu aux conditions qu'elles imposent, sans que cette interprétation soit contraire au principe de la séparation des pouvoirs judiciaire et administratif. (*Art.* 77 *et* 93 *de la loi du* 21 *avril* 1810. — *Cass.*, 12 *mars* 1841.)

Les propriétaires de forges ou de mines ne peuvent pas établir des patouillets ou lavoirs dont les eaux se jetteraient immédiatement dans une rivière. Cela leur est défendu dans des vues d'intérêt et de salubrité publics. (*Cass.*, 17 *juill.* 1813.) Les eaux des lavoirs doivent passer par des bassins d'épuration avant d'être conduites dans les rivières, dont elles troubleraient les eaux sans cette précaution.

Les infractions ci-dessus sont constatées comme les contraventions en matière de grande voirie. (*Art.* 93 *de ladite loi.*) Les procès-verbaux sont adressés aux procureurs de la République, qui sont tenus de poursuivre d'office les contrevenants devant les tribunaux correctionnels, ainsi qu'il est réglé et usité pour les délits forestiers. (*Art.* 95 *de ladite loi.*)

Ces contraventions peuvent être constatées par les maires, adjoints, gardes champêtres et par tous officiers de police judiciaire, ainsi que par la gendarmerie ; elles sont jugées par les tribunaux correctionnels, à la requête du ministère public.

C'est l'art. 96 de la loi du 21 avril 1810, et non l'art. 457 du Code pénal, qui est applicable au délit d'inondation des propriétés voisines, résultant de ce que les concessionnaires d'usines ne se sont pas conformés aux dispositions de l'ordonnance qui les autorise à établir des lavoirs ou patouillets. (*Cass.*, 23 *janv.* 1829.)

La loi du 4 mai 1838, relative à l'assèchement et à l'exploitation des mines, complète la législation sur cette matière.

Une ordonnance royale du 26 mars 1843 porte que, dans les cas prévus par l'art. 50 de la loi du 21 avril 1810, et généralement lorsque, par une conséquence quelconque, l'exploitation d'une mine compromettra la sûreté publique ou celle des ouvriers, la solidité des travaux, la conservation du sol et des habitations à la surface, les concessionnaires seront tenus d'en donner immédiatement avis à l'ingénieur des mines et au maire de la commune où l'exploitation sera située.

La gendarmerie doit constater, par des procès-verbaux qui sont remis au procureur de la République, les accidents, morts ou blessures survenus dans l'exploitation des mines et carrières.

Tout ouvrier qui, par suite d'insubordination aux ordres de ses chefs, aurait compromis la sûreté des personnes ou des usines serait passible d'un emprisonnement de six jours à deux ans, et d'une amende de 16 fr. à 600 fr. (*Art.* 30 *du décret du 3 janv.* 1813.)

Les tribunaux civils sont compétents pour connaître des amendes ou indemnités au propriétaire par suite des dégradations occasionnées à la propriété par les concessionnaires d'une mine qui ont poussé leur exploitation au delà des limites concédées.

A ces mêmes tribunaux appartient le droit d'ordonner la suppression des travaux ainsi indûment existants. (*Arrêt de la Cour de Lyon du* 6 *fév.* 1838.)

Le décret du 3 janvier 1813 sur l'exploitation des mines, qui ne prévoit que les accidents survenus aux ouvriers par suite d'inobservation des règlements, n'a rien changé aux dispositions de droit commun de l'art. 319 du Code pénal qui punit l'homicide involontaire par maladresse, imprudence, inattention, négligence ou inobservation des règlements.

Ainsi, le propriétaire d'une mine qui, par négligence ou inobservation des règlements, a été la cause de la mort d'un individu peut être puni pour délit d'homicide par imprudence. (*Cass.*, 20 *avril* 1855.)

Carrières.

Aux termes de l'art. 479 n° 4 du Code pénal, seront punis d'une amende de 11 à 15 fr., ceux qui auront causé les accidents spécifiés dans les paragraphes précédents, « par la vétusté, la dégradation, le défaut de réparation ou d'entretien des maisons ou édifices, ou par l'encombrement ou l'excavation, ou telles autres œuvres, dans ou près les rues, chemins, places ou voies publiques, sans les précautions ou signaux ordonnés ou d'usage. »

Ces précautions et signaux sont du domaine de l'autorité locale ; si le maire n'a pas pris d'arrêtés, conformément au nº 4 de l'art. 471, il n'y a pas lieu de verbaliser contre ceux qui n'ont pas entouré les carrières ou excavations, à moins qu'elles n'aient été établies sur une voie publique.

MOBILISATION.

Appel.

La mobilisation est l'ensemble des opérations qui font passer du pied de paix au pied de guerre toutes les forces militaires du pays ; l'appel de ces dernières est fait :

1º Pour les officiers, fonctionnaires et agents assimilés, au moyen d'ordres de service ou de titres analogues dont ils sont constamment détenteurs ;

2º Pour les hommes, par voie d'affiches et, dans certains cas particuliers, par ordres individuels d'appel ;

3º Pour les animaux et les voitures, au moyen d'affiches spéciales de réquisition et, dans certains cas particuliers, par ordres individuels de réquisition.

En ce qui concerne l'armée active, les corps de troupes de toutes armes et les différents services complètent leurs effectifs en puisant dans les catégories ci-après des neuf classes les plus jeunes :

1º Les disponibles ;

2º Les réservistes ;

3º Les hommes dits à la disposition de l'autorité militaire ;

4º Les hommes des services auxiliaires ;

5º Les non-disponibles.

Livrets individuels.

Les militaires de ces diverses catégories sont détenteurs d'un livret individuel ; les non-disponibles, seuls, ont leur livret déposé au siège de l'administration à laquelle ils appartiennent.

Ces livrets contiennent :

1º Un certificat d'envoi soit dans la disponibilité ou la réserve de l'armée active, soit dans l'armée territoriale ou dans sa réserve ;

2º Un ordre de route indiquant au titulaire le lieu où il doit se rendre, l'itinéraire qu'il doit suivre et le jour et l'heure auxquels il doit se présenter en cas de mobilisation ;

3º Une feuille spéciale aux appels annuels pour des exercices ou des manœuvres, indiquant le lieu de réunion assigné au titulaire, l'heure à laquelle il doit se présenter, et enfin le point (domicile légal) d'où il est censé partir.

La gendarmerie se préoccupe de tous ces détails, envoie au bureau de recrutement les livrets individuels qui seraient incomplets, recommande aux hommes d'avoir toujours ce livret par devers eux, afin de pouvoir le présenter dans les vingt-quatre heures, en cas d'appel, à l'autorité militaire, et dans un délai de huit jours dans toute autre circonstance.

Tout homme dépossédé momentanément de son livret par ordre de l'autorité militaire reçoit, en échange, un récépissé qui régularise sa position au point de vue militaire.

La remise des livrets individuels et les diverses opérations concernant les hommes sont faites par les gendarmes pendant leurs tournées dans les communes; lorsqu'ils ne peuvent rencontrer des hommes qu'ils ont besoin de voir personnellement, ils les font prévenir d'avoir à passer à la brigade; si ces hommes s'abstiennent, le chef de brigade en avise le commandant du bureau de recrutement, qui leur inflige, suivant le cas, une punition disciplinaire.

Pour éviter toute falsification, les ratures et surcharges sur les livrets individuels doivent toujours être visées et timbrées par l'autorité militaire.

Quand cette condition n'est pas remplie, la gendarmerie envoie les livrets raturés au commandant du bureau de recrutement, qui les vise, les timbre, ou fait procéder à une enquête s'il y a lieu.

Il en est de même dans le cas où un chef de brigade aurait fait lui-même quelque rature ou surcharge en visant les livrets pour changements de domicile ou de résidence, ou dans toute autre circonstance.

Lorsqu'un homme perd son livret, la gendarmerie signale le fait au bureau de recrutement, qui fait établir à l'homme un nouveau livret portant la mention *duplicata* sur la couverture; le chef de brigade fait savoir au commandant de recrutement si la perte du livret est imputable à la faute de l'homme, auquel, en pareil cas, une punition disciplinaire peut être infligée.

Changements de domicile ou de résidence.

La gendarmerie contrôle tous les déplacements des hommes et les signale au bureau de recrutement. Les changements de domicile sont indiqués sur le carnet n° 1, par les brigades de l'ancien et du nouveau domicile, envoyé chaque semaine au commandant du bureau de recrutement, et les changements de résidence sont portés sur le carnet n° 2 par la brigade du lieu de départ, l'homme y conservant son domicile légal; le carnet n° 2 n'est adressé au recrutement qu'une fois par mois.

Les chefs de brigade envoient aussi, une fois par an, au visa du commandant du bureau de recrutement, les listes nominatives sur lesquelles ils ont inscrit toutes les mutations.

Les résidants dans le gouvernement de Paris reçoivent un bulletin spécial indiquant leurs obligations en cas d'appel annuel ou de mobilisation, et, lorsqu'ils rentrent à leur *domicile*, la brigade de gendarmerie leur retire ce bulletin qu'elle met à l'appui du carnet n° 2.

La loi n'exige la déclaration d'un changement de *résidence* qu'à l'expiration d'un délai de deux mois; mais les intéressés ayant avantage à la faire plus tôt, la gendarmerie doit les y engager, leur observant qu'en régularisant leur situation ils s'assurent l'extension des délais et l'augmentation des indemnités de route auxquels ils peuvent avoir droit.

Les déplacements pour voyager pendant deux mois au moins ne constituent pas un changement de résidence ; ils donnent lieu à une déclaration faite à la gendarmerie du point de départ.

Dans l'intérêt des *résidants*, et pour leur procurer l'avantage d'un changement d'affectation, la gendarmerie du lieu de *résidence* et celle du *domicile* signalent au bureau de recrutement tout changement de *résidence* semblant prendre le caractère d'un changement de *domicile*, soit par sa durée prolongée, soit par l'installation ou les occupations de l'intéressé.

En principe, et malgré les changements de domicile qu'ils peuvent effectuer, les hommes renvoyés dans leurs foyers conservent, *pendant les six premiers mois*, l'affectation qui leur est donnée au moment où ils quittent les drapeaux ; la gendarmerie observe cette disposition à ceux d'entre eux qui voudraient faire une déclaration de changement de *domicile*, et les prévient qu'en cas de mobilisation pendant ces six premiers mois, ils sont tenus de rejoindre la destination indiquée sur leur ordre de route.

A l'expiration de cette période, la gendarmerie retire et adresse au bureau de recrutement le livret individuel des hommes qui ont changé de *domicile* ; elle lui fait connaître où ces hommes ont l'intention bien arrêtée de fixer leur *domicile* ; le bureau de recrutement procède, s'il y a lieu, à un changement d'affectation.

Les officiers et assimilés de réserve et de l'armée territoriale changeant de *domicile* font à la mairie du départ et à celle d'arrivée les déclarations prescrites par la loi ; mais il leur suffit d'écrire ou de se présenter au chef de brigade de l'arrivée.

Il en est de même, en ce qui concerne la gendarmerie, pour un changement de *résidence* ; mais lorsqu'ils se déplacent pour voyager pendant deux mois et au-dessus, ces officiers sont tenus d'accomplir la même formalité à la gendarmerie du départ.

Dans ces différents cas ils doivent avoir soin de donner exactement l'indication de la classe à laquelle ils appartiennent, de la subdivision et du canton dans lesquels ils ont satisfait à la loi, et enfin de leur numéro de tirage.

Le chef de brigade leur en délivre un récépissé extrait du carnet à souche dont il détache aussi la notification de la déclaration, qu'il adresse au commandant du bureau de recrutement.

Les hommes qui, n'ayant pas satisfait à la loi dans les départements de la Seine et de Seine-et-Oise, viennent s'y établir en quittant leur corps, ou plus tard, doivent sans délai déposer leur livret à la gendarmerie ; ils sont alors l'objet d'une enquête à la suite de laquelle le gouverneur fait changer, s'il y a lieu, leur affectation. (*Instr. du 28 déc.* 1879.)

Compte à rendre par la gendarmerie de certaines infractions.

Les hommes astreints au service militaire étant appelés à grossir les rangs de l'armée, soit pendant les périodes d'exercices, soit en cas de mobilisation, il importe que l'autorité militaire soit prévenue, surtout en ce qui concerne les gradés, des faits graves et répréhensibles dont ils se rendraient coupables.

Ces faits (*condamnations subies, incitations au désordre, ivrognerie, professions déshonorantes, immoralité, etc.*) doivent être signalés par la gendarmerie dans des rapports spéciaux et confidentiels, transmis par la voie hiérarchique; mais la gendarmerie procède avec la plus grande prudence pour n'éveiller ni inquiétude ni mécontentement dans la population.

Punitions.

Les hommes des différentes catégories de réserve sont placés sous la juridiction de l'autorité militaire lorsqu'ils sont appelés sous les drapeaux et même lorsque, dans leurs foyers, ils commettent certains crimes ou délits d'une gravité exceptionnelle au point de vue militaire, tels que : espionnage, trahison, violences envers un factionnaire, provocation à la désertion, port illégal d'insignes, rébellion en uniforme, voies de fait envers un supérieur pour l'accomplissement d'une vengeance contre un acte d'autorité légalement exercé, lacération volontaire du livret, dilapidation d'effets militaires, etc.

Ils sont placés sous la juridiction civile pour les infractions telles que : omission de déclaration de changement de domicile ou de résidence, retard non justifié en cas d'appel annuel ou de revue, etc. ; toutefois, la loi du 18 novembre 1875 laisse ces infractions à la répression directe de l'autorité militaire, pour être l'objet de punitions disciplinaires prononcées par les officiers généraux ou supérieurs et subies dans une prison civile ou dans les salles de discipline d'un corps de troupe désigné.

Les hommes punis ainsi reçoivent, par l'intermédiaire de la gendarmerie, un bulletin leur permettant de voyager à prix réduit en chemin de fer pour se rendre librement aux lieux où ils doivent subir leurs punitions.

Lorsqu'ils ne s'y présentent pas dans le délai prescrit, ils y sont conduits sous escorte. (*Décret du 16 mars 1878.*)

Demandes diverses.

La gendarmerie reçoit et au besoin provoque les demandes des hommes relativement à leur situation militaire, puis les envoie avec son avis au bureau de recrutement.

S'il s'agit d'hommes ayant changé de résidence, ces demandes sont, suivant leur nature, adressées au bureau de recrutement du domicile ou à celui de la résidence, ainsi qu'il suit :

1° Au bureau de recrutement du domicile.
- Renseignements sur la situation et les obligations militaires ;
- Réclamations à cet égard ;
- Demandes de dispense des appels annuels à titre de soutien de famille.

2° Au bureau de recrutement de la résidence.
- Demandes de réforme, — de sursis en ce qui concerne les appels annuels, — d'autorisation d'accomplir les périodes d'instruction dans un corps de même arme de la région de la résidence (autorisation qui n'est accordée qu'exceptionnellement, surtout si le corps d'affectation du solliciteur doit prendre part à des manœuvres) ;
- Demandes de devancement d'appel en ce qui concerne les périodes d'instruction.

Il n'est donné suite aux demandes des hommes qui n'ont pas fait de déclaration régulière de changement de résidence que dans les cas urgents. (*Art.* 86 *de l'instr. precitée.*)

Propositions de réforme.

Pour éviter au moment des appels ou d'une mobilisation la présence sous les drapeaux d'hommes incapables de faire un bon service, la gendarmerie doit recevoir et même provoquer les demandes de ceux susceptibles d'être convoqués devant la commission spéciale de réforme. Par suite, dans leurs tournées, les gendarmes s'assurent de l'état de santé de ceux qui semblent douteux, les engagent à faire une demande de réforme et les signalent, s'il y a lieu, au bureau de recrutement.

Les chefs de brigade transmettent ces demandes au commandant de recrutement en les appuyant d'un rapport rédigé par eux et d'un certificat médical visé par le maire de la commune s'il émane d'un médecin civil.

Les chefs de brigade indiquent sur ces documents le millésime de la classe, le numéro matricule de recrutement et le corps d'affectation du militaire qui en fait l'objet.

Les militaires en congé sont admis aussi à produire des demandes de réforme.

Les hommes appelés devant la commission de réforme reçoivent, établi par le bureau de recrutement, un bulletin de convocation leur donnant droit au transport à prix réduit en chemin de fer et leur tenant lieu de feuille de route pour rentrer chez eux. (*Art.* 90 *de la même instr.*)

Prévôtés.

On entend par prévôtés les détachements de gendarmerie employés aux armées (quartiers généraux, divisions, brigades de cavalerie, convois, etc.) pour y assurer un service d'ordre et de police ; ces détachements sont sous les ordres des officiers de gendarmerie chargés des fonctions de grand-prévôt, de prévôt, de vaguemestre et de commandant de détachement.

Les militaires de la gendarmerie destinés à constituer les prévôtés sont, dès le temps de paix, désignés par le chef de légion et inscrits sur un contrôle tenu constamment à jour.

Si l'un d'eux est rayé des contrôles ou devient indisponible, le chef de brigade en rend compte au commandant de compagnie, qui en réfère au chef de légion ; ce dernier affecte alors un autre gendarme à ce service ; si la nécessité de cette disposition ne se présente qu'au dernier moment, le chef de brigade en rend compte directement, par dépêche télégraphique, au commandant de la compagnie, qui pourvoit d'urgence au remplacement.

Ces militaires doivent toujours être bien équipés, et ceux de l'arme à cheval bien montés ; ils sont tenus de connaître à fond le service spécial qui leur incombe aux armées (*art.* 505 *et suivants modifiés du décret du* 1ᵉʳ *mars* 1854) ; ils sont, à cet effet, l'objet d'un examen particulier de la part des officiers de l'arme au cours de leurs tournées et du général inspecteur à l'inspection générale.

Les effets qu'ils doivent emporter en campagne sont déterminés par le règlement du 25 avril 1877 (*bases d'instruction*); ils comprennent l'équipement, le harnachement et la tenue ordinaire, moins le chapeau, la housse et les chaperons.

Les hommes à pied emportent le collet-manteau et les hommes à cheval le manteau.

Les munitions restent à la caserne.

Les gendarmes prévôtaux devant être bien montés, si leur monture n'est pas apte à faire campagne, ils peuvent l'échanger à l'amiable contre celle d'un camarade, avec l'assentiment du conseil d'administration; cet échange peut aussi être ordonné à l'inspection générale, les chevaux étant estimés à ce moment à dire d'experts.

Lorsqu'au moment même de la mobilisation la monture d'un gendarme est ou devient indisponible, le chef de brigade en rend compte par dépêche télégraphique au commandant de la compagnie, qui prescrit un échange, et le prix des chevaux échangés est réglé à dire d'experts en cas de contestation.

Si le chef de brigade n'a pas le temps d'informer le commandant de compagnie, il prescrit lui-même l'échange dans les mêmes conditions et rend compte de cette mesure d'urgence au commandant d'arrondissement.

Gendarmes réservistes et prévôtaux.

Les hommes sortant de la gendarmerie et qui appartiennent à la réserve de l'armée active sont, en cas de mobilisation, appelés à compléter et renforcer l'effectif des brigades affaiblies par la constitution des prévôtés.

Si dans une région il y a un excédant de gendarmes réservistes, il peut être utilisé pour constituer au chef-lieu du corps d'armée des forces supplétives qui sont à la disposition de l'autorité militaire.

Chaque chef de brigade a la liste des gendarmes réservistes domiciliés dans sa circonscription; il les surveille et rend compte à l'autorité de tous les faits susceptibles d'entacher leur dignité; lorsqu'ils ont démérité, l'autorité militaire les remet à la disposition du bureau de recrutement, qui les affecte à un corps de troupes.

Les réservistes de la gendarmerie sont logés dans les casernes lorsqu'il y a de la place; ils se fournissent dans ce cas d'effets de literie, leur solde ayant été élevée dans cette prévision à celle d'élève-gendarme.

S'il n'y a pas de place, ils sont logés chez l'habitant, mais autant que possible à proximité de la caserne, dans les conditions prévues par l'art. 9 de la loi du 3 juillet 1877 sur les réquisitions, pour les gendarmes appelés pour la durée de la mobilisation, et par le troisième paragraphe de l'art. 15 de la même loi, pour ceux appelés pendant la période de mobilisation seulement.

Aux époques fixées par le commandant d'arrondissement, le chef de brigade délivre, s'il y a lieu, aux propriétaires des logements réquisitionnés, des reçus leur permettant de se faire indemniser par la commission départementale d'évaluation.

Dès le temps de paix, les chefs de brigade connaissent les dispositions prises par le commandant d'arrondissement pour assurer le logement nécessaire aux gendarmes réservistes.

Les réservistes de l'arme à cheval reçoivent gratuitement, de la commission de réquisition la plus voisine, un cheval de réquisition qui leur sert immédiatement à transporter, s'il y a lieu, du chef-lieu d'arrondissement à leur brigade d'affectation, les effets d'habillement, d'équipement et de harnachement qu'ils reçoivent.

A leur arrivée au lieu de convocation, le commandant d'arrondissement leur paie l'indemnité de route qui leur est due pour se rendre à destination et leur remet une commission à leur nom, qu'ils vont immédiatement faire compléter par le greffier du tribunal où ils prêtent serment.

Leurs effets bourgeois, réunis et étiquetés, restent déposés au point de concentration.

Les réservistes de la gendarmerie sont, en cas de mobilisation, employés avec le grade ou l'emploi dont ils étaient pourvus en quittant l'arme; s'ils ne sont pas désignés pour faire partie des forces supplétives, les gradés reçoivent le commandement vacant d'une brigade au chef-lieu de légion ou de compagnie.

Les hommes ayant servi dans la gendarmerie et appartenant par leur âge à l'armée territoriale sont, en cas de mobilisation, employés, à la formation, suivant les besoins, soit de prévôtés pour les troupes territoriales, soit de brigades à répartir sur les lignes d'étapes de l'armée, soit de forces supplétives à la disposition de l'autorité militaire. Ils peuvent même être employés à renforcer les brigades permanentes si le nombre de gendarmes réservistes était insuffisant.

Ceux qui ne sont pas jugés susceptibles d'être affectés à ces différents services sont signalés par les chefs de légion aux commandants des bureaux de recrutement, qui les placent dans un des corps de troupes territoriales de la région, quelles que soient les conditions dans lesquelles ils ont quitté l'arme.

Les gendarmes territoriaux sont administrés de la même façon que les gendarmes réservistes, soit en ce qui concerne leur inscription sur un contrôle spécial au chef-lieu de région, soit en ce qui concerne leur surveillance par le chef de brigade de leur domicile ou résidence.

En principe, ils sont mobilisés avec leur classe de l'armée territoriale. L'ordre de route annexé à leur livret les convoque au chef-lieu du corps d'armée, où ils sont commissionnés après la prestation de serment, armés, habillés, équipés, logés, soldés et, s'il y a lieu, montés, suivant les règles tracées pour les gendarmes réservistes non affectés aux brigades.

Les hommes qui avaient un grade en quittant la gendarmerie doivent le reprendre; ils peuvent même être employés avec un grade supérieur, mais dans des forces supplétives seulement.

Indépendamment des gendarmes réservistes ou territoriaux, certaines brigades chargées peuvent recevoir pendant la période de mobilisation des gendarmes titulaires détachés des brigades des grands centres.

Ces gendarmes titulaires et les gendarmes territoriaux peuvent, d'après les ordres du chef de légion, être maintenus exceptionnellement dans les brigades après la période de mobilisation.

MONNAIE FAUSSE. — MONNAIE REFUSÉE.

La contrefaçon des monnaies françaises et l'émission desdites monnaies contrefaites constituent des crimes distincts, aussi bien que la contrefaçon de monnaies étrangères et l'émission de ces monnaies contrefaites.

La contrefaçon existe par le fait seul que la monnaie contrefaite a cours légal en France, quelle que soit sa valeur; qu'il s'agisse de billets de banque ou de pièces.

L'émission de fausse monnaie existe par ce seul fait que celui qui émet une pièce sait qu'elle est fausse. (*Cass.*, 28 *déc.* 1854.)

Tous les agents chargés par leurs fonctions de veiller à la sécurité publique ont le devoir de réprimer la contrefaçon des monnaies et l'émission de monnaies fausses. La gendarmerie, en particulier, doit dresser procès-verbal des faits de ce genre parvenus à sa connaissance et des déclarations qui peuvent lui être faites à leur sujet, et même arrêter les criminels qui seraient surpris en flagrant délit ou poursuivis par la rumeur publique. (*Décret du 1er mars* 1854, *art.* 276, 277 *et* 488.)

Les pénalités, en matière de faux monnayage, sont édictées par le Code pénal.

Quiconque aura contrefait ou altéré les monnaies d'or ou d'argent ayant cours légal en France, ou participé à l'émission ou exposition desdites monnaies contrefaites ou altérées, ou à leur introduction sur le territoire français, sera puni des travaux forcés à perpétuité. — Celui qui aura contrefait ou altéré des monnaies de billon ou de cuivre ayant cours légal en France, ou participé à l'émission ou exposition desdites monnaies contrefaites ou altérées, ou à leur introduction sur le territoire français, sera puni des travaux forcés à temps. (*Art.* 132 *du Code pénal, modifié par la loi du* 13 *mai* 1863.)

Tout individu qui aura, en France, contrefait ou altéré des monnaies étrangères, ou participé à l'émission, exposition ou introduction en France de monnaies étrangères contrefaites ou altérées, sera puni des travaux forcés à temps. (*Art.* 133 *dudit Code modifié.*)

Sera puni d'un emprisonnement de six mois à trois ans, quiconque aura coloré les monnaies ayant cours légal en France, ou les monnaies étrangères, dans le but de tromper sur la nature du métal, ou les aura émises ou introduites sur le territoire français. — Seront punis de la même peine, ceux qui auront participé à l'émission ou à l'introduction des monnaies ainsi colorées. (*Art.* 134 *dudit Code modifié.*)

La participation énoncée aux précédents articles ne s'appliquera point à ceux qui, ayant reçu pour bonnes des pièces de monnaie contrefaites, altérées ou colorées, les ont remises en circulation. — Toutefois, celui qui aura fait usage desdites pièces, après en avoir vérifié ou fait vérifier les vices, sera puni d'une amende triple au moins, et sextuple au plus, de la somme représentée par les pièces qu'il aura rendues à la circulation, sans que cette amende puisse, en aucun cas, être inférieure à 16 fr. (*Art.* 135 *dudit Code modifié.*)

Les personnes coupables des crimes mentionnés en l'art. 132 seront exemptes de peine, si, avant la consommation de ces crimes, et avant toutes poursuites, elles en ont donné connaissance, ou révélé les auteurs aux autorités constituées, ou si, même après les poursuites commencées, elles ont procuré l'arrestation des autres coupables. (*Art.* 138 *dudit Code.*)

L'individu inculpé d'émission en France de fausses monnaies étrangères ne peut, en dénonçant ses complices, obtenir le bénéfice de l'exemption de peines, accordé au révélateur par l'art. 138 du Code pénal. (*Cour d'assises de la Seine,* 9 *juill.* 1870.)

L'application de la peine ne dépend pas de la plus ou moins grande ressemblance que les monnaies contrefaites peuvent avoir avec les monnaies légales, et l'accusé ne peut alléguer comme excuse suffisante que les monnaies qu'il a mises en circulation étaient si grossièrement contrefaites qu'il était impossible de les prendre pour bonnes. (*Arrêt de cass. du 5 oct.* 1821.)

La découverte d'ateliers et d'instruments servant à fabriquer la fausse monnaie, l'arrestation des faux monnayeurs donnent lieu à rapport immédiat au ministre de la guerre, de la part des officiers de gendarmerie. (*Art.* 77 *du décret du* 1er *mars* 1854.)

Toute personne qui aura refusé de recevoir des espèces et monnaies nationales non fausses ni altérées, selon la valeur pour laquelle elles ont cours, sera punie d'une amende depuis 6 fr. jusqu'à 10 fr. inclusivement, aux termes de l'art. 475 n° 11 du Code pénal.

L'art. 2 du décret du 19 août 1810 dispose que la monnaie de cuivre et de billon ne pourra être employée dans les payements que pour l'appoint de la pièce de 5 fr.; le payement d'une somme de moins de 5 fr., 4 fr. 95 cent., par exemple, peut être fait en cette monnaie et doit être reçu sous peine de contravention. (*Cass.,* 13 *juill.* 1860.)

Il en est ainsi du commerçant qui a refusé de recevoir en payement d'une somme de 5 cent. cinq pièces de 1 cent. (*Cass.,* 9 *nov.* 1861.)

L'art. 5 de la loi du 14 juillet 1866 dispose que les monnaies d'argent de 2 fr. et au-dessous n'ont cours légal, entre particuliers, que comme monnaie d'appoint, et seulement jusqu'à concurrence de 50 fr.

Aux termes de l'art. 1er de la loi du 12 août 1870, les billets de la Banque de France sont reçus comme monnaie légale par les caisses publiques et par les particuliers.

Le refus, au guichet d'une gare de chemin de fer, de recevoir en payement un billet de Banque de 20 fr. pour une somme inférieure à la valeur nominale, et de rendre la différence, ne constitue pas une contravention; ce n'est pas là un refus de recevoir une monnaie ayant cours forcé en vertu de la loi du 12 août 1870, mais un refus de procéder à un échange de ladite monnaie. (*Cass.,* 6 *janv.* 1872.)

La gendarmerie est chargée de fournir les escortes pour la surveillance des transports et mouvements d'espèces entre les départements et les hôtels des monnaies, lorsque des réquisitions lui en sont faites par les autorités.

Mais cette surveillance ne doit s'exercer, en général, qu'au moyen de patrouilles et embuscades; elle n'a lieu que dans les circonstances et sur les points des grandes routes où il y a quelque danger à craindre.

Il n'est fourni d'escortes que dans le très petit nombre de cas où ce service est le seul qui offre une garantie réelle. Ce service doit être combiné avec les autorités, pour le temps et les moyens, de manière à n'occasionner à la gendarmerie que le moins de dérangement possible. (*Décret du* 1er *mars* 1854, *art.* 465.)

MORT CIVILE. — DÉGRADATION CIVIQUE. — PRIVATION DE L'EXERCICE DE CERTAINS DROITS CIVILS.

La mort civile a été abolie par la loi du 3 *mai* 1854, *dont la teneur suit :*

Art. 1er. La mort civile est abolie.

Art. 2. Les condamnations à des peines afflictives perpétuelles emportent la dégradation civique et l'interdiction légale établies par les art. 28, 29 et 31 du Code pénal.

Art. 3. Le condamné à une peine afflictive perpétuelle ne peut disposer de ses biens, en tout ou en partie, soit par donation entre vifs, soit par testament, ni recevoir à ce titre, si ce n'est pour cause d'aliments.

Tout testament fait par lui antérieurement à sa condamnation contradictoire, devenue définitive, est nul.

Le présent article n'est applicable au condamné par contumace que cinq ans après l'exécution par effigie.

Art. 4. Le gouvernement peut relever le condamné à une peine afflictive perpétuelle de tout ou partie des incapacités prononcées par l'article précédent.

Il peut lui accorder l'exercice, dans le lieu d'exécution de la peine, des droits civils ou de quelques-uns de ces droits, dont il a été privé par son état d'interdiction légale.

Les actes faits par le condamné, dans le lieu d'exécution de la peine, ne peuvent engager les biens qu'il possédait au jour de sa condamnation, ou qui lui sont échus à titre gratuit depuis cette époque.

Art. 5. Les effets de la mort civile cessent, pour l'avenir, à l'égard des condamnés actuellement morts civilement, sauf les droits acquis aux tiers.

L'état de ces condamnés est régi par les dispositions qui précèdent.

Art. 6. La présente loi n'est pas applicable aux condamnations à la déportation pour crimes commis antérieurement à sa promulgation. (V. *la loi des 3-6 juill.* 1852 *sur la réhabilitation.*)

MOULINS.

Les propriétaires, fermiers ou tous autres jouissant de moulins, usines à eau ou étangs ne peuvent élever le déversoir de l'eau sans l'autorisation de l'autorité.

Ceux qui ont inondé les chemins ou les propriétés d'autrui par l'élévation de leurs eaux au-dessus du niveau déterminé par l'autorité sont passibles d'une amende qui ne peut excéder le quart des restitutions et dommages-intérêts, ni être au-dessous de 50 fr. S'il en résulte quelque dégradation, la peine est, outre l'amende, d'un emprisonnement de six jours à un mois. (*Art.* 457 *du Code pénal.* — V. *art.* 15 *et* 16, titre II, *de la loi des* 28 *sept.*-6 *oct.* 1791.)

Quiconque aurait percé des digues, levé des vannes, ou causé des inondations de toute autre manière, serait passible des peines portées en l'art. 437 du Code pénal. (V. *Inondation.*)

Il n'y a pas lieu à l'application des art. 457 et 462 du Code pénal, si la hauteur du déversoir n'a pas été fixée par l'autorité compétente. (*Arrêts de cass. des* 2 *fév.* 1816 *et* 23 *janv.* 1819.) Mais alors on applique l'art. 15, titre II de la loi du 6 octobre 1791, qui prononce une amende qui peut s'élever jusqu'à la somme du dédommagement. (*Arrêts de cass. des* 23 *janv.* 1819 *et* 4 *nov.* 1824.)

L'on ne peut imputer à un propriétaire l'inondation qui résulte de la trop grande élévation du déversoir de son moulin, si elle a été ainsi déterminée par l'autorité administrative. C'est au préfet qu'il appartient de

faire cesser ce dommage. (*Loi précitée des 28 sept.–6 oct. 1791, art. 16.
— Cass., 15 août 1808 et 29 mars 1856.*)

L'art. 15 précité est applicable si l'inondation a eu lieu par suite de
la négligence d'un propriétaire à lever les vannes de l'empellement de
son usine ou les vannes de décharge, ainsi qu'il est prescrit par l'ordonnance du 3 janvier 1848. (*Même arrêt.*)

Cette contravention est de la compétence des tribunaux correctionnels,
bien que l'inondation soit le résultat d'une contravention à un règlement
administratif, pourvu qu'il y ait préjudice causé. (*Cass., 29 mars 1856.*)

NAUFRAGE.

En cas de naufrage, les officiers de police judiciaire, accompagnés de
la gendarmerie, doivent prendre, sur–le–champ, les mesures nécessaires
pour assurer le sauvetage des effets et des personnes. Ils désignent les
ouvriers qui doivent y être employés, et préposent une garde pour veiller
à la conservation des effets sauvés. Dans le cas d'enlèvement des objets
naufragés, ils prennent les renseignements nécessaires, entendent les témoins qui leur sont indiqués, et font des visites domiciliaires chez les individus inculpés d'avoir soustrait ou recélé ces objets. Si le pillage des
effets naufragés a lieu à force ouverte et par attroupement, la commune
du lieu du délit en devient responsable. Dans tous les cas, les renseignements et procès-verbaux sont transmis au procureur de la République.
(*Décret du 27 therm. an VII.*)

Ceux qui refusent de prêter secours en cas de naufrage sont passibles
d'une peine de police. (*Art. 475 (n° 12) du Code pénal.*)

NOUVELLES FAUSSES.

La publication ou la reproduction de nouvelles fausses, de pièces fabriquées, falsifiées ou mensongèrement attribuées à des tiers, sera punie
d'un emprisonnement d'un mois à un an et d'une amende de 50 fr. à
1,000 fr., ou de l'une des deux peines seulement, lorsque la publication
ou reproduction aura troublé la paix publique et qu'elle aura été faite de
mauvaise foi. (*Art. 27 de la loi du 29 juill. 1881.*)

OFFENSES CONTRE LE CHEF DE L'ÉTAT.

L'offense au Président de la République par l'un des moyens énoncés
dans l'art. 23 et dans l'art. 28 est punie d'un emprisonnement de trois
mois à un an et d'une amende de 100 fr. à 3,000 fr., ou de l'une de ces
deux peines seulement. (*Art. 26 de la loi du 29 juill. 1881 — V. cette
loi au mot Presse.*)

ORDONNANCES.

La gendarmerie ne peut être distraite de son service ni détournée des
fonctions qui font l'objet principal de son institution, pour porter les dé-

pêches des autorités civiles ou militaires; l'administration doit expédier des estafettes extraordinaires, à la réquisition des agents du gouvernement, quand le service ordinaire de la poste ne fournit pas des moyens
de communication assez rapides.

Ce n'est donc que dans le cas d'extrême urgence, et quand l'emploi des
moyens ordinaires amènerait des retards préjudiciables aux affaires, que
les autorités peuvent recourir à la gendarmerie pour la communication
d'ordres et d'instructions qu'elles ont à donner.

Hors ces circonstances exceptionnelles et très rares, il ne leur est point
permis d'adresser des réquisitions abusives qui fatiguent inutilement les
hommes et les chevaux.

La gendarmerie obtempère aux réquisitions qui lui sont faites par
écrit et lorsque l'urgence est indiquée; mais elle rend compte immédiatement de ce déplacement aux ministres de la guerre et de l'intérieur.
Copie de ces réquisitions est adressée au chef de la légion. (*Art.* 99 *du
décret du* 1er *mars* 1854.)

Un officier de gendarmerie peut commander un gendarme d'ordonnance
pour l'accompagner dans toute sa tournée de service, et si plusieurs brigades à pied se trouvent à la suite les unes des autres il est autorisé,
contrairement à l'art. 656 du décret du 1er mars 1854, à conserver ce gendarme d'ordonnance jusqu'à la première brigade à cheval; dans ce cas,
l'indemnité de service extraordinaire est acquise à ce dernier pour toute
la durée de son absence. (*Note minist. du* 4 *mai* 1881. — **V.** *Indemnités, Dépêches des autorités.*)

ORDRE HIÉRARCHIQUE.

Rapports des inférieurs avec leurs supérieurs.

Dans les lieux de résidence d'un commandant d'arrondissement, le maréchal des logis ou brigadier commandant la brigade va tous les jours à
l'ordre chez cet officier.

Le même devoir est imposé aux officiers de tous grades, dans les lieux
de résidence de plusieurs officiers; celui du grade inférieur se rend chaque
jour à l'ordre chez l'officier qui est du grade immédiatement supérieur,
ou qui en exerce les fonctions. (*Art.* 208 *du décret du* 1er *mars* 1854 *et*
117 *du règlement du* 9 *avril* 1858.)

Pour tout ce qui a rapport au service spécial et militaire de l'arme, les
commandants de brigade correspondent journellement avec les commandants d'arrondissement, les commandants d'arrondissement avec les commandants de compagnie, les commandants de compagnie avec les chefs de
légion, et les chefs de légion avec les ministres. (*Art.* 76 *et suiv. du décret du* 1er *mars* 1854 *et* 118 *du règlement ci-dessus.* — **V.** *Rapports à
fournir.*)

Cependant, dans quelques circonstances urgentes, si le rapport des
commandants de brigade devait éprouver un retard préjudiciable par
cet ordre hiérarchique, ils pourraient correspondre directement avec
le commandant de compagnie; mais ces rapports directs ne les dispense-
raient pas de rendre immédiatement les mêmes comptes à leur comman

dant d'arrondissement. (*Art.* 225 *dudit décret et* 119 *dudit règlement du* 9 *avril.*)

Un chef d'un grade supérieur peut entretenir une correspondance directe avec les militaires de tous grades placés sous ses ordres. Le militaire à qui elle est adressée doit également répondre directement; cependant, dans ce cas, il donne avis en même temps à son chef immédiat des dépêches qu'il a reçues et des réponses qu'il a faites, si elles concernent le service; mais le grade inférieur, hors les circonstances prévues et indiquées, ne peut, si ce n'est dans un cas de déni de justice ou de demandes et réclamations qu'il pourrait faire, intervertir l'ordre hiérarchique, sans s'exposer à être puni sévèrement. (V. *Réclamations.*) Il est dans l'intérêt de la discipline que des relations habituelles de service s'établissent du grade supérieur au grade immédiatement inférieur, comme du grade inférieur au grade immédiatement supérieur. (V. *Relations avec les autorités.*)

OUTRAGES. — INJURES. — MENACES. — DIFFAMATION
A LA GENDARMERIE.

Lorsqu'un magistrat de l'ordre administratif ou judiciaire a reçu dans l'exercice de ses fonctions, où à l'occasion de cet exercice, quelque outrage par paroles, par écrit ou dessin non rendus publics, tendant, dans divers cas, à inculper son honneur ou sa délicatesse, celui qui lui aura adressé cet outrage sera puni d'un emprisonnement de quinze jours à deux ans. (*Art.* 222 *du Code pénal, modifié par la loi du* 13 *mai* 1863.)

L'outrage fait par paroles, gestes ou menaces à tout agent dépositaire de la force publique, et à un citoyen chargé d'un service public, dans l'exercice ou à l'occasion de l'exercice de ses fonctions, sera puni d'un emprisonnement de six jours à un mois, et d'une amende de 16 fr. à 200 fr., ou de l'une de ces deux peines seulement. (*Art.* 224 *dudit Code, modifié par la loi du* 13 *mai* 1863.)

L'outrage mentionné en l'article précédent, lorsqu'il aura été dirigé contre un commandant de la force publique, sera puni d'un emprisonnement de quinze jours à trois mois, et pourra l'être aussi d'une amende de 16 fr. à 500 fr. (*Art.* 225 *du Code pénal; même loi.*)

L'art. 224 du Code pénal (*loi du* 13 *mai* 1863), qui prononce une amende contre les outrages par paroles, gestes et menaces, s'applique également au cas où l'injure aurait été commise par *paroles écrites* dans une lettre missive, qui même n'aurait pas reçu de publicité. (*Arrêts de cass. des* 15 *juin* 1837 *et* 12 *fév.* 1839.)

L'art. 222 du Code pénal n'est pas applicable aux outrages et injures contenus dans une lettre adressée à un fonctionnaire public, et dont il a eu seul connaissance. (*Cass.,* 11 *fév.* 1839.) Elle ne donne lieu qu'à des peines de simple police. (*Art.* 471 *n°* 11 *du Code pénal.* — *Cass.,* 30 *août* 1851.)

L'individu qui est prévenu d'outrages par paroles ou par gestes, envers un membre de la gendarmerie, ne peut être renvoyé des poursuites dirigées contre lui, par le motif qu'il y aurait eu provocation. Cette excuse n'est pas admise par la loi. (*Cass.,* 28 *août* 1841 *et* 30 *avril* 1847.

L'injure adressée à un membre de la gendarmerie doit être considérée comme lui étant faite dans l'exercice de ses fonctions, non seulement lorsqu'il est dans le plein et entier exercice de ses fonctions, mais encore dans tous les rapports que ces mêmes fonctions lui donnent avec les particuliers dans l'intérieur de son domicile ou partout ailleurs. Ce sont d'ailleurs, en ce cas, des outrages faits, sinon dans l'exercice de ses fonctions, au moins à l'occasion de ses fonctions, délits qui sont placés sur la même ligne par l'art. 224 du Code pénal. (*Cass.*, 11 oct. 1850.)

Tout individu qui outrage les militaires de la gendarmerie dans l'exercice de leurs fonctions, ou qui leur fait une déclaration mensongère d'un délit qui n'a pas été commis, est immédiatement arrêté et conduit devant le procureur de la République pour être jugé suivant la rigueur des lois. (*Art. 301 du décret du 1er mars 1854.*)

Un brigadier de gendarmerie, lorsqu'il agit dans le cercle de ses attributions et dans l'étendue du territoire assigné à sa juridiction, est un commandant de la force publique, dans le sens prévu par l'art. 225 du Code pénal.

Constitue l'outrage prévu par cet article et par l'art. 224, le fait d'avoir dit à un brigadier de gendarmerie, au moment où il dressait procès-verbal contre des personnes attablées dans un cabaret après l'heure réglementaire de fermeture : « Allez plus vite, nous n'avons pas le temps d'attendre jusqu'à minuit. Vous ne savez pas votre métier. Vous aurez de mes nouvelles, je me charge de vos affaires... La justice a deux poids et deux mesures. Je dis cela pour vous... » (*Cass.*, 24 mai 1873 et 2 déc. 1881.)

L'expression : « Si tu avances, je te tue » est un outrage fait par geste ou menace. (*Cass.*, 26 janv. 1836. — V. *Rébellion.*)

La fuite d'un individu à l'approche des gendarmes, pour simuler un délit, est un outrage par geste passible de l'art. 224 du Code pénal. (*Cass.*, 9 déc. 1808.)

Le fait de crier à des chasseurs : « Gare, voilà les gendarmes ! » est punissable. (V. *Chasse*, et Formulaire des procès-verbaux.)

On demande souvent si l'on peut arrêter un maire qui outrage la gendarmerie dans l'exercice de ses fonctions, et le conduire devant le procureur de la République, conformément à cet article.

Les maires et adjoints sont officiers de *police judiciaire*, auxiliaires du procureur de la République. (*Art. 50 du Code d'instr. crimin.*). Les sous-officiers, brigadiers et gendarmes ne sont point officiers de police judiciaire. Il n'y a que les officiers de gendarmerie qui soient investis de cette qualité. (*Art. 48 du même Code.*) Comment croire qu'un simple gendarme puisse arrêter un maire sans être porteur d'un mandat régulier d'arrêt, de dépôt ou d'amener? — De plus, il faut faire une distinction selon que le maire est ou n'est pas dans l'exercice de ses fonctions au moment où il commet le délit flagrant d'outrage. Au premier cas, il n'est justiciable que de la Cour d'appel et du procureur général près cette Cour. (*Art. 479 et 483 du Code d'instr. crimin.*) Le procureur de la République étant incompétent pour procéder en exécution des art. 32 et suivants du Code d'instruction criminelle, ses auxiliaires le sont également et *a fortiori*. Mais, hors de l'exercice de ses fonctions, le maire n'est qu'un simple particulier susceptible d'être *saisi* et mené devant le procureur de la République comme tout autre individu surpris en flagrant délit. (*Art. 40 et 106 du Code d'instr. crimin.*)

L'art. 301 du décret précité du 1ᵉʳ mars 1854 ne fait aucune distinction à l'égard des individus qui outragent la gendarmerie dans l'exercice de ses fonctions ; mais cependant quand il s'agit d'un magistrat de l'ordre administratif ou judiciaire il faudrait plus que des outrages pour motiver son arrestation.

D'ailleurs il y a plusieurs genres d'outrages, et tous ne peuvent pas motiver une arrestation immédiate ; ceci est à noter non seulement à l'égard d'un magistrat, mais encore pour toute personne domiciliée dans le pays et jouissant d'une certaine notoriété.

Un jugement du tribunal de Vienne (Isère), en date du 18 nov. 1872, confirmé par la Cour de Grenoble le 19 décembre suivant, condamne à quarante jours de prison et 50 fr. d'amende un maire qui a insulté un brigadier de gendarmerie dans l'exercice de ses fonctions. Ce brigadier a agi avec tact et modération en n'opérant pas l'arrestation de ce magistrat.

Un jugement de la Cour d'appel de Montpellier, en date du 28 avril 1873, condamne également un garde champêtre à 16 fr. d'amende pour outrages par paroles, gestes et menaces envers des militaires de la gendarmerie dans l'exercice de leurs fonctions.

Le droit donné à la gendarmerie d'arrêter de sa propre autorité un individu qui l'outrage ne devrait être appliqué que dans des moments tout à fait exceptionnels, ou à l'égard des individus étrangers à la localité ou connus comme des gens de désordre.

Cette mesure de rigueur peut encore être exercée lorsque, dans une réunion publique telle que foire, marché, fête patronale, etc., une personne outrage la gendarmerie de façon à la déconsidérer aux yeux de la foule et à diminuer la force qui lui est nécessaire pour maintenir l'ordre et la sécurité dans l'étendue de sa circonscription et surtout au milieu des rassemblements.

Ces observations peuvent s'appliquer à un ministre des cultes, et en agissant ainsi on se conformerait à la circulaire du 19 juillet 1859.

La diffamation commise envers les armées de terre ou de mer, les corps constitués, les agents ou dépositaires le l'autorité publique, sera punie d'un emprisonnement de huit jours à un an et d'une amende de 100 fr. à 3,000 fr., ou de l'une de ces deux peines seulement. (*Art. 30 et 31 de la loi du 29 juill. 1881.* — V. *d'ailleurs les art.* 29 *à* 35 *de ladite loi.*)

Un commandant de gendarmerie n'a pas qualité pour porter plainte, au nom de l'armée, pour délit d'injure commis envers elle. (*Cour de Paris,* 8 *déc.* 1874. — V. *Dénonciation et Tapages nocturnes.*)

Des gendarmes en tournée de surveillance pour le maintien de l'ordre sont des représentants ou des agents de l'autorité publique.

Dès lors, le fait de leur adresser publiquement des injures à l'occasion de l'accomplissement de ce service, et par exemple à l'occasion de leur intervention pour faire cesser un tapage, tombe sous l'application, non de l'art. 224, mais des dispositions plus sévères des art. 16 et 19 de la loi du 17 mai 1819. (*Cass.,* 18 *juin* 1869.) Ces art. 16 et 19 sont remplacés par les art. 30 et 31 de la loi du 29 juillet 1881, qui a abrogé la loi du 17 mai 1819.

Le fait d'avoir proféré des chants devant une caserne de gendarmerie, dans l'intention d'outrager les gendarmes qui s'y trouvaient, constitue, soit le délit de tapage nocturne, soit le délit d'outrage. (*Cass.*, 13 oct. 1849.)

A DES MILITAIRES.

Tout militaire qui, pendant le service ou à l'occasion du service, outrage son supérieur par paroles, gestes ou menaces est puni de la destitution, avec emprisonnement d'un an à cinq ans, si le militaire est officier, et de cinq à dix ans de travaux publics, s'il est sous-officier, caporal, brigadier ou soldat.

Si les outrages n'ont pas lieu pendant le service ou à l'occasion du service, la peine est d'un an à cinq ans d'emprisonnement. (*Art. 224 du Code de justice militaire du 9 juin* 1857.)

Le soldat qui tire un coup de fusil sur son supérieur, même sans l'atteindre, se rend coupable de voies de fait, et doit être puni. (*Cass.*, 30 août 1849 *et* 10 janv. 1852.)

La tentative de voies de fait commise par un militaire envers son supérieur ne peut être assimilée au crime consommé ; mais elle constitue un délit d'insulte et de menace envers un supérieur. (*Cass.*, 13 nov. 1852.)

Le militaire qui omet de saluer ses supérieurs commet une infraction à la discipline ; et s'il oppose de la résistance à son supérieur qui veut s'assurer de son identité afin de constater ce manquement à la discipline, il se rend coupable du délit de rébellion prévu par l'art. 209 du Code pénal. (*Cass.*, 27 déc. 1851.)

Un brigadier est toujours le supérieur d'un simple soldat, quand bien même il serait considéré comme agent de la force publique, et s'il venait à être frappé par un simple soldat, ce ne serait plus une rébellion, mais une voie de fait commise par son subordonné. (*Circ. minist. du 5 déc.* 1865.)

Un simple soldat remplissant les fonctions de caporal, soit dans la chambrée, soit dans un poste, a sur le soldat la même autorité que s'il avait les insignes de ce grade. En conséquence, les voies de fait exercées par un militaire à son égard doivent être réputées avoir été commises envers un supérieur, surtout si les accusés n'ignorent pas que le fonctionnaire caporal a été investi de l'autorité afférente à ce grade. (*Circ. minist. des 31 mars* 1849 *et 22 avril* 1861.)

Un brigadier de gendarmerie dans l'exercice de ses fonctions conserve son caractère de supérieur vis-à-vis des militaires d'un grade inférieur au sien. (*Circ. minist. du 18 mai* 1865.)

Les expressions : Je vous emm.... constituent un outrage dans le sens de l'art. 224 du Code de justice militaire. (*Cass.*, 17 mars 1850.)

Il en est de même des gestes indécents, qui sont le signe du mépris de l'autorité du supérieur.

Tout marin, tout militaire embarqué, tout individu faisant partie de l'équipage d'un bâtiment de l'Etat, qui, soit à bord, soit pendant le service ou à l'occasion du service hors du bord, outrage son supérieur par paroles, gestes ou menaces, est puni de cinq ans à dix ans de travaux publics, ou, s'il est officier, de la destitution avec emprisonnement d'un an à cinq ans. = Si l'outrage n'a pas eu lieu dans l'un des cas indiqués par le paragraphe précédent, la peine est d'un an à cinq ans d'emprisonnement. (*Art.* 302 *du Code marit.*)

En dehors des cas prévus par les art. 298 à 302 du Code maritime, tout passager à bord d'un bâtiment de l'Etat, coupable de voie de fait envers un officier de service, est puni de deux ans à cinq ans d'emprisonnement. L'outrage est puni de l'emprisonnement de deux mois à deux ans. (*Art.* 303 *dudit Code.*)

Tout marin, tout militaire embarqué, tout individu faisant partie de l'équipage d'un bâtiment de l'Etat, coupable de rébellion envers la force armée et les agents de l'autorité, est puni de la réduction de grade ou de classe; la peine est celle de l'inaptitude à l'avancement, si la rébellion a eu lieu avec armes. (*Art.* 304 *dudit Code.* — V. *Voie de fait.*)

A DES TÉMOINS.

L'outrage fait publiquement d'une manière quelconque à un témoin à raison de sa déposition sera puni d'un emprisonnement de six jours à un an et d'une amende de 5 fr. à 3,000 fr. (*Art.* 6 *de la loi du* 25 *mai* 1822.)

Une action civile ne saurait être considérée comme introduite en justice par cela seul que les faits diffamatoires ont été constatés dans un procès-verbal dressé par des gendarmes sur la réquisition des tiers. (*Chambre des requêtes,* 2 *juill.* 1866. — V. *Partie civile.*)

En cas d'outrage proféré par le prévenu contre un témoin au moment de sa déposition, le regret immédiatement exprimé, s'il peut être considéré comme circonstance atténuante, ne fait cependant pas disparaître le délit et, dès lors, ne dispense pas le tribunal de faire droit aux conclusions prises séance tenante par le ministère public pour l'application de la peine portée par la loi précitée. (*Cass.,* 4 *janv.* 1862.)

La dénégation opposée par l'accusé aux assertions d'un témoin, par cette observation : « Ce que vient de dire le témoin est une invention et une fausseté », n'excède pas les bornes d'une légitime défense et ne peut, par suite, constituer le délit d'outrage public envers un témoin en raison de sa déposition. (*Cass.,* 25 *mars* 1858.)

Lorsque les expressions employées par le prévenu sont outrageantes pour le gendarme qui vient de déposer, le juge de police peut réprimer l'outrage séance tenante, sur les conclusions du ministère public, parce qu'il y a délit d'audience. Il peut aussi se borner à rédiger un procès-verbal pour être transmis au procureur de la République. (*Art.* 505 *du Code d'instr. crim.*)

OUTRAGES PUBLICS A LA PUDEUR ET AUX BONNES MŒURS.

Toute personne qui aura commis un outrage public à la pudeur sera punie d'un emprisonnement de trois mois à un an, et d'une amende de 16 fr. à 200 fr. (*Art.* 330 *du Code pénal.* — *Loi du* 13 *mai* 1863.)

Un outrage à la pudeur peut être public sans que le lieu où il a été commis soit un lieu public. Ainsi, un individu qui se promènerait nu dans sa chambre, de manière à être vu des passants, serait passible des peines portées en l'art. 330 du Code pénal. (*Arrêt de cass. du* 22 *fév.* 1838.)

La publicité peut résulter d'une manière absolue de la nature des lieux où l'acte s'accomplit ; par exemple, s'il a été perpétré dans les rues, places ou autres voies publiques, fût-ce même la nuit et loin des regards de tous témoins. (*Cass.*, 1er *mai* 1863.)

Le consentement donné par la femme avec laquelle un individu est surpris outrageant la pudeur et l'honnêteté publiques, dans une rue ou autre lieu où ils ont pu être occasion de scandale pour l'honnêteté et la pudeur de ceux qui fortuitement en ont pu être les témoins, ne peut soustraire ni l'un ni l'autre à l'application des peines prononcées par la loi, et l'art. 330 doit leur être appliqué. (*Arrêt de cass. du* 26 *mars* 1813.)

Il y a lieu à l'application des peines portées par l'art. 330 du Code pénal, contre deux individus trouvés, même pendant la nuit, en copulation charnelle dans la rue. (*Même arrêt.*)

L'action de relever jusqu'à la ceinture les vêtements d'une jeune fille âgée de moins de treize ans constitue, quel qu'en ait été le mobile, le crime d'attentat à la pudeur. (*Cass.*, 24 *juill.* 1874.)

L'outrage à la pudeur n'est punissable qu'autant qu'il a été public. Le caractère essentiel de ce délit est la publicité . la loi, qui veut protéger l'honnêteté publique et empêcher le scandale , punit le vice , soit qu'il se montre avec effronterie, soit même qu'il néglige de se cacher. Il est nécessaire, pour que la peine soit encourue, que l'acte ait été vu du public, ou ait pu être aperçu, même fortuitement. (*Cass.*, 10 *août* 1854.)

L'homme et la femme qui se livrent habituellement à des rapports intimes en présence d'un enfant mineur commettent le délit de corruption de mineur. (*Trib. de Versailles*, 20 *avril* 1870.)

La maîtresse d'une maison de tolérance dans laquelle ont été admis de jeunes garçons mineurs est pénalement responsable , même quand elle affirme ne s'en être pas aperçue, de l'infraction ainsi commise à l'art. 334 du Code pénal, qui défend de fournir aux mineurs des facilités de débauche. (*Bordeaux*, 17 *nov.* 1871.)

La tentative de viol n'est pas, comme le viol consommé, prévue par le Code pénal militaire : dès lors, aux termes des lois de l'an ii et de l'an v, les conseils de guerre sont tenus de faire application, aux militaires déclarés coupables de tentative de viol, des peines édictées par le droit commun, c'est-à-dire par le Code pénal de 1810. (*Cass.*, 13 *nov.* 1852 *et* 21 *janv.* 1854.)

Les procès-verbaux constatant les faits ci-dessus sont visés pour timbre et enregistrés avant d'être envoyés au procureur de la République.

(V. *les art.* 23 *et* 28 *de la loi du* 29 *juill.* 1831, *au mot Presse, p.* 526.)

OUVRAGES D'OR ET D'ARGENT.

La gendarmerie n'a point à s'occuper de la vérification des marques des ouvrages d'or et d'argent ; mais elle doit exiger de tous marchands d'ouvrages d'or et d'argent, ambulants ou venant s'établir en foire, la représentation de l'autorisation d'exposer leurs marchandises en vente, attendu qu'il est expressément ordonné à ces orfèvres colporteurs de se présenter devant le maire, l'adjoint ou le commissaire de police, à leur arrivée dans une commune, et de leur produire les bordereaux des marchands qui leur ont vendu les ouvrages d'or et d'argent dont ils sont porteurs. Les maires font alors examiner les marques de ces ouvrages, afin d'en reconnaître l'exactitude. (*Art.* 92, 93 *et* 94 *de la loi du* 19 *brum. an* VI.)

Sont assujettis à la marque, non seulement les simples lames ou feuilles de doublé ou plaqué d'or ou d'argent, mais aussi tous les ouvrages qui sont fabriqués, soit en entier, soit en partie, avec ces feuilles. (*Cass.*, 16 *avril* 1812.)

PARTIE CIVILE. — PLAINTES.

En principe, c'est au ministère public seul qu'il appartient de poursuivre les auteurs d'un crime ; ce n'est que par exception à ce principe que la loi a permis à un individu qui se prétend lésé par un crime de se porter partie civile. Mais ce droit de porter plainte, de poursuivre la réparation d'un crime, est soumis à des conditions qui en restreignent l'exercice dans de justes bornes. Ainsi, pour être admis à porter plainte, il faut avoir à la fois un intérêt direct et un droit contre les délinquants, il faut qu'il y ait concomitance du crime et de la lésion. L'accusation subsidiaire d'un particulier n'est permise que lorsque sa vengeance est en quelque sorte légitimée par le dommage que le crime lui a fait éprouver.

Chaque citoyen a le droit de se porter partie civile et de poursuivre en son nom directement, devant les tribunaux de police ou les tribunaux correctionnels, les prévenus de contraventions ou de délits qui lui portent préjudice. Lorsqu'un individu porte plainte d'un délit ou d'une contravention, le fait seul de la plainte ne le constitue pas partie civile. Les plaignants ne sont réputés partie civile que lorsqu'ils le déclarent formellement, soit dans la plainte, soit par un acte subséquent. Ils peuvent se départir de leur plainte dans les vingt-quatre heures. (*Art.* 63 *à* 70 *et* 145 *du Code d'instr. crim.*)

La qualité de partie civile ne peut être prise après la clôture des débats. (*Cass.*, 14 *juin* 1838.) Ni par conséquent après la déclaration du jury. (*Cass.*, 4 *fév.* 1843.)

Le plaignant qui ne s'est pas présenté en première instance n'est pas recevable à prendre, pour la première fois, en Cour d'appel, la qualité de partie civile. (*Cass.*, 10 *fév.* 1853.)

Il faut, en recevant une plainte, avoir soin d'interpeller le plaignant. (V. *Officiers de police judiciaire.*)

Une citation directe donnée par le plaignant suffit pour le faire considérer comme partie civile, quoiqu'il n'ait pas pris cette qualité dans sa plainte. (*Art.* 182 *et* 183 *du Code d'instr. crim.*)

Les conseils de guerre ne peuvent admettre devant eux l'intervention des parties civiles et statuer sur les demandes en dommages-intérêts. — La partie lésée doit s'adresser aux tribunaux civils. (*Art.* 54 *du Code de justice militaire, et* 75 *du Code de justice maritime.*)

Lorsqu'il s'agit d'un préjudice matériel causé en dehors du service, les militaires de la gendarmerie n'ont besoin d'aucune autorisation pour en demander la réparation par la voie des tribunaux. (*Lettre du min. de la guerre du* 15 *fév.* 1882 *au général comm. le* 16ᵉ *corps d'armée.*)

Mais nous croyons que, par convenance et même dans leur propre intérêt autant que dans celui de l'arme, ils feraient bien, le cas échéant, de ne pas introduire d'action judiciaire pour une affaire purement privée, sans en prévenir officieusement leur chef immédiat. Il va sans dire que ces poursuites auraient lieu à leurs risques et périls et qu'en cas d'insuccès ils ne pourraient prétendre à aucune indemnité sur la masse de secours ou de remonte, ni sur aucun des fonds du ministère de la guerre.

Les parties civiles qui ne justifient pas de leur indigence sont tenues de déposer, avant toute poursuite, la somme présumée nécessaire pour les frais de la procédure, lorsqu'elles agissent comme parties jointes à la poursuite du ministère public. (*Art.* 156, 160 *et suiv. du décret du* 18 *juin* 1811. — *Cass.,* 7 *août* 1829 *et* 14 *juill.* 1831.)

Mais ces avances ne sont pas exigées lorsque les parties civiles ne font qu'intervenir dans l'instance introduite d'office par le ministère public, qu'elles citent directement les prévenus devant le tribunal correctionnel, ou que le fait dénoncé peut donner lieu à des peines afflictives ou infamantes. (*Instr. du min. de la justice du* 30 *sept.* 1826. — *Cass.,* 14 *mai* 1833 *et* 13 *mai* 1838.)

PARTS D'AMENDES.

1° EN MATIÈRE DE ROULAGE.

On entend par amendes de roulage celles prononcées en vertu de la loi du 30 mai 1851 et du règlement d'administration publique du 10 août 1852, qui ont fixé les règles de la police du roulage et des messageries publiques. (V. *Roulage.*)

Il est alloué aux brigadiers et gendarmes, à l'exclusion des officiers et sous-officiers, le tiers des amendes recouvrées pour contraventions à la loi du 30 mai 1851 et au décret du 10 août 1852, à moins qu'il ne s'agisse d'une contravention ou d'un délit prévu par les art. 10 et 11 de ladite loi, c'est-à-dire d'un conducteur qui a refusé de s'arrêter et de se soumettre aux vérifications prescrites, ou qui s'est rendu coupable d'outrages, de violences envers l'agent. (*Art.* 28 *de la loi précitée du* 30 *mai* 1851.) Le payement s'effectue d'après l'art. 299 du décret du 18 février 1863, modifié par décret du 16 octobre 1882.

2° EN MATIÈRE DE GRANDE VOIRIE.

Les amendes prononcées pour contraventions ou délits commis en matière de grande voirie sont attribuées pour un tiers aux gendarmes qui ont constaté ces délits ou contraventions, sous la déduction du 5 0/00. (*Art.* 298 *du décret du* 18 *fév.* 1863, *et art.* 397 *de l'instr. du min. des fin. en date du* 20 *sept.* 1875. — V. *Voirie (Grande.)*

Les règles indiquées pour obtenir le payement des parts d'amende en matière de roulage sont entièrement applicables au payement des parts d'amende en matière de grande voirie. (V. *Voirie.*)

3° EN MATIÈRE D'AFFICHES PEINTES.

Les sous-officiers, brigadiers et gendarmes qui constatent des contra-

ventions à l'art. 30 de la loi du 8 juillet 1852 et aux art. 5 et 6 du décret
du 25 août suivant, relatifs au droit d'affichage, reçoivent un quart des
amendes payées par les contrevenants. (*Art.* 300 *du décret du* 18 *fév.*
1863. — V. *Affiches.*)

4° EN MATIÈRE DE PÊCHE FLUVIALE.

L'art. 36 de la loi du 15 avril 1829 donne aux officiers, sous-officiers,
brigadiers et gendarmes le droit de constater les délits de pêche.
Les objets saisis par suite d'un délit de pêche sont déposés au greffe.
Quant au poisson saisi, il est vendu sans délai aux enchères dans la commune la plus voisine, en présence du percepteur, ou, à défaut de ce
comptable, en présence du maire, ou de son adjoint, ou du commissaire de
police. (*Art.* 42 *de la loi du* 15 *avril* 1829 *et* 1er *du décret du* 2 *déc.* 1865).
Le montant des amendes et le produit de la vente des objets saisis, en
matière de délit de pêche, sont attribués à l'Etat. Une gratification est
accordée aux agents qui ont constaté le délit, par la loi du 31 mai 1865
relative à la police de la pêche. Cette gratification est du tiers de l'amende
recouvrée en principal, déduction faite du 5 0/0, sans pouvoir toutefois
excéder pour chaque condamnation la somme de 50 fr. (*Art.* 409 *de l'instr.*
précitée du 20 *sept.* 1875.)
Les maréchaux des logis, brigadiers et gendarmes ont droit à cette
gratification. (*Art.* 410 *de la même instr.*)
Les agents rédacteurs des procès-verbaux ont seuls droit à une gratification ; le dénonciateur n'est fondé à réclamer aucune indemnité, lorsque
ce n'est pas lui qui a dressé le procès-verbal. (*Loi du* 31 *mai* 1865.)
La gratification n'est acquise, dans aucun cas, aux ayants-droit qu'a-
près que le recouvrement intégral a été opéré. (V. *Pêche.*)

5° EN MATIÈRE DE CONTRAVENTIONS AUX LOIS ET RÈGLEMENTS MARITIMES.

Les contraventions aux lois et règlements maritimes, notamment en ce
qui concerne la tenue des rôles d'équipage, les indications que doivent
porter les bâtiments exerçant une navigation maritime, la navigation au
bornage, la pêche côtière, etc., donnent lieu à des amendes et confiscations dont le produit est attribué à la caisse des invalides de la marine,
sous déduction du 5 0/0 pour frais d'administration et de perception et
des frais de poursuite non recouvrés. Cette caisse est chargée de payer
les portions d'amende revenant aux agents qui ont constaté les contraventions. (*Décrets des* 9 *janv. et* 20 *mars* 1852 ; *art.* 405 *de l'instr. du*
min. des fin. en date du 20 *sept.* 1875.)

1° *Amendes prononcées en vertu des règlements sur les rôles d'équipage,*
sur les indications que doivent porter les bâtiments exerçant une navi-
gation maritime, et sur la navigation au bornage.

Tout bâtiment ou embarcation exerçant une navigation maritime, c'est-
à-dire naviguant sur mer, dans les ports, sur les étangs, havres et canaux

dont les eaux sont salées, et jusqu'aux limites de l'inscription maritime sur les fleuves et rivières affluant directement ou indirectement à la mer, doit porter à la poupe l'indication de son nom et de son port d'attache, et être accompagné d'un rôle dit d'équipage, sur lequel sont indiqués tous les hommes embarqués. Le capitaine ou patron est tenu de renouveler le rôle à des époques déterminées et de l'exhiber à toute réquisition ; il ne peut embarquer aucun individu qui ne figure pas sur le rôle, ni débarquer, sans l'intervention de l'autorité maritime ou consulaire, aucun des individus inscrits au rôle. (*Art. 1er, 2, 3, 4 et 5 du décret du 19 mars 1852.*)

La navigation au bornage est celle faite par une embarcation jaugeant vingt-cinq tonneaux au plus, avec faculté d'escale intermédiaire entre son port d'attache et un autre point déterminé, mais qui n'en doit pas être distant de plus de quinze lieues marines. (*Art. 2 du décret du 20 mars 1852.*)

L'art. 4 de ce dernier décret édicte des amendes contre les contraventions à la navigation au bornage, ainsi qu'au rôle d'équipage, aux indications que doivent porter les navires à l'arrière, aux embarquements et débarquements.

Les gendarmes de la marine sont au nombre des agents chargés de constater les infractions aux dispositions ci-dessus. (*Décrets des 19 et 20 mars 1852, et décret du 15 juill. 1858 sur l'organisation et le service spécial de la gendarmerie maritime.*)

Ils ont droit au cinquième du montant des amendes, sous la réserve que cette allocation ne puisse excéder 25 fr. pour chaque infraction. (*Art. 11 du décret précité du 19 mars 1852.*)

C'est à la caisse des invalides de la marine que les ayants-droit doivent s'adresser pour obtenir le payement de la part d'amende qui leur est due. (*Art. 408 de l'instr. du 20 sept. 1875, et décis. des min. des fin. et de la marine des 4 juin et 27 juill. 1852.*)

2° *Amendes relatives à l'exercice de la pêche côtière.*

L'exercice de cette pêche a été réglé par le décret du 9 janvier 1852, qui détermine les conditions d'exécution de chaque espèce de pêche et prononce des amendes pour réprimer l'inobservation de ces conditions ainsi que la construction sans autorisation d'établissements de pêcherie, de parcs ou de dépôts d'huîtres et de coquillages.

Les gendarmes de la marine ont qualité pour rechercher et constater ces sortes de contraventions et en dresser procès-verbal. (*Décrets précités des 9 janv. 1852 et 15 juill. 1858.*)

Ils ont droit au cinquième du produit des amendes et des ventes, sans que cette allocation puisse excéder 25 fr. (*Art. 15 du décret précité du 9 janv. 1852.*)

C'est à la caisse des invalides de la marine que les ayants-droit doivent s'adresser pour le payement de la part d'amende qui leur revient. (*Art. 408 de l'instr. du 20 sept. 1875, et décis. précitées des 4 juin et 27 juill. 1852.*)

32

6° EN MATIÈRE D'AFFICHES NON TIMBRÉES.

La loi du 30 mars 1880 dispose, dans son art. 1er, que les contraventions à l'art. 65 de la loi du 28 avril 1816 et à l'art. 4 de la loi du 18 juillet 1866 sont constatées par les préposés de l'administration de l'enregistrement et des domaines, par les commissaires, gendarmes, gardes champêtres et tous autres agents de la force publique. (*Art. 5 du décret du 25 août 1852. — V. Affiches.*)

Il est accordé aux gendarmes, gardes champêtres et autres agents de la force publique qui ont constaté les contraventions un quart des amendes payées par les contrevenants.

Les parts d'amende sont payées au conseil d'administration de la compagnie dans la forme et d'après les dispositions prescrites par l'art. 299 du décret du 18 février 1863. (V. *Affiches*, p. 7, 8 et 9.)

7° EN MATIÈRE DE LETTRES DE VOITURE.

Pour toutes les lettres de voiture non timbrées, la contravention est punie d'une amende de 30 fr., payable solidairement par l'expéditeur et par le voiturier. (*Art. 7 de la loi du 11 juin 1842.*)

La part qui est accordée aux gendarmes pour la constatation des contraventions aux prescriptions concernant les lettres de voiture est fixée à la moitié des amendes payées par les contrevenants. (*Art. 298 du décret du 18 fév. 1863.*)

Les parts d'amende sont payées au conseil d'administration de la compagnie par le receveur de l'enregistrement qui a fait le recouvrement de l'amende, dans la forme et d'après les dispositions prescrites par l'art. 299 précité du décret du 18 février 1863. — V., *à* TIMBRES, *Lettres de voiture et Connaissements.*)

8° EN MATIÈRE DE TIMBRES DE QUITTANCES.

La loi du 23 août 1871, qui assujettit à un droit de timbre de 0 fr. 10 c. les factures, quittances, reçus et décharges dont le montant est supérieur à la somme de 10 fr., dispose par son art. 23 qu'une amende de 50 fr. en principal sera due « par chaque acte, écrit, quittance, reçu ou décharge, pour lequel le droit de timbre n'aura pas été acquitté ».

Cette loi attribue aux agents qui ont constaté les contraventions en pareille matière un quart des amendes recouvrées.

Les gendarmes ont qualité pour rédiger procès-verbal de ces sortes de contraventions ; ils doivent joindre les pièces non timbrées à leurs procès-verbaux. (V., *à* TIMBRES, *Quittances non timbrées.*)

9° EN MATIÈRE DE TRANSPORT FRAUDULEUX DE LETTRES.

Les sous-officiers, brigadiers et gendarmes qui ont opéré une saisie de lettres transportées en fraude ont droit au tiers de l'amende à laquelle a été condamné le contrevenant. (*Art. 302 du décret du 18 fév. 1863.*)

Le minimum de l'amende est de 150 fr. et le maximum de 300 fr. (*Arrêté du 27 prair. an* IX.) Cette amende peut, suivant les circonstances, être réduite par les tribunaux au minimum de 16 fr. (*Décret du 24 août* 1848, *art.* 8.)

Les portions de l'amende revenant aux gendarmes verbalisants ne sont payées que lorsque le recouvrement en est effectué, et il n'est fait aucune allocation pour les amendes qui tombent en non-valeur par suite de l'insolvabilité des condamnés ou pour toute autre cause. (**V.** *Poste aux lettres.*)

10° EN MATIÈRE DE DOUANES ET DE CONTRIBUTIONS INDIRECTES.

Il est accordé en toute saisie, à titre d'indemnité, à celui qui a dénoncé la fraude ou la contravention, un tiers du produit des amendes et confiscations, après déduction des droits de fraude et des frais, pourvu que le dénonciateur se soit fait connaître à l'administration ou au directeur avant la saisie. (*Arrêté du min. des fin. du* 17 oct. 1816.)

En matière de douanes, l'indicateur qui, par une indication précise, a amené directement et immédiatement la découverte d'une fraude, a droit à la rémunération du tiers de la saisie. (*Circ. du 2° jour complément. de l'an* VII.)

Mais lorsque la dénonciation est indirecte, c'est-à-dire lorsqu'elle n'a fait que donner l'éveil et facilité la constatation d'une fraude, l'administration apprécie la valeur du renseignement et alloue une part en conséquence.

Lorsque la gendarmerie est appelée seulement pour assister à une saisie, elle n'a droit qu'à une gratification.

Les officiers, sous-officiers, brigadiers et gendarmes qui opèrent seuls, ou qui concourent à opérer des saisies en matière de douanes et de contributions indirectes, ont droit, savoir :

1° Pour saisie par la gendarmerie seule, à la moitié du produit net des amendes et confiscations ;

2° Pour dénonciation et saisie faite concurremment avec les employés ou préposés, à une part de préposé pour chaque militaire de la gendarmerie, à l'exception du commandant du détachement, qui a droit à une part et demie. (*Décret du* 18 *fév.* 1863, *art.* 309.)

Toutes les saisies ne sont pas partageables entre les saisissants. Mais celles que la gendarmerie a le droit d'opérer en matière de contraventions aux règlements sur les boissons, tabacs, cartes, poudres, allumettes, octrois, douanes sont partageables. (*Loi du* 28 *avril* 1816, *art.* 240, *et du* 25 *mars* 1817, *art.* 126.)

Lorsque les gendarmes opèrent seuls une saisie en matière de douanes, le produit est divisé de la manière suivante :

17 % à l'État.

La moitié de 18 % au receveur poursuivant.

La moitié de 15 % au fonds commun.

50 % aux saisissants, plus la moitié des 18 % et des **15 %**.

La part des saisissants se trouve ainsi augmentée de $\frac{33}{200}$. Cette augmentation profite aux chefs militaires lorsque la saisie a été opérée sous leurs ordres. (*Arrêté du* 16 *frim. an* XI, *art.* 3.)

D'après le décret du 18 février 1863 il ne reviendrait à la gendarmerie que 50 %, sans aucune distinction et sans augmentation possible dans aucun cas, et tel a été pendant longtemps le système suivi par l'administration; mais une décision du directeur général des douanes, en date du 29 juillet 1876, a fait disparaître cette anomalie et placé les gendarmes sur le même pied que les autres saisissants.

Les amendes prononcées pour rébellion ou injures n'entrent pas en répartition et reviennent toujours à l'administration (*circ. du 30 mai 1823*); il en est de même pour toutes celles qui, bien que prononcées à la suite de contraventions, ne l'auraient été qu'en vertu de règlements particuliers étrangers aux contributions indirectes ou aux douanes, et non pas à la requête de ces administrations. (V. *à* CONTRIBUTIONS INDIRECTES, *Allumettes chimiques, p. 154; Boissons, p. 155 à 164; Cartes à jouer, p. 164 à 166; Poudres, p. 167; Tabacs, p. 169 à 173. — De plus, voyez le Manuel des contributions indirectes et des douanes, par M. K..., avocat, où se trouvent tous les renseignements désirables sur la matière.*)

PASSAGE DE TROUPES.

Dès que la gendarmerie est avertie d'un passage de troupes dans l'arrondissement dont elle a la surveillance, elle se porte en arrière et sur les flancs de cette troupe en marche; elle arrête les traînards ainsi que ceux qui s'écartent de leur route, et les remet au commandant du corps, ainsi que ceux qui commettent des désordres, soit dans les marches, soit dans les lieux de gîte ou de séjour. (*Art. 352 du décret du 1er mars 1854.*) Dans tous les cas, il est dressé des procès-verbaux de tous ces faits, et la remise en est faite aux chefs de corps et au procureur de la République, s'il y a lieu.

Tout militaire isolé, arrêté par la gendarmerie, est remis au chef du corps, si le corps ou détachement est sur les lieux. Dans le cas contraire, il est déposé à la maison d'arrêt et mis à la disposition du général commandant la subdivision.

La gendarmerie doit arrêter les militaires qui ne seraient pas porteurs de feuilles de route, de congés en forme ou de permissions d'absence. Elle fait rejoindre les sous-officiers et soldats absents de leur corps à l'expiration de leurs congés ou permissions. A cet effet, les sous-officiers et soldats porteurs de ces congés sont tenus de les faire viser par le chef de brigade ayant la surveillance de la commune où ces militaires résident, lequel en tient note pour forcer de rejoindre ceux qui seraient en retard. (*Art. 336 et 348 dudit décret. — V. Logements militaires et Visa.*)

La gendarmerie doit obtempérer aux réquisitions des chefs de corps ou de détachement ayant pour but de conduire des militaires aux lieux indiqués. Ces réquisitions doivent être motivées, datées et signées. (*Circ. du 8 fév. 1860 modifiant l'art. 354 du décret du 1er mars 1854.*)

Itinéraire des militaires isolés.

Les militaires voyageant isolément ne peuvent se détourner de l'itinéraire tracé pour prendre les voies rapides qu'autant qu'au point de départ ils ont assez d'argent pour gagner le point d'arrivée. (*C. 2 juin* 1855.)

L'art. 54 du cahier des charges accorde, sur les voies ferrées, une réduction dans le prix des places, aux militaires ou marins voyageant isolément, pour tout déplacement prescrit ou simplement permis par leurs chefs. L'arrêté ministériel du 15 juin 1866 exige que le militaire ou le marin, pour obtenir son transport à prix réduit, présente une feuille de route ou un autre titre régulier indiquant la direction qu'il doit prendre ; cette prescription, qui a pour but de constater la qualité du porteur et l'ordre qui nécessite son déplacement ou l'autorisation qui le permet, ne comporte dans aucun cas pour les compagnies le droit de tracer un itinéraire au militaire ou marin.

Un jugement conforme, prononcé par le tribunal de commerce de Villefranche (Rhône) le 26 novembre 1872, a été confirmé par un arrêt de la Cour de cassation en date du 12 novembre 1873. (*V. p.* 114.)

Militaires et chevaux malades laissés en route.

Lorsque des chevaux ne peuvent continuer leur route, ils sont mis dans les écuries des brigades de gendarmerie, s'il y a de la place et si la nature de la maladie le permet.

Dans le cas contraire, les maires pourvoient au logement des chevaux.

La gendarmerie est chargée de s'assurer si les soins leur sont exactement donnés, et de veiller à ce que leur mise en route ait lieu dès qu'ils sont en état de marcher. (§ 40 *de l'instr. sur les troupes en marche, du* 27 *août* 1837 ; *décis. minist. du* 13 *mars* 1841, *et note du* 27 *août* 1848.)

Les cavaliers laissés en arrière de leur corps pour les soins à donner aux chevaux malades sont logés chez les habitants et touchent l'indemnité de séjour fixée par le décret du 12 juin 1867 s'ils n'ont pu être mis en subsistance dans un corps de la place. (*N° 32 du tableau A annexé à ce décret.*)

Dans cette position ils ont droit à la solde et aux accessoires de solde attribués aux militaires des corps dans lesquels ils sont placés. (*Art.* 9 *du décret du* 19 *nov.* 1874. — V. *Militaires absents et Troupes en marche.*)

PASSE-PORTS. — FEUILLES DE ROUTE.

Quiconque fabriquera un faux passe-port, ou un faux permis de chasse, ou falsifiera un passe-port ou un permis de chasse originairement véritable, ou fera usage d'un passe-port ou d'un permis de chasse fabriqué ou falsifié, sera puni d'un emprisonnement de six mois au moins et de trois ans au plus. (*Art.* 153 *du Code pénal, modifié par la loi du* 13 *mai* 1863.)

Quiconque prendra dans un passe-port, ou dans un permis de chasse, un nom supposé, ou aura concouru comme témoin à faire délivrer le passe-port sous le nom supposé, sera puni d'un emprisonnement de trois mois à un an. — La même peine sera applicable à tout individu qui aura fait usage d'un passe-port ou d'un permis de chasse délivré sous un autre nom que le sien. (*Art.* 154 *du Code pénal, modifié par la loi du* 13 *mai* 1863.)

Les officiers publics qui délivreront ou feront délivrer un passe-port à une personne qu'ils ne connaîtront pas personnellement, sans avoir fait attester ses noms et qualités par des citoyens à eux connus, seront punis d'un emprisonnement d'un mois à six mois. — Si l'officier public, instruit de la supposition de nom, a néanmoins fait délivrer le passe-port sous un nom supposé, il sera puni d'un emprisonnement d'une année au moins et de quatre ans au plus. (*Art.* 155 *dudit Code, modifié par la loi du* 13 *mai* 1863.)

Quiconque fabriquera une fausse feuille de route, ou falsifiera une feuille de route originairement véritable, ou fera usage d'une feuille de route fabriquée ou falsifiée, sera puni, savoir : d'un emprisonnement de six mois au moins et de trois ans au plus, si la fausse feuille de route n'a eu pour objet que de tromper la surveillance de l'autorité publique. — D'un emprisonnement d'une année au moins et de quatre ans au plus, si le Trésor public a payé au porteur de la fausse feuille des frais de route qui ne lui étaient pas dus ou qui excédaient ceux auxquels il pouvait avoir droit, le tout néanmoins au-dessous de 100 fr. — Et d'un emprisonnement de deux ans au moins et de cinq ans au plus, si les sommes indûment perçues par le porteur de la feuille s'élèvent à 100 fr. et au delà. — Dans ces deux derniers cas, les coupables pourront, en outre, être privés des droits mentionnés en l'art. 42 du présent Code, pendant cinq ans au moins et dix ans au plus, à compter du jour où ils auront subi leur peine. (*Art.* 156 *du Code pénal, modifié par la loi du* 13 *mai* 1863.)

Les art. 157 et 158 du même Code punissent ceux qui se font délivrer des feuilles de route sous un nom autre que le leur, comme aussi l'officier public qui sciemment aura délivré une feuille de route sous un nom supposé.

La loi du 10 vendémiaire an IV, le décret du 18 septembre 1807 et l'art. 287 du décret du 1er mars 1854 astreignent les voyageurs français à être munis de passe-port. Ces dispositions de loi sont toujours en vigueur, car il n'existe ni loi générale, ni décret qui les supprime. Mais des décisions spéciales dispensent les étrangers appartenant à certaines nations d'être munis de passe-port pour circuler en France. Ainsi, une décision du 7 février 1863 supprime la formalité du passe-port, par voie de réciprocité, à l'égard des Espagnols qui viennent en France. Une autre décision du 27 février 1865 contient des dispositions identiques à l'égard des Danois et des habitants du duché de Sleswig; d'autres dispositions du même genre existent à l'égard des Anglais, des Suédois, des Belges et des Hollandais. Enfin, une décision du ministre de l'intérieur, en date du 15 mars 1862, supprime en faveur d'une certaine catégorie de voyageurs la formalité du passe-port pour les voyageurs de France en Algérie.

Ainsi qu'on le voit, la nécessité du passe-port n'est pas généralement supprimée. Elle existe toujours pour les Français voyageant en France. Les Français se rendant en Algérie en sont dispensés.

Par conventions internationales, les Espagnols, les Danois, les habitants du duché de Sleswig, les Anglais, les Suédois, les Belges et les Hollandais sont dispensés du passe-port pour voyager en France; mais, pour la gendarmerie, l'embarras est de distinguer quels voyageurs sont dispensés de passe-port et quels y sont encore obligés; car il ne doit pas suffire à un étranger de dire : Je suis Anglais, Espagnol, Suédois, etc. On n'est pas rigoureusement obligé de le croire sur parole, quand rien dans ses papiers ne tend à justifier son allégation. Dans le doute, il peut être prudent de conduire le voyageur devant le maire, ou, s'il est possible, devant le procureur de la République, qui statue sur le fait de savoir s'il y a lieu ou non de mettre ce voyageur en état d'arrestation. Dans tous les cas, le voyageur qui ne justifierait pas de moyens de subsistance et qui n'exercerait ni métier ni profession devrait être réputé en état de vagabondage et conduit devant le procureur de la République.

Les gendarmes ne doivent pas s'introduire dans les chambres des voyageurs, sous prétexte d'y vérifier leurs passe-ports. Ils doivent attendre pour cet examen le départ des voyageurs ou leur stationnement dans les salles d'auberges. — Aux seuls individus qui voyagent à pied, on peut demander leurs passe-ports sur la grande route; à ceux qui sont en voiture, on ne doit le faire que dans les auberges ou les hôtelleries. (*Circ. minist. du 4 mai* 1818.)

Les passe-ports d'indigents doivent contenir l'itinéraire à suivre par ceux qui en sont porteurs. Ces passe-ports sont de véritables feuilles de route; ils doivent préciser la durée et le terme du voyage. (*Circ. minist. du 23 mars* 1810.)

La gendarmerie s'assure de la personne des étrangers et de tout individu circulant dans l'intérieur de la France sans passe-port ou avec des passe-ports qui ne sont pas conformes aux lois, à la charge de les conduire sur-le-champ devant le maire ou l'adjoint de la commune la plus voisine. En conséquence, les militaires de tout grade de la gendarmerie se font représenter les passe-ports des voyageurs, et nul ne peut en refuser l'exhibition lorsque l'officier, sous-officier, brigadier ou gendarme qui en fait la demande est revêtu de son uniforme et décline ses qualités. — Il est enjoint à la gendarmerie de se comporter, dans l'exécution de ce service, avec politesse, et de ne se permettre aucun acte qui puisse être qualifié de vexation ou d'abus de pouvoir. (*Art.* 287 *du décret du* 1ᵉʳ *mars* 1854.)

A moins de circonstances extraordinaires ou d'ordres spéciaux, les passe-ports des personnes voyageant en voiture particulière ne doivent être demandés que dans les auberges, hôtelleries et relais de poste. (*Art.* 288 *dudit décret.*)

Les brigades vérifient avec le plus grand soin les passe-ports des voyageurs qui, par leur âge, paraissent appartenir aux classes appelées par la loi de recrutement. (*Art.* 345 *dudit décret.*)

Si l'individu se déclare militaire et prétend qu'il a perdu son congé ou sa feuille de route, il doit être conduit par-devant l'officier de gendarmerie du lieu, qui juge sa position. Si ce militaire n'est ni déserteur ni insoumis, et qu'il ait réellement perdu ses papiers, il est conduit devant l'autorité administrative ou devant le sous-intendant militaire, qui lui délivre une autre feuille de route pour se rendre à sa destination. (V. *Déserteurs.*)

On doit exiger l'exhibition des passe-ports, congés ou feuilles de route, sur toutes les routes, au départ, aux relais et à la destination des diligences et voitures de poste; dans les auberges, cafés et autres lieux ouverts au public.

Si un individu, trouvé sur la route, refuse d'exhiber son passe-port, les gendarmes doivent le conduire devant le maire ou l'adjoint de la commune la plus voisine, sans toutefois se déranger de leur route, ou retourner sur leurs pas; alors le maire requiert sa conduite devant le procureur de la République, s'il est inconnu et n'a pas de papiers.

Les voitures publiques et particulières ne peuvent être arrêtées dans leur marché, à moins de circonstances fort graves. (*Circ. du min. de la police du 4 mai* 1818.)

Aux termes de la loi du 22 juin 1854, les livrets réguliers des ouvriers leur servent de passe-port. (V. *Surveillance de la haute police*.)

Aucun militaire allant à l'étranger ne peut faire inscrire sur son passeport ou titre de voyage le grade dont il est titulaire dans l'armée, sans l'autorisation du ministre. Cette disposition ne s'applique pas aux hommes de la réserve et de l'armée territoriale, qui ont, aux termes de la loi du 18 novembre 1875, la faculté de se fixer et de voyager à l'étranger.

La décision ministérielle du 15 juillet 1875, qui interdit le port de l'uniforme à l'étranger, en dehors des missions officielles, est applicable dans le cas dont il s'agit. (*Circ. du 9 juin* 1881. — V. *Permissions*.)

PATENTES.

Aucun commerce, industrie, métier ou profession ne peut être exercé en France sans patente. (*Art. 1er de la loi du 25 avril* 1844.)

La patente doit être exhibée à toute réquisition des autorités locales. En cas de vente sans patente, hors du domicile du marchand, les marchandises seront saisies et séquestrées aux frais du vendeur, à moins qu'il ne donne caution suffisante, jusqu'à la représentation de la patente ou de la preuve que la patente a été délivrée. — Si l'individu non muni de patente exerce au lieu de son domicile, il sera dressé un procès-verbal qui sera transmis immédiatement aux agents des contributions directes. (*Art* 27 *et* 28 *de ladite loi*.)

La saisie des marchandises sur le marchand qui vend sans patente en dehors de son domicile est la seule sanction conservée par les lois de la matière. Le défaut de possession d'une patente n'est pas une contravention punissable. (*Cass.* 27 *août* 1807.) Le marchand omis est simplement repris sur un rôle supplémentaire, et n'a pas à payer de double droit.

La gendarmerie n'est pas compétente pour constater le défaut de patente chez les marchands vendant à domicile. Ce droit n'appartient qu'aux officiers de police judiciaire énumérés dans l'art. 27 de la loi du 25 avril 1844 ; mais les sous-officiers, brigadiers et gendarmes exercent à cet égard leur surveillance sur les marchands forains et les colporteurs, en un mot sur tous les individus qui vendent en ambulance des objets non compris dans les exemptions déterminées par l'art. 13, et tous marchands sous échoppe ou en étalage. (*Art.* 14 *de ladite loi*.)

Une circulaire du ministre de l'intérieur, en date du 23 avril 1880, insérée à la page 100 du *Bulletin officiel* de ce ministère, prescrit aux préfets de donner des instructions à tous les fonctionnaires et agents placés sous leurs ordres, et notamment aux commissaires de police, pour qu'ils veillent à ce que les commis-voyageurs hollandais vendant en France soient munis d'une patente qui est du prix de 32 f. 50. (V. *p.* 126.)

PÉAGE. — BACS. — BATEAUX.

Tous individus voyageurs, conducteurs de voitures, chevaux, bœufs ou autres animaux et marchandises passant dans les bacs, bateaux, passecheval seront tenus d'acquitter les sommes portées au tarif. (*Art.* 48 *de la loi du* 6 *frim. an* VII.)

Il est expressément défendu aux adjudicataires, mariniers et autres personnes employées au service des bacs d'exiger dans aucun temps plus fortes sommes que celles portées au tarif, à peine de condamnation indiquée à l'art. 52 de la loi du 6 frimaire an VII.

Si l'exaction est accompagnée d'injures, menaces, violences ou voies de fait, les prévenus sont traduits devant le tribunal de police correctionnelle, et condamnés, outre les réparations civiles et les dommages-intérêts, à une amende qui peut être de 100 fr., et à un emprisonnement qui ne peut excéder trois mois. (*Art.* 53 *de ladite loi.*)

Si le délit d'injures, menaces, violences ou voies de fait a eu lieu envers la gendarmerie, les prévenus sont passibles des peines portées aux art. 224 et suivants du Code pénal.

Les adjudicataires sont, dans tous les cas, civilement responsables des restitutions, dommages-intérêts, amendes et condamnations pécuniaires prononcés contre leurs préposés et mariniers (*art.* 54 *de la loi précitée du* 6 *frim. an* VII); ils peuvent même, dans le cas de récidive légalement prononcée par un jugement, être destitués par les préfets sur l'avis des sous-préfets, et leurs baux demeurent résiliés sans indemnité. (*Art.* 59 *de ladite loi.*)

Les adjudicataires, mariniers ou autres personnes employées au service des bacs et ponts ne peuvent rien exiger pour le passage des officiers, sous-officiers, brigadiers et gendarmes revêtus de leur uniforme qui sont à pied ou à cheval pour leur service ; ils ne peuvent rien exiger non plus pour le passage des individus, chevaux ou voitures qui marchent sous l'escorte de la gendarmerie. (*Art.* 49 *et* 50 *de la loi du* 6 *frim. an* VII, *art.* 653 *du décret du* 1ᵉʳ *mars* 1854 *modifié.*)

Mais la Cour de cassation a jugé, au contraire, dans un arrêt en date du 16 mai 1861, que les voituriers transportant des prisonniers sous l'escorte de la gendarmerie, par suite d'un traité avec l'Etat, ne peuvent invoquer ni pour eux ni pour leurs voitures l'exemption des droits de péage stipulée en faveur de la gendarmerie et des prisonniers qu'elle escorte.

La détérioration d'un bac n'a pas le caractère de contravention de grande voirie. (*Conseil d'Etat,* 15 *mai* 1874.)

Aussitôt l'entrée en jouissance des adjudicataires, le fermier sera tenu de faire placer les tarifs sur un poteau, en lieu apparent, de l'un et de l'autre côté de la rivière, sur lequel sera aussi tracé le niveau de l'eau au delà duquel le supplément de taxe sera exigible. (*Art.* 30 *de la loi du* 6 *frim. an* VII.) L'inobservation de cette prescription n'entraînant aucune pénalité judiciaire, le procès-verbal, qui a pour but de prévenir l'autorité administrative, ne doit pas être enregistré. Les autres procès-verbaux doivent être revêtus du visa pour timbre et de l'enregistrement.

Les opérations relatives à l'administration, la police et la perception des droits de péage, sur les fleuves, rivières et canaux navigables, appartiendront aux administrations centrales des départements dans l'étendue desquels se trouvera situé le passage, sans préjudice de la surveillance de l'administration municipale de chaque lieu. La poursuite des délits criminels et de police continuera, conformément au Code des délits et des peines, à être de la compétence des tribunaux. (*Art.* 31 *de ladite loi.*)

Le droit de péage dû par chaque *voyageur* au constructeur d'un débarcadère, pour le service d'un bateau à vapeur, ne peut être exigé d'un domestique qui vient du quai au bateau pour porter le bagage de son maître.

Dans ce cas, le domestique n'est pas un voyageur. — Les personnes transportées par les bateaux sont seules soumises à ce péage. (*Cass., 28 août
1847.*)

PÊCHE.

Observations générales.

La pêche est l'action de prendre le poisson dans les fleuves, rivières,
canaux, ruisseaux ou étangs.

Le droit de pêche appartient :

1° A l'Etat, dans les fleuves, rivières, canaux et contre-fossés navigables ou flottables, désignés dans l'ordonnance du 10 juillet 1835
(V. *l'art.* 1er *de la loi du 15 avril* 1829) ;

Les rivières qui ne servent qu'au flottage des bois à bûches perdues ne
sont pas considérées comme navigables ou flottables. Les riverains peuvent y exercer le droit de pêche. (*Avis du Conseil d'Etat du 21 fév.* 1822.
— *Cass., 22 août* 1823.)

2° Aux propriétaires, dans les rivières ou canaux autres que ceux désignés dans l'article précédent. Chacun a, de son côté, le droit de pêcher
jusqu'au milieu du cours de l'eau, sans préjudice des droits contraires
établis par possession ou titres. (*Art. 2 de la loi du 15 avril* 1829.)

La conservation et la police de la pêche appartiennent au gouvernement, dans l'intérêt général. (*Art. 36 de ladite loi.*)

Les délits de pêche sont constatés par les agents spéciaux institués
à cet effet, par les gardes champêtres, par les éclusiers des canaux et autres officiers de police judiciaire. (*Art. 36 de ladite loi.* = V. *Procès-
verbaux.*)

La gendarmerie a qualité pour constater par procès-verbaux des délits
de pêche. (*Art. 36 de la loi du 15 avril* 1829; *Cour de Montpellier,
10 juill.* 1867; *Rapport au Corps législatif sur la loi du 31 mai* 1865.)
— Le décret du 1er mars 1854 porte qu'elle surveille l'exécution des règlements sur la police des fleuves et des rivières navigables et flottables
(*art.* 314), et qu'elle seconde l'administration des eaux et forêts dans la
poursuite des délits forestiers et de pêche. (*Art.* 330.) — Un décret du
29 avril 1862 ayant transféré le service de la pêche de l'administration
des forêts à celle des ponts et chaussées, des instructions ont expliqué
que « le changement d'attributions, ordonné par le décret précité, n'a
nullement relevé la gendarmerie de l'obligation qui lui est imposée par le
décret du 1er mars 1854, en ce qui concerne la police des cours d'eau.
Comme le fait remarquer M. le ministre des travaux publics, les délits les
plus nombreux et les plus dommageables se commettent la nuit, dans les
communes éloignées de la résidence des gardes-pêche. L'abstention de
la gendarmerie aurait donc des conséquences très regrettables. » (*Circ.
du min. de la guerre du 24 mai* 1865.)

Une gratification du tiers de l'amende, ne pouvant s'élever au delà de
50 fr., est accordée au rédacteur du procès-verbal constatant un délit de
pêche. (*Décret du 2 déc.* 1865.) Les maréchaux des logis et les brigadiers y ont droit comme les simples gendarmes. (*Circ. du min. des travaux publics du 6 fév.* 1868, *et art.* 410 *de l'instr. du min. des fin. en
date du 20 sept.* 1875.)

Permissions. — Pêche.

Il n'est pas nécessaire de sommer le délinquant d'être présent à la rédaction du procès-verbal : cette formalité n'étant pas prescrite par la loi, son omission serait à tort considérée comme une irrégularité (Cass., 1er sept. 1855); il est seulement exigé que copie du procès-verbal soit donnée au prévenu dans la citation à comparaître devant le tribunal correctionnel. (Art. 49 de la loi du 15 avril 1829.)

Le procès-verbal doit être visé pour timbre et enregistré en débet dans les quatre jours de la clôture. (Art. 47 de la même loi.)

C'est au procureur de la République, et non à l'ingénieur en chef des ponts et chaussées, que les gendarmes, gardes champêtres et autres officiers de police judiciaire doivent adresser leurs procès-verbaux de délits de pêche. (Circ. du min. des travaux publics du 28 juill. 1863.)

Lorsque le délinquant est désigné dans le procès-verbal d'une manière suffisante pour qu'il puisse être poursuivi, le délai de prescription du délit est d'un mois ; il est de trois mois dans le cas contraire. (Art. 62 de la loi du 25 avril 1829.)

Tout individu qui se livrera à la pêche sur les ruisseaux ou cours d'eau quelconques sans la permission de celui à qui le droit de pêche appartient sera condamné à l'amende de 20 fr. au moins et de 100 fr. au plus, indépendamment des dommages-intérêts. Il y aura lieu, en outre, à la restitution du poisson qui aura été péché en délit, et la confiscation des filets et engins de pêche pourra être prononcée. — Néanmoins, il est permis à tout individu de pêcher à la ligne flottante, tenue à la main, dans les fleuves et canaux qui appartiennent à l'État, le temps du frai excepté. (Art. 5 de la loi du 15 avril 1829.)

Les adjudicataires de cantonnements de pêche dans les rivières navigables peuvent accorder des permissions de pêcher, soit complètes, soit limitées à la pêche à la ligne autre que celle tenue à la main. « Chaque permissionnaire devra être porteur d'une permission revêtue du visa de l'ingénieur en chef (des ponts et chaussées), et la représenter à toute réquisition des agents commis à la police de pêche, sous peine d'être traité comme délinquant. » (Cahier des charges des adjudications du droit de pêche, du 21 oct. 1868, art. 7.) — L'individu qui, ayant une permission du fermier de la pêche, en fait usage avant d'avoir été agréé par l'administration est considéré comme pêchant sans permission. (Cass., 21 mars et 16 juill. 1846.)

Le canal d'amener d'un moulin, lorsqu'il a été creusé dans le lit même d'une rivière navigable, est soumis au droit de pêche de l'État. Le meunier ne peut donc y pêcher sans une permission. (Cass., 15 janv. 1861; Cour de Bordeaux, 31 mai 1865.) Mais le meunier jouit du droit de pêche sur le canal creusé à travers un fonds lui appartenant, qui dérive pour les amener à son moulin les eaux d'une rivière navigable. (Cass., 3 mai 1830 et 17 août 1844.)

Une permission est nécessaire pour prendre en rivière le poisson mort, aussi bien que pour pêcher le poisson vivant. (Cour de Bordeaux, 29 sept. 1860 et 13 déc. 1865.)

La pêche à la ligne flottante, tenue à la main, est permise par exception à toute personne, dans les rivières et canaux appartenant à l'État, le temps du frai excepté. Il faut assimiler aux canaux appartenant à l'État ceux qui, concédés à des compagnies, doivent lui faire retour. (*Cour de Douai*, 27 *sept.* 1844.) — Mais dans les canaux qui ne dépendent pas du domaine public, la pêche même à la ligne ne peut être pratiquée qu'avec une permission du concessionnaire. (*Cour de Paris*, 9 *oct.* 1867.)

La ligne est considérée comme *flottante* lorsqu'elle est complétement soumise au mouvement du flot, de telle sorte que le pêcheur, qui la tient à la main, soit obligé de la ramener constamment à lui. Ainsi l'absence d'un flotteur ne suffit pas pour lui enlever le caractère de ligne flottante (*Cour de Paris*, 5 *fév.* 1862); de même, la présence de quelques plombs pour faire plonger l'appât dans l'eau n'est pas une irrégularité, si la ligne est pourvue d'un flotteur qui la soumet au mouvement du flot. (*Cour de Paris*, 21 *mai* 1851.) — Il n'est pas défendu de mettre à une ligne plusieurs hameçons; mais il y a délit à poser une ligne sur le bord, même momentanément, en laissant l'hameçon dans l'eau. (*Cour de Bourges*, 12 *oct.* 1839.)

L'emploi de l'*épuisette* par le pêcheur à la ligne pour tirer de l'eau les gros poissons excède la tolérance accordée par la loi, et constitue l'un des procédés de pêche pour lesquels une permission est nécessaire. (*Cour de Metz*, 15 *fév.* 1860.)

La tolérance accordée par la loi pour la pêche à la ligne flottante ne s'étend pas au procédé consistant à prendre le poisson à la main, lequel ne peut être pratiqué qu'avec une permission. (*Cass.*, 2 *août* 1860.)

La dispense de permission pour la ligne flottante tenue à la main ne s'applique qu'à la pêche dans les cours d'eau navigables ou flottables avec trains, et nullement à la pêche dans les cours d'eau non navigables ni flottables. Lorsque la pêche sans permission a été pratiquée la nuit, ou dans le temps du frai, ou avec des engins prohibés, ces circonstances doivent être relevées dans le procès-verbal, parce qu'elles sont aggravantes du délit. (*Art.* 27, 28 *et* 70 *de la même loi.*)

Le fait de pêcher sans permission dans l'étang d'autrui est puni comme vol de poissons. (*Art.* 388 *du Code pénal.*) Il ne donne lieu qu'à des dommages-intérêts au profit du propriétaire de l'étang, quand il a été commis de bonne foi. (*Cass.*, 11 *déc.* 1834.)

A la demande des adjudicataires ou des propriétaires de la pêche dans les cours d'eau et canaux navigables et flottables, les préfets peuvent autoriser, dans des emplacements déterminés et à des époques qui ne coïncideront pas avec les périodes d'interdiction, des manœuvres d'eau et des pêches extraordinaires pour détruire certaines espèces dans le but d'en propager d'autres plus précieuses. (*Art.* 18 *du décret du* 10 *août* 1875.)

Tous les instruments et procédés de pêche que les lois et règlements n'ont pas spécialement défendus doivent être considérés comme permis. (*Cass.*, 8 *août* 1867.)

La pêche n'est permise que depuis le lever jusqu'au coucher du soleil. — Toutefois, la pêche de l'anguille, de la lamproie et de l'écrevisse peut être autorisée, après le coucher et avant le lever du soleil, dans des cours d'eau désignés et aux heures fixées par des arrêtés préfectoraux rendus après avis des conseils généraux. Ces arrêtés déterminent, pour l'anguille, la lamproie et l'écrevisse, la nature et les dimensions des engins dont l'emploi est autorisé.

La pêche du saumon et de l'alose peut être autorisée par des arrêtés préfectoraux, rendus après avis des conseils généraux, pendant deux heures au plus après le coucher du soleil et deux heures au plus avant son lever, dans certains emplacements des fleuves et rivières navigables spécialement désignés. (*Art. 6 du décret du 10 août 1875, modifié par le décret du 18 mai 1878.*)

Si le délit a été commis à l'aide de filets non prohibés, il y a lieu, la loi ne prononçant pas la confiscation des filets dans ce cas, de se borner à saisir le poisson pêché en délit.

Temps du frai.

Les époques pendant lesquelles la pêche est interdite, en vue de protéger la reproduction du poisson, sont fixées comme il suit : — 1° Du 20 octobre au 31 janvier, est interdite la pêche du saumon, de la truite et de l'ombre-chevalier ; — 2° Du 15 novembre au 31 décembre, est interdite la pêche du lavaret ; — 3° Du 15 avril au 15 juin, est interdite la pêche de tous les autres poissons et de l'écrevisse.

Les interdictions prononcées dans le paragraphe précédent s'appliquent à tous les procédés de pêche, même à la pêche à la ligne flottante tenue à la main. (*Art. 1ᵉʳ du décret du 10 août 1875, modifié par le décret du 18 mai 1878.*)

Les fixations ci-dessus s'appliquent à tous les départements; toutefois, le nouveau décret restitue aux préfets le droit d'introduire, quant à la durée de ces périodes et aux espèces de poissons qu'il convient d'y comprendre, les modifications qui seraient commandées par des nécessités locales. (*Art. 2 du même décret.*)

Le temps du frai comprend actuellement trois périodes concernant des espèces de poissons différentes.

Du 28 octobre au 31 janvier inclusivement, il est interdit de pêcher le *saumon*, la *truite* et l'*ombre-chevalier*, non seulement dans les eaux douces, mais aussi, aux termes d'un décret du 20 novembre 1875, « tant à la mer, le long des côtes, que dans la partie des fleuves, rivières, étangs et canaux où les eaux sont salées ». Sur ce point, du reste, le décret du 20 novembre 1875 ne fait que rappeler la législation relative à la pêche des poissons d'eau douce dans les eaux salées.

Quant aux autres poissons, la pêche en est permise pendant cette même période, à moins de prohibitions spéciales dans les règlements préfectoraux. C'est ce qui ressort de l'art. 2.

Le décret du 10 août 1875 ajoutait aux poissons nommés plus haut le *lavaret*. Celui du 18 mai 1878 a introduit une disposition nouvelle qui crée un troisième temps prohibé, spécial à ce poisson, et qui s'étend du 15 novembre au 31 décembre. Le lavaret ne se trouve guère que dans le lac du Bourget; mais il est susceptible de s'acclimater dans d'autres eaux.

Du 15 avril au 15 juin, la pêche est interdite pour tous les autres poissons d'*eau douce* et pour l'*écrevisse*. Cette interdiction s'étend aux poissons vivant alternativement dans les eaux douces et dans les eaux salées, notamment à l'alose, à l'anguille et à la lamproie, à l'exception de ceux pour lesquels la période d'interdiction a été fixée à une autre époque. Les préfets peuvent, par exception, lever la prohibition de pêcher dans la troisième période les poissons des espèces désignées plus haut. (*Art. 2 dudit décret.*)

D'après les règles généralement admises par les tribunaux, il ne faut pas compter dans le délai le jour indiqué comme point de départ, mais il faut y comprendre le jour de l'échéance ; en sorte que le temps de la suspension de l'exercice du droit de pêche devrait être considéré comme durant, pour la seconde période du frai, depuis et non compris le 15 avril jusques et y compris le 15 juin. Mais dans la pratique la disposition est autrement interprétée.

La sanction des interdictions prononcées par l'art. 1° se trouve dans les art. 27 et 28 de la loi du 15 avril 1829. La peine du délit est doublée lorsqu'il a été commis en état de récidive ou pendant la nuit. (V. *art. 69 et 70 de ladite loi.*)

La vente des huîtres de toute provenance est interdite pour l'alimentation publique du 15 juin au 1er septembre de chaque année. (*Décret du 12 janv. 1882.*) Sur le littoral, l'interdiction cesse le 1er août. (*Circ. du 26 juill. 1882.*)

L'interdiction de la pêche à la ligne en temps de frai est rappelée ici, conformément à la disposition finale de l'art. 5 de la loi de 1829. Elle subsisterait donc même dans le cas d'abrogation du présent décret.

Il existe des parties de rivières, cours d'eau et canaux, navigables ou non, flottables ou non, qui ont été constituées, pour un temps déterminé, en *réserves* pour la reproduction du poisson. La pêche y est interdite pendant l'année entière. (*Loi du 31 mai 1865, art. 1er.*)

Le gouvernement a jugé utile d'ajouter à l'interdiction de pêcher la mesure suivante :

Pendant les périodes d'interdiction de la pêche, fixées conformément à l'art. 26 de la loi du 15 avril 1829 et à l'art. 4 de la loi du 31 mai 1865, il est interdit de laisser vaguer les oies, les canards, les cygnes et autres animaux aquatiques susceptibles de détruire le frai du poisson, sur les cours d'eau et canaux dans l'étendue des réserves affectées à la reproduction. (*Art. 5 du décret du 12 janv. 1875.*)

Quant à la divagation de ces animaux sur un canal traversant une propriété privée, fait de nature à nuire au poisson qui y est contenu, il est prévu par le Code rural de 1791, qui autorise le propriétaire lésé à faire feu sur ces volailles, mais seulement sur le lieu et au moment même du dégât. (*Cass., 26 déc. 1868.*) — Le propriétaire d'un étang peut de même faire feu sur des oiseaux sauvages qui se sont abattus sur son étang et qui causent du dommage au poisson ou au frai qui s'y trouve ; ce n'est pas là un fait de chasse, mais un acte de légitime défense de sa propriété.

Filets, Dimension, Saisie.

Une amende de 30 fr. à 100 fr. sera prononcée contre ceux qui feront usage, en quelque temps, en quelque fleuve, rivière, canal ou ruisseau que ce soit, de l'un des procédés ou modes de pêche, ou de l'un des instruments ou engins de pêche prohibés par les ordonnances. Si le délit a lieu pendant le temps du frai, l'amende sera de 60 fr. à 200 fr. (*Art. 28 de la loi du 15 avril 1829.*) Les mêmes peines seront prononcées contre ceux qui se serviront, pour une autre pêche, des filets permis seulement pour celle du poisson de petite espèce. (*Art. 29 de la même loi.*) Les peines seront doubles lorsque les délits auront eu lieu la nuit. (*Art. 70 de la même loi.*)

Les mailles des filets, mesurées de chaque côté, après leur séjour dans

l'eau, et l'espacement des verges des bires, nasses et autres engins employés à la pêche des poissons auront les dimensions suivantes : 1° pour
les saumons, quarante millimètres au moins ; 2° pour les grandes espèces,
autres que le saumon, et pour l'écrevisse, vingt-sept millimètres au
moins ; 3° pour les petites espèces, telles que goujons, loches, vérons,
ablettes et autres, dix millimètres. La mesure des mailles sera prise avec
une tolérance d'un dixième. (*Art.* 9 *du décret du* 10 *août* 1875, *modifié
le* 18 *mai* 1878.)

Les filets qui ont des mailles d'une dimension se plaçant entre dix millimètres et vingt-sept millimètres doivent être saisis comme filets prohibés, même dans le cas où le pêcheur déclare ne s'en servir que pour la
pêche des poissons des petites espèces. (*Cass.*, 14 *mars* 1862.)

Les préfets peuvent, sur l'avis des conseils généraux, prendre des arrêtés pour réduire les dimensions des mailles des filets et l'espacement
des verges des engins employés uniquement à la pêche de l'anguille, de
la lamproie et de l'écrevisse. Les filets et engins à mailles ainsi réduites
ne peuvent être employés que dans les emplacements déterminés par ces
arrêtés. — Les préfets peuvent aussi, sur l'avis des conseils généraux, déterminer les emplacements limités en dehors desquels l'usage des filets à
mailles de dix millimètres n'est pas permis. (*Décret du* 10 *août* 1875,
art. 10.)

Sont prohibés tous les filets traînants, à l'exception du petit épervier
jeté à la main et manœuvré par un seul homme. — Sont réputés traînants, tous filets coulés à fond au moyen de poids et promenés sous l'action d'une force quelconque. — Est pareillement prohibé l'emploi de lacets
ou collets.

Toutefois, des arrêtés préfectoraux, rendus après avis des conseils généraux, peuvent autoriser, à titre exceptionnel, l'emploi de certains filets
traînants, à mailles de quarante millimètres au moins, pour la pêche d'espèces spécifiées, dans les parties profondes des lacs, des réservoirs de
canaux et des fleuves et rivières navigables. Ces arrêtés désignent spécialement les parties considérées comme profondes dans les lacs, réservoirs
de canaux, fleuves et rivières navigables. Ils indiquent aussi les noms locaux des filets autorisés et les heures auxquelles leur manœuvre est permise. (*Art.* 13 *du décret précité, modifié le* 18 *mai* 1878.)

Le séjour dans l'eau des filets et engins ayant les dimensions réglementaires est permis à toute heure, sous la condition qu'ils ne pourront être
placés et relevés que depuis le lever jusqu'au coucher du soleil. (*Art.* 7
du décret précité, modifié par le décret du 18 *mai* 1878.)

Les filets fixes ou mobiles et les engins de toute nature ne peuvent
excéder, en longueur ni en largeur, les deux tiers de la largeur mouillée
des cours d'eau dans les emplacements où on les emploie. — Plusieurs
filets ou engins ne peuvent être employés simultanément sur la même
rive ou sur deux rives opposées qu'à une distance au moins triple
de leur développement. — Lorsqu'un ou plusieurs des engins employés
sont en partie fixes et en partie mobiles, les distances entre les parties fixées à demeure sur la même rive ou sur les rives opposées doivent être
au moins triples du développement total des parties fixes et mobiles mesurées bout à bout. (*Art.* 11 *du décret du* 10 *août* 1875.)

Les filets fixes employés à la pêche seront soulevés par le milieu pendant trente-six heures de chaque semaine, du samedi à six heures du
soir au lundi à six heures du matin, sur une longueur équivalente au

dixième de leur développement, et de manière à laisser entre le fond et la ralingue inférieure un espace libre de cinquante centimètres au moins de hauteur. (*Art. 12 du décret précité.*)

Le fait de pêcher, colporter ou débiter des poissons n'ayant pas les dimensions fixées par la présente disposition est réprimé par l'art. 30 de la loi de 1829.

D'après l'art. 129 du décret du 4 juillet 1853, il est permis de pêcher, quelles que soient leurs dimensions, mais avec les filets et engins déterminés par ledit décret, les poissons qui s'ensablent, tels que les anguilles, lançons, et autres de mêmes espèces.

Les huîtres d'une dimension inférieure à cinq centimètres ne peuvent être exposées sur les marchés ni livrées à la consommation. (*Décret du 12 janv. 1882.*)

Engins prohibés saisis.

Les filets et engins de pêche qui auront été saisis *comme prohibés* ne pourront, dans aucun cas, être remis sous caution : ils seront déposés au greffe (du tribunal de l'arrondissement) et y demeureront jusqu'après le jugement, pour être ensuite détruits. Les filets *non prohibés* dont la confiscation aurait été prononcée en exécution de l'art. 5 de la loi du 15 avril 1829, qui prévoit le cas de pêche dans un cours d'eau sans la permission de celui à qui le droit de pêche appartient, seront vendus au profit du Trésor. (*Art. 41 de la même loi de* 1829.) — Les frais de transport de ces filets et engins sont acquittés d'urgence au bureau du receveur des domaines, sur simple taxe ou mandat mis au bas du mémoire du porteur ou voiturier, soit par un juge, soit par un juge de paix, ou le maire du lieu, ou tout autre officier de police judiciaire. (*Art.* 133 *et* 134, § 2, *du décret du* 18 *juin* 1811.)

Dimension du poisson.

Les dimensions au-dessous desquelles les poissons et écrevisses ne peuvent être pêchés même à la ligne flottante et doivent être immédiatement rejetés à l'eau sont déterminées comme il suit, pour les diverses espèces : 1° les saumons et anguilles, vingt-cinq centimètres de longueur; 2° les truites, ombres-chevaliers, ombres communs, carpes, brochets, barbeaux, brèmes, meuniers, muges, aloses, perches, gardons, tanches, lottes, lamproies et lavarets, quatorze centimètres de longueur; 3° les soles, plies et flets, dix centimètres de longueur; 4° les écrevisses à pattes rouges, huit centimètres de longueur; celles à pattes blanches, six centimètres de longueur.

La longueur des poissons ci-dessus mentionnés est mesurée de l'œil à la naissance de la queue; celle de l'écrevisse, de l'œil à l'extrémité de la queue déployée. (*Art.* 8 *du décret du* 10 *août* 1875.)

Pour ne pas être déclaré en délit, le pêcheur qui a pris du poisson n'ayant pas encore la longueur exigée doit le rejeter *immédiatement* en rivière. Le pêcheur en la possession duquel serait trouvé, même pendant qu'il est en action de pêche, du poisson n'ayant pas les dimensions réglementaires ne pourrait valablement alléguer pour excuse qu'il se proposait d'opérer ultérieurement le triage du produit de sa pêche et de rejeter en rivière le poisson reconnu trop petit.

Drogues et appâts.

Quiconque aura jeté dans les eaux des drogues ou appâts qui sont de nature à enivrer le poisson ou à le détruire sera puni d'une amende de 30 fr. à 300 fr., et d'un emprisonnement de un mois à trois mois. (*Art. 25 de la loi du 15 avril 1829.*)

La saisie des substances employées ou destinées à commettre le délit est ici pratiquée, non pas en vertu de la loi du 15 avril 1829, qui ne s'en explique pas, mais en exécution de l'art. 11 du Code pénal.

Rouissage.

Des arrêtés préfectoraux, rendus sur les avis des conseils de salubrité et des ingénieurs, déterminent : 1° la durée du rouissage du lin et du chanvre dans les cours d'eau, et les emplacements où cette opération peut être pratiquée avec le moins d'inconvénient pour le poisson ; 2° les mesures à observer pour l'évacuation dans les cours d'eau des matières et résidus susceptibles de nuire au poisson et provenant des fabriques et établissements industriels quelconques. (*Art. 19 du décret du 10 août 1875.*)

Saisie. — Vente du poisson.

Le poisson pêché en délit doit toujours être saisi ; du moins, les gardes-pêche et les gendarmes sont *autorisés* à effectuer cette saisie. (*Art. 39 de la loi précitée du* 15 avril 1829.) — S'ils jugent convenable de s'en abstenir, à raison de la résistance des délinquants, ils doivent mentionner au procès-verbal l'évaluation de la quantité de ce poisson, telle qu'ils ont pu l'apprécier, afin que le juge ait une base de décision pour l'allocation des dommages-intérêts à l'État ou au propriétaire lésé. — Quant aux filets et engins employés par le délinquant, leur saisie comporte des distinctions qui seront indiquées à la suite des divers procès-verbaux de délits de pêche.

La loi dit que « le poisson saisi pour cause de délit sera vendu sans délai dans la commune la plus voisine du lieu de la saisie, à son de trompe et aux enchères publiques, en vertu d'ordonnance du juge de paix ou de ses suppléants, si la vente a lieu dans un chef-lieu de canton, ou, dans le cas contraire, d'après l'autorisation du maire de la commune ; ces ordonnances ou autorisations seront délivrées sur la requête des agents ou gardes qui auront opéré la saisie, et sur la présentation du procès-verbal. — Dans tous les cas, la vente aura lieu en présence du receveur des domaines, et, à défaut, du maire ou adjoint de la commune ou du commissaire de police. » (*Art. 42 de la loi du* 15 avril 1829.) — Dans le cas où la vente du poisson saisi ne pourrait pas être pratiquée, le poisson devrait être livré, sur récépissé, à l'établissement de bienfaisance le plus voisin, en vertu d'une ordonnance ou autorisation délivrée ainsi qu'il est dit ci-dessus. (*Instr. de l'administr. des ponts et chaussées aux gardes-pêche.*) — Lorsque le poisson a été saisi en temps de pêche prohibé, la vente n'en est faite qu'à la charge par l'acquéreur de s'abstenir de l'exposer de nouveau en vente. (*Art. 5 du décret du 10 août 1875.*) — Il en est de même du cas où le poisson saisi n'a pas les dimensions réglementaires.

Écluses, Barrages, Niveau des eaux.

Il est interdit : 1° d'accoler aux écluses, barrages, chutes naturelles, pertuis, vannages, coursiers d'usines et passages ou échelles à poissons des nasses, paniers et filets à demeure ; 2° de pêcher avec tout autre engin que la ligne flottante tenue à la main, dans l'intérieur des écluses, barrages, pertuis, vannages, coursiers d'usines et passages ou échelles à poissons, ainsi qu'à une distance moindre de trente mètres en amont et en aval de ces ouvrages ; 3° de pêcher à la main, de troubler l'eau et de fouiller au moyen de perches sous les racines ou autres retraites fréquentées par le poisson ; 4° de se servir d'arme à feu, de poudre de mine, de dynamite ou de toute autre substance explosible. (*Art. 15 du décret précité.*)

Il est interdit de pêcher dans les parties des rivières, canaux ou cours d'eau dont le niveau serait accidentellement abaissé, soit pour y opérer des curages ou travaux quelconques, soit par suite du chômage des usines ou de la navigation. (*Art. 17 du décret précité.*)

Il est interdit de placer dans les rivières navigables ou flottables, canaux et ruisseaux aucun barrage, appareil ou établissement quelconque de pêcherie ayant pour objet d'empêcher entièrement le passage du poisson. Les délinquants seront condamnés à une amende de 50 à 500 fr. et, en outre, aux dommages-intérêts. Les appareils ou établissements de pêche seront saisis ou détruits. (*Art. 24 de la loi du 15 avril 1829.*)

La disposition qui vient d'être transcrite s'applique non seulement aux barrages construits dans le but unique de la pêche, mais encore à ceux qui, ayant été construits pour une usine, servent en même temps pour pêcher. Seulement, dans ce dernier cas, l'on ne doit ordonner que la destruction de la portion des travaux qui n'a d'utilité que pour la pêche. Peu importe que le barrage servant à la pêche forme la moindre ou la majeure partie du barrage total de la rivière, et que l'empêchement à la remonte du poisson n'existe pas pendant telle ou telle époque de l'année.

Dans le cas où le barrage de pêche est utilisé par un fermier, le propriétaire peut être poursuivi comme complice, si c'est lui qui l'a établi et maintenu, et s'il en tire profit à raison de ce que la pêcherie formée à l'aide de ce barrage est comprise parmi les objets loués. (*Cass., 14 déc. 1837.*)

Quand une rivière, à l'époque des hautes eaux, vient alimenter des *noues, boires* ou *fossés* appartenant à des riverains, le poisson qui de la rivière passe dans ces noues, boires ou fossés doit pouvoir librement en ressortir ; de sorte que le fait d'un riverain de lever, à l'arrivée des hautes eaux, le grillage en fer qui ferme l'entrée d'une noue existant dans sa propriété, et de le baisser ensuite quand les eaux diminuent, pour retenir le poisson qui a pénétré dans la noue, constitue une contravention à l'interdiction des barrages. (*Cour de Lyon, 10 nov. 1864.*) Peu importe que cela ait été constamment pratiqué, de père en fils, par ses auteurs, car il n'y a pas de prescription contre les lois d'ordre public.

Le délit qui résulte de l'établissement d'un barrage de pêche est de la compétence du tribunal correctionnel, quand même le barrage nuirait en même temps à la navigation, sauf à déférer cette seconde infraction au conseil de préfecture.

Il est interdit d'établir dans les cours d'eau des appareils ayant pour objet de rassembler le poisson dans des noues, boires, fossés ou mares dont il ne pourrait plus sortir, ou de le contraindre à passer par une issue garnie de pièges. (*Art. 14 du décret précité du 10 août 1875.*)

Lorsqu'une rivière déborde et s'étend dans les champs, les riverains ont-ils le droit d'y pêcher avec n'importe quels engins?

Non. Tant que les courants restent en communication avec le fleuve ou la rivière d'où proviennent les eaux, la pêche, dans ces parties inondées, est soumise à toutes les conditions de la loi comme les fleuves ou rivières elles-mêmes; mais une fois que le courant a cessé, le propriétaire ou fermier du champ a le droit de prendre tout le poisson qui est resté dans sa propriété.

Constatation des délits. ⸺ Recherche du poisson.

Pour faciliter la constatation des contraventions, l'art. 34 de la loi du 25 avril 1829 donne aux gardes-pêche le droit de faire amener par les pêcheurs les bateaux dans lesquels ils se livrent à la pêche, sous peine d'une amende de 50 fr. en cas de refus. — Le poisson n'ayant pas les dimensions réglementaires doit être saisi par le garde-pêche. S'il est vivant, il est rejeté par le garde dans la rivière.

La recherche du poisson pourra être faite, en temps prohibé, à domicile, chez les aubergistes, chez les marchands de denrées et comestibles et dans les lieux ouverts au public. (*Art. 7 de la loi du 31 mai 1865.*)

On peut rechercher le poisson dans les voitures, paniers et bourriches, mais on doit s'abstenir de toutes recherches sur les personnes.

L'interdiction du colportage et de la vente du poisson pendant le temps de pêche prohibé n'est pas applicable aux poissons provenant des étangs ou réservoirs particuliers. (*Art. 30 de la loi du 15 avril 1829, et 5 de la loi du 31 mai 1865.*)

Quiconque pendant la période d'interdiction de la pêche, transportera ou débitera des poissons provenant des étangs et réservoirs sera tenu de justifier de l'origine de ces poissons. (*Art. 4 du décret du 10 août 1875.*)

Un certificat du maire de la localité est le meilleur moyen de justifier que le poisson provient d'un étang ou réservoir; mais toute latitude est laissée aux intéressés pour la preuve: ce sera aux tribunaux à juger si la preuve produite est suffisante. (*Circ. du 1er fév. 1868.*)

Les gendarmes ont le droit de constater les délits de pêche entre les limites de l'inscription maritime et les points où cesse la salure des eaux. (*Décret du 7 nov. 1859.*)

NOTA. Voir sur cette question un ouvrage très complet de M. Martin, docteur en droit : le *Code nouveau de la pêche fluviale,* annoté et expliqué d'après la jurisprudence de la Cour de cassation et des Cours d'appel. En vente à la maison Léautey, 24, rue Saint-Guillaume, Paris.

Part d'amendes ou gratification.

A la différence de ce qui a été établi en matière de chasse, la gratification consiste, non en une somme fixe, mais en une part de l'amende prononcée. La part attribuée au rédacteur du procès-verbal est du tiers, comme pour la constatation des contraventions à la police du roulage; mais l'allocation ne peut excéder 50 fr.

« Elle doit porter sur les amendes non seulement prononcées, mais encore recouvrées ; elle ne sera donc acquise, dans aucun cas, qu'après que le recouvrement intégral aura été opéré. » (*Circ. du min. des travaux publics du 5 fév.* 1866.) C'est ce qui résulte tout à la fois des termes de l'art. 10, § 2, de la loi du 31 mai 1865 et de ceux du présent article.

A notre avis, le gouvernement, s'il use de son droit de grâce au profit d'un condamné et lui fait remise de l'amende, ne peut comprendre dans cette remise la part d'amende attribuée au rédacteur du procès-verbal ; car ce serait disposer de ce qui ne lui appartient pas et méconnaître la règle que la grâce n'est accordée que sous la réserve des droits acquis à des tiers. (*Art.* 456, 457, 460 *du Code de la pêche.*)

Le paiement des gratifications est fait non plus par le receveur de l'enregistrement, mais par le percepteur des contributions directes (*art. 25 de la loi de finances du 29 déc.* 1873) ; et il ne peut avoir lieu qu'après le recouvrement des amendes auxquelles les délinquants ont été condamnés. Pour ce motif, il n'y a pas lieu de fournir au préfet des états trimestriels. On procède, pour avoir paiement des gratifications, comme en matière de police du roulage. (*Art.* 463 *du Code de la pêche.*)

PERMISSIONS, CONGÉS, SURSIS.

Hors le cas de maladie constatée, d'entrée à l'hôpital ou de mission, les militaires ne peuvent s'absenter de leur poste ou de leur corps qu'en vertu de *permissions* ou de *congés*. (*Art.* 1er *du décret du 27 nov.* 1868.)

La durée des permissions et congés comprend le temps de l'aller et du retour. (V. *Congés*, p. 472.)

PERMISSIONS.

Il peut être accordé des permissions d'absence pour cause de convenance personnelle, avec solde de présence ou de congé, dans les limites suivantes :

Par les commandants de corps d'armée :

Huit jours avec solde de présence aux chefs de légion de gendarmerie.

Aux militaires de la gendarmerie :

Par le commandant de compagnie, deux jours avec solde de présence ;
Par le chef de légion, quatre jours avec solde de présence ou huit jours avec solde de congé ;
Par le général de brigade, huit jours avec solde de présence ou quinze jours avec solde de congé ;
Par le général de division, quinze jours avec solde de présence ou trente jours avec solde de congé.
Par le commandant du corps d'armée, trente jours avec solde de présence. (*Décret du 27 nov.* 1868, *art.* 5, *et décis. du 6 nov.* 1873.)
Les chefs de légion de gendarmerie et les généraux de brigade ne sont

pas autorisés à accorder des prolongations de permission ; mais en cas d'*absolue nécessité* les militaires en jouissance de permission avec solde de présence peuvent obtenir des généraux de division ou des commandants de corps d'armée sous les ordres desquels ils servent, ou de ceux dans le commandement desquels ils jouissent de leur permission, une prolongation avec solde de congé, en conservant la solde de présence pour la durée de la permission primitive, à la condition, toutefois, que la durée totale de la permission et de la prolongation n'excède pas les limites fixées plus haut à l'art. 5. (*Art. 9 dudit décret.*)

Les permissions avec solde de présence ne peuvent jamais être prolongées par les autorités militaires dans le commandement desquelles le titulaire de la permission ne fait que passer.

Lorsque la prolongation de permission accordée avec solde de présence a pour effet d'étendre l'absence au delà de trente jours, le militaire n'a plus droit qu'à la solde de congé pour toute la durée de l'absence. (*Art. 10 dudit décret.*)

Toutefois, par un décret en date du 20 mars 1875, le gouverneur de l'Algérie et le commandant du 15ᵉ corps d'armée sont autorisés à prolonger la durée de la permission de trente jours avec solde de présence sans accessoires, du nombre de jours nécessaires pour que les titulaires de ces permissions puissent, lors de leur retour en Algérie ou en Corse, se mettre en route de manière à n'arriver au port d'embarquement que la veille seulement du jour du premier départ du paquebot partant après l'expiration de la permission.

Ces permissionnaires sont tenus, lors de leur arrivée au port de débarquement, de faire mentionner par le sous-intendant militaire, sur leur titre d'absence, le jour du départ du paquebot qu'ils auront à prendre pour retourner à leur poste. (*V. la circ. du 31 juill. 1875.*)

Toutes les demandes de permissions ou de congés qui sont accordées par le ministre ou les généraux doivent être transmises par le chef de légion, qui est chargé de rendre compte au ministre de toutes les absences autorisées en dehors de son intervention. (*Circ. du 16 fév. 1869.*)

Une décision en date du 12 avril 1877 permet à MM. les gouverneurs militaires et généraux commandant les corps d'armée d'accorder quinze jours de permission aux officiers qui se sont mis régulièrement en instance de permutation.

Par une circulaire en date du 29 décembre 1877, le ministre de la guerre rappelle qu'il n'est rien dérogé aux dispositions du décret du 27 novembre 1868, modifié par le décret du 20 mars 1875 et la décision du 12 avril 1877.

Les titres de permission et de congé doivent indiquer le grade des militaires qui en sont porteurs et la durée de leur absence. (*Circ. des 23 fév. et 10 mai 1869. — V. Chemins de fer.*)

Pour les militaires allant à l'étranger, il ne peut être fait mention, sur les titres de permission ou de voyage, du grade du titulaire dans l'armée sans l'autorisation du ministre. (*Décis. minist. du 9 juin 1881.*)

Les militaires allant en permission en Alsace-Lorraine ne doivent pas dépasser la frontière en uniforme. (*Circ. des 30 déc. 1873 et 9 juin 1881. — V. Passe-ports.*)

Toute permission d'une durée de vingt-quatre heures doit être portée en mutation. (*Circ. des 5 fév.* 1868 *et 8 sept.* 1873.)

Privation de solde.

Les militaires qui n'ont pas rejoint à l'expiration de leurs permissions, congés ou prolongations sont privés de tout rappel de solde pour le temps de leur absence, excepté dans le cas où le retard a été causé par maladie, obligation de comparaître devant un tribunal civil ou militaire, ou tout autre motif indépendant de leur volonté.

Le retard pour cause de maladie est constaté par un billet de sortie de l'hôpital, par un certificat du maire, par une attestation de l'officier de gendarmerie, ou par un certificat de médecin.

Le retard causé par la présence devant le tribunal civil ou militaire est justifié par la production d'un certificat du président constatant le jour où la présence a cessé d'être nécessaire.

Les autres causes de retard sont constatées par des certificats de l'autorité civile ou militaire suivant le cas. (*Art.* 88 *du décret du* 18 *fév.* 1863.)

Les officiers désignés pour la Corse ou pour l'Algérie à la suite de promotions seront considérés, en attendant la délivrance de leur feuille de route, comme retenus par ordre à leur poste, et il leur sera, par suite, fait application des dispositions de l'art. 36 du décret du 18 février 1863, qui n'alloue la solde et les accessoires du nouveau grade qu'à partir du jour de leur départ constaté par une feuille de route. Il n'y a d'exception à cette règle que pour ceux qui demandent des permissions à titre de sursis d'arrivée. (*Note minist. du* 31 *juill.* 1875.)

CONGÉS.

Le ministre de la guerre seul autorise les absences d'une durée de plus de trois mois (congés ou prolongations).

Les généraux commandant les gouvernements militaires et les régions de corps d'armée accordent, dans la limite de trois mois (y compris la durée de la permission ou du congé primitivement accordé), des prolongations de congé :

Aux officiers de toutes armes et de tous services placés sous leurs ordres, à l'exception des généraux, des intendants et des chefs de légion de gendarmerie et chefs de corps, qui n'obtiennent des congés ou prolongations que du ministre.

Les demandes de prolongations sont adressées au général commandant la subdivision de région territoriale dans laquelle le militaire qui sollicite la prolongation se trouve en congé ou en permission. (*Note minist. du* 12 *janv.* 1876.)

Les congés pour affaires personnelles donnent droit à la solde de congé dans la limite de trois mois.

Les prolongations qui ont pour effet d'étendre à plus de trois mois l'absence pour affaires personnelles ne donnent pas droit à la solde. (*Art.* 74, 75 *et* 76 *du décret du* 18 *fév.* 1863.)

Les congés et prolongations de congés de convalescence peuvent donner droit à la solde de présence dans la limite de trois mois; au delà de cette limite il n'est alloué que la solde de congé. La durée d'un congé de convalescence, y compris les prolongations, ne peut excéder six mois. (*Art.* 80 *dudit décret.* — V. *Marine, Colonies.*)

La durée des permissions et congés comprend le temps de l'aller et du retour. Toutefois, cette durée est suspendue pendant la traversée et les quarantaines :

1° Pour les militaires obtenant en France des congés ou des permissions pour en jouir en Corse, en Algérie, en Tunisie ou dans les colonies françaises ;

2° Pour ceux stationnés en Corse, en Algérie ou en Tunisie qui, ayant obtenu des congés ou des permissions pour en jouir dans ces pays, prendraient la voie de mer.

Pour cette catégorie de militaires, le temps employé afin de se rendre au port d'embarquement ou en vue de rentrer à leur poste sera compté dans la durée de leur permission ou congé. Mais le temps de l'absence devra être prolongé du nombre de jours nécessaires pour qu'ils n'arrivent au port d'embarquement que la veille du départ du bateau. (*Décis. présid. du* 12 *janv.* 1883, *et note minist. du* 25 *dudit.*)

A l'égard des militaires faisant partie d'une armée ou d'un rassemblement hors du territoire français, la durée des permissions ou congés ne commence que le jour du passage de la frontière.

Dans le même cas, les militaires sont censés rentrés à leur corps ou à leur poste lorsqu'ils sont rendus à la frontière au jour fixé pour l'expiration de leur congé ou permission. (*Art.* 72 *du décret du* 18 *fév.* 1863.)

Une décision du 10 juillet 1867 permet, contrairement à l'art. 77 du décret du 18 février 1863, d'accorder des congés pour l'étranger avec solde. Les congés pour aller aux colonies ne peuvent donner droit à la solde de congé pendant plus d'une année, y compris le temps de la traversée pour l'aller et le retour.

La solde de présence peut être allouée aux militaires voyageant à l'étranger dans un but d'étude. (*Décis. présid. du* 3 *fév.* 1882.)

Aucun officier de gendarmerie, quel que soit son grade, ne peut quitter sa résidence *pour affaires personnelles, quand il a obtenu un congé,* sans avoir préalablement prévenu l'officier général commandant le département de l'absence qu'il doit faire, lui en avoir indiqué la durée déterminée ou probable, et lui avoir fait connaître son remplaçant. Il doit également informer cet officier général de son retour à son poste. (*Art.* 123 *du décret du* 1er *mars* 1854.)

Les militaires de la gendarmerie qui n'ont pas rejoint leur poste *dans les dix jours* qui suivent l'expiration de leurs congés ou permissions, et ceux qui, ayant quitté leur poste sans autorisation, ne l'ont pas rejoint *dans les deux jours* de leur disparition, sont réputés déserteurs et poursuivis comme tels lors même qu'ils ont accompli le temps de service voulu par la loi de recrutement. (*Art.* 595 *dudit décret.*)

Les officiers comptables ne peuvent obtenir de congé pour affaires personnelles sans produire un certificat du conseil d'administration, revêtu de l'avis motivé du sous-intendant militaire, constatant que la situation de leurs écritures ne s'oppose point à leur absence. (*Art.* 78 *du décret du* 18 *fév.* 1863.)

Lorsque des militaires de la gendarmerie obtiennent directement des généraux commandant les régions de corps d'armée des congés de convalescence, il faut, dans leur intérêt, qu'ils adressent par la voie hiérarchique une demande au ministre pour être payés de la solde de présence, car sans cela ils seraient exposés à ne toucher que la solde de congé pendant toute la durée de leur absence. Les commandants de corps d'armée ne peuvent pas accorder plus de trente jours de permission avec solde entière.

Les congés et prolongations de congé de convalescence peuvent donner droit à la solde de présence dans la limite de trois mois ; au delà de cette limite il n'est alloué que la solde de congé. (*Art. 80 dudit décret.*)

Des congés de convalescence de trois mois peuvent être accordés par le ministre aux militaires de la gendarmerie. Toute demande de congé de cette nature doit être accompagnée des certificats de visite et de contre-visite de deux médecins attachés aux hôpitaux civils ou militaires de la localité, et transmise hiérarchiquement au ministre par l'intermédiaire du chef de légion. (*Art. 29 du décret du 1er mars 1854.*)

Les militaires de la gendarmerie qui ont à solliciter des prolongations de congé sont tenus de justifier du besoin réel de ces prolongations : les chefs d'escadron et capitaines, au chef de légion le plus à proximité, et les lieutenants, ainsi que les sous-officiers, brigadiers et gendarmes, au commandant de la gendarmerie du département où ils se trouvent. Ces demandes et ces certificats sont transmis au ministre, avec un avis motivé, lorsque les postulants appartiennent à une autre légion. — Les demandes doivent être faites assez à temps pour que l'intéressé puisse rejoindre dans les délais prescrits, si la prolongation ne lui est point accordée. (*Art. 30 dudit décret.*)

Visa.

Aux termes de l'art. 348 du décret du 1er mars 1854, la gendarmerie a mission de viser les congés et permissions des militaires absents de leurs corps. Elle vise également les feuilles de route que tous les militaires rentrant dans leurs foyers, à un titre quelconque, sont tenus de lui présenter à leur arrivée à destination. (*Décis. présid. du 10 juill. 1879.*) Mais les visa pour rejoindre ne doivent être apposés que par le sous-intendant ou son suppléant légal, conformément à la circulaire du 1er juillet 1865 et à l'art. 57 du décret du 12 juin 1867.

Ces dispositions s'appliquent aux militaires de toutes armes, et par conséquent aux sous-officiers, brigadiers et gendarmes rentrant dans leurs foyers ou allant en congé.

Tout militaire de la gendarmerie qui donne l'ordre de diriger sur un corps de l'armée un individu quelconque, sans qu'il lui ait été délivré préalablement une feuille de route par un sous-intendant, est *personnellement responsable des suites de cette mesure.*

Visite des militaires absents de leur corps.

Lorsqu'un militaire en congé, dans une commune où il n'existe pas d'hôpital militaire ou d'hospice civil, a besoin d'une prolongation de congé à titre de convalescence, et que la nature de sa maladie ne lui permet pas de se rendre au chef-lieu de l'arrondissement, il doit adresser sa demande par écrit au général commandant la subdivision.

Cette demande est appuyée d'un certificat de médecin constatant la position du militaire, et d'une déclaration du maire de la commune faisant connaître l'impossibilité du déplacement. (**V.** *Hôpitaux et Médecins.*)

PERMISSIONS OU SURSIS.

Officiers.

Les règles établies pour les sursis par le décret du 27 novembre 1868, la décision du 13 mars 1869 et la note ministérielle du 20 octobre suivant sont les seules en vigueur.

L'officier en disponibilité ou en non-activité qui obtient une permission avant de rejoindre son nouveau poste est traité suivant sa position antérieure, pour tout le temps durant lequel il a profité de cette permission en dehors des délais réglementaires de tolérance et de route.

L'officier promu touche la solde de son ancien grade sans accessoires.

Le sous-officier promu sous-lieutenant conserve la solde de son ancien grade et la haute paye pendant la durée de la permission qu'il a obtenue avant son départ.

Toute permission obtenue en dehors des conditions déterminées par la décision ci-dessus du 13 mars 1869 doit être considérée comme nulle, et entraîne la privation de solde pour tout le temps de sa durée. (*Note minist. du 20 oct. 1869, et circ. du 21 nov. 1877.*)

Nouveaux admis.

Aucune autorité n'a le pouvoir d'autoriser les militaires des corps de troupe admis dans la gendarmerie à différer leur départ. S'ils n'arrivent pas à leur poste dans les délais réglementaires, ils sont privés de solde, lors même qu'ils seraient porteurs d'une permission en règle.

L'art. 84 du décret du 18 février 1863 établissant que ces militaires ne peuvent pas obtenir de congé, même avec solde d'absence, avant leur réception dans les corps ou compagnies qui leur sont assignés, ceux qui obtiennent des permissions au moment de leur admission dans la gendarmerie se trouvent placés dans une situation irrégulière et sont privés de tout droit à un rappel de solde.

Plusieurs fois le ministre a autorisé les rappels, par mesure de bienveillance, pour ne pas faire subir à ces hommes les conséquences des erreurs qu'ils n'ont pas commises ; mais afin d'éviter le retour de semblables irrégularités, il a prescrit, à la date du 14 octobre 1873, aux généraux commandant les corps d'armée, de donner des ordres pour qu'à l'avenir les militaires nommés dans la gendarmerie ne reçoivent aucune permission.

Ceux de ces militaires qui se trouveraient dans le cas d'obtenir des congés doivent se rendre aux postes qui leur sont assignés et faire examiner leur situation par leurs nouveaux chefs, qui s'empresseront de donner suite à leurs demandes, s'il y a lieu.

MARINE ET COLONIES.

Le ministre de la marine a seul qualité pour accorder des congés ou prolongations de congé aux officiers, sous-officiers, brigadiers et gendarmes appartenant au service colonial. L'autorité militaire doit se borner à lui transmettre les pièces nécessaires à la régularisation de la position de ces militaires. (*Circ. du 10 fév. 1873.*)

Lorsqu'un gendarme colonial est régulièrement en France et qu'il a besoin d'une prolongation de congé, il doit établir une demande au nom du ministre de la marine et y joindre les titres d'absence dont il est porteur, ainsi qu'un certificat de visite et de contre-visite délivré par deux médecins militaires ou d'hôpitaux. (V. *ci-dessus l'art.* 30 *du décret du* 1er *mars* 1854.)

Cette demande, accompagnée des pièces indiquées ci-dessus, est envoyée à sa destination par la voie hiérarchique. Dans ce cas, le commandant de la gendarmerie du département remplace le commandant de la compagnie ou du détachement du postulant.

Le ministre de la marine peut accorder des congés et prolongations de congé de six mois avec solde d'Europe aux officiers, sous-officiers, brigadiers et gendarmes coloniaux, en vertu de la décision présidentielle du 7 mai 1881, qui a modifié pour ces militaires l'art. 80 du décret du 18 février 1863.

PILLAGE DE GRAINS.

La gendarmerie est chargée spécialement de protéger la libre circulation des subsistances et de saisir tous ceux qui s'y opposent par la violence.

En conséquence, elle se transporte sur les routes et dans les communes dont elle a la surveillance, dès qu'elle apprend que des attroupements s'y sont formés dans le dessein d'empêcher cette libre circulation des grains, soit par l'appât du pillage, soit pour tout autre motif. (*Art.* 295 *du décret du* 1er *mars* 1854.)

Dans une accusation de pillage et de dégât commis en réunion et à force ouverte, le fait d'avoir été entraîné par des provocations et des sollicitations à prendre part à ces violences ne peut être valablement présenté comme une cause d'excuse légale.

Lorsque, dans le cas de rébellion avec bandes et attroupement, ceux qui en faisaient partie se sont retirés au premier avertissement de l'autorité publique, cette circonstance est une excuse légale. (*Cass.,* 14 *déc.* 1850.)

Tout pillage, tout dégât de denrées ou marchandises, effets, propriétés mobilières, commis en réunion ou bande et à force ouverte, sera puni des travaux forcés à temps. Chacun des coupables sera, de plus, condamné à une amende de 200 fr. à 5,000 fr. (*Art.* 440 *du Code pénal.*)

Si les denrées pillées ou détruites sont des grains, grenailles ou farines, substances farineuses, pain, vin ou autre boisson, la peine que subiront les chefs, instigateurs ou provocateurs seulement, sera le maximum des travaux forcés à temps, et celui de l'amende prononcée par l'art. 440. (*Art.* 442.)

Le fait d'avoir été l'instigateur ou le provocateur d'un pillage constitue un crime distinct et non une circonstance aggravante du pillage. (*Arrêts de cass. des* 6 *avril et* 6 *mai* 1847.)

Tout pillage de denrées ou marchandises, commis en réunion ou bande et à force ouverte, doit être puni, non seulement de la peine des travaux forcés à temps, mais encore d'une amende de 200 fr. à 5,000 fr. (*Cass.,* 22 *mai* 1847. — V. *Provocation, Subsistances, Rébellion.*)

PILLAGE OU DÉGAT DE DENRÉES OU EFFETS, ETC.

Est puni de mort avec dégradation militaire, tout pillage ou dégât de denrées, marchandises ou effets, commis par des militaires en bande, soit avec armes ou à force ouverte, soit avec bris de portes et de clôtures extérieures, soit avec violences envers les personnes. Le pillage en bande est puni de la réclusion dans tous les autres cas. (*Art. 250 et suiv. du Code de justice militaire.* — V. *Provocation à des militaires.*)

PLACES DE GUERRE. — ÉTAT DE SIÉGE.

Dans l'état de guerre, les officiers de gendarmerie des arrondissements militaires et des places de guerre dépendent, dans l'exercice de leurs fonctions habituelles, des généraux commandant les régions et subdivisions de régions militaires, et ils sont tenus, en outre, de se conformer aux mesures d'ordre et de police qui intéressent la sûreté des places et postes militaires.

Dans l'état de siège, toute l'autorité résidant dans les mains du commandant militaire est exercée par lui sur la gendarmerie comme sur les autres corps. (V. *Commandants de place.*)

L'état de paix existe toutes les fois que la place ou le poste n'est pas constitué en état de guerre ou de siège par une loi.

L'état de siège ne peut être déclaré qu'en cas de péril imminent, résultant d'une guerre étrangère ou d'une insurrection à main armée. Une loi peut seule déclarer l'état de siège; cette loi désigne les communes, les arrondissements ou départements auxquels il s'applique. (*Art. 1er de la loi du 3 avril 1878.*)

PLANTON. — RÉSIDENCE. — PRISON.

Il est commandé tous les jours, à tour de rôle, dans chaque brigade, un gendarme de planton, dont le service commence aussitôt après l'ouverture des portes de la caserne et ne cesse que le lendemain à la même heure. (*Art. 169 du règl. du 9 avril 1858.*)

Ce planton est en tenue de service dès l'ouverture des portes; il est chargé de surveiller les abords de la caserne, d'exécuter les ordres qu'il reçoit du chef de brigade, et d'empêcher les gendarmes de sortir dans une tenue irrégulière. Il se tient, autant que possible, en vue de la porte de la caserne, et ne laisse pénétrer sans motif aucun étranger dans l'intérieur. Il conduit devant le chef de brigade les personnes qui se présentent pour affaires de service. (*Art. 170 dudit règl.*)

Le planton est chargé d'ouvrir les portes de la caserne le matin et de les fermer le soir. (*Art. 153 dudit règl.* — V. *Casernes.*)

Le planton est employé dans la résidence à tous les services qui peuvent être faits par un seul gendarme, tels que la remise des dépêches, le service de la poste aux lettres, et, à défaut du chef d'escorte, la visite des prisonniers qui doivent être mis en route le lendemain par la voie des correspondances ordinaires ou extraordinaires, les avis à donner aux préposés des convois militaires, la délivrance des feuilles de route nécessaires aux militaires voyageant sous l'escorte de la gendarmerie, et enfin à toutes les courses dans la localité que peut exiger le service de la brigade.

Il peut être employé, concurremment avec un autre gendarme ou avec le chef de brigade, à visiter les voitures publiques, les auberges et cabarets, lorsque les autres obligations qu'il est appelé à remplir ne s'y opposent pas.

Il est chargé chaque soir de fermer les portes de la caserne à l'heure indiquée, et d'en remettre les clefs au chef de brigade. Pendant la nuit, il est tenu de prévenir ce sous-officier de l'arrivée de toute ordonnance et de toute demande de service ou de secours venant de l'extérieur, et pouvant lui être adressée après la fermeture de la caserne.

Il est également chargé d'ouvrir les portes à l'heure prescrite par les consignes générales et particulières. (*Art.* 171 *dudit règl.*)

Si le planton d'une brigade externe était tenu de se conformer aux dispositions de l'art. 170, il lui serait difficile, sinon impossible, de faire tout ce qui est prescrit à l'art. 171. Par ces motifs, il est incontestable que l'art. 170 ne s'applique qu'aux localités où il se trouve un certain nombre de brigades dans la même caserne, et pour les cas où ce planton n'a rien à faire ailleurs.

Dans les localités où il existe une maison militaire d'arrêt, de justice et de correction, un gendarme est commandé tous les jours pour faire le service de planton, concurremment avec un sergent d'infanterie. — Le service du gendarme commence à sept heures du matin du 1er avril au 30 septembre, à huit heures du 1er octobre au 31 mars ; il cesse à l'heure de la fermeture des chambres ou ateliers.

Lorsque les besoins du service n'exigent pas la présence de deux plantons, il peut ne pas être détaché de gendarme. (*Art.* 27 *du règl. du* 20 *juin* 1863.)

Les attributions du gendarme sont déterminées par l'art. 28 dudit règlement, et celles du sergent par l'art. 29.

Les chefs de brigade et les gendarmes qui en remplissent les fonctions ne font pas le service de planton. (V. *Chemins de fer et Prisons.*)

En principe, personne ne doit, aux termes de l'art. 89 du règlement du 30 juin 1856, pénétrer dans une caserne sans y être autorisé; mais il faut tenir compte, pour une caserne de gendarmerie, des exigences du service, des relations de famille et de société qui n'existent pas dans les casernes de troupe.

Lorsqu'un huissier ou autre officier ministériel est chargé d'opérer une saisie dans une caserne de gendarmerie, il faut, pour y procéder, qu'il ait obtenu préalablement la permission du commandant de la compagnie. (*Circ. du* 6 *nov.* 1855, *art.* 557 *du décret du* 1er *mars* 1854.)

Mais les huissiers peuvent pénétrer dans les casernes pour la remise de citations et notifications. (V. *p.* 341.) Les facteurs peuvent également entrer dans les casernes pour remettre ou recevoir des effets de commerce. (V. *p.* 517.)

PLAQUE D'IDENTITÉ.

Dans le but de permettre de reconnaître les hommes tués ou grièvement blessés en campagne, le ministre de la guerre a décidé que tout militaire sera pourvu en temps de guerre d'une médaille dite plaque d'identité.

Cette plaque est en maillechort, premier titre. Elle est de forme ovale et des dimensions suivantes : trente-cinq millimètres de longueur sur vingt-cinq de largeur et un d'épaisseur. De chaque côté, la ligne du grand diamètre est indiquée par une légère rainure. La plaque est percée sur cette ligne, et à deux millimètres environ du bord, d'un trou de trois millimètres et demi de diamètre destiné à recevoir le cordon de suspension. (*Décis. minist. du 2 sept.* 1881.)

Lorsque les hommes de la réserve ou de l'armée territoriale sont admis dans la gendarmerie, leur plaque d'identité est adressée avec le cordon à leur compagnie par le conseil d'administration ou par le capitaine-major de leur ancien corps.

La plaque est alors marquée par les soins de la compagnie de la manière suivante :

Exemple : *Gend^{ie}. == Lot-et-Garonne.*

Cette inscription doit être faite de manière à laisser la place nécessaire à d'autres inscriptions, en cas de mutation.

Contrairement à ce qui a été prescrit pour les militaires des corps de troupe, la plaque d'identité est remise au gendarme, qui, en cas de perte, doit la faire remplacer sur les fonds de sa masse individuelle.

Au moment de la mobilisation, le gendarme suspend la plaque à son cou au moyen du cordon.

Si l'homme quitte la gendarmerie avant l'âge de quarante-cinq ans, il remet sa plaque au conseil d'administration de la compagnie, qui la conserve jusqu'à ce que cet âge ait été atteint.

L'achat des ingrédients, etc., nécessaires au marquage est effectué sur les fonds de la masse d'entretien et de remonte de la compagnie, d'après le tarif indiqué dans la décision du 2 septembre 1881. Les compagnies ne sont pas pourvues de boîtes.

Les dispositions qui précèdent ne sont pas entièrement applicables aux hommes de la garde républicaine et du bataillon de gendarmerie mobile.

Dans ces corps les plaques ne sont pas délivrées à l'homme. Elles sont conservées par le conseil d'administration dans des boîtes du modèle déterminé par la décision précitée du 2 septembre dernier.

L'achat de ces boîtes est effectué, comme celui des ingrédients nécessaires au marquage des plaques, par les soins du conseil d'administration et sur les fonds de la masse d'entretien et de remonte.

Le prix de la boîte ne doit pas excéder 5 fr.

Les plaques sont conservées après le départ de l'homme, jusqu'à ce que celui-ci ait atteint l'âge de quarante-cinq ans.

Tous les militaires faisant partie de la gendarmerie doivent être pourvus de la plaque d'identité.

L'achat de cet accessoire est fait sur la masse d'entretien et de re-monte, par le conseil d'administration de la compagnie ou du corps, qui fait effectuer le marquage dans les deux casiers du recto de la plaque.

Le prix de la plaque ne doit pas excéder 10 cent., y compris le cor-don. (*Circ. du 10 nov.* 1881.)

Par une circulaire du 11 janvier 1882, le ministre autorise les compa-gnies à acheter à leur gré dans le commerce les plaques d'identité.

POIDS ET MESURES. — VENTE A FAUX POIDS OU FAUSSES MESURES.

L'uniformité dans les poids et mesures devrait exister chez tous les peuples qui ont entre eux des rapports commerciaux ; car c'est un besoin social. Il y a, sur cette matière, une multitude de lois, d'arrêts, de décrets et de décisions ministérielles qu'il est utile de connaître, mais qui ne peu-vent trouver place ici. Il suffit de savoir la nomenclature, la dimension des poids et mesures adoptés, leur capacité et leur usage, afin d'être à même de constater les infractions aux lois qui régissent la matière.

Le 4 juillet 1837, il a été rendu sur les poids et mesures une nouvelle loi dont voici les principales dispositions :

« Art. 1er. Le décret du 12 février 1812 concernant les poids et mesures est abrogé.

« Art. 3. A partir du 1er janvier 1840, tous poids et mesures autres que ceux établis par les lois des 18 germinal an III et 19 frimaire an VIII, constitutives du système métrique et décimal, sont interdits, sous les peines portées par l'art. 479 du Code penal.

« Art. 4. Ceux qui auront des poids et mesures autres que ceux ci—des-sous reconnus dans leurs magasins, boutiques, ateliers ou maisons de commerce, ou dans les halles, foires ou marchés, seront punis, comme ceux qui les emploieront, conformément à l'art. 479 du Code pénal.

« Art. 5. A compter de la même époque, toutes les dénominations de poids et mesures autres que celles portées dans le tableau annexé à la présente loi, et établies par la loi du 18 germinal an III, sont interdites dans les actes publics, ainsi que dans les affiches et les annonces ; elles sont également interdites dans les actes sous seing privé, les registres de commerce et autres écritures privées produites en justice.

« Les officiers publics contrevenants seront passibles d'une amende de 20 fr., qui sera recouvrée par voie de contrainte, comme en matière d'en-registrement. L'amende sera de 10 fr. pour les autres contrevenants. Elle sera perçue pour chaque acte ou écriture sous signature privée. Quant aux registres de commerce, ils ne donneront lieu qu'à une seule amende pour chaque contestation dans laquelle ils seront produits.

« Art. 6. Il est défendu aux juges et arbitres de rendre aucun jugement ou décision, en faveur des particuliers, sur des actes, registres ou écrits dans lesquels les dénominations interdites par l'article précédent auraient été insérées, avant que les amendes encourues aux termes dudit article aient été payées. »

*Nomenclature des mesures légales dont l'emploi est prescrit
par la loi du 4 juillet 1837.*

Mesures de longueur.

Myriamètre : Dix mille mètres. — Kilomètre : Mille mètres. — Hecto-mètre : Cent mètres. — Décamètre : Dix mètres. — Mètre (unité fonda-mentale des poids et mesures) : Dix-millionième partie du quart du mé-ridien terrestre. — Décimètre : Dixième du mètre. — Centimètre : Centième du mètre. — Millimètre : Millième du mètre.

Mesures agraires.

Hectare : Cent ares (ou dix mille mètres carrés). — Are : Cent mètres carrés (carré de dix mètres de côté). — Centiare : Centième de l'are (ou mètre carré).

Mesures de capacité pour les liquides et les matières sèches.

Kilolitre : Mille litres. — Hectolitre : Cent litres. — Décalitre : Dix li-tres. — Litre : Décimètre cube. — Décilitre : Dixième du litre.

Mesures de solidité.

Décastère : Dix stères. — Stère : Mètre cube. — Décistère : Dixième du stère.

Poids.

.... — Mille kilogrammes (poids du mètre cube d'eau et du tonneau de mer). — .... — Cent kilogrammes (quintal métrique). — Kilogramme : Mille grammes (poids, dans le vide, d'un décimètre cube d'eau distillée à la température de quatre degrés centigrades). — Hectogramme : Cent grammes. · Décagramme : Dix grammes. — Gramme : Poids d'un centi-mètre cube d'eau à quatre degrés centigrades. — Décigramme : Dixième du gramme. — Centigramme : Centième du gramme. — Milligramme : Millième du gramme.

Monnaie.

Franc : Cinq grammes d'argent au titre de 835 millièmes d'argent pour 165 millièmes de cuivre). — Décime : Dixième du franc. — Centime : Centième du franc (1).

Conformément à la disposition de la loi du 18 germinal an III concer-nant les poids et les mesures de capacité, chacune des mesures décimales de ces deux genres a son double et sa moitié.

Aucun fabricant ne peut vendre et aucun citoyen ne peut employer, pour peser et mesurer les matières de commerce, que des poids et mesures dûment vérifiés, étalonnés et conformes aux dimensions prescrites. Aucun marchand en détail, quels que soient les formes et le genre de son com-

---

(1) Monnaies existantes en France :
Or : pièces de 100, 50, 40, 20, 10 et 5 fr. au titre de 9/10e de fin. — Argent : pièces de 5, 2, 1 fr. 50 et 20 cent., la première au titre de 9/10e de fin, les quatre autres au titre de 835 millièmes de fin. — Bronze : pièces de 10, 5, 2 et 1 cent.

merce ou profession, ne peut conserver en évidence, dans sa boutique ou sur son comptoir, des mesures ou des poids non étalonnés, et s'en servir pour mesurer ou pour peser les marchandises qu'il débite.

Ces contraventions sont punissables d'une amende de 11 fr. à 15 fr. (*art. 479 du Code pénal*), et justiciables des tribunaux de police.

Quiconque, par l'usage de faux poids ou de fausses mesures, aura trompé sur la quantité des choses vendues, sera puni d'un emprisonnement de trois mois à un an au plus, et d'une amende qui ne pourra excéder le quart des restitutions et dommages-intérêts, ni être au-dessus de 50 fr.

Les objets de délit, ou leur valeur, s'ils appartiennent encore au vendeur, seront confisqués; les faux poids et les fausses mesures seront aussi confisqués, et, de plus, seront brisés. — Le tribunal pourra ordonner l'affiche du jugement dans les lieux qu'il désignera, et son insertion intégrale ou par extrait dans tous les journaux qu'il désignera; le tout, aux frais du condamné. (*Art. 423 du Code pénal, rendu conforme à la loi du 13 mai 1863.*)

La gendarmerie n'a droit à aucune portion dans les amendes. (V. *Procès-verbaux, et, au* Formulaire, *un modèle de procès-verbal.*)

Fraude dans la vente des marchandises.

Sont punis d'une amende de 16 fr. à 25 fr., et d'un emprisonnement de six à dix jours, ou de l'une de ces deux peines seulement, suivant les circonstances, ceux qui, sans motifs légitimes, auront dans leurs magasins, boutiques, ateliers ou maisons de commerce, ou dans les halles, foires ou marchés, soit des poids ou mesures faux ou autres appareils inexacts servant au pesage ou au mesurage. (*Art. 3 de la loi du 27 mars 1851.*)

Les objets dont la vente, l'usage ou la possession constitue le délit seront confisqués, conformément aux art. 423, 477 et 481 du Code pénal. (*Art. 5 de la loi précitée.*)

Le tribunal pourra ordonner l'affichage du jugement dans les lieux qu'il désignera, et son insertion intégrale ou par extrait dans les journaux qu'il désignera; le tout aux frais du condamné. (*Art. 6.*)

Les deux tiers du produit des amendes sont attribués aux communes dans lesquelles les délits auront été constatés. (*Art. 8.*)

La simple détention de poids et mesures non poinçonnés est assimilée à leur emploi, quant à la pénalité, et constitue une contravention à l'art. 479 (n° 6) du Code pénal. Le tribunal de police doit en prononcer la confiscation. (*Cass., 12 mai 1854.*)

Toutes les fois que des mesures non conformes à la loi sont trouvées dans une maison de commerce, il y a lieu à application de l'art. 4 de la loi du 4 juillet 1837, alors même qu'il serait articulé que le commerçant ne s'en sert pas pour son commerce. (*Cass., 8 juill. 1842 et 23 juin 1854.*)

Vérification des poids et mesures.

L'ordonnance du 17 avril 1829 sur la vérification des poids et mesures n'est applicable qu'aux professions industrielles et commerciales; elle est inapplicable aux personnes qui ne travaillent et ne vendent que le produit de leur récolte. Ces personnes, en effet, ne peuvent être tenues d'avoir l'assortiment de poids et mesures exigé par la loi, dès qu'il ne résulte d'aucune énonciation du procès-verbal qu'elles aient une boutique ou magasin. (*Cass.*, 17 *mars* 1855.)

POISONS.

L'autorité surveille la vente des drogues et poisons par les épiciers et pharmaciens.

Les substances vénéneuses, et notamment l'arsenic, le réalgar, le sublimé corrosif, doivent être tenus, dans les officines des pharmaciens et les boutiques des épiciers, dans des lieux sûrs et séparés dont ces commerçants ont seuls la clef. Ces substances ne peuvent être vendues qu'à des personnes connues ou domiciliées qui pourraient en avoir besoin pour leur profession ou autre cause connue, sous peine d'une amende de 3,000 fr. (*Art.* 35 *des lois des* 21 *germ.*–25 *therm. an* XI *et* 29 *pluv. an* XIII.)

Les épiciers et droguistes ne peuvent vendre des préparations ou compositions pharmaceutiques, sous peine de 500 fr. d'amende. Ils peuvent faire le commerce en gros des drogues simples, sans pouvoir néanmoins en débiter aucune au poids médicinal. (*Art.* 23 *de la loi du* 21 *germ. an* XI.)

S'il résultait quelques accidents graves de la vente de drogues, médicaments ou poisons, les vendeurs, en cas de complicité, seraient punis des mêmes peines que ceux qui se seraient rendus coupables des crimes commis. (*Art.* 317 *du Code pénal.*)

POLICE ADMINISTRATIVE.

La police est une des bases les plus essentielles de l'organisation d'un gouvernement; son but principal est de veiller à ce que l'ordre public, la propriété, la sûreté des personnes, la liberté des cultes et toutes les garanties et droits consacrés par les lois soient respectés.

Elle est administrative et judiciaire.

On entend par police administrative, la surveillance exercée par les préfets, sous la direction du ministre de l'intérieur, et par les sous-préfets et les maires, sous celle des préfets; elle a pour objet de maintenir l'ordre public, en assurant l'exécution des lois civiles et politiques, celle des ordonnances et règlements, et surtout de prévenir les crimes et délits. Certains individus, après avoir subi leur peine, sont placés sous la surveillance de la haute police, qui fait partie de la police administrative.

Un arrêté municipal *permanent* n'est légalement obligatoire que quand un mois s'est écoulé depuis la remise qui en a été faite au sous-préfet, à moins que le préfet ne l'ait, avant l'expiration de ce délai, revêtu de son approbation expresse. (*Cass.*, 17 *mars* 1848 *et* 15 *mai* 1856. — V. *Police judiciaire, Préfets, Maires et adjoints, Officiers de police judiciaire.*)

Déguisement défendu.

Dans aucun cas, ni directement, ni indirectement, la gendarmerie ne peut recevoir de missions occultes, de nature à lui enlever son caractère véritable.

Son action s'exerce toujours en tenue militaire, ouvertement et sans manœuvres de nature à porter atteinte à la considération de l'arme. (*Art.* 119 *du décret du* 1ᵉʳ *mars* 1854.)

Par suite, les autorités administratives et judiciaires ne peuvent requérir le déguisement des gendarmes à l'effet de constater plus sûrement un délit ou d'opérer une arrestation avec plus de succès.

POLICE JUDICIAIRE.

La police judiciaire recherche les crimes, les délits et les contraventions, en rassemble les preuves et en livre les auteurs aux tribunaux. (*Art.* 8 *du Code d'instr. crim. et* 238 *du décret du* 1ᵉʳ *mars* 1854.)

Ses attributions sont des plus étendues, des plus difficiles et des plus délicates; elles exigent chez les agents du pouvoir une grande activité, de l'impartialité et de la prudence, puisqu'il s'agit presque toujours de l'honneur, de la liberté et même de la vie des citoyens. Les officiers de police judiciaire ne doivent jamais oublier les dispositions de la déclaration des droits de l'homme et du citoyen et de la Constitution de 1791, qui portent :

« La liberté individuelle est garantie, personne ne pouvant être poursuivi ni arrêté que dans les cas prévus par la loi et dans les formes qu'elle prescrit. »

Toute arrestation ou détention opérée contrairement à cette disposition est arbitraire, illégale et passible de peines sévères.

Officiers de police judiciaire. — Désignation.

Les officiers qui concourent à la police judiciaire sont énumérés à l'art. 9 du Code d'instruction criminelle, ainsi conçu :

« La police judiciaire sera exercée sous l'autorité des Cours d'appel, et suivant les distinctions qui vont être établies :

« Par les gardes champêtres et forestiers,

« Par les commissaires de police,

« Par les maires et les adjoints de maire,

« Par les procureurs de la République et leurs substituts,

« Par les juges de paix,

« Par les officiers de gendarmerie,

« Par les commissaires généraux de police,

« Et par les juges d'instruction. »

Aux termes de l'art. 10 dudit Code, les préfets des départements et le préfet de police à Paris peuvent faire personnellement ou réquérir les officiers de police judiciaire, chacun en ce qui le concerne, de faire tous les actes nécessaires à l'effet de constater les crimes, délits et contraventions et d'en livrer les auteurs aux tribunaux chargés de les punir, conformément à l'art. 8 du même Code.

Des arrêts de la Cour de cassation ont jugé que les préfets ont le pouvoir de faire et de faire faire, tant au domicile que dans les bureaux de la poste, les perquisitions et saisies qu'ils jugent nécessaires. (*Cass.*, 23 *juill. et* 21 *nov.* 1853, 16 *août* 1862.)

Le préfet de police est investi de toutes les attributions du juge d'instruction, quant à l'exercice de la police judiciaire, et notamment de faire personnellement et faire faire, même chez des tiers, et hors le cas de flagrant délit, les perquisitions autorisées aux termes des art. 87 et 88 du même Code. (*Cass.*, 19 *janv.* 1866.)

Procureurs généraux.

Tous les officiers de police judiciaire, même les juges d'instruction, sont sous la surveillance du procureur général. (*Art.* 279 *du Code d'instr. crim.*)

En cas de négligence de la part des officiers de police judiciaire, ils peuvent être avertis par le procureur général; s'ils récidivent, la Cour d'appel les fera citer à la Chambre du conseil pour les condamner aux frais, après leur avoir enjoint d'être plus exacts. (*Art.* 281 *dudit Code.*) Il y aura récidive lorsque le fonctionnaire sera repris, pour quelque affaire que ce soit, avant l'expiration d'une année, à compter du jour de l'avertissement consigné sur le registre.

Malgré cette surveillance que les procureurs généraux exercent sur les officiers de police judiciaire de leur ressort, ils n'ont pas cette qualité. (*Cass.*, 27 *août* 1840.)

ATTRIBUTIONS ET DROITS DU JUGE D'INSTRUCTION ET DU PROCUREUR DE LA RÉPUBLIQUE.

1° *Juge d'instruction.*

Le juge d'instruction a la plénitude des pouvoirs de la police judiciaire. Les autres officiers, même le procureur de la République, ne les exercent que dans certains cas, avec de certaines limites, et en vertu d'une délégation spéciale de la loi. Le juge d'instruction les exerce en vertu de l'autorité qui lui est propre, en vertu de sa fonction judiciaire, dans tous les cas où la juridiction ordinaire est compétente, et ne s'arrête qu'aux limites qui sont marquées au pouvoir judiciaire lui-même. Sa prééminence comme officier de police judiciaire ne peut faire l'objet d'aucun doute. L'art. 60 du Code d'instruction criminelle suffirait à lui seul pour l'établir; mais il y a encore les art. 33, 44, 47, 53, 54, 60, 61, 75, 88, 94 et suivants qui viennent à l'appui de ce fait. (V. *Commissions rogatoires.*)

2° *Procureur de la République.*

Les attributions du ministère public, en matière de police judiciaire, sont tout à fait distinctes, suivant qu'il s'agit d'un délit flagrant ou assimilé au délit flagrant, ou d'un délit non flagrant. Si le délit est flagrant, le ministère public, qui, en principe, n'est qu'une partie poursuivante réunit temporairement aux pouvoirs de la poursuite les pouvoirs de l'instruction ; dans ce cas, il supplée le juge d'instruction dans les actes de son ministère ; il peut donc se transporter sur les lieux du délit, entendre les parents et les voisins, dresser des procès-verbaux, faire saisir provisoirement les inculpés et procéder enfin sommairement aux actes les plus urgents de l'information préparatoire.

Si le délit n'est pas flagrant, les attributions de police judiciaire du ministère public sont très restreintes.

L'art. 22 du Code d'instruction criminelle porte : « Les procureurs de la République sont chargés de la recherche et de la poursuite de tous les délits dont la connaissance appartient aux tribunaux de police correctionnelle et aux Cours d'assises. »

L'art. 29 dit : « Toute autorité constituée, tout fonctionnaire ou officier public qui, dans l'exercice de ses fonctions, acquerra la connaissance d'un crime ou d'un délit, sera tenu d'en donner avis sur-le-champ au procureur de la République près le tribunal dans le ressort duquel ce crime ou délit a été commis ou dans lequel le prévenu pourrait être trouvé, et de transmettre à ce magistrat tous les renseignements, procès-verbaux et actes qui y sont relatifs. » L'art. 30 étend cette obligation aux simples citoyens à raison des délits les plus graves seulement, c'est-à-dire contre la sûreté publique, la vie ou la propriété d'un individu.

Le procureur de la République est complétement libre, lorsqu'un crime ou un délit lui a été dénoncé, de requérir une instruction. Le ministère public, exclusivement chargé de l'exercice de l'action publique, a la faculté de délibérer sur les dénonciations et les plaintes qui lui sont remises et d'apprécier l'utilité et l'opportunité des poursuites, sauf aux plaignants à se porter partie civile devant le juge d'instruction.

Lorsque le procureur de la République pense qu'il y a lieu de poursuivre, il transmet les pièces au juge d'instruction avec les réquisitions qu'il croit convenables. Telle est la règle posée par les art. 47, 53, 56, 64 et 70 dudit Code.

Le procureur de la République peut, lorsqu'il le juge utile et nécessaire, charger un officier de police auxiliaire de partie des actes de sa compétence. (*Art.* 52 *dudit Code.* — V. *Commissions rogatoires.*)

L'art. 46 du Code d'instruction criminelle dit : « Les attributions faites au procureur de la République pour les cas de flagrant délit auront lieu aussi toutes les fois que, s'agissant d'un crime ou délit, même non flagrant, commis dans l'intérieur d'une maison, le chef de cette maison requerra le procureur de la République de le constater. » Cette disposition a été étendue aux officiers de police auxiliaires par les art. 49 et 50 du même Code.

Il résulte de ces articles que les officiers de police judiciaire ont le pouvoir de constater, sur la réquisition du chef ou maître de maison, les crimes, les délits flagrants et ceux qui ont cessé de l'être. Leur compétence est soumise à ces deux conditions : que le crime ou délit ait été commis dans l'intérieur de la maison, et que le chef ou maître de cette maison en requière la constatation.

OFFICIERS DE POLICE AUXILIAIRES DU PROCUREUR DE LA RÉPUBLIQUE.

Les officiers de police auxiliaires du procureur de la République sont les juges de paix, les officiers de gendarmerie, les maires et adjoints de maire et les commissaires spéciaux et ordinaires de police. (*Art.* 48.)

Leurs attributions en matière de police judiciaire sont différentes, comme celles du procureur de la République lui-même, suivant que le délit est flagrant ou qu'il n'est pas flagrant. Si le délit est flagrant, ils exercent les attributions exceptionnelles qui ont été conférées dans ce cas au procureur de la République. L'art. 49 du Code d'instruction criminelle est ainsi conçu :

« Dans le cas de flagrant délit ou dans le cas de réquisition de la part d'un chef de maison, ils dresseront procès-verbaux, recevront les dénonciations des témoins, feront les visites et les autres actes qui sont, aux dits cas, de la compétence des procureurs de la République, le tout dans les formes et suivant les règles établies au chapitre des procureurs de la République. »

Cependant ils doivent se retirer lorsque le procureur de la République, dont ils ne sont que les auxiliaires, procède lui-même à ces actes, à moins qu'il ne les délègue pour les continuer ou le remplacer. Les art. 51 et 52 du Code précité portent :

« Art. 51. Dans les cas de concurrence entre les procureurs de la République et les officiers de police énoncés aux articles précédents. le procureur de la République fera les actes attribués à la police judiciaire : s'il a été prévenu, il pourra continuer la procédure et autoriser l'officier qui l'aura commencée à la suivre. — Art. 52. Le procureur de la Rép blique, exerçant son ministère dans le cas des art. 32 et 46, pourra, s'il le juge utile et nécessaire, charger un officier de police auxiliaire de partie des actes de sa compétence. »

Après avoir procédé à ces actes, soit d'office, soit par délégation. les officiers de police auxiliaires sont tenus de renvoyer sans délai au procureur de la République les dénonciations qu'ils ont reçues ou les procès-verbaux qu'ils ont dressés. (*Art.* 53.)

Si le délit n'est pas flagrant, les attributions de ces officiers sont limitées aux suivantes :

1° Ils reçoivent les dénonciations de crimes ou délits commis dans les lieux où ils exercent leurs fonctions habituelles (*Art.* 48 *et* 50);

2° Ils transmettent sans délai ces dénonciations au procureur de la République (*Art.* 54);

3° Ils lui donnent, en outre, avis de tous les crimes et délits dont ils acquièrent la connaissance dans l'exercice de leurs fonctions, et lui transmettent tous les renseignements, procès-verbaux et actes qui y sont relatifs. (*Art.* 29.)

Ainsi, hors le cas de flagrant délit, les fonctions des officiers auxiliaires se bornent à recevoir et à transmettre les renseignements, les dénonciations, les rapports; ils ne font aucun acte d'instruction, à moins qu'ils n'aient reçu une délégation spéciale de la loi ou du juge; ils ne font aucun acte de poursuite. Ils sont placés comme des sentinelles avancées de la justice, avec l'unique mission de recueillir les rumeurs, les informations, les plaintes qui signalent des délits ou des crimes, et de les faire parvenir immédiatement au procureur de la République, qui, s'il y a lieu, requerra le juge d'instruction d'ordonner ce qu'il appartiendra. Aller au delà ce serait excéder les pouvoirs qui leur sont dévolus par les art. 32, 46, 47 et 49 du Code d'instruction criminelle. (V. *Réquisitions, Commissions rogatoires, Mandements de justice.*)

Dans les nouvelles circonscriptions du Tell, les chefs de ces circonscriptions et les sous-officiers ou commandants de brigade de gendarmerie sont officiers de police judiciaire auxiliaires du procureur de la République, pour la partie du territoire civil comprise dans leurs circonscriptions, et du général commandant la division, pour la partie du territoire militaire comprise dans ces mêmes circonscriptions. (*Art.* 1er *du décret du 30 avril* 1872.)

Les fonctionnaires, sous-officiers ou commandants de brigade de gendarmerie désignés en l'article précédent transmettent donc sans délai, au procureur de la République ou au général de division, suivant le cas, les procès-verbaux, actes, pièces et instruments dressés ou saisis par eux, et, en cas d'arrestation de l'inculpé, ils le mettent à leur disposition. (*Art.* 2 *dudit décret.*)

1° *Juges de paix.*

Les juges de paix participent à la police judiciaire comme officiers de police, comme auxiliaires du procureur de la République et délégués du juge d'instruction. (V. *Commissions rogatoires.*)

Comme officiers de police judiciaire, leurs fonctions consistent uniquement à donner avis au procureur de la République, au chef-lieu de l'arrondissement, de tous les crimes ou délits dont ils ont acquis la connaissance dans l'exercice de leurs fonctions. (*Art.* 9 *et* 29.)

Comme auxiliaires du ministère public, ils ont le double pouvoir exposé dans l'article précédent : pouvoir de recevoir les dénonciations, avec l'obligation de les transmettre immédiatement au procureur de la République, dans le cas où le fait n'est pas flagrant, et pouvoir de procéder aux actes préliminaires de l'information, dans les limites imposées au ministère public lui-même, dans le cas où le fait est flagrant.

Enfin, ils peuvent être délégués soit par le juge d'instruction, soit même par le procureur de la République, pour procéder à certains actes de police judiciaire ou d'instruction. Ils exercent ces différentes attributions, comme tous les autres officiers auxiliaires, en ce qui concerne les crimes et les délits que le procureur de la République et le juge d'instruction ont mission de poursuivre et de constater. Leur compétence est la même sous ce rapport ; mais elle diffère de ces auxiliaires sous un double rapport.

En premier lieu, ils n'ont pas, comme les maires, les adjoints et les commissaires de police, le droit de constater les simples contraventions de police. Il est clair, en effet, qu'étant chargés, comme tribunaux de police, de statuer sur ces contraventions, ils ne peuvent ni les rechercher, ni les constater.

En second lieu, ils sont investis, dans certains cas, d'une délégation spéciale de la loi pour intervenir en qualité d'auxiliaires du juge d'instruction ; et c'est ainsi que l'art. 16 du Code prescrit aux gardes champêtres et forestiers d'arrêter et de conduire devant le juge de paix les individus qu'ils ont surpris en flagrant délit ou qui sont dénoncés par la clameur publique. Le juge de paix apprécie les faits et statue, s'il y a lieu, conformément aux règles prescrites par l'art. 40. C'est encore ainsi que l'art. 616 porte que le juge de paix qui est informé d'un fait de détention arbitraire doit se transporter sur-le-champ au lieu où cette détention est subie, et prendre les mesures nécessaires pour la faire cesser. (V. *Commissions rogatoires.*)

2° *Officiers de gendarmerie.*

Le Code d'instruction criminelle s'est borné à conférer aux officiers de gendarmerie, par l'art. 9, la qualité d'officier de police judiciaire et, par l'art. 48, celle d'officier auxiliaire du procureur de la République, sans définir spécialement, en ce qui les concerne, la double mission qui leur est attribuée.

Cette mission consiste donc, d'après les règles générales de la loi :

1° Comme officiers de police judiciaire, à donner avis sur-le-champ au procureur de la République de tous les crimes ou délits dont ils acquièrent la connaissance (*art.* 29) ; 2° comme auxiliaires du ministère public, à recevoir les dénonciations des crimes, des délits commis dans les lieux où ils exercent leurs fonctions habituelles (*art.* 48 *du Code et* 238 *du décret du* 1er *mars* 1854) ; et dans le cas de flagrant délit ou de réquisition de la part d'un chef de maison à procéder à tous les actes d'information sommaire qui, dans les mêmes cas, sont de la compétence du procureur de la République. (*Art.* 49 *du Code, et* 239 *du décret du* 1er *mars.*)

Mais ces attributions ont été développées par la loi du 28 germinal an VI et le décret du 1er mars 1854, qui ont tracé les devoirs spéciaux de la gendarmerie.

Les fonctions des officiers, comme officiers de police judiciaire, sont indiquées dans les termes suivants par l'art. 141 de la loi précitée du 28 germinal, et par l'art. 268 du décret du 1er mars 1854 :

« Le service de la gendarmerie ayant pour but spécial le maintien de l'ordre et l'exécution des lois, les officiers de ce corps doivent, indépendamment des attributions qu'ils exercent en leur qualité d'officiers de police judiciaire, transmettre sans délai au procureur de la République les procès-verbaux que les sous-officiers, brigadiers et gendarmes ont dressés dans l'exécution de leur service, pour constater les crimes et délits qui laissent des traces après eux ; ils y joignent les renseignements que ces militaires ont recueillis pour en découvrir les auteurs ou complices. Ils transmettent pareillement au commissaire ou aux maires des lieux où de simples contraventions auraient été commises les procès-verbaux et renseignements qui concernent les prévenus de ces contraventions. »

De plus, les lois spéciales et le décret du 1er mars 1854 ont attribué aux officiers de gendarmerie le droit de constater les infractions en matière de pêche fluviale, de chasse, de roulage, de poste, de timbre sur les affiches, les quittances et les factures, de grande voirie, de contributions indirectes et de douanes, de réquisitions militaires, en un mot de tout ce que les sous-officiers, brigadiers et gendarmes sont chargés de réprimer, bien que n'étant pas partout nommément désignés. Les officiers font partie de la gendarmerie, et dès lors peuvent exercer toutes les fonctions attribuées, en général, à la gendarmerie.

Contraventions.

La recherche et la poursuite des contraventions n'est pas dans leurs attributions ; mais ils peuvent toujours les signaler. (*Circ. du* 10 *avril* 1821.)

Algérie.

Les crimes, délits et contraventions commis en Algérie, dans les territoires militaires, par les Européens et Israélites, sont déférés aux Cours d'assises et aux tribunaux correctionnels. (*Décret du 15 mars 1860.*)

Justice militaire.

Les officiers, sous-officiers et commandants de brigade sont considérés comme officiers de police judiciaire près les tribunaux militaires.

Ils devront se conformer, dans l'exercice de leurs fonctions comme officiers de police judiciaire militaire, aux dispositions des art. 86 et suivants du Code de justice militaire. (*Art.* 268 bis *du décret du 1er mars* 1854. — V. *Commissions rogatoires.*)

3° *Commissaires de police*

Comme officiers de police auxiliaires, ils ont les droits indiqués dans l'avant-dernier article, consacré tout spécialement aux fonctions qui leur incombent.

Comme officiers de police judiciaire, les attributions sont ordinaires ou spéciales. Les premières sont réglées par le Code d'instruction criminelle, les autres par des lois particulières.

Les attributions ordinaires consistent :

1° A donner avis au procureur de la République des crimes ou délits dont ils acquièrent la connaissance (*Art.* 29);

2° A recevoir les dénonciations et plaintes qui sont relatives aux contraventions de police (*Art.* 11);

3° A rechercher les contraventions de police et à les constater par des procès-verbaux (*Art.* 11);

4° A rechercher et à constater légalement les contraventions qui sont sous la surveillance spéciale des gardes champêtres et forestiers. (*Art.* 11.)

Indépendamment de ces attributions ordinaires, ils tiennent de quelques lois spéciales le droit de rechercher et de constater les infractions en matière de poids et mesures, de garantie d'or, de grande voirie, de roulage, de chasse, de pêche, de pharmacie, de contributions indirectes et de douanes, de postes, etc., etc.

4° *Maires et adjoints.*

Les maires et adjoints exerçant les mêmes fonctions, en matière de police judiciaire, que les commissaires de police, il n'y a qu'à se référer à l'article précédent.

Le droit du commissaire de police, pour l'exercice des fonctions d'officier de police judiciaire, n'est pas exclusif de celui des maires et adjoints, attendu qu'en ce qui concerne la police municipale, les commissaires de police ne sont, dans chaque commune, que les délégués du pouvoir municipal, et que l'obligation qui leur est spécialement imposée par le Code de rechercher et de constater les contraventions commises aux règlements ne modifie pas à cet égard le droit qui appartient personnellement aux maires et aux adjoints

OFFICIERS DE POLICE JUDICIAIRE, NON AUXILIAIRES DU PROCUREUR
DE LA RÉPUBLIQUE.

1° Gardes champêtres et forestiers. — Gardes particuliers.

Les gardes champêtres et forestiers sont, aux termes de l'art. 9 du Code
d'instruction criminelle, officiers de police judiciaire; mais ils ne sont pas
officiers auxiliaires du ministère public.

Les gardes des communes et les gardes des particuliers ont le même
caractère, et sont les uns et les autres officiers de police judiciaire suivant les art. 9 et 20 dudit Code.

Les gardes champêtres et forestiers sont particulièrement chargés de
rechercher les délits et les contraventions de police qui portent atteinte
aux propriétés rurales et forestières; mais lorsqu'ils surprennent des
individus en flagrant délit et que ce délit emporte la peine de l'emprisonnement ils peuvent les arrêter et conduire devant le juge de paix ou
le maire. (Art. 16 dudit Code.)

Ils ont en plus le droit de verbaliser en matière de débit de boisson,
de pêche, de chasse, de roulage, etc.

Les gardes forestiers sont en outre agents placés sous une autorité hiérarchique et soumis à des règles particulières tracées par le Code forestier.

2° Commissaires et sous-commissaires des chemins de fer.

Les commissaires et sous-commissaires spécialement préposés à la surveillance des chemins de fer ont été institués par la loi du 27 février 1850.
L'art. 3 porte : « Ils ont, pour la constatation des *crimes, délits et contraventions commis dans l'enceinte des chemins de fer et de leurs dépendances*, les pouvoirs d'officiers de police judiciaire. »

Lors de la discussion de la loi, des membres de la commission avaient
demandé que la qualité d'auxiliaires du procureur de la République leur
fût attribuée; mais la Chambre a repoussé cette proposition en s'appuyant
sur ce que, ces agents relevant directement du ministère des travaux publics et des ingénieurs des compagnies, ils n'auraient pas toute la liberté
nécessaire pour exercer ces fonctions.

En résumé, les commissaires, qui exercent à la fois les fonctions de surveillance administrative et de la police judiciaire sur les chemins de fer,
n'ont d'autre droit que de dresser des procès-verbaux en matière de
grande voirie, d'infractions aux règlements de l'exploitation, et même de
délits et de contraventions ordinaires (*loi du 15 juill. 1845, art.* 23); mais
en matière de crimes ils dressent moins des procès-verbaux que des rapports, puisque ces actes ne peuvent avoir d'autre but que de signaler les
faits au ministère public : ils n'exercent alors en réalité que les droits
attribués à tout officier public par les art. 29 et 106 du Code d'instruction
criminelle. (V. *Commissaires de surveillance administrative des chemins
de fer, p.* 144.)

DISPOSITIONS COMMUNES A TOUS LES OFFICIERS DE POLICE JUDICIAIRE
AUXILIAIRES OU NON.

1° Circonscription.

Les officiers de gendarmerie, comme tous les officiers de police judiciaire, ne peuvent exercer la police judiciaire hors de leur arrondissement

territorial, si ce n'est lorsqu'il s'agit de constater un crime de fabrication, de distribution de faux billets de Banque, de fausse monnaie, ou de contrefaçon des sceaux de l'Etat. (*Art. 48 et 464 du Code d'instr. crim.*)

2° *Crimes, délits et contraventions. — Distinction.*

L'infraction que les lois punissent de peines de simple police est une *contravention* du ressort des tribunaux de police.

L'infraction que les lois punissent de peines correctionnelles est un *délit* du ressort des tribunaux de police correctionnelle.

L'infraction que les lois punissent d'une peine afflictive ou infamante est un *crime* du ressort des Cours d'assises.

Dans le langage de la loi, le mot *contravention* s'applique plus particulièrement à tout fait de simple police punissable d'une amende de 15 fr. et au-dessous et d'un emprisonnement de cinq jours et au-dessous. (*Art. 21 et 137 du Code d'instr. crim.*) Cependant quelques contraventions sont de la compétence des tribunaux de police correctionnelle, quelque faible que paraisse devoir être la peine à prononcer : par exemple, celles relatives aux forêts, à la police des grains, au port clandestin des lettres, à la police des maisons de prêt, au roulage, à la pêche, à la chasse, à la fabrication et à la vente des poudres et salpêtres, au défaut de patentes, aux contributions indirectes, postes, etc.

Par *délit*, on entend les faits correctionnels qui sont punis d'un emprisonnement au-dessus de cinq jours ou d'une amende au-dessus de 15 fr. (*Art. 179 dudit Code.*) Cependant il est certains délits correctionnels, tels que ceux commis par la voie de la presse, dont la loi du 29 juillet 1881 attribue la connaissance et la répression au jury et aux Cours d'assises.

Les *crimes* sont les faits qui emportent contre les coupables une peine afflictive ou infamante, ainsi qu'il a déjà été dit. (*Art. 241 du décret du 1er mars 1854.*)

3° *Inculpés, prévenus et accusés. — Définition.*

On nomme *inculpé* l'individu contre qui plainte seulement a été rendue.

On nomme *prévenu* celui qu'une ordonnance de mise en prévention de délit renvoie au tribunal correctionnel pour y être jugé.

On nomme *accusé* celui contre qui est intervenue une ordonnance de la chambre des mises en accusation qui le renvoie devant la Cour d'assises.

4° *Plaintes et dénonciations de crimes ou délits.*

Une plainte est l'acte par lequel on porte à la connaissance de l'autorité compétente tout dommage qui nous nuit personnellement.

Une dénonciation est l'acte par lequel on porte à la connaissance de l'autorité compétente tout dommage causé à autrui.

Une plainte ne peut être reçue qu'autant que la partie plaignante est effectivement celle qui souffre du délit ou du crime. (*Art. 243 du décret du 1er mars 1854.*)

Une femme mariée ne peut ni porter plainte ni faire une dénonciation sans l'autorisation de son mari ou de la justice. (*Cass., 30 juin 1808.*)

Une dénonciation peut être faite par tous ceux qui ont vu commettre le délit ou le crime, ou qui savent qu'il a été commis. (*Art.* 29 *et* 30 *du Code d'instr. crim.*)

L'art. 30 du Code d'instruction criminelle oblige toute personne qui a été témoin d'un crime à en donner avis au procureur de la République ; mais la loi ne prononce aucune peine contre ceux qui s'abstiennent d'accomplir ce devoir.

Les plaignants qui se sont portés parties civiles sont admis à déclarer qu'ils ne veulent plus l'être, pourvu que cette déclaration ait lieu dans les vingt-quatre heures de leurs demande ou conclusions à fin de dommages-intérêts ; mais ils ne sont pas, pour cela, à l'abri de l'action en dommages-intérêts des prévenus. La plainte et le désistement doivent être envoyés au procureur de la République (*art.* 66 *dudit Code*) ; mais le désistement n'est pas valable lorsqu'il a été signifié après le jugement, lors même qu'il aurait été donné dans les vingt-quatre heures de la déclaration que les plaignants se portent partie civile. (*Art.* 67 *dudit Code.*)

Les officiers de gendarmerie, ayant qualité d'officiers de police auxiliaires, sont dans l'obligation de recevoir les plaintes et dénonciations relatives aux crimes et délits. Hors le cas où très évidemment la dénonciation ou plainte n'énoncerait aucun fait réputé par la loi *crime* ou *délit*, refuser de la recevoir serait un véritable déni de justice. S'il est douteux que les faits articulés constituent une infraction quelconque, c'est à la justice seule qu'il appartient de lever ce doute. L'officier de police ne peut donc refuser de recevoir la plainte ou dénonciation sous le prétexte que le caractère du fait est douteux ; il le peut encore moins sous le prétexte que la preuve serait impossible.

A l'égard des plaintes ou dénonciations de simples contraventions de police, ils doivent renvoyer les plaignants ou les dénonciateurs par-devant le commissaire de police, le maire, l'adjoint ou le juge de paix. (*Art.* 11 *du Code d'instr. crim., et art.* 242 *du décret du* 1ᵉʳ *mars* 1854.)

La rédaction des plaintes et dénonciations doit être claire, précise, et présenter, d'une manière aussi exacte que complète, toutes les circonstances du fait dénoncé, les noms, prénoms, professions, demeures des plaignants, prévenus et témoins, s'ils sont connus. Il faut, en outre, articuler et qualifier les provocations, attaques, offenses, outrages, faits diffamatoires ou injures à raison desquels la plainte est rendue ou la dénonciation faite.

Les plaintes et dénonciations peuvent être rédigées soit par le plaignant, soit par le dénonciateur ou *un fondé de pouvoir spécial*, soit par l'officier de police auxiliaire ; elles sont revêtues, à chaque feuillet, de la signature du plaignant, du dénonciateur ou du fondé de pouvoir, et de celle de l'officier de police. Les renvois sont paraphés. Il est fait mention de ceux qui ne savent, ne veulent ou ne peuvent signer. La procuration doit toujours être notariée, contenir, d'une manière expresse, l'autorisation de dénoncer le délit, et demeurer annexée à la dénonciation ou à la plainte. (*Art.* 31 *du Code d'instr. crim., et art.* 245 *du décret du* 1ᵉʳ *mars* 1854.)

Lorsque la dénonciation ou la plainte est remise toute rédigée à l'officier de police auxiliaire, il ne peut rien y ajouter, faire ajouter ou retrancher, à moins qu'il n'en soit requis. Il doit se borner à la signer à chaque feuillet ; et, si la plainte ou dénonciation est signée, s'assurer que la signature est bien celle du plaignant, du dénonciateur ou du fondé de pouvoir. (*Art.* 246 *dudit décret.*)

Lorsque l'officier de police est requis de rédiger lui-même la plainte ou la dénonciation, il doit énoncer clairement le délit avec toutes les circonstances qui peuvent l'atténuer ou l'aggraver et faire découvrir les coupables. Il signe et fait signer la plainte.

Lorsque les inculpés sont connus, ils ne doivent pas être arrêtés sur cette seule plainte ou dénonciation ; la dénonciation ou la plainte ne constitue pas seule une présomption suffisante pour opérer une arrestation. Les individus dénoncés ne peuvent être arrêtés qu'en vertu de mandats de justice. (*Art.* 40 *du Code d'instr. crim.*)

Cependant, si les inculpés étaient des vagabonds, des gens sans aveu ou des repris de justice, l'arrestation pourrait avoir lieu tout de suite. Dans ce cas, la plainte est suffisante. D'ailleurs, on peut arrêter en tout temps, de son propre mouvement, les vagabonds et les gens sans aveu, sans avoir besoin de mandats de justice ; mais, en cas d'arrestation, ils sont conduits immédiatement devant l'autorité compétente. (V. *Mendiants, Arrestations en flagrant délit.*)

Lorsque les inculpés sont inconnus, on doit chercher à les découvrir : c'est le premier devoir de la gendarmerie. A cet effet, les plaignants ou dénonciateurs donnent le signalement exact des prévenus et de leurs vêtements, sans omettre les signes particuliers propres à rendre la recherche ou l'arrestation plus facile, si elle est ordonnée. (V. *Signalements.*)

Les plaintes ou dénonciations doivent être adressées au procureur de la République directement, en original, et immédiatement après leur rédaction. Les originaux sont les seules bases des jugements des tribunaux ; les expéditions sont réservées pour les chefs de la gendarmerie, qui doivent connaître toutes les opérations faites par leurs subordonnés. (*Art.* 53 *du Code d'instr. crim.*)

Les officiers de gendarmerie ne peuvent, après avoir reçu une plainte ou dénonciation de crime non flagrant, commencer une instruction sur les faits qui y sont relatés. Ils ne peuvent faire aucune instruction préliminaire que dans le cas de flagrant délit, ou lorsque, s'agissant d'un crime ou d'un délit, même non flagrant, commis dans l'intérieur d'une maison, le chef de cette maison les requiert de le constater. (*Art.* 49 *dudit Code.*)

Les officiers, sous-officiers, brigadiers et gendarmes manqueraient essentiellement à leurs devoirs s'ils ne constataient pas tous les crimes, délits et contraventions dont ils sont témoins ou qui parviennent à leur connaissance ; s'ils ne consignaient pas, dans leurs procès-verbaux, toutes les déclarations qui leur sont volontairement faites, et s'ils n'engageaient pas les déclarants à les signer. Ces déclarations, qui ne sont ni plaintes, ni dénonciations, ni actes d'instruction judiciaire, n'en sont pas moins des documents nécessaires pour arriver à la découverte de la vérité. C'est sur ces procès-verbaux que les procureurs de la République et autres officiers de police judiciaire jugent si leur transport sur les lieux est indispensable pour commencer l'instruction, entendre les témoins, etc. Lorsque le délit est d'une nature grave, et qu'il vient de se commettre, il en est donné avis sur-le-champ aux procureurs de la République et aux chefs de l'arme. (V., au Formulaire, *un modèle de procès-verbal en cas de dénonciation ou de plainte.*)

5° *Définition du flagrant délit.*

Les officiers de gendarmerie ne pouvant commencer une instruction qu'en cas de flagrant délit, il est de la plus grande importance de définir, d'une manière claire et précise, ce que l'on entend par *flagrant délit* ou *cas assimilé au flagrant délit.*

Il y a flagrant délit :

1° Lorsque le crime se commet actuellement ;

2° Lorsqu'il vient de se commettre ;

3° Lorsque le prévenu est poursuivi par la clameur publique ;

4° Lorsque, dans un temps voisin du délit, le prévenu est trouvé nanti d'instruments, d'armes, d'effets ou de papiers faisant présumer qu'il en est l'auteur ou le complice. (*Art.* 41 *du Code d'instr. crim.*) Ici le mot *délit,* employé dans son acception générique, s'entend de tout délit proprement dit et de tout crime.

Tout flagrant délit qui, par sa nature, est seulement punissable de peines correctionnelles ne donne pas lieu à commencement d'instruction par les officiers de gendarmerie. Le flagrant délit qui les autorise à faire d'office l'instruction préliminaire doit être un véritable crime, c'est-à-dire une infraction contre laquelle une peine afflictive ou infamante peut être prononcée. (*Art.* 41 *dudit Code et* 250 *du décret du* 1er *mars* 1854.)

Enfin, le flagrant délit est celui qui se commet ou vient de se commettre, et qui, en quelque sorte, est exposé à la vue de tout le monde : par exemple, lorsqu'une maison vient d'être incendiée, ou qu'un homme vient d'être tué ou enlevé sur la voie publique, ou lorsqu'il arrive une émeute, ou lorsque enfin la personne lésée, les témoins et le prévenu sont encore sur les lieux. Il y a aussi flagrant délit lorsque le prévenu *est poursuivi par la clameur publique.*

La clameur publique est l'indignation spontanée de citoyens inopinément rassemblés, étrangers à toute passion et n'ayant aucun intérêt à calomnier. Il faut se tenir en garde contre les causes qui la font naître et bien s'assurer si la malveillance ne l'a pas excitée ou préparée. Il faut également ne pas la confondre avec la *notoriété publique.*

La notoriété publique n'est qu'un bruit qui se répand ordinairement quelque temps après la consommation du crime. Cette notoriété publique peut et doit même éveiller l'attention ; mais il n'y a pas flagrant délit dans le sens de la loi, de manière à ce que les officiers de gendarmerie commencent une instruction.

On entend par ces mots : *dans un temps voisin du délit,* le temps rapproché du crime, lorsque tout le monde en parle, et que, sans connaître encore tous les détails des faits, l'arrestation spontanée des prévenus peut être justifiée par la clameur publique.

Si l'arrestation avait lieu seulement après le crime consommé ou l'instruction commencée, elle n'aurait lieu, sans doute, qu'en vertu d'un mandat de justice. Le prévenu devrait être conduit devant le juge mandant. Alors l'affaire s'instruirait et se poursuivrait dans les formes accoutumées.

6° *Cas assimilé au flagrant délit.* — *Chef de maison.*

Ce qui constitue le cas assimilé au flagrant délit, c'est la réclamation ou la réquisition d'un propriétaire, d'un principal locataire, ou chef de maison qui appelle la gendarmerie pour constater un *délit ou un crime, même non flagrant,* commis dans l'intérieur de son domicile. (*Art.* 49, *instr. crim.*)

Alors les officiers de gendarmerie procèdent aux recherches et à l'instruction dans les mêmes formes que pour le flagrant délit, mais avec cette distinction que, dans ce cas, il n'est pas besoin que l'infraction qu'ils sont appelés à constater dans l'intérieur d'une maison soit punissable d'une peine afflictive ou infamante : il suffit qu'elle soit soumise à une peine correctionnelle. Cependant, comme c'est la réquisition du chef de maison qui fonde, dans cette circonstance, la compétence de l'officier de police auxiliaire, il est essentiel et *même indispensable* d'en faire mention et de faire signer le procès-verbal par le requérant, ou de motiver son refus. (*Art.* 263 *du décret du* 1er *mars* 1854.)

7° *Base de la procédure. — Transport sur les lieux. — Commencement de l'instruction.*

Un procès-verbal constatant les traces du crime ou délit est la base de toute procédure criminelle.

L'officier de police auxiliaire est dans l'obligation de le dresser. Il ne peut s'en dispenser, même sous prétexte que la preuve est impossible ou que le prévenu est inconnu, parce que les preuves qui manquent actuellement peuvent être acquises par la suite, et que le prévenu peut être découvert un jour.

Si le crime n'était pas flagrant, et s'il s'agissait seulement d'un fait correctionnel, les officiers, sous-officiers, brigadiers et gendarmes devraient toujours dresser procès-verbal. S'il ne devient pas la base actuelle d'une instruction sur les lieux, il n'en sert pas moins de renseignement. Il arrive souvent qu'un fait, qui, dans le principe, n'a paru que purement correctionnel, est reconnu crime, par la preuve ultérieure de circonstances aggravantes échappées aux premières recherches. Il est donc essentiel que, dans tous les cas, ces procès-verbaux soient faits et rédigés avec le même soin.

Dès que les officiers de gendarmerie apprennent qu'un crime vient d'être commis, ils doivent se transporter sur les lieux pour y constater le corps du délit, l'état des lieux, recevoir les déclarations des habitants, des voisins, des parents et domestiques, enfin de toutes personnes qui auraient des renseignements à donner. Ils informent aussitôt de leur transport le procureur de la République. (*Art.* 251 *du décret du* 1er *mars* 1854; *art.* 32, 42 *et* 49 *du Code d'instr. crim.*) Ils agissent comme le ferait le procureur de la République, étant investis des mêmes pouvoirs, en se conformant exactement aux art. 29 et suivants jusqu'à l'art. 54 du même Code. (V. *Visites domiciliaires, Arrestations en vertu de mandats de justice.*)

Les procès-verbaux constatant le crime, l'audition des témoins, l'interrogatoire des prévenus, enfin toutes opérations judiciaires peuvent se faire de nuit comme de jour, à la volonté de l'officier de police judiciaire, suivant les avantages qu'il reconnaît dans la célérité. Les visites domiciliaires et les perquisitions à faire aux domiciles autres que celui de l'accusé sont retardées jusqu'au jour. (V. *Visites domiciliaires et, au* Formulaire, *un modèle de procès-verbal de transport sur les lieux.*)

8° *Célérité indispensable.*

La célérité dans l'instruction judiciaire est indispensable. C'est ordinairement dans le premier moment du crime ou du délit que la vérité se manifeste. Le plaignant, dans l'émotion causée par le tort qu'il vient d'éprouver, et les témoins, dans l'indignation dont le fait les pénètre, s'expliquent avec franchise et vérité. Le temps efface les premières impressions produites par le délit. Si le fait n'était pas promptement constaté, il serait à craindre qu'on ne cherchât, par la suite, à le déguiser ou au moins à l'atténuer, en en dissimulant ou dénaturant les circonstances. Le prévenu, interrogé sur-le-champ, dans le trouble inséparable de son arrestation, n'a ni la faculté ni le temps de résister à l'ascendant de la justice, de préparer une défense artificieuse ou de se concerter avec ses complices. On doit donc, sans délai, entendre le dénonciateur ou plaignant, les témoins, le prévenu, et ne pas désemparer que l'opération ne soit consommée; car le moindre retard peut faire disparaître des indices souvent fugitifs, et lorsque l'officier de police judiciaire a négligé de constater le fait, ou qu'en le constatant il a omis de recueillir des indices essentiels, cette omission est presque toujours irréparable.

9° *Mode d'opérer dans les premières recherches.*

Si les traces du crime ou du délit sont de nature à s'effacer promptement, et que l'on ne puisse de suite les vérifier et les constater avec tout le soin convenable, on doit prendre des mesures à cet égard et même établir au besoin une garde sur les lieux.

En commençant l'opération, il est convenable et utile de faire la description des localités, d'indiquer si la place ou maison où le crime a été commis est située loin des autres habitations; si du bruit ou des cris ont pu être entendus; si la victime, attaquée dans un lieu, a succombé dans un autre, et les traces qui ont pu être laissées dans le trajet. Dans ces divers cas, un plan peut être indispensable pour se faire une idée exacte des lieux et pour l'intelligence du fait principal et de ses accessoires. Il ne faut pas omettre non plus de prendre le dessin, la dimension des empreintes de pas que l'on a pu découvrir près le lieu du crime, et, si l'inculpé est arrêté, de confronter immédiatement sa chaussure avec ces empreintes. (V. *Homicide.*)

On doit s'emparer de tous les objets qui pourraient servir de pièces à conviction : se saisir des armes, des instruments et de tout ce qui aurait servi ou pu servir à commettre le crime ou délit, des objets que le prévenu aurait abandonnés ou oubliés, des choses qui seraient le produit du crime ou qui pourraient servir à la manifestation de la vérité. (*Art. 35 du Code d'instr. crim., et art. 252 du décret du 1er mars 1854.*)

On doit entendre immédiatement les personnes lésées, si elles n'ont pas encore porté plainte ou si elles ont de nouvelles explications à fournir; recevoir les déclarations des personnes présentes qui auraient des renseignements à donner; appeler au procès-verbal les parents, voisins, amis, domestiques ou tous autres, présumés en état de donner des éclaircissements; rechercher et entendre les personnes qui, dans les instants rapprochés du délit, auraient rencontré ou vu le prévenu sur les lieux ou aux environs; appeler les personnes qui, par leur art ou profession, sont capables d'apprécier la nature du fait et ses circonstances. (*Art. 32 et 33 du Code d'instr. crim.*)

On doit s'attacher à fixer, d'une manière invariable, l'heure où le fait a été commis. Cette indication est des plus utiles, parce qu'elle importe très souvent à la preuve, soit de l'innocence, soit de la culpabilité, en permettant de constater ou non des alibi.

On doit défendre à tout individu de sortir de la maison ou de s'éloigner des lieux jusqu'après la clôture du procès-verbal : ceux qui contreviendraient à cette défense seraient arrêtés immédiatement et déposés à la maison d'arrêt; il en serait référé sur-le-champ au procureur de la République, sans prononcer contre eux aucune peine. Cette précaution doit être prise de peur que l'indiscrétion ou l'amitié ne trahisse le secret des opérations.

Si le prévenu n'a point été saisi au moment du crime ou délit, il faut le faire comparaître en vertu d'un mandat d'amener, s'il est connu ou suffisamment désigné; l'interroger sur l'emploi de son temps, avant, pendant et après le délit; vérifier sur-le-champ ses réponses; le confronter, s'il est utile, aux plaignants, aux témoins et aux autres prévenus; saisir, au moment même de son arrestation, ses armes, instruments, effets et papiers qui auraient rapport au délit ou qui seraient suspects. (*Art. 35 et 40 du Code d'instr. crim.*)

Les officiers de gendarmerie peuvent opérer ou faire opérer des perquisitions partout où ils soupçonnent l'existence de pièces ou effets pouvant servir à conviction ou à décharge. Ils peuvent s'introduire dans le domicile du prévenu, chez ses concubines, chez ses affidés, complices ou recéleurs, dans les lieux où il aurait une retraite, dans les auberges, cabarets ou autres lieux ouverts au public; mais s'ils apprennent que des objets ayant rapport au délit sont déposés dans d'autres endroits, ils doivent en instruire aussitôt le procureur de la République et attendre sa décision pour opérer des perquisitions. Dans tous les cas, les perquisitions sont faites en présence du prévenu, s'il a été arrêté, ou en présence de son fondé de pouvoir, si le prévenu ne veut ou ne peut y assister. A défaut de fondé de pouvoir, l'assistance de deux témoins devient indispensable. (*Art. 36, 37, 38, 39 et 40 du Code d'instr. crim.; art. 255 du décret du 1er mars 1854. — V. Visites domiciliaires, Arrestations en vertu de mandats de justice.*)

Les objets saisis, soit sur le lieu du délit, soit lors des perquisitions faites, doivent être représentés au prévenu à l'effet de les reconnaître ou de les désavouer et de les parapher, s'il y a lieu; en cas de refus, il en est fait mention. (*V. Pièces de conviction.*) Il est essentiel aussi qu'il soit établi si le prévenu était ou non autorisé à porter des armes, ou si, à raison de sa profession, il avait le droit ou l'habitude d'être muni d'armes ou autres instruments. Il faut l'inviter à s'expliquer sur la possession qu'il en aurait eue, ou l'usage qu'il en aurait fait; appeler et entendre en leurs déclarations les personnes qui pourraient déposer de cette possession ou de cet usage, et celles de qui le prévenu tiendrait ces objets ou qui les auraient seulement aperçus dans ses mains peu d'instants avant le délit. Il est également nécessaire de faire signer le procès-verbal par le prévenu, ou de mentionner son refus. (*Art. 39 du Code d'instr. crim.*)

On doit recueillir auprès des gendarmes qui ont été appelés sur les lieux ou qui ont concouru à l'arrestation, et de toutes autres personnes,

les aveux ou discours suspects qui seraient échappés au prévenu sur le
lieu du délit, lors de son arrestation, pendant sa translation, ou durant
sa conduite devant l'officier de police; constater sans délai les relations
qui pourraient exister entre lui et les personnes avec qui il aurait prié de
le laisser communiquer; vérifier, surtout en cas de vol, la légitimité des
effets dont il est porteur et de ceux soupçonnés volés; veiller à ce que le
prévenu ne jette ou détruise ni pièces de conviction ni objets suspects, et
ne communique avec personne; constater enfin avec détail toutes les circonstances qu'il est impossible de prévoir et d'énumérer ici. Une partie de
ces détails est consignée aux articles concernant les crimes. (V. *Homicide,
Infanticide, Empoisonnement, Suicide, Viol, Vols, Monnaie fausse,
Faux, Blessures, Attaques de voitures publiques, etc., etc.*)

Il convient d'indiquer dans le procès-verbal, autant que faire se peut,
les noms, prénoms, âges, professions et domiciles des parties lésées, des
personnes inculpées, des témoins, gendarmes et experts, afin qu'en procédant à l'instruction on puisse les retrouver et les appeler facilement;
de se faire donner, par les plaignants, dénonciateurs et témoins, et de consigner dans la procédure le signalement exact et détaillé des personnes et
vêtements des inculpés non arrêtés, afin de faciliter la recherche et de donner plus de poids à la reconnaissance ultérieure des prévenus; enfin, de
recueillir scrupuleusement tous les indices, tous les renseignements relatifs à la passion ou à l'intérêt qui aurait pu déterminer le crime. Toutes
ces opérations doivent être effectuées avec ordre et détail et consignées
avec clarté et précision, en se servant, autant que possible, des expressions
des plaignants, dénonciateurs, témoins et prévenus, et en employant toujours les termes techniques des experts.

10° *Impartialité recommandée.*

L'impartialité est le premier sentiment qui doit guider la gendarmerie
dans ses opérations. Dans quelques circonstances que l'on procède, on ne
doit pas oublier de recueillir tout ce qui est à la décharge comme à la
charge du prévenu; si la société prescrit rigoureusement d'employer tous
les efforts à la recherche du crime, elle impose également le devoir, bien
plus impérieux encore, d'user de tous les moyens pour découvrir l'innocence et la préserver d'une injuste accusation.

11° *Fonctionnaires inculpés de crime ou délit.*

Il est des cas où l'on doit s'abstenir de faire arrêter et d'interroger le
prévenu (V. *Arrestations non autorisées*); mais, dans ces divers cas, pour
ne pas laisser perdre la trace du fait, on doit, comme à l'égard des autres
crimes et délits, faire l'instruction préliminaire jusques et non compris
l'arrestation et l'interrogatoire du prévenu.

12° *Opération sur les lieux.* — *Assistance des autorités ou de témoins.*

Aussitôt que les officiers de gendarmerie arrivent sur le lieu du crime
ou délit, s'il y a lieu de commencer une instruction judiciaire, ils se font
assister par le commissaire de police du lieu, et, à défaut, par le maire ou

son adjoint, et, en leur absence, par deux habitants d'omiciliés dans la commune. Ils n'en dressent pas moins leurs procès-verbaux sans l'assistance des témoins, s'ils n'ont pas eu la possibilité de s'en procurer, ce qui est relaté dans le procès-verbal. (*Art. 42 du Code d'instr. crim., et art. 261 du décret du 1er mars 1854.*)

Lorsqu'il y a incertitude sur le lieu de l'homicide, le lieu présumé du délit est, jusqu'à preuve contraire, celui sur lequel a été trouvé le cadavre. (*Arrêt du 20 flor. an XIII.*)

13° *Assistance d'un greffier.*

Les procureurs de la République et les officiers de gendarmerie pourraient recourir à l'assistance d'un greffier; mais comme la loi ne l'exige pas, ils peuvent aussi s'en passer pour ne pas augmenter inutilement les frais de justice.

S'ils jugeaient nécessaire d'avoir recours a un greffier ou écrivain temporaire, ils devraient lui faire prêter préalablement serment d'en bien et fidèlement remplir les fonctions, et en faire mention sur leur procès-verbal. (*Art. 251 du décret du 1er mars 1854. — Cass., 22 oct. 1807.*)

Les officiers de gendarmerie peuvent commettre un gendarme à cette fonction.

Les juges d'instruction sont obligés de se faire assister d'un greffier; cette mesure est indiquée par les art. 73 et suivants du Code d'instruction criminelle, le greffier devant signer à chaque page tous les actes de la procédure et remplir toutes les formalités. (*Art. 76 et 77 du Code d'instr. crim.*)

14° *Procès-verbal constatant le délit.*

Le procès-verbal constatant le délit est dressé non seulement en présence soit du commissaire de police, soit du maire ou de l'adjoint, soit de deux domiciliés de la commune, à moins qu'il ne soit impossible d'en trouver, ce qu'il faut constater, mais encore en présence du prévenu, s'il est connu et arrêté, et, en cas d'impossibilité ou de refus de sa part, en présence du fondé de pouvoir qu'il a le droit de nommer. On doit indiquer que l'officier de police judiciaire agit en vertu de l'art. 49 du Code d'instruction criminelle. Cet acte est signé à chaque feuille par l'officier public ou les domiciliés requis d'y assister, par les parties et par l'officier de gendarmerie agissant. Mention y est faite, s'il y a lieu, du refus ou de l'impossibilité de signer. Tous les renvois doivent être signés (les renvois, ratures ou interlignes non approuvés et non signés sont considérés comme non avenus). (*Art. 78 du Code d'instr. crim.*)

Les procès-verbaux des officiers de police auxiliaires ne font pas foi jusqu'à inscription de faux. A l'exception de ceux rédigés par les gardes forestiers, tous les actes des officiers de police auxiliaires peuvent être débattus par preuves contraires. (*Art. 154 du Code d'instr. crim.; Cass., 30 janv. 1817, 28 oct. et 11 nov. 1818.*)

15° *Interrogatoire des prévenus.*

Le prévenu doit être interrogé immédiatement après son arrestation. (*Art. 40 du Code d'instr. crim., et art. 260 du décret du 1er mars 1854.*)

Il paraît libre et seulement accompagné de gardes pour l'empêcher de s'évader (s'il y a plusieurs prévenus, ils sont interrogés *hors la présence les uns des autres*) ; il ne peut être assisté de conseils. L'officier de police lui demande son nom, ses prénoms, son âge, sa profession et sa demeure ; il lui fait connaître ce dont il est prévenu et recueille ses réponses ; il ne peut se permettre aucune suggestion, ni l'induire en erreur, surtout à raison des faits principaux ou accessoires qui ne seraient pas encore prouvés ; mais il peut lui représenter que les soupçons tombent sur lui, sans lui révéler, du moins complétement, les indices que l'instruction a déjà pu recueillir ; il importe aussi d'éviter les questions captieuses ou équivoques, parce qu'elles sont de nature à faire faire à l'inculpé, contrairement à son intention, des déclarations qui pourraient être considérées comme des aveux.

L'officier de police peut employer les représentations et les exhortations pour obtenir des aveux ; mais il ne peut, dans ce but, user de menaces ou violences, ni faire des promesses de grâce ou de commutation de peine.

Lorsque l'inculpé fait des aveux et que les complices qu'il désigne ne sont pas arrêtés, on doit chercher à se faire donner par lui et consigner dans ses interrogatoires le signalement de leurs personnes et de leurs vêtements.

On doit rédiger l'interrogatoire sur un cahier séparé, parce que, la loi défendant de remettre aux jurés les dépositions des témoins, on doit pouvoir les séparer des autres pièces.

Lecture de l'interrogatoire doit être faite au prévenu avec interpellation de le signer. Il doit le signer à chaque feuillet avec l'officier de police, approuver et signer également les ratures, et, s'il ne sait signer ou s'il refuse, il en est fait mention. (V., au Formulaire, *un modèle de procès-verbal d'interrogatoire.*)

16° *Audition des témoins*

Les témoins sont entendus sans prestation de serment (*ils ne prêtent serment que devant le juge d'instruction et à l'audience*), successivement, séparément les uns des autres et hors la présence des prévenus. (*Art. 73 du Code d'instr. crim.*)

Après avoir demandé au témoin ses nom, prénoms, âge, profession et domicile, s'il est domestique, parent ou allié, et à quel degré, l'officier de police judiciaire doit l'inviter à dire ce qu'il sait, et le laisser s'expliquer librement ; sans cela, on pourrait, en lui posant des questions, amener, sans le vouloir et sans qu'il s'en aperçût, un résultat autre que celui qui eût été le produit de sa déclaration spontanée. Cependant l'officier de police judiciaire doit engager le témoin à lui donner des renseignements détaillés, à lui expliquer comment il a eu connaissance du fait principal et de ses circonstances, et s'il s'est trouvé à portée de bien voir et de bien entendre ; il doit aussi lui faire remarquer les indications qui paraîtraient erronées, et lui demander une déposition plus claire.

Les procès-verbaux contenant les déclarations de témoins *doivent être rédigés séparément des procès-verbaux, plaintes, dénonciations et interrogatoires* ; ils sont signés à chaque feuillet. Les ratures et renvois doivent être approuvés par des signatures spéciales. Lecture est faite aux témoins de leurs déclarations avant de recevoir leur signature; s'ils ne savent signer ou s'ils refusent, il en est fait mention. Suivent ensuite les signatures de l'officier de police et des témoins assistants.

Il n'est pas nécessaire de faire citer par huissier les témoins que l'officier de police auxiliaire doit entendre dans le cas de flagrant délit; un simple avertissement écrit, sans frais, porté par un agent de la force publique, suffit et donne droit à la taxe. (*Décis. du min. de la justice du 30 mai 1826.*)

Si le témoin ne comparaît pas sur ce simple avertissement, il en est référé au juge d'instruction, qui le fait assigner s'il le juge convenable; et, si le témoin ne se rend pas à l'assignation, il y est contraint par corps, sur les conclusions du procureur de la République, et puni d'une amende de 100 fr. au plus. Le juge d'instruction décerne alors un mandat d'amener contre les témoins défaillants. (*Art. 80 et 92 du Code d'instr. crim.*)

Les témoins et autres, cités par simple avertissement, peuvent recevoir, *s'ils la réclament*, la taxe de leur comparution.

Pour obtenir le payement de cette indemnité, le témoin produit l'avertissement écrit, ou, si l'avertissement a été verbal, un certificat de l'officier de police; la taxe alors est mise au bas de ce certificat. (*Décis. du min. de la justice du 30 mai 1826. — V.,* au Formulaire, *un modèle de procès-verbal d'information.*)

Les sous-officiers, brigadiers et gendarmes qui opèrent en cas de flagrant délit n'ont pas qualité pour faire assigner des témoins pour comparaître devant eux; ils doivent se rendre près des personnes qui leur sont désignées comme pouvant leur donner des renseignements, et prendre tous ceux qu'ils jugent nécessaires; mais ils peuvent mettre en état d'arrestation provisoire les individus désignés par la clameur publique comme étant les auteurs ou complices du crime, ainsi que ceux contre lesquels des indices feraient supposer qu'ils y ont pris une part quelconque.

Dans ce cas, ces individus sont conduits devant le procureur de la République ou gardés sur les lieux en attendant l'arrivée de ce magistrat, si sa présence a été reconnue nécessaire. En pareille circonstance, il ne faut pas oublier de demander l'assistance du commissaire de police, du maire ou de l'adjoint, quand c'est possible. Cette obligation est imposée non seulement aux gendarmes, mais aussi au procureur de la République, et conséquemment aux officiers de police judiciaire agissant en son lieu et place. L'art. 42 du Code d'instruction criminelle est formel à cet égard.

17° *Pièces à conviction.*

Lorsque, par suite de perquisitions, on a saisi des papiers et effets qui peuvent servir à conviction ou à décharge, ces pièces, pour assurer leur identité, sont représentées au prévenu ou à son fondé de pouvoir, si l'un ou l'autre est présent aux opérations et perquisitions; ils doivent être interpellés de les reconnaître et de les parapher, et, en cas de refus, il en est fait mention.

Quand le prévenu, absent au moment où a été constaté le délit et où ces objets ont été saisis, n'a pu signer et parapher les bandes de papier qui doivent être adaptées aux pièces à conviction, on doit les lui représenter et l'interpeller de les signer et parapher lors de l'interrogatoire, après qu'il a reconnu les objets saisis.

Pour conserver et transporter les pièces à conviction, elles sont closes et cachetées, et, si elles n'en sont pas susceptibles, elles sont mises dans un vase ou dans un sac sur lequel on attache une bande de papier, que l'on scelle de son sceau et de celui du prévenu, s'il veut y mettre son cachet. Si les objets sont d'un trop grand volume pour être à l'instant déplacés, on peut les mettre sous la surveillance d'un gardien auquel on fait prêter serment; le prévenu ou son fondé de pouvoir est interpellé de signer et parapher les bandes apposées sur les objets saisis, ainsi que tous les actes résultant de l'opération, lesquels mentionnent exactement ces formalités. En cas de faux, la pièce arguée de faux et celle de comparaison sont représentées au dénonciateur, au plaignant, au prévenu, aux témoins et experts, qui s'en expliquent, et le tout est signé et paraphé à toutes les pages par ces diverses personnes et par l'officier de police; le refus de signer est toujours constaté.

Les procédures et les effets pouvant servir de pièces à conviction à charge ou à décharge sont transportés par les gendarmes chargés de la conduite des accusés. Si, à raison de leur poids ou volume, ces effets ne pouvaient être transportés par les gendarmes, ils le seraient, d'après un ordre écrit du magistrat qui ordonnerait le transport, soit par les messageries, soit par les entrepreneurs des transports et convois militaires, soit par toute autre voie plus économique, sauf les précautions convenables pour la sûreté desdits objets. (*Art. 9 du règl. du 18 juin* 1811.)

Ces précautions sont d'indiquer, dans l'ordre de transport (qui sera toujours joint au mémoire dressé pour le remboursement des frais) le poids des objets à transporter et le jour où ces objets devront arriver à leur destination, afin que, d'un côté, on puisse juger de la nécessité de prendre une voiture à un ou plusieurs colliers ou seulement un cheval de bât, et, de l'autre, savoir si, au moment où ces objets doivent être envoyés, l'entrepreneur ne serait pas dans le cas d'effectuer un transport de prisonniers : on pourrait alors placer sur la voiture les objets dont il s'agit. (*Instr. gén. du* 30 *sept.* 1826.)

Les gendarmes sont dépositaires *publics* et *comptables* des pièces à conviction déposées entre leurs mains par suite de leurs fonctions.

Si donc, au lieu de remettre ces pièces à l'autorité judiciaire, ils les détournent à leur profit, ils sont passibles des peines portées par les art. 169 et 171 du Code pénal. (*Cour de Rennes,* 28 *avril* 1841.)

18° *Rapports d'experts.*

Lorsqu'il s'agit d'un crime qui exige des connaissances particulières pour être constaté, tel qu'une effraction, une blessure grave, une mort violente, etc., les officiers de gendarmerie doivent faire appeler les personnes présumées, par leur art ou leur profession, capables d'en apprécier la nature ou les circonstances. Ils ne doivent négliger aucune des mesures ci-dessus prescrites, et ils recueillent avec soin tous les renseignements qui peuvent conduire à la découverte de la vérité. (*Art.* 262 *du décret du* 1ᵉʳ *mars* 1854.)

Sur l'initiative des officiers, les médecins, chirurgiens, officiers de santé, experts, interprètes prêtent serment de faire leur rapport et de donner leur avis en leur honneur et conscience; leur rapport est signé d'eux et de l'officier de police après lecture préalable, ce dont il doit être fait men tion. (*Art. 44 du Code d'instr. crim.*) S'il s'agit d'homicide, d'empoisonnement surtout, l'autopsie du cadavre ne doit avoir lieu qu'en présence du procureur de la République, ou d'après son autorisation ; mais, dans aucun cas, on ne doit essayer de faire soi=même, sur le lieu du crime, l'analyse des substances suspectes trouvées dans les viscères, cette opération exigeant toute l'attention des gens de l'art.

19° *Mandat d'amener.*

Lorsque, par suite de l'instruction, il existe des indices graves contre le prévenu, c'est à l'officier de police à les bien apprécier.

Il faut la réunion de trois circonstances pour que le mandat d'amener soit décerné : 1° qu'il y ait flagrant délit; 2° que le fait soit de nature à entraîner peine afflictive ou infamante ; 3° enfin, qu'il existe contre le prévenu des indices graves : la dénonciation seule ne constitue pas une présomption suffisante, ainsi qu'il a déjà été dit au paragraphe *Plaintes.*

Lorsque la maison d'un prévenu est située hors de l'arrondissement où l'officier de gendarmerie exerce ses fonctions, il ne peut y faire de visites; il se borne à en informer le procureur de la République.

Le mandat d'amener doit présenter la signature et même le sceau de celui qui le décerne, et désigner, le plus exactement possible, le prévenu, pour en assurer l'arrestation et éviter les méprises.

Il doit contenir l'ordre de conduire le prévenu devant le juge d'instruction ou le procureur de la République, dans le cas où l'instruction judiciaire sur les lieux serait terminée au moment de son arrestation, la loi n'autorisant pas l'officier de police auxiliaire à continuer l'instruction après l'instant du flagrant délit. (*Art. 47 du Code d'instr. crim.* — V., *pour l'exécution de ce mandat, Arrestations en vertu de mandats de justice, Visites domiciliaires, Mandements de justice.*)

20° *Transmission de la procédure.*

Lorsque les officiers de police auxiliaires ont terminé les actes d'instruction préliminaire, ils doivent les transmettre immédiatement au procureur de la République. Ce magistrat est tenu d'examiner sans délai la procédure et de la remettre au juge d'instruction avec les réquisitions qu'il juge convenables. (*Art. 53 et 54 du Code d'instr. crim.*, et 266 *du décret du 1ᵉʳ mars* 1854.)

Lorsque les pièces ont été adressées au procureur de la République, l'officier de police auxiliaire n'a plus qualité pour entendre les témoins, par la raison que ses fonctions cessent dès l'instant que le procureur de la République est saisi de l'affaire. (*Cass.,* 12 *niv. an* VIII, 7 *vent. an* X, et 15 *flor. an* XII.) Mais il entre alors dans les devoirs de la gendarmerie de recueillir les déclarations qu'on peut lui faire, et elle les transmet sur-le-champ au procureur de la République, à titre de renseignements.

21° *Arrivée du procureur de la République ou du juge d'instruction sur les lieux.*

Dès que le procureur de la République arrive sur les lieux du crime ou du délit, l'officier de police auxiliaire qui a déjà commencé l'instruction doit lui remettre immédiatement la procédure dans l'état où elle se trouve Le procureur de la République peut l'autoriser à la continuer, s'il le juge à propos, et, si lui-même l'avait commencée, il pourrait charger l'officier de police d'une partie des actes de sa compétence. (*Art.* 51 *et* 52 *du Code d'instr. crim., et* 265 *du décret du* 1er *mars* 1854.)

Si le juge d'instruction arrive avec le procureur de la République, on remet la procédure au juge d'instruction. Le procureur de la République remettrait lui-même l'instruction qu'il aurait commencée ou continuée, s'il était arrivé avant lui. Le juge d'instruction peut refaire les actes ou ceux des actes qui ne lui paraîtraient pas complets (*art.* 60 *du Code d'instr. crim.*); mais, s'il ne juge pas à propos de les refaire, il les adopte, et, dès lors, ils prennent le caractère d'instruction légale, et peuvent servir de base à l'accusation et même à la conviction. (*Art.* 60 *dudit Code.*)

En cas de concurrence entre plusieurs officiers de police auxiliaires qui se transporteraient simultanément sur les lieux pour constater le crime ou délit, l'instruction ne pouvant être faite simultanément par plusieurs dans la même affaire, elle appartient à celui qui, le premier, en a été saisi et a décerné, soit un mandat d'amener, soit un mandat de dépôt, soit une citation à témoins ou a commencé le procès-verbal d'instruction. (*Cass.,* 15 *oct. et* 7 *nov.* 1811, *et* 9 *janv.* 1812.)

Le juge d'instruction peut déléguer ses pouvoirs à un officier de police auxiliaire, même après le flagrant délit, pour entendre des témoins et faire des visites, perquisitions et autres procédures, mais il ne peut lui donner celui de décerner des mandats d'amener, de dépôt ou d'arrêt. La commission rogatoire détermine les faits principaux d'après lesquels l'officier de police auxiliaire doit agir. Les pièces résultant de la commission rogatoire sont envoyées, après avoir été closes et cachetées, au juge d'instruction. (*Art.* 83, 84 *et* 85 *du Code d'instr. crim.* — V. *Commissions rogatoires.*)

22° *Procès-verbaux en matière criminelle.*

L'oubli des formes, dans la rédaction des procès-verbaux en matière criminelle, ne peut les entacher de nullité. Dans le système de la législation criminelle, on n'admet de nullités que celles qui sont prononcées par la loi ; cependant, ces formes doivent être observées le plus exactement possible, par la raison que les procès-verbaux inspirent aux magistrats et aux jurés bien moins de confiance lorsque les formes ont été violées que lorsqu'elles ont été soigneusement observées.

23° *Respect dû aux officiers de police judiciaire.*

Lorsque des individus troublent l'officier de police judiciaire dans l'exercice de ses fonctions, il les fait expulser du lieu où il préside à l'instruction, et, s'ils résistent à cet ordre, ou rentrent dans ledit lieu, il les fait arrêter et conduire dans la maison d'arrêt où ils restent vingt-quatre heures.

Le concierge est tenu de les y recevoir sur l'ordonnance de l'officier de police (*art.* 504 *et* 509 *du Code d'instr. crim.*); il est en outre dressé un procès-verbal qui est transmis au procureur de la République.

PORT ILLÉGAL. — UNIFORME. — DÉCORATIONS.

Toute personne qui aura publiquement porté un costume, un uniforme ou une décoration qui ne lui appartiendrait pas sera punie d'un emprisonnement de six mois à deux ans.

Sera puni d'une amende de 500 à 10,000 fr., quiconque, sans droit et en vue de s'attribuer une distinction honorifique, aura publiquement pris un titre, changé, altéré ou modifié le nom que lui assignent les actes de l'état civil.

Le tribunal ordonnera la mention du jugement en marge des actes authentiques ou des actes de l'état civil dans lesquels le titre aura été pris indûment ou le nom altéré.

Dans tous les cas prévus par le présent article, le tribunal pourra ordonner l'insertion intégrale ou par extrait du jugement dans les journaux qu'il désignera. Le tout aux frais du condamné. (*Art.* 259 *du Code pénal, confirmé par la loi du 28 mai* 1858.)

L'art. 259 s'applique au port illégal du costume ecclésiastique. Ce costume comprend l'habit de ville, composé de la soutane, de la ceinture et du rabat. (*Cass.,* 24 *juin* 1852.)

Le port illégal du ruban de la Légion d'honneur constitue un délit comme le port illégal de la décoration elle-même. (*Cass.,* 27 *janv.* 1834.)

Il est interdit à tout Français de porter une décoration étrangère, sans l'avoir obtenue régulièrement, ou sans avoir reçu l'autorisation de l'accepter et de la porter en France. (*Décret du* 16 *mars* 1852. — *Cass.,* 19 *janv.* 1839.)

Les ordres étrangers dont le ruban est rouge ou comporte cette couleur en quantité plus ou moins notable tombent sous l'application de l'art. 259 du Code pénal s'ils sont portés sans la croix. (*Décis. présid. du* 11 *avril* 1882. — V. à *l'appendice,* p. 803.)

Est puni d'un emprisonnement de deux mois à deux ans, tout militaire qui porte publiquement des décorations, médailles, insignes, uniformes ou costumes français, sans en avoir le droit.

La même peine est prononcée contre tout militaire qui porte des décorations, médailles ou insignes étrangers, sans y avoir été préalablement autorisé. (*Art.* 266 *du Code de justice militaire.*)

Il est formellement interdit aux officiers démissionnaires qui ne sont pas pourvus d'emplois dans la réserve de l'armée active ou dans l'armée territoriale, aux officiers réformés par mesure de discipline, enfin aux officiers destitués, de porter un uniforme militaire. La même interdiction s'applique aux officiers mis en non-activité par retrait ou suspension d'emploi, excepté dans les circonstances où ces officiers sont obligés de comparaître devant l'autorité militaire. (*Art.* 6 *déc.,* 26 *mai* 1876. — V. *Tenue.*)

Militaires de la gendarmerie.

Les militaires de la gendarmerie qui ont cessé d'être employés activement dans la gendarmerie ne peuvent porter ni la *plaque,* ni l'*aiguillette,* qui sont les signes de l'activité. (*Circ. du* 6 *mars* 1818.)

Les sous-officiers et gendarmes réformés sans *traitement,* ou *démissionnaires,* ne peuvent, sous *aucun prétexte,* se revêtir de l'*uniforme de la gendarmerie,* et ce, sous peine d'être poursuivis comme *port illégal* d'uniforme ou de décorations militaires. (*Décret du* 26 *brum. an* XIII.)

POSTES ET TÉLÉGRAPHES.

FRANCHISE POSTALE, CONTRE-SEING.

La correspondance des fonctionnaires publics, exclusivement relative au service de l'Etat, est admise à circuler en franchise par la poste. (*Art.* 1er *de l'ordonn. du* 17 *nov.* 1844.)

Les fonctionnaires et les personnes désignées dans les tableaux annexés à la présente ordonnance sont seuls autorisés à correspondre entre eux en franchise, sous les conditions exprimées auxdits tableaux (1). (*Art.* 2.)

Il est défendu de comprendre dans les dépêches expédiées en franchise des lettres, papiers et objets quelconques étrangers au service de l'Etat. (*Art.* 3.)

Dans le cas de suspicion de fraude ou d'omission d'une seule des formalités prescrites par la présente ordonnance, les préposés des postes sont autorisés à taxer en totalité les dépêches, ou à exiger que le contenu de celles de ces dépêches qui seront revêtues d'un contre-seing quelconque soit vérifié en leur présence par les fonctionnaires auxquels elles seront adressées, ou, en cas d'empêchement de ces fonctionnaires, par leurs fondés de pouvoirs. (*Art.* 4.)

Si de là vérification prescrite par l'article précédent il résulte qu'il y a fraude, les préposés des postes en dresseront, dans les formes indiquées dans l'ordonnance du 17 novembre 1844, un procès-verbal dont ils enverront un double au directeur de l'administration des postes, qui en rendra compte à notre ministre des finances. (*Art.* 5.)

Les lettres et paquets mentionnés dans les art. 5 et 6 (2) seront immédiatement envoyés, frappés de la double taxe, aux destinataires ; en cas de refus du payement de cette double taxe, ils seront transmis au directeur de l'administration des postes, qui les fera renvoyer au fonctionnaire contre-signataire, lequel sera tenu d'en acquitter le double port. (*Art.* 7.)

Aucun fonctionnaire n'a le droit de déléguer à d'autres personnes le contre-seing qui lui est attribué.

Toute dépêche contre-signée en contravention au paragraphe précédent sera assujettie à la taxe.

Lorsqu'un fonctionnaire sera hors d'état de remplir ses fonctions par absence, maladie, ou pour toute autre cause légitime, le fonctionnaire qui le remplacera par intérim contre-signera les dépêches à sa place ; mais, en contre-signant chaque dépêche, il énoncera qu'il remplit par intérim les fonctions auxquelles le contre-seing est attribué. (*Art.* 16.)

Les lettres et paquets contre-signés qui devront être mis sous bandes, conformément aux indications des tableaux annexés à la présente ordonnance, ne pourront être reçus ni expédiés en franchise lorsque la largeur des bandes excédera le tiers de la surface de ces lettres ou paquets. (*Art.* 25.)

---

(1) Ces tableaux se trouvent au 9e vol. du *Mémorial*, p. 737 à 744, et dans le *Manuel de la franchise et du contre-seing*, à l'usage de la gendarmerie, suivi de diverses instructions relatives à la franchise télégraphique.

(2) Art. 6. — Les fonctionnaires qui recevront en franchise, sous leur couvert, des lettres ou paquets étrangers au service devront les renvoyer au directeur des postes de leur résidence, en lui faisant connaître le lieu d'origine de ces lettres et paquets et le contre-seing sous lequel ils leur seront parvenus.

Des lettres et paquets ordinaires.

Les lettres et paquets relatifs au service devront être remis, savoir : dans les départements, aux directeurs des postes, et à Paris, au bureau de l'expédition des dépêches à l'Hôtel des postes.

Lorsqu'ils auront été jetés à la boîte, ils seront assujettis à la taxe. (*Art. 28.*)

Le directeur des postes qui reconnaîtra qu'une des conditions ou formalités prescrites pour procurer la franchise manque sous le rapport, soit de la formation, soit de la suscription d'une dépêche ou d'un paquet qui aura été déposé à son bureau, en avertira sur-le-champ le contre-signataire. (*Art. 29.*)

Les lettres et paquets contre-signés qui seront dans le cas d'être chargés ne pourront être reçus ni expédiés en franchise que lorsqu'ils seront accompagnés d'une réquisition signée des autorités ou fonctionnaires qui les adresseront. Cette réquisition sera annexée au registre du dépôt des lettres chargées. (*Art. 47.*)

La perte d'une lettre ou d'un paquet chargé, expédié en franchise, ne donne droit à aucune indemnité. (*Art. 48.*)

Les décorations et médailles d'honneur décernées par le gouvernement devront être présentées aux directeurs des postes, à découvert, et renfermées, en leur présence, dans une boîte qui sera ficelée, puis scellée du cachet de l'envoyeur et du cachet du bureau de poste. La présentation à découvert ne sera point exigée pour les décorations et médailles expédiées de Paris sous le cachet d'un ministre secrétaire d'Etat ou du grand chancelier de la Légion d'honneur. (*Art. 51.*)

Sauf les exceptions établies dans l'article ci-après, le maximum du poids des paquets expédiés en franchise est fixé ainsi qu'il suit, savoir :

1° A cinq kilogrammes, lorsque le transport de ces paquets devra être opéré jusqu'à destination, soit par un service en malle-poste ou en bateau à vapeur, soit sur un chemin de fer ou par un service d'entreprise en voiture ;

2° A deux kilogrammes, lorsqu'ils seront dirigés sur une route desservie, en quelque point que ce soit, par un service d'entreprise à cheval ;

3° A un kilogramme, lorsqu'ils devront être transportés, sur une portion quelconque du trajet à parcourir, par un service d'entreprise à pied. (*Art. 60.*)

Sont acheminés sans limite de poids :

1° Les paquets revêtus du contre-seing ou expédition à l'adresse des personnes et des fonctionnaires jouissant de la franchise illimitée ;

2° Les rôles des contributions directes, les listes électorales, les listes du jury, les registres destinés à l'enregistrement des actes de l'état civil. (*Art. 61.*)

Les commandants de gendarmerie peuvent faire retirer leurs correspondances particulière et administrative avant la distribution générale.

Lorsque ces fonctionnaires jugeront à propos d'user de cette faculté, ils devront faire connaître par écrit, au directeur des postes, la personne qu'ils entendent charger du soin de retirer leur correspondance. (*Art. 68.*)

Toute dépêche non contre-signée adressée à un fonctionnaire dénommé dans les tableaux annexés à l'ordonnance du 17 novembre 1844 sur les franchises, et qui aura été refusée à cause de la taxe, pourra être ouverte et vérifiée au bureau de poste de destination, suivant les formes prescrites par l'art. 4 de ladite ordonnance, lorsque le fonctionnaire destinataire requerra l'accomplissement de ces formalités par une déclaration signée de lui et motivée sur la présomption que le contenu de cette dépêche est relatif au service de l'État. (*Art.* 1er *de ladite ordonn.*)

Lorsque le contenu d'une dépêche ouverte en vertu de l'article précédent aura été reconnu concerner directement le service de l'Etat, le directeur des postes délivrera immédiatement cette dépêche en franchise, en se conformant aux dispositions de l'art. 77 de l'ordonnance du 17 novembre 1844. Si le contenu ne concerne pas directement le service de l'Etat, et si le fonctionnaire destinataire persiste à refuser d'acquitter la taxe de cette dépêche, elle sera classée dans les rebuts. Si, enfin, la vérification donne lieu de reconnaître que la dépêche est, en tout ou en partie, étrangère au service de l'Etat, les pièces relatives au service seront seules délivrées en franchise; les autres seront comprises dans les rebuts, à moins que le destinataire ne consente à en acquitter le port. — Dans tous les cas, le résultat des opérations d'ouverture et de vérification de la dépêche non contre-signée sera constaté par un procès-verbal dressé par le directeur des postes et signé par ce préposé et le fonctionnaire destinataire ou son délégué. (*Art.* 2.)

Les pièces et autres objets étrangers au service trouvés dans les dépêches ouvertes en vertu des articles précédents ne seront passibles que de la taxe ordinaire. (*Art.* 3.)

Correspondance en temps de guerre et avec les colonies.

Les lettres à destination des militaires faisant partie des corps d'armée de terre et de mer en campagne leur parviendront en franchise.

Les lettres envoyées de ces corps d'armée jouiront du même avantage. (*Art* 1er *de la loi du* 30 *mai* 1871.)

Cette franchise sera maintenue, même après la fin de la campagne, pour les lettres à destination des militaires ou marins blessés ou malades, pendant tout le temps qu'ils demeureront dans les hôpitaux ou ambulances.

Les lettres envoyées de ces hôpitaux ou ambulances jouiront aussi du même avantage. (*Art.* 2.)

Les mandats envoyés par l'intermédiaire de la poste aux militaires et marins, dans les cas prévus par les deux articles précédents, seront exemptés de frais de timbre et de poste jusqu'à la somme de 50 fr. (*Art.* 3.)

La loi du 27 mars 1879, qui a abaissé à quinze centimes (0 fr. 15) par quinze grammes la taxe métropolitaine, et à vingt-cinq centimes (0 fr. 25) par quinze grammes la taxe des correspondances à destination ou provenant des colonies françaises, n'a rien changé à la législation sur les correspondances militaires.

Les lettres destinées aux militaires et marins en résidence aux colonies peuvent bénéficier de la loi du 27 juin 1792, qui leur impose comme tarif d'affranchissement la taxe métropolitaine, actuellement de quinze centimes (0 fr. 15) par quinze grammes. Mais les correspondances qui bénéficient de cette réduction ne peuvent être transportées que par bâtiments français, ce qui expose à des retards plus ou moins longs les lettres dirigées sur celles de nos colonies qui ne sont pas reliées à la métropole par des services français réguliers et fréquents. (*Circ. du* 10 *août* 1879.)

FRANCHISE TÉLÉGRAPHIQUE.

La franchise télégraphique illimitée est accordée pour leur correspondance administrative :

1° Aux inspecteurs généraux de gendarmerie pendant la durée de leur inspection ;

2° Aux chefs de légion de gendarmerie. (*Art. 1er de l'arrêté du 16 avril 1874.*)

La franchise télégraphique est accordée pour leur correspondance administrative :

1° Aux commandants de compagnie avec tous les chefs dont ils dépendent et réciproquement; avec leurs collègues des départements limitrophes, même en dehors de la légion ;

2° Aux autres officiers de gendarmerie avec tous les chefs dont ils dépendent et réciproquement; avec les officiers de gendarmerie du département et des départements limitrophes, même en dehors de la légion ;

3° Aux chefs de brigade de gendarmerie avec les chefs directs dont ils dépendent et réciproquement, et avec leurs collègues des circonscriptions limitrophes de la leur, même en dehors de la légion. (*Art. 2.*)

Sont abrogés les arrêtés antérieurs relatifs aux franchises télégraphiques de la gendarmerie. (*Art. 3.*)

Le directeur de l'administration des lignes télégraphiques (actuellement le ministre des postes et des télégraphes) est chargé de l'exécution du présent arrêté.

Le ministre de la guerre, dans le but d'empêcher un usage abusif du télégraphe, prescrit de rendre toujours compte par une mention au rapport journalier de l'envoi de toute dépêche télégraphique expédiée en franchise.

Sont d'ailleurs formellement maintenues les dispositions actuellement en vigueur, d'après lesquelles les généraux commandants de corps d'armée doivent recevoir communication, à la fin de chaque mois, par les soins des chefs de légion, de toutes les dépêches télégraphiques expédiées par les militaires de leurs légions respectives, et punir, au besoin, ceux qui n'auront pas mis dans l'emploi du télégraphe la réserve que comporte ce mode de correspondance. (*Art. 4.*)

La franchise télégraphique illimitée n'appartient qu'au Président de la République, au président du Sénat et au président de la Chambre des députés. (*Art. 1er de l'arrêté du 1er juill. 1875.*)

La franchise administrative illimitée n'appartient qu'aux ministres et aux sous-secrétaires d'Etat. (*Art. 2.*)

Les magistrats, fonctionnaires et officiers dénommés à l'état général (B) ci-annexé sont autorisés à expédier directement en franchise leurs dépêches administratives urgentes.

Ce droit ne pourra s'exercer que dans les limites fixées par l'état général (B) et dans les conditions indiquées par l'instruction (A) sur les franchises télégraphiques, également ci-annexée. (*Art. 3.*)

ÉTAT A.

1. Le droit de franchise télégraphique implique pour la correspondance des fonctionnaires et agents des services publics qui en sont

investis, d'une part, l'exonération de la taxe, de l'autre, la priorité de transmission.

2. Ce droit ne s'applique qu'aux dépêches *officielles urgentes*, c'est-à-dire aux communications relatives au service et que la poste ne pourrait transmettre en temps utile.

3. La franchise télégraphique est directe ou indirecte.

4. La franchise directe n'appartient qu'aux fonctionnaires ou agents auxquels elle a été conférée par décision du ministre de l'intérieur et dans les limites fixées par la décision. L'état général des franchises contient la désignation des fonctionnaires ou agents qui en sont investis et précise pour chacun d'eux l'étendue de leur droit.

5. Les fonctionnaires ou agents investis de la franchise directe ne la conservent que dans le ressort où s'exerce leur fonction. Hors de ce ressort, ils doivent recourir au visa de l'autorité compétente; toutefois, les fonctionnaires ou agents dans le ressort desquels il n'existe pas de bureau télégraphique peuvent s'adresser à un bureau d'une localité voisine.

6. La franchise indirecte s'obtient par le visa des fonctionnaires ou agents investis de la franchise directe. Le fonctionnaire ou l'agent qui réclame le visa doit le demander à son chef hiérarchique. Si ce dernier ne réside pas dans la localité, ou s'il ne jouit pas lui-même du droit de franchise, le visa peut être demandé à une autre autorité.

Le visa n'est d'ailleurs valable que dans les limites de la franchise attribuée à l'autorité qui le délivre.

7. Le droit de franchise ou de visa peut être délégué par tout fonctionnaire ou agent à son substitut, suppléant ou intérimaire régulier.

8. Tout destinataire d'une dépêche officielle impliquant réponse est admis, sur la présentation de la dépêche, à user du droit de franchise pour la transmission de cette réponse, avec dispense du visa.

9. Il y a *abus de franchise* toutes les fois qu'une dépêche présentée comme officielle :

A trait à des affaires privées;
Dépasse la limite de la franchise accordée à l'expéditeur;
Où ne présente aucun caractère d'urgence.

10. Les dépêches constituant des abus de franchise sont néanmoins acceptées et transmises gratuitement par les bureaux télégraphiques; mais elles sont immédiatement signalées, avec copie à l'appui, à l'inspecteur du département.

Chaque trimestre, un état distinct par département ministériel et accompagné des copies des dépêches abusives est adressé par l'inspecteur à l'administration centrale des télégraphes, qui transmet les pièces dans un bordereau unique au ministère dont relèvent les fonctionnaires ou agents expéditeurs.

11. Lorsqu'un fonctionnaire ou agent présente une dépêche paraissant constituer un abus de franchise, le gérant du bureau doit, sans autre observation, se borner à lui donner connaissance des dispositions des art. 9 et 10.

12. Les dépêches officielles à destination de l'étranger, ou empruntant le réseau étranger, conservent le privilège de la priorité et de la gratuité sur le parcours français. La part étrangère de la taxe est portée au compte du département ministériel intéressé.

13. Les dépêches officielles dont le destinataire réside au delà des lignes télégraphiques sont expédiées par exprès, à moins que l'expéditeur n'ait demandé, dans la dépêche même, l'emploi de la poste.

Les frais accessoires de transport, exprès ou poste, sont portés au compte du département ministériel intéressé.

ÉTAT B.

Commandants des compagnies de gendarmerie.

La franchise est limitée à la correspondance avec les chefs dont ils dépendent, et réciproquement ; avec leurs collègues de la même légion et leurs collègues des départements limitrophes, même en dehors de la légion.

Les autres officiers de gendarmerie.

La franchise est limitée à la correspondance avec les chefs dont ils dépendent, et réciproquement ; avec les officiers de gendarmerie du département et des départements limitrophes, même en dehors de la légion.

Tunisie.

La correspondance des officiers de gendarmerie est limitée, en Tunisie, avec tous les chefs dont ils dépendent, et réciproquement. (*Décis. du 21 déc. 1882, et note du 17 janv. 1883.*)

Les chefs de brigade de gendarmerie.

La franchise est limitée à la correspondance avec les chefs directs dont ils dépendent, et réciproquement, et avec leurs collègues des circonscriptions limitrophes de la leur, même en dehors de la légion. (*Instructions faisant suite à l'arrêté du 1er juill. 1875.*)

Les télégrammes émanant de personnes à qui le droit de franchise n'est pas expressément accordé ne peuvent être autre chose que des télégrammes privés et, à ce titre, les bureaux doivent les refuser, à moins que la taxe ne soit régulièrement acquittée au départ.

Il en est de même pour les dépêches visées par un fonctionnaire qui n'a pas franchise avec le destinataire. (*Oct. 1878.*)

TRANSPORT FRAUDULEUX.

La loi du 26 ventôse an VII et autres sur la matière ne permettent les perquisitions pour découvrir les lettres portées en fraude que sur les individus y désignés, tels que les messagers, les piétons chargés de porter les dépêches, les voitures de messageries et autres de même espèce. L'on ne peut pas fouiller un particulier, un roulier, ni même un marchand voyageant à petites journées.

La gendarmerie est autorisée à faire directement, ou en prêtant main-forte aux inspecteurs, directeurs ou employés des postes, des visites et perquisitions sur les messagers et commissionnaires allant habituellement d'une ville à une autre ville, sur les voitures de messageries et autres de cette espèce portant les dépêches, et à saisir les objets transportés en fraude au préjudice de l'administration des postes. (*Art. 303 du décret du 1er mars 1854.*)

Afin de ne pas retarder la marche de celles de ces voitures qui transportent des voyageurs, les visites et perquisitions n'ont habituellement lieu qu'à l'entrée ou à la sortie des villes, ou aux relais. (*Art.* 304 *dudit décret.*)

Il n'est fait de visites sur les routes qu'autant qu'un ordre de l'administration des postes le prescrit. (*Art.* 305 *dudit décret.*)

Toutes visites et perquisitions doivent, quand bien même elles ne seraient suivies d'aucune saisie, être constatées par un procès-verbal conforme au modèle adopté par l'administration. Lorsque ce procès-verbal ne donne lieu à aucune poursuite devant les tribunaux, il n'a pas besoin d'être timbré ni enregistré; il en est donné copie au particulier qui a été soumis à la visite, s'il la requiert. (*Art.* 306 *dudit décret.*)

Si les visites ou perquisitions ont fait découvrir des lettres ou journaux transportés en fraude, le procès-verbal dressé à l'instant de la saisie doit contenir l'énumération de ces lettres ou journaux, reproduire l'adresse de ces objets, et mentionner, autant que possible, le poids de chaque lettre. (*Art.* 307 *dudit décret.*)

La gendarmerie ne peut, dans l'intérêt de l'administration des postes, faire des perquisitions sur les voyageurs étrangers au service des postes et n'exerçant pas l'une des professions spécifiées en l'art. 303. Les gendarmes n'ont pas le droit de chercher ni dans leurs vêtements ni dans leurs effets. La saisie opérée sur eux dans cet intérêt est nulle. (*Cass.*, 13 *nov.* 1834; *art.* 309 *dudit décret.*)

Les militaires de tout grade de la gendarmerie qui, d'après les règlements, jouissent de la franchise et du contre-seing des lettres, et qui abusent de cette franchise pour une correspondance étrangère à leurs fonctions, seront envoyés dans un autre département, et, en cas de récidive, ils encourent une punition plus sévère. (*Art.* 654 *dudit décret.*)

C'est aux conseils de guerre et non aux tribunaux correctionnels qu'il appartient de réprimer les délits commis par un militaire en activité de service au préjudice de l'administration des postes. Ainsi, un militaire qui a fait sciemment usage d'un timbre-poste qui avait déjà servi est justiciable du conseil de guerre. (*Cass.*, 11 *juin* 1852.)

La gendarmerie est appelée, concurremment avec les directeurs des postes, à la répression du transport des lettres par tout autre moyen que celui de la poste ; elle veille :

1° A ce que les entrepreneurs de voitures publiques, messagers, bateliers, patrons de barques, ou toute autre personne étrangère au service des postes ne s'immiscent pas dans le transport des lettres, journaux, feuilles à la main, et des ouvrages périodiques qui seraient au-dessous d'un kilogramme ;

2° A ce que personne, dans les villes ou les lieux maritimes, ne tienne soit bureau, soit entrepôt pour l'envoi, la réception et la distribution des lettres et paquets pour les colonies, tant françaises qu'étrangères, ou autres pays outre-mer ;

3° A ce que les capitaines ou marins arrivant dans un port de mer ne distribuent pas les lettres, journaux et autres imprimés dont le transport est attribué à l'administration des postes, et qui leur auraient été confiés par des particuliers. Ces lettres et paquets doivent être déposés par les capitaines et marins aux bureaux de poste des lieux de leur débarquement ;

4° A ce que les intendances ou commissions sanitaires ne fassent distribuer aucun des objets spécifiés dans le premier paragraphe du présent article, et qui leur auraient été livrés par les capitaines des navires en quarantaine. Ces objets doivent être remis au bureau de poste après vérification. (*Art. 826 de l'instr. gén. des postes du 29 mars 1832; circ. du 6 juin 1835.*)

Le port, par un voiturier, d'une lettre non cachetée et étrangère à son service constitue une contravention à l'arrêté du 27 prairial an IX, même quand elle aurait été mise en forme d'adresse sur un paquet, sans que le voiturier ait su que c'était une lettre. (*Cass., 13 juin 1839 et 17 mars 1841.*)

Les gendarmes peuvent saisir les lettres que les voyageurs exhiberaient en même temps que leurs passe-ports. (*Cass., 27 juill. 1840.*)

Perquisitions.

Les agents ayant qualité pour faire des visites et perquisitions sur les messagers et commissionnaires allant habituellement d'une ville à une autre, dans les voitures des messagers et autres de même espèce, sont : les inspecteurs, directeurs et employés des postes, les employés des douanes aux frontières, la gendarmerie et les commissaires de police.

La gendarmerie peut faire seule les visites et perquisitions, saisir tous objets transportés en fraude et au préjudice des droits de l'administration des postes. Elle peut exercer cette surveillance et opérer séparément ou concurremment avec les agents déjà cités. (*Arrêté du 27 prair. an IX; art. 828 de l'instr. gén. des postes du 29 mars 1832.*)

Les inspecteurs, directeurs et employés des postes peuvent se faire assister de la force armée en la requérant légalement. (*Art. 829 de l'instr. gén. des postes du 29 mars 1832. — V. Réquisitions.*)

Lorsqu'un navire arrive au port, les directeurs des postes des villes maritimes doivent inviter les employés des douanes à s'assurer si le capitaine ou les gens de mer ne seraient pas porteurs de lettres, journaux ou imprimés qu'ils auraient l'intention de soustraire à la poste. Dans ce cas, les employés des douanes s'empareraient de ces objets et les déposeraient au bureau de poste. (*Art. 831 de l'instr. gén. des postes du 29 mars 1832.*)

La défense faite par la loi de se livrer au transport clandestin des lettres s'applique à celles non cachetées comme à celles qui le sont. (*Cass., 18 fév. 1820 et 2 avril 1840.*)

Les gendarmes n'ont pas le droit d'entraver le service des facteurs en les soumettant à des visites permanentes; mais leur devoir est de prévenir les agents de l'administration toutes les fois qu'ils ont des raisons de croire que ces fonctionnaires font la fraude.

La perquisition est également permise sur toutes personnes qui, à raison de leur profession ou de leur commerce, font habituellement des transports d'un lieu à un autre, tels que les beurriers, coquetiers, poulaillers ou autres (*Cass., 2 avril 1840*), ainsi que les jardiniers qui, une fois par semaine, conduisent leurs légumes au marché. (*Arrêt de la Cour de Paris du 24 juill. 1843.*)

Lorsqu'un voyageur, sommé d'exhiber un passe-port, remet par mégarde aux gendarmes des lettres qu'il transporte frauduleusement, les gendarmes sont en droit de constater cette infraction à l'arrêté du 27 prairial an IX. Il en est de même lorsqu'un vigneron, sommé de présenter le passe-debout du vin qu'il transporte, exhibe des lettres cachetées dont il est porteur. (*Cass.*, 27 *juill.* 1840, 30 *mai et* 7 *juin* 1844.)

L'arrêté du 27 prairial an IX, qui autorise les voituriers à être porteurs de lettres relatives à leur service, ne s'applique qu'aux lettres ouvertes. Les lettres fermées peuvent être saisies. La preuve que les lettres non cachetées et saisies sur un voiturier sont uniquement relatives à son service personnel ne peut se faire que par leur contenu. (*Cass.*, 19 *avril* 1845.)

Le transport d'une ville à une autre de journaux que l'on a achetés pour les revendre constitue le délit d'immixtion dans le privilège de la poste, et cela bien que ces journaux soient en feuilles et ne portent aucune adresse. (*Cass., Chambres réunies*, 21 *juill.* 1849.)

Il est défendu à tout entrepreneur de voitures libres, et à toute personne étrangère au service des postes, de s'immiscer dans le transport des lettres, journaux, feuilles à la main et ouvrages périodiques, paquets et papiers du poids d'un kilogramme et au-dessous, dont le port est exclusivement confié à l'administration des postes. (*Art.* 1ᵉʳ *de l'arrêté du* 27 *prair. an* IX.)

La visite des lettres et pièces indiquées aux nᵒˢ 7, 8 et 9 de l'art. 832 de l'instruction générale des postes ne peut être faite qu'au lieu de la destination et en présence de la personne à laquelle elles sont adressées. (*Art.* 4 *de l'ordonn. du* 17 *nov.* 1844.)

Si, de la part des gendarmes, il y avait indiscrétion, bris de cachet des lettres, ou abus de confiance, il faudrait se reporter à l'art. *Abus d'autorité.*

L'administration des postes a le droit de transiger en matière de transport frauduleux des lettres, soit avant, soit après jugement; la transaction avant le jugement éteint la poursuite. L'avis d'une transaction entamée la suspend. (*Circ. du direct. gén. des postes du* 12 *sept.* 1854.)

Objets qui ne doivent pas être considérés comme transportés frauduleusement.

Ne doivent pas être considérés comme étant transportés en contravention aux lois :

1° Toute lettre qu'un particulier expédie à un autre particulier par un exprès;

2° Les lettres qu'un particulier habitant une commune rurale fait prendre ou porter à un des bureaux de poste voisins de sa résidence;

3° Toute lettre transportée par un voyageur, et qu'il déclare être pour lui une lettre de crédit ou de recommandation, si cette lettre n'est pas cachetée;

4° Les paquets, en forme de lettres, qui, bien que ne pesant pas un kilogramme, seraient reconnus être composés d'objets dont le transport n'est pas exclusivement attribué à l'administration des postes;

5° Les lettres de service sous bande, que les employés des douanes transportent d'un poste à l'autre, lorsqu'elles sont accompagnées d'une feuille signée par les chefs qui les ont expédiées, laquelle feuille doit porter le nombre et l'adresse de ces lettres;

6° Les lettres de voiture et les factures non cachetées qui accompagnent les marchandises dont le porteur de la facture est chargé;

7° Les lettres et pièces qu'un capitaine de navire déclare concerner les armateurs ou consignataires et la cargaison de son bâtiment;

8° Les sacs de procédure, dossiers d'affaires à juger, assignations et taxes de témoins;

9° Les lettres et papiers relatifs uniquement au service des entrepreneurs de voitures publiques, et transportés par les conducteurs de ces voitures. (*Ordonn. du 17 nov.* 1844.) — Cette disposition cesse d'être applicable toutes les fois qu'une lettre relative au service du voiturier contient un passage qui y est étranger, quel que soit d'ailleurs le peu d'importance ou l'insignifiance de ce passage. (*Cass., Chambres réunies,* 7 *nov.* 1836.)

Le port par un voiturier d'une lettre non cachetée étrangère à son service constitue une contravention à la loi, alors même qu'elle aurait été contenue dans une boîte à son insu. (*Cass.,* 23 *juill.* 1836, 12 *fév.* 1852, 16 *sept.* 1853, et art.* 310 *du décret du* 1er *mars* 1854.)

Le transport des lettres dont sont chargés les voituriers et messagers, et qui confèrent exclusivement au porteur mandat d'acheter tel ou tel objet, ne doit pas être considéré comme contenant une infraction à la loi du 27 prairial an IX. (*Décis. des min. du comm. et des fin. du* 16 *déc.* 1854.)

Les lettres et les papiers qui partent du siège de l'administration centrale d'une entreprise de messageries pour les directeurs et les inspecteurs de ces messageries peuvent être cachetées; mais l'empreinte d'un cachet spécial doit indiquer que le paquet émane de l'un des bureaux de l'administration centrale de cette entreprise.

La suscription des paquets doit porter l'empreinte, à l'encre noire, d'un timbre indicatif de l'entreprise qui expédie.

Le contre-seing d'un administrateur de l'entreprise ne peut jamais suppléer à l'application de ce timbre. Les lettres et les papiers que les directeurs et les inspecteurs des messageries, dans les départements, envoient à l'administration centrale de l'entreprise de laquelle ils dépendent doivent être adressés collectivement aux administrateurs. Ces lettres, ainsi que celles qu'ont à transmettre les inspecteurs des diverses entreprises des messageries aux directeurs de leur ligne d'inspection, et réciproquement, doivent porter ces mots écrits en tête de la suscription : *Service des messageries,* avec indication spéciale de l'entreprise.

L'expéditeur appose son contre-seing au bas de la suscription, et au dos son cachet, qui doit porter l'empreinte du bureau expéditeur.

Toutes lettres et papiers compris dans les deux classes ci-dessus désignées doivent, en outre, être inscrits nominativement, par pièce et par ordre de numéro, sur les feuilles de route du conducteur de la voiture. (*Art.* 833 *de l'instr. gén. des postes du* 29 *mars* 1832.)

Procès-verbaux de visites et de saisies.

Toutes visites et perquisitions doivent être constatées par un procès-verbal, quand même elles n'auraient été suivies d'aucune saisie.

Les directeurs des postes sont chargés de remettre à la gendarmerie des formules imprimées de procès-verbaux.

Si les visites ou perquisitions ont fait découvrir des lettres ou des journaux transportés en fraude, le procès-verbal dressé à l'instant de la saisie doit contenir l'énonciation de ces lettres et journaux, reproduire les adresses de ces objets et mentionner le poids de chaque lettre. (*Art.* 307 *du décret du* 1ᵉʳ *mars* 1854.)

Lorsque les particuliers sur lesquels une saisie a été faite refusent de déclarer leur nom et leur domicile, ils doivent être conduits devant le maire ou devant le procureur de la République pour faire établir leur individualité. Si, étant connus, ils déclarent ne savoir ou ne vouloir signer, il en est fait mention dans le procès-verbal, dont il est délivré copie. (*Art.* 838 *de l'instr. gén. des postes du* 29 *mars* 1832.)

Timbre et enregistrement des procès-verbaux de saisie.

Les procès-verbaux de saisie doivent être visés pour timbre et enregistrés dans les quatre jours qui suivent la saisie, soit dans le lieu de la résidence des agents qui ont procédé à cette saisie, soit dans le lieu même où chaque procès-verbal a été dressé.

Le directeur des postes, à qui ce procès-verbal est remis avec les objets saisis, paye les frais de timbre et d'enregistrement. (*Art.* 308 *du décret du* 1ᵉʳ *mars* 1854. — V. *Procès-verbaux.*)

Timbres-poste.

Article unique. Quiconque aura sciemment fait usage d'un timbre-poste ayant déjà servi à l'affranchissement d'une lettre, sera puni d'une amende de 50 fr. à 1,000 fr.

En cas de récidive, la peine sera d'un emprisonnement de cinq jours à un mois, et l'amende sera doublée.

Sera punie des mêmes peines, suivant les distinctions sus-établies, la vente ou la tentative de vente d'un timbre-poste ayant déjà servi.

L'art. 463 du Code pénal sera applicable dans les divers cas prévus par le présent article de loi. (*Lois du* 16 *oct.* 1849 *et du* 20 *mai* 1854.)

Par un arrêté du ministre des postes et des télégraphes (juin 1881), des timbres-poste spéciaux aux colonies françaises ont été créés.

Ces timbres, absolument exigés pour toutes les lettres partant des colonies, sont de la même valeur et de la même couleur que les timbres métropolitains.

Parts d'amendes.

Les sous-officiers, brigadiers et gendarmes qui ont opéré une saisie de lettres transportées en fraude ont droit au tiers de l'amende à laquelle a été condamné le contrevenant. (*Art.* 302 *du décret du* 18 *fév.* 1863.)

Le produit des amendes appartiendra, un tiers à l'administration, un tiers aux hospices des lieux, et un tiers à celui ou à ceux qui auront découvert ou dénoncé la fraude et à ceux qui auront coopéré à la saisie; ce tiers sera réparti entre eux par égale portion. (*Extrait de l'art.* 8 *de l'arrêté du* 27 *prair. an* IX.)

Les portions d'amendes sont payées sur mandats spéciaux.

Pour les gendarmes, les mandats sont délivrés en nom collectif au profit du conseil d'administration de leur compagnie. (*Art.* 1248 *de l'instr. du* 20 *déc.* 1855.)

Les facteurs des postes seront admis à présenter et à recevoir directement dans les casernes et autres établissements militaires les effets de commerce, factures et autres valeurs commerciales, dont la loi du 7 avril 1879 attribue le recouvrement au service des postes, et qui seraient payables par des militaires. (*Note minist. du 25 juill.* 1879.)

POUDRE A FEU.

Une décision ministérielle du mois d'octobre 1848, concernant la vente des poudres de chasse, porte ce qui suit :

Il sera établi dans chaque chef-lieu de canton des débits de poudre. (*Art.* 1ᵉʳ.)

Les poudres de chasse ne pourront être délivrées aux chasseurs titulaires de permis de chasse que sur la présentation de leurs permis, et que jusqu'à concurrence d'un demi-kilogramme par mois. Le débitant annotera la quantité livrée, à la date de la livraison, sur le permis du chasseur, livraison qu'il inscrira sur un livret nominatif des parties prenantes.

Au-dessus de cette quantité, et seulement jusqu'à concurrence d'un kilogramme par mois, il ne pourra délivrer de poudre que sur la présentation d'une autorisation donnée par le maire, et qui restera entre ses mains pour être inscrite audit livret. (*Art.* 2.)

Les maires sont invités à ne délivrer des autorisations pour acheter de la poudre qu'à des personnes domiciliées dans leurs communes respectives, et dont la moralité leur sera bien connue. (*Art.* 3.)

La détention d'une quantité, même considérable, de poudre ne constitue pas le délit puni par la loi du 24 mai 1834, s'il est établi que ce n'est pas sciemment et volontairement que le prévenu se trouvait avoir cette poudre dans son habitation (*Cass.,* 21 *avril* 1848.)

L'art. 11 de la loi du 24 mai 1834 sur les débitants de poudre à feu, qui permet aux juges d'admettre, à l'égard des peines qu'elle prononce, des circonstances atténuantes, ne s'applique point aux peines pécuniaires, et notamment à l'amende de 500 fr. que peuvent avoir encourue les prévenus, aux termes de l'art. 28 de la loi du 13 fructidor an v. — L'amende, dans ce cas, n'est pas une peine, mais une réparation civile du préjudice causé à l'Etat. (*Cass.,* 18 *avril* 1835 *et* 8 *nov.* 1849.)

Le fait d'avoir en sa possession et sans autorisation plus de deux kilogrammes de poudre est punissable non seulement de la peine de l'emprisonnement prononcée par l'art. 2 de la loi du 24 mai 1834, mais encore de l'amende de 100 fr. au profit de l'administration des contributions indirectes, portée par l'art. 28 de la loi du 13 fructidor an v. (*Cass.,* 16 *mars* 1839 *et* 9 *nov.* 1854.)

La responsabilité civile en matière de fabrication de poudre à feu s'étend aux amendes; ces amendes ont le caractère, non de peines proprement dites, mais de réparation et restitution civiles. (*Cass.,* 24 *août* 1850.)

Si un débitant était convaincu de tenir un dépôt ou de vendre de la poudre de contrebande, il encourrait, outre la révocation de sa commission, la confiscation des matières prohibées, et une amende de 1,000 fr. (*Art.* 36 *de la loi du* 13 *fruct. an* v.)

L'amende de 3,000 fr. portée contre les fabricants et détenteurs non autorisés de poudre de guerre n'est point applicable aux fabricants ou détenteurs de cartouches ou munitions de guerre. (*Cass.*, 23 *sept.* 1835 *et* 15 *juin* 1839.)

Cette question est longuement traitée dans le *Formulaire des procès-verbaux* de 1881 et dans le *Manuel des contributions indirectes et des douanes*, par M. K., avocat.

PRÉFETS ET SOUS-PRÉFETS.

La gendarmerie a des relations habituelles avec l'autorité administrative. C'est par la gendarmerie que les préfets et sous-préfets sont instruits avec célérité des événements qui peuvent compromettre la tranquillité générale. La plus grande confiance doit s'établir entre les préfets et les commandants de compagnie et entre les sous-préfets et les commandants d'arrondissement. Des conférences répétées, précédant les mesures officielles, atteignent facilement le but auquel on se propose d'arriver.

Les préfets transmettent aux commandants de compagnie les réquisitions de transfèrement pour les prisonniers jugés (V. *Prisons*) et les signalements des forçats libérés et des autres individus mis sous la surveillance de la police. Les registres signalétiques de la préfecture doivent être en parfaite concordance avec ceux du commandant de compagnie. Le préfet informe le commandant de compagnie des mutations qui s'opèrent par son ordre, comme le commandant de compagnie avertit le préfet de la disparition des individus en surveillance qui rompent leur ban.

- Les communications des préfets et sous-préfets avec les commandants de gendarmerie ayant un objet déterminé de service, et les réquisitions ayant toujours lieu par écrit (*art.* 91, 96 *et* 103 *du décret du* 1er *mars* 1854), la gendarmerie n'est pas dans l'obligation de se déplacer chaque jour pour s'informer du service qui pourrait être requis; mais, dans les cas extraordinaires, les chefs doivent, par zèle, prévenir les demandes des autorités et se rendre chez elles en uniforme aussi fréquemment que les circonstances peuvent l'exiger. (*Circ. du* 10 *avril* 1821.)

Les préfets et sous-préfets peuvent appeler auprès d'eux les commandants de gendarmerie toutes les fois qu'ils jugent utile de conférer sur des objets de service; les commandants s'y rendent en uniforme. (*Art.* 103 *du décret du* 1er *mars* 1854. — V. *Police judiciaire.*)

La gendarmerie communique sur-le-champ à l'autorité administrative les renseignements qu'elle reçoit et qui intéressent l'ordre public; les préfets et sous-préfets lui font également les communications et les réquisitions utiles au bien du service. En conséquence, les commandants de compagnie adressent, chaque jour, aux préfets, les renseignements que leur fournit la correspondance des brigades, lorsqu'ils ont pour objet le maintien de l'ordre et qu'ils peuvent donner lieu à des mesures de précaution ou de répression. Les mêmes rapports sont adressés aux sous-préfets par les commandants d'arrondissement. (*Art.* 110 *dudit décret.*) Les commandants d'arrondissement adressent en outre, tous les cinq jours, aux sous-préfets, un tableau contenant une simple indication de tous les délits et de toutes les arrestations dont la connaissance leur est parvenue par les rapports des brigades. Ce tableau, en ce qui concerne l'arrondissement du chef-lieu de chaque département, est envoyé au préfet par le commandant de la compagnie. (*Art.* 111 *dudit décret.*) Les commandants de compagnie et les commandants d'arrondissement ne sont pas tenus de fournir des rapports négatifs lorsque la correspondance des brigades ne donne lieu à aucune communication. (*Art.* 112 *dudit décret.* — V. *Rapports à fournir.*)

Les préfets n'ont pas le droit de déplacer des brigades, sans ordre du ministre, pour les replacer sur un autre point du département; mais, dans le cas où la tranquillité serait menacée, les préfets peuvent faire mouvoir la gendarmerie, comme administrateurs chargés de la police administrative et comme officiers de police auxiliaires. Ils se concertent alors avec l'officier général commandant la région ou la subdivision de région, s'il est présent, et avec l'officier le plus élevé en grade de la gendarmerie en résidence au chef-lieu du département, et ils peuvent ordonner la réunion, sur le point menacé, du nombre de brigades nécessaire au rétablissement de l'ordre. Il en est rendu compte sur-le-champ au ministre de l'intérieur par le préfet, et au ministre de la guerre par l'officier général. (*Art.* 113 *dudit décret.*) Dans les conférences qui précèdent les mesures à prendre, les officiers de gendarmerie ne sont point appelés à discuter sur la nécessité de celles que les préfets ont à prescrire; ils ont à désigner seulement les points qui ne pourraient être dégarnis sans danger et à communiquer tous les renseignements convenables, tant sur la force des brigades disponibles et leur formation en détachements que sur les moyens de suppléer au service de ces brigades pendant leur absence momentanée. (*Circ. du* 10 *avril* 1821.)

Dans les cas urgents, les sous-préfets peuvent requérir du commandant d'arrondissement le rassemblement de plusieurs brigades, à la charge par eux d'en informer sur-le-champ le préfet du département, qui, pour les mesures ultérieures, se concerte avec l'officier général et le chef de la gendarmerie. (*Art.* 117 *du décret du* 1er *mars* 1854.)

Si des brigands attroupés, organisés en bandes, apparaissent spontanément sur quelques points du département, les officiers de gendarmerie ne doivent pas attendre la réquisition des préfets pour réunir des détachements de gendarmerie. Il est de leur devoir de se mettre, à l'instant même, à la poursuite des brigands, en réunissant des gendarmes de plusieurs brigades. Ils en rendent compte aux autorités civiles et militaires du département par la voie la plus prompte.

La gendarmerie doit rendre les honneurs aux préfets, lorsqu'ils viennent prendre possession de leur préfecture et lors de leur première tournée dans le département, ainsi qu'à l'entrée et à la sortie des locaux où se tiennent les opérations du conseil de révision. (V. *Honneurs à rendre, Cérémonies publiques.*)

Une escorte d'honneur doit être fournie aux préfets par la gendarmerie, lorsqu'ils font leurs tournées administratives, et qu'ils la requièrent. Cette escorte est composée comme il est dit à la page 61.

Les sous-préfets n'ont pas le même droit : du moins, les règlements sont muets à cet égard.

Les officiers de gendarmerie ne sont pas tenus de se rendre chez le préfet pour l'accompagner à une cérémonie publique. Ils ne doivent le faire que si, dans leur résidence, il n'existe pas de chef militaire supérieur commandant la région ou subdivision de région. S'il s'en trouve un, ils sont dans l'obligation de se rendre auprès de l'autorité militaire pour l'accom-

pagner chez la personne qui doit occuper le premier rang dans la cérémonie. (V. *Cérémonies publiques*.)

Les préfets doivent être informés par les chefs de légion des nominations et changements de résidence concernant les officiers et les chefs de
brigade de gendarmerie en résidence dans la circonscription de leur département. Cet avis est établi d'après le modèle annexé à la circulaire du
5 décembre 1879. (V. *Formules*.)

Les préfets et sous-préfets doivent rendre les visites officielles en uniforme. (*Circ. du min. de l'int. de* 1874.)

PRESCRIPTION.

Des crimes, délits, contraventions, jugements et arrêts.

Au delà des délais indiqués ci-après, la connaissance ou la constatation
des crimes, délits et contraventions ne peut plus donner lieu à des poursuites contre leurs auteurs; il en est de même pour l'exécution des jugements et arrêts dont les effets deviennent nuls. L'action publique est
éteinte et l'on dit alors que les uns et les autres sont prescrits ou simplement qu'il y a *prescription*.

La prescription est acquise, pour les contraventions, après un an; pour
les délits, après trois ans; et pour les crimes, après dix ans. (*Art.* 637,
638, 640 *du Code d'instr. crim.*)

Pour les crimes et délits les délais de prescription se comptent à partir
de la date à laquelle l'instruction a été close. Il existe toutefois à ces règles générales les exceptions suivantes :

Les délits ruraux se prescrivent par le délai d'un mois (*loi des* 28 *sept.-
6 oct.* 1791); les délits forestiers, par le délai de trois mois lorsque le délinquant est connu, et par celui de six mois lorsqu'il est inconnu (*art.* 185
du Code forestier); les délits en matière de pêche, par le délai d'un mois,
à partir de la constatation, si le délinquant est connu, par celui de trois
mois s'il est inconnu (*art.* 62 *de la loi du* 15 *avril* 1829); les délits de
chasse, par le délai de trois mois (*loi du* 3 *mai* 1844); les délits de grande
voirie, par le délai d'un mois (*art.* 26 *de la loi du* 14 *brum. an* VII; *lois
des* 22 *sept.*-29 *oct.* 1790, 20 *sept.*-12 *oct.* 1791); et les contraventions
de la compétence des conseils de préfecture par le délai de six mois. (*Art.*
26 *de la loi du* 30 *mai* 1851.) Le crime commis par un enfant âgé de
moins de dix ans, n'étant passible que de peines correctionnelles, se prescrit par trois ans. (*Cass.*, 22 *mai* 1841; 21 *août* 1864.)

Les délais pour la prescription des peines portées par tous arrêts ou jugements en matière de police simple ou correctionnelle et en matière criminelle sont de :

Deux ans pour les contraventions, cinq ans pour les délits, vingt ans
pour les crimes. (*Art.* 635, 636, 639 *du Code d'instr. crim.*)

En matière de roulage, le recouvrement des amendes se prescrit par
une année à compter de la date de l'arrêt ou de la décision du Conseil
d'Etat s'il y a un pourvoi devant ledit Conseil. (*Art.* 27 *de la loi précitée*.)

Les dispositions du chapitre V du titre VII du livre II du Code d'instruction criminelle, relatives à la prescription, sont applicables à l'action
publique résultant d'un crime ou délit de la compétence des juridictions

militaires, ainsi qu'aux peines résultant des jugements rendus par ces tribunaux. (V. *Annexe, n° 9.*)

Toutefois, la prescription contre l'action publique résultant de l'insoumission ou de la désertion ne commence à courir que du jour où l'insoumis ou le déserteur a atteint l'âge de quarante-sept ans. (*Limite d'âge fixée par l'art.* 11 *de la loi du* 26 *avril* 1855.)

A quelque époque que l'insoumis ou le déserteur soit arrêté, il est mis à la disposition du ministre de la guerre pour compléter, s'il y a lieu, le temps de service qu'il doit encore à l'Etat. (*Art.* 184 *du Code de justice militaire.*)

PRESSE.

La gendarmerie concourt à l'exécution des lois, en constatant les crimes, délits et contraventions de toute nature ; mais c'est à elle surtout qu'il appartient de veiller à ce que l'esprit de faction et de révolte ne trouble pas l'ordre établi. Elle est appelée, à ce titre, à constater les infractions aux lois sur la presse. Elle doit signaler avec fermeté toute offense à la personne du Président de la République, faire respecter la Constitution et livrer aux tribunaux tout écrit qui porterait atteinte aux bonnes mœurs ou aux principes constitutifs de l'ordre social.

La loi du 29 juillet 1881 a abrogé les édits, lois, décrets, ordonnances, arrêtés, règlements, déclarations généralement quelconques, relatifs à l'imprimerie, à la librairie, à la presse périodique ou non périodique, au colportage, à l'affichage, à la vente sur la voie publique et aux crimes et délits prévus par les lois sur la presse, et les autres moyens de publication, sans que puissent revivre les dispositions abrogées par les lois antérieures. (*Art.* 68 *de ladite loi.*)

Toutefois, les délits qui sont prévus par des lois spéciales et qui n'entrent pas dans les prévisions de la loi précitée sont maintenus, à moins qu'ils ne se relient à ceux qui ont été abrogés d'une manière si étroite qu'ils ne puissent en être séparés.

Parmi les dispositions qui doivent être incontestablement considérées comme maintenues figurent, en première ligne, les délits prévus par les art. 222 à 227, 201 à 206, 260 à 264, 419 et 420 du Code pénal.

Les délits ainsi maintenus comme se rattachant à des lois spéciales demeurent soumis aux juridictions de droit commun.

L'abrogation générale de l'art. 68 ne porte pas atteinte aux lois qui régissent la propriété littéraire, artistique ou industrielle, non plus qu'aux nombreuses dispositions des lois fiscales concernant l'imprimerie et la presse.

Des dispositions de la loi précitée du 29 juillet 1881, il résulte que les crimes, délits, infractions et contraventions à constater se résument dans les trois catégories suivantes relevant soit des Cours d'assises, soit des tribunaux correctionnels, soit des tribunaux de simple police.

CRIMES ET DÉLITS DE LA COMPÉTENCE DE LA COUR D'ASSISES.

1° La provocation aux crimes ou délits suivie d'effet;

2° La provocation, non suivie d'effets, aux crimes de meurtre, de pillage ou d'incendie, aux crimes contre la sûreté de l'Etat;

3° Les cris ou chants séditieux ;

4° La provocation aux militaires pour les détourner de leurs devoirs ;

5° L'offense au Président de la République ;

6° La publication de fausses nouvelles ayant troublé la paix publique ;

7° L'outrage aux bonnes mœurs ;

8° La diffamation et l'injure ;

9° L'offense et l'outrage envers les chefs d'Etats ou agents diplomatiques étrangers.

Provocation aux crimes et délits.

Seront punis comme complices d'une action qualifiée crime ou délit ceux qui, soit par des discours, cris ou menaces proférés dans des lieux ou réunions publics, soit par des écrits, des imprimés vendus ou distribués, mis en vente ou exposés dans des lieux ou réunions publics, soit par des placards ou affiches, exposés au regard du public, auront directement provoqué l'auteur ou les auteurs à commettre ladite action, si la provocation a été suivie d'effet

Cette disposition sera également applicable lorsque la provocation n'aura été suivie que d'une tentative de crime prévue par l'art. 2 du Code pénal. (*Art.* 23.)

Ceux qui, par les moyens énoncés en l'article précédent, auront directement provoqué à commettre les crimes de meurtre, de pillage et d'incendie, ou l'un des crimes contre la sûreté de l'Etat prévus par les art. 75 et suivants jusques et y compris l'art. 101 du Code pénal, seront punis, dans le cas où cette provocation n'aurait pas été suivie d'effet, de trois mois à deux ans d'emprisonnement et de 100 fr. à 3,000 fr. d'amende.

Tous cris ou chants séditieux proférés dans des lieux ou réunions publics seront punis d'un emprisonnement de six jours à un mois et d'une amende de 16 fr. à 500 fr., ou de l'une de ces deux peines seulement. (*Art.* 24.)

Toute provocation par l'un des moyens énoncés en l'art. 23, adressée à des militaires des armées de terre ou de mer, dans le but de les détourner de leurs devoirs militaires et de l'obéissance qu'ils doivent à leurs chefs dans tout ce qu'ils leur commandent pour l'exécution des lois et règlements militaires, sera punie d'un emprisonnement d'un à six mois et d'une amende de 16 fr. à 100 fr. (*Art.* 25.)

Délits contre la chose publique.

L'offense au Président de la République par l'un des moyens énoncés dans l'art. 23 et dans l'art. 28 est punie d'un emprisonnement de trois mois à un an et d'une amende de 100 fr. à 3,000 fr., ou de l'une de ces deux peines seulement. (*Art.* 26.)

La publication ou reproduction de nouvelles fausses, de pièces fabriquées, falsifiées ou mensongèrement attribuées à des tiers, sera punie d'un emprisonnement d'un mois à un an et d'une amende de 50 fr. à 1,000 fr., ou de l'une de ces deux peines seulement, lorsque la publication ou reproduction aura troublé la paix publique et qu'elle aura été faite de mauvaise foi. (*Art.* 27.)

Délits contre les personnes.

Toute allégation ou imputation d'un fait qui porte atteinte à l'honneur ou à la considération de la personne ou du corps auquel le fait est imputé est une diffamation.

Toute expression outrageante, terme de mépris ou invective qui ne renferme l'imputation d'aucun fait est une injure. (*Art.* 29.)

La diffamation commise par l'un des moyens énoncés en l'art. 23 et en l'art. 28, envers les cours, les tribunaux, les armées de terre ou de mer, les corps constitués et les administrations publiques, sera punie d'un emprisonnement de huit jours à un an et d'une amende de 100 fr. à 3,000 fr., ou de l'une de ces deux peines seulement. (*Art.* 30.)

Sera punie de la même peine la diffamation commise par les mêmes moyens, à raison de leurs fonctions ou de leur qualité, envers un ou plusieurs membres du ministère, un ou plusieurs membres de l'une ou de l'autre Chambre, un fonctionnaire public, un dépositaire ou agent de l'autorité publique, un ministre de l'un des cultes salariés par l'Etat, un citoyen chargé d'un service ou d'un mandat public temporaire ou permanent, un juré ou un témoin, à raison de sa déposition. (*Art.* 31.)

Les art. 29, 30 et 31 ne seront applicables aux diffamations ou injures dirigées contre la mémoire des morts que dans les cas où les auteurs de ces diffamations ou injures auraient eu l'intention de porter atteinte à l'honneur ou à la considération des héritiers vivants.

Ceux-ci pourront toujours user du droit de réponse prévu par l'art. 13. (*Art.* 34.)

La vérité du fait diffamatoire, mais seulement quand il est relatif aux fonctions, pourra être établie par les voies ordinaires, dans le cas d'imputations contre les corps constitués, les armées de terre ou de mer, les administrations publiques et contre toutes les personnes énumérées dans l'art. 31.

La vérité des imputations diffamatoires et injurieuses pourra être également établie contre les directeurs ou administrateurs de toute entreprise industrielle, commerciale ou financière, faisant publiquement appel à l'épargne ou au crédit.

Dans les cas prévus par les deux paragraphes précédents, la preuve contraire est réservée. Si la preuve du fait diffamatoire est rapportée, le prévenu sera renvoyé des fins de la plainte.

Dans toute autre circonstance et envers toute autre personne non qualifiée, lorsque le fait imputé est l'objet de poursuites commencées à la requête du ministère public, ou d'une plainte de la part du prévenu, il sera, durant l'instruction qui devra avoir lieu, sursis à la poursuite et au jugement du délit de diffamation. (*Art.* 35.)

Délits contre les chefs d'Etats et agents diplomatiques étrangers.

L'offense commise publiquement envers les chefs d'Etats étrangers sera punie d'un emprisonnement de trois mois à un an et d'une amende de 100 fr. à 3,000 fr., ou de l'une de ces deux peines seulement. (*Art.* 36.)

L'outrage commis publiquement envers les ambassadeurs et ministres plénipotentiaires, envoyés, chargés d'affaires ou autres agents diplomatiques accrédités près du gouvernement de la République, sera puni d'un emprisonnement de huit jours à un an et d'une amende de 50 fr. à 2,000 fr., ou de l'une de ces deux peines seulement. (*Art.* 37.)

De la procédure. — Cour d'assises.

La poursuite des crimes et délits commis par la voie de la presse ou par tout autre moyen de publication aura lieu d'office et à la requête du ministère public, sous les modifications suivantes :

1° Dans le cas d'injure ou de diffamation envers les cours, tribunaux et autres corps indiqués en l'art. 30, la poursuite n'aura lieu que sur une délibération prise par eux en assemblée générale, et requérant les poursuites, ou, si le corps n'a pas d'assemblée générale, sur la plainte du chef du corps ou du ministre duquel ce corps relève ;

2° Dans le cas d'injure ou de diffamation envers un ou plusieurs membres de l'une ou de l'autre Chambre, la poursuite n'aura lieu que sur la plainte de la personne ou des personnes intéressées ;

3° Dans le cas d'injure ou de diffamation envers les fonctionnaires publics, les dépositaires ou agents de l'autorité publique autres que les ministres, envers les ministres des cultes salariés par l'Etat et les citoyens chargés d'un service ou d'un mandat public, la poursuite aura lieu, soit sur leur plainte, soit d'office, sur la plainte du ministre dont ils relèvent ;

4° Dans le cas de diffamation envers un juré ou un témoin, délit prévu par l'art. 31, la poursuite n'aura lieu que sur la plainte du juré ou du témoin qui se prétendra diffamé ;

5° Dans le cas d'offense envers les chefs d'Etats ou d'outrage envers les agents diplomatiques étrangers, la poursuite aura lieu soit à leur requête, soit d'office, sur leur demande adressée au ministre des affaires étrangères et par celui-ci au ministre de la justice ;

6° Dans les cas prévus par les paragraphes 3 et 4 du présent article, le droit de citation directe devant la Cour d'assises appartiendra à la partie lésée.

Sur sa requête, le président de la Cour d'assises fixera les jours et heures auxquels l'affaire sera appelée. (*Art.* 47.)

INFRACTIONS DE LA COMPÉTENCE DU TRIBUNAL CORRECTIONNEL.

1° Omission du dépôt des imprimés (*Art.* 3, 4 *et* 9) ;

2° Défaut de gérance (*Art.* 6, 7 *et* 9) ;

3° Omission ou irrégularité de la déclaration des journaux ou écrits périodiques (*Art.* 7, 8 *et* 9) ;

4° Omission ou irrégularité de la déclaration des mutations (*Art.* 7 *et* 9) ;

5° Omission du dépôt des journaux ou écrits périodiques (*Art.* 10) ;

6° Omission de l'impression du nom du gérant au bas des exemplaires (*Art.* 11) ;

7° Défaut ou irrégularité de l'insertion des rectifications des dépositaires de l'autorité publique (*Art.* 12) ;

8° Défaut ou irrégularité de l'insertion des réponses des particuliers (*Art.* 13) ;

9° Mise en vente ou distribution des journaux étrangers dont la circulation est interdite (*Art.* 14) ;

10° Lacération ou altération d'affiches administratives par un fonctionnaire public (*Art.* 17, § 2) ;

11° Lacération ou altération d affiches électorales par un fonctionnaire public (*Art.* 17, § 4);

12° Outrages aux bonnes mœurs par dessins, gravures, peintures, emblèmes ou images obscènes (*Art.* 28, § 2);

La loi du 2 août 1882 punit d'un emprisonnement de un mois à deux ans et d'une amende de 16 à 3.000 fr. quiconque aura commis le délit d'outrage aux bonnes mœurs par la vente, l'offre, l'affichage ou la distribution d'écrits obscènes. Cette loi a été rendue applicable aux colonies françaises par décret du 6 mars 1883.

13° Diffamations envers les particuliers (*Art.* 32 *de la loi précitée du* 29 *juill.* 1881);

14° Injures envers les particuliers (*Art.* 33, § 2);

15° Publication des actes de procédure criminelle et correctionnelle avant qu'ils aient été lus en audience publique (*Art.* 38);

16° Comptes-rendus des procès en diffamation où la preuve n'est pas autorisée (*Art.* 39);

17° Comptes-rendus interdits par les tribunaux (*Art.* 39);

18° Comptes-rendus des délibérations des jurys des Cours et tribunaux (*Art.* 39);

19° Ouverture ou annonce publique de souscriptions pour indemniser des condamnations criminelles ou correctionnelles (*Art.* 40).

Les procès-verbaux qui constatent ces contraventions sont visés pour timbre et remis au ministère public.

La loi ne s'explique pas sur la compétence; c'est donc celle du droit commun.

Imprimerie et librairie.

L'imprimerie et la librairie sont librés. (*Art.* 1er.)

Au moment de la publication de tout imprimé, il en sera fait, par l'imprimeur, sous peine d'une amende de 16 fr. à 300 fr., un dépôt de deux exemplaires, destinés aux collections nationales.

Ce dépôt sera fait : au ministère de l'intérieur, pour Paris ; à la préfecture, pour les chefs-lieux de département ; à la sous-préfecture, pour les chefs-lieux d'arrondissement, et pour les autres villes, à la mairie.

L'acte de dépôt mentionnera le titre de l'imprimé et le chiffre du tirage.

Sont exceptés de cette disposition les bulletins de vote, les circulaires commerciales ou industrielles et les ouvrages dits de ville ou bilboquets. (*Art.* 3.)

Les dispositions qui précèdent sont applicables à tous les genres d'imprimés ou de reproductions destinés à être publiés.

Toutefois, le dépôt prescrit par l'article précédent sera de trois exemplaires pour les estampes, la musique et en général les reproductions autres que les imprimés. (*Art.* 4.)

Presse périodique.

Tout journal ou écrit périodique peut être publié, sans autorisation préalable et sans dépôt de cautionnement, après la déclaration prescrite par l'art. 7. (*Art.* 5.)

Tout journal ou écrit périodique aura un gérant.

Le gérant devra être Français, majeur, avoir la jouissance de ses droits civils et n'être privé de ses droits civiques par aucune condamnation judiciaire. (*Art.* 6.)

Avant la publication de tout journal ou écrit périodique, il sera fait au parquet du procureur de la République une déclaration contenant :

1° Le titre du journal ou écrit périodique et son mode de publication ;

2° Le nom et la demeure du gérant ;

3° L'indication de l'imprimerie où il doit être imprimé.

Toute mutation dans les conditions ci-dessus énumérées sera déclarée dans les cinq jours qui suivront. (*Art.* 7.)

Les déclarations seront faites par écrit, sur papier timbré, et signées des gérants. Il en sera donné récépissé. (*Art.* 8.)

En cas de contravention aux dispositions prescrites par les art. 6, 7, 8, le propriétaire, le gérant, ou, à défaut, l'imprimeur, seront punis d'une amende de 50 fr. à 500 fr.

Le journal ou écrit périodique ne pourra continuer sa publication qu'après avoir rempli les formalités ci-dessus prescrites, à peine, si la publication irrégulière continue, d'une amende de 100 fr., prononcée solidairement contre les mêmes personnes, pour chaque numéro publié à partir du jour de la prononciation du jugement de condamnation, si ce jugement est contradictoire, et du troisième jour qui suivra sa notification, s'il a été rendu par défaut ; et ce, nonobstant opposition ou appel, si l'exécution provisoire est ordonnée.

Le condamné, même par défaut, peut interjeter appel. Il sera statué par la Cour dans le délai de trois jours. (*Art.* 9.)

Au moment de la publication de chaque feuille ou livraison du journal ou écrit périodique, il sera remis au parquet du procureur de la République, ou à la mairie dans les villes où il n'y a pas de tribunal de première instance, deux exemplaires signés du gérant.

Pareil dépôt sera fait au ministère de l'intérieur, pour Paris et le département de la Seine, et, pour les autres départements, à la préfecture, à la sous-préfecture, ou à la mairie, dans les villes qui ne sont ni chefs-lieux de département, ni chefs-lieux d'arrondissement.

Chacun de ces dépôts sera effectué sous peine de 50 fr. d'amende contre le gérant. (*Art.* 10.)

Le nom du gérant sera imprimé au bas de tous les exemplaires, à peine contre l'imprimeur de 16 fr. à 100 fr. d'amende par chaque numéro publié en contravention de la présente disposition (*Art.* 11.)

Rectifications.

Le gérant sera tenu d'insérer gratuitement, en tête du plus prochain numéro du journal ou écrit périodique, toutes les rectifications qui lui seront adressées par un dépositaire de l'autorité publique, au sujet des actes de sa fonction qui auront été inexactement rapportés par ledit journal ou écrit périodique.

Toutefois, ces rectifications ne dépasseront pas le double de l'article auquel elles répondront.

En cas de contravention, le gérant sera puni d'une amende de 100 fr. à 1,000 fr. (*Art.* 12.)

Le gérant sera tenu d'insérer dans les trois jours de leur réception ou dans le plus prochain numéro, s'il n'en était pas publié avant l'expiration des trois jours, les réponses de toute personne nommée ou désignée dans le journal ou écrit périodique, sous peine d'une amende de 50 à 500 fr., sans préjudice des autres peines et dommages-intérêts auxquels l'article pourrait donner lieu.

Cette insertion devra être faite à la même place et en mêmes caractères que l'article qui l'aura provoquée.

Elle sera gratuite, lorsque les réponses ne dépasseront pas le double de la longueur dudit article. Si elles le dépassent, le prix d'insertion sera dû pour le surplus seulement. Il sera calculé au prix des annonces judiciaires. (*Art.* 13.)

Journaux ou écrits périodiques étrangers.

La circulation en France des journaux ou écrits périodiques publiés à l'étranger ne pourra être interdite que par une décision spéciale délibérée en conseil des ministres.

La circulation d'un numéro peut être interdite par une décision du ministre de l'intérieur.

La mise en vente ou la distribution, faite sciemment au mépris de l'interdiction, sera punie d'une amende de 50 fr. à 500 fr. (*Art.* 14.)

Nota. Les faits prévus par les 1er et 2e paragraphes de cet article sont des contraventions de la compétence du tribunal de simple police ; mais s'il ont été commis par des fonctionnaires ils tombent sous la juridiction correctionnelle. (*Art.* 17, 2° *et* 4° §§.)

L'outrage aux bonnes mœurs commis par l'un des moyens énoncés en l'art. 23 sera puni d'un emprisonnement de un mois à deux ans et d'une amende de 16 fr. à 2,000 fr.

Les mêmes peines seront applicables à la mise en vente, à la distribution ou à l'exposition de dessins, gravures, peintures, emblèmes ou images obscènes. Les exemplaires de ces dessins, gravures, peintures, emblèmes ou images obscènes exposés au regard du public, mis en vente, colportés ou distribués seront saisis. (*Art.* 28.)

La diffamation commise envers les particuliers par l'un des moyens énoncés en l'art. 23 et en l'art. 28, sera punie d'un emprisonnement de cinq jours à six mois et d'une amende de 25 fr. à 2,000 fr., ou de l'une de ces deux peines seulement. (*Art.* 32.)

L'injure, commise par les mêmes moyens envers les corps ou les personnes désignées par les art. 30 et 31 de la présente loi, sera punie d'un emprisonnement de six jours à trois mois et d'une amende de 18 fr. à 500 fr., ou de l'une de ces deux peines seulement.

L'injure commise de la même manière envers les particuliers, lorsqu'elle n'aura pas été précédée de provocation, sera punie d'un emprisonnement de cinq jours à deux mois et d'une amende de 16 fr. à 300 fr., ou de l'une de ces deux peines seulement.

Si l'injure n'est pas publique, elle ne sera punie que de la peine prévue par l'art. 471 du Code pénal (1). (*Art.* 33.)

(1) Le fait prévu par ce dernier paragraphe est une contravention. (V. *plus loin,* p. 530.)

Publications interdites, immunités de la défense.

Il est interdit de publier les actes d'accusation et tous autres actes de procédure criminelle ou correctionnelle avant qu'ils aient été lus en audience publique, et ce, sous peine d'une amende de 50 fr. à 1,000 fr. (*Art.* 38.)

Il est interdit de rendre compte des procès en diffamation où la preuve des faits diffamatoires n'est pas autorisée. La plainte seule pourra être publiée par le plaignant. Dans toute affaire civile, les cours et tribunaux pourront interdire le compte-rendu du procès. (*Art.* 39.)

Ces interdictions ne s'appliqueront pas aux jugements, qui pourront toujours être publiés.

Il est également interdit de rendre compte des délibérations intérieures, soit des jurys, soit des cours et tribunaux.

Toute infraction à ces dispositions sera punie d'une amende de 100 fr. à 2,000 fr.

Il est interdit d'ouvrir ou d'annoncer publiquement des souscriptions ayant pour objet d'indemniser des amendes, frais et dommages-intérêts prononcés par des condamnations judiciaires, en matière criminelle et correctionnelle, sous peine d'un emprisonnement de huit jours à six mois et d'une amende de 100 fr. à 1,000 fr., ou de l'une de ces deux peines seulement. (*Art.* 40.)

Ne donneront ouverture à aucune action les discours tenus dans le sein de l'une des deux Chambres, ainsi que les rapports ou toutes autres pièces imprimées par ordre de l'une des deux Chambres.

Ne donnera lieu à aucune action le compte-rendu des séances publiques des deux Chambres, fait de bonne foi dans les journaux.

Ne donneront lieu à aucune action en diffamation, injure ou outrage, ni le compte-rendu fidèle fait de bonne foi des débats judiciaires, ni les discours prononcés ou les écrits produits devant les tribunaux.

Pourront néanmoins les juges, saisis de la cause et statuant sur le fond, prononcer la suppression des discours injurieux, outrageants ou diffamatoires, et condamner qui il appartiendra à des dommages-intérêts. Les juges pourront aussi, dans le même cas, faire des injonctions aux avocats et officiers ministériels et même les suspendre de leurs fonctions. La durée de cette suspension ne pourra excéder deux mois, et six mois en cas de récidive dans l'année.

Pourront toutefois les faits diffamatoires étrangers à la cause donner ouverture, soit à l'action publique, soit à l'action civile des parties, lorsque ces actions leur auront été réservées par les tribunaux, et, dans tous les cas, à l'action civile des tiers. (*Art.* 41.)

CONTRAVENTIONS. — TRIBUNAL DE SIMPLE POLICE.

1° Omission du nom et du domicile de l'imprimeur (*Art.* 2);

2° Affichage sur les lieux réservés aux affiches des actes de l'autorité publique (*Art.* 15);

3° Impression d'affiches sur papier blanc (*Art.* 15);

4° Lacération ou altération d'affiches administratives (*Art.* 17, § 1er);

5° Lacération ou altération d'affiches électorales (*Art.* 17, § 3);

6° Omission ou fausseté de la déclaration de colportage (*Art.* 21);

7° Défaut de présentation du récépissé (*Art.* 21);

8° Injures non publiques. (*Art.* 33, § 3).

Les procès-verbaux constatant ces contraventions sont visés pour timbre et remis au ministère public près le tribunal de simple police.

Colportage et vente sur la voie publique.

Quiconque voudra exercer la profession de colporteur ou de distributeur sur la voie publique, ou en tout autre lieu public ou privé, de livres, écrits, brochures, journaux, dessins, gravures, lithographies et photographies, sera tenu d'en faire la déclaration à la préfecture du département où il a son domicile.

Toutefois, en ce qui concerne les journaux et autres feuilles périodiques, la déclaration pourra être faite, soit à la mairie de la commune dans laquelle doit se faire la distribution, soit à la sous-préfecture. Dans ce dernier cas, la déclaration produira son effet pour toutes les communes de l'arrondissement. (*Art.* 18.)

La déclaration contiendra les nom, prénoms, profession, domicile, âge et lieu de naissance du déclarant.

Il sera délivré immédiatement et sans frais au déclarant un récépissé de sa déclaration. (*Art.* 19.)

La distribution et le colportage accidentels ne sont assujettis à aucune déclaration. (*Art.* 20.)

L'exercice de la profession de colporteur ou de distributeur sans déclaration préalable, la fausseté de la déclaration, le défaut de présentation à toute réquisition du récépissé constituent des contraventions.

Les contrevenants seront punis d'une amende de 5 à 15 fr. et pourront l'être, en outre, d'un emprisonnement d'un à cinq jours.

En cas de récidive ou de déclaration mensongère, l'emprisonnement sera nécessairement prononcé. (*Art.* 21.)

Les colporteurs et distributeurs pourront être poursuivis conformément au droit commun, s'ils ont sciemment colporté ou distribué des livres, écrits, brochures, journaux, dessins, gravures, lithographies et photographies présentant un caractère délictueux, sans préjudice des cas prévus à l'art. 42. (*Art.* 22.)

Le fait d'injure non publique, mentionné au paragraphe 3 de cet article, inséré plus haut, est de la compétence du tribunal de simple police. (*Art.* 33.)

POLICE CORRECTIONNELLE ET SIMPLE POLICE.

La poursuite devant les tribunaux correctionnels et de simple police aura lieu conformément aux dispositions du chapitre II du titre Ier du livre II du Code d'instruction criminelle, sauf les modifications suivantes :

1° Dans le cas de diffamation envers les particuliers, prévu par l'art. 32, et dans le cas d'injure, prévu par l'art. 33, paragraphe 2, la poursuite n'aura lieu que sur la plainte de la personne diffamée ou injuriée;

2° En cas de diffamation ou d'injure pendant la période électorale contre un candidat à une fonction élective, le délai de la citation sera réduit à vingt-quatre heures, outre le délai de distance ;

3° La citation précisera et qualifiera le fait incriminé ; elle indiquera le texte de loi applicable à la poursuite, le tout à peine de nullité de ladite poursuite.

Sont applicables au cas de poursuite et de condamnation les dispositions de l'art. 48 de la présente loi.

Le désistement du plaignant arrêtera la poursuite commencée. (*Art.* 60.)

Imprimerie et librairie.

Tout imprimé rendu public, à l'exception des ouvrages dits de ville ou bilboquets, portera l'indication du nom et du domicile de l'imprimeur, à peine, contre celui-ci, d'une amende de 5 fr. à 15 fr.

La peine de l'emprisonnement pourra être prononcée si, dans les douze mois précédents, l'imprimeur a été condamné pour contravention de même nature. (*Art.* 2.)

Affichage.

La profession d'afficheur est entièrement libre ; elle n'est assujettie à l'accomplissement d'aucune formalité. (*Circ. du garde des sceaux du 9 nov.* 1881.)

Dans chaque commune, le maire désignera, par arrêté, les lieux exclusivement destinés à recevoir les affiches des lois et autres actes de l'autorité publique.

Il est interdit d'y placarder des affiches particulières.

Les affiches des actes émanés de l'autorité seront seules imprimées sur papier blanc.

Toute contravention aux dispositions du présent article sera punie des peines portées en l'art. 2. (*Art.* 15.)

Les professions de foi, circulaires et affiches électorales pourront être placardées, à l'exception des emplacements réservés par l'article précédent, sur tous les édifices publics autres que les édifices consacrés aux cultes, et particulièrement aux abords des salles de scrutins. (*Art.* 16.)

Ceux qui auront enlevé, déchiré, recouvert ou altéré par un procédé quelconque, de manière à les travestir ou à les rendre illisibles, des affiches apposées par ordre de l'administration dans les emplacements à ce réservés, seront punis d'une amende de 5 fr. à 15 fr.

Si le fait a été commis par un fonctionnaire ou un agent de l'autorité publique, la peine sera d'une amende de 16 fr. à 100 fr. et d'un emprisonnement de six jours à un mois, ou de l'une de ces deux peines seulement.

Seront punis d'une amende de 5 fr. à 15 fr. ceux qui auront enlevé, déchiré, recouvert ou altéré par un procédé quelconque, de manière à les travestir ou à les rendre illisibles, des affiches électorales émanant de simples particuliers, apposées ailleurs que sur les propriétés de ceux qui auront commis cette lacération ou altération.

La peine sera d'une amende de 16 fr. à 100 fr. et d'un emprisonnement de six jours à un mois, ou de l'une de ces deux peines seulement, si le fait a été commis par un fonctionnaire ou agent de l'autorité publique, à moins que les affiches n'aient été apposées dans les emplacements réservés par l'art. 15. (*Art.* 17.) Une circulaire du 7 juillet 1882 indique les édifices sur lesquels les affiches peuvent être apposées.

Nota. Le fait prévu par les deuxième et quatrième paragraphe de l'art. 17 est de la compétence du tribunal correctionnel.

PRESCRIPTIONS.

L'action publique et l'action civile résultant des crimes, délits et contraventions prévus par la présente loi se prescriront après trois mois révolus, à compter du jour où ils auront été commis, ou du jour du dernier acte de poursuite, s'il en a été fait.

Les prescriptions commencées à l'époque de la publication de la présente loi, et pour lesquelles il faudrait encore, suivant les lois existantes, plus de trois mois à compter de la même époque, seront, par ce laps de trois mois, définitivement accomplies. (*Art.* 65.)

ABROGATION DE DIVERS DÉLITS DE PRESSE.

L'art. 68 ayant abrogé toute la législation antérieure sur la presse, les principaux délits abrogés sont :

1° Attaque contre la Constitution, le principe de la souveraineté du peuple et du suffrage universel. (*Art.* 1er *du décret du* 11 *août* 1848.)

2° Attaque contre le respect dû aux lois et à l'inviolabilité des droits qu'elles ont consacrés. (*Art.* 3 *du décret du* 27 *juill.* 1849.)

3° Attaque contre la liberté des cultes, le principe de la propriété et les droits de la famille. (*Art.* 3 *du décret du* 11 *août* 1848.)

4° Provocation à la désobéissance aux lois. (*Art.* 6 *de la loi du* 17 *mai* 1819.)

5° Excitation à la haine et au mépris du gouvernement. (*Art.* 4 *du décret du* 11 *août* 1848.)

6° Excitation à la haine et au mépris des citoyens. (*Art.* 7 *du même décret.*)

7° Enlèvement ou dégradation des signes publics de l'autorité en haine ou en mépris de cette autorité. (*Art.* 6 *du même décret.*)

8° Port public de signes de ralliement non autorisés. (*Même article.*)

9° Exposition publique, distribution ou mise en vente de signes ou symboles séditieux. (*Même article.*)

10° Apologie de faits qualifiés crimes ou délits. (*Art.* 3 *de la loi du* 27 *juill.* 1849.)

11° Provocation aux crimes ou délits non suivie d'effet, en dehors des cas réservés par les art. 24 et 25 de la loi du 29 juillet 1881. (*Art.* 2 *de la loi du* 17 *mai* 1819.)

12° Outrage à la morale publique et religieuse. (*Art.* 8 *de la même loi.*)

13° Outrage à une religion reconnue par l'Etat. (*Art.* 1er *de la loi du* 25 *mars* 1822.)

14° Offense envers les Chambres. (*Art. 11 de la loi du 17 mai* 1819 *et 2 du décret du 11 août* 1848.)

15° Infidélité et mauvaise foi dans les comptes-rendus des séances des Chambres et des tribunaux. (*Art. 16 de la loi du 25 mars* 1822.)

16° Appréciation des discussions des conseils généraux sans la reproduction des comptes-rendus y afférents. (*Art. 31, §§ 2 et 3 de la loi du 10 août* 1871.)

17° Publication d'articles politiques ou d'économie sociale émanant d'individus condamnés à une peine afflictive ou infamante. (*Art. 21 du décret du 17 fév.* 1852.)

18° Publication de faits relatifs à la vie privée. (*Art. 11 de la loi du 11 mai* 1868.)

En résumé, tous les crimes ou délits prévus par les lois spéciales, dités de presse, qui n'ont pas trouvé place dans la loi actuelle sont abrogés, sans exception. (*Circ. précitée du garde des sceaux du 9 nov.* 1881.)

PRÉVÔTÉS AUX MANŒUVRES.

PRÉVÔTÉS.

Les prévôtés à constituer pendant les manœuvres seront composées d'après les bases suivantes :

Etat-major général.

1 chef d'escadron prévôt;
2 sous-officiers greffiers;
1 maréchal des logis, 1 brigadier, 8 gendarmes à cheval.

Dans les corps d'armée dont les divisions manœuvrent séparément, et dans ceux où les divisions se trouvent à une grande distance l'une de l'autre pendant la première période des exercices, il sera inutile de constituer la prévôté du quartier général. Un chef d'escadron prévôt sera seul attaché à l'état-major général.

Division d'infanterie.

1 capitaine commandant le détachement;
1 maréchal des logis, 1 brigadier, 9 gendarmes à cheval;
1 brigadier, 4 gendarmes à pied.

Division de cavalerie.

1 lieutenant ou sous-lieutenant commandant le détachement;
1 maréchal des logis, 1 brigadier, 12 gendarmes à cheval.

Brigade de cavalerie de corps d'armée.

1 maréchal des logis, 6 gendarmes à cheval.
Les gendarmes détachés aux forces publiques ne sont jamais employés

au service d'ordonnance, soit auprès des états-majors, soit auprès des généraux, cet emploi étant contraire aux dispositions de l'art. 519 du décret du 1er mars 1854, modifié par le décret du 24 juillet 1875 sur le service de la gendarmerie aux armées.

Dans les corps d'armée exécutant des exercices de division ou de brigade, il ne sera pas constitué de prévôtés de division, mais il pourra être constitué des prévôtés spéciales pour les détachements de manœuvres ayant au moins la force d'une brigade ; elles se composeront de 4 à 6 gendarmes, avec 1 brigadier ou 1 maréchal des logis.

Les brigades de cavalerie manœuvrant isolément pendant quelques jours auront la composition indiquée dans la présente circulaire pour la brigade de corps. (*Circ. du 25 avril 1881. — V. Force publique aux armées.*)

Quinze jours au moins avant le commencement des manœuvres, les généraux commandant les régions nomment les commissions de règlement des indemnités.

Ces commissions sont composées, par chaque corps d'armée opérant isolément, d'un fonctionnaire de l'intendance, président, d'un officier du génie, d'un officier de gendarmerie, et d'un membre civil désigné par le préfet. (*Art. 108 du décret du 2 août 1877, et circ. du 8 juill. 1880.*)

Tenue.

Les militaires de tous grades de la gendarmerie appelés à faire partie des prévôtés aux armées ou aux manœuvres doivent conserver leur uniforme et ne laisser à la résidence que le chapeau, la housse et les chaperons.

Les officiers doivent porter, avec le képi, les épaulettes et les aiguillettes. (*Circ. des 18 août et 14 oct. 1875.*)

L'usage des gants chamois est autorisé dans ces manœuvres. (*Note minist. du 2 août 1881.*)

Il faut tenir compte de la circulaire du 15 juillet 1878, qui n'admet plus la couverture et la tente-abri que pour les campagnes hors d'Europe.

Allocations en argent et en nature.

Les officiers, sous-officiers, brigadiers et gendarmes faisant partie des prévôtés constituées pour la durée des manœuvres recevront la solde en station et l'indemnité en marche prévue par le tableau 29 du tarif n° 58, faisant suite au décret du 25 décembre 1875. (*Décis. minist. du 19 sept. 1879.*)

L'indemnité de logement ayant été supprimée et fondue avec la solde, en vertu du tarif du 25 décembre 1875, les officiers qui ne sont pas logés aux frais de l'État ne subiront, pendant la durée de leur déplacement pour les manœuvres, aucune des retenues prévues par le tarif n° 57 du décret précité.

Une indemnité de 4 fr., pour frais de médicaments et de ferrure, pendant les manœuvres, sera allouée sur la masse d'entretien et de remonte aux sous-officiers, brigadiers et gendarmes de l'arme à cheval.

Les sous-officiers, brigadiers et gendarmes auront droit, à titre gratuit, au pain, à une demi-ration de sucre et café et aux rations extraordinaires de liquides qui pourront être allouées aux hommes de troupe.

Les réservistes appelés à remplacer ces militaires dans les brigades auront droit aux allocations que le décret du 24 juillet 1875 leur attribue.

En temps de guerre, les familles des sous-officiers, brigadiers et gendarmes mariés ou veufs avec enfants qui sont appelés hors de leur résidence pour faire partie des forces publiques aux armées reçoivent une indemnité spéciale de 1 fr. par jour. Cette indemnité n'est pas due à ceux qui ont des enfants de troupe âgés de moins de dix ans, ni aux réservistes. Ces allocations n'excluent pas la concession de secours aux familles nécessiteuses, conformément aux art. 265 et suivants du décret du 18 février 1863. (*Art. 7 et 8 du décret du 24 juill. 1875. — Circ. du 18 août de la même année.*)

Fourrages.

Les chevaux recevront, pendant toute la durée du déplacement, du jour du départ au jour de la rentrée en garnison, et quelle que soit l'arme, la ration de guerre allouée par le tarif du 27 juillet 1875. (*Décis. minist. du 13 avril 1880.*)

Paille de couchage. — Les troupes qui devraient rester cantonnées sur un même point pendant quatre jours consécutifs au moins auront droit à la paille de couchage à raison, par homme, d'une botte de 5 kilos en paille longue ou de 7 kilos en paille courte dépiquée sous les pieds des chevaux.

Les troupes bivouaquées auront droit à la demi-ration de paille de couchage. (*Circ. minist. du 17 août 1879.*)

Chauffage.

Les troupes auront droit, pour la cuisson des aliments, aux allocations déterminées par le tarif en vigueur, augmentées de la ration spéciale pour la préparation du café.

Les distributions de rations de chauffage de bivouac auront lieu, autant que possible, en bois; à défaut, en charbon de terre ou autre combustible.

Dispositions spéciales aux officiers.

Les officiers de troupe et sans troupe pourront percevoir, à titre remboursable, des rations de vivres et de chauffage, jusqu'à concurrence d'une ration et demie par jour, quel que soit le grade. Le remboursement aura lieu, pour la viande fraîche, au prix de revient des marchés spéciaux pour les grandes manœuvres, et, pour les autres denrées, d'après les fixations du tarif des trop perçus.

Service des transports.

1 voiture à deux roues pour la direction des services administratifs et la prévôté du quartier général.

1 voiture à deux roues pour les services administratifs et la force publique de chaque division.

PRIMES.

1° POUR ARRESTATIONS DE MILITAIRES.

1° *Déserteurs et insoumis.*

L'arrestation, par la gendarmerie, des déserteurs des troupes de terre et de mer donne droit à une prime de 25 fr., payable sur les fonds du ministère de la guerre ou de celui de la marine, suivant la position respective des individus arrêtés. (*Art.* 277 *du décret du* 18 *fév.* 1863.)

Les délais nécessaires pour assurer le droit des capteurs à cette prime sont fixés dans les limites ci-après :

Déserteurs à l'intérieur en temps de paix.

Six jours après celui de l'absence constatée, s'il s'agit d'un sous-officier, d'un caporal, d'un brigadier ou d'un soldat ayant au moins trois mois de service, qui s'absente de son corps ou détachement sans autorisation ;

Après *un mois* d'absence, si le soldat n'a pas trois mois de service ;

Quinze jours après celui où le sous-officier, le brigadier, le caporal ou le soldat aurait dû rejoindre, s'il était en route isolément, en congé ou en permission. (*Art.* 231, 232 *et* 233 *du Code de justice militaire modifié par la loi du* 18 *mai* 1875.)

En temps de guerre, les délais ci-dessus sont réduits des deux tiers. (*Art.* 234, *même Code, même loi.*)

Un individu appelé à faire vingt-huit jours de service à titre de réserviste, et retenu au corps après avoir terminé sa période d'appel pour y subir une punition disciplinaire, s'il se soustrait par la fuite au châtiment, est coupable d'évasion et non de désertion. (*Jugement rendu par le* 1er *conseil de guerre permanent du* 6e *corps d'armée, en date du* 10 *sept.* 1878.)

Déserteurs à l'étranger.

En temps de paix, *trois jours,* et en temps de guerre, *un jour* après celui de l'absence constatée, pour tout militaire qui franchit, sans autorisation, les limites du territoire français, ou qui, hors de France, abandonne le corps auquel il appartient. (*Art.* 235, *même Code, même loi.*)

Insoumis.

Pour les engagés volontaires et les hommes appelés par la loi qui, n'ayant pas déjà servi, ne se sont pas rendus à leur destination (hors le cas de force majeure), *un mois* après le jour fixé par leur ordre de route ;

Pour les hommes de la disponibilité et de la réserve de l'armée active, de l'armée territoriale et de la réserve de cette armée, à quelque catégorie qu'ils appartiennent, qui, ayant déjà servi et étant appelés à l'activité par ordre individuel, ne se sont pas rendus à leur destination (hors le cas de force majeure), *quinze jours* après celui fixé par leur ordre de route.

Les délais ci-dessus sont portés : à *deux mois* pour les hommes demeurant en Algérie et en Europe ; à *six mois* pour ceux demeurant dans tout autre pays.

En temps de guerre, ou en cas de mobilisation par voie d'affiches et de publications sur la voie publique, les délais ci-dessus sont réduits à deux jours pour les hommes dont il est question aux deux premiers paragraphes, et diminués de moitié pour ceux que le troisième paragraphe concerne. (*Art. 230 du Code et de la loi précités.*)

Algérie. — Pour les hommes soumis à la loi sur le recrutement en Algérie, les délais d'insoumission, en temps de paix, sont de :

Un mois pour ceux qui demeurent en Algérie ;

Deux mois s'ils demeurent en France, ou dans les îles voisines des contrées limitrophes, ou en Europe ;

Six mois s'ils demeurent en tout autre pays.

En temps de guerre, de mobilisation, etc. :

Quatre jours s'ils habitent l'Algérie ;

Un mois s'ils habitent la France ou l'Europe ;

Trois mois s'ils demeurent en tout autre pays.

Les peines édictées contre les infractions aux lois du recrutement sont indiquées au Code de justice militaire. (*Art. 32, loi du 6 nov. 1875.*)

2° *Prisonniers de guerre et militaires évadés d'un atelier de travaux publics ou d'un pénitencier.*

La capture d'un prisonnier de guerre déserteur d'un dépôt de l'intérieur et celle d'un condamné évadé des ateliers des travaux publics ou d'un pénitencier donnent droit à la prime de 25 fr., quel que soit le temps de l'absence. (*Art. 278 du décret du 18 fév. 1863.*)

D'après les dispositions du dernier paragraphe de l'art. 37 de l'instruction du 24 janvier 1858, tout individu qui arrête un détenu échappé d'un pénitencier militaire ou d'un atelier de travaux publics a droit pour cette capture à une prime de 25 fr., quel que soit le délai de l'absence, et bien que les évadés ne puissent, en vertu d'arrêts de la Cour de cassation en date des 3 et 15 juillet 1858, être considérés comme déserteurs qu'après l'expiration des délais de grâce fixés par le Code de justice militaire.

Les mêmes dispositions sont applicables, par extension, aux militaires détenus ou condamnés qui s'évadent d'un fort, d'un hôpital ou d'un hospice.

Droits à la prime.

La prime de 25 fr. n'est due qu'autant que les personnes qui la réclament se sont mises spécialement à la recherche des déserteurs ou insoumis dont elles ont opéré l'arrestation. (*Art. 38 de l'instr. du 24 janv. 1858.*)

Cette prime n'est du reste acquise qu'autant que les individus arrêtés se trouvent réellement en état d'insoumission ou de désertion, et qu'ils ont dépassé les délais de grâce déterminés plus haut au n° 1 « Déserteurs et insoumis ». (*Art. 37 de l'instr. précitée.*)

La prime pour l'arrestation d'un déserteur de l'armée de mer supporte la retenue légale établie au profit de la caisse des invalides de la marine. (*Art.* 277 *du décret du* 18 *fév.* 1863.)

L'officier de gendarmerie qui procède personnellement à l'arrestation d'un déserteur ou d'un insoumis, ou qui y coopère avec sa troupe, n'a pas droit à la prime pour capture. Cette dernière n'est acquise qu'aux sous-officiers, brigadiers et gendarmes.

Les auxiliaires algériens sont également exclus du partage de cette prime; mais s'ils opéraient seuls, hors la présence des gendarmes, l'arrestation d'un déserteur ou insoumis, ils auraient droit à la rémunération comme tous les particuliers, conformément à l'art. 26 de l'instruction du 12 octobre 1832.

3° *Militaires en état d'absence illégale.*

L'arrestation par la gendarmerie de tout militaire en état d'absence illégale depuis plus de quarante-huit heures, et avant l'expiration des délais de repentir mentionnés pour la désertion dans l'art. 231 du Code de justice militaire modifié par la loi du 18 mai 1875, donne droit à une prime de 5 fr. si l'arrestation a eu lieu dans les limites de la garnison, et de 6 fr. si elle a eu lieu hors de ces limites. (*Art.* 280 *du décret précité.*)

Contrairement à ce qui est prescrit pour les déserteurs et les insoumis, dont l'arrestation ne donne droit à la prime que si les capteurs étaient à leur recherche, les gendarmes ont droit à la prime toutes les fois que le militaire arrêté pour absence illégale ne s'est pas présenté et qu'il a abandonné son corps depuis plus de quarante-huit heures. (*Lettre du min. de la guerre aux intend. milit. des* 1re *et* 4e *divis., en date des* 4 *juill. et* 25 *août* 1865.)

Disposition commune.

Les droits à la prime, dans tous les cas qui précèdent, sont constatés par des procès-verbaux de capture, revêtus du visa du commandant de la compagnie, indiquant la destination qui a été donnée à chaque individu arrêté. Ces procès-verbaux sont établis en quadruple expédition.

Pièces à produire pour réclamer la prime.

Dans le premier mois de chaque trimestre, le conseil d'administration établit en double expédition : 1° un état des déserteurs et insoumis; 2° un état des militaires absents illégalement, arrêtés pendant le trimestre. L'une des expéditions est appuyée du procès-verbal de capture et de l'état signalétique n° 1, ou d'une pièce constatant l'absence illégale, et l'autre, seulement du procès-verbal de capture : toutes deux sont adressées au sous-intendant militaire, qui les transmet à l'intendant. Ce dernier délivre au nom du conseil d'administration un mandat de payement des primes acquises.

Il est dressé un état distinct pour les évadés des ateliers des travaux publics et des pénitenciers, ainsi que pour les prisonniers de guerre déserteurs des dépôts.

Quant aux militaires des troupes de la marine, les pièces à produire sont les mêmes que pour l'armée de terre; mais elles sont transmises par le conseil d'administration au préfet maritime du port auquel appartiennent les individus arrêtés : c'est ce fonctionnaire qui ordonnance le payement. (*Art.* 281 *du décret précité.*)

Délai pour réclamer les primes.

Les primes doivent être réclamées, sous peine de déchéance, dans le délai d'un an, à partir du premier jour du trimestre dans lequel les arrestations ont été opérées. (*Art.* 282 *du décret précité.*)

2° POUR L'ARRESTATION DE FORÇATS OU DE CONDAMNÉS ADULTES ÉVADÉS.

La capture d'un forçat évadé d'un établissement pénitentiaire dépendant du ministère de la marine et des colonies donne droit à une prime de la somme nette de 50 fr. (*Art.* 283 *du décret du* 18 *fév.* 1863, *modifié par le décret du 2 juill.* 1877.)

Les dispositions de cet article, qui fixent uniformément à 50 fr. le taux de la prime de capture d'un forçat évadé, ne sont applicables qu'au cas où le forçat aura été repris soit en France, soit dans une colonie autre que celle de son internement.

Le montant de la prime de capture due pour l'arrestation des forçats et transportés de toutes catégories, repris dans la colonie pénitentiaire où ils sont internés, continue à être déterminé par les arrêtés locaux rendus par les gouverneurs de la Guyane et de la Nouvelle‑Calédonie. (*Arrêté collectif des min. de l'intér., de la guerre et de la marine, en date du 5 mai* 1881.)

L'arrestation d'un forçat ou de tout autre condamné adulte, évadé d'un des établissements pénitentiaires dépendant du ministère de l'intérieur, donne également droit à une prime de 50 fr., quel que soit le lieu de la détention et de l'arrestation.

La même prime de 50 fr. est accordée dans le cas où l'évasion a eu lieu pendant le transfèrement opéré sous la conduite des agents du service des transports cellulaires. (*Art.* 284 *du décret du* 18 *fév.* 1863, *modifié par le décret du 2 juill.* 1877.)

Il doit être entendu d'ailleurs que lorsque plusieurs personnes concourent à une arrestation la prime doit leur être attribuée en commun, et qu'il n'est dû que 50 fr. pour chaque détenu repris. (*Circ. du min. de l'intér. du* 26 *sept.* 1866.)

Formalités à remplir pour toucher les primes.

Les sous‑officiers, brigadiers et gendarmes qui ont opéré la capture d'un forçat évadé d'un établissement pénitentiaire dépendant du ministère de la marine doivent la constater par un procès‑verbal dressé en quatre expéditions; deux de ces expéditions, certifiées par le commandant de la compagnie et, si le lieu le permet, par le directeur de l'établissement pénitentiaire, sont transmises avec un état nominatif, par les soins du conseil d'administration, au ministre de la marine, qui délivre une ordonnance de payement de la prime acquise.

Dans les colonies, les pièces mentionnées au paragraphe précédent sont remises au gouverneur, qui pourvoit au payement.

S'il s'agit d'un forçat ou d'un condamné adulte évadé dans les conditions indiquées à l'art. 284 modifié du décret du 18 février 1863, les procès‑verbaux d'arrestation, établis en double expédition et visés par le commandant de la compagnie, sont adressés avec l'état nominatif au préfet, qui mandate le payement de la prime sur les fonds du département de l'intérieur. (*Art. 285 du même décret, modifié par le décret du 2 juill. 1877.*)

Les primes doivent être réclamées dans le délai d'un an, sous peine de déchéance.

3° POUR L'ARRESTATION DE JEUNES DÉTENUS ÉVADÉS DES ÉTABLISSEMENTS PÉNITENTIAIRES OU DES COLONIES AGRICOLES.

Les directeurs des maisons d'éducation correctionnelle appartenant à l'Etat sont autorisés à payer à toute personne ramenant un jeune détenu évadé de l'un de ces établissements une indemnité de 15 fr. (*Dépêche du min. de l'intér. en date du 7 janv.* 1867.)

Cette décision ne saurait être invoquée contre les directeurs des colonies privées. La circulaire du 17 décembre 1863, en mettant à leur charge les frais de réintégration des jeunes détenus évadés, leur impose implicitement l'obligation d'accorder aux capteurs une gratification ; mais il leur appartient d'en fixer le montant. (*Lettre du min. de l'intér. au préfet de l'Orne en date du 29 mai* 1867.)

4° POUR ARRESTATION EN VERTU DE MANDEMENTS DE JUSTICE.

Les arrestations opérées hors de la présence des huissiers, en vertu de mandements de justice, donnent droit aux primes suivantes. (*Décret du 7 avril 1873, et art. 287 du décret du 18 fév. 1863.*)

MANDEMENTS DE JUSTICE.	VILLES au-dessous de 40,000 âmes.	VILLES de 40,000 âmes et au-dessus et toutes celles de l'Algérie excepté Alger.	VILLES de Paris et Alger.
	fr. c.	fr. c.	fr. c.
1° Pour exécution d'un jugement de simple police, sans qu'il puisse être alloué aucun droit de perquisition, ou pour exécution de tout mandat, jugement ou arrêt n'emportant pas une peine d'emprisonnement de plus de cinq jours..........	3 »	4 »	5 »
2° Pour exécution d'un mandat d'arrêt ou d'un jugement ou arrêt, en matière correctionnelle, emportant une peine d'emprisonnement de six jours au moins...	12 »	15 »	18 »
3° Pour exécution d'une ordonnance de prise de corps ou arrêt portant la peine de réclusion....................	15 »	18 »	21 »
4° Pour exécution d'un arrêt de condamnation aux travaux forcés ou à une peine plus forte....................	20 »	25 »	30 »

Ces dispositions sont applicables aux arrestations opérées dans les mêmes conditions par les sous-officiers, brigadiers et gendarmes de la Martinique, de la Guadeloupe et de la Réunion. (*Décret du 21 août* 1869.)

Les frais de justice sont payés par les receveurs de l'enregistrement, et la dépense en est imputée sur les crédits du budget du ministère de la justice. (*Art.* 1er *de l'instr. du 20 sept.* 1875 *du ministre des finances.*)

Marche à suivre pour obtenir le payement de ces primes.

A la fin de chaque trimestre, les commandants de brigade établissent un mémoire des frais de capture dus aux militaires de leur résidence qui ont agi en vertu d'ordres émanés des autorités compétentes.

Ces mémoires sont certifiés par les sous-officiers, brigadiers et gendarmes intéressés, et revêtus du réquisitoire et de l'exécutoire des magistrats de l'arrondissement. Ils sont, en outre, appuyés des procès-verbaux de capture et transmis au conseil d'administration, qui, après les avoir revêtus de son acquit, les renvoie pour être payés chez le receveur de l'enregistrement établi dans le lieu où la dépense a été liquidée et ordonnancée, sauf la remise ultérieure de la somme touchée pour être, soit répartie entre les capteurs, soit versée à leur masse. (*Art.* 288 *du décret du* 18 *fév.* 1863.)

Les mémoires, indiqués dans le décret du 18 février 1863 comme soumis à la formalité du timbre, en sont exempts d'après les dispositions non abrogées de l'art. 16 de la loi du 13 brumaire an VII. (*Décis. du min. des fin. du* 12 *août* 1875, *circ. du bureau de l'enregistrement du* 10 *janv.* 1868, *et art.* 221 *de l'instr. du* 20 *sept.* 1875.)

Les mémoires sont soldés au conseil d'administration de la compagnie par le receveur de l'enregistrement des actes judiciaires près la Cour, le tribunal ou la justice de paix qui a liquidé les dépens. (*Instr. de l'administration de l'enregistrement du* 29 *août* 1836.)

Les comptables du Trésor sont tenus d'exiger que les militaires de la gendarmerie chargés de toucher les primes de capture présentent en même temps le livret de solde (3e partie) pour l'inscription du montant des sommes touchées. (*Circ. des* 24 *avril* 1863, 2 *avril* 1865, 10 *déc.* 1868, *et art.* 372 *de l'instr. du min. des fin. du* 20 *sept.* 1875.)

Délai pour réclamer le payement des primes.

Les mémoires qui n'auraient pas été présentés à la taxe du juge dans le délai d'un an, à partir de la capture, ou dont le payement n'aurait pas été réclamé dans les six mois de leur date, ne pourraient être acquittés qu'autant qu'il serait justifié que les retards ne sont pas imputables à la partie prenante. Cette justification n'est admise que par le ministre de la justice. (*Art.* 289 *du décret du* 18 *fév.* 1863.)

5° POUR ARRESTATION EN VERTU DE CONTRAINTE PAR CORPS

Les frais de capture motivés par le recouvrement des condamnations pécuniaires sont payés par les receveurs des finances, conformément à l'art. 5 de la loi de finance du 29 décembre 1873. Ces frais consistent d'ordinaire dans le coût du commandement et dans la gratification accordée aux gendarmes pour la capture.

La prime attribuée aux gendarmes est fixée par les ordonnances des 25 février 1832 et 19 janvier 1846 :

A Paris.. 5 fr.
Dans les villes de 40,000 âmes et au-dessus....... 4
Dans les autres villes et communes.............. 3

Ce tarif est applicable aux captures faites pour le recouvrement des condamnations pécuniaires, quelle que soit la juridiction dont les arrêts ou jugements sont émanés, et qu'il s'agisse d'un condamné solvable ou insolvable.

Lorsque le débiteur, au moment de son arrestation, consent à se libérer, il doit acquitter, outre le principal de sa condamnation, les frais de capture, bien qu'il n'y ait pas eu d'incarcération. (*Art. 219 de l'instr. précitée du 20 sept. 1875.*)

Marche à suivre pour obtenir le payement des primes.

La marche à suivre pour obtenir le payement des primes est la même que dans le cas des arrestations en vertu de mandements de justice ; la seule différence, c'est que les mémoires, après avoir été revêtus de l'acquit du conseil d'administration, sont présentés à la caisse du receveur des finances.

Délai pour réclamer le payement des primes.

Les primes pour arrestation en vertu de contrainte par corps doivent être réclamées dans les mêmes délais que celles pour arrestation en vertu de mandements de justice. (V. *n° 4, p. 540.*)

6° POUR CAPTURE D'UN CONDAMNÉ A UNE AMENDE POUR DÉLIT FORESTIER.

La prime accordée aux gendarmes pour la capture des condamnés à une amende pour délit forestier, qu'ils soient solvables ou insolvables, est payée par les receveurs des finances. (*Art. 217 de l'instr. précitée du 20 sept. 1875.*)

Cette capture donne droit, en faveur des sous-officiers, brigadiers et gendarmes qui l'ont opérée, à la prime fixée par l'ordonnance du 25 février 1832 et les art. 287 et 290 du décret précité du 18 février 1863 :

A Paris.. 5 fr.
Dans les villes de 40,000 âmes et au-dessus....... 4
Dans les autres villes ou communes.............. 3

Les primes sont payées trimestriellement sur l'acquit du conseil d'administration. (*Art. 291 du même décret.*)

Le délai pour réclamer la prime est fixée à cinq ans, à partir de la capture des délinquants, sous peine de déchéance. (*Art. 292 du même décret.*)

7° POUR ARRESTATIONS EN MATIÈRE DE DOUANES ET DE CONTRIBUTIONS
INDIRECTES.

Tabacs.

Les sous-officiers, brigadiers et gendarmes qui arrêteront ou concourront à arrêter des colporteurs ou vendeurs de tabacs de fraude recevront une prime de 15 fr. par chaque personne arrêtée, quel que soit le nombre des saisissants.

Cette prime ne sera acquittée qu'autant que les contrevenants auront été constitués prisonniers, ou que, amenés devant le directeur des contributions indirectes, ils auront fourni caution ou auront été admis à transaction. (*Ordonn. du* 31 *déc.* 1817.)

Poudres.

Aux termes de l'art. 1er de l'ordonnance du 5 octobre 1842, la prime de 15 fr. par individu arrêté est acquise à toute personne qui arrêtera ou concourra à faire arrêter les fabricants de poudres à feu non autorisés, les vendeurs à domicile, les colporteurs surpris ou non à vendre, et les contrevenants aux art. 27 et 29 de la loi du 13 fructidor an v.

Douanes.

Toute personne qui arrête des fraudeurs introduisant des marchandises d'un poids de plus de 5 kilogr. ou d'une valeur supérieure à 45 fr. a droit à une prime de :

5 fr. si la fraude a été saisie sur un individu arrêté et condamné comme marchant isolément ;

10 fr. par fraudeur arrêté si la réunion a été de deux hommes ;

15 fr. par fraudeur arrêté si la bande était composée de trois à six fraudeurs inclusivement ;

30 fr. par fraudeur arrêté s'il s'agit d'une bande de trois fraudeurs à cheval, ou de plus de six fraudeurs à pied. (*Circ. minist. des* 12 *juill.* 1816 *et* 12 *juin* 1844.) La prime de capture est due pour l'arrestation du propriétaire ou du conducteur d'un chien dressé à la contrebande.

La prime est due lorsque les objets introduits ont été spoliés ou détruits par les délinquants pendant l'attaque. (*Décis. du* 29 *mai* 1844.)

Lorsqu'il s'agit de tabac de fraude saisi sur la frontière et à l'importation, la prime de 15 fr. est attribuée pour chaque contrevenant arrêté et porteur de 500 grammes ou plus de tabac. — La prime est encore due, même pour une quantité inférieure à 500 grammes, si le procès-verbal établit que le contrevenant a tenté plusieurs introductions dans un court intervalle de temps. (*Circ. du* 12 *avril* 1837.)

Il en est de même pour les poudres dans les mêmes conditions de saisie sur la frontière et à l'importation. (*Circ. du* 30 *janv.* 1843.)

En cas d'arrestation d'une bande de fraudeurs, la prime de capture n'est due que pour ceux qui se trouvaient porteurs d'au moins 500 grammes de tabac. (*Décis. du* 7 *avril* 1842.)

Si le tabac est transporté à dos de cheval avec d'autres marchandises, il n'est dû qu'une prime pour l'homme qui le conduisait ; si le transport s'effectue au moyen d'une voiture et toujours avec d'autres marchandises, il est dû deux primes d'arrestation, une pour l'homme qui conduisait et une pour celui qui était censé escorter la voiture. (*Circ. du 23 juill. 1817.*)

Il est alloué une prime de 3 fr. à tous agents, même étrangers aux douanes, qui prendront ou abattront un chien chargé de contrebande. (*Décis. des 15 mai 1820 et 28 oct. 1839.*) — La prime est payée sur la présentation, soit du chien et de sa charge, soit de sa patte gauche s'il a été abattu. C'est surtout sur les frontières du Nord et de l'Est que les fraudeurs emploient des chiens qui, conduits à l'étranger et maltraités, reviennent en France et y introduisent les marchandises dont on les a chargés.

Allumettes.

La prime d'arrestation, en cas de fraude aux règlements sur les allumettes chimiques, est ainsi établie :

Les préposés dénommés en l'art. 233 de la loi du 28 avril 1816 qui arrêteront les individus vendant en fraude des allumettes à leur domicile, ou en colportant, qu'ils soient ou non surpris à les vendre, recevront une prime de 10 fr. par chaque personne arrêtée, quel que soit le nombre des saisissants. (*Décret du 10 août 1875, art. 1er.*)

La prime accordée par l'article précédent ne sera due qu'autant que les contrevenants auront été constitués prisonniers ou qu'amenés soit devant le directeur des contributions indirectes, soit devant le représentant de la compagnie concessionnaire du monopole, ils auront fourni caution ou auront été admis à transaction. Elle sera toujours partagée par tête, sans acception de grade et sans que, sur le montant, il puisse être fait déduction d'aucuns frais. (*Art. 2.*)

Ladite prime sera payée, dans tous les cas où elle sera due, par la compagnie concessionnaire du monopole. (*Art. 3.*)

Toutes les primes en matière de douanes et de contributions indirectes reviennent entièrement aux capteurs. Comme toutes les rémunérations imputables sur des fonds étrangers au département de la guerre, elles sont payées sur l'acquit du conseil d'administration et, suivant le cas, par l'administration des douanes ou par celle des contributions indirectes, qui, chacune en ce qui la concerne, établit à cet effet des états trimestriels de frais. (*Art. 308 du décret précité du 18 fév. 1863.*)

8° POUR CONTRAVENTIONS DANS LE SERVICE DES CONVOIS MILITAIRES.

Le rachat de bons de convoi militaire, par les préposés de ce service, aux militaires à qui le transport a été accordé, donne droit aux sous-officiers, brigadiers et gendarmes qui l'ont constaté à une prime de 25 fr., laquelle peut être portée à 50 fr., s'il y a récidive de la part de ces préposés. (*Art. 305 du décret du 18 fév. 1863. — V. Convois militaires, p. 176.*)

9° POUR GARDE DE NAVIRES, CAPTURE, ARRESTATION ET CONDUITE DES MARINS DU COMMERCE PAR LA GENDARMERIE MARITIME.

La gendarmerie maritime peut être appelée à exécuter, sur la réquisition des commissaires de l'inscription maritime, à bord des navires de commerce français ou étrangers, un service de garde de jour et de nuit ayant pour but de prévenir la désertion parmi les équipages. Ce service ouvre, ainsi que la capture, l'arrestation et la conduite des marins du commerce, le droit pour les gendarmes de la marine à des rémunérations spéciales.

Les allocations attribuées par le décret du 20 novembre 1879 à la gendarmerie maritime pour ces divers objets ont été fixées par la décision présidentielle du 9 juin 1880 aux taux ci-après :

Arrestation d'un marin français ou étranger absent illégalement de son bord :

En ville...	3 fr.
Hors de la ville...	5
Au delà d'un myriamètre...................................	6
Capture d'un marin déserteur français ou étranger.........	25
Arrestation d'un marin étranger insubordonné..............	3
Conduite d'un marin étranger en prison ou de la prison chez le consul de sa nation ou à bord de son navire dans le port.	3
Conduite d'un marin français ou étranger en rade..........	6

Garde d'un navire français ou étranger en vue d'empêcher la désertion :

Mise de la garde (quel que soit le nombre des gendarmes)...	5
Garde de jour (de six heures du matin à six heures du soir, 50 cent. par gendarme et par heure)...............	6
Garde de nuit (de six heures du soir à six heures du matin, 1 fr. par gendarme et par heure)......................	12
Soit pour 24 heures de garde (mise de la garde comprise)....	23

10° POUR ARRESTATION OU CAPTURE DES DÉSERTEURS DES NAVIRES DU COMMERCE.

L'art. 155 du décret-loi du 24 mars 1852 dispose que les gens de mer qui, dans un port de France, s'absentent pendant trois fois vingt-quatre heures de leur navire ou du poste où ils ont été placés, ou laissent partir le navire sans se rendre à bord, après avoir contracté un engagement, sont réputés déserteurs. Il fait connaître en même temps les peines encourues par eux.

Ultérieurement, la circulaire du 9 octobre 1857, rappelée à l'art. 240 du règlement général des quartiers maritimes du 7 novembre 1866, a établi l'assimilation des marins du commerce et des marins de l'Etat, en ce qui concerne les frais d'arrestation et de capture.

Enfin, la circulaire du ministre de la marine du 12 août 1861 a spécifié que l'arrestation des marins de l'Etat absents sans permission depuis moins de six jours, au moment du départ de leurs bâtiments, ne donne pas lieu au payement, en faveur des capteurs, de la prime de 25 fr.

La prime d'arrestation est donc seule payable au capteur d'un marin du commerce qui a laissé partir son navire, mais dont l'absence remonte à moins de trois jours; la prime de capture (de 25 fr.) suppose toujours et nécessairement l'accomplissement intégral des délais ordinaires de désertion. (*Circ. du min. de la marine du 16 juin* 1879.)

Tarif n° 19 annexé au décret du 11 août 1856.

1° *Frais d'arrestation.* — Pour les marins absents non encore dénoncés comme déserteurs et dont la poursuite est réclamée.

Dans l'arsenal........	2 ᶠ	Hors de l'enceinte de la ville	5 ᶠ
En ville..............	3	Au delà d'un myriamètre.	6

Ce tarif est applicable aux mousses, qui ne peuvent être poursuivis que
comme absents illégalement.

2° *Frais de capture.* — Lorsque le marin aura été dénoncé déserteur,
quel que soit le lieu où il aura été arrêté, 25 fr.

11° DE CONSERVATION D'UN CHEVAL.

Indépendamment de l'indemnité spéciale allouée pour la perte d'un
cheval dans les circonstances indiquées au n° 24° (*Indemnités, p.* 360), il
est alloué une prime qui ne peut être moindre de 60 fr. au sous-officier,
brigadier ou gendarme qui a conservé son cheval pendant huit ans révolus. Cette prime est augmentée de 20 fr. pour chaque année complète
de service du cheval en sus de la huitième, sans que dans aucun cas la
prime totale excède 200 fr.

Les sous-officiers promus sous-lieutenants, les sous-officiers, brigadiers
et gendarmes quittant l'arme autrement que par désertion, les militaires
qui passent de l'arme à cheval dans l'arme à pied et ceux qui emmènent
leur cheval en quittant le service ont droit à cette prime.

Lorsqu'un cheval a été la propriété successive de deux ou de plusieurs
militaires, les droits de chaque propriétaire sont individuels, et ne peuvent s'additionner pour le calcul de l'indemnité ou de la prime. (*Art.* 192
du décret du 18 fév. 1863.)

La circulaire du 10 août 1870 dispose que les annuités de possession
acquises par les sous-officiers, brigadiers et gendarmes qui, au moment de
la guerre, ont cédé leurs chevaux, soit à l'Etat, soit à des militaires appelés
à faire campagne, seront reportées sur les chevaux de remplacement.

Il est bien entendu que le temps compris entre la date de la cession du
cheval et celle d'acquisition de la monture de remplacement ne peut
compter pour les droits à la prime.

12° POUR LA DESTRUCTION D'UN LOUP.

Les primes accordées pour la destruction des loups sont fixées, savoir :
Cent francs par tête de loup ou louve non pleine,
Cent cinquante francs par tête de louve pleine ;
Quarante francs par tête de louveteau.
Est considéré comme louveteau l'animal dont le poids est inférieur à 8 kil.
Lorsqu'il est prouvé que l'animal s'est jeté sur des êtres humains, celui
qui le tuera aura droit à une prime de 200 fr.
Le payement des primes est à la charge de l'Etat.
L'abatage est constaté par le maire de la commune sur le territoire de
laquelle il a été abattu.
La prime est payée au plus tard le quinzième jour qui suit la consta-
tation de l'abatage.
La loi du 10 messidor an v est abrogée. (*Loi du 3 août* 1882.)

Un décret du 28 novembre 1882 règle les dispositions relatives à la constatation de l'abatage des loups et au payement des primes. (V. p. 406.)

PRISONS.

Distinction des diverses prisons. — Leur destination.

On nomme *prison* tout lieu où une personne est détenue sous l'autorité de la loi.

On distingue plusieurs sortes de prisons, sous les dénominations suivantes :

1° Maisons d'arrêt;
2° Maisons de justice;
3° Maisons centrales de détention et de réclusion;
4° Maisons de dépôt;
5° Chambres municipales dites *violons;*
6° Chambres de sûreté dans les casernes de gendarmerie,
7° Maisons de correction;
8° Maisons de dépôt de mendicité;
9° Prisons d'État.
10° Maisons d'éducation correctionnelles pour les jeunes détenus;
11° Prisons militaires.

1° Une maison d'arrêt est un local qui sert à s'assurer des prévenus de crimes ou délits, en attendant que les tribunaux aient prononcé sur leur sort. Ce local doit exister dans chaque chef-lieu d'arrondissement de tribunal de première instance. (*Art.* 603 *du Code d'instr. crim.*)

2° Une maison de justice est un bâtiment destiné à détenir ceux contre qui il a déjà été rendu une ordonnance de prise de corps. Ce local doit exister dans chaque chef-lieu de Cour d'assises. (*Art.* 603 *dudit Code.*) Les prisonniers des maisons d'arrêt et de justice ne sont assujettis à aucun travail.

3° Les maisons centrales de détention et de réclusion sont celles où sont détenus les coupables de crimes ou de délits condamnés à un emprisonnement correctionnel de plus d'un an, à la réclusion ou à la détention.

Les maisons d'arrêt et de justice sont entièrement distinctes de ces prisons. (*Art.* 604 *dudit Code.*)

4° Une maison de dépôt est un local destiné à recevoir les habitants des communes formant l'arrondissement d'une justice de paix qui ont été condamnés pour de légers délits par les tribunaux de simple police, et qui sert aussi à faire séjourner passagèrement les condamnés que l'on transfère d'un département dans un autre. (*V. Correspondances.*)

5° La chambre de sûreté municipale dite *violon* est un local destiné à recevoir momentanément un individu arrêté en flagrant délit. Il n'y est retenu que le temps nécessaire à la rédaction du procès-verbal : il doit être conduit immédiatement après devant l'autorité, et mis à sa disposition.

6° Dans le cas où il n'y a pas de maison d'arrêt ou de détention dans le lieu de résidence d'une brigade, les prévenus ou condamnés sont déposés dans la chambre de sûreté de la caserne de gendarmerie; ils y sont gardés par la gendarmerie de la résidence jusqu'au départ du lendemain ou du jour fixé pour la correspondance ; mais si les prisonniers sont de différents sexes, les femmes sont remises à la garde de l'autorité locale, qui pourvoit à leur logement.

En cas de refus du maire de pourvoir a ra subsistance des prisonniers déposés dans la chambre de sûreté, la gendarmerie, après l'avoir constaté par procès-verbal, est tenue de leur fournir les aliments déterminés par les règlements en vigueur, sauf remboursement par l'autorité administrative. (*Art.* 372 *du décret du* 1er *mars* 1854.)

Par une circulaire aux préfets, le ministre de l'intérieur a recommandé, le 8 juillet 1870, d'obtenir dans le renouvellement des baux des casernes qu'il soit établi deux chambres de sûreté : une pour les hommes, une pour les femmes. (V. *à* CORRESPONDANCES, *Chambre de sûreté.*)

7° Les maisons de correction sont celles où sont détenus les individus condamnés par voie de police correctionnelle à un emprisonnement d'un an et au-dessus. Il existe encore des maisons de correction pour les jeunes gens et les jeunes filles renfermés, sur la réquisition de leurs parents, pour sujets de mécontentement très graves, conformément aux art. 375 376 et 377 du Code civil. Les parents des détenus dans ces maisons sont obligés de pourvoir à leur nourriture et d'acquitter les frais de logement.

8° Des maisons de dépôt et de mendicité sont établies dans quelques départements, où l'on reçoit les mendiants valides pour les faire vivre du produit de leur travail et leur procurer, à leur sortie, des moyens d'existence, sans qu'ils aient recours à la mendicité.

9° Les prisons d'Etat sont destinées à renfermer spécialement les condamnés que le gouvernement a intérêt à tenir plus particulièrement sous sa surveillance. Les prisons d'Etat sont soumises à un régime particulier.

10° Les établissements d'éducation correctionnelle sont des colonies agricoles où sont placés les enfants mineurs des deux sexes qui ont subi une condamnation ou acquittés comme ayant agi sans discernement. Ils sont appliqués aux travaux de l'agriculture ainsi qu'aux principales indus tries qui s'y rattachent. (*Loi du 5 août* 1850.)

11° Les prisons militaires se composent de : maison d'arrêt pour les militaires de tous grades désignés pour les compagnies de discipline ; maison de justice pour les militaires traduits devant les conseils de guerre, arrêtés en état d'absence ou condamnés, mais attendant, soit l'exécution de leur jugement, soit une commutation de peine ; maison de correction pour les militaires condamnés à moins d'un an de prison ; pénitenciers pour les militaires et marins condamnés à un emprisonnement d'une année au moins et ateliers pour les militaires et marins condamnés aux travaux publics.

Police des prisons.

La police des prisons appartient à l'autorité municipale. Les maires doivent en faire la visite tous les mois. Les préfets sont également tenus de visiter, une fois par an, les maisons de justice , toutes les prisons et tous les prisonniers de leur département. (*Art.* 605, 612 *et* 613 *du Code d'instr. crim.*) Dans ces visites, ils s'assurent si la nourriture est saine, si la prison est sûre et tenue proprement. Ils entendent les plaintes des geôliers, concierges, envers les prisonniers, et ordonnent les privations ou punitions que ces derniers ont méritées, en se conformant à l'art. 614

du Code d'instruction criminelle; ils entendent pareillement les réclamations des prisonniers sur la conduite des geôliers, concierges et gardiens, et y font droit.

La maison d'arrêt de l'arrondissement est aussi visitée, au moins une fois par mois, par le juge d'instruction.

Les personnes retenues dans les maisons de justice sont de même visitées, une fois au moins, dans le cours de chaque session de la Cour d'assises, par le président de cette Cour. (*Art. 611 du Code d'instr. crim.*)

Devoirs et responsabilité des concierges.

Lorsqu'un individu entre dans une prison, il est défendu au geôlier et au guichetier de rien exiger de lui, sous prétexte de droit d'entrée ou autrement, à peine d'amende.

Les geôliers doivent placer les prisonniers dans les lieux les plus commodes suivant leur rang d'ancienneté.

Les femmes doivent être séparées des hommes.

Personne ne doit entrer pour parler aux prisonniers, sans une permission de l'autorité administrative, judiciaire ou militaire, suivant la position des détenus; cette permission est limitée et personnelle. Ceux qui ont obtenu la permission de les voir ne peuvent les entretenir que dans un lieu à ce destiné et en présence d'un gardien.

Lorsque les prisonniers ont été remis aux concierges et que l'écrou a été signé, la gendarmerie n'est plus responsable des évasions (*art. 237 à 247 du Code pénal*); mais, au premier avis d'une évasion, les gendarmes se transportent sur les lieux, se mettent à la poursuite des évadés, recueillent tous les renseignements possibles sur le fait, et en donnent connaissance à leurs chefs, qui en préviennent l'autorité. (*Art. 422 du décret du 1er mars 1854. — V. Correspondances, Bris de prison.*)

Registres d'écrou.

Il est indispensable qu'il existe dans les diverses prisons, selon leur destination: 1° le registre des prévenus; 2° le registre des condamnés; 3° le registre des passagers; 4° le registre des militaires.

Les gendarmes ne sont pas tenus de copier eux-mêmes sur ces registres les mandements de justice ou ordres en vertu desquels ils écrouent les inculpés, non plus que de rédiger et transcrire l'acte d'écrou ou de sortie. Ces actes sont transcrits en leur présence par les concierges; ils ne font qu'y apposer leurs signatures. (*Art. 608 du Code d'instr. crim.*)

V. à CORRESPONDANCES, *Nourriture, Effets accordés aux détenus.*

Observations générales communes aux détenus militaires et civils; pistole.

La ration est due aux prisonniers civils et militaires le jour de leur entrée en prison, mais le jour de leur *première entrée* seulement; et lorsqu'ils sont conduits de brigade en brigade, comme ils reçoivent la ration le jour de leur départ, ils ne peuvent plus la réclamer en arrivant dans une autre prison.

Lorsqu'à défaut de prison, les maires ou les commandants de brigade se trouvent dans la nécessité de fournir des aliments aux prisonniers civils ou militaires, ils rédigent des états sur lesquels les dépenses faites sont inscrites, et ils en sont remboursés par l'autorité compétente, en ayant soin de ne pas élever ces dépenses au-dessus des tarifs indiqués. (V. *Correspondances*.)

Les concierges sont autorisés à fournir aux prisonniers qui leur en demandent des comestibles, des boissons et des lits. Tout doit être de bonne qualité, et les prix ne doivent jamais excéder ceux des mêmes objets pris au dehors. C'est ce qu'on nomme vulgairement la *pistole*. (V. *Correspondances et Planton*.)

PROCESSIONS.

Rien dans les règlements n'indiquant que la présence de la gendarmerie aux processions soit obligatoire, les militaires de l'arme n'ont pas à prendre place dans le cortège comme escorte d'honneur. Leur mission devra se borner à remplir le rôle de surveillance qui leur incombe en toute circonstance, c'est-à-dire à se porter sur le parcours de la procession et à assurer le maintien de l'ordre.

Les officiers et chefs de brigade doivent s'abstenir de déférer à toute réquisition qui tendrait à faire intervenir la gendarmerie à tout autre titre dans les processions. (*Décis. minist. du 11 juin* 1881. V. *Cérémonies publiques*.)

La gendarmerie a le droit de verbaliser contre un charretier qui coupe une procession avec sa voiture.

D'après l'art. 261 du Code pénal, ceux qui auront empêché, retardé ou interrompu les exercices d'un culte par des troubles ou désordres causés dans le temple ou tout autre lieu destiné ou servant actuellement à ces exercices, seront punis d'une amende de 16 fr. à 300 fr., et d'un emprisonnement de six jours à trois mois.

Ce délit étant passible de peines correctionnelles, le procès-verbal qui le constate doit être transmis au procureur de la République.

PROCÈS-VERBAUX ET RAPPORTS.

L'on nomme procès-verbal l'acte par lequel un fonctionnaire ou officier public témoigne de ce qui a été fait ou dit en sa présence ; de ce qu'il a vu ou entendu.

L'on nomme rapport l'exposé de ce qui a été vu ou appris, le compte-rendu du service commandé, enfin l'acte qui n'est pas de nature à servir de base à une procédure, et ne doit être adressé qu'aux chefs de l'arme.

Toutes les fois que la gendarmerie est requise pour une opération quelconque, elle en dresse procès-verbal, même en cas de non réussite, pour constater son transport et ses recherches. (*Art. 487 du décret du 1ᵉʳ mars* 1854.)

Elle dresse également procès-verbal des crimes, délits et contraven=

tions de toute nature qu'elle découvre, des crimes et délits qui lui sont dénoncés, de tous les événements importants dont elle a été témoin, de tous ceux qui laissent des traces après eux, et dont elle va s'enquérir sur les lieux, de toutes les déclarations qui peuvent lui être faites par les fonctionnaires publics et les citoyens qui sont en état de fournir des indices sur les crimes ou délits qui ont été commis, enfin de toutes les arrestations qu'elle opère dans son service. (*Art. 488 dudit décret.*)

Tous les procès-verbaux dressés par les brigades sont généralement établis en double expédition, dont l'une est remise, dans les vingt-quatre heures, à l'autorité compétente, et l'autre est adressée au commandant de l'arrondissement. Cet officier, après avoir examiné ce qui peut se trouver de défectueux ou d'omis dans la rédaction de ces procès-verbaux, les transmet, avec ses observations, au commandant de la compagnie. — Les procès-verbaux d'arrestation des forçats évadés et des déserteurs de l'armée de terre et de mer sont en quadruple expédition : l'une suit le prévenu, et les trois autres sont transmises hiérarchiquement au commandant de la compagnie, avec les pièces concernant le déserteur ou l'évadé. — Le signalement des individus arrêtés doit toujours être inscrit au bas du procès-verbal. — Les procès-verbaux en matière de grande voirie doivent être faits en triple expédition : deux expéditions sont remises au préfet ou sous-préfet, et la troisième est adressée au commandant de la compagnie. En matière de roulage et de messageries, les procès-verbaux sont adressés avec les copies au commandant d'arrondissement, qui est chargé de les transmettre au sous-préfet après les avoir fait enregistrer s'il y a lieu. (*Art. 22 de la loi du 30 mai* 1851, *et circ. du 2 mars* 1857. Les procès-verbaux relatifs à la contrebande sont en triple expédition, dont deux sont adressées au directeur des douanes et des contributions indirectes. (*Art. 495 dudit décret.*)

Dans les résidences où il n'y a pas d'officiers de gendarmerie, les procès-verbaux rédigés par les militaires de cette arme sont adressés directement aux autorités compétentes pour accélérer la transmission des dépêches; mais les commandants de brigade n'en sont pas moins tenus d'en adresser immédiatement une expédition au commandant de l'arrondissement. (*Art. 496 dudit décret.*)

Les procès-verbaux doivent être transmis directement aux autorités judiciaires par les chefs de brigade, même lorsqu'il y a un officier dans la résidence.

L'une des deux expéditions des procès-verbaux dressés par la gendarmerie, en matière de simple police, est transmise par le commandant de brigade au commissaire de police ou au maire remplissant les fonctions du ministère public près le tribunal de simple police de la localité; l'autre expédition est transmise au commandant de l'arrondissement, qui doit adresser, les 1er et 15 de chaque mois, au procureur de la République, un état sommaire de ces contraventions, avec la date des procès-verbaux qui les ont constatées, ainsi que les noms des contrevenants et celui du fonctionnaire auquel la remise en a été faite. (*Art. 497 du décret du* 1er *mars* 1854.)

Les procès-verbaux de la gendarmerie font foi en justice jusqu'à preuve contraire; ils ne peuvent être annulés sous prétexte de vice de forme, ni pour défaut d'enregistrement, excepté en matière de roulage, les droits pouvant être perçus avant ou après le jugement. (*Art. 498 dudit décret.* — V. *Douanes et Contrebande.*)

Les gendarmes, étant chargés par les lois et règlements de police de constater, dans la circonscription de leurs brigades respectives, les contraventions qui peuvent être commises, doivent, comme tous les officiers de police judiciaire, être entendus à l'appui de leurs procès-verbaux. (*Art.* 499 *dudit décret.*)

Les magistrats peuvent, *dans les cas urgents*, adresser les mandats et des demandes de renseignements aux chefs des brigades externes, qui doivent en informer leur commandant d'arrondissement en lui envoyant une copie de ces mandats et des réponses. (*Circ. du* 26 *nov.* 1855.)

Les militaires de la gendarmerie, dans l'exercice de leurs fonctions, ont qualité pour verbaliser dans l'étendue du territoire. (*Cass.,* 9 *mars* 1851, *Conseil d'Etat,* 7 *juin suivant, et art.* 1er *du décret du* 1er *mars* 1854.)

V. *Officiers de police judiciaire.*

1° *Rédaction des procès-verbaux.*

La rédaction des procès-verbaux doit être claire, précise, et offrir un exposé des faits dégagé de tout événement étranger et de toute interprétation étrangère à leur but qui est d'éclairer la justice sans chercher à l'influencer dans un sens quelconque. Toute autre manière de procéder serait contraire à l'esprit des lois et règlements et peut, d'ailleurs, offrir des dangers sérieux. (*Circ. du min. de la justice du* 15 *sept.* 1862.) Les procès-verbaux doivent énoncer :

1° L'an, le mois, le jour et l'heure, soit avant, soit après midi, où ils ont été faits ;

2° Les noms, la qualité et la résidence des officiers, sous-officiers, brigadiers et gendarmes qui les rédigent ;

3° La nature, les circonstances des crimes, des délits et des contraventions ; le lieu et l'heure où ils ont été commis ou découverts ;

4° Les noms, l'âge, la profession, la qualité, le domicile des inculpés et de toutes les personnes qui sont présumées avoir pris part au crime ou délit. Les mêmes renseignements doivent être fournis sur les personnes civilement responsables lorsqu'il s'agit d'individus dont la désignation se trouve aux pages 625 et 626 du présent volume ;

5° L'évaluation des dommages, surtout quand c'est elle qui détermine la quotité de l'amende (dans les cas de délits forestiers, l'essence des arbres arrachés, coupés, écorcés ou détruits, la grosseur précise de ces arbres, etc., doivent être indiquées) ;

6° Les preuves et indices à la charge des prévenus ;

7° Les interpellations qui leur ont été faites, leur réponses ou leur refus de répondre ;

8° Les noms et domicile des témoins, s'il en a été entendu (indiquer les questions qui leur ont été faites et les réponses reçues) ;

9° Les perquisitions et visites qui ont pu avoir lieu légalement ;

10° La saisie ou séquestre ou la mise sous le scellé des objets ayant servi au crime, délit ou contravention ;

11° Les recherches faites sans succès pour découvrir et arrêter les auteurs des crimes, délits ou contraventions ;

12° Les noms et domicile des personnes présentes au procès-verbal qui l'ont signé, ou qui, interpellées de signer, ont refusé ;

13° La signature du délinquant à la suite de la réponse par lui faite s'il a pu et voulu signer, ou la mention de son refus après l'interpellation; enfin, les signatures des verbalisants.

Les agents de police judiciaire, les gendarmes notamment, doivent, dans la rédaction de leurs procès-verbaux, s'abstenir de toute appréciation sur la conséquence des faits qu'ils sont appelés à constater. (*Circ. du 15 sept. 1862.*)

2° Nécessité de dresser un procès-verbal séparé pour chaque délit ou contravention.

On doit s'abstenir de constater plusieurs délits ou contraventions dans le même procès-verbal. On ne doit pas confondre dans le même procès-verbal des délits et contraventions commis par plusieurs contrevenants, à moins qu'il n'y ait connexité. Cependant, pour éviter l'inconvénient qui naîtrait de la multiplicité des actes, quand des délits de même espèce, comme, par exemple, des délits de chasse et des contraventions relatives à la propreté de la voie publique, sont constatés en même temps, on peut ne dresser qu'un procès-verbal, même quand il y aurait plusieurs contrevenants, en ayant soin de les y dénommer tous et d'énoncer les circonstances qui seraient particulières à chacun.

3° Délai dans lequel un procès-verbal constatant un délit ou une contravention doit être rédigé.

La gendarmerie doit rédiger dans les vingt-quatre heures procès-verbal d'un délit qui parvient à sa connaissance; mais, s'il y a plus de vingt-quatre heures que ce délit a été commis, cela n'empêche pas de le constater. Il n'y a pas de délai de rigueur, et tant qu'un crime, délit ou contravention n'est pas prescrit, bien qu'il y ait déjà longtemps qu'il a été commis, on doit toujours le constater et en provoquer la répression.

4° Procès-verbaux considérés seulement comme dénonciations officielles ou simples renseignements.

Ne valent que comme dénonciations officielles ou simples renseignements, les procès-verbaux qui se rapportent à des faits que la gendarmerie n'a pas été spécialement chargée de constater, soit par la loi du 19 germinal an VI, soit par le décret du 1ᵉʳ mars 1854, ou par la loi du 30 mai 1851, soit par toutes autres lois ou décrets. (*Cass., 24 mai 1821 et 7 nov. 1823.*)

Ainsi, ceux constatant, par exemple, des contraventions de police non relatées dans lesdites lois et décrets, mais punies par les art. 471 et suivants du Code pénal, ne sont considérés que comme simples renseignements, parce que le Code pénal n'a pas chargé la gendarmerie de les constater. (*Cass., 24 mai 1821.*) Cependant, si le juge de police trouve dans ces procès-verbaux un élément suffisant de conviction, il peut prononcer la condamnation, surtout si l'inculpé ne nie pas la contravention et n'offre pas la preuve contraire. (*Art. 154 du Code d'instr. crim. — Cass., 19 août 1826 et 24 sept. 1829.*)

5° *Enregistrement, visa pour timbre, amende*

Les procès-verbaux des sous-officiers, brigadiers et gendarmes sont faits sur papier libre ; ceux de ces actes qui sont de nature à donner lieu à des poursuites judiciaires sont visés pour timbre et enregistrés en débet ou gratis, suivant les distinctions établies par les lois de finances ou règlements spéciaux. — Ils sont présentés à cette formalité par les gendarmes, dans le délai de quatre jours, lorsqu'il se trouve un bureau d'enregistrement dans le lieu de leur résidence ; dans le cas contraire, l'enregistrement a lieu à la diligence du ministère public chargés des poursuites. (*Art.* 491 *du décret du* 1ᵉʳ *mars* 1854.) — Ce délai est de trois jours pour les procès-verbaux constatant des contraventions aux lois et règlements sur la police du roulage, sous peine de nullité. (*Art.* 19 *de la loi du* 30 *mai* 1851.)

Les procès-verbaux constatant des contraventions du ressort des tribunaux de simple police sont essentiellement soumis à la double formalité du timbre et de l'enregistrement en débet. — Il en est de même de ceux constatant des faits intéressant l'Etat, les communes et les établissements publics, enfin de tous ceux rédigés pour morts violentes, lorsqu'ils contiennent l'inventaire des effets trouvés sur le décédé ou près de lui. — Sont également soumis aux droits de timbre et d'enregistrement les procès-verbaux de contravention en matière de douanes et de contributions indirectes. (*Art.* 492 *dudit décret.*)

Les circulaires des 16 janvier et 2 mars 1857 indiquent la manière de procéder pour l'enregistrement des procès-verbaux des brigades où il n'y a pas de bureau d'enregistrement. Si cette formalité n'est pas remplie, les rédacteurs ne peuvent en être rendus responsables. (*Circ. du min. des fin. des* 1ᵉʳ *oct. et* 4 *nov.* 1856.) Il n'en est pas de même s'il y a un bureau dans la résidence, car, dans ce cas, ils peuvent être condamnés à 5 fr. d'amende par procès-verbal non enregistré. (*Art.* 33 *de la loi du* 22 *frim. an* VII, *et art.* 10 *de la loi du* 16 *juin* 1824.)

En Corse, les procès-verbaux ne sont pas enregistrés. (*Cass.*, 23 *janv.* 1875.)

En matière de douanes et de contributions indirectes, l'enregistrement a lieu par les soins des receveurs de l'enregistrement, auxquels les procès-verbaux sont remis ou envoyés par la poste, conformément à la circulaire du 20 janvier 1877. Avis du dépôt ou de l'envoi de ces procès-verbaux est donné au receveur des contributions indirectes sur une formule imprimée à cet effet. (*Même circ.*)

Si la gendarmerie dressait un procès-verbal à la demande formelle d'un individu qui déclarât vouloir se rendre partie civile et demander des dommages-intérêts, cet acte devrait être dressé sur papier timbré et enregistré aux frais de la partie, qui est tenue alors d'en faire les avances.

Il est bon de faire enregistrer les procès-verbaux sans retard ; mais la loi n'a pas fixé de délai de rigueur, sauf, comme il est dit plus bas, pour les procès-verbaux en matière de roulage. Cette formalité est toujours remplie en temps utile, quel que soit l'intervalle qui s'est écoulé depuis leur rédaction. (*Cass.*, 10 *mai* 1810 *et* 18 *fév.* 1820.) La loi du 22 frimaire an VII, art. 37, ne défend aux juges de rendre des jugements sur des actes non enregistrés que lorsque ces jugements doivent être dans l'intérêt des particuliers. (*Cass.*, 5 *mars* 1817.) Un procès-verbal dressé par la gendarmerie ne peut être déclaré nul parce qu'il n'a pas été enregistré. (*Cass.*, 2 *août* 1828.)

La Cour de cassation avait décidé, par un arrêt du 3 septembre 1808, que si un procès-verbal n'avait pas été enregistré avant jugement le tribunal devait ordonner, avant de faire droit, qu'il serait soumis à l'enregistrement, conformément à l'art. 70 de la loi du 22 frimaire an VII ; mais, par deux arrêts postérieurs en date des 23 février et 27 juillet 1827, elle est revenue sur sa jurisprudence et a jugé qu'un tribunal ne pouvait surseoir à statuer sur un procès-verbal dressé par la gendarmerie, sous prétexte qu'il n'était pas enregistré, et que le droit d'enregistrement pouvait être perçu après le jugement aussi bien qu'avant.

Il y a exception à cette règle pour les contraventions à la loi sur la police du roulage et pour les infractions constatées dans l'intérêt des particuliers et des administrations.

Les procès-verbaux qui n'ont pas besoin d'être enregistrés sont : 1° ceux destinés à poursuivre et à réprimer les crimes (*circ. du garde des sceaux du 24 sept.* 1823, *et art. 70 de la loi du 22 frim. an* VII) ; 2° ceux qui ne sont pas destinés à servir de base à une poursuite correctionnelle ou de simple police, tels, par exemple, que ceux qui constatent un suicide, une mort subite, mais naturelle, une arrestation en vertu de jugements, arrêts ou mandats des officiers de police judiciaire. Il en est de même des rapports que font les chefs de brigade ou d'arrondissement à leurs supérieurs, sur la tranquillité publique ou autres matières d'intérêt et de police générale. (*Art. 70 de la loi du 22 frim. an* VII.)

6° *Procès-verbaux qui doivent être enregistrés gratis.*

Les procès-verbaux qui doivent être enregistrés gratis sont ceux concernant la police générale et de sûreté, et la vindicte publique. (*Art. 16 de la loi du 13 brum. an* VII; *art. 70 (n° 9) de la loi du 22 frim. an* VII; *ordonn. du 22 mai* 1816, *et art. 492 du décret du 1er mars* 1854.)

Les notifications que les gendarmes sont appelés à faire aux membres du jury sont également enregistrées gratis.

7° *Procès-verbaux qui doivent être enregistrés en débet.*

Les procès-verbaux qui doivent être enregistrés en débet sont ceux concernant la police ordinaire, et qui, ayant pour objet la répression des délits et contraventions, doivent être produits devant les tribunaux correctionnels, les tribunaux de simple police et les conseils de préfecture, en toute matière autre que celle de roulage. Lorsqu'il n'y a pas de partie civile, ou qu'elle a refusé ou négligé de consigner les frais, cet enregistrement a lieu en débet, sauf au receveur à en poursuivre le recouvrement contre qui de droit. (*Art. 5 de l'ordonn. du 22 mai* 1816; *décis. du min. des finances du 17 juill.* 1818, *et art. 492 du décret du 1er mars* 1854.)

L'enregistrement a lieu également en débet, lorsque les faits constatés intéressent l'Etat, les communes et les établissements publics. (*Loi du 22 frim. an* VII, *ordonn. du 22 mai* 1816, *Code forestier, et art.* 492 *du décret du* 1er *mars* 1854.)

Les procès-verbaux constatant des morts violentes doivent également être enregistrés en débet, lorsqu'ils contiennent l'inventaire des effets trouvés sur le décédé ou près de lui. (*Décis. du min. des finances du* 18 *niv. an* x, *et art.* 492 *du décret du* 1er *mars* 1854.)

8° *Procès-verbaux dont les droits de timbre et d'enregistrement doivent être payés comptant.*

Les procès-verbaux dont les droits de timbre et d'enregistrement doivent être payés comptant sont ceux rédigés sur la demande et dans l'intérêt des particuliers qui se sont rendus parties civiles et qui ont consigné les frais. Néanmoins, si la partie civile a refusé ou négligé de consigner les frais, les procès-verbaux peuvent être enregistrés en débet, sauf au receveur à poursuivre contre elle le recouvrement des droits. (*Décis. du min. des finances du* 17 *juill.* 1818.)

En matière de contributions indirectes dont l'administration est considérée comme partie civile, l'enregistrement a lieu d'après les dispositions de la circulaire du 20 janvier 1877, relatées au cinquième paragraphe de la page 554. (V. *à* CONTRIBUTIONS INDIRECTES, *Formalités à observer dans les procès-verbaux.*)

9° *Un gendarme seul peut dresser un procès-verbal.*

Un gendarme peut verbaliser seul et son procès-verbal est toujours valable ; mais il n'en est pas moins à désirer que tous les actes de la gendarmerie soient constatés par deux gendarmes au moins, afin de leur donner toute la force possible en opposant en justice leurs témoignages aux dénégations des délinquants. (*Cass.,* 25 *mars* 1830, 10 *mai et* 8 *déc.* 1838. — *Art.* 489 *du décret du* 1er *mars* 1854.)

10° *Division des procès-verbaux en plusieurs classes et destination à leur donner.*

Les procès-verbaux peuvent être divisés en trois classes, savoir :
1° Les procès-verbaux de police judiciaire ;
2° Les procès-verbaux de police administrative ;
3° Les procès-verbaux de police municipale.

1° Procès-verbaux de police judiciaire.

Les procès-verbaux de police judiciaire sont ceux qui constatent des crimes, des délits ou des contraventions de la compétence des cours d'assises, des tribunaux de police correctionnelle ou des tribunaux de simple police.

Les gendarmes verbalisants ont droit à une gratification, à une prime ou à une portion dans les amendes et produits des saisies résultant de ces procès-verbaux, dans certains cas, tels que ceux relatifs aux délits de chasse, de pêche, aux contributions indirectes, douanes, postes aux lettres, défaut de timbre de lettres de voiture, arrestations de déserteurs ou d'insoumis, de forçats, de condamnés, d'évadés, à celles opérées en vertu de mandats d'arrêt, de jugement, d'ordonnance de prise de corps. (V. *Gratifications, Indemnités, Parts d'amendes, Primes.*)

Les procès-verbaux de police judiciaire doivent être adressés au procureur de la République, directement, par les commandants de brigade (V. *Relations avec les autorités*), ou aux chefs de l'administration que le délit concerne, pour qu'ils puissent transiger ou poursuivre, selon les circonstances. Les procès-verbaux qui n'exigent aucune formalité sont remis à qui de droit, immédiatement après leur rédaction ; ceux qui exigent les formalités de l'enregistrement en débet doivent être adressés, dans les trois jours au plus tard de la clôture du procès-verbal, après que toutes les formalités ont été remplies. Une expédition de ces procès-verbaux est adressée, par la voie hiérarchique, au commandant de la compagnie de gendarmerie du département. (*Art.* 132 *de la loi du* 28 *germ. an* VI, *et art.* 491 *du décret du* 1er *mars* 1854.)

2° Procès-verbaux de police administrative.

Les procès-verbaux de police administrative sont ceux qui constatent des délits ou des contraventions de la compétence des conseils de préfecture, tels que les délits de grande voirie, les infractions aux lois sur le roulage et les messageries publiques.

Ces procès-verbaux sont envoyés directement aux préfets ou sous-préfets, dans les deux jours de l'enregistrement, par les commandants de brigade. (*Décret du* 12 *nov.* 1809, *et art.* 22 *de la loi du* 30 *mai* 1851.)

Le défaut de visa pour timbre et d'enregistrement des procès-verbaux de grande voirie n'entraîne pas la nullité. (*Arrêts du Conseil d'Etat des* 30 *mai,* 29 *août et* 31 *oct.* 1831.) Mais, aux termes de l'art. 19 de la loi du 30 mai 1851, sur la police du roulage et des messageries publiques, les procès-verbaux qui constatent les contraventions à cette loi doivent être enregistrés en débet dans les trois jours de leur date.

3° Procès-verbaux de simple police.

On entend par procès-verbaux de simple police ceux qui constatent des faits de la compétence des tribunaux de simple police.

La gendarmerie a qualité pour constater toutes les contraventions aux lois et règlements ; mais aux commissaires de police, aux maires ou aux adjoints est plus particulièrement confié le soin de constater celles qui peuvent nuire à la propreté, à la régularité, à la commodité des villes et communes ; aux gardes champêtres est dévolu celui de constater les contraventions rurales ; la gendarmerie ne constate ces dernières que dans le cas où elles ne pourraient pas l'être sans son secours. Elle se borne à prévenir l'autorité municipale et à lui fournir les renseignements propres à éveiller sa vigilance à cet égard.

Les procès-verbaux constatant des contraventions de simple police doivent être visés pour timbre et enregistrés en débet, quoique l'absence de ces formalités ne soit pas une cause de nullité, et qu'il soit toujours temps de la remplir, soit à la diligence des gendarmes, soit à celle du ministère public, tant que le jugement n'est pas rendu.

Après l'accomplissement des formalités, ces procès-verbaux sont adressés directement et sans retard, par les commandants de brigade, au commissaire de police, au maire ou à l'adjoint, qui sont chargés de poursuivre ces contraventions. (*Art. 15, 18 et 20 du Code d'instr. crim.*) Une expédition de chaque procès-verbal est transmise hiérarchiquement au commandant de la compagnie de gendarmerie du département.

Les contraventions que doit constater ordinairement la gendarmerie sont celles qui peuvent compromettre la sûreté, l'intérêt des personnes, la salubrité du pays et occasionner des ravages ou des maladies contagieuses. (*V. depuis l'art. 464 jusqu'à l'art. 484 du Code pénal; la loi du 24 août 1790 et les titres suivants, indiquant les contraventions que la gendarmerie doit plus particulièrement constater; Feux d'artifice, Feu, Coutres de charrue, Échenillage, Aubergistes, Voituriers, Escroquerie, Comestibles, Fous, Chiens, Monnaies, Refus de porter du secours, Colporteurs, Charlatans, Charivari, Poids et mesures, Affiches, Dégradations, Accidents par imprudence, Épizootie, Règlements de police, Passeports, Contraventions à la police du roulage, etc., etc., et les art. 313 et suivants du décret du 1ᵉʳ mars 1854.*)

V. *Maires, Arrestations, et au Formulaire, sous la rubrique Procès-verbaux, de nombreux détails qui ne peuvent tenir dans cet ouvrage déjà trop volumineux.*)

PROCUREURS DE LA RÉPUBLIQUE.

La gendarmerie concourt à tout ce qui est relatif à la police judiciaire et à l'exécution des mandements de justice; elle est l'appui des tribunaux et des magistrats, lesquels lui doivent aide et protection. Les commandants de compagnie dans les chefs-lieux de préfecture, les commandants d'arrondissement dans ceux de sous-préfecture, ont des rapports fréquents avec le procureur de la République. Il doit s'établir entre eux une correspondance suivie et une mutuelle confiance. Les officiers de gendarmerie sont subordonnés aux procureurs de la République, lorsqu'ils remplissent les fonctions d'officiers de police auxiliaires (V. *Officiers de police judiciaire*); ils peuvent être requis en tout temps par ces magistrats dans les opérations que nécessite le flagrant délit. Les communications entre les procureurs de la République et la gendarmerie s'établissent par écrit; elles sont signées et datées. (*Art. 92 du décret du 1ᵉʳ mars 1854. — V. Réquisitions.*)

Les procureurs de la République peuvent appeler auprès d'eux les commandants de gendarmerie, toutes les fois qu'ils jugent utile de conférer avec ces officiers pour des objets de service. (*Art. 102 dudit décret.*)

Les communications verbales ou par écrit, entre les autorités judiciaires ou administratives et la gendarmerie, doivent toujours avoir un objet *déterminé* de service, et n'imposent nullement aux militaires de cette arme l'obligation de se déplacer chaque jour pour s'informer du service qui pourrait être requis. Dans les cas extraordinaires, les officiers de gendarmerie doivent se rendre chez les autorités aussi fréquemment que la gravité des circonstances peut l'exiger, sans attendre des invitations de leur part.

Toutes les fois qu'ils ont à conférer avec le procureur de la Répu-

blique ou les autres autorités locales, les officiers de gendarmerie doivent
être en tenue militaire. (*Art.* 103 *dudit décret.*)

Les chefs d'escadron commandant la gendarmerie des départements,
ainsi que les commandants d'arrondissement informent sur-le-champ les
procureurs de la République, ou, à défaut, leurs substituts, des événements de nature à motiver des poursuites judiciaires qui surviennent dans
le ressort du tribunal près duquel ils exercent leurs fonctions. Ils ne sont
point tenus à des rapports négatifs. (*Art.* 104 *dudit décret.* — V., à POSTES
ET TÉLÉGRAPHES. *Franchise télégraphique, p.* 510.)

La gendarmerie ne peut être employée à porter des citations aux témoins
appelés devant les tribunaux que dans le cas d'une nécessité urgente et
absolue. Il importe que les militaires de cette arme ne soient point détournés de leurs fonctions pour ce service, lorsqu'il peut être exécuté
par les huissiers et autres agents. (*Art.* 107 *dudit décret.*)

Les détachements de gendarmerie requis lors des exécutions des criminels condamnés par les Cours d'assises sont uniquement préposés pour
maintenir l'ordre, prévenir ou empêcher les émeutes, et protéger, dans
leurs fonctions, les officiers de justice chargés de mettre à exécution les
arrêts de condamnation. (*Art.* 109 *dudit décret.* — V. *Exécution des
jugements non militaires, Officiers de police judiciaire, Réquisitions,
Procès-verbaux et rapports, Formules.*)

PROCUREURS GÉNÉRAUX.

Les procureurs généraux peuvent appeler auprès d'eux le commandant
de la gendarmerie du département pour conférer sur des objets de service. — Lorsque les Cours d'appel ou les Cours d'assises ne siègent point
au chef-lieu du département, ces magistrats ne peuvent appeler auprès
d'eux que l'officier commandant la gendarmerie de l'arrondissement.
(*Art.* 102 *du décret du* 1er *mars* 1854.)

Les chefs d'escadron commandant la gendarmerie des départements
informent sur-le-champ les procureurs généraux de tous les événements
qui sont de nature à motiver des poursuites judiciaires. — Ils ne sont
pas tenus à des rapports négatifs. (*Art.* 104 *dudit décret.*)

En plaçant la gendarmerie auprès des diverses autorités pour assurer
l'exécution des lois et règlements émanés de l'administration publique,
l'intention du gouvernement est que ces autorités, dans leurs relations et
dans leur correspondance avec les chefs de cette force publique, s'abstiennent de formes et d'expressions qui s'écarteraient des règles et des
principes posés dans les articles ci-dessus, et qu'elles ne puissent, dans
aucun cas, prétendre exercer un pouvoir exclusif sur cette troupe, ni
s'immiscer dans les détails intérieurs de son service. — Les militaires de
tout grade de la gendarmerie doivent également demeurer dans la ligne
de leurs devoirs envers lesdites autorités, en observant constamment avec
elles les égards et la déférence qui leur sont dus. (*Art.* 141 *dudit décret.*)

Les officiers de gendarmerie, en ce qui concerne l'exercice de la police
judiciaire, sont placés par la loi sous la surveillance des juges d'instruction, des procureurs de la République et des procureurs généraux près
les Cours d'appel. (*Art.* 267 *dudit décret.*)

Les procureurs généraux ont le droit de requérir directement l'assistance de la force publique pour faire exécuter les condamnations prononcées par les Cours de justice. (*Art.* 376 *du Code d'instr. crim.* — V. *Formules, Réquisitions, Exécution des jugements, Entérinement de lettres de grâce.*)

PROMULGATION DES LOIS ET DÉCRETS.

La promulgation des lois et décrets résulte de leur insertion au *Journal officiel de la République française,* lequel, à cet égard, remplace le *Bulletin des lois.* (*Art.* 1ᵉʳ *du décret du 5 nov.* 1870.)

Les lois et les décrets sont obligatoires, à Paris, un jour franc après la promulgation, et partout ailleurs, dans l'étendue de chaque arrondissement, un jour franc après que le *Journal officiel* qui les contient est parvenu au chef-lieu de cet arrondissement. Le gouvernement, par une disposition spéciale, peut ordonner l'exécution immédiate d'un décret. (*Art.* 2 *dudit décret.*)

Les préfets et sous-préfets doivent prendre les mesures nécessaires pour que les actes législatifs soient imprimés et affichés partout où besoin est. (*Art.* 3.)

Les tribunaux et les autorités administratives et militaires peuvent, selon les circonstances, accueillir l'exception d'ignorance alléguée par les contrevenants, si la contravention a eu lieu dans le délai de trois jours francs à partir de la publication. (*Art.* 4.)

Les lois sont promulguées dans la forme suivante :

« Le Sénat et la Chambre des députés ont adopté ;

« Le Président de la République promulgue la loi dont la teneur suit :

(Texte de la loi.)

« La présente loi, délibérée et adoptée par le Sénat et par la Chambre « des députés, sera exécutée comme loi de l'Etat.

« Fait à..... » (*Décret du 6 avril* 1876.)

PROVOCATION A DES MILITAIRES.

Crimes contre la sûreté de l'Etat.

Lorsque la gendarmerie découvre quelques complots formés contre la sûreté extérieure ou intérieure de l'État, elle doit, ainsi que tous bons citoyens, s'empresser d'en avertir, sans le plus léger retard, les ministres de la guerre et de l'intérieur, le général, le chef de légion, le procureur de la République, le procureur général et le préfet.

Dans ces cas extraordinaires, la gendarmerie doit s'abstenir de commencer une instruction judiciaire. L'autorité compétente doit s'emparer sur-le-champ de l'affaire, et la gendarmerie ne procède qu'à la recherche des renseignements, pour ne pas laisser perdre la trace des faits.

Crimes et délits commis par la voie de la presse ou par tout autre moyen de publication.

Provocation aux crimes et délits.

Seront punis comme complices d'une action qualifiée crime ou délit ceux qui, soit par des discours, cris ou menaces proférés dans des lieux ou réunions publics, soit par des écrits, des imprimés vendus ou distribués, mis en vente ou exposés dans des lieux ou réunions publics, soit par des placards ou affiches, exposés aux regards du public, auront directement provoqué l'auteur ou les auteurs à commettre ladite action, si la provocation a été suivie d'effet.

Cette disposition sera également applicable lorsque la provocation n'aura été suivie que d'une tentative de crime prévue par l'art. 2 du Code pénal. (*Art. 23 de la loi du 29 juill.* 1881.)

Ceux qui, par les moyens énoncés en l'article précédent, auront directement provoqué à commettre les crimes de meurtre, de pillage et d'incendie, ou l'un des crimes contre la sûreté de l'Etat prévus par les art. 75 et suivants jusques et y compris l'art. 101 du Code pénal, seront punis, dans le cas où cette provocation n'aurait pas été suivie d'effet, de trois mois à deux ans d'emprisonnement et de 100 fr. à 3,000 fr. d'amende.

Tous cris ou chants séditieux proférés dans des lieux ou réunions publics seront punis d'un emprisonnement de six jours à un mois et d'une amende de 16 fr. à 500 fr., ou de l'une de ces deux peines seulement. (*Art. 24 de ladite loi.*)

Toute provocation par l'un des moyens énoncés en l'art. 23, adressée à des militaires des armées de terre ou de mer, dans le but de les détourner de leurs devoirs militaires et de l'obéissance qu'ils doivent à leurs chefs dans tout ce qu'ils leur commandent pour l'exécution des lois et règlements militaires, sera punie d'un emprisonnement d'un à six mois et d'une amende de 16 fr. à 100 fr. (*Art. 25 de ladite loi.*)

PUNITIONS.

Des officiers.

Les punitions disciplinaires sont, pour les officiers de gendarmerie : Les arrêts simples ; la réprimande du chef de légion ; les arrêts de rigueur ; la prison.

La réprimande a lieu en présence d'un ou plusieurs officiers du grade supérieur ou du même grade, réunis à cet effet.

La durée des arrêts simples, des arrêts de rigueur et de la prison ne peut excéder quinze jours ; cette dernière punition est toujours mise à l'ordre de la légion.

Les arrêts simples peuvent être ordonnés à chaque officier par son supérieur en grade ou par celui qui en exerce l'autorité. Ils n'exemptent d'aucun service.

Les arrêts de rigueur et la prison ne sont ordonnés que par le chef de légion. Ces punitions suspendent tout service. (*Art. 575 du décret du 1er mars 1854, modifié par décis. du 24 juill.* 1875.)

Ces diverses punitions sont infligées dans les conditions des art. 576 à 580 dudit décret et 223 à 225 du règlement du 9 avril 1858 sur le service intérieur.

Les chefs de légion rendent compte directement et immédiatement au ministre de toutes les punitions d'arrêts de rigueur et de prison qu'ils ont été dans le cas d'infliger. (*Art. 580 du décret du 1ᵉʳ mars 1854.*)

La circulaire du 11 décembre 1882 prescrit de porter à la connaissance du ministre les punitions de huit jours d'arrêts simples, de quatre jours d'arrêts de rigueur et celles de prison, quelle qu'en soit la durée, infligées aux officiers. Les motifs de ces punitions ne doivent pas figurer sur les rapports périodiques.

Le compte-rendu, en ce qui concerne les officiers, doit être établi sur un état conforme au modèle annexé à la circulaire du 19 août 1878, et ne dispense pas l'envoi, sans délai aux généraux commandant les corps d'armée, d'un rapport sur les fautes graves qui auraient motivé des punitions d'arrêts de rigueur ou de prison. (*Art. 132 et 577 du décret précité du 1ᵉʳ mars 1854.*)

Des sous-officiers, brigadiers et gendarmes.

Les punitions de discipline à infliger aux sous-officiers, brigadiers et gendarmes sont :

La consigne à la caserne ; la salle de police ; la prison du corps.

Ces punitions ne peuvent être infligées pour plus de quinze jours.

Les punitions sont infligées de la manière suivante :

Par les sous-officiers et brigadiers, huit jours de consigne et quatre jours de salle de police ;

Par les commandants d'arrondissement,

Dix jours de consigne, huit jours de salle de police et quatre jours de prison ;

Par les commandants de compagnie,

Quinze jours de consigne, quinze jours de salle de police et huit jours de prison,

Le chef de légion peut ordonner jusqu'à quinze jours de salle de police et quinze jours de prison. (*Art. 581 et 582 du même décret.*)

Dans les corps organisés régimentairement, les punitions sont infligées d'après l'ordonnance du 2 novembre 1833. modifiée le 10 août 1872, qui a supprimé la prison de la place et prescrit de supprimer les centimes de poche aux brigadiers et soldats punis de prison, pour être versés à l'ordinaire. (*Art. 582 du décret du 1ᵉʳ mars 1854 modifié.*)

Cependant, si un sous-officier, brigadier ou gendarme commet contre la discipline une faute de nature à mériter une plus forte punition, les généraux commandant de corps d'armée ont le droit de punir et d'augmenter les punitions sans en référer au ministre ; mais ils doivent lui adresser les propositions de cassation, de rétrogradation et de renvoi de l'arme. (*Circ. des 6 avril 1873 et 8 fév. 1876.*)

Il est rendu compte au ministre des punitions de prison conformément à l'art. 132 du 1ᵉʳ mars 1854 et à la circulaire du 19 août 1878. — Nous pensons que la circulaire du 11 décembre 1882 au sujet des punitions graves infligées, en ce qui concerne la gendarmerie, ne s'applique qu'aux officiers.

Les punitions de salle de police et de prison, pour les commandants de brigade, sont toujours subies au chef-lieu de l'arrondissement ou de la compagnie.

Les punitions à infliger aux maréchaux des logis adjoints aux trésoriers sont prononcées, pour ce qui concerne leur service spécial, par l'officier qui en a la direction, ou par le commandant de la compagnie ; pour tout autre objet, elles le sont par tout supérieur en grade. (*Art.* 583.)

Les sous-officiers, brigadiers et gendarmes consignés ne sont dispensés d'aucun service ; les sous-officiers, brigadiers et gendarmes punis de salle de police ou de prison ne font aucun service. (*Art.* 584 *du même décret.*)

Mais, suivant une circulaire du 29 juillet 1879, les officiers ont la faculté de faire faire le service aux hommes punis de salle de police toutes les fois qu'il n'y aura pas d'inconvénient sérieux.

Un sous-officier ou brigadier condamné correctionnellement à une peine plus grave que celle de trois mois de prison, perd son grade. Si la peine est de trois mois de prison ou au-dessous, le ministre décide seul si le militaire doit perdre son grade ou le conserver. (*Circ. du* 11 *mai* 1853.)

Aux armées, les militaires de la gendarmerie ne peuvent être punis que par leurs chefs directs et par les généraux et chefs d'état-major des corps auxquels ils appartiennent. Toute faute méritant répression, commise par l'un d'eux, est signalée au prévôt et au grand-prévôt.

Il est donné connaissance, à l'autorité qui a porté plainte, de la punition infligée.

Au grand-prévôt, au général, au chef d'état-major des corps dont ils relèvent appartient le droit de diminuer, de changer la nature et même de faire cesser les punitions prononcées. (*Art.* 517 *déc. préc. du* 1er *mars.*)

En dehors des exceptions ci-dessus, les militaires de la gendarmerie ne peuvent être punis que par leurs chefs directs. (*Lettre minist. du* 19 *mai* 1881 *au général comm. le* 2e *corps d'armée, à la suite d'un conflit survenu entre le chef de légion et un lieutenant-colonel d'infanterie.*)

Si, pour des faits particuliers à l'administration, les intendants ou sous-intendants militaires ont à se plaindre des officiers ou sous-officiers comptables, ils peuvent demander des punitions aux chefs de légion. (*Art.* 578 *du décret précité.*)

RAPPORTS A FAIRE PAR LA GENDARMERIE

AUX DIVERSES AUTORITÉS.

Depuis le brigadier jusqu'au colonel, chaque grade inférieur fournit, hiérarchiquement et dans les cas prévus, des rapports au grade supérieur et aux autorités civiles, judiciaires et militaires dans les circonscriptions desquelles chaque commandant se trouve.

Tous les rapports doivent être transcrits sur le registre n° 2 de correspondance, en se conformant au spécimen qui s'y trouve annexé.

Chaque rapport ne contient qu'une seule affaire. — V. *page* 573, 7e *alinéa.*

Les militaires de tous grades de la gendarmerie ne doivent fournir à aucune autorité, quelle qu'elle soit, des rapports pouvant donner lieu de penser qu'ils s'immiscent dans les questions qui touchent à la politique. (*Circ. du 31 août 1879.*)

Tout officier ou sous-officier qui a fait le rapport d'un événement doit rendre compte successivement des opérations qui en sont la suite, ainsi que de leur résultat ; ces comptes doivent toujours rappeler la date du rapport primitif. (*Art.* 101 *du décret du* 1er *mars* 1854.)

Les formules de salutation dans les lettres et rapports sont supprimées par la circulaire du 28 mai 1880. Cette circulaire donne les modèles de dépêches, rapports et bordereaux établis d'après les prescriptions ministérielles.

Les formules à employer dans la correspondance, entre les officiers de gendarmerie et les autorités administratives et judiciaires, sont déterminées par les circulaires des 28 février et 10 juin 1881. (V. *Relations avec les autorités, Ordre hiérarchique, Formules de rapports.*)

Les rapports à fournir sont :

1° PAR LES COMMANDANTS DE BRIGADE :

Aux commandants d'arrondissement,

Aussitôt après l'événement, un rapport spécial ou un procès-verbal de tous les événements majeurs, extraordinaires, qui peuvent intéresser l'ordre public, et dont la plus grande partie est prévue par les art. 76, 77 et 126 du décret du 1er mars 1854. Les commandants de brigade doivent également rendre compte successivement des opérations qui en sont la suite et de leur résultat, en ayant soin, dans ce dernier cas, de rappeler la date du rapport primitif. (*Art.* 101 *du décret du* 1er *mars* 1854.)

Ces rapports sont adressés par ordonnance, si ce moyen est plus accéléré que la poste. Si par la voie hiérarchique ils doivent éprouver un retard préjudiciable pour arriver aux supérieurs, le commandant de brigade les fait parvenir directement au commandant de compagnie ; mais alors semblables rapports sont envoyés immédiatement au commandant d'arrondissement, et il est toujours fait mention, au bas de chaque rapport, que compte a été rendu directement au commandant de compagnie. Les rapports journaliers et mensuels contiennent en outre l'analyse de ces comptes et la date de l'envoi qui en a été fait.

Sans délai, ou au moins dans les vingt-quatre heures de l'évasion ou du décès, toutes les pièces relatives aux prisonniers évadés ou décédés, ainsi que le procès-verbal, qui a dû être rédigé en triple expédition, et l'acte de décès, le cas échéant. (*Art.* 422 *dudit décret.* — V. *Correspondances.*)

Dès que l'urgence en est démontrée, un rapport spécial indiquant les réparations à faire aux bâtiments appartenant à l'État ou au département, affectés au casernement de la gendarmerie, ou signalant la négligence des propriétaires de la caserne à remplir les engagements qu'ils ont contractés dans les baux à loyer.

Les commandants de brigade rendent compte, par un rapport journa-

lier, à leur chef immédiat, de l'exécution du service. Ce rapport contient le détail de tous les événements dont la connaissance leur est parvenue dans les vingt-quatre heures. — Dans les cas urgents, si leur rapport doit éprouver le moindre retard par la transmission hiérarchique, ils peuvent correspondre directement avec le commandant de la compagnie. Ces rapports directs ne les dispensent pas de rendre immédiatement les mêmes comptes à leur commandant d'arrondissement. (*Art.* 225 *du décret du* 1er *mars* 1854.)

Ce rapport doit contenir l'indication des envois de pièces, des accusés de réception, des arrestations, des événements, des irrégularités, des fautes contre la discipline, ce qui concerne les hommes et chevaux malades, le départ, la rentrée des sous-officiers, brigadiers et gendarmes en congé ou en permission, les mouvements et mutations survenus dans la brigade, enfin, tout ce qui est parvenu à la connaissance du commandant de la brigade concernant le service.

Dans les lieux de résidence d'un commandant d'arrondissement, le commandant de brigade lui porte lui-même le rapport en se rendant à l'ordre; ailleurs, il est confié à la poste. (*Art.* 224 *dudit décret.*)

Si des fautes contre la discipline étaient de nature à donner lieu à une punition grave, il en serait rendu compte par un rapport spécial; même rapport serait rédigé pour tout autre cas méritant une attention particulière.

La gendarmerie a des rapports à faire sur les cantonniers. (V. *Cantonniers.*)

Le 1er de chaque mois, un rapport mensuel, analysant numériquement la feuille de service, indiquant le résultat de la recherche des déserteurs, présentant des observations sur la conduite des individus en surveillance, des militaires en congé, des gardes champêtres; offrant enfin des renseignements utiles aux commandants d'arrondissement, qui doivent avoir constamment connaissance de la situation du service, dont ils sont responsables dans leur arrondissement. Ce rapport doit toujours accompagner la feuille de service, dont il n'est, pour ainsi dire, que l'analyse. (*Art.* 234 *du décret du* 1er *mars* 1854.) Il est établi conformément au modèle n° 33 du cahier des modèles annexé à ce décret et doit donner la désignation des travaux qui ont été entrepris dans la zone frontière et dont il a été rendu compte aux officiers du génie. (*Circ. des* 10 *août* 1854 *et* 27 *mars* 1877.)

Le 1er de chaque mois, le certificat constatant la présence des hommes et des chevaux dans la brigade, signé par le maire et le commandant de brigade le dernier jour du mois seulement.

Dans aucun cas les commandants de brigade ne correspondent directement avec les chefs de légion et les ministres, à moins de déni de justice. (*Art.* 78 *du décret du* 1er *mars* 1854. — V. *Réclamations, Commandants de brigade.*)

2° PAR LES COMMANDANTS D'ARRONDISSEMENT :

Aux ministres de la guerre et de l'intérieur.

Un rapport spécial de tous les événements majeurs et extraordinaires venant d'avoir lieu dans l'arrondissement et pouvant intéresser l'ordre public, notamment de ceux prévus par l'art. 77 du décret du 1er mars 1854, et successivement des opérations qui en sont la suite et de leur résultat. On doit rappeler la date du rapport primitif. Hors ce cas, et à moins d'ordres particuliers, les chefs de légion correspondent seuls avec les ministres. (*Art.* 78 *du décret du 1er mars 1854.*)

Au Procureur de la République.

Les commandants d'arrondissement informent sur-le-champ les procureurs de la République, où, à leur défaut, leurs substituts, des événements qui sont de nature à motiver des poursuites judiciaires. — Ils ne sont point tenus à des rapports négatifs. (*Art.* 104 *du décret du 1er mars 1854.*)

L'art. 268 du même décret prescrit aux officiers de gendarmerie de transmettre sans délai au procureur de la République les procès-verbaux que les sous-officiers, brigadiers et gendarmes ont dressés dans l'exécution de leur service, pour constater les crimes et délits qui laissent des traces après eux, et, aux commissaires de police ou aux maires des lieux où de simples contraventions auraient été commises, les procès-verbaux et renseignements qui concernent les prévenus de ces contraventions; mais la circulaire du 26 novembre 1855 a modifié ces dispositions en laissant ce soin aux chefs de brigade, même lorsqu'il y a un officier dans la résidence.

Les 1er et 15 de chaque mois, le commandant d'arrondissement adresse au procureur de la République un état sommaire des contraventions constatées par les brigades. (*Art.* 497 *dudit décret.*)

Au sous-préfet.

Le commandant de la gendarmerie de l'arrondissement adresse chaque jour au sous-préfet le rapport de tous les événements qui peuvent intéresser l'ordre public; il lui communique également tous les renseignements que lui fournit la correspondance des brigades, lorsque ces renseignements ont pour objet le maintien de l'ordre et qu'ils peuvent donner lieu à des mesures de précaution ou de répression. (*Art.* 110 *du décret du 1er mars 1854.*)

Un rapport spécial détaillé, d'après les rapports des commandants de brigade, sur la situation du casernement, en signalant la négligence des propriétaires à remplir leurs engagements.

Les officiers, sous-officiers et brigadiers de gendarmerie s'assurent, dans leurs tournées, si les gardes champêtres remplissent bien les fonctions dont ils sont chargés; ils donnent connaissance aux préfets ou sous-préfets de ce qu'ils ont appris sur la moralité et le zèle de chacun d'eux. (*Art.* 642 *du décret du 1er mars 1854.*) Ces renseignements sont en outre transmis au commandant de compagnie dans les rapports journaliers, et reproduits, chaque mois, dans le résumé mensuel du service fait.

Dès que l'événement a eu lieu, un rapport désignant les forçats libérés et autres individus sous la surveillance de la police qui se conduisent mal ou qui ont rompu leur ban. Dans cet acte sont relatés les renseignements recueillis pour faciliter leur recherche et leur arrestation. Ces renseignements sont également fournis au commandant de compagnie dans les rapports journaliers, et reproduits tous les mois dans le résumé mensuel du service fait.

Les officiers commandants d'arrondissement adressent, tous les cinq jours, aux sous-préfets, un tableau sommaire de tous les délits et de toutes les arrestations dont la connaissance leur est parvenue par la correspondance des brigades. (*Art.* 111 *du décret du* 1er *mars* 1854.) — Il n'est pas fourni d'état négatif.

Au commandant de la compagnie.

Aussitôt qu'ils sont connus, un rapport spécial de tous les événements majeurs extraordinaires qui pourraient intéresser l'ordre public, dont la plus grande partie est prévue par les art. 76 et 77 du décret du 1er mars 1854, et dont il a été donné connaissance directement aux ministres de la guerre et de l'intérieur, au procureur de la République et au sous-préfet. Il est également rendu compte, successivement et de la même manière, des opérations qui sont la suite de ces événements et de leurs résultats ; dans ce dernier cas, ces rapports rappellent la date du primitif (*art.* 101 *du décret du* 1er *mars* 1854) ; et il est toujours fait mention au bas que compte a été rendu directement aux ministres et aux différentes autorités. Les rapports journaliers contiennent, en outre, l'analyse de ce compte-rendu et la date de l'envoi aux ministres.

Si, dans l'étendue de leur commandement, il survient quelque événement extraordinaire de nature à influer d'une manière quelconque sur la tranquillité publique, les commandants d'arrondissement se transportent sur les lieux et s'empressent d'en rendre compte au commandant de la compagnie. Dans le cas où cet événement nécessite de promptes mesures, ils informent cet officier supérieur des dispositions qu'ils ont cru devoir prendre en attendant ses ordres. (*Art.* 189 *dudit décret.*)

Sans délai, toutes les pièces relatives aux prisonniers évadés ou décédés, ainsi que le procès-verbal, qui a dû être rédigé en cette occasion en triple expédition, et l'acte de décès, le cas échéant. (*Art.* 407 *dudit décret.*)

Dès qu'elles leur sont remises, les demandes des sous-officiers, brigadiers et gendarmes et les pièces à l'appui, ayant pour but de signaler une irrégularité ou d'obtenir la bienveillance, l'avis ou l'autorisation des supérieurs, dans l'intérêt particulier de ces militaires.

Après avoir jugé si les pièces sont de nature à être transmises, les commandants d'arrondissement consignent dans leur lettre d'envoi les observations qu'ils croient nécessaires. (V. *Réclamations.*)

Aussitôt leur réception, les rapports spéciaux des brigades indiquant les réparations à faire aux bâtiments appartenant à l'Etat ou au département affectés au casernement, ou signalant l'obstination des propriétaires des casernes à ne pas remplir les engagements qu'ils ont contractés dans les baux à loyer. Les commandants d'arrondissement ajoutent les observations qu'ils croient nécessaires.

Aussitôt que le bail d'une nouvelle caserne est consenti, *et sans attendre la signature des baux,* un état descriptif des bâtiments proposés, rédigé conformément au modèle n° 41 du cahier annexé au décret du 1er mars 1854. (*Art.* 198 *du même décret; circ. du* 10 *déc. suivant et art.* 88 *de l'instr. du* 5 *avril* 1882 *sur les inspections générales.*)

Quelques jours avant leur départ, l'itinéraire de leur tournée, indiquant le jour où ils se proposent de passer l'inspection de chaque brigade et les lieux où ils doivent séjourner et coucher : si quelque événement les force à modifier cet itinéraire, ils en rendent compte. (V. *Tournées des officiers*.)

Dans les cinq jours qui suivent la fin de leur tournée, les commandants d'arrondissement adressent au commandant de la compagnie un rapport détaillé sur les résultats de cette revue, en y joignant les propositions qu'ils jugent utiles de leur soumettre dans l'intérêt du service des brigades. (*Art*. 196 *dudit décret*.)

Un état mensuel, rendant compte des visites inopinées, est adressé au commandant de compagnie. (*Circ. des* 27 *nov.* 1855, 24 *janv. et* 2 *avril* 1863, 2 *nov.* 1874 *et* 1er *oct.* 1877.)

Tous les jours, un rapport contenant l'indication des envois de pièces, des accusés de réception, des arrestations, des événements, des irrégularités, des fautes contre la discipline, des hommes et chevaux malades, du départ et de la rentrée des sous-officiers, brigadiers et gendarmes en congé ou permission, du détail des mouvemements et mutations survenus dans la brigade, et de tout ce qui, concernant le service, est parvenu à la connaissance du commandant de l'arrondissement par la transmission des rapports de brigades. (*Art*. 188 *du décret du* 1er *mars* 1854.) A ce rapport sont joints les doubles des procès-verbaux rédigés par les brigades. Dans tous les lieux de résidence d'un commandant de compagnie, le commandant d'arrondissement lui porte lui-même ce rapport en se rendant à l'ordre. Si la nature des fautes contre la discipline avait donné lieu à des punitions graves, il en serait rendu compte par un rapport spécial et détaillé, en y joignant ceux des commandants de brigade ; semblable rapport est fait pour tout autre cas méritant une attention particulière.

Avant le 5 de chaque mois, les commandants d'arrondissement transmettent au commandant de la compagnie, après y avoir inscrit leurs observations sur le service fait pendant le mois précédent, les feuilles de service des brigades, dont l'établissement est prescrit par l'art. 234 du 1er mars 1854.

Ils joignent à cet envoi un état récapitulatif du service de leur arrondissement pendant le même laps de temps. (*Art*. 199 *dudit décret*.) Cet état doit être conforme au n° 34 du cahier des modèles annexé au même décret et contenir la désignation des travaux qui ont été entrepris dans la zone frontière et dont il a été rendu compte aux officiers du génie. (*Circ. des* 10 *août* 1854 *et* 27 *mars* 1877.)

Dans les résidences des commandants de compagnie, les commandants d'arrondissement ne font de rapports qu'à leur chef immédiat ; dans aucun cas, ils n'ont de relations directes avec les ministres et les autorités administratives, judiciaires ou militaires, si ce n'est pour la transmission des originaux des procès-verbaux qui leur sont parvenus ; c'est à l'officier supérieur seul (*à l'exception des chefs de légion*) qu'appartiennent toutes les communications verbales ou par écrit avec les diverses autorités. (V. *Relations avec les autorités, Commandants d'arrondissement*.)

3° PAR LES COMMANDANTS DE COMPAGNIE :

Aux diverses autorités compétentes.

Le commandant de la compagnie porte immédiatement à la connaissance de l'autorité compétente l'évasion de tout prisonnier transféré, et lui envoie toutes les pièces qui le concernent. (*Art. 394 du décret du 1er mars 1854.* — V. *Évasion.*)

Aux ministres de la guerre et de l'intérieur.

Le plus promptement possible, un rapport spécial de tous les événements majeurs et extraordinaires qui pourraient intéresser l'ordre public, notamment ceux prévus par les art. 76 et 77 du décret du 1er mars 1854. (V. *Événements.*) Il est également rendu compte successivement et directement des opérations qui sont la suite de ces événements et de leur résultat; dans ce dernier cas, ces rapports rappellent la date du primitif. (*Art. 101 dudit décret.*) Ainsi qu'il a déjà été dit, chaque commandant d'arrondissement, à l'exception de celui du chef-lieu du département, rend compte directement aux deux ministres des événements de même nature qui surviennent dans son arrondissement.

Au procureur général.

Le plus promptement possible, un rapport des événements majeurs survenus *dans le département*, qui sont de nature à donner lieu à des poursuites judiciaires, et successivement des opérations qui en sont la suite et de leur résultat; dans ce cas, on doit rappeler la date du rapport primitif; il n'est pas fourni de rapport négatif. (*Art. 104 du décret du 1er mars 1854.*)

Au procureur de la République.

Sans délai, un rapport de tous les événements survenus *dans l'arrondissement du chef-lieu de préfecture* qui sont de nature à donner lieu à des poursuites judiciaires; il n'est pas fourni de rapport négatif. (*Art. 104 du décret du 1er mars 1854.*)

Au général commandant la subdivision de région.

Les généraux et les commandants de place reçoivent dans les cinq premiers jours de chaque mois, les états de situation numérique de la gendarmerie comprise dans l'étendue de leur commandement. (*Art. 121 du décret du 1er mars 1854.*)

Les commandants de compagnie sont tenus de rendre compte aux généraux commandant les subdivisions de région :

1° De tous les événements extraordinaires qui peuvent donner lieu de la part de ces généraux à des dispositions particulières de service. Ces événements sont définis dans l'art. 126 du décret du 1er mars 1854;

2° Des fautes graves qui auraient motivé, pour leurs subordonnés de tous grades, des punitions d'arrêts ou de prison. (*Art.* 132 *du décret précité.*) Ces punitions, en ce qui concerne les officiers, ne doivent pas être inscrites sur les rapports périodiques n° 28. (*Circ. du* 11 *déc.* 1882. — V. *page* 562.)

3° De l'absence des officiers de gendarmerie du département quittant leur résidence, soit par congé ou permission, soit pour leurs tournées périodiques. La durée déterminée ou probable de l'absence doit toujours être indiquée, et au retour de ces officiers les généraux en sont informés. (*Art.* 123 *du même décret.*)

Les commandants de compagnie adressent, du 1er au 5 de chaque mois, aux généraux commandant les subdivisions de région, un état nominatif des membres de la Légion d'honneur décédés pendant le mois précédent dans l'étendue de leur département. Cet état doit comprendre les noms et prénoms des légionnaires décédés, la date et le lieu de leur décès, leur position militaire, ainsi que leur grade dans la Légion d'honneur, et, autant que possible, la date de leur nomination à ce grade. (*Art.* 185 *du décret du* 1er *mars* 1854; *circ. des* 24 *fév.* 1838 *et* 9 *janv.* 1873.)

Dans les cinq premiers jours de chaque mois, un état de tous les militaires malades dans les hospices civils du département, d'après les renseignements transmis par les officiers de gendarmerie, qui doivent y passer les inspections mensuelles, partout où il n'existe pas de sous-intendant ou de commandant de place. (V. *Hôpitaux.*)

Au préfet.

Le chef d'escadron commandant la gendarmerie du département adresse chaque jour au préfet le rapport de tous les événements qui peuvent intéresser l'ordre public ; il lui communique également tous les renseignements que lui fournit la correspondance des brigades, lorsque ces renseignements ont pour objet le maintien de l'ordre et qu'ils peuvent donner lieu à des mesures de précaution et de répression. (*Art.* 110 *du décret du* 1er *mars* 1854.)

Dans les arrondissements chefs-lieux de département, le commandant de la compagnie remet au préfet, tous les cinq jours, un tableau sommaire de tous les délits et de toutes les arrestations dont la connaissance lui est parvenue par les rapports des brigades. (*Art.* 111 *dudit décret.*)

Les officiers de gendarmerie ne sont pas tenus à des rapports négatifs lorsque les correspondances des brigades ne donnent lieu à aucune communication. (*Art.* 112 *dudit décret.*)

Si les rapports de service font craindre quelque émeute populaire ou attroupement séditieux, les préfets, après s'être concertés avec l'officier général commandant le département, s'il est présent, et avec l'officier le plus élevé en grade de la gendarmerie en résidence au chef-lieu du département, peuvent requérir la réunion, sur le point menacé, du nombre de brigades nécessaires au rétablissement de l'ordre. — Il en est rendu compte sur-le-champ au ministre de la guerre. (*Art.* 113 *dudit décret.*)

Les préfets sont informés de la conduite des gardes champêtres et de la manière dont ils remplissent leurs fonctions. (*Art.* 641 *et* 642 *du décret du* 1er *mars* 1854.)

Les commandants de compagnie transmettent immédiatement au préfet

du département les états par arrondissement des absences de cantonniers. (*Art.* 646 *dudit décret.*)

Aussitôt après la réception des rapports des commandants d'arrondissement, un rapport spécial récapitulant les renseignements recueillis sur
les réparations à faire aux bâtiments appartenant à l'État ou au département, affectés au casernement de la gendarmerie, ou signalant la négligence des propriétaires de casernes à remplir les engagements qu'ils ont
contractés dans les baux à loyer. Les rapports spéciaux des commandants
de brigade et d'arrondissement sont joints à celui du commandant de
compagnie.

Tous les cinq jours, un tableau sommaire de tous les délits et de toutes
les arrestations qui ont eu lieu *dans l'arrondissement du chef-lieu de
préfecture;* il n'est pas fourni de tableau négatif. (*Art.* 111 *et* 112 *du décret
du* 1er *mars* 1854. — V. *Préfets et Surveillance de la haute police.*)

Au chef de légion.

Immédiatement après qu'ils sont connus, un rapport spécial de tous
les événements majeurs, extraordinaires, pouvant intéresser l'ordre public,
dont la plus grande partie est prévue par les art. 76 et 77 du décret du
1er mars 1854, et dont il a été donné connaissance directement aux ministres de la guerre et de l'intérieur et au procureur général. Il est rendu
compte, successivement et de la même manière, des opérations qui sont
la suite de ces événements et de leur résultat; ces rapports doivent
toujours rappeler la date du primitif. (*Art.* 101 *dudit décret.*) Il est également fait mention au bas que compte a été rendu directement aux
ministres et aux différentes autorités. Les rapports journaliers et mensuels
contiennent, en outre, l'analyse et la date de l'envoi de ces rapports spéciaux aux ministres. — On ne doit traiter qu'un seul sujet dans le même
rapport. (*Circ. du* 29 *mai* 1848.)

Aussitôt leur réception, toutes les demandes des officiers, sous-officiers
et gendarmes, et les pièces à l'appui, ayant pour objet la rectification
d'irrégularités ou d'obtenir l'avis ou l'autorisation du chef de légion ou
des ministres, dans l'intérêt particulier de ces militaires. Après avoir
jugé si ces pièces sont de nature à être transmises, le commandant de
compagnie consigne, dans sa lettre d'envoi, les observations qu'il croit
nécessaires. (V. *Réclamations et Formules.*)

Quelques jours avant leur départ, l'itinéraire de leurs tournées, indiquant le jour où ils se proposent de passer l'inspection de chaque brigade et les lieux où ils doivent séjourner et coucher; si quelque événement les force à modifier cet itinéraire, ils en rendent compte. (V. *Tournées d'officiers.*)

Dans les cinq jours qui suivent la fin de leur tournée, les commandants
de compagnie adressent au chef de légion un rapport circonstancié sur
les résultats de cette revue, en y joignant les propositions qu'ils jugent
utile de lui soumettre dans l'intérêt du service. (*Art.* 183 *dudit décret.*)

Dans le compte de leurs tournées que les commandants de compagnie
doivent rendre au colonel, ils doivent comprendre leur rapport sur l'état
des casernes, sur le logement des hommes, sur la nourriture des chevaux,
et enfin sur tout ce qui fait l'objet de l'art. 181 du décret du 1er mars
1854.

Un état mensuel, rendant compte des visites inopinées faites par les officiers. (*Circ. des 27 nov.* 1855, *24 janv. et 2 avril* 1863, *2 nov.* 1874 *et 1er oct.* 1877.)

S'il y a lieu de passer ou de renouveler des baux pour le casernement des brigades de gendarmerie, les commandants de compagnie transmettent, avec leur visa, aux chefs de légion, l'état descriptif des bâtiments affectés à cette destination, dressé par le commandant d'arrondissement. Cette transmission doit être effectuée *sans attendre la signature des baux.* (*Art.* 186 *du décret du 1er mars* 1854; *circ. du* 10 *déc. suivant et art.* 88 *de l'instr. du 5 avril* 1882 *sur les inspections.*)

Tous les jours, un rapport contenant l'indication des envois de pièces, des accusés de réception, des arrestations, des événements, des irrégularités, des fautes contre la discipline, des hommes et des chevaux malades, du départ et de la rentrée des officiers, sous-officiers, brigadiers et gendarmes en congé ou en permission, enfin du détail des mutations, et de tout ce qui, concernant le service, est parvenu à la connaissance du commandant de compagnie par les rapports des commandants d'arrondissement. Si la nature des fautes contre la discipline donnait lieu à une punition grave, il en serait rendu compte par un rapport spécial en y joignant les rapports des commandants d'arrondissement et de brigade. Un rapport spécial serait également rédigé pour tout autre cas méritant une sérieuse attention. Dans le lieu de résidence d'un chef de légion, le commandant de compagnie porte lui-même au colonel ce rapport journalier en se rendant à l'ordre. (*Art.* 208 *du décret du 1er mars* 1854.)

Du 1er au 5 de chaque mois, les commandants de compagnie adressent en triple expédition, au chef de légion, les états récapitulatifs du service fait par les brigades pendant le mois précédent (modèle n° 18), dans les attributions des ministres de la guerre et de l'intérieur; et, s'il y a lieu, de la justice et de la marine, conformément aux art. 74, 80, 83, 87 et 90 du décret du 1er mars 1854. (*Art.* 184 *dudit décret.*)

Du 1er au 5 de chaque mois, l'état nominatif de toutes les arrestations civiles et militaires opérées pendant le mois : cet état, modèle n° 18 *bis*, annexé au décret du 1er mars 1854, est rédigé en double expédition par le commandant de compagnie. Cet état doit être accompagné du résumé du service, modèle n° 18. (*Art.* 172 *et* 184 *dudit décret.*)

Du 1er au 5 de chaque mois, un rapport analytique sur le service judiciaire. Ce rapport, modèle n° 20, annexé au décret du 1er mars 1854, est rédigé en double expédition par le commandant de compagnie. (*Art.* 76 *et* 87 *dudit décret.*) Il n'est pas fourni d'état négatif.

Du 1er au 5 de chaque mois, un état des arrestations de marins opérées pendant le mois. Cet état, modèle n° 21, annexé au décret du 1er mars 1854, est rédigé en double expédition par le commandant de compagnie. (*Art.* 90 *dudit décret.*) Il n'est pas fourni d'état négatif.

Du 1er au 5 de chaque mois, un état des arrestations de forçats évadés opérées pendant le mois. Cet état, modèle n° 22, annexé au décret du 1er mars 1854, est rédigé en double expédition par le commandant de compagnie. (*Art.* 90 *dudit décret.*) Il n'est pas fourni d'état négatif.

Du 1er au 5 de chaque mois, un rapport spécial indiquant le résultat du service des brigades pour la recherche des déserteurs et insoumis. Ce rapport, rédigé en simple expédition par les commandants de compagnie, sur le modèle n° 23, annexé au décret du 1er mars 1854, porte en marge:

Bureau de la justice militaire; après avoir été vérifié et signé par le chef de légion, il est par lui transmis au ministre de la guerre. (*Art.* 74 *dudit décret.*) Il est fourni un rapport négatif.

Du 1er au 5 de chaque mois, les commandants de compagnie adressent au chef de légion un extrait du registre de discipline (n° 6), dont la tenue est ordonnée par l'art. 187 du décret du 1er mars 1854, et sur lequel ils inscrivent les actions remarquables, les opérations importantes, les fautes commises, ainsi que les punitions infligées par eux dans la compagnie ou dont il leur est rendu compte par les commandants d'arrondissement dans leur rapport journalier. (*Art.* 187 *du décret du* 1er *mars* 1854.)

Rapports annuels.

Du 1er au 5 janvier de chaque année, un état récapitulant le service fait pendant l'année. Ce résumé, modèle n° 18, annexé au décret du 1er mars 1854, est rédigé en double expédition par le commandant de compagnie. (*Art.* 76, 80, 87 *et* 172 *du décret du* 1er *mars* 1854.)

Du 1er au 5 janvier de chaque année, un rapport analytique sur le service judiciaire. Ce rapport, modèle n° 20, annexé au décret du 1er mars 1854, est rédigé en double expédition par le commandant de compagnie. (*Art.* 76 *et* 87 *dudit décret.*) Il est fourni un rapport négatif.

Du 1er au 5 janvier de chaque année, un état des arrestations de marins opérées pendant l'année. Cet état, modèle n° 21, annexé au décret du 1er mars 1854, est rédigé en double expédition par le commandant de compagnie. (*Art.* 90 *dudit décret.*) Il est fourni un rapport négatif.

Du 1er au 5 janvier de chaque année, un état des arrestations de forçats évadés opérées pendant l'année. Cet état, modèle, n° 22, annexé au décret du 1er mars 1854, est rédigé en double expédition. (*Art.* 90 *dudit décret.*) Il est fourni un rapport négatif. (V. *Commandants de compagnie.*)

4° PAR LES CHEFS DE LÉGION :

Au ministre de la guerre.

Lorsqu'il y a lieu, les demandes des officiers, sous-officiers, brigadiers et gendarmes et des conseils d'administration concernant le personnel et le matériel de l'arme. Ils adressent en outre des rapports sur le service en général et sur les événements d'une haute importance qui peuvent se présenter; ils en instruisent également le ministre de l'intérieur. (*Art.* 77 *et* 126 *du décret du* 1er *mars* 1854. — V. *Formules.*)

Chaque affaire doit être traitée dans une dépêche ou un rapport spécial portant le timbre de la direction et du bureau destinataire. (*Circ. du* 29 *mai* 1848 *et lettre collective n°* 62 *du* 3 *juill.* 1882.)

Les chefs de légion transmettent, du 5 au 10 de chaque mois, aux ministres compétents, et après les avoir visés, les états récapitulatifs du service fait par les compagnies pendant le mois précédent, selon les attributions des différents ministères, conformément aux art. 80, 83, 87 et 90 du décret du 1er mars 1854. (*Déserteurs, Résumé du service fait, Résultat des visites inopinées, État des arrestations civiles et militaires, État des opérations des officiers et sous-officiers de gendarmerie employés comme officiers de police judiciaire, État des arrestations de marins, État des arrestations de forçats évadés*); à l'exception des états des déserteurs, du résumé du service fait, et des arrestations civiles et militaires, il n'est pas fourni d'états mensuels négatifs. (*Art.* 172 *du décret du 1er mars* 1854.)

Il est adressé au ministre, du 5 au 10 du premier mois de chaque trimestre, et pour chaque compagnie, un rapport spécial du service des brigades sur la recherche des déserteurs et insoumis dont le signalement leur a été adressé et sur la rentrée des militaires sous les drapeaux. (*Art.* 74 *du décret du 1er mars* 1854, *rectifié par la décis. imp. du* 24 *avril* 1858.)

Indépendamment des états mensuels indiqués par l'art. 172 du décret du 1er mars 1854, les chefs de légion adressent au ministre de la guerre, du 5 au 10 du premier mois de chaque trimestre, un état général des punitions infligées dans la légion aux officiers, sous-officiers, brigadiers et gendarmes, rédigé d'après les états particuliers envoyés chaque mois par les commandants de compagnie. (*Art.* 173 *du décret du 1er mars* 1854.)

Il est rendu compte au ministre des punitions graves infligées aux officiers en se conformant aux circulaires des 19 août 1878 et 11 décembre 1882. — V. *pages* 562 *et* 570.

Dans les cinq premiers jours du mois de janvier de chaque année, les chefs de légion doivent centraliser les états des jugements et arrêts qui ont été notifiés aux compagnies sous leurs ordres pendant le trimestre précédent; ils en dressent un seul état sur lequel sont portées les notifications concernant la légion tout entière, et le transmettent au ministre de la guerre, par l'intermédiaire du général commandant la région dans laquelle le chef de légion de gendarmerie a sa résidence. Cet état est signé par le chef de légion seulement, et revêtu du cachet de cet officier supérieur. Il ne doit faire mention que des militaires condamnés par des tribunaux civils, et il n'est pas fourni lorsqu'il est négatif. (*Art.* 174 *dudit décret, modifié par la décis. minist. du* 6 *juin* 1879.)

Du 8 au 10 janvier, en simple expédition, les états modèle n° 34, récapitulant le service fait pendant l'année.

Les états n° 20, indiquant les opérations annuelles des officiers et sous-officiers de gendarmerie employés comme officiers de police judiciaire.

Les états n° 21, des marins arrêtés pendant l'année écoulée.

Les bordereaux mensuels ne doivent contenir d'autres pièces que les états n° 18, 18 *bis* et 19 ainsi que le relevé des visites inopinées. Quant aux bordereaux trimestriels et annuels, ils ne doivent renfermer que les documents dont l'envoi est prescrit. (*Lettre collective n°* 1, *du* 20 *janv.* 1883.)

Il est fourni des états annuels négatifs, s'il y a lieu. Ces états, rédigés d'après les modèles annexés au décret du 1er mars 1854, sont adressés, par les commandants de compagnie, aux chefs de légion, qui les transmettent au ministre de la guerre, après les avoir vérifiés et signés. (*Art.* 74 83, 87 *et* 90 *du décret du 1er mars* 1854.)

Aussitôt qu'ils ont reçu l'ordre du ministre de la guerre de commencer leurs tournées, et quelques jours avant leur départ, l'itinéraire de leur route, indiquant le jour où ils se proposent de passer l'inspection de chaque arrondissement et les lieux où ils doivent séjourner et coucher; si quelque événement les force à modifier cet itinéraire, ils en rendent compte. (*Art.* 166 *du décret du 1er mars* 1854.)

Aussitôt que leur tournée est achevée, un rapport spécial, soit au ministre, soit à l'inspecteur général, renfermant des observations sur l'ensemble du service de la légion, en y joignant les pièces, les états et tableaux exigés par l'instruction qu'ils reçoivent relativement à leurs inspections. (*Art.* 169 *et* 170 *dudit décret.* — V. *Tournées d'officiers.*)

Au ministre de   l'intérieur.

Avec leur avis, les demandes de gratifications et d'indemnités faites par les conseils d'administration pour services rendus par la gendarmerie. (*Art. 72 du décret du 1er mars 1854.*)

Cette disposition a été modifiée par l'art. 225 du décret du 18 février 1863, qui permet de rémunérer les bons services sur le fonds spécial compris au budget de la gendarmerie.

Du 5 au 10 de chaque mois, les chefs de légion transmettent au ministre de l'intérieur, avec leur visa, un état récapitulatif, par compagnie, du service exécuté dans chaque département pendant le mois précédent. — Cet état comprend également un résumé du service ordinaire et extraordinaire accompli par les brigades, celui des arrestations civiles et militaires opérées pendant le mois ; le nombre des prisonniers transférés, soit de brigade en brigade, soit par les chemins de fer, soit au moyen des voitures cellulaires, celui des escortes des malles et courriers porteurs des fonds publics ou des dépêches du gouvernement, et enfin un exposé sommaire de tous les événements qui, par leur nature, peuvent influer sur la tranquillité intérieure. — Un état nominatif des individus arrêtés pendant le mois, avec l'indication des motifs de leur arrestation et du lieu où ils ont été conduits, est toujours joint au résumé du service fait par les brigades pendant le même laps de temps. (*Art. 80 du décret du 1er mars 1854. — V. les modèles d'états nos 18 et 18 bis annexés au décret du 1er mars 1854.*)

La surveillance exercée par la gendarmerie sur les repris de justice, mendiants, vagabonds, gens sans aveu, condamnés libérés, et tous autres individus assujettis ou à l'internement ou à toute autre mesure de sûreté générale, est du ressort du ministre de l'intérieur. En conséquence, les chefs de légion lui transmettent, du 5 au 10 de chaque mois, un résumé, par compagnie, des opérations des brigades sous leurs ordres, en ce qui concerne ce service spécial, ainsi qu'un état nominatif des individus placés dans la dernière catégorie et dont l'arrestation a été opérée, soit pour rupture de ban, soit en vertu de mandat de justice. (*Art. 81 du décret du 1er mars 1854.*)

Du 5 au 10 janvier de chaque année, les chefs de légion transmettent au ministre de l'intérieur un tableau sommaire et récapitulatif du service fait par chaque compagnie pendant les douze mois de l'année précédente. (*Art. 82 du décret du 1er mars 1854. — V. le modèle n° 34 annexé au décret du 1er mars 1854.*)

Indépendamment des comptes périodiques à rendre au ministre de l'intérieur, il lui est donné connaissance immédiatement, par des rapports spéciaux, comme au ministre de la guerre, de tous les événements qui se trouvent compris parmi les faits spécifiés par les art. 76 et 77 du décret du 1er mars 1854. (*Art. 83 dudit décret.*)

En dehors des cas exceptionnels prévus par les art. 76 et 77 précités, les chefs de légion correspondent seuls directement avec le ministre de l'intérieur pour tous les faits qui leur paraîtraient de nature à intéresser la tranquillité publique. (*Art. 84 dudit décret.*)

Au ministre de la justice.

Le service des officiers de gendarmerie, considérés comme officiers de police judiciaire, et agissant soit en cas de flagrant délit, soit en vertu de commissions rogatoires, est du ressort du ministre de la justice. (*Art.* 86 *du décret du* 1er *mars* 1854.)

A cet effet, il lui est adressé, du 5 au 10 de chaque mois, par les chefs de légion, un rapport spécial par compagnie des opérations de cette nature exécutées pendant le mois précédent, et, à la fin de chaque année, un tableau sommaire du service judiciaire fait par les officiers de l'arme pendant les douze mois écoulés. — Ces rapports mensuels ne sont point adressés au ministre de la justice s'ils sont négatifs; mais les rapports annuels, même négatifs, lui sont toujours transmis. (*Art.* 87 *dudit décret.*)

Au ministre de la marine.

La surveillance exercée par la gendarmerie sur les militaires des troupes de la marine jusqu'à leur embarquement, la recherche des déserteurs de l'armée de mer et la poursuite des forçats évadés des bagnes, l'escorte des condamnés transférés dans les colonies pénitentiaires et la police à exercer dans ces établissements, tant à l'intérieur qu'à l'extérieur, sont du ressort du ministre de la marine et des colonies. (*Art.* 88 *du décret du* 1er *mars* 1854.)

Le ministre de la marine reçoit les rapports des arrestations faites par la gendarmerie des marins et des militaires des troupes de la marine en état de désertion. — Il lui est également rendu compte de la capture des forçats évadés des bagnes. — Des rapports mensuels, établis à cet effet par compagnie, lui sont adressés, du 5 au 10 de chaque mois, par les chefs de légion. Ces rapports mensuels ne sont point adressés au ministre de la marine s'ils sont négatifs. (*Art.* 90 *dudit décret.*)

A la fin de chaque année, un tableau sommaire des arrestations faites par la gendarmerie des marins et des militaires des troupes de la marine en état de désertion, et de la capture des forçats évadés, est adressé au ministre de la marine par les chefs de légion, et lui fait connaître les résultats obtenus pendant les douze mois écoulés.

Ces rapports annuels lui sont toujours transmis, alors même qu'ils sont négatifs. (*Art.* 90 *du décret du* 1er *mars* 1854. — V. *Chefs de légion, Généraux.*)

RAPT.

L'enlèvement d'une jeune personne, même dans le but de se marier avec elle, est punissable.

Quiconque, par fraude ou violence, a enlevé ou fait enlever des mineurs, ou les a entraînés, détournés ou déplacés, ou les a fait entraîner, détourner ou déplacer des lieux où ils étaient mis par ceux à l'autorité ou à la direction desquels ils étaient soumis ou confiés, encourt la peine de la réclusion; si la personne enlevée est une fille au-dessous de seize ans accomplis, la peine est celle des travaux forcés à temps (*art.* 354 *et* 355 *du Code pénal*), quand même elle aurait consenti à son enlèvement, si le ravisseur avait plus de vingt-un ans; mais si le ravisseur avait moins de vingt-un ans, et si la fille a consenti à son enlèvement, il ne sera puni que de deux à cinq ans de prison. (*Art.* 356 *dudit Code.*)

Si le ravisseur a épousé la fille qu'il a enlevée, il ne peut être poursuivi que sur la plainte des personnes qui, d'après le Code civil, ont le droit de demander la nullité du mariage; et ce n'est qu'après cette nullité prononcée que le procureur de la République peut intenter des poursuites d'office. (*Art. 357 dudit Code.*)

Lorsqu'ils apprennent qu'un rapt a eu lieu ou qu'il est sur le point d'avoir lieu, les gendarmes doivent s'efforcer de l'empêcher, ou arrêter le ravisseur en flagrant délit. Ils rendent comptent de leurs démarches aux autorités et à leurs chefs.

RÉBELLION.

La rébellion est une attaque, une résistance avec violence et voies de fait envers l'autorité, les fonctionnaires et les agents publics; cette attaque ou cette résistance est qualifiée, suivant les circonstances, *crime ou délit de rébellion.*

En cas de rébellion contre elle et les autorités, la gendarmerie doit saisir immédiatement les coupables, lorsqu'elle le peut; dans le cas contraire, elle les signale à la justice, et rédige un procès-verbal circonstancié constatant tous les faits. Ce procès-verbal est remis au procureur de la République.

On ne peut se dispenser d'obéir aux ordres émanés des chefs de la force publique, ni leur résister avec violence et voies de fait sous prétexte qu'ils ne justifient pas préalablement de l'exécution des lois relativement au légitime emploi de cette force. Il y a, jusqu'à preuve contraire, présomption légale que les agents de la force publique agissent conformément à la loi. (*Cass., 3 sept. 1824.* — V. à BLESSURES, *Légitime défense.*).

Si l'attaque a été commise par plus de vingt personnes armées, les coupables sont punis des travaux forcés à temps; et, s'il n'y a pas eu port d'armes, ils sont punis de la réclusion (*art. 210 du Code pénal*); si elle a lieu par trois personnes ou plus, jusqu'à vingt inclusivement, la peine est celle de la réclusion, et, s'il n'y a pas eu port d'armes, elle est d'un emprisonnement de six mois au moins à deux ans au plus (*art. 211 dudit Code*); si elle a été commise par une ou deux personnes seulement avec armes, l'emprisonnement est de six mois à deux ans, et, sans armes, de six jours à six mois. (*Art. 212 dudit Code.*) Enfin, dans tous les cas où il est prononcé, pour fait de rébellion, une simple peine d'emprisonnement, les coupables peuvent être condamnés, en outre, à une amende de 16 fr. à 200 fr. (*Art. 218 dudit Code.*)

Le fait de provocation ne peut être allégué contre un agent de la force publique dans l'exercice de ses fonctions, ni être admis pour excuse des voies de fait qui constituent la rébellion. (*Cass., 13 mars 1817.*)

Celui qui résiste à un gendarme faisant exécuter les réquisitions de l'autorité locale encourt les peines portées par l'art. 209 du Code pénal. (*Cass., 15 oct. 1824 et 29 mars 1855.*)

Tout rassemblement d'individus porteurs d'armes ostensibles constitue une réunion armée.

Sont compris dans le mot *armes*, toutes machines, tous instruments ou ustensiles tranchants, perçants ou contondants, les couteaux ou ciseaux de poche. Les cannes simples, couteaux et ciseaux de poche ne sont réputés armes qu'autant qu'il en aura été fait usage pour tuer, blesser ou frapper. (*Art.* 101 *du Code pénal.* — *Cass.*, 31 *juill.* 1823. — V. *Armes défendues.*) Toute réunion d'individus pour un crime ou un délit est réputée réunion armée lorsque plus de deux personnes portent des armes ostensibles. (*Art.* 214 *du Code pénal.*) La rébellion dans laquelle des individus étaient armés de gros bâtons est une rébellion armée. (*Cass.*, 3 oct. 1817.) Les personnes qui se trouvent munies d'armes cachées et qui auraient fait partie d'une troupe ou réunion non réputée armée sont individuellement punies comme si elles avaient fait partie d'une troupe ou réunion armée. (*Art.* 215 *du Code pénal.*) Les auteurs des crimes et délits commis pendant le cours et à l'occasion d'une rébellion sont punis des peines prononcées contre chacun de ces crimes, si elles sont plus fortes que celles de la rébellion. (*Art.* 216 *dudit Code.*) Sont aussi punies comme réunion de rebelles celles qui ont été formées avec ou sans armes, accompagnées de violence et de menaces contre l'autorité administrative, les officiers et agents de police, ou contre la force publique : 1° par les ouvriers ou journaliers dans les ateliers publics ou manufactures ; 2° par les individus admis dans les hospices ; 3°. par les prisonniers, prévenus, accusés ou condamnés. (*Art.* 219 *dudit Code.*) Les chefs d'une rébellion et ceux qui l'ont provoquée peuvent être condamnés à rester, après l'expiration de leur peine, sous la surveillance spéciale de la haute police pendant cinq ans au moins et dix ans au plus. (*Art.* 221 *dudit Code.*)

Tous individus qui, poussant des cris, se portent sur les gendarmes, armés de fourches et de faux et les tenant levées sur eux, même sans les en frapper, les empêchent de remplir leurs fonctions, doivent être considérés comme coupables de rébellion armée et poursuivis comme tels. (*Cass.*, 28 *mai* 1807.)

Ceux qui se sont jetés sur les gendarmes en fonctions, les ont pris au collet, les ont terrassés et ont cherché à les désarmer doivent être considérés également comme étant en état de rébellion à la gendarmerie. (*Cass.*, 28 *mai* 1807 *et* 15 *oct.* 1824.)

Un individu armé d'un fusil, qui, interpellé par un gendarme de lui exhiber son permis de chasse, cherche à se débarrasser de lui et le couche en joue, en lui disant que s'il avance il fera feu, est également coupable de rébellion. (*Cass.*, 28 *mai* 1807 *et* 13 *mars* 1817.)

Prendre des pierres et menacer un gendarme de les lui jeter, constitue le délit de rébellion avec arme. (*Cass.*, 9 *avril* 1812 *et* 11 *avril* 1824.)

Lorsqu'un corps militaire est réuni dans une église pour y entendre la messe, la résistance opposée par des citoyens aux militaires exécutant les ordres de leurs chefs touchant la discipline militaire et le maintien de l'ordre peut être qualifiée de rébellion et punie en conséquence. (*Cass.*, 3 *sept.* 1824.)

L'outrage fait par paroles, gestes ou menaces à tout officier ministériel ou agent dépositaire de la force publique, et à un citoyen chargé d'un ministère de service public dans l'exercice ou à l'occasion de l'exercice de ses fonctions, sera puni d'un emprisonnement de six jours à un mois, et d'une amende de 16 fr. à 200 fr., ou de l'une de ces deux peines seulement. (*Art.* 224 *du Code pénal, modifié par la loi du* 13 *mai* 1863.)

L'outrage mentionné en l'article précédent, lorsqu'il aura été dirigé contre un commandant de la force publique, sera puni d'un emprisonnement de quinze jours à trois mois et pourra l'être aussi d'une amende de 16 fr. à 500 fr. (*Art. 225 dudit Code.*)

Les violences et voies de fait de l'espèce exprimée en l'art. 228 (*coups portés*), dirigées contre un officier ministériel, un agent de la force publique ou un citoyen chargé d'un ministère de service public, si elles ont eu lieu pendant qu'ils exerçaient leur ministère ou à cette occasion, seront punies d'un emprisonnement d'un mois au moins et de trois ans au plus, et d'une amende de 16 fr. à 500 fr. (*Art. 330 dudit Code.*)

Le militaire en congé est, pour les délits de rébellion, justiciable du conseil de guerre, soit que la rébellion ait eu lieu contre les agents de l'autorité militaire, soit qu'elle ait eu lieu contre les agents de l'autorité civile. (*Art. 225 de la loi du 9 juin* 1857; *Cass.,* 7 *déc.* 1860. — V. *art.* 57 *du Code de justice milit.*)

L'ivresse n'est point un motif d'excuse pour les crimes ou délits de rébellion.

La loi du 24 mai 1834, qui prononce des peines contre les auteurs de révolte et d'insurrection, contient les dispositions suivantes :

Art. 1er. Tout individu qui aura fabriqué, débité ou distribué des armes prohibées par la loi ou par des règlements d'administration publique, sera puni d'un emprisonnement d'un mois à un an, et d'une amende de 16 fr. à 500 fr. ; celui qui sera porteur desdites armes sera puni d'un emprisonnement de six jours à six mois et d'une amende de 16 fr. à 200 fr.

Art. 2. Tout individu qui, sans y être légalement autorisé, aura fabriqué, débité ou distribué de la poudre ou sera détenteur d'une quantité quelconque de poudre de guerre, ou de plus de deux kilogrammes de toute autre poudre, sera puni d'un emprisonnement d'un mois à deux ans, sans préjudice des autres peines portées par les lois.

Art. 3. Tout individu qui, sans y être légalement autorisé, aura fabriqué ou confectionné, débité ou distribué des armes de guerre, des cartouches ou autres munitions de guerre, ou sera détenteur d'armes de guerre, cartouches ou munitions de guerre, ou d'un dépôt d'armes quelconque, sera puni d'un emprisonnement d'un mois à deux ans, et d'une amende de 16 fr. à 1,000 fr.

La présente disposition n'est point applicable aux professions d'armurier et de fabricant d'armes de commerce, lesquelles resteront seulement assujetties aux lois et règlements particuliers qui les concernent.

Art. 4. Les infractions prévues par les articles précédents seront jugées par les tribunaux de police correctionnelle. Les armes et munitions fabriquées, débitées, distribuées ou possédées sans autorisation seront confisquées. Les condamnés pourront, en outre, être placés sous la surveillance de la haute police pendant un temps qui ne pourra excéder deux ans. En cas de récidive, les peines pourront être élevées jusqu'au double.

Art. 5. Seront punis de la détention les individus qui, dans un mouvement insurrectionnel, auront porté, soit des armes apparentes ou cachées, ou des munitions, soit un uniforme ou costume, ou autres signes civils ou militaires.

Si les individus porteurs d'armes apparentes ou cachées, ou de munitions, étaient revêtus d'un uniforme, d'un costume ou d'autres insignes civils ou militaires, ils seront punis de la déportation. Les individus qui auront fait usage de leurs armes seront punis de mort.

Art. 6. Seront punis des travaux forcés à temps les individus qui, dans un mouvement insurrectionnel, se seront emparés d'armes ou de munitions de toutes espèces, soit à l'aide de violences ou de menaces, soit par le pillage des boutiques, postes, magasins, arsenaux et autres établissements publics, soit par le désarmement des agents de la force publique; chacun des coupables sera, de plus, condamné à une amende de 200 fr. à 5,000 fr.

Art. 7. Seront punis de la même peine les individus qui, dans un mouvement insurrectionnel, auront envahi, à l'aide de violences ou menaces, une maison habitée ou servant à l'habitation.

Art. 8. Seront punis de la détention les individus qui, dans un mouvement insurrectionnel, auront, pour faire attaque ou résistance envers la force publique, envahi ou occupé des édifices, postes ou autres établissements publics. La peine sera la même à l'égard de ceux qui, dans le même but, auront occupé une maison habitée ou non habitée avec le consentement du propriétaire ou du locataire, et à l'égard du propriétaire ou du locataire qui, connaissant le but des insurgés, leur aura procuré, sans contrainte, l'entrée de ladite maison.

Art. 9. Seront punis de la détention les individus qui, dans un mouvement insurrectionnel, auront fait ou aidé à faire des barricades, des retranchements ou tous autres travaux ayant pour objet d'entraver ou d'arrêter l'exercice de la force publique; ceux qui auront empêché, à l'aide de violences ou de menaces, la convocation ou la réunion de la force publique, ou qui auront provoqué ou facilité le rassemblement des insurgés, soit par la distribution d'ordres ou de proclamations, soit par le port de drapeaux ou autres signes de ralliement, soit par tout autre moyen d'appel; ceux qui auront brisé ou détruit un ou plusieurs télégraphes, ou qui auront envahi, à l'aide de violences ou de menaces, un ou plusieurs postes télégraphiques, ou qui auront intercepté par tout autre moyen, avec violences ou menaces, les communications ou la correspondance entre les divers dépositaires de l'autorité publique.

Art. 10. Les peines portées par la présente loi seront prononcées sans préjudice de celles que les coupables auraient pu encourir comme auteurs ou complices de tous autres crimes. Dans le cas du concours de deux peines, la plus grave seule sera appliquée.

Art. 11. Dans tous les cas prévus par la présente loi, s'il existe des circonstances atténuantes, il sera fait application de l'art. 463 du Code pénal. Néanmoins, les condamnés pourront toujours être placés sous la surveillance de la haute police pendant un temps qui ne pourra excéder le maximum de la durée de l'emprisonnement prononcé par la loi.

En cas de rébellion, la gendarmerie, après avoir agi légalement et activement, constate les faits qui sont constitutifs du délit. Elle relate dans ses procès-verbaux les circonstances qui sont de nature à déterminer l'aggravation ou l'atténuation des peines. Elle transmet tous les renseignements au procureur de la République dans le plus bref délai. (V., au Formulaire, *un modèle de procès-verbal.*)

RÉCÉLEURS.

De personnes prévenues de crimes.

Ceux qui auront recélé ou fait recéler des personnes qu'ils savaient avoir commis des crimes emportant peine afflictive seront punis de trois mois d'emprisonnement au moins et de deux ans au plus. — Sont exceptés de la présente disposition, les ascendants ou descendants, époux ou épouse même divorcés, frères ou sœurs des criminels recélés ou leurs alliés au même degré. (*Art.* 248 *du Code pénal.*)

D'insoumis.

Quiconque sera reconnu coupable d'avoir recélé ou d'avoir pris à son service un insoumis, sera puni d'un emprisonnement qui ne pourra excéder six mois. Selon les circonstances, la peine pourra être réduite à une amende de 20 fr. à 200 fr.

Quiconque sera convaincu d'avoir favorisé l'évasion d'un insoumis, sera puni d'un emprisonnement d'un mois à un an. La même peine sera prononcée contre ceux qui, par des manœuvres coupables, auraient empêché ou retardé le départ des jeunes soldats. Si le délit a été commis à l'aide d'un attroupement, la peine sera double. Si le délinquant est fonctionnaire public, ministre du culte, ou salarié par l'Etat, la peine pourra être portée à deux années d'emprisonnement, et il sera en outre condamné à une amende qui ne pourra excéder 2,000 fr. (*Art.* 62 *de la loi du* 27 *juill.* 1872.)

De déserteurs.

L'art. 4 de la loi du 24 brumaire an vi s'exprime ainsi :

« Tout habitant de l'intérieur de la France, convaincu d'avoir recélé sciemment la personne d'un déserteur ou réquisitionnaire, ou d'avoir favorisé son évasion, ou de l'avoir soustrait d'une manière quelconque aux poursuites ordonnées par la loi, sera condamné, par voie de police correctionnelle, à une amende qui ne pourra être moindre de 300 fr., ni excéder 3,000 fr., et à un emprisonnement d'un an.

« L'emprisonnement sera de deux ans si le déserteur a été recélé avec armes et bagages.

« Art. 5. Celui qui aura reçu chez lui un déserteur ne sera point admis à proposer comme excuse valable que ledit déserteur est entré chez lui en qualité de serviteur à gages, à moins qu'il ne l'ait préalablement présenté à l'administration municipale de son canton pour l'interroger, examiner ses papiers et passe-port et s'assurer, par tous les moyens possibles, qu'il n'était pas dans le cas de la désertion. »

La gendarmerie rédige procès-verbal contre tout individu qui a recélé sciemment la personne d'un déserteur ou insoumis, qui a favorisé son évasion, ou qui, par des manœuvres coupables, a empêché ou retardé son départ; ce procès-verbal est adressé à l'autorité judiciaire. (*Art.* 338 *du*

décret du 1er mars 1854; *art.* 5 *de la loi du* 4 *nivóse an* IV (25 *déc.* 1795)
et 242 *du Code de justice milit. du* 9 *juin* 1857.)

D'espions.

Quiconque aura recélé ou fait recéler les espions ou soldats ennemis
envoyés à la découverte, et qu'il aura reconnus pour tels, sera condamné
à la peine de mort. (*Art.* 83 *du Code pénal.*)

D'objets volés.

Ces faits tombent sous l'application des art. 59, 60, 62, 381 et 384 du
Code pénal.

Seront punis des travaux forcés à perpétuité, les individus coupables
des vols commis avec la réunion des cinq circonstances suivantes :
1° Si le vol a été commis la nuit; 2° s'il a été commis par plusieurs
personnes; 3° si les coupables ou l'un d'eux étaient porteurs d'armes apparentes ou cachées; 4° s'ils ont commis le crime, soit à l'aide d'effraction
extérieure ou d'escalade, ou de fausses clés, dans une maison, appartement, chambre ou logement habités, ou servant d'habitation; 5° s'ils ont
commis le crime avec violence ou menace de faire usage de leurs armes.
(*Art.* 381 *du Code pénal.*)

Sera puni de la peine des travaux forcés à temps, tout individu coupable
de vol commis à l'aide d'un des moyens énoncés dans le n° 4 de l'art. 381,
même quoique l'effraction, l'escalade et l'usage des fausses clés aient eu
lieu dans des édifices, parcs ou enclos non servant à l'habitation ou non
dépendants des maisons habitées, et lors même que l'effraction n'aurait
été qu'intérieure. (*Art.* 384 *du même Code.*)

Sera puni des travaux forcés à temps, tout individu coupable de vol
commis avec deux ou trois circonstances suivantes : 1° si le vol a été
commis la nuit; 2° s'il a été commis dans une maison habitée, ou *dans
un des édifices consacrés aux cultes légalement établis en France*; 3° s'il
a été commis par deux ou plusieurs personnes, et si, en outre, le coupable
ou l'un des coupables était porteur d'armes apparentes ou cachées.
(*Art.* 385 *du Code pénal, modifié par la loi du* 13 *mai* 1863.)

Pour la surveillance, voir la loi du 23 janvier 1874.

De munitions et effets militaires.

Il est expressément défendu à la gendarmerie de transférer des militaires condamnés sans joindre un extrait de jugement à l'ordre de conduite et sans s'être assurée s'ils sont pourvus de tous les effets d'habillement et de petit équipement prescrits par les règlements et dont le détail
doit être inscrit sur la feuille de route de chaque homme.

La gendarmerie veille à ce qu'il ne soit détérioré ni détourné aucune
partie de ces effets pendant la route; si elle remarque qu'il manque quelques-uns de ces effets à la sortie de prison, elle en dresse un procès-
verbal que le concierge est tenu de signer et elle le joint à l'ordre de
conduite pour sa décharge. (*Art.* 413 *du décret du* 1er *mars* 1854, 3 *et* 4
du règl. du 23 *juill.* 1856.)

Dans le cas où un militaire arriverait à la prison sans être pourvu de la totalité des effets mentionnés sur la feuille de route, l'agent principal s'assurera s'il en est fait mention sur la feuille de route, et fera connaître, par un rapport, les irrégularités qu'il aura reconnues et les agents qui les auront commises. Ce rapport sera envoyé, par l'intermédiaire du sous-intendant, au ministre de la guerre, qui fera exercer une retenue égale à la valeur des objets manquants sur la solde ou sur la masse des gendarmes, si ce fait provient de leur faute. (*Art. 414 du décret précité, et 79 du règl. du 20 juin 1863 sur les prisons militaires.*)

Est puni d'un an à cinq ans d'emprisonnement tout militaire qui vend son cheval, ses effets d'armement, d'équipement ou d'habillement, des munitions ou tout autre objet à lui confié pour le service.

Est puni de la même peine tout militaire qui, sciemment, achète ou recèle lesdits effets.

La peine est de six mois à un an d'emprisonnement s'il s'agit d'effets de petit équipement. (*Art. 244 du Code de justice milit. du 9 juin 1857.*)

Les effets d'habillement et de grand équipement des zouaves étant achetés au compte de leur masse individuelle, leur vente est considérée comme vente d'effets de petit équipement. (*Dépêche du gouverneur gén. de l'Algérie du 18 avril 1853.*)

Le pantalon d'infanterie, après une durée d'un an et lorsque la réforme est prononcée, devient effet de petit équipement.

Le pantalon de cavalerie ne peut être considéré comme effet de petit équipement que lorsqu'il a parcouru quinze mois au titre de première tenue et quinze mois au titre de deuxième tenue et lorsqu'il sert pour la troisième tenue. (*Décis. minist. du 15 sept. 1875.*)

Est puni de six mois à deux ans d'emprisonnement tout militaire qui dissipe ou détourne les armes, munitions, effets et autres objets à lui remis pour le service. (*Art. 245 dudit Code.*)

Est puni de six mois à un an d'emprisonnement tout militaire qui met en gage tout ou partie de ses effets d'armement, de grand équipement, d'habillement ou tout autre objet à lui confié pour le service.

La peine est de deux mois à six mois d'emprisonnement s'il s'agit d'effets de petit équipement. (*Art. 246 du même Code.*)

Le militaire en congé qui achète ou recèle des effets de grand et de petit équipement est justiciable de la juridiction des conseils de guerre. (*Cass., 11 juin 1863. — V. art. 247 du Code de justice milit.*)

Tout individu qui achète, recèle ou reçoit en gage des armes, munitions, effets d'habillement, de grand ou petit équipement, ou tout autre objet militaire, dans des cas autres que ceux où les règlements autorisent leur mise en vente, est puni par le tribunal compétent de la même peine que l'auteur du délit. (*Art. 247 du même Code.*)

Le fait de vente ou de mise en gage, par un militaire, de ses effets d'armement, d'équipement et autres, et le fait du non militaire qui achète ou reçoit en gage ces effets, constituent deux délits distincts dont chacun doit être poursuivi séparément devant ses juges naturels : celui du militaire devant le conseil de guerre, et celui du non militaire devant le tribunal correctionnel. (*Cass., 11 avril 1860 et 11 avril 1867.*)

Il en est de même pour la vente et l'achat de munitions de l'Etat. (*Cour de Lyon, 9 mars 1869.*)

Il faut toujours saisir les objets vendus et les désigner avec soin afin qu'on sache s'ils font partie du petit ou du grand équipement. (V. à HOMI-CIDE, *Recèlement de cadavre.*)

RECENSEMENT, CLASSEMENT ET RÉQUISITION

DES CHEVAUX, MULETS ET VOITURES ATTELÉES POUR LE SERVICE DE L'ARMÉE.

La mise au service de l'Etat, en cas de mobilisation, des chevaux, mulets et voitures susceptibles d'être utilisés pour l'armée comporte trois opérations : *Recensement, classement et réquisition.*

1° RECENSEMENT.

Chaque année, du 1er au 15 janvier, le maire de chaque commune procède au recensement des chevaux et juments âgés de six ans et au-dessus, et des mulets et mules de quatre ans et au-dessus; l'âge se compte du 1er janvier de l'année de la naissance. (*Art. 1er de la loi du 1er août* 1874.)

Concours de la gendarmerie.

Le concours de la gendarmerie, dans les opérations de recensement, se borne à fournir aux maires, et seulement lorsqu'ils les demandent, les renseignements qu'elle possède et qui peuvent être nécessaires à ces fonctionnaires, soit pour établir leur travail, soit pour contrôler l'exactitude des déclarations faites. (*Circ. des 8 janv. et 9 fév.* 1874.)

Ce sont les gardes champêtres et les agents de police qui doivent dresser procès-verbal contre les propriétaires de chevaux et mulets qui n'auraient pas fait la déclaration obligatoire de ces animaux avant le 16 janvier. (*Art. 37 de la loi du 3 juill.* 1877, *et circ. du 23 déc.* 1878.)

2° CLASSEMENT.

Chaque année, des commissions mixtes composées : 1° d'un officier de l'armée active, de réserve ou de l'armée territoriale (cavalerie, artillerie, trains ou gendarmerie) (1), président; 2° d'un membre civil choisi dans la commune (ces deux membres ont voix délibérative, celle du président est prépondérante) ; 3° d'un vétérinaire militaire ou civil, ou, à défaut, d'une personne compétente de la commune et désignée par le maire (le vétérinaire ou son suppléant n'a que voix consultative) (*instr. du* 13 *avril* 1881), procèdent, autant que possible dans chaque commune, en présence du maire ou de son suppléant, à l'inspection et au classement par catégories des chevaux, juments, mulets, mules et voitures attelées (2), autres

---

(1) Les officiers de gendarmerie de la réserve ou de l'armée territoriale peuvent seuls être employés à ces opérations. (*Instr. du* 13 *avril* 1881.)

(2) Les voitures attelées ne sont recensées que tous les trois ans. (*Art. 37 de la loi du 3 juill.* 1877.)

que celles servant au transport des personnes, reconnus propres à l'un des services de l'armée. (*Art*. 38 *de la loi du 3 juill*. 1877.)

Le contingent des animaux classés, à fournir en cas de mobilisation, est fixé par le ministre de la guerre et réparti entre les régions et subdivisions de région.

Concours de la gendarmerie.

Les itinéraires des commissions de classement sont portés à la connaissance de la gendarmerie, qui doit assurer le maintien de l'ordre et déférer aux réquisitions qui peuvent lui être adressées par le président de commission. Deux militaires de l'arme assistent aux opérations.

A la fin de chaque séance, le président de la commission, après avoir appelé de nouveau les manquants, établit, quand il y a lieu, une déclaration conforme au modèle n° 8 joint à l'instruction du 1er août 1879 et requiert la gendarmerie de dresser un procès-verbal collectif de non-comparution. Ce procès-verbal est transmis le jour même par la gendarmerie au procureur de la République. (*Circ. du* 12 *déc.* 1874.)

Les militaires de la gendarmerie doivent encore verbaliser toutes les fois que le président de la commission les requiert de dresser procès-verbal contre chacun des propriétaires qui n'auraient pas fait la déclaration exigée. Dans ce cas, il y a un procès-verbal pour chaque délinquant, et lorsque le même propriétaire a commis deux délits (défaut de déclaration et non-comparution de chevaux), il doit être établi des procès-verbaux séparés.

Il y a encore une troisième catégorie de procès-verbaux que la gendarmerie est tenue de dresser. Ce sont ceux constatant que des animaux ont été présentés hors de la commune ou de la circonscription à laquelle ils appartiennent. Ces procès-verbaux sont établis en vertu du décret du 2 août 1877, sur le modèle n° 10 annexé à l'instruction du 1er août 1879, et adressés au procureur de la République afin qu'il puisse arrêter les poursuites contre les propriétaires qui ont fait examiner leurs animaux hors de leur commune ou qui les ont vendus ou cédés avant le jour fixé pour la présentation devant la commission.

Dans ces deux derniers cas, et à défaut de preuves suffisantes, la gendarmerie fait les recherches nécessaires et, qu'une excuse ait été ou non énoncée, établit un procès-verbal individuel qu'elle adresse au procureur de la République.

Les formules des procès-verbaux modèle n° 10 sont fournies à la gendarmerie par l'administration centrale. (V. *Indemnités, p.* 352.)

3° RÉQUISITION.

En cas de mobilisation, des commissions mixtes instituées dès le temps de paix, et dont la composition est identique à celles de classement, procèdent, au chef-lieu de chaque circonscription de réquisition, à la réception des animaux et des voitures attelées. Le prix des animaux est déterminé d'avance et fixé, pour chaque catégorie, aux chiffres portés au budget de l'année; ces prix sont augmentés du quart pour les chevaux de selle et d'attelage d'artillerie. Les prix des voitures et des harnais sont les prix courants du pays. (*Loi du* 3 *juill.* 1877, *et instr. du* 1er *août* 1879.)

Les propriétaires des animaux, voitures et harnais requis sont payés sans délai par le receveur des finances le plus à proximité. (*Art. 49 et 50 de la loi du 3 juill. 1877.*)

Service de la gendarmerie.

Le commandant de la brigade de gendarmerie du chef-lieu de réquisition (lorsqu'il n'y a pas de bureau de recrutement) est le dépositaire du matériel nécessaire aux opérations : toises, boules numérotées, jeu de marques, lettre indicative du corps d'armée, brassards, etc. (*Art. 33 de l'instr. du 1er août 1877.*) Il doit s'enquérir à l'avance de la possibilité de se procurer les autres objets, tels que : perches, planchettes, pancartes, guidons de différentes couleurs, etc., etc., et de leur prix de revient. (*Art. 3 de l'instr. précitée.*) La gendarmerie du lieu de réquisition maintient l'ordre et prête son concours, sous l'autorité du président de la commission, pour le groupement des différentes catégories d'animaux. (*Art. 1er et 5 de la même instr.*) Comme pour le classement, elle est requise de dresser procès-verbal de toutes les infractions prévues par l'art. 28 de l'instruction du 1er août 1877.

Le commandant de brigade est tenu de recevoir les animaux et voitures, dont l'état nominatif lui est envoyé par le président, qui n'ont pu être présentés à temps à la commission, et ceux dont la saisie a été ordonnée. Il rend compte chaque jour au commandant de l'arrondissement du nombre de ces animaux et de ces voitures. Cet officier se transporte immédiatement au siège de la brigade, et, après examen sommaire, il renvoie les animaux ou voitures qu'il juge impropres au service militaire. Il retient les autres et forme, sans délai, avec un membre civil désigné par le maire, une commission qui prononce dans les formes régulières la réquisition des animaux et voitures aptes au service. Cet officier établit toutes les pièces nécessaires, notamment les procès-verbaux nos 5 et 5 *bis* et les bulletins individuels nos 6 et 6 *bis*. (*Art. 29 de l'instr. précitée.*)

Le commandant d'arrondissement réunit, dans celle des brigades qui est la plus rapprochée du corps désigné à l'avance pour les recevoir, les animaux et voitures ainsi requis ; il prévient le commandant du bureau de recrutement, qui est chargé d'en assurer la conduite. (*Art. 30 de la même instr.*)

Le commandant d'arrondissement pourvoit à tous les frais de conduite et de nourriture des animaux au moyen de carnets d'ordre de réquisition qui lui ont été remis à l'avance. (*Art. 31 de la même instr.*)

A la clôture des opérations, le commandant de la brigade reçoit du président les imprimés restants et le matériel qu'il avait remis à cet officier. (*Annexe A de la même instr.*)

RÉCLAMATIONS.

Une réclamation est la demande d'une chose que l'on croit nécessaire, utile ou due.

Les militaires de tous grades de l'armée qui ont des réclamations ou demandes à adresser au ministre de la guerre doivent les faire parvenir par la voie hiérarchique. — Dans les cas très rares où des motifs d'un intérêt de service très sérieux obligeraient des officiers à exposer de vive voix leurs demandes au ministre, ils ne doivent se présenter aux audiences qu'en uniforme et en tenue régulière. (*Circ. du 17 juin 1871.*)

Les réclamations individuelles sont seules autorisées. (*Art. 229 du règl. du 9 avril 1858.*)

Les demandes ou les réclamations que les militaires de la gendarmerie sont dans le cas d'adresser au ministre de la guerre doivent lui parvenir, savoir : pour ce qui concerne le personnel, par les chefs de légion; pour les réclamations relatives à des pertes ou à d'autres objets administratifs, par le conseil d'administration du corps ou de la compagnie auquel l'homme appartient.

Seulement en cas de déni de justice, et après avoir épuisé tous les degrés de la hiérarchie, les militaires de la gendarmerie peuvent réclamer directement du ministre de la guerre le redressement des griefs ou des abus dont ils ont à se plaindre; ils joignent à leur réclamation toutes les pièces justificatives pour qu'il y soit fait droit, s'il y a lieu.

Toute demande ou réclamation faite directement au ministre peut donner lieu à une punition sévère, si elle est reconnue mal fondée. (*Art. 658 du décret du 1er mars 1854 et 233 du règl. précité.*)

Par suite de punitions.

Tout officier, lors même qu'il se croit injustement puni, doit d'abord se soumettre à la punition disciplinaire prononcée contre lui; mais il peut, après avoir obéi, faire des réclamations auprès de l'officier immédiatement *supérieur* à celui qui a puni.

Les punitions contre lesquelles on a réclamé sans de justes motifs peuvent être augmentées par les chefs de légion. (*Art. 579 du décret du 1er mars 1854.*)

Il est rendu compte aux chefs de légion, par les rapports journaliers, de toutes les punitions infligées aux officiers, de leurs motifs et des réclamations auxquelles elles ont pu donner lieu. (*Art. 580 dudit décret.*)

Les dispositions de l'art. 579 ci-dessus sont applicables aux réclamations que les sous-officiers, brigadiers et gendarmes peuvent élever contre les punitions qui leur sont infligées par leurs supérieurs.

Ces réclamations sont transmises au chef de légion, avec l'avis des commandants de compagnie. (*Art. 586 dudit décret.*)

Des punitions injustes ou trop sévères pouvant être infligées par suite de rapports inexacts, d'informations mal prises, ou par des motifs particuliers étrangers au service, les réclamations sont admises, en se conformant aux règles suivantes :

Quel que soit l'objet de la réclamation, elle ne peut être adressée qu'aux officiers sous les ordres immédiats desquels se trouve placé le militaire qui en est l'auteur.

Après s'être d'abord soumis à la punition qui leur est infligée, les sous-officiers, brigadiers et gendarmes peuvent adresser leurs réclamations au commandant d'arrondissement; les officiers peuvent soumettre les leurs à leur commandant de compagnie ou au chef de légion (1).

Tout militaire de la gendarmerie qui réclame étant dans l'ivresse ne peut être entendu.

Les officiers et commandants de brigade doivent écouter avec calme les réclamations qui leur sont soumises, en vérifier avec soin l'exactitude, et y faire droit lorsqu'elles sont fondées ; mais ils peuvent augmenter les punitions contrelesquelles on aurait réclamé sans de justes motifs. (*Art. 230 du règl. du 9 avril 1858.*)

Les circulaires des 3 novembre 1869, 24 juin 1871 et 27 mare 1872 rappellent la stricte exécution de ces dispositions qui sont relatives aux réclamations concernant le service.

Dans les cas extraordinaires, les militaires de tout grade de la gendarmerie sont autorisés à réclamer directement au chef de légion. mais toujours par écrit.

Ils peuvent également adresser des réclamations, soit par écrit, soit verbalemeut, aux inspecteurs généraux, mais seulement après avoir réclamé hiérarchiquement auprès du chef de légion, à moins que la réclamation ne le concerne personnellement. (*Art. 232 du règl. précité.*)

Pour faits administratifs, solde, etc.

Les militaires de la gendarmerie qui ont des réclamations à faire, soit contre les corps et compagnies de l'arme, soit contre le Trésor, les adressent au conseil d'administration, qui est tenu, s'il ne peut y satisfaire, de les transmettre au sous-intendant militaire. Ce fonctionnaire statue sur ces réclamations ou les soumet, s'il y a lieu, à l'intendant de la région. Dans les cas extraordinaires, il en est référé au ministre de la guerre.

Ces mêmes militaires ont la faculté de réclamer directement, près du ministre, contre les décisions des intendants militaires. Dans ce cas, ils doivent joindre à leurs réclamations la copie des décisions prises contre eux, copie que le conseil d'administration est tenu de leur délivrer. (*Art. 512 du décret du 18 fév. 1863.*)

Les commandants de compagnie rendent compte au chef de légion des réclamations que les commandants d'arrondissement auraient adressées aux fonctionnaires de l'intendance militaire. (*Art. 613 dudit décret.*)

Ils adressent leurs réclamations au conseil, lorsque la solde ou les distributions n'ont pas lieu aux époques réglementaires, lorsque les fournitures d'effets ou de denrées sont défectueuses ou incomplètes, ou, enfin, lorsqu'une imputation ou retenue illégale est faite à leur troupe.

_____

(1) Les dispositions de ce paragraphe sont en désaccord avec l'art. 579 du décret du 1er mars 1854, rendu applicable aux sous-officiers, brigadiers et gendarmes par l'art. 585 du même décret. Cet article dit que c'est à l'officier immédiatement supérieur à celui qui a puni qu'il faut faire les réclamations, après avoir obéi, tandis que le règlement du 9 avril 1858 prescrit de s'adresser à l'officier sous les ordres immédiats duquel se trouve placé le militaire qui en est l'auteur. Cette prescription serait rationnelle s'il s'agissait d'un déni de justice ou d'un préjudice quelconque; mais elle cesse de l'être lorsqu'il es question d'une punition, attendu qu'elle peut avoir été infligée par ce même officier.

Si leurs réclamations restent sans effet, ils peuvent les porter devant les fonctionnaires de l'intendance militaire. (*Art.* 618 *dudit décret.*)

Il est formellement recommandé de faire passer toutes les réclamations de ce genre par la voie de l'intendance. (*Circ. des* 6 *déc.* 1871 *et* 24 *déc.* 1874.)

RECOMMANDATIONS.

Les militaires qui font parvenir des recommandations au ministre par des personnes étrangères à l'armée s'exposent à des punitions sévères. (*Circ. des* 9 *nov.* 1876 *et* 11 *avril* 1882.)

RECRUTEMENT DE L'ARMÉE.

Voir pages 773 et 794.

REFUS DE PRÊTER SECOURS.

Seront punis d'amende, depuis 6 fr. jusqu'à 10 fr. inclusivement. ceux qui, le pouvant, auront refusé ou négligé de faire les travaux, le service, ou de prêter le secours dont ils auront été requis dans les circonstances d'accidents, tumultes, naufrages, inondations, incendies et autres calamités, ainsi que dans le cas de brigandage, pillage, flagrant délit, clameur publique; ou d'exécution judiciaire. (*Art.* 475 n° 12 *du Code pénal.*)

Le propriétaire ou le loueur de chevaux qui, en cas d'incendie, refuse d'obéir à la réquisition qui lui est faite de fournir des chevaux pour le transport des pompes sur le lieu du sinistre commet la contravention punie par l'art. 475 n° 12 du Code pénal; et il ne peut être relaxé des poursuites sous le prétexte que la personne qui l'a requis n'avait pas le droit de lui prescrire de conduire les pompes hors du territoire soumis à son autorité. (*Cass.,* 3 *juin* 1848.)

L'individu poursuivi pour avoir refusé, pendant un attroupement tumultueux sur la voie publique, d'obéir à la réquisition verbale du commissaire de police ou de la gendarmerie, d'aller chercher la gendarmerie, ne peut être renvoyé de la plainte pour des motifs que la loi n'admet pas comme excuse, et s'il n'est pas reconnu que l'inculpé se trouvait dans l'impossibilité absolue d'exécuter cet ordre. (*Cass.,* 20 *mars* 1851.)

Le refus de prêter secours n'est punissable qu'au cas où il s'agit d'accidents susceptibles de compromettre la paix ou la sécurité publique. Il ne l'est pas lorsque le secours refusé n'avait pour objet qu'un accident individuel; tel serait le refus de secours, même après l'avoir promis, pour transporter le cadavre d'un homme tué par accident sur la voie publique. (*Cass.,* 17 *juin* 1853 *et* 13 *mai* 1854.)

La main-forte doit être accordée par la gendarmerie toutes les fois qu'elle est requise par ceux à qui la loi donne le droit de requérir. (*Art.* 93 *du décret du* 1er *mars* 1854.)

Tout commandant, tout officier ou sous-officier de la force publique qui, après en avoir été légalement requis par l'autorité civile, aura refusé de faire agir la force à ses ordres, sera puni d'un emprisonnement d'un mois à trois mois, sans préjudice des réparations civiles qui pourraient être dues aux termes de l'art. 10 du Code pénal. (*Art.* 234 *dudit Code.*)

Un commandant peut présenter comme excuse de sa désobéissance que les ordres de son supérieur hiérarchique l'ont empêché d'agir. (*Cass.*, 17 *juill.* 1840.)

Une des principales obligations de la gendarmerie étant de veiller à la sûreté individuelle, elle doit assistance à toute personne qui réclame ce secours. Dans un moment de danger, tout militaire du corps de la gendarmerie qui ne satisfait pas à cette obligation, lorsqu'il en a la possibilité, se constitue en état de prévarication dans l'exercice de ses fonctions. (*Art.* 630 *du décret du 1ᵉʳ mars* 1854 *modifié le* 24 *juill.* 1875.)

Les réquisitions adressées aux citoyens de prêter aide et assistance en cas de calamité n'ont pas besoin d'être signifiées par écrit; bien que notifiées verbalement, elles sont obligatoires, et le refus d'y obtempérer constitue une contravention. (*Cass.*, 12 *mai* 1871.)

Le n° 12 de l'art. 475 du Code pénal n'autorise pas une réquisition ayant pour but de faire fournir des hommes de garde pour surveiller des lieux incendiés. (*Cass.*, 17 *fév.* 1865.)

Le refus d'un médecin d'obtempérer à la réquisition qui lui est faite par un officier de police judiciaire, en cas de flagrant délit, pour constater la nature et les circonstances d'une blessure, ou dans le but de constater l'état d'un cadavre trouvé sur les bords de l'eau, constitue une contravention. (*Cass.*, 20 *fév.* 1857.)

Mais il n'en est pas de même pour un médecin qui refuse d'obtempérer à la réquisition qui lui est faite par un commissaire de police de venir constater le décès d'un individu tué accidentellement. (*Cass.*, 18 *mai* 1855. — V. *Incendie, Inondation, Médecins, Réquisitions.*)

REGISTRES, DOCUMENTS POUR DIRIGER ET CONSTATER LE SERVICE. — ARCHIVES. — ORDRE ET CLASSEMENT DES ARCHIVES.

La gendarmerie se fractionnant en *légions, compagnies, arrondissements* et *brigades,* chacune de ces fractions a des archives et un matériel qui lui sont propres, et dont la garde est confiée à l'officier, sous-officier ou brigadier qui la commande. — Le *conseil d'administration* forme une cinquième fraction : ses archives et son matériel sont placés sous la garde et la responsabilité du trésorier.

Les archives comprennent, pour la légion, le conseil d'administration, la compagnie, l'arrondissement et la brigade : 1° les ordonnances, règlements ou instructions qui régissent le service et l'administration, et qui sont spécialement nécessaires à chacune de ces fractions ; 2° les ordonnances, règlements ou instructions qui, sans leur être indispensables, ont été successivement recueillies par elles ; 3° les instructions accessoires ou temporaires, les ordres transmis par les supérieurs, les réquisitions des diverses autorités dans les limites tracées par les ordonnances ; la correspondance reçue et la transcription des lettres et rapports adressés ; les minutes des états périodiquement fournis pour le service et pour l'administration ; 4° enfin, les divers registres qui justifient toutes les opérations de service, de comptabilité et d'administration, avec les pièces à l'appui. (*Art.* 742 *du décret du* 18 *fév.* 1863.)

Chaque chef de légion, conseil d'administration, commandant de compagnie, d'arrondissement ou de brigade doit être pourvu des documents et des objets dont le détail suit : (*Art.* 743.)

DOCUMENTS.	Légion.	Cons. d'ad.	Compagnie	Arrondiss.	Brigade.
Cartes des départements composant la légion	1	»	»	»	»
Carte du département	1	»	1	»	»
Tableau statistique des communes, hameaux, etc.	1	»	1	1	1
Bulletin des lois	1	»	»	»	»
Journal militaire	1	1	»	»	»
Livret d'emplacement des troupes	1	»	»	»	»
Décret du 1er mars 1854, sur le service de la gendarmerie	1	1	1	1	1
Règlement sur la solde et l'administration de la gendarmerie	1	1	1	1	1
Ordonnance du 3 mai 1832, sur le service en campagne	1	»	1	»	»
Ordonnance du 2 novembre 1833, sur le service intérieur	1	»	1	»	»
Règlement sur le service des hôpitaux	1	1	»	»	»
Manuel des pensions de retraite	1	1	»	»	»
Ext. de l'instruction sur le service des postes (20 déc. 55, 22 mai 58)	1	»	1	1	1
Dictionnaire de la gendarmerie (12 juillet 1838 et 14 mars 1883)	1	»	1	1	1
Mémorial de la gendarmerie (1)	1	1	1	1	1
Instruction sur l'entretien de la carabine (19 oct. 1876)	»	»	»	»	1
Instr. sur l'entretien et la nomenclature du revolver (15 janv. 1874)	»	»	»	»	1
Cachet avec sa boîte	1	»	»	»	»
Carnet aide-mémoire, par M. Bernède (15 juillet 1865)	1	»	1	1	1
Extrait du décret du 13 octobre 1863, sur le service des places	1	1	1	1	1
Méthode de dressage du cheval de troupe	1	»	1	1	1
Instruction sur le harnachement (21 oct.-18 nov. 1881)	1	1	1	1	1
Instruction sur l'uniforme de la gendarmerie (13 août 1872)	1	1	»	»	»
Règl. sur les exercices des deux armes (17 juill. 1876 et 25 avril 1877)..	1	»	1	1	1
Règlement du 9 avril 1858, sur le service intérieur	1	»	1	1	1
Code de justice militaire (9 juin 1857)	1	»	1	1	1
Instruction en placard sur le tir à la cible (16 avril 1872)	1	»	1	1	1
Tarif des médicaments (31 mars 1869)	1	1	1	1	1
Manuel des circons. mil. de la France (24 sept. et 14 nov. 77, 29 janv. 78).	1	1	1	1	1
Instruction spéciale sur l'hygiène des chevaux (25 avril 1873)	1	»	1	1	1
Manuel des contrib. indir. et des douanes, par M. K... (16 mai 1878).	1	»	1	1	..
Recueil administ. ou code manuel de M. Charbonneau (7 oct. 1878).	»	1	»	»	»
Dictionn. de législ. et d'adm., MM. Saussine et Chevalet (1er avril 1868).	»	1	»	»	»
Question. sur les oblig. mil. des disponibles, par M. Poirot (2 fév. 1881).	»	»	»	»	1
Manuel de l'officier de police judiciaire militaire (24 mars 1881)	»	»	»	1	1
Instruction sur l'admin. des réserves et de l'armée territ. (28 déc. 1879).	»	»	»	1	1
Nouvelle organisation militaire de la France (27 oct. 1877)	1	»	1	1	1
Bascule pour peser les colis (31 mars 1879)	»	1	»	»	»
Presse à imprimer (30 déc. 1879)	»	»	1	»	»
Cahier des modèles (Décret du 1er mars 1854)	1	1	1	1	1
Cahier des modèles (Décret du 18 février 1863)	»	1	»	»	»
Une paire de balances avec poids (27 nov. 1855)	»	»	»	»	1
Romaine à boule, pour les brigades à cheval (26 nov. 1863)	»	»	»	»	1
Manuel du service prévôtal aux armées, par M. Dubard (23 juin 1882).	1	»	1	1	1
La prévôté en campagne, par M. Amade (23 juin 1882)	1	»	1	»	1
La Revue militaire de l'étranger (10 nov. 1875)	1	»	»	»	»
Instruction en cas de trouble	1	»	1	»	»
Dictionnaire d'hippiatrique, par le lieutenant-colonel Cardini	1	1	1	1	1
Instr. du maréchal de Belle-Isle sur les devoirs du chef militaire....	1	»	1	»	»

NOTA. Ces divers objets sont conservés jusqu'à leur suppression ou leur remplacement. (*Art. 734 du décret du 18 fév. 1863.*) — Tous les placards doivent être collés sur les murs. (*Décis. du 23 juill. 1880.*) — L'Annuaire militaire n'est pas accordé aux chefs de légion de gendarmerie. (*Dépêches aux généraux commandant les 3e, 9e et 13e corps d'armée, en date des 20 juill. et 14 août 1877.*)

(1) La reliure, du prix de 1 fr., est imputée sur la masse d'entretien pour les brigades seulement. (*Note minist. du 20 mars 1880.*)

Chefs de légion.

Les chefs de légion tiennent :

1° Un registre de leurs ordres du jour et circulaires concernant le service de la gendarmerie ;

2° Un registre d'analyse des lettres et des ordres qu'ils reçoivent des ministres et des autorités militaires ;

3° Un registre de correspondance contenant les minutes des lettres et rapports qu'ils adressent ;

4° *Les folios* des punitions qu'ils sont dans le cas d'infliger, ou dont il leur est rendu compte par les commandants de compagnie, ainsi que des bonnes ou mauvaises notes qu'ils recueillent sur leurs subordonnés (1) ;

5° Un registre du personnel des officiers, sur lequel ils inscrivent à mesure toutes les punitions qui leur sont infligées, et au moins deux fois par an (1er janvier et 1er juillet) des notes sur leur conduite et leur manière de servir ;

6° *Registre de tir à la cible. (Circ. du 10 sept. 1860.)*

Les divers registres et les documents de toute espèce qui composent les archives sont classés par numéros d'ordre, et remis sur inventaire, en cas de changement du titulaire, à l'officier supérieur qui le remplace dans le commandement de la légion.

Quant au registre du personnel, il est cacheté et déposé aux archives de la légion jusqu'au retour du titulaire ou jusqu'à l'arrivée de son successeur. (*Art.* 175 *du décret du* 1er *mars* 1854.)

L'art. 5 du règlement du 9 avril 1858, au sujet de la tenue du registre du personnel des officiers, prescrit de le mettre sous scellé et de le placer aux archives quand le chef de légion s'absente.

Les chefs de légion en résidence dans les chefs-lieux de région font tenir par les soins du prévôt, sous leur surveillance, un contrôle nominatif des militaires de la gendarmerie désignés pour faire partie des prévôtés.

Dans ces mêmes légions il est établi un registre divisé en deux parties :

---

(1) Aux termes d'une circulaire du ministre de la guerre, en date du 29 novembre 1855, pour simplifier les écritures, les registres de discipline sont remplacés par des folios mobiles dont le spécimen indique de quelle manière ils doivent être tenus et comment ils sont employés.

Lorsqu'un homme passe d'une brigade dans une autre du même arrondissement, son folio est tiré de l'assemblage et transmis, par l'intermédiaire de l'officier, au nouveau commandant de brigade, après que la mutation en a été portée par le premier.

Si l'homme change en même temps d'arrondissement, le folio de l'arrondissement, pareillement arrêté, est également transmis.

S'il y a changement de compagnie, il y a transmission de trois folios ; et quatre, enfin, sont envoyés, s'il change de légion.

Cette modification n'annule pas la formule n° 24 *ter* du cahier des modèles, laquelle doit être employée, comme précédemment, toutes les fois qu'il est adressé au ministre une proposition de réforme, de cassation, de congé ou d'acceptation de démission. La manière d'établir ce relevé de punitions est indiquée par la circulaire du 31 octobre 1880.)

Les formules 24 et 24 *bis* continuent d'être employées pour l'exécution des art. 173 et 187 du décret du 1er mars 1854.

la première comprenant les anciens gendarmes appartenant à la réserve de l'armée active, et la seconde, les gendarmes appartenant à l'armée territoriale. Ces contrôle et registre sont renouvelés annuellement au moment des inspections et une expédition en est destinée au ministre. (*Circ. du 18 août 1875.*)

Les documents dont les chefs de légion doivent être pourvus sont indiqués dans le tableau ci-dessus.

Commandants de compagnie.

Les commandants de compagnie tiennent :

1° Un registre de leurs ordres du jour et circulaires concernant le service ;

2° Un registre de correspondance avec les autorités civiles et militaires, ainsi qu'avec le chef de légion et les officiers sous leurs ordres ;

3° Un registre des rapports et des renseignements qu'ils reçoivent sur des objets pouvant intéresser l'ordre public ;

4° Un registre des déserteurs et insoumis dont la recherche est ordonnée dans le département ;

5° Un registre des individus en surveillance dans le département et dont la résidence obligée aura été indiquée par l'autorité administrative ;

6° *Les folios* de discipline sur *lesquels* ils inscrivent les actions remarquables, les opérations importantes, les fautes commises ainsi que les punitions infligées par eux dans la compagnie, ou dont il leur est rendu compte par les commandants d'arrondissement dans leur rapport journalier. Un extrait de *ces folios* est adressé, du 1er au 5 de chaque mois, au chef de légion ;

7° *Le registre de tir à la cible. (Circ. du 10 sept. 1860.)*

Les lettres, ordres et minutes de correspondance sont classés avec un numéro d'ordre.

Lorsqu'un officier quitte le commandement d'une compagnie, ces pièces, registres et documents sont remis sur inventaire à l'officier qui le remplace. (*Art. 187 du décret du 1er mars 1854.*) Tous ces registres sont tenus conformément aux spécimens qui y sont joints.

Les commandants de compagnie sont pourvus d'une presse *Teillac*, destinée à faire les copies d'ordres du jour et circulaires pour les arrondissements et les brigades. (*Circ. du 30 déc. 1879.*)

Voir la note à l'art. 200 du décret du 1er mars 1854, relativement aux folios de punitions, et celle à l'art. 178, en ce qui concerne les ordres du jour.

Les documents dont doivent être pourvus les commandants de compagnie sont indiqués dans le tableau ci-dessus.

V. *Chefs de légion* pour la destination à donner aux folios de punitions des hommes changeant de brigade.

Commandants d'arrondissement.

Les commandants d'arrondissement sont tenus d'être pourvus des registres ci-après, savoir :

1° Registre des ordres du jour et circulaires (1) ;
2° Registre de correspondance et rapports ;
3° Registre analytique des procès-verbaux ;
4° Registre des mandats de justice (2) ;
5° Registre des déserteurs et insoumis signalés ;
6° Registre des individus en surveillance dans l'arrondissement,
7° Registre des officiers en congé ;
8° *Folios* des punitions infligées aux sous-officiers, brigadiers et gendarmes de l'arrondissement (3) ;
9° Contrôle du personnel et des chevaux de l'arrondissement (4) ;
10° *Registre de tir à la cible. (Circ. du 10 sept. 1860.)* (5)

Les lettres, ordres et minutes de correspondance sont classés avec un
numéro d'ordre.

Lorsqu'un officier quitte le commandement d'un arrondissement, ces
pièces, registres et documents, dont il est fait inventaire, sont toujours
remis à l'officier qui le remplace.

Les documents dont doivent être pourvus les commandants d'arrondissement sont indiqués dans le tableau ci-dessus.

V. *Chefs de légion* pour la destination à donner aux folios de punitions
des hommes changeant de brigade.

Commandants de brigade.

Les commandants de brigade sont spécialement chargés de tenir constamment à jour, avec soin, avec méthode et sans omission, tous
les registres et carnets qui servent à constater les opérations de la brigade.

---

(1) N° 1°. Ce registre est remplacé par un registre à barrettes du modèle
prescrit par la circulaire du 30 décembre 1879 et doit renfermer les ordres et
circulaires envoyés par les commandants de compagnie.

(2) N° 4°. La circulaire du 22 juillet 1862 prescrit de ne porter sur ce registre
que les mandats de justice décernés contre des individus appartenant aux
communes de l'arrondissement et définis par l'art. 289 du présent décret.

(3) N° 8°. Ce registre est remplacé par des folios mobiles du modèle adopté
par le ministre. (*Circ. des 29 nov. 1855 et 16 janv. 1856.*)

La destination à donner à ces folios mobiles, lorsque les hommes sont
rayés des contrôles, est déterminée par la circulaire du 1er mars 1856. Il doit
être fait mention sur ces folios de punitions des changements de résidence
opérés par mesure de discipline. (*Lettre minist. du 21 sept. 1868.*)

(4) N° 9°. La circulaire du 30 décembre 1879 a substitué au contrôle du personnel un registre à barrettes, avec folios mobiles établis et fournis par les
trésoriers. La couverture est au compte des commandants d'arrondissement et
les folios doivent suivre les hommes partout où ils sont envoyés tant qu'ils
restent au service. (*Art. 200 du décret précité.*)

(5) N° 10°. Le registre de tir à la cible est prescrit par décision ministérielle
du 10 septembre 1860.

Le cahier des modèles a été envoyé, pour être placé dans les archives, par
décision ministérielle du 31 mai 1854.

Les registres prescrits par les art. 175, 187 et 200 ont été fournis gratuitement, comme premier établissement, par décision ministérielle du 10 mai 1854.

Pour les archives, voir les art. 167, 741 à 743 du décret du 18 février 1863.

Ces registres sont :

N° 1. Registre des ordres du jour et circulaires (1).

N° 2. Registre des rapports et de la correspondance (2).

N° 3. Registre des procès-verbaux.

N° 4. Registre de l'inscription des mandats de justice (3).

N° 5. Registre des déserteurs signalés.

N° 6. Registre des individus en surveillance.

N° 7. Registre des transfèrements de prisonniers (4).

N° 8. Carnets de correspondance (5).

N° 9. Registre des gardes champêtres.

N° 10. Registre des militaires en congé.

N° 11. *Folios* des punitions (6).

N° 12. Registre des fourrages (7).

N° 14. *Catalogue des archives.*

N° 15. *Carnet de tournées de communes.*

N° 17. *Registre de compte individuel de solde* (8)

N° 18. *Registre à souche* (9).

    (*Art.* 233 *du décret du* 1ᵉʳ *mars* 1854.)

Les chefs de brigade tiennent aussi un registre des détenus déposés dans la chambre de sûreté de la caserne, conformément à l'art. 372 du décret du 1ᵉʳ mars 1854. Ce registre, coté et paraphé par le préfet, leur est fourni gratuitement aux frais du ministre de l'intérieur. (*Circ. du* 7 *juill.* 1870.)

Tous ces registres sont tenus suivant les spécimens qui y sont joints.

---

(1) N° 1. — Le registre d'ordres est remplacé par un registre à barrettes destiné à recevoir les copies d'ordres et circulaires envoyées par le commandant de la compagnie. (*Circ. du* 30 *déc.* 1879.)

(2) N° 2. C'est sur ce registre que doivent être consignées les observations des officiers dans leurs tournées et visites inopinées. (*Circ. du* 10 *mai* 1880.)

(3) N° 4. — L'on ne doit inscrire sur le registre n° 4 que les mandats de justice spécifiés à l'art. 289 et concernant des individus appartenant ou ayant appartenu aux communes de la circonscription de la brigade. (*Circ. du* 12 *juill.* 1862. — V. *le spécimen.*)

(4) N° 7. — Le registre des transfèrements est supprimé. (*Circ. du* 29 *juill.* 1879.)

(5) N° 8. — Le carnet n° 8 doit être visé par le commandant d'arrondissement. (*Art.* 197 *du présent décret.*)

(6) N° 11. — Le registre n° 11 des punitions a été supprimé et remplacé par des folios mobiles du modèle adopté par le ministre. — V. la note à l'art. 200 du décret du 1ᵉʳ mars 1854, qui indique l'inscription à faire sur ces folios en cas de changement par mesure de discipline et la destination à leur donner lorsque les hommes sont rayés des contrôles.

(7) N° 12. — Un nouveau modèle de registre n° 12 des fourrages a été adopté par décision ministérielle du 14 juillet 1865, et le registre des quittances n° 13 a été supprimé le 3 juin 1855, jour où l'Etat a approvisionné les brigades en denrées fourragères.

(8) N° 17. — Le registre de compte individuel de solde n° 17 a été créé par décision du 15 novembre 1858.

(9) Un registre à souche pour les déclarations des réservistes est fourni par le recrutement. (*Circ. du* 13 *août* 1879.)

Les documents dont les chefs de brigade doivent être pourvus sont indiqués dans le tableau ci-dessus.

En ce qui concerne la destination à donner aux folios de punitions des hommes changeant de brigade il faut se reporter aux archives des chefs de légion.

Les originaux des signalements des forçats libérés et des individus en surveillance, et des autres signalements civils, manuscrits ou imprimés, les signalements militaires, les réquisitoires, les jugements et mandats de justice qui peuvent être adressés aux commandants d'arrondissement sont transmis par eux aux commandants de brigade, pour leur exécution, après avoir été enregistrés sur le registre de correspondance ou sur les registres spéciaux ; enfin toutes les pièces utiles aux recherches doivent faire partie des archives des commandants de brigade, et non de celles des commandants d'arrondissement.

En cas de décès ou de changement de destination d'un trésorier, d'un commandant de compagnie, d'arrondissement ou de brigade, le nouveau titulaire doit tenir compte à son prédécesseur ou à sa succession de la valeur des registres, eu égard à la durée qu'ils ont encore à parcourir; il doit aussi rembourser la valeur des imprimés réglementaires qui lui sont cédés.

Les difficultés qui pourraient se présenter dans l'exécution de cette opération sont soumises à l'examen et à la décision du sous-intendant militaire. (*Art.* 167 *et* 168 *du décret du* 18 *fév.* 1863.)

Il est formellement interdit de modifier les modèles ou d'en créer de nouveaux, et de se servir, pour la correspondance, de papiers d'autres formats que ceux indiqués dans la collection des modèles. (*V. Formules.*)

CLASSEMENT DES ARCHIVES.

Pour obtenir l'uniformité dans le classement de toutes les pièces composant les archives, il faut que les inscriptions soient libellées de la même manière et qu'on ne mette sur les catalogues que les catégories indiquées dans la note ministérielle du 2 octobre 1837.

Ces inscriptions sont :

Pour les chefs de légion :

Chapitre III. 1re Division. Après 20 ans.

1° Liasse de lettres des autorités civiles et autres pièces classées par catégories.
2° Liasse de lettres et circulaires ministérielles.
3° Liasse de lettres des commandants de compagnie.

2e Division. Après 15 ans.

4° Liasse de lettres et tous actes fournis par les commandants d'arrondissement et autres officiers de l'arme.
Plus les registres n° 1.

3e Division. Après 10 ans.

5° Liasse de rapports périodiques et de tournées des commandants de compagnie.

6° Liasse des contrôles du personnel et des chevaux des prévôtés et de toutes les pièces d'inspection.

7° Liasse de lettres et signalements des autorités militaires. Classés par catégorie.

Plus les registres 2, 3, 5, 6 et 9 (tir à la cible) et ceux des gendarmes appartenant à la réserve et à l'armée territoriale.

Pour les commandants de compagnie.

Chapitre III. 1ʳᵉ Division. Après 20 ans.

1° Liasse de signalements envoyés par le ministre de l'intérieur.

2° Liasse de lettres réquisitions, mandats de justice et signalements civils des autorités judiciaires et administratives. Classés par catégorie.

3° Liasse de lettres et circulaires ministérielles, copies des ordres du jour.

4° Liasse de lettres du chef de la légion.

Plus les registres nᵒˢ 1 et 5.

2ᵉ Division. Après 15 ans.

5° Liasse du recueil des actes administratifs. (Ceux qui ont un caractère permanent de durée pour la gendarmerie devront être mis à part et conservés jusqu'à leur abrogation.)

6° Liasse de lettres et de tous actes fournis par les commandants d'arrondissement et autres officiers de l'arme.

(Pas de registre.)

3ᵉ Division. Après 10 ans.

7° Liasse de rapports périodiques et de tournées des commandants d'arrondissement.

8° Liasse des contrôles du personnel et des chevaux, et de toutes les pièces d'inspection.

9° Liasse des lettres, signalements, bulletins de recherches, etc., des autorités administratives. (Les signalements n° 1 des déserteurs et insoumis doivent être conservés jusqu'à la réception des signalements n° 2 (*Art.* 343 *du décret du* 1ᵉʳ *mars* 1854.)

Plus les registres 2, 5, 7 et 9 (tir à la cible.)

Pour les commandants d'arrondissement :

Chapitre III. 1ʳᵉ Division. Après 20 ans.

1° Liasse des signalements, envoyés par le ministre de l'intérieur.

2° Liasse de lettres, réquisitions, mandats de justice et signalements civils des autorités judiciaires et administratives. Classés par catégorie.

3° Liasse de lettres et circulaires ministérielles, copies des ordres du jour.

4° Liasse de lettres du commandant de la compagnie et autres officiers de l'arme.

Plus les registres 1, 3, 4, 6 et 10.

2ᵉ Divison. Après 15 ans.

5° Liasse du recueil des actes administratifs. (Ceux de ces actes qui ont un caractère permanent de durée pour la gendarmerie, doivent être mis à part et conservés jusqu'à leur abrogation.)

3e division. Après 10 ans.

6° Liasse de lettres, rapports spéciaux et états des commandants de brigade.

7° Liasse de lettres, signalements, bulletins de recherches, etc. des autorités militaires. (Les signalements n° 1 des déserteurs et insoumis doivent être conservés jusqu'à la réception des signalements n° 2 (*Art.* 343 *du décret du 1er mars* 1854.)

8° Liasse des rapports journaliers et relevés de service mensuels des brigades.

Plus les registres n° 2, 5, 7, 9, 14 et le contrôle des légionnaires.

Pour les commandants de brigade :

Chapitre III. 1re Division. Après 20 ans.

1° Liasse des signalements envoyés par le ministre de l'intérieur.

2° Liasse de lettres, réquisitions, mandats de justice et signalements civils envoyés par les autorités judiciaires et administratives.

3° Liasse de lettres et circulaires ministérielles.

4° Liasse de lettres du commandant de la compagnie et autres officiers de l'arme.

Plus les registres n°s 1, 3, 4, 6 et 8.

2e Division. Après 15 ans.

5° Liasse du recueil des actes administratifs. (Ceux qui ont un caractère permanent de durée pour la gendarmerie, devront être mis à part et conservés jusqu'à leur abrogation.)

6° Liasse de lettres et toutes pièces des commandants d'arrondissement et de compagnie et autres officiers ainsi que des chefs de brigade de l'arme.

7° Liasse de lettres, signalements, bulletins de recherches, etc. des autorités militaires. Classés par catégorie. (Les signalements n° 1 des déserteurs et insoumis doivent être conservés jusqu'à la réception des signalements n° 2. (*Art.* 343 *du décret du 1er mars* 1854)

Plus les registres n°s 2, 5, 9, 10 et le contrôle des légionnaires.

3e Division. Après 10 ans.

1° Liasse de lettres et autres pièces des commandants de brigade.
Plus les registres n°s 2, 5, 9, 10 et le contrôle des légionnaires.

4e Division. Après 5 ans.

Liasse des pièces de comptabilité et les registres n°s 12, 14, 15 et 17.

Des petits cartons ou chemises correspondant à ces différentes catégories et dont un specimen est ci-joint, renferment d'une manière propre et uniforme tous les documents destinés à être classés annuellement dans les archives. Dans les premiers jours du mois de janvier ces documents sont retirés des cartons ou chemises, placés dans leur ordre de date, enliassés par catégorie et déposés dans les archives après que l'inscription au catalogue en a été faite, selon les libellés tels qu'ils se trouvent sur le dos des cartons ou chemises, dont suivent les spécimens.

Largeur du dos
0m 03.

Signalements envoyés par le Ministre de l'intérieur.
(Année courante.)

Hauteur : 0m 24.

(CARTON OU CHEMISE.)

N° 1.

BRIGADE D..................

A détruire après 20 ans.

(1re Division du Chapitre III.)

Largeur : 0m 18.

Largeur du dos
0m 02.

Lettres, réquisitions, mandats, etc., des autorités judiciaires et administratives.
(Année courante.)

Hauteur : 0m 24.

(CARTON OU CHEMISE.)

N° 2.

BRIGADE D..................

A détruire après 20 ans.

(1re Division du Chapitre III.)

Largeur : 0m 18.

Largeur du dos
0^m 02.

Lettres et circulaires ministérielles.
(Année courante.)

Hauteur : 0^m 24.

(CARTON OU CHEMISE.)

N° 3.

BRIGADE D..................

A détruire après 20 ans.

(1re Division du Chapitre III.)

Largeur : 0^m 18.

Largeur du dos
0^m 03.

Recueil des actes administratifs.

Hauteur : 0^m 24.

(CARTON OU CHEMISE.)

N° 4.

BRIGADE D..................

A détruire après 15 ans.

(2e Division du Chapitre III.)

NOTA. Ceux qui ont un caractère permanent de durée
pour la gendarmerie devront être mis à part et conservés
jusqu'à leur abrogation.

Largeur : 0^m 18.

Largeur du dos
0m 02.

Lettres et toutes pièces des commandants d'arrondissement, de compagnie et autres officiers et chefs de brigade de l'arme. (Année courante.)

Hauteur : 0m 24.

(CARTON OU CHEMISE.)

N° 5.

BRIGADE D...................

A détruire après 15 ans.

(2° Division du Chapitre III.)

Largeur : 0m 18.

Largeur du dos
0m 02.

Lettres, signalements, bulletins de recherches, etc., des autorités militaires. (Année courante.)

Hauteur : 0m 24.

(CARTON OU CHEMISE.)

N° 6.

BRIGADE D...................

A détruire après 10 ans.

(3° Division du Chapitre III.)

Nota. Conformément à l'art. 343 du décret du 1er mars 1854, les signalements n° 1 des déserteurs et insoumis non arrêtés sont conservés parmi les documents *de l'année courante* et ne doivent être détruits qu'après réception des signalements n° 2.

Largeur : 0m 18.

Quant aux vieilles archives, elles doivent être étiquetées et placées de façon à ce que l'année soit apparente, tant sur chaque liasse que sur chaque registre.

Dans le premier chapitre du catalogue : Documents à conserver, il ne faudrait y faire aucune inscription sans que le libellé ait été donné par le chef de légion ou le commandant de la compagnie.

RÈGLEMENTS ET ARRÊTÉS DE POLICE.

Les règlements et arrêtés de police sont pris, ou par les préfets pour toute l'étendue du département, ou par les maires pour leur commune. Ils sont obligatoires pour tous les individus, même étrangers à la commune, qui se trouvent sur son territoire, sans que la prétendue ignorance de ces règlements puisse servir de prétexte ou d'excuse à leur violation. (*Cass.*, 27 *fév.* 1847.) Ils sont également obligatoires pour le maire dont ils émanent, en ce sens que ce magistrat n'a pas le pouvoir de dispenser de l'exécuter. (*Cass.*, 3 *août* 1855 *et* 25 *mars* 1865.)

Les mesures de sûreté générale que les préfets peuvent édicter par des arrêtés applicables à tout le département, comprennent, non seulement les mesures qui intéressent au point de vue politique la sûreté de l'État, mais aussi celles qui, à un point de vue plus spécial, intéressent la sûreté des habitants du département. (*Cass.*, 6 *juill.* 1867.)

Les règlements de police sont des prescriptions ou des prohibitions qui émanent de l'autorité municipale dans les limites de sa compétence. (V. *notamment les lois des* 16-24 *août* 1790 *et* 19-22 *juill.* 1791.) Ils sont permanents ou temporaires.

Les règlements de police permanents pris par le maire ne sont exécutoires qu'un mois après la remise de l'ampliation constatée par le récépissé du sous-préfet, dans le cas même où l'approbation du préfet intervient avant l'expiration de ce délai. (*Cass.*, 12 *mars* 1868.)

Lorsqu'un règlement de police municipale a un caractère permanent, un fait qui y est contraire ne peut être poursuivi avant l'expiration du délai d'un mois à partir de la date de la remise de l'ampliation au sous-préfet, alors surtout que ce règlement accorde aux habitants le même délai d'un mois pour se conformer à ses dispositions. (*Cass.*, 16 *mars* 1867.)

Les règlements temporaires et ceux contenant des mesures d'urgence, ou rappelant les citoyens à l'exécution d'un arrêté précédent, sont exécutoires après les publications et sans qu'ils aient été soumis aux dispositions de l'art. 11 de la loi du 18 juillet 1837 relatifs aux règlements permanents de l'autorité municipale. (*Cass.*, 8 *août* 1846, 15 *janv.* 1857 *et* 15 *nov.* 1860.)

Les arrêtés de police sont exécutoires en vertu de la publication qui en est faite, et sans qu'il soit besoin d'une mise en demeure spéciale de satisfaire à leurs dispositions. (*Cass.*, 3 *mai* 1850.)

La preuve qu'un règlement de police a reçu la publicité légale, sans laquelle il ne pourrait avoir force obligatoire, ne résulte pas nécessairement de ce que des condamnations ont déjà été prononcées pour en faire respecter les prescriptions ; nonobstant l'existence de ces condamnations, le juge de police a pu, par une appréciation des circonstances qui échappe au contrôle de la Cour de cassation, décider que la formalité de la publication a été omise. (*Cass.*, 5 *mars* 1870.)

Un arrêté de police doit être considéré comme étant en vigueur tant qu'il n'a pas été rapporté ou modifié par un autre arrêté. Il ne peut y être dérogé, même temporairement et à titre exceptionnel, soit par une circulaire préfectorale, soit par un usage local, soit par des actes de tolérance. (*Cass.*, 17 *janv.* 1868 *et* 3 *déc.* 1880. — V. *Feu d'artifice*.)

Le maire est sans pouvoir pour dispenser un citoyen de se conformer aux prescriptions d'un règlement de police général, permanent et approuvé par le préfet. (*Cass.*, 27 *avril* 1866 — V. *Lieux publics*.)

Les tribunaux ne doivent prononcer des peines pour l'infraction à ces règlements qu'autant qu'ils se rattachent à l'exécution d'une loi existante, c'est-à-dire qu'ils statuent sur des objets confiés à la surveillance de l'administration. Les règlements qui sortent de la compétence des corps administratifs ne sont pas obligatoires. (*Cass.*, 13 *août* 1813.)

Le juge de police a non seulement le droit mais aussi le devoir d'interpréter, le cas échéant, les règlements de police des préfets et des maires, aussi bien que les lois pénales auxquelles ils s'incorporent, et par suite il ne saurait, sous prétexte d'obscurité, déclarer qu'il y a lieu pour lui d'appliquer, en place du règlement général du préfet invoqué par le ministère public, un règlement local antérieur, qui n'a pu conserver de force obligatoire que s'il n'est pas inconciliable avec le règlement général. (*Cass.*, 22 *nov.* 1872.)

Le Code pénal n'a pu prévoir tous les cas relatifs à la simple police. Pour ce qui intéresse la sûreté, la commodité des rues et places, le maintien du bon ordre dans les foires, marchés, lieux publics, et partout où il se fait des rassemblements, ce sont les lois des 24 août 1790 et 22 juillet 1791 qui servent de base à la plupart des règlements municipaux.

La gendarmerie doit concourir à l'exécution des règlements de police.

RÉHABILITATION DES CONDAMNÉS.

La loi du 3 juillet 1852, sur la réhabilitation des condamnés, abroge le décret du 18 avril 1848, ainsi que le chapitre IV (titre VII, livre 2) du Code d'instruction criminelle. Ce chapitre IV est remplacé par les dispositions suivantes :

Art. 619. Tout condamné à une peine afflictive ou infamante, ou à une peine correctionnelle, qui a subi sa peine ou qui a obtenu des lettres de grâce, peut être réhabilité.

Art. 620. La demande en réhabilitation, pour les condamnés à une peine afflictive ou infamante, ne peut être formée que cinq ans après le jour de leur libération.

Néanmoins, ce délai court, au profit des condamnés à la dégradation civique, du jour où la condamnation est devenue irrévocable, ou de celui de l'expiration de la peine de l'emprisonnement, si elle a été prononcée.

Il court, au profit du condamné à la surveillance de la haute police prononcée comme peine principale, du jour où la condamnation est devenue irrévocable.

Le délai est réduit à trois ans pour les condamnés à une peine correctionnelle.

Art. 621. Le condamné à une peine afflictive ou infamante ne peut être admis à demander sa réhabilitation, s'il n'a résidé dans le même arrondissement depuis cinq années, et pendant les deux dernières dans la même commune.

Le condamné à une peine correctionnelle ne peut être admis à demander sa réhabilitation, s'il n'a résidé dans le même arrondissement depuis trois années, et pendant les deux dernières dans la même commune.

Art. 622. Le condamné adresse sa demande en réhabilitation au procureur de la République de l'arrondissement, en faisant connaître : 1° la date de sa condamnation ; 2° les lieux où il a résidé depuis sa libération, s'il s'est écoulé après cette époque un temps plus long que celui fixé par l'art. 620.

Art. 623. Il doit justifier du payement des frais de justice, de l'amende et des dommages-intérêts auxquels il a pu être condamné, ou de la remise qui lui en a été faite.

A défaut de cette justification, il doit établir qu'il a subi le temps de contrainte par corps déterminé par la loi, ou que la partie lésée a renoncé à ce moyen d'exécution.

S'il est condamné pour banqueroute frauduleuse il doit justifier du payement du passif de la faillite, en capital, intérêts et frais, ou de la remise qui lui en a été faite.

Art. 624. Le procureur de la République provoque, par l'intermédiaire du sous-préfet, des attestations délibérées par les conseils municipaux des communes où le condamné a résidé, faisant connaître :

1° La durée de sa résidence dans chaque commune, avec indication du jour où elle a commencé et de celui où elle a fini ;

2° Sa conduite pendant la durée de son séjour ;

3° Ses moyens d'existence pendant le même temps.

Ces attestations doivent contenir la mention expresse qu'elles ont été rédigées pour servir à l'appréciation de la demande en réhabilitation.

Le procureur de la République prend, en outre, l'avis du maire des communes et du juge de paix des cantons où le condamné a résidé, ainsi que celui du sous-préfet de l'arrondissement.

Art. 625. Le procureur de la République se fait délivrer : 1° une expédition de l'arrêt de condamnation ; 2° un extrait des registres des lieux de détention où la peine a été subie, constatant quelle a été la conduite du condamné. — Il transmet les pièces avec son avis au procureur général.

Art. 626. La cour, dans le ressort de laquelle réside le condamné, est saisie de la demande.

Les pièces sont déposées au greffe de cette cour par les soins du procureur général.

Art. 627. Dans les deux mois du dépôt, l'affaire est rapportée à la chambre d'accusation ; le procureur général donne ses conclusions motivées et par écrit.

Il peut requérir en tout état de cause, et la cour peut ordonner, même d'office, de nouvelles informations, sans qu'il puisse en résulter un retard de plus de six mois.

Art. 628. La cour, le procureur général entendu, donne son avis motivé.

Art. 629. Si l'avis de la cour n'est pas favorable à la réhabilitation, une nouvelle demande ne peut être formée avant l'expiration d'un délai de deux années.

Art. 630. Si l'avis est favorable, il est, avec les pièces produites, transmis par le procureur général, et dans le plus bref délai possible, au ministre de la justice, qui peut consulter la cour ou le tribunal qui a prononcé la condamnation.

Art. 631. Le président de la République statue sur le rapport du ministre de la justice.

Art. 632. Des lettres de réhabilitation seront expédiées en cas d'admission de la demande.

Art. 633. Les lettres de réhabilitation sont adressées à la cour qui a délibéré l'avis.

Une copie authentique en est adressée à la cour ou au tribunal qui a prononcé la condamnation. Ces lettres seront transcrites en marge de la minute de l'arrêt ou du jugement de condamnation.

Art. 634. La réhabilitation fait cesser pour l'avenir, dans la personne du condamné, toutes les incapacités qui résultaient de la condamnation.

Les interdictions prononcées par l'art. 612 du Code de commerce sont maintenues, nonobstant la réhabilitation obtenue en vertu des dispositions qui précèdent.

Aucun individu condamné pour crime, qui aura commis un second crime et subi une nouvelle condamnation à une peine afflictive ou infamante, ne sera admis à la réhabilitation.

Le condamné qui, après avoir obtenu sa réhabilitation, aura encouru une nouvelle condamnation, ne sera plus admis au bénéfice des dispositions qui précèdent.

La loi du 19 mars 1864 étend aux notaires, aux greffiers et aux officiers ministériels destitués le bénéfice de la loi ci-dessus du 3 juillet 1852.

Les décisions des chambres d'accusation en matière de réhabilitation n'ayant ni le caractère ni la dénomination d'arrêts, mais seulement d'avis, ne sont pas susceptibles de pourvoi en cassation. (*Cass.*, 1ᵉʳ *sept.* 1853 *et* 18 *janv.* 1867.)

RELATIONS AVEC LES AUTORITÉS.

En plaçant la gendarmerie auprès des diverses autorités pour assurer l'exécution des lois et règlements émanés de l'administration publique, l'intention du gouvernement est que ces autorités, dans leurs relations et dans leur correspondance avec les chefs de cette force publique, s'abstiennent de formes et d'expressions qui s'écarteraient des règles et des principes de convenance, et qu'elles ne puissent, dans aucun cas, exercer un pouvoir exclusif sur cette troupe, ni s'immiscer dans les détails intérieurs de son service. — Les militaires de tout grade de la gendarmerie doivent également demeurer dans la ligne de leurs devoirs envers lesdites autorités, en observant constamment avec elles les égards et les déférences qui leur sont dus. (*Art.* 141 *du décret du* 1ᵉʳ *mars* 1854.)

D'autre part l'action des autorités civiles, administratives et judiciaires, sur la gendarmerie, en ce qui concerne son emploi, s'exerce par des réquisitions. (*Art.* 91 *dudit décret.* — V. *Réquisitions.*)

La main-forte est accordée toutes les fois qu'elle est requise par ceux à qui la loi donne le droit de requérir. (*Art.* 93 *dudit décret.* — V. *Réquisitions.*)

La gendarmerie doit aussi communiquer sans délai, aux autorités civiles les renseignements qu'elle reçoit et qui intéressent l'ordre public. Les autorités civiles lui font les communications et réquisitions qu'elles reconnaissent utiles au bien du service. — Ces communications, verbales ou écrites, sont toujours faites au commandant de la gendarmerie du lieu ou de l'arrondissement. Les autorités ne peuvent s'adresser à l'officier supérieur en grade que dans le cas où elles auraient à se plaindre de retard ou de négligence. — Les communications écrites entre les magistrats, les administrateurs et la gendarmerie, doivent toujours être datées et signées. (*Art.* 100 *dudit décret.*)

Communications verbales et écrites des autorités avec la gendarmerie.

Les présidents des hautes cours de justice, les premiers présidents des cours d'appel et les procureurs généraux, les préfets, les présidents des cours d'assises, les procureurs de la République près ces mêmes cours peuvent appeler auprès d'eux, par écrit, le commandant de la gendarmerie du département, pour conférer sur des objets de service.

Lorsque les hautes cours de justice, les cours d'appel et les cours d'assises ne siègent point au chef-lieu du département, les magistrats et fonctionnaires ne peuvent appeler près d'eux que l'officier commandant la gendarmerie de l'arrondissement.

Cet officier, pour des objets de service, peut être mandé, par écrit, auprès des sous-préfets, et des procureurs de la République près les tribunaux de première instance. (*Art.* 102 *du décret du 1er mars* 1854.)

Lorsqu'il s'agit d'un objet de service déterminé, les réquisitions sont toujours adressées au commandant de gendarmerie du lieu où elles doivent recevoir leur exécution, savoir :

Dans les chefs-lieux de département, au commandant de la compagnie.

Dans les sous-préfectures, au commandant de l'arrondissement, et, en cas de refus, à l'officier sous les ordres duquel est immédiatement placé celui qui n'a pas obtempéré à ces réquisitions ; les autorités ne peuvent s'adresser à l'officier supérieur que dans le cas où elles auraient à se plaindre de retard ou négligence. (*Art.* 92 *du décret du 1er mars* 1854.) Ainsi, les ordres, les mandats de justice, les jugements et les réquisitoires des autorités, doivent être adressés directement au commandant du lieu où ces actes doivent recevoir leur exécution : mais, dans aucun cas, au chef de légion, qui ne s'occupe pas des détails du service. Les magistrats peuvent, *dans des cas urgents*, adresser des mandats et des demandes de renseignements aux chefs de brigade, à la charge par ceux-ci de faire connaître au commandant d'arrondissement les mandats qui leur ont été adressés et les renseignements qui leur ont été demandés, en y joignant une copie des réponses faites à ces demandes de renseignements. (*Circ.*, 26 *nov.* 1855.)

Les chefs d'escadron commandant la gendarmerie des départements informent sur-le-champ les procureurs généraux près les cours d'appel de tous les événements qui sont de nature à motiver des poursuites judiciaires.

Ces officiers supérieurs, ainsi que les commandants d'arrondissement, informent également sur-le-champ les procureurs de la République, ou, à défaut, leurs substituts, des événements de même nature qui surviennent dans le ressort du tribunal près duquel ils exercent leurs fonctions.

Ils ne sont pas tenus à des rapports négatifs. (*Art.* 104 *dudit décret.*)

Les communications verbales ou écrites, entre les autorités judiciaires ou administratives et la gendarmerie, doivent toujours avoir un objet déterminé de service, et n'imposent nullement aux militaires de cette arme l'obligation de se déplacer chaque jour pour s'informer du service qui pourrait être requis. Dans les cas extraordinaires, les officiers de gendarmerie doivent se rendre chez les autorités aussi fréquemment que la gravité ees circonstances peut l'exiger, sans attendre des invitations de leur part. Toutes les fois qu'ils ont à conférer avec les autorités locales, les officiers de gendarmerie doivent être en tenue militaire. (*Art.* 103 *dudit décret.*)

Les communications d'affaires entre les autorités civiles et militaires ne doivent pas passer par le ministre de la guerre. (*Circ. des* 15 *mai* 1878, 24 *juin* 1882 *et* 29 *janv.* 1883.)

Les officiers de gendarmerie doivent prévenir, par zèle, les demandes de ces autorités, en se transportant chez elles aussi fréquemment que l'urgence des circonstances peut le commander. Les communications verbales, les relations habituelles applanissent plus vite les obstacles qu'une correspondance multipliée ; cependant, ces visites n'imposent nullement aux officiers l'obligation de se déplacer chaque jour pour s'informer du service qui pourrait être requis. (*Circ. du* 10 *avril* 1820.)

Lorsque les sous-officiers, brigadiers et gendarmes font leurs tournées, ils manqueraient essentiellement à leurs devoirs s'ils ne visitaient ces fonctionnaires, pour les instruire de tout ce qu'ils ont pu remarquer de contraire aux lois et règlements locaux et pour leur donner et recueillir d'eux tous renseignements sur les crimes et délits de toute nature qui auraient pu être commis, (V. *Maires, Juges de paix, Tournées de communes.*) A l'effet de constater d'une manière complète les diverses tournées de communes, il est enjoint de faire apposer le cachet des maires à la mention qui établit la présence de la gendarmerie. (*Circ. du min. de la guerre,* 24 *nov.* 1855.)

Hors les cas exceptionnels prévus par les art. 76 et 77 du décret du 1ᵉʳ mars 1854, les chefs de légion correspondent seuls directement avec le ministre de l'intérieur pour tous les faits qui leur paraîtraient de nature à intéresser la tranquillité publique. (*Art.* 84 *du décret du* 1ᵉʳ *mars* 1854.) Ils ne doivent de rapports qu'aux généraux commandant les corps d'armée ; ils ont seulement des relations accidentelles avec les autorités de leur arrondissement de légion, soit pour les prévenir de leurs tournées, soit pour recueillir des renseignements sur le personnel de l'arme, la marche et la régularité du service. (V. *Chefs de légion.*)

Les commandants de compagnie correspondent avec les autorités du département, et les commandants d'arrondissement avec celles de l'arrondissement : seulement, dans les cas prévus par les art. 76 et 77 du décret du 1ᵉʳ mars 1854, ils peuvent les uns et les autres correspondre directement avec les ministres. (V. *Commandants de compagnie et d'arrondissement.*)

Dans les chefs-lieux de département, ces rapports accidentels, adressés aux ministres, sont toujours faits par le commandant de la compagnie. Les capitaines de ces chefs-lieux n'ont aucune relation avec les autorités, et n'ont de rapports à faire, dans tous les cas, qu'au commandant de compagnie.

Les commandants de brigade ne correspondent qu'avec les autorités de leur arrondissement de brigade; mais cependant ils doivent transmettre directement au procureur de la République et à toutes les autorités compétentes les originaux des procès-verbaux et les rapports qui pourraient donner lieu à des poursuites judiciaires; ils reçoivent également des procureurs de la République, directement, les mandats de justice à mettre à exécution. (*Circ. du 26 nov. 1855.*)

(**V.** *Commandants de compagnie, d'arrondissement, de brigade, Généraux, Juges de paix, Maires, Préfets et Sous-Préfets, Procureurs généraux, Procureurs de la République, Rapports à fournir.*)

REMONTÉS.

1° REMONTE DES OFFICIERS.

Les officiers de gendarmerie, à l'exception des trésoriers, dont le service est purement sédentaire, doivent être constamment pourvus du nombre de chevaux fixé pour chaque grade par les tarifs de solde et accessoires. (*Art.* 606 *du décret du 1er mars 1854.*)

Extrait du tarif des rations de fourrages à allouer aux officiers de tous grades, en ce qui concerne la gendarmerie. (30 juill. 1875.)

GRADES.	PIED		OBSERVATIONS.
	de paix.	de guerre.	
Colonel (y compris la garde républicaine).............	2	2	(A). La décision présidentielle du 30 avril 1878 autorise l'allocation d'une seconde ration de fourrages aux chefs d'escadron de gendarmerie à l'intérieur.
Lieut.-colonel (y compris la garde républicaine)........	2	2	
Colonel ou lieut.-colonel remplissant les fonctions de grand-prévôt d'armée......	»	3	Ces officiers ne sont pas obligés de se pourvoir de deux chevaux (*Circ. du 18 mars 1881,*
Chef d'escadron (y compris la garde républicaine et le bataillon mobile) (A)........	1	2	
Capitaine (y compris la garde républicaine et le bataillon mobile) (B)..........	1	1	(B). La décision présidentielle du 30 avril 1878 autorise l'allocation d'une deuxième ration aux capitaines, lieutenants et sous-lieutenants commandant d'arrondissement en Algérie, pour le deuxième cheval dont ils seront pourvus.
Capitaine de gendarmerie commandant les détachements de force publique aux armées.	»	2	
Lieutenant et sous-lieutenant (y compris la cavalerie de la garde républicaine) (B)..	1	1	

Aucun cheval ne peut être admis s'il n'est d'origine française, de taille de 1ᵐ 52 à 1ᵐ 60°. Tout cheval entier est rigoureusement exclu. (*Art.* 607 *du décret du* 1ᵉʳ *mars* 1854, *modifié par le décret du* 24 *juill.* 1875.)

Les officiers supérieurs sont autorisés à prendre soit dans les corps de cavalerie, soit dans les dépôts de remonte des chevaux à titre onéreux. Ils peuvent aussi acheter leurs chevaux directement dans le commerce pourvu qu'ils remplissent les conditions prescrites pour la remonte de l'arme.

Les officiers subalternes sont montés au compte de l'Etat, autrement dit, à titre gratuit. (*Art.* 608 *et* 609.)

L'immatriculation et la radiation de ces chevaux sont soumis à l'approbation du chef de corps ou de légion. (*Déc. min. du* 1ᵉʳ *sept.* 1878, *art.* 4.)

Les demandes de chevaux d'officiers, à titre onéreux ou à titre gratuit, les demandes de rétrocession ou de réintégration sont soumises aux généraux commandant les corps d'armée.

Le ministre se réserve seulement de statuer sur celles de ces demandes qui auraient pour objet de prendre des chevaux directement à titre onéreux dans les dépôts de remonte. (*Arrêté minist. du* 17 *déc.* 1874. — *Circ. du* 5 *août* 1881.) Il n'est fourni aucune pièce à l'appui des demandes.

Chaque corps d'armée doit pourvoir par lui-même aux besoins de la remonte à titre onéreux ou à titre gratuit des officiers de gendarmerie. Ces officiers se remontent dans les brigades de cavalerie ou d'artillerie de corps d'armée, ainsi que dans les régiments de cavalerie formant des divisions ou des brigades indépendantes. (*Arrêté minist. du* 17 *déc.* 1874.)

Ces dispositions s'appliquent à l'Algérie. (*Circ. du* 15 *nov.* 1878 *et note minist. du* 15 *mars* 1882.)

Les officiers qui n'appartiennent pas aux corps de troupes à cheval sont classés en deux catégories.

Les officiers de gendarmerie appartiennent à la première de ces deux catégories. Les chevaux destinés aux officiers de la première catégorie sont désignés par les généraux de brigade à raison de dix par chaque trimestre dans les vingt-six régiments de dragons et les douze de cuirassiers et dans les régiments d'artillerie (pour les officiers de cette arme). (*Circ. du* 5 *août* 1881.)

Une note ministérielle du 29 janvier 1882 permet aux officiers de la première catégorie de prendre des chevaux dans les régiments d'artillerie comme dans ceux de cavalerie, lorsque les besoins des officiers d'artillerie n'absorbent pas tous les chevaux désignés à cet effet dans les régiments de cette arme.

Les officiers des grades inférieurs qui renonceraient à choisir leurs montures parmi les chevaux désignés pourront les prendre dans le commerce et les présenter, pour être achetés par l'Etat, aux commissions de remonte des régiments de cavalerie ou d'artillerie les plus à proximité; mais sous la réserve que le prix ne dépassera pas la valeur budgétaire du cheval de troupe de l'arme dans laquelle ils doivent normalement se remonter : 1ʳᵉ catégorie, 1,200 fr.; 2ᵉ catégorie, 900 fr. (*Note minist. du* 25 *août* 1881.).

Dans le but de diminuer autant que possible le nombre des mutations, on laissera, à l'officier qui doit choisir un cheval, toute latitude pour l'essayer. (*Même circ.*)

Le remboursement de la valeur de l'animal cédé à titre onéreux est fait par l'officier en deux versements égaux : le premier au moment même de la prise de possession, le deuxième dans les six mois suivants. (*Circ. du 18 janv.* 1875.)

Afin d'éviter tout retard dans la remise de l'animal, ce payement sera effectué directement par l'officier intéressé à la caisse du corps ou du dépôt livrancier, qui en enverra le montant au Trésor contre un récépissé établi au nom de l'officier cessionnaire. (*Circ. du 15 nov.* 1878.)

Les chevaux provenant des corps, ne devront être réintégrés ou rétrocédés que dans les corps qui les ont livrés, à moins que le détenteur ou le corps livrancier n'ait cessé d'appartenir au corps d'armée où la livraison aura été effectuée, dans ce cas, le cheval devra être présenté dans un régiment de la même subdivision d'arme appartenant au corps d'armée où se trouvera l'officier intéressé.

Cession de chevaux à prix réduits.

Les dispositions bienveillantes qui accordent aux capitaines promus au grade supérieur la faculté d'acquérir à prix réduits les montures qu'ils détiennent sont limitées à certaines conditions :

1° Cette faculté ne peut être exercée que pendant les trois mois qui suivent la date du décret de promotion de l'officier, et sur l'animal ou les animaux mêmes qu'il détient à ce moment ; aucune annuité pour des chevaux détenus précédemment et abandonnés pour n'importe quel motif, ne peut être reportée sur ceux en service et l'objet de la cession à prix réduit.

2° Le maximum de la réduction qui peut être accordée sur le prix d'achat d'un cheval, alors même qu'il serait entre les mains de l'officier depuis plus de quatre ans, est limité aux 4/7. (*Note minist. du 10 mai* 1872.)

3° Le temps de possession se décompte par annuité et par demi-annuité, du jour de la reprise du cheval à celui du décret de promotion ; le payement de la somme fixée d'après ces bases s'opère en deux versements comme pour les cessions ordinaires : les pièces à produire sont les mêmes. (*Circ. du 18 janv.* 1875.)

Les commandants de corps d'armée autorisent les cessions de gré à gré entre officiers. (*Même circ.*)

Les sous-officiers de gendarmerie nommés sous-lieutenants sont remboursés à prix d'estimation de la valeur de leurs chevaux, pourvu que ces chevaux aient été reconnus d'origine française et susceptibles de servir de monture d'officier.

Ils peuvent toutefois, disposer de leurs chevaux, sauf à être montés d'après les dispositions en vigueur. (*Art.* 610 *du décret du 1er mars* 1854 *modifié.*)

Les officiers admis à la retraite ne peuvent emmener les chevaux acquis par eux à la remonte qu'en justifiant que ces animaux sont en leur possession depuis au moins un an.

Lorsque ce temps de possession n'est pas atteint, ces officiers sont tenus de présenter leurs chevaux à une commission de remonte qui procède à leur achat s'il y a lieu. (*Décis. minist. du 1er sept.* 1878.)

Les officiers peuvent à toute époque renoncer au bénéfice de la remonte au compte de l'Etat. Les chevaux abandonnés par suite de cette renonciation sont réintégrés suivant ce principe que les formalités pour se dessaisir d'une monture sont les mêmes que celles accomplies pour en prendre possession. (*Même décis.*)

Un officier qui a été autorisé à renoncer à la remonte gratuite continue à avoir droit aux fourrages et à la ferrure; il peut cesser quand bon lui semble d'user de cette autorisation qui est sans limite.

Les réformes ne peuvent être prononcées que par l'inspecteur général (*Circ. du 5 avril* 1881); mais en ce qui concerne les chevaux des officiers de gendarmerie la circulaire des 22-25 mars fait une exception à cette règle.

2° REMONTE DES SOUS-OFFICIERS, BRIGADIERS ET GENDARMES.

Les chevaux des militaires de la gendarmerie doivent réunir les conditions fixées par l'art. 607 du décret du 1er mars 1854, modifié par la circulaire du 23 avril 1883 qui admet les chevaux de quatre ans au moins et de 8 ans au plus sans distinction d'origine. La taille reste fixée de 1 m. 52 c. à 1 m. 60 c. Tout cheval entier est rigoureusement exclu. (*Art. 617 du décret précité.*)

Les chevaux de robe grise sont admis. *Décis. minist. du* 16 *janv.* 1875.)

Tout militaire (sous-officier, brigadier ou cavalier) d'un corps de troupe à cheval, nommé dans la gendarmerie peut emmener le cheval immatriculé en son nom ou tout autre cheval disponible dudit corps, âgé de cinq ans au moins et de huit ans au plus, reconnu propre au service spécial de la gendarmerie. Le remboursement de ces chevaux aura lieu au prix d'acquisition. (*Art.* 13 *de la circ. du* 15 *juin* 1860.)

Il est fait à ces militaires passant dans la gendarmerie application des dispositions réglementaires sur la remonte à titre onéreux à prix réduit: c'est-à-dire que lorsqu'ils emmèneront les chevaux dont ils seront possesseurs au moment de leur admission, les annuités de possession viendront en déduction des prix d'acquisition. (*Art.* 623 *du décret du* 1er *mars* 1854 *et circ. des* 2 *mai* 1870 *et* 4 *août* 1874.)

Aux termes de l'art. 722 du décret du 18 février 1863, les sous-officiers, brigadiers et gendarmes doivent se remonter à leurs frais, soit en achetant directement leurs chevaux, soit en les recevant, sauf remboursement, des dépôts de remonte.

Une circulaire ministérielle du 15 novembre 1878 avait supprimé la remonte par les dépôts et prescrit de prendre tous les chevaux nécessaires à ces militaires dans les corps de cavalerie. Sous la date du 28 mars 1883, le ministre de la guerre a abrogé cette décision, en ce qui concerne la troupe, et décidé que la remonte des sous-officiers, brigadiers et gendarmes serait désormais assurée au moyen d'achats directs effectués dans le commerce.

Lorsqu'un sous-officier, brigadier ou gendarme n'a pas trouvé à se remonter dans le délai de trois mois ou lorsqu'il a renoncé à jouir de ce délai, il est remonté d'office. (*Art.* 619 *et* 620 *du décret du* 1er *mars* 1854 *et circ. du* 15 *juin* 1860.) Les sous-officiers, brigadiers et gendarmes appelés à se remonter choisissent librement leurs chevaux en présence de la commission instituée au chef-lieu de la légion conformément à la circulaire du 23 avril 1883, résumée à la page 806 du présent volume. — V. à APPENDICE, *Remonte.*

En ce qui concerne les rétrocessions, elles ne doivent être opérées qu'au moment des inspections générales, conformément à l'art. 625 du décret du 1er mars 1854, et dans les mêmes conditions que pour les officiers, c'est-à-dire au prix d'estimation au moment même du rachat. (*Note minis. du 15 juin* 1879.)

Les conseils d'administration doivent conserver pour la remonte des militaires de l'arme toutes les montures des hommes quittant le service, si ces montures peuvent être utilisées. (*Circ. des 3 sept.* 1867, 13 *fév.* 1874, 27 *fév.* 1878, *note du* 1er *juill.* 1879, *lettre du* 4 *juin* 1880, *art.* 724 *du décret du* 18 *fév.* 1863, *et note minist. du* 4 *avril* 1883.)

Aux termes de la note du 1er juillet 1879, tout cheval de moins de douze ans provenant des remontes de l'armée et appartenant à un sous-officier, brigadier ou gendarme qui quitte l'arme, doit, s'il n'a pas été conservé pour la remonte d'autres militaires de la compagnie, être présenté à une commission d'achat avec l'autorisation du ministre. C'est seulement après le refus de cette commission qu'il peut être vendu dans le commerce.

Par une note du 4 avril 1883, le ministre délègue aux généraux commandant les corps d'armée la faculté d'autoriser les présentations dont il s'agit et, en cas de refus d'achat par la commission, la vente de l'animal dans le commerce au mieux des intérêts des militaires.

Dans l'intervalle des inspections et en cas de nécessité, le chef de légion peut autoriser l'échange d'un cheval ou en prononcer la réforme dans les conditions de l'art. 625 du décret du 1er mars 1854.

Les chevaux réformés sont, autant que possible, maintenus au service jusqu'au moment de leur remplacement, et la vente a lieu suivant les dispositions de l'art. 728 du décret du 18 février 1863.

RENGAGEMENTS.

Les sous-officiers de gendarmerie ne profitent pas des dispositions de la loi du 23 juillet 1881 en ce qui concerne les rengagements et les avantages pécuniaires de primes et de haute paye ; mais ils jouissent de ceux relatifs aux emplois civils et aux pensions de retraite. Ces mêmes avantages sont concédés aux sous-officiers des corps de troupe venus avec ce grade dans la gendarmerie s'ils réunissent les conditions de service, de grade et d'âge exigées par la loi.

Lorsqu'un sous-officier s'est rengagé et qu'il passe dans la gendarmerie, il reçoit, sur la somme de 2,000 fr. qui lui est due, une part proportionnelle au temps de service qu'il a accompli depuis le jour où compte son rengagement effectif (*Art.* 10 *de la loi précitée*) ; mais son rengagement cesse de produire ses effets en l'une de ses parties essentielles (le droit à l'indemnité) et se trouve dès lors, par là même, rompu de fait. (*Décis. du min. de la guerre du* 15 *janv.* 1881.)

RÉQUISITIONS.

Une réquisition est la demande adressée, au nom de la loi, de faire agir légalement, en cas de besoin, les agents du gouvernement et la force publique.

L'action des autorités civiles, administratives et judiciaires sur la gendarmerie, en ce qui concerne son emploi, ne peut s'exercer que par des réquisitions. (*Art.* 91 *du décret du* 1er *mars* 1854.)

Les réquisitions sont toujours adressées au commandant de la gendarmerie du lieu où elles doivent recevoir leur exécution, et, en cas de refus, à l'officier sous les ordres duquel est immédiatement placé celui qui n'a pas obtempéré à ces réquisitions.

Elles ne peuvent être données ni exécutées que dans l'arrondissement de celui qui les donne et de celui qui les exécute. (*Art.* 92 *dudit décret.*)

Le texte des art. 91 et 92 ci-dessus, du décret du 1er mars 1854, doit être interprété de manière à le concilier avec celui de l'art. 25 du Code d'instruction, qui confère aux procureurs de la République et à tous autres officiers de police judiciaire le droit de requérir *directement* la force publique, dans l'exercice de leurs fonctions.

Sans doute, quand le temps et les circonstances le comportent, les réquisitions doivent être adressées à l'officier, au sous-officier, au brigadier qui est commandant de gendarmerie dans la localité; et, alors, elles doivent être faites par écrit. Mais, quand il y a urgence, quand, par exemple, l'officier de police judiciaire témoin d'un délit, ou informant à son occasion, requiert *directement* un membre de la gendarmerie présent, celui-ci ne peut refuser son ministère, sous le prétexte qu'il n'a point, à cet égard, reçu l'ordre de son supérieur. Il doit déférer à la réquisition *directe,* même verbale, de l'officier de police judiciaire, sauf à rendre compte à son chef du service qu'il aura accompli en cette circonstance.

Ce service, le plus essentiel de l'arme, est aussi celui qui demande le plus d'étude; quoique les lois aient déterminé quelles pouvaient être les réquisitions adressées à la gendarmerie, des prétentions mal fondées de la part des autorités ou de la gendarmerie, élèvent souvent des conflits d'attributions et des oppositions dans le service, ce qu'il faut éviter. C'est donc à tous les militaires de l'arme et aux officiers surtout, à bien connaître les rapports qui doivent exister entre eux et les autorités, afin de ne pas déférer à des demandes illégales, résultant d'exigences personnelles, ou de ne pas refuser, mal à propos, l'exécution de réquisitions justes et régulières.

Il faut distinguer entre :

1° Réquisitions de l'autorité à la gendarmerie ;
2° Réquisitions de la gendarmerie à l'autorité.

Autorités ayant qualité pour requérir la gendarmerie.

Les autorités administratives et judiciaires qui ont le droit de requérir la gendarmerie, sont :

1° Les ministres ;
2° Les préfets ;
3° Les sous-préfets ;
4° Les officiers de police judiciaire ;
5° Les commissaires généraux de police ;
6° Les présidents des Cours d'assises. (*Art.* 268 *et* 269 *du Code d'ins. cr.*) ;
7° Les présidents des collèges électoraux. (V. *Collèges électoraux.*)

L'exécution des réquisitions consiste à faire exécuter la loi, à prêter main-forte et à porter secours.

Exécuter une réquisition, c'est agir soi-même ; prêter main-forte, c'est assister les fonctionnaires qui ont le droit d'agir (V. *Main-forte à prêter*) ; porter du secours, c'est protéger tous les citoyens au moment du danger. (V. *Secours à porter.*)

Il est nécessaire que les réquisitions soient faites par écrit, signées et

datées, qu'elles énoncent la loi qui les autorise, le motif, l'ordre, le jugement ou l'acte administratif en vertu duquel la gendarmerie est requise,
qu'elles ne contiennent aucun terme impératif, tels que : ordonnons,
voulons, enjoignons, mandons, et enfin qu'elles soient rédigées dans la
forme suivante :

République française.

Au nom du peuple français,

Conformément à la loi... en vertu d... (loi, arrêté, règlement), nous
requérons le (grade et lieu de résidence) de commander, faire..., se
transporter..., arrêter, etc. Et qu'il nous fasse part (si c'est un officier),
et qu'il nous rende compte (si c'est un sous-officier) de l'exécution de ce
qui est par nous requis au nom du peuple français (*Art. 96 du décret du
1er mars* 1854.)

Les autorités civiles ne peuvent indiquer, dans leurs réquisitions, les
mesures d'exécution. Elles ne doivent s'immiscer, en aucune manière,
dans les opérations militaires dont la direction appartient au commandant de la gendarmerie.

Cependant, un procureur de la République peut recommander de ne
pas laisser communiquer les prévenus dans leur translation ; ou dire qu'ils
seront transférés séparément et à des jours différents ; mais il n'a rien à
prescrire relativement aux précautions ou ménagements que comportent
les transfèrements. La gendarmerie répondant des évasions, c'est à elle
à prendre les mesure qu'elle juge convenables pour les prévenir.

Les réquisitions doivent être adressées au commandant de la gendarmerie du lieu s'il est le militaire de la gendarmerie le plus élevé en grade
qui commande dans la résidence de l'autorité qui requiert, à l'exception
des chefs de légion, qui n'ont dans leurs attributions aucun détail de
service.

Un commandant de la force publique peut présenter comme excuse de
sa désobéissance que les ordres de son supérieur hiérarchique l'ont empêché d'agir. (*Cass.*, 17 *juill.* 1840.)

Outre les diverses réquisitions pour le service habituel de l'arme dans
l'exécution des mandats de justice, la gendarmerie reçoit, dans diverses
circonstances :

1° Des réquisitions d'escortes de fonds (V. *Escortes de fonds*) ;

2° Des réquisitions d'escortes de poudre, d'armes, de munitions de
guerre (V. *Escortes de poudre*) ;

3° Des réquisitions d'escortes de militaires marchant en détachement
(V. *Correspondances, Transfèrement*) ;

4° Des réquisitions lors de l'exécution des arrêts et jugements des
Cours d'assises (V. *Exécution des jugements de Cours d'assises*) ;

5° Des réquisitions lors de l'exécution des jugements des tribunaux
militaires (V. *Exécution des jugements des tribunaux militaires*) ;

6° Des réquisitions pour port de citations aux jurés (V. *Citations.* —
Art. 108 *du décret du 1er mars* 1854) ;

7° Des réquisitions pour porter les dépêches des autorités (V. *Dépêches
des autorités.* — *Art.* 99 *dudit décret*) ;

8° Des réquisitions pour escortes d'honneur (V. *Cérémonies publiques, Honneurs à rendre*) ;

9° Des ordres de l'autorité militaire compétente. (V. *Relations avec les autorités, Généraux, etc.*)

En cas de doute sur la légalité d'une réquisition, la gendarmerie doit toujours y obtempérer, sauf à en référer au supérieur militaire pour que l'abus ne se renouvelle pas. (*Art.* 99 *dudit décret.*)

La gendarmerie est également requise pour aller chercher les bulletins de vote lors des élections; mais il est bien entendu que dans ce cas sa mission se borne à prendre ces bulletins et à les porter à qui de droit. (*Circ. du min. de l'int. du 19 mai 1881 et du min. de la guerre du 29 juill. suivant.*)

Les présidents des conseils généraux n'ont pas le droit de réquérir la force publique quand ils sont en séance. Ils sont tenus, en cas de besoin de s'adresser aux préfets pour l'obtenir ; mais une fois accordée, ils peuvent réquérir cette force pour tout ce qui est relatif à l'arrestation ou à l'expulsion des individus qui troublent l'ordre et empêcheraient les membres de l'assemblée de délibérer. (*Avis du Cons. d'Etat des 3 déc. 1871 et 1er juin 1875.*)

Lorsque l'autorité requiert la gendarmerie par le télégraphe elle doit faire suivre cette dépêche d'une réquisition conforme au modèle fixé par l'art. 96 du décret du 1er mars 1854. (*Circ. du 30 oct. 1880.*)

Le préfet a le droit de réquérir la gendarmerie pour tout ce qui est de la police judiciaire, des arrestations, perquisitions, du maintien de l'ordre, de la tranquillité publique.

Le juge d'instruction a les mêmes droits pour tout ce qui est de la police judiciaire.

Les maires et adjoints aux maires, ont également le droit de réquisition sur la gendarmerie pour tout ce qui a rapport au maintien de la tranquillité, de même qu'en matière de police judiciaire, lorsqu'ils agissent comme auxiliaires du procureur de la République.

Les juges de paix et les commissaires de police ont les mêmes droits.

Le sous-préfet n'étant pas officier de police judiciaire, ne peut réquérir la gendarmerie que pour des faits se rattachant à l'ordre et à la sécurité publique, et notamment pour ceux énoncés aux art. 117 et 334 du décret du 1er mars 1854.

En dehors du Code d'instruction criminelle qui indique les fonctionnaires appelés à participer à l'exercice de la police judiciaire, plusieurs lois spéciales ont attribué à différents agents le pouvoir de rechercher et de constater différentes classes de délits et de contraventions.

On peut distinguer parmi les agents secondaires de la police judiciaire, trois catégories distinctes : les agents spéciaux, qui ont pouvoir de constater certaines infractions; les agents de police ou autres qui ont mission de rechercher et non de constater; enfin les agents de la force publique.

Attributions des agents de la force publique.

Les agents de la force publique ont, en ce qui concerne le service de la police judiciaire, deux attributions principales :

La première est de prêter main-forte aux officiers et agents de cette police lorsqu'ils en sont légalement requis ;

La seconde est de saisir et arrêter, soit lorsqu'ils sont porteurs de mandements de justice et chargés de leur exécution, soit dans les cas de flagrant délit, les prévenus, accusés ou condamnés, et de les conduire devant le magistrat compétent. Cette double attribution est consacrée par l'art. 77 du décret du 18 juin 1811 et par l'art. 106 du Code d'instruction criminelle.

Les gardes champêtres et les gardes forestiers considérés comme officiers de police judiciaire ne peuvent requérir l'assistance de la force publique que pour l'accomplissement des actes de leurs fonctions, c'est-à-dire pour la constatation des délits ruraux et forestiers (*Art.* 16 *du même Code*, §§ 1er, 2 *et* 3.) Mais lorsqu'il s'agit, aux termes du quatrième paragraphe du même art. 16, d'arrêter un individu surpris en flagrant délit et prévenu d'un délit passible au moins de l'emprisonnement, ils ne peuvent directement faire cette réquisition; ils doivent, pour cet effet, s'adresser au maire ou à l'adjoint, qui seuls ont, dans ce cas, le droit de la faire.

Les huissiers ont le même droit. L'art. 77 du décret du 18 juin 1811 porte : « Enjoignons aux agents de la force publique et de la police de prêter aide et main-forte aux huissiers toutes et quantes fois ils en seront requis. »

Les préposés des administrations publiques, qui concourent secondairement à l'action de la police, peuvent également requérir cet appui dans leur service. L'art. 459 du décret du 1er mars 1854 est ainsi conçu : Le service extraordinaire des brigades de gendarmerie consiste à prêter main-forte :

1° Aux préposés des douanes, pour la perception des droits d'importation et d'exportation, pour la répression de la contrebande ou de l'introduction sur le territoire français de marchandises prohibées;

2° Aux administrateurs et agents forestiers, pour la répression du maraudage dans les forêts et sur les fleuves, lacs ou rivières;

3° Aux inspecteurs, receveurs des deniers de l'Etat, et autres préposés, pour la rentrée des contributions directes et indirectes;

4° Aux huissiers et autres exécuteurs de mandements de justice, porteurs de réquisitions ou de jugements spéciaux dont ils doivent justifier;

5° Aux commissaires et sous-commissaires, gardes-barrières et autres agents préposés à la surveillance des chemins de fer.

L'art. 93 du décret du 1er mars 1854 ajoute : « La main-forte est accordée toutes les fois qu'elle est requise par ceux à qui la loi donne le droit de la requérir. » Mais ce n'est pas seulement la gendarmerie, ce sont les agents de la force publique qui doivent prêter main-forte aux différents agents de la police judiciaire dans leurs fonctions : les art. 14, titre XIII de la loi du 6 août 1791, 34 du décret du 1er floréal an XIII, 65 de l'ordonnance du 9 décembre 1814, 64 du Code forestier, 9 de l'arrêté du 27 prairial an IX et 43 de la loi du 15 avril 1829, établissent ce droit de réquisition en faveur des préposés des douanes, des contributions indirectes, des octrois, des agents des forêts et des postes.

Usage de la force publique.

Dans quels cas les officiers de police judiciaire ou les officiers de police, qui ont le droit de requérir la force armée, doivent-ils en user? Evidemment lorsqu'ils rencontrent, dans l'exercice de leurs fonctions, une opposition ou une résistance qui suspend cet exercice, ou lorsqu'ils prévoient, au moment d'en accomplir un acte, qu'ils pourront rencontrer cette opposition ou cette résistance. Il importe peu que le délit soit ou ne soit pas flagrant, il suffit qu'ils aient la mission de le constater ou d'en arrêter les auteurs, et que cette mission soit régulière et conforme à la loi pour qu'ils puissent invoquer l'assistance qui leur est nécessaire pour son accomplissement. Exécuteurs de la loi, auxiliaires, à des titres divers, de la justice, dont la plus haute fonction est d'assurer le respect de la loi, ils doivent trouver dans toutes leurs opérations, lorsqu'il leur est nécessaire, un appui ou un concours qui donne à leurs actes la puissance de la loi elle-même. A défaut de la gendarmerie ou en cas d'insuffisance, les réquisitions peuvent être adressées soit aux autres agents de la force publique, soit aux troupes de ligne. (*art* 82 *du décret du* 24 *déc.* 1811.) Elles doivent citer la loi qui les autorise et contenir le motif, l'ordre, le jugement ou l'acte administratif en vertu duquel la force publique est requise. (*Art.* 95 *du décret précité du* 1ᵉʳ *mars* 1854.) Les autorités civiles peuvent indiquer les mesures d'exécution, mais elles ne doivent s'immiscer en aucune manière dans les opérations militaires, dont la direction appartient au commandement militaire. (*Art.* 115 *du même décret.*) Au cas de refus d'obtempérer aux réquisitions, l'officier requérant en dresserait un procès-verbal qu'il transmettrait au procureur de la République; ce refus constitue un délit prévu et puni par l'art. 233 de la loi du 28 germinal an VI, l'art. 93 de la loi du 22 mars 1831 et l'art. 234 du Code pénal.

Action d'une brigade hors de sa circonscription.

Le deuxième paragraphe de l'art. 92 du décret du 1ᵉʳ mars 1854 stipule que les réquisitions adressées à la gendarmerie ne peuvent être données ni exécutées que dans l'arrondissement de celui qui les donne et de celui qui les exécute.

Une autorité peut-elle néanmoins requérir les gendarmes d'un canton de se transporter pour l'assister dans un autre canton qui lui-même possède une brigade?

Les dispositions de ce paragraphe sont tellement précises qu'il ne saurait y avoir de doute à cet égard.

Ces dispositions ne peuvent être enfreintes que dans le cas où des circonstances graves exigeraient la présence immédiate de la gendarmerie, et où une brigade appartenant à un canton voisin se trouverait plus rapprochée du théâtre des événements que celle du canton où ils se produisent. Il y a encore le cas où le personnel d'une brigade serait insuffisant.

Il ne faut pas perdre de vue non plus qu'il importe de ne pas entraver l'action de la justice par des difficultés dont on s'exagère souvent la nécessité. Le gendarme revêtu de son uniforme est partout dans l'exercice de ses fonctions, et il ne saurait refuser son ministère, sans des inconvénients quelquefois graves, par un motif emprunté à une délimitation conventionnelle du territoire.

Réquisitions des autorités administratives à l'autorité militaire.

Il n'est peut-être pas inutile de reproduire ici les instructions du ministre de l'intérieur au sujet des réquisitions de l'autorité administrative adressées aux autorités militaires.

Paris, le 24 décembre 1880.

Monsieur le préfet, M. le ministre de la guerre vient d'appeler mon attention sur certaines irrégularités constatées dans la forme des réquisitions adressées aux autorités militaires et à la gendarmerie, à l'occasion de l'exécution des décrets du 29 mars 1880, et que je crois devoir vous signaler à mon tour.

Dans un grand nombre de cas, la forme de cette réquisition qui a été fixée par l'art. 22 de la loi du 3 août 1791 et par l'art. 96 du décret du 1er mars 1854 a été modifiée. Tantôt on « invite » au lieu de « requérir », tantôt au lieu des expressions de « commander » et de se « transporter » on a employé celles de « mettre à notre disposition » qui impliquent de la part de l'administration une immixtion dans les mesures à prendre qui est contraire aux art. 17 de la loi du 10 juillet 1791, 23 de la loi du 3 août 1791 et 115 du décret du 1er mars 1854.

Dans certains cas, la réquisition a, contrairement à l'art. 17 de la loi du 10 juillet 1791, déterminé soit le nombre des hommes requis, soit le lieu où leur présence était nécessaire, soit le nombre des sentinelles et la nature de leur consigne. Parfois aussi l'objet de la réquisition, qui doit toujours être clairement indiqué, était exprimé par une indication vague telle que celle-ci : « pour concourir à l'exécution des décrets ».

Enfin, bien que l'art. 98 du décret du 1er mars 1854 décide que la gendarmerie ne doit être employée que pour assister l'autorité dans l'exécution d'un acte et pour assurer l'effet de la réquisition, elle a été dans quelques cas requise de procéder elle-même, et sans la présence d'une autorité civile, à l'exécution complète des décrets, sommation, bris de portes, expulsion, etc.

Ces irrégularités proviennent, je n'en doute pas, de ce que les fonctionnaires de l'administration n'avaient pas sous les yeux, lors de l'application des décrets les textes qui régissent la matière.

J'ai, en conséquence, l'honneur de vous transmettre ci-joint, sous forme d'annexe, un résumé des dispositions législatives ou réglementaires concernant la forme des réquisitions adressées à l'autorité militaire.

Je vous serai obligé de vouloir bien porter la présente circulaire, ainsi que l'annexe qui l'accompagne, à la connaissance de MM. les sous-préfets de votre département.

Recevez, etc.   Pour le ministre de l'intérieur et des cultes :

Le sous-secrétaire d'Etat,

A. FALLIÈRES.

§ 1er. — *Instructions des réquisitions.*

(Lois des 10 juillet et 3 août 1791.)

1. Nulle troupe, même requise, ne doit sortir de sa division sans un ordre donné par le général commandant le corps d'armée, ou de son département sans un ordre donné par le général de division, à qui ce pouvoir est délégué.

2. Nulle troupe, même requise, ne doit quitter la ville où elle se trouve, sans un ordre du général commandant la subdivision.

3. Nulle troupe ne doit être employée, même dans la ville où elle est établie, que d'après les réquisitions écrites, faites par les autorités qui en ont le droit (préfet, sous-préfet, procureur de la République, maires ou adjoints au maire, commissaires de police, officiers et sous-officiers de gendarmerie), et dans la forme indiquée à l'art. 22 de la loi du 3 août 1791.

4. Toute action des troupes doit être le résultat d'un concert préalable entre les autorités militaires et civiles.

5. Ces réquisitions doivent indiquer clairement le but à atteindre, en laissant toutefois au chef militaire le choix des moyens pour y arriver, après s'être concerté, autant que possible, avec les officiers civils, auteurs de la réquisition.

6. En cas de flagrant délit et d'urgence, on n'attendra pas pour agir d'avoir reçu une réquisition écrite ou d'avoir pu se concerter avec les officiers civils. Le commandant des troupes ou du détachement prendra immédiatement les mesures qu'il jugera nécessaires pour disperser les rassemblements ou pour repousser l'agression dont il est l'objet. (*Art. 25 de la loi du 3 août 1791; art. 85, 92, 211 et 212 du règlement sur le service des places.*)

7. Il n'y a d'exception aux règles 1 et 2 que pour le cas de flagrant délit et d'urgence, c'est-à-dire pour ceux où le temps et les moyens d'avoir une réponse manqueraient absolument.

8. Les pouvoirs de répondre aux réquisitions légales, pour agir en dehors de la ville où ils sont établis, peuvent être délégués aux commandants de garnison et de détachements par les généraux commandant les divisions et subdivisions (*Lettre minist. du 16 mars 1848*), mais sous la condition de rendre compte immédiatement au général, sous les ordres de qui ils se trouvent, des réquisitions légales auxquelles ils auront obtempéré.

9. Il ressort du texte des lois sur la matière que le fonctionnaire civil, qui est responsable du maintien de l'ordre (sauf dans les territoires en état de siège), concentre entre ses mains la direction de la police et reste seul juge du moment où la force armée doit être requise. Mais l'autorité militaire ne doit pas être surprise par une réquisition : à cet effet, il faut qu'elle reçoive un premier avis, dès que la tranquillité publique paraît menacée, et que, si la situation s'aggrave, de nouveaux renseignements mettent le commandant de la force armée à même de se préparer à intervenir, soit par des mesures de précaution, soit par des manœuvres qui paralysent l'émeute, de sorte qu'au moment où il devra agir, sous sa responsabilité, son action soit prompte et efficace.

Tel est le but de l'entente préalable, formellement prescrite par l'art. 16 de la loi du 10 juillet 1791, entre l'autorité civile et l'autorité militaire. Cet accord rend la tâche de chacun plus facile et les résultats plus sûrs; on ne saurait trop le recommander, en tant qu'il est possible. (*Lettre minist. du 21 juin 1869.*)

§ 2. — *Lois et règlements.*

(Extrait de la loi du 10 juillet 1791.)

Art. 9. Dans chaque arrondissement, l'officier général commandant, chargé de tenir la main à l'exécution des règlements militaires, sera, de plus, obligé de se concerter avec toutes les autorités civiles, à l'effet de procurer l'exécution de toutes les mesures ou précautions qu'elles auront pu prendre pour le maintien de la tranquillité publique ou pour l'observation des lois, ainsi que d'obtempérer à leurs réquisitions, toutes les fois qu'elles seront dans les cas prévus par les lois.

Art. 13. Les commandants particuliers se conformeront, dans leurs places respectives, à ce qui est prescrit art. 9 du présent titre, pour l'officier général commandant dans l'arrondissement, ainsi qu'aux ordres qu'ils recevront dudit officier général.

Art. 16. Dans toutes les circonstances qui intéresseront la police, l'ordre, la tranquillité intérieure des places, et où la participation des troupes serait jugée nécessaire, le commandant militaire n'agira que d'après la réquisition par écrit des officiers civils et, autant que faire se pourra, qu'après s'être concerté avec eux.

Art. 17. En conséquence, lorsqu'il s'agira, soit de dispositions passagères, soit de mesures de précaution permanentes, telles que patrouilles régulières, détachements pour le maintien de l'ordre ou l'exécution des lois, polices des foires, marchés ou autres lieux publics, etc... les officiers civils remettront au commandant militaire une réquisition signée d'eux, dont les divers objets seront clairement expliqués ou détaillés et dans laquelle ils désigneront l'étendue de surveillance qu'ils croiront nécessaire ; après quoi, l'exécution de ces dispositions et toutes mesures capables de la procurer, telles que consignes, placements de sentinelles, bivouacs, conduite et direction des patrouilles, emplacement des gardes et des détachements, choix des troupes et des armes et tous autres modes d'exécution, seront laissés à la discrétion du commandant militaire qui en sera responsable, jusqu'à ce qu'il lui ait été notifié par les officiers civils que ces soins ne sont plus nécessaires, ou qu'ils doivent prendre une autre direction.

Art. 19. Nulle troupe ne pourra être changée de la garnison qui lui a été affectée que par un ordre contraire du gouvernement ou, dans les cas urgents, par ceux des agents de l'autorité militaire auxquels en aura été déléguée la faculté.

(Extrait de la loi du 3 août 1791.)

Art. 20. Aucun corps ou détachement de troupes de ligne ne pourra agir dans l'intérieur du royaume sans une réquisition légale, sous les peines portées par les lois.

Art. 22. Les réquisitions adressées aux commandants, soit des troupes de ligne, soit des gardes nationales, soit de la gendarmerie nationale, seront faites par écrit, dans les formes suivantes :

« Nous... requérons, en vertu de la loi, M... commandant, etc... de
« prêter le secours des troupes de ligne, ou de la gendarmerie nationale,
« ou de la garde nationale, nécessaire pour...
« Pour la garantie dudit ou desdits commandants, nous apposons notre
« signature.   « Signature. »

Art. 23. L'exécution des dispositions militaires appartiendra ensuite au commandant des troupes de ligne.
S'il s'agit de faire sortir les troupes de ligne du lieu où elles se trouvent,

la détermination du nombre est abandonnée à l'officier commandant sous sa responsabilité.

§ 3. — *Règlement sur le service des places du 13 octobre 1863.*

Art. 211. Lorsque l'intervention des troupes est jugée nécessaire pour le maintien de l'ordre public et pour assurer l'exécution des lois, l'autorité militaire agit sur la réquisition écrite des autorités compétentes, et, autant que possible, après s'être concertée avec elles. Les motifs et l'objet de la réquisition doivent être clairement exprimés.

Le choix et l'exécution des mesures militaires à prendre, tant par la garde nationale que par la troupe, appartiennent exclusivement à l'autorité militaire, dont la responsabilité à cet égard reste entière. (*Bull. off. de l'int. de* 1880, *p.* 423.)

Réquisitions de la gendarmerie à l'autorité.

De même que les autorités ont le droit de requérir la gendarmerie, la gendarmerie peut, dans certains cas, requérir les autorités, les agents et fonctionnaires publics ; elle peut également requérir la troupe de ligne, en s'adressant à l'autorité administrative (*préfet* ou *sous-préfet*). (V. *Troupe de ligne.*) Lorsque les *officiers* de gendarmerie reconnaissent qu'une force supplétive leur est nécessaire pour dissiper un rassemblement séditieux, réprimer des délits, transférer un nombre considérable de prisonniers, enfin pour assurer l'exécution des réquisitions de l'autorité civile, ils en préviennent sur-le-champ les préfets ou les sous-préfets, lesquels requièrent soit le commandant du département, soit le commandant de place (*s'il s'agit de troupe de ligne*), de faire appuyer l'action de la gendarmerie par un nombre suffisant de militaires placés sous leurs ordres. — Les demandes des officiers de gendarmerie contiennent l'extrait de l'ordre ou de la réquisition, et les motifs pour lesquels la main-forte est réclamée. (*Art.* 136 *du décret du* 1er *mars* 1854.)

Les officiers de gendarmerie peuvent requérir les maires, les adjoints ou les commissaires de police de les accompagner dans leurs opérations, en cas de flagrant délit, lorsqu'ils agissent comme officiers de police auxiliaires, pour être témoins de leurs opérations et signer les procès-verbaux et les actes judiciaires qu'ils rédigent en cette circonstance. (*Art.* 42 *du Code d'instr. crim*)

Les sous-officiers, brigadiers et gendarmes ont également le droit de requérir main-forte et assistance des autorités. Lorsqu'ils sont outragés, menacés, attaqués dans l'exercice de leurs fonctions, ils requièrent, de par la loi, l'assistance des citoyens présents, à l'effet de leur prêter main-forte, tant pour repousser les attaques dirigées contre eux que pour assurer l'exécution des réquisitions et ordres dont ils sont porteurs ; s'ils sont porteurs de mandats de justice, ils ont également le droit de requérir les maires et adjoints ou commissaires de police pour la signification de ces actes, lorsque l'entrée du domicile des prévenus leur est refusée. Quand l'entrée ne leur en est pas refusée, ils peuvent s'y introduire sans l'assistance de ces autorités, mais de jour seulement, et aux heures indiquées par l'art. 1037 du Code de procédure civile, c'est-à-dire :

Du 1er octobre au 31 mars, depuis six heures du matin jusqu'à six heures du soir;

Du 1er avril au 30 septembre, depuis quatre heures du matin jusqu'à neuf heures du soir. (V. *Visites domiciliaires, Maires.*)

La gendarmerie peut encore requérir directement les gardes champêtres et les gardes forestiers de lui prêter main=forte. (V. *Gardes forestiers et Gardes champêtres.*) Elle peut également requérir les cantonniers et les agents des administrations et des chemins de fer. (*Art. 643 et 644 du décret du 1er mars 1854.*) Elle a aussi le droit de requérir toute force publique et tous citoyens, dans un moment périlleux. (*Art. 25 du Code d'instr. crim.*)

Lorsque les commandants ou autres officiers de gendarmerie reçoivent des réquisitions ou des mandats pour l'arrestation d'un individu, s'il ne se trouve sur les lieux ni sous=officiers, ni brigadiers ou gendarmes, ils sont tenus de procéder eux-mêmes à l'arrestation.

Tous les membres de la gendarmerie, officiers et autres (*les chefs de légion n'en sauraient recevoir*), doivent obtempérer aux réquisitions qui leur sont faites. Le commandant du lieu opère, dans ce cas, l'arrestation, si elle ne peut être différée, en se faisant prêter main=forte, s'il le juge convenable, par les gardes champêtres ou forestiers, ou en requérant l'autorité administrative de lui faire prêter assistance par la troupe de ligne; mais toujours faut-il que l'arrestation soit opérée, l'exécution des mandats de justice ne devant éprouver aucun retard. (V. *Refus d'un service légalement dû,* et, au Formulaire, *un modèle des actes de réquisition.*)

Nous terminons ce long article par les

RÉQUISITIONS MILITAIRES.

Est exigible, par voie de réquisition, la fourniture des prestations nécessaires à l'armée, et qui comprennent notamment :

1o Le logement chez l'habitant et le cantonnement pour les hommes et pour les chevaux, mulets et bestiaux, etc. ;

2o La nourriture journalière des officiers et soldats logés chez l'habitant, conformément à l'usage du pays;

3o Les vivres et le chauffage pour l'armée, les fourrages pour les chevaux, la paille de couchage, etc. ;

4o Les moyens d'attelage et de transport de toute nature, y compris le personnel;

5o Les bateaux ou embarcations qui se trouvent sur les fleuves, rivières, lacs et canaux;

6o **Les moulins et les fours;**

7o Les matériaux, outils, machines, appareils, etc., nécessaires pour la construction ou la réparation des voies de communication et l'exécution des travaux militaires;

8o Les guides, les messagers, les conducteurs, ainsi que les différents ouvriers nécessaires à l'armée ;

9o Le traitement des malades ou blessés chez l'habitant ;

10o Les objets d'habillement, d'équipement, de campement, de harnachement, d'armement et de couchage, les médicaments et moyens de pansement;

11° Tous les autres objets et services dont la fourniture est nécessaire pour l'intérêt militaire.

Hors le cas de mobilisation, il ne pourra être fait réquisition que des prestations énumérées aux cinq premiers paragraphes ci-dessus. (*Art.* 5 *de la loi du 3 juill.* 1877.)

En cas de mobilisation ou de guerre, les compagnies de chemin de fer mettent à la disposition du ministre de la guerre tous les moyens nécessaires pour les mouvements et la concentration des troupes et du matériel de l'armée. (*Art.* 26 *de la loi du* 24 *juill.* 1873 *sur l'organisation de l'armée.*)

Toute réquisition doit être adressée à la commune; elle est notifiée au maire. Toutefois, si aucun membre de la municipalité ne se trouve au siège de la commune, ou si une réquisition urgente est nécessaire sur un point éloigné et qu'il soit impossible de la notifier régulièrement, la réquisition peut être adressée directement par l'autorité militaire aux habitants. Les réquisitions ne doivent porter que sur les ressources qui existent dans la commune, sans pouvoir les absorber complétement. (*Art.* 19 *de la loi du* 3 *juillet* 1877.)

Lorsque les prestations requises ne sont pas fournies dans les délais prescrits, l'autorité militaire fait d'office la répartition entre les habitants. (*Art.* 20 *de ladite loi.*)

Dans le cas de refus de la municipalité, le maire ou celui qui en fait fonctions peut être condamné à une amende de 25 à 500 fr.

Pour les indemnités à payer par suite de ces réquisitions, voir les art. 24 à 28 de la même loi.

Les réquisitions de chevaux, mulets et voitures nécessaires à la mobilisation se font en vertu des art. 36 à 53 de ladite loi.

Chaque année le ministre de la guerre fait procéder, du 16 janvier au 1ᵉʳ mars, ou du 15 mai au 15 juin, à l'inspection et au classement des chevaux, juments, mulets ou mules, recensés ou non, ayant l'âge fixé par l'art. 37. Tous les trois ans, avant le 16 janvier, a lieu dans chaque commune le recensement des voitures attelées de chevaux et de mulets, autres que celles qui sont exclusivement affectées au transport des personnes. (*Art.* 37 *et* 38 *de la même loi.*)

Les propriétaires qui, aux termes de l'art. 45, n'auront pas conduit leurs animaux classés ou susceptibles de l'être, leurs voitures attelées désignées par l'autorité militaire, au lieu indiqué pour la réquisition, sans motifs légitimes admis par la commission de réception, sont déférés aux tribunaux, et, en cas de condamnation, frappés d'une amende égale à la moitié du prix fixé pour la catégorie à laquelle appartiennent les animaux, ou à la moitié du prix moyen d'acquisition des voitures ou harnais dans la région. (*Art.* 51.)

Les maires qui ne se conformeront pas aux dispositions du titre VIII de ladite loi, et les propriétaires de chevaux, juments, mulets et mules, qui n'auront pas fait à l'époque fixée la déclaration de ces animaux, sont passibles d'une amende de 25 à 1,000 fr. Ceux qui auront fait sciemment de fausses déclarations seront frappés d'une amende de 50 à 2,000 fr.

Il sera procédé comme il suit à l'égard des propriétaires qui ne se conformeraient pas aux obligations dont il s'agit.

Du 16 au 20 janvier, le maire de chaque commune fera exécuter des tournées par les gardes champêtres et les agents de police pour s'assurer que tous les chevaux, juments, mulets et mules ont été exactement déclarés.

Ces gardes et agents devront, au fur et à mesure de la découverte des infractions, dresser des procès-verbaux contre tous les propriétaires qui n'auraient pas encore fait à la mairie la *déclaration obligatoire* ou qui auraient fait de fausses déclarations.

La loi n'ayant, d'ailleurs prescrit, après déclaration obligatoire des propriétaires, que le recensement des animaux ayant atteint ou qui atteindraient chaque année l'âge fixé pour la réquisition (six ans et au-dessus pour les chevaux et juments, quatre ans et au-dessus pour les mulets et mules), il ne sera pas dressé de procès-verbaux contre les propriétaires qui n'auraient pas déclaré des animaux au-dessous de cet âge.

Les procès-verbaux dressés par les gardes champêtres et les agents de police seront individuels et dans la forme ordinaire. Ils devront indiquer, du reste, à titre de renseignements, les motifs d'excuse qui pourront leur être donnés par les intéressés.

Ces pièces seront transmises, dans les délais fixés, à M. le procureur de la République, qui fera procéder à une information, comme il est prescrit, en matière de délits ordinaires, par le Code d'instruction criminelle. (*Art. 52 de la loi précitée, art. 76 du décret du 2 août 1877 et circ. du 23 déc. 1878.*)

Les procès-verbaux que les militaires de la gendarmerie doivent dresser pour être immédiatement transmis au procureur de la République, chargé d'assurer l'application de la loi, sont ceux qui constatent la non-présentation des animaux, voitures, etc. Ils doivent également verbaliser toutes les fois que le président de la commission les requiert de dresser procès-verbal contre chacun des propriétaires qui n'auraient pas fait la déclaration dont il s'agit plus haut. Dans ce cas, il y a un procès-verbal pour chaque délinquant, et lorsque le même propriétaire a commis deux délits, (défaut de déclaration et non-comparution de chevaux) il doit être établi des procès-verbaux séparés.

Il y a encore une troisième catégorie de procès-verbaux que la gendarmerie est tenue de dresser. Ce sont ceux constatant que des animaux ont été présentés hors de la commune ou de la circonscription à laquelle ils appartiennent. Ces procès-verbaux sont établis, en vertu du décret du 2 août 1877, sur le modèle n° 10 annexé à l'instruction du 1ᵉʳ avril 1879, et adressés au procureur de la République, afin qu'il puisse arrêter les poursuites contre les propriétaires qui ont fait examiner leurs animaux hors de leur commune ou qui ont été vendus ou cédés avant le jour fixé pour la présentation devant la commission.

Dans ces deux derniers cas, et à défaut de preuves suffisantes, la gendarmerie fait les recherches nécessaires et, qu'une excuse ait été ou non énoncée, établit un procès-verbal individuel qu'elle adresse au procureur de la République.

En temps de paix, quiconque abandonne le service pour lequel il est requis personnellement est passible d'une amende de 16 à 50 fr.

En temps de guerre, et par application des dispositions portées à l'art. 62 du Code de justice militaire, il est traduit devant le conseil de guerre et peut être condamné à la peine de l'emprisonnement de six jours à cinq ans dans les termes de l'art. 194 du Code de justice militaire. (*Art. 21 de la loi du 3 juill. 1877.*)

Tout militaire qui, en matière de réquisitions, abuse des pouvoirs qui lui sont conférés, ou qui refuse de donner reçu des quantités fournies, est puni de la peine de l'emprisonnement, dans les termes de l'art. 194

du Code de justice militaire. Tout militaire qui exerce des réquisitions, sans avoir qualité pour le faire est puni, si ces réquisitions sont faites sans violence, conformément au cinquième paragraphe de l'art. 248 du Code de justice militaire.

Si ces réquisitions sont exercées avec violence, il est puni conformément à l'art. 250 du même Code.

Le tout sans préjudice des restitutions auxquelles il peut être condamné.

Dans les eaux maritimes, les propriétaires capitaines ou patrons de navires, bateaux et embarcations sont à la disposition de l'autorité militaire qui a le droit d'en disposer dans l'intérêt de son service et qui peut également requérir le personnel en tout ou en partie.

Ces réquisitions se font par l'intermédiaire de l'administration de la marine, sur les points du littoral où elle est représentée.

Logements des militaires isolés.

Les militaires de la gendarmerie en service extraordinaire qui sont obligés de passer la nuit hors de leur résidence ont droit au logement militaire pour eux et pour leurs chevaux. (*Art. 131 du décret du 18 fév.* 1863.)

Le logement est fourni dans les bâtiments militaires ou par les autorités locales aux officiers, sous-officiers, brigadiers et gendarmes détachés aux armées ou exécutant un service extraordinaire hors de leur résidence. (*Art. 360 du même décret.*)

La feuille de route dont chaque militaire est porteur confère le droit au logement chez l'habitant, dans les gîtes d'étape compris sur l'itinéraire. (*Art. 48 du décret du 12 juin* 1867.)

Le logement est fourni chez l'habitant, à défaut de bâtiments militaires dans les villes, villages, hameaux et maisons isolés, aux troupes de passage et aux militaires isolés. (*Art. 9 de la loi du 3 juill.* 1877.) Mais la circulaire du 4 juin 1877, rappelée par celle du 9 juin 1879, dispose que, en vue de la dignité de l'armée même, il n'y a pas lieu, pour les officiers et assimilés qui se déplacent *isolément*, de réclamer des habitants le bénéfice du logement en nature. (V. *Logement militaire.*)

RESPONSABILITÉ.

Mineurs, domestiques, ouvriers.

Tout fait quelconque de l'homme, qui cause à autrui un dommage oblige celui par la faute duquel il est arrivé, à le réparer. (*Art. 1382 du Code civil.*)

On est responsable, non seulement du dommage que l'on cause par son propre fait, mais encore de celui qui est causé par le fait des personnes dont on doit répondre, ou des choses que l'on a sous sa garde.

Le père, et la mère après le décès du mari, sont responsables du dommage causé par leurs enfants mineurs, habitant avec eux.

Les maîtres et les commettants, du dommage causé par leurs domestiques et préposés dans les fonctions auxquelles ils les ont employés.

Les instituteurs et les artisans, du dommage causé par leurs élèves et apprentis pendant le temps qu'ils sont sous leur surveillance.

La responsabilité ci-dessus a lieu, à moins que les père et mère, instituteurs et artisans, ne prouvent qu'ils n'ont pu empêcher le fait qui donne lieu à cette responsabilité. (*Art.* 1384 *dudit Code.*)

Le propriétaire d'un animal ou celui qui s'en sert, pendant qu'il est à son usage, est responsable du dommage que l'animal a causé, soit que l'animal fût sous sa garde, soit qu'il fût égaré ou échappé. (*Art.* 1385 *dudit Code.*)

Le propriétaire d'un bâtiment est responsable du dommage causé par sa ruine, lorsqu'elle est arrivée par une suite du défaut d'entretien ou par le vice de sa construction. (*Art.* 1386 *dudit Code et Cour de Rouen du 19 juill.* 1872.)

La responsabilité civile établie par l'art. 1384 du Code civil est restreinte aux dommages-intérêts et aux dépens. Elle ne s'étend pas aux amendes. (*Cass.*, 14 *juill.* 1814; 11 *sept.* 1818; 14 *janv.* 1819; 8 *août* 1823; 21 *avril et* 15 *déc.* 1827; 9 *juin* 1832; 24 *mai* 1855.)

La responsabilité civile des père et mère ne s'étend pas aux amendes encourues par leurs enfants mineurs. (*Cass.*, 25 *mars* 1881.)

(V. *Animaux, Aubergistes, Dégats, Mines, Voituriers, Vol, Volailles.*)

Celui qui, en recommandant un employé, fournit sur sa probité des renseignements inexacts, peut être déclaré responsable des soustractions commises par cet employé au préjudice du patron qui, sur la foi de ces renseignements, l'a chargé d'un emploi de confiance, si l'auteur de ces renseignements en connaissait l'inexactitude au moment où il les a donnés. (*Cour de Paris* 26 *juill.* 1869.)

La mort instantanée d'un individu par un accident de chemin de fer, ouvre une action en dommages-intérêts au profit de toute personne héritière ou non, qui a souffert un préjudice direct résultant de cet homicide. (*Chambre des requêtes,* 21 *juill.* 1869.) Ainsi la veuve et les père et mère sont fondés à demander à la compagnie des dommages-intérêts pour la perte d'un mari et d'un fils jeune, dont le travail et l'intelligence étaient une source de richesse et une garantie d'avenir. (*Cour d'Angers,* 9 *août* 1872.)

Le vendeur qui a omis de faire connaître à l'acheteur d'un taureau, les vices de cet animal et les dangers qu'ils pouvaient faire courir, est responsable du préjudice que ces vices ont fait souffrir à l'acheteur. (*Cour de Paris* 26 *juill.* 1869.)

Les personnes atteintes d'*aliénation mentale* ne sont pas responsables du dommage que, par leur fait, elles ont causé à autrui. (*Chambre des requêtes,* 14 *mai* 1866. — V. *Partie civile.*)

Les conducteurs de voitures publiques et les chefs de train sont responsables des objets transportés en fraude (*cass.*, 3 *mars* 1877); mais, d'après l'art. 13 de la loi du 21 juin 1873, cette responsabilité disparaît s'ils mettent l'administration en mesure d'exercer des poursuites contre les véritables auteurs de la fraude. (V. *Manuel des contributions indirectes et des douanes, par M. K...*)

Responsabilité administrative.

Les intendants et les sous-intendants militaires sont responsables des allocations indûment faites à la gendarmerie; mais ils peuvent exercer leurs recours contre les officiers, sous-officiers, brigadiers et gendarmes qui en ont profité. (*Art.* 511 *du décret du* 18 *fév.* 1863.)

Les trésoriers et les officiers d'habillement, ainsi que leurs suppléants, sont comptables et responsables de tous les faits de la gestion qui leur est confiée. (*Art.* 516 *du même décret.* — V., *à* TRÉSORIER, *Adjoint.*)

En matière de fraude, les transporteurs (compagnies de chemins de fer, voitures de messageries, etc.) sont responsables si, par une désignation exacte et régulière de leurs commettants, ils ne mettent pas l'administration en mesure d'exercer des poursuites contre les véritables auteurs de la fraude. (*Art.* 13 *de la loi du* 21 *juin* 1873.)

RETRAITES. — PENSIONS.

Officiers.

Les pensions des officiers et des veuves d'officiers sont déterminées par les lois des 20 et 22 juin 1878.

Les officiers de tout grade dont les droits à la retraite sont réglés d'après le tarif de la loi précitée du 22 juin restent, après leur mise à la retraite, pendant cinq années, à la disposition du ministre de la guerre, qui peut leur donner un emploi comme officier de réserve ou même du grade supérieur dans l'armée territoriale. Ils demeurent soumis, pendant ces cinq années, aux lois et règlements militaires sur la réserve et l'armée territoriale. (*Art.* 2 *de ladite loi.* — V. *pour les tarifs la loi du* 22 *juin* 1878.)

La position des officiers en non-activité pour infirmités temporaires est réglée par la note ministérielle du 25 novembre 1882.

Sous-officiers, brigadiers et gendarmes.

Les pensions des sous-officiers, brigadiers et gendarmes ainsi que des veuves sont déterminées par la loi du 23 juillet 1881, dont voici les principales dispositions :

Fixation du taux de la pension de retraite.

Le minimum de la pension pour ancienneté est acquis à vingt-cinq années de service effectif.

Le maximum est acquis à quarante-cinq ans de services, campagnes comprises.

Chaque année de service en sus des vingt-cinq années et chaque campagne augmentent le minimum d'une somme égale au vingtième de la différence du maximum au minimum. (*Art.* 5.)

Les sous-officiers, caporaux ou brigadiers et les soldats maintenus sous les drapeaux comme commissionnés ont, à quinze ans de service effectif, droit au minimum de la pension proportionnelle de leur grade. (*Art.* 6.)

Chaque année de service accomplie en sus des quinze ans, ainsi que chaque campagne, donne droit à une augmentation égale à un dixième de la différence entre le minimum de la pension d'ancienneté et le minimum de la pension proportionnelle.

Toutefois, si les campagnes ajoutées aux années de service forment un total de plus de vingt-cinq ans, les années où campagnes en sus sont calculées sur le taux d'accroissement des pensions d'ancienneté de vingt-cinq à quarante-cinq ans. (*Art.* 7.)

Des pensions pour blessures ou infirmités.

La pension à titre de blessures ou d'infirmités est acquise dans les conditions déterminées par les prescriptions des lois antérieures.

La liquidation en est calculée d'après les règles indiquées dans lesdites lois. (*Art.* 9.)

Dispositions plus spéciales à l'arme de la gendarmerie.

L'art. 19 de la loi du 23 juillet 1881 maintient les dispositions du titre IV de la loi du 18 août 1879, lesquelles sont spéciales à la gendarmerie.

Les pensions des sous-officiers, brigadiers et gendarmes sont liquidées suivant les dispositions de l'ordonnance du 20 janvier 1841, et, de plus, elles sont augmentées pour chaque année d'activité passée dans la gendarmerie, au delà de quinze ans de service effectif, soit dans l'armée, soit dans la gendarmerie, d'une majoration de :

18 fr. pour le sous-officier et le brigadier ;

15 fr. pour le gendarme.

Le droit à ces annuités est acquis après vingt-cinq ans de service effectif. Le maximum de la majoration est atteint à trente ans de service effectif. (*Art.* 20 *de la loi du 23 juill.* 1881.)

Les dispositions de l'art. 11 de la loi du 11 avril 1831 spécifiant que la pension de retraite de tout sous-officier, brigadier, caporal ou gendarme ayant douze ans d'activité dans son grade ou emploi est augmentée du cinquième sont abrogées. (*Même article.*)

En cas d'admission à la retraite à titre de blessures ou d'infirmités, le bénéfice des annuités déterminées à l'article précédent est acquis au militaire qui compte plus de quinze ans de service effectif, mais seulement pour le nombre d'années de présence dans l'arme de la gendarmerie.

Les annuités seront décomptées et fractionnées selon les règles générales adoptées pour la liquidation des pensions militaires ; elles sont déterminées par le grade dont le militaire est titulaire à l'époque de sa mise à la retraite. (*Art.* 19 *de ladite loi ;* 10, 11, 12 *et* 13 *de la loi du* 18 *août* 1879. — V. *pour les tarifs la loi du* 23 *juill.* 1881.)

La majoration, déterminée suivant le grade, est acquise, en cas de retraite à titre d'ancienneté, pour les années passées dans la gendarmerie de quinze à trente ans.

Exemple : Un militaire qui aurait été maréchal des logis dans l'armée et qui serait simple gendarme au moment de son admission à la retraite serait retraité, en vertu de l'art. 1er de l'ordonnance du 20 janvier 1841, comme maréchal des logis ; mais il n'aurait que la majoration déterminée pour les gendarmes.

En cas de retraite à titre de blessures ou d'infirmités, la majoration est accordée pour les années passées dans la gendarmerie à partir de quinze ans de service.

Les années de service effectif au delà de trente ans ne donnent pas droit à la majoration.

Le militaire qui, après être sorti de la gendarmerie pour une cause quelconque, y est réadmis ne profite de la majoration que pour le temps accompli dans cette arme depuis sa réadmission.

Un militaire qui, après être sorti de la gendarmerie pour une cause quelconque, est réadmis dans l'arme perd le bénéfice du grade dont il était antérieurement titulaire, soit dans l'armée, soit dans la gendarmerie. Mais si, étant gradé dans la gendarmerie, il rend volontairement ses galons, il conserve ses droits à la retraite du grade qu'il occupait dans l'armée immédiatement avant son passage dans la gendarmerie. (*Avis du Conseil d'Etat du 28 déc.* 1881.)

Les militaires qui obtiennent d'être commissionnés, après avoir quitté les drapeaux, ne peuvent réclamer la pension proportionnelle, bien qu'ayant le temps voulu pour la retraite, qu'après avoir servi cinq ans en cette qualité. (*Art.* 35 *de la loi du* 13 *mars* 1875, *modifié par la loi du* 15 *déc. de la même année.*)

Un militaire qui est réadmis dans la gendarmerie étant titulaire d'une pension proportionnelle et qui est réformé avant d'avoir servi cinq ans a droit au montant de cette première pension.

La pension du grade dont un militaire est titulaire au moment de son admission à la retraite n'est acquise qu'après deux ans de possession de ce grade, à moins qu'il ne soit retraité d'office ou pour blessures ou infirmités.

Un militaire qui est admis à la retraite d'office ou sur sa demande, entre quinze et vingt-cinq ans de service effectif, ne peut avoir qu'une retraite proportionnelle, lors même qu'il aurait beaucoup de campagnes. Dans ce cas, comme pour la retraite à titre d'ancienneté, les années de campagnes sont ajoutées aux années de service et la pension est réglée d'après le nombre total de ces années.

Exemple : $\left\{ \begin{array}{l} \text{Années de services. . . 23 ans} \\ \text{Années de campagnes . 15} \end{array} \right\}$ 38 ans.

Pour une retraite de maréchal des logis, la pension sera de . 995 f. »
Pour une retraite de gendarme qui n'a pas été gradé 697 50

La retraite proportionnelle ne donne droit ni à la majoration, ni à la pension pour les veuves, ni à des secours pour les orphelins.

Les pensions proportionnelles après quinze ans de service ne pouvant pas être assimilées aux pensions de retraite à titre d'ancienneté, il n'y a pas lieu de tenir compte des services civils dans la liquidation de ces pensions. (*Avis du Conseil d'Etat des* 13 *mars* 1875, 18 *août* 1879 *et* 20 *janv.* 1880.)

Pour les retraites à titre d'ancienneté elles-mêmes, il n'est tenu compte des services civils que si l'intéressé a accompli vingt ans de services militaires. (*Loi du* 11 *avril* 1831.)

Les pensions militaires dans la fixation desquelles il entre des services civils pour atteindre les vingt-cinq ans exigés ne peuvent, en aucun cas, être cumulées avec un traitement civil d'activité. (*Art.* 27 *de la loi du* 11 *avril* 1831.)

Après avis du conseil disciplinaire, le ministre peut prononcer d'office la mise à la retraite des militaires de l'arme. (*Art.* 19 *de la loi du* 23 *juill.* 1881.)

La réforme par mesure disciplinaire fait perdre le bénéfice de l'ordonnance du 20 janvier 1841 aux militaires qui ont le temps de service voulu pour la retraite proportionnelle. (*Avis du Conseil d'Etat des 29 mai et 1er juin 1880.*) Mais elle ne fait pas perdre le grade dont le militaire est titulaire dans la gendarmerie au moment de sa radiation des contrôles, s'il n'a pas été préalablement cassé. Le grade ne se perd que s'il y a eu condamnation correctionnelle à une peine plus grave que celle de trois mois de prison. Lorsque la peine est celle de trois mois de prison ou au-dessous, le ministre de la guerre décide seul si le militaire doit perdre son grade ou le conserver. (*Décis. du 11 mai 1853.*)

Le sous-officier ou brigadier qui se retire avec une pension proportionnelle ne peut être réadmis dans l'arme que comme gendarme, s'il est porteur d'un certificat de bonne conduite n° 1 et s'il réunit les conditions voulues par l'art. 18 du décret du 1er mars 1854. (*Note minist. du 7 août 1877.*)

Lorsqu'un militaire en retraite proportionnelle revient dans la gendarmerie, sa pension est suspendue durant le temps de cette nouvelle activité, et, quelle que soit la position antérieure de ce militaire, sa retraite n'est liquidée, par la suite, que sur le grade qu'il occupe au moment de sa réadmission à la retraite. (*Note minist. du 4 avril 1877.*)

Les sous-officiers, brigadiers et gendarmes en instance de retraite soit proportionnelle, soit à titre d'ancienneté, sont autorisés à demander à se retirer dans leurs foyers en attendant la fixation de leur pension. (*Art. 42 du décret du 1er mars 1854, décis. présid. du 15 oct. 1880, et circ. du 20 dudit.*)

Campagnes.

Les campagnes sont simples ou doubles, suivant les régions et les conditions dans lesquelles elles ont eu lieu. Chaque période dont la durée est moindre de douze mois compte comme une campagne accomplie; mais il ne peut être compté plus d'une campagne dans une période de douze mois. (*Art. 8 de la loi du 11 avril 1831.*)

	Italie, du 20 avril 1859 au 19 avril 1860.	1 camp.
	Afrique, du 10 août 1863 au 11 août 1864.	2 id.
Exemples :	Contre l'Allemagne, du 20 juillet 1870 au 7 mars 1871	1 id
	A l'intérieur, du 18 mars au 7 juin 1871.	

Quinze jours en plus d'une année de service effectif donnent droit à six mois pour la retraite. — Six mois et quinze jours comptent pour une année. (*Circ. du 15 juill. 1819.*)

Tout pourvoi contre la liquidation d'une pension militaire doit être formé, à peine de déchéance, dans le délai de trois mois, à partir du jour du premier payement des arrérages, pourvu qu'avant ce premier payement les bases de la liquidation aient été notifiées. (*Art. 25, loi du 11 avril 1831.*)

Les arrérages d'une pension sont payés, savoir :

1° Pour les hommes en congé ou dans leurs foyers par suite de libération provisoire, à partir du jour du décret de concession de la pension;

2° pour les sous-officiers, brigadiers et gendarmes autorisés par *le ministre de la guerre* à se retirer dans leurs foyers en attendant la fixation de leur retraite, à partir du jour de leur radiation des contrôles de la compagnie. (*Décis. présid. du 27 déc.* 1880.)

Les pensions militaires et leurs arrérages sont incessibles et insaisissables, excepté dans le cas de dettes envers l'Etat et dans les circonstances prévues par les art. 203 et 205 du Code civil. Dans ces deux cas, les pensions militaires sont passibles de retenues qui ne peuvent excéder le cinquième de leur montant pour cause de dettes, et le tiers pour aliments. (*Art.* 28 *de la loi précitée du* 11 *avril* 1831. — V. *les avis du Conseil d'Etat des* 11 *et* 23 *janv.* 1808.)

Veuves et orphelins.

Ont droit à une pension viagère :

1° Les veuves de militaires tués sur le champ de bataille ou dans un service commandé ;

2° Les veuves des militaires qui ont péri à l'armée ou hors d'Europe et dont la mort a été causée par des événements de guerre ou par des maladies contagieuses ou endémiques ;

3° Les veuves des militaires morts des suites de blessures reçues, soit sur le champ de bataille, soit dans un service commandé, pourvu que le mariage soit antérieur à ces blessures. La cause, la nature et les suites des blessures doivent être justifiées dans les formes et les délais prescrits ;

4° Les veuves des militaires morts en jouissance de la pension de retraite, ou en possession des droits à cette pension, pourvu que le mariage ait été contracté deux ans avant la cessation de l'activité ou du traitement militaire du mari, ou qu'il y ait un ou plusieurs enfants issus du mariage antérieur à cette cessation.

Dans les cas prévus ci-dessus, le mariage contracté par les militaires en activité de service n'ouvre de droit à pension aux veuves et aux enfants qu'autant qu'il a été autorisé par l'autorité militaire. (*Art.* 19 *de la loi du* 11 *avril* 1831.)

En cas de séparation de corps, la veuve contre laquelle elle a été admise ne peut prétendre à la pension ; en ce cas les enfants, s'il y en a, sont considérés comme orphelins. (*Art.* 6 *de la loi du* 25 *juin* 1861.)

La veuve qui était mariée avant l'admission de son mari dans la gendarmerie a droit à pension au même titre que celle dont le mariage a eu lieu par suite d'autorisation.

Quelle que soit la loi en vertu de laquelle un militaire a été retraité, si à sa mort une pension est due à sa veuve, elle sera réglée d'après les chiffres fixés dans les tableaux annexés à la loi précitée du 23 juillet 1881.

La veuve titulaire d'une pension civile ou militaire peut, sans préjudicier à ses droits, convoler en secondes noces, pourvu que son mari soit Français ou naturalisé Français. (*Arrêt du Conseil d'Etat du* 26 *déc.* 1868.)

Les veuves des marins ne sont pas admises à cumuler plusieurs pensions militaires ; elles peuvent seulement opter pour la plus forte quand il y a lieu. (*Art.* 11 *de la loi du* 5 *août* 1879.)

Les veuves des militaires qui, au moment de leur décès, étaient en jouissance d'une retraite proportionnelle n'ont droit à aucune pension.

Certificats de vie.

Tous les notaires peuvent délivrer des certificats de vie aux titulaires de pensions ou de rentes viagères. (*Ordonn. du 6 juin* 1839.)

La rétribution pour la délivrance de ces certificats est fixée ainsi qu'il suit par l'art. 46 de la loi du 9 novembre 1853.

Pour chaque trimestre à percevoir.

De 600 fr. et au dessus.	50 cent.
De 600 fr. à 301 fr.	35
De 301 fr. à 101 fr.	25
De 101 fr. à 50 fr.	20
Au-dessous de 50 fr.	00

RÉUNIONS PUBLIQUES.

Loi du 30 juin 1881.

Art. 1ᵉʳ. Les réunions publiques sont libres.

Elles peuvent avoir lieu sans autorisation préalable, sous les conditions prescrites par les articles suivants.

Art. 2. Toute réunion publique sera précédée d'une déclaration indiquant le lieu, le jour, l'heure de la réunion. Cette déclaration sera signée par deux personnes au moins, dont l'une domiciliée dans la commune où la réunion doit avoir lieu.

Les déclarants devront jouir de leurs droits civils et politiques, et la déclaration indiquera leurs noms, qualités et domiciles.

Les déclarations sont faites : à Paris, au préfet de police ; dans les chefs-lieux de département, au préfet ; dans les chefs-lieux d'arrondissement, au sous-préfet, et dans les autres communes, au maire.

Il sera donné immédiatement récépissé de la déclaration.

Dans le cas où le déclarant n'aurait pu obtenir de récépissé, l'empêchement ou le refus pourra être constaté par acte extra-judiciaire ou par attestation signée de deux citoyens domiciliés dans la commune.

Le récépissé, ou l'acte qui en tiendra lieu, constatera l'heure de la déclaration.

La réunion ne peut avoir lieu qu'après un délai d'au moins vingt-quatre heures.

Art. 3. Ce délai sera réduit à deux heures pour les réunions publiques électorales prévues à l'art. 5, lorsqu'elles seront tenues dans la période comprise entre le décret ou l'arrêté portant convocation du collège électoral et le jour de l'élection exclusivement.

La réunion pourra avoir lieu le jour même du vote, s'il s'agit d'élections comportant plusieurs tours de scrutin dans la même journée.

La réunion pourra alors suivre immédiatement la déclaration.

Art. 4. La déclaration fera connaître si la réunion a pour but une conférence, une discussion publique, ou si elle doit constituer une réunion électorale prévue par l'article suivant.

Art. 5. La réunion électorale est celle qui a pour but le choix ou l'audition de candidats à des fonctions publiques électives, et à laquelle ne peuvent assister que les électeurs de la circonscription, les candidats, les membres des deux Chambres et le mandataire de chacun des candidats.

Art. 6. Les réunions ne peuvent être tenues sur la voie publique; elles ne peuvent se prolonger au delà de onze heures du soir; cependant, dans les localités où la fermeture des établissements publics a lieu plus tard, elles pourront se prolonger jusqu'à l'heure fixée pour la fermeture de ces établissements.

Art. 7. Les clubs demeurent interdits.

Art. 8. Chaque réunion doit avoir un bureau composé de trois personnes au moins. Le bureau est chargé de maintenir l'ordre, d'empêcher toute infraction aux lois, de conserver à la réunion le caractère qui lui a été donné par la déclaration; d'interdire tout discours contraire à l'ordre public et aux bonnes mœurs, ou contenant provocation à un acte qualifié crime ou délit.

A défaut de désignation par les signataires de la déclaration, les membres du bureau seront élus par l'assemblée.

Les membres du bureau et, jusqu'à la formation du bureau, les signataires de la déclaration sont responsables des infractions aux prescriptions des art. 6, 7 et 8 de la présente loi.

Art. 9. Un fonctionnaire de l'ordre administratif ou judiciaire peut être délégué : à Paris, par le préfet de police, et dans les départements, par le préfet, le sous-préfet ou le maire, pour assister à la réunion.

Il choisit sa place.

Il n'est rien innové aux dispositions de l'art. 3 de la loi des 16-24 août 1790, de l'art. 9 de la loi des 19-22 juillet 1791 et des art. 9 et 15 de la loi du 18 juillet 1837.

Toutefois, le droit de dissolution ne devra être exercé par le représentant de l'autorité que s'il en est requis par le bureau, ou s'il se produit des collisions et voies de fait.

Art. 10. Toute infraction aux dispositions de la présente loi sera punie des peines de simple police, sans préjudice des poursuites pour crimes et délits qui pourraient être commis dans les réunions.

Art. 11. L'art. 463 du Code pénal est applicable aux contraventions prévues par la présente loi. L'action publique et l'action privée se prescrivent par six mois.

Art. 12. Le décret du 28 juillet 1848 demeure abrogé, sauf l'art. 13 qui interdit les sociétés secrètes. Sont également abrogés : le décret du 25 mars 1852, la loi des 6-10 juin 1868 et toutes dispositions contraires à la présente loi.

Art. 13. La présente loi est applicable aux colonies représentées au Parlement.

(V. *Sociétés secrètes*.)

RÉVOLTE.

Si, par discours, exhortations, invocations ou prières, en quelque langue et par quelque moyen que ce soit, il a été fait dans les assemblées ou réunions illicites mentionnées en l'art. 291 du Code pénal quelques provocations à la révolte ou à d'autres crimes ou délits, la peine est de 100 fr. à 3,000 fr. d'amende, et de trois mois à deux ans d'emprisonnement contre les chefs, directeurs et administrateurs de ces associations, sans préjudice des peines plus fortes qui seraient portées par la loi contre les individus personnellement coupables de la provocation, lesquels, en aucun cas, ne peuvent être punis d'une peine moindre que celles infligées aux chefs, directeurs et administrateurs de ces associations. (*Art.* 293 *du Code pénal.* — V. *Emploi de la force des armes, Rébellion.*)

Les révoltes et émeutes donnent lieu à rapport immédiat au ministre de la guerre de la part des officiers de gendarmerie. (*Art.* 77 *du décret du* 1er *mars* 1854.)

Si la gendarmerie est attaquée dans l'exercice de ses fonctions, elle requiert, de par la loi, l'assistance des citoyens présents, à l'effet de lui prêter main-forte, tant pour repousser les attaques dirigées contre elle que pour assurer l'exécution des réquisitions et ordres dont elle est chargée. (*Art.* 638 *dudit décret.*)

Dans les cas urgents, ou pour des objets importants, les sous-officiers et brigadiers de gendarmerie peuvent mettre en réquisition les gardes champêtres d'un canton et les officiers, ceux d'un arrondissement, soit pour les seconder dans l'exécution des ordres qu'ils ont reçus, soit pour le maintien de la police et de la tranquillité publique; mais ils sont tenus de donner avis de cette réquisition aux maires et aux sous-préfets, et de leur en faire connaître les motifs généraux. (*Art.* 643 *dudit décret.*)

Dans le cas de soulèvement armé, les commandants de gendarmerie peuvent mettre en réquisition les agents subalternes de toutes les administrations publiques et des chemins de fer; ces réquisitions sont adressées aux chefs de ces administrations, qui sont tenus d'y obtempérer, à moins d'impossibilité dont ils doivent justifier sous leur responsabilité. (*Art.* 651 *dudit décret.*)

Les agents de l'autorité publique doivent, lorsqu'ils ont des réquisitions ou sommations à adresser au public, par exemple lorsqu'ils requièrent, au milieu d'un rassemblement tumultueux, le secours d'un citoyen, faire connaître, soit par paroles, soit par l'exhibition de leur écharpe, ou autre marque distinctive de leur qualité, la fonction dans l'exercice de laquelle ils agissent. Autrement, les personnes qui ne les connaissent pas ne sont point punissables pour avoir refusé de déférer à leur réquisition. (*Cass.*, 8 avril 1854. — V. *Emeutes et la loi du* 7 *juin* 1848 *sur les attroupements.*)

ROULAGE ET MESSAGERIES PUBLIQUES.

La loi du 30 mai 1851 et le décret réglementaire du 10 août 1852 sont les seules dispositions qui régissent les transgressions en ces matières.

Aux termes de la loi du 30 mai 1851, les conseils de préfecture ne doivent connaître que des contraventions prévues par les art. 4 et 9 de la même loi. Dix-neuf contraventions seulement sont justiciables de ces conseils; trente-huit le sont des tribunaux correctionnels, et neuf de ceux de simple police.

Contraventions justiciables des conseils de préfecture.

Sont justiciables des conseils de préfecture, et passibles d'une amende de 5 à 30 fr., les contraventions qui suivent :

1. Essieux dont la longueur dépasse 2 mètres 50 centimètres. — Contravention à l'art. 2 § 1ᵉʳ de la loi, et à l'art. 1ᵉʳ du règlement. (Cette longueur est un maximum qu'on ne peut dépasser, mais au-dessous duquel on peut se tenir.)

2. Essieux dont les extrémités dépassent les moyeux de plus de 6 centimètres. — Contravention à l'art. 2 § 1ᵉʳ n° 1, et à l'art. 4 de la loi, ainsi qu'à l'art. 1ᵉʳ du règlement.

3. Moyeux dont la longueur, y comprise celle de l'essieu, excède de plus de 12 centimètres le bord extérieur des roues. — Contravention à l'art. 2 § 1ᵉʳ et à l'art. 4 de la loi, ainsi qu'à l'art. 1ᵉʳ du règlement.

Il est accordé une tolérance de deux centimètres sur cette saillie pour les roues qui ont déjà fait un certain service, parce que, par suite du redressement des rais et de l'usure des bandes, il se produit dans la régularité primitive de la roue un dérangement qui doit être pris en considération.

Pour les voitures publiques allant au trot, cette contravention ne peut être constatée qu'aux lieux de départ, d'arrivée, de relais et de station des voitures, ou aux barrières d'octroi. (*Art. 16 de la loi.*)

4. Clous de bande à tête de diamant. — Contravention aux art. 2 § 1ᵉʳ et 4 de la loi, ainsi qu'à l'art. 2 du règlement.

5. Clous de bande dont la tête présente une saillie de plus de 5 millimètres. — Contravention à l'art. 2 § 1ᵉʳ n° 3, et à l'art. 4 de la loi, ainsi qu'à l'art. 2 du règlement.

6. Voiture à deux roues, servant au transport des marchandises, attelée de plus de cinq chevaux. — Contravention à l'art. 2 § 1ᵉʳ n° 5 et à l'art. 4 de la loi, ainsi qu'à l'art. 3 n° 1 du règlement.

7. Voiture à quatre roues, servant au transport des marchandises, attelée de plus de huit chevaux. — Contravention à l'art. 2 § 1ᵉʳ n° 5, et à l'art. 4 de la loi, ainsi qu'à l'art. 1ᵉʳ du règlement.

8. Voiture, servant au transport des marchandises, attelée de plus de cinq chevaux de file. — Contravention à l'art. 2 § 1ᵉʳ n° 5, et à l'art. 4 de la loi, ainsi qu'à l'art. 3 n° 1 du règlement.

9. Voiture à deux roues, servant au transport des personnes, attelée de plus de trois chevaux. — Contravention à l'art. 2 § 1ᵉʳ n° 5, et à l'art. 4 de la loi, ainsi qu'à l'art. 3 n° 2 du règlement.

10. Voiture à quatre roues, servant au transport des personnes, attelée de plus de six chevaux. — Contravention à l'art. 2 § 1ᵉʳ n° 5, et à l'art. 4 de la loi, ainsi qu'à l'art. 3 n° 2 du règlement.

11. Barrières de dégel. — Infraction aux mesures prescrites en cas de dégel. — Contravention à l'art. 2 § 1ᵉʳ n° 6, et aux art. 4 et 9 de la loi, ainsi qu'à l'art. 7 du règlement.

12. Dommages causés à une route ou à ses dépendances, par la faute, négligence ou imprudence du conducteur d'une voiture; par exemple, si, pour faire contre-poids, un voiturier prend des pierres approvisionnées sur la route, s'il dépave une ornière, etc. — Contravention à l'art. 9 de la loi. — Outre l'amende, il est condamné à payer le dommage.

13. Pont suspendu. — Si un conducteur de voiture a conduit ses che-

vaux au trot sur un pont suspendu. — Contravention à l'art. 2 § 1er n° 6 et l'art. 4 de la loi, ainsi qu'à l'art. 8 du règlement.

14. Pont suspendu. — Si un voiturier ou roulier ne tient pas les guides ou le cordeau en passant sur un pont suspendu. — Contravention à l'art. 2 § 1er n° 6, et à l'art. 4 de la loi, ainsi qu'à l'art. 8 du règlement.

15. Pont suspendu. — Si un conducteur ou postillon n'est pas sur le siège de sa voiture en passant sur un pont suspendu. — Contravention à l'art. 2 § 1er n° 6, et à l'art. 4 de la loi, ainsi qu'à l'art. 8 du règlement.

16. Pont suspendu. — Voiturier ayant engagé sa voiture, attelée de plus de cinq chevaux, sur le tablier d'un pont suspendu, quand il y avait déjà sur cette travée une voiture d'un attelage supérieur à ce nombre de chevaux. — Contravention à l'art. 1er § 1er n° 6, et à l'art. 4 de la loi, ainsi qu'à l'art. 8 du règlement.

17. Pont suspendu. — Roulier ayant dételé un ou plusieurs de ses chevaux pour le passage d'un pont suspendu. — Contravention à l'art. 2 § 1er n° 6, et à l'art. 4 de la loi, ainsi qu'à l'art. 8 du règlement.

18. Chargement des voitures ne servant pas au transport des personnes, dont la largeur excède 2 mètres 50 centimètres. — Contravention à l'art. 2 § 2 n° 1, et à l'art. 4 de la loi, ainsi qu'à l'art. 11 du règlement.

Les dangers qui résultent de l'exagération des dimensions de certains chargements ont dû faire adopter une limite maximum. Un chargement peut avoir en largeur deux mètres cinquante centimètres, alors même que l'essieu n'aurait pas cette longueur.

Les cultivateurs peuvent faire leurs chargements aussi larges qu'ils veulent dans trois cas : 1° lorsqu'ils transportent des récoltes de la ferme aux champs ; 2° lorsqu'ils rentrent des récoltes des champs à la ferme; 3° lorsqu'ils conduisent leurs récoltes au marché. Hors ces trois cas, si le chargement a plus de deux mètres cinquante centimètres, il y a contravention.

19. Colliers de chevaux ou autres bêtes de trait, ayant plus de 80 centimètres de largeur, mesurés entre les points les plus saillants des pattes des attelles. — Contravention à l'art. 2 § 2 et l'art. 4 de la loi, ainsi qu'à l'art. 12 du règlement.

Le développement exagéré donné dans certains pays aux parties supérieures et latérales des colliers était une cause d'embarras pour la circulation, surtout quand il y a plusieurs chevaux de front; en supposant entre les deux colliers un intervalle de soixante-dix centimètres, on atteint les deux mètres cinquante centimètres assignés comme plus grande largeur à l'essieu et au chargement.

Les procès-verbaux constatant ces contraventions sont faits en triple expédition, dont deux sont envoyées à l'autorité administrative et la troisième au commandant de la gendarmerie de l'arrondissement.

Contraventions justiciables des tribunaux correctionnels.

Les faits justiciables des tribunaux correctionnels sont passibles d'amende et d'emprisonnement, suivant la distinction qui suit :

1. Postillon, cocher ou conducteur de voiture de messageries ne se rangeant pas à sa droite à l'approche de toute autre voiture, de manière à lui laisser libre au moins la moitié de la chaussée. — Contravention à

l'art. 2 § 3 de la loi, ainsi qu'à l'art. 9 du règlement. — Amende de 16 à 200 fr. ; emprisonnement de six à dix jours.

Cet article ne s'applique pas aux cavaliers, pour lesquels les voitures ne doivent pas se déranger. (*Cass.*, 19 *avril* 1873.)

2. Voiture stationnant sur la voie publique. — Conducteur ou cocher de voiture de messageries laissant, sans nécessité, stationner sa voiture attelée sur la voie publique. — Contravention à l'art 2 § 3 nº 5, et à l'art. 6 de la loi, ainsi qu'à l'art. 10 du règlement. — Amende de 16 à 200 fr. ; emprisonnement de six à dix jours.

3. Plaque fausse. — Propriétaire ou conducteur de voitures ne servant pas au transport des personnes, faisant usage d'une plaque portant un nom ou un domicile faux ou supposé. — Contravention aux art. 8, 20 et 21 de la loi. — Amende de 50 à 200 fr. ; emprisonnement de six jours à six mois.

La même peine est applicable à celui qui, conduisant une voiture sans plaque, déclare un nom ou un domicile autre que le sien et que celui du propriétaire pour le compte duquel la voiture est conduite. (*Art. 8 de la loi du 30 mai* 1851.)

4. Fausse déclaration. — Voiture sans plaque et ne servant pas au transport des personnes, dont le conducteur déclare un nom ou un domicile autre que le sien ou que celui du propriétaire pour le compte duquel la voiture est conduite. — Contravention aux art. 8, 20 et 21 de la loi. — Amende de 50 à 200 fr., et emprisonnement de six jours à six mois.

5. Voiturier ou conducteur qui, sommé de s'arrêter, a refusé de le faire et de se soumettre aux vérifications prescrites. — Contravention à l'art. 10 de la loi. — Amende de 16 à 100 fr., sans préjudice d'autres peines, par exemple en cas d'outrages.

6. Outrages à la gendarmerie. — Conducteur ou postillon outrageant la gendarmerie ou exerçant des violences contre elle. — Contravention à l'art. 11 de la loi et aux art. 224 et 230 du Code pénal. — Amende de 16 à 200 fr. pour outrages ; emprisonnement d'un mois à six mois pour violences.

7. Voiture sans autorisation de circuler. — Entrepreneur ayant mis une voiture publique de messagerie en circulation avant la délivrance de l'autorisation du préfet. — Contravention à l'art. 2 § 3 nº 1 de la loi, et à l'art. 18 du règlement. — Amende de 16 à 200 fr. ; emprisonnement de six jours à dix jours.

La disposition de l'art. 18 § dernier du décret du 10 août 1852, qui porte qu'aucune voiture publique ne pourra être mise en circulation avant la délivrance de l'autorisation du préfet, n'est applicable qu'aux voitures nouvelles, et non à celles mises depuis longtemps en circulation et autorisées, lorsqu'aucune décision spéciale de l'administration, dûment notifiée, n'a retiré l'autorisation accordée au propriétaire de ces voitures de les mettre en circulation. (*Cass.*, 9 *sept.* 1853.)

8. Voiture n'ayant pas la voie. — Voiture publique dont la voie, entre le milieu des jantes, est inférieure à 1 mètre 65 centimètres. — Contravention à l'art. 2 § 3 nº 1 et à l'art. 6 de la loi, ainsi qu'à l'art. 20 § 1er du règlement. — Amende de 16 à 200 fr.

9. Voiture à quatre roues trop rapprochées. — Voiture publique à quatre roues dont la distance entre les axes des deux essieux n'est pas de 1 mètre 55 centimètres au moins, ou n'est pas de la moitié de la longueur de la caisse, mesurée à la hauteur de sa ceinture. — Contravention à l'art. 2

§ 3 n° 1 et à l'art. 6 de la loi, ainsi qu'à l'art. 21 du règlement. — Amende de 16 à 200 fr. ; emprisonnement de six à dix jours.

10. Hauteur des voitures. — Voiture publique à quatre roues dont la hauteur, y compris le chargement, excède 3 mètres, mesurés du sol jusqu'à la partie la plus élevée. = Contravention à l'art. 2 § 3 et à l'art. 6 de la loi, ainsi qu'à l'art. 22 § 1er du règlement. — Amende de 16 à 200 fr.; emprisonnement de six à dix jours.

Voiture publique à deux roues, dont la hauteur, y compris le chargement, excède 2 mètres 60 centimètres, mesurés du sol à la partie la plus élevée. — Contravention à l'art. 2 § 2 n° 2 et à l'art. 6 de la loi, ainsi qu'à l'art. 22 § 1er du règlement. — Amende de 16 à 200 fr. ; emprisonnement de six à dix jours.

11. Objets en dehors de la bâche. — Conducteur de voiture publique transportant des objets attachés en dehors de la bâche. = Contravention à l'art. 2 § 3 n° 5 et à l'art. 6 de la loi, ainsi qu'à l'art. 22, dernier paragraphe, du règlement. — Amende de 16 à 200 fr. ; emprisonnement de six à dix jours.

12. Largeur des banquettes. — Voiture publique dont les banquettes ont moins de 45 centimètres de largeur. — Contravention, de la part du conducteur, à l'art. 2 § 3 n° 3 et à l'art. 6 de la loi, ainsi qu'à l'art. 23 du règlement. — Amende de 16 à 200 fr. ; emprisonnement de six à dix jours.

13. Largeur des places. — Voiture publique dont la largeur moyenne des places est inférieure à 48 centimètres. — Contravention, de la part du conducteur, à l'art. 2 § 3 n° 3, et à l'art. 6 de la loi, ainsi qu'à l'art. 23 du règlement. — Amende de 16 à 200 fr. ; emprisonnement de six à dix jours.

14. Distance entre les banquettes. — Voiture publique dont les deux banquettes sont à moins de 45 centimètres de distance l'une de l'autre. — Contravention à l'art. 2 § 3 n° 3 et à l'art. 6 de la loi, ainsi qu'à l'art. 23 du règlement. — Amende de 16 à 200 fr. ; emprisonnement de six à dix jours.

15. Banquette du coupé. — Voiture publique dont la distance entre la banquette du coupé et le devant de la voiture n'est pas au moins de 35 centimètres. — Contravention à l'art. 2 § 3 n° 3, et à l'art. 23 du règlement. — Amende de 16 à 200 fr.; emprisonnement de six à dix jours.

16. Hauteur du pavillon. — Voiture publique dont la hauteur du pavillon au-dessus du fond de la voiture est inférieure à 1 mètre 40 centimètres. — Contravention à l'art. 2 § 3 n° 3 et à l'art. 6 de la loi, ainsi qu'à l'art. 23 du règlement. — Amende de 16 à 200 fr.; emprisonnement de six à dix jours.

17. Hauteur des banquettes. — Voiture publique dont la hauteur des banquettes, y compris le coussin, est inférieure à 40 centimètres. — Contravention à l'art. 2 § 3 n° 3 et à l'art. 6 de la loi, ainsi qu'à l'art. 23 du règlement. — Amende de 16 à 200 fr.; emprisonnement de six à dix jours.

18. Banquette de l'impériale. — Voiture publique transportant sur l'impériale plus de trois personnes, y compris le conducteur, ou plus de trois voyageurs quand le conducteur est placé sur le siège du cocher. — Contravention à l'art. 2 § 2 n° 3 et à l'art. 6 de la loi, ainsi qu'à l'art. 24 du

règlement. — Amende de 16 à 200 fr.; emprisonnement de six à dix jours.

Cet art. 24 du règlement de 1852 n'est pas applicable aux voitures dites des environs de Paris, ni aux voitures publiques parcourant moins de 20 kilomètres de distance. Les voitures qui ne transportent que peu ou point de messageries peuvent toujours, en vertu d'autorisations spéciales, recevoir un plus grand nombre de voyageurs sur l'impériale.

19. Paquets sur la banquette de l'impériale. — Aucun paquet ne peut être chargé sur la banquette de l'impériale. — Contravention à l'art. 2 § 2 et à l'art. 6 de la loi, ainsi qu'à l'art. 24 §§ 2 et 3 du règlement. — Amende de 16 à 200 fr.; emprisonnement de six à dix jours.

20. Portières et marchepieds. — Voiture publique dont le coupé et l'intérieur n'ont pas une portière de chaque côté, et dont chaque portière n'est pas garnie d'un marchepied. — Contravention à l'art. 2 § 3 n° 1 et à l'art. 6 de la loi, ainsi qu'à l'art. 25 du règlement. — Amende de 16 à 200 fr.; emprisonnement de six à dix jours.

21. Essieux défectueux. — Essieux qui ne sont pas en fer corroyé de bonne qualité, et arrêtés à chaque extrémité, soit par un écrou assujetti au moyen d'une clavette, soit par une boîte à huile fixée par quatre boulons traversant la longueur du moyeu, soit par tout autre moyen approuvé. — Contravention à l'art. 2 § 3 n° 2 et à l'art. 6 de la loi, ainsi qu'à l'art. 27 du règlement. — Amende de 16 à 200 fr.; emprisonnement de six à dix jours.

22. Enrayement. — Voiture publique non pourvue d'une machine, d'un sabot et d'une chaîne à enrayer. — Contravention à l'art. 2 § 3 n° 2 et à l'art. 6 de la loi, ainsi qu'à l'art. 27 du règlement. — Amende de 16 à 200 fr.; emprisonnement de six à dix jours.

23. Descentes. — Conducteur d'une voiture publique qui, dans une descente rapide, ne fait pas usage de la machine à enrayer, ainsi que du sabot et de la chaîne d'enrayage. — Contravention à l'art. 2 § 3 n° 5 et à l'art. 6 de la loi, ainsi qu'à l'art. 27 du règlement. — Amende de 16 à 200 fr.; emprisonnement de six à dix jours.

24. Lanterne à réflecteur. — Voiture publique circulant la nuit sans être éclairée par une lanterne à réflecteur, placée à droite et à l'avant de la voiture. — Contravention à l'art. 2 § 3 n°s 2 et 5 et à l'art. 6 de la loi, ainsi qu'à l'art. 28 du règlement. — Amende de 16 à 200 fr.; emprisonnement de six à dix jours.

25. Estampille et indications à l'extérieur. — Voiture publique ne portant pas à l'extérieur, dans un endroit apparent, l'estampille délivrée par l'administration des contributions indirectes, et l'indication du nombre des places de chaque compartiment. — Contravention à l'art. 2 § 2 n° 1 et à l'art. 6 de la loi, ainsi qu'à l'art. 29 du règlement. — Amende de 16 à 200 fr.; emprisonnement de six à dix jours.

Un entrepreneur de voitures publiques peut cumuler cette industrie avec celle de loueur de chevaux et de voitures particulières. Par suite, l'estampille et le laissez-passer, applicables aux voitures publiques, ne doivent pas être exigés des voitures louées à des particuliers et confiées à leur conduite.

Mais celui qui loue des voitures partant à volonté ou d'occasion et qu'il conduit, soit par lui-même, soit par ses domestiques ou préposés, est un entrepreneur de voitures publiques et non un loueur de voitures particulières; par suite, il est soumis à l'obligation de faire apposer une estampille sur ses voitures et de se munir d'un laissez-passer. Le simple loueur, non soumis à cette obligation, est celui qui livre des voitures à des particuliers qui les conduisent eux-mêmes. (*Loi du 25 mars 1817, art. 113, 115, 117, et arrêt de la Cour de cassation du 28 mars 1857.*)

Ces sortes de contraventions sont spécialement de la compétence des agents de l'administration des contributions indirectes.

26. Numéros et prix des places. — Voiture publique ne portant pas à l'intérieur des compartiments : 1° le numéro de chaque place ; 2° le prix de la place du lieu de départ jusqu'à celui de l'arrivée. — Contravention à l'art. 2 § 3 n° 3 et à l'art. 6 de la loi, ainsi qu'à l'art. 30 du règlement. — Amende de 16 à 200 fr. ; emprisonnement de six à dix jours.

27. Excédant de voyageurs. — Entrepreneur ayant admis dans les compartiments de ses voitures un nombre de voyageurs plus grand que celui indiqué sur les panneaux. — Contravention à l'art. 2 § 3 n° 3 et à l'art. 6 de la loi, ainsi qu'à l'art. 30 du règlement. — Amende de 16 à 200 fr. ; emprisonnement de six à dix jours.

Les contraventions commises par les conducteurs de voitures publiques ne peuvent être constatées tant que la voiture est en marche, excepté toutefois celles qui concernent le nombre des voyageurs, le mode de conduite des voitures, la police des conducteurs, cochers ou postillons, et les modes d'enrayage. (*Art. 16 de la loi du 30 mai 1851.*)

Toutes les voitures servant aux transports des voyageurs et faisant un service régulier de la gare à la localité voisine sont soumises aux règles tracées par la loi du 30 août 1851 et les art. 17 et suivants du décret du 10 mai 1852.

28. Registre d'inscription des voyageurs et des paquets. — Entrepreneur de voitures publiques n'ayant point inscrit sur un registre coté et paraphé par le maire les voyageurs qu'il transporte et les ballots et paquets dont le transport lui est confié. — Contravention à l'art. 2 § 3 n° 4 et à l'art. 6 de la loi, ainsi qu'à l'art. 31 du règlement. — Amende de 16 à 200 fr. ; emprisonnement de six à dix jours.

29. Feuille au conducteur, et bulletin aux voyageurs. — Entrepreneur de voiture publique n'ayant pas remis au conducteur une copie de l'enregistrement des voyageurs et des paquets dont le transport lui est confié, et qui n'en a pas remis à chaque voyageur un extrait, en ce qui le concerne, avec le numéro de sa place. — Contravention à l'art. 2 § 3 n° 4 et à l'art. 6 de la loi, ainsi qu'à l'art. 32 du règlement. — Amende de 16 à 200 fr. ; emprisonnement de six à dix jours.

30. Nombre des cochers. — Voiture publique attelée de plus de deux rangs de chevaux, n'ayant qu'un seul postillon ou un seul cocher. — Contravention à l'art. 2 § 3 n° 6 et à l'art. 6 de la loi, ainsi qu'à l'art. 33 du règlement. — Amende de 16 à 200 fr. ; emprisonnement de six à dix jours.

31. Postillons ou cochers étant descendus de leurs chevaux ou de leur siège étant en route. — Contravention à l'art. 2 § 3 n° 5 et à l'art. 6 de la loi, ainsi qu'à l'art. 34 du règlement. — Amende de 16 à 200 fr. ; emprisonnement de six à dix jours.

32. Voiture attelée laissée sans conducteur et postillon. — Conducteur et postillon chargés de la conduite d'une même voiture publique l'ayant quittée dans une halte, alors qu'elle était attelée. — Contravention à l'art. 2 § 2 n° 5 et à l'art. 6 de la loi, ainsi qu'à l'art. 34 du règlement. — Amende de 16 à 200 fr. ; emprisonnement de six à dix jours.

33. **Postillon qui n'a pas cédé la moitié de la chaussée.** — Conducteur de voiture publique servant au transport des personnes, qui ne s'est pas rangé à sa droite et n'a pas cédé la moitié de la chaussée. — Contravention à l'art. 2 § 2 n° 5 et § 3 n° 5, aux art. 5 et 6 de la loi, ainsi qu'à l'art. 35 du règlement. — Amende de 16 à 200 fr. ; emprisonnement de six à dix jours.

34. **Déclaration des relais.** — Entrepreneurs de voitures publiques autres que celles des maîtres de poste, qui n'ont pas fait à la préfecture ou sous-préfecture la déclaration du lieu de leurs relais et du nom des relayeurs. — Contravention à l'art. 2 § 3 n° 1 et à l'art. 6 de la loi, ainsi qu'à l'art. 36 du règlement. — Amende de 16 à 200 fr.; emprisonnement de six à dix jours.

35. **Relayeurs non présents à l'arrivée et au départ des voitures.** — Relayeurs ou leurs préposés qui n'étaient pas présents à l'arrivée et au départ de chaque voiture et ne se sont pas assurés si les postillons n'étaient pas en état d'ivresse. — Contravention à l'art. 2 § 3 n° 4 et à l'art. 6 de la loi, ainsi qu'à l'art. 37 du règlement. — Amende de 16 à 200 fr. ; emprisonnement de six à dix jours.

36. **Age des cochers.** — Entrepreneurs ou relayeurs ayant confié à un cocher âgé de moins de seize ans la conduite d'une voiture publique. — Contravention à l'art. 2 § 3 n° 4 et à l'art. 6 de la loi, ainsi qu'à l'art. 36 du règlement. — Amende de 16 à 200 fr. ; emprisonnement de six à dix jours.

37. **Registre des plaintes.** — Entrepreneurs ou relayeurs de voitures publiques n'ayant pas, à chaque bureau de départ et d'arrivée et à chaque relais, un registre coté et paraphé par le maire, pour l'inscription des plaintes des voyageurs. — Contravention à l'art. 2 § 3 n° 4 et à l'art. 6 de la loi, ainsi qu'à l'art. 39 du règlement. — Amende de 16 à 200 fr. ; emprisonnement de six à dix jours.

38. **Affiche du règlement.** — Entrepreneur de voitures publiques qui n'a point placardé dans le lieu le plus apparent des bureaux et des relais le texte des art. 16 et 38 du règlement du 10 août 1852. — Contravention à l'art. 2 § 3 n° 4 et à l'art. 6 de la loi, ainsi qu'à l'art. 42 du règlement. — Amende de 16 à 200 fr.; emprisonnement de six à dix jours.

Les procès-verbaux constatant ces contraventions sont faits en double expédition, dont l'une est envoyée au procureur de la République par l'intermédiaire de l'autorité administrative et l'autre au commandant de la gendarmerie de l'arrondissement.

Contraventions justiciables des tribunaux de simple police.

Les contraventions justiciables des tribunaux de simple police sont passibles d'amende et d'emprisonnement suivant la distinction qui suit :

1. **Roulier n'ayant pas laissé libre la moitié de la chaussée.** — Roulier ou conducteur de voiture ne servant pas au transport des personnes, ne se rangeant pas à sa droite à l'approche de toute autre voiture, de manière à lui laisser libre au moins la moitié de la chaussée. — Contravention à l'art. 2 § 2 n° 5 et à l'art. 5 de la loi, ainsi qu'à l'art. 9 du règlement. — Amende de 6 à 10 fr. ; emprisonnement de un à trois jours. —

En cas de récidive, l'amende est de 15 fr. et l'emprisonnement de cinq jours.

Les rouliers ne sont point tenus de se ranger à droite pour des cavaliers. (*Cass.*, 19 *avril* 1873.)

La loi du 30 mai 1851 et le décret du 10 août 1852 ne réglementent que la police des routes nationales, départementales et des chemins vicinaux de grande communication. Le § 3 de l'art. 475 du Code pénal continue à régir les contraventions commises sur les autres voies publiques. (*Cass.*, 28 *avril* 1859 *et* 23 *juin* 1875.)

2. Roulier laissant stationner sa voiture sur la voie publique. — Roulier ou conducteur de voiture ne servant pas au transport des personnes, laissant stationner, sans nécessité, sa voiture, attelée ou non attelée, sur la voie publique. — Contravention à l'art. 2 § 2 n° 5 et à l'art. 5 de la loi, ainsi qu'à l'art. 10 du règlement. — Amende de 6 à 10 fr. ; emprisonnement de un à trois jours. — En récidive, l'amende est de 15 fr. et l'emprisonnement de cinq jours.

Les mots *sans nécessité* constituent les membres de la gendarmerie juges en premier ressort de la nécessité du stationnement. L'interdiction n'est pas absolue, et le règlement doit être exécuté avec intelligence et modération.

3. Convoi de plus de quatre voitures à quatre roues ne servant pas au transport des personnes, attelées chacune d'un seul cheval et conduites par un seul conducteur. — Contravention à l'art. 2 § 2 n° 4 et à l'art. 5 de la loi, ainsi qu'aux art. 13 et 14 du règlement. — Amende de 6 à 10 fr.; emprisonnement de un à trois jours.

4. Convoi de plus de trois voitures à deux roues ne servant pas au transport des personnes, attelées chacune d'un cheval et conduites par un seul conducteur. — Contravention à l'art. 2 § 2 n° 4 et à l'art. 5 de la loi, ainsi qu'aux art. 13 et 14 du règlement. — Amende de 6 à 10 fr. ; emprisonnement de un à trois jours.

Trois chars attelés de chacun une paire de bœufs ne forment pas un convoi régulier. Le règlement du 10 août 1852 n'admet que deux voitures. (*Cass.* 30 *nov.* 1861.)

Un décret du 4 mars 1858, modifiant et complétant quelques dispositions du décret réglementaire du 10 août 1852, porte ce qui suit :

Art. 3. Les préfets pourront restreindre, lorsque la dimension des objets transportés donnera au convoi une longueur nuisible à la liberté ou à la sûreté de la circulation, le nombre des voitures dont l'art. 13 du décret du 10 août 1852 permet la réunion en convoi. Leurs arrêtés seront affichés sur les parties de route auxquelles ils s'appliqueront.

5. Convoi de plus de deux voitures ne servant pas au transport des personnes, dont une est attelée de plus d'un cheval, et conduites toutes deux par un seul conducteur. — Contravention à l'art. 2 § 2 n° 4 et à l'art. 5 de la loi, ainsi qu'à l'art. 13 du règlement. — Amende de 6 à 10 fr., emprisonnement de un à trois jours. — En récidive, l'amende est de 15 fr. et l'emprisonnement de cinq jours.

6. Convois de voitures ne servant pas au transport des personnes, n'ayant pas entre eux cinquante mètres au moins de distance. — Contravention à l'art. 2 § 2 n° 4 et à l'art. 5 de la loi, ainsi qu'à l'art. 13 du règlement. — Amende de 6 à 10 fr. ; emprisonnement de un à trois jours. — En récidive, l'amende est de 15 fr. et l'emprisonnement de cinq jours.

Les voitures marchant sur les routes doivent observer la distance de cinquante mètres prescrite par l'art. 13 du règlement du 10 août 1852, sans distinction entre les voitures marchant isolément et celles qui marchent en convoi. Le jugement qui refuse l'application de cet article, par le motif que la loi n'exige la distance de cinquante mètres qu'entre deux convois, et qu'on ne peut considérer comme convoi une seule charrette voyageant isolément à la suite d'autres voitures, admet des excuses non autorisées par la loi, la viole et doit être réformé. (*Cass.*, 7 *juin* 1855.)

Les voitures à quatre roues ont un avant-train articulé qui donne au chariot le moyen de se déranger et se détourner sans que le derrière de la voiture se porte en travers de la route, comme cela a lieu pour les charrettes. C'est par ce motif que l'on permet que quatre chariots à quatre roues marchent à la suite les uns des autres, et que l'on défend pour les charrettes à deux roues les convois de plus de trois.

Le fait d'avoir laissé marcher à la suite les unes des autres trois voitures attelées de deux chevaux, conduites par un seul conducteur, constitue la contravention prévue par les art. 13 et 14 du décret du 10 août 1852, et réprimée par l'art. 2 § 2 n°s 4 et 5 de la loi du 30 mai 1851. (*Cass.*, 19 *mars* 1852.)

Il ne ressort d'aucune des dispositions de la loi du 30 mai 1851, sur la police du roulage, que, dans un convoi formé seulement de deux voitures, chacune d'elles soit attelée de plus d'un cheval. — Ainsi, deux ou plusieurs voitures attelées chacune d'un cheval seulement peuvent marcher en convoi. (*Cass.*, 21 *juill.* 1854.)

7. Voiturier ou conducteur de voiture ne servant pas au transport des personnes, ne se tenant pas à portée de ses chevaux ou autres bêtes de trait, et en position de les guider. — Contravention à l'art. 2 § 2 n° 5 et à l'art. 5 de la loi, ainsi qu'à l'art. 14 du règlement. — Amende de 6 à 10 fr. ; emprisonnement de un à trois jours.

Les dispositions de l'art. 475 § 3 du Code pénal, qui défend à tous conducteurs de voitures de quitter leurs chevaux, et par conséquent de laisser stationner leur voiture attelée sans que l'attelage soit surveillé par son conducteur, étant générales et absolues, s'appliquent aussi bien aux chemins dépendant de la petite voirie qu'à ceux qui appartiennent à la grande voirie, et n'ont pas besoin, pour être obligatoires, d'être rappelées dans quelque règlement de l'autorité locale. (*Cass.*, 19 *sept.* 1846, 21 *sept.* 1850, 2 *oct.* 1851, 22 *nov.* 1856 *et* 28 *août* 1861.)

Le conducteur d'une voiture attelée de deux bœufs, trouvé monté dans cette voiture, est considéré comme étant hors de portée de conduire son attelage ; dès lors il est en contravention à l'art. 14 du décret du 10 août 1852. (*Cass.*, 17 *nov.* 1881.)

8. Lanternes. — Voiture ne servant pas au transport des personnes, marchant isolément ou en tête d'un convoi, pendant la nuit, sans être pourvue d'un falot ou d'une lanterne allumée. — Contravention à l'art. 2 § 2 n° 5 et à l'art. 5 de la loi, ainsi qu'à l'art. 15 du règlement. — Amende de 6 à 10 fr. ; emprisonnement de un à trois jours. — En récidive, l'amende est de 15 fr. et l'emprisonnement de cinq jours.

Un décret des 24 février-4 mars 1858 modifie et complète quelques dispositions du décret du 10 août 1852, et porte ce qui suit : Article 2. Les préfets pourront appliquer par des arrêtés spéciaux, aux voitures

particulières, les dispositions du premier paragraphe de l'art. 15 du décret du 10 août 1852 relatives à l'éclairage des voitures.

Il n'est pas nécessaire que les voitures formant convoi appartiennent
au même propriétaire. Ainsi, par exemple, quatre voitures à quatre roues,
attelées de chacune un cheval et conduites par quatre personnes, peuvent
former un convoi dont la première voiture seulement sera éclairée, pourvu qu'il n'y ait qu'un intervalle très minime entre chacune d'elles. Il en
est de même de trois voitures à deux roues, attelées d'un cheval et sous
la direction de trois conducteurs. Deux voitures de roulage, attelées chacune de plus d'un cheval, peuvent régulièrement être disposées en convoi, encore bien et alors surtout qu'elles auraient chacune un conducteur ; par suite, l'éclairage de la première de ces voitures pendant la nuit
satisfait aux prescriptions du décret du 10 août 1852. (*Cass.*, 21 *juill.* 1854
et 1er *juill.* 1864.)

Mais deux voitures de roulage qui se suivent ne forment pas convoi
lorsqu'elles marchent à une distance de vingt mètres l'une de l'autre.

Trois chars attelés chacun d'une paire de bœufs ne forment pas un
convoi régulier ; dès lors le défaut d'éclairage pendant la nuit constitue
non seulement une contravention unique à la charge du conducteur de la
première voiture, mais une contravention distincte et séparée à la charge
de chacun des conducteurs. (*Cass.*, 30 *nov.* 1861.)

L'obligation imposée par l'art. 15 du décret du 10 août 1852 à toute
voiture marchant pendant la nuit, isolément ou en tête d'un convoi,
d'être pourvue d'un falot ou d'une lanterne allumée est applicable aussi
bien aux voitures des commerçants qu'aux voitures de roulage proprement
dites. — Elle est aussi applicable à une voiture marchant à la suite d'une
autre, mais sans faire partie d'un convoi ; peu importe que celle qui la
précédait fût munie d'une lanterne. (*Cass.*, 11 *août* 1853.)

Trois voitures attelées de plusieurs chevaux, conduites par plusieurs
personnes, circulant la nuit et marchant à la suite les unes des autres, ne
peuvent être considérées comme faisant partie du même convoi, dans le
sens de la loi du 30 mai 1851 ; donc il ne suffit pas que la première seulement soit éclairée : elles doivent l'être toutes les trois. (*Cass.*, 21 *août*
1863, 12 *mars* 1854.) De plus, elles doivent marcher à une distance de
cinquante mètres l'une de l'autre, sous peine d'une seconde contravention.

A moins d'arrêtés du préfet ou du maire, pour les voitures circulant
dans les rues qui ne sont pas routes, sur les places et sur les chemins
vicinaux ordinaires, il n'y a pas contravention en cas d'absence de lanternes allumées.

Il y a contravention dans le fait de laisser stationner des voitures sans
être éclairées, et les poursuites doivent être dirigées contre le propriétaire
dont le nom est inscrit sur la plaque. (*Cass.*, 10 *fév.* 1874.)

En disposant qu'une voiture ne pourra *circuler* pendant la nuit sans
être pourvue d'un falot ou d'une lanterne allumée, l'art. 15 du règlement
précité n'a pas entendu dispenser de l'éclairage les voitures momentanément arrêtées. (*Cass.*, 14 *janv.* 1859 *et* 2 *fév.* 1861.)

Dans les dispositions répressives, et notamment en matière de police
de roulage, l'expression « pendant la nuit » est réputée s'appliquer à tout
l'intervalle de temps qui s'écoule entre l'heure astronomique du coucher
du soleil et celle du lever suivant.

Par suite, a été déclaré nul un jugement qui a acquitté un conducteur dont la voiture a été rencontrée sur une grande route, sans lanterne allumée, une demi-heure avant le lever du soleil, quoique le jour était bien apparent dans la contrée à l'heure mentionnée au procès-verbal. (*Cass.*, 20 nov. 1860, 2 *fév.* 1861, 20 *fév.* 1862, 20 *mars* 1865 *et* 25 *août* 1877.)

Le juge de police ne peut, sans violer la foi due à un procès-verbal de gendarmerie, admettre, si la preuve contraire n'a pas été faite, qu'il était, au moment d'une contravention constatée, huit heures, au lieu de huit heures et demie du soir, heure indiquée au procès-verbal qui portait la date du 26 juin. (*Cass.*, 25 *août* 1877.)

Le clair de lune n'a pas pour effet, alors même qu'il éclairerait suffisamment la route, de dispenser les conducteurs de roulage de munir leurs voitures d'une lanterne allumée. (*Cass.*, 4 *fév.* 1860.)

N'est satisfait à la disposition exigeant que toute voiture circulant la nuit sur les routes soit pourvue d'un falot ou d'une lanterne allumée, que dans le cas où la lanterne est fixée à la voiture elle-même et placée à l'avant, mais non dans celui où cette lanterne est placée dans la voiture. (*Cass.*, 20 *juill.* 1861.)

La violence du vent peut constituer une force majeure justifiant le défaut d'éclairage d'une voiture pourvue d'une lanterne que son conducteur n'a pu maintenir allumée. Mais si cette voiture n'était pas munie de lanterne, la contravention existerait malgré le mauvais temps que pourrait invoquer le conducteur. (*Cass.*, 2 *mars* 1855 *et* 10 *janv.* 1879.)

Quand il est constaté que le défaut d'éclairage est dû à un fait accidentel présentant le caractère de la force majeure, il n'y a pas contravention. (*Cass.*, 10 *janv.* 1879.)

Le préfet prenant un arrêté pour que les voitures particulières soient éclairées ne peut pas fixer l'heure à partir de laquelle, dans chaque saison, cet éclairage devra avoir lieu en matière de grande voirie. (*Cass.*, 7 *juin* 1860.)

Les art. 15 et 18 du décret du 10 août 1852, relatifs à la nécessité de l'éclairage pour les voitures circulant la nuit sur la voie publique, ne sont pas applicables aux voitures particulières servant au transport des personnes. — Ainsi une calèche, un cabriolet n'est pas astreint à la nécessité de l'éclairage, à moins qu'un arrêté du préfet ou du maire ne l'y oblige. (*Cass.*, 11 *et* 27 *août* 1853.)

Les voitures particulières servant au transport des marchandises sont assujetties à l'éclairage comme les autres voitures de roulage. (*Cass.*, 20 *avril* 1854.)

Les contraventions aux arrêtés des préfets tombent sous l'application du Code pénal et non de la loi sur la police du roulage.

Un procès-verbal qui constate une contravention à la loi sur la police du roulage pour défaut d'éclairage d'une voiture circulant sur la voie publique, sans constater que, par sa forme ou sa nature, cette voiture est habituellement destinée au transport de marchandises, laisse le tribunal de police juge souverain de la nature de cette voiture, et lorsqu'il décide qu'elle n'était pas chargée, et qu'elle servait au transport des voyageurs, il ne viole aucune loi en renvoyant le prévenu des poursuites. (*Cass.*, 20 *avril* 1854.)

9. **Plaque.** — Voiture ne servant pas au transport des personnes, dépourvue de plaque. — Contravention aux art. 3, 7, 20 et 21 de la loi, et à l'art. 16 du règlement. — Amende de 6 à 15 fr. contre le propriétaire de la voiture, et de 1 à 5 fr. contre le conducteur.

Le fait du conducteur qui conduit une voiture dépourvue de plaque, et du propriétaire qui la lui a confiée, constitue une double contravention qui oblige le juge de police à prononcer contre chacun d'eux une peine distincte : le propriétaire ne peut en être affranchi sous le prétexte qu'il ignorait l'usage qui serait fait de sa voiture. (*Cass.*, 18 *août* 1871.)

Un tombereau chargé de terre ne peut être rangé au nombre des voitures publiques dont parle l'art. 475 n° 4 du Code pénal; dès lors, l'absence de toute indication à l'extérieur du tombereau du nom du propriétaire ne constitue infraction ni à la loi du 30 mai, ni à l'art. 475 du Code pénal. (*Cass.*, 21 *déc.* 1855.)

Le prévenu dont la charrette a été trouvée dans les rues d'une ville avec une plaque illisible n'est pas passible de la peine portée par l'art. 7 de la loi du 30 mai 1851, lorsqu'il n'est pas établi que la charrette a circulé sur les routes nationales, départementales ou chemins de grande communication. Mais le fait constitue une contravention à l'art. 34 de la loi du 3 juin 1806, et est passible de la peine portée en l'art. 475 § 4 du Code pénal. (*Cass.*, 13 *mars et* 9 *mai* 1856.)

Les voitures de la campagne donnent souvent lieu, comme les autres voitures, à des accidents, commettent des délits, pour la constatation desquels on a besoin de recourir à la plaque. Cependant, on a considéré que tant que ces voitures ne sortent pas de la commune ou de la circonscription de l'exploitation les gens qui les conduisent sont parfaitement connus. Dans ce cas donc, la plaque n'est pas nécessaire; mais elle devient indispensable dès que ces mêmes voitures sont employées en dehors des limites ci-dessus indiquées : comme, par exemple, lorsqu'elles se rendent aux marchés ou dans les foires. C'est une distinction qu'il ne faut pas perdre de vue. Il ne faut pas que les faveurs dont l'agriculture jouit tournent au préjudice de la sécurité publique.

Il y a contravention à l'art. 3 de la loi du 30 mai 1851, et à l'art. 16 du règlement du 10 août 1852, dans l'omission des *prénoms* du propriétaire de la voiture, et aussi dans l'omission du *canton* du domicile de ce propriétaire, alors même que la plaque contiendrait toutes les autres indications prescrites, et que le propriétaire serait de bonne foi. (*Cass.*, 23 *sept.* 1853.)

Le conducteur d'une voiture sur laquelle se trouve une plaque ne portant pas en caractères apparents et lisibles *toutes* les indications prescrites par l'art. 16 du décret du 10 mai 1852 est passible de l'amende prononcée par l'art. 7 de la loi du 30 mai 1851, alors même qu'il serait reconnu qu'il n'était pas propriétaire de la voiture qu'il conduisait, et qu'il ignorait que la plaque mise sur la voiture n'était pas conforme à la loi. (*Cass.*, 7 *mai et* 4 *août* 1853 *et* 21 *août* 1873.)

En matière de police du roulage, il y a contravention aux art. 3 de la loi du 30 mai 1851 et 16 du décret réglementaire du 10 août 1852 dans l'omission, sur la plaque d'une voiture, de la *profession* du propriétaire, parce qu'alors cette plaque est incomplète. (*Cass.*, 25 *août* 1854.)

Il n'existe aucune violation du règlement du 10 août 1852, de la part du conducteur d'une voiture dépourvue de plaque, lorsqu'il est constant que sa voiture en était revêtue au moment du départ, et que sa perte a eu lieu par un cas de force majeure dans le parcours pendant lequel a été déclaré le procès-verbal constatant ce fait. (*Cass.*, 29 *déc.* 1853.)

Le conducteur d'une voiture qui a fait usage d'une plaque fausse sans mauvaise intention est passible, sinon des peines de l'art. 8, du moins de celles de l'art. 7 ; car cette plaque n'indiquait réellement pas le nom et la demeure du véritable propriétaire de cette voiture. L'absence de mauvaise intention n'empêche pas la contravention d'exister. (*Cass.*, 4 *août* 1853.)

On ne peut considérer comme ayant fait usage d'une plaque portant un nom faux celui qui se serait servi de la voiture d'autrui, qu'il aurait empruntée.

Dans la discussion de la loi, il a été formellement convenu que, selon le droit commun en matière de délits correctionnels, les dispositions pénales de l'art. 8 ne seraient applicables qu'autant qu'il serait reconnu par le tribunal qu'il y a eu, de la part des prévenus, intention d'éluder les prescriptions de la loi.

L'art. 4 § 4 de la loi du 30 mai 1851, qui dispense d'être munies d'une plaque les voitures qui se rendent aux champs ou qui transportent des objets récoltés au lieu où le cultivateur doit les conserver ou leur faire subir une manipulation, ne peut s'appliquer à celles qui se rendent à un marché au blé. (*Cass.*, 22 *juill.* 1853.)

Si les voitures circulant sur les voies publiques autres que les routes nationales, départementales ou les chemins de grande communication ne sont pas soumises aux dispositions de la loi du 30 mai 1851 et du décret du 10 août 1852 relatives à l'obligation de la plaque, lesquelles ne s'appliquent qu'aux voitures circulant sur lesdites routes, elles continuent du moins, pour la circulation dans les rues d'une ville qui ne sont pas le prolongement d'une grande voie de communication, à être soumises à cette même obligation de la plaque, en vertu de l'art. 9 de la loi du 3 nivôse an VI et du décret du 23 juin 1806 qui en a reproduit les dispositions, sous la sanction édictée par l'art. 475 nº 4 du Code pénal. (*Cass.*, 10 *fév.* 1870.)

Une plaque inexacte ou illisible ne doit pas être enlevée par les agents qui constatent le fait, pour être mise à l'appui de leur procès-verbal. (*Cass.*, 25 *août* 1854 *et* 25 *fév.* 1857.)

L'omission, sur la plaque d'une voiture soumise à la loi du 30 mai 1851 sur la police du roulage, des nom et prénoms de celui à qui elle appartient est une contravention à l'art. 7 de cette loi, alors même que les autres indications portées sur la plaque ne laisseraient aucun doute sur l'individualité du propriétaire. (*Cass.*, 21 *août* 1873.)

Pour la circulation sur les voies publiques autres que les routes nationales, départementales et les chemins de grande communication, il suffit que la plaque indique le *nom* et le *domicile* du propriétaire de la voiture, le règlement du 23 juin 1806 n'exigeant rien de plus. (*Cass.*, 13 *mars* 1856 *et* 10 *fév.* 1870.)

Dans ce dernier cas, les contrevenants sont passibles d'une amende de 6 à 10 fr., édictée par l'art. 475 nº 4 du Code pénal, non par l'art. 7 de la loi du 30 mai 1851, et les gendarmes n'ont droit à aucune rémunération. (*Cass.*, 21 *déc.* 1855, 27 *avril et* 20 *nov.* 1860 *et* 9 *avril* 1864.)

En cas d'absence de plaque sur une voiture trouvée en circulation sur la voie publique de grande communication, l'art. 7 de la loi du 30 mai 1851 prononce deux contraventions : une contre le conducteur et l'autre contre le propriétaire de la voiture. (*Cass.*, 6 *janv.* 1854 *et* 18 *août* 1871.) Mais si cette voiture est conduite par le maître, il n'y a qu'une seule amende à prononcer ; cette amende doit être la plus forte des deux amendes, qui est celle portée contre le propriétaire. (*Cass.*, 26 *fév.* 1857.)

La nature du chargement de la voiture trouvée circulant sans plaque est indifférente pour constituer la contravention, lorsqu'il est constant que la voiture opère un acte de roulage. (*Arrêt du Conseil d'Etat du 20 août* 1840.)

Lorsque plusieurs voitures marchent ensemble sous la conduite du même individu, il ne suffit pas que l'une d'elles ait une plaque, il faut que toutes en aient. (*Arrêt du Conseil d'Etat du 15 juill.* 1842.)

Plaque. — Voitures particulières.

Une voiture qui, par sa forme, par sa disposition intérieure, par son emploi de chaque jour est habituellement destinée au transport des personnes, et se trouve momentanément appliquée au transport des choses et des marchandises diverses achetées et rapportées pour les besoins du propriétaire et du maître, est dispensée de la plaque. (*Cass.*, 20 *fév.* 1862.)

Le 19 avril 1860, la Cour de cassation a jugé, dans une circonstance où il s'agissait d'une voiture dite *jardinière*, dépourvue de plaque, et amenant des denrées au marché, que la contravention ne devait pas exister s'il était prouvé que, par sa forme et sa destination, elle était habituellement affectée au service des personnes.

Procès-verbaux.

La gendarmerie dresse des procès-verbaux contre les propriétaires de voitures et les entrepreneurs de messageries publiques qui sont en contravention aux lois et règlements d'administration sur la police du roulage. (*Art.* 317 *du décret du* 1er *mars* 1854.)

Les procès-verbaux en matière de roulage et de messageries font foi jusqu'à preuve contraire lorsqu'ils sont visés pour timbre et enregistrés en débet dans les trois jours de leur date.

Les contraventions qui sont du ressort des tribunaux correctionnels ou des tribunaux de simple police sont constatées par des procès-verbaux faits en double expédition seulement. L'une est remise au procureur de la République ou au commissaire de police du canton, l'autre est adressée au commandant de la compagnie.

Lorsqu'il s'agit de contraventions à juger par le conseil de préfecture, les procès-verbaux doivent être faits en triple expédition. Deux de ces expéditions sont remises au préfet ou au sous-préfet après qu'elles ont été enregistrées ; la troisième est adressée au commandant de la compagnie.

En matière de roulage, les procès-verbaux sont adressés au commandant de la gendarmerie de l'arrondissement, qui est chargé d'en faire la remise au sous-préfet, conformément à l'art. 20 de la loi du 30 mai 1851. (V. *circ. du 2 mars* 1857, Mémorial, 6e *vol., p.* 21.)

Les art. 9 et 17 de la loi du 30 mai 1851, qui attribuent aux conseils de préfecture la connaissance des dommages quelconques que les voitures peuvent causer aux routes ou à leurs dépendances, sont inapplicables au cas de dégradations occasionnées par une voiture à un chemin vicinal encore en construction et qui n'a pas été livré à la circulation. (*Arrêt du Conseil d'Etat du 28 déc. 1853.*)

La répression des contraventions à la police du roulage n'est pas subordonnée à la validité des procès-verbaux qui les constatent. Lors donc que le prévenu n'a pas dénié la contravention qui lui était reprochée, il doit être condamné à la peine portée par la loi à raison de cette contravention, encore bien que le procès-verbal qui en avait été dressé fût nul, par exemple pour défaut d'enregistrement dans le délai légal. (*Art. 19 de la loi du 30 mai 1851; Cass., 15 oct. 1852.*)

Les infractions diverses en matière de police de roulage sont passibles d'autant d'amendes qu'il y a de contraventions constatées, encore bien qu'un seul procès-verbal ait été dressé. L'exception écrite dans l'art. 12 de la loi du 30 mai 1851 n'est établie que pour le cas où une même contravention a été constatée plusieurs fois à la charge du même individu sans qu'il fût en son pouvoir de la faire cesser immédiatement. (*Cass., 27 juill. 1854.*)

Voiturier inconnu ou étranger.

Si les contrevenants sont inconnus, ou si leur solvabilité est douteuse, la gendarmerie doit les conduire devant le maire de la commune où la contravention a été commise, afin que ce magistrat intervienne pour faire déposer l'amende encourue ou retenir en fourrière les chevaux et voitures. Bien qu'il ne soit pas défendu à la gendarmerie de recevoir le montant de la consignation *dans les lieux isolés,* en en donnant quittance, sauf à en effectuer le versement immédiat entre les mains du percepteur de la commune, il est plus convenable qu'elle fasse opérer ce versement par les contrevenants eux-mêmes. (*Décis. minist. du 5 juin 1830.*)

Toutes les fois que le contrevenant n'est pas domicilié en France, la voiture est provisoirement retenue, et le procès-verbal est immédiatement porté à la connaissance du maire de la commune où il a été dressé, ou de la commune la plus proche sur la route que suit le prévenu.

Le maire arbitre provisoirement le montant de l'amende, et, s'il y a lieu, des frais de réparation, et il en ordonne la consignation immédiate, à moins qu'il ne lui soit présenté une caution solvable.

A défaut de consignation ou de caution, la voiture est retenue jusqu'à ce qu'il ait été statué sur le procès-verbal. Les frais qui en résultent sont à la charge du propriétaire.

Le contrevenant est tenu d'élire domicile dans le département du lieu où la contravention a été constatée; à défaut d'élection de domicile, toute notification lui sera valablement faite au secrétariat de la commune dont le maire aura arbitré l'amende ou les frais de réparation. (*Art. 20 de la loi du 30 mai 1851.*)

Algérie.

Un décret du 3 novembre 1855 a rendu applicable à l'Algérie la loi du 30 mai 1851 sur la police du roulage et des messageries publiques en France, en tenant compte, toutefois, des modifications de détail nécessitées par l'organisation administrative du pays.

Part d'amende.

Aux termes de l'art. 28 de la loi du 30 mai 1851, ci-dessus citée, les gendarmes et brigadiers (*mais non pas les sous-officiers*) qui ont rédigé le procès-verbal ont droit au tiers de l'amende prononcée en matière de roulage et de messageries publiques. (V. *Parts d'amendes, p.* 449.)

SALTIMBANQUES. — ACROBATES.

Tout individu qui fera exécuter par des enfants de moins de seize ans des tours de force périlleux ou des exercices de dislocation ;

Tout individu autre que les père et mère pratiquant les professions d'acrobate, saltimbanque, charlatan, montreur d'animaux ou directeur de cirque, qui emploiera dans ses représentations des enfants âgés de moins de seize ans,

Sera puni d'un emprisonnement de six mois à deux ans et d'une amende de 16 à 200 fr.

La même peine sera applicable aux père et mère exerçant les professions ci-dessus désignées, qui emploieraient dans leurs représentations leurs enfants âgés de moins de douze ans. (*Art.* 1ᵉʳ *de la loi du* 7 *déc.* 1874.)

Les pères, mères, tuteurs ou patrons qui auront livré, soit gratuitement, soit à prix d'argent, leurs enfants, pupilles ou apprentis âgés de moins de seize ans, aux individus exerçant les professions ci-dessus spécifiées, ou qui les auront placés sous la conduite de vagabonds, de gens sans aveu ou faisant métier de la mendicité, seront punis des peines portées en l'art. 1ᵉʳ.

La même peine sera applicable à quiconque aura déterminé des enfants âgés de moins de seize ans à quitter le domicile de leurs parents ou tuteur pour suivre des individus des professions sus-désignées.

La condamnation entraînera de plein droit pour les tuteurs la destitution de la tutelle ; les pères et mères pourront être privés des droits de la puissance paternelle. (*Art.* 2 *de ladite loi.*)

Quiconque emploiera des enfants âgés de moins de seize ans à la mendicité habituelle, soit ouvertement, soit sous l'apparence d'une profession, sera considéré comme auteur ou complice du délit de mendicité en réunion, prévu par l'art. 276 du Code pénal, et sera puni des peines portées audit article.

Dans le cas où le délit aurait été commis par les pères, mères ou tuteurs, ils pourront être privés des droits de la puissance paternelle ou être destitués de la tutelle. (*Art.* 3 *de ladite loi.*)

Tout individu exerçant l'une des professions spécifiées à l'art. 1ᵉʳ de la présente loi devra être porteur de l'extrait des actes de naissance des enfants placés sous sa conduite, et justifier de leur origine et de leur identité par la production d'un livret ou d'un passe-port.

Toute infraction à cette disposition sera punie d'un emprisonnement de un mois à six mois et d'une amende de 16 à 50 fr. (*Art.* 4 *de la même loi.*)

En cas d'infraction à l'une des dispositions de la présente loi, les autorités municipales seront tenues d'interdire toute représentation aux individus désignés en l'art. 1er.

Ces dites autorités seront également tenues de requérir la justification, conformément aux dispositions de l'art. 4, de l'origine et de l'identité de tous les enfants placés sous la conduite des individus sus-désignés. A défaut de cette justification, il en sera donné avis immédiat au parquet.

Toute infraction à la présente loi, commise à l'étranger à l'égard de Français, devra être dénoncée, dans le plus bref délai, par nos agents consulaires aux autorités françaises ou aux autorités locales si les lois du pays en assurent la répression.

Ces agents devront, en outre, prendre les mesures nécessaires pour assurer le rapatriement en France des enfants d'origine française. (*Art. 5 de la même loi.*)

L'art. 463 du Code pénal est applicable aux délits prévus et punis par la présente loi. (*Art. 6.*)

Les maires ne doivent accorder d'autorisations pour exercer leur profession aux saltimbanques décorés de la croix de la Légion d'honneur, de la médaille militaire, de la médaille décernée pour actes de dévouement, ou de toute autre décoration officielle, qu'à la condition expresse qu'ils ne monteront pas sur les tréteaux avec ces décorations. (*Circ. du min. de l'int. du 17 sept. 1875.*)

SALUBRITÉ.

Il est expressément ordonné à la gendarmerie, dans ses tournées, courses ou patrouilles, de porter la plus grande attention sur ce qui peut être nuisible à la salubrité, afin de prévenir, autant que possible, les ravages des maladies contagieuses ; elle est tenue, à cet effet, de surveiller l'exécution des mesures de police prescrites par les règlements, et de dresser procès-verbal des contraventions, pour que les poursuites soient exercées par qui de droit contre les délinquants. (*Art. 324 du décret du 1er mars 1854.*)

Lorsqu'elle trouve des animaux morts sur les chemins ou dans les champs, elle en prévient les autorités locales, et les requiert de les faire enfouir ; elle se porte au besoin de nouveau sur les lieux, pour s'assurer que les ordres donnés à cet égard par les autorités ont été exécutés ; en cas de refus ou de négligence, les chefs de la gendarmerie, sur le rapport du commandant de brigade, en informent les préfets ou sous-préfets, afin qu'il soit pris des mesures à cet égard. (*Art. 325 dudit décret.*)

Les mêmes précautions sont prises par la gendarmerie dans les cantons où des épizooties se sont manifestées : elle veille de plus à ce que les animaux atteints ou morts de cette maladie, ainsi que les chevaux morveux qui ont été abattus, soient enfouis avec leur cuir, pour prévenir ou arrêter les effets des maladies contagieuses. (*Art. 326 dudit décret.*)

La loi du 21 juillet 1881 indique les mesures à prendre à l'égard des animaux atteints de maladies contagieuses. (V. *Epizooties.*)

La gendarmerie doit avertir promptement l'autorité compétente de tous les faits qui peuvent nuire à la salubrité, tels que la négligence des particuliers ou des maires à faire curer les mares, les puisards et autres dépôts d'eaux croupissantes, à faire enfouir les comestibles gâtés ou corrompus, à faire exécuter les règlements locaux sur le balayage des rues, le nettoiement des égouts et l'enlèvement de tout ce qui répand de l'infection. Cette surveillance rentre plus spécialement dans les attributions des agents de police. La gendarmerie doit aussi étendre sa surveillance sur toute manufacture ou tout atelier qui répandrait une odeur insalubre ou désagréable. Tous les établissements qui nuisent à la salubrité ne pouvant être élevés qu'avec une autorisation de l'administration, on doit signaler toute manufacture qui s'élèverait sans cette autorisation.

Les établissements nuisibles à la salubrité sont divisés en trois classes : ceux de la première ne peuvent être créés qu'en vertu d'un décret du Président de la République; ceux de la seconde ne peuvent l'être qu'en vertu d'un arrêté du préfet, sauf le recours au Conseil d'Etat ; ceux de la troisième ne peuvent l'être qu'en vertu d'un arrêté du sous-préfet; s'il s'élève des réclamations, elles sont jugées par le conseil de préfecture.

Les autorisations d'établissements insalubres subsistent tant qu'elles ne sont pas révoquées par l'administration. — L'arrêté municipal qui réglemente spécialement la construction et la vidange des fosses d'aisances est inapplicable aux établissements insalubres qui emploient des matières contenues dans les fosses. — L'art. 1er n° 4 de l'ordonnance du 2 juillet 1837 a entendu prohiber la mise en tas, c'est-à-dire le dépôt et le séjour, tout aussi bien des résidus de matières animales qui doivent servir à la confection de l'engrais, que des résidus des parties de ces matières qui n'ont pu être employées à cet usage. (*Cass.*, *27 déc.* 1855. — V. *le décret du 15 oct.* 1810, *modifié par les ordonn. des 29 oct.* 1813, *14 janv.* 1815, *29 juill.* 1818, *9 fév.* 1825, *25 mars* 1852 *et 31 déc.* 1866, *pour la nomenclature des manufactures, établissements, ateliers de 1re, 2e et 3e classes, répandant une odeur insalubre.* — V. *également Épidémies, Mines, Voirie (petite).*

Lorsqu'une usine a été légalement autorisée, il n'est plus au pouvoir de l'administration d'en ordonner la destruction, si ce n'est pour des motifs d'utilité publique régulièrement constatés. (*Décret du 15 oct.* 1810.)

Piqûres charbonneuses.

Une instruction relative aux précautions à prendre contre les piqûres charbonneuses se trouve insérée à la page 802 de l'appendice. Afin de diminuer autant que possible le nombre des accidents de ce genre, la gendarmerie doit tenir rigoureusement la main à ce que les animaux morts de toute espèce soient enfouis conformément à la loi du 6 octobre 1791 et à l'art. 325 du décret du 1er mars 1854. — D'après cette loi, l'on doit empêcher de clouer aux portes les bêtes fauves, les oiseaux de proie, les chauves-souris que les habitants détruisent.

SCELLÉS.

Le bris des scellés, et même la simple tentative de ce fait, sont punis de peines diverses, selon les circonstances. (V. *les art.* 249, 250, 251 *et suivants du Code pénal, rendus conformes à la loi du 13 mai* 1863.)

Les gendarmes ne doivent pas être employés à la garde des scellés. (*Art.* 107 *du décret du* 1ᵉʳ *mars* 1854.)

En cas de décès d'un général, d'un intendant, d'un chef de corps ou d'un officier supérieur chef de service, il est fait un inventaire des papiers, cartes, plans, etc., qui sont en sa possession. (*Instr. du* 20 *fév.* 1848.)

En vertu de la note ministérielle du 30 avril 1874, le ministre de la guerre rappelle que, aux termes de l'arrêté du 13 nivôse an x, les scellés doivent être apposés sur les papiers, etc., de tous les officiers supérieurs décédés en activité ou en retraite, quelles qu'aient été leurs fonctions ou position.

SECOURS ÉVENTUELS.

1° AUX MILITAIRES DE LA GENDARMERIE EN ACTIVITÉ DE SERVICE.

La masse de secours, destinée à être distribuée en totalité ou en partie, par le ministre de la guerre, aux sous-officiers, brigadiers et gendarmes les plus nécessiteux, est alimentée au moyen d'une allocation faite à titre d'abonnement à chaque homme, d'après les fixations suivantes, par an :

Gendarmerie départ., bataillon mobile, garde républicaine. 10 fr. »
Légion de gendarmerie d'Afrique..................... 10 »
    (*Art.* 265 *du décret du* 18 *fév.* 1863, *et tarif* n° 26.)

Cette allocation se décompte, comme pour la masse d'entretien et de remonte, d'après le nombre de journées donnant droit à une solde quelconque.

Les hommes détachés dans une compagnie y sont compris pour le dit abonnement. (*Art.* 381 *du même décret.*)

Le ministre autorise annuellement, dans chaque compagnie, la répartition d'une partie de la masse de secours entre les sous-officiers, brigadiers et gendarmes obérés, chargés de famille, ou qui ont été atteints de maladies graves, pourvu toutefois que leur situation ne puisse être attribuée à un défaut d'ordre ou de conduite.

Aucun d'eux n'est proposé pour moins de 25 fr. ou pour plus de 80 fr. (*Art.* 266 *du décret précité, et* 86 *de l'instr. du* 5 *avril* 1882 *pour l'inspection générale.*)

Les sous-officiers, brigadiers et gendarmes mariés, appartenant à des brigades dans lesquelles l'indemnité pour cherté de vivres est allouée et qui sont détachés dans des résidences où cette indemnité n'est pas due, touchent, pendant tout le temps de leur absence pour le service, des allocations sur la masse de secours égales aux sommes qu'ils auraient perçues à titre de supplément de solde ou d'indemnité pour cherté de vivres s'ils étaient restés à leur brigade. (*Circ. du* 12 *mars* 1880. — V. *Indemnités, p.* 347.)

Cette circulaire s'applique également aux sous-officiers, brigadiers et gendarmes mariés détachés des brigades où l'indemnité de résidence dans Paris est allouée, dans des localités où elle n'est pas due. (*Lettre minist. à l'intend. milit. du* 10° *corps d'armée, en date du* 4 *juin* 1880. — V. *Indemnités, p.* 347.)

Les demandes de changement de résidence dans l'intérêt du service peuvent être accompagnées d'une proposition de secours en faveur des militaires qui en sont l'objet. (*Circ. du 4 avril 1878. — V. Indemnités, p. 347.*)

Dans l'intervalle des revues, et seulement pour des cas urgents, les chefs de corps ou de légion sont autorisés à accorder, sur la demande des conseils d'administration, des secours qui ne peuvent s'élever à plus de 50 fr. par homme. (*Art. 267 du décret précité du 18 fév. 1863.*)

Le prix des *médicaments* fournis aux sous-officiers, brigadiers et gendarmes, ou à leur famille, peut être imputé à la masse de secours, sur la proposition des conseils d'administration et d'après une autorisation du sous-intendant militaire chargé de la vérification des relevés trimestriels, conformément à la circulaire du 31 mars 1869, qui a modifié l'art. 269 du décret du 18 février 1863.

A cette circulaire est joint le tarif qui fixe le prix des médicaments sur lequel doivent se baser les pharmaciens pour faire une réduction de 33 %, autant que possible.

2° AUX VEUVES OU ORPHELINS.

Dans des cas particuliers, le ministre peut allouer, sur la proposition des chefs de corps ou de légion, un secours une fois payé aux veuves ou orphelins des sous-officiers, brigadiers et gendarmes récemment décédés. (*Art. 268 du décret précité.*) — L'initiative de ces demandes appartient aux commandants d'arrondissement, qui sont tout particulièrement en mesure de fournir des renseignements sur les besoins des intéressés.

3° AUX ANCIENS MILITAIRES, AUX VEUVES, ORPHELINS OU ASCENDANTS DE MILITAIRES.

L'instruction du 15 mars 1875 résume les dispositions tant anciennes que nouvelles relatives à la concession des secours éventuels.

Les titulaires de la gratification renouvelable, tant qu'ils jouissent de cette allocation, ne peuvent obtenir de secours éventuels.

Les officiers retraités qui reçoivent le supplément accordé par la loi du 18 août 1881, et ceux retraités sous l'empire de la loi du 22 juin 1878, ne peuvent en obtenir que dans des cas tout à fait exceptionnels, justifiés ou par l'âge ou par les infirmités ou enfin par de lourdes charges de famille. Il en est de même des veuves d'officiers pensionnées d'après la loi du 22 juin 1878. (*Circ. minist. du 19 nov. 1881.*)

Les demandes des sous-officiers, caporaux et soldats et de leurs veuves, dont la position est améliorée par les lois des 5 et 18 août 1879, ne doivent être accueillies qu'à titre exceptionnel, et lorsqu'il s'agira de venir en aide à de réelles infortunes résultant de causes fortuites sérieusement constatées, telles que : maladie grave et prolongée, blessures graves, etc....

Il n'est fait d'exception qu'en faveur des pensionnés qui reçoivent, en raison de blessures graves, un complément sur les fonds de la caisse des offrandes nationales, destiné à porter leur pension à 600 fr. (*Loi du 27 nov.*)

1872.) Ce complément devant leur être précompté sur le montant de la retraite qui leur est allouée par la loi du 18 août 1881, la situation de beaucoup d'entre eux n'est pas sensiblement améliorée. Ils sont donc admis désormais à participer aux secours accordés par le département de la guerre, tant que leur position les rendra dignes de cette faveur dont ils étaient exclus jusqu'à présent. (*Circ. minist. du 19 nov. 1881.*)

Les pièces à produire pour obtenir un secours sont :

Pour les anciens militaires. — 1° Un état régulier de leurs services; 2° un certificat de la mairie de leur résidence attestant leur situation malheureuse.

Pour les veuves. — 1° Un état des services du mari, ou copie certifiée, 2° un extrait de leur acte de mariage; 3° un extrait de l'acte de décès de leur mari; 4° un certificat de l'autorité civile corroboré par l'enquête militaire; 5° une demande au ministre. Le tout sur papier libre et sans frais.

Pour les orphelins. — 1° Un état des services du père; 2° l'acte de naissance du postulant; 3° l'acte de mariage des parents; 4° acte de décès des père et mère; 5° attestation des autorités.

Pour les ascendants. — 1° Un état des services de leurs enfants morts au service, ou une copie certifiée; 2° acte de naissance de ces enfants; 3° acte de décès desdits enfants; 4° acte de mariage des père et mère; 5° acte de décès du père, si la mère seule existe; 6° attestation des autorités civiles et militaires.

Ces pièces sont accompagnées d'une demande faite au ministre, sur papier libre, et transmise au général commandant le corps d'armée par le maire pour éviter des frais. (V., *pour les détails complém., l'instr. du 15 mars* 1875. — Mémorial de la gendarmerie, 9° vol., p. 189 et suiv.)

SECOURS A PORTER.

Porter secours, c'est protéger tout individu au moment du danger, en satisfaisant immédiatement à ses réclamations verbales ou écrites, en se transportant avec célérité sur les lieux, en cas d'incendie, d'inondation, d'assassinat, d'attaque, brigandage et pillage de voitures publiques, d'émeutes, de blessures ou voies de fait, de vols, viols, homicides, etc., et en usant de tout son pouvoir pour faire cesser les désastres, les crimes, constater les faits et arrêter les coupables, s'il y a possibilité.

Une des principales obligations de la gendarmerie étant de veiller à la sûreté individuelle, elle doit assistance à toute personne qui réclame son secours. Dans un moment de danger, tout militaire du corps de la gendarmerie qui ne satisfait pas à cette obligation, lorsqu'il en a la possibilité, se constitue en état de prévarication dans l'exercice de ses fonctions. (*Art.* 630 *du décret du* 1ᵉʳ *mars* 1854.)

La gendarmerie peut aussi réclamer le secours de tout le monde. Si elle est attaquée dans l'exercice de ses fonctions, ou si, dans des cas extraordinaires, elle a besoin de l'assistance des citoyens pour assurer ses opérations, elle peut requérir, de par la loi, tous les citoyens de lui prêter main-forte, tant pour repousser les attaques dirigées contre elle, que pour assurer l'exécution des réquisitions et ordres de l'autorité.

(*Art.* 137 *et* 638 *dudit décret.*) Ceux qui s'y refuseraient seraient passibles des peines portées par l'art. 475 du Code pénal. (*V. Refus de prêter se-cours, Maire, Main-forte à prêter, Médecins, Incendie et Inondation.* En ce qui concerne les secours à donner aux noyés on se reportera à l'appendice, page 804.)

SERMENT.

Les militaires de la gendarmerie, avant d'entrer en fonctions, sont tenus de prêter serment d'après la formule suivante : « Je jure d'obéir à « mes chefs en tout ce qui concerne le service auquel je suis appelé, et, « dans l'exercice de mes fonctions, de ne faire usage de la force qui m'est « confiée que pour le maintien de l'ordre et l'exécution des lois. » — Ce serment est reçu par les présidents des tribunaux de première instance, siégeant en audience publique ; il en est dressé acte, dont une expédition, délivrée sans frais, est remise au sous-intendant militaire ayant la sur-veillance administrative du corps ou de la compagnie, lequel en fait l'en-voi au ministre de la guerre. Cet envoi a lieu du 1er au 5 de chaque mois. (*Circ. du 19 août* 1878.) — Les officiers, sous-officiers, brigadiers et gendarmes, pour être admis à prêter serment devant les tribunaux, doi-vent être porteurs des lettres de service ou commissions qui leur ont été délivrées par le ministre, et qui, seules, leur donnent le caractère d'agents de la force publique. (*Art.* 6 *du décret du* 1er *mars* 1854.)

Le serment politique a été abrogé par le décret du 5 septembre 1870 pour la France, et par décret du 15 octobre 1879 pour les colonies fran-çaises.

Lorsque les militaires de la gendarmerie ont à prêter leur serment, s'ils font partie de l'arrondissement du chef-lieu de légion, le colonel prévient par écrit le président du tribunal, pour que ces militaires puissent être admis à cette prestation à la plus prochaine audience. — Dans les autres résidences, l'officier commandant la gendarmerie du lieu où siège le tri-bunal prévient, également par écrit, le président. — Les officiers, sous-officiers, brigadiers et gendarmes employés dans la résidence doivent toujours assister en grande tenue aux prestations de serment, s'ils n'en sont empêchés par les exigences du service. (*Art.* 7 *dudit décret.*)

Les militaires de tout grade de la gendarmerie qui n'auraient pas prêté le serment prescrit par la loi, *dans le délai de deux mois,* à dater de la réception de leurs lettres de service ou commissions, sont privés de tout payement de solde ou d'allocation du jour de l'expiration de ce délai, à moins d'empêchement légitime.

Le commandant de la compagnie est pécuniairement responsable, si la prestation de serment n'a pas eu lieu en temps utile. (*Art.* 234 *du décret du* 18 *fév.* 1863.)

L'art. 88 du Code de procédure civile et l'art. 24 de la loi du 13 bru-maire an v imposent aux personnes qui assistent aux audiences le devoir de s'y tenir désarmées, découvertes, dans le respect et le silence ; en outre, ils attribuent la police au président, d'où il suit que ce magistrat peut exiger que celui qui prête serment, quel que soit son grade, se dé-couvre, dépose ses armes et ôte son gant, ce qui est une marque du res-pect prescrit par la loi. Les membres de la gendarmerie ne peuvent donc prétendre qu'étant commandés de service, en détachement et en grande tenue, pour prêter serment, ils doivent conserver leurs armes et leur coiffure en remplissant cette formalité. Peu importe d'ailleurs le nombre de gendarmes réunis en cette occasion : le serment est toujours prêté individuellement; ensuite, les gendarmes qui n'ont pas prêté serment ne sont encore que des militaires soumis aux lois de la discipline. Ils ne peuvent faire aucun service régulier relatif aux actes de la police judiciaire : ils ne sont considérés par les tribunaux que comme de simples citoyens, n'étant revêtus d'aucun caractère officiel; mais, lorsqu'ils ont prêté serment et qu'ils sont commandés de service près les tribunaux, ils deviennent agents de la force publique, restent couverts et armés, partout où ils sont placés pour aider au maintien de l'ordre dans les limites qui leur sont tracées. (V. *Tribunaux*.)

Lorsqu'un militaire est appelé comme témoin en justice, il ôte son épée ou son sabre pour prêter serment; il le reprend, s'il le veut, pour faire sa déposition.

Tout officier, sous-officier, brigadier ou gendarme ayant prêté serment est dispensé de le réitérer dans les différents cas d'avancement, de changements de résidence ou de tout autre déplacement quelconque, à moins que, par une interruption d'activité dans l'arme, il n'ait temporairement perdu la qualité d'officier ou d'agent auxiliaire de la police judiciaire (art. 6 de l'instr. minist. du 6 nov. 1835); mais il doit être constamment en mesure de prouver qu'il a accompli cette formalité, en conservant sa lettre de nomination, à laquelle est joint l'extrait du registre du greffe constatant sa prestation de serment; il doit pouvoir produire ses pièces à toute réquisition. (*Art. 4 de ladite instr.*) (1).

Les actes qui constatent la prestation de serment des membres de la gendarmerie sont affranchis du timbre et de l'enregistrement. C'est ce qui résulte de l'art. 16 de la loi du 13 brumaire an VII, de l'art. 70 de celle du 22 frimaire même année, et d'une décision du ministre des finances du 21 septembre 1821.

SERVICE SPÉCIAL DE LA GENDARMERIE.

Le service de la gendarmerie, dans les départements, se divise en service ordinaire et en service extraordinaire. — Le service ordinaire est celui qui s'opère journellement ou à des époques périodiques, sans qu'il soit besoin d'aucune réquisition de la part des officiers de police judiciaire et des diverses autorités. — Le service extraordinaire est celui dont l'exécution n'a lieu qu'en vertu d'ordres ou de réquisitions. (*Art. 269 du décret du 1er mars* 1854.) Les déplacements qui en résultent donnent généralement droit à indemnité. (V. *Indemnités*.)

Service ordinaire des brigades.

Ce service consiste, notamment, à :
1° Faire des tournées, courses et patrouilles sur les grandes routes,

(1) Aux termes de la circulaire du 18 novembre 1879, les gendarmes réservistes doivent être réunis, en cas de mobilisation, au chef-lieu du tribunal, afin qu'ils puissent prêter serment.

chemins vicinaux et de traverse, dans tous les lieux de leur arrondissement respectif; et à les faire constater, jour par jour, sur les feuilles mensuelles de service, par les maires, adjoints ou autres personnes notables
(V. *Maires*);

2° Prendre et recueillir tous renseignements sur les crimes et délits
de toute nature, ainsi que sur leurs auteurs et complices, et en donner
connaissance aux autorités compétentes (V. *Tournées de communes*);

3° Rechercher et poursuivre les malfaiteurs;

4° Saisir toute personne surprise en flagrant délit ou poursuivie par la
clameur publique (V. *Arrestations en flagrant délit et Officiers de police
judiciaire*);

5° Saisir tous individus trouvés avec des armes ensanglantées ou d'autres
indices faisant présumer le crime;

6° Dresser procès-verbal des déclarations faites par les habitants, voisins, parents, amis et autres personnes en état de fournir des indices,
preuves et renseignements sur les auteurs des crimes et délits et sur leurs
complices (V. *Procès-verbaux*);

7° Dresser pareillement des procès-verbaux de tous les incendies, effractions, assassinats et autres crimes qui laissent des traces après eux
(V. *Incendie, Homicide, Suicide, Vol, etc.*);

8° Dresser également des procès-verbaux constatant que des cadavres
ont été trouvés sur les chemins, dans les campagnes ou retirés de l'eau,
en prévenir les autorités compétentes ou l'officier commandant de l'arrondissement, qui, dans ce cas, est tenu de se transporter en personne sur
les lieux dès qu'il en est donné avis (V. *Homicide*);

9° Surveiller le colportage des livres, gravures et lithographies, réprimer la contrebande, saisir les marchandises transportées en fraude, dresser des procès-verbaux de ces saisies, arrêter et traduire devant les autorités compétentes les contrebandiers et autres délinquants (V. *Contributions indirectes, Douanes et Indemnités, et art.* 302 *du décret du*
1er *mars* 1854);

10° Dissiper tout attroupement armé et saisir tous individus coupables
de rébellion et d'attaque (V. *Attaques de voitures publiques, Émeutes et
Rébellion*);

11° Dissiper tous les attroupements qualifiés séditieux par les lois, et
arrêter tous individus qui en feraient partie, après avoir rempli les formalités exigées (V. *Emeutes*);

12° Dissiper tout attroupement tumultueux, même non armé, d'abord
par les voies de la persuasion, ensuite par sommation verbale, et enfin,
s'il est nécessaire, par le dévelopement de la force armée, graduée suivant l'exigence des cas; mais il ne faut arriver à cette extrémité qu'après
les sommations de l'autorité civile, les réquisitions et les ordres exigés en
pareille circonstance (V. *Charivari, Émeutes, Emploi de la force des
armes, Rébellion et Révolte*);

13° Saisir tous ceux qui porteraient atteinte à la tranquillité publique
en troublant les citoyens dans le libre exercice de leur culte (*art.* 300 *du
décret du* 1er *mars* 1854. — V. *Cultes*);

14° Saisir tous ceux qui seraient trouvés exerçant des voies de fait ou
violences contre la sûreté des personnes et des propriétés (V. *Blessures
et Vol*);

15° Saisir les dévastateurs de bois et de récoltes, les chasseurs
masqués, lorsqu'ils sont pris en flagrant délit (V. *Bois et forêts, Chasse*);

16° Dresser des procès-verbaux contre tous individus en contravention aux lois et règlements sur la chasse (V. *Chasse*);

17° Faire la police sur les grandes routes, y maintenir les communications et les passages libres; à cet effet, dresser des procès-verbaux des contraventions en matière de grande voirie, telles qu'anticipations, dépôts de fumier ou d'autres objets, et toute espèce de dégradation commise sur les grandes routes, sur les arbres qui les bordent, sur les fossés, ouvrages d'art et matériaux destinés à leur entretien; dénoncer à l'autorité compétente les auteurs de ces contraventions ou délits (V. *Roulage, Voirie (grande), Voitures publiques et Voituriers*);

18° Surveiller l'exécution des règlements sur la police des fleuves ou rivières navigables et flottables, des bacs et bateaux de passage, des canaux de navigation ou d'irrigation, des dessèchements généraux ou particuliers, des plantations pour la fixation des dunes des ports maritimes de commerce; dresser procès-verbal des contraventions à ces règlements, et en faire connaître les auteurs aux autorités compétentes (V. *Dégradations, Péage, Pêche, Voirie (grande)*);

19° Arrêter tous ceux qui seraient trouvés coupant et dégradant, d'une manière quelconque, les arbres plantés sur les chemins vicinaux, promenades publiques, fortifications et ouvrages extérieurs des places, ou détériorant les monuments qui s'y trouvent (*art. 315 du décret du 1er mars 1854. — V. Dégradations, Voirie (grande)*);

La gendarmerie arrête et conduit immédiatement devant l'officier de police de l'arrondissement quiconque est surpris détruisant ou déplaçant les rails d'un chemin de fer, ou déposant sur la voie des matériaux ou autres objets, dans le but d'entraver la circulation; ainsi que ceux qui, par la rupture des fils, par la dégradation des appareils ou par tout autre moyen, tenteront d'intercepter les communications ou la correspondance télégraphique (*art. 315 dudit décret*);

20° Contraindre les voituriers, charretiers et conducteurs de voitures à se tenir à côté de leurs chevaux; en cas de résistance, saisir ceux qui obstrueraient les passages, et les conduire devant le maire ou l'adjoint du lieu (V. *Voituriers*);

21° Arrêter tous individus qui, par imprudence, par négligence, par la rapidité de leurs chevaux ou de toute autre manière, auraient blessé quelqu'un ou commis quelques dégâts sur les routes, dans les rues ou voies publiques (*art. 319 dudit décret. — V. Voituriers*);

22° Protéger l'agriculture et saisir tout individu commettant des dégâts dans les champs ou les bois, dégradant les clôtures, murs, haies ou fossés, encore que ces délits ne soient pas accompagnés de vol; saisir pareillement tous ceux qui seraient surpris commettant des vols de fruits ou d'autres productions d'un terrain cultivé (*art. 322 dudit décret*);

23° Dénoncer à l'autorité locale ceux qui, dans les temps prescrits, auraient négligé d'écheniller (*art. 327 dudit décret. — V. Échenillage*);

24° S'emparer, pour les remettre sur-le-champ à l'autorité locale, des coutres de charrue, pinces, barres, barreaux, échelles et autres objets, instruments ou armes dont pourraient abuser les voleurs, et qui auraient été laissés dans les rues, chemins, places, lieux publics ou dans les champs, et dénoncer ceux à qui ils appartiennent (*art. 323 dudit décret. — V. Coutres de charrue*);

25° Assurer la libre circulation des subsistances et saisir tous ceux

qui s'y opposeraient par la force (*art.* 295 *dudit décret.* — V. *Subsis-*
tances);

26° Protéger le commerce intérieur en procurant toute sûreté aux négociants, marchands, artisans, et à tous individus que leur commerce, leur
industrie ou leurs affaires obligent à voyager (V. *Assemblées, Tournées*
de communes);

27° Se tenir à portée des grands rassemblements d'hommes, tels que
foires, marchés, fêtes et cérémonies publiques, pour y maintenir le bon
ordre et la tranquillité, et, le soir, faire des patrouilles sur les routes et
chemins qui y aboutissent, pour protéger le retour des particuliers et
marchands qui seraient allés à ces foires (*art.* 335 *dudit décret.* = V. *As-*
semblées, Tournées de communes);

28° Arrêter les déserteurs et les militaires qui ne seraient pas porteurs
de feuilles de route ou de congés en bonne forme; arrêter pareillement
tout militaire absent de son corps et porteur d'une permission d'absence
qui ne serait pas revêtue du visa du sous-intendant militaire (V. *Déser-*
teurs);

29° Faire rejoindre les sous-officiers et soldats absents de leurs corps
à l'expiration de leurs congés de semestre ou limités : à cet effet, les sous-
officiers et soldats porteurs de ces congés sont tenus de les faire viser par
le sous-officier de gendarmerie commandant la brigade de l'arrondissement, lequel en tient note pour forcer à rejoindre ceux qui seraient en
retard;

30° Se porter en arrière et sur les flancs de tous les corps de troupe en
marche qui passeraient dans leur arrondissement; arrêter les traînards
et ceux qui s'écarteraient de leur route, et les remettre au commandant
du corps, même ceux qui commettraient des désordres soit dans les marches, soit dans les lieux de gîte et de séjour (*art.* 352 *du décret du* 1ᵉʳ *mars*
1854. = V. *Passage de troupes*);

31° Surveiller les mendiants, les vagabonds et les gens sans aveu.

A cet effet, les maires ou adjoints sont tenus de donner à la gendarmerie
des listes sur lesquelles sont portés les individus que les brigades doivent
plus particulièrement surveiller (V. *Adjoints aux maires, Maires, Men-*
diants);

Dans ses tournées, correspondances, patrouilles et service habituel
à la résidence, la gendarmerie exerce une surveillance active et persévérante sur les repris de justice, sur les condamnés libérés, sur ceux qui
sont internés et qui cherchent à faire de la propagande révolutionnaire;
elle rend compte immédiatement de la disparition de ceux qui ont quitté
sans autorisation la résidence qui leur est assignée; elle envoie leur signalement aux brigades voisines, ainsi qu'à celles qui ont la surveillance
des communes où l'on suppose qu'ils se sont retirés. — Elle se met à leur
poursuite, et, si elle les arrête, elle les conduit devant l'autorité compétente (*art.* 286 *du décret du* 1ᵉʳ *mars* 1854);

32° Arrêter les mendiants, dans les cas et circonstances qui les rendent
punissables, à la charge de les conduire sur-le-champ devant le juge de
paix, pour qu'il soit statué à leur égard conformément aux lois sur la répression de la mendicité (V. *Mendiants*);

33° Saisir ceux qui tiendraient sur les places publiques, dans les foires
et les marchés, des jeux de hasard et autres jeux défendus par les lois et
règlements de police (V. *Escroquerie*);

34° Conduire les prisonniers prévenus ou condamnés, en proportionnant la force de l'escorte au nombre des prisonniers et aux difficultés que leur transfèrement peut présenter (V. *Correspondances*) ;

35° Dresser des procès-verbaux des effractions, assassinats et de tous les crimes qui laissent des traces après eux ;

36° Surveiller l'exécution des lois et règlements sur les manufactures et usines, notamment en ce qui concerne le travail des enfants ;

37° Surveiller et réprimer la tromperie sur la vente des denrées alimentaires ;

38° Constater et réprimer les mauvais traitements exercés publiquement envers les chevaux et autres animaux domestiques (*art. 3.0 du décret du 1er mars* 1854) ;

39° S'assurer de la personne des étrangers et de tout individu circulant dans l'intérieur de la France sans passe-port (V. *page* 475) ;

40° Constater les délits de pêche (V. *Pêche*) ;

41° Les fraudes en matière de boissons et d'allumettes chimiques (V. *Contributions indirectes*) ;

42° Les contraventions en matière d'affiches et de timbres (V. *Affiches et timbre*) ;

43° Elle doit faire un service de surveillance aux gares de chemin de fer ;

44° Maintenir l'ordre, au besoin, lors des opérations du comité de remonte pour l'achat des chevaux destinés à l'armée (*circ. du* 29 *déc.* 1860. Mémorial, 6° *vol., page* 732) ;

45° Prêter son concours à l'occasion du recensement des chevaux, mulets et voitures nécessaires à l'armée (V. *page* 584).

Enfin, toutes les fois qu'il y a crime, délit ou contravention, il entre dans le service ordinaire de la gendarmerie d'en assurer la répression.

SIGNALEMENTS.

L'on nomme signalement, l'indication des nom, prénoms, domicile, profession, âge, lieu de naissance, sexe, traits du visage et taille d'une personne que l'on veut faire connaître.

Le signalement des malfaiteurs, voleurs, assassins, perturbateurs du repos public, évadés des prisons et des bagnes, ainsi que ceux d'autres personnes contre lesquelles il est intervenu des mandats d'arrêt, sont délivrés à la gendarmerie, qui, en cas d'arrestation de ces individus, les conduit, de brigade en brigade, jusqu'à la destination indiquée par lesdits signalements.

Les mandats de comparution, d'amener, de dépôt et d'arrêt doivent être signés par le magistrat ou l'officier de police qui les décerne, et munis de son sceau ; ils doivent être datés ; le prévenu doit être nommé et désigné le plus clairement possible.

De plus, le mandat d'arrêt contient l'énonciation du fait pour lequel il est décerné, et l'énonciation de la loi qui déclare que ce fait est un crime ou un délit. (*Art.* 289 *du décret du 1er mars* 1854.)

Les signalements des militaires déclarés déserteurs sont envoyés au chef de la légion de gendarmerie dans l'arrondissement de laquelle se trouve le département où ils sont nés et où ils ont eu leur dernier domicile ; ils sont transmis au commandant de la compagnie, qui les conserve dans ses archives et qui en adresse des copies dans toutes les brigades, par l'intermédiaire des commandants d'arrondissement.

Les signalements des insoumis sont adressés aux commandants de la compagnie de gendarmerie du département auquel ils appartiennent, par les soins du commandant du dépôt de recrutement. (*Art.* 342 *dudit décret.*)

Les signalements des insoumis et des déserteurs doivent toujours être conservés avec le plus grand soin, et les poursuites doivent être continuées jusqu'à ce que l'arrestation soit opérée ou jusqu'à l'arrivée du signalement n° 2, qui indique l'arrestation ou la présentation volontaire. (*Art.* 343 *dudit décret, rectifié par la décision impériale du 24 avril* 1858.)

Les sous-officiers, brigadiers et gendarmes qui se rendent aux correspondances doivent se communiquer réciproquement les renseignements et avis qu'ils ont pu recevoir, dans l'intervalle d'une correspondance à l'autre, sur tout ce qui intéresse la tranquillité publique; concerter leurs opérations relativement à la recherche des malfaiteurs de toute espèce dont ils auront connaissance; se remettre réciproquement les signalements des individus prévenus de crimes ou délits, évadés de prison ou des bagnes; et enfin s'éclairer mutuellement sur les moyens à prendre pour concourir à la répression de tout ce qui peut troubler l'ordre social. (*Art.* 367 *dudit décret. — V. Arrestations et Primes.*)

En cas d'évasion d'un militaire confié à la garde de la gendarmerie, son signalement, extrait de la feuille de route ou du jugement, est sur-le-champ envoyé par le chef de l'escorte aux brigades voisines. (*Art.* 407 *dudit décret.*)

Le commandant de brigade donne connaissance aux gendarmes des ordres du jour et des signalements des individus dont la recherche est prescrite. (*Art.* 232 *dudit décret.*)

Les officiers, sous-officiers et brigadiers de gendarmerie adressent, au besoin, aux maires, pour être remis aux gardes champêtres, le signalement des individus qu'ils ont l'ordre d'arrêter. (*Art.* 644 *dudit décret.*)

Le signalement des individus arrêtés doit toujours être inscrit au bas du procès-verbal. (*Art.* 495 *dudit décret.*)

Modèle de signalement.

M... (*Noms et prénoms*), né à..., canton d..., arrondissement d..., département d..., taille d'un mètre... centimètres, cheveux (*gris, noirs ou blancs*), front (*couvert ou découvert*), yeux (*gris, bleus ou noirs*), nez (*aquilin ou gros, etc.*), bouche (*grande, petite ou moyenne*), menton (*rond ou pointu*), barbe (*noire ou blanche, claire ou épaisse*), visage (*ovale, rond, plein ou maigre*), signes particuliers (*une tache de lie de vin à l'oreille gauche, etc.*).

Il convient d'indiquer exactement tous les signes accidentels apparents, cicatrices, loupes, etc., si l'individu est estropié, borgne, boiteux, portant cheveux coupés, tresse, perruque, etc.

En arrêtant un individu, il ne faut pas se borner à lui demander ses nom, prénoms, âge, profession et domicile, et tenir pour vraie sa déclaration à cet égard. Il est évident que le repris de justice, l'échappé des bagnes, le malfaiteur enfin se garde bien de déclarer qui il est. Il tente de tromper, pour éviter d'être conduit aux lieux où son identité serait reconnue, et dans l'espoir qu'il pourra s'évader dans le trajet déterminé par la fausse direction qu'il pense obtenir. La gendarmerie doit, par des investigations adroites, par des questions multipliées, déjouer la ruse des individus qu'elle place sous la main de la justice, et obtenir sur leur position réelle les documents nécessaires aux magistrats de la police judiciaire ou militaire.

L'établissement d'un signalement exige beaucoup de soin ; car, mal pris, il est inutile à la justice et peut être la cause d'un grand dommage pour des tiers dont la recherche n'est point ordonnée ; il faut surtout énoncer les signes qui frappent la vue : enfin, il faut esquisser un portrait aussi ressemblant que possible.

Les signalements isolés qui sont transmis par les officiers de police judiciaire doivent porter, écrite ou imprimée, la signature des magistrats qui les ont décernés.

Les cahiers de signalements imprimés envoyés périodiquement par le ministre de l'intérieur à la gendarmerie ont authenticité et force suffisante pour autoriser et déterminer l'arrestation des individus qui s'y trouvent indiqués.

D'abord ces signalements sont pour la plupart insérés dans ces cahiers en vertu de jugements ou de mandats de justice qui y sont relatés ; ensuite, la signature du ministre met la responsabilité de la gendarmerie à couvert. En conséquence, les individus qui sont arrêtés par les brigades et qui, après vérification faite, sont reconnus pour être ceux dont les noms sont portés aux signalements sont conduits de brigade en brigade à la destination indiquée par lesdits signalements.

Le signalement porté sur un cahier imprimé du ministre de l'intérieur suffit pour faire l'acte d'écrou ; mais il est nécessaire qu'il soit visé par l'officier de police du lieu où l'individu a été arrêté. (*Art. 98 du Code d'instr. crim.*) Sans cette formalité, le concierge peut se refuser à l'acte d'écrou, à moins qu'il ne s'agisse d'un militaire. On lève ces obstacles en conduisant immédiatement le prévenu devant le procureur de la République, qui prend la décision qu'il juge convenable, et la gendarmerie met ainsi sa responsabilité à l'abri. (V. *Arrestations en vertu de mandat de justice, en flagrant délit ; Arrestations illégales ; Arrestations non autorisées.*)

Les signalements envoyés officiellement à la gendarmerie doivent fixer toute son attention. — Le signalement étant presque toujours accompagné d'un ordre d'arrêter, elle ne doit cesser ses recherches que lorsqu'il a été mis à exécution. Ceux des prévenus, soit civils, soit militaires, qui appartiennent aux communes dont les brigades ont la surveillance sont inscrits sur les registres *ad hoc* ; les autres sont conservés en liasse. Chaque gendarme doit toujours avoir présents à la mémoire les noms des individus signalés. Ce service spécial de recherches et de renseignements à prendre est un des premiers devoirs de l'arme. (V. *Tournées de communes, Auberges, Assemblées, Voitures publiques, Passe-ports, Archives.*)

SOCIÉTÉS SECRÈTES.

Les sociétés secrètes sont interdites. Ceux qui seront convaincus d'avoir fait partie d'une société secrète seront punis d'une amende de 100 à

500 fr., d'un emprisonnement de six mois à deux ans et de la privation des droits civiques d'un an à cinq ans.

Ces condamnations pourront être portées au double contre les chefs ou fondateurs desdites sociétés. — Ces peines seront prononcées sans préjudice de celles qui pourraient être encourues pour crimes ou délits prévus par les lois. (*Art.* 13 *de la loi du* 28 *juill.* 1848.)

Nulle association de plus de vingt personnes, dont le but sera de se réunir tous les jours ou à certains jours marqués pour s'occuper d'objets religieux, littéraires, politiques ou autres, ne pourra se former qu'avec l'agrément du gouvernement et sous les conditions qu'il plaira à l'autorité publique d'imposer à la société.

Dans le nombre des personnes indiqué par le présent article ne sont pas comprises celles domiciliées dans la maison où l'association se réunit. (*Art.* 291 *du Code pénal.*)

L'autorisation du gouvernement est toujours révocable. (*Art.* 1er *de la loi du* 10 *avril* 1834.)

Toute association de la nature ci-dessus exprimée qui se sera formée sans autorisation, ou qui, après l'avoir obtenue, aura enfreint les conditions à elle imposées, sera dissoute.

Les chefs, directeurs ou administrateurs de l'association seront en outre punis d'une amende de 16 fr. à 200 fr. (*Art.* 292 *dudit Code.*)

Tout individu qui, sans la permission de l'autorité municipale, aura accordé ou consenti l'usage de sa maison ou de son appartement, en tout ou en partie, pour la réunion des membres d'une association même autorisée, ou pour l'exercice d'un culte, sera puni d'une amende de 16 fr. à 200 fr. (*Art.* 294 *dudit Code.*)

La permission de l'autorité municipale est nécessaire même pour les réunions d'un culte reconnu. (*Cass.,* 23 *avril* 1830. — V. *Réunions publiques.*)

SOCIÉTÉS FINANCIÈRES OU DE SECOURS MUTUELS. — ASSOCIATIONS.

Les militaires en activité de service, notamment les officiers comptables, ne peuvent pas se constituer les mandataires d'une entreprise ou agence particulière quelconque. (*Circ. du* 8 *juin* 1840.)

Il leur est également défendu de faire partie d'un conseil d'administration d'une société industrielle ou d'une agence financière quelconque. (*Circ. du* 24 *déc.* 1869.)

Il est interdit aux militaires de la gendarmerie de se constituer mandataires d'aucune entreprise ou agence particulière et de faire partie d'une administration civile ayant trait au commerce ou à l'industrie.

La publication de divers prospectus de compagnies ou sociétés financières a appelé l'attention du ministre sur ce fait que des présidents ou membres des conseils d'administration de ces sociétés figurent sur ces prospectus avec des grades militaires.

A cette occasion le ministre rappelle que la circulaire ministérielle du 24 décembre 1869 interdit formellement l'acceptation de fonctions de cette nature aux officiers de tout grade ou assimilés en activité de service, de même qu'à ceux qui sont maintenus dans le cadre de réserve en exécution de l'art. 37 de la loi du 13 mars 1875. (*Lettre minist. du* 10 *sept.* 1882.)

Quant aux officiers de réserve et à ceux de l'armée territoriale, ils peuvent se livrer à des opérations de négoce ou à l'industrie, mais sous la réserve expresse qu'ils ne feront dans aucun de leurs actes commerciaux, ni dans leurs prospectus, annonces ou affiches, allusion à leur situation militaire.

En ce qui concerne les officiers retraités ou réformés qui figurent, avec le grade dont ils étaient titulaires dans l'armée, au nombre des membres des conseils d'administration des compagnies dont il s'agit, il y a lieu de prendre à leur sujet quelques dispositions.

Il est loisible aux officiers rendus à la vie civile de participer à des actes commerciaux ou financiers. Ils ne doivent cependant, afin que personne ne puisse se méprendre sur leur véritable situation militaire. faire mention du grade resté leur propriété qu'en y ajoutant les mots « retraités » ou « réformés », qui font connaître leur position actuelle, conformément, d'ailleurs, à la loi du 19 mai 1834.

Quant aux anciens officiers qui ont perdu leur grade par une des causes énoncées à l'art. 1er de la loi du 19 mai 1834, de même que pour ceux dont le grade n'a pas été reconnu par une disposition législative, ils s'exposeraient à des poursuites judiciaires s'ils prenaient, dans un acte de la nature de ceux qui sont signalés plus haut, la qualification du grade dont ils ont cessé d'être investis.

Comme complément des observations ci-dessus, le ministre prie le commandement de lui faire savoir, lorsqu'ils arriveront à être connus, les noms des officiers qui, n'appartenant plus à l'armée, prendraient sur des imprimés ou prospectus de compagnies financières ou commerciales un titre militaire, sans l'accompagner d'un qualificatif indiquant leur position *réelle* au point de vue militaire.

Dans ce cas, d'accord avec M. le garde des sceaux, ministre de la justice, le ministre de la guerre se réserve d'examiner s'il y a lieu de réclamer contre eux des poursuites, par application des dispositions de l'art. 259 du Code pénal. (*Circ. du 9 déc.* 1878.)

Ces dispositions sont rendues applicables aux militaires de la marine et des colonies en vertu de la décision ministérielle du 20 janvier 1880. (Bull. offic., *p.* 147.)

SUBSISTANCES EN CIRCULATION.

La gendarmerie est chargée spécialement de protéger la libre circulation des subsistances et de saisir ceux qui s'y opposent par la violence. — En conséquence, elle se transporte sur les routes ou dans les communes dont elle a la surveillance, dès qu'elle apprend que des attroupements s'y sont formés dans le dessein d'empêcher cette libre circulation des grains, soit par l'appât du pillage, soit pour tout autre motif. (*Art.* 295 *du décret du* 1er *mars* 1854.)

Elle dissipe les rassemblements de toutes personnes s'opposant à la liberté absolue du commerce des subsistances. Elle disperse tout attroupement armé ou non armé formé pour le pillage et la dévastation des propriétés particulières. — L'attroupement est armé : 1° quand plusieurs individus qui le composent sont porteurs d'armes apparentes ou cachées ; 2° lorsqu'un seul de ces individus porteur d'armes apparentes n'est pas immédiatement expulsé de l'attroupement par ceux-là mêmes qui en font partie. (*Art.* 296 *dudit décret.*)

Au premier avis qu'ils reçoivent d'obstacles qui empêchent la circulation des subsistances, les commandants de brigade en préviennent sur-le-champ le commandant de l'arrondissement et se dirigent avec leurs brigades sur les lieux où les attroupements se sont formés. Ils usent de tous les moyens de persuasion pour les dissiper. Dans le cas de résistance, et s'ils ne sont pas en force suffisante, ils sont autorisés à requérir main-forte de l'autorité, qui ne peut la refuser. Si, à leur arrivée, les coupables ont déjà pris la fuite, ils se mettent à leur poursuite, sur la simple désignation des maires, et, en cas d'arrestation, ils les conduisent immédiatement devant l'officier de police judiciaire de l'arrondissement, pour qu'il soit procédé, à leur égard, conformément aux lois ; dans tous les cas, les gendarmes ne retournent à leur résidence qu'après le rétablissement de l'ordre.

En cette circonstance, les procès-verbaux doivent être rédigés avec soin et bien préciser, en cas d'arrestation ou de non arrestation, tous les faits et circonstances qui ont précédé, accompagné et suivi les attroupements, révoltes ou pillages ; ils doivent être transmis sans délai au procureur de la République. Un rapport détaillé des événements doit être fait en même temps aux autorités administratives et au commandant de la compagnie, par les commandants d'arrondissement, dont le transport sur les lieux est obligé dans ces graves circonstances.

Les peines encourues par les individus qui auraient porté atteinte à la libre circulation des subsistances, et qui auraient pillé des grains ou participé à leur pillage, sont les travaux forcés à temps et une amende de 200 fr. à 5,000 fr. (*Art.* 440 *et* 442 *du Code pénal.*) Ce crime autorise les officiers de gendarmerie à commencer immédiatement l'instruction judiciaire.

Ceux qui, par des faits faux ou calomnieux semés à dessein dans le public, par des sur-offres faites au prix que demandaient les vendeurs, par coalition tendant à ne pas vendre ou à ne vendre qu'à un certain prix, ou par tous autres moyens frauduleux quelconques, auront opéré la hausse ou la baisse des grains, denrées ou papiers publics, au-dessus ou au-dessous du prix qu'aurait déterminé la concurrence du commerce, seront punis d'un emprisonnement d'un mois au moins et d'un an au plus, et d'une amende de 500 fr. à 10,000 fr.

Si ces manœuvres ont été pratiquées sur grains, grenailles, farines, substances farineuses, pain, vin ou toute autre boisson, l'emprisonnement est de deux mois à deux ans et l'amende de 1,000 fr. à 20,000 fr. (*Art.* 419 *et* 420 *du Code pénal.*)

C'est à la gendarmerie à bien recueillir tous les renseignements, à présenter toutes les circonstances et les faits qui déterminent le délit d'accaparement. (V. *les lois des* 27 *mars* 1851 *et* 5 *mai* 1855 *sur la répression de la fraude dans la vente des substances alimentaires et des boissons; Pillage des grains et Tromperie.*)

SUICIDE.

Le suicide est l'action de se donner volontairement la mort.

Si une mort violente paraît avoir été l'effet d'un suicide, il n'en faut pas moins recueillir avec soin les circonstances qui ont précédé, accompagné ou suivi cette mort, constater l'état du cadavre, donner la description des instruments qui ont procuré la mort, la déposition des témoins; toutes les preuves enfin doivent être consignées dans le procès-verbal comme en cas d'homicide. (V. *Homicide.*)

Les hommes de l'art doivent être appelés à déclarer, d'après le genre de mort, la nature, le nombre, la situation et la gravité des blessures, si la personne décédée a pu s'ôter la vie elle-même. L'officier de police recueille, de son côté, tout ce qui peut éclairer la justice sur ce point.

Si la personne suicidée a laissé, comme cela arrive fréquemment, un écrit explicatif de sa mort, on aura soin non seulement de recueillir cet écrit, mais encore de rechercher et d'annexer au procès-verbal d'autres pièces d'écriture de la main du défunt, afin qu'elles servent de pièces de comparaison ; on saisira de préférence les pièces authentiques, mais on ne négligera pas les écritures privées.

Si l'on ne trouve pas de pièces de comparaison, ou si elles sont insuffisantes, il est nécessaire d'entendre des témoins pour reconnaître l'écrit relatif à la mort. Toutes ces précautions sont indispensables afin de s'assurer que cet écrit est de la main du défunt, et pour empêcher toute fraude qui tendrait à dissimuler un crime.

Il est utile de rechercher et de constater si le décédé avait des motifs de se déterminer au suicide. Ces renseignements sont des plus nécessaires à recueillir, parce que les motifs établissent le genre de mort en l'expliquant. Plusieurs officiers de police ou gendarmes se bornent souvent à déclarer qu'il résulte des enquêtes auxquelles ils ont procédé que la mort a été le résultat d'un suicide : cet usage est vicieux : on doit toujours dresser des procès-verbaux contenant les renseignements qui ont pu être recueillis sur les circonstances et les causes de la mort. Il est indispensable que les magistrats qui prononcent sur le genre de mort et déclarent s'il y a ou s'il n'y a pas lieu de diriger des poursuites puissent apprécier par eux-mêmes tous les renseignements qu'il a été possible de recueillir et les déclarations des témoins.

On doit, dans tous les cas de mort subite, quoiqu'elle paraisse accidentelle, dresser un procès-verbal. Il faut s'attacher à décrire, avec la plus grande exactitude, l'état du cadavre ; se faire assister à cet effet par des gens de l'art, recevoir leur rapport, veiller à ce qu'ils examinent scrupuleusement si le cadavre ne présenterait pas quelques lésions extérieures ou autres signes de mort violente ; entendre les personnes qui déposeront des circonstances de la mort ; en un mot, ne rien négliger pour qu'à la vue du procès-verbal le procureur de la République puisse permettre l'inhumation ou prescrire les opérations supplétives qu'il croira nécessaires.

SURVEILLANCE DE LA HAUTE POLICE.

L'effet du renvoi sous la surveillance de la haute police est de donner au gouvernement le droit de déterminer certains lieux dans lesquels il sera interdit au condamné de paraître après qu'il aura subi sa peine.

Le condamné à la surveillance ne peut quitter la résidence qu'il aura choisie ou qui lui aura été assignée, avant l'expiration d'un délai de six mois, sans l'autorisation du ministre de l'intérieur. Néanmoins les préfets peuvent donner cette autorisation :

1° Dans le cas de simple déplacement, dans les limites mêmes de leur département ;

2° Dans les cas d'urgence, mais à titre provisoire seulement.

Après l'expiration du délai de six mois, ou avant même l'expiration de ce délai, si l'autorisation nécessaire a été demandée, le condamné peut se transporter dans toute résidence non interdite, à la charge de prévenir le maire huit jours à l'avance.

Le séjour de six mois est obligatoire pour le condamné, dans chacune des résidences qu'il choisira successivement, pendant tout le temps qu'il sera soumis à la surveillance, à moins d'autorisation spéciale donnée, soit par le ministre de l'intérieur, soit par les préfets.

Tout condamné qui se rendra à sa résidence recevra une feuille de route réglant l'itinéraire dont il ne pourra s'écarter et la durée de son séjour dans chaque lieu de passage.

Il est tenu de se présenter, dans les vingt-quatre heures de son arrivée, devant le maire de la commune qu'il devra habiter. (*Art. 44 du Code pénal, modifié par la loi du 23 janvier 1874.*)

En cas de désobéissance aux dispositions prescrites par l'article précédent, l'individu mis sous la surveillance de la haute police sera condamné par les tribunaux correctionnels à un emprisonnement qui ne pourra excéder cinq ans. (*Art. 45 du Code pénal et loi du 23 janvier 1874.*)

La feuille de route avec itinéraire obligé remise au condamné libéré qui se rend à sa résidence est établie en la forme ordinaire des passeports gratuits, sauf l'inscription, avant la date, de la mention suivante écrite à la main : « Délivré en exécution de la loi du 23 janvier 1874 ». (*Art. 1er du décret du 30 août 1875.*)

L'insertion dont il est question dans l'art. 1er dudit décret remplace, suivant la catégorie à laquelle appartient le surveillé, les lettres F, R ou C qui étaient inscrites sur les passe-ports gratuits délivrés autrefois aux condamnés en surveillance.

Une fois arrivé au lieu de sa résidence, le surveillé ne doit plus pouvoir la quitter que dans les conditions déterminées par l'art. 44 du Code pénal modifié ; il importe donc de ne pas laisser en sa possession un titre de voyage dont il pourrait abuser. L'art. 2 du décret précité dispose, en conséquence, que, dans les vingt-quatre heures de son arrivée à destination, le surveillé devra déposer sa feuille de route à la mairie, ou au bureau de police, où il existe un ou plusieurs commissaires de police ; il lui sera remis, en échange, un permis de séjour délivré par le maire, qui transmettra la feuille de route à la préfecture, où elle sera conservée en dépôt.

La loi ne s'oppose pas, il est vrai, à ce qu'il soit muni d'un livret professionnel ; mais ce livret lui est souvent refusé dans la crainte qu'il ne puisse s'en servir comme d'un titre de voyage, en surprenant le visa du maire. Pour éviter ce danger, on inscrira à la première page du livret remis au surveillé et sous les mots : « Livret professionnel », la mention suivante : « NE POUVANT SERVIR DE TITRE DE VOYAGE ». (*Circ. du 5 nov. 1875.*)

Bien que la loi du 23 janvier 1874, ni le décret du 30 août 1875, ni la circulaire du 5 novembre suivant n'aient fait mention de la gendarmerie, elle ne reste pas moins tenue d'exercer une surveillance active et persévérante sur les repris de justice, conformément à l'art. 286 du décret du 1er mars 1854 et à la circulaire du garde des sceaux en date du 21 février

1874 aux procureurs généraux, avec cette différence qu'elle doit prendre ses informations auprès du maire ou du commissaire de police et n'avoir affaire directement avec ces individus que lorsqu'ils sont en rupture de ban ou en contravention aux lois.

TABAC DE CANTINE. — DÉBITS. — DEMANDES.

Par décret en date du 29 juin 1853, il est délivré aux troupes du tabac de cantine à fumer au prix de 1 fr. 50 le kilogramme.

La livraison s'effectue à raison de 10 grammes par jour pour chaque sous-officier, brigadier et gendarme d'après l'effectif dûment constaté.

Cette faveur n'est pas accordée aux hommes en congé ; mais les militaires admis dans les hôpitaux y ont droit, conformément à la décision ministérielle du 1er juillet 1867.

La régie remet des bons de livraison de 100 grammes de tabac, représentant la quantité allouée à chaque militaire pour une période de dix jours. Ces bons, au dos desquels est inscrit, par les soins du directeur, le numéro d'ordre correspondant à chaque débit où la troupe doit s'approvisionner, sont remis gratuitement aux chefs de corps et de service, au commencement de chaque mois, sur la demande qu'ils en ont faite à l'entreposeur de l'arrondissement où ils sont stationnés.

Les sous-officiers, brigadiers et gendarmes n'ont droit au tabac à prix réduit qu'à la condition de l'employer *exclusivement à leur consommation personnelle,* et ceux qui ne fument pas ne peuvent, en aucun cas, recevoir des bons de livraison. Les chefs de service doivent, *sous leur responsabilité,* veiller avec le plus grand soin à ce qu'il ne soit porté aucune atteinte à ce principe dans l'application qui en est faite aux militaires sous leurs ordres.

Les infractions à ces dispositions, et particulièrement celles qui auraient pour effet la revente ou l'échange par les hommes de troupe des tabacs acquis aux conditions dont le décret du 29 juin 1853 leur réserve le bénéfice, seront punies avec la dernière rigueur. (*Circ. du 28 fév.* 1854.)

Au grand détriment du Trésor, ces prescriptions ayant été perdues de vue, le ministre de la guerre en rappelle l'exécution de la manière la plus stricte, en ajoutant que des poursuites judiciaires pourraient être intentées contre ceux qui se livreraient au trafic de leurs bons de tabac avec des personnes de l'ordre civil. (*Circ. du 13 déc.* 1878.)

Les demandes de bons de tabac doivent présenter distinctement le nombre des fumeurs et celui des hommes qui ne fument pas.

Ces demandes, établies par compagnie, ne sont signées par des sous-officiers qu'à défaut absolu d'officiers. Les capitaines ou chefs de détachement vérifient chaque mois, chez les trésoriers, si les états qu'ils ont fournis n'ont pas été altérés.

L'état centralisé de ces demandes est adressé, cinq jours avant la perception, par les trésoriers, à la direction ou à la sous-direction des contributions indirectes, selon la circonscription dans laquelle les troupes se trouvent casernées ou détachées.

Dès la réception de cet état, le directeur ou le sous-directeur adresse à chaque chef de corps ou de détachement une autorisation de délivrance du nombre de bons de tabac demandé, avec désignation de l'agent chargé d'en faire la remise. En même temps, et pour le contrôle, il avise ce dernier du nombre de bons dont la délivrance a été autorisée en faveur de chaque corps ou fraction de corps qui perçoit le tabac contre remise de l'autorisation de délivrance transmise par l'administration des contributions indirectes. Enfin, le visa des fonctionnaires de l'intendance, que prescrivaient les décisions ministérielles des 2 novembre 1874 et 28 novembre 1876, n'est plus exigé. (*Note minist. du 23 mai 1879, et circ. du 29 sept. 1879 du min. de la marine.*)

Les officiers mariniers en disponibilité ont droit au tabac de cantine. Ils sont compris dans les états des brigades. (*Décis. du ministre de la marine du 4 sept. 1874 et instr. des contrib. indir. du 4 mars 1875.*)

Les hommes de l'armée territoriale convoqués sous les drapeaux par appels successifs et les soldats appelés à prendre part aux grandes manœuvres annuelles ont droit au tabac de cantine. (*Décis. du min. des fin. du 23 avril 1878, notifiée le 11 mai suivant.*)

Prix du tabac de cantine pour les civils.

La vente des scaferlatis de cantine est autorisée dans trois zones, dont la première est répartie dans les départements du Nord et du Doubs en deux subdivisions.

Les communes comprises dans chaque zone et dans chaque subdivision sont désignées dans les états annexés au présent décret. (*Art. 1er du décret du 28 mai 1879.*)

L'art. 2 du même décret fixe ainsi qu'il suit le prix du scaferlati de cantine mis en vente dans les zones et subdivisions de zone pour les consommateurs :

1re zone, 1re subdivision	1 fr. 50 par kil.
1re zone, 2e subdivision...........	3 » —
2e zone.	5 » —
3e zone.............	8 » —

DÉBITS DE TABACS DEMANDÉS.

1° *Débits supérieurs à 1,000 fr.*

Les débits de tabacs se divisent en deux classes. La première comprend ceux d'un produit au delà de 1,000 fr.

Sous la date du 28 novembre 1873, le Président de la République a rendu le décret suivant :

Art. 1er. Il sera institué auprès du ministre des finances, sous la présidence d'un membre de l'Assemblée nationale, une commission de neuf membres renouvelable chaque année et composée de députés, de conseillers d'Etat en service ordinaire ou extraordinaire.

Le président sera nommé par le ministre, et les fonctions de secrétaire seront remplies par un maître des requêtes au Conseil d'Etat.

Cinq membres au moins devront être présents aux délibérations.

Art. 2. Cette commission sera chargée d'établir des listes de candidature aux débits de tabacs.

Les titulaires des débits d'un produit supérieur à 1,000 fr. seront nommés par le ministre des finances, au vu des présentations faites par la commission.

Les titulaires des débits d'un produit ne dépassant pas 1,000 fr. seront nommés par les préfets, qui les choisiront de préférence parmi les candidats qui leur seront désignés par la commission.

Ces listes seront dressées suivant l'importance des services rendus à l'Etat, dans l'ordre des catégories indiquées au tableau A annexé au présent décret. Elles seront appuyées des pièces justificatives énumérées au tableau B.

La commission fera connaître en outre, pour chaque candidat, s'il y a lieu de lui accorder la dispense de gérer personnellement le débit dont il aura été nommé titulaire.

Art. 3. La même commission donnera son avis :

1° Sur les demandes formées à titre de survivance ;

2° Sur celles tendant à faire autoriser, dans des circonstances exceptionnelles, le transfert d'un débit du vivant du titulaire ;

3° Enfin sur celles des titulaires déjà en possession de débits, qui se marieront ou se remarieront en justifiant de ressources insuffisantes.

Art. 4. Sont abrogées les dispositions antérieures contraires à celles du présent décret, lequel sera inséré au *Bulletin des lois* et recevra son exécution dans le délai d'un mois à partir de sa publication.

Tableau A — *Candidatures qui pourront figurer sur les listes.*

1re *catégorie.* Les anciens officiers ayant occupé un grade supérieur, leurs femmes, leurs veuves ou leurs enfants.

Les officiers des grades inférieurs qui se seraient signalés par des actions d'éclat, leurs femmes, leurs veuves ou leurs enfants.

Les anciens fonctionnaires ou employés supérieurs des services publics, leurs femmes, leurs veuves ou leurs enfants.

2e *catégorie.* Les anciens officiers des grades inférieurs, leurs femmes, leurs veuves ou leurs enfants.

Les anciens fonctionnaires ou agents civils inférieurs, leurs femmes, leurs veuves ou leurs enfants.

3e *catégorie.* Les anciens militaires de tout grade qui, n'étant pas restés sous les drapeaux au delà du temps fixé par la loi du recrutement, auront été mis hors de service par suite de blessures graves.

4e *catégorie.* Les personnes qui auront accompli dans un intérêt public des actes de courage ou de dévouement dûment attestés.

Tableau B. — *Pièces justificatives à fournir.*

1° Demande au ministre des finances, formée sur papier timbré, indiquant l'âge, le domicile et les titres des postulants ;

2° Etat authentique ou copie dûment certifiée des services militaires ou civils, indiquant leur durée et leur importance ;

3° Certificat délivré par l'autorité municipale du lieu où le pétitionnaire

est domicilié, attestant sa moralité, sa situation de famille et faisant con--
naître quels sont ses moyens d'existence ;

4° Un extrait des rôles indiquant le montant des contributions payées
par le postulant ou un certificat de non-inscription sur les rôles.

2° Débits de 1,000 fr. et au-dessous.

Sous la date du 17 mars 1874, le Président de la République a rendu
lé décret suivant :

Art. 1ᵉʳ. Il sera institué, au chef-lieu de chaque département, une commission de cinq membres renouvelable par année, composée ainsi qu'il
suit :

1° Le préfet, président ;

2° Un membre du conseil général, désigné par ses collègues à la session
d'avril, lequel ne pourra être réélu que trois années après l'expiration de
son mandat ;

3° Un membre du conseil de préfecture ;

4° Le directeur de l'un des services financiers du département ;

5° Le directeur des contributions indirectes du département.

Le préfet désignera, le 1ᵉʳ janvier de chaque année :

1° Le membre du conseil de préfecture ;

2° Le directeur d'un des services publics.

Trois membres au moins devront être présents aux délibérations.

Art. 2. Cette commission est chargée d'examiner les demandes relatives à la concession des débits de tabacs de 2° classe.

Ses décisions seront prises suivant l'importance des services rendus à
l'Etat dans la deuxième catégorie (services des sous-officiers et services
civils secondaires) et dans les troisième et quatrième catégories indiquées
au tableau A du décret du 28 novembre 1873.

Les demandes devront être appuyées des pièces justificatives énumérées
au tableau B dudit décret.

La commission fera connaître en outre, pour chaque candidat, s'il y a
lieu de gérer ou de ne pas gérer personnellement, en cas de nomination.

Art. 3. Les préfets nomment les titulaires des débits d'un produit ne
dépassant pas 1,000 fr. ; leurs choix devront être faits parmi :

1° Les candidatures désignées par la commission centrale instituée par
le décret du 28 novembre 1873 ;

2° Les candidatures accueillies par la commission instituée par le présent décret.

Art. 4. La commission donnera, en outre, son avis lorsqu'il s'agira de
bureaux de 2° classe :

1° Sur les demandes formées à titre de survivance ;

2° Sur celles tendant à faire autoriser, dans des circonstances exceptionnelles, le transfert d'un débit du vivant du titulaire ;

3° Enfin, sur celles des titulaires déjà en possession de débits, qui se
marieront ou se remarieront en justifiant de ressources insuffisantes.

Art. 5. Sont abrogées les dispositions contraires à celles du présent
décret, lequel sera inséré au *Bulletin des lois* et recevra son exécution
dans le délai d'un mois, à partir de sa publication. (V. *Lieux publics.*)

Culture du tabac.

La culture du tabac n'est pas libre. Elle n'est autorisée qu'en Algérie et dans un certain nombre de départements désignés par le ministre des finances. Dans ces départements, celui qui veut cultiver du tabac doit faire une déclaration préalable et demander une permission au préfet.

Le propriétaire qui cultive dans son *jardin-enclos*, comme amateur botaniste ou herboriste, moins de vingt-cinq pieds de tabac n'a besoin ni de déclaration préalable ni d'autorisation.

Les personnes qui ont fait des plantations de tabac sans autorisation préalable sont passibles d'une amende de 50 fr. par cent pieds de tabac, si la plantation est faite sur un terrain ouvert, et de 150 fr. si ce terrain est clos de murs, sans que cette amende puisse excéder 5,000 fr.

Les visites domiciliaires dans le but de rechercher la fraude sur les tabacs ne peuvent être faites que par les employés des contributions indirectes assistés du juge de paix, du maire ou du commissaire de police et en vertu d'ordre supérieur.

Aucune de ces formalités n'est exigée quand il s'agit de marchandises transportées en fraude qui, au moment d'être saisies, sont introduites dans une habitation pour les soustraire aux employés.

Dans ce dernier cas, la gendarmerie a les mêmes pouvoirs que les préposés de la régie ; mais, en ce qui concerne la culture du tabac, comme elle est sans qualité pour constater les plantations, son devoir est de signaler à ces derniers les contraventions dont elle a connaissance. (*Cass.*, 28 *nov.* 1822. — V., *à* CONTRIBUTIONS INDIRECTES, *Tabac.*)

TAPAGES NOCTURNES.

Seront punis d'une amende de 11 à 15 fr. inclusivement, les auteurs ou complices de bruits, de tapages injurieux ou nocturnes, troublant la tranquillité des habitants. (*Art.* 479 *n° 8 du Code pénal.*)

Le bruit que font nécessairement les travaux de certaines professions ne saurait être mis dans la classe des bruits et tapages nocturnes troublant la tranquillité des habitants. Tel serait, par exemple, le bruit que produit la préparation du cacao pour la fabrication du chocolat, le bruit que font les ouvriers à marteau. Mais l'autorité municipale peut déterminer, par un règlement de police, l'heure à laquelle l'exercice des professions bruyantes sera interdit. Ceux qui travaillent avant ou après l'heure indiquée sont passibles, pour la violation des règlements de police, des peines portées par l'art. 471 n° 5 du Code pénal. (*Cass.*, 16 *avril* 1825, 12 *sept.* 1822, 26 *mai* 1854, 4 *août* 1855 *et* 29 *janv.* 1858.)

On doit considérer comme faisant partie de la voie publique une cour commune formée par plusieurs habitations, et entourée de maisons habitées par divers propriétaires ou locataires. Les violences commises pendant la nuit, dans cette cour, lorsqu'elles ont été accompagnées de cris, de bruit ou tapage, constituent la contravention punie par l'art. 479 n° 8 du Code pénal. (*Cass.*, 26 *juill.* 1827.)

L'arrêté qui défend aux boulangers de pousser des cris en pétrissant le pain est obligatoire, et la contravention est punie des peines portées en l'art. 479 du Code pénal. (*Cass., 21 nov. 1823.*)

L'art. 479 du Code pénal s'applique tout aussi bien aux bruits et tapages qui sont à la fois injurieux et nocturnes qu'à ceux qui n'ont que l'un ou l'autre de ces caractères, lorsque, d'ailleurs, ils ont troublé la tranquillité des habitants voisins du lieu qui en a été le théâtre. (*Cass., 26 août 1848.*)

Lorsque les bruits sont injurieux et nocturnes, s'il est constant, d'ailleurs, qu'ils ont eu lieu dans l'intérieur d'une ville, il y a présomption légale qu'ils troublent la tranquillité des habitants, et ils constituent, dès lors, la contravention punie par l'art. 479 du Code pénal. (*Cass., 13 oct. 1849 et 4 août 1850.*)

Les individus qui, à onze heures du soir, chantent dans les rues font un tapage nocturne troublant le repos public; le tribunal de police ne peut les renvoyer de la plainte sous prétexte que leurs chants étaient modérés. (*Cass., 15 avril 1853 et 30 mars 1870.*)

Le prévenu d'avoir battu le tambour sur la place publique entre onze heures et minuit ne peut être relaxé de cette contravention par le motif qu'il a agi de bonne foi et que quelques roulements de tambour faits sur la promenade publique ne sont pas de nature à troubler la tranquillité des habitants. Ce sont là des excuses que la loi n'admet pas. (*Cass., 21 sept. 1854.*)

L'aboiement nocturne d'un chien de garde, le cri d'un merle, le chant d'un coq, etc., ne constituent pas un tapage nocturne s'ils n'ont pas été provoqués par les propriétaires ou possesseurs de ces animaux. (*Cass., 15 avril 1859. — Tribunal de simple police de Montélimar, 26 juin 1875.*)

La contravention de tapage nocturne ne peut résulter que d'un fait volontaire. (*Cass., 5 avril 1867.*)

Le bruit ou tapage nocturne est celui qui est fait avant le lever et après le coucher du soleil. (*Cass., 16 nov. 1854.*)

On doit considérer comme *nocturne* le tapage troublant la tranquillité publique à neuf heures et demie du soir, même dans les plus grands jours. (*Cass., 29 août 1857.*)

Lorsque les bruits et tapages nocturnes sont causés par des inconnus, il faut conduire les contrevenants devant l'autorité locale pour établir leur identité; et s'ils insultent les militaires de la gendarmerie, ils doivent être arrêtés et amenés devant le procureur de la République, conformément à l'art. 301 du décret du 1er mars 1854.

Le postillon ou conducteur d'une voiture de messageries qui sonne de la trompette entre onze heures et minuit commet une contravention. De même que l'industriel qui, la nuit, fait avertir ses ouvriers au moyen de sons aigus tirés d'une corne. (*Cass., 21 août 1855, 8 janv. 1859 et 24 nov. 1865.*)

Tout individu peut garder chez lui, la nuit, des personnes pour s'amuser, à la condition toutefois que leur présence dans sa maison ne sera pas une cause de dérangement pour les voisins ni d'attroupement pour les passants.

Pendant longtemps, quelques tribunaux de police persistaient à croire que des gens pouvaient s'amuser chez eux, la nuit, d'une façon bruyante sans que l'art. 479, n° 8, du Code pénal pût les atteindre. Un arrêt de la Cour de cassation du 1er mai 1863 a rétabli, à cet égard, les véritables principes en décidant que les bruits qui ont lieu dans l'intérieur des habitations ne peuvent être protégés par la liberté du domicile lorsqu'ils sont entendus du dehors et troublent la tranquillité des habitants.

Le 13 mars précédent, la même Cour avait déjà rendu l'arrêt suivant :
« En principe, on ne saurait admettre que le propriétaire d'une maison pût y faire impunément du bruit nocturne, troublant la tranquillité des habitants, fait interdit d'une manière générale et absolue. »

Faire de la musique chez soi, à onze heures du soir, les fenêtres ouvertes, même lorsque c'est avec des instruments à vent, n'est pas nécessairement un tapage nocturne. (*Cass., 21 juill.* 1870.)

Le fait d'avoir proféré des chants devant une caserne de gendarmerie, dans l'intention d'outrager les gendarmes qui s'y trouvaient, constitue, soit le délit de tapage nocturne, soit le délit d'outrage. (*Cass., 13 oct.* 1849.)

Il y a tapage nocturne par cela seul qu'il a été commis après le moment où, suivant les saisons, le jour fait place à la nuit, bien qu'il ait eu lieu avant l'heure fixée par les règlements pour la fermeture des établissements publics. (*Cass., 26 juill.* 1849.)

Aux termes d'un arrêt de la Cour de cassation du 24 février 1859, les réjouissances bruyantes, accompagnées de chants et de cris, auxquelles il est d'usage de se livrer dans quelques localités pour la célébration des fiançailles, ne sont pas permises si elles troublent la tranquillité publique.

Mais le *chant* à voix élevée (d'un air d'opéra notamment), la nuit, dans une rue, ne constitue un bruit ou tapage punissable qu'autant qu'il s'y joindrait quelque circonstance qui en changerait le caractère, de manière à le rendre une cause de trouble pour la tranquillité des habitants.

Par suite, à défaut d'énonciation au procès-verbal de circonstances indiquant que le chant nocturne pour lequel un prévenu est poursuivi a été une cause de trouble, le juge de police pourrait considérer la contravention comme n'étant pas établie. (*Cass., 27 avril* 1866.)

Il suffit que le tapage nocturne ait troublé la tranquillité d'un seul habitant pour que la contravention existe. (*Cass., 25 juill.* 1878.)

Le juge de simple police est souverain appréciateur pour décider, après enquête régulièrement faite, que le prétendu tapage nocturne à raison duquel des inculpés ont été traduits devant lui ne réunit pas les conditions nécessaires pour constituer la contravention prévue par l'art. 479 § 8 du Code pénal. (*Cass., 17 nov.* 1860, *28 mars* 1867 *et 3 juill.* 1879.)

TENTATIVES DE CRIMES ET DE CERTAINS DÉLITS.

La tentative de crime et de certains délits étant punie comme le crime même, il importe de la constater avec le même soin que le crime ou le délit consommé. Pour cet effet, on doit recueillir tous les indices desquels il résulte que la tentative a été manifestée par un commencement d'exécution et qu'elle n'a été suspendue ou n'a manqué son effet que par des circonstances indépendantes de la volonté de l'auteur. La loi détermine expressément les délits correctionnels dont la tentative est punissable. (V. *les art.* 2, 179, 401, 405, 414 *et* 415 *du Code pénal.*)

TENUE.

V. *Cérémonies publiques, Généraux de division et Tournées.*

OFFICIERS DE L'ARMÉE DE TERRE EN RETRAITE OU EN RÉFORME POUR INFIRMITÉS.

Par décret du 26 mai 1876, le Président de la République a réglé de la manière suivante l'uniforme des officiers en retraite ou en réforme pour infirmités :

Art. 1er. Les officiers de tous grades en retraite ou en réforme pour infirmités, qui ne sont pas pourvus d'emplois spéciaux ou de grades dans la réserve de l'armée active ou dans l'armée territoriale, sont autorisés à porter désormais l'uniforme suivant :

Habillement. — Tunique à deux rangs de boutons, du modèle général d'infanterie, sauf les différences ci-après :

Le collet est bleu foncé ; à ses angles deux étoiles brodées en cannetille d'or (diamètre 25 millimètres), boutons dorés, demi-bombés, ayant pour seule empreinte une étoile à cinq branches encadrée par un filet perlé (diamètre des gros 25 millimètres ; diamètre des petits 16 millimètres). Il n'est pas placé de galons de grade sur les manches.

Pantalon du modèle général d'infanterie, en drap bleu foncé à brayette, sans bandes, passe-poils ni galons.

Coiffure. — Art. 2. Chapeau du modèle général, bordé d'un galon de soie avec ganse en or retenu par un gros bouton d'uniforme. La ganse est formée de trois torsades en or mat (diamètre 7 millimètres) pour les officiers généraux et supérieurs, et de deux torsades seulement pour les autres officiers.

Le chapeau des officiers généraux est orné d'une plume noire frisée, appliquée et cousue contre la face intérieure de ses bords.

Armement. — Art. 3. Epée conforme au modèle général, selon le grade, sans dragonne ; elle se porte avec un ceinturon d'épée en cuir verni dont les agrafes à médaillon sont dorées et représentent une tête de lion en relief.

Marques distinctives. — Art. 4. Epaulettes du grade en or.

Art. 5. La tenue ci-dessus ne comporte ni broderies, ni aiguillettes, ni ceinture, ces divers insignes étant spécialement affectés à la position d'activité.

Art. 6. Il est formellement interdit aux officiers démissionnaires qui ne sont pas pourvus d'emplois dans la réserve de l'armée active ou dans l'armée territoriale, aux officiers réformés par mesure de discipline, enfin aux officiers destitués, de porter un uniforme militaire. La même interdiction s'applique aux officiers mis en non-activité par retrait ou suspension d'emploi, excepté dans les circonstances où ces officiers sont obligés de comparaître devant l'autorité militaire.

OFFICIERS DE GENDARMERIE MARITIME EN RETRAITE OU EN RÉFORME POUR INFIRMITÉS.

Par décret du 18 novembre 1876, rendu sur le rapport du vice-amiral sénateur, ministre de la marine et des colonies, le conseil d'amirauté entendu, les officiers de tous grades de la gendarmerie maritime, en retraite ou en réforme pour infirmités, qui ne sont pas pourvus d'emplois spéciaux ou de grades dans la réserve de l'armée active ou dans l'armée territoriale, ont été autorisés à porter désormais l'uniforme décrit ci-après :

Tunique à deux rangs de boutons, du modèle général d'infanterie, sauf les différences ci-après :

Collet bleu foncé avec une étoile brodée en cannetille d'or (diamètre, 25 millimètres), à chaque angle du collet, boutons à ancre du modèle réglementaire pour les officiers de vaisseau.

Il n'est pas placé de galons sur les manches.

Pantalon du modèle général d'infanterie, en drap bleu, sans bandes, passe-poils ni galons.

Epaulettes du grade en or.

Chapeau du modèle réglementaire pour les officiers de marine en activité.

Epée à garniture dorée conforme au modèle général (planche 5 annexée au décret du 29 janvier 1853), sans dragonne. Cette épée se porte avec un ceinturon en cuir verni; le ceinturon se boucle au moyen d'agrafes à médaillons dorés avec ancre encâblée en relief.

Cette tenue doit être revêtue dans son intégralité. Il est formellement interdit de lui faire subir aucune modification. Elle ne comporte ni broderies, ni aiguillettes, ni ceinture, ces divers insignes étant spécialement affectés à la position d'activité.

OFFICIERS DU SERVICE D'ÉTAPES.

Les officiers de réserve de l'armée active et les officiers de l'armée territoriale pourvus d'emplois en dehors des corps et compris dans les cadres, en exécution du décret du 31 août 1878, conservent, sans modification, l'uniforme de l'arme dont ils font partie.

Le numéro de leur ancien corps sera simplement supprimé sur l'écusson et sur le képi. (*Note minist. du* 13 *mai* 1879.)

D'après cette décision il est facile de voir que les officiers de gendarmerie conservent l'aiguillette et la grenade au collet.

V. *Port illégal d'uniformes.*

THÉATRES.

Décret du 6 janvier 1864 sur la liberté des théâtres.

Art. 1er. Tout individu peut faire construire et exploiter un théâtre, à la charge de faire une déclaration au ministère des beaux-arts (1) et à la préfecture de police, pour Paris, à la préfecture dans les départements.

Les théâtres qui paraîtront plus particulièrement dignes d'encouragements pourront être subventionnés soit par l'Etat, soit par les communes.

Art. 2. Les entrepreneurs de théâtres devront se conformer aux ordonnances, décrets et règlements pour tout ce qui concerne l'ordre, la sécurité et la salubrité publics.

Continueront d'être exécutées les lois existantes sur la police et la fermeture des théâtres, ainsi que sur la redevance établie au profit des pauvres et des hospices.

Art. 3. Toute œuvre dramatique, avant d'être représentée, devra, aux termes du décret du 30 décembre 1852, être examinée et autorisée par le ministre des beaux-arts (1), pour les théâtres de Paris, par les préfets pour les théâtres des départements.

Cette autorisation pourra toujours être retirée pour des motifs d'ordre public.

Art. 4. Les ouvrages dramatiques de tous les genres, y compris les pièces entrées dans le domaine public, pourront être représentés sur tous les théâtres.

Art. 5. Les théâtres d'acteurs enfants continuent d'être interdits.

Art. 6. Les spectacles de curiosités, de marionnettes, les cafés dits *cafés chantants, cafés-concerts* et autres établissements du même genre restent soumis aux règlements présentement en vigueur.

Toutefois, ces divers établissements seront désormais affranchis de la redevance établie par l'art. 11 de l'ordonnance du 8 décembre 1824, en faveur des directeurs des départements, et ils n'auront à supporter aucun prélèvement autre que la redevance au profit des pauvres ou des hospices.

Art. 7. Les directeurs actuels des théâtres autres que les théâtres subventionnés sont et demeurent affranchis, envers l'administration, de toutes les clauses et conditions de leurs cahiers des charges, en tant qu'elles sont contraires au présent décret.

Art. 8. Sont abrogées toutes les dispositions des décrets, ordonnances et règlements dans ce qu'elles ont de contraire au présent décret.

Aucune disposition des lois et règlements ne donne à la gendarmerie le droit de s'introduire dans les salles de spectacle ; et si, pour des objets de service extraordinaire, il devenait indispensable qu'elle y pénétrât, cette entrée n'aurait lieu qu'avec l'autorisation et sur la réquisition des autorités locales, qui sont seules chargées du maintien de l'ordre dans

---

(1) Aujourd'hui ministre de l'instruction publique et des beaux-arts.

les spectacles. (*Circ. du 10 avril 1821; lois des 24 août 1790 et 21 frim. an XIV, art. 2.*)

Un corps de garde doit être établi dans le vestibule du théâtre, et les militaires de ce poste ne peuvent pénétrer dans l'intérieur de la salle que dans le cas où la tranquillité publique serait compromise, et sur la réquisition formelle de l'officier de police. (*Art. 7 du décret du 19 janv. 1791.*)

L'autorité municipale a le droit de fixer l'heure d'ouverture des bureaux de distribution de billets d'entrée, ainsi que l'heure où commencera et finira chaque spectacle. La police des théâtres lui appartient exclusivement. (*Loi du 24 août 1790 et arrêté du 25 pluv. an IV.*)

Le commissaire de police ne peut faire entrer inopinément la troupe dans la salle de spectacle. Il ne le doit qu'après en avoir averti à haute voix les spectateurs. (*Art. 20 de la loi du 19 janv. 1791.*)

Les spectateurs doivent obéir à l'injonction qui leur est faite par l'officier de police d'évacuer la salle. Le refus pourrait occasionner de grands désordres, et les auteurs en seraient punis sévèrement. Tout individu sommé par l'officier de police de sortir de la salle doit se rendre sur-le-champ au bureau de police pour donner les explications qui peuvent lui être demandées. Tout individu arrêté, soit à la porte du théâtre, soit dans l'intérieur de la salle, doit être conduit devant l'officier de police, qui seul peut ordonner son renvoi devant l'autorité compétente ou sa mise en liberté. (*Art. 22 de ladite loi.*)

Aucune disposition réglementaire ne défend aux militaires de la gendarmerie d'aller au théâtre et d'y prendre, en payant, la place qu'ils jugent convenable. Si le spectacle doit se terminer à une heure avancée, il va sans dire que la permission de rentrer à la caserne après l'heure fixée est indispensable.

Quant aux places, les sous-officiers, brigadiers et gendarmes qui se trouvent dans une ville de garnison agiront sagement en ne prenant pas celles que les officiers occupent habituellement.

Tout officier, sous-officier, brigadier ou gendarme, revêtu de son uniforme, entrant et restant comme simple particulier dans les salles de spectacle, ne peut conserver son chapeau ou toute autre coiffure sur la tête, à moins que ce ne soit un usage établi pour les autres spectateurs; mais s'il était de service dans l'intérieur de la salle, il conserverait une tenue militaire régulière.

TIMBRES.

1° TIMBRES NATIONAUX.

Ceux qui auront contrefait les marques destinées à être apposées, au nom du gouvernement, sur les diverses espèces de denrées ou de marchandises, ou qui auront fait usage de ces fausses marques; ceux qui auront contrefait le sceau, timbre ou marque d'une autorité quelconque, ou qui auront fait usage de sceaux, timbres ou marques contrefaits; ceux qui auront contrefait des timbres-poste, ou fait usage sciemment de timbres-poste contrefaits, seront punis d'un emprisonnement de deux ans au moins et de cinq ans au plus. Les coupables pourront, en outre, être privés des droits mentionnés en l'art. 42 du Code pénal, pendant cinq ans au moins et dix ans au plus, à compter du jour où ils auront subi leur peine. — Ils pourront aussi être mis, par l'arrêt ou le jugement, sous la surveillance de la haute police pendant le même nombre d'années. — Les dispositions qui précèdent seront applicables aux tentatives de ces mêmes délits. (*Art.* 142 *du Code pénal conforme à la loi du* 13 *mai* 1863. — V. *Poste aux lettres.*)

Quiconque, s'étant procuré les vrais sceaux, timbres ou marques ayant l'une des destinations exprimées en l'art. 142, en aura fait ou tenté de faire une application ou un usage préjudiciable aux intérêts de l'Etat ou d'une autorité quelconque, sera puni d'un emprisonnement de six mois à trois ans. — Les coupables pourront, en outre, être privés des droits mentionnés en l'art. 42 du présent Code, pendant cinq ans au moins et dix ans au plus, à compter du jour où ils auront subi leur peine. — Ils pourront aussi être mis, par l'arrêt ou le jugement, sous la surveillance de la haute police pendant le même nombre d'années. (*Art.* 143 *du Code pénal modifié par la loi du* 13 *mai* 1863.)

Ceux qui auront contrefait ou falsifié, soit un ou plusieurs timbres nationaux, soit des marteaux de l'Etat servant aux marques forestières, soit le poinçon ou les poinçons servant à marquer les matières d'or et d'argent, ou qui auront fait usage de papiers, effets timbrés, marteaux ou poinçons falsifiés ou contrefaits, seront punis des travaux forcés à temps, dont le maximum sera toujours appliqué dans ce cas. (*Code pénal, art.* 140.) Pour la surveillance, voir la loi du 23 janvier 1874, qui a fixé le maximum à vingt années.

Les timbres ne portant que les noms des communes ou des bureaux de poste ne sont pas ce que cet article entend par timbres nationaux. (*Arrêt de cass. du* 28 *nov.* 1812.)

Dans tous les cas où une fausse marque forestière a été apposée, à l'aide de quelque instrument que ce soit, même sans marteau contrefait, avec l'intention de la faire passer pour marque de l'Etat, ce fait seul, quel que soit d'ailleurs le plus ou le moins d'exactitude dans l'imitation de la véritable marque, constitue le crime de falsification. (*Arrêt de cass. du* 21 *oct.* 1813.)

Enlever l'empreinte du marteau de l'Etat qui avait été apposée sur des arbres destinés à être abattus, et la transférer et incruster sur des souches de plus forte dimension, constitue le crime de destruction d'un acte de l'autorité publique, et est passible des peines prononcées par les art. 140, 141 et 149 du Code pénal. (*Arrêt de cass. du* 4 *mai* 1822.)

2° TIMBRE DE FACTURE, QUITTANCE, REÇU, ETC.

La loi ne demande pas compte aux rédacteurs des procès-verbaux des moyens par lesquels la contravention est parvenue à leur connaissance (*rapport du rapporteur de la commission du budget*), et il suffit que les pièces en contravention soient représentées. Les procès-verbaux rédigés par eux doivent être remis, avec les pièces saisies, aux receveurs de l'enregistrement, qui ont à faire les diligences et poursuites nécessaires pour le recouvrement des droits, amendes et frais. (*Circ. du garde des sceaux du* 30 *mai* 1872.)

Sont soumis au droit de timbre de 10 centimes : 1° les quittances ou acquits donnés au pied des factures et mémoires, les quittances pures et simples, reçus ou décharges de sommes, titres, valeurs ou objets, et généralement tous les titres de quelque nature qu'ils soient, signés ou non signés, qui emporteraient libération, reçu ou décharge ; 2° les chèques, tels qu'ils sont définis par la loi du 14 juin 1865, dont l'art. 7 est demeuré abrogé.

Le droit est dû pour chaque acte, reçu, décharge ou quittance et tout acte fait sous signatures privées et ne contenant pas de dispositions autres que celles spécifiées à l'art. 18 de la loi du 23 août 1871.

Sont seuls exceptés du droit de timbre de 10 centimes :

1° Les acquits inscrits sur les chèques, ainsi que sur les lettres de change, billets à ordre et autres effets de commerce assujettis au droit proportionnel ;

2° Les quittances de 10 fr. et au-dessous, quand il ne s'agit pas d'un à-compte ou d'une quittance finale sur une plus forte somme ;

3° Les quittances énumérées en l'art. 16 de la loi du 13 brumaire an VII, à l'exception de celles relatives aux traitements et émoluments des fonctionnaires, officiers des armées de terre et de mer, et employés salariés par l'Etat, les départements, les communes et tous établissements publics ;

4° Les quittances délivrées par les comptables de deniers publics, celles des douanes, des contributions indirectes et des postes, qui restent soumises à la gestion qui leur est spéciale. (*Art. 20 de ladite loi.*)

Sont également exemptées du droit de timbre de 10 centimes, les quittances qui concernent les militaires, et dont l'énumération est détaillée dans la note du ministre de la guerre du 10 avril 1872 et celle du garde des sceaux du 30 mai suivant, insérées aux pages 254 et 435 du 8° volume du *Mémorial.*

Toute contravention aux dispositions de l'art. 18 sera punie d'une amende de 50 fr. L'amende sera due par chaque acte écrit, quittance, reçu ou décharge pour lequel le droit de timbre n'aurait pas été acquitté. Le droit de timbre est à la charge du débiteur ; néanmoins le créancier qui a donné quittance, reçu ou décharge en contravention aux dispositions de l'art. 18 est tenu personnellement et sans recours, nonobstant toute disposition contraire, au montant des droits, frais et amendes. La contravention sera suffisamment établie par la représentation des pièces non timbrées et annexées aux procès-verbaux que les employés de l'enregistrement, les officiers de police judiciaire, les agents de la force publique, les préposés des douanes, des contributions indirectes et ceux des octrois sont autorisés à dresser, conformément aux art. 31 et 32 de la loi du 13 brumaire an VII. Il leur est attribué un quart des amendes recouvrées. Les instances seront jugées selon les formes de l'art. 76 de la loi du 28 avril 1816. (*Art. 23 de la loi du 23 août 1871.*)

Le service de la gendarmerie étant déjà très chargé, les militaires de l'arme ne devront pas être détournés de l'accomplissement de leurs obligations actuelles pour être employés d'une manière spéciale et exclusive à la recherche des contraventions en matière de timbre. Leur intervention devra se borner à profiter de leurs tournées et de l'exécution des autres parties du service journalier pour aider les agents du ministère des finances dans la surveillance qu'ils ont à exercer sur cette matière, et pour dresser, le cas échéant, des procès-verbaux constatant les contraventions. (*Circ. du min. de la guerre du 20 avril 1872.*)

Le timbre mobile est apposé sur les quittances ou acquits donnés au pied des factures et mémoires, les quittances pures et simples, les reçus ou décharges de sommes, titres, valeurs ou objets, et généralement sur tous les titres, de quelque nature qu'ils soient, signés ou non signés, et qui emporteraient libération, reçu ou décharge. Ce timbre est collé et immédiatement oblitéré par l'apposition à l'encre noire, en travers du timbre, de la signature des créanciers ou de celui qui donne reçu ou décharge, ainsi que de la date de l'oblitération. Cette signature peut être remplacée par une griffe apposée à *l'encre grasse*, faisant connaître la résidence, le nom ou la raison sociale des créanciers et la date de l'oblitération du timbre. (*Art. 2 du décret du 27 nov. 1871.*)

Les procès-verbaux en matière de timbre sont remis, avec les pièces saisies, aux receveurs de l'enregistrement, qui sont chargés de faire les diligences et poursuites nécessaires pour le recouvrement des droits, amendes et frais.

La loi du 23 août 1871 sur le timbre mobile disant « que les agents ont droit à un quart des amendes *recouvrées* », il en résulte que si, par une cause quelconque, le receveur n'a pas pu faire rentrer dans les caisses de l'Etat ce qui est dû par les contrevenants condamnés, il ne revient rien aux capteurs et que, dès lors, toute réclamation serait inutile. (V. *circ. du min. de la guerre du 13 juin 1881.*)

Mémoires de frais de capture et de frais de conduite, etc., non timbrés.

Aux termes de l'art. 221 de l'instruction du 20 septembre 1875, les mémoires de toute nature établis trimestriellement par les sous-officiers, brigadiers et gendarmes, conformément à l'art. 288 du décret du 18 février 1863, sont exempts, même quand ils sont de plus de 10 fr., du timbre de dimension et du timbre mobile de 10 centimes exigés par l'art. 46 du décret du 18 juin 1811 et l'art. 20 n° 3 de la loi du 23 août 1871.

Cette disposition s'étend également aux agents des douanes et des forêts, qui sont considérés comme des gens de guerre.

La perception de ces droits, si elle était exigée, serait donc contraire aux instructions du ministre des finances des 8 août 1874, 13 août et 20 septembre 1875, et à l'art. 16 de la loi du 13 brumaire an VII.

Les récépissés de versement de fonds de masse à la Caisse des dépôts et consignations par les militaires en position d'absence doivent être rangés dans la catégorie « des pièces ou écritures concernant les gens de guerre, et exemptés, à ce titre, du droit et de la formalité du timbre, en vertu de l'art. 16 de la loi du 13 brumaire an VII ».

Quant aux récépissés destinés à constater le versement de sommes provenant des successions de militaires, ils ne peuvent être considérés comme intéressant des gens de guerre, puisque la caisse qui les reçoit agit non plus au nom des militaires, mais pour le compte de leurs héritiers. (*Circ. du 13 mars 1877.*)

3° TIMBRES DE LETTRES DE VOITURE OU CONNAISSEMENTS.

La lettre de voiture, pour les transports par terre, et le connaissement, pour les transports par mer et sur les fleuves, rivières et canaux, dans le rayon de l'inscription maritime, est une pièce ayant pour but la constatation des conditions convenues entre l'expéditeur et l'entrepreneur pour le transport des marchandises ou effets. Elle doit être datée et indiquer la nature et le poids ou la contenance des colis à transporter, leur marque, le nombre, la nature, le poids, la contenance, le nom de l'expéditeur, celui du commissionnaire, de l'armateur ou du capitaine, et du destinataire, ainsi que leur domicile. Elle énonce le prix du transport et l'indemnité due pour cause de retard; et enfin elle est signée par l'expéditeur ou par le commissionnaire ou par l'agent de l'entreprise maritime.

Pour toute lettre de voiture non timbrée la contravention est punie d'une amende de 30 fr., payable solidairement par l'expéditeur et par le voiturier. (*Art. 7 de la loi du 11 juin* 1842.)

La part qui est accordée aux sous-officiers, brigadiers et gendarmes pour cette contravention est fixée à la moitié des amendes recouvrées. (*Décret du 16 mess. an* XII, *décis. du 14 fév.* 1817, *et art.* 298 *du décret du 18 fév.* 1863.)

Tout connaissement créé en France et non timbré donne lieu à une amende de 50 fr. contre le chargeur. En outre, une amende d'égale somme sera exigée personnellement, et sans recours, tant du capitaine que de l'armateur ou de l'expéditeur du navire. Les contraventions sont constatées par tous les agents ayant qualité pour verbaliser en matière de timbre. Il leur est alloué un quart des amendes recouvrées. (*Art.* 6 *de la loi du* 30 *mars* 1872.)

Ne sont pas assujettis à se pourvoir de lettres de voiture timbrées, les propriétaires qui font conduire par leurs voitures et propres domestiques ou fermiers les produits de leurs récoltes. (*Art.* 2 *du décret du* 3 *janv.* 1809.)

Les gendarmes ne doivent verbaliser que lorsqu'ils ont acquis la preuve de la contravention par la représentation d'une lettre de voiture sur papier libre.

La loi du 30 mai 1851, non plus que le décret réglementaire du 10 août 1852, sur la police du roulage, n'obligent les voituriers à être munis de lettres de voiture. Cet acte n'est pour l'expéditeur, le destinataire et le voiturier qu'une garantie à laquelle ils peuvent renoncer; et l'administration de l'enregistrement ne peut obliger les parties à faire ce qu'elles croient inutile. Mais si elles ont trouvé cette précaution utile, l'art. 55 de la loi du 9 vendémiaire an VI, et les art. 4 et 5 de la loi du 6 prairial an VII disent que les lettres de voiture seront inscrites sur papier du timbre de 1 fr., sous peine d'amende de 25 fr. pour la première fois, de 40 fr. pour la deuxième, et de 100 fr. pour chaque récidive. Ils n'ajoutent pas que les voituriers seront tenus d'en avoir; d'où suit qu'un roulier ou conducteur de messageries qui n'a pas de lettre de voiture, ou qui, s'il en est porteur, ne veut pas la représenter, ne commet pas de contravention. Il n'y a contravention que lorsque le voiturier fait usage, dans le transport des marchandises, d'une lettre de voiture non timbrée et l'exhibe. Alors seulement il y a lieu à constater l'infraction, et la lettre de voiture inscrite sur papier qui n'est pas au timbre exigé au moment où la contravention est commise doit être saisie et jointe au procès-verbal. (*Décis. du min. des fin. du* 29 *oct.* 1810.)

Les lettres de voiture dont sont munis les relayeurs employés par les commissionnaires de roulage sont assujetties au timbre. La nécessité du

timbre ne s'applique pas seulement aux lettres de voiture dont sont porteurs les voituriers qui ont traité directement avec l'expéditeur; elle
s'applique aussi aux lettres de voiture dont sont porteurs les intermédiaires
employés par le voiturier. Dans ce cas, on doit considérer comme lettres
de voiture les papiers qualifiés *extraits* des lettres de voiture et qui contiennent d'ailleurs toutes les énonciations essentielles à ce genre de contrat. Ces extraits doivent être timbrés, lors même qu'on prétendrait qu'ils
se rapportent à des lettres de voiture déjà timbrées. (*Cass.*, 17 *avril*
1848.)

Un bulletin de chargement daté, contenant le nom du destinataire, le
lieu de destination, le nom du voiturier, la nature et le poids de la marchandise, doit être considéré comme une lettre de voiture et, dès lors,
est assujetti au timbre, bien qu'il n'énonce ni le délai, ni le prix du transport, ni l'indemnité en cas de retard. (*Cass.*, 14 *fév.* 1854.)

Les formes auxquelles l'art. 602 du Code commercial assujettit *les
lettres de voiture* n'étant pas prescrites à peine de nullité, c'est au juge à
apprécier celles qui sont substantielles. Ainsi l'écrit remis à un voiturier
peut être qualifié de lettre de voiture et, comme tel, est assujetti au
timbre, quoiqu'il n'indique ni le délai du transport, ni le prix de la voiture, si, d'ailleurs, il présente toutes les indications suffisantes pour établir l'existence et la portée du contrat intervenu entre l'expéditeur et le
voiturier. (*Cass.*, 2 *mai* 1854 et 3 *janv.* 1867.)

V *Affiches, Amendes, Poste aux lettres et Procès-verbaux.*

TITRE NOBILIAIRE. — OFFICIERS.

Aucun officier ne doit être appelé officiellement par le *titre nobiliaire*
qu'il peut avoir, mais bien par la dénomination de son grade. Ainsi les
appellations militaires, soit dans la correspondance, soit dans les relations
de service, doivent avoir lieu par le grade, précédé du mot *monsieur,* et
il n'y a plus d'appellation par *titre* de noblesse. (*Décis. minist. du* 19 *déc.*
1830.)

TOURNÉES DE COMMUNES.

Les fonctions habituelles et ordinaires des brigades sont de faire des
tournées, courses et patrouilles sur les grandes routes, chemins vicinaux,
dans les communes, hameaux, fermes et bois, enfin dans tous les lieux de
leur circonscription respective. (*Art.* 271 *dudit décret.*)

Chaque commune doit être visitée au moins deux fois par mois et ex-
plorée dans tous les sens, indépendamment des jours où elle est traversée
par les sous-officiers, brigadiers et gendarmes au retour des correspondances. (*Art.* 272 *dudit décret.*)

Les tournées, conduites, escortes et correspondances périodiques de
chaque brigade sont toujours faites par deux hommes au moins; les maréchaux des logis chefs, les maréchaux des logis et brigadiers roulent avec
les gendarmes pour ce service. Il doit être établi de manière que les
hommes qui ont été employés hors de la résidence fassent immédiatement
le service intérieur de la brigade, à moins que les circonstances particu-

lières de maladies ou autres empêchements ne forcent d'interrompre cet ordre. (*Art.* 231 *du décret du* 1er *mars* 1854.)

Le commandant de brigade fixe le service des tournées de communes, et commande en même temps celui de la résidence, en se conformant aux dispositions de l'article précédent. (*Art.* 232 *dudit décret.*)

Dans leurs tournées, les sous-officiers, brigadiers et gendarmes s'informent, avec mesure et discrétion, auprès des voyageurs, s'il n'a pas été commis quelque crime ou délit sur la route qu'ils ont parcourue; ils prennent les mêmes renseignements dans les communes, auprès des maires ou de leurs adjoints. (*Art.* 273 *dudit décret.*)

Ils tâchent de connaître les noms, signalements, demeures ou lieux de retraite de ceux qui ont commis des crimes ou délits; ils reçoivent les déclarations qui leur sont faites volontairement par les témoins, et les engagent à les signer, sans cependant les y contraindre. — Ils se mettent immédiatement à la poursuite de ces malfaiteurs pour les joindre et, s'il y a lieu, pour les arrêter au nom de la loi. (*Art.* 274 *dudit décret.*)

Dans ses tournées, correspondances, patrouilles et service habituel à la résidence, la gendarmerie exerce une surveillance active et persévérante sur les repris de justice, sur les condamnés libérés; elle rend compte immédiatement de la disparition de ceux qui ont quitté, sans autorisation, la résidence qui leur est assignée; elle envoie leur signalement aux brigades voisines, ainsi qu'à celles qui ont la surveillance des communes où l'on suppose qu'ils se sont retirés. — Elle se met à leur poursuite, et, si elle les arrête, elle les conduit devant l'autorité compétente. (*Art.* 286 *dudit décret.*)

La gendarmerie fait certifier par la signature des maires, adjoints ou personnes notables le service qu'elle fait dans les communes; il lui est interdit de demander cette signature ailleurs que sur le lieu où le service qu'elle constate a été exécuté. (*Art.* 234 *du décret précité.*) — Si un sous-officier, brigadier ou gendarme se trouve en nécessité d'opérer seul, il fait constater cette circonstance par le maire, l'adjoint ou le notable, pour qu'à son tour son chef puisse apprécier les raisons de cette dérogation à la règle générale. (*Art.* 503 *dudit décret.*)

Le cachet de la mairie doit être apposé au bas de la signature du fonctionnaire, à moins d'impossibilité constatée et dont il doit être rendu compte. (*Art.* 503 *dudit décret, circ. du* 7 *nov.* 1854, *et note du* 24 *nov.* 1855.)

Lorsque, dans une même journée, il y a deux services, ce qui arrive fréquemment, la feuille est donnée de préférence aux hommes qui vont en tournées de communes, le service de correspondance étant toujours constaté par les signatures données sur le carnet. (*Art.* 504 *dudit décret.*)

Les sous-officiers, brigadiers et gendarmes s'informent, dans leurs courses et tournées, si les militaires en congé ne commettent pas de désordres ou ne troublent point la tranquillité publique, et, en cas de plainte, il en est rendu compte à l'autorité militaire. (V. *au* Formulaire *le procès-verbal n°* 170, *édition de* 1883.)

La surveillance de la gendarmerie, dans les tournées de communes, s'exerce en faisant des marches et patrouilles sur les grandes routes, chemins vicinaux et de traverse, dans les villes, villages, hameaux, fermes isolées, bois et forêts; en recueillant des renseignements sur les crimes et contraventions, et en les constatant; en visitant les auberges, cafés, cabarets et autres lieux ouverts au public; en se rendant aux foires, marchés, fêtes et assemblées; en portant son attention sur les étrangers, déserteurs, insoumis, mendiants, vagabonds, colporteurs, chanteurs, pronostiqueurs, charlatans, étalagistes de jeux de hasard, escrocs, filous, voleurs, assassins, enfin sur les mauvais sujets de toute espèce.

Les mêmes investigations sont exigées des sous-officiers, brigadiers et gendarmes employés au service de conduite ou de correspondance qui ne ramènent pas de prisonniers et sont tenus, dans ce cas, de ne pas revenir par la même route. (*Art.* 383 *dudit décret.*)

Dans le cours de leurs tournées, et principalement à l'entrée de la nuit, les gendarmes doivent marcher lentement, avec ordre et silence, regarder partout, écouter attentivement, observer tout ce qui leur paraît extraordinaire, demander aux étrangers leurs passe-ports (1), aux militaires leurs titres de route, s'informer auprès des gardes champêtres, des gardes forestiers, des cantonniers, et dans les fermes, hameaux et cabarets isolés, si on a vu rôder des vagabonds, des mendiants, des gens sans aveu; fouiller les bois et les lieux suspects, et protéger les voyageurs sur les grandes routes.

Pendant le temps des moissons, des vendanges, des récoltes de fruits, ils doivent se diriger vers les lieux où ils apprennent que leur présence est nécessaire pour faire respecter les propriétés.

S'ils trouvent dans les champs, sur les routes, des animaux morts, ils en préviennent immédiatement l'autorité municipale, qui prend des mesures pour l'enfouissement de ces animaux. (V. *Salubrité.*)

S'ils entendent quelques cris d'alarme, ils se portent spontanément du côté d'où vient ce bruit et donnent les secours nécessaires; en un mot, ils exercent une surveillance telle que les coupables se croient toujours observés et le soient en effet.

Dans le cours des tournées de communes, les gendarmes se rendent chez les juges de paix, les maires, les adjoints ou notables des communes qu'ils parcourent; ils leur font part de tout ce qu'ils ont pu découvrir de répréhensible, reçoivent les avis ou réquisitions utiles au maintien de l'ordre.

Le commandant de brigade fait à son tour le service avec les gendarmes, et, s'il est absent pour une cause quelconque, il est remplacé, pour le commandement de la brigade, par le plus ancien gendarme. (V. *Commandants de brigade.*)

Dans les tournées de communes, les gendarmes doivent être porteurs de la note des signalements qu'ils ont reçus pour arrêter les brigands, les voleurs, assassins, les perturbateurs du repos public, les évadés des prisons, les déserteurs, les insoumis et autres personnes contre lesquelles il est intervenu mandat de justice.

Si, dans ces tournées, on signale aux gendarmes quelques criminels, vagabonds ou déserteurs, ils doivent se mettre aussitôt à leur poursuite pour les arrêter.

Après s'être assurés de l'identité des individus, par l'examen de leurs papiers et les questions qu'on doit leur faire sur leurs noms, leur état,

---

(1) V. *Passe-ports,* p. 456 et 457.

leur domicile et les lieux d'où ils viennent et où ils vont, ils se saisissent de ceux qui sont prévenus de crimes, délits ou vagabondage, et ils dressent procès-verbal; mais ils relâchent immédiatement ceux qui, étant seulement désignés comme vagabonds ou sans aveu, se justifieraient par le compte qu'ils rendraient de leur conduite, ainsi que par le contenu de leurs certificats ou passe-ports. (*Art. 275 du décret du 1ᵉʳ mars 1854.*)

Les sous-officiers, brigadiers et gendarmes d'une brigade ne peuvent franchir les limites de leur brigade pour aller exercer leur surveillance sur les communes appartenant à la brigade voisine; mais, dans le cas où des gendarmes poursuivant de près des voleurs ou assassins, des déserteurs ou contrebandiers, parviendraient aux extrémités de leur arrondissement, du département même, sans les avoir arrêtés, ils peuvent se porter sur le territoire de la brigade voisine ou du département limitrophe pour les atteindre, s'il est possible, ou prévenir les brigades les plus rapprochées de la direction qu'ils auraient prise : dans ce cas, il en est rendu compte sur-le-champ aux chefs de l'arme.

TOURNÉES DES OFFICIERS DE GENDARMERIE.

Revues des inspecteurs généraux.

Les différents corps de gendarmerie sont inspectés annuellement par des inspecteurs généraux spécialement désignés à cet effet, et pris parmi les généraux de division ou de brigade. (*Art. 8 du décret du 1ᵉʳ mars 1854.*)

Les inspections générales de la gendarmerie ont essentiellement pour objet, non seulement de constater en détail la situation du personnel et du matériel de cette arme, en s'assurant que les règlements sont partout observés et que le corps répond entièrement au but de son institution, mais encore de stimuler, par de justes récompenses, l'émulation et l'activité des officiers, sous-officiers, brigadiers et gendarmes. (*Art. 9 dudit décret.*)

Le ministre de la guerre détermine chaque année, par des instructions spéciales, les attributions des inspecteurs généraux de gendarmerie. (*Art. 10 dudit décret. — V. les instructions annuelles pour les inspections générales.*)

Revues des chefs de légion.

Les chefs de légion de gendarmerie passent, par arrondissement, une revue annuelle des brigades sous leurs ordres. Ils déterminent eux-mêmes l'époque de cette revue, de manière à avoir terminé leur travail avant le commencement des inspections générales. (*Art. 165 du décret du 1ᵉʳ mars 1854, modifié par la décis. présid. du 14 fév. 1883.*)

En dehors de cette revue annuelle et indépendamment des circonstances qui les appellent au chef-lieu d'une compagnie pour présider le conseil d'administration, les chefs de légion font, au moins une fois par année, une inspection inopinée dans chacune des compagnies de leur légion, soit au chef-lieu, soit sur tout autre point où ils penseraient avoir à constater des négligences ou des abus. (*Art.* 165 *du décret du* 1ᵉʳ *mars* 1854, *modifié par la décis. présid. du* 14 *fév.* 1883. — V. *Indemnités*).

Les chefs de légion sont autorisés à laisser faire les tournées en chemin de fer aux officiers de tous grades, notamment aux chefs d'escadron, par extension de la circulaire du 12 décembre 1872. (*Circ. du* 19 *août* 1878.)

Avant de commencer leur revue, les chefs de légion en informent les officiers généraux commandant les régions, ainsi que les préfets des départements où ils se rendent. Ils préviennent également les sous-intendants militaires des jours où ils seront rendus au chef-lieu de chaque compagnie pour vérifier la comptabilité.

Ils font connaître préalablement au ministre de la guerre l'itinéraire qu'ils se proposent de suivre dans leurs tournées. (*Art.* 166 *dudit décret.*)

Lors de leurs revues, les chefs de légion s'informent près des différentes autorités si le service se fait avec exactitude et s'ils tiennent dans leur résidence une conduite exempte de reproche.

Ils font avec le plus grand soin l'inspection des hommes, s'assurent qu'ils connaissent les devoirs de leur état et qu'ils ont l'instruction nécessaire pour les bien remplir. Ils examinent si les chevaux sont bien nourris et en bon état, et si ceux admis en remplacement dans l'arme sont d'un bon choix et réunissent les qualités exigées. Ils examinent aussi l'état de l'habillement, de l'équipement et de l'armement. Ils voient si le tout est au complet, uniforme et bien entretenu, si l'on a fait les réparations et remplacements ordonnés à l'inspection générale précédente.

Ils profitent de la réunion des brigades pour leur recommander l'observation des devoirs que leurs fonctions leur imposent, le zèle le plus actif pour le service et la pratique de toutes les prescriptions concernant l'ordre *intérieur*, la *police* et la *discipline*. Ils donnent des éloges à ceux qui se sont distingués par leur bonne conduite et leur bon service, et ils en font une mention particulière sur le contrôle de revue.

Les chefs de légion réprimandent les hommes qui ont donné lieu à des plaintes fondées, et prononcent sur-le-champ les punitions que les officiers, sous-officiers, brigadiers et gendarmes ont encourues. (*Art.* 167 *dudit décret.*)

Les approvisionnements de fourrages sont l'objet d'une attention spéciale de la part des chefs de légion. (*Art.* 168 *dudit décret et circ. du* 27 *nov.* 1855.)

L'instruction militaire et spéciale des officiers, sous-officiers, brigadiers et gendarmes est également, de la part des chefs de légion, l'objet d'un examen minutieux.

Ils accordent, à cet effet, des encouragements aux militaires qui ont le plus efficacement contribué aux progrès des diverses parties de l'instruction spéciale et militaire, et signalent, au contraire, les officiers et les chefs de brigade qui, par insouciance ou incapacité, leur paraissent avoir négligé cette partie importante de leurs devoirs. (*Art.* 169 *dudit décret.*)

Ils se font rendre compte de l'état du casernement : les réparations et améliorations qu'ils jugent indispensables motivent, de leur part, des observations aux autorités administratives, auxquelles ils indiquent aussi les moyens de pourvoir au casernement des brigades dont les hommes se trouvent logés isolément. — Ces observations sont consignées dans le rapport que le chef de légion remet à l'inspecteur général sur la situation du casernement. (*Art.* 170 *dudit décret.* — V. *l'instr. pour les inspections générales qui se publie annuellement, et Chefs de légion.*)

Revues des commandants de compagnie.

Les commandants de compagnie font une tournée par an pour l'inspection de leurs brigades. — Le chef de légion détermine l'époque de cette revue. — Les commandants de compagnie vérifient avec le plus grand soin si les sous-officiers, brigadiers et gendarmes font exactement leur service, s'ils vivent en bonne police et discipline dans leur résidence, et n'y contractent point de dettes qui occasionneraient des réclamations; si, dans leurs courses, ils se comportent avec décence et honnêteté; s'ils ne donnent pas lieu à quelques plaintes par des vexations, violences, abus de pouvoir ou excès commis sous prétexte de leurs fonctions. — Ils s'assurent également si les brigades prêtent main-forte dans les cas prévus par le décret du 1ᵉʳ mars 1854; si l'on se conforme aux règles qui y sont établies pour les réquisitions; s'il n'y a point de prétentions et d'exigences mal fondées de la part des autorités, ou d'opposition de la part des commandants d'arrondissement et de brigade; si les gendarmes ne sont pas employés à des services qui leur sont étrangers, ou s'ils ne se refusent pas à ceux qu'on est en droit d'exiger d'eux. — Les plaintes et les réclamations adressées à ce sujet sont vérifiées par les commandants de compagnie, qui font des réprimandes ou infligent des punitions, s'il y a lieu, à leurs subordonnés et en rendent compte aux chefs de légion.

Les commandants de compagnie font, en outre, des visites inopinées dans les brigades sous leurs ordres; ces visites sont combinées de telle sorte que toutes les brigades de la compagnie puissent être vues au moins une fois à l'improviste dans le courant de l'année. (*Art.* 179 *du décret du 1ᵉʳ mars 1854, modifié par la décis. présid. du 14 fév. 1883.* — V. *Indemnités.*)

Les commandants de compagnie, dans leurs tournées, doivent s'assurer que les registres et feuilles de service des brigades sont à jour, qu'ils sont tenus avec soin et méthode et qu'ils ne présentent aucune omission; ils doivent aussi consigner sur le registre des rapports et correspondance n° 2 (*circ. du 10 mai 1880*) les observations auxquelles cet examen a donné lieu, et apposer leur visa sur tous les registres indistinctement, au milieu de la page et immédiatement au-dessous de la dernière inscription. Ils réprimandent et punissent les sous-officiers et brigadiers qui ne tiennent pas leurs écritures avec exactitude. Toutefois, les différents registres ne doivent être visés par le commandant de compagnie qu'autant que de nouvelles inscriptions y ont été faites depuis leur précédente tournée par les commandants d'arrondissement. — Ils vérifient également si les registres que doivent tenir ces officiers sont tenus avec ordre et méthode. (*Art.* 180 *dudit décret.*)

Les commandants de compagnie visitent les casernes et voient si elles sont tenues dans le meilleur état de propreté, s'il ne s'y commet point de dégradations, si le logement de chaque homme est convenable et choisi en raison des besoins de famille; ils voient les chevaux à l'écurie, s'assurent qu'ils sont bien nourris, régulièrement pansés et ferrés; enfin ils examinent l'état de l'habillement, de l'équipement et de l'armement, ordonnent les réparations à y faire, et prennent des notes sur tous ces objets pour les comprendre dans le rapport qu'ils doivent adresser au colonel de la légion sur l'ensemble de leur tournée. — Ils consignent au registre n° 2 le résultat de leurs observations, particulièrement en ce qui concerne l'état d'entretien des chevaux. (*Art.* 181 *dudit décret et circ.* du 10 *mai* 1880.)

V. au sujet du casernement les art. 234 à 245 du règlement du 9 avril 1858 et les circulaires des 3 mai 1859 et 21 juillet 1868, relatives à l'exagération dans la distribution des effets aux hommes et dans leur remplacement anticipé par les commandants d'arrondissement qui s'attachent trop au brillant de la tenue.

Les commandants de compagnie s'informent si la solde parvient régulièrement aux brigades, si elle n'éprouve point de retard et si chaque homme reçoit exactement ce qui lui revient et n'a pas de réclamations à faire. (*Art.* 182 *dudit décret.*)

Dans les cinq jours qui suivent la fin de leur tournée annuelle, les commandants de compagnie adressent au chef de légion un rapport circonstancié sur les résultats de cette revue, en y joignant les propositions qu'ils jugent utile de lui soumettre dans l'intérêt du service. (*Art.* 183 *dudit décret.* — V. *Commandants de compagnie.*)

Revues des commandants d'arrondissement.

Les commandants d'arrondissement font annuellement deux tournées pour la revue de leurs brigades. L'époque à laquelle la première de ces tournées doit s'effectuer est déterminée par le chef de légion. Quant à la seconde, elle a lieu, en principe, au mois d'octobre ; toutefois elle ne doit commencer qu'un mois après la clôture de l'inspection générale.

Indépendamment de ces tournées, les commandants d'arrondissement visitent à l'improviste, au moins deux fois par an, chacune des brigades de leur arrondissement. (*Art.* 190 *du décret du* 1er *mars* 1854, *modifié par la décis. présid. du* 14 *fév.* 1883.)

Ces visites peuvent se faire par les voies rapides.

Les tournées doivent être faites sans désemparer, et chaque jour doit être justifié dans l'itinéraire ; les chefs de légion peuvent autoriser les officiers à faire ces tournées par les voies rapides. (*Circ. des* 24 *déc.* 1862 *et* 19 *août* 1878. — V. *Indemnités.*) Les chevaux appartenant à l'Etat ne doivent pas être attelés et il est défendu de faire ces tournées en voiture. (*Art.* 186 *du règl. du* 9 *avril* 1858; *circ. des* 15 *avril* 1868, 9 *nov.* 1872 *et* 13 *déc.* 1872.)

Dans leurs tournées, les commandants d'arrondissement s'informent, auprès des autorités locales, si le service est fait sur tous les points avec exactitude et activité; si les brigades visitent au moins deux fois par mois toutes les communes de leur circonscription; si elles surveillent les vagabonds et repris de justice et si elles recherchent les déserteurs et tous autres individus signalés. (*Art.* 191 *dudit décret.*)

Ces officiers font l'inspection des casernes et des chevaux ; ils passent une revue détaillée de tous les effets d'habillement, d'équipement et de harnachement; ordonnent les réparations qu'ils jugent nécessaires pour l'amélioration de la tenue; prononcent la réforme des effets hors de service, et donnent des ordres aux chefs de brigade pour qu'ils soient vendus ou détruits dans le plus bref délai. (*Art.* 192 *dudit décret.*)

A chaque tournée, le commandant d'arrondissement adresse au commandant de la compagnie un état des besoins en effets. (*Circ. du* 20 *janv.* 1865.)

Dans ces mêmes tournées, ces officiers sont tenus d'exercer une exacte surveillance sur tous les détails de la gestion des fourrages des commandants de brigade et sur les dispositions prises par ces derniers pour que les chevaux reçoivent la totalité de la ration réglementaire en denrées de bonne qualité.

Les circulaires des 15 août 1854, 3 juin et 27 novembre 1855, 2 avril, 26 juin et 26 novembre 1863, qui ont changé complétement le mode d'approvisionnement des fourrages réglé par l'art. 193, prescrivent la plus grande, la plus minutieuse surveillance sur la gestion des fourrages, la qualité des denrées, etc.

Les tournées des commandants d'arrondissement ne peuvent être un motif ni un prétexte d'interrompre ou de retarder l'exécution du service. Les chefs de brigade, nonobstant l'avis donné par ces officiers de leur arrivée pour une revue, n'en doivent pas moins déférer aux réquisitions qui leur sont adressées et envoyer aux correspondances les hommes qu'ils sont tenus d'y fournir. (*Art.* 194 *dudit décret.*)

Les commandants d'arrondissement doivent se conformer aux dispositions de l'art. 180 du décret du 1er mars 1854 pour le visa qu'ils ont à apposer sur les différents registres des brigades, pendant leurs tournées périodiques. En outre, ils consignent au registre des rapports et correspondance n° 2 (*circ. du* 10 *mai* 1880) le résultat de leurs observations sur l'instruction spéciale et militaire, ainsi que sur la gestion des fourrages et sur l'état d'entretien des chevaux, au jour de leur inspection. (*Art.* 195 *dudit décret.*)

Dans les cinq jours qui suivent la fin de leur tournée, les commandants d'arrondissement adressent au commandant de la compagnie un rapport détaillé sur les résultats de cette revue, en y joignant les propositions qu'ils jugent utile de leur soumettre dans l'intérêt du service des brigades. (*Art.* 196 *dudit décret.*)

Logement et repas.

Il est expressément défendu aux officiers de tout grade de la gendarmerie, lors de leurs revues, d'accepter ni logement ni repas chez leurs inférieurs. (*Art.* 210 *dudit décret.*)

Tournées des adjudants.

L'adjudant fait, au moins une fois chaque mois, dans les cantons soumis à la surveillance des brigades du chef-lieu, des tournées de communes, pour s'assurer auprès des autorités locales que le service de la gendarmerie s'y exécute avec régularité. — Il visite également de temps à autre les points de correspondance des brigades placées sous son commandement. — Sa présence aux points de correspondance est constatée par son visa sur les feuilles de service. (*Art.* 216 *du décret du* 1er *mars* 1854)

Lieux où doivent se passer les inspections.

Les inspecteurs généraux et les chefs de légion passent leur revue par arrondissement, et les commandants de compagnie et d'arrondissement, par brigade.

La revue par brigade ne peut être passée qu'au lieu de la résidence de la brigade. Il est expressément défendu aux commandants de compagnie et d'arrondissement de réunir les brigades sur un tout autre point pour en faire l'inspection.

Remplacement des officiers en tournée.

Les officiers momentanément en service extraordinaire dans leurs arrondissements respectifs ou en tournée ne sont point considérés comme absents de leurs postes. Ils sont suppléés, pour le service journalier, par le militaire le plus élevé en grade de leur résidence.

Lors des vacances d'emploi, et en cas d'absence ou de maladie, les remplacements ont lieu ainsi qu'il suit : le chef de légion, par le plus ancien chef d'escadron de la légion ; — le chef d'escadron, par le plus ancien capitaine de la compagnie ; — le commandant de l'arrondissement du chef-lieu de la compagnie, par l'adjudant ou le maréchal des logis chef, et, dans tout autre arrondissement, par le plus ancien maréchal des logis, et, au besoin, par l'adjudant ou le maréchal des logis chef ; — le trésorier, par le maréchal des logis adjoint de la compagnie, ou, à son défaut, par un maréchal des logis adjoint d'une autre compagnie de la même légion, sur la désignation du colonel. (*Art.* 211 *du décret du* 1ᵉʳ *mars* 1854.)

La forme, pour la signature de la correspondance officielle, en cas de vacance d'emploi, de maladie, de congé, de permission, d'absence pour une cause quelconque, est fixée par la circulaire ministérielle du 10 mai 1853.

L'ancienneté est comptée d'après les règles tracées par les art. 2 à 6 de l'ordonnance du 16 mars 1838, portant règlement sur l'avancement dans l'armée, en tenant compte des dispositions de l'art. 63 du décret précité du 1ᵉʳ mars 1854. (V. Mémorial, 2ᵉ *vol.*, *p.* 405.)

Pour la gendarmerie, le service effectif compte de la date de la nomination dans l'arme. (*Décis. des* 30 *oct.* 1875 *et* 6 *juin* 1876.)

Les sous-officiers qui sont chargés par les chefs de légion de faire les tournées des officiers absents ou malades ont droit à l'indemnité affectée à ce grade. — Mais les commandants d'arrondissement qui suppléent, pour le service des tournées, les commandants de compagnie ne peuvent cumuler l'indemnité de tournée de leur arrondissement avec celle de la tournée de compagnie, lorsqu'ils effectuent en même temps la tournée de leur grade dans leur arrondissement. Ils n'ont droit alors qu'à l'indemnité qu'aurait reçue le commandant de compagnie.

Mais si le commandant d'arrondissement, après avoir effectué la tournée de son grade, reçoit du chef de légion l'ordre de faire la tournée du commandant de compagnie, il reçoit successivement les deux indemnités auxquelles ont donné lieu les deux tournées successives.

Les trésoriers ne peuvent, en aucun cas, être appelés à suppléer ou remplacer les commandants de compagnie ou d'arrondissement pour le service des tournées. (*Art.* 160 *du décret du* 18 *fév.* 1863.)

Nul officier ou sous-officier ne peut remplacer son chef immédiat dans les tournées d'inspection sans un ordre spécial du chef de légion et cet ordre doit être relaté en tête de la feuille justificative des tournées.

Les devoirs et les droits des officiers, sous-officiers et gendarmes appelés à remplacer leurs chefs immédiats dans leurs tournées sont les mêmes que ceux des titulaires pour tout ce qui concerne le service. Cependant les suppléants qui sont d'un grade inférieur ne peuvent jouir des honneurs attachés au grade supérieur dont ils remplissent les fonctions : les honneurs ne se cumulent point, ils ne sont dus qu'en raison du grade effectif. (V. *Honneurs à rendre.*)

Tenue des officiers dans leurs tournées.

Les officiers de tout grade de la gendarmerie sont, comme ceux des autres armes, astreints à porter l'uniforme. Dans le service et lors de leurs revues et tournées, ils doivent toujours être en tenue militaire. — Cette tenue est également obligatoire pour eux non seulement dans les réunions officielles, mais encore dans celles qui ont lieu chez une autorité quelconque, soit civile, soit militaire. — Hors du service, la tenue de ville peut être permise aux officiers de gendarmerie, attendu qu'ils ne font pas partie de la garnison proprement dite de leurs résidences. Les généraux commandant les régions sont juges, en dernier ressort, des circonstances où ces tolérances de tenue peuvent être accordées. (*Art.* 209 *du décret du* 1er *mars* 1854.)

TRANSPORT.

V. *Chemins de fer, Chevaux, Effets des militaires absents, Pièces à conviction, Traversées.*

TRAVAIL DANS LES MANUFACTURES ET USINES.

La journée de l'ouvrier dans les manufactures et usines ne pourra excéder douze heures de travail effectif. (*Art.* 1er *du décret du* 9 *sept.* 1848.)

Des règlements d'administration publique détermineront les exceptions qu'il sera nécessaire d'apporter à cette disposition générale, à raison de la nature des industries ou des causes de force majeure. (*Art.* 2.)

Il n'est porté aucune atteinte aux usages et aux conventions qui, antérieurement au 2 mars 1848, fixaient, pour certaines industries, la journée de travail à un nombre d'heures inférieur à douze. (*Art.* 3.)

Tout chef de manufacture ou usine qui contreviendra au présent décret et aux règlements d'administration publique promulgués en exécution de l'art. 2, sera puni d'une amende de 5 à 100 fr.

Les contraventions donneront lieu à autant d'amendes qu'il y aura d'ouvriers indûment employés, sans que ces amendes réunies puissent s'élever au-dessus de 1,000 fr.

Le présent article ne s'applique pas aux usages locaux et conventions indiqués par la présente loi. (*Art.* 4.)

L'art. 463 du Code pénal pourra toujours être appliqué. (*Art.* 5.)

Le décret du 2 mars 1848, en ce qui concerne la limitation des heures du travail, est abrogé. (*Art.* 6.)

Ne sont pas compris dans la limite de durée du travail fixée par la loi précitée les divers travaux de nettoiement et autres énumérés au décret du 17 mai 1851.

La loi du 25 mai 1864, en autorisant les coalitions, punit l'atteinte à la liberté du travail et de l'industrie, résultant de menaces d'interdiction dirigées, soit contre un ouvrier proscrit, soit contre le patron qui l'emploie, soit contre les autres ouvriers qui restent dans le même atelier.

Toutefois, si le droit de se coaliser, accordé par la loi, implique le droit de s'entendre, il n'implique pas celui de former des associations de plus de vingt personnes, dans le but d'organiser et de diriger la coalition. (*Cass.*, 23 *fév.* 1866.)

Est complice du délit, celui qui, en vertu d'un plan concerté, épie l'ouvrier proscrit et fournit des renseignements pour assurer le succès de la proscription. Il y a menace caractérisée dans l'ordre par écrit, donné au nom de l'association par des affiliés, de quitter l'atelier où l'on emploie l'ouvrier à qui le travail est interdit. (*Cass.*, 5 *avril* 1867.)

Tout directeur, commis, ouvrier de fabrique, qui aura communiqué, ou tenté de communiquer à des étrangers, ou à des Français résidant en pays étranger, des secrets de la fabrique où il est employé, sera puni d'un emprisonnement de deux ans à cinq ans, et d'une amende de 500 fr. à 20,000 fr. — Si ces secrets ont été communiqués à des Français résidant en France, la peine sera d'un emprisonnement de trois mois à deux ans, et d'une amende de 16 à 200 fr. — Le maximum de la peine prononcée par les §§ 1er et 3 du présent article sera nécessairement appliqué, s'il s'agit de secrets de fabriques d'armes et de munitions de guerre appartenant à l'Etat. (*Art.* 418 *du Code pénal rendu conforme à la loi du* 13 *mai* 1863.)

Enfants et filles mineures.

Les enfants et les filles mineures ne peuvent être employés à un travail industriel, dans les manufactures, fabriques, usines, mines, chantiers et ateliers, que sous les conditions déterminées dans la présente loi. (*Art.* 1er *de la loi du* 19 *mai* 1874.)

Les enfants ne pourront être employés par des patrons, ni être admis dans les manufactures, usines, ateliers ou chantiers, avant l'âge de douze ans révolus. — Ils pourront être toutefois employés à l'âge de dix ans révolus dans les industries spécialement déterminées par le décret du 27 mars 1875. (*Art.* 2.)

Les enfants, jusqu'à l'âge de douze ans révolus, ne pourront être assujettis à une durée de travail de plus de six heures par jour, divisée par un repos. A partir de douze ans, ils ne pourront être employés plus de douze heures par jour, divisées par des repos. (*Art.* 3.)

Les enfants ne pourront être employés à aucun travail de nuit jusqu'à l'âge de seize ans révolus. La même interdiction est appliquée à l'emploi des filles mineures de seize à vingt-un ans, mais seulement dans les usines et manufactures. Tout travail entre neuf heures du soir et cinq heures du matin est considéré comme travail de nuit. Toutefois, en cas de chômage résultant d'une interruption accidentelle et de force majeure, l'interdiction ci-dessus pourra être temporairement levée, et pour un délai déterminé, par la commission locale ou l'inspecteur institués, sans que l'on puisse employer au travail de nuit des enfants âgés de moins de douze ans. (*Art.* 4.)

Les enfants âgés de moins de seize ans et les filles âgées de moins de vingt-un ans ne pourront être employés à aucun travail, par leurs patrons, les dimanches et fêtes reconnues par la loi, même pour rangement de l'atelier. (*Art.* 5.)

Néanmoins, dans les usines à feu continu, les enfants pourront être employés la nuit ou les dimanches et jours fériés aux travaux indispensables. Les travaux tolérés et le laps de temps pendant lequel ils devront être exécutés sont déterminés par le décret du 22 mai 1875. Ces travaux ne seront, dans aucun cas, autorisés que pour des enfants âgés de douze ans au moins. On devra, en outre, leur assurer le temps et la liberté nécessaires pour l'accomplissement des devoirs religieux. (*Art.* 6.)

Aucun enfant ne peut être admis dans les travaux souterrains des mines, minières et carrières avant l'âge de douze ans révolus. Les filles et femmes de peuvent être admises dans ces travaux. Les conditions spéciales du travail des enfants de douze à seize ans dans les galeries souterraines sont déterminées par le décret du 12 mai 1875. *Art.* 7.)

Les militaires employés chez les cultivateurs sont surveillés par la gendarmerie. (*Circ. du 5 juill.* 1877.)

Nota. V. à *l'appendice*, page 805, cinq décrets, datés du 3 novembre 1882, sur le travail des enfants mineurs.

TRAVERSÉES.

POUR LA CORSE, L'ALGÉRIE ET LE LITTORAL.

(*Note du 13 avril 1881.*)

Les passages militaires gratuits pour la Corse, l'Algérie, etc., se divisent en passages de *droit* et en passages de *faveur*.

Il existe, pour les lignes de l'Algérie seulement, une troisième catégorie de passages à prix réduits, c'est-à-dire que les militaires de tous grades, les employés militaires et leurs familles n'ayant pas droit au passage gratuit, ou ne l'ayant pas demandé ou obtenu à temps, peuvent, au moyen d'une réquisition délivrée par le fonctionnaire de l'intendance du port d'embarquement, profiter, pour eux et les gens de service qui les accompagnent, d'une réduction sur les tarifs commerciaux de l'entreprise, et ne payer à celle-ci que les prix stipulés par le département de la guerre. (*Art.* 68, 71 *et* 75 *du cahier des charges du* 10 sept. 1879, *inséré au* Journal militaire officiel, *part. réglem.,* 2° *sem.* 1880, *p.* 21, *et dont nous donnons plus loin un extrait.*)

Le tarif des prix de nourriture et de transport, en ce qui concerne le service des correspondances entre la France, l'Algérie, la Tunisie et sur le littoral algérien, établi d'après les itinéraires arrêtés par le ministre des postes et des télégraphes le 28 juin 1880, se trouve aux pages 71 à 78 du même journal.

Pour les lignes de la Corse, les passagers militaires voyageant sur réquisition de l'administration sont admis sur les paquebots avec leur famille et leur suite, à 30 0/0 de rabais sur les prix adoptés par la compagnie, en produisant leur commission, lettre de service ou feuille de route. (*Art. 33 du cahier des charges du service postal confié à la compagnie Fraissinet.*)

Passages gratuits de droit.

Les passages gratuits *de droit* (aller ou aller et retour, selon les nécessités du service) sont acquis et, par suite, délivrés sans l'intervention du ministre :

1° Aux *inspecteurs en tournée d'inspection ;*

2° Aux militaires et employés militaires de l'armée active en activité ou non-activité (de la réserve ou de l'armée territoriale) voyageant en vertu d'un ordre de service délivré par l'autorité militaire supérieure ou permutant d'office, qu'ils aient droit ou non à l'indemnité de route ;

3° Aux militaires envoyés en congé à titre de soutien de famille ou de convalescence, ainsi qu'à ceux qui ont obtenu un congé comme récompense de tir ;

4° Aux militaires permutant en vertu des art. 9 et 10 du décret du 13 février 1852 (après six ans de séjour en Algérie, pour les officiers, et après huit ans pour les sous-officiers, etc.) ;

5° Aux officiers membres du Sénat, des conseils généraux ou d'arrondissement, se rendant aux sessions desdits conseils ou du Sénat ;

6° Aux militaires passant dans la réserve ou la disponibilité, réformés ou retraités, employés en France, en Corse et en Algérie, qui rentrent sur le continent ou se retirent en Corse et en Algérie (ce droit subsiste pendant deux ans) ;

7° Aux femmes et enfants des militaires compris dans les paragraphes précédents, voyageant avec eux ou qui s'embarquent à une date ultérieure, pour les rejoindre.

Les veuves et les enfants de militaires décédés en activité de service ont également droit au passage gratuit, pendant l'année qui suit le décès du chef de la famille ;

8° Aux militaires (sous-officiers, brigadiers, caporaux et soldats) allant en permission ou en congé par application de la décision ministérielle du 14 décembre 1880.

Les passagers militaires et leurs familles ayant *droit* au transport gratuit sont embarqués directement et sans frais, par les soins des fonctionnaires de l'intendance militaire, sur le vu des pièces constatant leur *droit* au passage gratuit.

Passages gratuits de faveur.

Les passages gratuits *de faveur* (aller ou aller et retour) peuvent être accordés :

1° Aux militaires de tous grades de l'armée active allant en permission ou en congé pour affaires personnelles, ou changeant de corps par permutation volontaire;

2° Aux officiers et sous-officiers de l'armée territoriale pourvus d'un emploi permanent et soldé voyageant en vertu d'une permission régulière ;

3° Au personnel de l'administration centrale de la guerre voyageant en vertu d'une permission régulière ;

4° Aux ingénieurs des poudres et salpêtres voyageant en vertu d'une permission régulière.

Des passages gratuits de faveur pourront également être accordés aux familles des personnes désignées dans les quatre paragraphes ci-dessus ;

5° Aux élèves des écoles ci-après : Ecole polytechnique ; Ecole spéciale militaire ; Ecole de médecine et de pharmacie militaires ; Ecole d'administration de Vincennes ; Ecole des enfants de troupe ; Prytanée militaire (avec vivres) ; aux *élèves militaires* des Ecoles vétérinaires ; aux élèves des maisons d'éducation de la Légion d'honneur, filles de militaires en activité de service, allant en vacances dans leurs familles.

Deux ans après leur rentrée dans la vie civile, les militaires réformés ou retraités, et leurs familles, ne peuvent plus obtenir de passages gratuits, à titre militaire.

Cette *faveur peut leur être accordée,* s'il y a lieu, par M. le ministre de l'intérieur (service de l'Algérie), *à titre civil.*

Le passage gratuit n'est pas accordé aux gens de service, même lorsqu'ils accompagnent leurs maîtres ; mais ils sont admis à jouir d'une réduction de prix sur les tarifs commerciaux, conformément aux dispositions du § 2 de la présente réglementation.

Les passagers qui ont obtenu le transport gratuit de faveur sont, sur le vu de l'autorisation spéciale qui leur a été délivrée, embarqués par les soins des fonctionnaires de l'intendance.

Les passages de faveur sont accordés :

1° Par le ministre de la guerre, entre la France, la Corse et l'Algérie et sur le littoral algérien ;

2° Par le général commandant le 19° corps d'armée, d'Algérie en France et en Corse (avec retour) et sur le littoral algérien, mais seulement aux militaires des corps de troupe ou des services sous ses ordres, et sans vivres pour les 1°, 2° et 3° classes, le passage avec vivres étant limité à la 4° classe.

Dispositions générales.

Les demandes de passages gratuits de faveur doivent, sous peine a être considérées comme non avenues, être faites par le militaire lui-même, qu'il soit présent à son poste ou en congé, qu'il s'agisse de lui ou de sa famille, et adressées au ministre par la voie hiérarchique, avec avis favorable du commandant supérieur.

Les demandes de passage gratuit de faveur, d'Algérie en France et sur le littoral algérien, formées par les militaires des corps de troupe ou des services stationnés en Algérie, qu'il s'agisse d'eux ou de leur famille, doivent satisfaire aux mêmes conditions et être adressées à M. le général commandant le 19° corps d'armée, appuyées de l'avis favorable des généraux commandant les divisions militaires ou des chefs de service sous ses ordres. Une lettre collective du ministre de la guerre, en date du 12 mai 1882, rappelle à la stricte exécution de ces dernières dispositions.

Il n'est donné aucune suite aux demandes de passage de faveur qui ne remplissent pas toutes les conditions qui précèdent.

Les passagers n'ayant pas droit au transport gratuit avec vivres doivent acquitter au préalable le prix de leur nourriture entre les mains des agents de la compagnie chargée du service, et ne sont compris sur les états d'embarquement qu'après avoir produit au fonctionnaire de l'intendance la quittance de payement.

Les enfants âgés de moins de trois ans sont transportés gratuitement ; ceux de trois à cinq ans payent la moitié de la nourriture, et ceux de cinq à quinze ans payent la moitié du transport et de la nourriture.

Les passagers qui s'embarquent avant d'avoir demandé l'autorisation de passage gratuit ne peuvent l'obtenir ultérieurement ; ceux qui, l'ayant demandée, s'embarquent avant de l'avoir reçue ne peuvent ensuite en faire usage, ni réclamer le remboursement ou l'exonération de leurs frais de passage ou de nourriture. (*Note minist. du 13 avril* 1881.)

Aux termes de la circulaire ministérielle du 10 avril 1877, les militaires allant de France en Corse ou en Algérie, et réciproquement, qui n'ont pas obtenu le passage gratuit doivent, avant leur départ du corps, verser le prix de la traversée entre les mains du conseil d'administration, qui leur délivre alors un certificat constatant ce versement et sur le vu duquel ils sont embarqués au compte de l'Etat.

Des infractions aux dispositions de la circulaire précitée ayant été constatées, le ministre est fermement décidé à laisser, à l'avenir, à la charge des conseils d'administration en défaut le montant des frais de traversée dont ils auraient négligé de faire opérer le versement. (*Note minist. du 5 fév.* 1882.)

PLACES A BORD DES PAQUEBOTS SUBVENTIONNÉS.

Les brigadiers de la gendarmerie nationale, du bataillon mobile et de la garde républicaine voyageant, pour un motif quelconque, entre la France, la Corse et l'Algérie sont classés, à bord des paquebots subventionnés, à la 3º classe (sous-officiers) et admis à la table des passagers de cette classe. (*Circ. du 12 mai* 1879.)

EXTRAIT DU CAHIER DES CHARGES DU 10 SEPTEMBRE 1879, EN VIGUEUR DU 1ᵉʳ JUILLET 1880 AU 30 JUIN 1895.

Parcours. — Périodicité des voyages.

Art. 1ᵉʳ. Le traité a pour objet l'exécution de services réguliers par paquebots à vapeur entre Marseille, Port-Vendres, Alger, Oran, Philippeville, Tunis, Tanger et Tripoli de Barbarie.
Ces services comprennent :

1º Ligne de Marseille à Alger.

Deux voyages par semaine (aller et retour) entre Marseille et Alger.

2º Ligne de Marseille à Oran.

Un voyage par semaine (aller et retour) entre Marseille et Oran, avec escale à Carthagène, tous les quinze jours.

3° Ligne de Port-Vendres à Alger (1).

Un voyage par semaine (aller et retour) entre Port-Vendres et Alger.

4° Ligne de Port-Vendres à Oran (2)

Un voyage par semaine (aller et retour) entre Port-Vendres et Oran, avec escale en Espagne tous les quinze jours, dans l'un des deux ports d'Alicante ou de Valence, suivant le choix qui sera fait ultérieurement par le ministre des postes et des télégraphes, le gouverneur général de l'Algérie consulté.

5° Ligne de Marseille à Philippeville.

Deux voyages par semaine (aller et retour) entre Marseille et Philippe-ville, avec escale, au retour, à Bougie, une fois par semaine.

6° Ligne de Marseille à Tunis.

Un voyage par semaine (aller et retour) entre Marseille et Tunis, avec escales à Ajaccio (3), à Bône et, à moins que l'état de la mer ne le permette pas, à la Calle.

7° Ligne de Tunis à Tripoli de Barbarie.

Un voyage par semaine (aller et retour) entre Tunis et Tripoli de Bar-barie, avec escales à Sousse, Monastir, Mehdié, Sfax, Djerba et, à moins que l'état de la mer ne le permette pas, à Gabès.

8° Ligne d'Alger à Bône.

Un voyage par semaine (aller et retour) entre Alger et Bône, avec es-cales à Dellys, Bougie, Djidjelly, Collo et Philippeville.

9° Ligne d'Oran à Tanger.

Un voyage par quinzaine (aller et retour), avec escales obligatoires à Nemours, Malaga et Gibraltar, et facultative à Mélilla.

---

(1) Les paquebots de cette ligne auront la faculté de relever sur Cette et sur Marseille, à la condition qu'ils partiront exactement de Port-Vendres aux jour et heure fixés par le ministre des postes et télégraphes et que le chargement, à Port-Vendres (pour Alger et *vice versa*), sera assuré, de préférence à tout autre, pour toutes les marchandises qui seront déclarées aux agents de l'en-treprise quarante-huit heures à l'avance.

(2) Les paquebots de cette ligne auront la faculté de relever sur Cette et sur Marseille, à la condition qu'ils partiront exactement de Port-Vendres aux jour et heure fixés par le ministre des postes et télégraphes et que le chargement, à Port-Vendres (pour Oran et *vice versa*), sera assuré, de préférence à tout autre, pour toutes les marchandises qui seront déclarées aux agents de l'en-treprise quarante-huit heures à l'avance.

(3) Jusqu'au 31 juillet 1883, les transports de matériel et de personnel entre Marseille et Ajaccio et *vice versa* seront réservés à la compagnie Fraissinet, qui en est titulaire en vertu de marchés passés avec les ministères de la guerre et de la marine.

Heures de départ et d'arrivée; durée des escales.

Art. 17. Lorsque des circonstances extraordinaires l'exigeront, les départs, soit de Marseille, soit de Port-Vendres, soit des ports d'Algérie, têtes de lignes, pourront être retardés, par ordre de l'autorité, en vertu d'une réquisition transmise par les commissaires du gouvernement ou par leurs délégués.

Passages gratuits avec vivres ou sans vivres.

Art. 32. Les passagers auxquels il est accordé, au compte de l'Etat, des passages gratuits avec vivres ou sans vivres, et qui sont, en conséquence, compris sur les états d'embarquement dont il est question ci-après, sont divisés en quatre classes.

La classe à laquelle appartient chaque passager est indiquée en regard de son nom, sur les états de filiation ou sur les états d'embarquement s'il est isolé.

Les passagers de 2°, de 3° ou de 4° classe, au compte de l'Etat, pourront changer de classe à prix d'argent, lorsque les règles de la hiérarchie du corps auquel ils appartiennent ne s'y opposeront pas, et en payant directement aux agents de l'entreprise la différence entre le prix des places.

Logement et couchage à bord.

Art. 33. Tous les passagers de 1re et de 2° classe seront traités à bord, sous le rapport du logement et du couchage, avec le confortable en usage sur les meilleurs paquebots français.

Chaque navire affecté au service aura un minimum de vingt-quatre couchettes pour les passagers de 3° classe transportés au compte de l'Etat. Sur les navires qui desserviront la ligne du littoral, le minimum des couchettes sera de quinze.

Ceux de ces passagers qui ne pourront pas avoir de couchettes auront droit à un matelas.

Les femmes, les enfants, les malades, les convalescents, passagers de 4° classe, auront droit également à un matelas. L'autorité administrative pourra disposer en leur faveur des couchettes de 3° classe non occupées.

Tous les passagers de 3° ou de 4° classe auront droit à une ou deux couvertures de bord, suivant la saison, et devront être admis dans l'abri indiqué au paragraphe 9 de l'art. 10, jusqu'à concurrence du nombre fixé par ledit paragraphe.

Couvertures.

Art. 34. Les couvertures seront fournies par l'entreprise.

Elles seront du modèle adopté pour le service du campement.

Par exception, les corps ou fractions de corps constitués, les détachements d'un effectif de cent hommes et au-dessus, embarqués sur un même paquebot, seront pourvus de couvertures par les soins de l'administration de la guerre.

Nourriture.

Art. 35. Les passagers seront nourris par les soins de l'entreprise, conformément aux indications ci-après:

Il sera formé quatre tables distinctes pour les passagers de 1re, de 2°, de 3° et de 4° classe.

1° — Tables de 1re et de 2e classe.

Les passagers de ces classes feront deux repas par jour, le déjeuner et le dîner.

Le linge de table consistera, sans distinction, en nappes et serviettes damassées pour les deux classes. Les cuillers, fourchettes, réchauds, etc., seront en argent ou en métal argenté, également pour les deux classes. Les couteaux seront à manche d'ivoire pour la 1re classe et à manche d'ébène pour la 2e classe.

La vaisselle sera en porcelaine de choix pour la 1re classe et en porcelaine ordinaire pour la 2e classe.

Les carafes, verres, etc., seront en cristaux de choix pour la 1re classe et en cristaux ordinaires pour la 2e classe.

Enfin, les tables des passagers des deux premières classes seront pourvues de tout ce qui est nécessaire au service.

Les repas seront composés des mets et boissons énoncés ci-après :

NOMENCLATURE DES METS.	REPAS			
	DE 5 A 6 PERSONNES.		DE 7 A 9 PERSONNES.	
	Nombre de plats.		Nombre de plats.	
	1re classe.	2e classe.	1re classe.	2e classe.
DÉJEUNERS DE 10 A 11 HEURES.				
Plats de cuisine..........	3	2	4	3
Hors-d'œuvre ou salaisons.	4	2	4	2
Plats de dessert..........	4	3	5	3
Vin....................	Une bouteille de vin par personne ou du thé pour les passagers de 1re classe qui ne boivent pas de vin.			
Café (Tasses de)..........	5 à 6	5 à 6	7 à 9	7 à 9
Eau-de-vie (Verres d')....	5 à 6	5 à 6	7 à 9	7 à 9
DINERS DE 5 A 6 HEURES.				
Soupe...................	1	1	1	1
Bouilli et relevé..........	1	1	1	1
Hors-d'œuvre de cuisine...	2	»	4	»
Entrées.................	2	1	2	1
Entremets...............	2	»	2	1
Rôti...................	1	1	1	1
Salade..................	1	1	1	1
Plats de dessert..........	5	3	6	4
Vin (Bouteilles de)........	5 à 6	5 à 6	7 à 9	7 à 9
Café (Tasses de)..........	5 à 6	5 à 6	7 à 9	7 à 9
Eau-de-vie (Verres d').....	5 à 6	5 à 6	7 à 9	7 à 9

Les repas recevront un accroissement proportionnel pour le nombre de personnes au-dessus de neuf. Il sera, en outre, servi tous les matins, entre sept et huit heures, du café ou du thé aux passagers de 1re et de 2e classe. Les mets devront être préparés avec soin et aussi variés que la saison le permettra; le vin sera de bonne qualité.

Les passagers de 1re et de 2e classe qui, étant malades, ne pourront pas assister aux repas, auront la faculté de se faire servir gratuitement du citron, du bouillon, du thé, de l'eau sucrée ou des boissons rafraîchissantes, ainsi qu'un plat de viande et un peu de vin.

2° — Tables de 3e et de 4e classe.

Les passagers de ces deux classes feront trois repas par jour, aux heures indiquées ci-après. La table de la 3e classe aura du linge blanc, de la vaisselle, des couteaux, des carafes et des verres ordinaires, enfin des cuillers et des fourchettes de composition.

La table de la 4e classe ne pourra exiger du linge de table, mais elle aura de la vaisselle, des couteaux, des verres ordinaires et des couverts de métal.

Les repas seront composés de la manière indiquée au tableau suivant :

HEURES.		COMPOSITION DES REPAS.	OBSERVATIONS.
MATIN.	SOIR.		
		3e CLASSE.	
7 à 8 h.	....	Fromage et beurre.	
10 à 11 h.	....	Un plat de viande chaud. Un plat de légumes ou de poisson. Un dessert.	La viande et le poisson, à raison de 250 gram. par personne.
»	5 à 6 h.	Soupe. Rôti de viande. Un plat de légumes ou de poisson. Dessert.	
A chaque repas..		Vin, 1/3 de litre. Pain blanc à discrétion.	Le vin sera de bonne qualité.
		4e CLASSE.	
7 à 8 h.	....	Fromage et beurre.	
10 à 11 h.	....	Un plat de viande chaud. Un plat de légumes ou de poisson.	La viande et le poisson, à raison de 250 gram. par personne.
»	5 à 6 h.	Soupe. Un plat de viande. Un plat de légumes ou de poisson.	
A chaque repas..		Vin, 1/4 de litre. Pain blanc à discrétion.	Le vin sera de bonne qualité.

Tous les mets de la 3ᵉ et de la 4ᵉ classe seront abondants, de bonne qualité et préparés avec soin. Les passagers de 3ᵉ et de 4ᵉ classe qui, étant malades, ne pourront pas assister aux repas, recevront, sur leur demande, du bouillon ou de l'eau sucrée ainsi que du citron.

Les domestiques des deux sexes ne seront pas admis aux tables de 1ʳᵉ et de 2ᵉ classe, ni dans les cabines communes de ces classes, à moins que ces cabines ne soient occupées exclusivement par les personnes auxquelles ils sont attachés.

À l'arrivée dans le port, les repas seront dus lorsque l'heure de l'arrivée, indiquée par le service de la santé, précédera d'une demi-heure, ou moins, celles fixées ci-dessus.

Toutefois les militaires, passagers de 3ᵉ ou de 4ᵉ classe, transportés au compte de l'État, ont droit au repas du soir lorsqu'ils sont débarqués après midi.

Places réservées à l'administration de la guerre.

Art. 36. L'adjudicataire s'engage à transporter tous les passagers qui lui seront confiés par l'administration de la guerre, sans que néanmoins il puisse être disposé, pour ces passagers, de plus des deux tiers des places de chaque classe existant sur le paquebot en partance, à moins d'accord préalable entre les parties intéressées.

Pour les cas où les deux tiers de l'emplacement de chaque classe réservés aux passagers de l'État deviendraient insuffisants sur un paquebot, les passagers du département de la guerre seront embarqués de préférence aux passagers des autres départements ministériels, à moins que l'adjudicataire puisse disposer en leur faveur de la place réservée aux passagers libres.

Enfants.

Art. 37. Les enfants âgés de moins de cinq ans, voyageant avec leurs parents, seront admis à la même classe que leurs parents et n'auront pas droit à une couchette.

Les enfants de cinq à quinze ans auront droit à une couchette ; toutefois, il ne sera dû qu'une seule couchette pour deux enfants de la même famille et du même sexe.

Bagages.

Art. 38. Les passagers de l'État auront droit au transport gratuit de leurs bagages jusqu'à concurrence de :

150 kilogrammes par passager	de 1ʳᵉ classe.	
125 —	—	de 2ᵉ classe.
75 —	—	de 3ᵉ classe.
35 —	—	de 4ᵉ classe.

Si le poids des bagages des passagers excède les quantités ci-dessus, ces excédants seront payés directement à l'entreprise au prix fixé par les tarifs ordinaires, diminués de 30 p. 100.

Chaque colon venant de France et nanti d'un titre provisoire de concession jouira, pour une première fois, d'une réduction de 50 p. 100 sur les prix des tarifs administratifs pour le transport de son matériel agricole et de son cheptel, mais à la condition que le nombre des animaux ne sera pas supérieur à trois, quelle que soit la race.

Avaries communes et particulières.

Art. 54. Le Code de commerce fera loi entre les parties pour les avaries communes et particulières, le rachat, le jet à la mer et la contribution.

FIXATION DES PRIX.

Art. 68. Les prix à payer pour le transport des passagers, des chevaux ou mulets, du matériel et des poudres et munitions du département de la guerre ou de l'administration civile sont fixés comme ci-après :

1° A titre de frais de transport, par lieue marine parcourue.

Entre la France et l'Algérie :
Trente centimes par passager de 1re classe ;
Vingt centimes par passager de 2e classe ;
Dix centimes par passager de 3e ou de 4e classe ;
Quarante centimes par cheval ou mulet.

Sur le littoral, ces prix seront les suivants :
Trente-six centimes par passager de 1re classe ;
Vingt-quatre centimes par passager de 2e classe ;
Douze centimes par passager de 3e ou de 4e classe ;
Quarante-huit centimes par cheval ou mulet.

2° A titre de frais d'embarquement et de débarquement.

(Pour les deux opérations réunies.)

Service entre la France et l'Algérie :
Soixante centimes par passager de toute classe ;
Deux francs quarante centimes par cheval ou mulet.

Sur le littoral :
Soixante-dix centimes par passager de toute classe ;
Deux francs quatre-vingts centimes par cheval ou mulet.

3° A titre de frais de nourriture.

Huit francs par jour et par passager de 1re classe ;
Cinq francs par jour et par passager de 2e classe ;
Trois francs par jour et par passager de 3e classe ;
Un franc quatre-vingts centimes par jour et par passager de 4e classe ;
Trois francs par jour par cheval ou mulet.

Les frais de nourriture des passagers s'appliquent exclusivement aux traversées effectuées pendant le jour et se décompteront en raison des repas à prendre. Les frais de nourriture des chevaux ou mulets se décompteront par période de douze heures.

V. *le tarif approuvé le 2 mars 1883, au* Journ. milit., *part. régl.,* p. 275.

Distances.

Art. 69. Pour l'établissement du tarif prescrit à l'article précédent, les parcours seront comptés ainsi qu'il suit :

De Marseille à Alger, 139 lieues marines (1) ; — de Marseille à Oran, 178 ; — de Port-Vendres à Alger, 117 ; — de Port-Vendres à Oran, 156 ; — d'Oran à Nemours, 27 ; — de Marseille à Philippeville, 131 ; — de Philippeville à Bougie, 32 ; — de Bougie à Marseille, 140 ; — de Marseille à Ajaccio, 62 ; — d'Ajaccio à Bône, 103 ; — de Bône à la Calle, 12 ; — de la Calle à Tunis, 43 ; — d'Alger à Dellys, 14 ; — de Dellys à Bougie, 20 ; — de Bougie à Djidjelly, 11 ; — de Djidjelly à Collo, 16 ; — de Collo à Philippeville, 6 ; de Philippeville à Bône, 19.

Les parcours imposés par les circonstances de mer, en dehors de l'itinéraire normal, aux passagers à destination des ports d'escale, pour revenir à ces ports, ne donnent lieu à aucun payement pour frais de transport.

Les frais de nourriture seuls sont dus, comme dans le cas de relâche forcée prévu à l'article précédent, c'est-à-dire pour tout le temps de navigation ou de relâche au delà de vingt-quatre heures.

Pour la ligne de Tunis à Tripoli, à laquelle ne sont pas applicables les tarifs spéciaux de transport, les distances sont ainsi fixées :

De Tunis à Sousse, 43 lieues marines ; — de Sousse à Monastir, 5 ; — de Monastir à Mehdié, 11 ; — de Mehdié à Sfax, 48 ; — de Sfax à Gabès, 16 ; — de Gabès à Djerba, 12 ; — de Djerba à Tripoli de Barbarie, 46.

Risques et périls à la charge du concessionnaire.

Art. 79. Moyennant les prix fixés d'après les bases des art. 68 et 69, tous les risques et périls résultant de l'exploitation du service demeurent à la charge de l'adjudicataire.

Passages sur réquisition.

Art. 71. Les militaires de tous grades et les employés militaires, leurs femmes, enfants et ascendants seront transportés aux prix fixés par le marché, lorsque ces personnes, n'étant pas admises comme passagers du département de la guerre, auront à payer directement à l'entreprise le prix de leur passage. Pour obtenir cette faveur, elles devront se présenter au bureau de l'entreprise, avec une réquisition délivrée par le commissaire du gouvernement sur la demande du sous-intendant militaire du lieu d'embarquement.

Domestiques.

Les domestiques des officiers, fonctionnaires et employés du département de la guerre seront admis comme passagers de 3° ou de 4° classe,

---

(1) La lieue marine, de 20 au degré, est de 5,555 mètres.

également aux prix du marché, mais seulement lorsqu'ils accompagneront les personnes auxquelles ils sont attachés.

Les mêmes dispositions sont applicables aux fonctionnaires, agents et employés de tous les services administratifs de l'Algérie.

Passages gratuits, avec ou sans vivres.

Art. 73. Le gouverneur général et le ministre de la guerre auront la faculté d'accorder des passages gratuits avec ou sans vivres.

Les personnes qui obtiendront des passages sans vivres devront acquitter, entre les mains des agents de l'entreprise, le prix de la nourriture tel qu'il est fixé pour chaque classe par l'art. 68. A cet effet, elles seront munies, par l'autorité compétente du lieu d'embarquement, de bulletins indiquant la somme qu'elles doivent payer à l'entreprise.

Ces passages seront payés à l'adjudicataire aux prix fixés par l'art. 68.

Enfants.

Art. 74. Les enfants âgés de moins de trois ans, voyageant avec leurs parents, seront transportés gratuitement ; ceux de trois à cinq ans payeront la moitié des prix fixés pour la nourriture ; ceux de cinq à quinze ans ne payeront que la moitié des prix du marché (*transport et nourriture*).

Bagages des passagers sur réquisitions.

Art. 75. Les personnes embarquées sur réquisitions, conformément aux dispositions de l'art. 71, seront traitées, pour leurs bagages, comme les passagers inscrits sur les états d'embarquement.

Les enfants de cinq à quinze ans auront droit à la moitié du poids accordé à la classe à laquelle appartiennent leurs parents.

Les excédants seront payés comme ceux des parents.

POUR LES COLONIES AUTRES QUE L'ALGÉRIE.

Il n'est accordé de passages aux frais du budget de l'Etat ou du service local des colonies que dans les circonstances indiquées par les articles suivants. (*Art. 1ᵉʳ du décret du 7 mai 1879.*)

Service de la marine.

Obtiennent des passages sur les bâtiments de l'Etat et, à défaut, sur les bâtiments du commerce, les officiers, fonctionnaires, marins, militaires et divers agents du service de la marine envoyés de France aux colonies et réciproquement, ou chargés de missions à l'extérieur; ceux qui auront ordre de se rendre à bord des bâtiments de l'Etat ou qui seront débarqués de ces bâtiments en cours de campagne;

Les marins et militaires en service aux colonies qui ont droit à l'envoi en congé renouvelable par application de l'art. 17 de la loi du 27 juillet 1872 sur le recrutement de l'armée et ceux qui obtiennent des congés renouvelables à titre de soutien de famille ou des congés de convalescence ;

Les enfants de troupe appelés par leur âge à rallier la portion centrale de leur corps. (*Art. 2.*)

Service des colonies.

Il est également accordé des passages sur les bâtiments de l'État, et, à défaut, sur les bâtiments du commerce :

Aux officiers, fonctionnaires, marins, militaires et divers agents du service des colonies qui se rendront, par ordre, de France aux colonies et réciproquement ou d'un établissement colonial à l'autre ; à leur femme et à leurs enfants qui les accompagneront ou qui partiront dans le délai d'un an pour les rejoindre ;

Aux officiers, fonctionnaires et agents envoyés d'Europe qui, licenciés, révoqués ou admis à la retraite dans les colonies, demanderont dans le délai d'une année à rentrer en France ;

Aux femmes et aux enfants des officiers, fonctionnaires et agents compris dans le paragraphe précédent, voyageant avec eux ou qui s'embarquent dans le délai d'un an pour les rejoindre ;

Aux veuves et aux enfants des officiers, fonctionnaires et agents du service des colonies décédés en activité de service soit en France, soit dans les colonies, si le départ a lieu dans l'année qui suivra le décès du chef de la famille ;

Aux officiers, fonctionnaires et agents auxquels il sera accordé des congés pour motifs de santé dûment constatés et à ceux qui obtiendront des congés à 2/3 de solde dans les conditions prévues aux paragraphes 2 de l'art. 37 et 3 de l'art. 40 du décret du 1er juin 1875 sur la solde ;

Les congés prévus au paragraphe précédent donnent droit au passage pour venir en France et pour retourner aux colonies. (*Art. 3.*)

Les congés motivés sur des affaires personnelles ne comportent aucune concession de passage à titre gratuit. (*Art. 4.*)

Les concessions relatives aux femmes et aux enfants sont limitées à deux traversées, celle d'aller pour se rendre de France aux colonies ou d'une colonie dans une autre et celle de retour ; toutefois, n'ont droit qu'au passage dit de retour les familles des officiers, fonctionnaires et agents dont le mariage a eu lieu dans la colonie où ils sont en service. Le droit au passage pour la femme et les enfants est renouvelé lorsque le chef de la famille est envoyé en France ou dans une autre colonie, par suite de changement de destination. (*Art. 5.*)

Quand la nécessité a été dûment constatée par des certificats émanant du service de santé de la marine, les officiers, fonctionnaires et agents porteurs d'un congé de convalescence sont autorisés à se faire accompagner ou à se faire rejoindre par leur famille.

Est également accordé par anticipation, en cas de nécessité dûment constatée par le service médical de la marine, le passage de retour de la famille des officiers, fonctionnaires et agents, quand l'état de santé de cette famille ne lui permet plus le séjour auprès de son chef.

Dans les cas prévus aux deux paragraphes précédents, la concession des deux passages d'aller et de retour ou du passage de retour, prévue

48

à l'art. 5, est épuisée; tous les passages ultérieurs des femmes et des enfants des officiers, fonctionnaires et agents restent à leur compte. (*Art.* 6.)

Lorsqu'un officier, fonctionnaire ou agent et sa famille comptent au minimum trois ans de séjour consécutifs au Gabon ou en Cochinchine, quatre ans au Sénégal, à la Guyane, à Mayotte, à Nossi-Bé et à Sainte-Marie de Madagascar, ou six ans dans les autres colonies, il est accordé à la famille un deuxième passage gratuit d'aller et de retour en dehors des traversées prévues à l'art. 5, que le chef de famille vienne en congé de convalescence ou qu'il soit porteur d'un congé à 2/3 de solde. (*Art.* 7.)

Il est accordé passage gratuit aux enfants des officiers, fonctionnaires et agents coloniaux et aux créoles venant en France pour y profiter des bourses qu'ils ont obtenues dans les lycées, dans les collèges, au séminaire colonial ou dans les maisons de la Légion d'honneur.

Le passage pour retourner aux colonies leur est de même accordé s'ils s'embarquent, à cet effet, dans l'année qui suit leur sortie définitive desdits établissements. S'ils quittent ces établissements avant d'y avoir terminé les études qui ont motivé leur admission, le passage de retour ne leur est accordé que si une décision du conseil de santé constate qu'ils sont atteints d'une maladie ne leur permettant pas de prolonger leur séjour en France.

Des passages peuvent être accordés, dans les mêmes conditions, sur la demande de l'administration locale des colonies, aux créoles ainsi qu'aux enfants des officiers, fonctionnaires et agents coloniaux qui obtiennent des subventions sur les budgets locaux pour faire leurs études en France. (*Art.* 8.)

Les individus nés dans les colonies françaises peuvent, s'ils sont dépourvus de ressources, être rapatriés dans leur pays d'origine, mais à la ration.

La même mesure est applicable aux colons français dénués de ressources ayant plus d'une année de séjour dans la colonie où ils sont établis. (*Art.* 9.)

Le ministre de la marine et des colonies peut, par décision spéciale, accorder des passages à la ration aux colons libres à destination de celles de nos colonies pour lesquelles il a été prévu des crédits spéciaux à cet effet, soit au budget de l'Etat, soit aux budgets locaux.

Dispositions générales.

Le ministre de la marine et des colonies peut autoriser les officiers, fonctionnaires et agents qui n'ont pas droit à un passage gratuit à s'embarquer, avec leur femme et leurs enfants, sur les bâtiments de l'Etat, moyennant versement préalable des frais de nourriture et autres, et sur les bâtiments du commerce, moyennant versement préalable des frais de passage. (*Art.* 12.)

Le passage concédé aux enfants des officiers, fonctionnaires et agents, conformément aux art. 2, 3 et 8 du présent décret, est limité pour les fils, à leur majorité, et pour les filles, à leur mariage. (*Art.* 15.)

Le délai d'un an, fixé dans les art. 2. 3 et 8 du présent décret, ne peut être prolongé que dans les cas exceptionnels, et par décision spéciale du ministre de la marine et des colonies rendue sur rapport motivé. (*Art.* 16.)

Domestiques.

Suivant les conditions prévues par le décret du 28 avril 1858, il est accordé des passages gratuits pour les domestiques des officiers et fonctionnaires du département de la marine dans les circonstances ci-après :

1° Lorsque le domestique accompagne l'officier ou le fonctionnaire;
2° Lorsqu'il va le rejoindre isolément;
3° Lorsqu'il accompagne la famille de l'officier ou fonctionnaire voyageant isolément, tant à l'aller qu'au retour;
4° Lorsqu'il est rapatrié après le décès du maître;
5° Lorsqu'il est renvoyé pour motif de santé ou de convenance personnelle;

Sous la réserve que le droit de l'officier est épuisé lorsqu'il a usé de la faculté de passage d'un domestique une fois pour l'aller et une fois pour le retour.

Les domestiques qui se sont séparés de leur maître n'ont pas droit au passage de rapatriement. (*Art.* 17.)

Bagages.

Les dispositions relatives à l'embarquement et au poids des bagages continuent à être réglées par des décisions ministérielles (1). (*Art.* 18.)

Chevaux.

Les officiers montés réglementairement et qui reçoivent l'ordre de se rendre de France aux colonies pour y tenir garnison ou qui rentrent des colonies en France ont droit, pour le nombre de chevaux attribué à leur grade, au passage sur les bâtiments de l'Etat, lorsque le transport peut être effectué par cette voie.

Les autres moyens de transport des chevaux restent réglés par les dispositions en vigueur à l'égard des corps de troupes de la marine. (*Art.* 19.)

RAPATRIEMENT.

Lorsqu'un militaire libéré du service demande à se rendre dans un pays outre-mer ou aux colonies (sauf pour l'Algérie), le conseil d'administration doit adresser au ministre de la guerre, par l'entremise du général commandant le corps d'armée, quelque temps avant la date fixée pour le renvoi dans les foyers, une demande faisant connaître si le militaire avait déjà, avant son incorporation, son domicile dans le pays où il désire se retirer.

---

(1) La décision actuellement en vigueur est du 30 décembre 1873; elle fixe le poids des bagages à 200 kil. pour chaque passager.

Le ministre adresse ensuite, quand il y a lieu, à son collègue des finances, qui les transmet au commissaire du gouvernement du port d'embarquement, des réquisitions assurant aux militaires rapatriés la gratuité du transport et aux autres des réductions sur le tarif commercial des compagnies :

30 °/₀ sur les lignes de la Méditerranée et de la mer Noire, du Brésil et de la Plata, de l'Indo-Chine et du Japon, des Etats-Unis d'Amérique et du Mexique;

40 et 50 °/₀ sur les lignes des Antilles et de la Guyane (40 °/₀ passagers de chambre, et 50 °/₀ passagers d'entrepont).

En attendant que le ministre fasse connaître aux corps de troupe intéressés la date du départ des paquebots et les ports d'embarquement sur lesquels doivent être dirigés les militaires, ceux-ci *sont maintenus en subsistance dans les corps auxquels ils appartiennent.*

Les militaires libérés du service devant s'embarquer sur les paquebots de la compagnie Valery ou sur les bâtiments de l'Etat en partance à l'époque de leur libération continuent à être dirigés sur les ports d'embarquement sans qu'il soit besoin d'en référer au ministre. (*Circ. des 11 oct. 1877 et 14 fév. 1879.*)

Les militaires ayant obtenu un congé de convalescence ou un congé à titre de soutien de famille pour en jouir dans une colonie française autre que l'Algérie, ou dans un pays étranger d'outre-mer, sont, à défaut de bâtiments de l'Etat, admis aux frais du département de la guerre sur les paquebots des compagnies maritimes subventionnées.

Sont seuls admis à titre gratuit, *sur ces paquebots,* les militaires qui, placés dans une des deux positions ci-dessus indiquées, se rendent dans un pays qu'ils habitaient avant leur incorporation ; ceux d'entre eux qui n'y avaient pas leur domicile, au moment de leur entrée au service militaire, bénéficient seulement, en vertu d'une réquisition délivrée par le département de la guerre, d'une réduction sur le tarif ordinaire des compagnies de 30, 40 et 50 °/₀ selon les lignes.

Sur les bâtiments de l'Etat, les militaires en possession de l'un ou l'autre de ces congés, qui justifient de motifs suffisants pour obtenir cette faveur et qui la sollicitent, continuent à être admis gratuitement, qu'ils aient eu ou non, avant leur incorporation, leur domicile dans le pays où ils se rendent.

Les demandes de transport gratuit, accompagnées des pièces justificatives, doivent être adressées au ministre (5° *Direct., Bureau des personnels administ. et des transports généraux*). (*Note du min. de la guerre du 4 nov. 1880.*)

Gendarmes coloniaux démissionnaires.

Les gendarmes coloniaux démissionnaires peuvent être rapatriés gratuitement, ainsi que leur famille, par un bâtiment de l'Etat, s'ils présentent leur demande de passage dans le délai d'un an à partir du jour où l'acceptation de leur démission par le département de la guerre leur aura été notifiée. (*Art. 2, 3 et 8 du décret du 7 mai 1879.*)

Ce délai d'un an ne peut être prolongé que dans les conditions indiquées par l'art. 16 du même décret. (*Circ. du min. de la marine du 23 juill. 1881.*)

PLACES A BORD DES BATIMENTS DE L'ÉTAT.

Table du commandant.

1re *Catégorie.* — Maréchal de France. — Général de division. — Général de brigade. — Intendant général inspecteur. — Intendant militaire. — Médecin ou pharmacien inspecteur. — Inspecteur général des poudres et salpêtres. — Payeur général de la trésorerie et des postes aux armées.

Directeur général, directeur, sous-directeur et chef de service de l'administration centrale.

2e *Catégorie.* — Colonel (A). — Lieutenant-colonel (A). — Chef de bataillon, d'escadron ou major (A). — Sous-intendant militaire. — Adjoint de 1re classe à l'intendance (A). — Ingénieur en chef des poudres et salpêtres. — Ingénieur de 1re classe des poudres et salpêtres. — Médecin ou pharmacien principal (A). — Médecin ou pharmacien-major de 1re classe (A). — Officier d'administration principal (A). — Vétérinaire principal (A). — Interprète principal. — Directeur de télégraphie de l'armée. — Chef de service de télégraphie de l'armée. — Payeur principal et particulier du service de la trésorerie et des postes aux armées.

Chef et sous-chef de bureau de l'administration centrale.

Table de l'état-major.

Capitaine (A). — Lieutenant (A). — Chef de musique. — Garde principal d'artillerie. — Contrôleur d'armes principal. — Adjoint principal du génie. — Ingénieur de 2e classe des poudres et salpêtres. — Sous-ingénieur de 2e classe des poudres et salpêtres. — Adjoint de 2e classe à l'intendance (A). — Médecin ou pharmacien-major de 2e classe (A). — Médecin ou pharmacien aide-major de 1re classe (A). — Officier d'administration des services administratifs et de la justice militaire (A). — Aumônier militaire. — Vétérinaire. — Interprète. — Commis principal du service d'exploitation des poudres et salpêtres. — Payeur-adjoint du service de la trésorerie et des postes aux armées. — Chef de section de la télégraphie. — Commis principal, dessinateur et graveur de l'administration centrale suivant leur grade.

Table des aspirants.

Sous-lieutenant (A). — Garde d'artillerie. — Contrôleur d'armes. — — Elève ingénieur des poudres et salpêtres. — Adjoint du génie (A). — Médecin et pharmacien aide-major de 2e classe. — Adjudant d'administration des services administratifs. — Aide-vétérinaire. — Interprète auxiliaire de 1re et de 2e classe. — Commis ordinaire de l'exploitation des poudres et salpêtres. — Commis du service de la trésorerie et des postes aux armées. — Chef de poste de télégraphie militaire. — Elève

(A) Armée active, réserve et armée territoriale en cas de mobilisation.

de l'Ecole polytechnique. — Elève des Ecoles militaires. — Commis ordinaire de l'administration centrale. — Dessinateur et graveur de l'administration centrale, suivant leur grade. (*Circ. du 22 avril 1880.*)

Table des maîtres.

Adjudant. — Chef artificier. — Adjudant du service de la justice militaire. — Sergent-major. — Maréchal des logis chef. — Sous-chef de musique. — Ouvrier d'état de 1re et de 2e classe de l'artillerie et du génie. — Chef armurier. — Gardien de batterie. — Chef et sous-chef ouvrier du service des poudres et salpêtres. — Portier-consigne de 1re et de 2e classe et maréchaux des logis de gendarmerie. (*Circ. 22 avril et 26 août 1880.*)

Table des seconds maîtres.

Sergent. — Maréchal des logis. — Sous-officier du service de la justice militaire. — Brigadier de gendarmerie. (*Circ. 22 avril 1880 et 3 juill. 1882.*)

Passagers à la ration.

Caporal. — Brigadier. — Maître ouvrier ou 1er ouvrier. — Ouvrier de la télégraphie militaire. — Soldat. — Musicien. — Brigadier et ouvrier du service des poudres et salpêtres. — Portier-consigne de 3e classe. — Batelier aide-portier. — Casernier. — Enfant de troupe. — Cantinière. — Chef d'équipe de télégraphie militaire et télégraphiste militaire. — Sous-agent du service de la trésorerie et des postes aux armées. — Gendarme. (*Circ. des 22 avril 1880 et 3 juill. 1882.*)

TRÉSORIER. — ADJOINT. — CONSEIL D'ADMINISTRATION

L'administration de chaque corps ou compagnie de gendarmerie est confiée à un conseil placé sous la surveillance administrative du contrôle local.

La composition de ce conseil est déterminée suivant le cas (corps ou compagnie) par l'art. 518 du décret du 18 février 1863.

Celui de la gendarmerie départementale ne se renouvelle que partiellement et à mesure que les membres qui en font partie quittent la résidence. (*Art. 521 du même décret.*)

Leur remplacement est provoqué par le conseil d'administration, qui informe le sous-intendant militaire de la mutation survenue parmi ses membres ; ce fonctionnaire propose au chef de légion de détacher au chef-lieu de la compagnie l'officier suppléant, toutes les fois que le conseil aura besoin de délibérer. (*Art. 524 du décret du 18 fév. 1863.*)

La mission du suppléant finit le jour où le titulaire reprend ses fonctions. (*Art. 525 dudit décret.*)

Lorsque le commandant de la compagnie est suppléé dans le conseil, la présidence appartient à l'officier le plus élevé en grade ou au plus ancien de grade, à l'exception du trésorier, qui, en raison de la nature de ses fonctions, ne peut jamais exercer la présidence. (*Art. 526 dudit décret.*)

Les membres titulaires ou suppléants ne peuvent refuser le mandat qui leur est donné. (*Art. 527 dudit décret.*)

Les trésoriers, secrétaires et rapporteurs de ces conseils, en sont les agents les plus actifs; ils sont chargés, sous leur direction et sous leur surveillance, de toutes les opérations qui concernent la comptabilité en deniers; ils sont également chargés de tous les détails qui constituent la comptabilité-matières, habillement, armement, munitions, campement, et enfin de la tenue de tous les registres qui s'y rapportent. (*Art.* 201 *du décret du* 1er *mars* 1854.)

Ils correspondent directement, en qualité de secrétaires du conseil avec les commandants d'arrondissement et de brigade, pour tout ce qui est relatif à la solde, à l'habillement et à la transmission des mandats, pièces de comptabilité, effets et imprimés. (*Art.* 203 *du même décret.*)

Ils sont responsables de la conservation et du renouvellement des modèles-types et des effets de toute nature qui sont en magasin. (*Art.* 202 *du même décret.*)

Ils sont chargés de l'établissement des contrôles annuels et de la tenue des registres matricules des hommes et des chevaux. (*Art.* 204 *du même décret.*)

Ils arrêtent trimestriellement les livrets individuels des hommes et établissent les folios mobiles d'arrondissement. (*Décis. du* 30 *déc.* 1879.)

Lorsqu'un trésorier vient à être remplacé, la remise des fonds, des matières, registres, documents et archives dont il est l'agent comptable doit toujours avoir lieu en conseil et sur inventaire. (*Art.* 207 *du décret du* 1er *mars* 1854.)

Les trésoriers de gendarmerie sont officiers de police judiciaire, auxiliaires du procureur de la République. (*Art.* 9 *du Code d'instr. crim.*)

Ils ne s'occupent point des détails du service actif, à moins cependant que le chef d'escadron et le commandant d'arrondissement ne soient absents simultanément de la résidence. (*Art.* 206 *du décret du* 1er *mars* 1854.)

Ils ne sont pas dispensés de se rendre au rapport chez le commandant de la compagnie à l'heure qui leur est indiquée. (*Art.* 208 *dudit décret.*)

Le capitaine-trésorier est affecté à la compagnie où se trouve le chef-lieu de légion. (*Art.* 16 *dudit décret.*)

Aux armées, il remplit près du grand-prévôt les fonctions de greffier ; il est chargé de l'administration du détachement attaché au grand quartier général et de faire la centralisation de toute la prévôté de l'armée. (*Art.* 512 *du décret du* 24 *juill.* 1875.)

Les emplois de sous-lieutenants-trésoriers sont donnés aux sous-officiers de l'arme à pied et à cheval proposés pour l'avancement et portés sur la liste d'aptitude à ces fonctions spéciales. — L'organisation spéciale du bataillon mobile comporte un emploi de lieutenant d'habillement. Cet emploi peut être conféré à un sous-officier du corps porté sur le tableau d'avancement et dont l'aptitude est constatée. (*Art.* 56 *du décret du* 1er *mars* 1854.)

A l'époque des inspections générales seulement, les lieutenants et sous-lieutenants de gendarmerie qui veulent concourir pour les emplois de trésorier sont examinés par l'inspecteur général, le conseil d'administration assemblé, et en présence du sous-intendant militaire. Toutefois, ceux de ces officiers dont l'aptitude aura été constatée ne pourront être appelés aux fonctions de trésorier que par permutation à grade égal avec un officier pourvu de cet emploi spécial. (*Art.* 57 *dudit décret.*)

Les lieutenants de la partie active peuvent concourir avec les lieutenants-trésoriers pour l'avancement au grade de capitaine-trésorier; mais ils doivent avoir été portés au tableau d'avancement par l'inspecteur général et avoir fait constater leur aptitude à ces fonctions spéciales, dans les formes prescrites ci-dessus. (*Art.* 60 *dudit décret.*)

Les trésoriers de gendarmerie sont dépositaires de l'une des clés de la caisse. lorsque celle-ci en a trois; ils reçoivent, sous l'autorisation du conseil, des différentes administrations tous les fonds revenant à leurs compagnies: solde, gratifications, indemnités, etc., etc.; il leur est formellement interdit de faire aucune dépense ni aucune recette, d'adresser des commandes aux fournisseurs, sans une délibération préalable du conseil d'administration. Conséquemment, il leur est défendu d'accorder des avances aux officiers, sous-officiers, brigadiers et gendarmes, fournisseurs ou autres, sur les fonds que le conseil laisse entre leurs mains pour les dépenses courantes. (*Circ. du* 18 *juin* 1816.)

Ils sont responsables de toutes les matières prises en charge par eux dans les magasins, ils cumulent les fonctions d'officiers d'habillement et d'armement, ils sont chargés de la distribution des effets de toute nature, en vertu d'une délibération du conseil.

Il leur est formellement recommandé de se conformer aux prescriptions réglementaires sur l'époque des payements : de la solde, indemnités, gratifications, etc. (*Art.* 369 *à* 375 *du décret du* 18 *fév.* 1863.)

La solde est envoyée le 1er de chaque mois, par mandat, aux commandants d'arrondissement externes; celle de l'arrondissement du chef-lieu est payée en numéraire à l'officier commandant, chargé d'en faire la répartition aux chefs de brigade. (*Art.* 672 *dudit décret.*)

Les trésoriers sont en outre spécialement chargés de toutes les écritures. Ils rédigent, sous la surveillance du président du conseil, les lettres et les actes que le conseil doit signer. Ils sont dépositaires des archives, des registres généraux et spéciaux et des livrets de solde.

Toutes les dispositions concernant la comptabilité de l'armée leur sont applicables, notamment pour le matériel de l'artillerie et la gestion de l'armement.

Ils doivent avoir le plus grand ordre dans leur comptabilité; cette qualité est tout à fait indispensable; mais il en est de l'ordre comme de la propreté; il ne faut pas en avoir que superficiellement, il faut qu'il soit sérieux.

Il n'est pas nécessaire qu'un trésorier travaille jour et nuit pour arriver à un bon résultat, il vaut mieux pour lui qu'il fournisse un labeur moins considérable et qu'il procède par ordre et symétrie; par ce système il arrivera à d'excellents résultats tout en se donnant moins de peine.

Il ne doit jamais se fier à sa mémoire et remettre au lendemain ce qu'il peut faire le jour même; il faut que, sans cesse occupé de ses devoirs, il inscrive jour par jour les mutations qui lui sont officiellement données par le président du conseil, les sommes qu'il reçoit, les payements qu'il effectue, enfin toutes les entrées et les sorties du magasin : ces opérations exigent une assiduité et une attention constantes.

En ce qui concerne les effets, il est d'une bonne administration d'éviter, autant que possible, les distributions intempestives ou réitérées, qui ne

doivent avoir lieu, dans l'esprit du règlement, qu'aux époques suivantes :
1° pour les remplacements, après chaque revue des commandants d'arrondissement ; 2° pour les premières mises, à l'arrivée des nouveaux admis, ou des nouveaux promus pour les insignes de grade.

Les effets sont envoyés aux arrondissements externes par les transports de la guerre ou par tout autre moyen plus avantageux pour l'Etat. Ceux de l'arrondissement du chef-lieu sont remis à l'officier commandant, chargé par délégation du conseil de s'assurer du bien aller des effets des nouveaux admis. (*Art. 717 et 719 du décret du 18 fév. 1863.*)

Les trésoriers peuvent infliger des punitions aux sous-officiers, brigadiers et gendarmes qui se permettent, soit dans leurs correspondances, soit autrement, tout manquement au respect qui leur est dû, et aussi dans le fonctionnement de leur service spécial au chef-lieu de compagnie : manipulation d'effets, armes, munitions, transmission des pièces comptables dans les bureaux des administrations civiles et militaires ; ils en rendent compte immédiatement au commandant de compagnie.

Lorsqu'un intendant ou sous-intendant militaire, pour des faits particuliers à l'administration, a sujet de se plaindre des officiers ou sous-officiers comptables, il en informe le chef de la légion et, s'il y a lieu, demande une punition.

Cet officier supérieur ne peut refuser de l'infliger que par des considérations majeures dont il rend compte immédiatement au ministre de la guerre par la voie du grand commandement, et il avise le fonctionnaire qui a infligé la punition de la détermination qu'il a cru devoir prendre.

Ces dispositions sont applicables au major de la garde républicaine. (*Art. 578 du décret du 1er mars 1854.*)

A l'exception de celles prévues par les art. 255, 256, 430 et 431 du décret du 18 février 1863, les trésoriers doivent s'abstenir d'exercer aucune autre retenue sur la solde. Les deux premiers articles sont relatifs à la masse individuelle et les deux autres concernent les dettes privées. (V. *Dettes, p. 222.*)

La retenue du cinquième doit s'opérer sur la solde proprement dite des officiers, déduction faite du 2 ou du 5 %. ; et sur celle de la troupe, déduction faite de la retenue au profit de la masse individuelle. (*Décis. présid. du 26 fév. 1876.*)

Les trésoriers sont autorisés à prendre dans leurs bureaux les enfants de troupe de leur compagnie aptes aux fonctions de comptable, dès qu'ils ont atteint l'âge de quinze ans révolus. (*Art. 12 du décret du 6 juill. 1878.*)

ADJOINT AU TRÉSORIER.

Les trésoriers de gendarmerie sont secondés et suppléés au besoin, dans tous les détails du service, par les maréchaux des logis adjoints. Ceux-ci peuvent être investis par ces officiers, qui en demeurent responsables, de la garde du magasin d'habillement et d'armement et de la conservation des effets de toute nature, des armes et munitions qui s'y trouvent déposés. En cas de vacance d'emploi, d'absence ou de maladie, ils remplacent les trésoriers et deviennent, dès lors, seuls responsables envers le conseil d'administration de toute la gestion qui leur est confiée. (*Art. 201, 211 et 220 dudit décret.*)

Pour les diverses obligations de leur service spécial, les adjoints relèvent exclusivement des trésoriers, comme ceux-ci relèvent eux-mêmes des conseils d'administration. Pour tout ce qui est relatif à la tenue et à la discipline, les adjoints sont placés sous la surveillance, non seulement des commandants de compagnie et d'arrondissement, mais encore sous celle des adjudants et des maréchaux des logis chefs dans les chefs-lieux de légion et de compagnie (*Art.* 212 *et* 219 *dudit décret.*)

Les adjoints aux trésoriers ne peuvent être détournés de leurs fonctions spéciales pour aucun autre service. Ils sont placés sous l'autorité immédiate des trésoriers et dispensés de tout service. (*Art.* 112 *du règl. du 9 avril* 1858 *et* 591 *du décret précité du* 18 *fév.* 1863.)

Aux termes d'une circulaire du 16 novembre 1855, il est indispensable que les commandants de compagnie veillent scrupuleusement et sous leur responsabilité personnelle à ce que les trésoriers initient les adjoints au détail de l'administration et de la comptabilité. En l'absence du trésorier, l'adjoint étant naturellement appelé à le remplacer. il importe que ce dernier soit en état d'appliquer les règlements et de diriger lui-même les travaux de comptabilité.

Les commandants de compagnie doivent s'assurer par eux-mêmes de la manière dont les adjoints emploient leur temps et rendre compte périodiquement, au chef de légion, des progrès faits par ces sous-officiers. De leur côté, les chefs de légion doivent proposer le remplacement des adjoints qui ne leur paraissent pas susceptibles d'acquérir, en peu de temps, les connaissances nécessaires pour suppléer les trésoriers ou devenir de bons sous-officiers comptables.

L'adjoint au trésorier n'est comptable que lorsqu'il remplace le trésorier régulièrement absent ou empêché. (*Art.* 516 *du décret du* 18 *fév.* 1863.)

Lors des vacances d'emploi et pour des absences trop prolongées des titulaires, sur la proposition des commandants de compagnie, les chefs de légion peuvent désigner un militaire de la compagnie pour remplir provisoirement les fonctions d'adjoint au trésorier. Ce militaire a droit à l'indemnité allouée par le tableau n° 9 du tarif du 18 février 1863.

Dans le cas où les fonctions de trésorier sont remplies par le maréchal des logis adjoint, un officier est désigné pour compléter le conseil d'administration, et l'adjoint, qui reste chargé des fonctions de secrétaire et de rapporteur, n'a que voix consultative. (*Art.* 520 *du décret du* 18 *fév.* 1863.)

Aux armées, les maréchaux des logis adjoints sont chargés, sous la direction des prévôts, des détails de l'administration et de la comptabilité; ils remplissent en même temps les fonctions de greffier. (*Art.* 512 *du décret du* 24 *juill.* 1875.)

Les adjoints aux trésoriers ne pouvant passer dans le service actif que par rétrogradation, cassation ou permutation avec des maréchaux des logis commandants de brigade (*art.* 26 *de l'instr. du* 5 *avril* 1882 *pour les inspections générales*), il importe de ne proposer pour cet emploi que des sous-officiers et brigadiers ayant des notions satisfaisantes de comptabilité. (V. *Responsabilité, Sociétés financières.*)

TRÉSORS. — OBJETS TROUVÉS ET NON RENDUS.

Le trésor est toute chose cachée ou enfouie sur laquelle personne ne peut justifier sa propriété et qui est découverte par l'effet du hasard. (*Art.* 716 *du Code civil*.)

La propriété d'un trésor appartient en entier à celui qui le trouve dans son propre fonds ; si le trésor est trouvé dans le fonds d'autrui, il appartient pour moitié à celui qui l'a découvert et pour l'autre moitié au propriétaire du fonds. (*Art.* 716 *dudit Code*.)

Lorsqu'un trésor est trouvé dans une propriété appartenant à l'État, au département ou aux communes, la gendarmerie doit dresser procès-verbal du fait, pour la conservation des droits du propriétaire. Ce procès-verbal est adressé au procureur de la République.

Tout individu qui appréhende des objets perdus avec la résolution immédiatement prise de se les approprier, résolution prouvée par l'absence de démarches pour découvrir le propriétaire de ces objets, et qui, plus tard, refuse de convenir qu'il les a trouvés, est, avec raison, déclaré coupable de vol. (*Cass.*, 30 *janvier* 1862.)

On croit généralement que tout objet trouvé doit être déposé entre les mains du maire, de l'adjoint, du juge de paix, du commissaire de police, etc., c'est une erreur. Dans l'ancien droit et suivant certaines coutumes, celui qui avait trouvé un objet perdu était tenu d'en faire la déclaration à l'autorité et d'en effectuer le dépôt ; il n'en est plus de même sous le droit actuel. Aucun texte de loi n'oblige celui qui trouve un objet perdu à en faire la remise aux autorités locales.

Mais, s'il peut en rester dépositaire, c'est à la condition de le restituer à toute réquisition et de pouvoir prouver pendant trois ans, à partir du jour où la trouvaille a eu lieu, qu'il a fait des démarches pour en découvrir le propriétaire et qu'il n'a eu, par conséquent, aucune intention frauduleuse. Dans le cas contraire, il s'exposerait à être poursuivi et puni comme coupable de vol. Il est toujours bon en pareil cas, pour se mettre à l'abri de toute poursuite, de se conformer à l'ancien droit en faisant immédiatement, à une autorité quelconque ou à une personne notable et connue, la déclaration de tout objet trouvé.

Un jugement a été rendu dans ce sens contre le préfet de police, à Paris, par le tribunal de première instance de la Seine, le 4 avril 1865.

Celui qui trouve dans l'intérieur d'une maison des objets tombés, par exemple des billets de banque, et se les approprie, se rend coupable de soustraction frauduleuse ; car, si ces objets peuvent être considérés comme égarés, ils ne sont cependant pas, à proprement parler, des objets perdus et sans maître. (*Cass.*, 7 *sept.* 1855.)

Objets trouvés dans des fouilles.

Le département de la guerre se réserve la propriété des matériaux qui se trouvent dans les fouilles et démolitions faites dans les terrains appartenant à l'État, sauf à indemniser l'entrepreneur de ses soins particuliers.

Il se réserve également les objets d'art et de toute nature qui pourraient s'y rencontrer, sauf indemnité à qui de droit. (*Art.* 39 *du cahier des clauses et conditions des marchés du service du génie, du 25 nov.* 1876.)

TRIBUNAUX CIVILS.

Les tribunaux sont des corps constitués pour rendre la justice au nom du peuple français et dont les jugements sont mis à exécution par les agents de la force publique.

Il y a quatre divisions des tribunaux :

1° Les tribunaux de paix et de simple police ;

2° Les tribunaux de première instance et correctionnels, et les tribunaux de commerce ;

3° Les Cours d'appel et les Cours d'assises ;

4° La Cour de cassation.

Il y a, en outre, les tribunaux militaires, tant pour l'armée de terre que pour l'armée de mer, et les tribunaux de prud'hommes.

Les tribunaux de paix et de police sont composés du juge de paix et de son greffier, et, en matière de police, de ces deux fonctionnaires et, en outre, du commissaire de police ou de l'adjoint faisant les fonctions de ministère public.

Les tribunaux de première instance jugent en dernier ressort les différends qui ne s'élèvent pas au-dessus de 1,500 fr., en matière civile.

Les tribunaux correctionnels jugent en première instance et prononcent les peines prévues par la loi, à raison des délits dont l'appréciation leur est soumise.

Les tribunaux de commerce jugent les matières commerciales. Ils statuent en premier ressort seulement, lorsque la somme est indéterminée ou s'élève à plus de 1,500 fr. Dans les chefs-lieux d'arrondissement où il n'a pas été créé de tribunaux de commerce, les tribunaux de première instance connaissent aussi des matières de commerce.

Les Cours d'appel composent le second degré de juridiction et jugent, sur appel, les procès civils et correctionnels. Elles prononcent en dernier ressort.

Les Cours d'assises sont des émanations des Cours d'appel ; elles prononcent en dernier ressort les peines prévues par les lois, à raison des crimes dont l'accusé a été déclaré coupable par le jury. (V. *Jury*.)

Les tribunaux ordinaires sont compétents pour juger les militaires prévenus d'infractions aux lois (les gendarmes sont de ce nombre) :

1° Sur la chasse ; 2° sur la pêche ; 3° sur les contributions indirectes, les douanes, les octrois, la grande voirie et les forêts.

Les contraventions de police commises par des militaires et dont la punition ne peut excéder deux mois de prison sont laissées à la répression des conseils de guerre. (*Art.* 271 *du Code de justice milit.* — *Cass.*, 23 *août* 1860 *et* 21 *nov.* 1873.)

La Cour de cassation est le tribunal suprême institué pour le maintien des lois, tant civiles que correctionnelles et criminelles, et aussi pour la réformation de tous jugements et arrêts qui ont violé les lois.

Le recours en cassation est un droit ouvert à tout citoyen contre une décision définitive qui contiendrait une violation de la loi.

Les tribunaux spéciaux, par exemple les conseils de guerre, sont des juridictions appelées, en certains cas prévus par les lois, à rendre la justice en dehors du droit commun. — V. *Voies de fait.*

La police des tribunaux appartient aux présidents. (*Art.* 88 *du Code de procédure civile.*)

Le service près les tribunaux n'étant pas prévu par le 2ᵉ paragraphe de l'art. 269 du décret du 1ᵉʳ mars 1854, qui donne la définition du service ordinaire, la gendarmerie n'assiste aux audiences que sur réquisition du président ou du procureur de la République, ou des magistrats qui les remplacent.

Le président ne la requiert que dans les cas où il présume que son secours sera indispensable pour prêter assistance aux huissiers, et le procureur de la République ne l'emploie que pour le transfèrement des prisonniers de la prison à l'audience et de l'audience à la prison. Dans ce dernier cas, la surveillance de la gendarmerie se porte tout entière sur les prévenus. — V. *Huissiers, p.* 340.

Aux termes de l'art. 88 du Code de procédure civile, la police des audiences appartenant aux présidents, les huissiers sont les agents de l'exécution des ordres qu'ils donnent pour maintenir cette police, à laquelle la gendarmerie n'est point employée; mais si elle est requise par le président de prêter main-forte aux huissiers dans les cas où l'ordre ne pourrait être rétabli, elle doit y obtempérer.

Les gendarmes qui ont été requis pour le maintien de l'ordre et la police des audiences ont le droit d'y rester couverts, tandis que toutes les personnes qui assistent à ces audiences doivent se tenir découvertes, dans le respect et le silence.

La même disposition doit être observée dans les lieux où les juges et les officiers du ministère public exercent leurs fonctions.

Les gendarmes appelés comme témoins déposent leurs armes avant de pénétrer dans l'enceinte du tribunal et se tiennent découverts. (*Circ. du* 10 *déc.* 1862.

TRIBUNAUX MILITAIRES.

Aux termes de l'art. 1ᵉʳ du Code de justice militaire pour l'armée de terre du 9 juin 1857, la justice militaire est rendue par des conseils de guerre, par des conseils de révision, et des prévôtés établies aux armées dans les cas prévus par ladite loi.

Les peines qui peuvent être appliquées par les tribunaux militaires sont : 1° en matière de crime, 1° la mort, 2° les travaux forcés à perpétuité, 3° la déportation, 4° les travaux forcés à temps, 5° la détention, 6° la réclusion, 7° le bannissement, 8° la dégradation militaire ; 2° en matière de délit, 1° la destitution, 2° les travaux publics, 3° l'emprisonnement, 4° l'amende.

Près chaque conseil de guerre il y a un commissaire du gouvernement qui remplit les fonctions du ministère public, à l'instar des procureurs de la République près les tribunaux civils, un rapporteur chargé de l'instruction des procédures et un greffier qui fait les écritures. Il peut être nommé un ou plusieurs substituts du commissaire du gouvernement et du rapporteur, et un ou plusieurs commis-greffiers.

Le président et les juges des conseils de guerre sont nommés par le général commandant la région ou, en Afrique, la division. La nomination est faite par le ministre de la guerre, s'il s'agit d'un colonel, d'un officier général ou d'un maréchal de France à juger. — Les commissaires du gouvernement et les rapporteurs sont nommés par le ministre de la guerre.

La composition des conseils de guerre, déterminée par l'art. 3 du Code, est maintenue ou modifiée d'après le grade de l'accusé, conformément aux art. 10 et suivants.

Les officiers et sous-officiers de gendarmerie ont qualité pour faire partie des conseils de guerre.

Le président, le rapporteur, le commissaire du gouvernement et les juges peuvent être choisis parmi les membres de la gendarmerie, comme dans tous les autres corps de l'armée : la loi ne fait pas de distinction.

Nul ne peut faire partie d'un conseil de guerre s'il n'est Français ou naturalisé Français et âgé de vingt-cinq ans accomplis. Les membres du conseil de révision doivent être âgés de trente ans.

Les militaires nommés membres du conseil de guerre ne peuvent, sans excuse légitime, se refuser à en faire partie, sous peine d'emprisonnement de deux à six mois. Si le coupable est officier, il peut être puni de la destitution, aux termes de l'art. 215 du Code pénal militaire.

Les présidents et juges peuvent être remplacés tous les six mois, et même dans un délai moindre s'ils cessent d'être employés dans la région ou division.

COMPÉTENCE.

Les tribunaux militaires ne statuent que sur l'action publique, sauf le cas où les infractions sont de la compétence des prévôts, qui, alors, peuvent statuer sur les demandes en dommages-intérêts, si elles n'excèdent pas 150 fr.

Lorsque le fait est justiciable des conseils de guerre, l'action en réparation du dommage causé ne peut être suivie que devant les tribunaux civils. L'exercice en est suspendu tant qu'il n'a pas été prononcé définitivement sur l'action publique intentée avant ou pendant la poursuite de l'action civile. (V. *Partie civile*.)

Les militaires de la gendarmerie sont soumis à la juridiction des conseils de guerre; il n'est fait exception que pour les crimes ou délits que ces militaires peuvent commettre dans la constatation des contraventions en matière administrative.

Aux termes de l'art. 273 du Code pénal militaire, ne sont pas soumises à la juridiction des conseils de guerre les infractions commises par des militaires aux lois sur la chasse, la pêche, les douanes, les contributions indirectes, les octrois, les forêts et la grande voirie. — Les militaires inculpés de ces infractions sont justiciables des tribunaux ordinaires. (Voir *page* 718.)

Les conseils de guerre sont institués pour connaître des crimes et des délits. Les contraventions de simple police peuvent être aussi l'objet de poursuites. Mais ces infractions n'ont pas paru de nature à devoir être toujours déférées aux conseils de guerre. Le législateur a confié à l'autorité militaire le soin d'en assurer la répression. Les art. 271 et 272 du Code du 9 juin 1857 sont ainsi conçus :

« Art. 271. Sont laissées à la répression de l'autorité militaire et punies d'un emprisonnement dont la durée ne peut excéder deux mois : 1° les contraventions de police commises par les militaires ; 2° les infractions aux règlements relatifs à la discipline.

« Toutefois, l'autorité militaire peut toujours, suivant la gravité des faits, déférer le jugement des contraventions de police au conseil de guerre, qui applique la peine déterminée par le présent article. (V. *Ivresse.*)

« Art. 272. S'il y a une partie plaignante l'action en dommages–intérêts est portée devant la juridiction civile. »

« Art. 53. Les conseils de guerre peuvent néanmoins ordonner, au profit des propriétaires, la restitution des objets saisis ou des pièces de conviction, lorsqu'il n'y a pas lieu d'en prononcer la confiscation. »

La poursuite de tout auteur de crime ou délit ne peut commencer sans qu'il en ait été référé au général commandant le corps d'armée et, en Afrique, la division. Il n'est pas besoin de son autorisation pour la recherche et la constatation des faits ; mais, lorsqu'ils ont été constatés, c'est à lui à apprécier s'il y a lieu d'ordonner l'information ou de la refuser, sauf à lui à rendre compte de son refus au ministre.

Quand l'instruction est terminée, c'est encore au général qu'il appartient de donner ou de refuser l'ordre de mise en jugement.

Un décret du 18 juin 1860 détermine la composition des conseils de guerre ayant à juger des officiers de santé. A l'égard de ceux-ci, les dispositions du décret du 18 juillet 1857 sont abrogées ; et, suivant leur rang d'assimilation, le conseil est composé conformément au tableau qui fait suite à l'art. 10 du Code de justice militaire. ⚊ Ce même décret du 18 juillet 1857 est également abrogé en ce qui concerne les vétérinaires, qui sont jugés d'après la loi du 18 mai 1875.

En temps de paix.

Tout individu appartenant à l'armée, en vertu, soit de la loi de recrutement, soit d'un brevet ou d'une commission, est justiciable des conseils de guerre.

Les prisonniers de guerre sont aussi justiciables de ces conseils.

Les membres de la gendarmerie ne sont pas justiciables des conseils de guerre pour les crimes et délits commis dans l'exercice de leurs fonctions relatives à la police judiciaire et à la constatation des contraventions en matière administrative, non plus qu'en matière de chasse, pêche, contributions indirectes, douanes, octrois, forêts et grande voirie.

En temps de guerre.

Sont justiciables des conseils de guerre aux armées, pour tous crimes ou délits : 1° les justiciables des conseils de guerre en état de paix ; 2° les employés dans les états–majors et dans les administrations et services qui dépendent de l'armée ; 3° les vivandiers, cantinières, blanchisseuses, marchands, domestiques et autres à la suite de l'armée, en vertu de permissions ; 4° en pays ennemi, tous prévenus comme auteurs ou complices des crimes ou délits prévus par le titre II du livre IV du Code de justice militaire ; 5° lorsque l'armée se trouve sur le territoire français, en présence de l'ennemi, les étrangers prévenus des crimes et délits prévus par le titre II du livre IV dudit Code ; 6° enfin, tous auteurs ou complices des crimes prévus par les art. 204, 205, 206, 207, 208, 249, 250, 251, 252, 253 et 254 du même Code.

Les conseils de guerre dans le ressort desquels se trouvent les communes, les départements et les places de guerre en état de siège connaissent de tous les crimes ou délits commis par les justiciables des conseils de guerre aux armées.

En cas de complicité.

Lorsque la poursuite d'un crime, d'un délit ou d'une contravention comprend des individus non justiciables des tribunaux militaires et des militaires ou autres individus justiciables de ces tribunaux, tous les prévenus indistinctement sont traduits devant les tribunaux ordinaires, sauf les cas exceptés par l'art. 77 du Code militaire ou par toute disposition expresse d'une autre loi en vigueur.

De la police judiciaire et de l'instruction.

La police judiciaire militaire recherche les crimes ou les délits, en rassemble les preuves et en livre les auteurs à l'autorité chargée d'en poursuivre la répression devant les tribunaux militaires. Elle est exercée, sous l'autorité du général commandant les corps d'armée ou les divisions, par les adjudants de place ; les officiers, sous-officiers et commandants de brigade de gendarmerie ; par les chefs de poste ; par les gardes d'artillerie et du génie ; et, en cas de flagrant délit, par les rapporteurs près les conseils de guerre. (*Art.* 83 *et* 84 *du Code de justice milit.*)

Les commandants et majors de place, les chefs de corps, de dépôt ou de détachement, les chefs de service d'artillerie ou du génie, les membres du corps de l'intendance militaire, peuvent aussi remplir les fonctions d'officiers de police judiciaire et faire personnellement tous actes nécessaires à l'effet de constater les crimes et les délits et d'en livrer les auteurs aux tribunaux chargés de les punir. Les chefs de corps peuvent déléguer les pouvoirs qui leur sont donnés par le précédent paragraphe à l'un des officiers sous leurs ordres. (*Art.* 85 *dudit Code, et loi du 18 mai* 1875.)

Les dénonciations que reçoivent les officiers de police judiciaire militaire sont rédigées par les parties plaignantes ou par leurs mandataires ; elles le sont par les officiers de police judiciaire eux-mêmes, lorsqu'ils en sont requis. Dans tous les cas, elles sont signées, à chaque feuillet, par l'officier de police qui les reçoit et par les plaignants et leurs mandataires. Si ces derniers ne peuvent ou ne veulent signer, il en est fait mention au bas de la plainte.

Lorsqu'une plainte est faite en vertu d'une procuration, cet acte y demeure annexé.

Dans tous les cas de flagrant délit, lors surtout que le fait constitue un crime, les officiers de police judiciaire militaire appellent à leur procès-verbal de constat les parents, voisins ou domestiques présumés en état de donner des éclaircissements sur le fait ; ils reçoivent leurs déclarations et les signent, ainsi que les parties et les déclarants, ou mention est faite que ceux-ci n'ont pu ou voulu signer.

Si la nature du crime ou du délit est telle que la preuve puisse vraisemblablement être acquise par les papiers ou autres pièces et effets en la possession du prévenu, l'officier de police judiciaire se transporte de suite dans le domicile de ce prévenu et s'y livre à la perquisition et à la saisie des objets qu'il juge utiles à la manifestation de la vérité.

Les objets saisis doivent être clos et cachetés, si faire se peut. S'ils ne sont pas susceptibles de recevoir des caractères d'écriture, ils sont mis dans un vase ou dans un sac, sur lequel l'officier de police judiciaire attache une bande de papier ou une corde qu'il scelle de son sceau.

Ces opérations, c'est-à-dire le transport, la recherche et la saisie des pièces de conviction, sont faites en présence du prévenu s'il est arrêté. S'il ne veut ou ne peut y assister, il peut déléguer un mandataire chargé alors de le représenter. Les divers pièces et objets saisis sont représentés au prévenu ou à son mandataire à l'effet qu'il les reconnaisse et les paraphe s'il y a lieu; en cas de refus de sa part, il en est fait mention au procès-verbal.

Hors le cas de flagrant délit, tout militaire ou tout individu justiciable des conseils de guerre, en activité de service, inculpé d'un crime ou d'un délit, ne peut être arrêté qu'en vertu de l'ordre de ses supérieurs. Dans ce cas, le juge rapporteur délivre un mandat d'amener qui est mis à exécution de concert avec le chef de corps. (*Art. 88 dudit Code.*)

Lorsque l'autorité militaire est appelée, hors le cas de flagrant délit, à constater dans une maison particulière ou dans un établissement civil, par exemple dans un Hôtel-Dieu, un crime ou un délit de la compétence des tribunaux militaires, ou à y faire arrêter un de ses justiciables, elle doit adresser à l'autorité civile, par exemple au maire, ou à l'autorité judiciaire, telle que le procureur de la République, ses réquisitions tendant, soit à obtenir l'entrée dans cette maison ou établissement, soit à assurer l'arrestation de l'inculpé.

Lorsqu'il s'agit de pénétrer dans un établissement maritime, la réquisition est adressée à l'autorité maritime. (*Art. 89 dudit Code.*)

La réquisition est adressée à l'autorité dont dépend l'établissement dans lequel l'officier de police judiciaire veut s'introduire. S'il s'agit d'établissements civils, elle doit être adressée au préfet, au sous-préfet, au procureur de la République ou au maire de la localité. S'il s'agit d'établissements militaires, la réquisition devra être adressée à l'officier général, supérieur ou autre, commandant sur les lieux. L'autorité dont dépend l'établissement ne peut pas se refuser à ce que l'action de la justice ait son cours.

L'officier de police judiciaire devra se faire accompagner pendant l'accomplissement de son mandat par le chef de l'établissement, afin de prouver, par la présence de ce dernier, la légalité de sa mission. Le chef de l'établissement devra en outre signer les procès-verbaux dressés en sa présence, conformément à l'art. 92 du Code de justice militaire.

Les mêmes réquisitions sont adressées par l'autorité civile à l'autorité militaire lorsqu'il y a lieu, soit de constater un crime ou un délit de la compétence des tribunaux ordinaires, dans un établissement militaire, soit d'y arrêter un individu justiciable de ces tribunaux.

Ces mesures sont de convenance et de bonne administration; mais leur inobservation n'entraînerait pas la nullité de l'opération.

Si l'autorité militaire, qui est tenue de déférer aux réquisitions de la justice civile, se refusait à laisser pénétrer, par exemple dans une caserne,

le procureur de la République ou le juge d'instruction procédant en leur
qualité à la recherche des preuves d'un crime ou délit, ou voulant faire
opérer l'arrestation d'un militaire, il y aurait conflit; mais, dans ce cas,
le chef de corps serait tenu de s'assurer de la personne de l'inculpé jusqu'à ce que, les deux autorités civile et militaire ayant fait statuer sur la
question, le cours de la justice pût être rétabli. (V., à ARRESTATIONS, *Militaire présent au corps.*)

Les officiers de police judiciaire militaire ne peuvent s'introduire dans
une maison particulière si ce n'est avec l'assistance, soit du juge de paix
ou de son suppléant, soit du maire ou de son adjoint, soit enfin du commissaire de police. Mais comme la présence de ces fonctionnaires n'est
qu'une garantie donnée aux particuliers, ils peuvent y renoncer, et, lorsqu'ils ne la réclament pas, les officiers de police judiciaire militaire
peuvent valablement procéder sans assistance de l'autorité civile. (*Art.* 91
dudit Code.)

Le législateur a prévu le cas où, en l'absence de l'autorité militaire, un
crime serait commis par un militaire, et, comme il importe à la société
comme à l'armée que la justice ait toujours son cours, l'art. 93 du Code
du 9 juin 1857 ordonne qu'à défaut d'officier de police judiciaire militaire
présent sur les lieux, les officiers de police judiciaire ordinaire recherchent
et constatent les crimes et les délits soumis à la juridiction des conseils
de guerre. Ainsi, lorsqu'avant l'autorité militaire, le procureur de la République ou le juge d'instruction sont informés d'un crime imputé à un
militaire, ils peuvent informer comme s'il s'agissait d'un prévenu civil;
mais lorsque survient l'autorité militaire, ils sont tenus de lui remettre
l'instruction, qui, alors, suit son cours sans qu'il y ait lieu de recommencer
ce qui a été fait par la justice civile dont alors la compétence n'était pas
contestable.

Que l'inculpé soit civil ou militaire, la gendarmerie n'a point de distinction à faire ; elle agit dans tous les cas et constate les crimes ou délits
justiciables de toutes les juridictions, et cela sans avoir besoin de l'autorisation de personne.

Lorsque les premiers actes d'instruction sont faits, toute poursuite
ultérieure doit être suspendue. Les actes, procès-verbaux et tous autres
pièces ou documents sont alors adressés, par les officiers de police judiciaire militaire ou ordinaire, au général commandant la région. La
poursuite, c'est-à-dire la continuation de la procédure faite en cas de
flagrant délit, ne peut, à peine de nullité, avoir lieu que sur l'ordre d'informer qu'il délivre, soit d'office et avant toute procédure, soit d'après
les rapports, actes ou procès-verbaux qui lui sont adressés. (V. *Police
judiciaire.*)

Formule de demande de poursuite.

Le chef d'escadron commandant la compagnie de gendarmerie de...

Au général commandant..... (*gouverneur de..... ou commandant
le ° corps d'armée ou la division d...*).

Le ... du mois dernier...

Cette demande à fin de traduction d'un militaire de la gendarmerie devant
un conseil de guerre doit être claire, précise et accompagnée d'une information

préalable faite conformément à la circulaire du 23 juin 1875, relative à l'application de la loi du 18 mai de la même année.

Fait à... le... 18...

(*Signature du commandant de la compagnie.*)

Le Code de justice militaire dont sont pourvues les archives des différentes fractions de l'arme, donne les différentes formules de réquisitions, de cédules, de mandat de payement de la taxe d'un témoin, de commission rogatoire, de procès-verbal d'information, de jugement, etc.

Pourvoi en révision.

Le délai de vingt-quatre heures accordé au condamné pour se pourvoir en révision court à partir de l'expiration du jour où le jugement lui a été lu. — Le recours du commissaire du gouvernement doit être formé dans le même délai. En cas d'acquittement de l'accusé, l'annulation du jugement qui l'aura prononcé, et de ce qui l'aura précédé, ne peut être poursuivie par le commissaire du gouvernement que dans l'intérêt de la loi et sans préjudicier à la partie acquittée.

Lorsque la nullité procédera de ce que l'arrêt aura prononcé une peine autre que celle appliquée par la loi à la nature du crime, l'annulation du jugement pourra être poursuivie tant par le ministère public que par la partie condamnée.

Le commissaire du gouvernement peut encore se pourvoir en révision lorsque l'arrêt d'absolution aura été prononcé sur le fondement de la non existence d'une loi pénale qui pourtant aurait existé.

Les conseils de révision ne sont pas des tribunaux d'appel chargés de vérifier le bien ou le mal jugé des conseils de guerre; ils ne peuvent connaître du fond de l'affaire. Leurs attributions sont restreintes à l'annulation des jugements pour cause de violation ou de fausse application de la loi.

Causes d'annulation des jugements.

Les jugements des conseils de guerre peuvent être annulés . 1° lorsque le conseil de guerre n'a pas été formé de la manière prescrite par la loi; 2° lorsqu'il a outrepassé sa compétence, soit à l'égard des prévenus, soit à l'égard des délits dont la loi lui attribuait la connaissance ; 3° lorsqu'il s'est déclaré incompétent pour juger un prévenu soumis à sa juridiction ; 4° lorsqu'une des formes prescrites par la loi n'a pas été observée, soit dans l'information, soit dans l'instruction du procès à l'audience; 5° enfin, lorsque le jugement n'est pas conforme à la loi, dans l'application de la peine.

De la prescription.

Les dispositions du Code d'instruction criminelle relatives à la prescription sont applicables à l'action publique résultant d'un crime ou délit de la compétence des juridictions militaires, ainsi qu'aux peines résultant des jugements rendus par ces tribunaux. D'où il suit que l'action publique et l'action civile résultant d'un crime de nature à entraîner la peine de mort ou des peines afflictives perpétuelles, ou de tout autre crime emportant peine afflictive ou infamante, se prescrivent par dix années révolues, à compter du jour où le crime aura été commis, si, dans cet intervalle, il n'a été fait aucun acte d'instruction ni de poursuite. — S'il a été fait dans cet intervalle des actes d'instruction ou de poursuite non suivis de jugement, l'action publique et l'action civile ne se prescrivent qu'après dix années révolues à compter du dernier acte, à l'égard même des personnes qui ne seraient pas impliquées dans cet acte d'instruction ou de poursuite.

Dans les deux cas ci-dessus exprimés et suivant les distinctions d'époques qui y sont établies, la durée de la prescription est réduite à trois années révolues, s'il s'agit d'un délit de nature à être puni correctionnellement.

Les peines portées par les arrêts ou jugements rendus en matière criminelle se prescrivent par vingt années révolues, à compter de la date des arrêts ou jugements.

Les peines portées par les arrêts ou jugements rendus en matière correctionnelle se prescrivent par cinq années révolues, à compter de la date de l'arrêt ou du jugement rendu en dernier ressort.

Toutefois, la prescription de l'action publique résultant de l'insoumission ou de la désertion ne commence à courir que du jour où l'insoumis ou le déserteur a atteint l'âge de quarante-sept ans, qui est la limite d'âge fixée par l'art. 11 de la loi du 26 avril 1855.

A quelque époque que l'insoumis ou le déserteur soit arrêté, il est mis à la disposition du ministre de la guerre pour compléter, s'il y a lieu, le temps de service qu'il doit encore à l'Etat. (V. *Déserteurs.*)

Des pourvois en cassation.

Les conseils de révision sont institués pour faire respecter l'ordre des juridictions à l'encontre des faits et des individus qui leur sont déférés; aussi, aux termes de l'art. 80 du Code de justice militaire du 9 juin 1857, ne peuvent, en aucun cas, se pourvoir en cassation contre les jugements des conseils de guerre et des conseils de révision : 1° les militaires, les assimilés aux militaires et tous autres individus désignés dans les art. 55, 56 et 57 dudit Code; 2° les individus soumis, à raison de leur position, aux lois et règlements militaires; 3° les justiciables des conseils de guerre dans les cas prévus par les art. 62, 63 et 64 du même Code; 4° enfin, tous individus enfermés dans une place de guerre en état de siège.

Les accusés ou condamnés qui ne sont pas compris dans les désignations ci-dessus peuvent se pourvoir en cassation contre les jugements des conseils de guerre ou de révision, mais seulement pour cause d'incompétence, soit à raison du fait incriminé, soit à raison de la personne inculpée.

Le pourvoi en cassation ne peut être formé avant qu'il ait été statué sur le recours en révision ou avant l'expiration du délai fixé pour l'exercice de ce recours. Ainsi, tant qu'il y a possibilité de se pourvoir en révision, l'on ne peut se pourvoir en cassation, dans le cas même où il paraît le plus incontestable que le conseil de guerre était incompétent.

Le droit de se pourvoir en cassation contre les jugements de révision n'est point accordé aux commissaires du gouvernement près ces tribunaux.

La loi refuse aux individus justiciables des conseils de guerre, ainsi qu'aux commissaires du gouvernement le droit de se pourvoir en cassation contre les jugements de ces tribunaux militaires ; mais le ministre de la justice peut les déférer à la Cour de cassation ; sur l'exhibition formelle de son ordre, le procureur général près cette Cour dénonce à la section criminelle les jugements et arrêts des conseils de guerre et de révision qui peuvent être annulés et la Cour statue dans le seul intérêt de la loi. Si le jugement est cassé, les parties ne peuvent s'en prévaloir pour s'opposer à son exécution ; à leur égard, il conserve l'autorité et la force de la chose jugée.

Lorsqu'un accusé a été condamné pour un crime et qu'un autre accusé a aussi été condamné par un autre jugement comme auteur du même crime, si les deux arrêts ne peuvent se concilier et sont la preuve de l'innocence de l'un ou de l'autre condamné, l'exécution des deux jugements est suspendue, quand même la demande en cassation de l'un ou de l'autre jugement aurait été rejetée. — Le ministre de la justice, soit d'office, soit sur la réclamation des condamnés ou de l'un d'eux, ou du commissaire du gouvernement, charge le procureur général près la Cour de cassation de dénoncer les deux jugements à cette Cour. Ladite Cour, section criminelle, après avoir vérifié que les deux condamnations ne peuvent se concilier, casse les deux jugements et renvoie les accusés, pour être procédé sur les accusations, devant un conseil de guerre autre que ceux qui ont rendu les jugements.

Lorsqu'après une condamnation pour homicide il est, d'après l'ordre exprès du ministre de la justice, adressé à la Cour de cassation, section criminelle, des pièces représentées postérieurement à la condamnation et propres à faire naître de suffisants indices sur l'existence de la personne dont la mort supposée aura donné lieu à la condamnation, cette Cour peut, préparatoirement, désigner un conseil de guerre pour reconnaître l'existence et l'identité de la personne prétendue homicidée et les constater par l'interrogatoire de cette personne, par audition de témoins et par tous les moyens propres à mettre en évidence le fait destructif de la condamnation. — L'exécution de cette condamnation est, de plein droit, suspendue par l'ordre du ministre de la justice, jusqu'à ce que la Cour de cassation ait prononcé, et, s'il y a lieu ensuite, par l'arrêt préparatoire de cette Cour. — Le conseil de guerre désigné par la Cour de cassation prononce simplement sur l'identité ou la non identité de la personne ; et, après que son jugement a été, avec la procédure, transmis à la Cour de cassation, celle-ci peut casser le jugement de condamnation et même renvoyer, s'il y a lieu, l'affaire à un conseil de guerre autre que celui qui en a primitivement connu.

Lorsqu'après une condamnation, l'un ou plusieurs des témoins à charge sont poursuivis pour faux témoignage, si l'accusation est admise, ou même s'il est décerné contre eux des mandats d'arrêt, il est sursis à l'exécution du jugement du conseil de guerre, quand même la Cour de cassation aurait rejeté la requête du condamné. — Si les témoins sont condamnés pour faux témoignage, le ministre de la justice charge le procureur général près la Cour de cassation de dénoncer le fait à cette Cour.

Le Code de justice militaire n'ayant pas interdit d'une manière absolue, aux art. 80 et 81, le pourvoi en cassation contre les décisions des conseils de guerre et de révision, il appartient à la Cour de cassation seule de statuer sur la validité du pourvoi. L'autorité militaire doit lui trans-

mettre les pièces du pourvoi, que ce pourvoi soit formé dans le cas de
l'art. 80, ou qu'il le soit dans le cas de l'art. 81. (*Arrêts de cassation des
4 août 1859 et 8 nov. 1862*.)

La consignation d'amende, au cas de pourvoi en cassation contre un
jugement prononçant une peine correctionnelle, est nécessaire, alors même
que ce jugement émane d'un tribunal militaire. (*Cass., 4 janv. 1851. —
V. Partie civile*.)

TROMPERIE DANS LA VENTE DES MARCHANDISES. — ALTÉRATION.

LOI DU 27 MARS 1851.

Art. 1er. Seront punis des peines portées par l'art. 423 du Code pénal :
1° Ceux qui falsifieront des substances ou denrées alimentaires ou médicamenteuses destinées à être vendues ;
2° Ceux qui vendront ou mettront en vente des substances alimentaires ou médicamenteuses qu'ils sauront être falsifiées ou corrompues ;
3° Ceux qui auront trompé ou tenté de tromper sur la *quantité* des
choses livrées à des personnes auxquelles ils vendent ou achètent, soit
par l'usage de faux poids ou de fausses mesures, ou d'instruments
inexacts servant au pesage ou mesurage, soit par des manœuvres ou procédés tendant à fausser l'opération du pesage ou mesurage, ou à augmenter frauduleusement le poids ou le volume de la marchandise, même
avant cette opération, soit enfin par des indications frauduleuses tendant
à faire croire à un pesage ou mesurage antérieur et exact.

Art. 2. Si, dans les cas prévus par l'art. 423 du Code pénal ou par
l'art. 1er de la présente loi, il s'agit d'une marchandise contenant des mix-
tions nuisibles à la santé, l'amende sera de 50 fr. à 500 fr., à moins que
le quart des restitutions et dommages-intérêts n'excède cette dernière
somme.

Le présent article sera applicable même au cas où la falsification nuisible serait connue de l'acheteur ou consommateur.

Art. 3. Sont punis d'une amende de 16 fr. à 25 fr., et d'un emprisonnement de six à dix jours, ou de l'une de ces deux peines seulement,
suivant les circonstances, ceux qui, sans motifs légitimes, auront dans
leurs magasins, boutiques, ateliers ou maisons de commerce, ou dans les
halles, foires ou marchés, soit des poids ou mesures faux, ou autres appareils inexacts servant au pesage ou au mesurage, soit des substances
alimentaires ou médicamenteuses qu'ils sauront être falsifiées ou corrompues.

Si la substance falsifiée est nuisible à la santé, l'amende pourra être
portée à 50 fr., et l'emprisonnement à quinze jours.

Art. 4. Lorsque le prévenu, convaincu de contravention à la présente
loi ou à l'art. 423 du Code pénal, aura, dans les cinq années qui ont précédé le délit, été condamné pour une infraction à la présente loi ou à
l'art. 423, la peine pourra être élevée jusqu'au double du maximum :
l'amende prononcée par l'art. 423 et par les art. 1er et 2 de la présente
loi pourra être portée jusqu'à 1,000 fr. si la moitié des restitutions et
dommages-intérêts n'excède pas cette somme ; le tout sans préjudice de
l'application, s'il y a lieu, des art. 57 et 58 du Code pénal.

Art. 5. Les objets dont la vente, usage ou possession constitue le délit seront confisqués conformément à l'art. 423 et aux art. 477 et 481 du Code pénal.

S'ils sont propres à un usage alimentaire ou médical, le tribunal pourra les mettre à la disposition de l'administration pour être attribués aux établissements de bienfaisance.

S'ils sont impropres à cet usage ou nuisibles, les objets seront détruits ou répandus aux frais du condamné.

Art. 6. Le tribunal pourra ordonner l'affiche du jugement dans les lieux qu'il désignera et son insertion intégrale ou par extrait dans les journaux qu'il désignera, le tout aux frais du condamné.

Art. 7. L'art. 463 du Code pénal sera applicable aux délits prévus par la présente loi.

Art. 8. Les deux tiers du produit des amendes sont attribués aux communes dans lesquelles les délits ont été constatés.

Art. 9. Sont abrogés les art. 475 n° 14 et 479 n° 5 du Code pénal.

LOI DU 5 MAI 1855.

Art. 1er. Les dispositions de la loi du 27 mars 1851 sont applicables aux boissons.

Art. 2. L'art. 318 et le n° 6 de l'art. 475 du Code pénal sont et demeurent abrogés.

La loi du 27 mars 1851 et celle du 5 mai 1855 ont pour objet la répression plus efficace de certaines fraudes qui, au détriment surtout de la classe ouvrière, se commettent dans le commerce de détail des denrées alimentaires et des boissons. L'on a reconnu, notamment dans la composition des vins falsifiés, des substances nuisibles, de la belladone, des sels de plomb et divers tartrates impurs au moyen desquels certains falsificateurs cherchent à simuler le vin. On a pu citer des cas de vins fabriqués presque sans jus de raisin. Il était urgent de remédier à un tel état de choses.

La falsification, c'est l'introduction de matières étrangères, qu'elles soient nuisibles ou non. Ainsi, du vin est falsifié quand il contient autre chose que du jus de raisin.

Dans certaines contrées on est dans l'usage de presser les lies pour en extraire le vin qui peut encore y être contenu. C'est bien du jus de raisin : c'est du vin quoique mauvais, et la loi n'atteint pas ceux qui se livrent à cette opération. Il en est de même de l'industrie qui consiste à préparer des imitations de vins étrangers. A Cette, par exemple, c'est une industrie généralement pratiquée : ce ne sont pas là des falsifications. Il y a toujours une appréciation confiée à la sagesse des tribunaux : ils recherchent l'intention frauduleuse ; car le mot *falsification* indique nécessairement l'idée de fraude. La loi n'a pas défini les falsifications ; c'est aux tribunaux à déterminer les cas de falsification. Lorsqu'il s'agit d'une opération loyale usitée dans le commerce, lorsque l'acheteur n'est trompé ni sur la nature de la chose, ni sur le prix, il est évident que la loi destinée à réprimer la fraude ne saurait recevoir application.

Le mélange des eaux-de-vie avec le trois-six n'est pas nécessairement une falsification ; car il est certaines opérations qui ont lieu dans le commerce et qui ne sont pas toujours considérées comme des falsifications. C'est aux tribunaux à apprécier le fait.

Le commerce du café-chicorée donne lieu aux plus graves abus, par suite de l'addition à cette substance de quantités quelquefois considérables de matières terreuses.

La tromperie sur l'*usage* et la *qualité* de la chose vendue ne constitue aucun fait punissable. Il résulte des dispositions combinées de l'art. 423 du Code pénal et de l'art. 1er § 3 de la loi du 27 mars 1851 que la tromperie dans la vente de toutes marchandises n'est punissable qu'autant qu'elle porte sur la *nature* des choses livrées, ou sur leur *quantité,* soit par l'usage de faux poids ou de fausses mesures ou d'instruments inexacts servant au pesage, au mesurage, ou à augmenter frauduleusement le poids ou la valeur de la marchandise, même avant cette opération, soit par des manœuvres ou procédés tendant à fausser l'opération du pesage ou mesurage, soit enfin par des indications frauduleuses tendant à faire croire à un pesage ou mesurage antérieur et exact.

La tromperie sur la *qualité* de la chose vendue est restreinte par l'art. 423 du Code pénal aux pierres fausses vendues pour fines ; l'on ne saurait l'étendre aux autres marchandises. La fraude pratiquée dans ce cas (*celui de la qualité*) ne peut donner lieu qu'à une action civile en résolution de la vente ou en réduction de prix.

Quiconque aura trompé l'acheteur sur le titre des matières d'or ou d'argent, sur la *qualité* d'une pierre fausse vendue pour fine, sur la nature de toutes marchandises ; quiconque, par usage de faux poids ou de fausses mesures, aura trompé sur la *quantité* des choses vendues, sera puni d'un emprisonnement pendant trois mois au moins et un an au plus, et d'une amende qui ne pourra excéder le quart des restitutions et dommages-intérêts, ni être au-dessous de 50 fr. — Les objets du délit, ou leur valeur, s'ils appartiennent encore au vendeur, seront confisqués ; les faux poids et les fausses mesures seront aussi confisqués et, de plus, seront brisés. — Le tribunal pourra ordonner l'affiche du jugement dans les lieux qu'il désignera et son insertion intégrale, ou par extrait, dans tous les journaux qu'il désignera, le tout aux frais du condamné. (*Art. 423 du Code pénal.*)

C'est à l'acheteur à s'assurer de la *qualité* de la marchandise ; c'est à lui à s'assurer s'il y en a une quantité suffisante pour confectionner les objets qu'il veut faire faire. Si on ne l'a pas trompé par l'emploi de faux poids ou de fausses mesures, si on n'a pas donné ou mis sous ses yeux des indications tendant à faire croire à un pesage ou mesurage antérieur et exact, si on ne lui a pas vendu une marchandise pour une autre, par exemple de la serge pour du mérinos, de la toile de lin pour de la toile de chanvre, le marchand échappe à la peine. (*Arrêts de la Cour de cass. des 28 avril et 3 déc.* 1853.)

La falsification de denrées alimentaires résulte de tout mélange *frauduleux* tendant à détériorer la substance annoncée ; et, soit qu'elle porte sur la nature, soit qu'elle porte sur la qualité de cette substance, elle constitue le délit prévu par l'art. 1er de la loi du 27 mars 1851, lorsqu'il y a eu exposition en vente. — Dès lors, le tribunal de répression qui constate, en fait, qu'il y a eu exposition en vente de denrées alimentaires falsifiées avec une pensée de fraude ne peut se dispenser de prononcer les peines de ladite loi ; et c'est à tort qu'il se fonderait, pour relaxer le prévenu, sur le peu d'importance des substances mélangées et sur ce que la qualité du mélange n'était pas sensiblement moins propre à l'usage auquel il était destiné. (*Cass.*, 3 *déc.* 1853, 11 *fév. et* 27 *avril* 1854.)

Toute altération de boissons par l'addition d'un liquide étranger, et, par exemple, d'une certaine quantité d'eau, constitue, quels que soient son importance et ses résultats, une falsification punissable. (*Cass.*, 12 *juill.* 1855.)

Altération par les voituriers et bateliers.

Les voituriers, bateliers ou leurs préposés qui auraient altéré ou tenté d'altérer des vins ou toute autre espèce de liquides ou marchandises dont le transport leur avait été confié, et qui auront commis ou tenté de commettre cette altération par le mélange de substances malfaisantes, seront punis d'un emprisonnement de deux à cinq ans, et d'une amende de 25 fr. à 500 fr. — Ils pourront, en outre, être privés des droits mentionnés en l'art. 42 du présent Code pendant cinq ans au moins et dix ans au plus ; ils pourront aussi être mis par l'arrêt ou le jugement sous la surveillance de la haute police pendant le même nombre d'années. — S'il n'y a pas eu mélange de substances malfaisantes, la peine sera d'un emprisonnement d'un mois à un an, et d'une amende de 16 fr. à 100 fr. (*Art.* 387 *du Code pénal.*)

Tromperie sur le vin ou l'eau-de-vie.

L'emploi de manœuvres frauduleuses pour persuader faussement à des acheteurs de vins que ces vins étaient d'Espagne alors qu'ils étaient de France constitue non le délit de simple tromperie sur la marchandise vendue, mais le délit d'escroquerie puni par l'art. 405 du Code pénal. (*Cass.*, 11 *fév.* 1853.)

Lorsqu'il est constaté qu'on a trouvé chez un débitant des boissons falsifiées, le tribunal correctionnel ne peut le renvoyer de la plainte, ni se dispenser d'ordonner de répandre les liquides falsifiés, sous prétexte qu'ils ne pouvaient contenir qu'un mélange d'eau, fait qui, d'ailleurs, n'était pas suffisamment établi. (*Cass.*, 30 *avril* 1853.)

Bien que des boissons saisies comme falsifiées soient de diverses natures, l'exposition en vente constatée par un même procès-verbal ne constitue pas autant de contraventions distinctes qu'il y a de liquides saisis différents par leur nature. Il n'y a qu'une contravention unique entraînant une seule amende. (*Cass.*, 28 *avril et* 16 *juin* 1854.)

Le fait de la détention, exposition ou mise en vente, de la part d'un débitant, de boissons falsifiées dans son établissement de commerce constitue une véritable vente dans le sens de la loi. (*Cass.*, 15 *fév. et* 18 *août* 1853.)

Tromperie sur le lait.

Le lait est une substance alimentaire, et, sous tous les rapports, sa falsification constitue le délit puni par l'art. 1er n° 2 de la loi du 27 mars 1851, et non pas seulement une contravention de police. Ainsi, mettre dans le lait, par exemple, un quart d'eau est un délit correctionnel, alors même qu'il ne serait pas nuisible à la santé. (*Cass.*, 19 *juill.* 1854.)

Le lait doit être considéré non comme une boisson, mais comme une denrée alimentaire dont la falsification, par exemple par mélange d'eau, rentre dans l'application de l'art. 423 du Code pénal, et qui emporte une peine de trois mois à un an de prison et une amende de 50 fr. au minimum. (*Cass., 21 mars* 1855.)

Le fait d'avoir introduit dans une ville, pour y être débité, du lait altéré par une addition d'eau constitue la falsification prévue par la loi, et équivaut à l'exposition et à la mise en vente de cette denrée. (*Cass.,* 15 *juin* 1844.)

Lorsqu'il est constaté qu'une personne a exposé en vente du lait mélangé d'un quart d'eau, le tribunal ne peut, sans violer la loi, renvoyer le prévenu des poursuites, sur le motif que le galactomètre qui avait servi à constater la contravention n'était pas un instrument infaillible. L'allégation de ce fait ne détruirait pas le fait de la constatation ; il faudrait que le prévenu prouvât que son lait ne contenait pas d'eau. (*Arrêts de cass. des* 11 *sept.* 1847 *et* 9 *oct.* 1852.)

Le seul fait d'avoir exposé ou mis en vente du lait falsifié constitue un délit, lors même qu'il n'y aurait pas eu vente consommée ou débit de cet aliment. (*Cass.,* 14 *oct.* 1843 *et* 30 *nov.* 1850.)

Tromperie sur le blé et la farine.

C'est seulement la falsification ou le mélange fait dans une intention *frauduleuse* que la loi du 27 mars 1851 a entendu punir, et non tout mélange quelconque. Ainsi l'addition, dans une minime portion, de farine de féverole à la farine de froment ne constitue pas une falsification tombant sous la répression de la loi, alors qu'un tel mélange est habituellement employé dans le pays comme une sorte de levure pour la bonne confection du pain dans les années humides.

Mais la falsification punie par la loi résulte de tout mélange frauduleux détériorant la substance au préjudice de l'acheteur, alors même qu'elle porte moins sur la nature que sur la qualité de cette substance

Il en est ainsi spécialement de l'exposition en vente de sacs de blé dont la partie supérieure offre du blé de meilleure qualité que la partie inférieure. (*Cass.,* 8 *et* 27 *avril, et* 8 *juin* 1854.)

Un marchand qui livre à un acheteur quatre doubles décalitres d'avoine ou autre grain au lieu de cinq, en lui annonçant que cette quantité formait l'hectolitre qu'il avait demandé et payé, se rend coupable du délit de tromperie sur la quantité de la chose vendue, réprimé par l'art. 1er de la loi du 27 mars 1851.

Ce délit, lors même qu'il n'aurait pas été commis par le marchand lui-même, mais par ses commis ou préposés, ne lui est pas moins imputable, lorsque les livraisons étaient faites à sa connaissance. (*Cass.,* 14 *oct.* 1853.)

Il y a lieu à résolution de la vente, pour vice rédhibitoire, de grains vendus pour semence et qui n'ont pas poussé convenablement. (*Art.* 1641 *du Code civil.*) Et, dans ce cas, le vendeur est tenu à la restitution du prix, sans que l'acheteur soit, de son côté, tenu à la restitution de la chose qui a péri par son vice propre dans l'emploi auquel elle était destinée. (*Code civil, art.* 1647. — *Arrêt de cass. du* 4 *avril* 1853.)

Tromperie sur le pain.

L'exposition ou mise en vente de pains ayant, par leurs signes extérieurs, un poids et une forme de nature à faire croire à un pesage antérieur et exact constitue le délit de tentative de tromperie sur la quantité de la marchandise vendue, prévu et puni par l'art. 1er § 3 de la loi du 27 mars 1851, lorsque le juge de répression reconnaît, en outre, que c'est avec intention de tromper l'acheteur que le boulanger a agi : ce boulanger prétendrait en vain qu'il existe un arrêté de police municipale prescrivant la vente du pain au poids et que, dès lors, il appartenait toujours à l'acheteur d'en exiger le pesage. (*Cass.*, 17 *nov.* 1854.)

Les expressions *indications frauduleuses*, dont se sert l'art. 1er de la loi du 27 mars 1851, ne sont pas sacramentelles ; il suffit que la fraude ressorte implicitement, mais nécessairement, des diverses circonstances reconnues par le juge du fait et de l'ensemble des dispositions de sa décision.

Spécialement, le boulanger qui met en vente des pains ayant un déficit supérieur à 25 grammes par kilogramme, au mépris de l'arrêté de police qui le lui interdisait et qui lui prescrivait d'indiquer ce déficit par un écroûtement, sous peine de présomption de fraude, se rend coupable du délit de tentative de tromperie sur la quantité de la marchandise vendue ; et le jugement qui le condamne pour ce délit qu'il déclare commis à l'aide des moyens énumérés ci-dessus fait une suffisante constatation des indications frauduleuses tendant à faire croire à un pesage antérieur régulier, exigées par la loi du 27 mars 1851. (*Cass.*, 3 *déc.* 1853 *et* 4 *fév.* 1854.)

L'exposition en vente de pains présentant un poids inférieur à celui que leur forme et leur volume indique, d'après l'usage local, constitue la tentative de tromperie prévue et réprimée par le § 3 de l'art. 1er de la loi du 27 mars 1851. — L'arrêt qui décide que des pains ainsi exposés en vente ne l'ont été qu'avec l'intention de tromper les consommateurs et de leur faire croire à un pesage antérieur et exact, intention frauduleuse qui spécifie et caractérise suffisamment les indications qui peuvent faire croire à ce pesage, fait une souveraine appréciation des faits. (*Cass.*, 30 *juin* 1854.)

La mise en vente d'un pain n'ayant pas le poids déterminé par un arrêté municipal qui prescrit aux boulangers un pesage antérieur doit être considérée comme un commencement d'exécution de la livraison du pain, et, dès lors, elle constitue le délit de tentative de tromperie sur la quantité de la marchandise vendue. (*Cass.*, 10 *fév.* 1854. — V. *Boulangers.*)

Tentative de tromperie.

La tentative de tromperie sur la quantité des choses livrées, assimilée à la tromperie même, par la loi du 27 mars 1851, résulte de la seule exposition dans les boutiques d'objets destinés à la vente. Ainsi avoir dans la boutique du pain qui ne pèse pas le poids est un fait aussi punissable que si ce pain avait été vendu. (*Cass.*, 11 *nov.* 1851.)

L'exposition en vente de marchandises n'ayant pas le poids déterminé par un arrêté municipal constitue la tentative de tromperie sur la quantité de la marchandise vendue, prévue par l'art. 1er § 3 de la loi du 27 mars

1851, lorsque le prévenu a employé des manœuvres frauduleuses pour faire croire à un pesage antérieur et exact, sans qu'il soit nécessaire d'y rencontrer les caractères constitutifs de la tentative spécifiée en l'art. 2 du Code pénal. (*Cass., 30 juin et 6 oct.* 1854.)

Un boulanger poursuivi pour avoir vendu ou mis en vente des pains n'ayant pas le poids annoncé ne peut être relaxé des fins de la plainte par le motif qu'il est d'usage de tolérer un déficit. Ce motif ne constitue pas une excuse qui soit admise par la loi. (*Cass., 20 mars* 1851.)

Comestibles gâtés.

Les tribunaux correctionnels sont chargés de réprimer les délits résultant de l'exposition en vente de comestibles gâtés, corrompus ou nuisibles. De son côté, l'autorité administrative est chargée, par la loi du 24 août 1790, de prendre, à l'égard des comestibles exposés en vente, les mesures de police nécessaires pour s'assurer de leur salubrité et prévenir le préjudice qu'ils pourraient causer à la santé publique ; mais l'exercice de ce droit n'empêche pas le tribunal correctionnel d'apprécier les faits constitutifs du délit, et le préfet ne peut élever de conflit tendant à ce que l'autorité administrative reconnaisse préalablement la qualité des marchandises gâtées. (*Arrêt du Conseil d'Etat du* 11 *juill.* 1845.)

Les personnes qui, par leur profession, exposent en vente des comestibles gâtés doivent nécessairement apprécier s'ils sont sains ou gâtés, corrompus ou nuisibles ; elles ne peuvent s'excuser de leur ignorance à cet égard. Ainsi, la mise en vente de viande glanduleuse constitue un fait punissable. (*Cass., 13 août* 1847.)

La loi ayant pour but d'empêcher l'exposition en vente de tous comestibles dont l'usage pourrait être malsain ou dangereux, il n'y a point lieu d'admettre aucune distinction entre le cas où le vice provient seulement de leur nature même, comme des cerises ou autres fruits qui ont été reconnus non mûrs et malfaisants, et celui où le vice résulte de ce qu'on y aurait frauduleusement mêlé une substance insalubre en les fabriquant. (*Cass., 18 août* 1849.)

Les individus poursuivis pour avoir mis en vente, sur un marché, des fruits verts, malsains et contraires à la santé ne peuvent être renvoyés des poursuites que lorsqu'il a été vérifié et reconnu que ces comestibles n'étaient pas nuisibles. (*Cass., 7 nov.* 1850 *et 7 mars* 1851.) Ce fait n'est plus une infraction punissable ; sur ce point l'art. 475 n° 14 du Code pénal a été abrogé, sans qu'une nouvelle disposition soit venue le remplacer, par l'art. 9 de la loi du 27 mars 1851. Mais l'autorité municipale peut, si elle le juge nécessaire, interdire l'exposition ou la mise en vente sur les marchés publics des fruits que leur défaut de maturité rendrait nuisibles à la santé des citoyens. (*Cass., 17 nov.* 1866.)

TROUPE DE LIGNE.

Les commandants des corps de troupe de ligne ne peuvent s'immiscer en aucune manière dans le service de la gendarmerie. (*Art.* 135 *du décret du* 1ᵉʳ *mars* 1854.)

Si les officiers de gendarmerie reconnaissent qu'une force supplétive leur est nécessaire pour dissoudre un rassemblement, réprimer des délits, transférer un nombre trop considérable de prisonniers, enfin pour assurer l'exécution des réquisitions de l'autorité, ils en préviennent sur-le-champ les préfets ou les sous-préfets, lesquels requièrent soit le commandant du département, soit le commandant de place, de faire appuyer l'action de la gendarmerie par un nombre suffisant de troupes de ligne placées sous ses ordres.

Dans ce cas, les officiers de gendarmerie doivent joindre à leurs demandes l'extrait de l'ordre ou de la réquisition et faire connaître les motifs pour lesquels main-forte a été réclamée. (*Art. 136 du décret du 1er mars 1854.*)

Dans les cas urgents, les officiers et sous-officiers de gendarmerie peuvent requérir *directement* l'assistance de la troupe de ligne, qui est tenue de déférer à leurs réquisitions et de leur prêter main-forte. Ils se conforment, pour ce service, aux dispositions du deuxième paragraphe de l'article précédent. (*Art. 137 du décret du 1er mars 1854.*)

Lorsqu'un détachement de troupe de ligne est employé conjointement avec la gendarmerie, pour un service de gendarmerie, le commandement appartient, à grade égal, au plus ancien officier.

Si le chef du détachement est d'un grade supérieur à celui dont l'officier de gendarmerie est titulaire, il prend le commandement; mais il est obligé de se conformer aux réquisitions qui lui sont faites par écrit par l'officier de gendarmerie, lequel demeure responsable de l'exécution de son mandat, lorsque l'officier auxiliaire s'est conformé à sa réquisition. (*Art. 138 du décret du 1er mars 1854 et 148 du décret du 13 oct. 1863.*)

Les lois des 10 juillet et 3 août 1791 défendaient à la force armée d'agir, dans l'intérieur, autrement que sur une réquisition écrite de l'autorité. Mais l'art. 106 du Code d'instruction criminelle décide que cette réquisition n'est pas nécessaire lorsqu'il s'agit d'un flagrant délit ou d'une flagrante contravention. — Ainsi, la troupe de ligne n'a pas besoin de réquisition pour arrêter un homme qui en bat un autre; mais elle en a besoin si le fait de battre a cessé. — Elle peut arrêter, sans réquisition, un individu qui en assassine ou qui vient d'en assassiner un autre, ou qui a commis un crime passible de peines afflictives ou infamantes; mais si, en raison du temps qui s'est écoulé depuis le crime, il n'y a plus flagrant délit, la troupe de ligne, comme la gendarmerie, a besoin d'une réquisition pour faire l'arrestation. (*Cass., 30 mai 1823.*)

TROUPE EN MARCHE.

La gendarmerie a le droit de verbaliser contre un charretier qui coupe une troupe en marche avec sa voiture. (*Art. 142 du décret du 13 oct. 1863.*)

L'art. 471 n° 15 du Code pénal est applicable à ce délit, et le procès-verbal qui le constate doit être remis au ministère public près le tribunal de police.

Il est de règle qu'une troupe en armes en marche, dans l'intérieur d'une place, ne doit pas se laisser couper par des voitures; mais aucune disposition réglementaire ne déterminant ce qu'il y a lieu de faire lorsque, par exemple, une voiture telle qu'un tramway, qui ne peut changer de direction, rencontre une colonne de troupe, le ministre de la guerre a consulté sur ce point son collègue de l'intérieur, qui a prescrit aux préfets d'inviter les maires des communes où il existe des tramways à prendre des arrêtés enjoignant à tout conducteur d'un train ou d'une voiture de tramway de l'arrêter à la rencontre des troupes en marche. (*Circ. du min. de la guerre du 29 sept. 1881.* — V. *Passage de troupes, Processions.*)

USTENSILES. — VASES DE CUISINE. — ETAMAGE.

Il n'existe aucune loi sur l'étamage des ustensiles et vases de cuisine, mais si, par suite de l'emploi du plomb pour l'étamage de ces ustensiles, il résulte des accidents, comme cela est arrivé fréquemment, les parties lésées ont leur recours contre les auteurs, qui, indépendamment des dommages-intérêts auxquels ils peuvent être condamnés, sont passibles des peines édictées par les art. 319, 320 et 447 du Code pénal.

Dans une ordonnance, en date du 15 juin 1862, le préfet de police a réglé cette question pour Paris et les villes du département de Seine-et-Oise confiées à sa surveillance; mais les prescriptions de cette ordonnance ne peuvent pas s'étendre au delà.

Voici dans quels termes elle est conçue :

« Art. 14. Les ustensiles et vases de cuivre ou d'alliage de ce métal dont se servent les marchands de vin, traiteurs, aubergistes, restaurateurs, pâtissiers, confiseurs, bouchers, fruitiers, épiciers, etc., devront être étamés à l'étain fin et entretenus constamment en bon état d'étamage.

« Sont exceptés de cette disposition les vases et ustensiles dits d'office et les balances, lesquels doivent être entretenus en bon état de propreté.

« Art. 15. Il est enjoint aux chaudronniers, étameurs ambulants et autres, de n'employer que de l'étain fin du commerce pour l'étamage des vases de cuivre devant servir aux usages alimentaires ou à la préparation des boissons.

« Art. 16. L'emploi du plomb, du zinc et du fer galvanisé est interdit dans la fabrication des vases destinés à préparer ou à contenir des substances alimentaires ou des boissons. »

USURE.

L'usure est le prêt de l'argent fait à un taux plus élevé que celui fixé par la loi. L'usure n'est un délit que lorsqu'elle est habituelle.

La loi du 3 septembre 1807 a fixé le taux légal de l'argent, tant en matière de commerce qu'en matière civile; aux termes des art. 1 et 2 de cette loi, en matière civile, l'intérêt conventionnel ne peut excéder cinq pour cent, sans retenue, et en matière de commerce, six pour cent, également sans retenue.

La loi du 19 décembre 1850, en maintenant le taux légal de l'intérêt fixé par la loi de 1807 à six pour cent en matière de commerce et à cinq pour cent en matière civile, a modifié le surplus de ladite loi ainsi qu'il suit :

« Art 1er. Lorsque, dans une instance civile ou commerciale, il sera prouvé que le prêt conventionnel a été fait à un taux supérieur à celui fixé par la loi, les perceptions excessives seront imputées, de plein droit, aux époques où elles auront eu lieu, sur les intérêts légaux alors échus, et, subsidiairement, sur le capital de la créance.

« Si la créance est éteinte en capital et intérêts, le prêteur sera condamné à la restitution des sommes indûment perçues, avec intérêt du jour où elles lui auront été payées.

« Tout jugement civil ou commercial constatant un fait de cette nature sera transmis par le greffier au ministère public dans le délai d'un mois, sous peine d'une amende qui ne pourra être moindre de 16 fr., ni excéder 100 fr.

« Art. 2. Le délit d'habitude d'usure sera puni d'une amende qui pourra s'élever à la moitié des capitaux prêtés à usure, et d'un emprisonnement de six jours à six mois.

« Art. 3. En cas de nouveau délit d'usure, le coupable sera condamné au maximum des peines prononcées par l'article précédent, et elles pourront être élevées jusqu'au double, sans préjudice des cas généraux de récidive prévus par les art. 57 et 58 du Code pénal.

« Après une première condamnation pour habitude d'usure, le nouveau délit résultera d'un fait postérieur, même unique, s'il s'est accompli dans les cinq ans, à partir du jugement ou de l'arrêt de condamnation.

« Art. 4. S'il y a eu escroquerie de la part du prêteur, il sera passible des peines prononcées par l'art. 405 du Code pénal, sauf l'amende, qui demeure réglée par l'art. 2 de la présente loi.

« Art. 5. Dans tous les cas, et suivant la gravité des circonstances, les tribunaux pourront ordonner, aux frais du délinquant, l'affiche du jugement et son insertion, par extrait, dans un ou plusieurs journaux du département.

« Art. 6. Ils pourront également appliquer, dans tous les cas, l'art. 463 du Code pénal.

« Art. 7. L'amende prévue par le dernier paragraphe de l'art 1er sera prononcée, à la requête du ministère public, par le tribunal civil. »

Le ministère public a seul qualité pour poursuivre le délit d'usure devant le tribunal correctionnel. La partie civile ne peut exercer son action en restitution et dommages-intérêts que devant les tribunaux civils.

Une opération entachée d'usure peut, lorsqu'elle est en même temps entachée de fraude, être frappée d'annulation complète. En pareil cas, le pouvoir du juge ne se borne pas à prescrire la restitution ou l'imputation des intérêts usuraires indûment perçus. (*Cass.*, 25 *janv.* 1870.)

Les acheteurs complaisants de marchandises à des prix moins élevés que ceux qui ont été faits à un emprunteur par un prêteur, par suite d'une convention usuraire, doivent être réputés complices du délit d'habitude d'usure commis par ce dernier. (*Cass.*, 27 *fév.* 1864.)

Doit être aussi considéré comme complice du délit d'habitude d'usure, celui par l'intermédiaire duquel des prêts ont été faits à un taux usuraire... Vainement objecterait-il que, comme intermédiaire, il a eu le droit de prélever un salaire, si les faits personnels qui lui sont imputés excluent toute idée d'un mandat à lui donné tacitement par l'emprunteur. (*Même arrêt.*)

L'on ne peut se constituer partie civile sur la poursuite correctionnelle du délit d'habitude d'usure. (*Cass.*, 4 *mars* 1826.)

Le délit d'habitude d'usure peut être établi par la preuve testimoniale, lors même que l'usure résulterait de stipulations contenues dans des actes authentiques.

En matière de délit d'habitude d'usure, le principe prohibitif du cumul des peines est inapplicable, sous l'empire de la loi du 19 décembre 1850 comme sous celui de la loi du 3 septembre 1807, lorsqu'au délit d'habitude d'usure se sont joints des faits de fraude que ces diverses lois ont considérés comme aggravation du délit; d'où suit que, lorsque le délit d'abus des besoins, faiblesses ou passions d'un mineur accompagne le délit d'habitude d'usure, le tribunal correctionnel doit non seulement prononcer les peines de la loi du 19 décembre 1850, mais encore celles de l'art. 406 du Code pénal. (*Cass.*, 13 *nov.* 1840, 9 *juin* 1854 *et* 4 *fév.* 1860.)

En matière de délit d'habitude d'usure, les tribunaux correctionnels sont souverains pour décider que la perception de droits d'escompte, que le prévenu prétend constituer des opérations commerciales, doit être déclarée usuraire, comme se rattachant à des prêts civils, et ayant été retenus, *en dedans*, à chaque renouvellement de billet. (*Cass.*, 20 *et* 28 *avril* 1855.)

Des opérations d'escompte et de commission peuvent être punies comme usuraires, lorsqu'elles ne servent, en réalité, qu'à dissimuler des faits d'usure. (*Cass.*, 29 *janv.* 1842 *et* 27 *déc.* 1845.)

Le tribunal saisi seulement d'un délit d'usure peut se saisir du délit d'escroquerie que les débats révèlent, comme se rattachant aux faits d'usure. (*Cass.*, 7 *août* 1847.)

En matière de délit d'habitude d'usure, les tribunaux correctionnels peuvent décider que les prêts consentis sous la forme extérieure de lettres de change ne sont que des prêts civils déguisés, et qu'à l'aide de ces lettres de change, le prévenu s'est livré à des perceptions usuraires. (*Cass.*, 14 *mai* 1852, 2 *oct. et* 28 *avril* 1855.)

La prescription de l'action publique contre le délit d'habitude d'usure ne peut, quel que soit le nombre des prêts usuraires, commencer à courir qu'à compter du dernier fait d'usure. Les autres faits, ceux même qui remontent à plus de trois ans, doivent être pris en considération, soit pour l'évaluation de l'amende, soit comme élément du délit. (*Cass.*, 25 *août* 1826 *et* 21 *oct.* 1841.)

Les rapports ou procès-verbaux de la gendarmerie en cette matière ne peuvent être considérés que comme renseignements. Ils sont transmis au procureur de la République sans qu'il soit besoin de les faire viser pour timbre et enregistrer.

Algérie.

A défaut de convention, l'intérêt légal en Algérie sera, à l'avenir, de 6 %, tant en matière civile qu'en matière commerciale. (*Art.* 1er *de la loi du* 27 *août* 1881.)

Les acquéreurs, concessionnaires d'immeubles ou cessionnaires de

droits immobiliers, moyennant le payement d'une rente annuelle et perpétuelle, pourront se libérer dans le délai de cinq années, à partir de la
promulgation de la présente loi, en prenant pour base le taux de l'intérêt
à 10 %, par an; passé ce délai, ils tomberont sous l'application de l'art. 12
de l'ordonnance royale du 1er octobre 1844. (*Art.* 2.)

L'ordonnance royale du 8 décembre 1835 est abrogée dans ce qu'elle
a de contraire à la présente loi. (*Art.* 3.)

VACANCES D'EMPLOI.

Lors des vacances d'emploi, et en cas d'absence ou de maladie, les
remplacements militaires ont lieu, pour chaque grade d'officier, ainsi
qu'il suit :

Le chef de légion, par le plus ancien chef d'escadron de la légion ;

Le chef d'escadron, par le plus ancien capitaine de la compagnie ;

Le commandant de l'arrondissement du chef-lieu de la compagnie, par
l'adjudant ou le maréchal des logis chef ; et, dans tout autre arrondissement, par le plus ancien maréchal des logis et, au besoin, par l'adjudant
ou le maréchal des logis chef ;

Le trésorier, par le maréchal des logis adjoint de la compagnie ou, à
son défaut, par un maréchal des logis adjoint d'une autre compagnie de
la même légion, sur la désignation du colonel, qui en rend compte immédiatement au ministre.

Les officiers momentanément en service extraordinaire dans leurs arrondissements respectifs ou en tournée ne sont point considérés comme
absents de leurs postes. Ils sont suppléés, pour le service journalier, par
le militaire le plus élevé en grade de leur résidence. (*Art.* 211 *du décret
du* 1er *mars* 1854.)

En cas de vacance d'emploi, d'absence ou de maladie, le service de la
brigade est dirigé par le plus ancien des gendarmes présents. Si ce gendarme n'est pas en état de tenir les écritures, elles sont confiées à un
autre gendarme de la résidence ou, au besoin, d'une résidence voisine.

Le chef de légion peut d'ailleurs, si l'importance du service l'exige,
charger de la direction momentanée de cette brigade le commandant d'une
autre brigade de l'arrondissement. (*Art.* 236 *dudit décret.*)

Tous remplacements provisoires que les chefs de l'arme n'auraient pas
prescrits d'une manière conforme au décret du 1er mars 1854 (art. 211 et
236) ne pourraient motiver l'allocation de l'indemnité avant l'approbation du ministre de la guerre. Dans tous les cas, il est rendu compte
hiérarchiquement de ces remplacements au ministre. (V. *Indemnités,*
p. 349.)

Un chef de légion peut remplacer provisoirement un général de brigade dans le commandement d'une subdivision de région. Dans ce cas, il
jouit de l'indemnité de frais de service. (V. *Frais de service, p.* 355.)

VAGABONDS.

Le vagabondage est un délit. — Les vagabonds ou gens sans aveu sont
ceux qui n'ont ni domicile certain ni moyens de subsistance, et qui
n'exercent habituellement ni métier ni profession. (*Code pénal, art.* 269
et 270.)

L'individu qui voyage ou erre sans passe-port est de droit réputé vagabond, lorsqu'il ne justifie pas d'un domicile. (*Loi du* 10 *vend. an* IV. —
Arrêt de cass. du 7 *prair. an* IX.)

La Cour de cassation a jugé, dans sa séance du 8 mars 1877, qu'un
individu trouvé vagabondant peut être arrêté et condamné, bien qu'ayant
sur lui une somme de 300 fr. (V. *Mendiants, p.* 425.)

Les étrangers qui, déclarés par jugement en état de vagabondage, ont
été expulsés de France par le gouvernement, en vertu de l'art. 272 du
Code pénal, sont passibles, dans le cas où ils rentrent sans permission, de
la peine d'un mois à six mois d'emprisonnement prononcée par l'art. 8
de la loi du 3 décembre 1849. Cette peine a remplacé celle portée par
l'art. 45 du Code pénal, qui, antérieurement, était la sanction pénale de
l'art. 272 précité. (*Cass.,* 27 *mars* 1852.)

Lorsqu'un individu est déclaré coupable de vagabondage et de rupture
de ban, la peine accessoire de la surveillance, applicable au délit de vagabondage, doit être prononcée cumulativement avec la peine de rupture
de ban. (*Cass.,* 13 *mai* 1853.)

Les individus dont l'identité est inconnue et qui sont simplement dépourvus de papiers sont conduits devant le maire, l'adjoint, le juge de
paix ou le commissaire de police, qui, après interrogatoire, requiert leur
arrestation, s'il y a lieu.

Mais ceux dont le délit de vagabondage est patent sont transférés devant le procureur de la République, conformément à l'art. 1er de la loi
du 20 mai 1863, sur le flagrant délit. (V. *Arrestations, p.* 23.)

VISITES DOMICILIAIRES. — PERQUISITIONS.

On nomme visites domiciliaires les perquisitions faites dans le domicile
d'un citoyen, soit pour se saisir de sa personne ou de celle de tout autre,
soit pour y faire la recherche d'un objet quelconque, soit enfin pour constater un crime, un délit ou une contravention.

Les visites domiciliaires exigent beaucoup de prudence de la part de
ceux qui les ordonnent et de la part de ceux qui les font.

Il est facile de concevoir qu'une semblable mesure, pouvant troubler
la liberté individuelle et alarmer les familles, demande une connaissance
exacte des moyens d'exécution, pour se mettre à l'abri de toute responsabilité.

Dans les visites domiciliaires, la gendarmerie peut cumuler doubles
attributions au moment du flagrant délit; les officiers les ordonnent et
les opèrent en même temps; mais les officiers, sous-officiers, brigadiers
et gendarmes, dans les cas de délit non flagrant, et considérés seulement
comme agents de la force publique, ne peuvent agir qu'en vertu de mandats d'arrestation ou de perquisition.

La maison de chaque citoyen est un asile où la gendarmerie ne peut
pénétrer sans se rendre coupable d'abus de pouvoir, sauf les cas déterminés ci-après : 1° pendant le jour, elle peut y entrer pour un motif formellement exprimé par une loi, ou en vertu d'un mandat spécial de perquisition décerné par l'autorité compétente ; 2° pendant la nuit, elle peut
y pénétrer dans les cas d'incendie, d'inondation ou de réclamation venant
de l'intérieur de la maison. — Dans tous les autres cas, elle doit prendre

seulement, jusqu'à ce que le jour ait paru, les mesures indiquées par les articles suivants. — Le temps de nuit est ainsi réglé : du 1er octobre au 31 mars, depuis six heures du soir jusqu'à six heures du matin ; du 1er avril au 30 septembre, depuis neuf heures du soir jusqu'à quatre heures du matin. (*Art.* 291 *du décret du* 1er *mars* 1854.)

Dans toute visite domiciliaire la gendarmerie doit se faire assister de l'autorité civile, conformément à l'art. 42 du Code d'instruction criminelle. Par une circulaire du 22 février 1860, le ministre signale un abus de pouvoir commis par trois gendarmes, qui ont opéré une perquisition chez un habitant sans tenir compte des dispositions de cet article.

Les gendarmes qui s'introduisent illégalement dans le domicile d'un citoyen peuvent être condamnés à un emprisonnement de six jours et à une amende de 16 fr. au moins et de 500 fr. au plus, sans préjudice des peines de discipline et de la perte de leur emploi. (*Art.* 184 *du Code pénal.*)

Hors le cas de flagrant délit défini par l'art. 249 du décret du 1er mars 1854, la gendarmerie ne peut s'introduire dans une maison malgré la volonté du maître. — Lorsqu'elle est chargée d'exécuter les notifications de jugements, elle doit exhiber les extraits de mandats ou de jugements. (*Art.* 292 *dudit décret.*)

Lorsqu'il y a lieu de supposer qu'un individu déjà frappé d'un mandat d'arrestation ou prévenu d'un crime ou délit pour lequel il n'y aurait pas encore de mandat décerné s'est réfugié dans la maison d'un particulier, la gendarmerie peut seulement garder à vue cette maison ou l'investir, en attendant les ordres nécessaires pour y pénétrer ou l'arrivée de l'autorité qui a le droit d'exiger l'ouverture de la maison pour y faire l'arrestation de l'individu réfugié. (*Art.* 293 *dudit décret.*) Mais si la maison où s'est réfugié le prévenu est ouverte à la demande de la gendarmerie, elle peut opérer l'arrestation, même pendant la nuit. (*Cass.,* 8 *mars* 1851).

Lorsque les sous-officiers, brigadiers et gendarmes arrêtent des individus en vertu des dispositions ci-dessus, ils sont tenus de les conduire aussitôt devant l'officier de police judiciaire le plus à proximité et de lui faire le dépôt des armes, papiers, effets et autres pièces de conviction. — Les art. 632 et suivants du décret du 1er mars 1854 indiquent la responsabilité de la gendarmerie dans les diverses arrestations qu'elle est appelée à faire dans son service ordinaire et extraordinaire. (*Art.* 294 *dudit décret.* — V. *Arrestations en flagrant délit,* p. 21.)

La gendarmerie est autorisée à visiter les auberges, cabarets et autres maisons ouvertes au public, jusqu'à l'heure où lesdites maisons doivent être fermées d'après les règlements de police. Ainsi, les gendarmes peuvent signifier les mandats et arrêter les prévenus dans tous les lieux ouverts au public, jusqu'à l'heure où ils doivent être fermés d'après les règlements de police. (*Art.* 129 *de la loi du* 28 *germ. an* VI.)

Les militaires de la gendarmerie agissant comme officiers de police judiciaire ne peuvent opérer ou faire opérer des perquisitions que dans les *divers domiciles* du prévenu, dans les lieux qu'il choisit pour sa retraite et notoirement connus pour son refuge, à moins que ce ne soit une auberge, un cabaret ou tout autre logis ouvert au public, où ils sont autorisés à entrer, *même de nuit,* jusqu'à l'heure où ces lieux doivent être fermés. Quant aux maisons autres que celle du domicile du prévenu, si on soupçonne que des effets, des pièces pouvant servir à conviction ou le prévenu lui-même peuvent y être recelés, la gendarmerie se borne à entourer la maison, à en instruire le procureur de la République et à attendre sa décision, en se conformant, au surplus, à tout ce qui est prescrit par les art. 49 et 53 du Code d'instruction criminelle. (V. *Officiers de police judiciaire*.)

Si un individu refuse d'ouvrir ses portes, sur une injonction des officiers de police judiciaire ou sur la représentation d'un ordre légal, les gendarmes requièrent l'autorité locale d'aviser aux moyens d'exécution des mandats de justice dont ils sont porteurs, en faisant ouvrir les portes par un serrurier; s'il y a résistance, la force est employée et il est fait mention de toutes ces circonstances dans le procès-verbal. Dans le cas où l'autorité se refuserait à cette opération, il en serait dressé procès-verbal et référé immédiatement au procureur de la République, et, en attendant sa décision, la gendarmerie cernerait la maison pour empêcher la sortie des prévenus ou des effets. (V. *Arrestations en vertu de mandats de justice*.)

Les militaires de la gendarmerie ayant qualité d'officiers de police auxiliaires et agissant en cas de flagrant délit peuvent, en cas d'absence ou de refus de l'autorité locale, faire ouvrir eux-mêmes les portes. Dans ce cas, il leur suffit d'avoir deux témoins. Ils peuvent, comme le procureur de la République, ordonner l'ouverture des portes, requérir les gens de l'art pour cette opération et procéder à toutes les perquisitions qu'ils jugent convenables; mais ce droit ne leur est acquis que lorsqu'ils agissent en flagrant délit et qu'ils ont commencé une instruction judiciaire. (*Art. 42 et 49 du Code d'instr. crim.*)

Lorsqu'avec injures, violences et surtout avec armes, un individu s'oppose à ce que les agents de la force publique et les officiers de police judiciaire entrent dans sa maison, quand ils en ont le droit, cette rébellion constitue, suivant les circonstances, un délit ou un crime dont les peines varient selon la gravité des faits. (*Art. 209, 210, 225, 230 et 313 du Code pénal*.) Les peines peuvent s'élever de six jours d'emprisonnement aux travaux forcés à temps.

Les visites domiciliaires doivent être faites avec intelligence, politesse et circonspection. Il faut avoir soin d'employer un nombre de gendarmes suffisant pour prévenir toute résistance, tentative de violence et voies de fait et pour être à même d'opérer fructueusement.

S'il s'agit de la recherche d'individus ou de celle d'objets volés, il est utile de placer des sentinelles autour de la maison tant pour surveiller les évasions et la soustraction des effets que pour se mettre à l'abri de la ruse des délinquants; il faut ensuite se faire ouvrir toutes les portes des chambres, cabinets, placards, greniers, caves, et examiner partout, avec attention, si l'on n'a pas pratiqué quelque issue secrète pour dérober les prévenus et les effets aux recherches de la justice; il faut explorer les murs, les planchers, les cheminées, fouiller les granges, les remises, les écuries, remuer le foin, la paille et le bois; et, s'il s'agit de la recherche de papiers, pièces manuscrites ou imprimées, d'effets d'un petit volume, il est essentiel de s'assurer s'ils n'ont pas été jetés dans des lieux secrets; enfin, il faut opérer avec zèle et discernement, de manière à remplir fructueusement la mission dont on est chargé.

Dès que la gendarmerie a trouvé le prévenu, elle doit l'arrêter et continuer ses recherches en sa présence; si on découvre des objets volés, des pièces de conviction, on les saisit, on les fait reconnaître au prévenu et on les porte ou transmet à l'officier de police judiciaire qui a délivré le mandat, après les avoir renfermés et cachetés suivant les formes voulues par l'art. 38 du Code d'instruction criminelle. (V. *Pièces de conviction à* POLICE JUDICIAIRE, *p.* 502.)

Enfin, on rédige un procès-verbal détaillé de toutes ces circonstances, on le signe et on le fait signer par le maire, les prévenus, les officiers de police présents et les témoins; on l'adresse avec toutes les pièces de conviction à l'officier de police judiciaire qui a requis l'opération. (V., *au* Formulaire, *un modèle de procès-verbal.*)

La conscience commande aux magistrats instructeurs de ne violer les garanties de notre droit moderne que dans le cas de force majeure. Ainsi ils doivent respecter l'inviolabilité du domicile et n'exercer ou n'ordonner de perquisitions domiciliaires que dans le cas d'absolue nécessité.

Le rapporteur saisi de l'affaire peut requérir par commissions rogatoires les fonctionnaires, soit le rapporteur près le conseil de guerre, soit le juge d'instruction, soit le juge de paix du lieu dans lequel les témoins sont résidants, à l'effet de recevoir leur déposition, lorsqu'il faut procéder, hors du lieu où se fait l'information, soit aux recherches prévues par l'art. 86 du Code militaire, soit à tout autre acte d'instruction. (*Art.* 102 *du Code milit.*)

Les officiers de police judiciaire se saisissent des armes, des effets, papiers et pièces tant à charge qu'à décharge et, en général, de tout ce qui peut servir à la manifestation de la vérité, en se conformant aux art. 31, 33, 36, 37, 38, 39 et 65 du Code d'instruction criminelle. (*Art.* 86 *du Code milit.*)

Dans les communes, arrondissements ou départements en état de siège, l'art. 9 de la loi du 9 août 1849 donne le droit à l'autorité militaire de faire des perquisitions *de jour et de nuit* dans le domicile des citoyens.

Le juge d'instruction qui veut franchir d'autorité le seuil du domicile d'un citoyen, pour opérer une perquisition, doit se conformer aux prescriptions du Code pénal qui fixe la durée de la nuit au temps compris entre le coucher et le lever du soleil. (*Cass.,* 12 *fév.* 1813, 4 *juill.* 1823, 15 *avril* 1825, 29 *mars* 1860.)

Cependant, si une visite a été commencée le jour, elle peut être continuée sans égard à l'heure avancée; car ce n'est que l'introduction pendant la nuit qui est prohibée.

Dans les auberges, cabarets, cafés, boutiques et autres maisons ouvertes au public, il est permis d'entrer pour y procéder à des recherches judiciaires jusqu'à l'heure où ils doivent être fermés d'après les règlements publics. (*Cass.,* 12 *et* 19 *nov.* 1829.)

Le rapporteur peut, quand la perquisition doit être faite dans son arrondissement et lors même que ce serait dans le lieu de sa résidence, commettre un officier de police judiciaire pour le suppléer dans cette mesure. (*Cass.,* 6 *mars* 1841.)

Ainsi le juge d'instruction peut déléguer, soit un de ses collègues, quand il s'agit d'opérer hors de l'arrondissement, ou un autre officier de police judiciaire; pour opérer dans son arrondissement ou sa résidence, il peut déléguer un juge de paix, un commissaire de police ou un officier ou commandant de brigade de gendarmerie pour perquisition ou saisies de pièces, il peut même faire assister ces derniers d'un expert, s'il y a lieu. (*Cass.,* 10 *mai* 1858.)

Les perquisitions doivent être opérées d'après les règles indiquées au chapitre : *Police judiciaire.*

Allumettes chimiques.

La gendarmerie, apprenant d'une source certaine qu'un individu fabrique chez lui des allumettes chimiques, peut-elle, avec l'assistance du maire, procéder à une visite domiciliaire pour constater le fait?

L'article : *Visite chez les particuliers*, contenu dans la page 189 du *Manuel des contributions indirectes et des douanes*, par M. K., avocat (2ᵉ édition), répond négativement à cette question, en s'appuyant sur le premier paragraphe de l'art. 237 de la loi du 28 avril 1816, lequel est applicable à tous les agents chargés de réprimer les contraventions en matière de régie.

En cas de soupçon de fraude à l'égard des individus non assujettis à l'exercice, dit cet article, les employés pourront faire des visites dans l'intérieur des habitations en se faisant assister d'un juge de paix, du maire, de son adjoint ou du commissaire de police, lesquels sont tenus de déférer à la réquisition qui leur en sera faite et qui sera transcrite en tête du procès-verbal. Ces visites ne pourront avoir lieu que d'après l'ordre d'un employé supérieur du grade de contrôleur au moins, qui rendra compte des motifs au directeur du département.

Il n'y a d'exception à cette règle que si, au moment d'être saisies, les marchandises transportées en fraude étaient introduites dans une habitation pour les soustraire aux employés; dans ce cas, elles pourraient être suivies par eux, sans qu'ils soient tenus d'observer les formalités ci-dessus prescrites.

Ces dispositions sont confirmées par un grand nombre d'arrêts, notamment par ceux des 2 mars et 20 juillet 1878, insérés au *Recueil des arrêts de la Cour de cassation rendus en matière criminelle*, tome 83, pages 120 et 284.

Déserteurs. — Insoumis.

Le signalement nº 1, décerné contre un déserteur, ne donne pas aux gendarmes qui en sont porteurs le droit de procéder à une visite domiciliaire pour rechercher le militaire qui en est l'objet.

La maison de chaque citoyen est un asile inviolable où la gendarmerie ne peut pénétrer, sans se rendre coupable d'abus de pouvoir, que pour un motif formellement exprimé par une loi, ou en vertu d'un mandat spécial de perquisition décerné par l'autorité compétente. De plus, hors le cas de flagrant délit, elle ne peut s'introduire dans une maison malgré la volonté du maître.

Mais lorsqu'il s'agit de recherches à faire dans la maison d'un particulier prévenu de recéler un déserteur ou un insoumis, le mandat spécial de perquisition, prescrit par les art. 131 de la loi du 28 germinal an VIII et 291 du décret du 1ᵉʳ mars 1854, peut être suppléé par l'assistance du maire, de son adjoint ou du commissaire de police. (*Décret du 4 août 1806, toujours en vigueur.*)

Mandat d'amener. — Mandat de dépôt.

Le mandat d'amener, pas plus que le mandat de dépôt, ne donne droit à perquisition dans un domicile; pour se livrer à des recherches chez un particulier il faut un mandat d'arrêt, un jugement, un mandat spécial ou un cas de flagrant délit défini par l'art 249 du décret du 1ᵉʳ mars 1854. (*V. art. 73 du décret du 18 juin 1811, décis. du min. de la justice du 27 nov. suivant, art. 68 du Code de procédure civile.*)

Engins prohibés.

Lorsque la gendarmerie a la certitude qu'il existe chez un particulier des engins de pêche ou de chasse prohibés a-t-elle le droit, en se faisant accompagner du maire ou de son adjoint, de pénétrer dans la maison et de saisir ces engins?

La loi sur la pêche interdit la recherche à domicile des filets et engins prohibés, parce qu'il n'y a pas délit à détenir ces engins. (*Art. 29 de la loi du 15 avril 1829.*)

La loi sur la chasse punit les individus qui sont possesseurs ou détenteurs *dans leur habitation* ou hors de leur domicile de filets et engins de chasse prohibés. Mais les visites domiciliaires pour constater la détention de ces engins prohibés ne doivent avoir lieu que sur la réquisition du ministère public ou en vertu d'une ordonnance du juge d'instruction. (*Circ. du garde des sceaux du 9 mai 1844.*)

Toutefois, lorsque, dans une perquisition domiciliaire *légalement opérée,* des engins de chasse prohibés ont été trouvés en la possession d'un individu, le tribunal doit statuer sur cette contravention, sans pouvoir s'en dispenser sous prétexte d'irrégularité des formes dans lesquelles a eu lieu la découverte de ces engins, si le fait est établi par l'aveu du prévenu et par les dépositions des témoins. (*Cass., 18 déc. 1845.*)

Concours de la gendarmerie. — Travaux corporels.

Lorsque la gendarmerie assiste un magistrat compétent dans l'exécution d'une visite au domicile d'un individu inculpé de vol, doit-elle rester neutre, ou bien effectuer les recherches sur la réquisition verbale du magistrat?

Elle doit prendre part aux recherches. Quand le magistrat est présent, il n'est pas besoin d'une réquisition écrite, puisque c'est lui qui doit dresser procès-verbal de l'opération et, par conséquent, constater que la gendarmerie a agi d'après des réquisitions régulières. Mais les gendarmes ne doivent pas d'eux-mêmes procéder aux recherches, et le magistrat ne doit se faire seconder par eux pour cet objet que dans le cas de nécessité. M. Mangin, ancien conseiller à la Cour de cassation, dit fort bien : « Le juge d'instruction ne doit associer à ses investigations ni le procureur de la République, qui n'est là que pour requérir, ni le greffier, qui n'a de mission que pour écrire sous la dictée le procès-verbal, ni les agents de la force publique, lorsque leur assistance n'est pas nécessaire. »

Un magistrat procédant à une visite domiciliaire, dans un cas de flagrant délit de vol, estimant qu'il peut y avoir lieu de vider la paillasse du lit de l'inculpé, de déplacer un tas de bourrées, de bois, de paille, de foin, etc., requiert le brigadier de gendarmerie qui l'accompagne d'effectuer lui-même ce travail. L'opération dont il s'agit rentre-t-elle dans le service de la gendarmerie?

Parmi les personnes dont le juge d'instruction ou le magistrat procédant à une visite domiciliaire, dans un cas de flagrant délit, doit se faire accompagner, M. Duverger, dans son *Manuel des juges d'instruction* (3ᵉ éd., t. 2, nᵒ 207), nomme, après le greffier et la force publique, « les experts, les *manouvriers,* ou toutes personnes dont il prévoit ou reconnaît que le concours ou les services lui seront nécessaires. » — Le rôle de la force publique est clairement indiqué par le Code d'instruction criminelle. Défense pouvant être faite par le juge à qui que ce soit de sortir de la maison ou de s'éloigner du lieu jusqu'après la clôture de son procès-verbal, et tout contrevenant pouvant être saisi et déposé dans la maison d'arrêt (*art.* 34), la gendarmerie est appelée à faire observer cette défense. Le prévenu pouvant être présent ou amené sur les lieux durant la visite domiciliaire (*art.* 35 *et* 40), la gendarmerie doit s'assurer de sa personne ; elle doit veiller en outre à ce qu'aucun objet ne soit déplacé ou détourné pendant l'inspection du magistrat.

Quant aux artisans ou manouvriers, leur assistance est, dans bien des cas, d'une nécessité incontestable ; par exemple lorsqu'il s'agit d'ouvrir des portes dont la clef ne se retrouve pas, de faire fouiller une fosse d'aisance ou une mare, de faire faucher un pré dans lequel l'instrument du crime peut avoir été jeté.

Mais nous reconnaissons que, pour certaines opérations, la gendarmerie peut, sans sortir de ses fonctions, prêter son concours au magistrat : ainsi elle peut et doit concourir à l'examen des lieux pour signaler au juge les traces d'effraction, les taches de sang, les indices qui révèlent un lavage, etc. Mais l'objection du concours cesse, dans notre appréciation, lorsqu'il ne peut être donné par le gendarme qu'à la condition de quitter son uniforme, de se transformer en ouvrier et de se mettre ainsi momentanément hors d'état d'accomplir, s'il en était besoin, sa mission d'agent de la force publique.

M. Duverger, dans l'ouvrage cité plus haut (t. 1ᵉʳ, nᵒ 148), indique clairement les cas dans lesquels il y a lieu d'employer le concours d'ouvriers : « Le juge d'instruction, dit-il, a la faculté de se faire assister d'artisans, de manouvriers ou gens de travail, comme lorsqu'il s'agit de fouiller un terrain, d'exhumer un cadavre, de franchir un mur, d'ouvrir des portes ou des meubles, d'enlever des ferrements, des cloisons, de transporter des objets ; en un mot, de *faire un travail manuel ou corporel quelconque.* — La convocation se fait par une simple réquisition ou par un simple avertissement qui peut être porté par un agent de police ou par un agent de la force publique. (*Instr. du* 30 *sept.* 1826.) — Les personnes ainsi requises sont mises à l'œuvre par le juge, qui, après l'opération terminée, taxe au pied de son réquisitoire, comme frais urgents, les salaires alloués par la loi et réclamés par les parties intéressées. (*Décret du* 18 *juin* 1811, *art.* 20, 133 *et* 134.) Il n'y a point lieu de faire prêter serment aux gens de travail, ni de leur faire signer les procès-verbaux : ce sont, pour ainsi dire, des instruments passifs dont les fonctions toutes matérielles sont relatées avec leurs résultats et les noms des agents, afin qu'ils puissent être appelés au besoin. »

Puisque les magistrats ont à leur service de telles facilités de concours, il est évidemment contraire à l'esprit du Code d'instruction criminelle qu'ils requièrent les gendarmes dont ils sont accompagnés de faire un service d'ouvrier. Nous devons reconnaître qu'en général les magistrats, très soucieux de la dignité d'un corps associé de si près à l'action de la justice, s'abstiennent de réquisitions de ce genre et n'hésitent pas à reconnaître que le spectacle de l'accomplissement de ces travaux corporels par les gendarmes ne peut que produire un fâcheux effet sur l'esprit de ceux qui en sont témoins. Les magistrats ne peuvent guère, d'ailleurs, avoir à redouter, de la part des ouvriers dont le concours est utile, un refus de service, car ces ouvriers ont deux motifs pour obéir à leurs réquisitions : ils sont assurés de toucher le salaire de leur travail et ils savent qu'en refusant le service requis ils s'exposent à être poursuivis pour contravention à l'art. 475 n° 12 du Code pénal.

VISITES INOPINÉES.

Tout ce qui se rattache aux visites inopinées est traité dans les chapitres suivants :

Chefs de légion, Commandants de compagnie, Commandants d'arrondissement, Indemnités, Tournées et Revues.

VISITES OBLIGATOIRES DES OFFICIERS DE GENDARMERIE.

Indépendamment des visites que nécessite leur service auprès des diverses autorités et qui sont prévues et indiquées dans le cours de cet ouvrage, toutes les fois qu'un officier de gendarmerie prend possession de son emploi, il fait, dans les vingt-quatre heures de son arrivée, sa visite en grande tenue aux fonctionnaires civils et militaires du lieu de sa résidence qui sont dénommés avant lui dans l'ordre des préséances. Dans les places de guerre, les commandants de place, quel que soit leur grade, sont compris dans le nombre des fonctionnaires militaires auxquels il est dû une première visite. Les officiers de gendarmerie reçoivent les visites des fonctionnaires classés après eux dans l'ordre des préséances et les rendent dans les vingt-quatre heures. (*Art. 159 du décret du 1er mars* 1854.)

A leur arrivée dans leur résidence, les commandants de brigade ne sont pas légalement tenus à des visites, puisque les lois, ordonnances et règlements se taisent à cet égard. Mais ils manqueraient essentiellement aux convenances, nuiraient aux relations et à l'harmonie qui doivent toujours exister entre eux et les fonctionnaires, s'ils ne s'empressaient de faire des visites aux autorités locales immédiatement après leur arrivée, et successivement aux autorités des communes dont ils ont la surveillance, lors de leur première tournée.

Les préfets et les sous-préfets sont tenus, aux termes d'une circulaire du ministre de l'intérieur du 10 avril 1873, rappelée en 1874, de rendre les visites en uniforme.

VOIES DE FAIT, VIOLENCES.

Tout individu qui, volontairement, aura fait des blessures ou porté des coups, ou commis toute autre violence ou voie de fait, s'il est résulté de ces sortes de violences une maladie ou incapacité de travail personnel pendant plus de vingt jours, sera puni d'un emprisonnement de deux ans à cinq ans, et d'une amende de 16 fr. à 2,000 fr. — Il pourra, en outre, être privé des droits mentionnés en l'art. 42 du présent Code, pendant cinq ans au moins et dix ans au plus, à compter du jour où il aura subi sa peine. Quand les violences ci-dessus exprimées auront été suivies de mutilation, amputation ou privation de l'usage d'un membre, cécité, perte d'un œil ou autres infirmités permanentes, le coupable sera puni de la réclusion. — Si les coups portés ou les blessures faites volontairement, mais sans intention de donner la mort, l'ont pourtant occasionnée, le coupable sera puni des travaux forcés à temps. (*Art.* 309 *du Code pénal.*)

Lorsqu'il y aura eu préméditation ou guet-apens, la peine sera, si la mort s'en est suivie, celle des travaux forcés à perpétuité; si les violences ont été suivies de mutilation, amputation ou privation de l'usage d'un membre, cécité, perte d'un œil ou autres infirmités permanentes, la peine sera celle des travaux forcés à temps; dans le cas prévu par le premier paragraphe de l'art. 309, la peine sera celle de la réclusion. (*Art.* 310 *dudit Code.*)

Lorsque les blessures ou les coups, ou autres violences ou voies de fait n'auront occasionné aucune maladie ou incapacité de travail personnel de l'espèce mentionnée en l'art. 309, le coupable sera puni d'un emprisonnement de six jours à deux ans, et d'une amende de 16 fr. à 200 fr., ou de l'une de ces deux peines seulement. — S'il y a eu préméditation ou guet-apens, l'emprisonnement sera de deux ans à cinq ans, et l'amende de 50 fr. à 500 fr. (*Art.* 311 *dudit Code.*)

L'individu qui aura volontairement fait des blessures ou porté des coups à ses père ou mère légitimes, naturels ou adoptifs, ou autres ascendants légitimes, sera puni ainsi qu'il suit : De la réclusion, si les blessures ou les coups n'ont occasionné aucune maladie ou incapacité de travail personnel de l'espèce mentionnée en l'art. 309; — Du maximum de la réclusion, s'il y a eu incapacité de travail pendant plus de vingt jours, ou préméditation ou guet-apens; — Des travaux forcés à temps, lorsque l'article auquel le cas se référera prononcera la peine de la réclusion; — Des travaux forcés à perpétuité, si l'article prononce la peine des travaux forcés à temps. (*Art.* 312 *dudit Code.*)

Bien que, dans l'art. 312, les mots « autres violences ou voies de fait » n'aient pas été ajoutés par la loi du 13 mai 1863 aux mots « blessures ou coups », comme dans les art. 309 et 311, cette disposition ne s'en applique pas moins à de telles violences exercées envers les ascendants. (*Cass.,* 7 *déc.* 1866.)

S'il n'est résulté du défaut d'adresse ou de précaution que des blessures ou coups, le coupable sera puni de six jours à deux mois d'emprisonnement, et d'une amende de 16 fr. à 200 fr., ou de l'une de ces deux peines seulement. (*Art.* 320 *dudit Code.*)

Un gendarme qui tue ou blesse un individu, lorsqu'il y a eu des motifs légitimes, n'est passible d'aucune peine. Il en est de même des douaniers et autres fonctionnaires ou préposés du gouvernement agissant pour l'exécution des lois. (*Arrêt de cass. du* 5 *déc.* 1832. — V. *Légitime défense.*)

Les lois, en accordant aux pères et mères une autorité de correction, ne leur confèrent pas le droit d'exercer sur leurs enfants des violences ou des mauvais traitements qui mettent leur vie ou leur santé en danger, surtout dans la faiblesse du premier âge. S'ils les maltraitent d'une manière grave, il y a lieu à condamnation contre eux. (*Arrêt de cass. du* 17 *déc.* 1819.)

Le fait d'avoir jeté sur quelqu'un un corps dur, tel qu'une pierre, rentre, lorsqu'il en est résulté des coups et blessures, dans les prévisions de l'art. 311 ou 320 du Code pénal, suivant que les blessures ont été volontaires ou involontaires. (*Cass.*, 21 *mars* 1868.)

Tirer sur quelqu'un, seulement pour lui faire peur et en dirigeant l'arme de telle sorte que la charge ne puisse l'atteindre, est-ce un délit? — La Cour de cassation a répondu affirmativement à cette question. Avant la loi du 13 mai 1863, l'art. 311 du Code pénal ne punissait que les coups et les blessures. L'action dont il s'agit ne rentrait pas dans cette indication. Mais la loi du 13 mai 1863 a complété l'énumération par ces mots : « et les autres violences ou voies de fait ». Suivant la Cour de cassation, ces dernières expressions « comprennent non seulement les voies de fait qui s'exercent sur les personnes mêmes, mais aussi celles qui, sans atteindre la personne, sont de nature à l'impressionner vivement. (*Cass.*, 6 *déc.* 1872.)

Le fait de coucher en joue un individu avec un pistolet chargé constitue le délit de voie de fait prévu par l'art. 311 du Code pénal, sans qu'il y ait à distinguer si le pistolet était ou non amorcé d'une capsule. (*Tribunal de Lisieux*, 1er *juin* 1875.)

Les violences légères sans coups ni blessures, telles, par exemple, que celles que se permettent les individus masqués qui saisissent quelqu'un et lui mettent du son dans la bouche ou lui barbouillent la figure, ne constituent que des contraventions de simple police, passibles d'un à trois jours de prison et d'une amende d'une à trois journées de travail, aux termes de l'art. 1er, titre XIX de la loi du 22 juillet 1791, et des art. 600 et 604 du Code du 3 brumaire an IV. (*Arrêts de cass. des* 30 *mars* 1832, 9 *mars* 1854, 26 *janv.* 1866 *et* 26 *janv.* 1877.)

Le fait d'avoir renversé violemment à terre un individu constitue, non une violence légère, dans le sens de celles que les art. 605 et 606 du Code du 3 brumaire an IV répriment d'une peine de simple police, mais l'une des violences que l'art. 311, modifié, du Code pénal punit de peines correctionnelles. (*Cass.*, 30 *avril* 1869.)

Le meurtre ainsi que les blessures et les coups sont excusables, s'ils ont été provoqués par des coups ou violences graves envers les personnes; s'ils ont eu lieu en repoussant, pendant le jour ou pendant la nuit, l'escalade ou l'effraction des clôtures, murs ou entrée d'une maison ou d'un appartement habité ou de leurs dépendances; ou si le fait a eu lieu en se défendant contre les auteurs de vols ou de pillages exécutés avec violence. (*Art.* 321, 322 *et* 329 *du Code pénal.* — *Cass.*, 8 *déc.* 1871.)

Est puni d'un emprisonnement de deux mois à cinq ans, tout militaire qui frappe son inférieur hors le cas de légitime défense de soi-même ou d'autrui, ou de ralliement des fuyards, ou de la nécessité d'arrêter le pillage ou la dévastation. (*Art.* 229 *du Code du* 9 *juin* 1857.)

Si les voies de fait ont occasionné une incapacité de travail de plus de vingt jours, ou entraîné la mort, il y a lieu de recourir au Code pénal pour appliquer la peine.

Dès qu'un justiciable du conseil de guerre permanent est prévenu d'un délit militaire, il doit être, à la diligence de ses supérieurs, mis en état d'arrestation, sous la garde d'une force suffisante.

Pour abréger la détention et activer l'instruction, il doit être immédiatement procédé, sur les lieux, à toutes les constatations que peuvent faire, d'après la loi, les officiers de police judiciaire. Par suite, tous les procès-verbaux ou autres pièces de nature à servir à la manifestation de la vérité sont jointes à la plainte pour être transmises à l'autorité militaire chargée de statuer. (*Circ. du 23 juin 1875.*)

Des formules font suite à cette circulaire qu'il est indispensable de consulter en cas de plainte au conseil de guerre faite par un officier.

(V. *le* Mémorial, 10° *vol.*)

Est punie de mort, avec dégradation militaire, toute voie de fait commise avec préméditation ou guet-apens par un militaire envers son supérieur. (*Art. 221 du Code de justice milit.*)

Est punie de mort, toute voie de fait commise sous les armes par un militaire envers son supérieur. (*Art. 222 dudit Code.*)

Les voies de fait exercées, pendant le service ou à l'occasion du service, par un militaire envers son supérieur sont punies de mort.

Si les voies de fait n'ont pas eu lieu pendant le service ou à l'occasion du service, le coupable est puni de la destitution, avec emprisonnement de deux ans à cinq ans, si le militaire est officier, et de cinq à dix ans de travaux publics, s'il est sous-officier, caporal, brigadier ou soldat. (*Art. 223 dudit Code.*)

Si les outrages n'ont pas lieu pendant le service ou à l'occasion du service, la peine est d'un an à cinq ans d'emprisonnement. (*Art. 224 dudit Code.*)

Le soldat qui tire un coup de fusil sur son supérieur, même sans l'atteindre, se rend coupable de voies de fait et doit être puni. (*Cass., 30 août 1849 et 10 janv. 1852.*)

La tentative de voies de fait commise par un militaire envers son supérieur ne peut être assimilée au crime consommé; mais elle constitue un délit d'insulte et de menace envers un supérieur. (*Cass., 13 nov. 1852.*)

Le militaire qui omet de saluer ses supérieurs commet une infraction à la discipline; et s'il oppose de la résistance à son supérieur qui veut s'assurer de son identité afin de constater ce manquement à la discipline, il se rend coupable du délit de rébellion prévu par l'art 209 du Code pénal. (*Cass., 27 déc. 1851.*)

Un brigadier est toujours le supérieur d'un simple soldat, quand bien même il serait considéré comme agent de la force publique, et s'il venait à être frappé par un simple soldat, ce ne serait plus une rébellion, mais une voie de fait commise par son subordonné. (*Circ. minist. du 5 déc. 1865.*)

Un simple soldat remplissant les fonctions de caporal, soit dans la chambrée, soit dans un poste, a sur le soldat la même autorité que s'il avait les insignes de ce grade. En conséquence, les voies de fait exercées par un militaire à son égard doivent être réputées avoir été commises envers un supérieur, surtout si les accusés n'ignorent pas que le fonctionnaire caporal a été investi de l'autorité afférente à ce grade. (*Circ. minist. des 31 mars 1849 et 22 avril 1861.*)

Un brigadier de gendarmerie dans l'exercice de ses fonctions conserve son caractère de supérieur vis-à-vis des militaires d'un grade inférieur au sien. (*Circ. minist. du 18 mai 1865.*)

Les expressions : Je vous emm... constituent un outrage dans le sens de cet article (*Cass.*, 17 *mars* 1850.)

Il en est de même des gestes indécents, qui sont le signe du mépris de l'autorité du supérieur. (V. *Blessures, Homicide, Outrages et Rébellion.*)

VOIE PUBLIQUE.

On nomme voies publiques les routes, les chemins, les rues, les places publiques.

La police des routes, de concert avec l'autorité municipale, rentre dans la spécialité du service de la gendarmerie. Les maires, les adjoints, les commissaires de police et la gendarmerie doivent veiller à ce que la voie publique soit libre, sûre, éclairée en cas de besoin; à ce que personne n'y commette de dégradations; à ce qu'on n'y laisse vaguer ni furieux, ni insensés, ni animaux malfaisants ou dangereux; à ce que personne n'y soit en danger par la marche trop rapide des chevaux, charrettes et voitures; à ce que la libre circulation ne soit pas gênée par le déchargement et le dépôt de marchandises ou de boues et immondices devant les portes des maisons et magasins. (V. *Voirie (Grande)*, *Voirie (Petite)*.)

VOIRIE (GRANDE).

La loi du 29 floréal an x et l'art. 313 du décret du 1er mars 1854 ont donné à la gendarmerie le droit et le devoir de constater les contraventions en matière de grande voirie. Ces délits, comme quelques-uns de roulage, sont de la compétence des conseils de préfecture, qui prononcent des amendes et la réparation du dommage causé.

La loi du 29 floréal an x, en ordonnant que les contraventions de grande voirie, parmi lesquelles sont rangées les détériorations commises sur les arbres des routes, seraient poursuivies par voie administrative, a transféré aux autorités chargées de statuer sur les contraventions le droit de prononcer les amendes portées à l'art. 47 de la loi des 26 septembre-6 octobre 1791, dit *Code rural*, contre les individus convaincus d'avoir coupé ou détérioré des arbres plantés sur les grandes routes. (*Conseil d'Etat, 12 déc.* 1866.) Il y a lieu de considérer comme plantés sur une grande route des arbres plantés sur un talus dépendant de cette route. (*Même arrêt.*)

La grande voirie comprend les routes nationales et départementales; les fleuves, rivières et canaux navigables ou flottables; les chemins de fer, leurs stations, gares et autres emplacements en dépendant; les chemins de halage; les rues qui sont grandes routes, les autres rues et toute partie du territoire à la charge de l'Etat et des départements.

Les délits et contraventions qui sont commis sur les routes nationales, sur les chemins de grande communication et autres, ne sont pas, par cela seul, des délits de grande ou de petite voirie. La loi du 30 mai 1851 et le décret réglementaire du 10 août 1852 attribuent aux tribunaux correctionnels et de simple police bon nombre de faits délictueux qui, précédemment, étaient justiciables des conseils de préfecture.

Tous les procès-verbaux de la compétence du conseil de préfecture sont faits en triple expédition.

Aux termes de l'art. 1er de la loi du 23 mars 1842, les amendes prononcées pour contraventions aux règlements de grande voirie peuvent être modérées par les conseils de préfecture, eu égard au degré d'importance et aux circonstances atténuantes des délits, jusqu'au vingtième desdites amendes, sans toutefois que le minimum puisse descendre au-dessous de 16 fr.

A dater de la promulgation de cette dernière loi, les amendes dont le taux, d'après les règlements antérieurs à la loi du 22 juillet 1791, était laissé à l'arbitraire du juge peuvent varier entre le minimum de 16 fr. et le maximum de 300 fr.

Quelques-unes des infractions à la police du roulage sont aussi au nombre des contraventions de grande voirie; elles sont constatées et ré-primées de même.

Les lois spéciales qui établissent des peines en matière de grande voirie sont muettes sur la prescription de l'action et de la peine.

Un des devoirs principaux de la gendarmerie est de faire la police sur les grandes routes et d'y maintenir la liberté des communications; à cet effet, elle dresse des procès-verbaux de contravention en matière de grande voirie, telles qu'anticipations, dépôts de fumiers ou d'autres objets, et constate toute espèce de détériorations commises sur les grandes routes, sur les arbres qui les bordent, sur les fossés, ouvrages d'art et matériaux destinés à leur entretien; elle dénonce à l'autorité compétente les auteurs des délits ou contraventions.

Elle dresse également des procès-verbaux de contravention, comme en matière de grande voirie, contre quiconque, par imprudence ou involon-tairement, a dégradé ou détérioré, de quelque manière que ce soit, les appareils des lignes de télégraphie électrique ou les machines des télégra-phes aériens. (*Art.* 313 *du décret du* 1er *mars* 1854.)

La gendarmerie surveille l'exécution des règlements sur la police des fleuves et rivières navigables ou flottables, des bacs et bateaux de passage, des canaux de navigation ou d'irrigation, des desséchements généraux ou particuliers, des plantations pour la fixation des dunes des ports de com-merce; elle dresse des procès-verbaux de contraventions à ces règlements et en fait connaître les auteurs aux autorités compétentes. (*Art.* 314 *dudit décret.*)

Elle arrête tous ceux qui sont surpris coupant ou dégradant d'une ma-nière quelconque les arbres plantés sur les chemins, promenades publiques, fortifications et ouvrages extérieurs des places, ou détériorant les monu-ments qui s'y trouvent. — Elle saisit et conduit immédiatement devant l'officier de police de l'arrondissement quiconque est surpris détruisant ou déplaçant les rails d'un chemin de fer ou déposant sur la voie des matériaux ou autres objets dans le but d'entraver la circulation, ainsi que ceux qui, par la rupture des fils, par la dégradation des appareils ou par tout autre moyen, tentent d'intercepter les communications ou la corres-pondance télégraphique. (*Art.* 315 *dudit décret.*)

La disposition de l'art. 1er de la loi du 15 juillet 1845 qui déclare que les chemins de fer font partie de la grande voirie est applicable non seu-lement à la voie de fer proprement dite, mais encore à toutes les stations, gares et autres emplacements en dépendant. En conséquence, les contra-ventions commises sur ces emplacements doivent être poursuivies et ré-primées comme contravention de grande voirie. (*Arrêt du Conseil d'Etat du* 22 *juill.* 1848.)

Tout militaire appartenant au corps de la gendarmerie, si d'ailleurs il est dans l'exercice de ses fonctions, a qualité pour dresser procès-verbal des contraventions de grande voirie, dans toute l'étendue du territoire continental et colonial de la République. (*Arrêt du Conseil d'Etat du 7 juin* 1851, *et art.* 1er *du décret du* 1er *mars* 1854.)

Il n'existe ni loi ni règlement qui exige le concours de deux gendarmes pour la rédaction et la signature des procès-verbaux de contravention en matière de grande voirie. Le procès-verbal fait et signé par un seul gendarme est valable comme celui fait et signé par plusieurs.

En matière de grande et de petite voirie, comme en toute autre, les procès-verbaux de la gendarmerie sont dispensés de l'affirmation. Ils font foi en justice jusqu'à preuve contraire, ainsi qu'il résulte des décisions du Conseil d'Etat des 8 janvier 1832 et 19 janvier 1836, comme aussi de l'art. 498 du décret du 1er mars 1854 rectifié par la décision du 24 avril 1858 pour l'exécution de la loi du 17 juillet 1856.

Conformément aux décisions ministérielles des 11 frimaire an IV et 4 germinal an XI, les procès-verbaux de grande voirie doivent être visés pour timbre et enregistrés en débet. Tel est l'esprit de l'art. 70 de la loi du 22 frimaire an VII.

Le défaut d'enregistrement des procès-verbaux de contravention en matière de grande voirie n'entraîne pas la nullité du procès-verbal : l'art. 19 de la loi du 30 mai 1851, sur la police du roulage, ne leur est pas applicable. (*Cass., 19 avril* 1854.)

La partie des grandes routes qui traverse les villes est, en ce qui touche la commodité, la sûreté, la salubrité de cette voie publique, soumise à la police de la petite voirie urbaine, et, par suite, les contraventions qui y sont commises rentrent dans la compétence des tribunaux de police. (*Cass., 27 sept.* 1851.)

Un dépôt de fumiers fait sans autorisation par un particulier sur l'accotement d'une route nationale constitue une contravention de grande voirie. — La condamnation de 500 livres, que l'ordonnance de 1731 autorise à prononcer contre les contrevenants, comprend, outre la répression de la contravention, la réparation du dommage qui a pu être causé à la route. — L'amende peut être modérée en raison des circonstances atténuantes. (*Arrêt du Conseil d'Etat du* 16 *fév.* 1853.)

Le fait d'avoir laissé pâturer à l'abandon, sur le chemin de halage d'un canal, des bestiaux qui y ont causé des dégradations constitue une contravention de grande voirie justiciable du conseil de préfecture et réprimée par l'arrêt du Conseil du 24 juin 1777. — Les contrevenants sont passibles d'une amende de 16 fr. à 300 fr. — L'amende doit être prononcée contre le même individu autant de fois qu'il y a de contraventions constatées à sa charge. (*Arrêt du Conseil d'Etat du* 14 *déc.* 1853.)

Toute espèce de détérioration commise sur une grande route constitue une contravention de grande voirie, sur laquelle le conseil de préfecture est appelé à statuer en vertu de la loi du 29 floréal an X. La réparation du dommage causé doit être prononcée par le conseil aux frais du contrevenant, alors même que les lois et règlements n'ont édicté aucune peine contre la contravention. — Ainsi, lorsque des bestiaux pâturant à l'abandon sur une grande route y ont occasionné des dommages, la réparation en est prononcée par le conseil de préfecture, qui fixe l'indemnité à payer à l'Etat. (*Arrêt du Conseil d'Etat du* 14 *déc.* 1853.)

Le fait, par un voiturier, d'enlever des pierres approvisionnées sur une route et de les placer sur sa charrette pour servir de contre-poids à la descente d'une rampe constitue une contravention de grande voirie. Le contrevenant doit être condamné à payer la valeur du préjudice causé. (*Cass.*, 19 *avril* 1854.)

La gendarmerie doit avoir soin de distinguer les délits ordinaires commis sur les grandes routes des contraventions spéciales en matière de grande voirie. Les délits qui n'ont aucun rapport à la grande voirie sont jugés par les tribunaux correctionnels ou de simple police.

Les procès-verbaux relatifs à la grande voirie sont envoyés au sous-préfet, qui les adresse avec son avis au préfet pour être déférés au conseil de préfecture, chargé de juger. (*Décret du* 12 *nov.* 1809.)

Lorsqu'un délit de grande voirie a été commis, le maire de la commune dans laquelle il a eu lieu peut intervenir pour faire déposer l'amende encourue, recevoir caution ou retenir en fourrière, si le cas l'exige. (V. *Fourrière*.) Il ne condamne pas, il ne juge pas le fond de la question, il assure seulement l'effet de la condamnation, et les droits des contrevenants restent entiers.; le procès-verbal lui est renvoyé par le sous-préfet pour avoir son avis, et c'est le conseil de préfecture qui statue définitivement. (*Circ. du dir. des ponts et chaussées du* 17 *mars* 1819.) Quoiqu'il ne soit pas défendu à la gendarmerie de recevoir le montant de la consignation dans les lieux isolés, si les contrevenants sont inconnus, en en donnant quittance, sauf à en effectuer le versement immédiatement au receveur de la commune, il vaut mieux qu'elle fasse opérer ce versement directement. (*Décis. minist. du* 5 *juin* 1830.)

Les art. 1er et 4 de la loi du 29 floréal an x, qui attribuent à l'autorité administrative la répression et la poursuite des contraventions et détériorations commises sur les grandes routes, ne sauraient s'appliquer à la partie des grandes routes qui traverse les rues. — Ces rues peuvent devenir l'objet de règlements municipaux en ce qui concerne leur commodité, sûreté et salubrité. (*Cass.*, 8 *et* 25 *avril et* 16 *mai* 1829.)

Les cas qui peuvent donner lieu à la rédaction d'un procès-verbal varient à l'infini. Le plus souvent, la gendarmerie doit dresser des procès-verbaux :

1° Contre ceux qui auraient embarrassé les routes nationales et départementales, rues, ponts et chaussées, en y déposant des gravois, fumiers, immondices ou autres objets qui obstruent le passage et entravent la circulation ;

2° Contre ceux qui auraient commis des anticipations sur les routes nationales et départementales, sur les chemins de halage ou la voie publique, soit en creusant des fossés, en plantant des arbres, en élevant des bâtiments nouveaux ou en réparant et exhaussant les anciens sans autorisation ;

3° Contre ceux qui auraient comblé des fossés, abattu des berges, bornes, digues, ponts et chaussées, diminué ou obstrué la largeur des chemins par labour ou autrement, et commis des détériorations sur les ouvrages d'art et matériaux destinés à leur entretien, sur les canaux, fleuves, rivières navigables, leurs chemins de halage et sur les travaux de desséchement (*arrêt du* 17 *juin* 1721; *loi du* 9 *vent. an* XIII);

4° Contre ceux qui auraient volontairement détérioré, arraché, coupé et enlevé des arbres sur les grandes routes, dégradé les fortifications et ouvrages extérieurs des places, en détériorant les bastions qui s'y trouvent ; dans ce cas, les délinquants pris en flagrant délit sont arrêtés sur-le-champ s'ils sont inconnus et non domiciliés (*lois des* 28 *sept. et* 6 *oct.* 1791; *art.* 445, 446 *et* 448 *du Code pénal; décret du* 16 *déc.* 1811);

5° Contre ceux qui auraient attaché à des arbres plantés le long des grandes routes des cordages pour faire sécher du linge, des draperies, habillements ou légumes (*ordonn. du 2 août* 1774. — V. *Voirie (petite)*;

6° Contre ceux qui auraient dégradé ou détérioré, de quelque manière que ce soit, les routes et chemins dépendants de la grande voirie, ou qui, sans y être autorisés, auraient enlevé les gazons, terres ou pierres. (*Art.* 479 *n°* 11 *du Code pénal.*)

Le dépôt de matériaux sur le trottoir d'une ville, par ordre d'un agent voyer, constitue une double contravention dans le cas où ils n'auraient pas été éclairés la nuit.

L'art. 471 n° 4 du Code pénal a prévu deux contraventions de police bien distinctes et qui diffèrent par leur caractère constitutif.

La première consiste dans le fait d'avoir embarrassé la voie publique sans nécessité; et la seconde, dans le défaut d'éclairage des matériaux par les individus qui les ont entreposés, ou des excavations par eux faites dans les rues et places.

Dans le premier cas, la loi pénale n'atteint que ceux qui ont embarrassé la voie *sans nécessité.* La nécessité est une question de fait soumise à l'appréciation du juge de police. L'agent voyer qui a fait déposer des matériaux sur le trottoir d'une ville, pour être employés à la réparation de la voie, a agi dans un cas de nécessité, à moins que, par sa négligence, il ne les y ait laissé séjourner trop longtemps.

Dans le second cas, il n'y a plus aucune distinction à faire selon que le dépôt aurait été nécessaire ou non. L'éclairage est toujours nécessaire. La disposition de la loi est générale, absolue, et la Cour de cassation a jugé, par plusieurs arrêts, qu'elle est applicable alors même qu'il n'existerait aucun règlement de police prescrivant l'éclairage. (*Cass.,* 19 *fév.* 1858.)

Enfin, pour l'application de la peine, il faut rechercher quel est l'*auteur* du fait de la contravention. L'agent voyer n'est pas plus excusable que tout autre individu, soit qu'il ait ordonné le dépôt des matériaux sans nécessité, soit qu'il ait négligé de les faire éclairer après un dépôt nécessaire. Néanmoins, la responsabilité tomberait sur le cantonnier qui, devant effectuer les travaux, aurait négligé l'éclairage dont il aurait été chargé par son chef. Au surplus, la tolérance et même la permission du maire ne serait point une excuse. Le maire ne peut dispenser personne d'exécuter une disposition formelle de la loi. (*Cass.,* 27 *avril* 1843.)

Parts d'amendes.

Les rédacteurs des procès-verbaux en matière de grande voirie ont droit à un tiers des amendes prononcées par les conseils de préfecture. Cette gratification est payée, par les soins des agents de l'administration des contributions directes, aux conseils d'administration des compagnies de gendarmerie. (*Art.* 291, 301, 306, 308, 511, 405 *du décret du 18 fév.* 1863; *circ. du 4 août* 1875 *et instr. du min. des fin. du 20 sept. suivant.*) Si ces amendes ne sont pas recouvrées, les gendarmes ne peuvent rien exiger.

En matière de grande voirie, un tiers des amendes appartient à l'agent qui a constaté le délit, le deuxième tiers à la commune du lieu du délit, et le troisième tiers est versé comme fonds spécial au Trésor et affecté au service des ponts et chaussées. (*Art.* 115 *du décret du* 16 *déc.* 1811; *décis. du min. des fin. du* 26 *avril* 1817.)

En matière de roulage et de messageries, c'est l'art. 28 de la loi du 30 mai 1851 qui fixe la part de l'amende revenant aux brigadiers et gendarmes, à l'exclusion des sous-officiers. Cette part est le tiers de l'amende, comme pour la grande voirie.

Les amendes se prescrivent par une année, à compter de la date de l'arrêté du conseil de préfecture, ou à compter de la décision du Conseil d'Etat. si le pourvoi a eu lieu. (*Art.* 27 *de la loi du* 30 *mai* 1851.)

Ne donnent lieu à aucune gratification les contraventions commises sur des chemins vicinaux ni celles constatées à la charge des conducteurs de voitures particulières.

Prescription.

Conformément aux dispositions de la loi du 30 mai 1851, les délits et contraventions relatifs à la police du roulage et des messageries publiques sont justiciables, suivant leur nature, des conseils de préfecture, des tribunaux correctionnels ou des tribunaux de simple police. — Aux termes de l'art. 23 de ladite loi, s'il s'agit d'une contravention de la compétence du conseil de préfecture, la prescription est acquise si, dans le mois de l'enregistrement du procès-verbal, cet acte n'a pas été notifié au contrevenant avec citation au domicile indiqué sur la plaque ou tel qu'il a été déclaré. Le délai est étendu à deux mois lorsque le contrevenant n'est pas domicilié dans le département où la contravention a été constatée, et à un an lorsque le domicile n'a pu être constaté au moment du procès-verbal. — Une fois la notification faite avec citation, l'instance devant le conseil de préfecture n'est périmée que par six mois à compter du dernier acte de poursuites, à moins de fausses indications sur la plaque ou de fausse déclaration en cas d'absence de plaque.

En ce qui touche les faits justiciables des tribunaux correctionnels, la prescription suit les règles du droit commun, c'est-à-dire celles tracées par le Code d'instruction, et la prescription n'est acquise que par trois années révolues à partir du jour du délit. — S'il s'agit d'une contravention de simple police, l'action publique et l'action civile sont prescrites par une année révolue à compter du jour où elle a été commise.

Les délits de grande voirie justiciables des conseils de préfecture, autres que ceux prévus par la loi du 30 mai 1851, se prescrivent par le délai d'un mois, conformément à l'art. 26 de la loi du 14 brumaire an VII. (V., au Formulaire, *des modèles de procès-verbaux.*)

VOIRIE (PETITE).

La petite voirie est administrée par les corps municipaux, sous l'autorité et la direction des préfets. La dépense en est à la charge des communes. Elle se divise en deux espèces : voirie urbaine et voirie vicinale.

La voirie urbaine comprend les places, quais, promenades publiques, rues autres que celles servant de grandes routes nationales et départementales, enfin toutes les voies et places concentrées dans les villes et communes.

La voirie vicinale comprend tout ce qui pourrait nuire à la conservation des chemins vicinaux, canaux et ruisseaux flottables appartenant aux communes.

La police de cette voirie appartient à l'autorité municipale. Sa surveillance s'étend à tout ce qui intéresse la salubrité, la sûreté, la commodité de la voie publique et la tranquillité des citoyens. La constatation des contraventions de simple police appartient plus particulièrement à la police municipale. La gendarmerie ne peut même recevoir les plaintes et les dénonciations à ce sujet ; mais, de ce que la gendarmerie ne peut recevoir ces plaintes, il ne s'ensuit pas qu'elle soit exclue du droit de constater les contraventions qu'elle découvre, et qui portent toujours préjudice à l'intérêt général et particulier. Il entre, au contraire, dans ses devoirs de porter la plus grande attention sur tout ce qui peut intéresser la salubrité, afin de prévenir, autant que possible, les maladies contagieuses et les épizooties, comme aussi de s'attacher principalement aux contraventions commises sur les chemins vicinaux, dans les communes rurales, où les moyens de répression sont moins multipliés que dans les villes. (*Instr. minist. du 10 avril* 1821.)

Les contraventions de petite voirie se rapportent principalement aux faits suivants : salubrité de la voie publique, commodité de la voie publique, sûreté de la voie publique, et tranquillité et ordre publics. (V. *Salubrité, Service spécial des brigades.*)

Les principales lois qui régissent la petite voirie sont celles du 14 décembre 1789 ; des 16-24 août 1790, 19-22 juillet, 28 septembre et 6 octobre 1791 (titre II) ; l'édit du mois de décembre 1607, et le Code pénal, depuis l'art. 464 jusques et y compris l'art. 484.

La gendarmerie dresse des procès-verbaux contre ceux qui commettent des contraventions de petite voirie dans les rues, places, quais et promenades publiques, hors du passage des grandes routes et de leur prolongement, sur les chemins vicinaux, ainsi que les canaux ou ruisseaux flottables appartenant aux communes. (*Art.* 316 *du décret du* 1er *mars* 1854.)

Il n'appartient qu'aux préfets d'autoriser les particuliers à enlever des chemins publics des gazons, terres ou pierres. (*Cass.*, 21 *fév.* 1845.)

Le fait d'avoir abandonné sur la voie publique une voiture attelée ou disposée de manière à diminuer la liberté du passage constitue la contravention prévue par l'art. 471 n° 4 du Code pénal. (*Cass.*, 13 *mai* 1854 *et* 6 *fev.* 1858.)

L'aubergiste qui reçoit chez lui le conducteur d'une voiture et ses chevaux doit être mis en cause lorsqu'il prend sur lui de laisser ladite voiture sur la voie publique, contrairement à un arrêté du maire de la commune. — L'aubergiste doit répondre de la contravention, puisqu'il prend sur lui l'infraction à l'arrêté. (*Cass.*, 1er *mars* 1851.)

Le fait d'avoir laissé dans la rue d'une ville une voiture non attelée et non éclairée ne constitue pas la contravention à la loi du 30 mai 1851, sur la police du roulage, qui prescrit l'éclairage des voitures circulant sur les routes, mais la contravention à l'art. 471 (§ 4) du Code pénal, qui punit l'embarras de la voie publique. — Le propriétaire de la voiture indiqué par la plaque doit être poursuivi ; c'est à lui à prouver qu'il est étranger à la contravention et à demander à n'être plus soumis qu'aux conséquences d'une simple responsabilité civile. (*Cass.*, 13 *mai* 1854.)

L'arrêté de police qui défend de conduire dans les rues des villes plus de trois chevaux en laisse est applicable aussi bien au conducteur qui en conduit quatre, sur l'un desquels il serait monté, qu'à celui qui en conduirait à pied le même nombre. (*Cass.*, 13 *oct.* 1853, 10 *fév.* et 23 *juin* 1854.)

Les procès-verbaux relatifs à ces contraventions doivent être enregistrés en débet, visés pour timbre et remis au commissaire de police. La gendarmerie n'a aucune part dans les amendes.

Seront punis d'amende, depuis 1 fr. jusqu'à 5 fr. inclusivement, ceux qui auront négligé ou refusé d'exécuter les règlements ou arrêtés concernant la petite voirie. (*Art.* 471 § 5 *du Code pénal.*)

L'infraction à un arrêté municipal portant défense de passer soit avec des voitures, soit avec des chevaux, sur une promenade publique doit être punie des peines légales. (*Cass.*, 11 *déc.* 1829 *et* 8 *avril* 1852.)

Attacher des cordes aux arbres d'une promenade ou d'une voie publique constitue une contravention à l'art. 471 n° 4 du Code pénal. (*Cass.*, 31 *juill.* 1880.)

Il est défendu d'exposer des pots de fleurs sur les fenêtres, lors même qu'il n'existe à ce sujet aucun arrêté municipal prohibitif. (*Cass.*, 27 *janv.* 1877.)

VOITURES CELLULAIRES.

Toutes les fois qu'un brigadier de gendarmerie doit escorter une voiture cellulaire, M. le ministre de l'intérieur joint aux instructions qui avertissent le préfet du passage de cette voiture un double de l'ordre de service remis au fondé de pouvoirs des entrepreneurs. Cet ordre indique l'itinéraire, et il est facile d'évaluer approximativement l'indemnité à laquelle le brigadier aura droit. Ces renseignements sont transmis par le préfet au sous-intendant militaire, qui demeure chargé de faire compter au brigadier désigné la somme nécessaire pour son voyage.

Le remboursement est opéré par l'intermédiaire du préfet, après une décision ministérielle qui règle définitivement, sur la proposition du préfet, l'indemnité de déplacement.

L'arrêté du 30 juin 1837 déclare expressément que la police de la voiture sera confiée à un *brigadier*. L'intérêt du Trésor exige qu'il ne soit dérogé à cette règle que lorsqu'il y a impossibilité de faire autrement, car l'indemnité attribuée à un maréchal des logis est plus forte. A ce point de vue, lorsque le préfet ne juge pas convenable ou utile de désigner un brigadier, il peut choisir un simple gendarme, pourvu qu'il soit actif, intelligent et sûr.

Le brigadier de la résidence du préfet doit être désigné de préférence, et un brigadier étranger à cette résidence ne doit être appelé que lorsqu'il n'y a pas moyen de faire autrement.

Le 9 juin 1840, M. le ministre de l'intérieur a décidé que chaque cellule doit avoir une seconde serrure qui ne peut être ouverte qu'au moyen d'une clef qui doit être remise au brigadier de gendarmerie par le fondé de pouvoirs des entrepreneurs. De cette manière, le concours simultané du brigadier de gendarmerie et des préposés de l'entreprise devient indispensable pour faire sortir une femme détenue de sa cellule.

Dans les rapports que les brigadiers chargés de l'escorte ont à adresser au ministre de l'intérieur après chaque voyage, et lorsque des femmes auront été transférées, ces militaires doivent certifier : d'abord, que la clef particulière qui leur est destinée leur a été remise; ensuite, qu'aucune cellule occupée par une femme n'a été ouverte qu'en leur présence et avec leur concours.

Il doit leur être recommandé de remettre la clef, après l'accomplissement de leur mission, soit aux brigadiers qui auront été désignés pour les remplacer, soit aux agents de l'entreprise, lorsque la voiture, voyageant à vide, n'aura pas besoin d'être accompagnée par un agent de la force publique.

Les brigadiers doivent être avertis que s'ils égaraient la clef qui leur est confiée et dont ils ne doivent se dessaisir sous aucun prétexte, ils demeureraient responsables non seulement du coût d'une autre clef, mais encore de tous les frais accessoires qui seraient la conséquence de leur manque de soin.

Ces frais seraient prélevés sur le montant des indemnités à leur payer. (*Circ. du min. de l'int. du 24 juill. 1840.*)

Les gardiens des maisons d'arrêt et de justice sont tenus, à quelque heure du jour ou de la nuit que ce soit, de remettre sans le moindre retard, au fondé de pouvoirs de l'entrepreneur du transport cellulaire, les condamnés désignés pour partir les premiers, ainsi que les extraits des jugements et arrêts de condamnation qui les concernent.

Il est interdit au gardien-chef de remettre à l'entreprise du service des voitures cellulaires aucun condamné malade ou en état d'ivresse; il ne peut non plus lui remettre aucune femme allaitant son enfant ou se trouvant dans un état de grossesse apparente, à moins que, dans ce dernier cas, le médecin de la prison n'ait certifié que le transfèrement peut avoir lieu sans danger pour la santé de la femme.

Le gardien-chef doit remettre aux chefs d'escorte ou aux fondés de pouvoirs de l'entrepreneur du transport cellulaire un état des vêtements appartenant à chaque prisonnier transféré.

Les art. 429 et suivants du décret du 1er mars 1854 contiennent tout ce qui concerne le transfèrement des prisonniers par les voitures cellulaires. En raison de leur étendue, nous ne les produisons pas dans le *Dictionnaire de la gendarmerie*. Le décret du 1er mars étant à la disposition de toutes les brigades, nous y renvoyons au besoin.

Les dispositions qui précèdent ne sont pas officiellement abrogées; mais, par le fait, elles n'existent plus, puisque le service de transfèrement par voitures cellulaires s'exécute depuis longues années sous la direction des préposés de l'administration des prisons.

VOITURIERS.

Les voitures suspendues ou non suspendues, servant au transport des personnes ou des marchandises, peuvent circuler sur toutes les routes et chemins, sans aucune réglementation de poids ou de largeur des jantes. La loi n'impose à l'industrie des transports aucune prescription pour le poids des chargements non plus que pour la largeur des bandes de roues.

La gendarmerie arrête tous individus qui, par imprudence, par négligence. par la rapidité de leurs chevaux ou de toute autre manière, ont blessé quelqu'un ou commis quelques dégâts sur les routes, dans les rues ou voies publiques. (*Art.* 319 *dudit décret.*)

La gendarmerie est spécialement chargée de faire la police des routes. Elle doit forcer les rouliers, charretiers et conducteurs de voitures quelconques à se tenir constamment à portée de leurs chevaux et de leurs voitures, et à être en état de les guider et conduire, conséquemment sans être endormis ni ivres; à n'occuper qu'un seul côté des routes, rues, chemins et voies publiques; à se détourner ou ranger devant toutes autres voitures, et, à leur approche, à leur laisser au moins la moitié des rues, chaussées, routes et chemins.

Si les voituriers se refusent à déférer à cette invitation, la gendarmerie doit constater cette contravention et, en cas de résistance, arrêter le voiturier et le conduire devant le maire ou l'adjoint du lieu. Ces contraventions sont punies d'une amende de 6 à 10 fr. et d'un emprisonnement de trois jours au plus, conformément aux art. 475 et 476 du Code pénal, et 318 du décret du 1er mars 1854.

Un voiturier n'est tenu de se ranger à sa droite, sous peine de contravention, de manière à laisser libre la moitié de la route, qu'à l'approche des voitures et non des cavaliers. (*Cass.*, 19 *avril* 1873.)

Le fait d'avoir abandonné, même momentanément, sur la voie publique une voiture attelée constitue la contravention prévue par l'art. 471 § 4. (*Cass.*, 24 *déc.* 1841, 28 *déc.* 1843, 21 *juin* 1855 *et* 6 *fév.* 1858.)

La loi du 30 mai 1851 sur la police du roulage est exclusivement applicable aux voitures circulant sur les routes, etc. Dès lors, elle est inapplicable au fait d'avoir abandonné sur une grande route, sans conducteur, des bêtes de charge ou chevaux non attelés, fait qui constitue la contravention prévue par l'art. 475 du Code pénal. (*Cass.*, 1er *juin* 1855.)

Les voituriers sont responsables de l'excès de chargement, de la mauvaise direction de leurs voitures et de la rapidité de leurs chevaux.

En cas de blessures d'animaux appartenant à autrui, dégât, etc., ils encourent une amende de 11 fr. à 15 fr., prononcée par le tribunal de simple police (*art.* 479 *du Code pénal*); et si, par maladresse, imprudence, inattention, négligence ou inobservation des règlements, ils commettent involontairement un homicide ou en ont été involontairement la cause, ils sont traduits en police correctionnelle et punis d'une amende de 50 fr. à 600 fr. et d'un emprisonnement de trois mois à deux ans. S'il n'est résulté du défaut d'adresse ou de précaution que des blessures ou coups, l'emprisonnement n'est que de six jours à deux mois, et l'amende de 16 fr. à 100 fr. (*Art.* 319 *et* 320 *du Code pénal.*)

Les procès-verbaux constatant ces contraventions doivent être visés pour timbre et enregistrés en débet. (V., *à* ROULAGE, *Voiturier étranger.*)

Les gendarmes verbalisants n'ont aucun droit dans les amendes prononcées par suite de ces procès-verbaux. La totalité appartient à la commune où la contravention a été commise. (*Art.* 466 *du Code pénal.* — V., *au* Formulaire, *un modèle de procès-verbal.*)

(V. *Roulage et Postes aux lettres, en ce qui concerne la surveillance dont les voituriers et messagers doivent être l'objet.*)

VOLAILLES. — PIGEONS.

Les pigeons sont enfermés aux époques fixées par les arrêtés municipaux; durant ce temps ils sont regardés comme gibier et chacun a le droit de les tuer sur son terrain. (*Art. 2 de la loi du 4 août* 1789. = *Cass.,* 20 *sept.* 1823.)

En dehors de ce temps, les pigeons de colombier peuvent bien être tués sur le lieu et au moment du dégât; mais, n'étant plus réputés gibier, ils ne peuvent pas être enlevés au préjudice de leur maître, auquel ils n'ont pas cessé d'appartenir. (*Cass.,* 9 *janv.* 1868.)

L'enlèvement abusif de ces pigeons est avec raison considéré comme vol, surtout si celui qui les a tués sur son terrain y apportait une intention de fraude en les cachant sous ses vêtements. (*Même arrêt.*)

Le droit de tuer les pigeons d'autrui dans ces conditions est limité dans son exercice par les règlements de police qui interdisent l'usage des armes à feu dans certains lieux. Ainsi la contravention à un arrêté municipal qui défend de tirer des coups de fusil dans l'intérieur d'une ville ne peut être excusée par le motif que le prévenu n'aurait fait qu'user d'un droit reconnu par la loi en tirant sur des pigeons au moment où ils mangeaient son grain. (*Cass.,* 23 *nov.* 1877.)

Les arrêtés municipaux ou préfectoraux qui, pour l'exécution de la loi précitée du 4 août 1789, prescrivent d'enfermer les pigeons à certaines époques de l'année sont obligatoires et donnent lieu à l'application du paragraphe 15 de l'art. 471 du Code pénal. (*Cass.,* 14 *mars* 1850.)

Les pigeons, lapins, poissons, qui passent dans un autre colombier, garenne ou étang, appartiennent au propriétaire de ces réceptacles, pourvu qu'ils n'y aient point été attirés par fraude ou artifice. (*Art.* 564 *du Code civil.*)

Lorsque des volailles font du dégât dans la propriété d'autrui, le propriétaire, le détenteur ou le fermier qui l'éprouve peut les tuer, mais seulement sur le lieu, au moment du dégât. (*Art.* 12, *titre* II *de la loi du* 6 *oct.* 1791, *sur la police rurale.*)

Ce droit n'a été accordé aux propriétaires, détenteurs et fermiers que dans l'intérêt des propriétés *rurales* : à l'intérieur des *villes,* ce fait constitue la contravention punie par l'art. 479 n° 1 du Code pénal, alors même qu'il est accompli sur un terrain cultivé, et par exemple dans un jardin. Il constitue, de plus, une contravention de police urbaine, s'il existe un règlement défendant de décharger des armes à feu dans l'enceinte de la ville. (*Cass.,* 28 *juill.* 1855.)

L'individu qui, en semant des substances empoisonnées sur un terrain lui appartenant, dans lequel des poules d'un voisin venaient habituellement faire des incursions dommageables, a causé la mort de quelques-uns de ces animaux, est avec raison considéré comme n'ayant fait qu'user du droit de défendre ses récoltes, si c'est sur son terrain et au moment du dégât que les poules ont mangé les substances qui les ont empoisonnées; alors surtout qu'il n'a pris cette mesure qu'après avoir adressé au possesseur des poules des avertissements demeurés infructueux. (*Cass.,* 7 *mai* 1868.)

Le droit de tuer les volailles qui causent du dommage peut être exercé par le propriétaire d'un canal empoisonné, à l'égard des oies, canards et cygnes appartenant à autrui, lorsque ces oiseaux aquatiques nuisent au frai ou au poisson. (*Cass.*, 26 *déc.* 1868, 16 *janv.* 1875.)

Il est défendu aux sous-officiers, brigadiers et gendarmes d'élever, dans les casernes, de la volaille ou d'autres animaux immondes ou nuisibles.

La caserne devant être maintenue dans le meilleur état de propreté, il est défendu de nourrir et d'élever non seulement de la volaille, mais encore des pigeons, des lapins, des cochons, des chèvres et autres animaux qui nuiraient à la propreté exigée. Le résultat de la tolérance à cet égard serait de semer la discorde et de faire disparaître l'harmonie qui doit régner dans une caserne. (*Circ. du min. de la guerre du* 4 *sept.* 1821, *et art.* 51 *du règl. du* 9 *avril* 1858.)

VOLS.

Le vol est l'appréhension de la chose d'autrui contre le gré et à l'insu de son légitime propriétaire. La fraude ou la mauvaise foi qui accompagnent un fait autre que celui de soustraction ne suffisent pas pour constituer le vol.

Les soustractions commises par des maris au préjudice de leurs femmes, par des femmes au préjudice de leurs maris, par un veuf ou une veuve quant aux choses qui avaient appartenu à l'époux décédé, par des enfants ou autres descendants au préjudice de leurs pères ou mères ou autres ascendants, par des pères et mères ou autres ascendants au préjudice de leurs enfants ou autres descendants, ou par des alliés aux mêmes degrés, ne pourront donner lieu qu'à des réparations civiles. (*Art.* 380 *du Code pénal.*)

Vols qualifiés.

Seront punis des travaux forcés à perpétuité, les individus coupables des vols commis avec la réunion des cinq circonstances suivantes :

1° Si le vol a été commis la nuit; 2° s'il a été commis par plusieurs personnes; 3° si les coupables ou l'un d'eux étaient porteurs d'armes apparentes ou cachées; 4° s'ils ont commis le crime, soit à l'aide d'effraction extérieure ou d'escalade, ou de fausses clés, dans une maison, appartement, chambre ou logement habités, ou servant d'habitation; 5° s'ils ont commis le crime avec violence ou menace de faire usage de leurs armes. (*Art.* 381 *du Code pénal.*)

Sera puni des travaux forcés à temps tout individu coupable de vol commis à l'aide de violence. Si la violence à l'aide de laquelle le vol a été commis a laissé des traces de blessures et de contusions, cette circonstance suffira pour que la peine des travaux forcés à perpétuité soit prononcée. (*Art.* 382 *du Code pénal, conforme à la loi du* 13 *mai* 1863.)

Sera puni de la peine des travaux forcés à temps, tout individu coupable de vol commis à l'aide d'un des moyens énoncés dans le n° 4 de l'art. 381, même quoique l'effraction, l'escalade et l'usage des fausses clés aient eu lieu dans des édifices, parcs ou enclos non servant à l'habitation ou non dépendants des maisons habitées, et lors même que l'effraction n'aurait été qu'intérieure. (*Art.* 384.)

Sera puni des travaux forcés à temps, tout individu coupable de vol commis avec deux des trois circonstances suivantes : 1° si le vol a été commis la nuit; 2° s'il a été commis dans une maison habitée, *ou dans un des édifices consacrés aux cultes légalement établis en France;* 3° s'il a été commis par deux ou plusieurs personnes, et si, en outre, le coupable ou l'un des coupables était porteur d'armes apparentes ou cachées. (*Art. 385 du Code pénal, modifié par la loi du 13 mai 1863.*)

Pour la surveillance, *voir la loi du 23 janvier 1874 et le décret du 30 août 1875.*

Aux termes des art. 381 et 384 du Code pénal, l'usage des fausses clés ne constitue une circonstance aggravante du vol qu'autant que cet usage a eu lieu dans des édifices, parcs ou enclos servant ou non à l'habitation.

Ainsi, soustraire frauduleusement une malle, l'emporter et, quand elle est hors de la maison, l'ouvrir avec une fausse clé pour voler les objets qu'elle contient, ne constitue pas un vol avec fausse clé, mais un vol simple, parce que l'usage de la fausse clé n'a pas eu lieu pour commettre le vol de la malle, dans la maison, dans le parc ou dans l'enclos où cette malle se trouvait. (*Cass., 27 avril 1850 et 1er juin 1854.*) — Il en est de même si l'on a brisé la malle pour avoir ce qu'elle contenait, après l'avoir volée sans commettre d'effraction.

Ces circonstances ne se rencontrent pas dans le vol de marchandises placées sur des charrettes stationnées sur la voie publique, lors même que ces marchandises ont été enlevées en coupant les bâches et cordes qui les retenaient. (*Cass., 25 fév. 1830 et 7 déc. 1833.*)

Sera puni de la peine de la réclusion (*quand il n'y a eu ni effraction ni usage de fausses clés*), tout individu coupable de vol commis dans l'un des cas ci-après : si le vol a été commis par un aubergiste, un hôtelier, un voiturier, un batelier ou un de leurs préposés, lorsqu'ils auront volé tout ou partie des choses qui leur étaient confiées à ce titre. (*Art. 386 n° 4 du Code pénal.*)

L'enlèvement de meubles fermés suffit pour donner lieu à l'application du deuxième alinéa de l'art. 396 du Code pénal, sans qu'il soit nécessaire de prouver que l'effraction a réellement été faite hors du lieu où ce vol a été commis. Ainsi, la soustraction frauduleuse, dans une auberge, d'un portemanteau fermé à cadenas et contenant de l'argent constitue le vol prévu par ledit article, et non le vol simple de l'art. 401 du Code pénal. (*Arrêt de cass. du 14 déc. 1839.*)

Un hôtel ou maison garnie doit être assimilé à une auberge. (*Avis du Conseil d'Etat du 4 oct. 1811.*)

Le vol, sans circonstances aggravantes, commis dans une auberge n'est qu'un délit de même nature que s'il avait eu lieu dans une maison particulière : la répression en appartient aux tribunaux correctionnels, aux termes de l'art. 401 du Code pénal. Avant la loi du 25 juin 1824, il constituait un crime passible de la peine de la réclusion, aux termes de l'art. 386 du même Code.

Sera puni de la réclusion tout individu coupable de vol commis dans l'un des cas ci-après : si le voleur est un domestique ou un homme de service à gages, même lorsqu'il aura commis le vol envers des personnes qu'il ne servait pas, mais qui se trouvaient soit dans la maison de son maître, soit dans celle où il l'accompagnait; ou si c'est un ouvrier, compagnon ou apprenti, dans la maison, l'atelier ou le magasin de son maître, ou un individu travaillant habituellement dans l'habitation où il aura volé.

(Art. 386 du Code pénal; Cour de Poitiers, 12 mars 1852, et Cass., 15 juin 1860.)

L'action d'un domestique qui, après avoir trouvé des éffets chez son maître, nie les avoir, dans l'intention de se les approprier, et qui les vend, quoiqu'il en connaisse le propriétaire, constitue un véritable vol. *(Arrêt de cass. du 5 juin 1817.)*

Un commis marchand qui s'approprie des sommes à lui confiées pour acquitter des droits d'octroi ou autres commet un vol domestique. *(Arrêt de cass. du 17 juill. 1829.)*

Le vol que commet un ouvrier dans une auberge où il travaille n'est pas un vol domestique, mais un simple vol puni d'emprisonnement par l'art. 401. *(Arrêt de cass. du 22 janv. 1824.)*

Vols simples.

Quiconque aura extorqué par force, violence ou contrainte la signature ou la remise d'un écrit, d'un acte, d'un titre, d'une pièce quelconque contenant ou opérant obligation, disposition ou décharge, sera puni de la peine des travaux forcés à temps. — Quiconque, à l'aide de la menace écrite ou verbale de révélations ou d'imputations diffamatoires aura extorqué ou tenté d'extorquer, soit la remise de fonds ou valeurs, soit la signature ou remise des écrits énumérés ci-dessus, sera puni d'un emprisonnement d'un an à cinq ans, et d'une amende de 50 fr. à 3,000 fr. — Le saisi qui aura détruit, détourné ou tenté de détruire ou de détourner des objets saisis sur lui et confiés à sa garde, sera puni des peines portées en l'art. 406. — Il sera puni des peines portées en l'art. 401, si la garde des objets saisis et qu'il aura détruits ou détournés ou tenté de détruire ou de détourner, avait été confiée à un tiers. — Les peines de l'art. 401 seront également appliquées à tout débiteur, emprunteur ou tiers donneur de gage, qui aura détruit, détourné ou tenté de détruire ou de détourner les objets par lui donnés à titre de gage. — Celui qui aura recélé sciemment les objets détournés, le conjoint. les ascendants ou descendants du saisi, du débiteur, de l'emprunteur ou du tiers donneur de gage qui l'auront aidé dans la destruction, le détournement, ou dans la tentative de destruction ou de détournement de ces objets, seront punis d'une peine égale à celle qu'il aura encourue. *(Art. 400 du Code pénal.)*

Les vols non spécifiés dans les précédents articles. les larcins et filouteries, ainsi que les tentatives de ces mêmes délits, sont punissables d'un emprisonnement d'un an au moins et de cinq ans au plus, et peuvent même l'être d'une amende de 16 fr. au moins et de 500 fr. au plus. Les coupables peuvent encore être interdits des droits civiques pendant cinq ans au moins et dix ans au plus, à compter du jour où ils auront subi leur peine. Ils peuvent aussi être mis par l'arrêt ou le jugement sous la surveillance de la haute police pendant le même nombre d'années. *(Art. 401 dudit Code.)*

Cet article est applicable à tout individu qui s'est fait servir à boire ou à manger sachant qu'il est dans l'impossibilité de payer. *(Loi du 26 juill. 1873. — V. Escroquerie, Filouterie, p. 264.)*

Le fait d'acheter à crédit, lors même qu'on est insolvable, ne constitue ni vol ni filouterie. *(Cass., 28 nov. 1839.)*

Quiconque, soit en faisant usage de faux noms ou de fausses qualités, soit en employant des manœuvres frauduleuses pour persuader l'existence de fausses entreprises, d'un pouvoir ou d'un crédit imaginaire, ou pour faire naître l'espérance ou la crainte d'un succès, d'un accident ou de tout autre événement chimérique, se sera fait remettre ou délivrer des fonds, des meubles ou des obligations, dispositions, billets, promesses, quittances ou décharge, et aura, par un de ces moyens, escroqué ou tenté d'escroquer la totalité ou partie de la fortune d'autrui, sera puni d'un emprisonnement d'un an au moins et de cinq ans au plus, et d'une amende de 50 fr. au moins et de 3,000 fr. au plus.

Le coupable pourra être, en outre, à compter du jour où il aura subi sa peine, interdit pendant cinq ans au moins et dix ans au plus des droits mentionnés en l'art. 42 du présent Code; le tout sauf les peines plus graves, s'il y a eu crime de faux. (*Art.* 405 *dudit Code.*)

Les coupables condamnés correctionnellement à un emprisonnement de plus d'une année seront aussi, en cas de nouveau délit ou de crime qui devra n'être puni que de peines correctionnelles, condamnés au maximum de la peine portée par la loi, et cette peine pourra être élevée jusqu'au double. Ils seront de plus mis sous la surveillance spéciale du gouvernement, pendant au moins cinq ans et dix ans au plus. (*Art.* 58 *dudit Code.*)

Nuit. — Chemins publics.

Les vols commis sur les chemins publics emporteront la peine des travaux forcés à perpétuité, lorsqu'ils auront été commis avec deux des circonstances prévues par l'art. 381. Ils emporteront la peine des travaux forcés à temps, lorsqu'ils auront été commis avec une seule de ces circonstances ; dans les autres cas, la peine sera celle de la réclusion. (*Art.* 383 *du Code pénal.*)

La peine prononcée par l'art. 383 du Code pénal contre les coupables de vol ou tentative de vol sur un chemin public, quand ces vols auront été commis sans menaces, sans armes apparentes ou cachées, sans violence et sans aucune des circonstances aggravantes prévues par l'art. 381 du Code pénal, pourra être réduite, soit à celle des travaux forcés à temps, soit à celle de la réclusion. (*Art.* 7 *de la loi du 27 juin* 1824.)

Les rues des villes et faubourgs ne peuvent être comprises dans les expressions de *chemins publics.* Les vols qui peuvent être commis dans les rues, quoiqu'elles soient le prolongement des chemins publics, ne doivent être soumis qu'aux règles établies par le Code contre les vols qui sont commis ailleurs que sur les chemins publics. (*Arrêts de cass. des* 6 *avril* 1815, 7 *avril* 1865, *et Cour de Caen du* 15 *nov.* 1875.)

Le vol sur un chemin de fer n'est pas un vol sur un chemin public. (*Cass.,* 19 *juill.* 1872.)

L'art. 383 comprend, dans la généralité de ses expressions, tous les vols commis sur les chemins publics, quoiqu'ils n'aient pas été accompagnés de violences sur les personnes ou sur les choses. (*Cass.,* 8 *août et* 5 *sept.* 1811, 8 *janv.* 1813.)

Les vols commis sur les fleuves, rivières et canaux navigables sont punis comme ceux commis sur les chemins publics. (*Arrêt de cass. du* 10 *sept.* 1813.)

Les vols commis sur les chemins publics ne sont jamais de la compétence des tribunaux correctionnels, lors même qu'on admet qu'ils ont été commis par adresse, supercherie ou filouterie. — L'art. 7 de la loi du

27 juin 1824 fixe invariablement le sens de l'art. 383 du Code pénal. (*Cass., 20 mars 1828.*)

Le vol commis sur l'impériale d'une voiture publique, pendant son trajet, doit être qualifié de vol sur un chemin public, passible des travaux forcés, aux termes de l'art. 383 du Code pénal. (*Cass., 17 août 1839.*)

La surveillance est appliquée suivant la loi du 23 janvier 1874. (*Décret du 30 août 1875.*)

Fruits ou autres produits de la terre.

Quiconque aura volé ou tenté de voler des récoltes ou autres productions utiles de la terre qui, avant d'être soustraites, n'étaient pas encore détachées du sol, soit avec des paniers ou des sacs ou autres objets équivalents, soit la nuit, soit à l'aide de voitures ou d'animaux de charge, soit de complicité avec plusieurs personnes, sera puni d'un emprisonnement de quinze jours à deux ans et d'une amende de 16 fr. à 200 fr.

Les coupables pourront en outre être interdits de tout ou partie des droits mentionnés en l'art. 42, pendant cinq ans au moins et dix ans au plus, à compter du jour où ils auront subi leur peine. Ils pourront aussi être mis, par l'arrêt ou le jugement, sous la surveillance de la haute police pendant le même nombre d'années. (*Art. 388 du Code pénal.*)

Seront punis d'amende, depuis 6 fr. jusqu'à 10 fr. inclusivement, ceux qui déroberont, sans aucune des circonstances prévues en l'art. 388, des récoltes ou autres productions utiles de la terre qui, avant d'être soustraites, n'étaient pas détachées du sol. (*Art. 475 n° 15 du Code pénal.*)

La peine de l'emprisonnement, pendant cinq jours au plus, sera toujours prononcée, en cas de récidive, contre toutes les personnes mentionnées en l'art. 475. (*Art. 478 dudit Code.*)

Quiconque aura volé ou tenté de voler dans les champs des chevaux ou bêtes de charge, de voiture ou de monture, gros ou menus bestiaux, ou des instruments d'agriculture, sera puni d'un emprisonnement d'un an au moins et de cinq ans au plus, et d'une amende de 16 fr. à 500 fr. (*Art. 388 du Code pénal.*)

Par le mot champs, dont se sert l'art. 388 du Code pénal, on doit entendre toute propriété rurale dans laquelle sont exposés, à la foi publique, les objets mentionnés dans ledit article. Conséquemment, on doit comprendre sous le mot champs les terres labourables, les bois, les pâturages et autres propriétés de même nature. (*Arrêt de cass. du 2 janv. 1813.*)

(V. *plus loin, à Circonstances aggravantes, et Jeux de hasard.*)

Vol par des militaires.

Le vol des armes et munitions de guerre appartenant à l'Etat, commis par des militaires qui en sont comptables, est puni des travaux forcés à temps.

Si le coupable n'est pas comptable, la peine sera celle de la réclusion.

S'il existe des circonstances atténuantes, la peine est celle de la réclusion ou d'un emprisonnement de trois ans à cinq ans, dans le cas du premier paragraphe, et celle d'un emprisonnement d'un an à cinq ans, dans le cas du deuxième paragraphe.

En cas de condamnation à l'emprisonnement, l'officier coupable est, en outre, puni de la destitution. (*Art.* 248 *du Code de justice milit du 9 juin* 1857.)

Dès qu'un justiciable du conseil de guerre permanent est prévenu d'un délit militaire, il doit être, à la diligence de ses supérieurs, mis en état d'arrestation sous la garde d'une force suffisante. Cette force en devient responsable. (*Art.* 11 *de la loi du* 13 *brum. an* v.)

Est justiciable des conseils de guerre, le prévenu qui, bien qu'appartenant à l'inscription maritime, a été incorporé, de fait, dans un bataillon d'infanterie sur les contrôles duquel il se trouvait inscrit au moment où il a commis le vol. (*Cass.*, 29 *sept.* 1843.)

Est puni de la peine de la réclusion, et, en cas de circonstances atténuantes, d'un emprisonnement d'un an à cinq ans, tout militaire qui commet un vol au préjudice de l'habitant chez lequel il est logé. (*Art.* 248 *du Code de justice milit. du* 9 *juin* 1857. — V. *Tribunaux militaires*.)

Epaves.

Relativement aux vols commis dans les ports et arsenaux, voir les lois des 20 septembre et 12 octobre 1791, ainsi que le décret du 14 mars 1808.

Relativement aux objets échoués ou naufragés, voir la loi des 6 et 22 août 1791.

Circonstances aggravantes.

Les peines peuvent être aggravées par :

1° La circonstance de lieu ;
2° La circonstance de temps ;
3° Les circonstances matérielles, telles que violences, armes, fausses clés, effraction, bris de scellés, escalade, etc.;
4° La circonstance de la valeur de l'objet volé ;
5° La circonstance de la qualité des coupables ;
6° La circonstance du nombre des coupables ;
7° Enfin, la réunion de plusieurs circonstances aggravantes.

Lorsque la gendarmerie est appelée à constater les crimes de vol, elle doit faire connaître toutes ces circonstances, attendu que les unes changent la nature du fait et que les autres influent sur le genre ou l'étendue de la peine, ainsi que sur la compétence des tribunaux chargés de l'appliquer.

Circonstance de lieu.

Il y a circonstance aggravante de lieu lorsque les lieux où le vol a été commis sont des archives, greffes ou dépôts publics, des grands chemins, des maisons habitées ou servant à l'habitation, comme bâtiments, églises, logements, loges, cabanes, même mobiles, qui, sans être actuellement habitées, servent à l'habitation, ne fût-ce que momentanément; les dépendances d'une maison habitée ou servant à l'habitation, telles que les cours, basses-cours, granges, écuries, édifices qui y sont renfermés, quel qu'en soit l'usage, et quand même ils auraient une clôture particulière dans la clôture ou enceinte générale; des parcs mobiles destinés à contenir du bétail, et tenant aux cabanes mobiles des gardiens des parcs ou enclos, tel que tout parc mobile de moutons non tenant à la cabane du gardien, tout terrain non tenant à l'habitation, environné de fossés,

pieux, claies, planches, haies vives ou sèches, murs, de quelque espèce
de matériaux que ce soit, quelles que soient la hauteur, la profondeur, la
vétusté, la dégradation de la clôture, quand même il n'y aurait pas de
porte fermant à clef ou autrement, et quand la porte serait à claire-voie
et ouverte habituellement ; enfin, des auberges, hôtelleries, cafés et cabarets où le coupable aurait été reçu.

Sont assimilés aux vols commis dans les archives, greffes ou dépôts
publics, les vols de pièces, procédures criminelles ou autres papiers, registres, actes et effets remis à un dépositaire public en cette qualité.

Circonstance de temps.

La circonstance aggravante de temps est la nuit, c'est-à-dire le temps
qui s'écoule depuis le coucher jusqu'au lever du soleil. C'est pour ce
motif qu'il faut préciser l'heure du vol. (*Cass.*, *29 mars 1860.*)

Circonstances qui ont précédé, accompagné ou suivi le vol.

Les circonstances qui peuvent précéder, accompagner ou suivre le vol
sont les violences envers les personnes, le port d'armes apparentes ou
cachées, l'usage ou la menace de faire usage de ces armes, les fausses
clés, l'effraction, l'escalade, l'enlèvement ou le déplacement des bornes
servant de séparation aux propriétés, l'emploi du faux titre de fonctionnaire ou officier civil ou militaire, l'emploi de l'uniforme ou du costume
de ce fonctionnaire ou officier, enfin l'usage d'un faux ordre de l'autorité
publique.

Violences.

On ne doit pas omettre de constater les traces de blessures ou de contusions qu'auraient laissées les violences. Dans ce cas, des hommes de
l'art doivent être appelés pour faire leur rapport avec le même détail que
pour le délit de blessures graves.

Armes.

On doit rechercher si les voleurs se sont servis d'armes ou s'ils ont
menacé de s'en servir, et s'ils étaient porteurs d'armes apparentes ou
cachées. La loi assimilant aux armes proprement dites tous instruments
ou ustensiles tranchants, perçants ou contondants, même les couteaux et
ciseaux de poche et cannes simples, quand il en a été fait usage pour
tuer, blesser ou frapper, on ne doit pas manquer de constater l'usage que
les voleurs auraient fait de ces instruments ou ustensiles.

Fausses clés.

Dans le cas d'usage à l'intérieur de fausses clés pour commettre le vol,
il faut constater que le voleur ne s'est pas introduit à l'aide d'effraction
ou d'escalade, et surtout que la porte et les meubles ouverts à l'aide de

fausses clés avaient été exactement fermés au pêne ou au double tour de la serrure. Si la personne volée peut indiquer quelques circonstances ou indices qui ne permettent pas de douter qu'elle ait fermé sa porte ou ses meubles, il faut les énoncer et entendre les témoins qui pourraient en déposer.

La loi répute *fausses clés* tous crochets, rossignols, passe-partout, clés imitées, contrefaites ou altérées, qui n'ont pas été destinées par le propriétaire, locataire, aubergiste ou logeur, aux serrures, cadenas ou fermetures quelconques auxquels le coupable les a employés. On doit donc saisir, sur la personne ou dans le domicile du prévenu, toutes clés ou objets de cette espèce, les essayer aux serrures ouvertes avec des fausses clés et constater le résultat de cet essai.

Une clé égarée perdant la destination qu'elle avait entre les mains du propriétaire, le vol fait avec cette clé est un vol avec fausse clé. (*Cass.*, 18 *juill.* 1811, 19 *mai* 1836 *et* 27 *avril* 1855.)

La loi punissant la simple fabrication ou altération des clés, il faut rechercher celui qui s'en est rendu coupable, et vérifier surtout s'il les a fabriquées, altérées ou remises à l'auteur du vol dans l'intention de faciliter le crime.

Effraction.

Quand il s'agit d'effraction, c'est-à-dire du forcement, de la rupture, de la dégradation, de la démolition ou de l'enlèvement de murs, toits, planches, portes, fenêtres, serrures, cadenas ou autres instruments servant à fermer ou à empêcher le passage, ou de toute espèce de clôture, la gendarmerie doit vérifier si ces effractions ont été extérieures, c'est-à-dire effectuées pour s'introduire dans les maisons, cours, basses-cours, enclos ou dépendances, ou dans les appartements et logements particuliers, ou si, au contraire, elles n'ont été qu'intérieures, c'est-à-dire pratiquées aux portes et clôtures du dedans, aux armoires et meubles fermés.

On doit constater, décrire et mesurer avec soin les traces d'effraction et de pesées restées sur les meubles, portes ou croisées, parce que les outils ou instruments ayant servi à les commettre peuvent être trouvés sur les inculpés ou dans leur domicile, et être reconnus à leur usage habituel, à raison de leur profession, ou avoir été vus en leur possession. Alors, ils deviennent pièces de conviction.

Si l'on saisit des instruments qui paraissent avoir servi à commettre des effractions, on examine s'ils restent empreints de plâtre, de bois ou de la couleur des portes ou meubles; si leur état indique qu'ils aient servi à tenter ou à opérer des effractions, on les rapproche des empreintes restées sur les lieux, portes, croisées ou meubles. On a soin de les conserver comme pièces de conviction.

Lorsque des caisses, boîtes, ballots et autres objets susceptibles de fermeture et d'emballage ont été volés dans une maison, il faut constater que, lors du vol, les caisses, boîtes et meubles étaient fermés et que les ballots étaient sous toile ou sous corde. Comme on ne peut, sans briser la fermeture, prendre ce que contiennent ces objets, le simple enlèvement qui est fait des caisses, des ballots, etc., établit une présomption légale d'effraction intérieure, comme si le brisement avait eu lieu dans l'intérieur même de la maison.

Celui qui, à l'aide d'effraction, ouvre des malles déposées en sa maison, sans que les clefs lui en aient été remises. et s'empare des objets qu'elles renferment, commet le crime de vol qualifié, et non pas seulement un délit d'abus de confiance. (*Cour de Poitiers,* 19 *mars* 1852.)

Bris de scellés.

La circonstance de bris de scellés, à l'aide duquel un vol aurait été commis, étant assimilée par la loi à celle d'effraction, il faut constater si des objets ont été volés soit dans les lieux, soit dans les meubles où étaient apposés les scellés brisés, ou si le bris de scellés a été effectué à une clôture extérieure ou à une clôture intérieure.

Si c'est l'officier de police judiciaire instrumentant, le juge de paix par exemple, qui avait apposé les scellés brisés, il doit, s'il y a lieu, les réapposer immédiatement après son opération, pour la conservation des droits de qui il appartiendra. Si les scellés avaient été apposés par un autre officier ou fonctionnaire public, il faut, *sur-le-champ* et *sans désemparer*, le prévenir du bris des scellés, afin que, pour ce qui le concerne, il dresse procès-verbal et réappose les scellés, s'il est nécessaire.

Escalade.

La loi qualifie *escalade* non seulement toute entrée dans les maisons, bâtiments, cours, basses-cours, édifices quelconques, jardins, parcs et enclos, exécutée par-dessus les murs, portes, toitures ou toute autre clôture, mais encore toute introduction du coupable par une ouverture, même souterraine, autre que celle établie pour servir d'entrée.

Observations communes à toutes les circonstances aggravantes

La célérité est indispensable dans la constatation des crimes. On doit d'autant moins différer à constater les différentes circonstances indiquées, que souvent les personnes volées négligent d'en conserver les traces, et que presque toujours elles se hâtent, pour leur sûreté, soit de faire changer les gardes des serrures, ce qui rend impossible l'essai des clefs et rossignols saisis chez le prévenu. soit de faire réparer les dégradations occasionnées par les effractions et escalades. Le temps lui-même efface souvent les dégradations faites et les empreintes fugitives laissées par les coupables.

Circonstances aggravantes résultant de la nature de l'objet volé et du lieu du vol.

La double circonstance résultant de la nature de l'objet volé et du lieu où le vol a été commis existe lorsque des soustractions de chevaux, bêtes de charge, de voiture ou de monture, gros et menus bestiaux, instruments d'agriculture, récoltes et meules de grains faisant partie des récoltes, ont eu lieu dans les champs; que des vols de bois ont été effectués dans les ventes; que des pierres ont été soustraites des carrières, et qu'il a été volé du poisson dans les étangs, viviers ou réservoirs.

Vols de *chevaux* commis dans les *champs,* au pluriel : la loi comprend dans cette espèce de vol celui même d'un seul cheval, et commis dans un seul champ.

Par récolte, on entend toute production utile de la terre qui, séparée de sa racine par le propriétaire ou ses représentants, est laissée momentanément dans les champs, en gerbes ou en meules, quelle que soit d'ailleurs la quantité de récolte volée.

La soustraction de grains et de fruits pendants par les racines est un simple maraudage que les lois punissent suivant la gravité des circonstances; on doit donc recueillir les preuves de ces circonstances, et constater, par exemple, si le maraudage a eu lieu la nuit, par plusieurs personnes, avec voitures, animaux de charge, etc. Les lois sur les vols de récoltes et maraudages ont été modifiées par les art. 2 et 13 de la loi du 25 juin 1824 et par la loi du 28 avril 1832.

Par vols de bois dans les ventes et de pierres dans les carrières, on entend le bois coupé et façonné dans une vente, les pierres qui ont été détachées de la carrière et n'en sont point encore enlevées.

Circonstances aggravantes résultant de la qualité des coupables.

Les qualités qui constituent la circonstance aggravante que la gendarmerie doit constater sont :

1º Celles de percepteur, de commis à une perception, comptable, dépositaire, fonctionnaire ou officier public, agent, commis ou préposé du gouvernement ou des dépositaires publics, relativement aux soustractions des objets qui leur étaient confiés ou remis en dépôt, en vertu ou à raison de leurs fonctions ou de leurs emplois.

Le maréchal des logis de gendarmerie prévenu d'avoir détourné les deniers déposés entre ses mains pour la solde des gendarmes, pour gratifications accordées à sa brigade, ou pour achat de fourrages, doit être traduit devant les tribunaux militaires : ce n'est pas là un délit commun de la compétence des tribunaux ordinaires, mais bien un délit militaire, prévu par l'art. 248 du Code de justice militaire du 9 juin 1857. La peine est des travaux forcés à temps;

2º Celles de domestique, de commis ou d'homme de service à gages, pour les vols commis au préjudice du maître ou des personnes que le domestique ou l'homme de service ne servait pas, mais qui se trouvaient dans la maison de son maître, ou dans la maison desquelles le coupable accompagnait son maître;

3º Celles d'ouvrier, de compagnon ou d'apprenti, par rapport aux soustractions effectuées dans l'atelier, magasin ou maison du maître;

4º Celle d'individu travaillant habituellement dans l'habitation où il a volé;

5º Celles d'aubergiste, d'hôtelier, de voiturier, de batelier ou de leurs préposés, à l'égard du vol de choses à eux confiées à ce titre.

Dans le cas de soustractions commises par un dépositaire ou comptable public, il faut constater quelle est la valeur des sommes et la nature des pièces, titres, actes ou effets soustraits, parce que, d'après les art. 169,

170, 171 et 172 du Code pénal, c'est là ce qui détermine le caractère du fait, la compétence du juge et la quotité de l'amende.

L'expérience apprend que très souvent, et surtout quand il s'agit de vols commis par des domestiques, hommes de service, ouvriers, etc., les parties lésées ou les témoins cherchent à épargner le coupable en déguisant, dès l'origine, sa qualité, ou bien en rétractant, par la suite, ce qu'ils ont dit d'abord. L'on ne saurait mettre trop de soin à rechercher si le prévenu avait l'une des qualités ci-dessus indiquées. Non seulement on doit, dès le principe, faire expliquer positivement les dénonciateurs, plaignants et témoins sur cette circonstance importante, mais encore faire remettre le livret dont le prévenu doit être muni.

Circonstance résultant du nombre des coupables.

Dans les vols présumés commis par deux ou plusieurs personnes, l'on doit examiner si le vol a pu ou non être effectué par une seule personne, et rassembler tous les indices qu'offre le fait à cet égard.

Réunion des circonstances aggravantes.

Les circonstances aggravantes se compliquent de plusieurs manières : par exemple, un vol domestique peut être commis en même temps avec violence, fausses clés, effraction ou escalade, etc. La peine du vol domestique change dans ce cas; il faut donc ne négliger aucune circonstance aggravante dans quelque espèce de vol que ce soit. (V. *Recéleurs* et, *au* Formulaire, *des modèles de procès-verbaux*.)

ZONE FRONTIÈRE. — FORTIFICATIONS.

Les gardes du génie dressent des procès-verbaux, conformément à la loi du 29 mars 1806, pour constater les contraventions relatives aux travaux qui se font sur la zone frontière sans l'autorisation du ministre. Ils opèrent sous l'autorité des officiers du génie chargés des poursuites.

La gendarmerie de chaque arrondissement compris dans la zone frontière est tenue de signaler à ces officiers les travaux qui s'exécutent sur les routes, sur les chemins vicinaux ou forestiers, ou sur les cours d'eau navigables ou flottables.

Pour l'exécution de ces dispositions, la gendarmerie signale sans retard aux préfets et aux officiers du génie les travaux qu'on tenterait d'exécuter illégalement dans la zone frontière.

La circonstance dans laquelle la surveillance de la gendarmerie doit s'exercer est indiquée par le chef du génie au chef de légion de gendarmerie, qui en donne connaissance au commandant d'arrondissement que cela concerne. (*Art. 31 du décret du 16 août* 1853.)

Les travaux que la gendarmerie doit surveiller attentivement sont ceux qui concernent les routes, les chemins de fer, les cours d'eau navigables et flottables, les canaux, les chemins de halage, les ponts à établir sur les cours d'eau, lorsqu'ils ont plus de six mètres d'ouverture entre les culées, les ports, les rades, les mouillages, les havres, les phares, les fanaux, les amers, les écluses, les digues, bâtardeaux, épis, enrochements, ponts tournants et autres, quais, bassins, jetées, brise-lames, et les dessèche-ments des lacs, étangs, marais, quand ils sont concédés ou autorisés par le gouvernement, les chemins vicinaux de toute classe, le défrichement des bois, etc., etc., placés dans la zone frontière. (V. *le décret du 8 sept. 1878 au* Journ. milit., *part. régl., 2° sem., p.* 273 *et suiv.*)

Lorsque, dans leurs tournées, les gendarmes reconnaissent qu'on exé-cute des travaux de la nature de ceux spécifiés ci-dessus, ils en informent leur chef de brigade, qui en fait mention sur la partie de son rapport journalier portant pour titre : *Objets divers.*

Le commandant d'arrondissement transmet sans retard une expédition de cette mention au chef du génie et il signale le fait constaté à l'autorit départementale dans le rapport quotidien qui lui est adressé.

Le chef du génie fait notifier le procès-verbal au contrevenant et en donne avis au commandant d'arrondissement, qui fait connaître ultérieu-rement si les travaux sont réellement restés suspendus.

Le commandant d'arrondissement est ensuite informé du résultat des poursuites, et si la décision du conseil de préfecture ordonne la destruc-tion des travaux elle peut recevoir son exécution *même par l'emploi de la force publique au besoin.* Les commandants de compagnie doivent obtempérer aux réquisitions qui leur sont adressées à ce sujet par les offi-ciers du génie. (*Circ. du 10 août* 1854.)

L'état mensuel n° 18 (Résumé du service) doit faire connaître les tra-vaux qui ont été entrepris dans la zone frontière et dont il a été rendu compte aux officiers du génie. (*Circ. du 27 mars* 1877.)

Par suite de cette circulaire, la même mention est faite sur les états mensuels n°ˢ 33 et 34 des brigades et des arrondissements.

RECRUTEMENT DE L'ARMÉE.

Le recrutement, base fondamentale de l'organisation de l'armée, est régi par la loi du 27 juillet 1872 (1), dont les dispositions ont été appli-quées à partir du 1ᵉʳ janvier 1873.

Cette loi repose sur les principes suivants :

1° Tout Français qui n'est pas déclaré moralement indigne ou reconnu physiquement incapable de défendre la patrie est soumis au service mili-taire gratuit, obligatoire et personnel pendant vingt ans ;

2° Tout corps organisé en armes est soumis aux lois militaires, fait partie de l'armée et relève soit du ministre de la guerre, soit du ministre de la marine ;

3° Pendant qu'ils sont présents à leur corps ou à leur poste, les mili-taires de tous grades et assimilés ne prennent part à aucun vote. (*Art.* 1ᵉʳ à 7 *de la loi.*)

---

(1) En matière de recrutement, les mots : *la loi,* sans autre indication. s'en-tendent de la loi du 27 juillet 1872.

RECENSEMENT. — TIRAGE AU SORT ET RÉVISION.

Tableaux de recensement.

Tous les ans, dans la première quinzaine de janvier, le maire de chaque commune dresse, fait publier et afficher le tableau de recensement des jeunes gens domiciliés dans la commune qui ont atteint l'âge de vingt ans révolus avant le 1er janvier de l'année courante. Les *omis* des années précédentes figurent sur ces tableaux. Tous ces jeunes gens sont compris sous la dénomination d'*inscrits* sur les tableaux de recensement. (*Art.* 8 à 12 de la loi. — V. aussi l'instr. du 26 nov. 1872, art. 1er à 47.)

Tirage au sort.

En février ou mars, les tableaux de recensement de toutes les communes d'un canton sont examinés et rectifiés, s'il y a lieu, au chef-lieu du canton, par le sous-préfet, le secrétaire général ou un conseiller de préfecture dans les arrondissements chefs-lieux, en présence des maires réunis à cet effet. Dans la même séance, il est procédé au tirage au sort entre tous les jeunes gens inscrits sur ces tableaux. A mesure que chaque jeune homme a tiré son numéro, il est inscrit sur la *liste de tirage*. Cette liste est lue, arrêtée, signée, puis affichée et publiée. (*Art.* 13 à 15 de la loi, et art. 48 à 92 de l'instr. précitée.)

Présence de la gendarmerie.

Un officier de gendarmerie et, suivant les circonstances, une ou deux brigades de cette arme doivent, sur la réquisition du sous-préfet, se rendre au lieu de la réunion pour le maintien de l'ordre. (*Art.* 51 de la même instr. — V. Indemnités, p. 352.)

Révision.

Du mois d'avril au mois de juin, un conseil de révision départemental, composé de cinq membres : 1° le préfet, président (1); 2° un conseiller de préfecture ; 3° un conseiller général; 4° un conseiller d'arrondissement (ces deux derniers ne peuvent être les représentants élus dans les cantons où la révision a lieu); et 5° un général de brigade, colonel ou lieutenant-colonel, procède, dans chaque canton, à la vérification de toutes les opérations préliminaires et désigne définitivement les jeunes gens qui doivent être appelés au service militaire et ceux qui, pour un des motifs énoncés dans la loi, ne doivent aucune espèce de service militaire. (*Art* 27 et 28 de la loi, et art. 1er à 30 de l'instr. du 28 avril 1873.)

---

(1) Par la circulaire du 25 février 1878, le ministre de l'intérieur recommande aux préfets de ne pas se faire suppléer, lorsqu'ils ne peuvent présider eux-mêmes, par un secrétaire général ou conseiller de préfecture possédant un grade d'officier dans la réserve ou dans l'armée territoriale.

Séances des conseils de révision.

Assistent aux séances du conseil de révision, en dehors des cinq membres, le sous-préfet, les maires, un sous-intendant militaire, un médecin militaire et le commandant du bureau de recrutement. (*Art.* 31 *à* 33 *de l'instr. précitée.*)

Présence et service de la gendarmerie.

Le président du conseil, après s'être concerté avec le commandant de la gendarmerie du département, formule des réquisitions pour l'envoi près du conseil d'un officier de gendarmerie et du nombre de gendarmes reconnus nécessaires pour l'exécution de toutes les mesures qui intéressent la police des séances, le maintien de l'ordre et l'accomplissement des prescriptions de la loi.

L'officier de gendarmerie ne peut se dispenser, sur la réquisition du préfet, d'assister en personne aux séances du conseil de révision.

Un gendarme pourra être chargé de faire l'appel des jeunes gens convoqués et de les toiser. (*Art.* 34 *de l'instr. précitée, et circ. minist. du* 19 *nov.* 1874.)

La présence des officiers, sous-officiers, brigadiers et gendarmes aux séances des conseils de révision leur donne droit, hors de leur résidence, aux mêmes indemnités que pour le tirage au sort.

Les militaires de la gendarmerie de service aux séances des conseils de révision doivent être porteurs de la carabine. Ils sont, tant à l'arrivée qu'au départ des autorités, à moins d'ordres contraires de celles-ci, réunis en troupe au lieu des séances et rendent à ces autorités les honneurs militaires prévus par l'art. 333 du décret du 13 octobre 1863. Ces honneurs ne sont pas dus aux officiers ou fonctionnaires remplaçant un supérieur à titre intérimaire ou provisoire. (*Circ. minist. du* 15 *juill.* 1879. — V. *Indemnités,* p. 352.)

Visite des jeunes gens et décision du conseil (1).

Tous les jeunes gens doivent se faire visiter ; cette visite a lieu à huis-clos, mais en présence du conseil tout entier. Le président peut cependant permettre l'entrée du lieu réservé au père ou tuteur du jeune homme examiné.

Lorsque l'impossibilité absolue de se rendre devant le conseil est constatée, et après un délai qui lui a été accordé, le jeune homme est visité à domicile par un médecin militaire désigné à cet effet, en présence d'un officier de gendarmerie qui dresse procès-verbal et l'envoie au préfet pour être soumis au conseil. (*Art.* 65 *et* 66 *de l'instr.*)

La gendarmerie peut être chargée de se livrer à des investigations scrupuleuses et à des enquêtes minutieuses sur les infirmités faciles à simuler (surdité, bégayement, épilepsie, etc). (*Art.* 67 *de l'instr.*)

Le conseil reçoit les réclamations et prononce irrévocablement (sauf les cas, très rares, d'incompétence, d'excès de pouvoir et de violation de la loi).

Il raye de la liste les étrangers (1) qui, par erreur, auraient pris part au tirage au sort, ainsi que ceux qui sont dans l'un des cas d'indignité (2).

Il exempte ceux que leurs infirmités (3) rendent impropres à tout service actif ou auxiliaire dans l'armée.

Les radiations et les exemptions sont définitives; ceux qui en ont été l'objet ne doivent aucune espèce de service militaire, ni pour le présent ni pour l'avenir. (*Art.* 16, 29 *et* 30 *de la loi et* 35 *à* 74 *de l'instr.*)

Les jeunes gens qui n'ont pas été rayés ou exemptés sont portés sur la liste du recrutement cantonal. Cette liste est divisée en cinq parties, savoir (*art.* 31 *de la loi et* 162 *et* 163 *de l'instr. précitée*) :

PREMIÈRE PARTIE DE LA LISTE.

Appelés.

Tous les jeunes gens déclarés propres au service militaire et qui ne doivent pas être classés dans les 2e, 3e, 4e ou 5e catégories sont dits appelés et forment le contingent, que le ministre de la guerre divise en deux parties : la première portion, qui doit faire cinq ans d'activité, et la deuxième portion, appelée pour un an ou même pour six mois. Dans la première portion, composée des hommes qui ont eu les premiers numéros, sont compris les hommes qui doivent servir dans l'armée de mer, c'est-à-dire ceux qui ont eu les plus bas numéros et les omis par fraude.

Permutations.

Les permutations sont autorisées entre les hommes désignés pour l'armée de mer et ceux désignés pour l'armée de terre. Ceux qui désirent permuter en font la demande, et c'est un deuxième tirage au sort fait au ministère de la guerre oui désigne ceux auxquels la permutation est accordée.

Mise en route.

La mise en route de chaque portion du contingent a lieu d'après les ordres du ministre de la guerre.

---

(1). Voir l'art. 9 du Code civil et la loi du 7 février 1851.

(2) Condamnés à des peines afflictives et infamantes (V. *Code pénal*) ou à des peines correctionnelles; toutefois, il faut avec la peine correctionnelle de deux à cinq ans d'emprisonnement la réunion complète des aggravations de peine : surveillance de la haute police, interdiction des droits civiques, civils et de famille; l'absence d'une seule de ces aggravations suffit pour que l'exclusion ne soit pas prononcée.

(3) Voir la nomenclature de ces infirmités aux tableaux nos 1 et 2 faisant uite à l'instruction du 3 avril 1873.

DEUXIÈME PARTIE DE LA LISTE.

Dispensés d'activité en temps de paix.

La dispense d'activité en temps de paix s'applique à deux grandes catégories de jeunes gens : les chefs de famille et les frères de militaires.

Les chefs de famille qui ont droit à la dispense sont :

1° L'aîné d'orphelins de père et de mère ;

2° Le fils unique ou l'aîné des fils, ou (à défaut de fils ou de gendre non veuf, ou de gendre veuf avec enfant) le petit-fils unique ou l'aîné des petits-fils d'une femme actuellement veuve, ou d'une femme dont le mari a été légalement déclaré absent, ou encore d'un père complétement aveugle, ou enfin d'un père entré dans sa soixante-dixième année.

Dans les deux cas généraux qui précèdent, le frère puîné serait dispensé si le frère aîné était aveugle ou atteint d'une infirmité qui le rende impotent.

Ces deux causes de dispense cessent si plus tard, par suite du décès d'un ou de plusieurs de ses parents, selon le cas, le dispensé cessait d'être chef de famille.

De même tout appelé ou engagé, ou engagé conditionnel, présent sous les drapeaux ou non encore arrivé à son corps a droit à cette dispense dès que le cas qui le procure se produit ; il est alors, sur sa demande, renvoyé dans la disponibilité de l'armée active pour y achever les cinq premières années de service. Sont toutefois exceptés de ce droit : 1° ceux qui ont procuré à un frère puîné la dispense prévue par le paragraphe 4° de l'art. 17 de la loi ; 2° ceux dont le père n'atteint sa soixante-dixième année qu'après la révision.

Les frères de militaires qui ont droit à la dispense sont :

1° Le plus âgé de deux frères appelés à faire partie du même tirage, mais seulement lorsque le plus jeune est reconnu propre au service ; ce sont ces deux frères qui peuvent seuls se substituer l'un à l'autre, c'est-à-dire que le plus âgé, dispensé de droit, peut servir à la place du plus jeune ;

2° Le frère d'un militaire servant actuellement dans l'armée active en vertu d'un titre qui l'oblige à y rester cinq ans, ou en vertu d'une commission de gendarme, ou en vertu de son grade d'officier ;

3° Le frère d'un ancien militaire qui sera mort en activité de service ou bien qui aura été réformé ou admis à la retraite, soit pour blessures reçues dans un service commandé, soit pour infirmités contractées dans les armées de terre ou de mer.

Toutefois les dispenses 1° et 2° pour services actuels ou antérieurs d'un frère ne peuvent être appliquées qu'à un seul frère pour un même cas ; mais elles se répètent dans la même famille autant de fois que les mêmes droits s'y reproduisent.

Les dispenses pour services militaires sont des droits absolus et non révocables en temps de paix. En temps de guerre, tous les dispensés d'activité sont appelés sous les drapeaux.

Ne peuvent prétendre aux dispenses d'activité que les enfants légitimes, légitimés ou adoptifs ; les enfants naturels en sont exclus. (*Art. 17 de la loi et 75 à 118 de l'instr.*)

Dispensés à titre conditionnel.

La dispense de tout service militaire, en temps de paix comme en temps de guerre, à titre conditionnel, s'applique à sept catégories de jeunes gens :

1° Les membres de l'instruction publique, les élèves de l'Ecole normale supérieure de Paris et ceux de l'enseignement secondaire de Cluny ;

2° Les professeurs des institutions nationales des sourds-muets de Paris, Bordeaux et Chambéry et ceux des institutions de jeunes aveugles à Paris ;

3° Les artistes qui ont remporté les grands prix de l'Institut ;

4° Les élèves pensionnaires de l'Ecole des langues orientales vivantes (à Paris) et les élèves de l'Ecole des Chartes (à Paris), nommés après examen ;

5° Les membres de l'enseignement libre, religieux ou laïque, lorsque l'association ou l'école à laquelle ils appartiennent a été reconnue comme établissement d'utilité publique ;

6° Les jeunes gens qui se préparent à l'enseignement primaire public et les instituteurs titulaires ou adjoints des écoles libres qui tiennent lieu d'écoles publiques ;

7° Les élèves ecclésiastiques des grands et petits séminaires désignés à cet effet par les archevêques et évêques du culte catholique et les jeunes gens des autres cultes reconnus par l'Etat (cultes protestant et israélite en France et culte mahométan en Algérie) qui sont autorisés à continuer leurs études pour se vouer au ministère de leur culte.

Obligations des dispensés à titre conditionnel.

Pour que la dispense conditionnelle soit accordée et maintenue, il **faut :**

1° Que les jeunes gens désignés aux paragraphes 1°, 2°, 4°, 5° et 6° prennent, avant le tirage au sort, l'engagement de rester pendant dix ans dans l'enseignement ou dans les services publics dont dépendent leur éta-blissement ou école ;

2° Que les artistes passent à l'Ecole française de Rome les années réglementaires et remplissent envers l'Etat certaines obligations spéciales ;

3° Que, à vingt-six ans, les élèves ecclésiastiques du culte catholique soient entrés dans les ordres majeurs (consacrés sous-diacres au moins) et que ceux des autres cultes soient consacrés ministres.

Tous les dispensés à titre conditionnel qui cessent de remplir les obli-gations prescrites doivent :

1° En faire la déclaration au maire de la commune de leur domicile, dans les deux mois de la cessation de leurs fonctions ou études, sous peine d'un mois à un an de prison ;

2° Accomplir dans l'armée active cinq années d'activité (quelle que soit la portion à laquelle ils appartiennent par leur numéro) et faire en-suite partie des réserves avec les hommes de leur classe de recrute-ment.

Le conseil porte aussi sur la troisième partie de la liste :

1° Les présents sous les drapeaux, c'est-à-dire les jeunes gens qui, avant l'appel de leur classe, se sont liés au service dans les armées de terre ou de mer, en vertu d'un brevet ou d'une commission, engagés volontaires, et les jeunes marins soumis à l'inscription maritime, généralement présents à leurs corps lors de la révision de leur classe. Ces militaires comptent dans les vingt années de service le temps d'activité qu'ils ont ainsi fait ; ils finissent donc leur service avant les hommes de leur classe et, au point de vue de la mobilisation des réserves, ils marchent avec la classe antérieure à la leur qui correspond à l'époque de leur engagement ;

2° Les élèves des Ecoles polytechnique et forestière. Ces jeunes gens comptent comme activité tout le temps qu'ils passent dans ces Ecoles. Si, ayant satisfait aux examens de sortie, ils n'entrent pas dans l'armée, ils reçoivent un brevet ou une commission qui leur confère un emploi avec rang d'officier dans l'une des réserves. Les autres élèves sont astreints aux obligations de leur classe de recrutement. (*Art.* 19 *à* 21 *de la loi et* 118 *à* 128 *de l'instr.*)

QUATRIÈME PARTIE DE LA LISTE.

Services auxiliaires.

Tous les jeunes gens physiquement impropres à un service armé qui ne sont ni exemptés ni ajournés sont classés dans l'un des huit services auxiliaires de l'armée (1) et portés sur la quatrième partie de la liste du recrutement. (*Art.* 31 *de la loi.*)

CINQUIÈME PARTIE DE LA LISTE.

Ajournés.

Peuvent être ajournés deux années de suite à un nouvel examen, les jeunes gens qui, au moment de la révision n'ont pas la taille de 1ᵐ 54, ou sont reconnus d'une complexion trop faible. Après l'examen définitif ils sont classés, et ceux de ces jeunes gens reconnus propres soit au ser-

---

(1) 1ᵉʳ Service. Fabrication, entretien et réparation du matériel militaire de toute nature, 12 0/0.

2° — Travaux relatifs aux fortifications et aux bâtiments militaires, 16 0/0.

3° — Construction, réparation et exploitation des voies ferrées et lignes télégraphiques, 12 0/0.

4° — Hôpitaux et ambulances, 13 0/0.

5° — Magasins d'habillement, d'équipement, de harnachement et de campement, 21 0/0.

6° — Subsistances, manutentions, magasins, 16 0/0.

7° — Transports militaires, 5 0/0.

8° — Bureaux des états-majors, du recrutement, de l'administration et des dépôts des différents corps de troupe, 5 0/0.

vice armé, soit à un service auxiliaire sont soumis, selon la catégorie dans laquelle ils sont placés, à toutes les obligations de la classe à laquelle ils appartiennent. (*Art. 18 de la loi, 70 à 74 de l'instr.*)

DISPENSÉS A TITRE PROVISOIRE.

La dispense à titre provisoire peut être accordée à des jeunes gens compris sur la première partie de la liste, que le conseil municipal de leur commune désigne comme soutiens indispensables de leur famille et lorsqu'ils en remplissent effectivement les devoirs; ceux qui cessent de remplir les conditions légales sont signalés à l'autorité militaire et suivent le sort de la portion de la classe à laquelle ils appartiennent.

La dispense à titre provisoire ne peut être accordée qu'à 4 %, au plus, du nombre total des appelés pour tout le département.

SURSIS D'APPEL.

Peuvent obtenir un sursis, en temps de paix, les appelés qui établissent que leur départ immédiat serait préjudiciable à leur apprentissage, à leurs études, à l'exploitation agricole, industrielle ou commerciale à laquelle ils se livrent pour leur compte ou pour celui de leurs parents. Les sursis d'appel sont accordés pour une année et renouvelables la deuxième année; les demandes doivent en être approuvées par le conseil municipal. Le chiffre en est fixé à 4 % du nombre des jeunes gens reconnus propres au service. (*Art. 23 de la loi, 137 à 139 de l'instr.*)

REGISTRE MATRICULE DU RECRUTEMENT.

Il est établi chaque année, par chaque bureau de recrutement, un registre matricule sur lequel sont portés tous les jeunes gens de la classe compris dans les quatre premières parties des listes de recrutement cantonal. Les commandants de recrutement suivent les hommes avec le plus grand soin dans leurs positions diverses jusqu'à l'époque de leur libération définitive.

Tout inscrit sur le registre matricule ne doit changer ni de résidence ni de domicile sans en faire la déclaration, afin que l'autorité militaire puisse toujours le retrouver. (*Art. 33 à 35 de la loi; circ. des 14 juill. et 13 sept. 1873.*)

SERVICE MILITAIRE.

Tout Français qui n'a pas été déclaré impropre à tout service militaire fait partie :

1° De l'armée active pendant cinq ans;
2° De la réserve de l'armée active pendant quatre ans;
3° De l'armée territoriale pendant cinq ans;
4° De la réserve de l'armée territoriale pendant six ans
La durée du service compte du 1er juillet de l'année du tirage au sort.

Le 30 juin de chaque année, en temps de paix, les militaires reçoivent un certificat de passage.

1° Dans la réserve de l'armée active, ceux qui ont accompli cinq années dans cette armée;

2° Dans l'armée territoriale, ceux qui ont accompli quatre années dans la réserve de l'armée active. Toutefois, les hommes de l'armée de mer qui ne proviennent pas de l'inscription maritime passent immédiatement dans la réserve de l'armée territoriale, où ils restent jusqu'à l'âge de quarante ans (*Loi du 4 déc.* 1875);

3° Dans la réserve de l'armée territoriale, ceux qui ont accompli cinq ans dans cette armée;

4° Enfin ceux qui ont accompli six ans dans cette dernière réserve reçoivent un congé définitif.

En temps de guerre, ils ne reçoivent ces certificats qu'après l'arrivée au corps des hommes de la nouvelle classe.

Tous les hommes d'une classe inscrits sur la première partie de la liste sont, sauf ceux qui ont obtenu une dispense à titre provisoire ou un sursis d'appel, mis à la disposition du ministre, qui en fait la répartition dans les divers corps de l'armée.

Après une année de service des jeunes soldats ci-dessus mentionnés, ne sont plus maintenus sous les drapeaux, par ordre de numéro, que ceux dont le chiffre est fixé annuellement par le ministre; néanmoins, ceux compris dans la catégorie d'une année de service qui, après cette année, ne savent encore ni lire ni écrire, ou ne satisfont pas aux examens prescrits, peuvent être maintenus au corps une seconde année.

Ceux de la même catégorie qui, par l'instruction déjà acquise et par celle reçue sous les drapeaux, remplissent les conditions exigées peuvent, après six mois et à des époques fixées, être envoyés en disponibilité dans leurs foyers et restent à la disposition du ministre de la guerre; ils sont, ainsi que les militaires de la réserve de l'armée active, soumis à des exercices ou manœuvres.

Les disponibles, les réservistes de l'armée active, et ceux laissés dans leurs foyers comme dispensés, ajournés ou en sursis, peuvent se marier sans autorisation. Les disponibles et les réservistes, lorsqu'ils sont pères de quatre enfants vivants, passent de droit dans l'armée territoriale. (*Art.* 36 *à* 44 *de la loi.*)

ENGAGEMENTS.

(Art. 46 à 50 de la loi et 1 à 18 du décret du 30 novembre 1872.)

Les engagements sont de cinq sortes:

1° Engagement de cinq ans;
2° — pour la durée de la guerre;
3° — spécial aux disponibles;
4° — conditionnel d'un an;
5° — pour une deuxième année, spécial aux conditionnels d'un an.

Les engagements sont soumis à des conditions, soit générales pour tous les engagements, soit particulières à chacun d'eux.

Les conditions générales sont :

1° N'être dans aucun cas d'indignité par suite de condamnations judi=
ciaires ;

2° Avoir l'aptitude physique pour un service armé et la taille pour le
corps où l'engagé doit servir ;

3° Au-dessous de vingt ans, justifier du consentement de ses père,
mère ou tuteur ;

4° Ne point être lié au service de terre ou de mer dans l'armée
active.

1° *Engagement volontaire de cinq ans.*

Les conditions particulières à cet engagement sont :

1° Avoir seize ans accomplis pour l'armée de mer et dix-huit ans accomplis pour l'armée de terre, et n'avoir pas dépassé vingt-quatre ans ;

2° N'être ni marié, ni veuf avec enfant ;

3° Savoir lire et écrire ;

4° Jouir de ses droits civils et produire, avec un extrait du casier judiciaire, un certificat de bonne vie et mœurs délivré par le maire de la
commune de son dernier domicile ; et si le séjour dans le dernier domicile n'est pas au moins d'un an, un certificat du maire des précédents domiciles, dans le cours de l'année, doit être également produit.

Les jeunes gens qui ont pris part au tirage au sort de leur classe ne
sont reçus à s'engager que jusqu'à la veille du jour où le conseil de révision examine les jeunes gens du canton auquel ils appartiennent. (*Art.* 9
du décret précité.)

Les enfants de troupe titulaires des prix de la donation de Feuchères
doivent contracter, dès l'accomplissement de leur dix-huitième année, un
engagement pour le corps où ils sont inscrits, sous peine de perdre le
bénéfice de la fondation. Ils peuvent, l'engagement fait, obtenir leur changement de corps, s'ils en ont exprimé le désir. (*Décis. minist. du 5 avril*
1879.)

Le jeune homme qui demande à s'engager se présente devant le chef
du corps dans lequel il désire prendre du service, ou devant le commandant du bureau de recrutement, qui fait constater son aptitude par un médecin militaire ou, à défaut, par un docteur en médecine désigné par le
sous-intendant militaire. Muni du certificat délivré par le médecin, et accompagné de deux témoins, le jeune homme se présente devant le maire
du chef-lieu de canton (1) de son domicile, qui dresse l'acte d'engagement
en se conformant aux prescriptions des art. 34, 35, 36, 37, 38, 39, 40,
42 et 44 du Code civil. Sur le vu de l'acte d'engagement, le sous-intendant ou son suppléant délivre à l'engagé une feuille de route pour se
rendre directement à son corps.

L'engagé a le droit de choisir le régiment dans lequel il désire servir ;
mais il ne peut faire choix d'un corps en garnison dans le département
où il réside que s'il est accepté par le chef de corps. Il peut toujours être
changé de corps ou d'arme, lorsque l'intérêt ou le besoin du service l'exigent. (*Art.* 3 *du décret précité.*)

_____

(1) En Algérie, le contractant se présente devant le maire de l'une des villes
désignées à l'art. 5 du décret du 30 novembre 1872.

2° *Engagement pour la durée de la guerre.*

En cas de guerre, tout Français qui remplit simplement les conditions générales et qui est libre de toute obligation dans l'armée active et la réserve est admis à contracter dans l'armée active un engagement pour la durée de la guerre, quel que soit son âge, même avant dix-huit ans ou après quarante ans. Cet engagement ne donne pas droit à la dispense en faveur d'un frère. (*Art. 47 de la loi et 17 du décret précité.*)

3° *Engagement spécial aux disponibles.*

Les militaires envoyés en disponibilité et ceux qui doivent y être envoyés après l'année ou les six mois d'activité qu'ils doivent faire, ainsi que les volontaires d'un an qui ont achevé leur année, sont admis, sur leur demande, à compléter cinq années de service actif. Les volontaires d'un an conservent le grade qu'ils ont obtenu. Cet engagement, qui ne peut être contracté que devant un sous-intendant militaire, ouvre le droit à la dispense pour un frère. (*Art. 48 de la loi et 18 et 19 du décret.*)

Les militaires liés au service par un des trois engagements sus-mentionnés ne peuvent être envoyés en congé sans leur consentement. (*Art. 49 de la loi.*)

4° *Engagement conditionnel d'un an* (1).

L'engagement conditionnel d'un an est une institution qui a pour but de favoriser, en temps de paix, les carrières libérales, l'agriculture, l'industrie et le commerce.

Il y a deux sortes d'engagements conditionnels d'un an : l'engagement de droit et l'engagement au concours.

Peuvent s'engager de droit, à l'âge de dix-huit ans au moins et avant leur tirage au sort :

1° Les jeunes gens qui ont obtenu l'un des diplômes ou brevets universitaires de bachelier ès lettres, bachelier ès sciences ou de fin d'études de l'enseignement secondaire spécial ;

2° Les élèves des Écoles nationales suivantes :
Ecole centrale des arts et manufactures, à Paris ;
Écoles des arts et métiers, à Aix, Angers et Châlons-sur-Marne ;
Ecole d'horlogerie, à Cluses ;
Écoles des beaux-arts, à Paris, Dijon et Lyon ;
Conservatoires de musique, à Paris, Lille, Dijon, Toulouse et Nantes ;
Ecoles vétérinaires, à Alfort, Lyon et Toulouse ;
Ecole des haras, au Pin ;
Ecoles d'agriculture, à Grignon, Grand-Jouan et Montpellier ;

---

(1) Voir les art. 53 à 58 de la loi ; les décrets des 31 octobre et 1er décembre 1872 ; l'instruction du 1er décembre 1872 ; la circulaire du 16 janvier 1873 ; le règlement provisoire du 7 février 1873 ; les circulaires des 12 avril et 14 août 1873 ; le décret du 28 novembre 1873 ; les circulaires des 8 janvier, 14 février et 7 avril 1874.

Fermes-écoles (il y en a vingt-sept) et les trois Ecoles pratiques d'agriculture (ceux seulement qui ont obtenu le diplôme de capacité aux examens de sortie);

3° Les élèves externes des écoles suivantes :

Ecole des mines, à Paris;

Ecole des ponts et chaussées, à Paris;

Ecole du génie maritime, à Paris;

Ecole des mineurs, à Saint-Etienne.

Obtiennent au concours le droit de s'engager pour un an, les jeunes gens âgés de dix-huit ans qui n'ont pas tiré au sort et qui ont satisfait à l'un des examens agricole, industriel et commercial fixés par le règlement du 31 octobre 1872, et jusqu'à concurrence du nombre déterminé par le ministre de la guerre.

L'engagé volontaire d'un an est habillé, équipé et entretenu à ses frais. Il verse au Trésor, avant de contracter son engagement, la somme de 1,500 fr.; toutefois, les engagés au concours peuvent en être dispensés en totalité ou en partie jusqu'à concurrence d'une exemption totale sur cent engagés.

Les engagements volontaires d'un an ne peuvent être contractés que pour l'armée de terre. Ils ne sont reçus que par le maire d'un chef-lieu de département.

Les jeunes gens qui, étant dans les conditions pour contracter l'engagement d'un an, seraient reconnus impropres au service militaire avant leur tirage au sort seraient, sur leur demande, assimilés aux volontaires d'un an, si lors de la révision de leur classe ils étaient reconnus aptes au service.

Les volontaires d'un an de droit et les élèves des Ecoles supérieures d'agriculture à Beauvais et de commerce à Paris, Lyon, Bordeaux, Marseille, Rouen, le Havre et Lille peuvent, en temps de paix, obtenir un sursis d'appel à l'activité jusqu'à vingt-quatre ans; mais ils doivent pour cela contracter leur engagement dans l'année qui précède celle de leur tirage au sort. Ce sursis peut leur être retiré s'ils ne suivent pas assidûment les cours de la Faculté ou de l'Ecole dont ils sont élèves.

Les engagés d'un an sont mis en route à la date fixée par le ministre, leur année d'activité ne court qu'à partir de cette date; ils suivent, au corps, des cours militaires spéciaux et sont tenus de satisfaire à des examens (1) pour obtenir un certificat de capacité à l'un des grades de caporal ou brigadier et sous-officier.

Ceux qui ne satisfont pas à ces examens font une deuxième année, et, en cas d'un nouvel échec, ils sont déchus des avantages du volontariat d'un an et maintenus pendant cinq ans en activité. Il en est de même de ceux qui commettent des fautes graves contre la discipline.

Après la première année (ou la deuxième année) d'activité, le volontaire d'un an est renvoyé en disponibilité dans ses foyers; en cas de mobilisation, il revient dans l'armée avec le grade qu'il a obtenu et marche avec la première partie de la classe à laquelle il appartient par la date de son engagement.

(1) Voir le programme à la suite du règlement provisoire du 7 février 1873.

5° *Engagement pour une deuxième année, spécial aux volontaires d'un an.*

Le volontaire d'un an qui a satisfait aux examens de la première année peut contracter devant un sous-intendant militaire un second engagement pour une deuxième année, qu'il passera dans un corps de troupe ou dans une école militaire. Il suivra encore des cours spéciaux, et après les examens de seconde année (1) il lui sera délivré un brevet de sous-lieutenant ou une commission équivalente dans l'une des réserves.

Le volontariat ne donne pas droit à la dispense en faveur d'un frère.

RENGAGEMENTS.

Il y a deux sortes de rengagements : celui d'après la loi du 27 juillet et le décret du 30 novembre 1872, et celui régi par la loi du 23 juillet 1881 ; ce dernier spécial aux sous officiers.

1° *Rengagement d'après la loi du 27 juillet et le décret du 30 novembre 1872.*

Il est reçu pour deux ans au moins et cinq ans au plus, et seulement pendant le cours de la dernière année de service sous les drapeaux. Il est renouvelable, jusqu'à l'âge de vingt-neuf ans accomplis pour les caporaux ou brigadiers et soldats, et jusqu'à l'âge de trente-cinq ans accomplis pour les sous-officiers.

Toutefois, certaines catégories de militaires pourvus d'emplois spéciaux, tant dans les corps que dans les services administratifs, peuvent être conservés en activité de service comme commissionnés, jusqu'à vingt-cinq ans de service, même au delà.

Après cinq ans de service sous les drapeaux, le rengagement donne droit à une haute paye réglée par l'art. 26 du décret précité.

Ce rengagement est contracté devant le sous-intendant militaire.

2° *Rengagement d'après la loi du 23 juillet 1881, spécial aux sous-officiers*

Les sous-officiers sont admis à contracter pour deux ans au moins et cinq ans au plus des rengagements renouvelables d'une durée totale de dix ans. Après dix ans de rengagement, ils peuvent être maintenus sous les drapeaux en qualité de commissionnés, jusqu'à l'âge de quarante-sept ans accomplis.

Chaque année, le ministre fixe le nombre des sous-officiers qui peuvent être, pendant l'année, rengagés ou commissionnés dans chaque corps de troupe. Ce chiffre ne peut dépasser, pour l'ensemble de l'armée, les deux tiers de l'effectif normal des sous-officiers.

La rétrogradation, la cassation du sous-officier rengagé et la mise à la

---

(1) Voir le programme à la suite de la circulaire du 14 février 1874.

retraite du commissionné ne peuvent être prononcées que par le commandant de corps d'armée.

Les sous-officiers sont rengagés ou commissionnés pour le corps dans lequel ils servent; ils peuvent être, sur leur demande, et même d'office, affectés à un autre corps de la même arme.

Premier rengagement.

Peuvent être autorisés à contracter un premier rengagement :

1° Les sous-officiers présents au corps, à partir du jour où ils comptent trois ans de service effectif;

2° Les sous-officiers rentrés dans leurs foyers depuis une année au plus, bien qu'ayant dû faire la remise de leurs galons lors du renvoi anticipé de leur classe. Contracté pour moins de cinq ans, le premier rengagement ne donne droit qu'à la haute paye, réglée par l'art. 6 de la nouvelle loi. Souscrit pour cinq ans, il donne droit, en dehors de la haute paye :

1° A une première mise d'entretien de 600 fr. ;

2° A une indemnité de rengagement de 2,000 fr.

La première mise est payée immédiatement après la signature de l'engagement, à moins que le sous-officier ne demande que tout ou partie de la somme soit placée à la Caisse d'épargne; dans ce cas le livret lui est remis.

L'indemnité de 2.000 fr. est conservée par l'État tant que le sous-officier reste sous les drapeaux; elle rapporte à ce dernier un intérêt annuel de 100 fr., payé à raison de 25 fr. par trimestre. L'indemnité est incessible et insaisissable pendant la durée du service du rengagé.

La totalité de l'indemnité est acquise et payée :

1° Après l'expiration du premier rengagement de cinq ans; au sous-officier autorisé à se marier à une époque quelconque de son rengagement;

2° Au sous-officier qui est retraité ou réformé (congé n° 1) pour blessures reçues ou infirmités contractées dans le service.

3° A la veuve non séparée de corps ou, à défaut, aux héritiers du sous-officier qui meurt sous les drapeaux dans les circonstances prévues par l'art. 19 de la loi du 11 avril 1831.

Une partie de l'indemnité, proportionnelle au temps du service accompli depuis le jour où compte son rengagement, est acquise et payée :

1° Au sous officier passant dans la gendarmerie ou appelé à un des emplois militaires prévus par les lois et règlements.

Dans ce cas le rengagement cesse par la nomination à un de ces emplois (*Lettre du min. de la guerre du 15 janv.* 1881);

2° Au sous=officier réformé (congé n° 2) soit pour blessures reçues ou infirmités contractées hors du service;

3° Au sous-officier qui renonce volontairement à son grade ou le perd par rétrogradation, cassation ou jugement;

4° Au sous-officier qui, ayant perdu son grade, y est de nouveau nommé avant sa libération;

5° A la veuve non séparée de corps, ou, à défaut, aux héritiers du sous-officier qui meurt sous les drapeaux, dans des circonstances autres que celles prévues par l'art. 19 de la loi du 11 avril 1831.

Le sous-officier nommé officier n'a pas droit à la part proportionnelle.

Deuxième rengagement.

Peuvent être autorisés à contracter un deuxième rengagement :

1° Les sous-officiers présents au corps qui sont entrés dans la dernière année d'un premier rengagement de cinq ans ;

2° Les sous-officiers présents au corps qui, ayant déjà contracté un rengagement de moins de cinq ans, sont entrés dans la dernière année de ce rengagement ;

3° Les anciens sous-officiers ayant déjà servi cinq ans comme rengagés avec prime, pendant les six mois qui suivent leur renvoi dans leurs foyers.

Souscrit pour moins de cinq ans, le second rengagement ne donne droit, sauf pour le cas prévu au paragraphe 2°, qu'à la haute paye. Contracté pour cinq ans, il donne droit :

1° A une deuxième mise d'entretien de 500 fr. qui est payée ou placée, comme il a été dit pour la première ;

2° A une part proportionnelle de la prime de 2,000 fr., pour les sous-officiers qui se trouvent dans le cas prévu au paragraphe 2°.

Après dix ans de rengagement les sous-officiers peuvent :

Ou réclamer la pension proportionnelle, ou demander leur maintien sous les drapeaux en qualité de commissionnés, et, à vingt-cinq ans de service, ils ont droit à une pension de retraite.

Ne peuvent se rengager qu'en vertu de la loi du 27 juillet 1872 :

1° Les sous-officiers inscrits au tableau d'avancement pour le grade d'officier ;

2° Les sous-officiers du génie nommés stagiaires ;

3° Les élèves d'administration et les élèves stagiaires de l'Ecole d'administration de Vincennes (lorsque ces derniers sont nommés élèves d'administration).

Les sous-officiers des trois catégories ci-dessus et ceux appartenant :

1° Au cadre des écoles militaires ;

2° Aux compagnies de cavaliers de remonte ;

3° Aux sections de secrétaires d'état-major et du recrutement ;

4° Aux compagnies de discipline et aux bataillons d'infanterie légère d'Afrique, sont admis à se rengager sans limitation de nombre. (V. *Emplois civils.*)

Gendarmerie.

En ce qui concerne la gendarmerie, la loi du 23 juillet 1881 dispose :

1° Que la pension de retraite des militaires de l'arme ne sera plus augmentée du cinquième résultant des douze ans de grade ;

2° Que le taux de la majoration est fixé comme il suit :

> 18 fr. pour le sous-officier ou brigadier,
> 15 fr. pour le gendarme ;

3° Que les sous-officiers qui justifient de quinze années de service, ont le droit à la haute paye de 0,70.

Armée de mer.

Applicable aux troupes de la marine, la loi du 23 juillet 1881 réserve aux sous-officiers les avantages suivants :

1° L'indemnité de rengagement est de 3,000 fr. ;

2° Le second engagement de cinq ans donne droit à une deuxième mise d'entretien de 750 fr. ;

3° Après dix ans de rengagement, la haute paye est de 1 fr.

Recrutement en Algérie.

Le service militaire en Algérie est régi par la loi du 6 novembre 1875. Bien que reposant sur les mêmes principes que la loi du 27 juillet 1872, elle en diffère sur les points suivants :

Sont soumis à cette loi :

1° Les Français nés ou non en Algérie, mais qui y sont domiciliés ;

2° Les Français nés hors de l'Algérie qui y ont leur résidence et qui prennent avant l'âge de vingt ans, devant le maire de leur domicile, l'engagement d'y résider pendant dix ans.

Le recensement a lieu par commune et non par canton.

Tout le contingent étant appelé à l'activité pour un an, il n'y a pas de tirage au sort.

La durée du service compte du 1er avril de l'année de l'inscription des jeunes gens sur les tableaux de recensement. C'est entre cette date et le 1er septembre que commence l'année d'activité.

Les jeunes gens font leur service dans les corps stationnés en Algérie ; toutefois, le ministre de la guerre peut, sur la proposition du gouverneur, envoyer un certain nombre d'indigènes dans les corps de troupe du midi de la France pour y accomplir leur année d'activité.

Après leur année de service effectif, les jeunes Algériens passent dans la réserve et y restent huit ans. Ils sont assujettis à des manœuvres ordonnées par le gouverneur.

A l'expiration de leur année de service, et s'ils satisfont aux examens, les jeunes gens jouissent, sans rétribution, des avantages réservés aux volontaires d'un an en France : ils peuvent être nommés caporaux ou brigadiers ou sous-officiers.

Ceux qui font une seconde année peuvent, après examen, obtenir un brevet de sous-lieutenant de réserve.

Après huit ans de réserve, ils passent pour cinq ans dans l'armée territoriale, puis dans la réserve de cette armée pour six ans.

En cas d'insurrection, les hommes de quarante à cinquante ans peuvent être rappelés dans l'armée territoriale.

INFRACTIONS A CONSTATER.

Les infractions aux dispositions pénales édictées par la loi du 27 juillet 1872 et complétées par celle du 18 novembre 1875 sont :

1° Manque de déclaration par les dispensés conditionnels et par les présents sous les drapeaux qui cessent leurs fonctions, études ou services :

2° Manque de déclaration de changement de domicile ou de résidence de la part d'un réserviste ou d'un disponible;

3° Fraude ou manœuvre et tentative de ces délits par suite desquelles un jeune homme aura été omis sur les tableaux de recensement et sur les listes de tirage;

4° Concert frauduleux et complicité pour ne pas comparaître devant un conseil de révision;

5° Fraudes ou manœuvres et complicité de ces délits qui auront entraîné l'exemption ou la dispense d'un jeune homme;

6° Retard non justifié dans l'arrivée au corps, lorsque ce retard aura dépassé les délais pour qu'il y ait insoumission;

7° Recel, prise à son service d'un insoumis et tentative de ces délits;

8° Mutilation volontaire, complicité et tentative de ces délits dans le but de se soustraire au service militaire;

9° Abus d'autorité en matière de recrutement de la part des fonctionnaires civils ou militatres;

10° Acceptation de dons ou promesses par des médecins appelés aux conseils de révision, dans le but de favoriser les jeunes gens qu'ils doivent examiner;

11° Insoumission hors le cas de force majeure.

Il y a deux catégories d'insoumis :

1° Celle des engagés volontaires et des jeunes soldats qui n'ont pas encore servi;

2° Celle des réservistes de toutes catégories, ayant déjà servi.

En temps de paix, les délais d'insoumission sont :

Un mois pour les premiers;

Quinze jours pour les réservistes;

Deux mois pour les hommes qui demeurent en Algérie, dans les îles voisines des contrées limitrophes de la France ou en Europe;

Six mois pour tous ceux qui demeurent en tout autre pays.

En temps de guerre et en cas de mobilisation par voie d'affiches et de publications sur la voie publique, les délais d'insoumission pour les appelés, engagés et réservistes sont de :

Deux jours pour ceux qui demeurent en France;

Un mois s'ils demeurent en Algérie ou en Europe;

Trois mois s'ils demeurent en tout autre pays.

DISPOSITIONS PÉNALES.

Tout homme inscrit sur le registre matricule, qui n'a pas fait les déclarations de changement de domicile prescrites par les art. 34 et 35 de la loi, est déféré aux tribunaux ordinaires, et puni d'une amende de 10 fr. à 200 fr.; il peut en outre être condamné à un emprisonnement de quinze jours à trois mois.

En temps de guerre, la peine est double. (*Art. 59 de la loi du 27 juill. 1872.*)

Toutes fraudes ou manœuvres, par suite desquelles un jeune homme a été omis sur les tableaux de recensement ou sur les listes du tirage, sont déférées aux tribunaux ordinaires et punies d'un emprisonnement d'un mois à un an.

Sont déférés aux mêmes tribunaux et punis de la même peine :

1° Les jeunes gens appelés qui, par suite d'un concert frauduleux, se sont abstenus de comparaître devant le conseil de révision ;

2° Les jeunes gens qui, à l'aide de fraudes ou manœuvres, se sont fait exempter ou dispenser par un conseil de révision, sans préjudice des peines plus graves en cas de faux.

Les auteurs ou complices sont punis des mêmes peines.

Si le jeune homme omis a été condamné comme auteur ou complice de fraudes ou manœuvres, les dispositions de l'art. 14 lui sont appliquées lors du premier tirage qui a lieu après l'expiration de sa peine.

Le jeune homme indûment exempté ou indûment dispensé est rétabli en tête de la première partie de la classe appelée après qu'il a été reconnu que l'exemption ou la dispense avait été indûment accordée. (*Art.* 60 *de ladite loi.*)

Tout homme inscrit sur le registre matricule au domicile duquel un ordre de route a été régulièrement notifié, et qui n'est pas arrivé à sa destination au jour fixé par cet ordre, est, après un mois de délai, et hors le cas de force majeure, puni, comme insoumis, d'un emprisonnement d'un mois à un an en temps de paix, et de deux à cinq ans en temps de guerre. Dans ce dernier cas, à l'expiration de sa peine, il est envoyé dans une compagnie de discipline.

En temps de guerre, les noms des insoumis sont affichés dans toutes les communes du canton de leur domicile; ils restent affichés pendant toute la durée de la guerre.

Ces dispositions sont applicables à tout engagé volontaire qui, sans motifs légitimes, n'est pas arrivé à sa destination dans le délai fixé par sa feuille de route.

En cas d'absence du domicile, et lorsque le lieu de la résidence est inconnu, l'ordre de route est notifié au maire de la commune dans laquelle l'appelé a concouru au tirage.

A l'égard des appelés, le délai d'un mois sera porté :

1° A deux mois, s'ils demeurent en Algérie, dans les îles voisines des contrées limitrophes de la France ou en Europe ;

2° A six mois, s'ils demeurent dans tout autre pays.

L'insoumis est jugé par le conseil de guerre de la division militaire dans laquelle il est arrêté.

Le temps pendant lequel l'engagé volontaire ou l'homme inscrit sur le registre matricule aura été insoumis ne compte pas dans les années de service exigées. (*Art.* 61 *de ladite loi.* — V. *Déserteurs, insoumis.*)

Quiconque est reconnu coupable d'avoir recélé ou d'avoir pris à son service un insoumis est puni d'un emprisonnement qui ne peut excéder six mois. Selon les circonstances, la peine peut être réduite à une amende de 20 à 200 fr.

Quiconque est convaincu d'avoir favorisé l'évasion d'un insoumis est puni d'un emprisonnement d'un mois à un an.

La même peine est prononcée contre ceux qui, par des manœuvres coupables, ont empêché ou retardé le départ des jeunes soldats.

Si le délit a été commis à l'aide d'un attroupement, la peine sera double.

Si le délinquant est fonctionnaire public, employé du gouvernement ou ministre d'un culte salarié par l'Etat, la peine peut être portée jusqu'à deux années d'emprisonnement, et il est, en outre, condamné à une amende qui ne pourra excéder 2,000 fr. (*Art.* 62 *de ladite loi.* — V. *Recel.*)

Tout homme qui est prévenu de s'être rendu impropre au service militaire, soit temporairement, soit d'une manière permanente, dans le but de se soustraire aux obligations imposées par la présente loi, est déféré aux tribunaux, soit sur la demande des conseils de révision, soit d'office, et s'il est reconnu coupable, il est puni d'un emprisonnement d'un mois à un an.

Sont également déférés aux tribunaux et punis de la même peine, les jeunes gens qui, dans l'intervalle de la clôture de la liste cantonale à leur mise en activité, se sont rendus coupables du même délit.

A l'expiration de leur peine, les uns et les autres sont mis à la disposition du ministre de la guerre, pour tout le temps du service militaire qu'ils doivent à l'Etat, et peuvent être envoyés dans une compagnie de discipline.

La peine portée au présent article est prononcée contre les complices.

Si les complices sont des médecins, chirurgiens, officiers de santé ou pharmaciens, la durée de l'emprisonnement est de deux mois à deux ans, indépendamment d'une amende de 200 fr. à 1,000 fr. qui peut aussi être prononcée, et sans préjudice de peines plus graves dans les cas prévus par le Code pénal. (*Art.* 63 *de ladite loi.*)

Ne compte pas pour les années de service exigées par la présente loi le temps pendant lequel un militaire a subi la peine de l'emprisonnement en vertu d'un jugement. (*Art.* 64 *de ladite loi.*)

Tout fonctionnaire ou officier public, civil ou militaire, qui, sous quelque prétexte que ce soit, a autorisé ou admis des exemptions, dispenses ou exclusions autres que celles déterminées par la présente loi, ou qui aura donné arbitrairement une extension quelconque soit à la durée, soit aux règles ou conditions des appels, des engagements ou des rengagements, sera coupable d'abus d'autorité et puni des peines portées dans l'art. 185 du Code pénal, sans préjudice des peines plus graves prononcées par ce Code dans les autres cas qu'il a prévus. (*Art.* 65 *de ladite loi.*)

Les médecins, chirurgiens ou officiers de santé qui, appelés au conseil de révision à l'effet de donner leur avis conformément aux art. 16, 18, 28 de ladite loi, ont reçu des dons ou agréé des promesses pour être favorables aux jeunes gens qu'ils doivent examiner, sont punis d'un emprisonnement de deux mois à deux ans.

Cette peine leur est appliquée, soit qu'au moment des dons ou promesses ils aient été déjà désignés pour assister au conseil, soit que les dons ou promesses aient été agréés dans la prévision des fonctions qu'ils auraient à y remplir.

Il leur est défendu, sous la même peine, de rien recevoir, même pour une exemption ou réforme justement prononcée. (*Art.* 66 *de ladite loi.*

Les peines prononcées par les art. 60, 62 et 63 sont applicables aux tentatives des délits prévus par ces articles.

Dans le cas prévu par l'art. 66, ceux qui ont fait des 'dons et promesses sont punis des peines portées par ledit article contre les médecins, chirurgiens ou officiers de santé. (*Art.* 67 *de ladite loi.*)

Dans tous les cas non prévus par les dispositions précédentes, les tribunaux civils et militaires, dans les limites de leur compétence, appliqueront les lois pénales ordinaires aux délits auxquels pourra donner lieu l'exécution du mode de recrutement déterminé par la présente loi.

Dans tous les cas où la peine d'emprisonnement est prononcée par la présente loi, les juges peuvent, suivant les circonstances, user de la faculté exprimée par l'art. 463 du Code pénal. (*Art. 68 de ladite loi.* — V. *Escroquerie.*)

SERVICE DU RECRUTEMENT.

Organisation.

Le territoire de la France est divisé, pour l'organisation générale de l'armée, en 18 régions. L'Algérie forme une 19ᵉ région. Chacune de ces régions, qui est occupé par un corps d'armée portant le numéro correspondant, est divisée, sauf l'Algérie, en huit subdivisions.

Ne sont pas compris dans la division en régions : les départements de la Seine, de Seine-et-Oise, la ville de Lyon et les cantons de Neuville, Givors, Villeurbanne et Saint-Genis-Laval du département du Rhône.

A chacune des subdivisions correspond :

1º Un bureau de recrutement ;
2º Un régiment d'infanterie territoriale.

En raison de son importance, la subdivision d'Aix a été dédoublée et compte deux bureaux de recrutement et deux régiments (annexe de Digne).

Il y a, en outre des 145 bureaux :

Un à Lyon pour la ville et les cantons ci-dessus désignés ;
Un à Versailles pour le département de Seine-et-Oise ;
Cinq à Paris pour le département de la Seine ;
Et trois en Algérie, à Alger, Oran et Constantine ;
Soit, pour la France et l'Algérie, 155 bureaux de recrutement.

Personnel.

Le personnel du recrutement comprend :

1º Pour le commandement et la direction de chaque bureau : un officier supérieur, commandant ;
2º Pour le service de recrutement, de mobilisation et de réquisition : un capitaine, un lieutenant ou sous-lieutenant, trois sous-officiers et un caporal ou brigadier ;
3º Pour le service de l'armée territoriale :

Un capitaine-major du régiment d'infanterie territoriale fourni par la subdivision régionale ;

Un lieutenant ou sous-lieutenant adjoint, marchant avec les bataillons actifs du régiment territorial en cas de mobilisation et y remplissant l'emploi d'officier trésorier ;

Un sous-officier.

Il peut être détaché, dans chaque bureau de recrutement, un capitaine ou lieutenant d'un corps de troupe à cheval ; cet officier ne cesse pas de compter à son corps.

Il y a par région un personnel administratif des troupes de l'armée territoriale autres que l'infanterie.

Ce personnel comprend :

Un capitaine-major ;

Un lieutenant et sous-lieutenant adjoint;
Un sous-officier.

TABLEAU indiquant, par année, pendant 20 ans, la composition de l'armée française.

ANNÉES DE RECRUTEMENT.		ARMÉE ACTIVE et disponibilité (5 classes).		RÉSERVE de l'armée active (4 classes).		ARMÉE TERRITORIALE (5 classes).		RÉSERVE de l'armée territ. (6 classes).	
		Classes de :		Classes de :		Classes de :		Classes de :	
1881	1882	1880 à 1876		1875 à 1872		1871 à 1867		1866 à 1861	
1882	1883	1881	1877	1876	1873	1872	1868	1867	1862
1883	1884	1882	1878	1877	1874	1873	1869	1868	1863
1884	1885	1883	1879	1878	1875	1874	1870	1869	1864
1885	1886	1884	1880	1879	1876	1875	1871	1870	1865
1886	1887	1885	1881	1880	1877	1876	1872	1871	1866
1887	1888	1886	1882	1881	1878	1877	1873	1872	1867
1888	1889	1887	1883	1882	1879	1878	1874	1873	1868
1889	1890	1888	1884	1883	1880	1879	1875	1874	1869
1890	1891	1889	1885	1884	1881	1880	1876	1875	1870
1891	1892	1890	1886	1885	1882	1881	1877	1876	1871
1892	1893	1891	1887	1886	1883	1882	1878	1877	1872
1893	1894	1892	1888	1887	1884	1883	1879	1878	1873
1894	1895	1893	1889	1888	1885	1884	1880	1879	1874
1895	1896	1894	1890	1889	1886	1885	1881	1880	1875
1896	1897	1895	1891	1890	1887	1886	1882	1881	1876
1897	1898	1896	1892	1891	1888	1887	1883	1882	1877
1898	1899	1897	1893	1892	1889	1888	1884	1883	1878
1899	1900	1898	1894	1893	1890	1889	1885	1884	1879
1900	1901	1899	1895	1894	1891	1890	1886	1885	1880

(Du 1er juillet au 30 juin)

NOTA. L'instruction du 28 décembre 1879, sur l'administration des militaires de tout grades et de toutes catégories dans leurs foyers, qui se trouve aux archives de chaque brigade de gendarmerie, contient toutes les dispositions qu'il importe aux militaires de l'arme et surtout aux chefs de brigade de connaître; ils devront donc se reporter à cette instruction pour toutes les questions de recrutement.

FIN.

Voir l'Appendice ci-contre.

APPENDICE.

CONTROLEURS DE L'ARMÉE.
(*Voir page 418.*)

CÉRÉMONIES PUBLIQUES. — HONNEURS ET PRÉSÉANCES.
(*Voir pages 58 et 317.*)

Dans les cérémonies publiques auxquelles les officiers, les fonctionnaires et les employés de l'armée sont appelés à assister, le corps du contrôle, ou la délégation chargée de le représenter, se place dans les groupes d'état-major suivant la règle ci-après :

1° *A Paris.* — Avec les états-majors relevant directement du ministre de la guerre, immédiatement après l'état-major particulier du ministre et avant les comités et conseils et la députation de l'administration centrale du ministère.

2° *Dans les autres villes de garnison.* — Avec l'état-major le plus élevé de la localité où il se trouve en mission et immédiatement après l'*autorité* locale la plus élevée en grade et son *état-major* particulier.

3° *Dans les réunions officielles où individuellement* les assistants sont placés suivant l'ordre des préséances, les membres du corps du contrôle prennent rang parmi les officiers et fonctionnaires militaires dans l'ordre suivant :

Les contrôleurs généraux de 1re classe, après les généraux de division et avant les intendants généraux, etc. ;

Les contrôleurs généraux de 2° classe, après les généraux de brigade et avant les intendants, etc. ;

Les contrôleurs de 1re classe, après les colonels et avant les sous-intendants militaires de 1re classe, etc. ;

Les contrôleurs de 2° classe, après les lieutenants-colonels et avant les sous-intendants militaires de 2e classe, etc. ;

Les contrôleurs adjoints, après les chefs de bataillon et avant les sous-intendants militaires de 3e classe, etc.

VISITES.
(*Voir page 321.*)

Il n'est pas fait de visites aux contrôleurs de l'administration de l'armée, et ils n'en font pas d'autres que celles qui ont pour objet de se présenter à l'autorité militaire locale.

MARQUES DE RESPECT. — SALUT.
(*Voir page 417.*)

Les membres du contrôle saluent tous les officiers et fonctionnaires militaires après lesquels ils sont placés dans l'ordre des préséances, et ils sont salués par tous ceux avant lesquels ils prennent rang.

Les sentinelles présentent les armes aux fonctionnaires du contrôle en uniforme.

DÉNOMINATION.

(Voir page 418.)

Les contrôleurs de l'administration de l'armée, dans les relations de service, sont dénommés suivant leur grade :

Monsieur le contrôleur général, ou Monsieur le contrôleur. (*Note minist. du 9 avril 1883.*)

EAUX THERMALES. — CONGÉS.

(Voir pages 226 et 472.)

En vertu d'une décision présidentielle en date du 16 avril 1883, les gouverneurs militaires et les généraux commandant les corps d'armée peuvent, par délégation du ministre, accorder, dans les conditions de solde déterminées par la décision impériale du 6 avril 1864, à tous les officiers et fonctionnaires militaires sous leurs ordres qui auront produit les certificats réglementaires, des congés d'une durée de deux mois au maximum pour aller prendre les eaux thermales à leurs frais et de jouir de quelques jours de repos à la suite de leur traitement, avant de rejoindre leur poste.

Ces congés porteront le titre de : *Congé pour se rendre aux eaux thermales.*

ÉCURIES.

(Note complémentaire. — Voir page 57.)

Dimensions. — Nous avons donné, page 57, la description et les dimensions des stalles d'une écurie, nous croyons nécessaire d'ajouter à ces renseignements les indications suivantes qui les compléteront utilement dans le cas où il s'agit de construire une écurie neuve.

Une écurie est dite *simple* quand les chevaux sont placés sur un seul rang, la tête au mur ; elle est dite *double* quand ils sont placés sur deux rangs, tête à tête ou croupe à croupe. Si l'on s'en tient aux prescriptions de la circulaire du 23 septembre 1840, toute écurie doit avoir 5 mètres de hauteur sous plafond, 6 mètres de largeur quand elle est simple, et 12 mètres ou $10^m,40$, suivant le cas, quand elle est double. Mais nous ferons remarquer que ces dimensions visent une écurie affectée au logement d'un escadron, et qu'en les maintenant, surtout comme hauteur de plafond, pour une écurie de gendarmerie dont le nombre de places à ménager varie de 6 à 20 au maximum, cette dernière serait trop froide en hiver, notamment dans les régions du Nord et de l'Est. D'autre part, avec les dimensions fixées ci-dessus, le cube d'air pour chaque cheval dépasse 43 mètres alors que les auteurs qui ont traité la question estiment que 28 mètres sont suffisants et que le ministre lui-même fait descendre le minimum jusqu'à 20 mètres par cheval. Cette observation nous permet de déterminer les dimensions que doit avoir une écurie simple de gendarmerie pour satisfaire aux règles de l'hygiène, garantir la sécurité des hommes et faciliter l'évolution des chevaux :

Largeur.......... $\begin{cases} 5^m\ 50 \text{ minimum.} \\ 6\ \ 00 \text{ maximum.} \end{cases}$

Hauteur.......... $\begin{cases} 3^m\ 80 \text{ minimum.} \\ 4\ \ 00 \text{ maximum.} \end{cases}$

En prenant les dimensions *minima*, on trouve que le cube d'air respirable pour chaque cheval est encore de 33 m. c. 44, et si de la largeur de 5ᵐ,50 on diminue la profondeur de la stalle, qui est invariablement de 3 mètres, on voit qu'il reste encore derrière une allée de 2ᵐ,50 pour permettre aux cavaliers de circuler sans danger et aux chevaux de sortir et rentrer facilement.

Mangeoire. — La mangeoire est en pierre dure, en bois ou en fonte ordinaire ou émaillée. Dans le premier cas, elle repose sur un massif de maçonnerie ou de briques ou sur des pieds droits reliés par des arceaux. Placée de telle sorte que son arête supérieure soit à 1ᵐ,10 au-dessus du sol, la mangeoire doit avoir 20 centimètres de profondeur, 24 centimètres de largeur au fond et 30 centimètres à la partie supérieure. Quand elle est en fonte, elle affecte la forme d'une cuvette oblongue et d'une capacité moyenne de 25 litres.

Ratelier. — Le ratelier se compose de deux traverses en bois dans lesquelles sont engagés des fuseaux en bois ou en fonte, espacés de 8 à 13 centimètres et longs de 50 à 60 centimètres. La traverse inférieure est placée à 60 centimètres au-dessus de la mangeoire, en la maintenant écartée du mur d'environ 25 centimètres. Enfin l'inclinaison du ratelier est déterminée par l'écart de 60 centimètres qui sépare la traverse supérieure du mur.

Sol. — Le sol doit être pavé dans toute son étendue, les pavés plongés dans une couche de ciment ou de béton. L'emploi du bitume ou de l'asphalte comprimé doit être absolument proscrit, ces matières ne tardant pas à se désagréger par l'effet de la chaleur et du piétinement des chevaux et à constituer un foyer d'infection en s'imprégnant des déjections liquides et solides. Dans la partie correspondante aux stalles, le pavé aura une inclinaison de 2 centimètres de l'avant à l'arrière; une pente supérieure serait inutile et aurait l'inconvénient de fausser les aplombs des chevaux et de hâter l'usure de leurs membres postérieurs.

ESCORTE DE POUDRE ET DE DYNAMITE.

(*Voir page 264.*)

Tout convoi de poudre, de munitions de guerre, de dynamite ou autres explosifs, transporté par *roulage*, sera accompagné d'une escorte lorsque le poids de l'envoi atteindra :

100 kilos pour la poudre ou les munitions;
 20 kilos pour la dynamite ou le coton-poudre, non encartouchés;
 40 kilos pour la dynamite ou le coton-poudre, s'ils sont encartouchés;
200 kilos de cartouches de tir ordinaire, non amorcées;
100 kilos de cartouches de tir ordinaire, amorcées;
500 kilos de cartouches de tir dites de sûreté;
200 kilos de pièces d'artifices, non amorcées, chargées de poudres nitratées;

500 kilos de mèches de sûreté pour mineurs ;
10 kilos de poudres fulminantes ;
50 kilos de capsules fulminantes pour armes portatives ;
20 kilos d'amorces fulminantes ou détonateurs.

(Les quantités ci-dessus indiquées doivent être considérées comme poids brut, enveloppe et emballage compris.)

L'escorte sera réclamée par l'agent expéditeur dans la forme indiquée au modèle B ci-annexé : elle sera composée d'un gendarme (art. 460 du décret du 1er mars 1854, *Journal militaire*, édition refondue, tome VI, page 125), chef d'escorte nécessaire pour qu'il puisse être dressé procès-verbal en cas de besoin (décision ministérielle du 18 juin 1855, *Journal militaire*, tome VI, page 619), et d'un ou deux hommes de troupe, qui sont demandés par le chef d'escorte au commandant d'armes de la garnison locale ou la plus voisine.

S'il n'y a pas de brigade de gendarmerie dans la localité d'où part un convoi voyageant par voie de roulage, l'agent expéditeur ou le chef de gare remet la réquisition d'escorte au maire de la localité, qui, en vertu des instructions de M. le ministre de l'intérieur, transmet cette réquisition, par la voie la plus prompte, au commandant de la brigade de gendarmerie la plus voisine, chargé de fournir le gendarme chef d'escorte (art. 467 à 476 du décret du 1er mars 1854).

Le convoi n'est mis en route qu'à l'arrivée du chef d'escorte. Au départ du convoi, l'agent expéditeur (agent de l'État) remet en outre au gendarme chef d'escorte une autre réquisition d'escorte, également du modèle B, pour servir, en cours de route, lorsqu'il y a lieu ; cet agent joint à cette réquisition une note prévenant le chef d'escorte qu'il devra laisser la réquisition entre les mains du chef de la gare où le convoi prendra la voie ferrée pour continuer sa route. La réquisition sera annexée alors par l'agent du chemin de fer aux lettres de voiture du service de la guerre ou aux acquits-à-caution du service des finances accompagnant le convoi de poudre, de munitions, de dynamite ou autres explosifs. Cette réquisition sera utilisée à la gare d'arrivée par le chef de gare, pour obtenir soit une escorte, si le convoi continue sa route par voie de roulage, soit une garde, dans les cas prévus par les règlements de 1877 et de 1879, c'est-à-dire si les poudres, munitions, la dynamite ou les explosifs composant le convoi ne sont pas enlevés trois heures après leur arrivée en gare.

Dans le cas où il n'y a pas de garnison dans la localité même d'où part le convoi (expédition ou réexpédition), ou tout à fait à proximité de cette localité, le gendarme chef d'escorte accompagne seul le convoi jusqu'à la première ville de garnison ; il se présente alors, muni de la réquisition dont il est porteur, au commandant d'armes, qui désigne le ou les soldats destinés à former, sous le commandement du gendarme, l'escorte du convoi.

Le gendarme chef d'escorte est remplacé par un autre gendarme à la première brigade, dans des conditions qui seront déterminées (2e *Direction, Gendarmerie*), par analogie avec ce qui est prescrit par les art. 366 et 367 du décret précité pour le relèvement des gendarmes chargés du transfèrement des prisonniers, et ainsi de suite jusqu'à l'arrivée du convoi, soit à destination (magasin-entrepôt), soit à une gare de chemin de fer où le chef de gare le prend en charge. (Règlements du 20 mars 1877 et du 10 janvier 1879.)

Les soldats de l'escorte ne reviennent à leur corps que lorsque le convoi est parvenu dans une localité possédant en hommes de troupe les ressources nécessaires pour les remplacer, s'il y a lieu.

L'indemnité à allouer aux soldats d'escorte est l'indemnité de route, *seule*, soit 1 fr. 25 cent. par homme, pour chaque journée passée hors de la garnison; si, pour le retour, ces militaires ont à voyager par les voies ferrées, il leur sera alloué en plus 0 fr. 017 par kilomètre parcouru.

Le gendarme chef d'escorte touche 1 fr. 25 cent. pour tout trajet occasionnant une absence de dix heures hors de sa résidence. Il a droit également à l'indemnité de retour dans le cas prévu pour les soldats.

Garde des convois de poudres, de dynamite ou autres explosifs à leur arrivée dans une gare, en attendant leur réexpédition par la voie de roulage.

Aux termes de l'art. 8 du règlement du 30 mars 1877 et de l'art. 12 du règlement du 10 janvier 1879, les chefs de gare qui reçoivent des convois de poudres, de munitions de guerre, de dynamite ou autres explosifs doivent demander à l'autorité militaire locale une garde destinée à veiller sur ces convois, si le chargement n'est pas enlevé par le destinataire dans un délai de trois heures après l'arrivée du train. Les frais de garde seront à la charge du département ministériel (guerre ou finances) duquel dépend le service destinataire, et imputables sur le chapitre du budget de ces départements qui pourvoit aux dépenses de cette nature.

Lorsque les gares sont éloignées des villes de garnison, les agents des compagnies s'adressent, dans le cas dont il s'agit, pour la garde du convoi, à la gendarmerie locale, en utilisant la réquisition annexée à la lettre de voiture; si la commune où le convoi séjourne n'a pas de gendarmerie, le chef de gare s'adresse au maire, qui fait parvenir la réquisition au commandant de la brigade la plus voisine.

En attendant l'arrivée du gendarme, le maire assure, conformément aux prescriptions générales des art. 10 et 11 de la loi du 19 juillet 1837 et suivant la teneur du décret du 1er mars 1854 (art. 367 et 573), la garde du convoi au moyen de deux habitants de la localité, à qui il est accordé pour ce service une indemnité sur les frais du département de la guerre (Transports généraux). Par application de la circulaire ministérielle du 7 mai 1875, cette indemnité est calculée d'après le prix moyen d'une journée de travail dans la localité.

Explosifs provenant de l'industrie privée.

En ce qui concerne les explosifs provenant de l'industrie privée, j'ai décidé, sur la demande de M. le ministre des travaux publics, et d'accord avec M. le ministre du commerce, que dorénavant les convois de ces explosifs, qui doivent être accompagnés d'un agent spécial civil, *de la fabrique à la gare de départ*, seront, lorsqu'ils *reprendront* la voie du roulage pour arriver à *destination*, pourvus également d'une escorte ou d'une garde, le cas échéant, qui seront composées comme il est dit ci-dessus. Les indemnités dues aux hommes d'escorte ou de garde seront à la charge de la fabrique expéditrice.

La réquisition d'escorte sera, d'après l'avis de M. le ministre de l'intérieur, établie suivant le mode indiqué ci-après : le maire de la commune où est située la *gare à partir de laquelle le convoi quitte le chemin de fer pour reprendre le roulage* formulera la réquisition (modèle B) sur l'avis qui lui sera donné à *cet effet* par le chef de la gare.

La gendarmerie locale fournira le chef d'escorte, et, s'il n'y a pas de gendarmerie dans la commune, le maire fera parvenir la réquisition au commandant de la brigade la plus voisine.

Des instructions ont été données en conséquence par M. le ministre de l'intérieur aux préfets.

Je vous prie, mon cher général, de vouloir bien assurer, en ce qui vous concerne, l'exécution des dispositions qui font l'objet de la présente décision qui abroge le règlement du 24 septembre 1812.

ANALYSE.

Envoi de
kilogrammes de
—

(B)

MODÈLE DE RÉQUISITION

Pour convois de poudres, de munitions de guerre, de dynamite ou autres explosifs voyageant par roulage.

(Terre ou eau.)

RÉPUBLIQUE FRANÇAISE.

AU NOM DU PEUPLE FRANÇAIS,

(1) Indiquer la qualité du requérant.

Nous soussigné (1)   en conformité de la décision ministérielle du 22 octobre 1882 sur le transport des poudres, munitions de guerre, dynamite ou autres explosifs, par roulage (terre ou eau), du décret du 1ᵉʳ mars 1854 sur le service de la gendarmerie (art. 467), requérons le commandant de la gendarmerie, à   de fournir ou faire fournir l'escorte déterminée par la décision ministérielle précitée pour accompagner ou garder un convoi de pesant   kilogrammes, que nous avons reçu l'ordre d'expédier ou de réexpédier pour le compte   à destination de

Ce convoi, partant le   sera rendu à destination le

(A) Voie de terre ou d'eau (indiquer l'itinéraire).

Il empruntera la voie ferrée à   et la quittera à pour continuer sa route par (A)

Les autorités civiles et militaires sont invitées à laisser passer librement ce convoi et en assurer, au besoin, la protection et la garde.

(*) On indiquera la qualité de la personne à qui la présente réquisition sera remise (chef d'escorte, chef de gare ou destinataire).

La présente réquisition sera remise par le gendarme chef d'escorte au gendarme qui le relèvera, et par ce dernier à M   (*).

A   , le   188 .

Le

NOTA. Cette pièce restera définitivement entre les mains de la personne dans les magasins de laquelle la livraison du convoi doit être effectuée.

Circulaire du ministre de la guerre modifiant la circulaire du 22 octobre 1882, en ce qui concerne l'escorte à fournir aux convois de dynamite voyageant par voie de roulage.

Paris, le 2 novembre 1882.

Mon cher général, par modification à ma circulaire du 22 octobre dernier, relative au transport, par voie de roulage, de la dynamite, et par application de l'arrêté ministériel du 31 du même mois, inséré au *Journal officiel* du 1ᵉʳ novembre courant, j'ai l'honneur de vous informer que l'escorte prévue et prescrite par la circulaire précitée du 22 octobre devra être fournie pour tout transport de dynamite voyageant par voie de roulage, quels que soient le poids et la provenance de cette dynamite.

Je vous prie de donner à qui de droit les instructions nécessaires pour assurer l'exécution de cette disposition.

INTENDANCE.

La hiérarchie dans le corps de l'intendance est réglée ainsi qu'il suit :
Adjoint à l'intendance militaire; sous-intendant militaire de 3ᵉ classe; sous-intendant militaire de 2ᵉ classe; sous-intendant militaire de 1ʳᵉ classe; intendant militaire; intendant général.

Les adjoints de l'intendance sont pris parmi les capitaines de toutes armes et parmi les officiers d'administration.

Les sous-intendants de 3ᵉ classe sont pris parmi les adjoints, les chefs de bataillon ou d'escadron et les majors, les officiers d'administration de 1ʳᵉ classe et les capitaines proposés pour l'avancement.

Les sous-intendants de 2ᵉ classe sont pris parmi les sous-intendants de 3ᵉ classe, les chefs de bataillon ou d'escadron et les majors proposés pour l'avancement.

Les sous-intendants de 1ʳᵉ classe sont choisis exclusivement parmi les sous-intendants de 2ᵉ classe.

Les intendants militaires sont choisis parmi les sous-intendants de 1ʳᵉ classe.

Les intendants généraux sont choisis exclusivement parmi les intendants militaires. (*Voir le décret du 6 avril 1883.*)

Assimilation.

Les adjoints de l'intendance ont le rang de capitaine.
Les sous-intendants de 3ᵉ classe ont le rang de chef de bataillon.
Les sous-intendants de 2ᵉ classe ont le rang de lieutenant-colonel.
Les sous-intendants de 1ʳᵉ classe ont le rang de colonel.
Les intendants militaires ont le rang de général de brigade.
Les intendants généraux ont le rang de général de division.

MARIAGE. — SUCCESSION APRÈS DÉCÈS DE LA FEMME.

(*Voir page 414.*)

Quels sont les droits des héritiers de la femme d'un gendarme en exercice, sur les effets militaires, le cheval et la masse de l'époux survivant?
Comment les exerceront-ils?

1re *Question*. — La première question se résout par la simple application des règles du droit commun. Aucune exception n'ayant été établie, en ce qui concerne la gendarmerie, c'est le Code civil qui fait la
loi des parties en matière de mariage comme en toute autre. Ainsi,
lorsqu'il existe un contrat de mariage, toutes ses dispositions legales
doivent être exécutées, et lorsque les parties se sont unies sans passer
de contrat, elles sont soumises, de plein droit, à la communauté légale.
(*Code civil, art.* 1400.)

Sous ce régime, tout le mobilier possédé par les époux au jour de la
dissolution de la communauté par le décès de l'un d'eux se partage
entre les représentants du défunt et le survivant, sans excepter, quand
ce dernier est un gendarme, les effets militaires, le cheval et la masse
constituée au moyen de retenues sur sa solde, qui alimentait la communauté. (*Code civil, art.* 1467.)

Mais il ne faudrait pas induire de là que le partage sera toujours fait
en nature; car, lorsque le survivant ne veut pas quitter ou est obligé de
continuer l'exercice de ses fonctions, il n'a pas la libre disposition de ce
qui est l'objet de notre question.

En effet, aucun sous-officier ou gendarme ne peut vendre ou échanger
son cheval sans l'autorisation du chef de la légion ou de l'inspecteur
général (*art.* 625 *du décret du* 1er *mars* 1854 *modifié, et loi organique
du* 28 *germinal an* VI); c'est seulement lorsqu'il quitte le corps que les
objets qui lui appartiennent lui sont remis, ou à ses héritiers. Bien plus,
si le conseil d'administration croit convenable de conserver le cheval
pour le passer à un autre gendarme, on lui en restitue la valeur d'après
une estimation par expert s'il se trouve ne rien devoir à la caisse de la
compagnie (*même décret, art.* 628). Enfin, la masse d'un sous-officier ou
gendarme étant un dépôt destiné à le pourvoir et à l'entretenir d'effets,
de chevaux et de literie (*art.* 236 *du décret du* 18 *fév.* 1863, *et* 3° § *du
titre* VI *de ladite loi de germinal an* VI, *art.* 76 *et* 81), elle doit être
toujours complète. Ces divers objets ne sauraient donc être partagés
réellement qu'après leur restitution par l'Etat, dans les conditions ci-
dessus énoncées.

Toutefois, si les héritiers de la femme ne peuvent pas contraindre
l'époux survivant à se démettre de son emploi pour dégager les objets
et valeurs retenues par l'administration de la gendarmerie, rien ne
s'oppose à ce qu'ils en demandent le *rapport fictif*, pour en faire entrer
la valeur dans le partage de la communauté. (*Code civil, art.* 1468). En
conséquence, le gendarme reste seul propriétaire des objets dont il a fait
le rapport. Du reste, il n'y a lieu à aucune distinction entre celui qui était
déjà engagé dans la gendarmerie avant la célébration de son mariage, et
celui qui n'y est entré que postérieurement à la célébration de cette
union, car tout le mobilier du premier s'est trouvé confondu dans l'actif
de la communauté par le fait du mariage sans stipulation préalable, conformément à l'art. 1401 du Code civil; et, à l'égard du second, le prix
du mobilier qu'il rapporte est présumé tiré de la communauté, d'après le
susdit art. 1468 du même Code.

2° *Question*. — Les droits des héritiers de la femme peuvent être
réglés à l'amiable dans une liquidation entre personnes capables de
contracter, ou être exercés par action en justice, soit à défaut d'arrange-
ment, soit parce qu'il se trouverait un incapable au nombre des intéressés.

Dans le premier cas, le moyen le plus simple et le plus économique serait une cession à forfait, pour les héritiers de la femme au survivant, de tous leurs droits sur cette partie de la communauté. Si le gendarme n'avait pas de ressources pour acquitter immédiatement le prix convenu, il ferait une délégation éventuelle sur la masse ou sur le reliquat de sa masse (1), réalisable après son congé, et il en servirait l'intérêt avec sa solde. Enfin, à défaut de libération, les vendeurs pourraient, par la voie de la saisie-arrêt, obtenir la retenue d'un cinquième sur sa solde, en vertu des lois des 19 pluviôse an III, 21 ventôse an IX, 8-10 juillet 1791, titre III, art. 65, et décret du 18 février 1863, art. 430 et suivants.

Le tribunal, saisi de l'action en partage, se gardera bien d'empiéter sur les pouvoirs de l'autorité administrative militaire, ce qui aurait lieu, par exemple, s'il se permettait d'attribuer aux héritiers de la femme une part des effets militaires ou de la masse; mais il y a certains actes d'instruction qui lui sont indispensables pour arriver à une solution du procès. Tels sont l'estimation du cheval et des effets militaires, et un état de la situation de la masse au jour du décès de la femme. Le cheval et le mobilier devant rester constamment en la possession du gendarme pour les besoins du service, il ne semble pas que cette estimation puisse rencontrer d'obstacle; et quant à la masse, il suffit que le tribunal ait ordonné au gendarme d'en apporter l'état de situation, pour que la remise de cet état ne lui soit pas refusée par l'administration militaire. Tout conflit est donc facile à éviter entre les autorités judiciaire et militaire.

Dernière observation. — Un sous-officier, brigadier ou gendarme ne peut pas se marier sans avoir obtenu la permission du conseil d'administration, approuvée par le chef de la légion (*décret du 1er mars 1854, art. 556*); c'est le moment pour ceux qui la concèdent de prévenir les difficultés dont on a vu l'exemple, en tenant, autant que possible, dans l'intérêt des futurs époux, à ce qu'ils passent un contrat de mariage assorti des stipulations nécessaires. Ainsi les parties peuvent exclure de la communauté les effets militaires, le cheval et la masse du gendarme (*Code civil, art. 1497 et 1500*) ou se marier sans communauté (*art. 1529*), ou adopter le régime de la séparation de biens (*art. 1536*). Toutes les fois que des objets déterminés sont un propre du mari, les héritiers de la femme n'ont rien à y voir.

A défaut de ces précautions, la femme ne peut préserver son mari des tracasseries de ses héritiers que par une disposition testamentaire.

Il serait à désirer que cette matière fût réglementée par une disposition ministérielle.

OUTRAGES AUX BONNES MŒURS.
(*Loi du 2 août 1882. — Voir pages 446 et 526.*)

Art. 1er. Est puni d'un emprisonnement de un mois à deux ans et d'une amende de seize à trois mille francs (16 à 3,000 fr.) quiconque aura commis le délit d'outrage aux bonnes mœurs, par la vente, l'offre, l'exposition, l'affichage ou la distribution gratuite sur la voie publique ou dans

---

(1) Il est bon de faire remarquer ici que, d'après un avis du Conseil d'Etat en date du 13 décembre 1881, tout militaire quittant le service a le droit de recevoir le montant de sa masse nonobstant l'opposition qui aurait été formée au payement par un tiers créancier. (*Lettre minist. du 23 janv. 1882.*)

les lieux publics d'écrits, d'imprimés autres que le livre, d'affiches, des-sins, gravures, peintures, emblèmes ou images obscènes.

Art. 2. Les complices de ces délits, dans les conditions prévues et déterminées par l'art. 60 du Code pénal, seront punis de la même peine, et la poursuite aura lieu devant le tribunal correctionnel, conformément au droit commun et suivant les règles édictées par le Code d'instruction criminelle.

Art. 3. L'art. 463 du Code pénal s'applique aux délits prévus par la présente loi.

Art. 4. Sont abrogées toutes les dispositions contraires à la présente loi.

La présente loi, délibérée, etc. (Mémorial, 10° vol., p. 575.)

Un décret du Président de la République, en date du 6 mars 1883, rend les dispositions de cette loi applicables aux colonies françaises. (Journ. offic. du 10 mars 1883, p. 1258.)

PIQURES DE MOUCHES CHARBONNEUSES.

(Voir page 652.)

A l'occasion d'un accident survenu à la suite d'une piqûre de mouche charbonneuse, plusieurs journaux ont reproduit un article indiquant les précautions à prendre pour en conjurer les fâcheux effets. Voici en quoi consistent les utiles conseils que l'on donne à ce sujet :

« Toutes les piqûres de mouches n'ont pas pour funeste résultat cette terrible maladie charbonneuse, qui fait chaque année de trop nombreuses victimes ; cet accident n'arrive que lorsque l'insecte diptère a été prendre sa nourriture sur le corps d'un animal mort d'une maladie contagieuse.

« Mais, légère ou profonde, il est toujours prudent d'appliquer sur la piqûre d'insecte une compresse imbibée d'eau ammoniacale (une cuillerée à café d'alcali dans un verre d'eau). Cette compresse sera tenue constamment humide pendant une heure ou deux, moins de temps encore si la douleur a disparu.

« Mais si la douleur persiste, et si, à l'endroit de la piqûre, il se forme un petit bouton douloureux, il est à craindre que la piqûre ne soit de mauvaise nature, et alors il n'y a pas à hésiter, en attendant le médecin, qui sera appelé en toute hâte, il faut, avec le premier instrument venu, faire sur la partie malade une incision en croix, presser la plaie pour en faire sortir le plus de sang possible, la cautériser d'abord avec une aiguille à tricoter chauffée à blanc, puis avec quelques gouttes d'ammoniaque.

« Des compresses d'eau ammoniacale sont ensuite appliquées sur la plaie et tenues constamment humides ; à l'intérieur, prendre toutes les heures, et jusqu'à la disparition de l'accident, un verre d'eau sucrée dans lequel on mettra trois ou quatre gouttes d'alcali volatil. Diète presque absolue ; pour toute nourriture, un ou deux légers potages, et pour boisson, du vin sucré et étendu d'eau.

« Ce traitement, hardiment pratiqué, arrêtera la marche de la maladie ; le médecin fera le reste.

« Aux personnes que la moindre douleur effraye et qui hésiteraient devant la petite opération chirurgicale que nous venons d'indiquer, nous dirons : Vous voyez ce petit bouton rosé que surmonte un point noir presque imperceptible, eh bien, laissez-le faire son travail de mort; et dans quelques heures vous n'existerez plus !

« En présence d'une maladie aussi terrible, le salut est dans la rapidité des secours. »

PORT ILLÉGAL DE DÉCORATIONS ÉTRANGÈRES.

(*Voir pages* 202 *et* 506.)

Un grand nombre de titulaires d'ordres étrangers transforment en ruban de la Légion d'honneur les rubans qu'ils sont autorisés à porter, et où le rouge n'existe souvent qu'à l'état de liseré.

Depuis longtemps, le conseil de l'Ordre de la Légion d'honneur, dans le but d'éviter toute confusion, a décidé que les Ordres du Christ *de Portugal*, de François-Joseph et du Mérite *d'Autriche*, dont le ruban est rouge, ne seraient jamais portés sans la décoration.

Pour compléter cette mesure, le grand chancelier, sur l'avis du conseil de l'Ordre, vient de faire approuver par le Président de la République une décision (1) étendant la prescription relative au port de la croix aux décorations ci-après, qui, toutes, comportent du rouge en quantité plus ou moins notable, savoir :

AUTRICHE.... *Ordre de Léopold.* — Rouge, liseré blanc.
BELGIQUE.... *Ordre de Léopold.* — Rouge lie de vin.
               Croix civique. — Rouge lie de vin, liserés jaune et noir.
BRÉSIL...... *Ordre du Christ.* — Rouge, liseré bleu.
CAMBODGE ... *Croix du Cambodge.* — Rouge, liseré vert.
HAWAÏ...... *Ordre de Kaméhaméha.* — Rouge, liseré blanc.
ITALIE....... *Ordre de la Couronne.* — Rouge et bande verticale blanche au
               centre.
RUSSIE ...... *Ordre de Sainte-Anne.* — Rouge, liseré jaune.
               Ordre de Saint-Stanislas. — Rouge, liseré blanc.
               Ordre d'Alexandre Newski. — Rouge.
SAINT-SIÈGE. *Ordre de Saint-Grégoire-le-Grand.* — Rouge, liseré jaune.
SERBIE...... *Ordre de Takowo.* — Rouge, liserés bleu et blanc.
SIAM........ *Ordre de l'Eléphant blanc.* — Rouge, liserés vert, jaune et bleu.
SUÈDE...... *Ordre de Saint-Olaff.* — Rouge, liserés bleu et blanc.
TUNISIE..... *Ordre du Nichan.* — Vert, liseré rouge.
TURQUIE..... *Ordre du Medjidié.* — Rouge, liseré vert.
ZANZIBAR.... *Ordre de l'Etoile brillante.* — Rouge, liseré blanc.

En conséquence, les titulaires des ordres ci-dessus sont invités à suspendre à leur ruban ou rosette une croix d'un diamètre au moins égal à celui de la rosette ou à la largeur du ruban ; cette largeur ne pourra être moindre d'un centimètre.

Ils sont prévenus, en outre, que, pour toute contravention aux mesures précitées, le conseil les privera du droit de porter la décoration et qu'en cas de récidive l'art. 259 du Code pénal leur sera applicable.

Aux termes de cet article :

Toute personne qui aura publiquement porté un costume, un uniforme ou une décoration qui ne lui appartiendrait pas sera punie d'un emprisonnement de six mois à deux ans.

_____

(1) Cette décision porte la date du 11 avril 1882.

Dans les cas prévus par ledit article, le tribunal pourra ordonner l'insertion intégrale ou par extrait du jugement dans les journaux qu'il désignera. — Le tout aux frais du condamné. (Journ. offic. *du 30 juill.* 1882.)

REMONTE.

(*Voir page 611.*)

Sous la date du 28 mars 1883, le ministre de la guerre a décidé, ainsi qu'il est dit à la page 611 du présent volume, que la remonte des sous=officiers, brigadiers et gendarmes aura lieu désormais par voie d'achats directs dans le commerce.

Ainsi se trouve remis strictement en vigueur le principe posé par les décrets d'organisation qui laissent aux gendarmes le soin de se procurer eux-mêmes leurs chevaux aux conditions déterminées par l'art. 607 du décret du 1er mars 1854 modifié par la circulaire du 23 avril 1883.

Par suite de ces dispositions, tout cheval âgé de quatre ans au moins et de huit ans au plus, de taille de 1m 52 à 1m 60e, pourra être admis sans distinction d'origine, par dérogation à l'art. 617 du décret précité.

La réception des chevaux aura lieu au chef-lieu de la légion, et non plus au chef-lieu de la compagnie, par une commission spéciale composé ainsi qu'il suit :

Le chef de légion, président ;

Le commandant du chef=lieu de la compagnie ;

Un capitaine désigné par le chef de légion ;

Et un vétérinaire choisi par le commandant du corps d'armée.

La commission se réunira, en principe, au commencement de chaque trimestre.

Vers cette époque, et au moins quinze jours à l'avance, les chefs de légion devront porter, par la voie de la presse locale, à la connaissance des marchands et éleveurs, la date fixée par eux pour la réunion de la commission. Dans le cas où la publicité ne pourrait être obtenue gratuitement, les frais en seront supportés par la masse d'entretien et de remonte.

Les chefs de légions limitrophes se concerteront pour éviter de fixer aux mêmes dates les opérations des commissions d'achat ; ils chercheront à les échelonner de manière à encourager les vendeurs à amener des convois un peu forts de chevaux dont ils auront toujours chance de se défaire dans un rayon peu éloigné.

La commission ne devant siéger que trimestriellement, le délai d'un mois accordé aux sous-officiers, brigadiers et gendarmes par le décret du 1er mars 1854 sera étendu à trois mois, afin de permettre à ceux qui n'auraient pas exercé leur choix parmi les chevaux laissés à la compagnie par les hommes qui l'ont quittée d'attendre les époques périodiques de la commission.

Les sous=officiers, brigadiers et gendarmes conservent, d'ailleurs, la faculté de se pourvoir, comme par le passé, chez les éleveurs du pays (1).

---

(1) Dans ce cas les chevaux sont présentés au conseil d'administration de la compagnie dont ces militaires font partie, conformément à l'art. 618 du décret du 1er mars 1854 et à la note ministérielle du 26 mai 1883.

Ils devront être engagés à user, partout où cela sera possible, de cette latitude, qui leur donne des garanties sérieuses en leur permettant de voir fréquemment les montures sur lesquelles ils ont jeté leur dévolu avant d'en faire définitivement l'acquisition.

C'est seulement dans le cas où ils n'auraient pas trouvé à se remonter dans ces conditions qu'ils seront appelés à choisir parmi les lots amenés devant la commission d'achat instituée au chef-lieu de légion.

Les dispositions qui précèdent abrogent la décision du 15 novembre 1878 dans sa partie relative à la remonte de la gendarmerie.

Pour compléter la mesure adoptée en ce qui concerne les sous-officiers, brigadiers et gendarmes, et alléger encore les charges de la cavalerie, les officiers de gendarmerie qui se remontent à titre gratuit dans les corps devront user, aussi largement que possible, de la faculté qui leur est concédée de présenter à une commission de troupe à cheval les montures qu'ils auraient trouvées dans le commerce. (*Décis. du 1er sept. 1878 et circ. des 5 et 25 août 1881.*)

Pour éviter de les mettre en concurrence avec leurs subordonnés, ils ne seront admis, dans aucun cas, à choisir parmi les lots d'animaux amenés à la commission spéciale du chef-lieu de légion. (*Circ. du 23 avril 1883.*)

SECOURS AUX NOYÉS.

(Voir page 656.)

Il arrive parfois que des individus qu'on vient de retirer de l'eau offrent toutes les apparences de la mort et que des secours immédiats et intelligents peuvent encore les rappeler à la vie. Il importe donc que la gendarmerie connaisse les premiers soins à leur donner et puisse par suite s'opposer à l'emploi des moyens inefficaces et souvent nuisibles dont l'ignorance et les préjugés populaires maintiennent l'usage dans les campagnes.

Nous extrayons de l'instruction rédigée par le comité de salubrité publique de Paris les règles à suivre par ceux qui repêchent un noyé :

1º Dès que le noyé est retiré de l'eau on doit le coucher sur le côté et de préférence sur le côté droit. On incline légèrement la tête en la soutenant par le front; on écarte doucement les mâchoires et l'on facilite ainsi la sortie de l'eau qui peut s'être introduite par la bouche et par les narines. On peut même, dans ce but, placer à différentes reprises la tête un peu plus bas que le corps, mais il ne faut pas la laisser chaque fois plus de quelques secondes dans cette position. On se gardera donc expressément de suspendre le malade par les pieds, cette pratique étant des plus dangereuses.

2º Après l'évacuation des mucosités de la bouche et des narines, on replace le malade sur le dos et on comprime doucement et alternativement le bas ventre de bas en haut et les deux côtés de la poitrine de manière à faire exercer à ces parties les mouvements qu'on exécute quand on respire.

3º Ces premiers soins donnés pendant quelques instants seulement, on enveloppe le noyé de couvertures, suivant la rigueur de la saison, ou, à défaut de couvertures, de foin ou de paille, et on le transporte promptement et sans secousses dans l'habitation la plus voisine, ou dans une grange ou sous un hangar. Dans ce transport on maintiendra le visage découvert, et la tête et la poitrine un peu plus élevées que le reste du corps.

On fera en même temps prévenir un médecin.

4° Une fois à l'abri, on dépouillera le noyé de ses vêtements, on l'essuiera, on l'étendra sur un plan incliné recouvert d'un matelas ou d'une paillasse, on l'enveloppera d'une couverture de laine et, si la température est basse, on lui passera de plus une chemise de laine ou un gilet de flanelle.

5° On placera de nouveau le corps sur le côté droit, et on inclinera la tête comme précédemment pour l'évacuation de l'eau et des mucosités. Pour faciliter leur sortie, on se servira au besoin du doigt, des barbes d'une plume ou d'une baguette entourée de linge ; si les mâchoires sont serrées, on les écartera à l'aide d'une spatule en bois ou du manche d'une cuiller garnie de linge. Enfin, si la langue se renverse en arrière, il faut la ramener et la maintenir hors la bouche.

6° Pour provoquer la respiration on fait un peu saillir la poitrine en avant en glissant sous les reins un coussin ou des vêtements roulés ; on se place derrière la tête du patient, puis, lui saisissant les bras à la hauteur des coudes, on les tire vers soi doucement en les élevant, on les maintient ainsi deux secondes, et on les ramène ensuite le long du tronc en comprimant latéralement la poitrine pendant qu'une autre personne la pressera d'avant en arrière.

On répétera cette manœuvre quinze fois par minute et jusqu'à ce qu'on aperçoive un effort du malade pour respirer ; on ne devra surtout pas se décourager, car on a des exemples de noyés qui n'ont été rappelés à la vie qu'après deux heures de soins persévérants.

7° Dès que la respiration se manifeste, on cesse l'emploi des moyens précédents pour s'occuper de réchauffer le malade. A cet effet, on promènera une bouillotte ou un cruchon d'eau chaude, *par dessus la chemise ou le gilet de flanelle,* sur la poitrine, le bas ventre, et le long de l'épine dorsale, en ayant soin de s'arrêter plus longtemps au creux de l'estomac et aux plis des aisselles ; on l'appliquera également à la plante des pieds. De plus, on fera des frictions avec un tampon de laine ou de flanelle sur tous les membres en insistant sur la paume des mains et la plante des pieds, mais en agissant avec ménagement vers le cœur, au creux de l'estomac, aux flancs et au ventre. Si le noyé fait des efforts pour respirer, on interrompt les frictions pour lui passer rapidement un flacon d'ammoniaque sous les narines ; s'il a des envies de vomir, il faut provoquer le vomissement en chatouillant le fond de la bouche avec les barbes d'une plume. Enfin, bien qu'on ne doive pas donner de boisson au malade avant qu'il ait repris ses sens, on peut, en vue de le ranimer, lui administrer quelques gouttes d'eau-de-vie, d'eau de mélisse ou de Cologne.

8° Une fois rappelé à la vie, on le couchera dans un lit qu'on bassinera.

Il est sans doute désirable de suivre strictement ces prescriptions ; mais comme les circonstances et l'insuffisance des moyens ne le permettront pas le plus souvent, on devra s'en rapprocher le plus possible ; ainsi, par exemple, à défaut d'une couverture de laine, un gendarme se servira de son manteau pour envelopper le noyé dans les premiers moments, et fera usage d'un tampon de drap au lieu de laine ou de flanelle pour le frictionner.

TRAVAIL DES ENFANTS.

(*Voir page* 694.)

Sous la date du 3 novembre 1882, le Président de la République a rendu les décrets ci-après :

1° Art. 1er. Il est interdit d'employer les enfants de moins de seize ans et les filles mineures de moins de dix-huit ans, comme producteurs de force motrice, au tissage par les métiers dits à la main.

—

2° Art. 1er. Le travail des filles mineures employées au triage ou au délissage des chiffons est interdit dans les ateliers reconnus, conformément aux prescriptions de l'art 18 de la loi du 19 mai 1874, insuffisamment aérés ou ventilés.

Art. 2. Cette interdiction devra être ajoutée à celles déjà portées au tableau C annexé au décret du 3 mars 1877.

═

3° Art. 1er. Il est interdit d'employer les garçons de douze à quatorze ans et les filles de douze à seize ans à traîner des fardeaux sur la voie publique.

Les garçons et les filles au-dessus de douze ans peuvent traîner des fardeaux dans l'intérieur des manufactures, usines, ateliers et chantiers, à la condition que le traînage sera effectué sur un terrain horizontal et que la charge ne dépassera pas 100 kilogrammes, véhicule compris.

Les garçons seuls de quatorze à seize ans seront autorisés à traîner des fardeaux sur la voie publique, à la condition que la charge ne dépassera pas 100 kilogrammes, véhicule compris.

Le paragraphe 3 de l'art. 3 du décret du 13 mai 1875 est et demeure abrogé.

—

4° Art. 1er. Il est interdit d'employer les enfants aux opérations qui dégagent des poussières dans les ateliers où l'on travaille à sec la corne, les os et la nacre. Il est également interdit de les employer à un travail quelconque dans les mêmes ateliers lorsque les poussières s'y dégagent librement.

Art. 2. Cette interdiction devra être ajoutée à celles déjà portées au tableau C annexé au décret du 3 mars 1877.

—

5° Art. 1er. Il est interdit aux couvreurs et aux plombiers d'employer des enfants à des travaux qui sont effectués sur les toits.

(Journal officiel *du 11 novembre* 1882.)

INDEMNITÉ DE PREMIÈRE MISE D'ÉQUIPEMENT.

Par décision présidentielle du 26 juin 1883, la première mise d'équipement des militaires nouvellement admis dans l'arme à cheval est portée de 750 à 850 fr.

TABLE ALPHABÉTIQUE

DES MATIÈRES.

Z

www.ingramcontent.com/pod-product-compliance
Lightning Source LLC
Chambersburg PA
CBHW060534280326
41932CB00011B/1284